世界に広がる国連の組織

地図上の注記:
- ハーグ 国際司法裁判所
- ベルン UPU
- ウィーン IAEA / UNIDO
- ニコシア UNFICYP
- ダマスカス UNDOF
- ラーワルピンディー／スリーナガル UNMOGIP
- 東京 UNU
- アディスアベバ ECA
- ナイロビ UNCHS / UNEP
- バンコク ESCAP

専門機関および国連関係自治機関

ベルン：
  UPU（万国郵便連合）
ジュネーブ：
  ILO（国際労働機関）
  ITU（国際電気通信連合）
  WHO（世界保健機関）
  WIPO（世界知的所有権機関）
  WMO（世界気象機関）
  WTO（世界貿易機関）
ロンドン：
  IMO（国際海事機関）
モントリオール：
  ICAO（国際民間航空機関）
パリ：
  UNESCO（国連教育科学文化機関）
ローマ：
  FAO（国連食糧農業機関）
  IFAD（国際農業開発基金）
ウィーン：
  IAEA（国際原子力機関）
  UNIDO（国連工業開発機関）
ワシントン D.C.：
  IFC（国際金融公社）
  IMF（国際通貨機関）
世界銀行：
  IDA（国際開発協会）
  IBRD（国際復興開発銀行）

地方委員会

アディスアベバ：
  ECA（アフリカ経済委員会）
バンコク：
  ESCAP（アジア太平洋経済社会委員会）
ジュネーブ：
  ECE（欧州経済委員会）
サンティアゴ：
  ECLAC（ラテンアメリカ・カリブ経済委員会）

JN235798

付　録
世界の国旗一覧表

国際連合

朝倉書店

アフリカ

	アルジェリア民主人民共和国	アンゴラ共和国
ウガンダ共和国	エジプト・アラブ共和国	エチオピア連邦民主共和国
エリトリア国	ガーナ共和国	カーボベルデ共和国
ガボン共和国	カメルーン共和国	ガンビア共和国
ギニア共和国	ギニアビサウ共和国	ケニア共和国

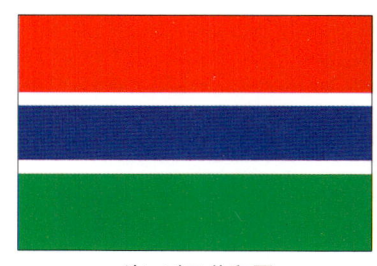

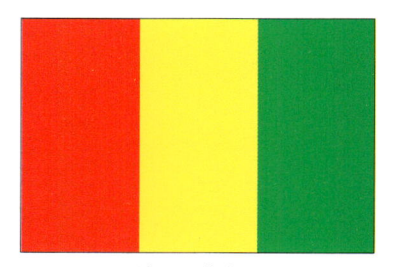

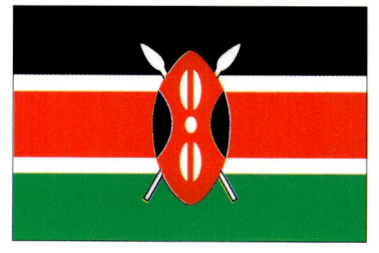

コートジボワール共和国	 コモロ・イスラム連邦共和国	 コンゴ共和国
 コンゴ民主共和国	 サントメ・プリンシペ民主共和国	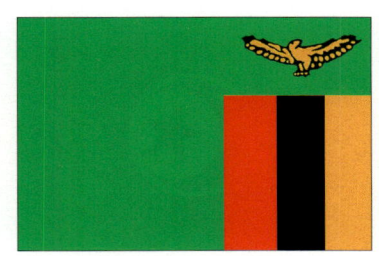 ザンビア共和国
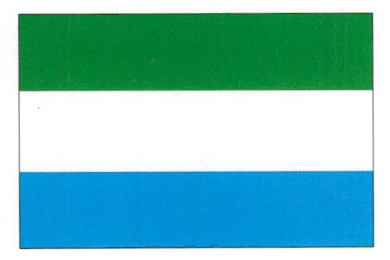 シエラレオネ共和国	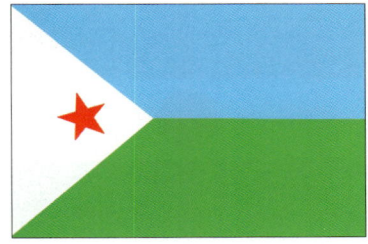 ジブチ共和国	 ジンバブエ共和国
 スーダン共和国	 スワジランド王国	 セイシェル共和国
 赤道ギニア共和国	 セネガル共和国	 ソマリア民主共和国

タンザニア連合共和国	チャド共和国	中央アフリカ共和国
チュニジア共和国	トーゴ共和国	ナイジェリア連邦共和国
ナミビア共和国	ニジェール共和国	ブルキナファソ
ブルンジ共和国	ベナン共和国	ボツワナ共和国
マダガスカル共和国	マラウイ共和国	マリ共和国

南アフリカ共和国	 モザンビーク共和国	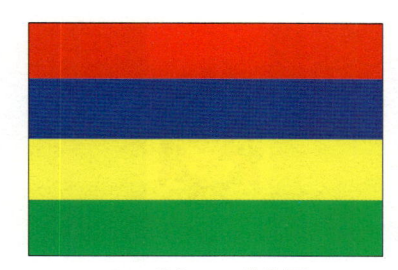 モーリシャス共和国
 モーリタニア・イスラム共和国	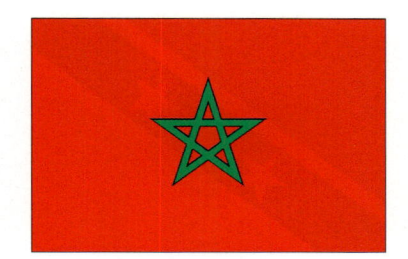 モロッコ王国	社会主義人民リビア・アラブ国
 リベリア共和国	ルワンダ共和国	 レソト王国

北アメリカ

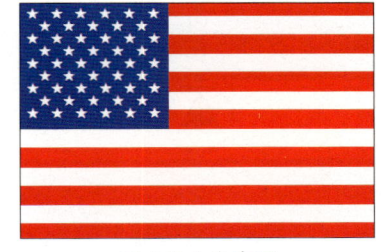

アメリカ合衆国	 アンティグア・バーブーダ
 エルサルバドル共和国	 カナダ

キューバ共和国

グアテマラ共和国	グレナダ	コスタリカ共和国
ジャマイカ	セントクリストファー・ネイビス	セントビンセントおよびグレナディーン諸島
セントルシア	ドミニカ国	ドミニカ共和国
トリニダード・トバゴ共和国	ニカラグア共和国	ハイチ共和国
パナマ共和国	バハマ国	バルバドス

ベリーズ	ホンジュラス共和国	メキシコ合衆国

南アメリカ

	アルゼンチン共和国	ウルグアイ東方共和国
エクアドル共和国	ガイアナ協同共和国	コロンビア共和国
スリナム共和国	チリ共和国	パラグアイ共和国
ブラジル連邦共和国	ベネズエラ共和国	ペルー共和国

ボリビア共和国

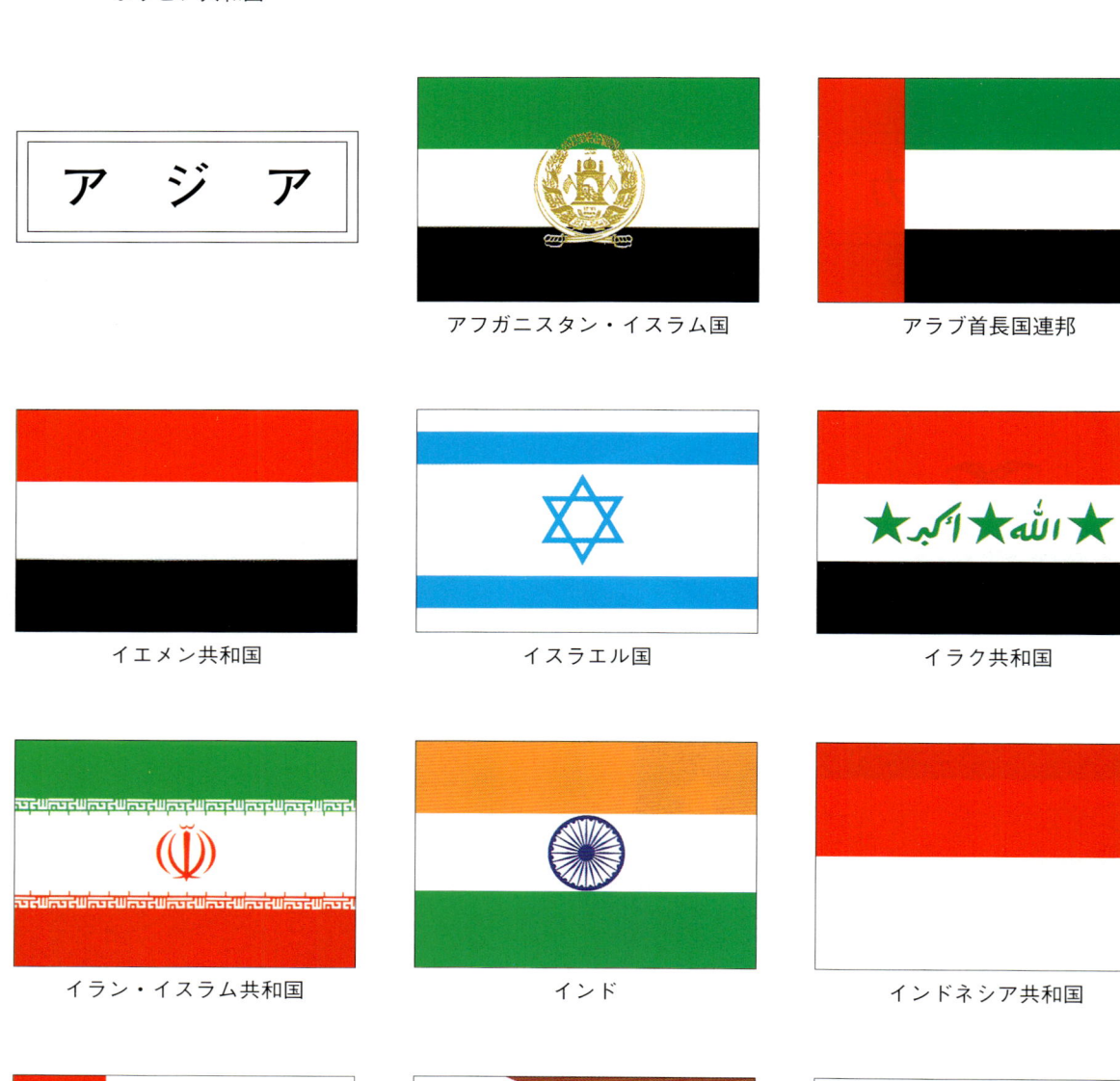

アジア

アフガニスタン・イスラム国　　アラブ首長国連邦

イエメン共和国　　イスラエル国　　イラク共和国

イラン・イスラム共和国　　インド　　インドネシア共和国

オマーン国　　カタール国　　大韓民国

カンボジア王国	朝鮮民主主義人民共和国	キプロス共和国
クウェート国	サウジアラビア王国	シリア・アラブ共和国
シンガポール共和国	スリランカ民主社会主義共和国	タイ王国
中華人民共和国	トルコ共和国	日本国
ネパール王国	パキスタン・イスラム共和国	バーレーン国

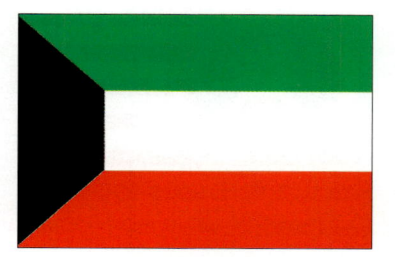

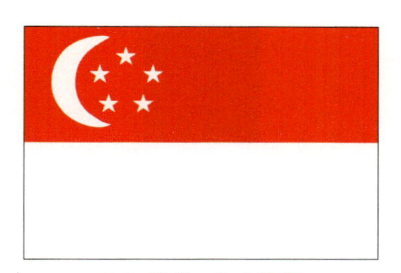

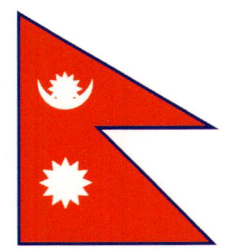

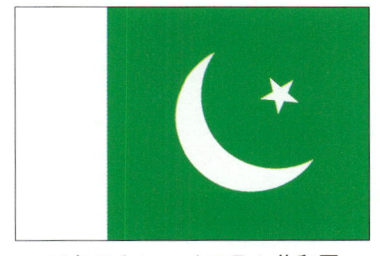

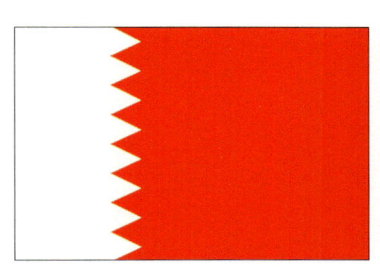

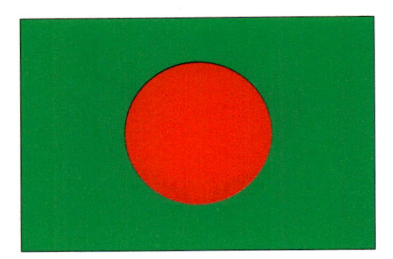

バングラデシュ人民共和国	フィリピン共和国	ブータン王国
ブルネイ・ダルサラーム国	ベトナム社会主義共和国	マレーシア
ミャンマー連邦	モルディヴ共和国	モンゴル国
ヨルダン・ハシミテ王国	ラオス人民民主共和国	レバノン共和国

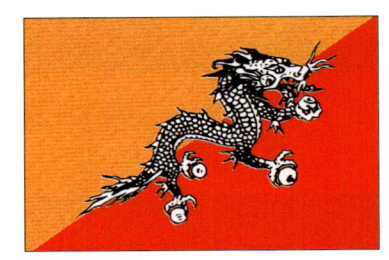

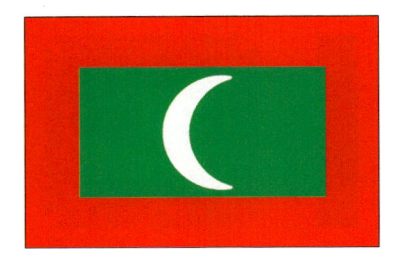

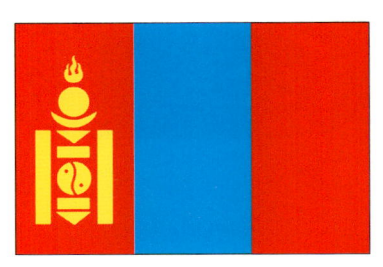

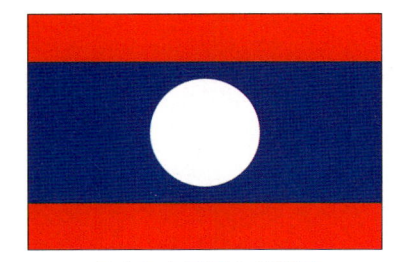

オセアニア

オーストラリア	 キリバス共和国	
 ソロモン諸島	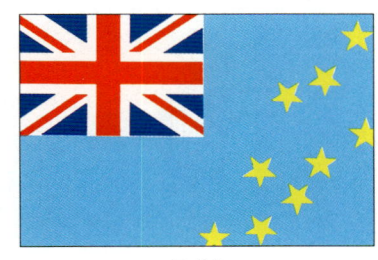 ツバル	 トンガ王国
 ナウル共和国	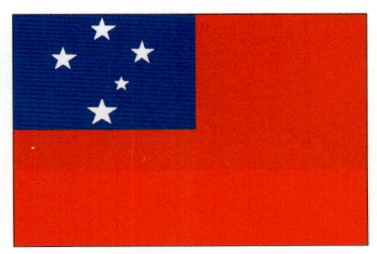 サモア独立国	 ニュージーランド
 バヌアツ共和国	 パプアニューギニア	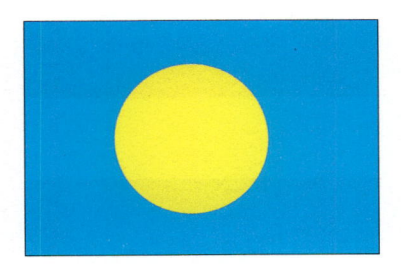 パラオ共和国
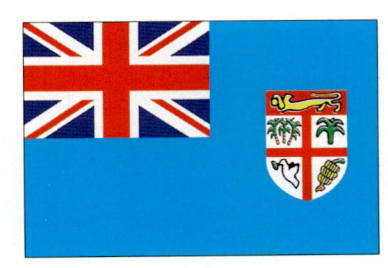 フィジー諸島共和国	 マーシャル諸島共和国	 ミクロネシア連邦

| ヨーロッパ |

	アイスランド共和国	アイルランド
アルバニア共和国	アンドラ公国	グレートブリテンおよび北部アイルランド連合王国
イタリア共和国	エストニア共和国	オーストリア共和国
オランダ王国	ギリシャ共和国	クロアチア共和国
サンマリノ共和国	スイス連邦	スウェーデン王国

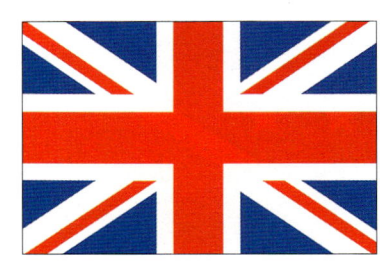

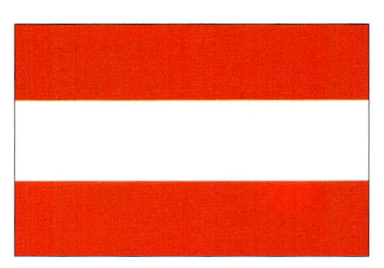

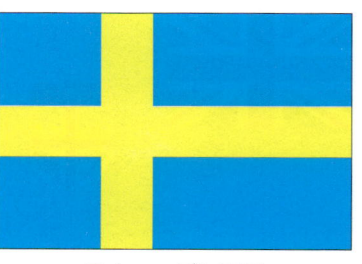

スペイン	スロバキア共和国	スロベニア共和国
チェコ共和国	デンマーク王国	ドイツ連邦共和国
ノルウェー王国	バチカン市国	ハンガリー共和国
フィンランド共和国	フランス共和国	ブルガリア共和国
ベルギー王国	ポーランド共和国	ポルトガル共和国

マルタ共和国　　　　　　　　モナコ公国　　　　　　　　　ラトビア共和国

リトアニア共和国　　　　　　リヒテンシュタイン公国　　　　ルクセンブルグ大公国

ルーマニア　　　　　　　　　マケドニア旧ユーゴスラビア共和国　　ユーゴスラビア連邦共和国

ボスニア・ヘルツェゴビナ

NIS諸国

アゼルバイジャン共和国	アルメニア共和国	
ウクライナ	ウズベキスタン共和国	カザフスタン共和国
キルギス共和国	グルジア	タジキスタン共和国
トルクメニスタン	ベラルーシ共和国	モルドバ共和国
ロシア連邦		

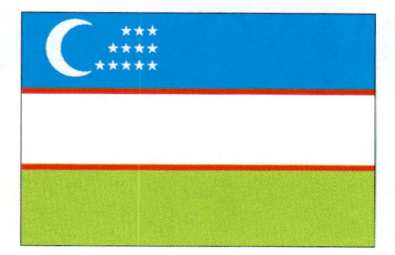

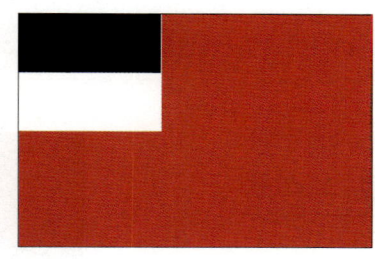

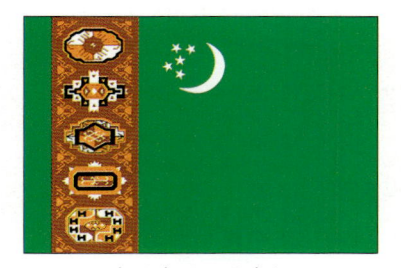

〔凡　例〕

- 本表の国旗は国連などの資料に基づいたもので，掲載国190ヵ国の正式国名，国の配列は『世界の国一覧（1999年版）』（（財）世界の動き社，外務省編集協力）に準じています．

  また，大陸の順序は『世界地理大百科事典』（朝倉書店）の巻の順序に沿うようにしました．

- いくつかの国旗の色・デザインは技術面の理由により，その国の公式仕様書と異なる場合があります．

〔1999年10月現在〕

国連加盟国全185ヵ国・地域のスーパーデータベース
世界地理大百科事典

田辺　裕（慶應義塾大学）総監修

B5判　全6巻　函入り上製本

国連加盟の大国から小国まで，各国ごとに位置・地形・環境など自然地理から，歴史・経済・国際収支・宗教・住宅など人文地理まで，49項目にわたり詳細に解説

- Worldmark Encyclopedia of the Nations（第8版，Gale社）の完訳
- 大国に偏することなく，小国にも充分なスペースを配慮
- 翻訳に当たっては，原文に対し「補注」を加え，今日の出来事やデータを補い，「今」を理解する基礎資料となるよう配慮

シリーズ構成

1. 国　際　連　合　平野健一郎・小寺　彰監修　B5判 512頁
2. ア　フ　リ　カ　島田周平・柴田匡平監修　B5判 672頁　本体28500円
3. 南　北　ア　メ　リ　カ　新川健三郎・高橋　均監修　B5判 608頁　本体28500円
4. アジア・オセアニアⅠ　谷内　達他監修　B5判 430頁〔近刊〕
5. アジア・オセアニアⅡ　谷内　達他監修　B5判 430頁〔近刊〕
6. ヨ　ー　ロ　ッ　パ　木村英亮・中俣　均監修　B5判 650頁〔次回配本〕

オールカラーで見る
世界の自然・環境・文化・政治・経済・社会の最新情報!!

図説大百科 世界の地理　全24巻

田辺　裕監修
A4変型判　各148頁　カラー図版約170点
上製カバー装　各定価（本体7,600円＋税）

- ENCYCLOPEDIA OF WORLD GEOGRAPHY
  Planned and produced by Andromeda Oxford Ltd.
- 英国アンドロメダ社の好評シリーズ

各巻の目次

- **国々の姿**
  環境，社会，経済
- **地域の姿**
  自然地理，自然環境とその保全，動物の生態，植物の生態，農業，鉱工業，経済，民族と文化，都市，政治，環境問題
- **用語解説，索引，参考文献**

シリーズ構成

1. アメリカ合衆国Ⅰ　田辺裕・阿部一 訳
2. アメリカ合衆国Ⅱ　矢ヶ崎典隆 訳
3. カナダ・北極　廣松悟 訳
4. 中部アメリカ　栗原尚子・渡邊眞紀子 訳
5. 南アメリカ　細野昭雄 訳
6. 北ヨーロッパ　中俣均 訳
7. イギリス・アイルランド　松原宏・杉谷隆・和田真理子 訳
8. フランス　田辺裕・松原彰子 訳
9. ベネルクス　山本健兒 訳
10. イベリア　田辺裕・滝沢由美子・竹中克行 訳
11. イタリア・ギリシア　高木彰彦 訳
12. ドイツ・オーストリア・スイス　東廉 訳
13. 東ヨーロッパ　山本茂 訳
14. ロシア・北ユーラシア　木村英亮 訳
15. 西アジア　向後紀代美・須貝俊彦 訳
16. 北アフリカ　柴田匡平 訳
17. 西・中央・東アフリカ　千葉立也 訳
18. 南部アフリカ　生井澤進・遠藤幸子 訳
19. 南アジア　米田巌・浅野敏久 訳
20. 中国・台湾・香港　諏訪哲郎 訳
21. 東南アジア　佐藤哲夫・永田淳嗣 訳
22. 日本・朝鮮半島　荒井良雄 訳
23. オセアニア・南極　谷内達 訳
24. 総索引・用語解説　田辺裕・田原裕子 訳

- 本表をご希望の方には，頒価800円（税込）でお頒けいたしますので，下記までご連絡下さい．

朝倉書店 営業部

〒162-8707　東京都新宿区新小川町6-29／振替 00160-9-8673
電話 03-3260-7631／FAX 03-3260-0180
http://www.asakura.co.jp　eigyo@asakura.co.jp

WORLDMARK
ENCYCLOPEDIA OF THE NATIONS

世界地理大百科事典
1

国際連合

総監修
田辺 裕

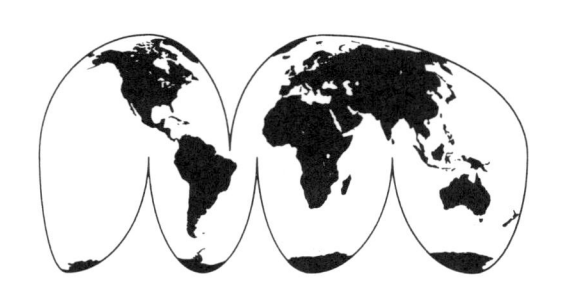

朝倉書店

This publication is a creative work copyrighted by Gale Research Inc. and fully protected by all applicable copyright laws, as well as by misappropriation, trade secret, unfair competition, and other applicable laws. The authors and editors of this work have added value to the underlying factual material herein through one or more of the following: unique and original selection, coordination, expression, arrangement, and classification of the information.

Gale Research Inc. will vigorously defend all of its rights in this publication.

Copyright © 1995
Gale Research Inc.
835 Penobscot Building
Detroit, MI 48226

All rights reserved including the right of reproduction in whole or in part in any form.

Library of Congress Cataloging-in-Publication Data

Worldmark encyclopedia of the nations. — 8th ed.
    5 v.
    Includes bibliographical references and index.
    Contents: v. 1. United Nations — v. 2. Africa — v. 3. Americas —
v. 4. Asia & Oceania — v. 5. Europe.
    ISBN 0-8103-9878-8 (set). — ISBN 0-8103-9893-1 (v. 1). — ISBN
0-8103-9880-x (v. 2)
    1. Geography—Encyclopedias. 2. History—Encyclopedias.
3. Economics—Encyclopedias. 4. Political science—Encyclopedias.
5. United Nations—Encyclopedias.
G63.W67   1995
903—dc20   94-38556
                                                                    CIP

This book is printed on acid-free paper that meets the minimum requirements of American National Standard for Information Sciences—Permanence Paper for Printed Library Materials, ANSI Z39.48-1984.

ISBN 0-8103-9881-8

Printed in the United States of America by Gale Research Inc.
Published simultaneously in the United Kingdom
by Gale Research International Limited
(An affiliated company of Gale Research Inc.)

10 9 8 7 6 5 4 3 2 1

I(T)P™

The trademark ITP is used under license.

Japanese translation rights arranged with International Thomson Publishing, New York, through Tuttle-Mori Agency, Inc., Tokyo.

総監修者のことば

何度目かの開国前夜の日本

世界を知らないことを知る

　大和朝廷以前にすでに倭国が大陸と交渉があったことはよく知られている．にもかかわらず江戸時代の鎖国にあらわれているように，日本は外国と没交渉に近いままで，外国を知らずに済んできた．元寇の折に武将が名乗りをあげる間に討ち取られたことなども，外国をほとんど知らなかった喜劇的悲劇であった．大陸侵攻後に満鉄調査部を作って大陸調査を始めたり，仏印進駐とともにグルーの博士論文「トンキンデルタ」を翻訳したりしたことは，幕末の外交的開国にもかかわらず，いかに知的には開国していなかったかを示している．福沢諭吉や内村鑑三が外国を知らねばならないと説いたのにもかかわらず，外国について日本は無知のままであったと言えよう．

　第二次世界大戦後，アジア経済研究所や民族博物館などを作ったのであるから，それでは今，外国に関して我々の知識が少しは増えたのであろうか．政治・経済・社会・文化などの面で，日本が国際的な規範に対応できているのであろうか．それは外国から与えられた課題をとりあえず泥縄式にやり過ごすことではない．建て前と本音を使い分けて，国際社会の要求はごもっともと口約束だけして，実際は自分の都合のよいように解釈しなおしたり，実施を遅らせたり，内容を骨抜きにしたりすることではない．国際社会に関する知識に裏打ちされた正確な判断と誠実な実行が求められている．

　しかし日本人の基礎的教養をはぐくむ初等中等教育で，外国に関する教育が行われているだろうか．高校で世界史は必修になったが，世界の現状を学習すべき地理は履修せずに済むことになった．将来外国とつきあう文科系の学生でさえ，世界地理は中学1年次のレベルで大学に進学する．フランスの社会科学・人文科学系を志望する高校生ならば，少なくとも日本に関して高校1年で3時間，高校3年で7時間は学習しているが，日本では中学1年で1時間，フランスの農業を学ぶ程度である．

　確かに日本と欧米の大学キャンパスに行き来する学生の姿を比較すれば，日本に外国人は少ない．しかし，だから日本を外国人は知らないと思っていたら大間違いである．むしろ日本人は今なお世界をよく知っていないことを知るべきであろう．

世界を知るために

　情報化が進み，日本独特の習慣や仕組みを世界に隠れて維持することが難しくなり，また国際化によって日本の経済・政治行動がたちまち世界に影響を与えてその評価を受ける今日，日本が世界知らずのままでいることは許されない．では世界を知るためにどうしたらよいのか．それは洋食の食べ方や，マナーや習慣の違いを旅行案内書で知ることでは済まない．

　深刻な事態は，日本人が世界を知らないことを認識していないこと，しかも知りたいと考えてもそのための最低限の世界地理の書籍すらないことである．マスコミで世界のあちこちの映像やルポルタージュが多量に供給されているにもかかわらず，そのほとんどが興味本位であったり，風俗や習慣などその地域のごく一面だけが描かれていて，自然環境から略史，政治・経済・社会など全般にわたる

概括的な知識を与えてくれるものはまったくないと言って過言ではない．

　百科事典は世界の主要国を取り上げているが，小国についてはほとんど役に立たない記述が多く，年鑑を繰ってみるとその年の出来事だけが扱われていて，全体の流れがつかめない．世界地理に関しては，自学自習したい人のための参考書もない．パリのカルチェラタンの書店の一階正面に数々の地理書が並べられていたが，日本の一流書店ではなかなか書物が見つからない．わずかに並ぶ旅行ガイドでさえも，名所旧跡とおみやげの簡単な解説を付けた同工異曲のものが多く，眼前に展開する風景さえまともに解説されていないし，ましてや旅行先の国々が現下に抱えている諸問題などは触れていないから，たとえばその地域でテロに出会ったときに，即座に誰と誰の争いなのか判断もつかない．北アイルランドで騒擾事件が起こったというだけで，パリの大学都市ではフランス人学生がイギリス大使館の前を迂回する．だがその知恵が日本人にあるだろうか．

本格的開国を前に

　日本は，開国をしていると信じている人が多い．しかし真の開国とは，世界に日本を知ってもらうだけではなく，日本も世界を知る相互理解が必要であるのに，現実には世界のことを我々は知らな過ぎる．アフリカのイスラム圏の南縁で起こっている民族対立は知らないで，アラビア半島におけるイスラム教徒の禁忌や戒律を教えられている日本の中学教育は，いつの間にかイスラム＝アラブという既成概念を作っている．あるいはイスラム諸国で豚を食べないことを教えながら，なぜそのオリンピック代表に女性がほとんどいないのかは教えない．真の何度目かの開国をするためにも，日本は外国を知る手だてとなるような書物を必要としている．

　1996年来，同じ朝倉書店から刊行している『図説大百科世界の地理』（全24巻）は，図や写真を豊富に取り入れて，学校教育や観光旅行のための一般読者，より広い教養人を対象としているが，本書はそれとは異なり，年鑑や百科事典を超えて，国際的に，世界諸地域を相手にビジネスをしようとする人々，あるいはそこで滞在して生活したい人々に向けた，政治や経済などにも力を入れた基礎的実用的事実の記載を編集している．どれほど小さな国や地域でもある程度のページを与えられているから，百科事典でも扱わない国々に関しては，多分日本語で読める唯一の文献である．

　残念ながら末だに，本書のような書物を日本人が書いて出版する力はない．ならばこの1次資料をもとに書かれている書物自体をまず日本語で読めるようにして，いつか日本人が現地資料を基礎に世界の国々の世界地理を書ける日を待とうではないか．

　1998年8月

慶応義塾大学教授
東京大学名誉教授
田　辺　　裕

目　次

国際連合の組織

国際連合の組織図 …………………………… 2
国際連合システムの構造 …………………… 3
国際連盟との比較 …………………………… 7
国際連合の創設 ……………………………… 10
国際連合本部 ………………………………… 20
国際連合の予算 ……………………………… 25
総　会 ………………………………………… 29
安全保障理事会 ……………………………… 35
経済社会理事会 ……………………………… 44
信託統治理事会 ……………………………… 50
国際司法裁判所 ……………………………… 54
事務局 ………………………………………… 61
事務総長 ……………………………………… 66
国際の平和および安全 ……………………… 84
軍備管理と軍縮 ……………………………… 107
宇宙空間の平和利用 ………………………… 128
海洋法 ………………………………………… 132
経済的および社会的発展 …………………… 136
技術協力計画 ………………………………… 156
社会的および人道的援助 …………………… 176
人　権 ………………………………………… 209
植民地人民の独立 …………………………… 224
国際法 ………………………………………… 236
世界人権宣言 ………………………………… 242
国際連合の主要機関の住所 ………………… 245
国際連合オンライン・データベース ……… 255
国際連合寄託図書館 ………………………… 256
国際連合組織の職員 ………………………… 259

国際連合の関連機関

国際連合システムの機関 …………………… 262
国際原子力機関（IAEA） …………………… 264
国際労働機関（ILO） ………………………… 275
国連食糧農業機関（FAO） ………………… 292
国連教育科学文化機関（UNESCO） ……… 309
世界保健機関（WHO） ……………………… 322
国際民間航空機関（ICAO） ………………… 342
万国郵便連合（UPU） ……………………… 351
国際電気通信連合（ITU） …………………… 358
世界気象機関（WMO） ……………………… 366
国際海事機関（IMO） ……………………… 374
世界知的所有権機関（WIPO） ……………… 380
国際農業開発基金（IFAD） ………………… 385
国連工業開発機関（UNIDO） ……………… 389
関税及び貿易に関する一般協定（GATT） …394
　［世界貿易機関（WTO）］
国際通貨機関（IMF） ……………………… 405
世界銀行グループ …………………………… 416

付　録

極地地域 ……………………………………… 432
世界の統計表 ………………………………… 444
宗教上の祝祭日 ……………………………… 475
専門用語集 …………………………………… 480
国名・地域名索引 …………………………… 485

執筆者

委員長　Ambassador Charles F. Dunbar, President, Cleveland Council on World Affairs

Alberto Benitez, Department of Economics, Florida International University
Evelyn Feretti, Department of Agricultural Economics, Cornell University
Rodger M. Govea, Associate Professor, Department of Political Science, Cleveland State University
Kenneth W. Grundy, Marcus A. Hanna Professor of Political Science, Case Western Reserve University
John W. Guendelsberger, Professor of Law, The Claude W. Pettit College of Law, Ohio Northern University
Nese Guendelsberger, Attorney at Law, Ada, Ohio
Herbert G. Hagerty, Foreign Service Officer (ret.), U.S. Department of State
James J. Heaney, Managing Editor, Webster's New World Dictionary
Gail Junion-Metz, President, Information Age Consultants
Mark N. Katz, Associate Professor of Government and Politics, George Mason University
Catherine Lynch, Assistant Professor, Department of History, Case Western Reserve University
Vincent McHale, Chairman, Department of Political Science, Case Western Reserve University
Glenn McLoughlin, Specialist in Science and Technology Policy, Congressional Research Service, Library of Congress
Raymond E. Metz, Interim Director, University Libraries, Case Western Reserve University
Allan R. Millett, Mason Professor of Military History, The Mershon Center, The Ohio State University
Raul Moncarz, Professor, Department of Economics, Florida International University
Martha Brill Olcott, Professor, Department of Political Science, Colgate University
Henry Precht, Adjunct Associate Professor, Department of Political Science, Case Western Reserve University
John Ranahan, Lake Ridge Academy
Vladimir Rus, Department of Slavic Literature (ret.), Case Western Reserve University
Maria J. Santos, Senior Evaluator, United States General Accounting Office
Joseph W. Stoll, Supervisor, Cartography Laboratory, University of Akron
Jeanne Marie Stumpf-Carome, Department of Sociology, John Carroll University; Department of Anthropology, Kent State University–Geauga Campus
Arthur S. Westneat, School for Public and Environmental Affairs, African Studies Program, Indiana University
Renate Wise, Center for Middle Eastern Studies, The University of Texas at Austin

原著制作スタッフ

編集長　Timothy L. Gall
副編集長　Susan Bevan Gall
編集（『1巻国連』）　Lynne Brakeman
編集　Daniel M. Lucas
編集補助　Alana Andrews, Chandra P. Balasubramani, Nelia Dunbar, Robert Halasz, James Henry, Kim Humiston, Roman Jakubowycz, Ann P. Standley, Rosalie Weider, Douglas Wu
地図製作　Maryland Cartographics, Inc.; Scott B. Edmonds, President
Stephanie K. Clark, Deborah G. Freer, Tracy R. Morrill, Justin E. Morrill, Judith G. Nielsen, John P. Radziszewski
原稿整理　Janet Fenn, Mary Ann Klasen
植字　Brian Rajewski, Deborah Rutti
データ入力　Judith Arth, Dawn Babos, Lee Ann DeWolf, Janis K. Long, Deborah Ridgway
校正　Deborah Baron, Jan Davis, Janet Fenn, Ruta Marino

謝　辞

　『世界地理大百科事典』の基礎的な編集準備は，諸政府の動きに絶えず遅れないようにすることにある．編集委員会は懇切なご協力をいただいた世界中の多くの政府当局者に対して謝意を表する．国際連合（UN）およびその専門機関が発行する膨大な資料から抽出され，本百科全巻に利用された貴重な資料に対して心から感謝する．国連，その専門機関，政府間組織および非政府間組織（NGO）の当局者から与えられた助力に対して感謝する．

　編集委員会は国連の広報部（部長 M. Hosali）およびハマーショルド図書館（館長 Rima Bordcosh）の職員が特にあいまいな疑問に対する答えを探し出すために多くの時間を費やして下さったことにとりわけ感謝したいと思う．さらに以下の個人や団体に対しても，それぞれの組織の活動に基づいて重要な協力をいただいたことについて感謝したい．

　Marie Paul Aristy, Chief Information, Communication and Documentation Unit, INSTRAW; Vera Azar and Lina Arafat, ESCWA, United Nations; Michael Cassandra, Centre for Disarmament Affairs, United Nations; Padraig Czajkowski, Centre for Human Rights, United Nations; Jacqueline Dauchy, Director, Codification Division, Secretariat of the Commission on International Law, United Nations; Lynn Failing, Deputy Chief, Public Information Office, UNRWA; Donald E. Fitzpatrick, Special Assistant to the Under Secretary General for Administration and Management, United Nations; Hirut Gebre-Egziabher, Project Officer, Division of Information, UNICEF; Christine Graves, FAO; Marilla B. Guptil, United Nations Archives; H. J. Frick, Chief, Official Relations Branch, ILO; Nandasiri Jasentuliyana, Director, Office for Outer Space Affairs, United Nations; Mary Lynn Hanley, Chief, Editorial and Audio Visual Branch, Division of Public Affairs, UNDP; Margaret A. Kelly, Secretary, ECOSOC, United Nations; Pamela Maponga, Secretariat of the Special Committee on Apartheid, United Nations; Luciana Marulli-Koenig, Chief Information Support Unit, Dept. of Policy Coordination and Sustainable Development, United Nations; Ian McDonald, Chief Editor, IMF; Mehri Madarshahi, Department of Administration and Management, UN; Allegra Morelli, Director, Information Division, IFAD; Ozdinch Mustafa, Senior Political Affairs Officer, Trusteeship Council, United Nations; Ann Rogers, Senior Economist, Department of Policy Coordination and Sustainable Development, United Nations (for information on the World Food Council); Simeon Sahaydachny, Legal Officer, International Trade Law Branch, Office of Legal Affairs, UNCITRAL; Samir Sanbar, Under Secretary General, Department of Public Information, United Nations; Wesley Scholz, United States Department of State (for information on the Law of the Sea Convention); Maria-Sabina Yeterian-Parisi, Economic Affairs Officer, Policy Coordination and External Relations Service, UNCTAD; David J. Woods, Director, Information Division, GATT; External Relations Division, UNIDO; Communications and External

Relations Section, UNIFEM; Division of External Relations, UNHCR; Adrienne Cruz, Publications, Dissemination and Reference Centre, UNRISD; Department of Public Information, UPU; Department of Public Relations and Information, WIPO; and the Secretariat of the World Meteorological Organization.

　この大百科は各巻に採録された国々の政府にお願いした統計や資料に非常に助けられた．以下の方々には，個人的にあるいはその役職を通して，我々の資料請求に対して親切に対応して下さった．

　Mr. Arben Tashko, Embassy of the Republic of Albania; Mr. Hamid Belhadj, Embassy of the Democratic and Popular Republic of Algeria; Ms. Debbie O. Profper, Embassy of Antigua and Barbuda; Mr. Garnik Ashotovich Nanagulian, Embassy of the Republic of Armenia; Mr. Christopher Sweeney, Embassy of Australia; Mr. Martin G. Eichtinger, Embassy of Austria; Mr. Djeikhoun Nazim Molla Zade, Embassy of the Republic of Azerbaijan; Mrs. Diane A. Dean, Embassy of the Commonwealth of the Bahamas; Mr. Othman Abdulla Mohammed Rashed, Embassy of the State of Bahrain; Mr. K. M. Ejazul Huq, Embassy of the People's Republic of Bangladesh; Mr. Charles Chesterfield Burnett, Embassy of Barbados; Mrs. Gisele Louise Eggermont, Embassy of Belgium; Mrs. Yvonne Sharman Hyde, Embassy of Belize; Mr. Augustine Moipolai Pone, Embassy of the Republic of Botswana; Mr. Eduardo Botelho Barbosa, Brazilian Embassy; Mr. Ahmad Hajijukin, Embassy of the State of Brunei Darussalam; Ms. Djeneba Yasmine Traore, Embassy of Burkina Faso; Mr. Pierre Ndzengue, Embassy of the Republic of Cameroon; Mr. L. Ian MacDonald, Embassy of Canada; Mrs. Maria I. M. Correa Reynolds, Embassy of Chile; Mr. Antonia F. Copello, Embassy of Colombia; Mr. Kresimir Cosic, Embassy of the Republic of Croatia; Mr. Miltos Miltiadou, Embassy of the Republic of Cyprus; Mr. Joergen Grunnet, Royal Danish Embassy; Mr. Issa Daher Bopuraleh, Embassy of the Republic of Djibouti; Dr. Dario Suro, Embassy of the Dominican Republic; Mr. Kamel Abdel Hamid Mohamed Ahmed, Embassy of the Arab Republic of Egypt; Mr. Eerik Niiles Kross, Embassy of Estonia; Mr. Demissie Segu Segu, Embassy of Ethiopia; His Excellency Pita Kewa Nacuva, Embassy of the Republic of Fiji; Mrs. Pirkko Liisa O'Rourke, Embassy of Finland; Mr. Jean Mendelson, Embassy of France; Mr. Gottfried Haas, Embassy of the Federal Republic of Germany; Miss Mara Marinaki, Embassy of Greece; His Excellency Kenneth Modeste, Embassy of Grenada; His Excellency The Most Reverend Agostino Cacciavillan, Apostolic Nunciature; Mr. Rosny Montoya Flores, Embassy of Honduras; Miss Klara Breuer, Embassy of the Republic of Hungary; Mr. Jon Egill Egilsson, Embassy of Iceland; Mr. Sanjay Bhatnagar, Embassy of India; Mr. Subekti Dhirdjosaputro, Embassy of the Republic of Indonesia; Mr. Nimrod Barkan, Embassy of Israel; Mr. Alessandro Vaciago, Embassy of Italy; Mr. Seiichi Kondo, Embassy of Japan; Mr. Marwan J. Muasher, Embassy of the Hashemite Kingdom of Jordan; Mr. Byong Suh Lee, Embassy of Korea; Dr. Ali Ahmad Al Tarrah, Embassy of the State of Kuwait; Mr. Ints Upmacis, Embassy of Latvia; Mr. Tsepiso Jeffrey Malefane, Embassy of the Kingdom of Lesotho; Dr. Alfonse Eidintas, Embassy of the Republic of Lithuania; Miss Colette Kinnen, Embassy of Luxembourg; Mr. Robert B. Mbaya,

Embassy of Malawi; Mr. Alfred M. Falzon, Embassy of Malta; Mr. Banny DeBrum, Embassy of the Republic of the Marshall Islands; Mr. Amadou Diaw, Embassy of the Islamic Republic of Mauritania; Mr. Joaquin Gonzalez Casanova, Embassy of Mexico; Mr. Kodaro M. Gallen, Embassy of the Federated States of Micronesia; Mr. Nadmidyn Bavuu, Embassy of Mongolia; Mr. Antonio Paulo Elias Matonse Jr., Embassy of the Republic of Mozambique; Mr. Japhet Isaack, Embassy of the Republic of Namibia; Mr. Frans L. E. Hulsman, Embassy of the Netherlands; Mr. Robert Carey Moore Jones, Embassy of New Zealand; Mr. Enrique Vanegas, Embassy of Nicaragua; Mr. Adamou Abdou, Embassy of the Republic of Niger; Mr. Tore Tanum, Royal Norwegian Embassy; Mr. Salim Al Mahrooqy, Embassy of the Sultanate of Oman; Mr. Malik Zahoor Ahmad, Embassy of Pakistan; Miss Lerna L. Llerena, Embassy of the Republic of Panama; Mr. Christopher Mero, Embassy of Papua New Guinea; Mr. Jose M. Boza, Embassy of Peru; Mr. Boguslaw M. Majewski, Embassy of the Republic of Poland; Professor Maria Graca S. Almeida Rodrigues, Embassy of Portugal; Mrs. Natal'ya P. Semenikhina, Embassy of the Russian Federation; Mr. John P. Irish, Embassy of St. Kitts and Nevis; Ms. Undine George, Embassy of Saint Lucia; Ms. Cecily A. Norris, Embassy of Saint Vincent and the Grenadines; Dr. Hamad Ibrahim Al Salloom, Embassy of Saudi Arabia; Mr. Marc R. Marengo, Embassy of the Republic of Seychelles; Miss Siong Fun Lim, Embassy of the Republic of Singapore; Mr. Jaroslav Smiesny, Embassy of the Slovak Republic; Mr. Gregor S. Zore, Embassy of the Republic of Slovenia; Mr. Atukoralalage A. Wijetunga, Embassy of the Democratic Socialist Republic of Sri Lanka; Mr. Abdalla Khidir Bashir, Embassy of the Republic of the Sudan; Mrs. Lindiwe Audrey Nhlabatsi, Embassy of the Kingdom of Swaziland; Mr. Ingmar J. Bjorksten, Embassy of Sweden; Mr. Francois Barras, Embassy of Switzerland; Ms. Souad Mourazen Al Ayoubi, Embassy of the Syrain Arab Republic; Mr. Ally O. Mjenga, Embassy of the United Republic of Tanzania; Mr. Oussama Romdhani, Embassy of Tunisia; Mr. Ahmet Mahfi Egilmez, Embassy of the Republic of Turkey; Mr. Dmitro Y. Markov, Embassy of Ukraine; Mr. Atiq Mubarak Marzoog Khamis, Embassy of the United Arab Emirates; Mr. Nicholas W. Browne, British Embassy; Mr. Carlos Maria Irigaray, Embassy of Uruguay; Mr. Ramon Hernandez, Embassy of the Republic of Venezuela; Mr. Lazarous Kapambwe, Embassy of the Republic of Zambia; Mr. Mark-Grey Marongwe, Embassy of the Republic of Zimbabwe. Embassy of Turkmenistan and Veronica Rentmeesters.

　Margaret Hunter（トルクメニスタン大使館）と Veronica Rentmeesters（エリトリア大使館）には，それぞれの国における最近の資料を用意して助けて下さったことを，特に感謝したい．

　以下の個人と組織から懇切な助力を賜ったことにも記して感謝したい．

　Ernest Carter, USDA, Foreign Agricultural Service; Orlando D. Martino, Chief, Branch of Latin America and Canada, US Department of the Interior, Bureau of Mines, Division of International Minerals; Bernadette Michalski, Energy Analyst, US Department of the Interior, Bureau of Mines, Division of International Minerals; Hendrik G. van Oss, Economic Geologist, US Department of the Interior, Bureau of Mines, Division of International Minerals; Lowell

Feld, Energy Information Administration, Energy Markets and Contingency Information Division; Matthew E. Brosius, Deputy Head of Center, Organization for Economic Co-operation and Development; Rosario Benevides, Salomon Brothers; Sarah Baker, BP America, Reference Center.

　我々はElizabeth GallとAdam Gallにも支援と勇気づけをいただいたことに感謝したい．最後にCleveland Council on Wold Affairsが世界各国に関する一連の参加専門家と連絡を取るよう便宜をはかって下さったことに，とりわけ謝意を表したい．

序　言

　国連はしばしばニュースに現れるが，その基礎的な性格，その可能性およびその限界に関しては広く理解されていない．創立後50年の間に，参加国数においてもその活動範囲においても組織は非常に拡大した．その期間，諸政府や社会は多様で危険なまた複雑な問題に対して，通常はそれに立ち向かうべき十分な手段もなく責任を負ってきた．それは，国連がその成果よりむしろその欠陥によってずっと有名であることを意味している．

　創設時における国連の主要な機能は，国際平和と安全の維持，軍縮および様々な形の戦後の再建であった．しかしながら創設者たちは，第二次世界大戦の間の様々な状況を生み出す際に経済的社会的な混乱が演じた役割を想起して，憲章のなかに「すべての人々の経済的および社会的発展」と人権および基本的自由との促進を明瞭に委任することとしたのである．国連活動のこの面における欠陥は，職員やプロジェクトの点でもきわめて大きなもので，たぶん組織の初期の50年間でもっとも深刻な失望である．

　国連自体は単なる構成国の道具にすぎない．事務総長の指導性やその限られた指導力を別にして，組織はその効率と発展を諸政府の支持と政治的意志に依存している．平和維持活動や事務総長の仲介的役割が一時的に支持を得たことはあるが，国連が国際平和に脅威とならないような人的災害に関与すべきであるかどうかについては，今なお深刻な対立がある．経済的および社会的な面においては，国連に指導的な役割を与えるべきであるかに関して，さらに大きな意見の不一致がある．

　国連は今やその歴史上もっとも重要な転換期を過ごしている．事実上，最近の平和維持活動や人道的な活動はすべて，かつてのような国家間の紛争であるよりむしろ，一国の国境内における暴力的状況に関するものである．メディアや大衆は次第に，この組織をまだ存在してもいない国際社会の警察や救助機関とみなしてきている．そのような役割に対して必要な資材を提供することに，またそれを承認することに同意しない政府があるかもしれないが，たとえ国連が経済的および社会的な問題にさらに効果的な指導を発揮できなくとも，この組織が次第に人類の未来を決定づけるような大きな世界的諸問題に無関心になるという疑いはまずなかろう．我々はすでに多くの「ひとつの世界」の諸問題をもっている．もし国連がそれらを効果的に扱い始めなければ，国連は役立たずとなり，それとともに世界はより危険になるであろう．

　いわゆる国連組織は，理論上はともかく，事実上すべての人間活動を扱っている．50年を経て，それは再組織，改組，そして再生が必要である．しかしながらその憲章と基本的機構は健全である．もし来るべき時代の膨大な諸問題に対処するために世界的組織を強化すべきであれば，それを前向きに批判し強く支持することができるよう，社会がそれを理解することが基本である．

BRIAN URQUHART
フォード財団客員研究員
1994年8月

第7版への序言

　国連本部のむかいにイザヤ書から取った銘が石に彫られている.「彼らは剣を打ち直して鋤とし槍を打ち直して鎌とする. 国は国に向かって剣を上げずもはや戦うことを学ばない.」 この銘にあらわされている平和の見方の基礎となっている預言者たちの道徳的な正義の意味は, 未だに政治的行動の基礎として受け入れられてはいない. 実際, 近年の展開は国連に暗い陰を投げかけている. 憲章の精神にふさわしくない決議案の条文や習慣を容認することは, 政治的機関としての組織の効力に疑問を浸透させてきただけでなく, 専門機関の活動をかつて性格づけていた公明性と協力の精神を傷つけてしまった. 1930年代に世界は道徳的な力の喪失に出会い, そして国際連盟の政治的衰退を見た. この『世界地理大百科事典』の編集者たちが熱烈に望むことは, 政治的な様々な影響が国連の基本的成果をこれ以上傷つけないことである.

　平和の諸問題は至る所で人々の心をとらえている. いよいよ激しくなる現代の複雑さは, より多くの人々の責任を増大させる一方で, しばしば個人の救いのない感情を増幅させている. にもかかわらず, 他の土地に関する知識とそこにおける人々を仲間の人類であると認識する能力とは, 個人がこの救いのない感情を克服し, また自分と他人とのために活動することを可能にする. この精神によって, この本は企画され, 供せられている. 望むらくは, 多くの特定の用途に用いられるだけでなく, 読者がより広い世界に目を向け, それが国際理解に役立つことを.

MOSHE Y. SACHS
第1版から第7版までの編集発行人

第1版への序言

　この『世界地理大百科事典』は近年発刊された他のどのようなものとも異なっている．それは，安直に参照するために単なる雑多な事実を集めたものではない．それはむしろ18世紀のフランスにおいて，啓蒙運動の先触れとなった百科全書派の開拓者的な労作に似ている．彼らはそこで，絶対君主の国家体系が科学を君主とした新たな対応を見いださねばならないような，歴史の大きな転換点にある人々の生活と国々を写していたのである．山岳や海洋のような古い安全を守る手段は，原子力の時代の衝撃にもはや有効ではない．国連は，国際社会がいよいよ相互依存になってくるこの新たな世界の鏡である．したがってあらゆる地域の人々の主要な関心を総合的に調査することこそ政治的な枠組みのためにふさわしいことになる．このような地理百科が，国際連合だけでなく現代をも理解するための貴重な案内書であることは，当然，明らかである．

JAMES T. SHOTWELL
(1874年8月6日―1965年7月17日)
第1版，編集顧問委員会，委員長

第 1 版の

はじめに

　国内外で次々と事件が起こり，その変化がいよいよ早まっている動きの中では，国の発展の速度と方向に影響を与える多くの要素に関して，人々の基礎的な理解を一段と深めることが必要になっている．文化間の相互浸透や科学技術の互恵的な交流のパターンが依拠している考え方は，すべての参加者たちの多様なアプローチが，根元的にはひとつにまとめられる中心的な目的に向かって行くということである．つまりどこにあっても，各個人のすべての機会が普遍的に平等であるような，よりよいひとつの世界を創造することである．

　コミュニケーションの発達によって，ひとつの惑星は地域社会の規模に収縮し，そこには，20世紀の思想と行動の主流から未だに完全に隔絶されている人類集団は事実上存在しなくなった．人権に関して一定の基礎的な規範が採用され，あらゆる法体系に共通する基礎的原理に根ざした超国家的な法が徐々に生成されてきたことに刺激されて，人々のあいだに一体感の意識が成長している．

　これほど長いあいだ人間性を悩ませてきた難問に対する妥当な答えを求める要求に，これほど差し迫って出会った時代は，歴史上かつてなかった．世界とそこにおける個人との位置づけを抽象的に説明することは，漠然としたしかも表面的にしか探ることのできない感情の領域において，世界と個人とを相互に対立させることとなる．経済哲学や社会哲学の合理化された諸概念は，全体の統一体としての構造をしばしば恐怖によってばらばらにするような暴力に対して，それぞれの愛国心を売り込もうと競争して戦っているのである．そして現下の，わが地球上すべての人々が自由と進歩に向かって前進しているのだということは，マスコミが政治的事件を過剰に扱うことによってきわめてぼやかされているのである．

　どこの人々でも，自分自身と自分に関係の密接な様々な地理的地域にいる隣人たちとに関する，正確で，総合的でまた時機に適した情報を真に熱望している時には，対象地域が広大で多様であるが故に，情報が一般の人々の要求に少ししかこたえていないとさらに言い募ることになる．あるいはそれは，拡がりにおいても深さにおいてもあまりに細かすぎて，わずかの専門家しかその有効性を利用できないか，あまりに簡略で，しかも断片的すぎて，利用者を啓蒙するよりむしろ混乱させるだけである．

　別の特別な理由からも，政治的に分かれた単位として，また全体がひとつの大家族となっている一員としての諸国家として，各国の分析的基礎的情報を改めて参照することが必要となった．まず暴力を制約しようと合意した兵力を共同で行使することによる国際平和と安全保障との維持に諸国家がおしなべて関心をもっているために，次に平和な関係が危機に瀕している争乱地域の治安を維持するために，諸国の差異を調整するための訴訟手続きを適応するために，そして諸国間の経済的および社会的な規範の深い亀裂とその結果として，彼らの地位の基本的な不平等さに根ざした矛盾の淵源そのものを打ち破るために必要なのである．

　いわゆる現実主義者たちは，国家間の紛争は国家のダイナミックな発展の副産物であり，また勢力の「均衡」を作り出すほんの実務的な調整によって世界の多様な断片の中に平衡状態を生み出すの

だという信念を言い続けているかもしれない．また戦争が生物学的に不可避のものであるとする理論家たちは，若干の絶対的な強国の手に権力を集中することによってのみ，現実の武力紛争を排除することが出来るし，また人々を自由のない「パックス・ロマーナ」の「恩恵」に浴させることになるのだという唯物主義的な考え方をなお公言している．しかしながら，諸帝国の時代，植民地属領の征服の時代，平均寿命を30歳以下に据え置いた疫病と悲惨さの時代，そして多彩な哲学的，宗教的および科学的概念からなる文化の主流から孤立しまた文字を知らない精神的な暗黒の時代以来，人類は大きな発展を成し遂げた．

　倫理的な諸原則の下で，人民と国家は権利を保有し義務を負うものとして現れ，道徳性が軍事的な会議に参加した．法の一般的法則に向かう前進は，理想主義者にとってはあまりにも緩慢ではあったが，それでもその前進は，暴力的な革命的変化より平和的な漸進的進歩がより永続性のある結果を達成すると信じる人々を大きく勇気づけている．普遍的に認められた法原理の成文化を着実に進めること，また一般の同意を得て新たな原理を作り上げることは，この不安定な変化の時代のもっとも希望をもてる大切な手がかりである．国際連合規約や国連憲章のような国際的な盟約は法的な基準と道徳的な考え方とを互いに結合させている．それら盟約は，倫理的権利義務と法律的権利義務とが共存し，それが，その相互の関係において，また国々の住民，従属国の人々および国籍をもつ人々に関して，国家によって遵守されねばならないことを認めているのである．

　世界の共同体の中ですでに生み出された諸変化は，特にその発展の進んでいなかった部分において非常に広範囲に及んでいるために，最近起こった新たな現実に直面して，通常の歴史的経過はあまり重要ではなくなってきた．

　どの百科事典も専門化した情報源も，政治的自由，経済的発展，社会的進歩そして国際的協力の実行にみられる変化の実績を十分に評価していないと感じられるので，当社は国々に焦点をあわせた基本的な新しい百科事典を発行することに決した．

　各国の表面に現れた象徴として，首都，地図，国旗，国歌，通貨，計量単位，祝祭日，そして現地時間をまず確認し，ついで各項目が，資料を得られる限り根こそぎに用いてその国の生活の50の側面（＊）を扱い，それによって，過去の変化に根ざした，制度，習慣や伝統の現在に関する全体像を提供する．地形，気候，動植物が当該国のその他の自然的特質を補っている．

　国々がいかにもその国らしいのは，人間が自分の環境を作り上げて行く努力のおかげであり，したがって他のどの要素よりもまず人口，民族集団や言語が次に扱われる項目となる．これらは，宗教の部分と共に，それぞれの主権国家の政治的，経済的および社会的な基礎的制度を規定する人口学的な諸現象に関して基礎的な理解を与えてくれる．

　続いて，交通とコミュニケーションは，各国の国内統合と人類のより広い統一体の再建とを強化する前向きな要素として記述される．

　次の歴史の概観は，多くの場合概略にとどめられる．それは他の一般的な資料をもとにした総合的な歴史を手に入れることが出来るからである．

　個々の国家的経験の結果として，様々な類型の政権が，他の国民の類似の経験から学んだり，あるいは異なった必要性に対応させて樹立されてきた．政府の運営には，特定の政治哲学に対応した，また市民が政党をとおして制御する様々な型の機関がある．

　地方制度が，公共の利害を受けもつ協議機関や執行機関の体系を補っている．

司法制度の様式に関する知識は，ある特定の国家内におけるあらゆる種類の個人のおよび法人の活動にとってかなり重要である．

　一国の国内の安定とその国際的な安全とは，軍事力の組織と能力に関する適切な資料によって明らかにされている．

　移住の様態は大きな変化を受けてきたので，各国における人口変動に及ぼす移住の影響に関する情報は，労働力予測や消費の可能性を評価するためにきわめて重要である．

　いずれの国も自分だけ孤立した単位ではない．各国が国際協力に携わる程度は，緊張と紛争の起こりうる源泉を平和に納めることに関する有用な指標である．国際的な影響を伴う国内の発展は，一面では広い範囲の経済に関係している．本百科事典は国内総生産，労働，農業，畜産業，漁業，林業，鉱業，エネルギー，工業，商業，貿易，国際収支，銀行・証券業，保険業，投資および経済政策を総合的に扱っている．

　本書は健康，社会福祉や住宅に関する情報も与えている．これらは，経済的に発展していない国々において，経済活動のまたいわゆるインフラ[社会経済基盤施設]に対する公共投資の，主要な原動力として重要である．これらはまた，その他の活動にとっても，生産，雇用，より高い生活水準，そして一般的に言えば基本的人権と自由のより広い享受を増進するための必要条件としてきわめて重要である．

　上記の2項にあげた国内の経済的活動と社会的活動は，非識字に対する戦いに助けとなることを目指している．非識字は，政治に積極的に携わる市民の数を減らし，各国におけるまた多くの国々の間における差別的慣行や根拠のない固定観念を育て維持する手段となっている．教育を受けた政治指導者，行政官，経済学者，ソーシアル・ワーカー，医療従事者，そして技術者たちを供給するために利用出来る教育施設を知ることはとりわけ重要である．教育機関の資料に加えて図書館や博物館，および各国の人々が自分の共同の利害と福祉を増進するために設立した組織に関する情報も加えられる．

　情報と啓蒙に関する新聞やその他のメディアは，人々の文化的な環境を示す重要な指標である．報道の自由の程度は，政府とそれに支配されるものとの知的な成熟を示す最良の証拠であり，世論の分野における基本的人権が真に尊重されている程度を示す重要な指標である．

　多分もっとも効果的に相互理解を進める方策は，異なった国々の人々相互間の，そして他の自然環境との接触によるものである．観光の目的に必要な諸条件は，すべて説明している．

　それぞれ個別の国が国際的な義務を負っている属領は，詳細に記述した．最後に知名人の大まかな一覧表が，その国で有名な人たちの伝記体的な名簿となっている．

　[＊原文ではこれら一連の記述の最後に，50番目の項目として最新の参考文献の一覧表がある．しかしこれは英語の読者のための案内となっており，また日本国内では入手できない書物が多いので，本書では「参考文献」をはずして49項目とした．]

　しかし今日そして現代，諸国は，重要度の様々な国内問題にひとり忙しい，孤立した島ではない．まったく国内的な問題の拡がりが，国家間のコミュニケーションが容易になったことに大きな影響を受けて，収縮している．

　国連と国々の地域組織とが，直接あるいはその下部機関や協力機関を通じて，国民に関わる実質上すべての領域を扱っている一方で，他の組織では経済的あるいは社会的な問題について，その支

配区域をより特定の地域にしぼっている．彼らは世界的な諸問題からごく近隣の諸問題まで扱い，大小いずれであれ，国際協力の過程において人々の間の様々な関係を改善しまた建設的な意味をもたらすような役割を演じている．軍事協定でさえも，単に否定的な目的であれば，それを生み出す目的であった安定と団結の役に立ちえないことが分かって，次第にその関連事業を拡大してきた．国連のダグ・ハマーショルド事務総長は，国連の枠外で行われた，しかしその憲章の精神と一致したいかなる共同行動も世界的機構の基本的な目的に向かう協力とみなすことができる，という彼の見解を繰り返し述べていた．

　我々は，良かれ悪しかれ，個人そのものに影響を与える世界的な諸問題の衝撃の下に生きているので，また国内的にも国際的にも民主的な過程に向かって前進しているので，今やいよいよ多くの人々が国際的な問題の動きに積極的に関わっている．彼らの希望を伝える最善の手段は，民主的に選出された，市民一般の願望に責任をもつ政府である．政権の判断は国民の了解を必ずしも常に考慮する必要はないにしても，人民がその政権に同意していない時には，人々は自分の主要な見解を表明する非政府組織をもつことができる．

　『世界地理大百科事典』は先駆的努力のひとつである．この第1版が誰にでも真に役に立つ道具であることを証明することが，我々の切なる希望である．

BENJAMIN A. COHEN

（1896年3月18日—1960年3月12日）

第1版，編集長

第8版への
補 足 説 明

　一般的補足：1988年に第7版の『世界地理大百科事典』を出版して以来，世界は劇的に変化した．世界が変化したように，この地理百科も変化した．ソヴィエト連邦，チェコスロヴァキア，そしてユーゴスラヴィアの分解，ドイツやイェーメンの統一，エリトリアの独立によって，この第8版では25の新たな国々の記述を起稿することになり，570ページの情報を追加することになった．第1版の『世界地理大百科事典』は1巻で119カ国の記述で収まったが，この版は5巻[日本版では6巻構成]で今や202カ国を擁している．

　『世界地理大百科事典』の第8版に資料を組み込み編纂するに際して，世界各国の政府とすべての適切な国連機関の支援を得るために主要な努力が払われた．彼らには，資料を提供し，彼らの利害が関わる領域に適切な資料の更新と校閲に協力していただいた．国連諸機関や世界中の政府間組織や非政府間組織の資料や出版物は，地理，人口，経済，および社会に関する資料類の基本的な蓄積を用意してくれた．歴史と政治に関する資料類の編纂に際しては，政府から得られた一次資料を様々なその他の資料源から集めた資料によって補った．

　読者はまず，専門用語集（本巻の480ページ～483ページ）に注意を向ける．それは本文を全体として理解するのに必要な鍵となる用語や概念の説明のためのものである．

　国家の名前：国家の名前は（適当に）三つの形式で示されている．本文で一般的に使用されている短い形式の名称，公式名称の英語版，およびその国の（諸）言語による公式名称である．必要に応じて，公式的な使用と一般的な用語の間の均衡をうまくとるために，通常は公式名称の始めの1文字を組み合わせた代用名称に限って，いくつかの短い形式の名称を本文で使用している．したがって，全体として（正確さを要する歴史の関連を除いて）短い形式に関して以下の変更が行われている．FRG（ドイツ連邦共和国，日本版では西ドイツ），北朝鮮あるいはDPRK（朝鮮人民民主主義共和国，日本版では北朝鮮），南朝鮮あるいはROK（日本版では大韓民国）がそれである．さらに第7版以来，公式名称の変更を受けて，以下の使用法が採用されている．たとえばカンプチャからカンボジアに，ビルマからミャンマーに変更された．[日本版はこの第8版の1994年から1999年までの変化も加え，ザイールからコンゴ民主共和国（ザイール）に変更した．その他の国名については国名リストを参照されたい．]

　地　図：すべての地図は改めて制作された．個別の国の地図上の地名は，その国での使用法を参照しつつ一般的に認知されている翻訳を用いた．[出来る限り現地発音をカタカナにしたが，一部慣用される地名や上述のように認知されている英語名をカタカナにしたものもある．]国境や地形を明らかにするために，水面には陰影を施し，その国の領土以外の土地には明るい陰影を施した．いくつかの紛争地域を示すためには網目を用いた．一年の内ある期間干上がってしまう河川は，実線のかわりに破線によって示されている．ここ6年間において起こった電子出版の変化は，国境に起こった変化と同じくらい猛烈なものであった．すすんだ地図技術に遅れないために，この地理百科の電子出版を予期して，地図はコンピュータ形式で制作しなおされたものである．

国旗と国の紋章：国旗，国旗の指定，国の紋章に関するすべての描画は見直されて，必要な場合には1994年時の公式使用を考慮して修正あるいは変更された．[日本版では1998年2月時点で独自に修正した．]ほとんどの場合，国旗と紋章はOne Mile Up, Inc. 社によって電子形式で描き直され，その許可によって使用されている．一般に「国旗」という用語はその国の文民の旗（軍旗でないもの）を意味する．

通貨：第8版に採用した通貨の交換比率は，国の通貨当局が設定した公式の為替レートで，時には変動制である．レートは1994年6月に発行された国際通貨統計(International Financial Statistics)で国際通貨基金(IMF)が報告したものである．

計量単位：世界の一般的傾向はメートル法の採用に向かっているので，本文全体を通して，メートル法とその非メートル法（習慣法と英国度量衡法）換算量とを利用している．その採用にはふたつの例外があり，海里（カイリ）で報告されている領海の範囲，および当該国で用いられている生産システムを反映する計量単位（他に定められていない場合）が使われている様々な生産統計がそれである．すべてのトンは（これも指定していない場合）メートルトンで，国連が統計報告に使用していることを考慮している．

祝祭日：注記の部分を除いて，あげたすべての祝祭日は公式の休日で，通常は開かれている政府の役所が閉ざされている．回教の祝祭日名の字訳[ローマ字への書き換え]は標準化されている．この点に関する全面的な検討は，また宗教的祝祭日およびその起源と意味の記述は，本巻の475ページ～479ページを見よ．

国民所得：GNP（国民総生産）に関する統計はWorld Bank Atlas(1994)から採用した．GDP（国内総生産）に関する統計も世界銀行の出版物であるWorld Table(1994)から採られた．GDPの数値が世界銀行から報告されていない場合には，その代わりにWorld Factbookの1993年版にあるCIAが報告した推定値を用いた．GDPに対する経済部門の寄与率は，National Accounts Statistics: Main Aggregates and Detailed Tables, 1991にある国連の報告した統計から算出した．[日本版では，項目の見出しを国内総生産と統一した．]

国際収支：国際収支の表は，国際通貨基金(IMF)のBalance of Payments Yearbookから集計された．いくつかの場合，その国の政府によって総額の構成内容が報告されていないにもかかわらず総額を提示している．したがって，いくつかの例では，各項目の数値を加算しても総額とならないかもしれない．

財政：政府の収入と支出を報告している数表は，国際通貨基金(IMF)が発行しているGovernment Finance Statistics, 1993から採った．収支のバランスに関しては，いくつかの場合，その国の政府によって総額のすべての構成内容が報告されていないにも関わらず，歳入と歳出の総額を提示している．したがって，いくつかの例では，各項目の数値を加算しても総額とならないかもしれない．

知名人：掲載は1994年3月に得られた情報をもとにしている．ある国で著名な人が他の国で生まれていたことが分かっている場合，その人の名前の後に括弧で出生国（あるいはいくつかの例では市）を入れた．

参照文献：[日本版ではこの項目は先に述べた理由で削除する．]

[なお，原著の記述や数値で明らかな誤りは断りなしに訂正を施してあるが，そのほかはすべて原

著のままである．ただし，読者の便を考え加筆や訂正が必要と判断させる箇所は［　］内に入れて補注を入れ，原文と区別できるようにした．

とくに「国際収支」(32)においては，数値や区分を原著の典拠資料であるIMF『国際収支統計(1994年版)(Table 1)』と照合し，異同がある場合は典拠資料の数値を［　］に示した.］

旧版の

執筆者

旧版の国別諸項目の執筆者は以下に示している．多くの場合，執筆当時の所属と職位をその後に入れている．

ABOUCHAER, TOUFIC. Second Secretary, Embassy of Syria, Washington, D.C.

ALBA, VICTOR. Author, *Transition in Spain: From Franco to Democracy.*

ALISKY, MARVIN. Director of Center for Latin American Studies and Professor of Political Science, Arizona State University.

ANTHONY, JOHN. Assistant Professor of Middle East Studies, School of Advanced International Studies, Johns Hopkins University.

ARNADE, CHARLES W. Chairman, The American Idea, and Professor of History, University of South Florida.

ASHFORD, DOUGLAS E. Department of Political Science, Cornell University.

AUMANN, MOSHE. Counselor, Embassy of Israel, Washington, D.C.

BARBER, WILLIAM J. Associate Professor of Economics, Wesleyan University.

BARRON, MURIEL T.

BASS, ELIZABETH M. Economist-Editor, Research Project on National Income in East Central Europe, New York.

BENNETT, NORMAN. Professor of History, Boston University.

BERG, ELLIOT J. Professor of Economics, University of Michigan.

BERG, NANCY GUINLOCK.

BERNSTEIN, MARVIN. Professor of History, State University of New York at Buffalo.

BIRNS, LAURENCE R. Director, Council on Hemispheric Affairs.

BOSTON UNIVERSITY, AFRICAN STUDIES CENTER. John Harris, Professor of Economics and Director of African Studies Center; James C. Armstrong, Head, African Studies Library, Editors; Norman Bennett, Professor of History, Boston University; Valerie Plave Bennett, Energy Resources Co.; Heinz A. Bertsch; Edouard Bustin, Professor of Political Science, Boston University; Sid A. Chabawe; Tobias Chizengeni; William D. Coale; Leon Cort; Bernardo P. Ferraz, Fellow, Massachusetts Institute of Technology; Kathleen Langley, Associate Professor of Economics, Boston University; Jay I. Mann; Sandra Mann; Marcos G. Namashulua, Instructor, Political Science, Brandeis University; Jeanne Penvenne; Stella Silverstein; Henry Steady; Dominique Western.

BRADBURY, R. W. Professor of Economics, College of Business Administration, University of Florida.

BUTWELL, RICHARD. Dean for Arts and Science, State University of New York at Fredonia.

CARTER, GWENDOLEN M. Director, Program of African Studies, Northwestern University.

CASTAGNO, ALPHONSO A. Director, African Research and Studies Program, Boston University.

CASTAGNO, MARGARET. Author, *Historical Dictionary of Somalia.*

CHANG, A. S. Hong Kong Correspondent, Institute of Foreign Studies, Tokyo; formerly Professor of Economics, National Chi-nan University, Shanghai.

COLEMAN, JAMES S. Director, African Studies Program, and Professor of Political Science, University of California, Los Angeles.

COLLINS, ROBERT O. Professor of History, University of California, Santa Barbara.

CORBIN, PETER B. Interregional Adviser, UN Department of Technical Cooperation and Development.

CORDERAS, DESCÁRREGA, JOSÉ. Royal Geographical Society, Valverde (Spain).

COWAN, L. GRAY. Dean, School of International Affairs, State University of New York, Albany.

旧版の執筆者

CUMINGS, BRUCE G. Professor of Political Science, Swarthmore College.
CZIRJAK, LASZLO. Associate, Columbia University.
DE GALE, SIR LEO. G.C.M.G., C.B.E., Governor-General, Government of Grenada.
DUNKLE, JOHN R. Associate Professor of Geography and Physical Science, University of Florida.
EVANS, LAURENCE. Professor of History, Harpur College.
EYEK, F. GUNTHER. Professorial Lecturer in History and International Relations, American University.
FALL, BERNARD B. Professor of Government, Howard University.
FINLAND, GOVERNMENT OF. STATISTICAL OFFICE, Helsinki.
FLETCHER, N.E.W. Personal Assistant to the Governor-General, Government of Grenada.
FLETCHER, WILLARD ALLEN. Professor and Chairman, Department of History, College of Arts & Sciences, University of Delaware.
FONER, PHILIP S. Professor of History, Lincoln University.
GANJI, MOHAMMAD H. Chancellor, Amir Showkatul-Mulk University, Birjand, Iran.
GOUTTIERRE, THOMAS E. Dean, International Studies and Programs; Director, Center for Afghanistan, University of Nebraska at Omaha.
GREENHOUSE, RALPH. US Information Agency.
HEINTZEN, HARRY. African Department, Voice of America.
HISPANIC AMERICAN REPORT. Ronald Hilton, Editor; Donald W. Bray, Ronald H. Chilcote, James Cockcroft, Timothy F. Harding, Sir Harold Mitchell, Assistant Editors; Ann Hartfiel, Andrew I. Rematore, Editorial Assistants; Eugene R. Braun, Marjorie Woodford Bray, Lee Ann Campbell, Jorge Caprista, Manuel Carlos, Frances Chilcote, Nancy Clark, Richard L. Cummings, Carlos Darquen, Anthony Dauphinot, Nicholas H. Davis, Joan E. Dowdell, Jerome Durlak, Pan Eimon, Peter L. Eisenberg, Richard Eisman, Claire E. Flaherty, Charles Gauld, Hugh Hamilton, Timothy Harding, Paul Helms, Raymond D. Higgins, Saul Landau, Wendy Lang, Joyce Lobree, Thomas Marks, Marilyn Morrison, Frank Odd, Molly Older, D. Wingeate Pike, Gabriel Pinheiro, Luis Ponce de León, Kenneth Posey, James Purks, Lawrence L. Smith, Maud Maria Straub, Linda Striem, David F. Thompson, Pamela Throop, Alice Wexler, Ann Wyckoff, Allen Young, Michael J. Zimmerman, Contributors.
HOFFMAN, GEORGE W. Professor of Geography, University of Texas at Austin.
HUNSBERGER, WARREN S. Professor of Economics, American University (with the assistance of Alan D. Smith, Information Officer, Consulate-General of Japan, New York).
INDOCHINA RESOURCE CENTER. Washington, D.C., D. Gareth Porter, Director.
INGHAM, KENNETH. Director of Studies, Royal Military Academy, Sandhurst.
INGRAMS, HAROLD. Adviser on Overseas Information, Colonial Office, London.
INTERNATIONAL INSTITUTE FOR AERIAL SURVEY AND EARTH SCIENCES. F. J. Ormeling, Head of Cartography Department; C. A. de Bruijn, P. Hofstee, A. B. M. Hijl, Department of Urban Surveys.
ITZKOWITZ, NORMAN. Associate Professor of Oriental Studies, Princeton University.
KANTOR, HARRY. Professor of Political Science, Marquette University.
KAPLAN, FREDRIC M.
KARCH, JOHN J. Professorial Lecturer, Institute for Sino-Soviet Studies, George Washington University.
KINGSBURY, ROBERT C. Assistant Professor of Geography, Indiana University.
KISH, GEORGE. Professor of Geography, University of Michigan.
KOLEHMAINEN, JOHN I. Chairman, Department of Political Science, Heidelberg College.
KOLINSKI, CHARLES J. Professor of History, Florida Atlantic University.
KOSTANICK, HUEY LOUIS. Professor of Geography, University of Southern California.
KRANZ, WALTER. Press and Information Officer, Principality of Liechtenstein.
LEE, ROBERT H.G. Assitant Professor of History, State University of New York at Stony Brook.
LEMARCHAND, RENE. Director, African Studies Center, University of Florida.
LENGYEL, EMIL. Professor of History, Fairleigh Dickinson University (in collaboration with Catherine Logan Camhy).

LEWIS, H. A. G. O.B.E., Fellow, Royal Geographical Society (United Kingdom).
LEWIS, WILLIAM H. Department of Anthropology and Sociology, American University.
LICHTENSTADTER, ILSE. Center for Middle Eastern Studies, Harvard University.
LINDO, WILLIAM. Government Information Services, Government of Belize.
LUX, WILLIAM R. Assistant Professor of History, University of Alabama.
McGUIRE, CARL. Professor of Economics, University of Colorado.
McINTIRE, ROBERT C. Associate Professor and Chairman, Department of Political Science, Millikin University.
McLELLAN, ROBERT S. US Information Agency.
MARKS, HENRY S. Professor of History, Northeast Alabama State Junior College.
MATHEWS, THOMAS G. Secretary-General, Association of Caribbean Universities and Research Institutes, Puerto Rico.
MENDELL, MARCIA EIGEN.
MILLER, NATHAN. Associate Professor of History, University of Wisconsin, Milwaukee.
MILNE, R. S. Professor of Political Science, University of British Columbia.
MORTIMER, MOLLY. Former Commonwealth Correspondent, *The Spectator*, London.
MOSELEY, EDWARD. Assistant Professor of History, University of Alabama.
NEW YORK UNIVERSITY, DEPARTMENT OF POLITICS. I. William Zartman, Editor; John Entelis, Oladipo Coles, Jeffrey Knorr, Marie-Daniele Harmel, Contributors.
NICHOLSON, NORMAN L. Professor of Geography, University of Western Ontario.
O'DELL, ANDREW C. Professor of Geography, University of Aberdeen.
OH, JOHN K. C. Professor of Political Science, Marquette University.
OLIVER, ROBERT T. Head, Department of Speech, Pennsylvania State University.
PANORAMA DDR. Berlin.
PATAI, RAPHAEL. Editor, The Herzl Press.
PAYNE, WALTER A. Professor of History, University of the Pacific.
PETROV, VICTOR P. Professor of Geography, California State College.
POLAND, EMBASSY OF. Washington, D.C.
POLK, WILLIAM R. Director, Adlai E. Stevenson Institute, University of Chicago.
PRAGOPRESS. Prague.
PRICE, GEORGE. Premier, Belize.
RASHIDUZZAMAN, M. Professor of Political Science, Glassboro State College.
REINES, BERNARD.
ROBINSON, KENNETH E. Director, Institute of Commonwealth Studies, and Professor of Commonwealth Affairs, University of London.
ROBINSON, RICHARD D. Lecturer on Middle Eastern Studies, Center for Middle Eastern Studies, Harvard University.
ROSBERG, CARL G., JR. Associate Professor of Political Science, University of California.
ROTBERG, ROBERT I. Professor of Political Science and History, MIT.
RUPEN, ROBERT A. Associate Professor of Political Science, University of North Carolina.
SANDS, WILLIAM. Editor, *The Middle East Journal*.
SHABAD, THEODORE. Correspondent, *The New York Times*.
SHEPHERD, GEORGE. Professor of Political Science, University of Denver.
SMITH, ALAN HEPBURN. Associate Professor of Finance, Marquette University; formerly Permanent Secretary, Ministry of Finance, Ghana.
SORICH, RICHARD. East Asian Institute, Columbia University.
SOVIET ENCYCLOPEDIA PUBLISHING HOUSE.
STEVENS, RICHARD P. Director, African Language and Area Center, Lincoln University.
SYRACUSE UNIVERSITY, FOREIGN AND COMPARATIVE STUDIES PROGRAM. Peter Dalleo; Thomas C. N. Evans; Robert G. Gregory, Professor of History; Elisabeth Hunt; Roderick J. Macdonald, Professor of History; Thomas F. Taylor.
SYRACUSE UNIVERSITY, PROGRAM OF EAST AFRICAN STUDIES. Fred G. Burke, Director; John R. Nellis, Administrative Assistant; and Gary Gappert, Nikos Georgulas, Richard Kornbluth.

VANDENBOSCH, AMRY. Director Emeritus, Patterson School of Diplomacy and International Commerce, University of Kentucky.
VIVIANI, NANCY. Department of Economics, Australian National University.
WAGNER, EDWARD W. Associate Professor of Korean Studies, Harvard University.
WENNER, MANFRED W. Associate Professor of Political Science, University of Northern Illinois.
WERNSTEDT, FREDERICK L. Associate Professor of Geography, Pennsylvania State University.
WIEDNER, DONALD L. Chairman, Department of History, Temple University.
WILBER, DONALD N. Author, *Iran Past and Present*.
WILMINGTON, MARTIN W. Professor of Economics, Pace College.
WINDER, R. BAYLY. Chairman, Department of Near Eastern Languages and Literatures, New York University.
WOLFE, GREGORY D. Portland State University.
WRIGHT, WINTHROP R. Professor of History, University of Maryland.
YUGOSLAV FEDERAL COMMITTEE FOR INFORMATION.

国際連合の組織

国際連合の組織図

安全保障理事会

- 主要およびその他の委員会
- 常設委員会およびアド・ホック機関
- その他の下部機関および関連機関
- 国連パレスチナ難民救済事業機関（UNRWA）
- レバノンの復興と開発への援助（UNARDOL）
- 国際原子力機関（IAEA）

平和維持活動
- 国連南アフリカ監視団（UNMOSA）
- 国連ルワンダ支援団（UNAMIR）
- 第2次国連ハイチ・ミッション（UNMIH II）

機関，計画と基金
- 婦人の向上のための国際訓練研修所（INSTRAW）
- 国連人間居住センター（UNCHS, Habitat）
- 国連貿易開発会議（UNCTAD）
- 国連開発計画（UNDP）
- 国連環境計画（UNEP）
- 国連人口基金（UNFPA）
- 国連難民高等弁務官事務所（UNHCR）
- 国連児童基金（UNICEF）
- 国連婦人開発基金（UNIFEM）
- 国連訓練調査研究所（UNITAR）
- 国連大学（UNU）
- 世界食糧理事会（WFC）
- 国連国際麻薬統制計画（UNDCP）
- 国連食糧計画（WFP）
- 国際貿易センター（ITC）

総会

経済社会理事会

機能委員会
- 社会開発委員会
- 人権委員会
- 麻薬委員会
- 婦人の地位委員会
- 人口委員会
- 持続的開発委員会
- 開発のための科学技術委員会
- 犯罪防止刑事司法委員会
- 統計委員会

地方委員会
- アフリカ経済委員会（ECA）
- 欧州経済委員会（ECE）
- ラテンアメリカ・カリブ経済委員会（ECLAC）
- アジア太平洋経済社会委員会（ESCAP）
- 西アジア経済社会委員会（ESCWA）

定期・常設委員会
- 専門家，アド・ホックおよび関連機関

国際司法裁判所

専門機関
- 国際労働機関（ILO）
- 国連食糧農業機関（FAO）
- 国連教育科学文化機関（UNESCO）
- 世界保健機関（WHO）

世界銀行グループ（ブレトン・ウッズ研究所）
- 国際復興開発銀行＝世界銀行（IBRD）
- 国際開発協会（IDA）
- 国際金融公社（IFC）
- 多国間投資保証機関（MIGA）

専門機関
- 国際通貨基金（IMF）
- 国際民間航空機関（ICAO）
- 万国郵便連合（UPU）
- 国際電気通信連合（ITU）
- 世界気象機関（WMO）
- 国際海事機関（IMO）
- 世界知的所有権機関（WIPO）
- 国際農業開発基金（IFAD）
- 国連工業開発機関（UNIDO）
- 世界貿易機関（WTO）

事務局

- 軍事参謀委員会
- 常設委員会およびアド・ホック機関
- 旧ユーゴスラビア国際犯罪法廷

平和維持活動（1999年2月現在）
- 国連休戦監視機構（UNTSO）＊
- 国連インド・パキスタン軍事監視団（UNMOGIP）＊
- 国連キプロス平和維持軍（UNFICYP）＊
- 国連兵力引離し監視軍（UNDOF）＊
- 国連レバノン暫定軍（UNIFIL）＊
- 国連イラク・クウェート監視団（UNIKOM）＊
- アフガニスタン・パキスタン担当室（OSGAP）
- 第3次国連アンゴラ監視団（UNAVEM III）
- 国連エルサルバドル監視団（ONUSAL）
- 国連西サハラ住民投票監視団（MINURSO）＊
- 国連保護軍（第1次，第2次）（UNPROFOR I, II）
- 国連カンボジア暫定統治機構（UNTAC）
- 国連ソマリア活動（第1次，第2次）（UNOSOM I, II）
- 国連モザンビーク活動（ONUMOZ）
- 国際ハイチ民間人派遣団（MICIVIH）
- 国連タジキスタン監視団（UNMOT）＊
- 国連ウガンダ・ルワンダ監視団（UNOMUR）
- 国連リベリア監視団（UNOMIL）
- 国連グルジア監視団（第1次，第2次）（UNOMIG I, II）＊
- 国連ハイチ・ミッション（UNMIH）
- 国連グアテマラ・ブルンジ軍事連絡チーム（UNMLT）
- 国連予防展開軍（UNPREDEP）＊
- 国連ボスニア・ヘルツェゴビナ・ミッション（UNMIBH）＊
- 国連東スラボニア，バラニャおよび西スレム暫定機構（UNTAES）
- 国連プレブラカ監視ミッション（UNMOP）＊
- 国連アンゴラ監視団（MONUA）＊
- 国連ハイチ文民警察ミッション（MIPONUH）＊
- 国連中央アフリカ共和国ミッション（MINURCA）＊
- 国連シエラレオネ監視ミッション（UNOMSIL）＊

＊現在，活動中である．

信託統治理事会

国際連合システムの構造

　国際連合システム（以下，国際連合は国連とする）は，いくつもの組織の「国連家族」として言及されることがよくある．1945年6月26日にサンフランシスコで調印された国連憲章は，新しい世界機構の6つのおもな機関について，それぞれの課題と任務を定義している．しかし，国連に出されるであろう，すべての要望をあらかじめ予測するのは不可能なので，必要に応じて権限を拡大するための規定も盛込まれた．かくしておもな機関のうちの3つに対し，その任務の遂行に必要と考えられる「補助機関」を設立する特別の権限が与えられた．さらに憲章第57条は，政府間協定によって設けられる各種の専門機関のうち，経済，社会，文化，教育，保健分野およびその関係分野で国際的に責任をもつものは，国連と「連携関係をもたされなければならない」と規定している．憲章調印以後，国連は数多くの補助機関を設置し，さまざまな独立専門機関と連携関係を結んできた．前頁図は，1997年7月［一部は1999年2月］現在の国連システムの各機関を示す組織図である．

　組織図をわかりやすくするために，国連の主要機関，各カテゴリーごとの補助機関と，関連機関の概要を以下にあげておこう．主要機関の任務の詳細や，一部の補助機関の活動については，この本の第1部以降の章で述べる．国連の専門機関と技術的機関の構造と活動については，第2部で述べる．

■ 国連の主要機関

　1. 総会　全加盟国の代表で構成される国連の中心となる会議体で，憲章の範囲内のあらゆる事項について討議し，勧告を行う権限をもつ．総会は国連の予算を承認し，単独であるいは安保理と協力して安保理を含むほかの主要機関の構成についても決定する．

　2. 安全保障理事会　15の加盟国で構成され，国際の平和と安全の維持についておもに責任を負っている．危機が生じたときは全加盟国を代表して行動し，加盟国が従わなければならない集団行動の方針を決定する権限をもっている．憲章は安保理の常任理事国として，中国，フランス，イギリス，ロシア，アメリカの5カ国の名をあげている（これらの国々は1945年に枢軸国側を破ったおもな戦勝国であった）．その他の安保理事国は，総会によって2年間の任期で選出される．［「安保理」と略称される．］

　3. 経済社会理事会　経済的および社会的事項と人権の伸長に関する，国連の活動を組織する課題を担当している．総会が選出する任期3年の54の加盟国で構成される．

　4. 信託統治理事会　憲章が創設した国連の信託統治制度を運用していた．もともとは，信託統治地域の施政を預かる施政国と安保理の常任理事国，そして施政国とその他の国の平等を確保するに十分な数の，総会が選出する任期3年のその他の加盟国によって構成されていた．1975年以後は，安保理の5大国唯一の施政国であるアメリカと，施政を担当していないほかの4大国で構成されている．最後の信託統治領であったパラオの太平洋諸島は，1993年後半の住民投票でアメリカへの帰属が決まった．信託統治理事会は1994年に，理事会議長国，理事国の過半数，総会または安保理のいずれかの要請がある場合にだけ招集されるということを，投票で決定した．

　5. 国際司法裁判所　国連の主要な司法機関である．総会と安保理が別々に投票して選出する15人の裁判官で構成される．

　6. 事務局　国連の管理運営の担い手である．安保理の勧告にもとづいて総会が任命する事務総長が率いている．

■ 国連の補助機関

　国連憲章が特別に補助機関を設置する権限を与えているのは，総会と安保理，それに経済社会理事会である．補助機関の数は，関連する主要機関の要請がかわるたびに，年単位で変動している．たとえば総会も経済社会理事会も，新しい分野で補助機関を設置するいっぽうで，すでに活動を終えている補助

機関を解散することがよくある．さらにいくつかの補助機関は，作業部会や小委員会など，自分たちの補助機関を設けている．

総会の補助機関

総会の補助機関には，暫定的な委員会から，自らの事務局や管理運営部門を備えた半自律的な組織まであり，様々な複雑さと地位のものがある．1994年現在，存在している13の機関の名称（そのほとんどが総会と経済社会理事会の共同の後援を受けて設置）が，2ページの組織図の左下にあげてある．その他の補助機関は，数が多すぎて一覧表にできない．組織図にあげてあるのは，主要委員会と臨時委員会，常設委員会とアド・ホック委員会，その他の補助機関と関連機関など，おもな類型を示しただけである．

主要委員会と臨時委員会は，全加盟国の代表を含み，各会期にその年の議題となっているさまざまな事項を討議するために，そのつど正式に招集される．次の2つの臨時委員会は，全体委員会とはいえない．すなわち，総会の議題を開会に先立って決定する29カ国一般委員会と，各会期に送付される代表団の委任状を調査する9カ国委任状委員会である．

常設委員会，アド・ホック委員会，その他の補助機関と関連組織の数は多い．いくつか重要なものをあげると，次の通りである．

・行政財政問題諮問委員会（ACABQ）　事務総長が提出する予算案を16人の専門委員で検討する．
・計画調整委員会　事務総長の予算案を，計画の側面から34カ国の代表で検討する．
・分担金に関する18カ国委員会　加盟国が国連の予算に対する分担金を支払うのに必要な，国別の評価基準を勧告する．
・行政調整委員会（ACC）　1946年に経済社会理事会が設置した．事務総長と各専門機関ならびに国際原子力機関（IAEA）の長によって構成される．国連と専門機関の間の協定の履行を監督し，これらの機関の活動の間の整合性を確保することを目的としている．

ACCは，運営問題諮問委員会，計画および実務問題諮問委員会，持続可能な開発委員会の3つの委員会を通じて活動している．これらの委員会は，持続可能な開発，新エネルギー源とエネルギーのリサイクル，薬物濫用の国際的取締り，宇宙活動，人口調査と動態予測，女性，障害者，犯罪防止，青少年，水資源，栄養問題，統計活動，長期開発目標，農村開発，科学技術開発などの問題について，各機関相互の調整をはかっている．

ACCの重要な小委員会のひとつとして，情報システム調整諮問委員会（ACCIS）がある．本部はジュネーブにあり，国連の情報に対する加盟国の利用を促進し，国連システム内での基本的な情報インフラを改善するため，1983年に設置された．ACCISは，情報システムを最新のものにしたり，内容を変更したいと思う国連の機関に助言を行い，情報のやり取りの電子化を促進するため，共通の基準を利用するように奨励している．ACCISは国連の情報源ガイドやディレクトリー，データ・ベースを発行している．ACCISはまた，オンラインとディスクで利用できる国連データベースおよび情報サービス・データベース（DUNDIS），ディスクで利用できる国連定期刊行物データベース（UNSER），同じようにディスクで利用できる国連システムの開発活動記録（RDA）の3つの重要なデータベースを維持管理している．

各種相当数の委員会が，総会決議にもとづいて，たとえば宇宙の平和利用，南アフリカのアパルトヘイト，植民地の独立などのような特別の問題などを研究するために，そのつど設置されてきた．このような委員会の構成員は総会が選出し，総会議長によって任命され，通常は年に数回の会合を開いている．各会合ごとに議事録が作成・報告されている．その活動は必要と認められる限り，継続される．任期が満了しても正式に解散されるとは限らず，無期限休会となり，必要に応じて再招集することもできる．経済社会理事会や信託統治理事会，その他のさまざまな半自律的組織がとくに責任を負っている事項以外は，総会はたいていこれらの委員会を通じて活動を行っている．

安全保障理事会の補助機関

軍事参謀委員会は，国際平和の維持の軍事的側面について安保理に助言するために，国連憲章にもとづいて設置されたものである．しかし，軍事参謀委員会の事務局は定期的に会合を開いてはいるが，国連平和維持活動のいずれにも関与したことはない．組織図（→2ページ）の右上に示されているように，ほかの補助機関が，その名称が示す特定地域での安保理の平和維持活動を行うために設置されている（→88ページ）．

安保理には3つの常設の全体委員会がある．すなわち理事会手続の暫定規則を検討する委員会，国連への新規加盟を審議する委員会，本部以外での理事会の会合を審議する委員会の3つである．加盟審査

委員会は 1949 年から 1971 年まで会合をもたなかったが，それ以後は定期的に会合を開いている．理事会手続暫定規則委員会は 1953 年以来，会合を開いていない．本部以外での会合を審査する委員会は，安保理のアディスアベバ会合に先立ち 1972 年に設置され，翌年の安保理会期の準備のために再招集されている．

安保理は「平和に対する脅威，平和の破壊および侵略行為に関する行動」を扱う憲章第 7 章にもとづいて，加盟国が安保理決議を順守するよう監視する 3 つの委員会を設置してきた．その 1 つは 1966 年の南ローデシアの非合法体制に対する経済制裁を監視するものであり，2 つめは 1977 年の南アフリカに対する武器禁輸を監視するもの，3 つめは 1991 年のイラクの不首尾に終ったクウェート侵攻以後，イラクの大量破壊兵器廃絶を監視するものである．

経済社会理事会の補助機関

組織図に示されているように，経済社会理事会の補助機関は次の 4 つの類型に分けられる．
1. 半自律的な機関
2. 地方委員会
3. 機能委員会
4. 臨時委員会，常任委員会，アド・ホック委員会

■ 国連専門機関と技術機関

専門機関と技術機関は，独自の政策決定および行政機関と事務局，予算を備え，独立した自律的組織である．これらの機関と国連の関係は，憲章第 63 条に規定されているように，経済社会理事会がこれらの機関と締結し，あとから総会が承認する特別協定によって定義づけられている．憲章第 63 条は経済社会理事会に対して，協議と勧告を通じて専門機関の活動を調整する権限を与えており，専門機関は経済社会理事会に毎年報告を行うよう求められている．

ここで，世界貿易機構(WTO)が後を引継ぐことになっている，関税及び貿易に関する一般協定(GATT)の特別な地位について述べておこう．1948 年当初，GATT は国際貿易の規則で，関税の引下げと国際貿易の安定のための仕組みを与えるものであった．この条約は，国際貿易機関となるはずの専門機関の創設を棚上げにしたまま締結された．国際貿易機関の憲章草案は 1948 年にできあがっていたが，主要な貿易国はこれを批准しなかった．GATT のウルグアイ・ラウンドが成功裡に閉幕したの受けて，

1995 年に新しい機関として世界貿易機構(WTO)が設立されることになった(→ 394 ページ)．

国際原子力機関(IAEA)は国連の後押しで特別に設立されたので，ほかの機関とは区別され，独自のカテゴリーに属するものとみられている．IAEA は総会に対して毎年報告を行い，経済社会理事会へは「適宜」に報告している．活動の性質上，IAEA は安保理に対し，「適宜」にだけ報告を行う．

■ ブレトンウッズ体制の諸機関
　　(IMF，世界銀行など)

ブレトンウッズ体制の諸機関は国連以前の 1944 年に，アメリカのニューハンプシャー州ブレトンウッズでの会議で創設されている．しかし，国連憲章では同体制の諸機関は，国連システムと不可分の一体となすものとしていた．そうはいっても，ブレトンウッズ体制の諸機関と国連との協定は，システムの残りの部分よりゆるやかな結びつきのものである．ブレトンウッズの諸機関の性質は，1 国 1 票を基礎とする国連およびその他の専門機関とはまったく異なっている(→ 405, 416 ページ)．またブレトンウッズ諸機関の加盟国の地位は，財政上の寄与の程度にもとづいて決められており，投票権は加盟国の出資比率によって加重されるので，貧しい国より裕福な国にかなり大きな決定権がある．世界銀行(IBRD)が国連に参加するさい，同行は完全に対等で独立した地位の維持を主張し，国連への定期的な情報提供を拒否し，同行の会合への国連の参加を制限するとともに，同行の予算についても国連は一切関与しない旨の条項を設けるよう主張した．世界銀行と国連開発計画(UNDP)のようないくつかの国連技術協力基金との間で協力関係が緊密化しつつあるが，1993 年の合同監査団の研究によると，国連システムと世界銀行の諸機関との間では協力関係があまり多くないことがわかった．

■ 国連システムの規模と費用

1980 年代の前半以降，国連は「巨大なのたうつ官僚主義」を批判され続け，政治家たちは国連が「傲慢」で「尊大」だといっている．この認識が 1980 年代なかばに始まった改革の動きにつながり，主要な資金分担国は 13% のスタッフ削減を提案した．1991 年にはシステムと事務局の「合理化」を求める新たな動きが始まり，この本が印刷にまわった 1994 年夏にも続いている．しかし，1994 年にダグ・ハマーショルド基

金によって刊行された国連専門家のアースカイン・チロイルダースとサー・ブライアン・アークハートの研究によると，全世界の国連のスタッフは運転手から局長まで含めて54万5000人であった．同書によると，「184カ国，55億人の利益のために活動している世界規模の国連システムは，人口54万5000人のアメリカ合衆国ワイオミング州の公務員とほぼ同じ割合の労働者を雇用しているにすぎない．国連のスタッフは，人口67万2000人のスウェーデンのストックホルムの公務員の割合よりも少ない」といっている．この研究は，国連システムをより効率的にするために改革は必要であると結論づけているが，国連とその機関すべての予算総額は，世界のGDP総額の0.0005%にすぎず，1992年の人口1人当たり1.90ドルであることを指摘している．これに比べると，各国は人口1人当たり約150ドルを軍事支出に費やしている．

国際連盟との比較

　国際連盟は第1次世界大戦(1914〜18年)の悲劇的状況のなかから生まれた．世界中の国々が不和を解消できるような組織を設立しようというアイデアは，古代から繰返し表明されてきたが，1919年のパリ講和会議で設立された連盟が，普遍的な紛争解決と戦争防止を目的とする，主権国家による最初の機構であった．連盟は1939年の第2次世界大戦の勃発を防止できなかったが，普遍的な機構が必要であるという信念が破壊されることはなかった．反対に過去の過ちから学び，将来の国際平和の維持にもっと適切な新しい世界機構をつくろうという決意が生まれたからである．

　国際連盟と国際連合の違いは，創設のさいの状況に始まる．第1に，連盟規約は敵対行為が終ったあとで起草されたのに対し，国際連合の骨格は戦争の最中からすでに考案されていた．平和維持のための，より包括的な役割が国連に与えられたのは，それが考えられていた当時の緊迫した状況に負うところもある．第2に，連盟規約はパリ講和会議の分散した注意力の雰囲気のなかで起草され，ドイツとの講和条約の一部として組み込まれた．各国は規約と講和条約を別々に批准することもできたが，両者が結びついていたことは，たとえばアメリカの上院が規約を批准しないといった，芳しくない結果をもたらした．いっぽう国連憲章は，起草を目的に特別に招集された会議で，独立した法的文書として起草されている．第3に，連盟規約はまず当時の5大国(フランス，イタリア，日本，イギリス，アメリカ)によって，ついで残りの9連合国がいっしょになって，密室の中で練り上げられた．それに対し国連憲章の最終草案は，1945年のサンフランシスコ会議に出席した50カ国の一致した努力の産物であり，おかげで小国の見解，とりわけ経済的および社会的協力と植民地の独立を促進するという，遠大な責任を新機構にもたせることへの小国の関心なども考慮されている．

■ 表　　決

　連盟規約のもとでは，連盟の意思決定は全会一致に限られた．この原則は，平和の維持に特別な責任をもつ連盟理事会(国連安全保障理事会に相当)と，全加盟国による総会(国連総会に相当)の双方に適用された．その結果，連盟の加盟国全部が拒否権をもつこととなり，手続事項や少数の特定された議題以外のあらゆる決議が，たった1国の反対票で葬りさられた．この過ちを教訓にした国際連合の創設者たちは，すべての機関および補助機関で，何らかの多数決によって決定を行うことを決めた(ただし，とくに議論の余地が大きい問題を扱う委員会では，ときにはコンセンサスによって議事を進めていることが知られている)．全会一致の原則は5大国(フランス，中国，イギリス，アメリカ，ロシア)だけに適用され，しかも5大国が安全保障理事会(安保理)の常任理事国として活動する場面に限られる．安保理でも多数決で議事が運営されるが，実質事項(手続事項の場合は別)については，常任理事国すべてが同意しなければならない(→36ページ)．

■ 戦争を防止し侵略を終了させる法的権限

　国際連合の創設者たちは，1930年代に第2次世界大戦に向かう動きを国際連盟が止められなかった原因の一端は，規約の特定の弱点や欠落にあったと考え，国連憲章ではそれらを是正しようと考えた．これらの弱点や欠落のなかには，戦争の全面禁止を義務とする規定の欠如，国家間の紛争のさいの交渉手続が過度に厳格に規定されていること，さらに敵対行為の勃発を防止し，すでに始まってしまった敵対行為を終了させるのに十分な権限が連盟理事会に与えられていなかったことなどである．

　連盟規約は軍事的侵略を禁止してはいたが，国家が紛争を仲裁するか，司法的手続または連盟理事会に付託したあとであれば，戦争を開始できるという

条件つきの権利を否定していなかった．当事者のいっぽうが交渉機関の事実認定を受入れ，もういっぽうがこれを拒否した場合，前者は一定の「冷却期間」を経過したのちに合法的に戦争に訴えることができた．

国連憲章は国家が合法的に戦争を開始できるような，いかなる状況も認めていない．第51条では個別的または集団的自衛権を保障しているが，この権利は非合法の武力攻撃に対するものであり，武力攻撃を始める権利ではない．安保理は「平和に対する脅威」の存在を決定してから，集団的な強制措置を命じる権限をもっている．このような措置は全加盟国を拘束し，経済制裁や軍事的措置も含まれるが，軍事力はめったに行使されなかった（→84ページ）．

■ 加 盟 国

国際連盟は，期待されていたような普遍的機構となることはなかった．そのうえ連盟は，平和の維持を効果的に実行できる機構となるために不可欠の，特定の大国の参加と協力も得られなかった．ウィルソン大統領の支持はあったがアメリカは加盟しなかったし，旧ソ連が参加したのも連盟がドイツ，イタリア，日本の侵略政策をおさえられないことが露呈した1934年になってからである．これら3カ国の侵略国は，拡張主義的な目標を追求するため，1930年代に連盟を脱退した．のちの国連の場合は，少数の小国が依然として加盟していないとはいえ，普遍的であろうとする目標には近づいている．1987年末までに，国連への加盟国数は159カ国［1998年末現在，185カ国］に達していた．

■ 人類の福祉の促進

国連憲章は，人民の同権と自決の原則の尊重を基礎に，国際的な経済および社会協力のための明確な規定を設けているだけでなく，この分野で活動を行う特別の機関である，経済社会理事会を設置した．国連は誕生以来，専門機関とともに発展途上国の経済的および社会的発展を援助するおもな責任をじょじょに引受けるようになっている．発展途上国のほとんどは，かつて植民地だった地域であり，国連が創設されたずっとあとになって加盟した国々である．国連の多くの計画が，これら発展途上国のほとんどすべてで採用された開発政策の基礎となってきた．連盟規約には経済および社会協力の計画に関する規定が含まれていなかったので，この点で両者の業績を比較することはできない．ただし国際連盟も，いくつかの分野で価値ある活動を行った．よく知られているのは，女性と子どもの非合法の売買，つまり「売春婦」売買の排除，難民への援助，アヘンその他の有害な麻薬取引の減少，それに各国が相互に貿易制限を緩和するようにしたことなどである．

■ 植民地の施政

戦争の勝利の成果として，敗北した敵国の植民地を分割するという伝統的なやり方にかわり，国際連盟の連盟国は賞賛に値する先見の明と自制心を発揮し，これらの地域を国際委任統治地域とみなして，特定の締結国が世界機構を代表してその施政を行うよう任せた．この委任統治体制は，国際連合の創設者たちによっていくらか変更を加えられ，信託統治制度として継続・発展した．ただし国連憲章では，国際連盟規約とは異なり，施政国がその統治を託された地域について，自治または独立に向けて漸進的に発展するのを援助する義務をもつことをはっきりと規定している．

■ 国際連盟の収支決算

国際連盟は，最も重要な試練に直面して失敗した．連盟は日本，ドイツ，イタリアという枢軸国の侵略行為をおさえきれず，新たな世界大戦に向かう動きを止めることができなかった．連盟理事会の常任理事国であった日本は，理事会と総会の反対をいずれも無視し，1931年から中国に対する侵略戦争を遂行した．やはり理事会の常任理事国であったイタリアが1935年にエチオピアへ理由なく侵攻したとき，連盟はイタリアに経済制裁を課したが熱意を欠き，不成功に終った．同じように常任理事国であったドイツが1936年にラインラントを不法に再占領したときも，連盟は何もできなかったし，ドイツとイタリアがスペインの内戦に干渉したときも，また1938年にドイツがオーストリアを，翌年にチェコスロバキアを強制的に併合したときも，口頭で抗議しただけであった．これらの失敗の積重ねによって，国際連盟が無力であるだけでなく，その他の締約国もまた無力であるという，ヒトラーの信念を強めてしまった．世界が戦争へとますます近づきつつあった1939年の夏の間も，また1939年9月1日にヒトラーの軍隊がポーランドになだれ込んだときでさえ，連盟理

事会や総会の開会を求める締約国は1国もなかったのである．

とはいえ，政治問題での連盟の収支決算が，まったくマイナスばかりであったわけではない．たとえば，ボスニア湾にある戦略的に重要なオーランド諸島をめぐるフィンランドとスウェーデンの紛争や，アルバニア，ギリシャ，ユーゴスラビアの間の国境紛争，ギリシャとブルガリアの国境線における一触即発の緊張状態，上部シレジアをめぐるポーランドとドイツ間の危険な紛争や，ドイツ，ポーランド，リトアニアの間の［バルト海東部にある］メームルをめぐる危険な紛争などを連盟は解決した．連盟に常設された国際司法裁判所によって，チェコスロバキアとポーランドの国境紛争，［イラク北部にある］モスール地域をめぐるイギリスとトルコの紛争，フランスの保護国であったモロッコとチュニジアに住むマルタ系住民の国籍に関するフランスとイギリスの紛争などが解決された．また連盟は，アマゾン上流域の盆地をめぐるペルーとコロンビアの戦争を，初期の段階で終結させた．

これらの平和維持活動のほかに，連盟はオーストリアをはじめとするいくつもの国家の再建を財政的に支援し，ダンツィッヒ自由市とザール地方の施政も担当した（ザール地方は1935年の住民投票の結果，ドイツに移った）．連盟は重要な人道的活動も行っている．非政治的な活動のうちのいくつかは，第2次世界大戦中も継続したし，連盟事務局は国際連合創設の準備でも価値ある作業を行っている．国際連盟は，国連という新しい世界機構が誕生してから5カ月後の1946年4月まで，公式には解散されなかった．

■ **国連のより大きな活動範囲**

国際連合の活動範囲と責任分担の範囲は，国際連盟をはるかに超えた広範なものである．国連システムの16の専門機関のうち，国際連合以前に成立したのは国際労働機関（ILO），国際電気通信連合（ITU）と万国郵便連合（UPU）の3つにすぎない．そのうえ国際連盟は，たとえば国連開発計画，国連環境計画，世界食糧計画などのような活動を後援することはまったくなかった．連盟の締約国には常設の国際司法裁判所に加盟する義務はなかったが，国際連合ではすべての加盟国は自動的に，憲章とは不可分の一体をなす国際司法裁判所規程の当事国となる．

国際連盟と同じように国連も，コンゴやカシミール，それに長期にわたるキプロスなどの地域的な武力紛争や紛争の拡大を止めるという，重要な案件に成功を収めてきた．しかし国連は，アメリカやソ連のどちらかの利害がからんでいる状況とか，2大国が相手陣営の小国を巻きこんで起こしているような状況では，効果的な行動をとることができなかった．たとえば旧ソ連による1956年のハンガリー侵攻，1968年のチェコスロバキア侵攻を国連は止めることはできなかったし，インドシナ半島での激しい戦争を，それが生じていたほとんどの間，止めることもできなかった．中東で周期的に勃発してきたアラブ諸国とイスラエルの戦争という長期にわたる緊張に対しても，恒久的な解決策を見つけることはできなかった．

このような状況では国連が無力であったことで，国際政治上での国連の能力に対する信頼のひとつが失われた．世界戦争へと向かう動きは認められなかったものの，それはなんの慰めにもならなかった．というのも，1962年のキューバ危機の時のように，アメリカと旧ソ連が実際に軍事対決の瀬戸際まできた場合には，両国はほとんど，国連の助けを借りずに，2国間で問題解決をはかってきたからである．

また両大国は，政治問題で国連にあまり大きな役割を演じさせるのを必ずしもつねに好感していたわけではないが，国連をまったく無視するのも同じくらい非実際的であると考えていた．

国際連盟とは異なり，国連はすべての加盟国の国内問題の多方面に影響するような活動を行う組織の，ネットワークの中心となっている．国連は，多元的な国際関係を運営する仕組の不可欠な部分とみなされるようになった．旧ソ連陣営の崩壊によって変容した世界のなかで，国連は成熟しつつあり，やがて創設者たちの夢を実現し始めるかもしれない．国際社会のなかにとどまる異端の諸国家は，依然として，国連の権威に挑戦し続けるであろうが，それでも，国連はいずれは生まれるかもしれない世界政府の萌芽とみることもできよう．

国際連合の創設

1945年6月のサンフランシスコ会議での国連の創設するという決定は、過去4年間にわたる凝縮された準備の総仕上げであった。準備期間の間、国際連盟にかわる世界機構というアイデアが、まず議論され、肉づけされていった。サンフランシスコで採択された国連の重要な原則の多くは、それ以前の会議から導かれたのである。

■ サンフランシスコ会議に至るまでの展開

1. 1941年6月12日の連合国宣言（ロンドン宣言）

第2次世界大戦中の暗い時代の中で、イギリス、オーストラリア、カナダ、ニュージーランド、南アフリカ連合とベルギー、チェコスロバキア、フランス、ギリシャ、ルクセンブルク、オランダ、ノルウェー、ポーランド、ユーゴスラビアの各亡命政府の代表がロンドンのセント・ジェームズ宮殿に集まった。各代表が単独では対戦国との講和に調印しないことを誓い、次のように宣言したのはこの時である。「永続する平和の唯一かつ真実の基礎は、侵略の脅威から解放され、経済的および社会的な安定を享受できるような世界の自由な人々の自発的な協力である……」。それから10日後に、ヒトラーがソ連に対する攻撃を開始した。

2. 1941年8月14日の大西洋憲章 イギリス首相ウィンストン・S.チャーチルとアメリカ大統領フランクリン・D.ルーズベルトが、ニューファンドランド沖に浮ぶアメリカの巡洋艦アトランタの艦上で会い、平和が回復されたら、この2大国で新しい世界機構の創設に尽力しようということを最初に示した宣言に調印した。その中で両首脳は、「世界の一層よい将来のための……各自の国の……ある種の共通原則、すなわち、確固たる平和の必要性、すべての国民による武力の使用の放棄、侵略国の武装解除、一層広範かつ恒久的な一般的安全保障制度の確立」を公にした。

3. 1942年1月1日の連合国宣言 1941年12月7日の日本の真珠湾攻撃によって、アメリカも参戦し、戦争はいっそうの広がりを示すようになった。緒戦時の日本の勝利は驚くべきものがあり、そのため枢軸国側（ドイツ、イタリア、日本とその他の同盟国）に対抗するため、連合を強化する必要が明白となった。

1942年元旦のワシントンで26カ国の代表は、「大西洋憲章……に包含された目的及び原則に関する共同綱領」に応じて、国際的な規模で人権尊重を助長する必要性があることにはっきりと言及した、前文を含む宣言に調印した。この宣言の中で、「連合国（United Nations）」という言葉が初めて登場した。この言葉は、調印国の団結によって枢軸国側の猛攻撃に立ち向かう決意を表すため、ルーズベルト大統領が考えだしたものである。同宣言には、あとからさらに21カ国の政府が調印した。

4. 1943年10月30日のモスクワ宣言 この宣言は、国際連盟にかわる新しい世界機構創設の基礎を用意した。勝利がみえ始めた時期に集まったアメリカ、イギリス、ソ連の各外相と中国からの大使は、「実現可能な最も早い時期に、すべての平和愛好国の主権平等原則に基づき、国家の大小にかかわらず、そのようなすべての諸国が加盟できる、国際の平和と安全の維持のための一般的な国際機構を設立する必要」を認め、一般的な安全保障に関する4カ国宣言を起草した。

5. 1944年8月21日から10月7日にかけてのダンバートン・オークス会議 ダンバートン・オークス会議は、新しい世界機構設立を議論するために、特別に招集された最初の大国会議であった。会議が始まると、各国代表はそれぞれ大きく異なる提案をした。これらの多様な意見のうちのいくつかについては、結果的に合意に達した。たとえばイギリスとソ連の代表は、全加盟国が参加し、したがって国連機関中で最も「民主的」となるべき総会の役割を強めたいという、アメリカの意見を受け入れた。小規模な安全保障理事会が「国際の平和および安全の維持に関する主要な責任を負う」ことと、この理事会で大国が拒否権をもつべきことについても合意された。しか

し，大国は自らが当事者となる紛争については拒否権を行使できるとするソ連案をめぐって議論はゆきづまり，アメリカとイギリスはこの提案を受入れ難いとして拒否した．

6. 1945年2月のヤルタ会談 このゆきづまりは，チャーチル首相とルーズベルト大統領，スターリン元帥によるヤルタ会談で解決された．ダンバートン・オークスでアメリカが提案し，ソ連が拒否した案で事実上妥協した「ヤルタ方式」は，5大国のうちの1カ国が関与した紛争では，問題の平和的解決のため安全保障理事会（安保理）が勧告を行うさいに当該国が拒否権を行使することはできないが，当該国に対する制裁の安保理決議については拒否権を行使できるというものであった．予定された世界機構の保護下におかれる，特定の非自治地域の施政に関する信託統治制度の基本原則について，チャーチルが初めはいくつか異議を唱えたが，なんとか3首脳は合意にこぎつけた．

1945年2月11日に，3首脳はダンバートン・オークスで提案された線に沿って，「一般的国際機構を可能な限り早く創設する」問題について，1945年4月25日にサンフランシスコで会議を招集すると発表した．

■ 1945年4月25日から6月26日までのサンフランシスコ会議

4月初めのルーズベルト大統領の急死にもかかわらず，国際機構に関する連合国会議は予定通り招集された．ルーズベルト大統領は死ぬ前に，会議での演説の草稿を書上げていた．読上げられることのなかったこの草稿の次の部分は，よく引用される．「わが友好国のみなさん，なすべきことは平和です．この戦争を終らせることだけにとどまらず，すべての戦争が発生しないようにすることであります．……どの世代であれこの世で人類がなしうる最も偉大な寄与に向かって私たちが進むかぎり，（永遠の平和への寄与でありますが）信念を持ち続けるようお願いします……」．

中国，ソ連，イギリス，アメリカが主催国となり，1942年1月1日の連合国宣言に調印したか，または1945年3月までに枢軸国側に宣戦したその他の46カ国のすべてが参加した．これらの50カ国の代表282人と各国が公式に信任した1444人，それに世界の問題に関心をもつ民間団体（アメリカだけで50団体）から多数の代表が出席し，会議は巨大なものとなった．1日に生じる文書の量は，平均で50万ページにもなった．

国連憲章ダンバートン・オークス案のおもな変更点

多くの議論を経て，中小国は安保理での5大国の拒否権の行使を制限することに成功した．運動の中心にいたオーストラリアの副首相ハーバート・V・エヴァットは，「我々の一貫した頑固さが功を奏した．大国は，拒否権を制限する一定の最小限の要求を受入れない限り，小国が憲章を受入れないだろうということをやっと理解したようだ．最小限の要求とはつまり，［安保理の］議事に付するかどうかということと，［安保理での討論では］拒否権を行使できないということである．この最も重要な譲歩が確保できなかったら，安保理での公開の議論の場で，問題を論じることはできなかったはずである．そうなれば，国連はきっと解体してしまっていただろう」と宣言した．

小国が望んだもうひとつの主要な変更点は，社会的，経済的事項や植民地問題について，この世界機構にもっと責任を持たせるというものであった．その結果，経済社会理事会と信託統治理事会にはダンバートン・オークス案で示されたよりも広い権限が与えられ，両理事会は国連の主要な機関となった．

新しい世界裁判所の創設

サンフランシスコ会議は，国際司法裁判所を国連の主要な機関として編入し，国際連盟が設立した常設国際司法裁判所の後継者とすることを規定した基本条約（規程と呼ばれた）を，全会一致で採択した．もともとは，1945年4月のワシントンでの会合で44カ国の法律専門家が起草した規程が，国連憲章の一部となった．

原加盟国すべてによる憲章の受諾

国連憲章は微妙で複雑な多くの問題にふれていたので，すべての原加盟国がこの憲章を受入れたのは，しばしば1945年春にとくにさい先のよい雰囲気があったことのおかげとされてきた．いくつかの不和はあったが，サンフランシスコ会議の雰囲気は高い使命感に満ちていた．憲章は2カ月で書上げられた．1945年6月26日の印象的な儀式のなかで，50カ国がすべての公用語の憲章に調印した．当時の公用語は中国語，英語，フランス語，ロシア語，スペイン語の5カ国語であった．6番目の国連公用語である

アラビア語は1973年まで採用されなかった．

■ 1945年10月24日の国連設立

新しい世界機構は，すべての安保理常任理事国と，その他の大半の加盟国が正式に批准を完了した1945年10月24日に正式に発足した．この日は，国連デーとして普遍的に祝われている．

■ その後の憲章改正

ほかの政治的な基本文書と同じように，国連憲章にも改正条項が含まれている．憲章の改正は総会の3分の2の賛成で採択され，安保理のすべての常任理事国を含む，国連加盟国の3分の2が批准すれば発効する．

これまでに採択されてきた改正条項は，1945年当時の3倍以上に膨れあがった国連加盟国の増加を考慮した，本質的な調整であった．設立当初，安全保障理事会は11カ国，経済社会理事会は18カ国で，機構内のさまざまな地理的グループの個別利害を十分に反映できると考えられていたが，1950年代後半から1960年代初めにかけて，アフリカやアジア，カリブ海の新興独立国が多数国連に加盟し，グループ分けがさらに必要となった．現加盟国の利益を損なわずに，新加盟国の利益を調整するため，総会は1963年に憲章23条，27条と61条の改正を採択した．23条の改正で安保理の理事国が拡大され，27条の改正で安保理決議の採択に必要な賛成票が9カ国（旧7カ国）となった．61条の改正で経済社会理事会の理事国が27カ国に拡大された．これらの3つの改正は，1965年8月31日に公式に発効した．

経済社会理事会は1971年に総会が採択し，1973年9月24日に発効した憲章第61条の改正によって54カ国に拡大された．

憲章再審議 国連憲章は，「この憲章を再審議するため，総会の構成国の3分の2の多数および安全保障理事会の7理事国［1965年の改正で9理事国］の投票によって決定される日及び場所で開催することができる」とする，国連加盟国の全体会議を規定している．憲章はさらに，もしこの全体会議が総会の第10回年次会期（1955年）までに開催されなかった場合は，全体会議の招集案を議事日程に加えなければならないと規定した．そのため，1955年の総会でこの問題が審議され，日時は特定しないが将来「適切な」時期に再審議会議を開催することが決められた．

正規の国連加盟国による委員会が設置され，全体会議が開催される日時と場所を審議することになった．安保理はこの総会決議を賛成9，反対1，棄権1で認めた．委員会は1967年9月まで，2年に1回開かれたが会議の勧告は行わなかった．その後委員会は，加盟国から要請があれば会合を開くことを決めて休会となっている．

1974年の会期で，総会は「国連の目的達成能力を高めるための」加盟国からの提案を審議する，42カ国の憲章アド・ホック委員会を設置した．同委員会は1975年の総会で，憲章の再審議の必要性について，根本的な意見の相違があり，勧告を行うことはできないという報告を行った．しかし総会は，同委員会を国連憲章と組織の役割強化に関する特別委員会として継続することを決定し，委員も47カ国に拡大した．同委員会は任務遂行のため1975年以来毎年会合を開き，総会の各会期に報告を行ってきた．

たとえば，1988年には，特別委員会の勧告に基づいて，総会は「あらゆる形態の拘留または監禁のもとでのすべての人間を保護するための諸原則」を採択した．1990年に委員会は現行の国連手続の合理化を提案し，これも総会が採択した．1991年には特別委員会が『諸国家間の紛争の平和的解決に関するハンドブック』の最終案を審議した．同年の総会は事務総長に対し，ハンドブックの刊行と頒布を要請した．

特別委員会は国際の平和と安全の維持に関する国連と地域機構との間の協力や，国連の調停原則，安保理が決定した制裁を科されたことによって影響を被った，その他の諸国に対する憲章50条に基づく援助などに関する提案も審議している．

■ 目的および原則

国連のおもな目的は，憲章の前文に規定されている．1945年6月にサンフランシスコに集まった「連合国の人民」は，次のような決意を表明した．

「われらの一生のうちに2度まで言語に絶する非哀を人類に与えた戦争の惨害から将来の世代を救い，

基本的人権と人間の尊厳および価値と男女および大小各国の同権とに関する信念をあらためて確認し，

正義と条約その他の国際法の源泉から生ずる義務の尊重とを維持することができる条件を確立し，

一層大きな自由の中で社会的進歩と生活水準の向上とを促進すること……」

これらの目的を達成するために，人民は次のことに同意した．

「寛容を実行し，かつ，善良な隣人として互に平和に生活し

国際の平和および安全を維持するためにわれらの力を合わせ

共同の利益の場合を除く外は武力を用いないことを原則の受諾と方法の設定によって確保し

すべての人民の経済的および社会的発達を促進するために国際機構を用いること……」

■ 目　　　的

国連の目的は，憲章の1条および2条に含まれる目的と原則のなかに具体化されており，その内容は次の要約の通りである．

1. 国際の平和および安全を維持すること．そのために，平和に対する脅威の防止および除去と侵略行為その他の平和の破壊の鎮圧のため有効な集団的措置をとること，ならびに平和を破壊するに至る虞のある国際的の紛争または事態の調整または解決を，平和的手段によって，かつ正義および国際法の原則に従って，実現すること．
2. 人民の同権および自決の原則の尊重に基礎をおく諸国間の友好関係を発展させること，ならびに世界平和を強化するために他の適当な措置をとること．
3. 経済的，社会的，文化的または人道的な国際問題を解決することについて，ならびに人種，性，言語または宗教による差別なくすべての者のために，人権および基本的自由を尊重するように助長奨励することについて，国際協力を達成すること．
4. これらの共通の目的の達成に当たって諸国の行動を調和するための中心となること．

■ 原　　　則

これらの目的を達成するに当たって，憲章は国連および加盟国は次の諸原則に従って行動することを規定している．

1. この機構は，そのすべての加盟国の主権平等の原則に基礎をおいている．
2. すべての加盟国は，この憲章上の義務を誠実に履行する．
3. すべての加盟国は，その国際紛争を平和的手段によって，平和や安全，正義を危うくすることなく解決する．
4. すべての加盟国は，その国際関係において，ほかの諸国に対する武力による威嚇または武力の行使を慎まなければならない．
5. すべての加盟国は，国連が憲章に従ってとるいかなる行動についても国連にあらゆる援助を与え，かつ，国連の防止行動または強制行動の対象となっている国に対する援助の供与を慎まなければならない．
6. 国連は国連加盟国でない国が，国際の平和および安全の維持に必要な限り，これらの諸原則に従って行動することを確保しなければならない．
7. この憲章のいかなる規定も，本質上いずれかの国の国内管轄権内にある事項に干渉する権限を国連に与えるものではないが，この原則は，平和に対する脅威または平和の破壊の場合に必要であるとしてなされた強制措置の適用を妨げるものではない．

■ 加盟国の地位

1998年12月31日現在，国連の加盟国は185カ国，そのうち51カ国が原加盟国で，134カ国は1945年以降に加盟した諸国であり，その大半はかつての植民地が独立を達成した諸国である．16ページの表は国連の加盟国が増大してきたようすを示すもので，加盟国を五十音順に記載し加盟の日付を示している．この表では，加盟国である期間中に国家連邦あるいは国家連合を形成したり，それが解体されたりという事情は考慮されていない．

たとえば，原加盟国であるシリアは，1958年にエジプトとアラブ連合共和国を結成したとき，独立の加盟国でなくなった．1961年にシリアが再び分離すると，もともとシリアの原加盟国であった時点に公式にさかのぼって，独自の加盟国としての地位を回復した．タンガニーカとザンジバルは1961年および1963年にそれぞれ別々の国家として国連に加盟したが，1964年にタンザニア共和国として合併し，単一の加盟国となったが，その加盟の公式日時はタンガニーカの加盟日時とされた．

同様に，マラヤ連邦は1957年9月17日に国連に加盟した．1963年9月16日，シンガポール，サバ（北ボルネオ），サラワクが新たに連邦への加入を認められたのを受けて，国名がマレーシア連邦に変わった．1965年8月9日にシンガポールは独立国となり，同年9月21日に国連加盟国となった．

ドイツ連邦共和国とドイツ民主共和国は1973年9月18日に国連に加盟した．1990年10月3日に，ドイツ民主共和国がドイツ連邦共和国に編入された結果，2つのドイツは単一の主権国家となった．

2つのドイツの再統一が，東ヨーロッパでの共産主義政権の崩壊で活発となった，国家の再編成過程の始まりとなった．ほんの2年の間に，旧ソ連の15カ国がそれぞれ単独の加盟国として国連に加盟した．この急速な変化の結果，かつてのソビエト社会主義共和国連邦（国連の原加盟国である）はロシア連邦となった．1991年12月24日付の国連事務総長宛の手紙で，ロシア連邦大統領ボリス・エリツィンは，安保理およびその他のすべての国連機関で旧ソ連が占めていた原加盟国としての地位を，独立国家共同体のほかの11カ国の支持を得て，ロシア連邦が引継ぐことを通知した．

チェコスロバキアも国連の原加盟国であったが1992年12月10日に，同国の常設国連代表が事務総長に，チェコとスロバキアの連邦は1992年12月31日をもって解消され，チェコ共和国とスロバキア共和国がそれぞれ，後継国家として国連加盟国の地位を引継ぐと通知した．その申請を受諾した安保理は，1993年1月8日に，総会に対してチェコ共和国とスロバキア共和国の加盟を認めるよう勧告した．両国の加盟は1993年1月19日に認められた．

1993年に，マケドニア共和国として知られてきた旧ユーゴスラビアの一部の加盟が求められたとき，ギリシャ政府は「マケドニア」という呼称が同国の州の名とみなされるという異議を唱えた．そこで「マケドニア・旧ユーゴスラビア共和国」という非実際的な名称で，新国家は1993年4月8日に加盟国となった．

■ 新 規 加 盟

憲章第4条の規定によれば，国連の加盟国としての地位は，すべて「この憲章に掲げる義務を受諾し，且つこの機構によってこの義務を履行する能力及び意思があると認められる……平和愛好国」に開放されている．原加盟国は，サンフランシスコ会議の参加国および1942年1月1日の連合国宣言に調印したあとに国連憲章に調印し批准した諸国である．

加盟の手続は次の通りである．加盟を望む国は事務総長に，憲章上の義務を受諾することを公式に認めるという申請を提出する．申請は安保理に回される．安保理ですべての常任理事国を含む少なくとも9理事国（以前は7理事国）の同意票が得られれば，安保理が総会に勧告を行い，総会で3分の2以上の多数で賛成が得られた日に加盟国となる．換言すれば，安保理の常任理事国のうち1国でも拒否権を行使すると，申請が総会に届くことは決してないのである．

1955年までは，いくつかの国の加盟申請をめぐって，安保理で痛烈な議論の応酬があり，そのため何年もの間ゆきづまり状態が続いた．通常は5大国のうちの1ないし数カ国が，申請を行った国と仲が悪かったり，ほかの5大国のメンバーに対する交渉の切札として同意を留保したがった．けっきょく1955年12月14日に妥協が成立し，16カ国の一括加盟が認められた．それ以後，新規加盟申請が議論の中心になることはほとんどなかった．申請のほとんどが新興独立国からのものであり，独立直後に申請が出された．ほとんどすべての申請は，遅れることなく全会一致で認められている．

例外として有名なのが，1949年1月の韓国の申請と，1949年2月の北朝鮮の申請，それに1951年12月の南ベトナムと北ベトナムの申請であった．2つのベトナムと韓国は75年に申請に対する対応を求めた．安保理ではきわどい差で韓国の申請を承認する決定が行われたが，その直後にアメリカが2つのベトナムの加盟に対し拒否権を行使した．アメリカはその理由として，韓国からの加盟申請をめぐってかつて安保理が審議を拒否したことをあげている．しかし総会の勧告にこたえ，安保理は1977年に新たに成立したベトナム社会主義共和国の加盟を勧告し，同国は1977年9月に加盟国となった．北朝鮮と韓国は，1991年9月に同時に加盟を認められるまで，総会のオブザーバーとしての地位にあった．

■ 脱　　　退

国際連盟規約は締結国の法的な脱退に関する規定を含んでいたが，国連憲章は意図的にこの問題に関する言及を省いている．サンフランシスコ会議での多数意見は，脱退に関する規定が普遍原則と両立せず，憲章のもとでの義務を回避したい加盟国に抜け道を与えるかもしれないというものであった．

そこで最初の（そしてこれまでのところ唯一の）脱退が起こったときには，手続を間に合わせなければならなかった．1965年1月1日に，新たに成立したマレーシア連邦に対決姿勢をとっていたインドネシアが，マレーシアが安保理の理事国に選出されるな

ら、インドネシアは国連およびその関連機関から脱退すると発表した。3週間後、インドネシア外相が公式に脱退を確認する書簡を事務総長に渡し、事務総長はインドネシアの国連代表と協議した上その決定を通知し、インドネシアが適当な時期に国連との「完全な協力を回復する」ことを望むと発表した。その後1965年のクーデターを経て、1966年総会が始まる直前に、インドネシアは事務総長に電報を打って「国連との完全な協力を回復し、国連活動への参加を再開する」という決定を伝えた。

インドネシアの復帰を最小限の手続でまとめる調整が行われた。この結果、インドネシアは安保理に対して正式の加盟申請を行う必要がなく、総会が直接この問題を担当することになった。インドネシアが電報によって国連に通告したのは、本当の脱退ではなく「協力の停止」と考えていたからとされ、総会議長がインドネシアの復帰に関する運営上の手続を勧告したのである。これに対する反対はなく、インドネシアは総会に復帰するよう招かれた。要するに、国連からの脱退の最初の例として生じた問題は、脱退ではなかったかのように処理されたのである。

南アフリカ共和国がアパルトヘイトに対する反感を理由に、国連の3つの専門機関(ユネスコ、国連食糧農業機関、国際労働機関)から脱退したが、同国は、アパルトヘイトを非難し、厳しい制裁を求める数多くの総会決議が行われたにもかかわらず、国連からは脱退しなかった。

■ 権利の停止と除名

憲章は、安保理が防止行動または強制行動の対象とした加盟国に対して、総会が安保理の勧告に基づいて、加盟国としての権利および特権の行使を停止することができると規定している。じっさいには総会ではなく、安保理だけがこれらの権利を回復する権限をもっている。この憲章の「原則に執拗に違反した」加盟国は、同じ手続によって国連から除名される。権利の停止や除名に関して、1987年末までに安保理で勧告されたり審議されたりしたことはなかった。

多くの国々がアパルトヘイト政策を理由として南アフリカ共和国の除名を求めたが、正式の除名提案は行われなかった。1974年に、総会は安保理に対して南アフリカ共和国が憲章の規定や世界人権宣言に違反している点から、国連と南アフリカ共和国の協力関係を見直すよう求めた。安保理は憲章第6条に

よって南アフリカ共和国を即時除名するよう求めたカメルーン、イラク、ケニア、モーリタニアの決議案を審議した。しかし常任理事国の3カ国(フランス、イギリス、アメリカ)の反対で、決議案は否決された。決議を採択できなかったことを安保理が総会に報告したあと、総会の議長であったアルジェリアのアブデラジス・ボウテフリッカは、南アフリカ共和国代表の総会での活動参加を拒否する裁定を行った。この裁定は賛成91、反対22、棄権19で支持された。国連加盟国としての地位は残ったが、南アフリカ共和国の代表は以後の総会に出席できなくなった。1994年5月に、南アフリカ共和国で民主的な選挙が成功したのを受けて、24年間南アフリカ共和国の委任状の受取を拒否してきた総会は、1994年6月23日に、全会一致で南アフリカ共和国の完全復帰を歓迎した。総会は「アパルトヘイトの撤廃と民主的で人権差別を行わない南アフリカ共和国の創設」に関する議題を議事録から削除した。

■ 国連における加盟国の代表権

国連の加盟国は国家であり、政府ではない。国家が加盟申請を行ったときに、国連はその政府の特色について考慮し、ときには政府を理由として加盟を引きのばすこともある(たとえばフランコ政権下のスペインが1945年から1946年にかけて加盟を申請したのに、1955年まで加盟を認めなかった)。だが、ひとたび加盟国となれば、その後の政府の変質も加盟国としての地位に影響を及ぼさない。ただし、もちろんその国家が憲章上の義務を履行し続けることが条件である。憲章のもとでは、新しい国家の加盟が認められるかどうかということと、諸国家が個別的にその政府を承認するとか外交関係を樹立することとはまったく別の問題である。もちろん各加盟国と加盟を申請した国との関係は、安保理や総会での投票に影響を及ぼすとはいえ、厳密にいえば、憲章が要求している議論は、申請国の政府が憲章上の義務を履行する「能力と意思」をもっているかどうかを、各加盟国が判断するだけである。その結果、国連のいくつかの国々は互いに国家として承認せず、外交関係ももっていない。

国家は国連の手続上自国を代表して発言することを、その国の政府が特別に権限を与えた代表団によって代理しなければならない。したがって新しい大使がやって来たり、国連の機関が招集した新しい会期が始まるさいには、加盟国を代表すると主張する

人物の委任状を調査する必要がある．9カ国からなる委任状委員会が総会が始まるごとに任命され，当該人物が間違いなくその国の政府によって指名された人物であること，政府が各加盟国の正式の政府であることを確認しなければならない．たとえば，同一地域から2つの政府がそれぞれ加盟国としての唯一の正統政府であると主張し，自分たちこそ加盟国代表としての議席を有すると主張する場合に，この問題が国連で議論されることになる．

　この点でよく知られている実例は中国である．長い間，中国の国連での代表権の問題が総会の議題のうち最も重要で，かつ議論の余地のある未解決の問題であった．しかし1971年に総会は，「中華人民共和国にそのすべての権利を回復させ，国連における唯一正統な中国代表として承認し，蒋介石政権の代表は国連およびそのすべての関連組織で非合法に占めてきた地位を直ちに明け渡すこと」を決定した．

■ 国連加盟国リスト

加盟国	加盟年月日	分担率[1] (%)
アイスランド	1946年11月19日	0.03
アイルランド	1955年12月14日	0.21
アゼルバイジャン	1992年3月9日	0.11
アフガニスタン	1946年11月19日	0.01
アメリカ	1945年10月24日	25.00
アラブ首長国連邦	1971年12月9日	0.19
アルジェリア	1962年10月8日	0.16
アルゼンチン	1945年10月24日	0.48
アルバニア	1955年12月14日	0.01
アルメニア	1992年3月2日	0.05
アンゴラ	1976年12月1日	0.01
アンティグア・バーブーダ	1981年11月11日	0.01
アンドラ[3]	1993年7月28日	0.01
イエメン	1947年9月30日	0.01
イギリス	1945年10月24日	5.32
イスラエル	1949年5月11日	0.27
イタリア	1955年12月14日	5.25
イラク	1945年12月21日	0.14
イラン	1945年10月24日	0.45
インド	1945年10月30日	0.31
インドネシア	1950年9月28日	0.14
ウガンダ	1962年10月25日	0.01
ウクライナ	1945年10月24日	1.09
ウズベキスタン	1992年3月2日	0.13
ウルグアイ	1945年12月18日	0.04
エクアドル	1945年12月21日	0.02
エジプト	1945年10月24日	0.08
エストニア	1991年9月17日	0.04
エチオピア	1945年11月13日	0.01
エリトリア[3]	1993年5月28日	0.01
エルサルバドル	1945年10月24日	0.01
オーストラリア	1945年11月1日	1.48
オーストリア	1955年12月14日	0.87
オマーン	1971年10月7日	0.04
オランダ	1945年12月10日	1.59
ガイアナ	1966年9月20日	0.01
カザフスタン	1992年3月2日	0.19
カタール	1971年9月21日	0.04
ガーナ	1957年3月8日	0.01
カナダ	1945年11月9日	3.11
カーボベルデ	1975年9月16日	0.01
ガボン	1960年9月20日	0.01
カメルーン	1960年9月20日	0.01
韓国	1991年9月17日	0.82
ガンビア	1965年9月21日	0.01
カンボジア	1955年12月14日	0.01
北朝鮮	1991年9月17日	0.05
ギニア	1958年12月12日	0.01
ギニアビサウ	1974年9月17日	0.01
キプロス	1960年9月20日	0.03
キューバ	1945年10月24日	0.05
ギリシャ	1945年10月25日	0.38
キルギスタン	1992年3月2日	0.03
グアテマラ	1945年11月21日	0.02
クウェート	1963年5月14日	0.19
グルジア	1992年7月31日	0.11
グレナダ	1974年9月17日	0.01
クロアチア	1992年5月22日	0.09
ケニア	1963年12月16日	0.01
コスタリカ	1945年11月2日	0.01
コートジボワール	1960年9月20日	0.01
コモロ	1975年11月12日	0.01
コロンビア	1945年11月5日	0.10
コンゴ	1960年9月20日	0.01
コンゴ民主共和国(ザイール)	1960年9月20日	0.01
サウジアラビア	1945年10月24日	0.71
サモア	1976年12月15日	0.01
サントメ・プリンシペ	1975年9月16日	0.01
ザンビア	1964年12月1日	0.01
サンマリノ	1992年3月2日	0.01
シエラレオネ	1961年9月27日	0.01
ジブチ	1977年9月20日	0.01
ジャマイカ	1962年9月18日	0.01
シリア	1945年10月24日	0.05
シンガポール	1965年9月21日	0.14
ジンバブエ	1980年8月25日	0.01
スウェーデン	1946年11月19日	1.23
スーダン	1956年11月12日	0.01
スペイン	1955年12月14日	2.38
スリナム	1975年12月4日	0.01
スリランカ	1955年12月14日	0.01
スロバキア	1993年1月19日	0.08
スロベニア	1992年5月22日	0.07
スワジランド	1968年9月24日	0.01
セイシェル	1976年9月21日	0.01
赤道ギニア	1968年11月12日	0.01
セネガル	1960年9月28日	0.01
セントクリストファー・ネイビス	1983年9月23日	0.01

国際連合の創設

国名	加盟日	分担率
セントビンセントおよびグレナディーン諸島	1980年9月16日	0.01
セントルシア	1979年9月18日	0.01
ソマリア	1960年9月20日	0.01
ソロモン諸島	1978年9月19日	0.01
タイ	1946年12月16日	0.13
タジキスタン	1992年3月2日	0.02
タンザニア	1961年12月14日	0.01
チェコ	1993年1月19日	0.25
チャド	1960年9月20日	0.01
中央アフリカ	1960年9月20日	0.01
中国	1945年10月24日	0.74
チュニジア	1956年11月12日	0.03
チリ	1945年10月24日	0.08
デンマーク	1945年10月24日	0.72
ドイツ	1973年9月18日	9.06
トーゴ	1960年9月20日	0.01
ドミニカ国	1978年12月18日	0.01
ドミニカ共和国	1945年10月24日	0.01
トリニダード・トバゴ	1962年9月18日	0.03
トルクメニスタン	1992年3月2日	0.03
トルコ	1945年10月24日	0.38
ナイジェリア	1960年10月7日	0.11
ナミビア	1990年4月23日	0.01
ニカラグア	1945年10月24日	0.01
ニジェール	1960年9月20日	0.01
日本	1956年12月18日	15.65
ニュージーランド	1945年10月24日	0.24
ネパール	1955年12月14日	0.01
ノルウェー	1945年11月27日	0.56
ハイチ	1945年10月24日	0.01
パキスタン	1947年9月30日	0.06
パナマ	1945年11月13日	0.01
バヌアツ	1981年9月15日	0.01
バハマ	1973年9月18日	0.02
パプアニューギニア	1975年10月10日	0.01
パラオ[3]	1994年12月15日	—
パラグアイ	1945年10月24日	0.01
バルバドス	1966年12月9日	0.01
バーレーン	1971年9月21日	0.02
ハンガリー	1955年12月14日	0.14
バングラデシュ	1974年9月17日	0.01
フィジー	1970年10月13日	0.01
フィリピン	1945年10月24日	0.06
フィンランド	1955年12月14日	0.62
ブータン	1971年9月21日	0.01
ブラジル	1945年10月24日	1.62
フランス	1945年10月24日	6.42
ブルガリア	1955年12月14日	0.08
ブルキナファソ	1960年9月20日	0.01
ブルネイ	1984年9月21日	0.02
ブルンジ	1962年9月18日	0.01
ベトナム	1977年9月20日	0.01
ベナン	1960年9月20日	0.01
ベネズエラ	1945年11月15日	0.33
ベラルーシ	1945年10月24日	0.28
ベリーズ	1981年9月25日	0.01
ペルー	1945年10月31日	0.06
ベルギー	1945年12月27日	1.01
ボスニア・ヘルツェゴビナ	1992年5月22日	0.01
ボツワナ	1966年10月17日	0.01
ポーランド	1945年10月24日	0.33
ボリビア	1945年11月14日	0.01
ポルトガル	1955年12月14日	0.28
ホンジュラス	1945年12月17日	0.01
マケドニア旧ユーゴスラビア共和国	1993年4月8日	0.01
マーシャル諸島	1991年9月17日	0.01
マダガスカル	1960年9月20日	0.01
マラウイ	1964年12月1日	0.01
マリ	1960年9月28日	0.01
マルタ	1964年12月1日	0.01
マレーシア	1957年9月17日	0.14
ミクロネシア連邦	1991年9月17日	0.01
南アフリカ	1945年11月7日	0.32
ミャンマー	1948年4月19日	0.01
メキシコ	1945年11月7日	0.79
モザンビーク	1975年9月16日	0.01
モナコ	1993年5月28日	0.01
モルディヴ	1965年9月21日	0.01
モルドバ	1992年3月2日	0.08
モロッコ	1956年11月12日	0.03
モーリシャス	1968年4月24日	0.01
モーリタニア	1961年10月7日	0.01
モンゴル	1961年10月27日	0.01
ユーゴスラビア	1945年10月24日	0.10
ヨルダン	1955年12月14日	0.01
ラオス	1955年12月14日	0.01
ラトビア	1991年9月17日	0.08
リトアニア	1991年9月17日	0.08
リビア	1955年12月14日	0.20
リヒテンシュタイン	1990年9月18日	0.01
リベリア	1945年11月2日	0.01
ルクセンブルク	1945年10月24日	0.07
ルーマニア	1955年12月14日	0.15
ルワンダ	1962年9月18日	0.01
レソト	1966年10月17日	0.01
レバノン	1945年10月24日	0.01
ロシア連邦	1945年10月24日	4.27

注1. 分担率は1997年のもの：49 th Session, *Supplement No. 11* (A/49/11)
2. 人口は1996年のもの：*Population and Vital Statistics Report* (Series A Vol. XLVIII, No. 1)
3. 分担率は未決定

[国連分担率(上位20カ国)]

	国名	1998年	1999年	2000年
1	アメリカ	25.000%	25.000%	25.000%
2	日本	17.981%	19.984%	20.573%
3	ドイツ	9.630%	9.808%	9.857%
4	フランス	6.494%	6.540%	6.545%
5	イタリア	5.394%	5.432%	5.437%
6	イギリス	5.076%	5.090%	5.092%
7	ロシア	2.873%	1.487%	1.077%
8	カナダ	2.825%	2.754%	2.732%

9	スペイン	2.571%	2.589%	2.591%
10	オランダ	1.619%	1.631%	1.632%
11	ブラジル	1.514%	1.470%	1.471%
12	オーストラリア	1.471%	1.482%	1.483%
13	スウェーデン	1.099%	1.084%	1.079%
14	ベルギー	1.096%	1.103%	1.104%
15	韓国	0.955%	0.994%	1.006%
16	メキシコ	0.941%	0.980%	0.995%
17	オーストリア	0.935%	0.941%	0.942%
18	中国	0.901%	0.973%	0.995%
19	アルゼンチン	0.768%	1.024%	1.103%
20	デンマーク	0.687%	0.691%	0.692%
	全加盟国(185)	100.000%	100.000%	100.000%

(注：1998～2000年分担率は1997.12.22総会決議により決定された)．
(『外交青書』，99年版より)

■ 国連加盟国加盟年順序[1]

1945年/原加盟国51カ国
アメリカ　アルゼンチン　イギリス　イラク　イラン　インド　ウクライナ　ウルグアイ　エクアドル　エジプト[5]　エチオピア　エルサルバドル　オーストラリア　オランダ　カナダ　キューバ　ギリシャ　グアテマラ　コスタリカ　コロンビア　サウジアラビア　シリア[5]　ソ連[6]　チェコスロバキア[4]　中国[3]　チリ　デンマーク　ドミニカ共和国　トルコ　ニカラグア　ニュージーランド　ノルウェー　ハイチ　白ロシア[2]　パナマ　パラグアイ　フィリピン　ブラジル　フランス　ベネズエラ　ペルー　ベルギー　ポーランド　ボリビア　ホンジュラス　南アフリカ　メキシコ　ユーゴスラビア　リベリア　ルクセンブルク　レバノン

1946年/55カ国(以下累計)
アイスランド　アフガニスタン　スウェーデン　タイ

1947年/57カ国
イエメン[7]　パキスタン

1948年/58カ国
ミャンマー[8]

1949年/59カ国
イスラエル

1950年/60カ国
インドネシア[9]

1955年/76カ国
アイルランド　アルバニア　イタリア　オーストリア　カンボジア　スペイン　スリランカ　ネパール　ハンガリー　フィンランド　ブルガリア　ポルトガル　ヨルダン　ラオス　リビア　ルーマニア

1956年/80カ国
スーダン　チュニジア　日本　モロッコ

1957年/82カ国
ガーナ　マレーシア[10]

1958年/83カ国
ギニア

1960年/100カ国
カメルーン　ガボン　キプロス　コートジボワール　コンゴ　コンゴ民主共和国(ザイール)　セネガル　ソマリア　チャド　中央アフリカ　トーゴ　ナイジェリア　ニジェール　ブルキナファソ[12]　ベナン[11]　マダガスカル　マリ

1961年/104カ国
タンザニア[13]　シエラレオネ　モーリタニア　モンゴル

1962年/110カ国
アルジェリア　ウガンダ　ジャマイカ　トリニダード・トバゴ　ブルンジ　ルワンダ

1963年/112カ国
クウェート　ケニア

1964年/115カ国
ザンビア　マラウイ　マルタ

1965年/118カ国
ガンビア　シンガポール　モルディヴ

1966年/122カ国
ガイアナ　バルバドス　ボツワナ　レソト

1967年/123カ国
民主イエメン[7]

1968年/126カ国
スワジランド　赤道ギニア　モーリシャス

1970年/127カ国
フィジー

1971年/132カ国
アラブ首長国連邦　オマーン　カタール　バーレーン　ブータン

1973年/135カ国
ドイツ民主共和国[14]　ドイツ連邦共和国[14]　バハマ

1974年/138カ国
ギニアビサウ　グレナダ　バングラデシュ

1975年/144カ国
カーボベルデ　コモロ　サントメ・プリンシペ　スリナム　パプアニューギニア　モザンビーク

1976年/147カ国
アンゴラ　サモア　セイシェル

1977年/149カ国
ジブチ　ベトナム

1978年/151カ国
ソロモン諸島　ドミニカ国

1979年/152カ国
セントルシア

1980年/154カ国
ジンバブエ　セントビンセントおよびグレナディーン諸島

1981年/157カ国
アンティグア・バーブーダ　バヌアツ　ベリーズ

1983年/158カ国
セントクリストファー・ネイビス

1984年/159カ国
ブルネイ

1990年/159カ国(両ドイツと両イエメンが統合したため総数の変動なし)
ナミビア　リヒテンシュタイン

1991年/166カ国

エストニア[15]　韓国　北朝鮮　マーシャル諸島
ミクロネシア連邦　ラトビア[15]　リトアニア[15]

1992年/179カ国
アゼルバイジャン　アルメニア　ウズベキスタン
カザフスタン　キルギスタン　グルジア
クロアチア　サンマリノ　スロベニア
タジキスタン　トルクメニスタン
ボスニア・ヘルツェゴビナ　モルドバ

1993年/184カ国（チェコスロバキアが分離独立したため総数は5つの増加）
アンドラ　エリトリア　スロバキア[4]　チェコ[4]
マケドニア旧ユーゴスラビア共和国　モナコ

1994年/185カ国
パラオ

注 1) 1995年12月31日現在.
2) 1991年9月19日, 白ロシアは国名をベラルーシに改めた.
3) 総会は1971年10月25日の決議2758(XXVI)によって「中華人民共和国にそのすべての権利を回復させ, 同国政府の代表を国連における唯一の合法的代表であると認め, 蔣介石政権の代表を彼らが国連とその関連機関において不法に占めている地位から追放する」と決定した.
4) チェコスロバキアは1945年10月24日に原加盟国として国連に加盟. 1992年12月10日チェコスロバキア代表部は事務総長宛の書簡で, チェコスロバキア連邦共和国は1992年12月31日をもって両国の関係が終了したことを通知, チェコ共和国とスロバキア共和国はそれぞれ国連に加盟申請を提出. 安全保障理事会は1993年1月8日, 国連総会に両国の加盟を勧告. チェコ共和国とスロバキア共和国は1993年1月19日, 国連加盟国となった.
5) エジプトとシリアは1945年10月24日以来の原加盟国だが, 1958年2月21日の国民投票に基づいて合邦し「アラブ連合共和国」として単一の加盟国となった. しかしシリアは1961年10月13日, 独立国としての地位, および国連加盟国としての地位を回復した. アラブ連合共和国は1971年9月2日,「エジプト・アラブ共和国」と国名を改めた.
6) ソビエト連邦は国連の原加盟国であったが, 1991年12月24日ロシア連邦大統領は事務総長へ書簡を提出し, 安保理, その他のすべての国連機関におけるソ連の地位は独立国家共同体の支持によりロシア連邦によって継続されることを通告, 国名をロシア連邦に読み替えるべく要請した.
7) イエメンと民主イエメンは1990年5月22日に統合され, 新国名はイエメン.
8) 旧ビルマ
9) 1965年1月20日付の書簡で, インドネシアは「現段階および現状においては」国連から脱退する決定を発表した. 1966年9月19日の電報によって「国連との完全な協力を再開し, かつその活動への参加を再開する」と発表した. 1966年9月28日, 総会はこの決定に留意し, 総会議長はインドネシア代表に総会の議席につくように招請した.
10) 「マラヤ連邦」は1957年9月17日に国連に加盟した. 連邦にシンガポール, サバ(北ボルネオ), サラワクが参加したことから, 国名は1963年9月16日,「マレーシア」に変わった. シンガポールは1965年8月9日に独立国となり, 同年9月21日に国連に加盟.
11) 旧ダホメー
12) 旧オートボルタ
13) タンガニーカは1961年12月14日以来, またザンジバルは1963年12月16日以来の加盟国だったが, 両国は1964年4月26日, 連合協定が批准されたことに基づいて「タンガニーカ・ザンジバル共和国」として単一の加盟国となり, 1964年11月1日, 国名を「タンザニア連合共和国」と改めた.
14) 1973年9月18日, 国連に同時加盟したドイツ連邦共和国とドイツ民主共和国は1990年10月3日に統合され, 新国名はドイツ連邦共和国.
15) 1991年9月17日, エストニア, ラトビア, リトアニアは独立国として国連に加盟した.
16) 1993年4月8日, 国連総会は国名についての問題を後日解決することを条件に「マケドニア旧ユーゴスラビア共和国」の国連加盟を認めた.

国際連合本部

■ 本部ビル

1945年10月24日に国連が誕生したとき,その本拠地はなかった.12月11日に,アメリカ議会が全会一致で国連本部をアメリカに招請した.1946年2月に,ロンドンで開かれた第1回総会では,ニューヨーク近くのフェアフィールドとウェストチェスターのあたり一帯を決議したが,1946年中はフィラデルフィアやボストン,サンフランシスコ近郊の土地についても審議された.その後,ジョン・D・ロックフェラー・ジュニアからマンハッタンのミッドタウンのイーストリバー沿いにある土地を購入するため850万ドルを寄付するという,劇的な申出があった.ニューヨーク市は当該地域を区画整理し,川の沿岸部の権利を付与した.1947年11月までに総会は建築計画を採択し,その9カ月後には国連とアメリカ政府は,6500万ドルの無利子の借款契約を結んだ.国連本部企画部長はアメリカのウォーレス・K・ハリソンだった.国際企画協議委員会は,オーストラリアのG・A・ソリュックス,ベルギーのガストン・ブルンフォート,ブラジルのオスカー・ニーマイヤー,カナダのアーネスト・コーミアー,中国のスー・チェン・リャン,スイスのシャルル・ル・コービュシール,スウェーデンのスヴァン・マルケリウス,ソ連のニコライ・D・バッソー,イギリスのハワード・ロバートソン,それにウルグアイのジュリオ・ヴィラマージョで構成された.

第1期工事は1951年春に完成予定の,39階建の大理石とガラスでできた事務局ビルであった.1952年には会議ビル(3つの大会議場といくつもの小会議場をもつ)と総会ビルが出来上がった.

このようにして,国連の常設的な施設が完成するまでに5ないし6年が経過した.その間,事務局は暫定的にニューヨーク州ブロンクスのハンター・カレッジに仮住いし,1946年8月にはロングアイランドのサクセス湖のシュペリー・ジャイロスコープ工場に移った.1948年と1951年のいくつかの国連総会はフラッシング・メドーズのニューヨーク・シティー・ビルで開かれ,会合はパリのシャルロット宮殿で行われた.

フォード財団が660万ドルを寄贈して創建され,設備を整えた本部付属の図書館ビルは,1961年にダグ・ハマショルド前事務総長を記念するものとされた.

会議ビルや総会ビル,図書館ビルのさまざまな家具や調度品は,加盟国から寄贈された.総会ビルの大広間に隣接する瞑想の間は,国連勤務中に命を失った人々に捧げられたものである.ここには「平和と人間」をテーマとするマルク・シャガールの手によるステンド・グラス窓がある.総会ビルの北にある公共庭園には,各国政府や個人から寄贈された彫刻や園芸品がおかれている.

国連本部はおもな4つのグループのために設計されている.すなわち,いまや185カ国を代表し,毎年の通常総会の会期には3000人以上もの人員をニューヨークに送りこんでくる代表団と,全世界に合計2万9891人いるうち,ニューヨークには6973人が働く事務局,1日当たり平均1500人いる訪問者,そして450人以上が恒常的に派遣されており,大きな会合がある場合にはその数が2倍に膨れあがるジャーナリストたちである.

少額の料金を払えば,訪問者たちは本部ビルで行われている事務局ツアーのひとつに参加できる.このツアーは,毎日20カ国語で,出身28カ国の47人のガイドによって行われている.

収容能力

加盟国の数が増えたため,会議場と総会ホールの議席の数も拡大された.国連本部の事務局や会合用施設の大きな拡張は,1980年代に行われた.

150カ国からきた約3万人の男女が国連とその関連機関で働き,その約3分の1が国連本部に,3分の2が世界中の事務局やセンターで勤務している(→61ページ).

会議サービス

国連本部と，ジュネーブやウィーンにある国連の事務局は，通訳者，翻訳者，書記官，編集者などをそれぞれ供給しており，世界中で行われる多くの国連の会合はもちろん，その他の国連が後援する多くの会議にも会議のための人員派遣サービスを行っている．

通信システム

国連には独自の通信システムがある．国連本部は無線によってジュネーブやウィーンの事務局と結ばれ，ジュネーブやウィーンからさらに国連機関や世界の遠く離れたところにある事務所とも連絡がとれるようになっている．

コンピュータシステム

国連の根本的な近代化と再編成の一環として，2万人以上の国連職員に関する情報を収めた国連のIBM・メインフレーム・バンクが段階的に統合情報管理システム（IMIS）におきかえられつつある．おきかえの第1段階は1994年初めに終り，新規採用，雇用，昇進と異動に関する人事システムが移しかえられた．本部の400人の担当者がウィンドウズ・ソフトウェアを用いたパソコンで，UNIX・サーバーと結ばれている．最終的には，すべての業務管理アプリケーションはクライアント・サーバー構造で組織された，4つのUNIX・システムに移されることになっている．システムは最終的にほかの7カ国にある事務局の支局と世界中の平和維持活動にも拡張され，2100人以上の各担当者につながれる．システム構築費用は4700万ドルと見積られている．

IMISシステムは国連の財務管理を大いに簡素化し，集中管理されることになるだろう．たとえば，会計部門は90単位もの別々の通貨を含んだ30億ドル近くに達する年間予算を運用している．支出は本予算ではアメリカ・ドルで見積られている．諸外国での経費をアメリカ・ドルに換算し，為替レートを計算する手間で，国連は計画された活動のじっさいの費用に関する十分な情報を得るのがかなり困難になっている．

おきかえ作業の第2段階は1994年6月に予定されているが，住居手当や医療保険，教育手当などの特別給付を含む受給資格体系を対象としている．これらの支出方式は，事務局が所在するさまざまな地域の生計費にしたがって頻繁に更新されている．財政システムと給料支払いおよび予算準備システムの最終のおきかえ作業は，1995年にシステム規模で完了する予定である．

国連郵便行政

国連切手は，アメリカ，スイス，オーストリアの郵政当局との個別的な協定に基づいて発行され，ニューヨークの国連本部とジュネーブやウィーンの国連事務所宛の郵便物に限って有効である．国連切手は通信販売や店頭販売，またはニューヨーク，ジュネーブ，ウィーンの顧客寄託サービスで自由に入手できる．収集目的の切手の売上で得られた収益だけが，国連の受取分となる．収益増のほかに，国連切手のデザインは国連や関連機関の活動の宣伝にも役立っている．

■ 記録および文書

図書館

ダグ・ハマーショルド図書館にはおおよそ書籍40万冊，地図1万4500葉，定期刊行物と新聞8万部以上，文書とマイクロフィルム数十万点が収められている．所蔵品は国連資料だけでなく国際連盟の資料も含まれ，国連の活動に関連する一般的な参考文献図書室のほか，ウッドロー・ウィルソン読書室などにもある．図書館は代表団や常駐使節，事務局および専門の研究者などに利用されている．

公文書館

国連公文書館はニューヨーク，パーク・アベニュー南345にあり，国連創設時からの公文書を保管している．高さ35フィート（10.7m）の棚には事務局で作成された処理済みの運営記録と，国連の制度的な記録とからなる公文書の双方が収められている．毎年約50人にのぼる研究者たちが，国連の前任者たちや事務総長の「斡旋」活動および国連の仲介や平和維持活動に関する情報などを，おびただしい文書の山の中から掘りだしている．

最も古い記録は国連以前の組織にまでさかのぼり，その中には，たとえば国際刑罰および悔悟委員会（1893～1951年），第2次世界大戦で荒廃した地域の復興を援助した連合国難民復興救済機関（1943～48年），連合国側の17カ国が合同で戦争犯罪人を逮捕し罰する手続を開発した連合国戦争犯罪委員会（1943～49年），国連憲章が作られた国際機構に関する連合国会議（1945年）などの資料が含まれている．

設立当初から国連という新しい機構は，いくつか

の地域紛争で平和維持の役割を引受けることが求められていた．その結果として国連公文書館には，国連パレスチナ問題特別委員会（1947年）からカンボジアで最近終了した選挙監視活動まで，幅広い平和維持活動に関する記録が保管されている．植民地主義に由来する問題についても，早くから国連の関与が要請されていた．選挙を監視し，独立へ移行するまでの信託統治を創設する文書なども収められている．国際的な社会的，経済的発展を国連が技術的に援助する任務も，同じように公文書館の中でみることができる．

このような記録類は，一般に20年を経過すれば研究目的に公開されている．厳秘の記録や特別の制限を受けている記録（たとえば戦争犯罪委員会の記録）に接するには，明示の許可が必要である．国連公文書を研究したい人は，公文書館長宛の手紙で申込み，承認を得なければならない．宛先は Chief, Archives Unit, United Nations Archives, PK-1200, United Nations, New York, NY 10017 である．

文書サービス

国連本部は，世界最大の複写および印刷工場のひとつである．ほとんどの国連文書が加盟国や事務局の利用のためにコピーされている．多くの報告書や研究書はもとより，いくつかの文書も一般に市販する国連刊行物として発行されている．これらの資料は国連本部の書店または世界規模の流通機構から入手できる．

アメリカおよびカナダでは UNIPUB が国連刊行物を配布し，国連大学出版局が出している学術書を公刊している．UNIPUB はまた，国連食糧農業機関（FAO），国際原子力機関（IAEA），関税と貿易に関する一般協定（GATT），国連教育科学文化機関（UNESCO）などの刊行物も配布している．UNIPUB はメリーランド州のランハムにあり，アメリカでの電話番号は(800)274-488，カナダからの電話番号は(800)233-0504である．その他の国連刊行物は，国連本部の国連出版物販売部，電話番号（北アメリカ，ラテンアメリカ，アジア，太平洋から）は(212)963-8302で，またジュネーブの販売事務所および書店で入手できる．電話番号（ヨーロッパ，アフリカおよび中東から）は(4122)734-1473である．

［現在では，国連のホームページで直接注文できる．］

■ 一般情報サービス

1946年の第1回総会で，事務局に一般情報部（DPI）を特別に設置することが決められた．国連の目的と活動について，情報が十分に世界に行きわたらないと国連の目標達成ができないことが認識され，総会は国連に関する可能な限りの情報を広める活動をするよう DPI に指示した．そのため，国連は新聞，出版，ラジオ，テレビ，映画，写真，展示活動などのあらゆるメディアを使って，国連の活動に関する情報をどんどん供給している（→255ページ）．

新聞，出版，写真サービス

DPI は報道機関に情報を提供し，報道機関が会合や文書，その他のニュース源に接触できるよう援助している．国連本部ではふだんから何千ものプレス・リリースを行い，会合の説明，演説内容，特別プログラムの報告，背景説明や参考文書などを公表している．DPI は毎日ブリーフィングを行い，加盟国代表団の担当者や事務局および専門機関の上級職員の記者会見の手はずを整えている．

国連の活動に関する小冊子やパンフレット，リーフレットなどは，多くの言語で出版されている．『UN Chronicle』は年4回，英語，フランス語，スペイン語，アラビア語で発行され，国連の活動を報告している．DPI は『Yearbook of the United Nations』も発行している．

現場での国連の活動をビジュアルな情報として提供するため，写真班が世界中で定期的に活動している．こうして得られた写真は，国連本部やほかのおもな会議場での出来事を広範に扱い，新聞，雑誌，出版界，政府の情報機関などでも広く利用されている．ポスターや写真の展示セットも，国連本部での展示や，また世界中に配給するために用意されている．

DPI のプレス・リリース，背景情報リリースおよびその他の一般情報文書などは，いくつかの電子ネットワークを通じてインターネットでも入手できる．1994年8月現在で，これらのネットワークには Agora, Gemnet, Togethernet, 国連開発計画 gopher・サービスなどがある．国連文書（総会や安全保障理事会，経済社会理事会のおもな報告や決議文書）は，約40カ国で入手できる．このようなサービスのいくつかには，アメリカで America Online や

Delphi, Prodigy のようなインターネットに接続された商用の通信媒体を通じてアクセスできる．アメリカではおもな大都市のいくつかの大きな図書館で，無料でインターネットに接続し，上述の文書のいくつかを閲覧することができる．

ラジオ，テレビ，映画サービス

DPI のおもな任務は，報道が認められている国営および民間の放送局が，国連の活動を報道するのを援助することにもある．ラジオ局の記者たちは，国連本部のスタジオや録音装置を利用することができるし，ニューヨークは短波あるいは無線電話で遠く離れた各国の首都と結ばれている．映画やテレビ局の記者たちは，記者会見やブリーフィングはもちろん，安保理や総会のおもな会合の映像を利用することもできる．これらの報道は，衛星通信によって全世界に送られている．

DPI は短波で主要な国連機関の会合を放送し，6つの国連公用語（アラビア語，中国語，英語，フランス語，ロシア語，スペイン語）で独自のラジオ番組を作成し，100カ国以上の聴取者に届けている．国連の映画およびテレビ番組は，テレビだけでなく学校や大学，非政府組織の人々のためにも制作されている．

一般問合せ係

一般問合せ係は，研究者たちからの個々の問合せや，国連とその下部機関に関する特定の情報を求める，一般的な問合せなどを扱っている．係は国連の部局や各機関に照会者を案内し，またたとえば事務総長が総会や安保理に送った報告書などの国連文書を郵送してくれたりする．

国連情報センター

1993 年現在，67カ所に国連情報センター（アフリカに 23カ所，南北アメリカに 13カ所，アジア・オセアニアに 17カ所，ヨーロッパに 14カ所）があり，国連の目的と活動に関する情報を普及させてきた．情報センターは最新の国連刊行物や文書の文献案内を保有し，一般からの問合せにも応じている．また DPI の資料を各地の言語に翻訳し，担当地域の現地のメディアや情報機関，教育当局および非政府組織などと密接な関係を保って活動している．情報センターは国連本部に対して，各地の国連活動を報告し，それらの報告は DPI を通じて公表されている．

■ 特権および免除

国連憲章は，加盟国のすべての地域で，国連がその目的達成のために必要なあらゆる法人格，特権および免除を有すること，ならびに加盟国の代表団と国連職員が自己の任務を独立して遂行することを許された地位をもつことを規定している．1946 年 2 月 13 日に，総会は国連の特権および免除に関する条約を採択した．1993 年 12 月 31 日現在，アメリカを含む 184カ国がこの条約に加盟している．公務についている国連職員は，国連が発行する通行証（パスパルトゥ）だけで旅行することができる．

特権免除条約に加盟している各国は，国連職員の給与に対する課税を免除するが，特別の留保が適用されるアメリカなど数カ国では免除されない．しかし，これらの給与は国連内部の課税である「職員課金」の対象となる．国連自体は，あらゆる直接税，関税，職務遂行のための資材に関する輸出入上の規制を免除されている．

実質上，すべての加盟国が常駐の代表団をニューヨークの国連に設置している．これらの人々も，外交使節に準ずる特権および免除を享受している．

■ 国連とアメリカの間の本部協定

1947 年 6 月 26 日にサクセス湖で，特別の本部協定がトライジブ・リー事務総長とジョージ・C・マーシャル米国務長官によって調印され，1947 年 11 月 21 日から発効した．同協定では，ニューヨーク市の 42 丁目から 48 丁目の間と，ファースト・アベニューおよびフランクリン・ルーズベルト・ドライブで囲まれた一帯の 18 エーカー（7 万 2846 m²）の土地を，国連の本部地区と規定している．その後の国連とアメリカの間の補足協定によって，隣接するビルの事務所が本部地区に編入された．本部地区は「この協定で規定された通り，国連の監督および権限下」におかれている．本部地区は国連の本拠地であり，協定はこの地区を「不可侵とする」と規定している．連邦や州，当該地域の公務員が，公務で本部地区に入れるのは事務総長の同意がある場合に限られる．国連は，当該地域についての規則を制定でき，国連の規則に抵触するようなアメリカの連邦法，州法，地域の条例などは，本部地区には適用されない．しかしアメリカの裁判所は，本部地区内および区域を越えて行われた行為についての管轄権をもっている．国連は，

規則違反者を本部地区から退去させることができる．そのような場合，および一般的に法と秩序の維持に必要な範囲内で，アメリカの当局は事務総長の要請があれば十分な数の警察官を派遣しなければならない．また「本部地区内では，いかなる形式の人種差別や宗教による差別も行われてはならない」．この間の協定には他にも詳細な規定があり，アメリカ国籍をもたない人物の，国連本部への出入りに関する重要な問題を扱っている．

■ 国連の紋章と国連旗

総会は国連の公式の印章と紋章を採択した．国連の紋章は明るい青を背景にして，北極から投影した地球地図が2本の対称的なオリーブの枝で囲まれた図柄を銀色で描いている．このデザインは，1945年のサンフランシスコ会議で使われたアメリカ戦略情報部がボタンのデザインとして選んだものを，少し手直ししたものである．この青の特別の色合いは，現在公式に国連ブルーと呼ばれている．この紋章は，国連の刊行物や会議，その他の公式に承認された目的の場合だけに使われている．

最初の国連旗は1947年に，戦闘が起きていたギリシャで使われた．旗には国連ブルーを背景に白で紋章が描かれている．

国連旗は国連と専門機関，加盟国だけでなく，「国連への支持を表明し，国連の原則と目的を推進する組織および個人」によっても使われることがある．「特別に適切」とみなされるような公式記念日，たとえば10月24日の国連デーや，国連または国連に関連した公式記念行事の場では，国連旗が掲揚される．

国際連合の予算

　国連憲章では「この機構の予算を審議し，かつ承認」し，国連の経費を加盟国に割当てるのは総会の任務とされている．行政上の観点からいえば，国連の経費は2つのカテゴリーに分けられる．ひとつは「通常予算」と呼ばれている経費で，すべての加盟国に分担義務がある．もうひとつは高額の費用を必要とする特定の事項ないしは計画の経費で，それぞれ特別協定によって担保される「予算外」勘定や基金に依拠するもので，加盟国が義務的に支払うものではない．

　通常予算に含まれるのは，国連本部や各地の国連事務所で実施されているサービスや計画の費用で，たとえば国際司法裁判所の経費や，「特別経費」にも計上されている債務関連の経費などである．

　各加盟国は通常予算以外に，いくらか修正された基準に基づいて査定された平和維持活動費用を，分担金として負担している．このような活動への出動回数とその費用は，東ヨーロッパや西アジア，アフリカでの政治的不安定のため，最近いっそう重くなっている．事務総長は1992～93年の時期には，これらの活動費が6倍になったと見積った．経済社会理事会への報告の中で，事務総長は「平和と安全と，経済的および社会的発展の間で重要性の差や優先順位をつけようとするのは間違っている．この2つは分割できないほどに密接に結びついている」と述べている．この基本的な哲学が，平和維持活動への出動回数の増加と，その任務が以前の伝統的な監視団としての地位を超えて武装解除や動員解除，人道的援助や人権の監視，選挙権の検証および文民警察の支援などにまで拡大されたことに理論的根拠を与えている．それぞれの平和維持活動は個別に承認され，予算が組まれている．

　次にあげるのは1994年4月現在に活動中の21[99年2月現在では16]の国連監視活動および平和維持活動のリストである．国連緊急軍(UNEF)，国連兵力引離し監視軍(UNDOF)，国連レバノン暫定軍(UNIFIL)，国連イラン・イラク軍事監視団(UNIIMOG)，国連アンゴラ検証団(UNAVEMとUNAVEM II)，国連ナミビア独立移行支援グループ(UNTAG)，国連イラク・クウェート監視団(UNIKOM)，国連西サハラ住民投票ミッション(MINURSO)，国連エルサルバドル監視団(ONUSAL)，国連カンボジア暫定統治機構(UNTAC)，国連保護軍(UNPROFOR)，国連ソマリア活動(UNOSOMとUNOSOM II)，国連モザンビーク活動(ONUMOZ)，国連キプロス平和維持軍(UNFICYP)，国連グルジア監視団(UNOMIG)，国連ハイチ・ミッション(UNMIH)，国連ルワンダ支援団(UNAMIR)，国連ウガンダ・ルワンダ監視団(UNOMUR)，国連カンボジア軍事連絡チーム．

　1992年4月現在，以前は活動中であったが今は活動を終了している13[98年9月現在で34]の平和維持活動についての分担金が未払いであり，それぞれ独立に見積られた予算総額は8億500万ドルに達している．割当てられた分担金の未納分は，軍隊を派遣した加盟国への弁済の遅れとなり，それらの国々に不公平な負担を強いている．

　通常予算外のおもに任意の拠出金で賄われている国連の活動機関には，国連開発計画(UNDP)，世界食糧計画(WFP)，国連難民高等弁務官事務所(UNHCR)，国連児童基金(UNICEF)，国連パレスチナ難民救済事業機関(UNRWA)，国連人口基金(UNFPA)などがある．

　専門機関の加盟国は，それぞれの機関の予算について，国連とは別の分担基準で決定している．

■ 財政問題で総会を支援する委員会

　1946年に，総会は行政運営と予算問題に関する2つの常設の補助機関を創設した．行財政問題諮問委員会(ACABQ)は，国連の予算と専門機関の行政予算を専門家が検討することに責任を負っている．16人の委員は総会によって選出され，3年の任期で交互に交替するまでは，出身国の政府代表ではなく個人の資格で勤務する．分担金委員会は，総会に対して，国連の経費を加盟国に割当てる件について助言を行う．委員は18人で，3年の任期で個人の資格で

活動するよう選ばれる．

■ 通常予算の決定手続

1年おきに，事務総長は次の2年間の詳細な予算と支出金の見積を提出する（1974年までは1年間の予算であった）．これらの見積は行政財政問題諮問委員会で再評価され，ときには改定される．計画面での見直しは，34人の委員で構成される計画調整委員会が行っている．

国連の通常予算（総計）見積 1946～95年

(年)	($)	(年)	($)
1946	19,390,000	1966	121,080,530
1947	28,616,568	1967	133,084,000
1948	39,285,736	1968	141,787,750
1949	43,204,080	1969	156,967,300
1950	44,520,773	1970	168,956,950
1951	48,925,500	1971	194,627,800
1952	50,547,660	1972	208,650,200
1953	49,869,450	1973	233,820,374
1954	48,528,980	1974～75	606,033,000
1955	50,228,000	1976～77	745,813,800
1956	50,683,350	1978～79	996,372,900
1957	53,174,700	1980～81	1,339,151,200
1958	61,121,900	1982～83	1,472,961,700
1959	61,657,300	1984～85	1,611,551,200
1960	65,734,900	1986～87	1,711,801,200
1961	71,649,300	1988～89	1,748,681,800
1962	85,818,220	1990～91	2,134,072,100
1963	92,876,550	1992～93	2,362,977,700
1964	101,327,600	1994～95	2,580,200,200
1965	108,472,800		

［1998～99年の総計は＄2,532,331,200］

1994～95の2年間の予算

支出目的	($)
政策決定，行政指揮，調整一般	37,049,800
政治事項	
政治事項	67,923,600
平和維持活動および特別活動	101,573,200
小　計	169,496,800
国際法	
国際司法裁判所	18,329,400
法律活動	32,490,000
小　計	50,819,400
開発のための国際協力	
政策調整および持続的な開発部門	50,355,600
経済的，社会的情報と政策分析部門	46,815,700
開発援助および運営管理部門	29,385,800
国連貿易開発会議（UNCTAD）	108,296,400
国際貿易センター（ITC）	19,982,200
国連環境計画（UNEP）	11,384,500
国連人間居住センター（UNCHS）	11,854,300
犯罪取締り	4,638,200
国際麻薬取締り	13,998,700
小　計	296,711,400
地域的な開発協力	
アフリカ経済委員会（ECA）	78,020,100
アジア太平洋経済社会委員会（ESCAP）	59,846,200
欧州経済委員会（ECE）	44,684,500
ラテンアメリカ・カリブ経済委員会（ECLAC）	79,992,600
西アジア経済社会委員会（ESCWA）	38,226,600
通常の技術協力計画	42,910,000
小　計	343,680,000
人権および人道的事項	
人権	36,063,300
国連難民高等弁務官事務所（UNHCR）	45,329,400
国連パレスチナ難民救済事業機関（UNRWA）	21,007,900
人道的事項部門	18,541,200
小　計	120,941,800
管理運営経費	
公報活動	133,145,300
一般管理費	876,856,000
共通管理費	26,192,800
特別経費	31,780,400
職員課金	404,949,000
監査調査室	11,429,100
小　計	1,484,352,600
資本支出	
技術革新費	18,841,500
建物建築および維持費	58,306,900
小　計	77,148,400
総　計	2,580,200,200

総会は通常予算とは別に，予測できない非常用の経費に見合う一定額を割当て，また加盟国が通常予算で負担する分担割合に応じて前払いする，国連運転資本基金の見積を決定する．1億ドルのこの基金は，分担金未納となっている支出金にまわしたり，総会が決定したほかの目的に対して，事務総長が支出したりすることができる．

国連の経費を正確に予想することはほとんど不可能なので，事務総長は総会各通常会期ごとに，その年のじっさいの経費を見直し，当初の支出金の調整を提案している．追加予算が採択されることはよくあるが，時には総会が削減を決定することもある．

収入見積

所要経費は次の収入から得られる4億7740万1700ドル［98年～99年で3億6384万300ドル］を差し引いて見積られる．

1. 職員課金収入　　　　4億1136万4200ドル

　［98年～99年　3億2481万2400ドル］

2. 一般収入　　　　　　　　　　5925万8800ドル
　　　　　［98年〜99年　3358万5400ドル］
3. 役務収入　　　　　　　　　　　678万8700ドル
　　　　　［98年〜99年　430万7600ドル］

　職員課金は，国連規則に基づき，国連全職員の給料から税金のかわりに一定割合の額が差引かれ，「収入」として会計簿に記載されている．アメリカ国籍の職員が重複して課税されないように，彼らの給料に課される税金（連邦，州，および市の税金）は国連が支払っている．ほかの国籍の国連職員の給料の源泉徴収分は，それぞれの母国である加盟国の分担金から差引かれている．職員課金とその他の収入項目のすべてを考慮に入れ，1994〜95年の2年間に加盟国からの分担金を加えた純見積評価額は，総計で11億9890万2550ドルであった．

■ 通常予算に対する加盟国の分担金

　加盟国の分担金の基準は，分担金委員会の勧告に基づいて総会が設定する．国連経費の割り当ての基本となった最初の基準は，支払い能力の大小で，その最も公平な指摘として国民所得の相対評価が用いられた．その他の要素としては，1人当たりの国民所得や外貨獲得能力，さらに1974年までは，第2次世界大戦で生じた国民経済の混乱の程度などが考慮に入れられた．こうしてアメリカは初めは39.89%のシェアであったが，しだいにシェアが減少し，1971〜73年の期間には31.52%となった．

　1972年に総会は，最も高い分担率を25%とする上限枠を設定した．同時に，最低の分担率を0.02%（のちには0.01%）まで引下げ，分担金委員会に対し発展途上国の経済および財政問題に特別の注意を払うよう要請した．

　分担基準をより公平なものにしようとする努力が続けられるなかで，総会は1981年に分担金委員会に対して，もっと統一的で比較可能なデータと統計を加盟国から集めるための指針を用意し，「加盟国の真の支払い能力」を評価できるような別の手段を研究するよう求めた．

　1994〜95年の分担基準でみた場合，分担率の多い順に上位10カ国を示すと，アメリカ（25%），日本（12.45%），ドイツ（8.93%），ロシア（6.71%），フランス（6.0%），イギリス（5.02%），イタリア（4.29%），カナダ（3.11%），スペイン（1.98%），ウクライナ（1.87%）［2000年の分担率上位10カ国　アメリカ（25%），日本（20.57%），ドイツ（9.86%），フランス（6.55%），イタリア（5.44%），イギリス（5.09%），カナダ（2.73%），スペイン（2.59%），オランダ（1.63%），ブラジル（1.47%）］となっている．基準の全体は，16ページの「国連加盟国リスト」の分担率に示す通りである．

非加盟国からの分担金

　国連加盟国ではないが，特定の活動（おもに国際司法裁判所，地域委員会，国連貿易開発会議，それに麻薬取締り）に参加している国々は，総会が設定した分担基準にしたがって，それらの活動の経費を分担している．1994年5月30日現在の分担状況は，次の通りである．

　　　　　　　　　　　　　　　　（$）
　教皇庁（バチカン）　　　　　　10,179
　ナウル　　　　　　　　　　　　1,018
　スイス　　　　　　　　　3,542,281
　トンガ　　　　　　　　　　　　5,089

■ 国連の財政難を緩和するための提案

　ふつう，通常予算は加盟国間に大きな争いを生じさせるようなことはなく，ほとんどの政府はきちょうめんに分担金を支払っている．しかし，1963年初めに旧ソ連が通常予算の特定の項目，たとえば国連朝鮮統一復興委員会（UNCURK）について，この委員会が1973年の総会の決議によって解散されるまで，主義の問題として分担金の支払いを拒み，国連証券の買戻し（特定の国連平和維持活動での資金調達の手段であった）にあてられた通常予算の部分についても分担を拒否した．フランスも証券の買戻しとの関連で，同様の立場をとってきた．さらにいくつかの加盟国も，コンゴや中東での平和維持活動に関する特別会計への分担金の支払いを拒否した．1960年代なかばに国連の財政危機が突発したのは，おもにこのような議論の的となる経費のためであった．

　1962年7月に，国際司法裁判所は総会の要請で勧告を発し，中東での第1次国連緊急軍（UNEF）と国連コンゴ活動（ONUC）の経費は憲章第17条2項でいう国連の経費であると宣言して，総会による割当どおりに加盟国が分担すべきであるとした．総会は1962年12月に国際司法裁判所の勧告を受入れたが，平和維持活動と財政難についての議論は続けられた．さらにいくつかの他の要因，とくに多くの加盟国が分担金の支払いを遅らせていること，1970年

代の通貨変動（国連予算が依拠するアメリカ・ドルの2度の切下げられた)，それにインフレなどのせいで，国連の財政状態は不安定なものとなった．

1985年に総会が指名した国連の行財政機能の効率を再検討するための政府間諮問高級専門家グループは，その翌年に総会に勧告を提出し，国連経費の効率を高め，経費の削減を行うよう求めた．同グループの勧告を履行することが，アメリカなどを含む数カ国の，今後の分担金割当を支払うための条件となった．

国連の全般的な財政状況は，多くの加盟国が依然として通常予算や平和維持活動に対するそれぞれの分担金を期限内に支払わないでいるため，困難なままである．数カ国からの自発的な寄付や運営基金は，一時しのぎの解決でしかなかった．1992年4月30日現在，加盟国の未納分の分担金は，総額で18億9000万ドル［1997年2月現在で約30億ドル］にのぼっている．1992年4月現在，加盟163カ国のうち，39カ国だけが通常予算の分担金を完全に支払っている．

1985年に提案された解決策のひとつは，運営基金を2億ドルに増額すること，滞納額に相当する負債証書の発行（これは事実上，加盟国への借金である），公開市場からの借金などであった．

1992年にブトロス・ブトロス・ガリ事務総長は，フォード財団に対して，安定した長期の国連の財政基盤を確立する方法を提案するよう，独立した諮問委員会の招集を要請した．同委員会は，緒方四十郎前日本開発銀行副総裁とポール・ボルカー前アメリカ連邦準備銀行総裁が共同で議長を務め，1993年2月に報告書を発表した．「効率的な国連財政」と題されたこの報告書には，次のような方策が提案されていた．

・国連経費を，評価された分担金で運営する通常予算，別の評価で資金調達する平和維持活動予算，それに大半を自発的な拠出金で賄う人道的および開発活動予算の3つのカテゴリーに分割する．
・国連加盟国による支払いを，年頭の一括払いではなく年4回の分割払いに変更し，国連当局に延滞利子を徴集する権限を与える．
・いくつかの国には国連分担金の前納を求める．
・次の2～3年の平和維持活動費の増加の重要性を加盟国が受入れ，将来の費用は各国の国防予算から調達する．
・国連は平和維持活動のための回転準備基金として4億ドルを設定し，単一年度ごとの見積りに基いて資金調達する統合平和維持予算を考慮する．報告書では，国連財政を非政府的な財源で補うという提案は「現実的でも，望ましくもない」と結論づけている．

1993年に事務局の合同監査団（JIU）も報告書を発表し，「以前からあった財政上の不安が，再び新たな徴候をともなって現れている．慢性的な病は，いまや致命的なものとなりつつある」と述べている．JIUの提案は次の通りである．

・加盟国は，国連分担金の期限内の完納を妨げるような事態を回避する，立法措置を講じなければならない．
・提案されている国連平和基金の補充には，各加盟国が特別切手を発行し，その収益を国連に納めるなどの案が利用できる．
・危機的状況にあって，平和維持基金を利用できない開発途上国に対する援助として，各国は同基金を委譲できるであろう．
・資金調達と同時に，経費節減も財政危機の解決には不可欠である．国連活動の全分野で浪費と戦い，経費を切詰めなければならない．

しかし国連の本質的な財政安定にとって根本的に必要なことは，「この機構の経費は，総会によって割当てられるところにしたがって，加盟国が負担する」と，憲章第17条2項が述べている通りに，各加盟国が分担金を期限内に完全に払込むことである．

総　会

　国連憲章によって創設された最初の機関である総会は、国連の要である。総会は、すべての加盟国の代表で構成され、各国は国の大小にかかわらず1票をもち、自国の代表団を送りこんでいる。

■ 任務および権限

　総会の基本的な地位は、広範な任務と権限を定めた一連の憲章規定のなかで確立されている。まず第1に、国連のおもな審議機関としての、総会の権限を規定する条項がある。2つの例外（後述）を除き、総会は、他の機関の任務および権限を含む憲章の範囲内のすべての事項について、討議し勧告を行う権限をもっている。政治問題、軍縮、経済的および社会的発展、人権、従属地域の非植民地化、それに国際法の発展など国連のすべての重要な活動（安全保障理事会（安保理）の平和維持活動は除く）は総会から発議される。

　憲章条項の第2のグループは、国連の財政に関する総会の基本的な役割を規定している。総会は予算（ハーグの国際司法裁判所の予算を含む）を「審議し、かつ承認する」権限をもち、いかにして経費を加盟国に割当てるべきかを決める権限ももっている。

　最後に国連の地位は他の機関との関連で、総会には特別の権限を与える条項によって確保されている。たとえば、経済社会理事会と信託統治理事会は共に、それぞれの分野で指定された任務を遂行するために総会の直接的な権威のもとで組織されている。国連の行政運営を支える事務局も、総会の意を受けて動いている。しかし、安保理や国際司法裁判所がかかわる分野では、総会の権限もかなり制約されている。いくつかの点で総会よりも強力な権限を与えられている安保理は、その活動について総会に従わなければならないわけではないが、年次報告と、必要な場合は特別報告を行うよう要請されている。また総会は、安保理に対して国際平和の維持に関する勧告を行うことはできるが、同理事会に指示を与えることはできない。国際司法裁判所の場合、その活動を総会に従わせようとするいかなる試みも、世界中の司法機関に一般に与えられている独立の地位を損なうことになりかねない。それでも、総会は、両機関の予算に関する権限をもつだけでなく、安保理の同意のもと非常任理事国を選出し、国際司法裁判所のすべての裁判官を選出しているので、両機関にある程度の間接的支配を及ぼしているということもできる。

　このようにして、憲章上の権利をもつ全加盟国が代表を送りこんでいる唯一の総会は、国連の行政機構ひいては事実上国連システム全体に自らの意思を行きわたらせている。国家の議会の権限によく似ているため、総会は「世界議会」とも呼ばれてきた。ただし議会の権限を行政府の権限と混同してはならない。経済社会理事会や信託統治理事会、それに事務局は、総会の要請に従う義務を負っているが、それ以外に総会には立法権はなく、個々の加盟国に総会自らの決定を強いることもできない。総会が非協力的な加盟国に科することのできる唯一の制裁は、加盟国としての権利や特権の停止と国連からの除名であるが、これらの制裁でさえも、安保理の勧告に基づいてのみ適用できるにすぎない。じっさい上すべての総会決議は、世界の世論を反映した純粋な勧告にとどまり、法的ではなく道義的な効力をもつだけである。この点に関する決議の実効性については、この章の最後で評価を試みよう。

審議と勧告に関する総会の権限に付された憲章上の制約

　国連憲章は、審議と勧告に関する総会の権限に対し、2つのおもな制約を課している。そのひとつは、憲章第2条7項に規定された原則によって具体化されている。同条項は「この憲章のいかなる規定も、本質上いずれかの国の国内管轄権内にある事項に干渉する権限を国際連合に与えるものではなく、また、その事項をこの憲章に基く解決に付託することを加盟国に要求するものでもない」と述べている。この原則は見た目ほど制限的ではない。というのも、問題

となっている事項が国内管轄権内に属しているのかどうかは，総会自身が決めるからである．特定の事項を討議から外すために，加盟国が憲章第2条7項を援用しようとしても，多数決によって覆すことは可能であり，しばしば覆されてもいる．この点に関して最も注目された例は，南アフリカ共和国が国内管轄権内であると主張したにもかかわらず，同国のアパルトヘイト政策を総会が毎年審議したことである（→103, 217ページ）．

　第2の制約は憲章第12条に述べられている．この条項によると，安全保障理事会がいずれかの国際紛争または事態について自らの任務を遂行している間，「総会は安保理が要請しない限り，この紛争または事態についていかなる勧告もしてはならない」．この規定は，危機の場合に安保理が総会に絶対的に優越することを明確にしている．5大国が，それぞれ拒否権をもつ安保理の常任理事国として，一致して行動することによって採択されたいかなる決定にも，小国が多数派を結成して干渉しようとしてもできないようにすることが，国連創設者たちの主要目的であった（→36ページ）．

平和のための結集決議による，総会の審議と勧告に関する権限の拡張

　重大な危機のさいに，最大限の行動の統一性を確保しようと意図された第12条は，第2次世界大戦直後に引き続き起こった危機の間に，かえってあらゆる種類の行動の阻害要因となることがわかった．国連システム全体の実効性は，国際の平和と安全を脅かすかもしれない紛争を終らせようと決意した大国の全員一致の精神を前提としていた．しかしながら大国が全員一致を示すことが期待されるような状況が生じるたびに，旧ソ連と他の4つの安保理常任理事国が対立する立場をとった．その結果，それぞれが拒否権をもっているため，すべての行動が行きづまった．その間総会は，第12条の制約によって自発的な行動をとることができず，無力に立尽すしかなかった．

　総会がついに憲章上の制約を打破する行動にでたのは，朝鮮半島の危機の重大さによってであった．1950年中国が北朝鮮側に立って朝鮮戦争に参戦したことに関連して，アメリカが提案した決議に旧ソ連が拒否権を行使し，安保理が行きづまった時，総会は第12条が課している制約を迂回できるような決議を採択した．「平和のための結集決議」として知られるようになったこの決議は，安保理が常任理事国の全員一致を得られず，国際平和に関する責任を遂行できなかった時は，事態が平和に対する脅威，平和の破壊または侵略行為であると思われる場合，総会は必要な場合は兵力の使用を含む集団的措置をとるよう加盟国に勧告する目的で，ただちにその問題を審議しなければならないとしている．平和のための結集決議は，このように国際の平和と安全の維持に関する総会の権限を少なからず拡張してはいるが，決して安保理の特権を奪うような試みであったわけではない．この決議は，憲章が安保理だけに与えた執行権限を，総会に譲りわたさせようとするものでもない．平和のための結集決議のもとでも，総会は平和維持のための集団的措置をとるよう加盟国に勧告できるだけで，加盟国にそうするよう義務づけることはできない．総会は紛争当事国の意思に反して，平和維持活動をおしつけることもできない．総会は国連の人員（監視委員や仲介者，軍）を当事国の領域内に立入らせるためには，当事国の明示的な同意を得なければならない．

　平和のための結集決議は，朝鮮戦争，スエズ危機およびコンゴ危機の3つの大きな危機のさいに援用された．3つの場合とも，安保理は暗礁に乗上げ，加盟国の大半は総会の行動が絶対に必要と考えた．これらの事例によって，平和を回復する手段としての有用性が証明されたにもかかわらず，将来の紛争に対しては同決議の適用はありそうもない．加盟国のなかには，同決議や同決議のもとで総会がとった行動の合法性を問題にし，スエズやコンゴの平和維持活動の費用負担を拒否することで，その疑問の正当化を図った国もある（→87ページ）．

■ 組　　織

会　期

　総会は年に1回，9月の第3火曜日に始まる通常会期に開かれる．ふつう，通常会期は3カ月間でクリスマス前には終るが，終了期日は決まっていないので，多くの場合総会をいったん休会し，休暇のあとも継続する．特定の議題に関する特別会期は，安保理の要請，国連加盟国の過半数の要請，または加盟国の過半数の同意を得た1加盟国の要請で開かれる．緊急特別会期は，9理事国の多数決による安保理の要請，国連加盟国の過半数の要請，または加盟国の過半数の同意を得た1加盟国の要請で24時間以内に開くことができる．

臨時委員会

通常会期の実質的な活動の大半は，会期ごとに再編成される7つの「主要委員会」で行われる．それぞれの委員会は，全加盟国の代表で構成されている．

- 第1委員会は，軍縮とそれに関連する国際安全保障の問題を扱う．
- 第2委員会は，経済と財政の問題を扱う．
- 第3委員会は，社会的，人道的，文化的問題および人権に関与している．
- 第4委員会は，植民地への独立付与に関する問題を扱う．
- 第5委員会は，国連の行財政問題を扱う．
- 第6委員会は，国際法の一般的発展と法典化を含む法的問題を審議する．
- 特別政治委員会は，1948年にパレスチナ問題を審議するため，アド・ホック委員会として設立された．解散されることなく，その後は特別の政治問題を扱う，追加的な主要委員会として残されている．

総会にはこのほかに2つの臨時委員会があり，いずれも総会手続を扱っているが，どちらも全体委員会ではない．**一般委員会**は，総会議長と21人の副議長，それに7主要委員会の委員長の29人で構成され，会期ごとの暫定的な議事日程を検討し，議題の追加や削除，どの主要委員会で扱うのが適当なのかについて勧告を行う．**委任状委員会**は，会期初めに総会が任命する9人で構成され，代表団の委任状を調査し，その関連で生じる問題を処理する．

全体会議

主要委員会すべてが全体委員会なので，総会の委員会の会合と全体会議の区別は，大部分が儀礼的なものである．つねに議長または副議長が議事進行を行うので，全体会議はかなり格式ばったものになる．正規には，代表団の長よりランクの低い代表は議事に積極的に参加できず，自分の席での発言も許されず，発言者用の演壇に行かなければならない（委員会の会合で使われる会議場には，発言者用の演壇はない）．総会ホールは全体会議用にとっておかれ，委員会が利用することはほとんどない．

格式ばった儀礼的な任務は，すべて全体会議で行われる．たとえば総会の開会と閉会，役員や他の機関の委員の選挙，すべての議題の決議や決定の採択，総会開会中に国連を訪れる国家元首，首相，その他の政府高官の演説などがそれに当たる．さらに全体会議は，各加盟国代表団の長が「一般討議」として知られているものの一部として行う権利をもつ．一般政策演説のためのフォーラムともなる．この演説は，通常会期開会後3週間くらいの間に行われる．総会が審議する事項の数はかなり多く（1992年の会期で150以上の議題があった），ほとんどの問題は7つの主要委員会に割振られる．

表決手続

総会およびその委員会で各加盟国はそれぞれ1票をもっている．憲章第18条は「重要」問題に関する決定は，出席しかつ投票する加盟国の3分の2の多数で行うよう規定している．重要問題としてあげられているのは，平和および安全の維持に関する勧告，安保理の非常任理事国や経済社会理事会と信託統治理事会の理事国などの選挙，新加盟国の承認，加盟国としての権利および特権の停止，加盟国の除名，信託統治制度の運用に関する問題，それに予算問題である．3分の2の多数決を必要とする重要問題のカテゴリーに組入れるかどうかの問題を含むその他の問題の決定は，出席しかつ投票する加盟国の単純多数決で行われる．「出席しかつ投票する」という語句は，賛成票または反対票のどちらかを投票した加盟国という意味であり，棄権は投票行動とはみなされない．したがって，棄権数はひとつの情報としてリストには記載されるが，定数を満たし決議に要求されている多数の同意に達したかどうかを数えるさいにはカウントされない．定数は加盟国の多数が出席していれば満たされ，定数に達していなければ決定は行われない．しかし総会の議長は，少なくとも加盟国の3分の1が出席していれば，開会を宣言し，討議の進行を許可できる．主要委員会の委員長は，加盟国の4分の1が出席していれば，開会を宣言できる．

表決は挙手，ロール・コール（点呼）（議長が順番に指名し，賛否を口頭で表明する方式），または選挙のような特定の場合は秘密投票で行われる．通常の手段として挙手が考えられていたが，どの加盟国でもロール・コールを要請できる．とくに論争の生じやすい問題で，ロール・コールを要請する傾向が増えている．ロール・コール投票が始まる前に，どの国から投票を始めるのかを決めるくじ引きがある．くじを引当てた国からまず投票し，以下は正式国名の英語表記のアルファベット順に投票が行われる．総会ホールに機械的な投票装置が備え付けられ，1965年の総

会で初めて使われた．同様の設備は，いくつかの会議場でも使われている．

議席配置

憲章では，各加盟国に最大5人の代表団を総会に派遣することを認めている．ほとんどの加盟国は5人の代表のほかに，5人の代替要員と何人かの助言者を総会ごとに派遣している．総会ホールでは各代表団に6つの席が割当てられる．ホールでも会議室でも，代表団の席は正式国名の英語表記のアルファベット順に並べられている．各総会ごとに，アルファベット順のどの国から始めるかをくじ引きで決め，席がえが行われている．

役員選挙

各通常会期ごとに，総会は新体制に衣がえする．開会式でおもな役員を選出し，その役員がその会期の終了までを担当する．特別総会や緊急総会が招集された場合に議事進行を担当するのは，通常その前の9月に選出された役員である．

最初に選ばれる役員は議長である．各国の代表団は秘密投票を行い，単純多数決で議長を決める．議長を選ぶさいは，アフリカ，アジア，東ヨーロッパ，ラテンアメリカ，西ヨーロッパ，その他の諸国という国家グループごとの間で公平な地理的ローテーションに配慮しなければならない．暗黙の了解で，安保理の常任理事国の代表は総会議長や委員長に選ばれないようになっている．

各総会の議長は，次の通りであった．

1. 1946年　ポール・アンリ・スパーク（ベルギー）
2. 1947年　オズワルド・アランハ（ブラジル）
3. 1948年　ハーバート・V・エヴァット（オーストラリア）
4. 1949年　カルロス・P・ロムロ（フィリピン）
5. 1950年　ナスロラ・エンツァム（イラン）
6. 1951年　ルイス・パディラ・ネルボ（メキシコ）
7. 1952年　レスター・B・パーソン（カナダ）
8. 1953年　ヴィジャヤ・ラクシミリ・パンディット（インド）
9. 1954年　エルソ・N・ファン・クレッフェンス（オランダ）
10. 1955年　ホセ・マサ（チリ）
11. 1956年　ワン・ワァイサヤコン王子（タイ）
12. 1957年　サー・レスリー・ムンロ（ニュージーランド）
13. 1958年　チャールズ・マリク（レバノン）
14. 1959年　ビクトール・アンドレス・ベラウンデ（ペルー）
15. 1960年　フレデリック・H・ボーランド（アイルランド）
16. 1961年　モンギ・スリム（チュニジア）
17. 1962年　サー・ムハマッド・ザフルーラ・カーン（パキスタン）
18. 1963年　カルロス・ソーサ・ロドリゲス（ベネズエラ）
19. 1964年　アレックス・クワソン・サッケイ（ガーナ）
20. 1965年　アミンドール・ファンファーニ（イタリア）
21. 1966年　アブドゥール・ラーマン・パズワク（アフガニスタン）
22. 1967年　コルネリュー・マネシュ（ルーマニア）
23. 1968年　エミリオ・アレナレス・カタラン（グアテマラ）
24. 1969年　アンギー・E・ブルックス（リベリア）
25. 1970年　エドヴァルド・ハンブロ（ノルウェー）
26. 1971年　アダム・マリク（インドネシア）
27. 1972年　スタニスラフ・トレプジンスキー（ポーランド）
28. 1973年　レオポルド・ベニーテス（エクアドル）
29. 1974年　アブデラジス・ボウテフリッカ（アルジェリア）
30. 1975年　ガストン・ソーン（ルクセンブルク）
31. 1976年　ハミルトン・S・アメラシンゲ（スリランカ）
32. 1977年　ラザー・モジョフ（ユーゴスラビア）
33. 1978年　インドレシオ・リェバーノ（コロンビア）
34. 1979年　サリム・A・サリム（タンザニア）
35. 1980年　リューディガー・フォン・ヴェックマール（西ドイツ）
36. 1981年　イスマット・T・キッタニ（イラク）
37. 1982年　イムル・ホライ（ハンガリー）
38. 1983年　ホルヘ・E・イルエカ（パナマ）
39. 1984年　ポール・J・F・ルサカ（ザンビア）

40. 1985年　ハイメ・デ・ピニエス(スペイン)
41. 1986年　フマユン・ラシード・クドゥーリー
　　　　　　(バングラデシュ)
42. 1987年　ペーター・フローリン
　　　　　　(東ドイツ)
43. 1988年　ダンテ・M・カプュタ
　　　　　　(アルゼンチン)
44. 1989年　ジョゼフ・ナンベン・ガルバ
　　　　　　(ナイジェリア)
45. 1990年　ギド・デ・マルコ(マルタ)
46. 1991年　サミール・S・シハビ
　　　　　　(サウジアラビア)
47. 1992年　ストヤン・ガネフ(ブルガリア)
48. 1993年　サミュエル・R・インサナリー
　　　　　　(ギアナ)

[第54回　1999年　テオペン・グリラブ(ナミビア)]

[総会議長は通常,その任期中の特別総会と緊急特別総会でも議長を務める.例外は1948年の第2回特別総会にアルゼンチンのホセ・アルスが,1956年の第1回および第2回緊急特別総会ではチリのルデシンド・オルテガが議長を務めたときである].

　議長の選出に続いて,正式に主要委員会が編成され,それぞれの役員を選ぶために退出する.ここでもまた,公平な地理的代表原則が問題になり,1963年に採択された総会決議どおりの原則が適用される.7つの主要委員会のうち,アフリカ諸国から2人,アジア,東ヨーロッパ,ラテンアメリカ,西ヨーロッパ,その他の諸国から,それぞれ1人ずつ委員長が選ばれる.

　最後に選ばれるのが21人の副議長である.そのうち16人は地理的パターンに従い,アフリカから6人,アジアから5人,ラテンアメリカから3人,西ヨーロッパとその他の諸国から各2人,東ヨーロッパから1人というように選ばれる(ただし,総会議長の選出結果によって,議長の出身地域に割当てられた副議長の数から1人分差引かれる).残りの5人の副議長は,安保理の常任理事国である中国,フランス,ロシア,イギリス,アメリカに割当てられる.

■ 総会の議事日程

　総会手続規則によれば,通常会期の暫定的な議事日程は遅くとも開会の60日前に提出されなければならない.ただし開会の30日前までなら,事務総長,国連の他の主要機関,あるいは加盟国のいずれかの要請で補足議題の追加を要求できる.さらに,総会の過半数の同意があれば,追加議題はもっとあとの段階でも追加でき,会期が始まった後でさえも追加できる.

　ふつう,議事日程には軽く100件を超える議題が含まれている.実質事項(すなわち非手続事項)の圧倒的多数は,前の会期の決定から生じたものであり,自動的に議事日程に含まれる.そのため総会は,頻繁に事務総長や特別委員会あるいは国連のほかの機関に,問題となっている案件の特別報告を提出するよう要求している.特別報告が期限内に提出されたときは,自動的に議題の一部となる.憲章によって,各会期ごとに総会が取上げなければならないいくつかの事項がある.たとえば国連活動に関する事務総長の年次報告や,3つの理事会からの報告などがこれにあたる.さらに,ある加盟国によって議事日程に乗せられた議題が,その時にとられた行動に提案国が満足しないためにその後も繰り返し議題に上ることもある.

議事日程の採択

　議事日程の採択は,単なる形式以上のものである.総会は全議事日程を承認しなければならず,多数決で議題の修正や削除を行うことができる.特定の加盟国からの議題要請を議事日程に乗せないという決定は,少なからぬ政治的な意味合いをもちうる.要請された議題を議事日程に含めるよう総会に勧告するのは,一般委員会(舵取委員会ともいえる)の任務である.論争の的となっている議題を議事日程に入れるかどうかの賛否の大部分は,全体会議でよりもむしろこの会議で出つくすので,一般委員会の議事をみていれば,実質的な議論に入った場合,加盟国がその問題についてどんな立場をとるのかをあらかじめ予測できることもある.一般委員会のもうひとつの重要な任務は,多くの議題をさまざまな主要委員会の討議にかけるための割当てを勧告することである.一般委員会は,重要議題を主要委員会に付託することなく,全体会議で討議するよう勧告することもできる.

■ 総会の実効性

　総会の議論は問題の性質や多数派の見解しだいで,個々の加盟国または全加盟国に向けた緊急性の程度に応じ表現された勧告や,研究や報告の開始,

新しい国連機関や審査委員会，特別の任務を与えられた常設特別組織の創設，国際規約条約や協定の採択などのうちのどれかひとつ，またはその組合せへと導かれていくのがふつうである．

加盟国の拡大と投票パターンの変化の意義

国連で初めて，新しく独立したアジア，アフリカ諸国の数の影響が感じられるようになった1960年以来，総会での投票パターンは著しく変化した．それまでは，議論の的となる決議の大半が，本質的には単純な東西の意見の対立を反映したものになる傾向にあった．その結果行われる投票は，アメリカのリーダーシップによる西側の見解が，ほとんどの事項で容易に多数を手中に収めていた．というのも，その見解は西ヨーロッパだけでなくラテンアメリカ諸国にも支持されたからである．しかし東西関係の全般的な緊張緩和に合わせて，「アジア・アフリカ・グループ」として知られるようになる集団が形成され，投票の行方に新しい要素が導入された．

アジア・アフリカ諸国は，世界的組織のなかで影響力を発揮することに関心をもち，東西冷戦の対立よりも発展と非植民地化の問題に熱中し，自分たちで団結し独立した「非同盟」投票ブロックにまとまろうとした．時には，グループの団結が利害の衝突によって分裂することもある．この分裂は，大国にとってはとくに重大な政治問題で，かなり頻繁に生じている．そのような場合，小国のうちのいくつかは，財政的な援助をしてくれる大国と意見を同じくしておいたほうが好都合だと考えている．その他，とくに経済発展に関する議題では，アジア・アフリカ諸国は東側，西側を問わず，高度先進国が同意したがらないような要求を通せるような，手ごわい投票ブロックをつくるため，ラテンアメリカの途上国グループと協力し合うこともある．

こうして，総会の場で事実上どちらへでも動く第3の投票勢力が出現したことで，状況次第で特別の同盟が作りだされることになった．たとえば，旧ソ連ブロックと非同盟グループは，植民地問題では西側を破ったり，急がせるためによく団結する．このような展開によって，個々の決議案についても投票をちらつかせながら交渉する可能性が開けた．したがって，あるグループが相手方のグループに対し，別の問題での支持と引換えに相手方の提案を支持するかもしれないのである．

小国が見境なく投票力を行使することは，収穫逓減の法則によって抑えられる．じっさい，最大の財政負担を担っている大国に実行する気がなければ，たとえば経費のかかる経済発展を要求するような決議を推進しても，得るものが少ないということを多くの小国が悟り，かなり自己抑制する傾向がみられるようになった．同様に，大国が望む以上のペースで軍縮に同意させたり，平和維持問題での対立を解消させようとしても，小国は得るものがほとんどないことも悟ってきた．

小国がその投票力の現実的な限界を認めると共に，西側先進諸国の間でも，自分たちにとってとくに重要な問題であっても，もはや一定の多数による支持を確保できないことを悟るようになり，そこから，いずれの側も，全会一致かあるいはほぼそれに近い支持を集めるために，できるだけ妥協するという重要な結果が生じた．総会で浮動的な第3の投票勢力が出現したことで生じた問題が，このように部分的に解消されたにもかかわらず，大国とりわけ西側の大国は，こういう状況への不満をますます鮮明にし，「1国1票」の原則そのものを疑問視する国も現れた．

総会の決定は，各国政府を法的に拘束する力をもっていないが，おもな国際問題についての国際世論としての重みを，国際社会の道義的権威と共に有している．もっとも，決議が圧倒的多数で採択されたからといって，その実効力が保証されるわけではない．同様に決議がきわどい差で採択されたものであるからといって，必ずしもその決議が何の役にも立たないということにはならない．一般的にいって，ある決議は，その採択がどの国の国益とも対立していない限り，実効的であるともいえる．したがって最も実効的な決議は，全加盟国がある程度妥協して受入れられる（その受入れの態度は必ずしも現実の投票に反映されるとは限らないが）事項に関連したもので，全加盟国が達成したいと望むか，少なくとも反対は唱えない目標を確立できた場合である．国連自体と同じように，決議の実効性も，加盟国がそれを望む限りでのみ有効なのである．

安全保障理事会

　国連憲章のもとで，国連加盟国は国際の平和と安全の維持に関するおもな責任を，安全保障理事会（安保理）に負わせている．理事会の活動を促進し，必要な場合は迅速で実効的な行動がとれるようにするため，安保理は国連のほかの機関には認められていない一定の権限と属性をもっている．たとえば安保理には，憲章によって，自らの決定を執行し，その決定がすべての国連加盟国を法的に拘束するという権限が与えられている．しかしこの特権は，重大な危機の場合に限って，憲章で明確に指示された条件のなかで行使される．その他の場合は総会と同じように，安保理も勧告と助言を与えることができるだけである．

　安保理のもうひとつのきわだった特徴は，5 大国に与えられた理事国としての地位と投票上の特権である．この 5 大国は，第 2 次世界大戦では枢軸国側を打ち負かすのに中心的な役割をはたし，サンフランシスコ会議の当時，世界で最も強力な軍事大国であるとみられていた．中国，フランス，ロシア，イギリス，アメリカに特権として与えられたのは，安保理の常任理事国の地位であり，ほかの理事国の多数決で採択されたあらゆる実質的な決定を拒否できる権利であった．その背景にあったのは，5 大国の全員一致を得ておきたいという願いだった．すなわち安保理の決定に対して，十分強力な軍事力で反対できるとみられる 1 国の意思に逆らって平和維持活動が行われるとき，3 度目の大きな国際戦争が始まる危険を冒したくないという考え方であった．

　5 大国は憲章の関連規定のなかでじっさいに国名をあげて指定されており，それ以外の国が安保理の常任理事国になるには憲章の改正または修正が必要となる．さらに，憲章の改正は，安保理の 5 常任理事国のすべてが批准しなければ発効しない．しかし 1971 年には，常任理事国の国名を変更することなく，大きな変化が起きた．総会は中国の代表権が中華人民共和国の代表団に属するという決議を採択し，中華民国（台湾）代表団の除名を行った．1991 年 12 月 24 日に，ボリス・エリツィン新ロシア連邦大統領は事務総長に書簡を送り，ロシア連邦が旧ソ連の「継承国家」として，安全保障理事会の旧ソ連の地位を占めることを通知した．同書簡でロシア連邦は，そのほとんどが引続いて国連加盟国となる独立国家共同体の 11 カ国を支持するとも述べた．この切替えの前例として，1947 年にインドが新しく独立したさい，旧英領インドの国連加盟国の地位を継いだ例が引用された．

■ 理　事　国

　決定や行動が迅速に行われるように，安保理の理事国数は慎重に少ない数に制限されてきた．当初は 11 の理事国で組織されたが，1965 年 8 月 31 日に発効した憲章の改正によって 15 カ国に拡大された．

　5 議席は常任に指定され，残りの 10 議席が総会の無記名投票によって 2 年任期で選出されるその他の国連加盟国によって埋められる．毎年，安保理の 5 議席が空席となる．この 5 議席の非常任理事国が続けて再選されることはない．総会が安保理の非常任理事国を選ぶさいは，公平な地理的配分はもとより，国際の平和と安全の維持に対する候補国の過去および将来の寄与についても，十分に配慮することが求められている．同理事会の権限に鑑み，非常任理事国の選出には各国が大きな関心をもっている．

　安保理の理事国の選出で公平な地理的配分を確保するのは，難しい問題である．理事会の拡大前には，国連の初期にできた「紳士協定」について長いあいだ見解の相違があった．「紳士協定」では 6 つの非常任理事国のうちの 1 国を，いつも旧ソ連ブロック諸国に与えるよう配分したと考えられていた．しかし 1960 年まで，ポーランドとウクライナだけが選出され，それぞれ 2 年の任期を 1 度だけ務めた．1959 年の選挙で，1960～61 年の 2 年間の任期の非常任理事国の議席をポーランドとトルコが争った．52 回の投票ののち，総会は 2 年の任期のうち 1 年でポーランドが辞任し，残りの任期の補充選挙にはトルコだけが候補国となるという妥協のもとで，ポーランドに

議席を与えた．同じような取決めによって，1962年にルーマニアが非常任理事国となり，1963年に辞任してフィリピンが後任となった．安保理の拡大後もこのようなことが繰返されるのを避けるため，総会は10カ国の非常任理事国の地理的配分を，アジア・アフリカ諸国に5カ国，東ヨーロッパに1カ国，ラテンアメリカに2カ国，西ヨーロッパとその他の諸国に2カ国というように固定した．

旧ソ連に比べずっと弱体なロシアが安保理の常任理事国の地位を得たことから，世界や国連加盟国の全体的構成の急激な変化をよりよく反映するためには，安保理の構造を変更する必要があるのではないかという議論が，国連加盟各国の間から生じた．第48回総会では，安保理の議席の衡平配分との拡大問題に関する自由作業部会を設立した．同部会の最初の会合は，1994年1月19日にニューヨークで開かれた．同作業部会は，理事国に関する概観をまとめ，事務総長に非公式の報告書を提出した．それによると，実質的にすべての国連加盟国が安保理の理事国の拡大に賛成していた．しかし安保理の構成を見直す基準については，まったく意見が一致していなかった．作業部会が受取った回答は，理事国を小は4カ国増（全体で19カ国）から大は2倍（31カ国）にするよう提案していた．いくつかの加盟国は，常任理事国を少なくとも1カ国増（全体で6カ国）あるいは多くて7カ国増（全体で12カ国）に拡大することを提案していた．作業部会の概観に回答したほとんどの加盟国は，理事国の拡大が安保理の効率性を減じさせないようにすべきだという点では同意していた．ほとんどの加盟国が常任理事国と非常任理事国のカテゴリーの維持に賛成するいっぽうで，拒否権をもたない常任理事国や，交互に拒否権をもち合う常任理事国の輪番制，あるいは準常任理事国や拡大理事国などという新しいカテゴリーも提案していた．新しい安保理常任理事国の基準として，平和維持や国連財政への寄与度，人口および領土，経済的将来性，地域的な重要性，地政学的な状況，軍事能力などがあげられた．

1994年1月現在，安保理は中国，フランス，ロシア，イギリス，アメリカの5常任理事国と，2年の任期で選出された非常任理事国，ブラジル，ジブチ，ニュージーランド，パキスタン，スペイン，アルゼンチン，チェコ，ナイジェリア，オマーン，ルワンダ［ブラジル，ガボン，ガンビア，スロベニア，バーレーンが1999年まで，カナダ，マレーシア，ナミビア，オランダ，アルゼンチンが2000年まで］で構成されていた．

■ 安保理の組織

安保理は，必要な限り頻繁に会合して継続的に任務を行うように組織されている．したがって理事国の代表は，緊急時に直ちに理事会が招集できるよう，常時参加できる状況になければならない．理事長は理事国間で英語表記のアルファベット順に持回り，毎月新しい議長（理事長の呼称）が議事を司る．議長自身の出身国が直接かかわる問題が討議されるときには，議長を務めるかどうかを議長自身が判断する．

理事国は通常，国連に派遣している代表団の大使級の地位をもつ長によって代表される．理事国ではないが，理事会で討議されている紛争の当事国である加盟国は，その代表を派遣して必ず議事に参加するよう招請されるが，投票権はない（このような場合，紛争当事国は政府高官を派遣することがあり，外務大臣である場合もかなり多い）．理事会が現実の紛争以外の問題を討議する場合，問題によっては国益に直接影響が及ぶ国連加盟国の参加は，安保理の裁量に委ねられている．理事会は通常，そのような招請の要求には応じている．安保理は民族解放機構の代表にも，会合に参加して発言する機会を何回も与えてきた．

安保理がニューヨーク本部から離れた場所で会合を開いたことも2回あり，そのうちの1回はアフリカの問題を審議するため，1972年にアディスアベバで開き，もう1回はラテンアメリカの問題を審議するため，1973年にパナマで開いた．

■ 表　　決

安保理の各理事国はそれぞれ1票をもっている．手続上の問題では，任意の9カ国の賛成があれば動議を通過させることができる．実質上の事項については，常任理事国の同意を含む9カ国の同意で，決議が採択される．ただし常任・非常任理事国を問わず，いずれの理事国も自国が当事国となっている紛争の平和的解決に関するあらゆる決定の表決では，棄権しなければならない．

拒否権

拒否権と常任理事国によるその行使が，安保理のメカニズムの中心的な特徴となっているが，冷戦の終結以後は新しい親和的な雰囲気が生まれ，拒否権

の行使はまれになった．ただし「拒否権」という言葉は憲章上にはなく，5常任理事国のうちのどの国かがある決議に「否決」票を投じると，その決議を葬りさることができる権限を指して一般的に使われる．

安保理で常任理事国が否決票を投じ，拒否権を行使できるのは実質的な問題についてだけであり，手続上の事項ではない．さらに長年の慣行では，憲章の規定がすべての実質事項についての決議に，常任理事国の同意投票を得なければならないとしている点の解釈として，常任理事国が現実に「否決」票を投じなければ，その決議はそのまま通過できるとされてきた．

したがって拒否権は，この章の初めで議論したように，安保理が平和維持活動で自らの権威を発動する前に，5大国が特定の危機にどう対処すべきかについてまず意見の調整を行うという要請を表現した，まさに制度上の手段なのである．5大国間で全員一致を確保するという原則は，拒否権の底にある主要な考慮すべき事柄であるが，それだけというわけでもない．大国が補足的に考慮すべき事柄として，自分たちの決定が中小国の多数決によって覆されないようにする必要があった．じっさい，少数の大国に拒否権を与えるということは，大国と中小国との利害の間にある，本質的な対立を暗黙のうちに認めたことにほかならない．つまり政治体制の違いや覇権を争うライバル同士であるにもかかわらず，大国相互の間では，政治体制や主義を同じくする中小国との間でよりも，利益を分かち合うことが多いという事実の承認でもあった．まさにこの理由で，サンフランシスコ会議に参加した中小国は，憲章に拒否権制度を盛りこむのを阻止するために，精力的な努力をしたが不首尾に終った．

■ 任務および権限

憲章によって安保理に割当てられた任務とその権限は，次の通りである．

- 国連の原則および目的にしたがって国際の平和と安全を維持すること
- 国際的摩擦に導く虞のあるいかなる紛争，事態についても調査し，そのような紛争を調整する手段や解決の条件を勧告すること
- 平和に対する脅威や侵略行為の存在を判断し，とるべき行動を勧告すること
- 侵略を防止あるいは停止させるため，加盟国に経済制裁や兵力の使用をともなわないその他の手段をとるよう要求すること
- 侵略者に対して軍事的行動をとること
- 軍備を規制する制度の設立計画を立案すること

また安保理は，「戦略地区」に指定された地区（太平洋諸島の信託統治地域だけである）に対して，国連の信託統治を実施する権限ももっている．

最後に，安保理は総会に新しい国の加盟を勧告し，事務総長を指名し，総会とともに国際司法裁判所の裁判官を選出する．

■ 国際の平和および安全の維持

国連に参加するという行為自体によって，すべての加盟国は「国際の平和および安全の維持に関する主要な責任を安全保障理事会に負わせるものとし，かつ，安全保障理事会がこの責任に基づく義務をはたすに当たって加盟国にかわって行動することに同意する」ことになる．各加盟国は，必要とされるあらゆる平和維持活動についての理事会の決定を，「受諾しかつ履行する」ことにも同意している．憲章第39条によって，安保理が執行可能な決定を行う権限を実現できるのは，特定の「平和に対する脅威」，現実の「平和の破壊」または特定の「侵略行為」が生じたときだけである．安保理がこのうちのひとつでも生じたと判断すれば，すべての国連加盟国を法的に拘束する一連の執行措置をとる権限が発動される．安保理が，国家間の紛争が特定の平和に対する脅威に至っておらず，現実の平和の破壊や侵略行為を構成しているわけではないと判断すれば，同理事会は平和的解決手段を単に勧告するだけである．

国連の創設者たちが，行政上の特権を極度の慎重さで安保理に割当てたことは，憲章ではまったく独立している2つの章で，安保理の平和維持権限について記述している事実に反映している．憲章の第6章では，紛争の平和的解決を援助する安保理の勧告的任務を確立している．第7章では，平和に対する脅威，平和の破壊や侵略が起きた場合に安保理がとるべき行動の種類を定義している．

紛争の平和的解決

憲章第6章によって，「その継続が国際の平和および安全を危うくする虞のある」いかなる紛争の当事国も，「交渉，審査，仲介，調停，仲裁裁判，司法的解決，地域的機関または地域的取極の利用……」を含

む平和的手段によって，自分たち自身の意思で解決を求めるよう要求されている．ただし安保理が自ら介入できる場合について，憲章は，可能なかぎり制約を設けていない．利害の対立する「事態」すべてが，現実の紛争に発展するわけではない．なのに安保理は，事態が摩擦に発展するまで待って行動する必要がない．紛争または事態の継続が国際の平和および安全の維持を危うくするかどうかを決定すること自体，国際摩擦を招くかもしれず，紛争を生じさせかねないあらゆる紛争または事態について，安保理は率先して調査することができる．さらに，国連の加盟国であるか否かを問わず，すべての国家はあらゆる紛争や脅威となる事態を安保理（または総会）に持ちこむ権利をもっている．当事国が利害の違いを自分たちの選んだ平和的手段で解決できなかった場合，当事国は憲章に基づいて，その問題を安保理に付託する義務を負っている．

安保理がひとたび紛争への介入を決定すれば，とりうる行動はいくつもある．憲章にあげられた解決手段のひとつを勧告するのもよいし，安保理が適当と考える「調整の手続または方法」を決定し勧告してもよい．もし紛争の継続が国際の平和および安全を脅かすと判断すれば，安保理は解決の実質的な条件の勧告を決定できる．

「適当な」解決の手続または方法とは何か，それに安保理がなし得る特定の実質的勧告の種類とは何か，憲章はこれらの問題を意図的に安保理の裁量に委ねてきた．

安保理が手続と解決の実質的な条件の両方を勧告した大きな紛争の一例が，最終的には独立したオランダ領東インドをめぐる争いであった．この事例で，安保理は流血を防ぐことはできなかったが，紛争の拡大を阻止し，新国家であるインドネシアの誕生を援助したのである．

1947年8月1日に，安保理はオランダとインドネシアに敵対行為をやめ，仲裁あるいはほかの手段で平和的に紛争を解決することを求めた．同月25日に，安保理は斡旋委員会を通じて解決を援助するよう申入れ，同委員会の手助けで休戦が調印されたが，最終解決のための交渉が暗礁に乗上げ，戦闘は再開された．1949年1月28日に安保理はオランダに対し，すべての軍事行動を停止し，即時かつ無条件で政治犯を釈放するよう要請した．安保理はインドネシアに対してもゲリラ戦の停止を求め，暫定的なインドネシア連邦政府の樹立や一定期間内に選挙を実施することなどを含むさまざまな手段を勧告した．

これとは対照的に，1947年のイギリス対アルバニアの事例では，ひとつの解決手段の勧告だけで紛争の深刻な揺れ戻しを防止できた．この紛争は，2隻のイギリス軍艦がアルバニアの沿岸砲台から砲撃されたことと，アルバニアがコルフ海峡に敷設した機雷によって2隻のイギリス駆逐艦が被害を受け死者が出たことをめぐるものであった．1947年4月3日に，安保理は事件を直ちに国際司法裁判所に付託するよう勧告し，両当事国はこれにしたがった．

平和に対する脅威，平和の破壊および侵略行為

安保理が平和に対する脅威があると判断した場合，安保理は現実の戦闘が勃発するのを防止することで，国際の平和および安全を維持する義務を負っている．また平和の破壊または侵略行為があれば，安保理は国際の平和および安全を回復する義務を負っている．

安保理は，憲章に基づいて当事国に対し，安保理が必要または望ましいと考えるあらゆる暫定的措置にしたがうよう要求する権限をもっている．争っている当事国に対するこのような即時の指示は，当事国の権利を侵犯せずに紛争の悪化を防止することを意図したものである．たとえば安保理は，戦闘の即時停戦と侵略地域からの軍の撤退を要求することもできる．もし当事国の一方または双方がこれらの要求にしたがわなければ，安保理は「そのことに妥当な考慮を払わなければならない」．その場合，安保理の最も影響力の大きな特権，つまり反抗的な国に対して制裁を科す権限の行使となる．

ここでも安保理の裁量範囲はかなり広い．平和に対する脅威，平和の破壊あるいは侵略行為が存在すると判断した時，安保理は憲章によって，制裁の発動を義務づけるとは言わないまでも認可することができる．安保理の最初の暫定的措置に関心が払われない場合，安保理は繰返し平和的解決を求め，審査委員会の派遣など制裁に至らないようなさまざまの行動をとることができる．他方，安保理は状況しだいで必要と考えられる執行措置なら何でも，自由に取れる．必ずしも最も穏やかな制裁から始める必要はなく，朝鮮戦争のさいのように，それ以外の措置では不十分と判断されれば，即座に最も厳しい制裁，つまり軍事力の利用から始めることもある．

制裁の種類 憲章は安保理が発動できる制裁のすべてを列挙しているわけではなく，兵力の使用をともなわない制裁と軍事的制裁の2種類に触れている

だけである．

兵力の使用をともなわない制裁には，2つの手段がある．ひとつは1カ国ないしはそれ以上の交戦国との外交関係を断絶することである．もうひとつは経済制裁であり，経済関係や鉄道・海上・航空交通・郵便，通信，無線などのコミュニケーションを部分的または完全に遮断することなども含まれる．この制裁の目的は，制裁の対象となっている1カ国ないしは数カ国を物理的，経済的および道義的に孤立させることにある．たとえば侵略国と見なされた国は，特定の戦略物資の輸入が止められることになり，戦闘を停止せざるを得なくなる．成功すれば，このような措置は軍事的制裁以上の効果をあげることができる．非軍事的措置なら制裁に参加する国々の負担も，紛争地の住民への被害もより少なくてすむし，また国連を代表して軍事行動が実行され，戦争に発展しかねない危険を回避することもできる．

憲章が規定している軍事的制裁は，空軍，海軍または陸軍による示威や封鎖，「その他の空軍，海軍または陸軍による行動」を含み，「その他の行動」には攻撃対象の1カ国ないしは数カ国に対する現実の軍事行動も含まれる．

安保理が特定の制裁について決定を行うと，国連のすべての加盟国がそれを実行する法的な義務を負うことになる．しかし安保理は，特定の加盟国だけがじっさいに制裁に参加するとか，あるいは経済制裁の実効をあげるため，国連の非加盟国も参加するよう要求できるなど，裁量を働かせることもできる．憲章はまた，安保理の理事国でない加盟国が兵力の提供を要請された場合，その国の要求によって，その国を安保理の審議に参加させ，拠出する部隊の使用について投票する権利を認めるよう規定している．このように，安保理はよく考えた上で制裁を科す権限を用いてきた．

1966年12月に，安保理は南ローデシア（現在のジンバブエ）の非合法のスミス政権に義務的な経済制裁を科した．

安保理は1963年に南アフリカ共和国に対し，同国に供給される武器がアパルトヘイト政策の推進に用いられているとの理由で，任意の武器輸出禁止を行った．1977年11月には南アフリカ共和国に対して義務的な武器禁輸措置が科された．総会は安保理に対して，義務的な経済制裁（1977年）や石油および石油製品の輸出禁止（1979年）を審議するよう求めたが，安保理はそのような行動はとらなかった（総会は1989年の第44会期で，南アフリカ共和国に対する義務的な石油禁輸と経済制裁を要求する決議を採択した）．

1990年8月6日に，イラクのクウェート侵攻を受けた安保理は，決議661でイラクへの医薬品と人道的な食糧援助以外のすべての輸出入を禁止する完全禁輸という，安保理史上最も厳しい制裁を科した．さらに1990年8月25日には，イラク向けの船舶輸送の封鎖に加盟国が兵力を用いることを認める決議665を採択した．最後には同年9月25日に，義務的で完全なイラクの空域封鎖を内容とする決議670を採択している．

1991年に，安保理はユーゴスラビア外相の要請で，同国の民族間で起きている暴動をおさえる努力として，ヨーロッパで最初の義務的な武器禁輸を行った．1992年5月30日までにユーゴスラビアはスロベニア，クロアチア，ボスニア・ヘルツェゴビナ，ユーゴスラビア連邦（セルビアとモンテネグロ）の4カ国に分裂した．当時，スロベニア，クロアチア，ボスニア・ヘルツェゴビナには国連加盟が認められており，安保理はユーゴスラビア連邦に対して人道的目的の食糧および医薬品輸出を除く義務的な貿易制裁を科していた．

1992年3月31日に，安保理はフランス，イギリス，アメリカの要請を受けて，リビアに対する武器輸出禁止，航空交通の禁止を決議（決議748）した．これら3カ国は，1988年12月21日にスコットランドのロッカビー上空で起きたパンナム103便の爆破事件（270人が死亡）と，1989年9月19日にニジェールで起きたUTA772便の爆破事件（171人が死亡）で告発された2人のリビア人を，引渡すようリビアに強く迫っていた．1993年11月11日に，安保理はこれらの制裁の範囲を広げる決定（決議883）を行い，リビア銀行の口座を凍結し，リビア・アラブ航空の事務所を閉鎖して空港の建設および維持に必要な物資の供給を停止した．この制裁によって，輸出ターミナルや石油精製所で使われるポンプやタービン，モーターの供給も禁止された．［リビアは1999年4月に告発されていた2人の容疑者をオランダに設置された特別法廷に引き渡した．］

1993年6月16日には，安保理はハイチの軍事政権に対して広い範囲にわたる経済・貿易制裁を決定（決議841）した．ハイチの軍事政権は1991年に，ジャン・ベルトランド・アリスティド大統領を追放した．アリスティド大統領は国連が監督した選挙で当選した人物である．安保理は，米州機構（OAS）によって科された類似の制裁と足並みをそろえ，石油，

武器，弾薬，軍事輸送手段，軍需物質および補給品などをハイチに売らないよう加盟国に指示した．それに加えて，安保理は，それらの物質がハイチに持ち込まれるのを防ぐために，加盟国がハイチを封鎖することを認可した．さらに，安保理は加盟国にハイチ資産の凍結を認めた．1993年7月3日の総督府島協定に結実した交渉のさいに，制裁は短期間棚上げされた．この協定で軍事政権は，国連の平和維持軍（国連ハイチ・ミッションまたはUNMIHと呼ばれた）の援助下によるアリスティド大統領の復職を認めた．しかし1993年10月11日に，UNMIHの第1陣のポルトープランス上陸が妨害され，制裁はその3日後に再開された．〔1994年9月にアメリカ軍を主体とする多国籍軍が介入し，1995年12月の選挙でプレバル大統領が選ばれた．任務を終えたUNMIHは1997年11月に撤退した．〕

1993年5月30日に，安保理は決議918でルワンダに対する武器禁輸を科した．ルワンダではフツ族とツチ族の部族間の内戦再開で無法状態と暴動が激化したため，地域住民をはじめ，国連ルワンダ支援団（UNAMIR）など国際的な人道的援助機関の関係者を保護するために，このような禁輸措置が科されたのである．

安保理が究極の特権を行使するのを躊躇する理由は，主に2つの要因に帰せられる．第1に，ほとんどの事例で懲罰的な措置は実効性に乏しく，平和的解決のチャンスを損ないかねないという強い主張がある．また国連の安全保障システムに関する諸規定は，可能な場合はいつでも武力に訴えることなく平和を維持しなければならない点を明らかにしている．第2の要因は，冷戦終結前までは，常任理事国のうちの1カ国ないしは2カ国がほかの3ないし4カ国と別の立場をとり，その結果安保理の同情が敵対する当事国双方に分かれてしまうことにあった．常任理事国間で分裂が生じるために，いっぽうに対する懲罰的措置が阻止されるだけでなく，どのような行動であれ何かをしようとすること自体が，本気で阻止されてしまっていた．たとえば，朝鮮に国連軍を派遣した初期の活動も，当時旧ソ連が安保理を欠席していたからこそ可能だったのである（旧ソ連は中国の代表権に関する安保理の決定に抗議して欠席していた）．もし旧ソ連が出席していれば，必要な決議に対して拒否権を行使していただろう．逆の状況の例として南アフリカ共和国のアパルトヘイト問題がある．1960年から，アフリカ諸国は安保理に対して，南アフリカ共和国のアパルトヘイト体制を終了させるため，南アフリカ共和国に対する義務的な経済制裁を始めるよう繰返し訴えてきた．旧ソ連はこのような動きを支持する立場を頻繁に表明したが，西側の常任理事国（とりわけ南アフリカ共和国の最大の貿易相手国であったイギリスとアメリカ）が経済制裁の発動に消極的であった．

冷戦後の安保理での連帯の時代に，ロシアとアメリカは対立する意見の頂点に立つことがまれになり，ほかの加盟国を安保理の命令にしたがわせる手段として制裁を科すことも，容易にできるようになった．

国連のための兵力

国連憲章には，必要な場合は安保理が兵力をもつことを定めた規定も含まれている（国際連盟規約にはなかった）が，これらの要件が履行されたことは，従来なかった．憲章のもとでは，すべての加盟国は「安全保障理事会の要請に基づきかつ1または2以上の特別協定にしたがって，国際の平和および安全の維持に必要な兵力，援助および便益を安全保障理事会に利用させることを約束する．この便益には，通過の権利が含まれる」．これらの特別協定は，各国が提供する兵力の数および種類，その出動準備程度および一般的配置などを決定し，関係国がそれぞれの憲法上の手続にしたがって批准したのちに発効することになっていた（この規定を念頭に入れて，アメリカ議会は1945年12月に「国連参加法」を通過させ，アメリカ軍の詳細な規定について大統領が事務総長と特別協定の交渉を行うことを認め，その協定は国内法の制定または議会の上下両院の合同決議で承認されることを要するとしていた）．軍隊や武器は，各国の国内的な軍事機構に属したままである．これらの軍隊が国際的な軍隊となることはないが，国連のために行動することを誓い，安保理の要請でその指示に従うことになっていた．

しかし，兵力を安保理の裁量に委ねる計画は，実行に移されるまでにいくつもの手順について，広範な国際的合意を必要としていた．憲章は安保理の5常任理事国の参謀総長（またはその代表者）で構成される軍事参謀委員会の設置を規定し，安保理の軍事的要求に関連するすべての問題について，同委員会に安保理に助言と援助を与える権限を与えている．安保理が軍事参謀委員会に指示した最初の課題は，加盟国と交渉しなければならない軍事的取決めについて勧告することであった．しかし同委員会は交渉の基礎として役立つような立場について合意するこ

とができず，まもなく不活発な機関としての特徴をもつようになった．

事務総長は1992年の「平和への課題」のなかで，これらの取決めを見直し，国連の平和維持活動を強化するよう求めた．

平和維持活動の慣行

平和維持活動は，憲章のなかでは触れられていないが，執行措置と対立するものとして，安保理が平和を維持するために最も頻繁に用いてきた手段である．安保理は監視団や監視軍をいくつかの危機のさいに派遣してきた（→89ページ）．憲章で予定されていた兵力の提供に関する取決めは実現されなかったが，国連は各加盟国が自発的に提供する部隊を基礎とする平和維持軍を創設することができた．

冷戦の終結までは，安保理に平和維持活動を行うよう紛争当事国自身が明示的に求めなければならない（朝鮮の特別の状況は唯一の例外であった．→99ページ）というのが，いつもの公式であった．しかしこの公式は安保理に，たとえ解決案を勧告することによって対立を解消できなかった場合でも，平和および安全の維持の名において行動することは許容していた．一般に，安保理によって行われた平和維持活動は，一種の現状維持であった．

冷戦終了後の東ヨーロッパやアフリカでの民族的な紛争の噴出は，平和維持活動の数や複雑さを急増させ，安保理は活動の見直しの必要性を認識した．1993年5月に，安保理は事務総長に対して，平和維持活動での国連の能力を改善するための新提案について報告するよう求めた．事務総長は1994年3月に，「平和維持に関する国連の能力改善」に関する報告を提出した．この分析にこたえて1994年5月3日に，安保理は国連の平和維持活動設立のさいに考慮しなければならない要因を示す声明を発表した．新しい平和維持活動を設立するさいに考慮されるべき要因の中には，次のことが含まれている．

- 国際の平和および安全に対する脅威となるような事態が存在するかどうか
- 地域機構がすでに存在し，事態の解決を援助できるかどうか
- 停戦が存在するかどうか，および当事者が政治的解決に到達することを目的とする和平プロセスを実践してきたかどうか
- 明確な政治的目的が存在しているかどうか，およびその目的を活動の任務命令に反映できるかどうか
- 国連の活動に関する正確な任務命令を成分として定式化できるかどうか
- 国連の人員の安全が合理的に保障されるかどうか，とくに当事者が国連の人員の安全について合理的な保障を与えているかどうか

安保理はまた新しい平和維持活動を始める前に，その活動の最初の90日間，ならびに6カ月分，1年分の経費の見積評価を要求した．活動を延長する場合は，財政負担の面から評価も必要だとした．

「平和への課題」と1994年3月の報告の両方で，事務総長は国際危機に迅速に対応するための新しい仕組が開発されなければならないとした．通常の状況なら，部隊や装備の約束を取付け，予算を組み，新しい平和維持活動を認めてもらうという準備に，長くて3カ月はかかる．加盟国が緊急展開に対応するため，あらかじめ一定数の部隊と装備を確保しておく待機取決めを作るという事務総長の提案は，安保理によって歓迎された．この目的で利用される部隊や資材の保持のため，待機部隊制度が設立された．

■ 補 助 機 関

平和維持活動を監督する機関（→89〜96ページ）以外に，安保理はさまざまな常設委員会やアド・ホック委員会を設立している．

国連特別委員会（UNSCOM）

1991年4月に，国連多国籍軍がイラク軍をクウェートから撃退してから，安保理は公式の停戦条件を明らかにする決議687を採択した．この決議は国連を，これまで海図に記されていなかった新しい水路へと導いたのである．同決議はイラクに対し，「すべての化学および生物兵器とその薬品などの貯蔵，ならびに150kmを超える長距離弾道ミサイルのすべてを破壊，撤去ならびに無力化することを無条件で受入れる」ことを要求した．イラクはまた，そのすべての核兵器用物質を国際原子力機関（IAEA）の管理下におくことにも同意させられた．この決議は，イラクが所有するすべての大量破壊兵器の完全な目録を提出するため，15日間の猶予を与えていた．

その履行を確認するため，安保理は国連特別委員会（UNSCOM）を創設したのである．特別委員会の任務は，イラクの生物・化学兵器，ミサイル能力の現地での即時査察であり，すべての化学・生物兵器およ

びそれらの研究，開発，維持，製造用物資の破壊，撤去，無力化を実現させ，射程150 km を超える長距離弾道ミサイルすべてと，その補修，製造施設の主要部分をイラク自身が破壊するのを監督し，決議で特定された項目に当てはまる物品をイラクが使用，開発，建造，取得しないという決議の履行を確認することである．特別委員会は，核軍備の領域で同様の任務を担当している国際原子力機関（IAEA）の監視員でもある．

1991年10月に，特別委員会は安保理に対して，イラクが当初，隠蔽や公然と偽造を行うなど非協力的であったことを報告した．安保理は決議707（1991）でイラクが決議687に違反していることを非難し，9つの特別要求を行うことでこれに応じた．1992年3月に，イラクは決議687で述べられているようないかなる兵器ももはや所有していないと宣言したが，安保理はこれを受入れなかった．1992年6月に，イラクは再び決議687が対象としている兵器に関する計画について「十分かつ最終で完ぺきな報告書」と呼ぶものを提出した．これらの報告書にも疑惑はもたれていた．積極的な通告なしに査察するというテクニックを使うことで，国連特別委員会と国際原子力機関はイラクの兵器能力に関する重要な情報を集めることができた．

特別委員会の調査の結果，イラクは大量破壊兵器と弾道ミサイルを相当量貯蔵していることが明らかになった．国際社会は，イラクが国際的な軍備管理協定（イラクも表面上は当事国である）によって長年禁止されてきた生物兵器を開発するための，軍事研究計画を確立していたことに恐怖を覚えた．特別委員会はこの研究計画に炭疽熱，ボツリン毒素およびガス壊疽を含む，微生物の研究計画があったことを発見した．これらの生物兵器を製造する施設は見つからなかったものの，特別委員会はさまざまな神経ガス物質，催涙ガスやマスタードガスを運ぶための手段である弾頭，風船爆弾および砲弾を含む，致死的な化学兵器が大量に貯蔵されているのを発見した．

国際原子力機関と国連特別委員会による査察は3つのウラン濃縮秘密計画も明らかにし，内破型の核兵器の開発を目的とする計画の決定的な証拠も見つけた．国際原子力機関の通常査察をかいくぐり，これらの物質を秘密裏に開発したことで，イラクは国際原子力機関の当事国としての義務にも違反していた．国際原子力機関はまた，イラクが核不拡散条約上の義務にも違反したことも発見した．国際原子力機関は1992年なかばまでに，ほとんどの物資および施設を除去および破壊し，核兵器研究の大半が行われてきたアル・アスィールの核開発施設をイラク自身に破壊させた．国際原子力機関はイラクの核燃料をロシアに移送し，兵器用の濃度から民間原子炉用の濃度へと希釈させた．

1993年1月末までに，総計で38 カ国から772 人の個人が国連特別委員会の査察団で活動した．特別委員会は，決議687のイラクの履行を監視し確認するという，長期の任務を継続している．

戦争犯罪

旧ユーゴスラビア国際法廷 旧ユーゴスラビア諸国での流血の紛争のなかで，国際人道法の違反が広まっているという報告を受けた安保理は，1992年10月に専門家委員会を設置した．同委員会は報告を調査し，それによってわかったことを安保理に報告することになっていた．1993年1月に，同委員会は最初の報告書を提出し，クロアチアで集団墓地を発見したことや，ジュネーブ条約や国際人道法の重大な違反の申立てが何千件もあったことを報告した．1993年2月に安保理は決議808を採択し，同委員会が発見した犯罪について責任を負っている人物を訴追するための国際法廷の設置を決めたが，このような法廷は第2次世界大戦後に戦争犯罪裁判が行われてから初めてのものであった．1993年5月までに，事務総長は法廷の法的根拠，手続方法，規程などに関する詳細な報告を，安保理に提出した．同法廷は，憲章第7章に基づく安保理の下部機関として設立された．その本部はオランダのハーグに設置されることになった．

1993年5月25日に，安保理は決議827を採択し，事務総長の報告を承認して「1991年1月1日から安保理が平和の回復を認めた日までの間に旧ユーゴスラビアの領土内で行われた重大な国際人道法違反について，責任を負う個人の訴追を唯一の目的とする」法廷を設立した．総会は1993年8月に11人の裁判官，ジョージ・マイケル・アビサーブ（エジプト），アントニオ・カセッセ（イタリア），ジュール・デシャンス（カナダ），アドルファス・ゴッドウィン・カリビウィテ（ナイジェリア），ジャーメイン・ル・フォイェ・ド・コスティル（フランス），ハオペイ・リ（中国），エリザベス・オディオ・ベニート（コスタリカ），ラスタム・S・シドゥワ（パキスタン），サー・ニニアン・ステファン（オーストラリア），ミスター・ラル・チャンド・ヴォーラ（マレーシア）を選出した．しかし1994年7

月7日まで,南アフリカ共和国のリチャード・ゴールドストーン裁判官を長とする検察団は編成できなかった.ロシアが,自らの伝統的な同盟国であるセルビアに対して,西側が偏見をもっているとの理由で,西側の国から検察官を指名することに異議を唱えたことが報告された.

ルワンダでの戦争に関する専門家委員会 1994年7月1日に安保理は事務総長に対して,1994年4月にルワンダで内戦が再び激化してから,同国で行われたと申立てられている市民の大量殺害とジェノサイド(大量殺戮)を調査するため,3人からなる専門家委員会を設置するよう求めた.民族間の暴力で25万人もの市民が死亡したと報告された.1994年8月8日に,ツチ族を主体とする新ルワンダ政府は事務総長に対して,国際戦争犯罪裁判に協力することを通知した.新政府は,国連の後援で国際法廷が設置されるという約束によって,新政府による報復や訴追を恐れて近隣諸国の難民キャンプからの帰還を拒否している何千何百人ものフツ族市民の恐怖を和らげられるのではと期待した.

経済社会理事会

今日までの国連の最もめざましい活躍の大半は，経済的および社会的な分野にみられる．国連憲章第55条に基づき，国連は次の目的を促進する義務を負っている．
 (a) 一層高い生活水準，完全雇用ならびに経済的および社会的の進歩および発展の条件
 (b) 経済的,社会的および保健的国際問題と関係国際問題の解決ならびに文化的および教育的国際協力
 (c) 人種，性，言語または宗教による差別のないすべての者のための人権および基本的自由の普遍的な尊重および遵守

このような目的を達成するための国連の活動上の責任は，総会と，総会の権威のもとにある経済社会理事会にあるとされている．

■ 活動領域

専門機関の協力を得て，補助機関を通じて実施されている経済社会理事会の活動は，人類の福祉のすべての側面にわたり，世界中の人々の生活に影響を及ぼしてきた．同理事会が監督しているおもな活動の範囲は次の通りである．経済的および社会的発展，技術援助計画，社会的および人道的援助のほか，さらに人権に関する章では同理事会が直接扱っている事項についていっそう詳細な情報が述べられている．

経済発展 この分野は先進国と途上国の両方を含んでいるが，とくに途上国の問題に重点がおかれている．理事会の活動には，世界の経済に関する長期計画の評価，先進国と非先進国間の貿易に重点をおいた国際通商の育成，民間および公的資金の国際的な流動性の改善，天然資源の開発と工業化の促進，天然資源に対する恒久主権や土地改革などから派生する政治的および法的問題の解決，途上国への技術協力計画の展開，そして途上国の工業化を改善するため最新の科学技術を適用することなどが含まれている．

社会進歩 理事会の後援を得て処理されている社会問題には，住宅，人口，国際的な麻薬売買，途上国での児童の福祉，世界の難民の地位，高齢化と障害者の問題などがある．開発での女性の役割については，とくに注意が払われている．

人 権 理事会とその補助機関は，基本的自由を促進するための一連の重要な原則を入念に練りあげてきた．それらの措置には，世界人権宣言や特定の権利(たとえば女性の権利，情報と報道の自由，それに人種の平等など)について数多くの宣言や勧告が含まれている．最も新しい宣言は，1993年6月にウィーンで採択された「ウィーン宣言と行動計画」である．

関連する特別の問題 理事会が関心をもつ特別の問題のひとつは，統計手法の改善である．というのも，効率的な統計は経済的および社会的発展にとって欠かすことのできないものだからである．この分野での活動には，特定の経済分野，たとえば産業や金融などでの世界の統計を改善する技術，つまり国民統計事業の基準づくりや，さまざまな国々の統計を比較する手段などが含まれている．

国連関連機関によって処理されている問題 16の専門機関と関税と貿易に関する一般協定(GATT)[1995年1月以降は世界貿易機関(WTO)]および国際原子力機関(IAEA)は，経済的および社会的分野で広範な活動を行っている．これらの活動の調整を行うのが経済社会理事会の任務である．関連する18の機関それぞれについての解説は，該当する章を参照されたい．

■ 任務および権限

憲章に規定されている理事会の権限は，次の通りである．経済的，社会的，文化的，教育的，保健的および関連する事項についての研究および報告を行うこと．人権の尊重およびその遵守を助長するための勧告を行うこと．理事会の権限内にある事項について，総会に提出する条約案を準備すること．理事

会の権限内にある事項について，憲章に規定された原則にしたがって，国際会議を招集すること．総会の承認を得て，各専門機関と協定を結ぶこと．各専門機関の活動を調整し，各機関からの定期報告を受けること．総会の承認を得て，各加盟国や専門機関からの要請にこたえて役務を提供すること．理事会が処理する事項に関連する活動を行っている非政府組織と協議すること．理事会の活動を援助する補助機関を設立すること．総会が理事会に割当てるその他のあらゆる任務を遂行すること，などである．

■ 構　　成

当初の経済社会理事会は18カ国で構成されていたが，1965年8月31日に発効した憲章の改正によって，27カ国に拡大された．その後1973年9月24日に発効した改正で，理事国の数は54カ国に拡大した．

1946年1月に理事会が創設されたとき，総会は最初の18カ国の理事国を6カ国ずつ，任期1年，2年，3年と別々に配列して選出した．その後，理事国の任期はすべて3年となり，毎年理事国の3分の1ずつが総会で選出される．

理事国の議席を拡大する憲章改正を採択した総会決議は，増加した議席の公平な地理的配分パターンも設定している．54カ国の理事国のうち，14カ国はアフリカ諸国から，11カ国はアジア諸国，10カ国はラテンアメリカ諸国，13カ国は西ヨーロッパその他の諸国，東ヨーロッパ諸国からは6カ国が選出される．選挙は総会での無記名投票による2/3の多数決で決定され，理事国の連続再選も認められている．安保理の常任理事国が，経済社会理事会でも特権的な地位をもつとは憲章の規定も保障していないが，常任理事国を継続的に再選することが慣例となっている．一般に，総会にとって経済社会理事会の理事国の選出は，安保理の空席の補充よりもやさしい．なお，議題となる事項が理事国でない加盟国にとくに関係していると理事会が判断したときは，理事会は当該加盟国を理事会の審議に投票権で参加させてもよいとしている．

1994年現在の理事国は，アイルランド，アメリカ，アンゴラ，イギリス，イタリア，インド，インドネシア，ウクライナ，エジプト，エチオピア，オーストラリア，ガーナ，カナダ，ガボン，韓国，キューバ，ギリシャ，クウェート，コスタリカ，コロンビア，ザイール（現コンゴ民主共和国），ジンバブエ，スリナム，スリランカ，スワジランド，セネガル，タンザニア連邦共和国，中国，チリ，デンマーク，ドイツ，ナイジェリア，日本，ノルウェー，パキスタン，バハマ，パラグアイ，バングラデシュ，フィリピン，ブータン，ブラジル，フランス，ブルガリア，ベナン，ベネズエラ，ベラルーシ，ベルギー，ポーランド，ポルトガル，マダガスカル，メキシコ，リビアアラブ国，ルーマニア，ロシアである．

［1999年の理事国は，アイスランド，アメリカ，アルジェリア，イギリス，イタリア，インド，インドネシア，エルサルバドル，オマーン，カナダ，カーボベルデ，韓国，ガンビア，ギニアビサウ，キューバ，コモロ，コロンビア，コンゴ民主共和国，サウジアラビア，ザンビア，シエラレオネ，ジブチ，シリア，スペイン，スリランカ，セントルシア，チェコ，中国，チリ，デンマーク，ドイツ，トルコ，日本，ニュージーランド，ノルウェー，パキスタン，ブラジル，フランス，ブルガリア，ベトナム，ベネズエラ，ベラルーシ，ベルギー，ポーランド，ボリビア，ホンジュラス，メキシコ，モザンビーク，モロッコ，モーリシャス，ラトビア，ルワンダ，レソト，ロシアである．］．

■ 手　続　き

1993年に，経済社会理事会は大きな組織の再編成を行った．それまで毎年2回，春に国連本部で，夏にはジュネーブで会合を開いてきたが，会合は年1回だけとし，ジュネーブとニューヨークで毎年交互に開くことになった．理事長と4人の副理事長は，毎年理事会で選出される．理事会は1月に，その年の活動計画を立てるための準備会合も開いている．

各54の理事国がそれぞれ1票をもっている．大国も拒否権やその他の投票上の特権はもっていない．理事会に対する提案や動議は，加盟国からの要請がなければ投票されることなく採択される．投票が行われる場合は，出席する理事国の単純多数決によって表決される．

■ 補 助 機 関

理事会は委員会や小委員会，アド・ホック委員会や特別組織など数多くの補助機関を通じて，実質的な活動を行っている．憲章第68条は，理事会が「経済的および社会的分野における委員会，人権の伸長に関する委員会……を設ける」と規定している．この規

定に基づいて，いくつかのタイプの委員会やその他の機関が設立され，その中には世界の地域ごとに設けられた経済および社会問題を扱う地域委員会や，社会問題，人権問題，環境問題を扱う機能委員会も含まれている．

地域経済委員会

地域経済委員会には，欧州経済委員会(ECE)，アジア太平洋経済社会委員会(ESCAP)，ラテンアメリカ・カリブ経済委員会(ECLAC)，アフリカ経済委員会(ECA)，西アジア経済社会委員会(ESCWA)の5つがある．それぞれの委員会は独自のスタッフをもっており，それは国連の正規職員とされる．地域経済委員会の支出は国連の通常予算で賄われている．各地域経済委員会については経済および社会発展の章(→136ページ)で述べる．

機能委員会

1946年に理事会は，その活動に助言と援助を与える9つの機能委員会と，2つの小委員会を設置した．

統計委員会 24カ国で構成され，国際統計事業の発展，国民統計の開発促進，比較統計の改善，専門機関の統計活動と国連事務局の統計事業の調整などを支援し，統計情報の収集，分析，普及に関連する全体的な問題について，国連の各機関に助言を与えている．

人口委員会 27カ国で構成され，移住を含む人口変化とそれが経済的および社会的条件に及ぼす影響を研究し，人口規模と人口構造に影響を与える政策や，国連およびその専門機関が助言を求めるほかの人口学的問題について助言を与えている．

社会開発委員会 32カ国で構成され，理事会に対して社会政策全般と，専門機関によってカバーされない社会分野のすべての事項について助言を行う．特に目標や計画の設定と社会および経済発展に影響を及ぼす領域の社会研究に重点を置いている．

人権委員会 43カ国で構成され，人権問題に関して理事会に勧告を行ったり，報告書を作成している．扱っている人権問題には，女性の地位，少数者の保護，あらゆる形態の差別の防止，それに国際人権規約の履行などが含まれている．「差別防止および少数者の保護に関する小委員会」は，理事国が指名した25人の専門家で構成され，人権と基本的自由に関するあらゆる種類の差別の防止と人種，民族的，宗教的および言語的少数者の保護について研究を行い，人権委員会に勧告を行っている．

人権委員会は，特定の人権問題については作業部会を設置している．そのような人権問題には，アパルトヘイト，奴隷，先住民族，少数民族，強制あるいは意思に反した失踪，精神病による強制入院患者などの問題が含まれている．「差別防止および少数者の保護に関する小委員会」も人権委員会が設置したものである．

婦人の地位委員会 32カ国で構成され，政治，経済，社会，および教育分野での女性の権利の伸長に関する事項について報告書を作成し，緊急に注意を喚起しなければならない事項について，理事会に勧告を行っている．同委員会は，女性の地位に関する情報についての作業部会も設置している．

麻薬委員会 40カ国で構成され，理事会に助言を行い，麻薬の取締りに関するあらゆる事項について国際条約の草案を作成する．「中近東での不法薬物売買および関連事項に関する小委員会」は，関係国が事務総長と協議して指名し，経済社会理事会があとから承認した5人の委員で構成されている．

開発のための科学技術委員会 国連は，核時代の幕明けであった1945年の成立以来，科学技術の進歩が世界平和と社会発展にもたらす効果に関心を抱いてきた．1963年に発展途上国に有益な科学技術の利用について，ジュネーブで最初の国連会議を開催し，国際行動のための議題の作成を始めた．続いて1979年には，ウィーンで「国連開発のための科学技術会議」を開き，ウィーン行動計画を発表した．会議の計画にこたえて，総会は「開発のための科学技術に関する政府間会議」を設立して政策のガイドラインを作成した．また国連内での活動を監督し，ウィーン行動計画の実行を促し，優先順位を決して資源を動員するため，全世界に参加を求めた．1989年の，1979年会議10周年記念会議のさいには，総会がウィーン行動計画の実行状況に対する失望を表明し，政府間会議と総会の下部機関であった「開発のための科学技術助言委員会」を，経済社会理事会の機能委員会に編成替えすることを決定(総会決議46/235)した．

「国連開発のための科学技術委員会」は，1993年5月に最初の会合を開いた．この委員会は，経済社会理事会が任期4年で，公平な地理的配分原則に基づき選出した53カ国で構成されている．最初の会合で同委員会は，経済社会理事会に対して次の任務の責任を負うべきことを勧告した．

(a) 加盟国のうちとくに途上国に対して，科学技術政策のガイドラインや勧告を与えることについて，理事会を援助する

（b）国連内で，資源を最大限に動員する観点から，科学技術分野での調整と協力の質を改善する革新的な方法を与える
（c）国連のほかの部署に対し，専門的な助言を行う．

犯罪防止刑事司法委員会　同委員会は1991年12月に，総会決議46/152によって設立された．それまであった経済社会理事会の「犯罪の予防と取締りに関する委員会」が解散され，その基金が新しい委員会で利用できるようになり，最初の会合は1992年4月に開かれた．新委員会は，1991年にフランスのベルサイユで開かれた閣僚級会議で創設された犯罪防止刑事司法計画の実行を推進し，問題に対処し，その状況を監視し，かつ再評価することに責任を負っている．さらに，同委員会は犯罪防止と刑事司法に関する条約草案について，各加盟国と協議することになっている．重点的な分野には，国内犯罪と国境を越えた犯罪，組織犯罪，マネーロンダリングを含む経済犯罪，環境保全に関する刑法の役割，都市型犯罪の防止，少年犯罪および暴力犯罪などがある．新旧の委員会の大きな違いは，新委員会の決定が独立した専門家の決定というより，各国政府の決定となる点にある．このレベルでの決定は，麻薬の売買，不法な武器売買，テロリズム，産業廃棄物の投棄，それに環境悪化を引起こすような犯罪的過失，汚職，金融犯罪などの問題に取組むためには，欠かすことができないと考えられている．

持続的開発委員会　1992年にリオデジャネイロで開かれた国連環境開発会議（UNCED）の産物として，経済社会理事会が1993年2月に設立した新しい機能委員会である．53カ国で構成された新委員会は，1993年6月にニューヨークで最初の会合を開き，UNCEDのアジェンダ21行動計画の実行状況を監視することから活動を開始した．委員会の任務には，先進諸国がGNPの0.7％を公的開発援助に振り向けるという国連の目標を達成する動きを監視し，環境条約の履行状況についての情報を審議し，総会に活動を勧告することが含まれている．同委員会は，ほかの国連政府間組織や地域委員会，開発および金融組織などとも協力することになっている．全世界から集められた地位ある人々で構成される高級の諮問評議会が，事務総長を通じて委員会や理事会に情報を与えることになっている．

上記のすべての委員会は2年に1回の会合であるが，人権委員会は例外的に毎年会合を開いている．差別防止小委員会は毎年開かれるが，不法薬物売買小委員会は2年に1回である．

その他の補助機関

憲章第68条は，憲章中にとくに触れている委員会以外にも，理事会が「自己の任務の遂行に必要なその他の委員会を設ける」ことを規定している．しかし，3つの例外を除いて，その他の下部機関には「委員会」という名称が与えられていない．そのかわりに，それらの機関は「常設委員会」とか「専門家機関」と呼ばれている．

1994年現在，経済社会理事会が常設委員会や専門家機関を設けている分野は次の通りである．すなわち，多国籍企業，人間居住，新・再生可能エネルギー源および開発のためのエネルギー，非政府組織（NGO），計画調整，天然資源，国連開発計画，危険物輸送専門家，税務に関する国際協力，一般行政と財政，会計と報告の国際標準，地理的名称などである．

理事会と総会の双方に報告を行う半自律的組織には，婦人の向上のための国際訓練研修所（INSTRAW），国連貿易開発会議（UNCTAD），国連開発計画（UNDP），国連環境計画（UNEP），国連人口基金（UNFPA），国連難民高等弁務官事務所（UNHCR），国連児童基金（UNICEF），国連訓練調査研修所（UNITAR），国連大学（UNU），世界食糧理事会（WFC）がある．なお，国連と国連食糧農業機関（FAO）が合同して設置した世界食糧計画（WFP）は，理事会だけに報告を行っている．

■ 非政府組織（NGO）との関係

憲章は経済社会理事会に対して，非政府組織（NGO）として知られる政府間組織とは区別された民間人の国際組織と協議し，協定を結ぶ権限を与えている．NGOとの協議は，理事会に政府や官僚以外の発想を示唆し，特別の経験や専門知識を与えてくれる．NGOと協議するさいは，NGOを2つのカテゴリーに分けている．カテゴリーIに分類されるNGOは，理事会の活動に全般的な関心をもつ組織で，その活動は理事会や全体としての国連ととくに密接な関係がある．カテゴリーIIに分類されるNGOは，理事会の活動の特定の側面に関心をもつ組織である．1987年5月には，35団体のNGOがカテゴリーIに，299団体のNGOがカテゴリーIIに登録されていた．そのほかに490団体が，必要が生

じた場合の協議相手としてNGOリストに載せられた．1994年5月現在，カテゴリーIに登録されているのは42団体，カテゴリーIIに登録されているのは383団体，必要が生じた場合の協議相手リストに登録されているのは232団体であった．このように公式に承認されている団体は，理事会や理事会の委員会の公開会合にオブザーバーを派遣し，覚書を配布することが認められている．カテゴリーIの団体の代表は，理事会の討議に参加し，議題を提案する資格が与えられている．カテゴリーIIの団体の代表は，議長の許しを得て，理事会の会合で口頭で声明を発表することができる．

カテゴリーIIの協議相手としての地位は，ほとんどすべての重要な国際実業団体，協同組合，農民組合，労働組合，在郷軍人会などに与えられてきた．そのなかには建築家や技術者，法律家，新聞発行者と編集者，社会福祉労働者，税務専門家やその他の協会のような指導的な職能者集団に加え，さまざまな女性や青少年の団体も含まれている．ギリシャ正教，ユダヤ教，イスラム教，プロテスタント，それにローマ・カトリックなどの宗派的な団体にも，協議相手としての地位が与えられている．公式に国連での地位を認められているほとんどの団体は，複数の国の構成員で組織された国際団体である．1国の国民だけで構成されている団体が理事会の協議相手としての地位を得るためには，当該国政府の同意が必要である．

理事会の活動へのNGOの参加が歴史的な転換を遂げたのは，1992年にリオデジャネイロで開かれた国連環境開発会議(UNCED)の準備においてであった．UNCEDには1400団体以上のNGOが参加し，これらの団体が歴史的会議に対して行った貢献には計りしれないものがあった．この注目すべき参加を目の当たりにして，事務総長はUNCEDのアジェンダ21行動計画の実行を監視するため，経済社会理事会が新しく設置した機能委員会である持続的開発委員会にも，関連する適任のNGOが参加できる例外的な措置を認めるよう勧告した．

多くの代表が，国連をもっとNGOが参加しやすいフォーラムに改める必要があると述べていたことから，経済社会理事会は1993年に，NGOとの協定の見直しに関する作業部会を設立した．作業部会はNGOとの協定を見直すため，1994年6月に最初の会合を開いた．この協定は理事会が最初に採択した1968年以降一度も見直されたことのなかったものである．

1994年の『開発のための課題』のなかで，ブトロス・ブトロス・ガリ事務総長はNGOが担当している開発計画は，年間70億ドル以上に評価できると述べた．事務総長は「NGOと国連の活動をますます生産的な協議と協力関係におくべき時代がやってきた」と述べた．

■ 国際会議の開催

理事会は憲章の規定にしたがい，その権限内にある特定の世界的な問題に関係する国際会議を，ときどき招集している．最近国連が開催した国際会議では，環境や人口，食糧，住居および女性の地位に関する問題を扱っていた．これらの会議の結果，国連環境計画(UNEP)や世界食糧理事会(WFC)，国連人間居住センター(Habitat)，その他の計画などが設立され，環境や水質浄化，人口，高齢化，障害者その他の国際的関心事項について，世界的な行動計画が採択された．

■ 提案されている組織の再編成

1992年の『平和のための課題』でブトロス・ブトロス・ガリ事務総長は，国連の将来に関する広範な戦略を示したが，そのなかには経済社会理事会の改革の提案も含まれていた．その改革は，旧ソ連の解体の結果として当然生じた．経済と社会の進歩というものの定義自体の変化を反映したものになるであろうということがそこでは指摘されている．さらに開発努力の成功と失敗に関して，いまや膨大な量の情報が蓄積されたが，それは経済的及び社会的発展の分野で加盟国のニーズによりよく応えるためには，国連の構造を根本的に変えなければならないことを自ずと示している．

事務総長は『平和のための課題』のなかで，経済社会理事会が安全保障理事会に対して，国際の平和と安全に対する脅威となるかもしれない経済的および社会的発展についても報告するよう提案した．事務総長は，経済社会理事会が迅速に新しい発展に対応できるようにするため，会期と会期の間に機能する高級レベルの機関を設けることを主張した．また，総会と経済社会理事会の間の意思疎通を明瞭かつ円滑なものにすることも求めた．さらに事務総長は，経済社会理事会とその補助機関との関係も定義し直すよう主張した．たとえば，事務総長は1992年に総会に対して，理事会の補助機関と委員会，それに理

事会の全体会議と総会で同一年度内に4回も同じ議題が討議されていることに経済社会理事会の理事国が不満をもっていることを報告(A/47/434)した.

1993年6月に総会の第47回会期が再開されると,活発な交渉が行われ,総会と経済社会理事会の活動の重複を解消し,作業分担のガイドラインの作成を主目的とする一括改革案が提案された.たとえば,国連開発計画(UNDP)や国連人口基金(UNFPA),国連児童基金(UNICEF)の運営評議会を,経済社会理事会の総合的な権威下にあるもっと小規模な行政機関に変更することなどが提案された.その他の提案も経済社会理事会の手続に関係するもので,同理事会の2つの小委員会(経済および社会問題に関するもの)を,全体的な組織に衣替えすることも含まれていた.

改革と合理化の必要性については明白な意見の一致があったが,途上国(とくに77カ国グループを構成する諸国)は,国連のそれぞれの基金や計画を運営する機関の数および,地域的な構成への関心を理由に,一括改革案の採択を阻んだ.最も小さな国々は急激な代表削減によって,これらの機関の意思決定過程に参加できなくなると感じた.総会はこれらの一括改革案の合意に達することができず,1993年9月に休会した.

信託統治理事会

　国連のほかの主要機関とは異なり，信託統治理事会は厳密に定義されたシステムを運用する目的で設立された．そのシステムが信託統治制度であり，国際連盟の委任統治制度を新しい時代の要求に合致させるために考えられた．

　1990年代に，最後の信託統治地域が独立，あるいは自由連合の地位を獲得し，この制度から卒業していった．この歴史的な偉業は，政治制度としての植民地主義が公式に終了したことを示すものであった．わずか50年間で，信託統治理事会は先進諸国に，かつての植民地へと秩序正しく民主的に権力を移譲させたのである．

　1994年に信託統治理事会は，理事長または理事国の過半数，総会または安保理の要請があったときにだけ招集されると決議した．

■ 国際連盟の委任統治制度

　政治的にみると，世界の歴史は帝国の創設と解体の繰り返しの歴史として，言い換えれば多くの流血と悲惨さをもたらす邪悪な因果の連鎖の歴史としてみることができる．しかし，第1次世界大戦後初めてその連鎖を断切るための一致した努力が，制限された方法ではあったが各国の合意によって実行された．植民地が豊かな国々のあつれきと嫉妬の根源であることを認識し，勝利を収めた連合国は，敗戦国の植民地を自分たちの所有物としないことを決心した．そのかわりに，ドイツ帝国やオスマントルコ帝国の支配下にあって独立国として機能できないとみられた領域は，国際連盟が監督する国際的な統治下におかれることになった．

　連盟の創設者たちは，これらの地域の統治で「国際連盟の委任統治国」として活動する諸国への委任を，次の3つのタイプに分けた．Aクラス委任は，短期間で十分に独立を達成できるとみられた地域を対象としていた．この地域はすべて中東にあり，イラク，パレスチナ，トランスヨルダンがイギリスの，レバノンとシリアがフランスの委任統治に委ねられた．

Bクラス委任は，独立を与えるまでに時間がかかるとみられた地域を対象としていた．この地域はすべてアフリカにあり，カメルーンとトーゴランドはイギリスとフランスがそれぞれ分割して委任統治を行い，タンガニーカはイギリスの，ルワンダ-ウルンディはベルギーの委任統治領となった．Cクラス委任に分類された地域は，実質的に独立はもとより自治の見込みがないとみなされた．この地域には，南アフリカ連合が委任統治する南西アフリカや，オーストラリアが委任統治するニューギニア，ニュージーランドが委任統治する西サモア，イギリスの委任統治のもとでオーストラリアが統治するナウル，そして日本が委任統治する特定の太平洋諸島が含まれていた．

　委任統治制度の諸規定には，敗戦国に属する植民地の住民が十分に発展した段階に到達すれば独立を与えられるという，植民地住民の権利を承認する意味が暗に含まれていた．しかし連盟規約は，委任統治国となった加盟国が，これらの住民が最終的に自決権をもつのに必要な措置を講じなければならないとする規定を欠いていた．

国連の信託統治制度

　連盟規約は侵略戦争（すなわち征服戦争）を禁止してはいたが，連盟の創設国は人民の同権および自決権の原則を積極的に取入れることで，その規定を補強する必要は感じていなかった．国連憲章は，人民の同権および自決権を否定することが，潜在的な戦争の原因になるという信念を，暗黙のうちに承認している．

　たとえば，憲章の第1条は国連の基本目的として「人民の同権および自決の原則の尊重に基礎をおき諸国間の友好関係を発展させることならびに**世界平和を強化するために他の適当な措置をとること**」（強調は引用者が付記）をあげている．連盟の委任統治制度にかわる，国連の信託統治制度の基本目的を述べた第76条は，憲章の前文の「戦争の惨害から将来の世代を救い」という言葉にあるように，国連を援助す

る手段としての重要性を，疑問の余地なくこの制度に与えている．第76条は次のように述べている．

「信託統治制度の基本目的は，この憲章の第1条に掲げる国際連合の目的に従って，次のとおりとする．
（a）国際の平和および安全を増進すること．
（b）信託統治地域の住民の政治的，経済的，社会的および教育的進歩を促進すること．各地域およびその人民の特殊事情ならびに関係人民が自由に表明する願望に適合するように，かつ，各信託統治協定の条項が規定するところに従って，自治または独立に向かっての住民の漸進的発達を促進すること．
（c）人種，性，言語または宗教による差別なくすべての者のために人権および基本的自由を尊重するように奨励し，かつ，世界の人民の相互依存の認識を助長すること．
（d）……すべての国際連合加盟国およびその国民のために社会的，経済的および商業的事項について平等の待遇を確保し，また，その国民のために司法上で平等の待遇を確保すること．」

このように，平和の手段として信託統治制度の重要性を強調するのに加えて，第76条は国連の信託統治下におかれた地域の住民に対して，施政国が引受けなければならない綿密な義務の枠組みを定義している．本質的に，このような義務は，信託統治地域の住民が独立または少なくとも自治を達成できるよう準備を進めることで，施政国は信託統治制度自体が終了できるように活動するという誓約に等しい．

信託統治地域とその施政国

憲章では，実際に国連の信託統治下におかれる地域を特定はしていない．第77条はこの制度が3つのカテゴリー別に適用されることを述べているだけである．そのカテゴリーとは，
（a）現に委任統治下にある地域
（b）第2次世界大戦の結果として敵国から分離される地域
（c）施政について責任を負う国によって自発的にこの制度の下におかれる地域
である．

信託統治地域の施政権者の指名の問題についても，憲章は明確に規定していない．憲章はただ，個々の信託統治協定で施政権者をそれぞれ指名することと，施政権者は「1もしくは2以上の国またはこの機構自身である」ことができることを規定しているだけである．国連自身が施政権者になれるという規定は，国連にすべての信託統治地域の施政の責任を直接負わせるという，サンフランシスコ会議で当初中国が提案し，アメリカが初めは支持した野心的な計画を見捨てるかわりとなる，折衷案としての解決であった．

国際連盟の代理として委任統治を行ってきた大国が，新しい世界機構と協定を結び，依然として独立していない同じ地域の施政を行うことが決定された．例外がひとつあった．第1次世界大戦後に，Cクラス委任として日本に与えられていた太平洋諸島がそれで，同地域は憲章で具体化された特別協定によって，アメリカを施政権者とする戦略地区に分類され，変形した信託統治下におかれることになった．

総会が協定を苦心して作りあげた結果，11の地域が国連の信託統治下におかれ，7カ国が施政権者に指名された．これらの数にはかつての旧ドイツ植民地であった南西アフリカは含まれていない．同地域は第1次世界大戦後，南アフリカ連合の委任統治に委ねられてきたが，南アフリカ連合が国連の信託統治地域にすることを拒否したからであった．信託統治地域の配分とそれぞれの施政権者は次の通りであった．

東アフリカ：ルワンダ−ウルンディはベルギー，ソマリランドはイタリア，タンガニーカはイギリス．
西アフリカ：カメルーンはイギリスとフランスで2分，トーゴランドはイギリスとフランスで2分．
太平洋諸島：ナウルはニュージーランドとイギリスの代理としてオーストラリアが，ニューギニアはオーストラリア，西サモアはニュージーランド，太平洋諸島のマリアナ諸島，マーシャル諸島，カロリン諸島はアメリカ．

1975年9月にニューギニアが独立を達成してからは，太平洋諸島の信託統治地域だけが信託統治理事会の議題となった．

1947年に安保理が承認した信託統治協定によって，この地域は憲章第83条でいうところの戦略地区としてアメリカの施政権下におかれた．同条の規定にしたがい，4つの地域(北マリアナ諸島，ミクロネシア連邦，マーシャル諸島，パラオ)からなる太平洋諸島の当該地域に関するすべての事項について，信託統治理事会は安保理に報告を行った．

太平洋諸島の信託統治地域の将来の政治的地位に

関する交渉は，1969年に始まった．1975年に北マリアナ諸島は，信託統治理事会が実施した住民投票の結果，アメリカのコモンウェルス（自治領）となる道を選んだ．1983年に，信託統治理事会の訪問団が正式に実施した一連の住民投票によって，ミクロネシア連邦とマーシャル諸島はアメリカとの自由連合の地位を選択したが，パラオは憲法でアメリカとの自由連合協定の承認に75％の賛成が必要と規定していたため自由連合を達成できず，その後の6つの住民投票でも連合は成立しなかった．

1986年に信託統治理事会は，「ミクロネシア連邦，マーシャル諸島，北マリアナ諸島およびパラオの住民は憲法を制定し，自治の手段となる民主的な政治制度を確立した」ことに注目し，早期に信託統治協定を終了させることを勧告した．

1990年12月に，安保理は太平洋諸島の信託統治地域の地位について審議し，賛成14，反対1の表決で決議683(1990)を採択した．この決議によって，安保理は太平洋諸島の3つの地域について，信託統治協定の目的は完全に達成されたとし，同地域への信託統治協定の適用を終了させると決定した．したがって，パラオだけが引続き1947年の信託統治協定下におかれることになった．信託統治理事会は毎年の通常会期で，パラオの状況を再審理し続けた．

1993年11月に，最後の信託統治地域である太平洋諸島のパラオが，アメリカとの自由連合協定の賛成に必要な住民投票を得ることに成功した．1994年1月に，信託統治理事会はアメリカとパラオに対して，1994年10月1日もしくはそれに近い時期に自由連合協定が発効するようにすることを要請し，近い将来，信託統治協定が安保理によって終了を宣言されることを希望すると表明した（→224ページ）．［1994年10月1日に独立，同年12月に国連に加盟した．］

■ 信託統治理事会

信託統治理事会が国連の主要機関であったという事実は，信託統治制度の重要性の証拠でもある．しかし，同理事会の任務はほかの主要機関より明らかに限定されたものであった．というのも，事情に応じて，戦略地区に指定された地域以外では総会の責任で，戦略地区に指定された地域では安保理の責任のもとでというように，同理事会は活動することになっていたからである．憲章の規定は，信託統治制度の実行では信託統治理事会が総会や安保理を「援助」するだけであると明記している．同理事会は，この制度の日々の運用を監督する，純粋に行政的な権能のみをもっていた．

構　成

憲章は信託統治理事会が，信託統治地域の施政国，施政権者ではない安保理の常任理事国，および信託統治理事会で施政国と非施政国の数のバランスをとるため，総会が3年任期で選出するその他の理事国の，3つの理事国グループで構成するように規定している．

1960年までの信託統治理事会は，7施政権国，施政権者でない2常任理事国，総会が3年任期で選出したその他の施政権者でない5カ国の14カ国で構成されていた．さまざまな信託統治地域が独立を達成していくにつれ，理事会の規模と構成も変化した．国連総会は1968年以降は，施政国と施政権者でない安保理の常任理事国だけで理事会を構成すると決定した．1975年9月16日に旧ニューギニア信託統治地域を含むパプア・ニューギニアが独立すると，オーストラリアは理事国でなくなった．この変化によって，施政国であるアメリカと，施政権者でない安保理の4常任理事国，すなわち中国，フランス，旧ソ連，イギリスの5カ国が理事国として残った．

手続き

信託統治理事会の各理事国はそれぞれ1票をもっている．決定は単純多数決で行われる．安保理の常任理事国も拒否権やその他の投票上の特権をもたない．1968年以前には理事会の通常会期は年2回であったが，同年以降は年1回となった．理事国の多数決または安保理か総会の要請で，特別会期が招集されることもある．理事長と副理事長は毎会期の初めに選出され，1年間の任期を務める．

権　限

監督および施政上の任務を遂行するに当たって理事会には，施政権者が提出する報告を審議し，請願を受理し，施政権者と協議して請願を審査し，個々の施政権者が合意した時期にそれぞれの信託統治地域の定期視察を行い，各信託統治地域の住民の政治的，経済的，社会的および教育的進歩に関して，施政権者に回答を求める質問書を作成するよう，憲章によって特別な権限が与えられている．

■ 信託統治制度の運用

信託統治協定と戦略地区協定

　信託統治地域は施政権者に信託されただけなので，協定上の細かい条件はそれぞれの地域について注意深く規定され，総会の2/3の多数決による承認か，戦略地区の場合には安保理の承認を得なければならなかった．

　憲章第82条は，どのような信託統治協定でも，その協定が適用される信託統治地域の一部または全部を含む1カ所または2カ所以上の戦略地区を指定することができると規定している．その場合は，国連の信託統治上のすべての任務は安保理によって行使された．

　じっさいには戦略地区協定はひとつだけ，すなわち国連とアメリカが，第1次世界大戦後に日本が委任統治していた太平洋諸島に関して結んだものだけである．ほかの信託統治協定の一般規定の大半がこの協定に含まれているが，当該地域への接近権だけは制限され，国連の監督のもとでアメリカの安全上の要請にしたがっている．アメリカは特定の地区を安全上の理由で閉鎖する権限ももっていた．

施政権者の役割

　施政国には信託された地域の完全な立法権，行政権，司法権が与えられた．もし施政国が望むなら，施政国は信託統治地域を自国の植民地といっしょに施政を行うことができたのである．これによって信託統治地域のルワンダ-ウルンディは，行政的にベルギー領コンゴと結びつけられ，オーストラリアは信託統治地域のニューギニアと自国の属領であったパプアの間に行政連合を設立できたのである．しかし，国連の信託統治地域は決して施政権者の主権下にあるとされることはなく，施政権者が国連の代理として支配しているにすぎなかった．

信託統治理事会の活動

　本質的に理事会の活動は，信託統治制度の運用を監督し，信託統治協定によって施政権者が課せられた義務を履行するのを確実なものにする目的で，憲章が理事会に特別に与えた権限の行使でなりたっている．

　信託統治理事会の活動は，ひとつずつ少なくなり，11カ所の信託統治地域は独立を達成するか，また自決権を与えられてほかの独立国との合併を選んでいった．

　1993年11月に，最後まで残っていた信託統治地域のパラオが，アメリカとの自由連合協定を住民投票で承認するのに成功した．1994年1月の第61会期で信託統治理事会はアメリカに対し，最後まで残った信託統治地域であるパラオ政府と協議して，1994年10月1日もしくはそれに近い時期に自由連合協定を発効させるよう要請した．

　理事会は，アメリカが信託統治協定上の義務を満足のいく形ではたしたとみなし，上述した期日以後，アメリカとパラオの2国間政府の合意に基づき信託統治協定を終了させることが適当であると決定した．

　第61会期で信託統治理事会は，手続規則の1と2を次のように改正した．

　「信託統治理事会は，必要な場合に，信託統治理事会の決定または理事長の決定，理事国の過半数による要請，総会の要請，あるいは憲章の関連する規定に基づいて行動する安全保障理事会の要請で招集される」と．

国際司法裁判所

　国際司法裁判所は1945年にサンフランシスコ会議で創設された．同裁判所は国際連盟時代に創設された常設国際司法裁判所の後継機関であり類似しているが，権限は広くなっている．なぜなら連盟への加盟がそのまま常設裁判所への参加を意味していなかったからである．現在の国際司法裁判所は国連の主要機関であり，すべての国連加盟国は自動的に同裁判所の規程の当事国となる．この規程は常設国際司法裁判所の規程をモデルとしてつくられ，国連憲章と一体をなすものとして採択された．国連に加盟することによって，各国は憲章の文言にいう「自国が当事者であるいかなる事件においても，国際司法裁判所の裁判に従うことを約束する」．もし事件のいっぽうの当事国がこの義務に違反すれば，他方の当事国は「安全保障理事会に訴えることができる．理事会は必要と認めるときは，判決を執行するために勧告をし，またはとるべき措置を決定することができる」．

　憲章はさらに，国連の非加盟国でも「それぞれの事案について安全保障理事会の勧告に基づいて総会が決定するという条件」で，同裁判所の規程の当事国となることができる．こうして，ナウルとスイスの2国が規程の当事国となった．

　裁判所の構成や任務に関する原則は規定されているが，詳細な規則は裁判所自身が採択している．裁判所の所在地はオランダのハーグの平和宮にあるが，裁判所が望む場合はほかの場所で開廷することもできる．また裁判官は「常に裁判所の指示の下にある義務」を負う．

　裁判所の費用は国連の通常予算で賄われ，加盟国は無料で裁判所を利用できる．

■ 国際司法裁判所の裁判官

　同裁判所は，「裁判官」と呼ばれる15人の独立した判事によって構成される．彼らは国籍のいかんを問わず，「徳望の高い人物から」選ばれるが，同じ国籍の2人の裁判官が同時に就任することはできない．

裁判官は各自の国で最高の司法官に任ぜられるのに必要な資格をもつ者，または国際法に堪能な名のある法律家でなければならない．国際司法裁判所の裁判官は，政治上または行政上のいかなる職務に就くことも，職業的性質をもつほかのいかなる業務に従事することもできない．裁判官は裁判所の任務に従事する間，外交官特権と治外法権が認められている．新しく選出された裁判官は，「公平かつ誠実にその職権を行使すべきことを公開の法廷で厳粛に宣言しなければならない」．裁判官は「必要な条件をみたさないようになった」とほかの裁判官が全員一致で認める場合を除く以外に，解任されることはない．現在まで，そのような解任は一度も生じていない．

　あらゆる裁判所と同様に，裁判官は特定の事件では，自分が参与することはできないと認めることができる．規程ではそのような回避の場合として，たとえば裁判官が調査委員会の構成員として以前に当該事件に関与したことがあることなど，特定の条件をあげている．

■ 裁判官の国籍の重要性

　規程では特別に，裁判官には自国が当事者となる事件に出席する権利があることを宣言している．さらに，裁判所が取り扱っている事件の当事国は，もし裁判所に自国の国籍をもつ裁判官がいない場合は，その事件に限って1人の裁判官を加えることができる．もし「複数当事国が同一利害関係にある場合」は，ただ1人の裁判官を法廷に加えることができる．このような特別選任裁判官は，個々の国家自身が自国籍であるかどうかにかかわらず選出できる．

■ 裁判官の指名と選挙

　1899年と1907年の2回のハーグ国際会議で，常設の国際裁判所の設立が計画されたが，裁判官の選出方法で合意に達することができなかった．しかし，常設仲裁裁判所の設立条約は合意された．同条約は

当事国に対して，国際的な仲裁の具体的な事件を審理できる仲裁裁判官として，1国当たり4人の法律家の名前をあげることを認めた．第1次世界大戦後に常設国際司法裁判所が設立されたとき，裁判官の選出という困難な問題に対するひとつの解決策がみいだされた．ハーグ条約のもとで，将来の仲裁裁判官として指名された法律専門家たちに候補者の指名権が与えられ，国際連盟はそこで指名された者の中から裁判官を選出した．このシステムは本質的に国連でも維持されている．そして候補者たちが単に各国政府が指名した者でないことを保障するため，常設仲裁裁判所に設置された法律家集団または同裁判所の当事国でない諸国に設けられた同様の集団が候補者を指名する．いかなる国別裁判官団も4人を超えて指名することはできず，そのうち自国の国籍をもつ者は2人を超えてはならないとされている．

こうして指名された候補者名簿は，国連に提出される．裁判所の裁判官として選出されるためには，安保理と総会で別々に，また同時に行われる選挙で絶対多数を獲得しなければならない．もし同一国籍の者が2人以上票を獲得した場合は，最年長者が選出される．これらの選挙では，ナウルとスイスの2つの国連非加盟国も規程の当事国なので，総会での投票に参加する．裁判所の裁判官を選ぶさいは，各加盟国の代表は「世界の主要文明形態」および「世界の主要法体系」がつねに国際司法裁判所内で代表されることに留意するよう，求められている．

■ 裁判官の任期

裁判官の任期は9年である．任期が交互に満了するようにするため，最初の選挙(1946年)で選ばれた裁判官のうち，任期3年で任期満了となる5人および6年で任期満了となる5人をくじで決定した．こうして，現在では3年ごとに5人の裁判官を入れかえている．再選も認められ，頻繁に行われている．裁判所は3年ごとに，裁判所長と裁判所次長を裁判官の中から選出している．任期の途中で空席となった裁判官の補充として選ばれた裁判官は，再選されない限り前任者の残りの任期を務めるだけである．

1998年2月1日現在の裁判所の構成は次の通り(カッコ内の暦年の2月5日が任期満了日)である．
モハメッド・ベジャウィ（アルジェリア　2006年）
ステファン・M・シュベーベル（アメリカ　2006年）　裁判所長
小田　滋（日本　2003年）
ロザリン・ヒギンス（イギリス　2000年）
ヴェレシェチン（ロシア　2006年）
ジルベール・ギョーム（フランス　2000年）
レゼッキ（ブラジル　2006年）
パラアラニグレン（ベネズエラ　2000年）
クリストファー・G・ウィラマントリー（スリランカ　2000年）　裁判所次長
レイモンド・ランジャヴァ（マダガスカル　2000年）
ゲッツァ・ヘルツェック（ハンガリー　2003年）
シ・ジュヨン［史久鏞］（中国　2003年）
カール=アウグスト・フライシュハウアー（ドイツ　2003年）
アブドゥール・G・コロマ（シエラレオネ　2003年）
コイマン（オランダ　2006年）

通常は，すべての裁判官が出席して開廷するが，定数は9人(特別裁判官は数に含めない)である．裁判所規程では，特定のカテゴリーの事件に関する簡易手続部の構成や，個別事件のための小法廷の構成についても規定している．裁判所によって，環境問題に関する小法廷が1993年7月に創設された．1945年以来，4つの事件が小法廷に付託された．小法廷による判決も裁判所による判決とみなされる．

■ 裁判所手続

すべての問題は，出席する裁判官の多数決によって決定される．投票が同数となった場合は，裁判所長が決定投票権をもっている．判決は公開の法廷で朗読されなければならず，判決の基礎となる理由と多数意見をとった裁判官の名前が発表される．いずれの裁判官にも，賛成または反対の自分の意見を個別に表明する権利がある．すべての弁論は，裁判所が特段の決定をせず，当事者が公開しないことを請求しない限り公開で行われる．

判決は終審で上訴は許されない．再審の請求は，決定的事実で判決があった時に，裁判所および再審請求当事者に知られていなかった事由の発見を理由とする場合に限り，認められる．判決の意義または範囲について争いがある場合には，裁判所がいずれかの当事者の要請によってこれを解釈する．

裁判所を簡素化し利用を促進するために，裁判所は1972年に裁判所規則を一部改正した．これらの改正も加えて，完全に更新修正された新しい規則は1978年に採択された．

■ 裁判所の権限と管轄

裁判所が取りあつかう事件の当事者となれるのは，国家だけである．したがって，国際法上の国家でない個人や法人，その他の主体に対する訴訟を提起することはできない．しかし，特定の原則が満たされれば，自国民がまき込まれた事件を国家が提訴することはできる．たとえば，1955年4月6日に判決が下されたノッテボーム事件（リヒテンシュタイン対グアテマラ）では，ドイツ生まれで同国に帰化した市民が第2次世界大戦中にグアテマラが行った特定の措置の結果，リヒテンシュタインが被った被害に関する請求が問題になった．

規程の当事者であるすべての国家は自動的に裁判所を利用することができ，どのような事件でも裁判所に付託することができる．さらに，安保理が法的な紛争を裁判所に付託するよう勧告することもできる．

憲章のもとでは，国家が自動的に自分たちの法的紛争を司法判断に付する義務はない．サンフランシスコ会議のさいに，裁判所が義務的管轄権をもち，国連加盟国は加盟国間の法的紛争を裁判所が審理する権利を受入れる義務を負うべきだと主張する国々もあった．この提案は，ある加盟国がほかの加盟国に対する訴訟を提起した場合，裁判所は訴えられた加盟国にかまわず，自動的にその訴訟を審理する権限をもつことを意味していた．このような規定があると，規程を受入れることはできないと恐れる国々があったので，この提案は否決された．そのうえ，国際司法裁判所での紛争当事者は主権国家であるから，その意思に反して裁判所の管轄に服すよう求められるべきではないと，一般には考えられていた．このように裁判所は，すべての紛争当事国が同意しないかぎり，事件に関する司法判断を下す手続を進めることができない．そのような同意は，次の3つの方法のうちのどれかによって与えられる．

1. 当事国は特別の合意によって裁判所に紛争を付託することができる．これが最も単純な方法であり，いくつかの最近の事件でじっさいに行われた．裁判所の創設以来，この方法によって10件の事件が付託された．
2. 国どうしの条約や協定の中に特別の条項を盛りこむこともある．多くの条約や協定が，たとえばある国が別の国による条約違反を主張するなど，条約のもとで発生する紛争は裁判所に司法判断のために付託すると明示的に規定している．第2次世界大戦後に結ばれた講和条約を含む430以上の条約が，このような条項を含んでおり，この事実は各国の間に司法的解決をすすんで受入れる準備ができていることを証明している．
3. あらかじめ特定の種類の紛争について，裁判所の義務的管轄を自発的に承認することもできる．規程の第36条は規程のすべての当事国が「次の事項に関するすべての法律的紛争についての裁判所の管轄を同一の義務を受諾するほかの国に対する関係において当然にかつ特別の合意なしに義務的であることを，いつでも宣言することができる．すなわち，(a) 条約の解釈 (b) 国際法上の問題 (c) 認定されれば国際義務の違反となるような事実の存在 (d) 国際義務の違反に対する賠償の性質または範囲」と規定している．

このような宣言は，希望すれば限定された期間でのみ，あるいは無条件で，または条件をつけて行うことができ，特定の国が同一の義務を受諾，あるいは一定の数の国が同一の義務を受諾すれば，宣言の効力が生じるとすることもできる．宣言に付されたもっとも広範な留保は，自国が本質的に国内事項であるとするいかなる紛争についても，裁判所は司法判断を行ってはならないという条件であった．じっさい上この留保によって当該国は，自国がまき込まれるかもしれないほとんどの事件について，裁判所の管轄を拒否する自由を手にする．一般的に多くの宣言の現実的な重要性は，条件をつける権利によって厳しく制約されており，1994年6月1日現在，裁判所の義務的管轄を承認する宣言は，59カ国によって行われている．

したがって裁判所の管轄は，規程の当事国が裁判所に付託するすべての法律的紛争と，国連憲章や効力をもつ条約などでとくに規定されているすべての事項を含んでいる．裁判所が管轄権をもつかどうかについて争いが生じた場合は，規程によって裁判所が決定すると規定されている．規程の第38条は，付託された紛争を裁判するさいに，裁判所が次の場合に適用すると規定している．

（1）係争国が認めた規則を確立している国際条約
（2）法として認められた一般慣行の証拠としての国際慣習
（3）文明国が認めた法の一般原則
（4）法則決定の補助手段としての裁判所の判決お

よび諸国の最も優秀な国際法学者の学説

しかし，特定の場合には関係当事者の合意があれば，裁判所は衡平および善に基づいて裁判することができる．つまり，裁判所が正しく善であるとみなしたものだけを基礎として，衡平［人間の良心と自然的公平の精神］によって判決を下すことができる．

■ 勧告的意見

憲章では，総会および安保理があらゆる法的問題に関して，裁判所に勧告的意見を要請することができると規定しており，総会の許可があれば，その他の国連機関や専門機関もその活動範囲内で生じた法的問題に関する勧告的意見を求めることができる．そのような場合，裁判所は判決を下すのではなく，関係する国際機関に対して指針を与える．したがって，勧告的意見はその性質上，執行可能なものではなく，機関は敬意を払って意見を受入れるが，必ずしも意見に基づいて行動するとは限らない．とはいえ，意見を要請する機関が，裁判所の決定にしたがう場合もある．

■ 裁判所の司法判断以外の任務

多くの国際条約やその他の文書は，国際司法裁判所または裁判所長に，一定の不測の事態で審判官あるいは仲裁裁判官を指名する任務を与えている．さらに，そのような内容の条約規定がないときでも，裁判所や個々の裁判官がこの性質の任務をはたすよう求められることもある．

裁判所の役割の見直し

1970 年に，裁判所の活動が相対的に不活発だということを理由として，9 カ国が総会に裁判所の役割の見直しを共同提案した．提案理由を説明した文書によると，当時の状況は「裁判官の優秀性や国際社会の必要性にふさわしいものでなかった」と 9 カ国は述べた．状況の改善を求める提案には裁判所の規程や手続規則の改正，指名される裁判官の年齢の引下げ，任期の短縮，裁判所の義務的管轄の受諾をもっと拡大することなどが含まれていた．

この問題はその後に続く 4 回の総会で議論され，1974 年に裁判所の役割を強化することを企図した決議の採択によって最高潮に達した．勧告には，条約の解釈や適用に関する相違から生じる紛争は，裁判所に付託することを規定する条項を条約に挿入すること，可能な限り少ない留保で裁判所の義務的管轄を受諾すること，国連機関や専門機関がもっと裁判所に勧告的意見を求めるようにすることなどが含まれていた．

■ 裁判所の慣行の概観

1946 年に裁判所が創設されてから，国家は 72 件の法的紛争を付託し，国際機関は 21 件の勧告的意見を要請した．

法的紛争

国家が裁判所に付託した 72 件の事件のうち，18 件は当事国が訴えを取下げたり，その他の理由でリストから削除した．また 11 件は裁判所が規程に基づいて管轄権がないと判断した．裁判所が判決を下した残りの事件は，係争領域や領土の取得に関する主権，国際海洋法，国家や民間企業および個人の商業上の利益または財産権を含む，広い範囲の問題を含んでいた（→ 58 ページ）．

上に述べた 3 つのカテゴリーに当たる事件をいくつか含み，多くの場合に，特定の 2 国間条約あるいは多国間条約およびその他の法的文書の解釈の相違が含まれている．こうして，モロッコでのアメリカ国民の権利に関する事件（フランス対アメリカ）で 1952 年 8 月 27 日に裁判所は，特定の品目のモロッコへの輸入を禁止するのは，アメリカの条約上の権利を侵害すると判断した．しかし裁判所は，アメリカがあらかじめ同意しなければ，アメリカ国民に原則としてモロッコ法は適用されないというアメリカの主張を退けた．

勧告的意見

総会や安保理，その他の許可を受けた専門機関が要請した 21 件の勧告的意見も，同じようにさまざまな問題に関するものであった．裁判所は 1975 年 10 月 16 日に，総会が 1974 年の会期で決議した要請にこたえて，勧告的意見を与えた．問題はスペインの支配が終了した西サハラに関するもので，同地域と国境を接しているモロッコ，モーリタニア，アルジェリアによってスペインの支配下におかれる前の当該地域に対する領有権が争われた．裁判所は西サハラとモロッコ王国およびモーリタニアの間には，領域主権に基づく結びつきは存在しなかったと判断した．そこで当該地域の非植民地化にあたっては，関連する総会決議にしたがって，地域住民の自由に表

明された意思による自決の原則が，適用されることになった．

中東とコンゴでの平和維持活動の費用に関する問題の勧告的意見も求められ，そのとき問題となったのは，それらの費用が憲章第17条の範囲内で，総会が決定した通り，加盟国の分担金で賄う国連の費用とみることができるかということであった．1962年7月20日に与えられた勧告的意見では，裁判所は両方の平和維持活動の費用が憲章第17条の意味でいう国連の費用であると結論した．

ほかの例では，裁判所は1949年にパレスチナでの国連調停官の暗殺についての問題に関して勧告的意見をだし，国連は職員が被った損害について，国家に賠償請求を行うことができるとした．1988年には，パレスチナ解放機構のオブザーバー使節のニューヨーク事務所を閉鎖するアメリカの命令に対する国連との紛争について，裁判所は国連本部協定によってアメリカは当該紛争を仲裁に付する義務を負っているという見解を表明した．

■ 継続中の事件

1994年6月1日現在，次の10件の訴訟が継続中であった．［1999年9月現在で22件が継続中である．］
1. 1988年7月3日の航空機事故（イラン対アメリカ）
2. 東ティモール問題（ポルトガル対オーストラリア）
3. ギニアビサウとセネガルの領海の国境画定（ギニアビサウ対セネガル）
4. カタールとバーレーンの間の領海の国境画定と領土問題（カタール対バーレーン）
5. ロッカビー航空機事故で生じた，1971年のモントリオール条約の解釈および適用に関する問題（リビア対イギリス）
6. ロッカビー航空機事故で生じた，1971年のモントリオール条約の解釈および適用に関する問題（リビア対アメリカ）
7. 石油プラットフォーム問題（イラン対アメリカ）
8. 大量殺戮罪（ジェノサイド）の防止および処罰に関する条約の適用（ボスニア・ヘルツェゴビナ対ユーゴスラビア［セルビアとモンテネグロ］）
9. ガブシコボニナジマロス計画問題（ハンガリー対スロバキア）
10. カメルーン対ナイジェリア

ほかに，武力紛争において国家が核兵器を使用することの合法性について，世界保健機関（WHO）が勧告的意見を求めている．［1996年7月8日，裁判所はこの問題が世界保健機関の権限外であるとして意見を与えなかったが，国連総会から出されていた同趣旨の意見要請には応じた．］

■ 裁判所に付託されたいくつかの紛争事件史

便宜的に，次の事件史は法的紛争に関する57ページで述べた3つのカテゴリーから引用した．

領域問題に関する紛争

特定の国境地域の主権に関する問題（ベルギー対オランダ）で裁判所は，1959年6月20日に，1839年にオランダがベルギーから分離する前からの事態の展開をふり返り，当該係争地区の主権はベルギーに帰属すると判断した．

イギリス領チャネル諸島のジャージー島とフランス沿岸の間にある特定の小島と岩礁の主権に関する紛争であるマンキエ・エクレフ島事件で，イギリスとフランスは11世紀にさかのぼる歴史的事実を援用した．イギリスは1066年のノルマンディー公ウィリアムによるイギリス征服に由来する権限を主張して，弁論を開始した．フランスはノルマンディー公がフランス王の家臣で，1066年以後のイギリス王がノルマンディー公としての地位に基づいてフランス王から公爵領を封与されたことを指摘して，弁論を開始した．裁判所は1953年11月17日に，「エクレフおよびマンキエと呼ばれる小島と岩礁の主権は，それらが取得の対象となりうるかぎりで，イギリスに帰属する」と判断した．

カンボジアとタイのアジアの2カ国が関与した最初の事件は，プレア・ビヘア寺院に関する事件として1959年10月に裁判所に付託された．カンボジアの主張によると，この事件は「カンボジア人民の巡礼と礼拝の聖地」の問題であった．1962年6月15日に，裁判所は9対3の多数決で同寺院がカンボジア領内にあり，それゆえタイは同地に駐留させたあらゆる軍隊，警察その他の警備兵を引上げなければならないと判断した．裁判所はさらに7対5の多数決で，1954年にタイが同寺院を占拠して以来，持ち帰ったすべての美術品をカンボジアに返却しなければならないと述べた．

1980年に，アメリカがテヘランにあるアメリカ大使館の占拠と大使館員の監禁に関する事件を付託す

ると，裁判所はイランが人質を解放し，大使館を引渡し，賠償しなければならないという判決を下した．しかし，裁判所が賠償額を決定する前に，本件は両国間の合意で取下げられた．

アフリカの2カ国が国境を争った最初の事件は，ブルキナファソとマリが裁判所の小法廷に，1983年10月に付託した双方の国境画定に関する問題であった．1985年末に両国間で武力衝突が起きたため，裁判所は平和を回復するため，1986年1月に仮保全措置を命じた．最終的な判決は1986年12月に下され，両国間の国境が画定された．

1984年にはニカラグアがアメリカを軍事力行使と国内問題への介入として提訴した．アメリカは裁判所の管轄権を否認した．書面と口頭手続のあと，裁判所は管轄権があると判断し，ニカラグアの申請を受理した．アメリカはこの決定と，1986年の本案判決のいずれをも承認しなかった．本案判決で裁判所は，アメリカがニカラグアに対する義務に違反して行動したと認め，アメリカは問題となっている活動を停止し，賠償を行うことを決定したが，賠償の形式と賠償額の決定については，ニカラグアの要請で1991年に裁判が取下げられた．

リビアとチャドは，サハラのアウズ地区の領土紛争を裁判所に付託した．リビアは本件で，当該地域の南方に延長した地域までの領有を主張した．裁判所は1994年2月3日の判決で，チャド全面勝訴の判断を示した．判決履行のために両国が結んだ合意によって，リビア軍は1994年5月31日までにアウズ地区から撤退し，その動きは安保理が展開させた監視軍によって監視された．

海洋法に関する紛争

裁判所の最初の事件であるコルフ海峡事件（イギリス対アルバニア）は，安保理の提案で付託されたものである．1946年10月22日にアルバニア沖のコルフ海峡を通過中のイギリスの駆逐艦2隻が機雷に触れ，46人の乗員が死亡し，艦も大破した．そこでイギリスは，この海峡の機雷掃海を行った．アルバニアは機雷を敷設していないと主張した．裁判所はアルバニアが「爆発……とその結果生じた損害と人命喪失について国際法上の責任を負う」と判断し，当時の約240万ドルに相当する84万3947ポンドの賠償を，イギリスに対して支払うよう決定した．いっぽう裁判所は，アルバニア領海内でイギリスが行った機雷掃海活動が国際法に違反しているとも判断した．裁判所は，この行為が正当防衛の原則によって

正当化されるというイギリスの主張を全員一致で否決した．この判断は自助のための武力行使が，特定の場合に国際法に反することを示した最初の法的判断であった．

1981年にカナダとアメリカは，メイン湾での両国の大陸棚と漁業水域の境界画定問題を裁判所の小法廷に付託した．1984年10月12日に判決が下され，裁判所の小法廷は，両国間の境界線を画定した．

1985年6月3日に裁判所は，リビアとマルタが1982年の特別合意に基づいて付託した，大陸棚の境界画定に関する紛争に判決を下した．

1993年6月14日に裁判所は，デンマークとノルウェー間の領海画定に関する紛争について判決を下した．

商業利益と財産権に関する紛争

アングロ・イラニアン石油会社事件は，1951年5月1日にイランが国内法を制定し，アングロ・イラニアン石油会社の権益を破棄し，当時世界最大であったアバダンにある同社の精製施設を接収したことから発生した．イギリスは5月26日にイランに対する訴訟を国際司法裁判所に提訴した．7月5日に裁判所は両国に対して紛争を悪化させたり，同社の営業活動を妨げるような行為を慎むよう求めた，重要な「仮保全措置」を命令した．同社は国有化前と同じ状態で運営されなければならず，経営の変更は裁判所が両国に設置を要請した特別監督委員会の合意にしたがうこととされた．しかし，1年後の1952年7月22日の本案判決で裁判所は，管轄権がないと判断して「仮保全措置」を取消した．裁判所は，イランが1933年にアングロ・イラニアン石油会社に与えた合意を，イギリスは国有化で侵害されたと主張しているが，これはイランと外国企業の間の権益契約にすぎなかったと判断した．このような契約の解釈問題は，イランが裁判所の義務的管轄を受諾した理由のひとつとはみなされないというのであった．紛争は1953年に，イランのモサデグ内閣が崩壊して成立した別の内閣との交渉で解決された．

バルセロナ・電鉄事件（ベルギー対スペイン）は，カナダで設立された会社のバルセロナ子会社について，1948年にスペイン地方裁判所が破産宣告を行ったことから生じた．ベルギーは，スペイン裁判所での裁判の結果，同社のベルギー人株主が被った損害に対する賠償を求めた．ベルギーはスペイン裁判所の裁判が国際法に反していたと主張した．裁判所は1970年2月5日に判決を下し，カナダ法人がスペイ

ンの子会社に対してとった措置に関し，同社のベルギー人株主についてベルギーは外交保護権を行使する権限を欠いているとした．

事務局

■ 国連憲章の規定

憲章が，国連の6番目の主要機関である事務局の設置について規定した部分は，きわめて少ない．それらの規定は憲章第15章にあり，次のように列挙できる．

構成 憲章は簡潔に，「事務局は1人の事務総長およびこの機構が必要とする職員からなる」と規定している．

職員の任命 事務総長に関して憲章は，この職に就く人物は「安全保障理事会の勧告に基いて総会が任命する」と規定している．換言すると，安保理がまず候補者について同意し，その上で総会での多数決によって承認されなければならない．事務局のその他の職員は，「総会が設ける規則に従って」事務総長が任命する．憲章は職員の雇用に当たって「最も考慮すべきことは，最高水準の能率，能力および誠実を確保しなければならないことである」としている．しかし，この考慮には重要な補足，すなわち「職員をなるべく広い地理的基礎に基づいて採用することの重要性については，妥当な考慮を払わなければならない」が付加されている．

事務局の任務 一般職員の任務については，経済社会理事会，信託統治理事会，および「必要に応じて，国際連合のその他の機関に」適当な数の職員を常任として配属させるという指示以外は特定されていない．事務総長の任務に関しては，憲章は，事務総長が「この機構の行政職員の長であ」り，総会や安全保障理事会のすべての会合で「その資格で行動し」，「これらの機関から委託される他の任務を遂行する」と述べているだけである．これらの一般的な規定とは別に，憲章は事務総長に対して，1つの特定された任務と，1つの特定された権限を与えているに過ぎない．すなわちこの機構の事業について総会に年次報告を行うという任務と，事務総長が「国際の平和および安全の維持を脅威すると認める事項」について，安全保障理事会の注意を促すという権限である．

事務局に課せられた唯一の制約は，「事務総長および職員は，その任務の遂行に当って，いかなる政府からもまたはこの機構外のいかなる他の当局からも指示を求め，または受けてはならない」し，「この機構に対してのみ責任を負う国際的職員としての地位を損ずる虞のあるいかなる行動も慎まなければならない」ということである．この禁止規定のコロラリー［当然の結果］として，憲章は加盟国に対して「事務総長および職員の責任のもっぱら国際的な性質を尊重することならびにこれらの者が責任を果たすに当ってこれらの者を左右しようとしないこと」という義務を課している．

■ 事務総長の任命

憲章に事務総長の資格要件や任期についての規定がないので，1946年1月の第1回総会ではこれらの事項を決定しなければならなかった．安保理は，総会に勧告するに当たり，候補者の条件に関する討論を公開することは事務局の威厳を損なうという理由から，議論は非公開とし，無記名投票で決定することに合意した．総会は事務総長の任期を5年(国際連盟の事務総長は任期10年で選出されていた)と定め，再選も可能であるとした．

安保理の常任理事国は，暗黙のうちに常任理事国の国籍をもつ者は，事務総長としないことに合意してきた．

■ 事務局の構造と編成

事務局はほかの国連諸機関のために働き，それらの機関が決定した計画や政策を実施する．国連の活動の範囲や分野が広がるにつれ，事務局の職員の数も増え，組織図も複雑さを増してきた．事務局の主要な部局は室，局，計画，会議などさまざまな呼称をもち，そのそれぞれに，事務次長もしくは事務次長補と同格の，もっとも必ずしもそれらのの肩書をもっているわけではない管理職が長として置かれている．1987年には，これらの2つのレベルの管理職

［事務次長および次長補］が48人事務局にいた．

国連が1945年の51カ国から1994年の184カ国へと成長するにつれ，事務局も必然的に変化し，発展した．1945年から1994年までの間に，事務局は1953～56年，1964～66年，1974～77年，1985～86年，1992～94年の5回にわたって再編された．一番最近の再編は，1988年に始まる数多くの総会決議(41/213, 44/200, 45/254, 46/232, 47/212 A)によって要請されたものである．ブトロス・ブトロス＝ガリ事務総長は，1992年1月の就任と同時に再編に着手した．1991年には48人が上級職のポスト（局長が1人，事務次長が26人，事務次長補が20人）にいて事務総長に直接報告を行っていたが，1992～93年の2年間では事務次長が21人，事務次長補が16人の合計37人に削減された．1992年には採用の凍結も行われた．1994年7月現在，事務局の活動は次の部局によって組織されている．

政務局(DPA) 従来からの5つの部局の任務がDPAに統合された．この局は国連の予防外交や平和創造の努力を監督し，迫りくる危機に関して総会や安保理の注意を喚起するための情報を集めて分析し，総会や安保理から通達された任務を実行する．DPAは総会や安保理に事務局としての役務を提供し，また加盟国の要請に応じて，民主化過程を強化するために実施される選挙の援助なども担当している．［1997年にコフィ・アナン事務総長が2度にわたる国連の機構改革を実施し，職員を1000人削減したほか，事務局も平和と安全保障，経済・社会問題，開発支援，人道問題の4分野に整理統合された．］

平和維持活動局(DPKO) この局は，世界中に展開する国連の平和維持活動を統括している．この分野での国連の活動は，冷戦の終結以降，規模も複雑さも飛躍的に拡大した．1991年12月の時点で平和維持活動には，約1万1000人の軍人と4000人の文民により5億ドルの予算をかけて展開されていた．1993年9月までに平和維持活動局は，約8万人の軍人と1万2000人の文民を統括しており，その年次化された予算は年間30億ドルに達した．組織の再編によって，行政管理局の所属であった現地活動部員は平和維持活動局に移された．

人道援助局(DHA) 1992～93年の期間に国連のすべての機関を通じて行われた人道援助や，自然災害または人的災害で被害を受けた諸国に対して，援助の総額は約55億ドルに達した．加盟国からの緊急援助要請に対応するため，事務総長は国連災害救済調整官事務所(UNDRO)と事務局のその他の11の課の任務をまとめてDHAを創設して，総合緊急対策課と機関間連絡調整課の2つの課を新設した．DHAは災害などの被災者に対する人道援助物資の受渡しの改善作業に当たっている．また，政府間組織が検討中の人道的な活動を，擁護する活動も行っている．DHAは現地の状況を分析して，緊急事態に対処するために，何がどれだけ必要かを迅速に評価し，早急な交渉準備を行う．同局のおもな任務は，各機関相互の調整を図り，国連の全機関が人道援助を一丸となって訴え，援助国政府や国連機関，非政府組織などからいっそうの協力を得られるように筋道をつける点にある．

政策調整および持続的発展局(DPCSD) この局は，経済社会理事会と総会の第2委員会（経済および金融担当），および第3委員会（社会的，人道的，文化的事項担当）への支援業務を行っている．同局は国連環境開発会議(UNCED)で採択された持続可能な開発を行なう長期計画（アジェンダ21）をフォロー・アップする責任も負っている．また，ウィーンにある「社会開発および人道援助センター(CSDHA)」とローマにある世界食糧会議の事務局としての活動も担当している．同局のおもな仕事のひとつに，経済・社会および環境分野で国連の活動に参加したいと願う多くの非政府組織と，協力を進めることがある．

経済社会情報および政策分析局(DESIPA) この局は経済社会理事会の統計および人口委員会を支援している．同局は人口と統計に関する情報の経済的および社会的分析の要である．同局は，統計と人口の分野における技術協力の活動を担当している．さらに，国際社会が注意すべき問題を未然に予知し，その所在を確認する．DESIPAは経済的・社会的情報における指導的役割をはたしており，世界銀行(IBRD)や国際通貨基金(IMF)と密接に協力している．

開発支援および管理役務局(DDSMS) この局には2つの部分からなる役割がある．そのひとつは，天然資源やエネルギー計画，行政と公益的管理，財務管理と会計の分野における開発計画の執行機関としての役割で，とくに，最貧国諸国（よく「移行期にある経済」といわれる）や旧ソ連諸国の必要に注意を向けている．もうひとつは，技術協力の管理役務を実行する要としての役割である．

広報局(DPI) 組織の再編によって，ダグ・ハマーショルド図書館と国連の印刷サービスが，会議サービス事務所からDPIに移された．同局は，国連活動を公報するプレス・リリースや出版，ラジオおよびビ

デオ番組を作成しており，旧事務総長広報官室が扱っていた活動をも引継いでいる．DPIの現地事務所の多くは，実質的な削減のために国連開発計画（UNDP）の現地事務所に統合されている．DPIの活動は，平和維持活動，情報センター，UNDP事務所を含む210カ所への電子メール・システム設備によって促進され，本部と遠隔地にいるスタッフとの接触もますます増加している．

行政管理局(DAM) この局には，計画立案および予算会計室，人的資源管理室，会議および支援サービス室，財政管理室の4つの部署がある．

内部監査室(OIOS) 1993年8月に，事務総長は新しい監査調査室の設置を発表した．同室は事務次長補を長とし，会計検査，管理に関する助言，評価および監察などを扱うDAMにあったさまざまな部局を統合したものであった．1994年7月に，総会は同室の機能を強化し，名称を内部監査室に変更した（1994年7月29日の決議A/218 B）．総会は，同室の長は事務次長級で，会計運用と監査，財務分析および調査，管理，法令，行政の分野での専門家でなければならないとした．さらに，該当する個人の任期は5年で再選は認めず，地理的配分による制約を受けずに任命できるとした．新しい監査室には，国連内部の潜在的な不正行為や，職権の濫用を調査する広い独立性が与えられている．同室は，電子会計検査網を通じて監視と検査能力を拡大した，ハードとソフトからなる統合管理情報システム（IMIS）によって，活動を強化できよう．同室の設置は，国連への分担金が不正行為や濫用で浪費されることを懸念した先進諸国が，長年求めてきたものである．

以上の部局の長は1人の事務次長であるが，政務局（DPA）には例外的に2人の事務次長がおり，地理的に任務を分けあっている．

法務室(OLA) この部局は法務関係事項について，国連や事務総長に助言している．1992年の組織の再編で，同室は海洋および海洋法室の任務も担当することになった．

国連人権センター（UNCHR）

以上の各部局のほかには，国連人権センター（UNCHR）がある．このセンターはもともと課であったが，総会や経済社会理事会，人権委員会および人権問題に関する専門家集団からの新しい委任を受けてその活動が大いに拡大された．同センターは人権問題を扱う国連部局の中心組織であり，国際人権規約の批准やその履行を監督する責任を負っている．1993年の事務総長報告（A/48/428）では，人権センターの活動は基準の設定から，人権の普遍的政策の履行と普及に発展したと述べている．同センターは，1993年6月にウィーンで開かれた第2回世界人権会議の勧告をフォローする責任も負っている．第47回国連総会でこれを認め，同センターのための追加的な財源を認可した．同センターの長は事務次長補で，事務総長に直接報告を行っている．［1997年の改革で，人権センターは国連人権高等弁務官の指揮下に置かれることになった．］

事務次長や事務次長補の下には，主要な下位部局の長がおり，その部局の個々の部署には主任がいる．［1997年の改革で副事務総長のポストが新設され，ルイズ・フレシェットが任命された．］その下には，行政官，専門家，技術者，統計専門家，翻訳者，編集者，通訳などの専門職員がいる．一般的な役務に従事する職員には，行政補佐，事務職員，秘書，タイピストなどが含まれる．そのほか，ビルの維持管理職員などの肉体労働者は別に分類されている．

専門職レベル以上の職員は，国連の各加盟国から採用され，母国を離れて勤務する場合は帰省手当やそれに関連した特典などが与えられる．一般役務職員は多くの国々にまたがり，それぞれの地元で採用されているため，地理的配分原則の適用は受けていない．国連本部で雇用されている一般役務職員の大多数は，アメリカ国民である．

職員の機構内配置

1994～95年の2年間の国連事務局の職員数は1万5321人を前後し［1998年6月30日現在で1万4136人］，継続雇用または1年ないしそれ以上の臨時雇用で勤務している．このうち1万171人は通常予算から給与が支払われているが，5149人は事務局に勤務しながら予算外支出（自発的基金）から給与を受けている．

衡平な地理的配分による職員任命の問題

国連のすべて上級職員は，総会が設けた規則に基づいて事務総長が任命する．国連難民高等弁務官などのいくつかの上級職の任命には，総会の追認が必要である．一般に職員の採用は人事室が担当し，給与水準やその他の雇用条件については総会が決定する．

国連加盟国は，事務局での自国籍者の雇用割合が

衡平であることを，かなり重視している．1962年に総会は，衡平な地理的配分原則の適用に当たっては，事務総長は加盟国の国連に対する財政的な寄与度や加盟国の人口，さまざまな段階の地位の相対的な重要性，管理職レベルの職員のより衡平な地理的配分の必要などを考慮しなければならないと勧告した．総会はさらに，継続雇用契約（国連職員は初め1年契約で雇用される）を承認するさいには，職員の採用数が水準以下となっている，いくつかの加盟国の職員を増やすようとくに考慮しなければならないとも勧告した．

1975年に総会は，以前に決定した国連職員の採用政策の目的を再確認し，次の諸点についてとくに言及している．すなわち，最高水準の能率，能力および誠実に基づいた国際公務員の活動を発展させること，衡平な地理的配分を維持し，いかなる地位や部局も特定の加盟国や地域が排他的に独占しないようにすること，資格をもった女性を，専門職および上級職員に積極的に採用すること，事務局の職員の年齢構成の不均衡を是正することなどである．

国連を最も悩ませている問題のひとつは，事務局内の女性の地位についてである．男女平等は，国連憲章の奥に秘められた大原則のひとつである．しかし，事務局の一般職員（非専門職）の半数以上が女性であるのに対し，ごく最近まで最上級の管理職に任命された女性はほとんどいなかった．これまでいかなる女性も事務総長の候補として真剣に考えられたことはない．総会は1978年に，専門職レベルの25%程度まで，女性の数を増やすことを勧告した．事務総長は，1977年当時には17.9%であった女性の専門職員およびそれ以上の分類の職員が，1987年には25.7%になったと報告した．「国連婦人の10年」が終った1985年には，専門職（P-1，P-2，P-3，P-4，P-5，D-1，D-2と呼ばれている）の女性の数は29%に達した．しかし，最上級の職種（事務次長，事務次長補を含む管理職レベルで，D-1，D-2と呼ばれている）に就任している女性は8%しかいなかった．これをふまえて総会は，1995年までに全専門職に占める女性の割合を35%に，Dレベルの地位にある上級職では25%へと，目標の上限を引上げた．半自立的な国連の下部機関のいくつかは，その事務局における男女の機会均等に関して，すでにかなり達成している．国連人口基金（UNFPA）は，1992年の報告で専門職員の43%が女性であり，2000年までには専門職の50%を女性で占めるという目標を設定した．1986年に専門職の24.6%が女性であった国連児童基金（UNICEF）は，1992年にはその割合が35%に上昇した．UNICEFは1994年までに専門職の40%を女性にするという目標を設定した．1992年には，事務局の全女性職員の地位向上を促進する努力として，セクシュアル・ハラスメントに関する最初のガイドラインが発表された．

1972年に総会が設立した国際公務員委員会は，国連本部や専門機関，さらに国連システムの一部をなすその他の国際機関内での役務の規定と調整について，総会に勧告を行う責任を負っている．同委員会は15人の独立した専門家で構成され，各委員はその個人的資格で，交互に任期満了となる4年任期で任命される．

■ 事務局の役割の発展

国連の行政上の手足である事務局は，だいたいそれに対してなされた要求に応じて発展してきた．その過程で，それは世界機構の機関として憲章に定義された地位を維持しながらも，独自のきわだった性格をもつようになってきた．

事務総長は事務局の性格を形づくるに当たって，最も重要な役割を演じてきた．行政官僚の長として，事務総長は，自らが最適と考えるように行政を行う広い裁量権をもっている．以前に国連人権委員会の議長であったエレノア・ルーズベルトは，1953年に次のように述べている．すなわち事務総長は，「（毎年交代する総会議長とは異なり）地位が継続すること，さらに国連全体に及ぶ広範な多岐にわたる権威をもつことから，国連の代表，国連の顔，そして，世界に対する国連のスポークスマンになる傾向がある」と．

どの事務総長も，事務局の機能を積極的に発展させ，維持しようと努力する．それぞれの事務総長は仕事について独自の見解をもっていたが，事務局が国連全体の屋台骨であるという信念は共有していた．この信念を最も明瞭に述べたのは，おそらく1955年にダグ・ハマーショルドがカリフォルニア大学で行った次の演説であろう．彼は，「……国連を国連たらしめたのは加盟国だが，各国政府の行動や政府間の協力によって課せられた制約のなかでは，その性格のかなりの部分が事務局に負っている」．国連の加盟国である各国へのサービスと便益の提供のほかに，事務局は「創造的な能力をもち，新しいアイデアを導入することができる．事務局は最適な方法で，イニシアチブを発揮できる．また加盟国の行動に影

響を与えるような発見を，各加盟国に提示することができる」と述べている．事務局の職員は各加盟国の代表ではなく，国際公務員であるということを強調し，ハマーショルドは演説を次のように結んだ．「事務局はその独立性においてひとつの機関を代表するものである．単にその機関が存続し，正しく機能するのに必要だからというだけでなく，それが成長していくためにも重要な存在だからである」と．

国連事務局の組織構造図
1994年7月現在

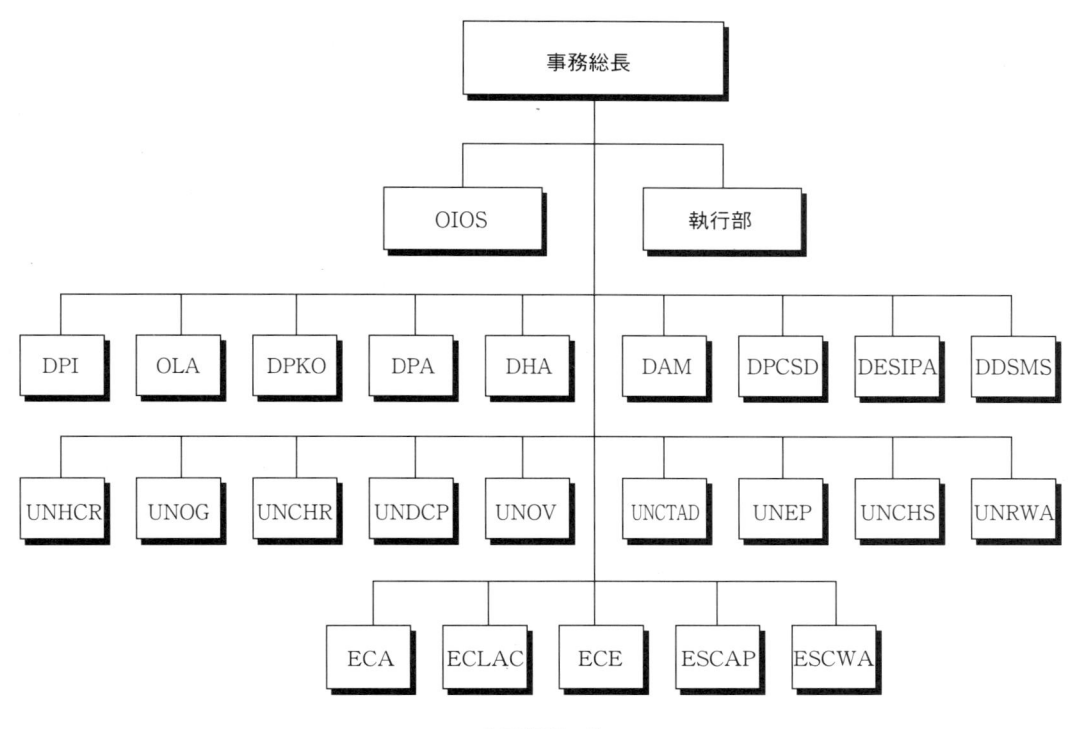

```
                          事務総長
                   ┌─────────┴─────────┐
                  OIOS               執行部
   ┌────┬────┬────┬────┬────┬────┬────┬────┐
  DPI  OLA DPKO DPA  DHA  DAM DPCSD DESIPA DDSMS
   ┌────┬────┬────┬────┬────┬────┬────┬────┐
 UNHCR UNOG UNCHR UNDCP UNOV UNCTAD UNEP UNCHS UNRWA
                        ┌────┬────┬────┬────┐
                       ECA ECLAC ECE ESCAP ESCWA
```

主要部門一覧

OIOS	内部監査室
DPI	広報局
OLA	法務室
DPKO	平和維持活動局
DPA	政務局
DHA	人道援助局
DAM	行政管理局
DPCSD	政策調整および持続的開発局
DESIPA	経済社会情報および政策分析局
DDSMS	開発支援および管理役務局
UNHCR	国連難民高等弁務官事務所
UNOG	国連ジェノバ事務所
UNCHR	国連人権センター
UNDCP	国連国際麻薬統制計画
UNOV	国連ベネチア事務所
UNCTAD	国連貿易開発会議
UNEP	国連環境計画
UNCHS	国連人間居住センター
UNRWA	国連パレスチナ難民救済事業機関
ECA	アフリカ経済委員会
ECLAC	ラテンアメリカ・カリブ経済委員会
ECE	欧州経済委員会
ESCAP	アジア太平洋経済社会委員会
ESCWA	西アジア経済社会委員会

事務総長

　第2次世界大戦終了以来，各国を悩ませてきた数々の危機の解決を援助するさいに，国連事務総長は最初から重要な役割を演じてきた．じっさいにこの役割は，簡潔な憲章規定から読取れるよりもずっと先に進んだものであった．とはいえ，事務総長の役割は，まさに憲章規定に内在する可能性を巧みに活用することによって発展してきたのである．

　国連の討議機関は，各国の利害を代表し，調整するフォーラムとしての機能を意図した，政治的な組織である．事務総長と事務局は，国連のもう一つの側面，すなわち各国や各ブロックの利害の代弁者としてではなく，公平な第三者として発言することを意図した場でもある，ということを体現している．事務総長は一貫して政治的な媒体として活動しているが，それはあくまで触媒役として，彼ら自ら，または特使や監視員，調停官を通じて，妥協や和解を促すべく影響力を行使しているのである．

　憲章に基づき事務総長は，国際の平和および安全を脅かすと彼が認める事項について，安全保障理事会(安保理)の注意を促す権限をもっている．この権限は，国連の創設以前のどの国際機構の長に与えられた権限よりも，先に進んだものである．憲章は事務総長に対して，この機構の事業について総会に年次報告を行うよう求めている．この報告のなかで，事務総長は自分の見解を述べ，自分の声を世界の各国政府に伝えることができる．さらにまた事務総長の役割は，国連の主要な機関が事務総長に託した「他の任務」を遂行するよう求める，憲章規定を用いることでかなり高められている．

■ 国連事務総長の役割

　1986年に，当時のペレス・デクエヤル事務総長がオックスフォード大学のシリル・フォスター講座で講演を行うよう招かれた．国際的な発展の時代にあって，事務総長の任務についての彼の考え方は，注目に値する．

　まず彼は，事務総長が避けなければならないこととして，2つの落し穴を指摘した．「そのひとつは，(憲章の)条文を自由に解釈しすぎて事務総長の役割を膨張させること，言い換えれば，虚栄心と希望的観測に屈服することである．もうひとつは，逆に憲章が明示的に与えているために逃れることのできない責任だけに役割を限定すること，言い換えれば，遠慮や控え目になろうとする本能，議論の的となることを避けたいという欲求に屈服することである．どちらも事務総長職の生命力を同じように傷つける．事務総長ならだれでも，そのどちらにも陥るべきでないと私は申上げたい」．

　ペレス・デクエヤルは総会に対する年次報告を，行動を開始したり，国連システムのほかの機関の努力を活気づける手段として用いたと述べた．彼の指摘によれば，事務総長はときとして，紛争当事者間の唯一の意思疎通のチャネルとなることがあるので，「斡旋」使節という形で当意即妙な対応ができなければならない．「静かなる外交」の信奉者であったペレス・デクエヤルは，公平でなければならないだけではなく，公平であると認められるようにしなければならないと語った．彼によれば，事務総長には途方もない忍耐力が必要である．事務総長には欲求不満になることも，失望することも許されない．さらに彼は事務総長は「紛争の根源，民族や国家が現にある態度をとらしめているところの恐れと怒り，そして正当な望みを理解するように努め」なければならないとも述べている．

　彼は，世界機構が優先的に注意を向けなければならない分野として，
(1) 軍縮，とくに核軍縮
(2) 人権
(3) 「先進世界(北側諸国)に住む人々と，途上国(南側諸国)に住むより恵まれていない人々の間にある恥ずべき生活水準の不均衡」
(4) 自然災害や人災に対する世界の対応
の4点について，詳細に述べている．

　ペレス・デクエヤルはこの講演を彼の考える事務総長には欠かすことのできない，次のような要件を

述べることで締めくくっている.

「事務総長は,つねに多くのさまざまな圧力にさらされている.つまるところ,事務総長という職は孤独なものである.彼は手をこまねいていることはできない.しかし彼はしばしば何もすることができない.憲章に輝やかしくも謳われている理想主義や希望は,国家の政策を支配している偏狭さと対決しなければならない.事務総長の努力は理性に基づかなければならないが,多くの諸国がそれぞれ主張している論理的な立場の背後には,神話や言葉に表れない恐怖がひそんでいる.憲章の声が国家間の対立や紛争によってかき消されることもよくある.もし事務総長が国際生活のこれらの矛盾の上に立上がろうとするなら,2つの資質が欠かせない.

そのひとつは,人類はより理性的で,より暴力的でない,思いやりがあって寛容な国際秩序……に向かって進むことができる(じっさいに進んでいる)という信念である.

もうひとつの資質は,事務総長が自分を世界市民であると感じることである.これは陳腐な決まり文句に聞こえるであろうが,事務総長がすべての民族や文化に属し,それらの中にある平和や善に向かおうとする力に,可能な限り手を差伸べようとする意識を育てなければ,事務総長はその任務にふさわしくないだろう.事務総長にとっては,全世界の問題が自分の問題であるからこそ世界市民なのであり,憲章こそが彼のよりどころとなり,彼のイデオロギーであり,憲章の原則は彼の道義的な信条なのである」.

事務総長の役割は,その任にある個人や,時代,状況によって変化してきた.この章はさまざまな国際危機や紛争分野で,5人の事務総長が発揮したイニシアチブについての概観を含んでいる.おもな紛争事例のいくつかの補足的な説明は,「国際の平和および安全」(84ページ)の章で述べる.

■ 歴代事務総長

初代の事務総長であったノルウェーのトライジブ・リーは,1946年2月1日に5年間の任期で任命された.1950年11月1日には任期3年で再選されている.彼は1952年11月10日に退任し,スウェーデンのダグ・ハマーショルドが1953年4月10日にあとを継いだ.1957年9月26日に,ハマーショルドは1958年4月10日から始まる5年任期で任命された.1961年9月17日にアフリカでの飛行機事故でハマーショルドが亡くなったあとは,ビルマのウ・タントが残りの任期を務める事務総長として,1961年11月3日に任命された.1962年11月に,ウ・タントは1961年11月3日の就任時点から始まる5年の任期で事務総長に任命された.1966年12月2日に,彼は全会一致でさらに5年の任期で再選された.2期目の終了時点で,ウ・タントは3選を辞退した.1971年12月1日に総会は,1972年1月1日から始まる5年の任期でオーストリアのクルト・ワルトハイムを任命した.1976年12月に,ワルトハイムは再選され,1981年12月31日に任期を終了した.彼の後任にはペルーのハビエル・ペレス・デクエヤルが1981年12月に総会によって任命された.その任期は1982年1月1日から始まる5年間であった.彼は1987年1月1日から始まる2期目を,5年間の任期で再選された.1991年後半になって,ペレス・デクエヤルは3期目は辞退したいと表明した.1991年12月3日に,総会はエジプトのブトロス・ブトロス・ガリを,1992年1月1日から始まる5年の任期で事務総長に任命した.「1996年12月,コフィ・アナンが1997年1月1日から始まる5年の任期で事務総長に任命された.]

トライジブ・リー

1896年にノルウェーのオスロに生まれ,1968年12月30日にノルウェーのイエイロで死去した.オスロ大学で法学位を取得している.15歳のときからノルウェー労働組合青年部に参加し,同国での組合活動を始めた.23歳でノルウェー労働党書記局の補佐となる.その後彼はノルウェー労働組合連合法律顧問(1922~35年),ノルウェー議会に当選(1935年),法務大臣(1935~39年),貿易・産業・船舶・漁業大臣(1939~40年),そして1940年のドイツによるノルウェー占領から1945年の同国解放まで,ロンドンにあったノルウェー亡命政権の外務大臣代理,次いで外務大臣を歴任した.彼は有名な反ナチス活動家として,第2次世界大戦中を連合国側のために大いに働いた.たとえば,世界最大といわれたノルウェー商船が,ドイツの手中に陥るのを防ぐのに役立ったこともあった.1945年に国会議員に再選され,サンフランシスコ会議ではノルウェー代表団長を務めた.

ダグ・ハジャルマール・アグン・カール・ハマーショルド

1905年にスウェーデンのイェンチェピングに生

まれ，1961年9月17日に北ローデシア（現ザンビア）のヌドラ付近で死亡した．ウプサラ大学とストックホルム大学に在学し，1934年にストックホルム大学で学位を取得している．彼は，失業委員会書記（1930～34年），ストックホルム大学政治経済学助教授（1933年），スウェーデン国立銀行事務長（1935～36年），同総裁（1941～45年），スウェーデン財務省事務次官（1936～45年），特命全権公使および外務省財政顧問（1946～49年），外務次官（1949年），外務大臣（1951～53年），ヨーロッパ経済協力機構（OEEC）のスウェーデン代表（1948～53年），OEEC執行委員会副議長（1948～49年），ヨーロッパ評議会閣僚理事会のスウェーデン代表（1951～52年）などを歴任した．またノーベル賞を授与するスウェーデン・アカデミーの会員となり，「スウェーデン観光および登山者協会」の副会長でもあった．

ウ・タント

1909年にビルマ（現ミャンマー）のラングーン近郊のパンタナウに生まれ，1974年11月25日にニューヨークで死去した．ラングーン大学に在学した．パンタナウ高校の英語と現代史の教師として出発し，のちには校長となった．ビルマ教育制度の発展と近代化に尽力し，作家兼フリーランスのジャーナリストとして活躍した．著書には国際連盟に関するもの（1932年），*Democracy in Schools*（『学校における民主主義』）(1952年)，*History of Post-War Burma*（『ビルマ戦後史』）(1961年)などがある．ビルマの独立後，ビルマ出版局長（1947年），放送局長（1948年），情報省長官（1949～53年）などを歴任した．多くの国際会議でビルマ政府の顧問団長となり，1952年の総会ではビルマ代表団の1員であった．1957年に，ビルマの国連常駐代表団長としてニューヨークに移った．

クルト・ワルトハイム

1918年12月21日に，オーストリアのザンクト・アンドラーヴェルデルンに生まれた．ウィーン領事アカデミーに在学し，ウィーン大学で法学博士号を取得した．彼はロンドン，パリ，モスクワで行われたオーストリア国家条約交渉のオーストリア代表団員（1945～47年），在フランス・オーストリア公使館1等書記（1948～51年），ウィーン外務省人事部参事官および部長（1951～55年），オーストリアの常駐国連オブザーバー（1955～56年），オタワの在カナダ大使館公使（1956～58年）および大使（1958～60年），ウィ

ーンでの外務省政治局長（1960～61年），オーストリアの国連大使ならびに常駐代表（1964～68年および70～71年），オーストリア外務大臣（1968～70年）などを歴任し，1971年のオーストリア大統領選挙に出馬したが落選した．1982～84年にはワシントン特別区にあるジョージタウン大学の外交客員教授を務めた．著書には1973年のオーストリアの外交政策に関する *The Austrian Example*（『オーストリアの場合』），*Building the Future Order*（『未来の秩序構築』）(1980年)，*In the Eye of the Storm*（『嵐の目の中で』）(1985年)などがある．

1986年に2度目のオーストリア大統領選挙を戦っている最中に，第2次世界大戦のときワルトハイムはドイツ軍の中尉であったという情報が，初めて国際メディアで報告された．1941年にロシア戦線で負傷し，ウィーンに戻って法学を学んでいたという彼の主張にもかかわらず，のちに残虐行為で絞首刑に処せられたアレクサンデル・ルーエ将軍が指揮するEグループの最高司令部で，彼が中尉として勤務していた事実が暴露された．報道によると，ワルトハイムはドイツ軍が報復や国外追放やその他の戦争犯罪などを行っていた当時，ユーゴスラビアやギリシャで軍務に就いていたが，その事実を隠してきたことが明らかになった．1987年にアメリカ司法省は，アメリカの資料の調査と国連文書館の戦争委員会の記録調査に基づいて，戦争犯罪に関係のあった人物のアメリカ入国を拒否するのに用いるチェック・リストに，ワルトハイムの名を記載した．

1986年にオーストリア大統領に当選したワルトハイムが指名した，国際歴史家委員会は1988年2月に，バルカン半島でワルトハイムが軍務に就いていたとき，彼が戦争犯罪に気付いていたという証拠はあったし，彼が記録を隠していた証拠もあったが，彼自身が犯罪を行ったという証拠はないという報告を行った．同委員会の報告書はオーストリア政府の国家的な危機を醸し出し，オーストリア国民を深く分裂させた．世論調査によれば，国民の多くは（多くの知識人や政治家が声高に主張していたような）彼の辞任を望まなかったが，ほとんどの人々が彼の再選には反対した．ワルトハイム自身は，同委員会が職権を逸脱はしたものの，彼の戦争犯罪容疑は晴らしたと主張した．

しかし，ワルトハイムが国連事務総長であった期間あるいはその前に，彼の軍歴に関する事実をどの国が知っていたのか（あるいは知らなかったのか）についての議論は，折りにふれマスコミに取上げられ

た．ワルトハイムの軍歴の真実が一般に知られていれば，事務総長ポストの候補者としては失格であったはずだという点で，一般的に意見は一致していた．1994年8月に，マンハッタン選出の民主党議員であるキャロリン・B・マロニー議員は，中央情報局が国家安全保障上の利益を盾に提供を拒否した，ワルトハイムに関係する書類を部分的に公開させることを目的として，下院4995戦争犯罪摘発法案を提出した．

ワルトハイムは1986年から1992年までの1期の間だけ，オーストリア大統領を務めた．1994年7月に，ワルトハイムの長年の友人であった教皇ヨハネ・パウロ2世は，「国連事務総長としてのめざましい活躍」を讃えて彼をピウス位騎士に叙任した．この名誉はカトリック教徒であるか否かを問わず，教会や社会に著しく貢献した人物に授与されるもので，象徴的な意味が大きい．

ハビエル・ペレス・デクエヤル

1920年1月19日にペルーのリマに生まれ，リマのカトリック大学法学部を卒業(1943年)してペルー外務省に入省(1940年)し，外交官となった(1944年)．書記官として在フランス，イギリス，ボリビア，ブラジルのペルー大使館勤務ののち，リマに戻って(1961年)外務省法律人事局長となった．ベネズエラ，ソ連，ポーランド，スイスの大使を歴任し，第1回総会(1946年)のペルー代表団員を初め，25回から30回(1970~75年)までは代表団員，ついで国連常駐代表(1971~75年)，キプロス国連事務総長特別代表(1975~77年)，特別政治問題国連事務次長(1979~81年)，アフガニスタン事務総長使節(1981年)などを勤め，国連退職後は外務省に戻り，1981年10月7日に自発的に公務から引退した．1992年に，国連教育科学文化機関(UNESCO)は彼を「文化および開発に関する世界委員会」の委員長に指名した．彼は1992年以来，ニューヨーク共和国銀行の理事で，アガデミア・デ・ゲーラ・アエリア・デル・ペルー(地域戦争に関するペルー学院)の外交法の教授も務めていた．著書にManual de derecho diplomatico(『国際法の手引』)(1964年)がある．

ブトロス・ブトロス・ガリ

1922年11月14日にエジプトのカイロで生まれ，1946年にカイロ大学を卒業し法学士号を取得した．国際法博士号を1949年にパリ大学で取得している．1949年から1977年まで，カイロ大学の国際法および国際関係論の教授を務め，政治学部の学部長であった．1954~55年にはフルブライト奨学金研究員として，コロンビア大学に学んだ．1963~64年にはハーグ国際法アカデミーの研究所所長であり，1967~68年にはパリ大学法学部の客員教授であった．1977年にエジプトの外務大臣となり，キャンプ・デービッド首脳会談での交渉に参加し，1978年のエジプトとイスラエルの間のキャンプ・デービッド合意を導いた．1991年まで外務大臣を務め，同年外務担当国務大臣となった．また1987年にはエジプト議会に当選し，1980年以来，国家民主党事務局の局員であった．1980年から1992年まで，彼はアラブ社会主義連合の中央委員会と政治局の局員であった．1970年から1991年まで，国連の国際法委員会の委員でもあった．経歴には，国際法協会会員，国際人権協会会員，アフリカ政治学会会員，パリの倫理学および政治学アカデミー(アカデミー・フランセーズ)会員なども含まれている．彼は雑誌 Al Ahram Iktisadi(『アル・アハラム・イクティサディ』)を創刊し，1960年から1975年まで編集長であった．30冊以上の著書があり，国際関係，国際法，対外政策，外交，人権，経済および社会的発展などに関する100本以上の論文も書いている．

■ トライジブ・リー時代の出来事(1946~52年)

トライジブ・リーが，事務局による憲章の解釈を安保理に対して率先して助言したとき，彼は事務総長となってまだ3カ月もたっていなかった．安保理は，ソ連に対するイランの訴えを最初の事件として審議していた．事務総長は安保理の法的解釈とはまったく異なる見解を発表した．安保理は彼の解釈を受け入れなかったが，彼が自分の見解を表明する権利は認めた．この事件を発端として，リーはほかの事項に関する法的見解も提出した．

リーの事務総長としての最初の任期の間，国連は東西間の緊張に支配されていた．状況がますます世界の脅威となるにともない，事務総長の政治的役割も拡大していった．リーは3つの問題で明確な態度をとり，いつも安保理の常任理事国の反感を招いた．その3つの問題とは，中国代表権の問題，冷戦終結計画の問題，それに朝鮮での国連の軍事行動への問題である．

中国代表権問題 1949年末までに，ソ連とイギリス(安保理の常任理事国)を含む相当数の国家が，大陸政府である中華人民共和国を承認した．1950年1

月に，中華人民共和国の代表を議席につけることに失敗したソ連は，台湾にある中華民国代表が中国を代表している国連の会合をボイコットし始めた．代表団との秘密会談で，リーは難局の打開を図ろうとした．彼は国際司法裁判所の判決を含む，さまざまな理由をあげながら，ある政府を他の政府が承認しないからといって，そのことによって国連でのその政府の代表権が左右されるべきではないという主張を支持した．

トライジブ・リーの平和20年計画 リーは1950年上半期の間，特筆すべき構想を首唱した．朝鮮戦争勃発の約2週間前の1950年6月6日付の安保理への手紙で，彼は「未解決の問題の最終的な平和的な解決に向けて，新しく出直すことを提案するのが私の義務だと考えている」と述べた．*Twenty-Year Program for Achievint Peace Through the United Nations*(『国連による平和達成20年計画』)のなかで彼は，原子力エネルギーを管理し，競争的な軍備生産を抑制する新しい国際的な仕組を提案し，地域的な暴力の発現を防止または中止するための国連軍の創設を提案した．

これらの提案と中国代表権問題を含むその他の覚書をもって，リーはまずワシントンに飛び，ついでロンドン，パリをまわり，最後にモスクワに行った．彼は外務大臣や高級外交官たちだけでなく，アメリカ大統領ハリー・S・トルーマン，イギリス首相クレメント・アトリー，フランス大統領ヴァンサン・オリオール，ソ連首相ヨシフ・スターリンとも会談した．こうした行動をとったリーに対して，モスクワは誠意をみせ，パリは温かく迎え，ロンドンは友好的だったが，ワシントンは冷淡だった．

しかし朝鮮戦争の勃発で，国際状況は一変した．リーに対する多くの国々の態度も同じように劇的に変化した．

朝鮮戦争 事務総長がひとつの問題で断固たる態度をとった顕著な例が，1950年6月24日の安保理緊急会合へのリーの介入であった．彼は北朝鮮軍が北緯38度線を越えた以上，疑問の余地なく侵略者であるとし，この紛争が国際平和に対する脅威であると宣言し，安保理は行動する「明白な義務」を負っているとせきたてた．(ソ連代表団が欠席していた)安保理が，北朝鮮に対する制裁行動を開始したのち，リーはこの一連の行動を保証し，朝鮮半島での国連の軍事活動に対して，各加盟国からの支持を集めた．これらの行動によって，リーはソ連と鋭く対立することになった．ソ連は彼が「西側帝国主義」と，ソ連の見解では朝鮮半島でアメリカが行っている「侵略」に「卑しくも従っている」として彼を非難した．

朝鮮戦争に中国が介入する気配が深まるにつれ，リーは現地で行われている停戦交渉で積極的な役割を演じた．同時に彼は，自分が国連を代表して朝鮮半島に軍事的に介入していることを十分に示した．

リー事務総長の任期延長 リーの事務総長としての最初の任期は，1951年1月31日に終ることになっていた．安保理でソ連はリーの再選について拒否権を行使し，リー以外でほかの安保理理事国が受入れる人物ならだれでも，事務総長として認めると発表した．アメリカはリー以外の人物は拒否すると表明した．安保理は総会に対して事務総長候補者を勧告できなくなった．このような事態は憲章も予想していなかった．リーの任期を1951年2月1日から3年間延長するという決議案を，総会は賛成46，反対5，棄権8で採択した．反対票はソヴィエトブロックによって投じられた．

ソ連は1951年1月31日の当初の任期満了日まで，リーと正常な関係を維持した．その日以後は，任期の延長は非合法であり，ソ連は「彼を事務総長とは認めない」という従前の立場に戻った．しかし1951年の秋には，ソ連もリーを承認しないということを口にしなくなった．とはいえほかのもめ事もあり，リーは1952年11月10日に総会に対して辞任を申しでた．

■ ダグ・ハマーショルド時代の出来事 (1953~61年)

ハマーショルドの政治分野での活動は，リーの場合より数も多いし，広範にわたるものであった．総会も安保理も繰返し彼のイニシアチブや忠告を信頼し，重要な任務を託した．

1954年の総会は事務総長に対して，中国本土で不時着によって中国側に捕えられた11機のアメリカ軍用機の解放を求めるよう依頼し，先例をつくった．総会決議はすべての行動を，事務総長の判断に任せた．さまざまな準備ののち，ハマーショルドは北京に飛び，個人の資格で中国政府と交渉を行い，11機は解放された．この成功によって，総会は紛争調停者としての事務総長を大いに信頼するようになった．

スエズ危機 国連緊急軍(UNEF)の創設と運用について，総会は事務総長に重大な責任を託した．1956年11月4日にイギリス，フランス，イスラエルがエジプトに軍事介入して危機が最高潮に達したと

き，事務総長は48時間以内に「休戦を確保し監視する」軍隊の設立計画を提出するよう求められた．総会は事務総長の計画を承認し，事務総長の提案を受入れて国連休戦監視機構(UNTSO)の参謀長であったE. L. M. バーンズ少将をUNEFの指揮官に任命した．総会は事務総長に，計画を実施するため適当な措置を講じる権限を与え，加盟7カ国からなる諮問委員会が彼を援助することになった．ハマーショルドは，UNEFがエジプト領内に駐留して行動する同意を得るため，エジプトに飛んだ．彼には，停戦を履行し，紛争地域への関係国による軍隊の派遣を中止させるためエジプト，フランス，イスラエル，イギリスと交渉を行う任務が与えられ，同時にUNEFを実効的に動かすのに必要な規則や指令を発する権限が与えられた．

事務総長の役割の発展についてのハマーショルドの見解 1956年の中東危機以前から，ハマーショルドは世界情勢のなかでの事務総長の新しい役割の必要性を指摘していた．2期目に選出されたときハマーショルドは，総会に対して憲章および国連の主要機関の決定に導かれつつその役目と国連の仕組を実際の状況が許すかぎり最大に利用することが，事務総長の義務であると考えていることを伝えた．しかし彼は，続けてこう宣言した．「憲章や伝統的な外交では平和と安全を守る手立てがないような場合，その隙間を埋める手助けとして事務総長が必要と考えるなら，そのような導きがなくても事務総長は行動するよう期待されるということが，憲章の哲学に合致するものと私は信じている」．換言すると，国連においても，また，国連の外でも動きがとれず，行き詰まりが生じている場合には，事務総長が独自の行動をとることは正当化されるというのである．

こうして，1958年にハマーショルドは，ヨルダン-レバノン危機で積極的な手段に打ってでた．より強力な国連の活動に関する決議が安保理で否決されたあと，彼はそれでもレバノンでの国連の活動を強化するつもりであり，もし安保理の理事国でそれを受入れない国があっても，「結果の責任は自分が負う」と述べた．理事国のなかで，受入れないとする行動をとった国はなかった．1959年の秋，ソ連は事務総長がラオスを訪れ，その地に特別臨時「国連大使」を任命することにはとくに反対することを明らかにした．しかしハマーショルドは，東南アジアの一角の状況を身をもって見定めるためラオスに行き，ラオス特使の長として国連の高官を任命した．1959年3月にハマーショルドは，タイとカンボジアの国境紛争の解決を援助するための特別代表を派遣した．このとき彼は，総会や安保理から特別の権限も与えられずに，両国の招待を受けて行動した．これで，紛争は解決された．

1959年の総会に対する報告のなかで，彼は次のように述べている．「事務総長の役割が発展したことの主な意義は，……あらかじめとるべき行動を公の場で議論するとかえって困難が生じたり，……当事者が行動をためらっている状況のもとで特別に価値のある……円滑で迅速な行動の手段を提供したという事実のなかにある」．

コンゴ危機 ハマーショルドが担った最大の責任は，コンゴ(当時共和国，旧ザイール，現コンゴ民主共和国)での国連活動に関したものであった．

1960年7月12日と13日に，新しく独立したコンゴのジョゼフ・カサヴブ大統領とパトリス・ルムンバ首相が，それぞれ別個に事務総長に対し，ベルギー軍が進攻してカタンガが分離されそうになっている国連の軍事援助を求めたいと打電してきた．ハマーショルドの要請で7月13日夜に安保理が招集された．彼はコンゴの要請を全面的に支持し，安保理に対してコンゴ政府との協議に基づき，中東でのUNEFの経験を基礎に，コンゴへの国連の軍事援助を行うために「必要な措置」を講じる権限を，事務総長に与えるよう勧告した．安保理はその通りに決定した．

かくして始められたコンゴの活動は，UNEFの活動よりもずっと規模が大きく，それだけ事務総長に課せられた責任も重くなった．というのも，安保理と総会がハマーショルドを監督していたとはいえ，コンゴ政府内部の深刻な対立やその他の多くの要因の結果として生じている今にも爆発しそうな問題に対して，ほとんど毎日のようにひじょうに難しい決定を彼自身で行わなければならなかったからである．

ソ連や特定のアフリカおよび西側諸国を含むさまざまな加盟国政府が，コンゴで国連がとった行動やとれなかった行動についてハマーショルドを批判した．また彼は，国連軍に部隊を提供している加盟国が部隊を引揚げる可能性とも直面しなければならなかったのである．

1960年9月上旬にカサヴブが罷免したルムンバが，その後レオポルドビル当局によって拘留され，カタンガ当局に引渡されたうえ殺害された．1961年2月にこの事実が明らかになったとき，ハマーショルドはこの「忌まわしい犯罪」について国連はいかな

る責任もないと宣言した．しかし何人かの代表は，ルムンバを守るために事務総長がもっと強い措置をとるべきだったと主張した．

「トロイカ」提案 ソ連はルムンバ暗殺のずっと以前から，ハマーショルドの罷免を要求していた．1960年の総会でソ連代表団の長であったフルシチョフ首相は，ハマーショルドは公平さを欠いており，コンゴでの事務総長の活動は安保理の指令に違反していると批判した．フルシチョフは，事務総長の制度そのものを基本的に変更することを提案した．彼の主張によれば，事務総長は「総会および安保理の決定を解釈し実行する者」であるから，ひとりの人間に任せるべきではなく，「特定の国家集団（すなわち西側と社会主義諸国，それに中立諸国）をそれぞれ代表する3人の代表からなる集団執行機関におきかえるべきで」，この「トロイカ」方式こそが，国連の執行機関がどの国家集団にも害を及ぼすことなく機能することを保証するものだというのである．

ハマーショルドは自身の公平さに対する批判を退け，国連の存在がその国にとって決定的に重要な加盟国，または今回の一件にコミットしていない諸国が彼の辞任を願い，そして代表団の圧倒的多数がそれを歓迎するのでないかぎり，辞任しないと宣言した．彼はまた，ひとりの事務総長を3人の組織にかえてしまったら，国連の性格が大きく変わり，活動範囲も制限されてしまうだろうと述べた．

しかしソヴィエトブロック以外に「トロイカ」方式を支持する国はほとんどなく，何らかの「小トロイカ」としては前向きに提案された．ハマーショルドは逆に，政治問題で事務総長に助言を行う5人の最高顧問（そこにはアメリカ人およびソ連人が含まれる）を提案した．この問題についての議論は，彼の死によって中断されたままである．

ダグ・ハマーショルドの死 コンゴの状況が危険なものとなっていたので，ハマーショルドは1961年9月に飛行機で現地に向かった．9月17日夜半，北ローデシアのヌドラでカタンガ分離派の指導者と会談するため，レオポルドビルからハマーショルドを乗せていた飛行機が，ヌドラ空港の西約16kmの森林に墜落した．ハマーショルドおよび彼に同行していた15人の国連の文官と軍人全員，それに飛行機の乗員がすべて死亡した．悲劇の真相は明らかになっていない．総会が任命した調査委員会は，技術面及び安全面でのフライトの準備不足，空中または地上からの攻撃，破壊工作，パイロットの人的ミスといった，いくつかの可能性を報告した．

■ ウ・タント時代の出来事（1961〜71年）

ウ・タントの事務総長ぶりは，ソヴィエトブロックがあれほどの反感をかき立てた事務総長の政治的役割に関する，ハマーショルドのダイナミックな考え方とはまったく別のものであった．タントは前任者と同じようなイニシアチブはとらなかったが，一貫して事務総長の威信をもって紛争解決の援助を模索した．そのうえ総会と安保理は，彼にかなり微妙な状況の仲裁を任せた．彼は年次報告のなかで，軍縮や経済的および社会的協力などの基本問題について提案を行い，その多くが採択された．

ウ・タントがとったイニシアチブが成功した初期の例は，西イリアンの地位をめぐって長年続いていたインドネシアとオランダの紛争に関するものであった．かつて西ニューギニアとして知られた地域はオランダ東インド領に属していたが，インドネシアがその領有を宣言した．，1961年12月にインドネシア軍とオランダ軍が衝突した．事務総長は両国政府に対して平和的に解決するよう訴え，両者を助けて解決へと至らしめた．この解決は事務総長に新たな責任を負わせるものであった．というのは，国連史上初めて，非自治地域が限られた期間ではあったが世界機構の直接統治下におかれたからである．

キプロス活動 1963年のクリスマス・イブにキプロスで民族間の衝突が発生し，その結果トルコ系キプロス住民が自分たちの支配地に引揚げ，中央政府は完全にギリシャ系キプロス住民の管理下におかれた．イギリス軍によって「平和維持軍」が結成されたが，戦闘を終結させることができず，1964年1月にロンドンで開かれたキプロス問題に関する会議も不調に終わった．現地での戦闘が拡大する危険に直面し，安保理は全会一致で1964年3月4日に，ウ・タントに対して国連キプロス平和維持軍（UNFICYP）を設立する権限を与えた．同平和維持軍は3カ月間の任期で戦闘の再発を防止し，法と秩序の維持を援助し，平常の状態に戻ることを支援した．なお同平和維持軍の費用は，自発的な拠出金で賄われることになった．安保理は事務総長に対し，キプロス問題を平和的に解決するための調停官を任命するよう求めた．ウ・タントが任命した調停官ガロ・プラザ・ラッソを推薦し，これは1965年3月に安保理にまわされたが，トルコの反対で否決された．プラザは1965年12月に辞退し，調停官としての任務は失効した．

1967年11月に別の危機が生じたが，トルコの軍

事介入の脅威はアメリカの反対で回避された．アメリカ側代表サイラス・ヴァンス代表と事務総長側代表のホセ・ロルツベネットとの交渉の結果，ひとつの解決案が示された．1968年6月に解決策の一部として，事務総長の斡旋による民族間の話合いが開始された．話合いは泥沼にはまったが，ウ・タントはB.F.オッソリオタファル事務総長特別代表の後援のもとで話合いを再開するお膳立てを整え，タントが辞職したあとの1972年に，話合いは再開された．

1965年のインド・パキスタン戦争と1971年の紛争 1965年8月上旬に，カシミールでインドとパキスタンの間に戦闘が発生し，まもなくラホールから海に至るまでの国境線全体に拡大した．安保理は9月4日と6日に両国に停戦を求めたが，両国はこれを顧みず，そこで安保理の指示に従い，ウ・タントは9月9日から15日までインド亜大陸を訪問した．事務総長は安保理への報告のなかで問題の解決と平和回復のために，パキスタンのアユーブ大統領とインドのシャストリ首相をできれば会談させることを含む手続を提案した．

安保理は9月20日に停戦を要求し，事務総長に対して停戦と両軍の撤退の監視に必要な援助を行う権限を与えた．この目的のために，ウ・タントはカシミールに駐留していた現存の国連インド・パキスタン軍事監視団(UNMOGIP)を増強して，国連インド・パキスタン監視団(UNIPOM)を創設し，停戦とカシミール以外の国境からの軍隊の撤退を監視させた．

1966年1月に，ソ連のコスイギン首相が準備したタシケントでの会談で，ソ連とインド，パキスタンの首脳は全部隊の撤退に同意した．この撤退は，当該地域での2つの国連軍事監視団の監督のもとで首尾よく履行された．その結果，UNIPOMはその任務を完了して，1966年3月に解散された．

1971年3月に東パキスタンで生じた住民どうしの対立の結果，その夏には亜大陸の状況が悪化し，ウ・タントはインドとパキスタンに斡旋を申しでて，安保理に対しても憲章第99条の広い要件のもとでの報告を続けた．12月に公然と戦争が生じると，安保理は関係国に対し，罪のない一般市民の生命を守るよう訴えた．安保理の決定にしたがってウ・タントは，1971年12月18日の停戦以後，人道的問題を解決するための斡旋を行う，特別代表を任命した．停戦ののち，バングラデシュは独立した．

ベトナム戦争に関するウ・タントの立場 任期の間中，ウ・タントはベトナム問題に深くかかわっていたが，暗黙の了解によってこの問題は総会で正式に討議されることはなく，わずかに安保理で触れられていただけであった．1968年にパリ講和会議が始まるまで，事務総長は辛抱強く紛争当事者に自分たち自身で交渉を始めるよう説得を続けていた．また彼は，1966年に議論に必要な条件づくりのための3段階提案を行ったが，アメリカはこれを無視した．

パリ会談開始後，ウ・タントは当事者にとって「不必要な困難をつくりださないため」，ベトナムに関して公式に触れることを慎重に控えた．彼は1970年5月5日に1度だけ，この沈黙を破り「最近，カンボジアが戦争にまき込まれていること」を憂慮していると述べた．

ウ・タントの第2期目 ウ・タントの第2期は，1967年の6日戦争後に生じた長引く中東危機によって支配された．まさに戦争が始まったとき，アラブ連合共和国の要請でスエズ地区からすばやく国連緊急軍(UNEF)を引揚げさせた事務総長の行動は，多くの批判とある種の誤解を招いた．

1967年から1970年までの間に起きたほかの2つの大きな政治的紛争，すなわちナイジェリア内戦と1968年8月20日のソ連によるチェコスロバキア侵攻のうち，国連で議論されたのはあとの事例だけであった．ナイジェリアの状況の政治的側面は，外部からの干渉を最小限におさえたいとするアフリカ諸国自身の意向を尊重して，総会および安保理のいずれでも決して問題にされなかった．しかし，ナイジェリア連邦共和国軍が東部地域(ビアフラの名のもとにナイジェリアからの分離独立を宣言した地域)にさらに深く侵攻し始めると，国連のさまざまな人道的機関は現地の人々の苦境にますます関心をもつようになった．そこで1968年8月に，事務総長は食料や医薬品の分配を促進するため，ナイジェリアに特別代表を派遣しようとイニシアチブをとった．

安保理は西側6理事国の要請によって，ソ連の抗議にかかわらず，チェコスロバキア問題の審議を決定した．1968年8月23日に，10理事国がソ連の行動を非難する決議に賛成票を投じたが，ソ連は拒否権を発動した．事務総長に対して，プラハに代表を送り，拘留されているチェコスロバキアの指導者たちの解放を要求させるという別の決議は，投票に付されなかった．国連のある文書に書かれているように，「8月23日から26日までの間，モスクワで行われたソ連とチェコスロバキアの会談で到達した．問題の実質部分に関する合意」を考慮して，安保理はそれ以上の行動をとらなかった．しかし，ウ・タントが侵攻を公式に非難した世界最初の人物であったこと

は注目に値する．8月21日に国連本部で行われた記者会見で，ウ・タントは率直に落胆の念を表明し，侵攻を「国連憲章の基礎をなす国際秩序と道義の概念に深刻な一撃を与え，……最近数カ月の間に再び現れた東西の緊張緩和を著しく後退させるもの」と言明した．

■ **クルト・ワルトハイム時代の出来事（1972〜81年）**

2つの支配的な関心がワルトハイム事務総長の活動を形作っていた．すなわち，ひとつは平和維持への関心であり，もうひとつは世界の富のより公平な配分をもたらすような，世界経済の仕組を発展させることへの関心である．このほか国連の政状況とテロリズムの問題にも，ワルトハイムは特別の関心をもっていた．国連の財政状況は，ソ連やフランス，アメリカなどを含むいくつかの加盟国が，自分たちが問題としている活動について国連の分担金の支払いをやめたり，やめると脅す慣行があり，不安定な様相を呈していた．ワルトハイムが事務総長に就任したとき，危機は急を要する事態となっており，彼は任期を通じ精力的に危機に立向かった．1972年9月に，彼は多くの加盟国の意向に反して，テロリズムの問題を総会の議題とした．これは事務総長が，総会の議題に実質的な事項を提示した最初の例となった．

平和創造 1972年にワルトハイムは，自分自身の権威で平和のために数多くの使命を引受けた．彼はキプロスを訪問し，ギリシャ系政府に武器が送られたという報告による，トルコ系住民の心配を一時的になだめた．和解を求めて，彼は1973年にキプロスを再訪した．1974年の戦闘のあと，彼はギリシャ側とトルコ側の指導者を交渉のテーブルに着かせることに成功し，ジュネーブでキプロスに関する会談を開いた．

ベトナム戦争におけるワルトハイムの調停努力は，1972年に両当事者によって拒否された．その後彼は，安保理を通じて戦争を終結させようと努力したが，うまくいかなかった．彼は1972年に国境紛争を調停するため南北両イエメンを訪問し，同じ年にはインドとパキスタンの調停も試みた．

長期にわたるアラブ‐イスラエル紛争で，ワルトハイムは満足のいく解決に向けて多くの努力を行い，1973年10月には安保理の要請を受けて，エジプト軍とイスラエル軍の間の緩衝としての国連緊急軍（UNEF II）を組織した．

新国際経済秩序のための努力 1974年春の第6回特別総会と1975年9月の第7回特別総会の結果，富める国々と貧しい国々の間の断絶を橋渡しし，「新国際経済秩序」を樹立するためのいくつもの決定や提案が生まれた．第7回特別総会は，ワルトハイムの言葉によると「国連史における大事件であり，ひとつの転換点といえる．コンセンサスや交渉を通じて現実的な成果を達成できるという新しい，将来ひじょうに有望な国連の能力を示した」．

国連の財政状況 ワルトハイムは，国連の諸経費の削減と加盟国からの分担金の増額のために行動した．

アメリカが負担する国連の分担金は，単独のものとしては歴史的に最高水準にあり，1970年代初期には予算の31.5％となっていた．1973年10月にアメリカ議会は同国の負担率を国連予算の25％に削減するよう決定した．ほかの116カ国も負担率を国連によって引下げられた．差額は日本や中国など10加盟国の割当を増加させ，東西両ドイツを加盟させることで補充された．ワルトハイムは，国連経費の25％以上を支払う加盟国は，過大な影響力をふるいかねない考えを広めることによって，これらの変更を手助けした．

テロリズム 1970年代初期にはテロ事件が増加した．1972年9月に，第20回ミュンヘン・オリンピックの最中に11人のイスラエル人選手が「黒い9月」と呼ばれるパレスチナ人グループによって殺害された．ワルトハイムはこの事件を大いに問題視し，1972年の総会の議題にテロリズムの問題を提示した．多くのアラブ，アフリカ諸国は事務総長の措置に異議を唱え，テロリズムの原因に注意を向けるべきだと主張した．以前に総会が航空機のハイジャックを非難したことはあったが，このときテロリズムに関して採択された決議はそうした行為を非難するのではなく，テロリズムの原因の調査を求めるものであった．1975年に石油輸出国機構（OPEC）の役員がテロリストに襲撃されてからは，第3世界諸国の間でも，テロリズムに対する広範な国連の行動を求めるムードが広まった．

ワルトハイムの第2期目 ワルトハイムの第2期目の任期は1977年1月から始まったが，そのとき彼は国連についてほとんど幻想を抱いていなかった．ある程度まで，国連はそのアイデンティティーと真の役割を依然として模索していると，彼は書いている．「国連は予見するよりはむしろ反応する，つまり，危機を予期して未然に防ぐよりはむしろ危機の結果

として生じた問題を処理する傾向がある」と．国連の創設以来の歴史は「本質的に，いっぽうにおける国家主権と国益をもち，他方における国際秩序と世界共同体の長期的な利益との間の有効なバランスを求める模索の物語であった」と書いた．しかし彼は，失望はしていないと述べ，各国（とくに主要な大国）に長年の勢力拡大の闘争をやめ，憲章に記された義務と責任に対して，名誉と尊敬を抱くよう切に求めた．

1978年にワルトハイムは，国連の活動の改善と合理化の努力を要求し，手始めに総会の議題を見直し，あまり重要でない事項は削除するよう求めた．彼は30年の間に，総会は50の加盟国が20の議題を審議する組織から，150の加盟国が130以上の議題とする組織にまで膨張したと指摘した．

ワルトハイムは1979年初めと1980年に広く東アジアを旅行し，その発展とくにベトナム戦争の余波で難民が陸上や海上から流出する事態となっていたインドシナの情勢を直接視察した．これらの難民の大移動とラオスやカンボジアからの日々増加する難民の大移動を目の当たりにして，ワルトハイムは1979年6月に，この問題の緩和するための会合をジュネーブで招集した．

1979年5月には，キプロスでの「斡旋」任務を遂行するため，ワルトハイムは両当事者間の対話再開を要求する高級レベルの会合を招集した．対話は続けて再開されたが，まもなく断絶した．ワルトハイムは1979年の後半に，ソ連のアフガニスタン侵攻とイランでアメリカの外交使節団職員が人質になった事件で火を噴いた予期せぬ危機の解決のため，国連が行ったのと同じように再び最善の努力を行った．最初から彼は，人質の解放とイランとアメリカの間の関係正常化をめざして努力し，そのため国連の調査委員会と同様に，自らテヘランを訪れた．1980年8月に始まったイラン・イラク戦争は，国連の内部および外部での平和的解決を求めるすべての努力に逆らうものであった，とワルトハイムは述べている．彼は平和的解決という目的のため自ら斡旋を申しでて，元スウェーデン首相のオロフ・パルメを特別代表に任命した．アフガニスタン危機に関しては，彼はハビエル・ペレス・デクエヤルを事務総長の個人的代表に任命した．

■ **ハヴィエル・ペレス・デクエヤル時代の出来事（1982〜91年）**

ペレス・デクエヤル事務総長は，世界の政治史上最も注目すべき10年間，国連を統括した．彼の任期の間に，冷戦の対立が国連におし付けていた行詰りが終りを告げた．第2次世界大戦終了以来，40年以上にわたって安定していたヨーロッパの政治地図は，1989年にソ連が崩壊したときに完全に描直された．東西ドイツは統一され，ベルリンの壁は瓦礫と化した．2国間の軍備管理と軍縮交渉で実現した歴史的な偉業が，核時代の幕明け以来初めて，東西対決を緩和した．新しい合意の雰囲気によって，安保理は国連の創設者たちが心に描き，国連憲章のなかに盛りこんだ通りの指導性を発揮することが可能となった．ナミビアやカンボジア，それにラテンアメリカでの長年にわたる政治問題は，国連の平和維持活動の展開で成功裏に解決され，新しい民主主義のもと，自由で公正な選挙を組織し監視するのを援助する国連活動の展開が始まった．変化の風は南アフリカ共和国でも強く，30年以上にわたって国連が非難を続けてきたアパルトヘイト体制がようやく砕け始めた．

ペレス・デクエヤルの事務総長の10年間の物語は，世紀末の世界のこのような歴史的展開にまたがっている．1991年12月に職を去るに当たって，彼は国連の活動に関する報告を行ったが，そのなかで事務総長としての彼の経験についての感想を述べた．

「平和がいくつかの戦線で勝利を収めた．……かつてなかった仕方で諸国家が協力し合う，新しい展望が開けた．かつての国連に対する無関心や態度保留の姿勢は，国連の努力により情熱的に参加する姿勢にかわった．法と正義の時代はまだ間近に迫っていないかもしれないが，国連はその方向づけをした．……今日，不満や恐怖の原因がある以上に，それらを超えた力強い希望の基礎が存在している．希望は，憲章の哲学の時代を超えた妥当性と，そして国連に対する大いに強められた信頼のふたつに由来している．私の信条はこの憲章の哲学につながっており，今後もそうだろう．国連は停滞状態を抜けだし，その役割もすでに周辺的なものにとどまらないので，憲章のヴィジョンにより近づいている．この過程に寄与した人々はみな少しばかり歓喜に酔う権利があり，私自身も達成感を味わう権利がある．私は国際情勢のこの試練の時期を通じて，私に寄せられた信頼に深く感謝している．私は信頼と感謝の言葉をもって閉じることにする」．

1982年に，ペレス・デクエヤルが事務総長に就任した時は，状況はまったく違っていた．1982年9月に総会で行った国連の活動に関する最初の報告で，ペレス・デクエヤルは国連が平和を維持し，交渉のフ

ォーラムとして役立つ能力をもちながら，効果的かつ決定的な役割を果たしえてたないことについて意見を述べた．フォークランド紛争とイスラエルによるレバノン侵攻という，1982年の2大事件は，国際社会とその機構が外交手段を用いて国際紛争を防止することに明らかに失敗した例であった．各国は自分たちの問題を解決するのに暴力ではなく，国連の平和維持の仕組を用いることを望んでいないか，または嫌がっているようだった．再三再四，「国連が重要で建設的な役割を演じるべきであり，また演じられたはずの状況で，あれやこれやの理由から国連が無視されたり拒絶されるのを私たちは見てきた」とデクエヤルは述べた．彼はこの傾向が世界共同体と将来にとって危険であると感じ，各国が死活的利益とみなしているものを追求するために，対決や暴力，そして戦争にさえ訴えようとする傾向があるのを批判してきた．

国連の威厳のなさのもうひとつの明らかな徴候は，財政難の問題であった．それはいくつかの加盟国が自分たちに割当てられた分担金の一部または全部をずっと支払わずにいることから引起こされたもので，それによって国連の活動全体は絶えず不安定な状態におかれている．明らかに，彼が事務総長に就任したとき，国連は再生を必要としていた．

中　東

イラン-イラク戦争　1980年に始まり，膨大な人命の犠牲を出しながら延々と続けられていたイラン-イラク間の戦争に関して，ペレス・デクエヤルは，紛争の終了を求めるだけでなく，その目標が達成されるまでの間，国際的な人道原則のもとで，一般市民の人口集中地域への攻撃や化学兵器の使用，戦争捕虜の処遇，航海および民間航空の安全などの分野で戦争の被害を軽減するべく試みることも，憲章が自分に課した重大な責務であると考えた．1984年から1986年までの間に4回，最初はイラン軍に対して，のちにはイラン市民やイラク軍に損害を与えるたのに化学兵器が使われたという訴えについて調査するため，事務総長は専門家を派遣した．1984年と1985年には，純然たる市民の人口集中地域には意図的な攻撃を加えないと両国が約束したにもかかわらず，違反があったとの申立てについて2つの国連チームが調査を行った．1985年1月に事務総長は，戦争捕虜と一般市民の抑留者の処遇を調査するための調査団をイランとイラクに派遣した．事務総長自身も戦争の包括的な解決を図る提案を議論するために，1985年4月にテヘランとバグダッドを訪問し，この目的に向けての新たなアプローチを模索し続けた．

1987年7月に，安保理は決議598(1987)を全会一致で採択し，事務総長に対し，イランとイラク双方の停戦と，国際的に承認された国境にまで両軍の撤退したことを検証し監視するため，国連監視団を派遣するよう要請した．ペレス・デクエヤルは安保理から，中立的な機関に紛争の責任を追求する任務をもたせる問題についても，追求するよう要請された．両国の首都でそれぞれの政府と引続き議論を進めるなかで，事務総長は自分の幹旋によってこの地域での平和と安定の回復が促進されうるとの確信を，再確認した．1988年8月20日に戦闘が停止され，国連イラン・イラク軍事監視団(UNIMOG)が停戦の遵守を監視する任務を開始した．事務総長とその代表は信頼を確立し，この地域での永続する平和の基礎をつくるための「幹旋」任務を継続した．

湾岸戦争　1990年8月に，イラクは10万人の部隊でクウェートに侵攻し，48時間以内でこの小さな無防備の国家を完全に支配下においた．侵攻に続く4カ月の間，安保理は歴史的な速さで全会一致の反応を示した．安保理は12件の決議を採択し，侵攻を非難し，憲章第7章を発動してイラクに経済制裁を科し，難民やイラクがとった人質に対する援助を申しでた．ペレス・デクエヤルは1990年の年次報告で，安保理が「憲章や国際法に直接違反するこのような行動が，処罰されずに済むことはないことを確立させた」と述べた．1990年11月29日に，3週間の討議を終えて安保理は，「加盟国はクウェート政府と協力し，イラクが1991年1月15日までに……先行する決議を完全に履行しなければ，当該地域の国際平和および安全を回復するための安保理決議660および以後の関連するすべての決議の履行に必要なあらゆる手段をとる権利をもつ」ことを認めた，決議678を採択した．

「必要なあらゆる手段」という語句によって，国連の歴史に新たな章が始まった．この決議によって，41万人のアメリカ軍を主力とする68万人の強力な多国籍軍が安保理の意思をイラクに強制し，クウェートの国家主権を回復させる権限を得た．クウェートでの地上攻撃の準備として，1991年1月16日に，多国籍軍はイラクおよびクウェートに対し6週間の空爆を開始した．2月25日には地上戦が始まった．12日後には多国籍軍がイラクの占領軍を決定的に打ち破り，多大な人的損害を与え，生き残った部隊をイラクにおし戻した．イラク軍の死傷者数は数十

万にもおよんだ．アメリカ軍側には309人の死者が生じたが，そのうちの何人かは戦闘前の事故によるものであった．4月6日にイラク議会は，イラクが「不正である」とする決議687の条件を，公式に受諾した．

決議687はイラクとクウェートの国境に沿って，イラク側に10km，クウェート側には5km食いこんだ長さ200kmの非武装地帯を設定し，国連イラク・クウェート監視団（UNIKOM）がパトロールを行うことを規定していた．事務総長は，36ヵ国1400人で構成されるUNIKOMが，1991年5月9日に完全に展開を終えたと報告した．

国連の活動に関する1991年の報告で，ペレス・デクエヤルは湾岸危機での行動の経験が憲章で定義されていない分野に踏みこんでいることを指摘し，「憲章第7章が安保理に与えた権限を将来使用することに関連した諸問題について，まとめて十分に考える」必要があると提言した．また彼は続けて，「論争を避けるため，これらの諸問題には，武力行使の際に比例の原則が守られ，また，武力紛争に適用される人道法の原則が遵守されたことを安保理が確認するのに必要な手段の導入も含めるべきだ」とも提言した．さらに彼は，経済制裁の実施は必然的に第3国（紛争当事国ではないが，制裁を受けている国と重要な経済協力関係をもっている諸国）にも困難をもたらすから，憲章第7章の措置の利用は「拡大されすぎない」ようにしなければならないとも警告している．

アラブ-イスラエル紛争 1982年なかばに，イスラエル軍が国連レバノン暫定軍（UNIFIL）を迂回してレバノンに侵攻した．その年の8月に，レバノンの要請と安保理の権限委譲を受けて，ペレス・デクエヤルはベイルート市内とその周辺での暴力を監視する国連軍事監視要員を展開させた．彼はUNIFILの役割を拡大する（イスラエル軍がレバノンから撤退したあとの地域に，レバノン軍と同国の国内治安部隊を含む軍を展開させ，南レバノンをレバノン政府の主権と権威のもと，平和地帯として確保する取決めを作成する）提案も行った．しかしこれらの提案はイスラエルに受入れられなかった．

ペレス・デクエヤルは関係者と多くの協議を重ね，中東に関する平和会議の招集という長年の目標を追求する試みも行った．1987年12月に，イスラエルの占領地で起きたパレスチナ人の大規模な暴動，いわゆる「インティファーダ」によって外交的な行詰まりが揺さぶられ，パレスチナ国家評議会（PLOの亡命議会）は正式にイスラエルを承認することを余儀なくされた．しかし，イスラエル政府はPLOの承認を拒否した．他方，PLO議長ヤセル・アラファトは安保理の緊急会議で意見を述べるように求められたが，アメリカが彼の入国ビザを拒否するおそれがあったので，それはジュネーブで開かなければならなかった．その緊急会議でアメリカは，占領地でのイスラエル軍によるパレスチナ人の扱いを監視するため，占領地に国連の使節を派遣する案に対して拒否権を行使した．

1990年と1991年にアメリカは，平和会議の再招集を率先して試みた．1991年10月に，アメリカのジェームズ・ベーカー国務長官は，紛争の全当事者間の初めての直接交渉となる会議をマドリードで招集し，歴史に残る活動を行った．会議のおもな利害集団は，1967年以来イスラエルの支配下にある地域に住み，PLOによって代表されるかつてのパレスチナ人であった．しかしイスラエルが彼らをマドリード会議から排除することを主張したので，進展はほとんどなかった．1991年12月に総会は，シオニズムを人種差別主義と同一視する総会決議3379（1975）を無効にした．総会が決議を投票で破棄したのは，これを含めて国連史上2度しかない．

アフガニスタン

事務総長と彼の個人的代表であるディエゴ・コルドベスは調停官として活動しつつ，1979年末にソ連がアフガニスタンに軍事介入したことで，多くのアフガニスタン難民が流入したパキスタンをはじめ，近隣諸国に影響を及ぼしたアフガニスタン情勢を，交渉で解決しようとする議論や協議に，1988年初めまで絶えず関与していた．交渉は，不干渉および不介入の合意，難民の自発的な帰還，解決に対してアメリカとソ連が与える国際的な保障，そして外国軍の撤退の4点をめぐって行われた．

総会はこれらの努力を支持し，すべての国家と国内および国際機関に対して，国連難民高等弁務官と協力してアフガニスタン難民の困難を軽減するための人道援助を拡大するよう訴えた．

1988年4月に，交渉の努力は成功した．ソ連がアフガニスタンから11万5000人の部隊を撤退させること，パキスタンとアフガニスタンは互いに国内管轄問題へのすべての干渉を中止すること，アフガニスタン難民が安全に母国に帰還できるようにすること，アフガニスタンは非同盟中立国となることをソ連とアメリカが保障すること，などを内容とする条約を結ぶことで合意がまとまった．条約は4月14日

にアフガニスタン, パキスタン, ソ連, アメリカによってジュネーブで調印され, 条約の履行状況を監視するために小規模な国連アフガニスタン・パキスタン・仲介ミッション (UNGOMAP) が派遣されることになった. ソ連は1989年2月に軍を撤退したが, 戦闘は継続し, 反乱軍はアメリカとパキスタンからの援助を受け続けた. ソ連のほうもカブールの共産主義政権を支え続けた. UNGOMAP の任務は1990年3月に終り, その後は代わりとして小規模の事務総長高級アフガニスタン・パキスタン事務総長代表室 (OSGAP) が設置され, 経費は国連の通常予算で賄われた. この代表室の目的は, 解決策を見出すために事務総長を補佐し, 軍事および政治状況を事務総長に勧告することであった.

中央アメリカ

中央アメリカで, ペレス・デクエヤルと米州機構 (OAS) の事務総長は, 中央アメリカの問題解決を促しかつコンタドーラ・グループ[メキシコ・コロンビア・パナマ・ベネズエラ]による調停(中央アメリカ和平プロセス)を補完するため, 両機構が単独または合同で供与できる資源に注目し, 1985年11月に中央アメリカの関係5カ国(コスタリカ, エルサルバドル, グアテマラ, ホンジュラス, およびニカラグア)はもとより, コンタドーラ諸国に共同で提供するサービスを拡大した. この2人の指導者は, 交渉を再開する努力の一環として, 1986年1月に当該地域を訪れた. ペレス・デクエヤルは, 1987年2月にコスタリカのオスカル・アリアス=サンチェス大統領が提唱し, 同年8月にグアテマラ市で中央アメリカ5ヵ国が合意した和平案を歓迎した. ペレス・デクエヤルはグアテマラ合意で設立された「国際検証事後処理委員会」の委員として働くことに同意し, 国連憲章のもとで適当と考えられるあらゆる追加的援助を行うと申しでた.

このイニシアチブの結果, 関係国はエスキプラス II (Esquipulas II) と呼ばれる, 関係国間の取決めを確認する権限を, 国連に与える合意に参加した. 1989年に, 事務総長はニカラグアでの選挙を監督する国連ニカラグア選挙検証監視団 (ONUVEN) を設置した. これは国連が選挙の監視に直接関与した最初の例となった. 国連中央アメリカ監視団 (ONUCA) は, ニカラグアのコントラ・ゲリラの武装解除を監視する任務を負った. 1989年12月に, 事務総長はエルサルバドル政府とファラブンド・マルティ民族解放戦線 (FMLN) ゲリラとの対話を回復させるため, 中央アメリカの5人の大統領を協調させた. 1990年7月までに, サン・ホセ人権協定が締結され, このなかでエルサルバドル政府は, その実施状況を国連エルサルバドル監視団 (ONUSAL) に監視させることに同意した. 交渉から20カ月後, ペレス・デクエヤルの退任の日である1991年12月31日に, 彼はエルサルバドルでの12年間にわたる内戦の停戦合意調印の証人となった.

ニカラグアでの選挙監視で国連が成功を収めたのに促されて, ハイチは1990年12月の選挙の監視を国連に要請した. 総会は要請を受入れ, ハイチでの選挙検証のための国連ハイチ選挙監視オブザーバー団 (ONUVEH) を創設した. ジャン・ベルトラン・アリスティドが, 国連によって自由で公正であると認められた選挙で大統領に選出された. しかし1991年9月に, アリスティド大統領は軍事クーデターで倒され, ペレス・デクエヤルの後継者に厄介な問題としてもちこされた.

カンボジア

1978年にカンボジアとベトナムの間で戦争が勃発した. 国連はタイとカンボジアの国境線に沿った紛争で生じた, 難民の救済という人道的任務に深く関与するようになった. 1989年1月に, 活力を取りもどした安保理は, 発生してから11年になる内戦により積極的に取組み始めた. 事務総長特別代表のラフディン・アーメド事務次官は, 平和回復のための明確な解決策への枠組み作りの交渉で重要な役割を演じた. 1989年8月にカンボジアに関するパリ会議が招集されたが, 1カ月もたたずに中止された. 1990年にニューヨークとパリで会合がもたれ, 枠組みの合意に対する全関係者の同意が, 安保理によって最終的に確認された. その合意は1991年10月23日に調印され, さらに2つの国連機関, すなわち, 国連カンボジア暫定統治機構 (UNTAC) と国連カンボジア先遣隊 (UNAMIC) が設立された. これらの活動の規模や費用は前例のないものであった. その活動には, タイ国境の難民キャンプからの難民の本国送還, すべての軍隊の帰営地と70%の部隊の武装解除, 有権者の登録と制憲議会選挙の監督, それに新しい憲法の起草と判定過程の監督などが含まれていた.

ナミビア

南西アフリカ(現在のナミビア)を南アフリカ共和国が併合しようとしたことを総会が最初に告発してから約25年もたち, 安保理が独立計画を企画してか

らも12年が経過していた．世界の舞台における役者がかわったことにより，この長年にわたる懸案は解決へと導かれた．1978年の安保理決議435は，ナミビアでの停戦とアパルトヘイトの廃止，ナミビアからの南アフリカ共和国の撤退と制憲議会選挙，および自由で公正な選挙を監督する国連ナミビア独立移行支援グループ（UNTAG）の設立を要求していた．しかし，ナミビアの南西アフリカ人民機構（SWAPO）の解放運動にキューバ軍が参加していたため，東西間の新たな行詰まりとなっていた．1988年に，2つの超大国間の政治状況が変化したことで，キューバ軍の撤退とUNTAGの活動開始につながる合意が成立した．その変化は1989年4月に始まり，登録された有権者の97％が11月の選挙に参加した．1990年3月21日にナミビアは，SWAPOの指導者のサム・ヌジョマを大統領とする独立国家となった．UNTAGは1990年3月にナミビアから引きあげた．ペレス・デクエヤルが1990年に報告しているように，「UNTAGは，その平凡な名前が意味する以上に，ずっと進んだものであることが明らかとなった．UNTAGは，最初はまったく見込みのなさそうにみえたところでも，民主的な手続が機能しうることを証明した．また，それは国連が100カ国以上から集まった8000人もの男女を，ひとつの複雑な作業にまとめられるだけの行政能力をもっていることも証明した……」．

アパルトヘイト

アパルトヘイトを廃止して新しい南アフリカ共和国を誕生させた劇的な出来事の経緯は，「国際平和および安全」の章に叙述されている．しかし，総会が第16回特別会期（1989年12月12～14日）でアパルトヘイト問題を扱ったのは，ペレス・デクエヤルが事務総長であった時期だった．1990年2月11日に，南アフリカ共和国のF. W. デクラーク大統領が27年間の獄中生活からネルソン・マンデラを解放した．総会決議S-16/1にこたえて事務総長は，「アパルトヘイト」を廃止する方向へ向けた進展を調査させるため，1990年6月に南アフリカ共和国に高級レベルの調査団を派遣した．事務総長の任期が終了するまでに，1994年に実を結ぶこの変化の過程は確固としたものになった．［新しい南アフリカ共和国は1994年6月，国連に完全復帰した．］

その他のおもな出来事

上に述べた国際平和および安全の問題のほかに，総会に対する事務総長の報告は，国境を越えて存在し，各国が個別に解決することができないような多くの問題について，国際社会が協力して行動する必要性のあることを，彼がますます強く認識していることを明らかにした．同報告はHIV・エイズの流行と，それが麻薬の濫用や麻薬取引の問題もつながっていること，さらにまた国際的なテロリズムや組織犯罪ともつながりがあることなど，すべての問題が世界機構の注意を緊急に必要としていた．

ペレス・デクエヤルの任期の最後の時期になって，彼が，「地球規模の社会における新しい展開」と呼んだものの舞台が準備された．いまや人類は，個人と国家の間だけでなく，人類と環境の間でも国際的な契約を結ぶようになった．たとえば，1987年のオゾン層破壊物質に関するモントリオール議定書は1989年に発効しているし，有害廃棄物の越境移動およびその処分後の管理に関するバーゼル条約は1989年3月に採択された．1990年後半には世界気象会議が開かれ，1991年2月には「気候変動枠組み条約に関する国際交渉委員会」の最初の交渉が始まった．それらの交渉の結果が1992年にリオデジャネイロで開催された「地球サミット」と呼ばれる歴史的な国連環境開発会議（UNCED）へとつながった．持続可能な開発という，国連活動のまったく新しい概念が，生まれたのも，1980年代末からであった．

■ ブトロス・ブトロス=ガリ時代の出来事（1992～1996）

ブトロス・ブトロス=ガリ事務総長は，冷戦後の国連が成しとげた業績にまつわる全体的な興奮状態のなかで就任した．しかし彼が就任した最初の2年間は，ハイチ，ソマリア，旧ユーゴスラビア，それにルワンダやその他の地域で手に負えない残虐な紛争が急増した時期でもあった．これらの紛争の多様性と残酷さが，冷戦終結によって生まれた「新世界秩序」への多くの希望を台無しにした．

ブトロス=ガリの就任まもない1992年1月に，安保理の理事国すべての元首をニューヨークに招集した安保理初めてのサミット会議が開かれた．1992年1月31日に，会合の参加者は事務総長に対して，「憲章の枠組みと規定のなかで，予防外交や平和創造，平和維持に関する国連の能力をより効果的に増強する方法の分析と勧告」について，安保理に報告するよう求めた．ブトロス=ガリの『平和への課題』は，国際の平和と安全に関する地球規模での変化の時代において，国連が置かれた新たな状況の分析をしたもの

であった．この文書については，「国際の平和および安全」の章（→86ページ）で，より詳細に検討する．

1994年5月に，ブトロス＝ガリは1992年次総会の要請にこたえて，『開発および国際経済協力』という題で，開発に関する同じような報告書を提出した．彼は開発が基本的人権だけでなく平和の基礎を最も確実にするものであると宣言した．国連が何年にもわたって注目すべき偉業を達成してきたとはいえ，数十年にわたる発展途上世界への援助の努力にもかかわらず，最貧の諸国は債務や社会的な動乱に妨げられて，かえってますます格差が広がっているのも否定できない事実であった．ブトロス＝ガリは，国連は開発よりも平和維持を重視しているという懸念が表明されているが，職員の数や予算の配分はそれを証拠立てるものではないと述べている．彼は，開発は平和を根本的な基礎としなければ進めることはできないと断言し，さらに平和維持と人道援助の活動によって，持続可能な開発へと至る理想的な発展のヴィジョンを描いてみせた．

ブトロス＝ガリはさらに，環境保護が開発のもうひとつの根本的な概念であると主張した．また「途上国では，生態系への圧力が長期の開発を損なうほどの脅威になっている．移行期にある多くの諸国では，何十年にもわたって環境を無視してきたために広大な地域が汚染され，長期の経済活動を維持できなくなっている．最も豊かな国々の間では，その消費パターンが将来の世界の発展を危うくするほどに世界の資源を消耗させている」とも述べている．1992年のUNCEDで練り上げられた「持続可能な開発」の概念は，開発の指導原理として強化されなければならなかった．さらに社会正義と民主主義は，順調に発展している国々のもう一方の柱となった．

プロスト＝ガリの指摘によれば開発の過程に協力的な，開発にはずみをつける国際的な仕組が国連の組織のなかに存在してはいるが，しかしそれは「縮小循環にとらわれている．国家の主権が失われるのではないかと恐れる者たちが，多国間主義に抵抗している．分担金を支払うことは自分たちの利益にもなるという点で確信がもてない者たちは，合意された目標を達成するための金融手段を提供するのを嫌がっている．そして，活動の内容に完全な明確さと，限られた期間との保証を求める者たちは，困難な活動をやりたがらないでいる」という．

ハイチ

1990年12月に国連が監督した選挙で選ばれながら，1991年9月に軍事クーデターで倒されたハイチのジャン・ベルトラン・アリスティド大統領が，国連と米州機構(OAS)に援助を求めた．総会は決議46/7(1991年9月)で，「憲法にのっとって選ばれたハイチ大統領を非合法に交代させようとする試み」を強く非難し，アリスティド大統領を政権に復帰させること要求した．同決議は，事務総長に米州機構と協力して，ハイチに合法的に選出された政府を復帰させるよう要請した．非合法政府に対して，貿易停止と2国間の援助停止が科せられたが，交渉はほとんど進展しなかった．1992年12月に事務総長は，ダンテ・カプートをハイチへの特別使節に任命した．1993年1月にOASもカプートを承認した．決議47/20 B(1993年4月20日)で総会は，国連/OAS合同国際ハイチ民間人派遣団(フランス語の頭字語でMICIVIHとして知られている)に，同国全土に展開して，人権状況について報告する任務を与えた．1993年6月16日に，安保理はハイチに対する制裁を科した．7月にニューヨークのガバナーズ・アイランドで会談が行われ，アリスティド大統領の復帰に関する詳細な措置について合意した．1993年8月に，安保理は，政権移行を監視する国連ハイチ・ミッション(UNMIH)を準備する先遣隊の派遣を承認する決議862(1993)を採択した．1993年8月25日に，ガバナーズ・アイランド協定の規定通りに，移行期の首相代行としてアリスティド大統領が任命した，ロバート・マルヴァルをハイチ議会が承認した．安保理はその後，ハイチに対する制裁を停止した．

9月27日に安保理はUNMIHの展開を承認したが，10月11日にアタッシェとして知られる武装市民がミッションのハイチ上陸を妨害した．アタッシェは暗殺によって住民を威嚇し，首相の事務所を襲撃したりUNMIHに対するゼネストを行うことで知られていた．これらの行動を警察が援助したり，ときには警官が参加していたこともあると報告された．

軍事政権がガバナーズ・アイランド協定の約束に違反していることは明らかであった．1993年10月13日に，安保理は石油と武器の輸出禁止を再開した．同月に，MICIVIHのほとんどのメンバーが撤退し，とくにアリスティド大統領支持者に対して続けられている暴力と人権侵害について報告を行う，小規模の行政チームだけが残った．

1994年5月に，安保理は，商業航空の飛行禁止を含むハイチに対する制裁を拡大した．1994年8月31日に安保理は，決議940(1994)でクウェートからイ

ラクを撃退するのに投入されたのと同じ多国籍軍の使用を認めた．詳しくいうと，安保理は，加盟国に対して「統一された指揮管理のもとに多国籍軍を編成し，その枠組みのなかで，ガバナーズ・アイランド協定にのっとってハイチから軍事指導者を退去させ，正統に選出された大統領の迅速な復帰とハイチ政府の正統な当局の復帰を促進し，ガバナーズ・アイランド協定を履行するための安全で安定した環境を確立し維持するのに必要なあらゆる手段を，この暫定的な活動の実行に必要な費用は，参加加盟国が負担するという理解の下に，用いる」権限を認めた．この決議によって，安保理はハイチでの民主主義の回復を援助するため，最終的に6000人の強力なUNMIH軍を展開することを承認した．

この文章を執筆している時点で，ビル・クリントン現アメリカ大統領の要請でジミー・カーター元アメリカ大統領が主導した最後の交渉がまとまり，多国籍軍は大きな流血もなくハイチに上陸することができた．〔1995年の選挙でプレバル大統領が誕生し，UNMIHはその任務を終了して1997年11月に撤退した．〕

ソマリア

1991年1月にソマリアのシアド・バーレ大統領が失脚した結果，各地で権力闘争と部族間の戦闘が起った．1991年11月には戦争は激化し，死と破壊が拡大し，何十万もの市民が住居を追われた．そして，ソマリアの約450万人（推定人口の半数以上）の人々が深刻な栄養失調に陥った．11月以来，推定で30万もの人々が死亡し，少なくとも150万人が切迫した危機の中に置かれた．国連はソマリアでの人道援助を始めたが，状況の悪化のため同国からの要員の撤退を余儀なくされた．

1992年初め，政治問題担当のジェームズ・O・C・ジョナ事務次長が，戦闘の停止と，紛争にまき込まれた市民に国際救済団体が安全に接近できるようにする話合いを行うため，ソマリアに乗りこんだ．この訪問の間，すべての党派の指導者たちは，国民的な和解に向けての国連の役割について，全員一致で支持を表明した．1992年1月23日に，安保理は決議733(1992)で全当事者に対して戦闘を停止するよう求め，武器の輸出禁止を要求するとともに，事務総長に対して紛争の全当事者と接触するよう要請した．2月に事務総長はモガディシュの2つの主流党派と即時停戦の合意に達し，1992年3月3日にはアリ・マディ暫定大統領とモハメド・ファラ・アイディード将軍が「停戦実施協定」に調印した．この協定には，国連の治安部隊が人道援助の護衛にあたることと，停戦を監視するため，モガディシュの各派に20人の軍事監視員を展開させることも含まれていた．

1992年4月24日に，安保理は決議751(1992)を採択し，国連ソマリア活動(UNOSOM)を設立した．UNOSOMの全兵力は最終的には4219人まで及び，これらの兵員がソマリアでの人道援助活動調整に従事する6つのおもな国連機関，すなわち国連食糧農業機関(FAO)，国連開発計画(UNDP)，国連児童基金(UNICEF)，国連難民高等弁務官事務所(UNHCR)，世界食糧計画(WFP)，世界保健機関(WHO)の代表たちを保護した．さらに30団体以上の非政府組織(NGO)が，ソマリアで国連の「実行協力者」として活動していた．それでも人道援助をひじょうに必要としている人々へ援助物資の配給を確保するため，国連軍が入りこむのをいくつかの党派が拒否し，10月には治安状況が悪化した．いくつかの統計によると，1日あたり3千人もの人々が倉庫には人道援助機関から供給された食料が貯蔵されていたにもかかわらず，餓死していた．1992年12月3日に，安保理は全会一致で「ソマリアにおける人道的な救済活動の環境の安全を可能なかぎり速やかに確保するために必要なあらゆる手段」を用いることを認める，決議794(1992)を採択した．1992年12月9日に，アメリカ軍を主体とする合同任務部隊（国連国際統合機動部隊UNITAF）がモガディシュに展開した．

1993年3月3日に事務総長は安保理に対して，ソマリア南部と中部に約3万7000人の部隊を展開していたUNITAFの任務を引継ぐ新たな部隊である，第2次国連ソマリア活動(UNOSOM II)の設立を勧告した．事務総長は，アメリカ（退役）提督のジョナサン・T・ハウをUNITAFからUNOSOM IIへの引継ぎを監督する，新しいソマリア問題担当特別代表に任命した．ソマリアの国民和解会議が1993年3月15日にエチオピアのアディスアベバで招集された．この会議にはソマリアの15団体の政治運動の指導者たちと地域機関の代表らが出席した．2週間の集中協議ののち，15人のソマリア指導者たちは軍縮および治安，国家の復興と再建，財産の回復と紛争の解決，その他の暫定措置についての合意に調印した．

UNOSOM IIは1993年5月4日にUNITAFからの引継ぎを完了し，人々を威嚇し，人道的活動を妨害していたソマリアの武装集団を武装解除する任

務を遂行した．ところがこの活動は少数の部族指導者の敵意をかき立てた．6月5日に，モガディシュのUNOSOM IIに対して行われた一連の待伏せ攻撃によって，25人のパキスタン兵士が死亡し，10人が行方不明となり，54人の負傷者が生じた．安保理は，事務総長がこの武力攻撃に責任のある者たちに対して，必要なあらゆる手段をとる権限をもっていることを再確認し，1993年6月12日に，UNOSOM IIは南モガディシュで断固たる軍事行動を開始した．

1993年10月3日に，UNOSOM IIの支援に展開していたが国連の指揮下には入っていなかったアメリカのレンジャー部隊が，6月5日の武力攻撃はもとより，その後の国連関係者や施設に対する攻撃に関与した疑いのあるアイディード将軍の主な補佐役の何人かを捕らえることを目的に，南モガディシュで作戦を開始した．ソマリア人の民兵が自動火器やロケット・擲弾砲で2機のアメリカ軍のヘリコプターを撃墜した．抑留者を救助しながら，レンジャー部隊は集中砲火をくぐり抜けて戦ったが，18人の兵士が死亡し，75人が負傷した．アメリカ軍兵士の遺体は，屈辱的な扱いを受けた．これらの出来事の結果，アメリカはソマリアでの緊急展開部隊を増強するとともに，1994年3月31日までにソマリアから軍を撤退させる意向を表明した．

1993年10月9日に，アイディード将軍派はUNOSOM IIに対する戦闘を一方的に停戦すると宣言したが，状況は依然として緊迫したままだった．主要な各派は戦闘の再開を予期して再武装していることが報告された．このような集団を武装解除するというUNOSOM IIの任務は，執行不可能となった．

1994年2月に，ソマリアの主流2派の指導者がナイロビで会談し，3月24日にはいかなる暴力も自ら拒否するという国民和解宣言に調印した．1994年5月15日に国民和解会議が予定されたが，この会議は延期された．1994年3月現在，UNOSOM IIの兵力は1万8500人近くであった．［国連は1995年3月，ソマリアから撤退した．］

旧ユーゴスラビア

1991年6月に，クロアチア共和国とスロベニア共和国がユーゴスラビアからの独立を宣言した．クロアチアに居住するセルビア人が，ユーゴスラビア軍の支援を受けてこの動きに反対したことから，戦闘が勃発した．戦闘を終結させようとするヨーロッパ共同体（EC，現EU）の努力はうまくいかなかった．

1992年9月25日に，国連安保理は全加盟国に対して，ユーゴスラビアへの武器輸出禁止を要求する決議713(1991)を全会一致で採択した．当時の事務総長だったペレス・デクエヤルはサイラス・ヴァンス元アメリカ国務長官をユーゴスラビアへの個人的特使に任命した．ヴァンスはユーゴスラビアを訪れ，関係者と国連平和維持活動の展開の可能性について議論した．1992年1月2日に無条件停戦が調印され，安保理は停戦の維持促進を図るため，50人の軍事連絡事務官からなる一団をユーゴスラビアに派遣することを承認した．しかしユーゴスラビアのいくつかの政治集団は，国連の平和維持活動計画に反対であった．それでも1992年2月21日に，安保理はユーゴスラビア危機の包括的な解決交渉に必要な，平和と安全の条件をつくりだすための暫定的な準備として，国連保護軍（UNPROFOR）を設立した．

1992年4月30日に，事務総長はボスニア・ヘルツェゴビナのモスタール地域で治安状況が悪化したのに対応して，同地域に40人の軍事監視要員を展開させた．しかしボスニアのイスラム教徒およびクロアチア人と，セルビア人の間の戦闘は激しくなるいっぽうであった．首都のサラエボに本部をおいていたUNPROFORは，クロアチアの首都ザグレブに本部を移転しなければならなかった．

ソマリアでの状況と悲劇的に類似した状況が生まれた．国連の人道的護衛部隊は，紛争にまき込まれた市民のもとに駆けつけることもできなかった．安保理は決議770(1992)で，もう一度，憲章第7章を援用し，加盟国に対して，サラエボおよびその他のボスニア・ヘルツェゴビナの諸地域に対する人道援助の分配を促進するのに「必要なあらゆる措置を国家もしくは地域的機関及び取決めを通じて講じる」よう求めた．状況は悪化し続け，安保理はサラエボおよびほかの村落への空爆を防止するため「飛行禁止区域」の設定を宣言した．1993年3月13日に，3機の所属不明機が2つの村を空爆し，宣言以来初めて「飛行禁止区域」が侵害された．3月31日に安保理は，飛行禁止範囲を拡大し，北大西洋条約機構（NATO）が飛行禁止を強制する権限を認めた．飛行禁止区域の設定から1994年4月までの間に，ボスニア上空で1620回もの禁止違反飛行が記録された．1994年2月28日に，NATOの戦闘機がボスニア・ヘルツェゴビナ空域で，軍事飛行に関する国際的な禁止を無視し，2度の警告にもこたえなかった6機のジェット機のうち4機を撃墜した．

1994年4月27日に，安保理はUNPROFORの兵

力を3万3891人に増強した.旧ユーゴスラビアの危機解決のための交渉は,1994年7月にも継続された.〔1995年11月にデイトン和平合意が成立し,ボスニア・ヘルツェゴビナの内戦が終結,1996年9月に統一選挙が実施された.〕

カンボジア

国連カンボジア暫定統治機構(UNTAC)は,選挙と36万人以上の難民の送還という任務を成功裏に遂行した.同機構には2万1000人の軍人,警察官,文民が参加し,1992年なかばまで展開した.選挙は1993年5月に実施され,有資格者の96%,約470万人が投票権の登録を行った.選挙に参加しなかった民主カンボジア国民軍によって妨害されるという懸念あったが,20団体の政党が参加した6週間の選挙戦は大過なく行われた.6月10日に事務総長特別代表(明石康)は,選挙は自由で公正に行われたとの見解を発表した.そして新しく選出された制憲議会は1993年6月4日に招集され,新憲法の起草とその採択の作業を開始した.選挙で議席を獲得した4団体のカンボジア政党が,移行期間の残りの日々を担当する暫定政府を合同で組織し,UNTACの任務は1993年11月に終了した.小規模の軍事連絡チームが6カ月間,監視要員として同国に残留した.連絡チームの任期は1994年5月15日に終了し,カンボジアの事務総長特別代表を補佐する3人の武官がそのあとを引継いだ.

国際の平和および安全

国連の第1の目的は，憲章の第1条に述べられているように，国際の平和および安全を維持することである．この目的のため，国連は「平和に対する脅威の防止および除去と侵略行為その他の平和の破壊の鎮圧とのため有効な集団的措置をとることならびに平和を破壊するに至る虞のある国際的の紛争または事態の調整または解決を平和的手段によって……実現すること」を要求されている．国連は何年にもわたって，この重い責任を引受けてきたが，その成功の度合は様々であった．核時代にあっては，国連のような機構を欠いた国際的な安全は，想像することもできなくなっている．1945年から1992年までの間に，国際の平和および安全のために奉仕した43カ国800人以上の国連平和維持活動従事者が死亡した．世界平和に対する彼らの貴重な貢献が認められて，国連平和維持軍に1988年にノーベル平和賞が授与された．

■ 基本的な憲章規定

安全保障理事会（安保理）と国連総会の任務を定義する憲章の基本的な規定について，ここで概略を述べる．詳細についてはこの章を補完するそれぞれの組織に関する章で扱っている．

1. 安保理と総会のそれぞれの権限　憲章第24条によって，安保理は平和と安全の問題について「主要な責任」を負っている．平和が脅かされた場合，安保理は全加盟国を代表して集団的な行動をとることができる特別の権限を与えられている（第39～42条）．また国際的な安全を維持するのに必要な兵力の供与について，個々の国連加盟国と協定の交渉をし，発動されるすべての集団的行動について何カ国が参加すべきかを決定する権限をもっている（第43～48条）．

いっぽうで総会は，平和と安全に関する事項について審議し，安保理または特定の加盟国に対して勧告を行う権限だけをもっている．さらに第11条と第12条によって，安保理で現に審議中のあらゆる特別の国家間の紛争についても，総会が討議してもよいが，実際に勧告をだすことは許されていない．ただし総会は，行動する権限を明示的に与えられてはいないが，行動を明示的に禁止されているわけでもない．この問題に触れている唯一の憲章規定は，第11条2項（総会が発議した特定の平和維持活動の財政に関する長年の議論で解釈が争われている，まさにその焦点となっている条文）である．実際の文言は「（国際の平和および安全の継持に関する）このような問題で行動を必要とするものは，討議の前または後に，総会によって安全保障理事会に付託されなければならない」となっている．

2. 紛争や深刻な状況の国連への付託　平和と安全の問題で，安保理が国連総会に優越することを憲章ははっきりと確立してはいるが，紛争や深刻な状況は総会で討議する前に，安保理で討議しなければならないとは憲章は規定していない．国連に紛争を付託する方法はいろいろあり，憲章はその順番や優先順位を特定してはいない．1カ国ないし複数の紛争当事国が問題を自発的に安保理に付託することもできるし，また安保理自身が自らの裁量で，憲章に認められた紛争調査の権限を行使することを選択できる．さらにどの国連加盟国でも，紛争に巻き込まれているか否かにかかわらず，問題を総会で討議することを提案することができる．国連非加盟国でも（特定の条件のもとで）自分が当事国となっている紛争に対して，総会の注意を促すことはできる．また，安保理が総会に問題を討議するよう依頼することもできる．

このような自由な規定にもかかわらず，憲章は国家間のすべての政治的紛争を国連に付託しなければならないとは規定していない．たとえば第33条は，国連加盟国に自分たちのイニシアチブで相違点の解決を「まず第1に」追求するよう要求している（ただし，もし加盟国がこのイニシアチブをとらなければ，安保理はそれらの諸国にイニシアチブをとるよう要求する権限をもっている）．平和的解決を達成するための加盟国の努力が実を結ばなかった時に初めて，

紛争当事国は憲章によって，問題を安保理に付託する義務を負う．ここでも国連は，政治的紛争を処理する唯一の国際機関てであるとは，創設者たちによって決して考えられていなかったことがわかる．すなわち第52条は，憲章のいかなる規定も「国際の平和および安全の維持に関する事項で地域的行動に適当なものを処理するための地域的取極または地域的機関が存在することを妨げるものではなく」，そのような地域的取極または地域的機関に参加している加盟国は「地方的紛争を安全保障理事会に付託する前に，この地域的取極または地域的機関によってこの紛争を平和的に解決するようにあらゆる努力をしなければならない」と規定している．

■ 国連平和維持活動の政治的背景

国際の平和および安全を維持しようとする国連の努力は，国連の全活動のうちで最も論争の的となっている．それは，国連の役割に内在する政治的性質と，安保理と総会がともに本質的には政治的な組織であり，一連の確立された法典から罪を割当て公平に判決を下す法廷ではないかという事実による．付託された紛争を前にした両機関の任務は，世界の政治の現実的状況に基づき，憲章の原則と矛盾せず，しかも全当事者にとって即座に満足しうるような妥協的な解決をみつけることである．かくして国連に付託された地域的な紛争はすべて自動的に，全加盟国をまき込む紛争となる．というのも，それぞれの国が加盟国のコンセンサスでとられるべき適当な行動について，それぞれ異なった見解を述べるからである．

すべての紛争に加盟国全体を関与させることこそ，正当でしかも同時に現実的でもある政治的解決に対する集団的な国際責任を確保する手段として，まさに国連の創設者たちが意図したことである．しかし，加盟国の間で立場が分裂するのは避けられないのでバランスをとるために，国連の創設者たちは安保理の常任理事国に拒否権を与えることで，大国間の一致の原則を確立した．この原則が現実に機能するためには，方法上基本的に大国間の協力が必要であった．しかし，事態の進行から明らかになったように，大国間の一致というのは途方もない空想であった．憲章の調印から1年もたたないうちに，世界は冷戦に苦しむようになり，アメリカと旧ソ連は権力闘争を始めた．国際の平和および安全の維持に関する国連の活動に対して，この予期しない政治的展開の影響は，直接的で破壊的であった．国連に付託された中・小国間のどの紛争も，超大国間の権力闘争へと発展した．その結果，1945年から1990年までの間に，安保理は279回もの拒否権行使で，何度も何度も行きづまった．さらにまた，国連の兵力提供に関して，憲章が求めた要件も満たされることがなかった．

旧ソ連が安保理を重視し，拒否権を国連での権力行使の手段とするいっぽうで，アメリカは総会での多数決による支持を重視した．安保理での旧ソ連の拒否権を出し抜くため，また当時自らの実質的な政策目標の大部分に多数の支持を取付ける自信もあったので，アメリカは国際危機のときには総会を行動のための組織に変身させようと，先頭に立って動いた．この動きは1950年に「平和のための結集決議」を採択したときに最高潮に達した．この決議は緊急時に安保理が自ら機能できない場合，平和の維持または回復のための集団的措置をとる権限を総会に与えたものである(決議の内容は，→30ページ)．この決議案のもとになった提案を行ったのは，ディーン・アチソン国務長官が代表を務めていたアメリカであった．小国のうちの何ヵ国かは特定の条項について留保を表明したが，ほとんどの小国は国連の平和および安全の責任にもっと参加したいと考えていた．インドとアルゼンチンは投票を棄権し，旧ソヴィエトブロックだけが同決議を非合法で憲章に反するものだと烙印をおし，反対票を投じた．

「平和のための結集決議」は，朝鮮戦争，スエズ危機，それにコンゴ危機の3つの大きな危機のさいに発動された．この3つの危機のすべてにおいて，安保理は暗礁に乗りあげて動きがとれず，加盟国の多数は総会の行動が不可欠と考えた．これらの事例で平和を回復する手段としての有用性が証明されたにもかかわらず，今後の紛争にさいして，この決議が発動される可能性はほとんどないだろう．いくつかの国は，同決議自体の合法性や，同決議のもとで総会がとった行動の合法性を疑問視し，これを根拠にして，スエズやコンゴでの平和維持活動の費用の分担は拒否するのが正当化されると考えた．

1980年代の終りになって旧ソ連が崩壊し，冷戦が終了すると，こうした状況は劇的に変化した．ほんの2～3年のうちに旧ソヴィエトブロック全体が分解し，アメリカとロシアの間で新しい協力の時代が始まり，国連の創設者たちが期待していた機能を安保理がはたすのではないかという希望がでてきた．しかし，東西間の行きづまりが解けたことにより生

じた政治的な空白は，とくにアフリカや東ヨーロッパでの非妥協的な激しい地域紛争や内戦を引起こした．1945年から1988年までの43年間に，安保理は13件の平和維持活動を承認した．1988年から1992年までのわずか4年間に，安保理はさらに13件の平和維持活動を承認したのである．1994年末までに，加盟国の能力と政治的意志に対して，17件[99年2月現在で16件]の平和維持活動が人的および財政的な貢献の面でかなり重い負担をかけていた．

■ 国連によって行われている活動の類型

各国が国連に付託する政治的紛争について国連は2つの主要な責任を負っている．ひとつは紛争を引起こしている問題を関係当事国が平和的に解決するよう援助することであり，もうひとつは強い憎しみが暴力に転化しそうな場合に平和を維持し，戦闘がすでに生じている場合には平和を回復することである．

平和への課題

政治状況が地球規模で大きく変化したのに対応して，1992年1月31日に安保理は13人の国家元首と2人の外相が出席した，歴史的なサミット会合を開催した．その会合で安保理はブトロス・ブトロス＝ガリ事務総長に対して，国連の平和維持の努力を強化する方法の分析と勧告を準備するよう要請した．1992年6月に，事務総長は報告書『平和への課題』を提出した．この重要な文書は，各加盟国に対して，国連が新しい国際状況のもとで，より実効的で合理的な平和維持手続をとれるようにするよう，強く迫っていた．この文書は，平和に関連する活動を次の5つの類型に定義することから始まっている．

予防外交 紛争の発生を予防したり，すでに生じている紛争を悪化させないように予防する活動と定義している．事務総長は「予防外交」を構成するものとして，次のようないくつかの異なった活動をあげている．すなわち，信頼の醸成（軍事使節の交換，情報交換のための窓口を開くこと，地域的な軍備削減条約の監視を行うこと），事実調査の任務，国連でオブザーバーの地位をもつ地域機構からの早期の警戒通報，戦闘が発生する前の国連軍の予防展開，非武装地帯の設置などである．

平和創造 国連憲章第6章に概説されているような平和的手段，すなわち交渉，審査，仲介，調停，仲裁，司法的解決，地域紛争への付託などを通じて，敵対する当事者どうしが合意するようもっていく活動をいう．

事務総長は，国際司法裁判所が国際紛争の平和的解決手段としては，あまり使われていないことを示唆した．国際司法裁判所の一般管轄権を受諾していない加盟国は，2000年に「国連国際法の10年」が終るまで，現在のままでいることを勧告している．「平和創造」のもうひとつの手段は，憲章第41条による経済制裁を科すことである．この手段のおもな難点は，違反国に制裁を科すことで，加盟国自身の経済が打撃を受けるのをいかに補償するかというところにある．

平和維持 国連軍は，一般に紛争当事国の同意を得て現地に展開させることと定義されている．「平和維持」には軍隊，警察，文民などが関与する．国連は，中東やコンゴでの初期の紛争で，この新しい形式の軍の展開の開拓者となった．平和維持軍(PKF)は，紛争の全当事者の要請でたとえば停戦を監視したり，国境を越えて武器が輸送されるのを防止するなどの任務を遂行する．それはまた非武装地帯の監視を行ったり，戦闘者間の緩衝として働くこともある．しかし，平均維持軍の装備は軽武装であり，自衛目的でのみ武力を行使することが認められている．またその本質上，「平和維持」は紛争の全当事者を公平に扱わなければならないことを前提としている．

平和執行 『平和への課題』のなかで独立した概念として正式に定義されてはいないが，事務総長は憲章第43条に基づいて，急迫した公然たる侵略に対して迅速かつ強力に対応できる軍の創設を提案した．じっさいに，国連はときとして停戦を回復させる軍の派遣を要請されてきた．事務総長の提案によれば，これらの軍は加盟国の部隊によって維持され，特別に訓練されるものとされた．要請があれば，これらの部隊は平和維持軍よりも重装備で出動し，戦闘を停止させるためには強力な武力行使を認められる．事務総長は，国際的危機の初期段階で，こうした特殊部隊を要請に迅速にこたえられるようにしたいと提案した．冷戦後の時代に入って，平和執行という考え方は，1991年のイラクによるクウェート侵攻を撃退するため，アメリカによって率いられた多国籍軍（国連の認可を受けてはいたが，国連が運用を管理していたのではなかった）を安保理が承認したことにみられる．

しかし，「平和執行」の概念にはまだ議論の余地を残している．専門家や加盟国のなかには国際平和のための組織が軍事力で紛争を解決するのは，国連憲

章に根拠がないと主張するものもある．憲章のもとでは，各加盟国は平和的手段によって自分たちの紛争を解決するよう求められている．

他方，憲章第43条は，各加盟国の軍事力を安保理が利用できることを規定している．じっさいアメリカは，単独で20個師団（30万人以上の陸上兵力）と大規模な海軍力，爆撃機1250機と戦闘機2250機を，国連に供与することを予定していた．しかしこれは，同意が得られず実行されなかった．

国連に40年間勤務していた間に，15件の平和維持活動の運用に参加したブライアン・アークハート元国連事務次長は1993年に，各加盟国の国軍兵士が勤務替えで参加するのではなく，国際的な義勇兵を国連が訓練して組織するエリート部隊の創設を提案した．彼は，このような義勇部隊が安保理に，即時に平和執行を行う能力を与えるだろうと示唆した．彼は「戦闘の危険を冒す意思と権限をもって国際社会の意思を代表する，相対的に小規模だが高度に訓練された部隊が，時宜を得て介入すれば，危機の初期段階で今までとは際だった違いをみせることができるだろう」と，雑誌 Foreign Policy（『外交政策』）のなかで述べている．たとえば失敗に終わった国連ハイチ・ミッション（UNMIH）の展開などでは，このような軍を効果的に用いることができただろうとアークハートは示唆している．1993年10月に，アメリカ海軍の軍艦が最初の展開部隊を載せてポルトープランスに到着したとき，港では武装した市民たちが無秩序でしかも暴力的なデモを行って上陸を妨害した．1994年8月までにハイチでの危機は悪化し，安保理は，民主的に選ばれたハイチ政府を復活させるため，イラク・クウェート危機で用いられたのと同じような多国籍軍を承認することになった．もしUNMIHがその任務を遂行できていれば，事態の悪化はなかったかもしれない．［その後，UNMIHの活動が本格化してハイチの治安は回復した．］

平和建設　「紛争への揺れ戻しを避けるため，平和を強化し，堅固にする傾向がある構造を確認し，支援するような活動」と定義されている．

国連は1990年には，すでに「平和建設」の概念を発展させ始めてきた．その年に国連中米監視団（ONUCA）がニカラグアでの選挙を監督したが，さらに国連ニカラグア選挙検証監視団（ONUVEN）によってその選挙は「自由で公正」であると確認された．

そのとき以来，国連に選挙の援助を求める声が高まった．1992年以前に国連が選挙を監視したのは，ハイチ，ナミビア，ニカラグアであった．しかし，1992年1月から1994年6月までの間に，国連が受けた選挙監視への援助の要請は56件におよんだ．1992年に国連は選挙援助団を設立し，平和維持活動局の枠内で活動している．同団は，要請があった各国のうち53カ国で援助を行った．次のリストは，この期間に要請を行い，援助を受けた国々である．すなわち，アルバニア，アルゼンチン，アゼルバイジャン，ブラジル，ブルンジ，カメルーン，中央アフリカ共和国，チャド，コロンビア，コンゴ，ジブチ，エルサルバドル，赤道ギニア，エリトリア，エストニア，エチオピア，ガボン，ガーナ，ギニア，ギニアビサウ，ガイアナ，ケニア，ラトビア，レソト，リベリア，マダガスカル，マラウイ，モザンビーク，ナミビア，オランダ領アンティル諸島，ニカラグア，ニジェール，パナマ，パラグアイ，ペルー，フィリピン，ルーマニア，ロシア，ルワンダ，セネガル，セイシェル諸島，シエラレオネ，南アフリカ共和国，スワジランド，トーゴ，ウガンダ，西サハラなどである．選挙援助団は国連選挙監視信託基金によって支えられている．同基金は1994年にオーストリア，デンマーク，アイスランド，アイルランド，ノルウェー，スウェーデン，スイス，イギリスからの拠出金で維持されている．

1国の民主的土台を強化することで，平和を建設する以外に，事務総長は次のような活動も「平和建設」概念に含めている．すなわち，地雷を除去して農業や輸送が安全に再開されるようにすること，交戦者の武装解除，武器の回収と破壊，難民の送還，治安要員の訓練，教育・文化交流，農業開発や輸送の改善，共有の天然資源の利用などの合同プロジェクトである．

平和の費用

ブライアン・アークハートとアースカイン・チャイルダーズ（開発と国際協力担当国連部長の元上級顧問）の共著である Renewing the United Nations System（『国連システムの再生』）（ダグ・ハマーショルド基金，1994年）に，次の数値が引用されている．「1993年初めの段階で，国連は1987年当時の4倍の兵員，70倍の警察官，100倍以上の文民の人員は年間費用では10倍にのぼる活動を展開させた．1994年4月30日現在，国連には66カ国から6万5838人の兵員，2400人の軍事監視要員，1307人の文民および警察官の協力があり，さらにハイチやルワンダ，旧ユーゴスラビアなどの状況の如何によっては，さ

らなる人員の展開（と費用の増大）が，ほとんど毎週のように行われる可能性がある．平和維持活動に見込まれた費用は，1991年には6億ドルであったが，1993年には推定23億ドルにまで上昇した」．

1994年5月に事務総長は，流血のルワンダ内戦にまき込まれた難民と国際援助従事者を保護するために，アフリカ諸国から5500人の兵力を調達することができなかった．彼はその失敗の原因を，国連の活動に頻繁に兵力を割当てられる加盟国の援助疲れに帰した．

しかし，国際紛争の間に背負い込むことになる費用に比べれば，平和維持活動の費用などたいしたものではない．アメリカ陸軍が平時に1個師団を維持する費用は，1989年に国連が平和維持に費やした費用全体（約6億3800万ドル）よりも大きかった．1992年の平和維持活動費の予算は，核装備をもつ攻撃型潜水艦1隻の費用とほぼ同じであった．1991年にアメリカは，「砂漠の嵐」作戦で約630億ドルを使ったが，この金額はその年に国連が全世界の平和維持で費やした金額の100倍に当たる．1980年代末に全世界の国防費は1年当たり1兆ドル（1分当たり200万ドル）に達しており，とくに途上国において，社会開発計画のために切実に求められている貴重な資金を独占している．もちろんこうした費用には，戦争の間に生じた人命の損失や被害などの，悲劇的なことがらの費用が考慮されていない．

国連の平和維持活動のほとんどは，国連の通常予算で賄われるのではなく，各活動ごとに国連が設立する特別の予算で賄われている．各加盟国は，当該活動に見積られた費用の分担分をそれぞれ割り当てられる．平和維持の特別分担基準は，3つのカテゴリーに分類される．安保理の5常任理事国は安保理の決定に（拒否権をもつおかげで）大きな影響力をもつことを理由に，通常予算の分担率よりも多い22％を割当てられている．その他の先進諸国は，平和維持に関しても通常の分担率と同じ割合を負担している．途上国のうちで裕福な国々は，通常予算の分担率の1/5を負担する．最貧国（後発開発途上国，またはLDC）は通常の分担率の1/10を支払う．この割当にはいくらか不平等がある．たとえば，1人当りのGNPが5000ドル以上の15の「途上」国（アラブ首長国連邦，クウェート，カタール，ブルンジ，シンガポール，バハマ，イスラエル，キプロス，バルバドス，バーレーン，サウジアラビア，マルタ，ギリシャ，リビア，オマーン）は，依然として平和維持に関して通常予算の1/5の割合で評価されている．

くり返し起こる国連の平和維持にとって重大な問題は，加盟国が割り当てられた分担金をきちんと支払わないことである．1992年の国連の平和維持活動に対する加盟国の未納額は，8億ドル以上であった．国連は活動に軍隊を派遣している国々からの未納額については，当該国への費用の支払いを遅らすことで事実上見逃している．これらの国々は，実質的に平和維持費用を二重に支払っていることになる．つまり，特別の分担金の他に，派遣している兵員や装備の費用も自分で支払わなければならないからである．

上述の理由から，事務総長は『平和への課題』のなかで，国連の平和維持活動の分担金を，外務予算からではなくその国の防衛予算から支払うことを提案した．『平和への課題』のなかに述べられているその他の革新的な提案には，新しい活動を始めるさいに加盟国が，国連に提供できる人員の数や熟練技術者の種類についてあらかじめ各国の約束を取りつけておくこと，活動に不可欠な文民や警察官などを含む平和維持要員の訓練に関する新しい取決め，平和維持に必要な基本的な装備（輸送手段，通信装備，発電機など）を備蓄すること，加盟国が航空輸送や海上輸送の手段を無料かまたは商業的な料金よりも低額で提供することなどがある．

平和維持軍が派遣されるまで

多くの平和維持軍が危機への対応として計画されるので，それを組織するいろいろな準備はほとんど同時進行的になされる．時間にゆとりがある場合には，一般に次のような手順で事態が進行する．

・仲介　事務総長が現地調査使節を派遣するよう指示されたり，政治的解決の達成を援助するために自らの特別代表を送ったりする．
・原案　安保理の仮承認を得るため，派遣案の概略が安保理に提示される．
・安保理の指示　安保理は事務総長に対して，派遣軍の規模，構成，任務，日程などを含む派遣計画を，一定期日までに報告するよう指示する．
・計画の策定　平和維持活動局の各課が合同で派遣計画をまとめる．
・安保理の同意を得る．
・活動予算を創設し，確認する．
・予算案を第5委員会（財政担当）に提出する．
・第5委員会が総会に予算案の承認を求める．
・加盟国に費用分担の通知が発送される．

総会の承認が得られるまでは，事務総長は特別の事態に備え年間1000万ドルまでと認められた支出枠を超えるような，装備，輸送，その他の役務契約を結ぶことができない．したがって，国際的危機の進展状況が迅速な対応を迫られている場合は，承認を得るまでの過程が破壊的なタイムラグを生み出してしまう．

平和維持活動一覧

1945年以来，33件の国連平和維持軍あるいは軍事監視団が派遣されてきた．次のリストは，ほとんどの国連平和維持活動を年代順にあげたものである．別記がないかぎり，数値は1993年10月31日の時点のものである．紛争の背景や国連平和維持軍が派遣された諸国について，さらに知りたい読者は，この事典のそれぞれの国の項を参照されたい．

[1999年2月現在，16の平和維持活動が続けられている．→2ページ]

国連休戦監視機構（UNTSO）
- 期間：1948年から現在まで
- 本部：エルサレム行政庁
- 兵力：軍事監視員220人
- 死者：28人
- 任務：当初は1948年の最初の休戦を監視するものであった．1949年にイスラエルと近隣のアラブ諸国（エジプト，ヨルダン，レバノン，シリア）との間で休戦協定が締結されたのを受けて，その協定の適用と遵守を当事国が監督するのを援助するのがその責任となった．しかし年月を経て，その活動と責任は，イスラエルやシリア，レバノンにおいて，国連の監督下で起きた多くの緊急事態にも対処するように拡大してきている．
- 構成：アルゼンチン，オーストラリア，オーストリア，ベルギー，カナダ，チリ，中国，デンマーク，フィンランド，フランス，アイルランド，イタリア，オランダ，ニュージーランド，ノルウェー，ロシア，スウェーデン，スイス，アメリカ
- 費用：約3100万ドル（年間）

国連インド・パキスタン軍事監視団（UNMOGIP）
- 期間：1949年1月から現在まで
- 配置：ジャム・カシミール州のインド・パキスタン間の停戦ライン
- 兵力：軍事監視員39人
- 死者：6人
- 任務：1971年12月の停戦を厳守させるための監視活動および事務総長への報告
- 構成：ベルギー，チリ，デンマーク，フィンランド，イタリア，ノルウェー，スウェーデン，ウルグアイの8カ国
- 費用：約700万ドル（年間）

第1次国連緊急軍（UNEF I）
- 期間：1956年11月から1967年6月まで
- 配置：当初はスエズ運河地区とシナイ半島，その後はガザ地区の休戦境界線付近とシナイ半島の国際境界線のエジプト側
- 兵力：6000人（最大時），最後は3400人
- 死者：90人
- 任務：エジプト領土からのフランス，イスラエル，イギリス各軍の撤退を含め，戦闘停止を確保し監督すること，およびエジプト軍とイスラエル軍の間の緩衝となること
- 構成：ブラジル，カナダ，コロンビア，デンマーク，フィンランド，インド，インドネシア，ノルウェー，スウェーデン，ユーゴスラビア
- 費用：約1億9900万ドル（総額）

国連レバノン監視団（UNOGIL）
- 期間：1958年6月から1958年12月まで
- 配置：レバノンのベイルート
- 兵力：軍事監視員591人（最盛期）
- 死者：なし
- 任務：レバノン国境を越えて非合法な人員の侵入あるいは武器の供与がなされないようにすること
- 構成：21カ国からの軍隊
- 費用：約370万ドル（総額）

国連コンゴ活動（ONUC）
- 期間：1960年7月から1964年6月まで
- 配置：コンゴ共和国（当時，現コンゴ民主共和国）のレオポルドビル（現キンシャサ）
- 兵力：1万9825人（最大時）
- 死者：234人
- 任務：当初はベルギー軍の撤退を確保し，現地政府が法と秩序を維持するのを援助することだった．その後はコンゴの領域的統合と独立を

維持し，内戦の勃発を予防すること
構成：アルゼンチン，ブラジル，カナダ，デンマーク，エチオピア，ガーナ，ギニア，インド，インドネシア，アイルランド，イタリア，リベリア，マレーシア，マリ，モロッコ，オランダ，ナイジェリア，ノルウェー，パキスタン，スーダン，スウェーデン，チュニジア，ユーゴスラビア
費用：約4億800万ドル(総額)

国連西ニューギニア（西イリアン）保安隊 （UNSF）

期間：1962年10月から1963年4月まで
配置：西イリアンのホランディア(現インドネシアのジャヤプラ)
兵力：1600人
死者：なし
任務：当該地域の行政権がインドネシアに移されるまでの間，インドネシアとオランダの合意で設立された国連暫定行政機構のもとで，当該地域の平和と安全を維持すること
構成：カナダ，パキスタン，アメリカ
費用：約264万ドル(総額，オランダとインドネシアが負担)

国連イエメン監視団（UNYOM）

期間：1963年7月から1964年9月まで
配置：イエメンのサナラ
兵力：軍事監視員25人，偵察隊員114人，航空要員50人
死者：なし
任務：サウジアラビアとアラブ連合共和国(現エジプトとシリア)の間の非軍事協定の履行を監視し確認すること
構成：カナダ，ユーゴスラビア
費用：約180万ドル(総額，サウジアラビアとエジプトが負担)

国連キプロス平和維持軍（UNFICYP）

期間：1964年3月から現在まで
配置：キプロス
兵力：兵員と支援要員1208人，軍事監視員12人，文民警察官35人
死者：165人
任務：トルコ系キプロス人とギリシャ系キプロス人の間の戦闘の再発を防止すること，法と秩序の維持および回復に寄与すること
構成：本隊はアルゼンチン，オーストラリア，オーストリア，カナダ，デンマーク，フィンランド，ハンガリー，アイルランド，スウェーデン，イギリス．ほかに国際文民要員34人と現地採用職員381人
費用：約4500万ドル(年間)

ドミニカ共和国への国連事務総長特使 （DOMREP）

期間：1965年5月から1966年10月まで
配置：ドミニカ共和国のサントドミンゴ
兵力：軍事監視員2人
死者：なし
任務：状況を監視し，事実上2つの支配勢力間の停戦違反について報告すること
構成：(国連)
費用：27万5831ドル(年間，国連の通常予算)

国連インド・パキスタン軍事監視団 （UNIPOM）

期間：1965年9月から1966年3月まで
配置：パキスタンのラホールとインドのアムリットサル(カシミールとアラビア海の間のインド・パキスタン国境沿いに展開)
兵力：軍事監視員96人(最盛期)
死者：なし
任務：インド・パキスタン間の国境線に沿って(UNMOGIPが活動しているジャム・カシミール州は除く)停戦とすべての武装人員を1965年8月5日以前の位置に撤退するのを監視
構成：オーストラリア，ベルギー，ブラジル，ビルマ，カナダ，チリ，デンマーク，エチオピア，フィンランド，アイルランド，イタリア，ネパール，オランダ，ニュージーランド，ナイジェリア，ノルウェー，スウェーデン，スリランカ，ベネズエラ
費用：171万3280ドル(総額)

第2次国連緊急軍（UNEF II）

期間：1973年10月から1979年7月まで
配置：スエズ運河地区とのちにはシナイ半島
兵力：7000人(最大時)，最後は4000人
死者：52人

任務：エジプト軍とイスラエル軍の停戦を監視すること，のちにはこれらの軍隊の再展開を監視し，両軍の緩衝として行動すること
構成：オーストラリア，オーストリア，カナダ，フィンランド，ガーナ，インドネシア，アイルランド，ネパール，パナマ，ペルー，ポーランド，セネガル，スウェーデン
費用：約4億4650万ドル（総額）

国連兵力引離し監視軍（UNDOF）

期間：1974年6月から現在まで
配置：シリア領ゴラン高原
兵力：兵員1107人
死者：31人
任務：イスラエルとシリアの間の休戦を維持し，イスラエル軍とシリア軍の非軍事化を監視し，引離しおよび制限地域を監視する
構成：当初はオーストリア，ペルーの歩兵部隊と，カナダ，ポーランドの兵站部隊で構成．最近はオーストリア，カナダ，フィンランド，ポーランドの部隊で構成
費用：約3600万ドル（年間）

国連レバノン暫定軍（UNIFIL）

期間：1978年3月から現在まで
配置：南レバノン
兵力：兵員5266人，国際および現地採用の文民職員520人
死者：193人
任務：南レバノンからのイスラエル軍の撤退を確認し，国際の平和および安全を回復し，当該地域にレバノン政府が実効的な権威を回復するのを援助すること
構成：兵員はフィジー，フィンランド，フランス，ガーナ，アイルランド，イタリア，ネパール，ノルウェー，ポーランド，スウェーデンが提供
費用：約2億3200万ドル（年間）

国連アフガニスタン・パキスタン仲介ミッション（UNGOMAP）

期間：1988年4月から1990年3月まで
配置：アフガニスタンのカブールとパキスタンのイスラマバード
兵力：軍事監視員50人
死者：なし
任務：アフガニスタンとパキスタン間の1988年の講和の履行を監視し援助すること
構成：オーストリア，カナダ，デンマーク，フィンランド，フィジー，ガーナ，アイルランド，ネパール，ポーランド，スウェーデン
費用：約1400万ドル

国連イラン・イラク軍事監視団（UNIIMOG）

期間：1988年8月から91年2月まで
配置：イランとイラクの間の740マイル線（本部はイラクのバグダッドとイランのテヘランの双方におかれた）
兵力：監視員105人，兵員53人，現地職員93人
死者：1人
任務：停戦と軍の撤退の検証，確認，監視
構成：アルゼンチン，オーストラリア，オーストリア，バングラデシュ，カナダ，デンマーク，フィンランド，ガーナ，ハンガリー，インド，インドネシア，アイルランド，イタリア，ケニア，マレーシア，ニュージーランド，ナイジェリア，ノルウェー，ペルー，ポーランド，セネガル，スウェーデン，トルコ，ウルグアイ，ユーゴスラビア，ザンビア
費用：約2億3500万ドル（総額）

第1次国連アンゴラ監視団（UNAVEM I）

期間：1989年1月から1991年6月まで
配置：アンゴラのルアンダ
兵力：軍事監視員70人（最大時），国際職員22人，現地職員15人
死者：なし
任務：アンゴラからのキューバ軍の撤退を監視
構成：アルジェリア，アルゼンチン，ブラジル，コンゴ，チェコスロバキア，インド，ヨルダン，ノルウェー，スペイン，ユーゴスラビア
費用：約1880万ドル（総額）

国連ナミビア独立移行支援グループ（UNTAG）

期間：1989年4月から1990年3月まで
配置：ナミビアのウィントフック
最大兵力：軍事要員約4500人，警察官1500人，文民2000人，選挙監視員1000人
死者：19人
任務：制憲議会選挙の監督を含むナミビア独立計画の監視および監督

構成：アルゼンチン，オーストラリア，オーストリア，バングラデシュ，カナダ，デンマーク，フィンランド，ガーナ，ハンガリー，インド，インドネシア，アイルランド，イタリア，ケニア，マレーシア，ニュージーランド，ナイジェリア，ノルウェー，ペルー，ポーランド，セネガル，スウェーデン，トルコ，ウルグアイ，ユーゴスラビア，ザンビア
費用：約3億6830万ドル(総額)

国連中米監視団（ONUCA）

期間：1989年11月から1992年1月まで
配置：コスタリカ，エルサルバドル，グアテマラ，ホンジュラス，ニカラグア(本部はホンジュラス首都テグシガルパ)
兵力：1195人(最大時)，最後は338人
死者：なし
任務：当初は当該地域での反政府活動への援助を中止し，自国領土が他国に対する攻撃に用いられないようにするという安全保障取決め(1987年のエスキプラスII合意)を，中央アメリカの5当事国が遵守するのを確認することであり，のちにはニカラグアの反政府組織(コントラ)の武装解除を監視すること
構成：アルゼンチン，ブラジル，カナダ，コロンビア，エクアドル，インド，アイルランド，スペイン，スウェーデン，ベネズエラ
費用：約8700万ドル(総額)

国連イラク・クウェート監視団（UNIKOM）

期間：1991年4月から現在まで
配置：イラクとクウェートの間の国境線沿いの非武装地帯
兵力：軍事監視員252人(1993年10月現在)，その他の軍事要員109人，国際文民職員約80人，現地文民職員106人．たび重なるイラクの国境侵犯があり，1993年にそのような侵犯に反撃することも任務に含められ，安保理は兵力を3645人に増強することを承認
死者：2人
任務：イラクとクウェート間のカウール・アブド・アラー水路および非武装地帯の監視と国境侵犯の抑止，その他の敵対行為の監視，ならびに安保理決議806(1993)で拡大された任務として，武力で任務遂行を妨害されないよう防止措置をとること

費用：約7500万ドル(年間)

第2次国連アンゴラ監視団（UNAVEM II）

期間：1991年6月から1995年2月まで
配置：アンゴラ
兵力：軍事監視員50人，警察監視員18人，軍事医療従事者11人，国際文民職員43人，現地職員75人
死者：3人
任務：当初は，1992年に総選挙が実施されるまで，アンゴラ政府とアンゴラ全面独立民族同盟(UNITA)の間の停戦を監視することと，1992年9月に予定された選挙を監視することだった．選挙終了後に戦闘が再開されたので，任務は政府とUNITAの間の新しい停戦の監視も含むものに拡大された．しかし，政治状況は悪化を続け，UNAVEM IIは1993年までに67カ所の活動拠点のうち45カ所から撤退しなければならなかった．同国での交渉再開を促し，人道的活動を援助する国連の努力を継続するために，UNAVEM IIは不可欠であるとして，任務は3カ月ごとに延長された
構成：軍事および警察部隊はアルゼンチン，ブラジル，コンゴ，ギニアビサウ，ハンガリー，インド，アイルランド，ヨルダン，マレーシア，モロッコ，オランダ，ナイジェリア，ノルウェー，スロバキア，スペイン，スウェーデン，ジンバブエ
費用：約1億700万ドル(1991年6月1日～1992年10月31日)

国連エルサルバドル監視団（ONUSAL）

期間：1991年7月から1995年4月まで
配置：エルサルバドル
兵力：軍事および警察要員約350人，国際文民職員170人，現地職員187人
死者：2人
任務：当初は，エルサルバドル政府とファラブンド・マルティ民族解放戦線(FMLN)が結んだ人権に関するサン・ホセ協定の遵守を確認すること，エルサルバドルでの人権状況を監視すること，人権侵害の申立てがあった個々の事例を調査すること，同国の人権を助長すること，侵害行為の廃絶のための勧告をすること，これらの問題に関して事務総長に報告す

ることなどであった．1992年に最終和平協定が調印されたのに続いて，任務は停戦と兵力引離しの確認，新しい国家文民警察が組織されるまでの間の秩序維持の監視にまで拡大された．最終的な任務は，1994年3月の大統領・議会・市長・地方議会選挙の監視も含むものへと拡大
- 構成：軍事監視員はブラジル，カナダ，コロンビア，エクアドル，インド，アイルランド，スペイン，スウェーデン，ベネズエラ．警察監視員はオーストリア，ブラジル，チリ，コロンビア，フランス，ガイアナ，イタリア，メキシコ，スペイン，スウェーデン
- 費用：約3500万ドル(年間)

国連西サハラ住民投票派遣団（MINURSO）
- 期間：1991年9月から現在まで
- 配置：西サハラ
- 兵力：軍事監視員226人，軍事支援要員98人，文民警察官26人，国際的に採用された職員69人を含む文民職員104人
- 死者：4人
- 任務：モロッコ政府とポリサリオ戦線との間の停戦を確認し，両軍が指定された地域にとどまるのを監視すること，すべての政治的囚人や抑留者の解放を確保すること，戦争捕虜の交換を監督すること，難民帰還計画を実施すること，有権者の確認と登録，西サハラ住民が自決権を行使し，独立かモロッコへの併合かのいずれかを選択できるように，自由な住民投票を準備し，確実に実施すること
- 構成：軍事監視員と軍事支援要員はアルゼンチン，オーストラリア，オーストリア，バングラデシュ，ベルギー，カナダ，中国，エジプト，フランス，ガーナ，ギリシャ，ギアナ，ホンジュラス，アイルランド，イタリア，ケニア，マレーシア，ナイジェリア，パキスタン，ポーランド，ロシア，スイス，チュニジア，アメリカ，ベネズエラ．警察官はオーストリア，ベルギー，ドイツ，マレーシア，トーゴ
- 費用：約3700万ドル(年間)

国連カンボジア先遣隊（UNAMIC）
- 期間：1991年10月から1992年3月まで
- 配置：カンボジア
- 兵力：軍人および文民1504人
- 死者：なし
- 任務：より大規模な国連カンボジア暫定統治機構（UNTAC）軍を組織するまでの間，カンボジアの当事者たちが停戦を維持するのを援助するため，小規模の先遣団を即時展開することUNAMICは文民および軍人の連絡員と，地雷処理部隊，兵站支援要員などで構成されていた．1992年1月にカンボジア人に対する地雷撤去訓練も任務に含められた
- 構成：アルジェリア，アルゼンチン，オーストラリア，オーストリア，バングラデシュ，ベルギー，カナダ，中国，フランス，ドイツ，ガーナ，インド，インドネシア，アイルランド，マレーシア，オランダ，ニュージーランド，パキスタン，ポーランド，ロシア，セネガル，タイ，チュニジア，イギリス，アメリカ，ウルグアイ
- 費用：UNTACの項を参照

国連保護軍（UNPROFOR）
- 期間：1992年3月から1995年2月まで
- 配置：ボスニア・ヘルツェゴビナ，クロアチア，ユーゴスラビア連邦(セルビアとモンテネグロ)，マケドニア・旧ユーゴスラビア共和国
- 兵力：兵員2万5000人，文民警察660人，国際文民職員695人，現地職員974人
- 死者：59人
- 任務：冷戦の終結に続いて，旧ユーゴスラビアで民族間や宗教間での戦争が勃発した．1992年1月に，ブトロス・ブトロス＝ガリ事務総長は軍事連絡将校50人をユーゴに派遣して，当事者相互の意思疎通の便宜を図ることで停戦の維持を図ろうとした．ユーゴのいくつかの政治集団は国連の平和維持活動計画に依然として異議を唱えていたが，2月に安保理は，ユーゴ危機の包括的な解決交渉に必要な平和と安全の条件をつくりだすため，当初12カ月の期間でUNPROFORを設立した．その活動領域は，前述のように旧ユーゴスラビアの5共和国に広がっている．状況が急速に悪化する中で，その任務は，すべての5共和国で次のものも含むべく拡大された．すなわち，サラエボ空港の安全確保，人道援助活動の護衛，ボスニア・ヘルツェゴビナ上空のすべての軍事飛行を禁止する「飛行禁止区域」の監視，国

境の管理市民を武力攻撃から保護するための「安全地域」の創設など
構成：軍人および文民警察はアルゼンチン，オーストラリア，バングラデシュ，ベルギー，ブラジル，カナダ，コロンビア，チェコ，デンマーク，エジプト，フィンランド，フランス，ガーナ，アイルランド，ヨルダン，ケニア，ルクセンブルク，ネパール，オランダ，ニュージーランド，ナイジェリア，ノルウェー，ポーランド，ポルトガル，ロシア，スロバキア，スペイン，スウェーデン，スイス，チュニジア，ウクライナ，イギリス，アメリカ，ベネズエラ
費用：約12億ドル(年間)

国連カンボジア暫定統治機構（UNTAC）

期間：1992年3月から1993年9月まで
配置：カンボジア
兵力：軍人および文民2万2000人(最大時)
死者：55人
任務：1991年にカンボジアのさまざまな政治集団の間で調印されたパリ協定の履行を監視し援助すること．任務には人権に関する問題，自由で公正な総選挙の実施および監督，軍隊の整理一般行政，法と秩序の維持，カンボジア難民の送還と再定住，カンボジアの基本的なインフラの復興などが含まれていた．安保理は任務期間中に，多くの役割を演じるよう要請した．その中には移行期間中に人権状況を監視し，人権侵害の申立てを調査すること，選挙過程の法的枠組みを履行すること，治安状況の安定化，自由で公正な選挙の助けとなるような中立的な政治状況を確保することなどが含まれていた．1993年5月に選挙が実施されたあと，新しく選出された制憲議会が1993年6月14日から開かれた後は，地雷除去とその訓練を続けるための小規模の軍事警察と医療チームを残し，UNTACの撤収計画がまとめられた
構成：軍事および文民警察はアルジェリア，アルゼンチン，オーストラリア，オーストリア，バングラデシュ，ベルギー，ブルネイ，ブルガリア，カメルーン，カナダ，チリ，中国，コロンビア，エジプト，フィジー，フランス，ドイツ，ガーナ，ハンガリー，インド，インドネシア，アイルランド，イタリア，日本，ヨルダン，ケニア，マレーシア，モロッコ，ナミビア，ネパール，オランダ，ニュージーランド，ナイジェリア，ノルウェー，パキスタン，フィリピン，ポーランド，ロシア，セネガル，シンガポール，スウェーデン，タイ，チュニジア，イギリス，アメリカ，ウルグアイ
費用：国連カンボジア先遣隊(UNAMIC)とUNTACの総費用は約15億ドル(1991年11月1日～1993年9月24日)

国連モザンビーク活動（ONUMOZ）

期間：1992年12月から1994年12月まで
配置：モザンビーク
兵力：7000～8000人
死者：6人
任務：国々を荒廃させた14年にわたる破壊的な内戦ののち，モザンビーク共和国とモザンビーク民族抵抗運動(RENAMO)が1992年にローマで調印した一般和平協定の履行を援助すること．任務には，政治，軍事，選挙，人道の4つの重要な要素が含まれていた．軍事部門の任務は，停戦，当事者双方の兵力引離し，武装解除，兵器の回収と保管，そして破壊を監視し確認すること．また重要なインフラのための安全協定を認可し，国連やほかの国際組織の活動の安全を確保すること．選挙部門の任務は，選挙過程のすべての局面と段階を監視し確認すること．人道部門の任務は，議事堂地区の兵士に食料その他の救援物資を分配する統合部門として働く
構成：軍事監視員302人と歩兵および支援要員約6250人がを含む軍事部門には，アルゼンチン，バングラデシュ，ボツワナ，ブラジル，カナダ，カーボベルデ，中国，チェコ，エジプト，ギニアビサウ，ハンガリー，インド，イタリア，日本，マレーシア，オランダ，ポルトガル，ロシア，スペイン，スウェーデン，ウルグアイ，ザンビア．選挙部門には国際選挙管理官148人
費用：約2億9000万ドル(年間)

第1次国連ソマリア活動（UNOSOM I）

期間：1992年4月から1993年4月まで
配置：ソマリア
兵力：初めは軍事監視員50人．のちに治安要員

500人を含むよう拡大された．さらに兵站部隊719人を含めるよう拡大され，総計約4219人
死者：なし
任務：首都モガディシオの停戦監視，空港や港で国連の人員，装備，供給品を保護すること，そこから市内やその周辺にある配給センターに人道援助物資を輸送するのを護衛すること
構成：監視員はオーストラリア，オーストリア，バングラデシュ，ベルギー，カナダ，チェコスロバキア，エジプト，フィジー，フィンランド，インドネシア，ヨルダン，モロッコ，ニュージーランド，ノルウェー，パキスタン，ジンバブエ
費用：約1億970万ドル(総額)

第2次国連ソマリア活動（UNOSOM II）
期間：1993年6月から1995年3月まで
配置：ソマリア
兵力：兵員2万8000人と文民職員2800人
死者：81人
任務：ソマリア全土に安全な環境を確立すること，ソマリア人が同国経済と社会的，政治的生活を立て直すのを援助すること，国家制度の再建を援助すること，すべての党派がさまざまな合意を尊重し続けるよう監視すること，暴力行為の再発を予防し，必要な場合には停戦に違反したいかなる党派に対しても適切な措置をとること，重火器の管理の維持，所持権限をもたない者から軽火器を押収すること，すべての港，空港，通信網の安全を確保すること，国連ならびにその他の国際組織に属している人員，設備，装備の保護，そのような施設に対して攻撃を加えるか，または攻撃すると威嚇する武装勢力を中立化させるための強行措置をとること，難民の本国帰還の援助，UNOSOM Iのもとで始められた地雷除去計画の継続
構成：兵員はオーストラリア，バングラデシュ，ベルギー，ボツワナ，カナダ，エジプト，フランス，ドイツ，ギリシャ，インド，アイルランド，イタリア，クウェート，マレーシア，モロッコ，ネパール，ニュージーランド，ナイジェリア，ノルウェー，パキスタン，韓国，ルーマニア，サウジアラビア，スウェーデン，チュニジア，トルコ，アラブ首長国連邦，アメリカ，ジンバブエ
注：UNOSOM IおよびUNOSOM II支援のため，モガディシュに展開したアメリカ軍は，国連の指揮下にはなかった．アメリカが先頭に立っていた合同任務部隊（UNITAF）は，1992年12月9日にモガディシオに展開したが，この軍にはオーストラリア，ベルギー，ボツワナ，カナダ，エジプト，フランス，ドイツ，ギリシャ，インド，イタリア，クウェート，モロッコ，ニュージーランド，ナイジェリア，ノルウェー，パキスタン，サウジアラビア，スウェーデン，チュニジア，トルコ，アラブ首長国連邦，イギリス，ジンバブエの各部隊が含まれていた
費用：約9億7700万ドル(年間)

国連ウガンダ・ルワンダ監視団（UNOMUR）
期間：1993年6月から1994年9月まで
配置：ウガンダ-ルワンダ間の国境のウガンダ側
兵力：軍事監視員81人，国際職員17人，現地採用職員7人
任務：ウガンダから北ルワンダに，国境を超えて殺傷兵器や弾薬が運びこまれないよう確認すること
構成：軍事監視員はバングラデシュ，ボツワナ，ブラジル，カナダ，ハンガリー，オランダ，セネガル，ジンバブエ
費用：約800万ドル(年間)

国連グルジア監視団（UNOMIG）
期間：1993年8月から現在まで
配置：グルジア
兵力：認可されたのは軍事監視員88人，国際職員56人，現地職員46人．実際に展開したのは（93年10月31日現在），軍事監視員12人と文民4人
任務：グルジア政府と同国北西部のアブハジアの独立派との間で1993年7月27日に合意された停戦の遵守を確認すること．停戦違反の報告を調査し，そのような事件の解決を試み，それらの違反について事務総長に報告することだった．しかし完全に展開される前に停戦は破られ，安保理決議858(1993)の指示にしたがい，展開は中止された
構成：展開が再開されれば，次の国々が軍隊を提供する用意があるとしている．すなわちオー

ストリア，バングラデシュ，チェコ，デンマーク，ドイツ，ギリシャ，ポーランド，シエラレオネ，スウェーデン，スイス
費用：完全に展開されれば，年間約2300万ドルになっていたと見積られた

国連リベリア監視団（UNOMIL）

期間：1993年9月から1997年9月まで
配置：リベリア
兵力：軍事監視員303人，軍事医療従事者20人，軍技術者45人，国連ボランティア58人，国際文民スタッフ89人，現地文民職員136人
任務：1990年にリベリア大統領サミュエル・ドエが打倒されて発生し，法と秩序の完全な崩壊を引き起こしたリベリア紛争の当事者たちが，ベナンのコトノーで調印したコトノー和平協定を確認すること．UNOMILは西アフリカ諸国経済共同体（ECOWAS）の招請で創設された．ECOWASは独自の休戦監視グループである西アフリカ平和維持軍（ECOMOG）の創設を含め，この紛争を平和的に解決するためのさまざまなイニシアチブをとってきた．UNOMILはECOMOGと協力してコトノー和平協定の履行にあたった．ECOMOGが同協定の履行についておもな責任を負い，UNOMILは履行手続を監視し，それらが公平に適用されるのを確認する役割を担っている
構成：軍事部門は，オーストリア，バングラデシュ，中国，チェコ，エクアドル，エジプト，ギニアビサウ，ハンガリー，ヨルダン，ケニア，マレーシア，パキスタン，スロバキア，ウルグアイから派遣された人員で構成されている
費用：約4000万ドル（年間）

国連ハイチ・ミッション（UNMIH）

期間：もともとは1993年9月から1996年6月までとされていた
配置：ハイチ
兵力：提案されたのは軍人6000人（1994年7月現在）
任務：新しい警察の創設を棚上げし，警察機能をはたすのに関与している武装勢力の活動を政府が監視するのを援助すること，ガイダンスと忠告の提供，警察活動の監視，法的要件が十分に満たされることの確保など．しかし，先遣隊は1993年10月11日にポルトープランスへの上陸を妨害された
構成：展開された場合はアルゼンチン，カナダ，アメリカが軍事要員を，警察官はアルジェリア，オーストリア，カナダ，フランス，インドネシア，マダガスカル，ロシア，セネガル，スペイン，スイス，チュニジア，ベネズエラから派遣
費用：年間約1億ドルと見積られた

国連ルワンダ支援団（UNAMIR）

期間：1993年10月から1996年3月まで
配置：ルワンダ
兵力：軍人2548人，警察官60人，国際文民職員110人，現地採用文民職員61人
死者：14人
任務：ルワンダ政府とルワンダ愛国戦線（RPF）が1993年8月に結んだアルーシャ和平協定に関連して，暫定政府の成立とその後の活動を確保するような環境の確立と維持，首都キガリの治安確保，非武装地帯の拡張と武装解除手続を含む停戦協定の監視，選挙実施に至るまでの治安状況の監視，地雷除去の援助などに協力することになっている．また，和平協定の条項の不履行の申立てを調査したり，ルワンダ難民の帰還の安全確保も行う．さらに人道援助活動の護衛と保護も行う
構成：最大時には兵員2217人と軍事監視員331人がアルゼンチン，オーストリア，バングラデシュ，ベルギー，カナダ，コンゴ，エクアドル，エジプト，フィジー，ガーナ，マラウイ，マリ，ナイジェリア，パキスタン，ロシア，セネガル，タンザニア，トーゴ，チュニジア，ウルグアイ，ジンバブエから提供されることになっていた
費用：年間約9800万ドルと見積られた

■ 代表的事例に見る国連活動の歴史

事例は，紛争が国連に最初に付託された日付順に並べている．

中　東

イスラエルの建国　1947年の特別総会で，イギリスの委任統治領の将来の地位について勧告を行う，

パレスチナ特別委員会を設立した．その年の11月の総会でパレスチナをアラブ人国家とユダヤ人国家に分割し，エルサレムは国際的な管理下におくという分割計画が採択された．勧告を実施するために国連パレスチナ委員会が設立され，安保理が計画の実施を要請された．イギリスの委任統治が終了し，イギリス軍が撤退する日時は1948年8月1日であった．しかし，アラブ諸国とパレスチナのユダヤ人共同体との間で激しい戦闘が勃発した．安保理はベルギー，フランス，アメリカで構成される休戦委員会を設立し，総会もパレスチナ委員会に代わる国連パレスチナ調整官を任命した．

1948年5月14日に，ユダヤ人国家イスラエルの建国が宣言された．ほとんど同時に，アラブ諸国は全面的な武力行動を開始した．安保理の要請により4週間の休戦がなされたが，7月8日に戦闘は再開された．このとき安保理は憲章第7章を援用して当事国がさらなる軍事行動を思いとどまるよう命令し，停戦を宣言した．

国連調整官のフォルケ・ベルナドッテ伯を通じて安保理は，国連休戦監視機構（UNTSO）を設置した．同機構はさまざまな加盟国から派遣された軍事監視員で構成され，本部をエルサレムにおき，前線のパトロール任務が割当てられた．しかし戦闘は継続し，ベルナドッテ伯は1948年9月に暗殺された．1948年秋の通常会期で，総会は3カ国（フランス，トルコ，アメリカ）で構成される調停委員会を設立して和平交渉にあたらせ，さらに，国連パレスチナ難民救済事業機関（後にUNRWAがとって代わる）も設置した．国連調整官代理のラルフ・バンチとの1949年上半期の交渉で，イスラエル，エジプト，ヨルダン，レバノン，シリアが休戦協定に調印した．協定は履行を監視する混合休戦委員会の設立を規定していた．UNTSOはその後も引続き停戦を監視し，現在も休戦違反の申立てを調査して，安保理に報告している．調停委員会も総会によって課せられた任務の遂行を依然として続けており，すべての問題が最終的に解決されるよう，関係当事国の交渉を援助し続けている．

スエズ危機 1956年7月に，エジプトがスエズ運河を国有化した．「運河の国際管理に関するロンドン会議」をエジプトが拒否したあと，9月になってフランスとイギリスは安保理に，エジプトの態度は平和を危うくするものであると通告した．翌月にはイスラエルがエジプトのガザ地区に侵攻し，停戦とイスラエル軍の撤退を求めた安保理決議にはフランスとイギリスが拒否権を行使した．さらに両国が同地域への武力介入を開始したため，以後の状況は「平和のための結集決議」に基づいて総会がもっぱら対処した．1959年11月に，総会は戦闘の停止を確保し監視するために，国連緊急軍（UNEF）を設立した．イスラエルが自国の支配下にある領域にUNEFの派遣軍が入ることを認めなかったので，緊急軍は境界線のエジプト側に駐留した．イギリス軍とフランス軍の撤退は1956年12月に完了し，イスラエル軍の撤退は1957年3月に完了した．同年4月に，スエズ運河は掃海され，エジプトは同運河の国際交通への開放を宣言した（ただし，イスラエル船舶の航行は禁止された）．

1967年の6日間戦争（第3次中東戦争） 1960年代になると，休戦ラインの随所で戦闘が頻発し，時には大規模な戦闘も起こるようになり，イスラエルとアラブ諸国との緊張が高まっていることが，はっきりし始めた．1967年5月18日に，2日前からシナイ半島の休戦ラインに軍を展開中であったアラブ連合共和国が，公式にウ・タント事務総長に対してすべてのUNEF部隊を同国内から撤退させるよう要請した．UNEF諮問委員会と協議したあと，ウ・タントはその夕方に全軍の撤退を命じた．

ウ・タントがアラブ連合共和国の要請に速やかに対応したことは，イスラエル国内およびその他の地域で厳しく批判された．しかし彼の見解では，法的にみても現実的に考えても撤退に遅滞なく応じる他になかった．その後に提出された報告書のなかで彼は，UNEFは安保理が命じた執行活動ではなく，受入れ国の同意に依存する平和維持活動であることを指摘した．しかし，緊急軍をウ・タントが一方的に撤収した決定は，事務総長としての経歴のなかでも，おそらく最も議論の余地のあるものである．批判勢力のうちのいくつかは，彼の立場の法的な妥当性を問題にしたが，他の多くはUNEFの撤収の要求を延期することに同意するようアラブ連合共和国に対して説得することはできたのではないかと考えた．彼らはUNEFの撤収は，その後の危機への道を開くのを助けただけだと感じていた．

アラブ連合共和国は，アカバ湾の出入口にあるチラン地区を守っていたシャーム・エル・シェイク要塞を占領した．1967年5月22日に，同国はアカバ湾をイスラエル船およびイスラエル向け戦略物資を積んだその他の国の船舶に対して閉鎖する旨宣言した．イスラエルは，紅海への唯一の通路が封鎖されたのを受けて，この封鎖と最近アラブ連合共和国がヨル

ダンと調印した軍事協定を，正当な開戦事由とした．さし迫った戦争の回避を目指して西側諸国は集中的な外交活動を行ったが，それを通じて受けた援助の保証が，不十分とみたイスラエルは，6月5日にアラブ連合共和国，ヨルダンとシリアを同時に攻撃した．3日のうちに，イスラエル軍はそれぞれの国の領土に深く侵攻した．

安保理は緊急会合を開き，1967年6月6日に停戦を要求した．イスラエルは，ほかの当事国が停戦を受諾するなら，自国も受入れると声明した．ヨルダンは6月7日に，アラブ連合共和国は6月8日に，シリアは6月9日にそれぞれ受諾を表明し，停戦は6月10日に発効した．停戦違反は，とくにイスラエルとシリアの国境線において，6月13日まで続いた．その日にようやく，ウ・タント事務総長はすべての軍事活動が「実質的に終了した」と報告することができた．それまでにイスラエルは，占領地域の大部分から自発的に軍隊を撤退させていたが，自国の安全保障に不可欠とみたいくつかの地域（アラブ連合共和国のシャーム・エル・シェイクとガザ地区を含むシナイ半島全域，エルサレムのヨルダン側地区，ヨルダン川西岸地区，シリア領内のガリレー海を見おろすゴラン高原）の支配は保持した．

6月14日に安保理は，イスラエルに対して占領地域の住民の安全，福祉，および保安を保障することを要求し，その他の関係諸国に対しては戦争捕虜の処遇に関する1949年のジュネーブ条約に含まれる人道原則を厳正に尊重するよう要求する決議を採択した．

1967年6月19日から7月21日まで開かれた緊急特別総会は，解決の準拠枠となるべき決議を生み出すことができなかった．旧ソヴィエトブロックといくつかのアフリカ諸国，アジア諸国などアラブ諸国を支持する勢力と，アメリカや西側諸国を含むイスラエルの立場を支持する勢力との意見の分裂は，橋渡しができないほど大きかった．しかし総会は，エルサレムを6月28日以降イスラエル統治下の統一都市とするというイスラエルの布告は，無効であると宣言する決議を賛成99票，棄権20票で採択した．

安保理決議242（1967） 安保理もまた何カ月にもわたって，当該地域に恒久的な平和を確立するために受入れ可能な方式を思うように立案できなかった．1967年11月22日になってようやく安保理は，冷静な外交交渉と非公開の審議を経て，安保理は決議242を採択し，これがその後，決定的な解決を達成するための国連の努力の基礎となってきた．イギリス案に基づいたこの決議は，細かな争点には入らず，また優先順位も決めずに，平和的解決のためのいくつかの原則を確立するものであった．このような原則には，占領地からのイスラエル軍の撤退（ヨルダン領エルサレムを含むいくつかの戦略的地域は放棄しないという．イスラエルの宣言に配慮して，条文は慎重に，「全」占領地からの撤退という表現は避けていた．交戦状態の終了，当該地域のすべての国家が平和的に共存する権利の尊重，国際水路の自由な航行の保障の必要性を確認すること，長期にわたるパレスチナ難民問題の解決，関係各国の領土保全と政治的独立の保障などが含まれていた．すべての当事者（当初はシリアが除かれていた）が，この方式を受入れた．

1973年の10月戦争（第4次中東戦争） 1973年10月6日にスエズ運河とイスラエル・シリア間の地域で，再び全面戦争が始まった．安保理は決議案を審議することなく4回の会合を開き，10月12日の協議後に再び会合を開くことを決定した．安保理はアメリカとソ連の要請で10月21日に招集され，すべての軍事行動を即時に停止することを求める決議338（1973）を翌日に採択した．また関係各国は，公正で永続する平和のための交渉を直ちに始めなければならないとすることも決定した．中国はこの決議やこの問題に関するその他の決議の投票にも参加しなかった．イスラエルとシリア，エジプトはそれぞれが条件をつけて，決議にしたがうことを受入れた．

1973年10月25日には，安保理によって第2次国連緊急軍（UNEF II）が設立された．その要員は安保理の常任理事国を除く各加盟国から集められ，最終的には7000人の規模となった．緊急軍は招集されるとすぐに，イスラエルとエジプト間の非武装地帯に駐留した．

国連が後援する中東和平会議が，1973年12月にジュネーブでアメリカと旧ソ連が共同議長を務めて開かれた．会議の結果，カイロ–スエズ間に101kmの道路を敷設することが1974年1月18日に合意され，UNEF指揮官の立合のもとで，エジプト軍参謀長と，イスラエル軍の参謀長が兵力引離し協定に調印した．この協定は1974年1月25日に発効した．

シリアとイスラエルが兵力引離し協定に調印したのは1974年5月31日になってからであった．この協定によって，国連兵力引離し監視軍（UNDOF）の創設が求められたが，協定自体は和平協定ではなく，和平へ向けた一歩であると明記された．同じ日，調

印が終了した後で，安保理はアメリカと旧ソ連の合同の後援によりUNDOFを設立する決議を採択した．中国とイラクは投票に参加しなかった．UNDOFの兵力は，安保理の常任理事国以外の各加盟国から集められた1250人とされた．1993年現在，UNDOFの要員はオーストリア，カナダ，フィンランド，ポーランドが提供した約1100人の兵員で構成され，1974年の兵力引離し協定にしたがい，ゴラン高原でイスラエル軍とシリア軍の間に展開している．

レバノンでの展開 1978年3月15日に，パレスチナゲリラがイスラエルを急襲したのを受けて，イスラエル軍が南レバノンに侵攻した．3月19日に，安保理はレバノン領土に対する軍事行動を停止するようイスラエルに要求し，イスラエル軍の撤退を確認し，当該地域に対するレバノン政府の実効的支配の回復を確保する国連レバノン暫定軍(UNIFIL)の設立を決定した．

6000人からなるUNIFIL軍の任務は，安保理によってそれ以後6カ月ごとに延長されてきた．おそらくUNIFILの最大の危機は，1982年6月6日の朝に発生したものであった．この日，空軍と海軍に支援された機甲師団2個からなるイスラエル軍は，UNIFILが展開している地域を迂回してレバノン領に侵攻した．イスラエル軍が侵攻してから2〜3日の間，パレスチナ解放機構(PLO)およびシリア軍との間で集中砲火が交わされ，さらにイスラエル空軍によってベイルート地域の目標が空爆された．その後の何日〜何週間の間，安保理は何度も会合を開き，停戦とイスラエル軍の撤退，一般市民の権利の尊重を要請した．

UNIFILの任務は，現地住民の保護と彼らに対する人道援助まで拡大された．また，現地の状況を評価する国際調査団が設けられ，全当事者が完全に停戦を遵守することを確保するため，ベイルート市内とその周辺には国連の軍事監視団が展開した．レバノンの要請によってフランス，イタリア，アメリカ(のちにイギリスも参加)が派遣した部隊からなる4000人規模の多国籍軍が，ベイルート地区に展開された．同軍は1984年に撤退した．

1987年末現在，UNIFILは約5660人の兵力を擁し，兵員はフィジー，フィンランド，フランス，ガーナ，アイルランド，イタリア，ネパール，ノルウェー，スウェーデンから提供された．UNIFILは南レバノンで，レバノン政府が実効的な支配力を回復するのを援助している．

パレスチナ人の権利の問題 中東の状況と現地での平和維持活動の役割について審議するとともに，国連はパレスチナ人の権利の問題にも関心をもってきた．1968年に総会は，イスラエル占領地住民の人権に影響をおよぼす「イスラエルの慣行調査特別委員会」を設置した．同委員会は総会に年次報告を行い，1974年に総会は無制限の自決権，民族独立，主権に対する「パレスチナ人の不可侵の権利」を再確認した．総会は，パレスチナ人が中東での公正で永続する平和の構築にとっておもな当事者であることを認め，国連の活動や国連の会議にオブザーバーとして参加するようPLOを招請した．[1998年7月，国連総会はPLOの権限を拡大する決議を採択した．]

1975年に総会は，「パレスチナ人の不可侵の権利の行使に関する委員会」を設置し，それらの権利の実現のための計画を立案し勧告するよう求めた．同委員会は1976年に，占領された地域からのイスラエル軍の完全撤退について，安保理が日程表をつくるべきであると勧告した．また撤退後の地域すべての財産およびサービスは無キズのまま国連に引きわたし，国連はアラブ連盟と協力して当該地域をパレスチナ人の代表であるPLOに手渡すことも勧告した．総会は同委員会の勧告を1976年以降の年次総会で承認したが，安保理はその通りに行動しなかった．

1983年夏にジュネーブで「パレスチナ問題に関する国際会議」が開催され，パレスチナ宣言と「パレスチナ人の権利実現のための活動計画」が採択された．この計画は，のちに総会も承認した．会議はさらに，中東に関する国際会議の招集も要求しており，総会はこの提案も承認している．

1987年の総会では，「パレスチナ問題は中東における紛争の核であり，パレスチナ人民の不可侵の民族的権利が完全に行使され，パレスチナおよびその他のアラブ地域にあるすべての占領地からイスラエル軍が完全撤退しなければ，包括的で公正かつ永続する平和は現地で実現しないだろう」という信念が再確認された．総会は国連が後援し，事務総長が招請し，安保理の5常任理事国とPLOを含むすべてのアラブ-イスラエル紛争当事者が参加する，中東国際平和会議の招集を再び要求した．[1991年10月のマドリード和平会議が契機となって，中東和平プロセスが進展している．]

朝鮮半島

第2次世界大戦終結のさい，連合国側は旧ソ連軍が朝鮮半島の38度線を境とする北部において日本軍の降伏を受入れ，38度線より南についてはアメリ

カ軍が降伏を受入れることで合意した．この2つの占領軍は，朝鮮半島の暫定政府を樹立するための合同委員会を設置したが，同委員会は合意に達することができず，アメリカは問題を1947年9月に国連総会に付託した．11月に総会は，全国規模の選挙を手助けする朝鮮暫定委員会を創設した．しかし，同委員会は，北朝鮮に接近することを拒否されたため，同委員会は南側の選挙だけしか監督できなかった．選挙は1948年5月に実施され，8月にはアメリカが行政および軍事機能を正規に選出された大韓民国（ROK）政府に引渡した．その間に，北には別の政府が樹立された．1948年12月に総会は，旧ソ連の反対にもかかわらず，暫定委員会にかわる組織として7カ国で構成する国連朝鮮委員会（UNCOK）を設置し，同委員会が再統一を求めることになった．

1950年6月25日に，UNCOKとアメリカの両者が安保理に対し，朝鮮民主主義人民共和国（DPRK）が当日朝に韓国を攻撃したと報告した．同日開かれた理事会はただちに（旧ソ連は中国代表権に関する理事会の決定に抗議して，欠席していた），この攻撃を平和の破壊であると宣言した．安保理は，停戦と38度線への北朝鮮軍の撤退，および加盟国による韓国支援を要求した．戦闘が続くなかで，安保理は6月27日に，攻撃を撃退し，平和と安全を回復するべく，国連加盟国が韓国に対して援助を与えることを勧告した．同日，アメリカは，自国の空軍および海軍に対して，韓国を守り，支援するよう命令を下したことを発表した．7月7日，安保理は加盟各国に対して，アメリカ軍のもとでの統一司令部にそれぞれの軍隊を提供することを求める勧告を，投票によって採択した（注意すべきなのは，安保理は憲章第7章の用語である「平和の破壊」などを用いているものの，憲章そのものはとくに援用したわけではなく，すべての国に対して安保理の決定にしたがうよう命令するという，憲章に基づく権限を用いたのでもない点である）．全部で16カ国，すなわちオーストラリア，ベルギー，カナダ，コロンビア，エチオピア，フランス，ギリシャ，ルクセンブルク，オランダ，ニュージーランド，フィリピン，タイ，トルコ，南アフリカ共和国，イギリス，アメリカが軍隊を提供した．韓国も自国軍を国連司令部の指揮下においた．

1950年8月1日に，旧ソ連が安保理に復帰（その時まで6カ月間欠席していた）し，それ以前にとられた安保理のすべての行動や決定は違法であると宣言した．11月6日に，旧ソ連はアメリカの提案に拒否権を行使した．その後に生じたゆき詰まりの結果，総会が実質的に状況全体に対処することになった（安保理は1951年1月31日に全会一致でこの問題を議題から外してさえいる）．憲章の下では安保理が排他的に保持しているところの集団的措置に匹敵する措置を，総会が可決するにあたって根拠とした法的な手段が，「平和のための結集決議」であった．

安保理が行動不能に陥る以前にすでに総会は，「朝鮮独立の問題」の議題名で問題を審議していた．この議題のもとで総会はUNCOKにかえて国連朝鮮統一復興委員会（UNCURK）を設置した．その後，1950年11月6日に中国が北朝鮮側に立って参戦したことで，事態は新たな段階に入った．総会は速やかに「朝鮮における中華人民共和国中央人民政府の介入」と題する議題を追加した．この議題のもとで総会は，国連朝鮮再建機関（UNKRA）と，戦闘終結のための基礎を決定するため，総会議長を含む3人の委員で構成する停戦グループを設置した．中国が協力を拒否したのを受けて，総会は1951年2月に中国政府は侵略を行っているとする決議を採択した．総会は斡旋委員会と，停戦グループを補充する追加措置委員会も設置した．休戦交渉は1951年7月に始まったが，戦闘は1953年まで継続し，休戦協定が調印されたのは1953年7月27日であった．その1年後に総会は，休戦協定に規定された政治会議を招集した．同会議は1954年4月から6月にかけて開かれたが，問題を解決し，朝鮮半島再統一の交渉をすることができなかった．UNKRAは1960年に活動を終了し，UNCURKも1973年での総会で同意の投票によって解散された．

1975年11月18日に総会は，西側諸国が支持したものと共産主義諸国が支持したものの2つの決議を採択した．これらの決議の内容はある程度まで対立するものであるが，国連軍の早期解散に賛成する点では一致していた．最初の決議では，北朝鮮と韓国，中国，アメリカの間の交渉を要求していた．2番目の決議では，北朝鮮とアメリカの間の交渉を要求していた．北朝鮮は韓国との交渉には参加しないと宣言した．

1987年なかば現在，国連司令部にはオーストラリア，カナダ，フィリピン，韓国，タイ，イギリス，アメリカの各国が参加していた．

国連活動に関する1987年の年次報告のなかでペレス・デクエヤル事務総長は，両国間の係争問題を打開するための対話再開について，南北の双方から一連の提案がその前年に行われていること，そして両国間の緊張を緩和し，交渉による解決の可能性を高

めるため，彼が両国と接触を続けていることを述べた．

カシミール

カシミール（正式にはジャム・カシミール）は，以前はイギリス領インドの藩王国のひとつであった．分割計画と1947年のインド独立法によって，カシミールは国境を接しているインドまたはパキスタンのどちらでも好きな側に帰属する自由を得た．1948年1月1日に，インドが安保理に対し，パキスタンの積極的な支援を受けた部族民がカシミールを侵略していると報告した．侵略が始まってから，カシミールのマハラジャ（藩王）はインドへの帰属を要請した．インドは，正常な状態が回復されたのち，住民投票で帰属を決定するという了解のもとで，これを受入れた．しかしパキスタンは，カシミールのインドへの帰属は違法であると宣言した．

安保理は当事者に調停を求めたのち，パキスタン国民の退去とインド軍の削減，ならびにカシミールのインド帰属に関する住民投票の準備を要求した．調停のために1948年7月に国連インド・パキスタン問題委員会（UNCIP）が派遣された．1949年までには，UNCIPは停戦を発効させ，住民投票に関する原則を両当事国とも受入れたと発表することができた．1949年7月には停戦ラインについて合意に達し，UNCIPは違反を監視する軍事監視団を任命した．しかし住民投票前に，カシミールを非武装化するための条件については，合意に達することができなかった．

1951年3月に，いくつか交渉の試みが失敗したあと，安保理は監視団（今では国連インド・パキスタン軍事監視団，UNMOGIPと呼ばれている）がカシミール内の停戦を監視し続けることを決定した．調停は続けられたが，当事者間の意見の対立は残った．安保理は繰返し問題を審議したが，目立った進展はなかった．

1965年8月に，突然大規模な戦闘が発生した．UNMOGIPはインドとパキスタンの正規軍の間で衝突が発生したことを報告し，安保理が2度にわたって停戦を要求したが，戦闘は9月になっても続いた．戦闘がインドと西パキスタンの国境線に広がったという報告のあと，安保理は9月20日に，両国に対して2日以内に停戦し，両軍に以前の位置まで撤収することを命じるよう求めた．停戦は両国に受入れられたが，停戦違反の苦情がどちらの側からも続いたため，安保理はウ・タント事務総長に対し，UNMOGIPの規模を拡大し，インドと西パキスタンの国境線に関して，国連インド・パキスタン監視団（UNIPOM）を設立するよう要請した．

1965年11月5日に，安保理は当事国間でできるだけ早く会合を開き，期限を定めた撤退計画を作成するよう，強く主張した．ウ・タントは，この問題について両国の当局と会談する代表を任命した．1966年2月17日に彼は，安保理に撤退の計画と規則が出来上がったと報告した．さらに彼は，1月10日に旧ソ連のイニシアチブでインド首相とパキスタン大統領がタシケントで会談し，双方の軍隊を2月25日までにもとの位置まで撤収することで合意したことも述べた．こうして，危機は現在は鎮静化しているが，紛争そのものはまだ解決されておらず，UNMOGIPは現地に約40人の軍事監視員を駐留させつつ，今なお活動中である．

1971年に，今度は東パキスタンの内戦にからんで，両国間に別の紛争が生じた．東パキスタンは，のちに独立国バングラデシュとなった．隣接するインドに約1000万人の難民が流入するにつれ，再びインド亜大陸で緊張が高まった．ウ・タントはパキスタン大統領とインド首相に憂慮の念を伝え，両国政府の同意を得て2つの大規模な人道援助計画を立てた．そのうちのひとつは，国連難民高等弁務官を中心として，インドの難民救済を行うものであった．もうひとつは，東パキスタンの被害を受けた住民を援助するものであった．ウ・タントの行動は，後の総会で全会一致で支持された．

1971年7月20日に，事務総長はこの地域での状況が確実に悪化していることについて，平和および安全に対する潜在的な脅威であるとして，安保理議長に注意を促した．事務総長は人道，経済，政治の諸問題がからみ合っており，いっそうの悪化を防ぐためには，国連がもっと率直な役割を演じるべきだと指摘した．その年の10月に，事務総長はインドとパキスタンの両国政府に斡旋を申出たが，インドはこれを断わった．両国間で衝突が生じ，12月3日にウ・タントは，憲章第99条に基づき当該地域の状況が国際の平和および安全に対する脅威となっていると安保理に通告した．

1971年12月17日の停戦によって戦闘が終了したあと，安保理はすべての軍隊が以前の位置に撤退するまで，厳格に停戦を遵守することを要求する決議を採択した．安保理はまた戦災救済のための国際援助も要請し，人道問題の解決のため，斡旋に力を貸す国連特別代表の任命を要請した．1972年に，国

連の援助を受けて難民は本国に帰還した．国連の救済活動は，壊滅的な打撃を受けたバングラディシュ経済に，再建の道を開く助けとなり，1974年にバングラデシュは国連加盟国となった．

1993年現在，UNMOGIPはベルギー，チリ，デンマーク，フィンランド，イタリア，ノルウェー，スウェーデン，ウルグアイの8カ国から派遣された軍事監視員39人で構成されている．

コンゴ民主共和国（旧ザイール）

かつてのベルギー植民地であったコンゴ民主共和国（旧ザイール）は1960年6月30日に独立したが，その1週間後に，国軍がベルギー人官僚に対して，賃金の引上げと昇進を要求して暴動を起こした．暴力と全般的な無秩序が急速に全国に広がるにつれ，ベルギーは広大な鉱山権益を守るため現地に軍隊を急派した．7月11日には，ベルギーが支配する銅鉱山のおかげで同国で最も裕福なカタンガ州が，新国家からの分離独立を宣言した．翌日，カサヴブ大統領とパトリス・ルムンバ首相が国連に，「ベルギー本国軍による侵略行為から国土を守るため」に軍事援助を要請した．

一連の会合の結果安保理は，ベルギー軍の撤退を要求し，国連の援助を受けたコンゴ政府の努力によって国家治安部隊が十分任務を遂行できるようになるまでの間，ハマーショルド事務総長が必要と思われる軍事および技術援助をコンゴ政府に供与することを承認した．

2日以内に，アジア，アフリカ諸国を含む多くの加盟国から提供された国連軍部隊がコンゴに到着し始め，重要な役務活動の維持を支援する国連の文民専門家たちがあとに続いた．その後4年間にわたるコンゴでの国連の活動の課題は，コンゴ政府が政治的独立と領土保全を回復し維持すること，ならびに法と秩序を維持することを支援し，広範囲な訓練と技術援助の長期計画を，効果的に実施することであった．

国連軍の兵力は最大時には将兵合わせて約2万人近くに達した．国連軍に対する安保理の指令は，1961年初めにカタンガでルムンバが暗殺されてから強化された．外部勢力の干渉からコンゴを守ることは，とくに外国人傭兵部隊や外国人軍事顧問をカタンガから退去させ，必要とあらば最後の手段として武力を用いてでも衝突や内戦を防止することが，いまや国連軍の任務となった．

国連の後援のもとで，1961年8月にコンゴ議会が再招集されたあとのおもな問題は，カタンガ州の分離独立を外国人勢力が指導し，資金援助をしていることであった．カタンガ州では，外国人傭兵部隊の指揮で独立派の憲兵隊が国連軍と衝突していた．ハマーショルド事務総長は1961年9月17日に，彼の乗った飛行機が戦闘停止のための会談が行われることになっていたヌドラ（現ザンビア）に向かう途中で墜落して死亡した．

1963年2月に，カタンガがコンゴ領に再び統合されたあと，同年末の完了をめざして国連軍の撤退が始まった．しかしコンゴ政府の要請によって，総会は縮小した国連軍をさらに半年間駐留させることを認めた．国連軍は1964年6月30日までに完全に撤退した．非軍事援助は，同国内で専門家約2000人が活動するという，その当時までに国連が行った単独の援助としては最大の規模で継続された．

キプロス

キプロスは，1960年にイギリス，ギリシャ，トルコが調印した協定によって，イギリスの支配から独立した．これらの協定に基づき，キプロスには少数派であるトルコ人社会に特別の政治的権利を保障する，特定の条文が含まれ，この条文は改正できないよう規定された憲法が与えられた．調印した3カ国がキプロスの独立を保証することになり，それぞれの当事国がキプロス島に恒常的に軍を駐留させる権利をもっていた．

独立以前に，キプロスの将来の地位をめぐり，ギリシャ系とトルコ系の住民の間で長い紛争があった．総人口の80％を占めるギリシャ系キプロス人は，何らかの形でギシリャと連合することを以前から望んでおり，まさにそのことが分離を要求するトルコ系キプロス人の敵対的な反応を引起こしていた．それぞれの側の目標は，民族的な故郷であるそれぞれの国家によって支持されていた．独立は，この島の対立を緩和するものではなかった．双方とも自分たちに与えられた憲法に不満であったが，それぞれの目標は相容れないほどに対立していた．トルコ人は分離かまたは一種の連邦政府を望み，いっぽうのギリシャ人は外部からの支配を受けず，2つの民族の分割を永続させるような規定をもつ憲法を望んでいた．

緊張が3年続いたあと，ギリシャ系キプロス人のマカリオス大統領が率いるキプロス政府は，1963年12月27日に安保理に対し，トルコがキプロスの国内問題に介入し，侵略行為を行っていると通報した．

キプロス島での暴力の高まりを阻止すべく，安保理はこの問題の審議を行ったが，ただちにいかなる平和維持活動をとることもなかった．

キプロスの同意を得て，イギリス軍が危機の間の秩序回復を試みた．しかし 1964 年 2 月にイギリスは安保理に対し，平和を維持する努力をさらに増大させなければならないと通知した．そこで 1964 年 3 月 4 日に安保理は，全会一致で 3 カ月間の国連キプロス平和維持軍（UNFICYP）の設置を決定し，同時にウ・タント事務総長に対し実質的な解決を促進する国連調整官の指名を要請した．UNFICYP は戦闘の再発を防止し，法と秩序の維持を助け，正常な状態への復帰を促すために，1964 年 3 月 27 日から本格的な活動を始めた．

1974 年 7 月 15 日に，マカリオス大統領に反対するギリシャ人の部隊がクーデターを起こし，同大統領を国外に強制追放した．これに対してトルコは迅速な軍事介入を行い，キプロス北部にトルコ系キプロス人の支配地域を確立した．1974 年 8 月 16 日に停戦が発効してから 4 日後に国連難民高等弁務官は，戦闘の結果 20 万人以上の人々が住みかを追われた，キプロスへの人道援助の調整を依頼された．

UNFICYP の活動と並行して，国連は平和的解決とキプロス問題の合意に解決を促す支援活動を行った．最初はこの任務は調整官に託されたが，1968 年からは事務総長の斡旋を通じて行われた．その枠組みのなかで，1974 年から，公正で永続する解決に到達するためにギリシャ系住民とトルコ系住民の代表の間で一連の話合いや，さらには高官レベルでの会談が行われた．民族間の話合いは，1983 年 11 月 15 日にトルコ系キプロス当局が「北キプロス・トルコ共和国」の樹立を宣言したあと中断されたが，安保理はこの宣言を法的に無効であるとした．ペレス・デクエヤル事務総長は，交渉過程を再開しようとして双方の代表者と別々に会談した．その時になされた提案の一つが，非同盟で主権，独立，領土保全を保証されたキプロス連邦共和国の樹立案であった．

その間，UNFICYP は停戦を監督し，停戦ラインの緩衝地帯の監視を維持する任務を続けていた．1993 年現在，同軍には兵員および支援要員 1208 人，軍事監視員 12 人，文民警察官 35 人が含まれていた．兵員はオーストラリア，オーストリア，カナダ，デンマーク，フィンランド，ハンガリー，アイルランド，スウェーデン，イギリスから提供された．

南アフリカ共和国のアパルトヘイト

南アフリカ政府によって実施されていたアパルトヘイト政策は，同国のアフリカ系住民の政治的権利および人権を侵害するだけでなく，南部アフリカ全体の安定を損なうものであった．周辺のアフリカ諸国に対する南アフリカ政府の政策や，南アフリカの自由戦士が周辺のアフリカ諸国に脱出していること，および技術的に進んでいる南アフリカ政府が核武装能力を獲得する可能性などから，国連は南アフリカのアパルトヘイト政策が国際の平和および安全に対する真の脅威となっていると考えるようになった．国連による 40 年以上の努力がようやく実を結んだのは 1994 年 4 月になって，全人種の南アフリカ市民による民主的な選挙で，ネルソン・マンデラが南アフリカ共和国大統領に選出されてようやく実を結んだ．

南アフリカ政府の人種政策は，創設まもないころから国連のおもな関心事であった．40 年以上にわたって総会と安保理は，アフリカーンズ語で「分離すること」を意味するアパルトヘイトを終らせ，白人に対する比率が 4 対 1 以上と圧倒的に多い南アフリカのアフリカ系住民が，政治的および経済的，その他すべての権利を行使できるようにすることを目的とする国際社会の対応を要請してきた．1982 年の総会決議の言葉を借りれば，南アフリカに関する国連の目標は「アパルトヘイトの完全な根絶および南アフリカ全体の国民が人種，皮膚の色，性あるいは信条で差別されることなく，平等で完全な人権と基本的自由を享受し，自分たちの運命を自由に決定できるような民主的社会を確立」することにあった．

南アフリカの人種政策の問題が初めて総会で提出されたのは，南アフリカ政府はインド系南アフリカ人を差別する法律を制定したと 1946 年にインドが訴えたときであった．総会は，南アフリカでのインド人の処遇は，同国とインドの間で締結された条約および国連憲章上の義務と両立するものでなければならないとする見解を表明した．

南アフリカ政府のアパルトヘイト政策から生じている広範な人種紛争の問題は，1952 年の総会の議題となった．この問題と当初のインドの主張に対して南アフリカ政府は，この問題は本質的に同国の国に管轄事項に属するものであり，それを国連が審議することは憲章によって禁じていると主張した．

安保理が初めてこの問題を取上げたのは 1960 年だが，同年 3 月 21 日にシャープヴィル事件が発生したあとだった．この事件で南アフリカの警察は，す

べてのアフリカ人は「証明書」を携帯しなければならないとする規定に反対する平和的なデモに対して発砲し，死亡69人，負傷者180人をだした．安保理は，南アフリカでの状況が国際的なあつれきを引起こすものであり，もしこれが続けば国際の平和および安全を脅かしかねないと述べた．安保理は南アフリカ政府に対して，「人類の良心と尊厳に対する犯罪」であるアパルトヘイト政策を放棄するよう要求した．

南アフリカの人種政策を常時検討下に置くため，総会は1962年に反アパルトヘイト特別委員会の設置を決定した．同委員会は18カ国で構成され，その任務はのちに南アフリカのアパルトヘイト政策のすべての側面ならびにこれらの政策の国際的な反響を検討するものへと拡大された．

委員会の活動には，面接調査および聴聞を行うこと，アパルトヘイトに対する戦いへの支援を得るため，加盟国に使節を派遣すること，国際会議，特別セッション，セミナーを実施すること，総会と安保理の決議を実行に移すこと．とくにスポーツ，文化，消費者その他の交流のボイコットを促したり，国連反アパルトヘイト・センターと共に各国政府，各国際機関，労働組合，女性団体，宗教指導者，学生および青少年運動さらにはアパルトヘイト団体と協力して，反アパルトヘイト活動を支援する国際世論を喚起すること．

総会は1965年に南アフリカ国連信託基金を設立し，自発的な拠出金によって，南アフリカのアパルトヘイト法で迫害を受けた人々に法的援助を与え，そのような人およびその家族の救済と南アフリカからの難民救済を行う組織に資金援助を行った．1967年には総会は，海外で研究や訓練を行う南アフリカやナミビアからの留学生に奨学金を与える，国連南部アフリカ教育訓練計画を設立した．

武器禁輸およびその他の制裁 南アフリカに対する自発的な武器禁輸が，1963年に安保理によって始められた．南アフリカに供給された武器のいくつかが，同国の人種政策を助長し，アフリカ系住民を抑圧するのに用いられていることに注目した安保理は，すべての国々に対して，南アフリカへの武器，あらゆる種類の弾薬，軍用乗物の売却とその輸送を中止するよう要請した．さらに1970年には安保理は武器禁輸の違反を非難し，すべての国々に対して禁輸の強化と無条件の履行，南アフリカの軍隊および準軍事組織が使用する乗物や装備，その補充品の供給の停止，武器や飛行機，その他の軍事用乗物の製造について南アフリカに与えたすべての許可や特許の取消し，武器の製造に関する投資あるいは技術援助の禁止，南アフリカとの軍事協力の停止を求めた．

1976年6月26日にソウェトの市街地で行われたデモに参加していたアフリカ人が，小・中学生を含めて銃で撃たれた事件では安保理と総会の双方が，非難した．

翌年に安保理は，南アフリカに対する武器禁輸を義務的なものとした．これはこれが国際の平和および安全に対する脅威に直面した場合とるべき強制措置を規定した憲章第7章に基づき，国連加盟国に対してそのような措置がとられた最初の例である．南アフリカが核兵器を今にも製造しようとしていることを懸念し，安保理は各国に対し，そのような兵器の製造および開発に関して，南アフリカといかなる協力もしてはならないと決定した．さらに安保理は，義務的な武器禁輸を各国が守っているかどうかを定期的に検討する委員会を設置した．

その間，総会は1970年に各国に対して，南アフリカとの外交その他の公的な関係はもとより，経済的およびその他のあらゆる協力も断絶するよう要求した．この行動は，総会が「人間性に対する犯罪」と呼ぶ南アフリカのアパルトヘイト政策に対する国際的な拒絶表現であった．1973年に総会は，「アパルトヘイト犯罪の抑圧と処罰に関する国際条約」(→217ページ)を採択した．

1974年に総会は，南アフリカの委任状を拒否し，同国がアパルトヘイト政策を放棄するまでは，国連が後援するあらゆる国際機関や国際会議から南アフリカの参加を完全に排除すべきことを勧告した．

1981年5月にパリで開催された「対南アフリカ制裁に関する国際会議」は，南アフリカを孤立させるための「南アフリカに国連の決定を遵守させる最も適当で実効的な措置として」の憲章第7章に基づく経済制裁の適用を含めて，国際的な行動をさらに強めることを求めた．南アフリカで活動している多国籍企業との解約や，南アフリカと取引きしている企業への投資の停止などを含めた制裁の必要性を訴えることが，引き続き同国のアパルトヘイト政策の終結へ向けた国連の努力の中心となっていた．

そのほかの措置としてはスポーツのボイコットがある．これは1977年に総会が採択した「スポーツにおけるアパルトヘイトに反対する国際宣言」や，1985年に採択され1988年4月4日から発効した「スポーツにおける反アパルトヘイト国際条約」のなかで具体化された．

その他の活動 南アフリカの多数派アフリカ系住

民を支援し，同国のアパルトヘイト政策に反対するために，国連が実施したその他の行動には次のようなものがある．

・南アフリカの多数派アフリカ系住民を支援する周辺のアフリカ独立諸国に対して，南アフリカが武力攻撃を行うことで南部アフリカを不安定化させている南アフリカの政策の非難
・南アフリカ国内に「独立」地域である，「ホームランド」を設置し，そこにアフリカ系住民を強制的に移住させている南アフリカの政策の拒否
・南アフリカの2つ解放運動組織，すなわち南アフリカが禁止しているアフリカ民族会議(ANC)とパン・アフリカニスト会議(PAC)を，「南アフリカ国民の圧倒的多数の正当な代表」として承認し，アパルトヘイトに反対して南アフリカで逮捕，拘留されている人々を支援すること

最終段階 1989年4月に，反アパルトヘイト特別委員会と南アフリカへの石油および石油製品の供給および輸送を監視する政府間グループが，ニューヨークで会合を開き，安保理に対して義務的な石油禁輸を行うよう勧告した．この会合ではほかに，安保理による行動とは別に，産油国，石油の輸送を行っているすべての国そして販売している国が南アフリカへの石油輸送を停止する立法を行うべきであるとも勧告した．

1989年12月12日から14日まで，総会は「アパルトヘイトと南アフリカにおけるその破壊的な影響に関する特別総会」を開催した．ここで，南アフリカの現体制が政治的権利および人権を回復するためにとるべき措置をまとめた，歴史的な宣言が全会一致で採択された．総会は交渉のための，また国連憲章と人権宣言の諸原則に基づいた新しい憲法を起草するためのガイドラインを提案した．同宣言はすべての南アフリカ国民に対する緊急提案として，アパルトヘイト体制を終らせるための交渉に共に参加し，自分たちの国を人種差別のない民主国家に移行させるのに必要なあらゆる手段に同意するよう要求した．

1990年2月の劇的な展開で，ネルソン・マンデラANC副議長を含むほとんどの南アフリカの政治犯が解放され，ANCとPAC，それに南アフリカ共産党が当局によって承認された．1990年6月22日に，ネルソン・マンデラは国連総会で演説し，自分やほかの南アフリカの政治犯の解放のために，国連が努力してくれたことに感謝した．彼は国連や各加盟国政府に対して，南アフリカに科してきた制裁の継続を強く求めた．1990年5月に南アフリカ政府とANCは，フルート・スキュール文書を採択した．同覚書は政治亡命者および難民に免責を与え，彼らが南アフリカに帰還する道を開いた．1990年8月に，両当事者はプレトリア文書に合意し，これに基づいて政府は非常事態と治安問題の見直しに着手し，ANCは武力行動を停止した．

1991年2月1日に，南アフリカのデクラーク大統領は議会の当会期中に，アパルトヘイトの基本法を廃止すると発表した．彼はまた新南アフリカ宣言を発し，新しい国家は正義に基づいたものとなることを述べた．アパルトヘイトの基本法は1991年6月5日に廃止され，6月下旬には宗教界や実業界の指導者と，おもな政治的過激団体の関係者を集めた平和サミットが開かれた．その結果，政府とANCを含めた準備委員会が設立され，それは国家平和イニシアチブとして知られるようになった．1991年8月に，国家平和イニシアチブは国民平和協定の草案を発表した．同じく8月に，政府と国連難民高等弁務官事務所(UNHCR)は推定4万人の南アフリカ難民と，政治亡命者の自発的帰還計画で合意した．

1991年12月に憲法改正の正式な交渉が開始されたが，すべての政党が参加したわけではなく，市街地での暴力は悪化し続けた．1992年6月にはボイパトンの虐殺で50人が死亡し，ANCは政府が暴力終結に向けてもっと積極的な行動をとるまで，交渉への参加を停止した．

1992年7月に，南アフリカの政治活動家の何人かが安保理に招待され，同国の状況について報告するよう求められた．続いて安保理は事務総長に対して現地で何が起こっているかを直接確かめ，それに基づいて暴力をやめさせ，南アフリカの体制を平和的移行させる条件をつくるのに，国際社会がいかなる援助をすることができるかを決めるための，特別代表を任命して南アフリカに派遣することを要請した．この派遣の結果，安保理は決議772(1992)を採択した．同決議は事務総長が，1991年の平和協定で設定された反アパルトヘイト体制の強化を援助する任務を負った，国連南アフリカ監視団(UNOMSA)を展開させることを承認した．同決議はさらに，アフリカ統一機構(OAU)やイギリス連邦，ヨーロッパ連合(EU)のようなその他の国際機関が独自の監視員を展開し国連と協力するよう促した．監視員50人からなるUNOMSAの第1陣は，1992年9月に現地に展開した．国際監視員の存在が政治的緊張の緩和や暴力の抑制，交渉過程のための環境の改善に大いに役立ったということは南アフリカ国内の全当事者

1993年4月、交渉の新しい枠組みである多数当事者交渉評議会(MPNC)に26団体の当事者たちが参加し、南アフリカ史上最も多くの代表による会合となった。数カ月間も続いた長い交渉のあと、1993年11月にMPNCは、1999年4月27日まで続く移行期間の間、南アフリカを導く多くの憲法上の原則や制度を採択した。この暫定憲法は新憲法を起草する制憲議会の選挙計画を規定していた。事態の肯定的な展開にこたえて、1993年10月8日に、184カ国からなる総会は、全会一致の決議48/1(1993)で31年間にわたる貿易、投資、金融、旅行、運輸などの分野での南アフリカに対する経済およびその他の断絶を終了させることを決定した。各加盟国は国連の多くの決議や決定に基づいて、それぞれが何年にもわたって科してきた制裁を解除するよう求められた。1993年10月15日には、F・W・デクラーク南アフリカ大統領とネルソン・マンデラANC議長にノーベル平和賞が贈られた。

暴力事件は続き、交渉参加者のなかに選挙過程からの離脱をほのめかす者もあったが、選挙は1994年4月26〜28日に成功裏に実施された。南アフリカ暫定執行評議会の要請で、安保理は選挙期間中、UNOMSAの要員を約1800人まで増員した。それとは別に約900人の国際監視員が、諸外国や国際機関から派遣され、投票を監視するため南アフリカ全土に展開した。UNOMSAの監視員は、有権者が投票所に自由に近づくことができたかどうか、投票の秘密は保証されたかどうか、投票箱は迅速に封印され、保護され、移送されたかどうかを判定した。

が広く認めるところであった。

UNOMSAはまた、開票作業と選挙のすべての面を組織し、運営し、監視し、選挙が自由で公正なものであったことを確認する責任を負っていた。南アフリカ独立選挙委員会への連絡にも立会った。

新しい時代の夜明け 1994年4月27日に、アパルトヘイトから解放された南アフリカの新しい6色の国旗が、ニューヨークの国連本部に掲揚された。1994年5月10日には、ネルソン・ロリハララ・マンデラが南アフリカ共和国の新しい大統領に就任した。5月25日に安保理は、1977年に南アフリカに科した義務的な武器禁輸を解除した。6月21日に総会は、決議48/258(1994)で反アパルトヘイト特別委員会の任務が首尾よく達成され、同委員会が終結したことを宣言した。同じ決議で、アパルトヘイト廃止が次の第49回総会の議題から削除された。6月23日に、南アフリカは20年間の追放ののち、総会の活動に歓迎と共に全面復帰した。〔南アフリカは、真実和解委員会を発足させて、アパルトヘイト時代の人権侵害を調査し、同委員会の最終報告書は1998年10月29日にマンデラ大統領に提出された。〕

〔2003年、イラクの大量破壊兵器保有問題をめぐり、国連の査察団がイラク入りし調査を行った。公表された調査結果の信憑性を疑う立場から、アメリカ、イギリスを中心にイラクへの武力行使を容認する強行意見が出され、国連安全保障理事会で採択が図られた。しかし理事国間で立場の相違が表面化し、結局再度の採択を待たずしてアメリカ・イギリス両軍の武力行使が行われた。2003年4月現在、イラクの戦後復興に向けて国連の活躍が期待されている。〕

軍備管理と軍縮

国連憲章の調印からわずか数日を経過しただけで、世界は核時代に入った。1945年8月6日と9日に、原子爆弾がそれぞれ日本の広島と長崎を破壊した。こうして、新たに作られた国連は前例のない軍事的および政治的問題に直面することになった。憲章は軍縮と軍備規制を、国際安全保障体制を漸進的に確立する過程の一環として想定していた。憲章は総会に「軍備縮小および軍備規制を律する原則」を審議する権限を与え、安全保障理事会(安保理)には国連加盟国に提出するのに適当な、「軍備規制」の管理体制を確立するための計画の作成任務を課した。しかし、原子力の発見による革命的な変化は、軍縮の必要性をより緊急なものとし、国際政治および安全保障の領域で軍縮が占める位置を高めた。世界の人々が核による全滅の脅威のもとで暮らし始めるいっぽうで、国連はこの新しく展開し始めた動きに対して漸進的に対応してきた。

国連創設から50年がたち、冷戦の時代に国際政治の状況を支配してきた緊張は和らげられ、軍縮の分野で大きな進歩が達成され、国際社会がより低い水準の軍備で安全を達成できる新たな機会が開かれた。同時に、国家間の緊張の焦点が国際レベルから地域さらには局地レベルへと移るにつれ、国連加盟国は新たな挑戦に直面した。

過去50年の間、国連は軍縮を求めて、さまざまな手段、技術、アプローチを用いてきた。

■ 初期の努力

国連憲章第11条によって総会には、「軍備縮小および軍備規制を律する原則」を審議し、加盟国もしくは安保理、あるいはこの両者がとるべき行動について勧告する権限が与えられている。総会は1946年の第1回総会以来、毎年通常総会でこの種の審議を行ってきた。1946年1月24日に採択された、総会の最初の決議がまさに軍縮問題に関するものであった。総会は、原子力兵器およびその他の大量破壊兵器を廃絶し、その後原子力が平和目的だけに利用されることの保証を求め、原子力委員会を設立した。1946年12月に採択された決議で総会は、軍縮の問題と国際の平和および安全の問題との関連性を認めた。

1947年に安保理は、国際的な管理と査察体制のもとで軍備を規制するための通常軍備委員会を設立し、[原子力委を含めて]この2つの委員会が即時に活動を開始するよう求めた。

問題の緊急性にもかかわらず、この2つの委員会にはたいした成果をおさめられなかった。1952年に総会は、窮境を打破するため両委員会をひとつにまとめ、11ヵ国で構成する軍縮委員会(DC)を創設し、すべての軍隊および兵器の規制、制限、そしてバランスのとれた削減を段階的に、調整のとれた、包括的な計画の下に行う提案を準備する任務を与えた。

軍縮委員会での初期の討議は、1952年10月に結論を得ることなく終った。11月に、広島型の原子爆弾の威力をはるかに超える最初の水素爆弾の実験が、太平洋のエニウェトク(環礁)でアメリカによって行われた。続いて翌年の8月には、ソ連も水素爆弾を爆発させた。

1953年に総会が設置した、カナダ、フランス、ソ連、イギリス、アメリカの代表で構成される軍縮委員会の小委員会が、何度も会合を開いたが、包括的な軍縮計画を起草する努力は1955年秋には暗礁に乗り上げた。部分的な軍縮措置を審議する小委員会の努力もその後2年間にわたって、同じようにゆき詰まった。1957年に総会は、軍縮委員会を11ヵ国から25ヵ国に拡大した。1959年に、同委員会は再び拡大され、国連の全加盟国を含む規模にまでなったが、その後1965年に1度招集されただけであった。

1959年に総会は、創設以来初めて全会一致で、全加盟国が支持する決議を採択した。その決議のなかで総会は、「軍備競争を完全かつ永久的に終らせるための努力を行う」ことを宣言し、「全面完全軍縮の問題は今日の世界が直面する最も重要な問題である」と述べた。総会の討論の間になされたすべての提案や、提言を軍縮委員会に送り、「徹底的に審議」させるのが、この決議のねらいであった。

西側諸国が軍縮のためにとったアプローチとソ連側のそれとの実質的な相違が，その後になって表面化した．国連の枠組みの外で全面完全軍縮を議論するため，1960年に東西から同数の代表が参加した10カ国軍縮委員会が設置されたが，部分的措置かそれとも全面的措置かという問題をめぐってゆき詰まった．その結果，国連は2通りの方法で軍縮努力を追求し始めた．究極の目標は今までと同じように「実効的な国際管理下にある全面完全軍縮」であったが，部分的軍縮をもたらす措置も究極の目標と不可分であり，目標達成を妨げるものではないと考えられた．緊張を緩和し信頼の醸成を目標とする「付帯的な」措置にも，同程度にときには優先的に注意を向ければ，全面完全軍縮の達成という複雑な事業を，より容易に行えるかもしれないと思われていた．大多数の国々は，さしあたって2つの措置に希望と期待を抱いた．ひとつは核兵器の実験の停止で，もうひとつは核兵器の拡散の防止である．1960年代のなかばには，国連内部で部分的な軍縮措置を練り上げる努力の方が，すべてを包含する長期的な軍縮の努力を圧倒的に上まわるようになった．

1961年にアメリカのジョン・J・マックロイとソ連のヴァレリアン・A・ゾーリンが，それぞれの国を代表して正式の軍縮交渉を行い，総会に対して，軍縮交渉の合意された諸原則に関する共同声明を提出した．総会が全会一致で承認した，その原則は次の8カ条から成る．

（1）交渉の目標は，軍縮は「全面的かつ完全な」ものでなければならず，また平和維持のための信頼できる手続を伴うものでなければならないという条件の保証された計画の作成
（2）核以外の兵器および装備を，国内秩序の維持と国連平和維持軍の人員が利用するのに必要であるとして合意されるような水準にまで削減すること
（3）軍縮計画のおもな要素を，合意に基づいて練り上げること
（4）合意された諸段階に従って計画を実行すること，また各段階にはそれぞれ明確な期限を決めること
（5）どの段階でも特定の国家，集団だけが優位を保つことのないように，バランスをとること
（6）国連の枠組みのなかで創設された国際的な軍縮機関による，国際的な管理の必要性
（7）軍縮期間中，およびその後の世界平和を維持する制度を強化する必要性
（8）可能な限り短い期間で可能な限り広い合意を達成し，かつ履行する必要性

同時に総会は，10カ国軍縮委員会にかえて18カ国軍縮委員会を設立する合意を承認した．1962年初めにジュネーブで同委員会が最初の会合を開いたとき，構成国のひとつであるフランスは，軍縮問題の解決に実効的に寄与できるような大国の間でこの問題を議論できる日が来ることを希望すると弁明しつつ，不参加を決定した．同委員会は最初に，全面完全軍縮と，信頼醸成のための付帯的な措置や，核実験の停止のための作業を同時に行うことができるような組織立てでいくことを決定していた．

1969年に委員会の構成国は26カ国に拡大され，名称も軍縮委員会会議（CCD）に変わった．総会は，同会議に対し，多数国間の交渉組織として付帯的な措置の交渉を継続するいっぽうで，軍備競争の停止と，実効的な国際管理のもとでの全面完全軍縮に関する包括的な計画を作成するよう要請した．1975年に同会議はさらに31カ国に拡大されたが，依然としてフランスは参加を見合わせていた．

同じく1969年に，総会は，軍縮交渉の成果がほとんど挙がらず，相変らず困難が続いていることを主な理由として，1970年代を「軍縮の10年」として宣言する決議を採択した．

■ 軍縮特別総会

1978年の第1回軍縮特別総会

1976年までに，軍備競争の停止に向けた真の進歩はまったくなされていないことが明らかとなった．世界の軍事支出の総額は，健康や教育，経済発展のために地球全体で支出された金額の何倍以上にもなると推定されている．核保有大国が軍備競争のおもな競争者であると同時に，2つのおもな軍事同盟以外の国々の軍事支出も増加していた．第2次世界大戦終了以降，100以上の戦争で，何百万人もが，通常兵器によって殺されてきた．その戦争のほとんどは，開発途上地域で起きたものであった．

1976年に総会は，最初の「軍縮の10年」について，それまでのところ，真に実効的な合意という点では「貧弱な成果」しかあげられなかったことを嘆き，おもに開発途上国の主導で1978年に軍縮問題だけを議論する特別総会を開くことを決めた．特別総会の目的は，国際政治の新たな道筋を設定し，核兵器や通常兵器の軍備競争から国家を引離し，軍縮に向けた地球規模での合意を達成しようというものであっ

た．

1978年5月23日から7月1日まで国連本部で開催された第1回軍縮特別総会は，軍縮問題を審議するために国家代表を招集し，今までで最大規模の会議となった．軍縮への努力の歴史において初めて，包括的な軍縮戦略について，国際社会全体は合意に達した．合意された軍縮戦略は，その会議で採択された最終文書のなかに具現化された．

最終文書は，軍縮の分野での国連の中心的な役割とおもな責任を強調し，従来より広い見地から軍縮問題をとらえた．この文書は，国際の平和および安全にとって軍縮が根本的に重要であることを再確認し，「軍縮と軍備制限の協定には全当事者にとって満足できるような適切な検証措置を規定すべきである」と述べていた．同文書には，国連システム内で軍縮問題を扱う組織を強化することを意図した特定の措置も含まれていた．序文，宣言，行動計画，機構の4つの部分からなる最終文書は，軍縮分野での目標と原則，そして優先事項を設定していた．

「序文」ではまず，最終目標は実効的な国際管理のもとでの全面完全軍縮であるが，当面の目標は核戦争の危険の排除と，軍備競争を停止させ逆転させる措置の実施であると述べている．

「宣言」では，「兵器，とくに核兵器の増加は国際的な安全を強化するどころか，逆にそれを弱めるものであり，……非核保有国を含むすべての国家の不安感を高め，核戦争の脅威を増大させるものである」と述べている．またそれは，「真の永続する平和は，国連憲章のなかに規定された安全保障体制の実効的な履行と，軍備の迅速で実質的な削減を通じてのみ達成できる」とも述べている．さらに軍縮のための措置を採用するに当たっては，各国の安全に対する権利に留意し，軍縮過程の各段階において，「できるだけ小規模の兵器と兵力で安定した安全保障が得られることを目標とすべきである」ことを強調している．

「行動計画」では，軍縮の分野において国家が緊急課題として，とりくむべき優先事項と措置を列挙している．優先事項には核兵器や化学兵器を含むその他の大量破壊兵器のほか，過度に傷害を与えたり無差別に効果をおよぼすことがあると認められるものすべてを含む，通常兵器が含まれている．同計画は，「平和および安全を強化するために，2国間，地域あるいは多数国間ベースでとるべき合意や措置を断固として追求」することを求め，国際の平和および安全を強化し，諸国間の信頼を醸成するために然るべき措置をとり，然るべき施策を行うことを勧告している．また核兵器の拡散防止と核実験の停止が，緊急の課題であることも強調している．同計画は，ラテンアメリカでの核兵器を禁止した1967年のトラテロルコ条約の完全な履行を要求し，その他の非核地帯創設の提案を実現させるための措置を講じることを勧告している．その他の措置としては，化学兵器の開発・生産・貯蔵の禁止，通常兵器の国際取引の制限，軍事予算の合意に基づいた削減，査察問題に関するいっそうの研究などが含まれていた．同計画にはまた，軍縮のための世界世論を動員するためにとられるべき措置も列挙されている．

「機構」に関する最後の部分では，軍縮のための機構を再活性化させる必要性を述べ，軍縮の審議と交渉のための，また研究を含むその他の活動のための適切に代表されたフォーラムを強化し，あるいは設立する合意への概略を述べている．

特別総会の勧告に基づいて総会は，専門の下部審議機関として全加盟国で構成される新生軍縮委員会（UNDC）を設立した．同委員会には，総会の要請に応じて軍縮問題についての勧告を作成し，さらに軍縮特別総会の決定や勧告をフォローアップする任務が課せられた．

特別総会は，軍縮に関する多数国間の単一の交渉フォーラムが依然として必要であることを認め，ジュネーブ軍縮委員会が引続きこの役割をはたし，その前身である10カ国軍縮委員会（1959～60年），18カ国軍縮委員会（1962～69年），軍縮委員会会議（1969～78年）が行ってきた活動を継承することを承認した．1984年からは軍縮会議として知られるようになったジュネーブ軍縮委員会は，5つの核保有国と世界の各地域の軍事的な強国のほとんどを含む，38カ国で構成されている．1994年に，冷戦後の国際状況の変化を認めた軍縮会議は，構成国の拡大案について検討した．[1995年に構成国は60カ国に拡大された．]

第1回特別総会のその他の成果は，軍縮に関するフェローシップ計画の創設，各国政府や非政府組織（NGO），報道機関や一般大衆に対する軍縮情報の提供の増加，10月24日（国連デー）から始まる週を「軍縮週間」として毎年遵守すること（→126ページ）などであった．

国連が軍縮の分野でその役割をはたし，課せられた任務を遂行できるようにするため，特別総会は軍縮問題を担当する国連事務局の部局である軍縮問題センターの役割を強化する手段を講じた．センターのおもな任務は，通常兵器の移転に関するデータベ

ースの管理，ニューヨークやジュネーブ，その他の場所で現在行われている討議や交渉の支援，各地域での信頼と安全を醸成するイニシアチブの拡大，国連の外部にも情報を普及させることなどである．

1979年に総会は，1980年代を「第2次軍縮の10年」にすると宣言し，これは究極の目標である全面完全軍縮と両立するものであると述べた．「第2次軍縮の10年」の基本的な目標は，軍備競争を停止させ逆転させる，1978年の最終文書の目標や優先事項に沿った軍縮協定の締結，国連憲章にしたがって国際の平和および安全を強化する，とくに開発途上国に有利なように資源を軍事目的から開発目的へと再配分することなどであった．

第1回特別総会後の4年間に，国際状況はじっさいに悪化し，国連の実効的な影響力がおよばないような多くの出来事が，あたかも国際的な軍備制限の努力を妨げるように展開した．1980年代の前半はとくにひどく，軍事支出は増大し，信頼の欠如が軍縮討議を支配し，交渉に影響を及ぼした．いくつかの初歩的な進展はあったが，交渉はすべての重要な軍縮問題で事実上足踏み状態になり，1978年の活動計画は実質的に実行されないままであった．

1982年の第2回軍縮特別総会

第2回軍縮特別総会は，1982年6月7日から7月10日まで国連本部で開催された．当時は国際的な緊張と武力紛争が広がっており，各国の安全保障上の利益とみられる微妙かつ本質的な問題について，調和を達成するには雰囲気が悪すぎた．

全面軍縮の概念は，国連において問題とされる以前に，すでに相当の注目を集めており，この目標は，1978年の第1回軍縮特別総会で再確認されていた．このようにかつては全面完全軍縮が強調されていたが，その後次第に包括的軍縮計画として知られる別のアプローチに力点が移行した．このアプローチの意図は，部分的な軍縮措置を慎重に考慮された計画に組込み，軍縮を漸進的に推進するという観点に立って，目標や優先事項，時間の枠を設定することにある．

第2回軍縮特別総会のおもな議題(1978年の活動計画を包括的な軍縮計画に練り上げる)は，達成できなかった．総会は，1978年のときのように特定の行動方式について意見の一致をみることはなかった．しかしその会期の総括文書において，総会は全会一致で第1回軍縮特別総会の最終文書の妥当性を再確認した．総会は戦争の危険，とくに核戦争の危険について深い関心を表明し，加盟国に対してそのような戦争の防止を確保する提案をできるだけ早急に考慮するよう強く主張した．総会はまた，軍縮の分野での国連の中心的な役割を強化し，国連憲章が規定している集団安全保障体制を履行し，多国間の交渉組織である軍縮委員会の実効性を高める必要性を再度強調した．

同委員会と当時の軍縮会議は1989年までは包括的軍縮計画案の交渉を続けたが，1989年の会期終了時に，状況がもっと好転するまでこの計画に関する活動を停止することで合意した．

第2回軍縮特別総会の決定のなかには，軍縮問題についての一般の意識を高めるための世界軍縮キャンペーン(→126ページ)の開始もあった．総会は第3回軍縮特別総会の招集(のちの1988年に国連本部で開催することが決められた)も決定した．

1988年の第3回軍縮特別総会

第3回軍縮特別総会は1988年に，かなり改善された国際環境を背景に開催された．軍縮の重要な分野のいくつか，とくに核軍縮の領域において示された進歩は会期中の議論を通じて歓迎された．

1987年のアメリカと旧ソ連との間の「中距離及び短距離ミサイルの廃棄に関する条約」(米ソINF廃棄条約)と，1986年の信頼および安全醸成措置ならびに軍縮に関するストックホルムでの「ヨーロッパ軍縮会議」，そして1985年の「南太平洋非核地帯条約」(ラロトンガ条約)は，軍備管理と軍縮について望ましい傾向を示すものであった．

特別総会が始まる前に，ソ連とアメリカの間で始まった戦略兵器削減交渉(START)についても前進が報告され，化学兵器の完全廃絶に関する軍縮会議での前進とあわせて，大いに歓迎された．しかし，これらすべてのことにもかかわらず，加盟国はいっそうの交渉に向けての歩調や方針を設定する，最終文書では全体の一致を得ることができなかった．

■ 軍縮のための組織

国連総会

国連のおもな討議機関である総会は，軍縮問題や国際的安全保障問題に関連する議題を，第1委員会を通して毎年通常総会で取上げ，勧告を行っている．最近では総会が採択する決議の25～30％が，軍縮や国際的安全保障問題に関連するものであった．このような決議の多くは，軍縮委員会に任務を与えたり，

軍縮会議(旧軍縮委員会)にさまざまなアイデアや交渉中の問題を審議するよう要請するものであった．軍縮委員会，軍縮会議(DC)とも，毎年総会に報告書を提出している．

軍縮委員会(UNDC)

第1回軍縮特別総会ののちに設立された新生軍縮委員会は，国連の全加盟国で構成されている．同委員会は総会の閉会中に，特定の軍縮問題を審議するためのフォーラムとなっている．総会の下部機関として，同委員会は国連本部で毎年約4週間，ふつうは5月から6月にかけて会合を開き，特定の軍縮問題について総会に勧告を行ったり，与えられた任務を遂行している．

軍縮会議(DC)

第1回軍縮特別総会の結果，総会は軍縮委員会に単一の多国間交渉フォーラムとしての役割をはたし，前身の諸委員会の活動を継承する任務を与えた．同委員会の構成国は，すべての核保有国(中国，フランス，ソ連，イギリス，アメリカ)を含む40カ国[1995年以降は60カ国]に拡大された．1983年末には，軍縮委員会は軍縮会議と名称を変更した．会合は毎年約6カ月間，通常は総会の閉会中にジュネーブで開かれる．同会議の事務総長は，協議の上国連事務総長によって任命され，国連事務総長の個人的な代表としても働く．

軍縮会議は国連と独特の関係をもっている．同会議は総会の勧告を考慮しつつ，独自の手続規則を定め，議題を設けている．同委員会は1979年に10項目の議題を合意に基づいて恒常的な議題と定め，そのなかから毎年の議題を選んで，年間の活動計画を決めている．全体会議と特定の議題を扱う小委員会は，コンセンサス(全体の合意)方式によって運営されている．というのも，国際協定が実効的であるためには，それはあまねく受入れられなければならないからである．

■ おもな成果

多国間条約

第1次世界大戦後，1874年のブリュッセル宣言とその後のハーグ諸条約を，化学兵器および「窒息性ガスあるいは有毒ガスの散布を唯一の目的とする投射物の使用」を禁止する条約に焼直す努力が熱心に行われた．全面的な禁止は依然として達成されていないが，最初の成果は1925年のジュネーブ議定書であった．同議定書では，「窒息性ガス，毒性ガスまたはこれらに類するガスおよびこれらと類似のすべての液体，物質または考案を戦争に使用すること」はもとより，「細菌学的戦争手段の使用」も禁止していた．このジュネーブ議定書は，化学兵器の生産，保有，貯蔵の禁止に向けた最近の努力の出発点であり，そして1972年に「生物兵器毒素兵器禁止条約」が成立する助けとなった．この議案書には，1987年現在，110カ国が参加している．

1945年以来の多国間レベルと2国間レベル，さらには地域レベルでの国連と各国政府の協調した努力によって，さまざまな軍備制限や軍縮のための措置を締約国に義務づける重要な協定と条約の体系ができあがった．今までに締結された多数国間条約は，次の通りである．ただし，( )内は条約発効年と調印国数を示す．

- 「南極条約」(1959年，42カ国)　南極の非軍事化を規定したもので，非核地帯の概念を取入れた最初の条約である．非核地帯はのちにラテンアメリカや南太平洋，[アフリカ，東南アジア]，深海底や宇宙空間にも適用された．同条約は南極地域でのあらゆる軍事演習，兵器の実験，施設の設置，放射性廃棄物の処分を禁止している．
- 「大気圏内，宇宙空間および水中における核実験を禁止する条約(部分的核実験停止条約)」(1963年，115カ国)　指定された3つの環境内でのすべての核実験を禁止しているが，地下核実験は禁じていない．1963年以来，総会は繰返し，地下核実験を含むすべての核実験を禁止する包括的な条約の締結を強く主張してきた．[包括的核実験禁止条約は1996年9月に国連総会で採択された．核保有国で同条約を批准したのはイギリスとフランスだけであり，アメリカ上院は1999年10月に批准案を否決した．]
- 「月その他の天体を含む宇宙空間の探査および利用における国家活動を律する原則に関する条約(宇宙空間条約)」(1967年，94カ国)　核兵器や他の大量破壊兵器を地球をまわる軌道に乗せることを禁じ，さらに天体の軍事利用およびそのような兵器を天体に設置することを禁止している．
- 「ラテンアメリカ・カリブ海核兵器禁止条約(トラテロルコ条約)」(1969年，31カ国)　人口密集地域に初めて非核地帯を創設した条約である．それはまた，ラテンアメリカ核兵器禁止機構という国際機関と国際原子力機関(IAEA)の保障措置制度を

通じ，この管理と検証を規定した最初の軍備制限協定でもある．

- 「核兵器の不拡散に関する条約（核不拡散条約）」（1971年，183カ国）　非核保有国への核兵器の拡散を防止し，すべての国々に平和目的で核技術を利用する権利を保証し，核軍縮過程の促進を目的としている．同条約は核保有国を，1967年1月1日以前に核兵器またはその他の核爆発装置を製造し爆発させた国と定義している．全条約の中で最も当事国が多いこの条約はこれまでのところ核保有国の数を5カ国にとどめるのに役立ってきた．
- 「核兵器および他の大量破壊兵器の海底における設置の禁止に関する条約（海底非核化条約）」（1971年，94カ国）　核兵器およびその他の大量破壊兵器や，そのような兵器のための施設を沿岸から12mil（19.3km）以上離れた海底およびその下に設置することを禁止している．
- 「細菌兵器（生物）および毒素兵器の開発，生産，貯蔵の禁止ならびに廃棄に関する条約（生物兵器毒素兵器禁止条約）」（1972年，135カ国）　文字通りの軍縮，すなわち既存の兵器の廃棄を規定した最初の国際協定である．
- 「環境改変技術の軍事的使用その他の敵対的使用の禁止に関する条約」（1977年，63カ国）　地震，大津波などの現象を起こしたり，天気や気象パターンの変化を起こすような広範囲で長期的あるいは深刻な効果をもつ技術の利用を禁じている．
- 「月その他の天体における国家活動を律する協定（月協定）」（1979年，7カ国）　1967年の宇宙条約よりもさらに進んで，軍事目的での月およびその他の天体の利用を禁止している．
- 「過度に障害を与えまたは無差別に効果をおよぼすことがあると認められる通常兵器の使用の禁止または制限に関する条約（非人道兵器条約）」（1983年，57カ国）　地雷やブービートラップ，焼夷兵器および人体において十分に探知できない破片の利用を制限あるいは禁止している．これらの規則はそのような兵器利用の全面禁止から，偶発的に文民の生命身体に傷害を与えたり非軍事目標に損害を与えるような条件での兵器利用の制限にまでおよんでいる．
- 「南太平洋非核条約（ラロトンガ条約）」（1985年，9カ国）　実際的な地域限定措置のよい例証となる．同条約が設定する制限地域は2つのほかの主要な地域条約，すなわちトラテロルコ条約と南極条約のそれと隣接しており，これら3つの条約で覆われる地域は，地球表面のかなりの割合を占めるものである．
- 「欧州通常戦力削減条約（CFE条約）」（1990年，22カ国）　欧州安全保障協力会議（CSCE）の首脳会議で達成された，冷戦後の一大成果であった．同条約は1990年11月にパリで採択された．発効したのは，旧ソ連から新しく独立した7カ国を含む22カ国の原加盟国の署名後の，1992年11月9日であった．同条約は大西洋からウラル山脈にまで及ぶ適用地域内で，5つのカテゴリーの兵器の制限を設定した．制限の対象になったのは，兵力レベルや奇襲攻撃ならびに，大規模攻撃能力における不均衡をなくすような兵器体系のカテゴリーであった．同条約は通常兵器をじっさいに削減することを規定した，ヨーロッパで最初の条約となった．条約の規定にしたがい，軍の兵力制限を目的とした，CFE条約当事国間での交渉もまもなく始まった．「CFE-1A協定」として知られる条約が，1992年7月にヘルシンキでのCSCEの首脳会議で調印された．〔CSCEは1995年1月から欧州安全保障協力機構（OSCE）に名称を変更した．〕

2国間条約

同じ時期に，ソ連とアメリカの間の2国間交渉からも多くの協定が生みだされた．その中には次のものが含まれる．

- 「対弾道弾ミサイル・システムの制限に関する条約（ABM制限条約とSALT I 条約の一部）」（1972年）　海上，空中，宇宙あるいは可動式の陸上の装置から発射される大陸間弾道弾迎撃ミサイル（ABM）システムの展開を全般的に制限し，とくにABMシステムの展開をそれぞれ100基以下の発射基をもつ2つのサイトに制限している．1974年の議定書によって，ABMシステムの展開はさらに100基以下の発射基をもつひとつの地域に制限がされた．
- 「戦略攻撃兵器の制限に関する一定の措置についての暫定協定（SALT I）」（1972年）　戦略兵器の発射基の数を5年の間（延長の規定もある）で削減することを規定している．
- 「核戦争の防止に関する協定」（1973年）　アメリカとソ連の2当事国は，核戦争の危険をなくすこと，核兵器の使用を政策目標としないこと，安定と平和を確保するためあらゆる努力をすることで合意した．
- 「地下核兵器実験の制限に関する条約（実験禁止開

始条約)」(1974年) 爆発規模150ktを超える地下核実験を禁止することで，核禁止の第1歩を踏みだしている．
- 「平和利用目的のための地下核爆発に関する条約」(1976年) 平和目的で行う核爆発で1回の出力が150ktを超えるもの，および数回の爆発で総出力が1500ktを超えるものを禁止しており，現場での検証手続も規定している．
- 「戦略攻撃兵器の制限に関する条約(SALT II)」(1979年) 戦略核の運搬装置の数と種類に関する制限を設定している．

1974年，76年，および79年の条約はまだ発効していないが，各当事国は相手国がこれらの条約の実質的な規定を遵守する限り，自国も同様に遵守することに同意している．
- 「中距離及び短距離のミサイルの廃棄に関する2国間の条約(INF条約)」(1987年) 500kmから5500kmの間の射程距離をもつ核兵器を，まるごと全廃することを規定している．同条約は1988年6月1日に発効し，条約が定めた1991年6月1日以前に履行された．
- 「戦略攻撃兵器の削減と制限に関する条約(START条約)」(1991年) 両国の戦略核兵器，すなわち大陸間弾道ミサイル(ICBM)に関する制限を設けている．この条約は当事国の核兵器全体の35%から40%というそれまでに前例のない削減目標を設定し，履行を検証するための入念なシステムを創設した．
- 「戦略攻撃兵器のさらなる削減と制限に関する条約(START II)」(1993年) 履行されれば，潜水艦発射弾道ミサイル(SLBM)，ICBMや核弾頭を装備した爆撃機および空中発射の核巡航ミサイル(ACLM)を全体的にさらに削減することになっている．同条約はSTART条約よりも先に発効することがないよう規定されているので，まだ批准されていない．

■ **おもな問題と軍縮交渉の努力**

核兵器の脅威

最初の原子爆弾が1945年8月6日と9日に爆発したとき，そのとてつもない破壊力を目の当たりにして，世界はかつてないほど大きな軍事的および政治的問題に直面した．

核兵器を用いた場合の破滅的な結果は，敵対する核大国間だけに限定されるものではなく，地球全体の文明を脅かすものとなるであろう．健康および保健サービス面での核戦争の影響に関する，1984年の世界保健機関(WHO)の報告によると，全面核戦争では地球全体で1万MTもの核爆弾が，そのうち90%はヨーロッパやアジア，北アメリカに，残りの10%はアフリカ，ラテンアメリカおよびオセアニアで爆発するとしている．その結果，世界人口の半分が即時に戦争犠牲者となり，約15億人が死亡し，11億人が負傷するという．さらに，攻撃で生き残った数百万人の人々も，その後数年の間に放射能や病気，気温の低下，飢餓で死ぬことになるという．このように，全部集めれば広島型爆弾の百万倍以上に相当する破壊能力をもった核兵器から，人類に対する最大の脅威が生じている．それでも核大国は，消極的態度を表明しつつも，相手が戦略としてあるいは信頼できる戦争抑止策として，相手が保有する限り自らも核兵器を保有することが不可欠と考えている．

核戦争が気候に，また潜在的には物質界にもたらす効果に関する1988年の国連の研究は，ひとたび全面核戦争が起これば，地球全体の環境破壊を引起こす危険性が高いと結論づけている．1990年の国連報告は，核兵器の開発がもたらした歴史の転換点にあるというとらえ方をしていた．その報告によれば，核兵器は，多様で広範囲におよぶ効果によって，人類史上例のないほど大量の破壊力をもつ戦争手段を提供しているという意味で，歴史的に新しい兵器の形態を代表している．核技術は，1発の核兵器から1マイクロ秒の間に歴史上のすべての戦争で用いられた通常兵器から放射されるエネルギーの総計を越えるエネルギーを放射させることを可能にした．同じ専門家集団の推計によると，軍備競争の結果，1990年までに約5万発の核弾頭が陸上や公海上に展開されているという．彼らはまた，世界全体の核兵器の保有量はTNT爆弾火薬約130億t分に匹敵し，その爆発力は広島型原子爆弾の威力の百万倍に相当するとも推計している．

1945年に核兵器の生産技術を開発していたのはアメリカだけであったが，1949年にはソ連が核兵器の生産能力を獲得し，1952年にはイギリスが，1960年にはフランスが，そして1964年には中国があとに続いた．冷戦時代を通じて，核保有5ヵ国のなかでアメリカとソ連が膨大な量の核兵器と，最も進んだ運搬システムを維持してきた．国連は1978年の第1回軍縮特別総会で採択された合意文書で，この2大国が核軍縮に関して特別の責任を負っていることを

認めている．

　何年にもわたって，国連のフォーラムにおいて，非核保有国のうちのいくつかの国が核兵器開発を計画しているのではないかという懸念を表明してきた（いわゆる「核疑惑国」の問題）．ペルシャ湾岸戦争が終ったあとの1991年4月に，表明された懸念のうち少なくともイラクについては当たっていたことが明らかになった．1993～94年には，北朝鮮（朝鮮民主主義人民共和国）の挑戦が国際危機を招いた．北朝鮮は国際原子力機関（IAEA）の査察官が監視のために平和的に核施設に近づくことを拒絶した（→270ページ）．このような前例のない事態の成行きは，国連とくに安保理とIAEAに対する挑戦といえるものであった．

　1991年末のソ連の崩壊によって，ソ連が保有していた核兵器が，新しく独立したベラルーシ，カザフスタン，ロシア，ウクライナの4カ国の領域に残された．この事態は，核兵器の国際社会による管理に新しい挑戦を突きつけるものとなった．

　何年にもわたって国連やその他の多数国間フォーラムによって，核兵器やその運搬手段を制限し，削減し，全廃することや，非核保有国に対して核兵器が使用されたり使用するという威嚇をしないことの保障，核兵器が非核保有国に拡散することの防止，すべての核実験の停止，核兵器の不使用の保障，核兵器はもとより軍事目的での核分裂物質の生産の停止，核保有国による核兵器の展開の制限，核エネルギーの平和利用の面での協力の促進などが提案されてきた．

　冷戦の終結とともに国際政治の歴史は転換点にさしかかり，そこで起きた劇的な出来事は核軍縮の分野に直接的な影響をもたらした．ロシアとアメリカの2国間交渉の結果，完全に履行されれば両者の核戦力に前例のない削減もたらすはずの，いくつかの協定が誕生した．

　このような展開は，冷戦の終結を成文化するのに役立ち，2つのおもな核大国が核兵器に対する管理をさらに推進するのはもちろん，ほかの3核保有国が核兵器の領域でさらに努力するのを促す手助けともなった．

　国際情勢が大きく進展したことを示す徴として，1994年1月に「包括的核実験禁止条約」（CTBT）に関する多数国間交渉が始められることが会議で決定された．[CTBTは1996年の国連特別総会で採択された．]1993年の通常総会の期間中に，2大国は軍事目的での核分裂物質の生産の停止について合意に達する用意があることを表明した．

　[なお1998年にはインドとパキスタンがあいついで核実験を行っているが，国際的には核保有5カ国に列する国とは扱っていない．]

2国間の核軍備削減条約

　1969年から1993年にかけての，歴史的なアメリカとソ連の2国間交渉には，国連は関与しなかったが，国連加盟国は2大国のイニシアチブを励ますことでこれにこたえ，核戦争を防止し，核兵器を削減し，宇宙での軍備競争，（国連の長年の目標である）を防止し，軍備競争を停止するために最大限の決意をもって交渉を続けるよう訴えた．他の核保有国は，2大国が核兵器を削減すれば自分たちも削減過程に加わることを宣言した．そういう文脈においてこれらの交渉を好ましい結果へと導いた一連の出来事と，さらにそれが地球全体の安全にとってもっと広大な意義について，ここで振返ってみるのが適当なことだと思われる．

SALT条約

　1969年に旧ソ連とアメリカが始めた戦略兵器制限交渉（SALT）の結果，第1段階として1972年5月26日にモスクワで2つの条約，つまり1974年7月3日の議定書で後に改良された「対弾道弾ミサイル・システムの制限に関する条約」（ABM制限条約）と，議定書の付属した「戦略攻撃兵器の制限に関する一部の措置の暫定協定」（SALT I）が調印された．「ABM制限条約」と暫定協定は，いずれも1972年10月3日に発効した．

　「ABM制限条約」に調印したことで，アメリカとソ連は陸上および海上，空中の可動式の発射台によるABMシステムの開発，実験，展開を行わないことになった．両国はABMシステムの基地を2つまでとし，それぞれの基地の発射台を100以下に制限することでも合意した．こうして，両国は安定性を損なうと考えられる全国レベルでのABMシステムは，建設しないことにした．1974年に同条約は，ABMシステムの展開地域を両国とも1カ所だけに制限するという議定書によって改定された．ソ連はABMシステムを首都のモスクワ地域に集中して設定し，アメリカはノース・ダコタにある大陸間弾道ミサイル展開地域に設定することを選んだ．その後アメリカは，ABMシステムを展開しないことを決定した．

　交渉の第2段階は1972年11月に始まり，1979年6月にウィーンで「戦略攻撃兵器制限条約」（SALT

II)と，同条約の不可分の一部をなす議定書，さらに「戦略兵器制限交渉の継続に関する原則と基本ガイドラインの共同声明」を調印して終了した．条約は1985年末まで有効であるように構想され，特定の兵器の定義とともに，特定の兵器システムの実験，展開，近代化，代替，変換についての数々の詳細な制限も盛りこまれていた．SALT IIの遵守に関するあらゆる問題を処理するため，1972年に両国は常設協議委員会を設置した．SALT IIは両国とも批准はしなかったが，両国はともに相手側が遵守するかぎり，自らも条約の規定を遵守するつもりであることを宣言した．

INF全廃条約

1980年代の初めに，アメリカとソ連は新たに2つの交渉を開始した．ひとつは中距離核戦力に関するもの(INF)で，もうひとつは戦略兵器の削減に関するもの(START)である．ヨーロッパでの中距離核戦力の問題をめぐって両国の間に政治的緊張が生じたため，1983年に交渉は打切られたが，1985年1月に両国は，宇宙での軍備競争を防止し，地上での軍備競争を終結させる目的で，核軍備の制限と削減および戦略的安定性を強化する協定を作成するため，宇宙と核軍備(戦略兵器と中距離兵器の両方)に関する複雑な問題について交渉を始めることで合意した．その結果，まず1987年12月にワシントンで「中射程及び短射程のミサイルの廃棄に関する2国間条約」(INF全廃条約)が調印された．同条約はある等級に分類される核兵器のすべて，すなわち500kmから5500kmの間の射程距離をもつ核戦力すべての廃棄を規定した．(5500kmを超える射程距離をもつ核兵器は戦略兵器とされ，いっぽう500km以下の射程距離をもつ核兵器は戦術核兵器とされた)．同条約は，1988年6月1日に発効した．「INF全廃条約」は2大国の核兵器を初めてじっさいに削減するものであったという意味で，最初の核軍縮条約とされている．同条約はまた，相互の現地査察の取決めを含む厳格な検証スケジュールをもつという点でも，重要な転換点とみられた．同条約は，規定された日時の1991年6月以前に，完全に履行された．

START条約

中距離核戦力に関する交渉と並行して，両陣営の戦略核兵器，とくに大陸間弾道ミサイル(ICBM)の大幅な削減についても，複雑な交渉が行われていた．これらの交渉の総仕上げとして，1991年7月31日にブッシュ大統領とゴルバチョフ大統領がモスクワの首脳会談で，「戦略攻撃兵器の削減と制限に関する条約」(START条約)に調印した．同条約のおもな目的は，ソ連とアメリカの間の核の問題における安定性を増大させることにあった．条約によって両陣営の戦略核戦力に設けられた相互の諸制限は，すべてを合わせれば当時の両国の核戦力全体の35～40％が削減されるという，前例のない規模のものであった．さらに，全面的な通知，査察，常駐監視を含めた条約規定の遵守を検証するための入念なシステムも採用された．

START条約の批准を進めるための，またソ連解体後に生じた問題に対処するための努力と同時に，ロシアとアメリカは戦略核兵器に関する交渉を強化した．その結果，1993年1月3日に，ブッシュ大統領とエリツィン大統領は「第2次戦略攻撃兵器さらなる削減と制限に関する条約」(START II)に調印した．この条約が履行されると，両国の大陸間弾道ミサイル(ICBM)，潜水艦発射弾道ミサイル(SLBM)，核装備した重爆撃機ならびに空中発射の核巡航ミサイル(ACLM)を含む核兵器弾頭全体が，大幅に削減されることになっている．

「START条約」の発効は，1989年のソ連崩壊によって複雑化した．ロシアは，ベラルーシ，カザフスタン，ウクライナの新共和国が同条約と「核不拡散条約」(NPT)を批准することを条件に，STARTを批准した．同条約はアメリカ上院で批准され(1992年10月1日)，ロシア議会(1992年11月4日)，ベラルーシ議会(1993年2月4日)，カザフスタン議会(1992年7月2日)，ウクライナ議会(1994年2月3日)でも批准された．ベラルーシはNPTに1993年7月22日に加盟した．カザフスタンも1994年2月14日に加盟した．1994年8月1日現在，ウクライナ政府はNPTへの加盟の意思を表明してはいるが，まだ実現していない．[ウクライナは1994年11月にNPTへ加盟した．]「START条約」が発効するのは，この最後の条件が満たされ，条約文書が公式に交換されたときである．[START I条約は1994年12月に発効した．]

「START II条約」は，「START条約」より前には発効しないという規定があるため，まだ批准されていない．[アメリカは1995年1月にSTART II条約を批准した．]同協定は2段階に分けて，2003年までにロシアは自国の戦略核兵器を3000発に，アメリカは3500発に削減することを想定している．もしアメリカがロシアを財政的に支援することによって，ロシアが自国の核弾頭の取外しを実行できるようになれば，核兵器全廃の目標期限は2000年に繰上げられ

る．［ロシアの批准の遅れから，履行期限は2007年まで延期された．］

一方的なイニシアチブ

互いの間の核対決のレベルを引下げるための，2大国の共同の努力に加えて，一方的な核削減のイニシアチブが1991年9月27日にブッシュ大統領によって，同年10月5日にはゴルバチョフ大統領によって表明され，両国の核兵器全体に影響をおよぼした．この広範なイニシアチブは，全世界に両国が展開している戦略核兵器を破壊することをはじめ，両国の核戦力に関する有意義な動きを示していた．同時に，ゴルバチョフ大統領は1年間の核実験停止も宣言した．

1991年末のソ連の崩壊により，「START条約」によって制限，削減されることになっていた同国の核兵器の管理が，新しくできたベラルーシ，ガザフスタン，ロシア，ウクライナの4カ国に移された．新しい状況で生じた問題に対処するため，4カ国はアメリカとともに1992年5月23日に，リスボンで1991年の「START条約」の付属の議定書に調印した．同文書で4カ国は，旧ソ連の後継国として同条約で旧ソ連が負っていた義務を引受けることに同意した．そのなかには，条約に定められた制限と削減の目標を遵守するために，4カ国で必要な措置を取決めることも含まれていた．ロシアが旧ソ連の核保有国としての地位を引継ぐいっぽう，ベラルーシ，カザフスタン，ウクライナは可能なかぎり早い時期に非核保有国として，「核拡散防止条約」に加盟することを約束した．

核実験の停止

包括的な核実験の禁止が核兵器の拡散を防止するであろうことは，広く認められている．それが実現すれば，核保有国が新しい兵器を開発するのは不可能とはいわないまでも，開発は困難になるだろうし，既存の核兵器を改良することにも歯止めがかかるだろう．他方，アメリカを含む核保有国は自国の安全が核抑止力戦略に全面的に依存しているかぎり，少なくとも何らかの形の実験は必要であると考える傾向がある．

核実験の停止の問題は，1945年以来総会で議論され続けてきた．1945年7月16日から1986年12月31日までの間に，1622回の核実験による爆発（アメリカが815回，ソ連が597回，フランスが140回，イギリスが40回，中国が29回，インドが1回）が行われたと推計されている．もっともインドは，厳格に平和目的で核実験を行ったと述べている．

［インドは1998年5月に再び地下核実験を行い，パキスタンもこれす対抗する形で地下核実験を実施した．］

部分的核実験停止条約

1958年の後半に，核保有国（当時はソ連とイギリス，アメリカ）がジュネーブで核実験の停止に関する交渉を開始した．この交渉では明確な成果は得られなかったが，その後の総会や18カ国軍縮委員会による努力の結果，最終的に1963年8月5日のモスクワでの「大気圏内，宇宙空間および水中における核兵器実験を禁止する条約」（部分的核実験停止条約）の調印にこぎつけた．同条約は兵器実験およびその他のあらゆる目的で，大気圏やそれを超える宇宙空間，領海および公海を含む水中で核爆発を行うことを禁止している．そのほかに同条約は，国家の管轄のおよぶ範囲内で行われる核爆発であっても，それによって生み出された放射能を帯びた灰が領域的な限界を越えて外の環境に影響をおよぼすような場合については禁止している．同条約は地下で実施される核実験を禁じてはいないが，条約当事国は条約のおもな規定をさらに推し進めて，すべての核実験の終止を追求し，そのための交渉を継続する意思があることを確認し，放射能による環境汚染がなくなることを願っていると宣言した．

同条約は世界規模で核軍備を制限する最初の国際協定であり，国際的な緊張を緩和し，放射能汚染を減らす重要な文書であると認められている．同条約はまた，ほかの核軍備制限条約，とくに「核兵器の不拡散条約」について交渉が行われる環境づくりにも役立った．

フランスと中国は，この条約の当事国ではなかったが，フランスは1974年に大気圏での実験は今後は行わないと宣言した．

核実験に関する2国間協定

1963年にとくに非同盟諸国の間で，「部分的核実験停止条約」を，地下核実験にまで広げるようアメリカとソ連を説得する熱心な努力が行われた．しかし，核実験の検証をめぐる意見の対立が，そのような拡大を妨げた．「部分的核実験停止条約」が発効したあとも，多数の地下核実験が，おもにソ連とアメリカによって続けられた．

ソ連とアメリカの間で結ばれた2つの2国間条約が，それぞれの地下核実験について制限を設けた．ひとつは1974年の「地下核実験制限条約」（地下核実験禁止開始条約として知られる）で，もうひとつは

1976年の「平和目的での地下核爆発に関する条約」である．各当事国は150ktを越える出力の爆発実験は行わないことで合意した．2大国はともに条約の規定を遵守はしたが，この2つの条約は実験の検証手続と技術的困難のため何年にもわたって批准されなかった．核実験の検証および出力の測定方法に関する，1987年11月から1990年12月1日までの3年間の2国間交渉の結果，両国は2つの条約の批准書を交換した．2つの条約に関連して設定された実験の検証取決めの，その公開性と透明性は前例のないもので，核兵器削減の合意に向けた両国間の協力をさらに推進するのに役立った．

包括的核実験禁止条約（CTBT）

すべての核兵器の実験や核爆発の実験の包括的な停止の問題は，1963年以来国連の各機関で独立した問題として扱われてきており，多くの総会決議の主題となっている．1977年から1980年までの間にソ連，イギリス，アメリカは「包括的核実験禁止条約」に関する3国間交渉を行ってきたが，妥結には至らなかった．核実験禁止の履行をどのようにして検証するか，実験禁止のもとで平和目的の核爆発をどのように取扱うべきか，そもそもすべての核爆発の禁止を求めるべきなのかどうかなどといった問題が，1980年以来中心となって努力してきた軍縮会議でも，1986年7月に始められたアメリカとソ連の2国間協議でも障害となっていた．2大国は，より詳細な実験の検証手段，許容される爆発威力の測定方法，1974年と1976年の条約を批准する条件，さらに包括的禁止につながる地下核実験の条件を緩和することができないかといった問題について，議論を重ねた．

このような努力にさらにはずみをつけるため，ソ連は1985年8月から1987年2月までの18ヵ月間，すべての核爆発を中止した．アメリカはそのような検証できない措置が，交渉によって結ばれた拘束力をもつ条約のかわりになるとは考えられないとして，同じような措置をとらなかった．

核実験の終止へ向けた一方的な行動

冷戦が終り，国際政治状況が改善されたことを受けて，包括的な核実験禁止の達成に向けた重要な政治上の動きがみられた．1990年代の初めになって，核保有国で実施してきた地下核実験の回数が大きく減少し始めた．[フランスは1995年に核実験を実施し，国際社会の強い非難を浴びた．]1991年10月にソ連は核実験の一方的なモラトリアムを宣言し，それをロシアは無期限に延長した．1992年4月にはフランスが核実験を停止した．1992年10月にアメリカは，一方的な核実験のモラトリアムを宣言するだけでなく，1996年9月以後はアメリカ政府が核実験を行うことができなくなるようにする法律を制定した．[アメリカは未臨界実験は禁止されていないとして，1999年10月に通算7回目の実験を行った．]アメリカの核実験場で数十年にわたって核実験を実施してきたイギリスは，アメリカのモラトリアム宣言を尊重し，1991年11月以後はどのような核実験も行っていない．しかし中国は，1993年10月と1994年6月に核実験を行った．

中国の核実験にもかかわらず，上述の核実験停止の動きは，総会で加盟各国の大多数から歓迎され，包括的核実験禁止も達成可能な目標であるという楽観主義が再び生まれた．

核拡散の防止

原子力時代の初期には，一般に少数の先進諸国だけが核兵器を生産する能力があると考えられていた．しかし1960年代なかばになると，とくに原子力発電に関する技術の進歩と核生産過程の単純化によって，比較的小さな国も含む約20ヵ国が核開発能力をもつ国として分類されるようになった．今では約30ヵ国がいわゆる「核疑惑」国となっている．[包括的核実験禁止条約は核開発能力をもつ44ヵ国の批准を発効の要件としている．]かくして水平的な核拡散の恐怖が，総会で多くの議論を呼び起こした．1965年から1966年の間，総会での軍縮に関する議論の大半はこの問題に集中した．とくに中国が核保有国となった時はそうであった．

1967年に，アメリカとソ連は長期間の交渉の末に，そろって同じ不拡散条約の草案を18ヵ国軍縮委員会に提出し，さらに交渉が進められたのちの1968年に，総会は圧倒的多数で最終草案を「核兵器の不拡散に関する条約（NPT）」として採択した．同条約は1970年3月に発効した．1993年7月31日現在，同条約を批准した国は核保有国であることを宣言している中国，フランス，ロシア，イギリス，アメリカの5ヵ国を含めて，160ヵ国[1996年末現在で183ヵ国]にのぼる．批准国の多さに表われているように，同条約は広い支持を得てきたが，条約の目的に対する挑戦も残っていた．

「核不拡散条約」は，国際原子力機関（IAEA）の保障制度を用いて非核保有国による核物質の流用や濫用を抑止することで，核兵器の拡散を防いでいる．同条約には核エネルギーの平和利用の促進，平和目

的で非核保有国が核関連の設備，資材，および情報を公平に利用できるようにすること，核軍備競争の停止と核および一般的な軍縮に関する交渉の追求などの規定が含まれている．条約当事国であるすべての非核保有国は，これとは別の協定によって，IAEAの保障制度を受入れなければならない．この保障制度では，当事国のすべての核施設に対する国際的な査察を規定している．条約の批准国ではないいくつかの国々も，自国の施設のすべてあるいは大半について，IAEAとの保障協定に調印した．

1991年末のソ連の分裂の結果，旧ソ連領に残された核兵器がベラルーシ，カザフスタン，ロシア，ウクライナの管轄下に置かれることになった．ロシアが旧ソ連の条約上の義務を引継ぐいっぽう，「リスボン議定書」という特別の合意によって，ベラルーシ，カザフスタン，ウクライナは非核保有国としてNPTに加盟することに同意した．1993年11月1日現在，ベラルーシだけがこの義務を履行していた．［1994年までに他の2国も義務を履行した．］さらに条約批准国でないほかの国々，なかでもアルゼンチン，ブラジル，インド，イスラエル，パキスタンは大規模な核計画と設備をもっているが，それらの大半はIAEAの保障協定で規制の対象となるものである．これらの国々は同条約に参加していないが，これは同条約に対する主要な批判のひとつを反映している．つまり，これらの諸国は同条約は国際社会を核をもつ国ともたない国に分ける差別的な機構・構造をもっていると，非参加各国が考えているのである．

湾岸戦争に続いて，イラクの大量破壊兵器の使用能力を除去するために任命された国連特別委員会（UNSCOM）は，同国に秘密の核兵器開発計画があったことを発見した．この発見はNPT体制への挑戦であり，とくにIAEAが行っている査察手続に対する挑戦となった．

1975年，80年，85年および90年の4回にわたって，同条約の運用を再検討する会議が開かれた．条約の規定にしたがい，発効から25年後にはこの条約を無期限に延長するか，または一定の期限を付して延長するかを決定する会議が開かれる．［1995年のNPT再検討会議は，同条約の無期限延長を決定した．］条約発効以来，当事国と総会は機会あるごとに，同条約が普遍的に受入れられることが核不拡散体制を強化する最良の方法であると訴えてきた．

NPTの拡大とNPT体制の強化にとってきわめて重要な側面のいくつかは，核軍備競争の停止と核軍縮に向けた努力の問題をめぐるものである．その意味で，「包括的核実験禁止条約」を実現することは多くの非核保有国にとってきわめて重要な問題であった．さらに，非核保有国に対しては核兵器を使用しないという保障を与えることが，NPT体制を強化する上でたいへん重要なことになる．多くの国々は何年にもわたって核保有国に対し，軍事目的での核分裂物質の生産をやめるよう要求しており，それが核軍備競争を生産能力の面から終らせるのに大いに寄与すると考えている．

以上の注意点にもかかわらず，「核兵器不拡散条約」は，世界の圧倒的多数の国々を包含するまでに成長した国際的な核不拡散体制の要として，有効であり続けている．

非核地帯

世界の各地に非核地帯を設置することは，核の水平的拡散をおさえ，地域ベースで非核保有国の平和と安全を高めるのに有効な手段であると，長い間考えられてきた．

宇宙空間

1967年の「月その他の天体を含む宇宙空間の探査および利用における国家活動を律する原則に関する条約」（宇宙空間条約）は，厳密には特定の地域での核兵器を禁止する法体系に属するものではないが，非核地帯の概念に関連している．とくに，同条約では当事国に対して，地球をまわる軌道に核兵器やその他の大量破壊兵器を搭載した物体を乗せないこと，天体にそれらの兵器を設置しないこと，さらに宇宙空間にそれらを配置しないことを規定している．

海 底

1972年の「核兵器および他の大量破壊兵器の海底における設置の禁止に関する条約」は，締約国に対して，12海里（22.2km）の領海の外側の海底およびその下にいかなる核兵器またはその他の大量破壊兵器，またはそのような兵器のためのいかなる施設も設置しない義務を負うことを規定している．

南 極

1959年の「南極条約」は，南極に非武装地帯を設けることによって特定の地域に核兵器を持込まないことを規定した最初の国際協定であった．条約の規定により，南極は平和目的だけに利用されることになっている．同地域でのすべての軍事活動，核爆発あるいは放射性廃棄物の投棄は禁止されている．同条約の規定は厳正に守られてきたようである．

ラテンアメリカおよびカリブ海

1967年2月14日にメキシコのトラテロルコで調印された「ラテンアメリカ・カリブ海核兵器の禁止に関する条約」(トラテロルコ条約)は,人口密集地域に非核地帯を設定した初めての条約であった.同条約はまた,独自の国際的な検証体制と常設の監視機関を確立した最初の地域条約でもある.その機関はラテンアメリカ核兵器禁止機構(スペイン語の頭字語をとって,OPANALと呼ばれる)といい,1969年6月に設立された.条約当事国は,自国の管轄下にある核物質あるいは核施設を平和目的だけに使用すること,いかなる事情のもとでも自国の領域内に核兵器をおかないことに同意している.さらに,あらゆる核兵器の実験,使用,製造,生産,所有,管理などを直接または間接的に行ったり,奨励したり,認めたり,参加しないことにも同意している.同条約の検証体制は,当事国がすべての核活動に関してIAEAと保障協定を結ぶことを要求事項として含んでいる.同条約には2つの追加議定書がついている.追加議定書Iに基づきフランス,オランダ,イギリス,アメリカは,法的にあるいは事実上これらの諸国が国際的に責任を負っている地域の非核地帯としての地位を保障することに同意した.1992年8月にはフランスが同議定書に調印し,4カ国全部が調印したことで,この議定書は効力を発した.追加議定書IIは,核保有国がラテンアメリカの非核化を全面的に尊重することを誓い,同条約当事国に対して核兵器を使用したり,使用すると威嚇しないことを誓うよう求めている.1979年までに,核保有5カ国すべてが同議定書の加盟国となった.

南太平洋

1986年の「南太平洋非核条約」(ラロトンガ条約)の当事国は,いかなる核爆発装置も製造したり取得したりしないこと,核分裂物質の輸出を管理すること,核活動は平和的で爆発以外の目的でのみ行い,厳格な保障体制のもとで行うこと,南太平洋での核爆発装置の実験を禁止すること,自国の領域内に核爆発装置を配備することを禁止すること,当該地域での核廃棄物の海中投棄を防止することなどを,義務としている.

この条約には,その目的上不可欠な3つの議定書がある.第1議定書はフランス,イギリス,アメリカに対して,この条約の当事者国が義務を負っている当該領域内で,あらゆる核爆発装置の製造,配備実験の禁止について,同条約上の規定の適用することを義務づけている.しかしこれらの3カ国は,この議定書に調印していない.議定書IIIは同条約当事国に対して,核保有5カ国が核爆発装置を使用したり,使用すると威嚇しないことを義務づけている.この議定書には,中国とロシアが同意している.議定書IIIは,同条約がカバーする地域内で核保有5カ国が,いかなる核爆発装置の実験も行わないことを義務づけている.中国とロシアが,この議定書を批准している.

非核地帯の提案

核兵器の使用を禁止する条約の整備ができた上述の地域,地帯のほかに,総会は成否の差はあるが,世界のほかの多くの地域を非核地帯にしようとする提案を審議してきた.審議された地帯の中にはバルカンや地中海,北ヨーロッパも含まれていたが,ほとんどの提案はとくに中央ヨーロッパ,アフリカ大陸,中東,南アジアを対象としていた.[アフリカと東南アジアも条約によって非核化された.]

非核保有国への安全保障

1968年に「核兵器拡散防止条約」(NPT)が締結されて以来,非核保有国は核兵器をもたない約束と引換えに,いかなる状況のもとであっても非核保有国に対して核兵器を使用しないという保障を行うべきでだと,繰返し主張してきた.1968年6月19日に安保理は,非核保有国に対して核兵器を用いた侵略や,あるいは用いるという威嚇が行われた場合,安保理なかんずく核を保有する常任理事国のすべてがただちに行動を起こすことを承認した.安保理はまた,武力攻撃を受けた国家が安保理が国際の平和および安全の維持に必要な措置をとるまでの間,個別的または集団的自衛の行動をとる権利をもつという,国連憲章の規定も再確認した.

1978年の軍縮特別総会で核保有5カ国のうち4カ国が,それぞれ個別に一定の条件を満たす非核保有国に対して,核兵器を使用したり使用すると威嚇したりしないことをその条件とともに宣言した.同じ軍縮特別総会で,中国は最初の核実験を行ったときの宣言(中国は非核保有国に対して核兵器を決して使用しない)を繰返した.それ以来数回にわたって,核保有国はそれぞれ安全の保障をあらためて宣言してきた.

1979年以来毎年,軍縮会議は非核保有国に対する核兵器の使用および威嚇は行わないことを保障する,国際的に実効性のある条約案を審議してきた.非核保有国は,核攻撃に対する安全が効果的に保障されるためには,法的拘束力をもったより強力な形式が必要であるという見解を表明してきた.西側の

核保有国とその同盟国は，そのような消極的安全保障を受けるためには，当該国が非核地帯を形成するか，または「核兵器不拡散条約」に加盟して核兵器を獲得しないという態度を明らかにしなければならないという見解に立っている．NPT の当事国である非核保有国は，この問題が 1995 年の NPT 会議できわめて重要な論点になると考えている．

核分裂物質の生産禁止

何年にもわたって国際的な注目の的となっていた核軍縮のアプローチのひとつに，軍事目的での核分裂物質の生産を停止するということがある．

1960 年代に，アメリカはこの問題の提案を 18 カ国軍縮委員会と総会に提出した．この提案には，特定の種類の原子炉や核物質分離プラントの査察計画，アメリカとソ連の双方が監視員の前で多数の核兵器を解体すること，平和目的に利用できるような形で核分裂物質を民間に移転あるいは転換することなどが含まれていた．

1992 年にアメリカは，核兵器のためのプルトニウムと高濃縮ウランの生産を停止することを一方的に表明した．核保有国のなかでロシアとアメリカの両国は，核不拡散のために兵器レベルの核分裂物質の生産を停止する国際協定の実現に支援を行うと，最近になって表明した．1993 年に総会は，核兵器の材料あるいはその他の核爆発装置の生産を禁止する無差別かつ多数国間の，そして国際的で実効性のある検証の可能な条約を最も適切な国際フォーラムにおいて協議するよう勧告する決議を，投票なしで採択した．

ソ連の崩壊によって核物質が 4 つの後継諸国の領域におかれるようになったことと，それから 2 大国の軍縮過程で廃棄と監視が必要となった膨大な量の核物質の存在も，核不拡散運動にとって克服しなければならない難問となっている．

■ その他の大量破壊兵器

1946 年に総会は，原子力兵器の廃棄だけでなく，それ以外のすべての大量破壊兵器の廃棄も考慮していた．このような兵器が，人類に対してもつ危険性には軽視できないものがある．第 1 次世界大戦中でさえも，「第 1 世代」の化学剤によって約 130 万人の犠牲者を出し，そのうち 10 万人が死亡している．1948 年に通常兵器委員会は，自らの管轄を設定したときもやはり，大量破壊兵器を定義するにあたって核爆弾のほかに放射性物質兵器，致死性の化学・生物兵器，および将来開発される可能性のあるこれに匹敵する破壊能力をもったあらゆる兵器を対象に含めた．

化学および生物兵器

前にも述べたように，第 1 次大戦中に使用された化学兵器が国際世論の強い憤りを引起こした結果，1925 年に化学および生物（細菌）兵器の使用を禁止する「ジュネーブ議定書」が調印された．しかしこの議定書が禁止したのは，化学および生物兵器の使用であり，それらの生産，保有，貯蔵は禁じていなかった．そのため，とくに化学兵器の保有と獲得はその後も続き，近年に至ってはそれが広まりさえした．また，「ジュネーブ議定書」の締約国の多くは，調印のさいにそのような兵器を報復的に使用する可能性に扉を開くような，留保ないしは宣言を行っていた．

同議定書には，履行の検証や違反を処理する手続のメカニズムも規定されていなかった．議定書のこのような不備を認識し，国際社会は化学および生物兵器の包括的な禁止を引き続き求めた．以前はこの問題は単一の問題として扱われていたが，1971 年には生物兵器の禁止が早期に達成されることを期待して，化学兵器と生物兵器を分離して審議することが合意された．

生物兵器

「細菌兵器（生物）および毒素兵器の開発，生産，貯蔵の禁止ならびに廃棄に関する条約」（生物兵器毒素兵器禁止条約）は 1975 年 3 月 26 日に発効し，化学兵器の包括的な禁止に向けての第 1 歩として歓迎された．

同条約は防疫，身体防護その他の平和的目的による正当化ができない種類および量の微生物剤その他の生物剤または毒素の開発，生産，貯蔵，獲得，保有を原料または製法のいかんを問わず禁止している．同様に，そうした生物剤や毒素を敵対目的で，あるいは武力紛争において使用するために設計された兵器，装置，運搬手段も禁止している．条約に加盟した国々は，加盟の日から 9 カ月以内に，同国にあるそれらの生物剤，毒素，兵器，装置および運搬手段を廃棄するかまたは平和目的に転用しなければならない．さらに，締約国の条約規定の不履行を発見したほかの締約国は，安保理にその旨申立てを行うことができる．

1986 年に各締約国は，情報とデータを自発的に交換する形での信頼醸成措置をとることを決定した．交換される情報には，高い危険をともなう研究セン

ターや研究施設のデータ，伝染病の発生，生物研究の成果の公表，生物研究に従事する科学者同士の接触の奨励などが含まれていた．

1991年に各締約国は，科学的および技術的見地から将来とりうる検証措置について確認し検討するアド・ホック政府専門家グループを設立した．締結国の多くが，1994年にこの専門家グループの成果を再検討するための特別会議を開くよう求めている．

化学兵器

1966年の化学および生物（細菌）兵器の問題に関する最初の決議とともに総会は，この問題についての国際的な議論と交渉の長期にわたる過程を開始した．決議の採択には，このような大量破壊兵器が将来使用される危険に，国際社会が気づきはじめていることが反映されていた．

1971年以前には，化学および生物兵器は単一の問題として論じられていた．1972年に「生物兵器毒素兵器禁止条約」が結ばれてからは，化学兵器に注意が向けられるようになり，ジュネーブの多数国間交渉機関にはまとまった条約草案を含む，多くの提案が寄せられた．1980年に軍縮会議は化学兵器条約に向けて作業を開始したが，はっきりと進展がみられたのは1980年代の後半になってからであった．化学兵器を貯蔵していることを認めたただ2つの国であるソ連とアメリカは，現地での抜打ち査察の問題を含む，条約の履行の検証という微妙な問題について合意するため，一連の2国間交渉を始めた．

1980年代のイラン・イラク戦争では現実に化学兵器が使われたことが，事務総長の任命した調査団によって確認され，国際社会の注意はこれらの兵器を禁止する条約を早期に結ぶ必要性にますます向けられるようになった．1991年の湾岸戦争のときにも，化学兵器が再び使われるかもしれないという可能性が生じ，できるだけ早く世界の化学兵器を廃絶する努力がいっそう緊急性を増した．

「化学兵器の開発，生産，貯蔵および使用の禁止ならびに廃棄に関する条約」が，1993年1月13日にフランスのパリで署名のために公開された．同条約は無制限に有効で65カ国が批准書を寄託してから180日後に発効することになっているが，署名のために公表されてから2年が経つまで，つまり1995年1月13日より前に発効することはない．［同条約は1997年4月29日に発効した．］

同条約は，一定のカテゴリー内の大量破壊兵器はすべて廃棄すると規定しているという意味で，真正の軍縮措置であるとみられている．その重要性は化学兵器が大量に存在し，過去の戦闘で使用されたことがあり，多くの国々が保有していると考えられているという事実の中にある．さらに，同条約で規定された検証制度は，軍縮の分野での多国間条約で公式化されたもののなかでは最も包括的なものである．

条約の規定により締約国は，事情の如何にかかわらず決して化学兵器を使用したり，同兵器を開発，生産，その他の方法により取得，貯蔵，保有したり，他者へ直接または間接に移譲しないことになっている．各締約国は，また化学兵器を使用するようないかなる軍事的準備をも行わず，条約が禁じているすべての活動を他国が行うことを援助奨励，または勧誘しない義務も負っている．10年以内に各締約国は，自国が保有し，あるいは自らの管理または管理のもとにある化学兵器およびその生産施設を破壊し，ほかの締約国の領域内に放棄した自国の化学兵器も廃棄する．さらに同条約は暴動を鎮圧するために使われる化学剤を，戦争の手段として使用することも禁止している．

各締約国は自国が保有しているあらゆる化学兵器，領域内にある老朽化した，および遺棄された化学兵器，あらゆる化学兵器生産関連施設のすべて，およびそれらの破壊計画とその履行について詳細な申告をするように求められている．各締約国は，条約義務の履行を国際的に監視する，包括的で段階的な定期的査察制度についても合意している．それとともに条約には，通告期間が短い抜打ち査察制度についても規定されている．この制度のもとでは，どの締約国も査察の受入れを義務づけられている他の締約国に対しては，条約違反の疑惑を解明し，問題を解決する目的で，その国の領域内のあらゆる施設および場所に国際査察団を派遣するよう求めることができる．査察を受ける締約国は，査察の要請に無関係であると考える活動や施設については，査察を受けないことができる．

同条約は化学兵器禁止機関（OPCW）の創設を規定している．同機関は意思決定を行う締約国会議と，5つの地域グループから選ばれた41カ国で構成される執行理事会，そして事務局長によって率いられじっさいの機関の活動を行う専門事務局から構成される．事務局のおもな構成員は査察官で，彼らは条約に規定された検証を遂行する責任を負っている．条約が発効してすぐに同機関が機能できるようにするため，1993年2月に国連事務総長はオランダのハーグに準備委員会を招集した．ハーグはOPCWの

最終的な所在地となる．準備委員会は，OPCWができるまで作業を継続する．

新しい大量破壊兵器

新しい大量破壊兵器の問題は，1970年代なかばから総会や軍縮会議で審議されてきた．軍縮会議は，そのような兵器の出現を阻止するための実効的な措置をとるべきだと提言してきた．ただソ連とその他の諸国は，大量破壊兵器の研究開発を除外した一般的な協定や，特定の大量破壊兵器につながる可能性が明記された個別的な協定の方がよいと主張した．中には，意味のある検証可能な協定がつくれるのは，特定の現存する兵器または兵器体系に関してだけだと考える国もある．

1979年にソ連が提出した潜在的な大量破壊兵器の目録には，次のものが含まれていた．すなわち1948年にすでに開発が予想されていた放射性物質を使った放射能兵器，生物目標に影響をおよぼす帯電したレーザー兵器，超低周波以下の「超低周波音波」兵器，特定の周波数の電波を用いた電磁波兵器などである．

放射能兵器

1976年の総会で，アメリカは放射能兵器を禁止することを提案した．この提案はソ連との2国間交渉につながり，1979年には当時の軍縮委員会で審議するため，両国は合同で提議を行った．

1980年から1992年にかけて毎年，放射能兵器の開発，生産，貯蔵，使用などを禁止する条約の合意に向けた提案が，多数国間の交渉機関で審議された．いくつかの非同盟中立諸国は，軍縮会議で放射能兵器開発の危険が存在することは認めていたが，それより民間の原子力発電所が軍事攻撃を受けた場合の方が，放射性物質の放出による大量破壊の危険性は高いと考えた．ソ連とアメリカは，この考えが合同提議の基本概念とその内容を変えるものだと感じた．

伝統的な意味での放射能兵器の禁止と，平和的な原子力施設への攻撃禁止の双方を含む受入れ可能な道を見つけることが，以後の放射能兵器条約交渉の主要問題となった．この問題は，いつも軍縮会議と総会の議題になっているが，原子力施設への攻撃の禁止の問題について意見の対立が解けず，進展はみられていない．

■ 軍事活動からの環境の保護

ここ数年，戦争の手段として環境を故意に破壊するという恐怖に対する懸念が，世界中で高まりつつある．1991年と1992年のペルシャ湾岸での戦争で環境に加えられた損害をみて，総会は新しい議題として「武力紛争時において兵器として環境を利己的に利用することならびにそのような利用を防止する現実的な措置をとること」と題する項目を設けた．1991年12月に，総会は事務総長に対して武力紛争時の環境保護に関する報告を準備するよう要請した．

環境改変の禁止

1974年7月の米ソ首脳会談のあと，両国は敵対的な軍事目的で環境改変技術が使用されるのを防止する措置をとることを唱えた．この提案は，総会と軍縮委員会会議で審議され，その結果「環境改変技術の軍事的使用その他の敵対的使用の禁止に関する条約」が，1977年5月18日に署名のために公開された．同条約は1978年に発効した．同条約は本質において，他国に対して広範囲で長期にわたる深刻な影響を及ぼすような環境改変技術を非合法化することで，環境を保護する既存の国際法の規定を強化するものである．条約の成立過程において，多くの国々は，この条約によって禁止されるべき技術を狭く定義した．1994年までに同条約に署名した国々は，55カ国［1996年末現在で63カ国］だけであった．

1992年にリオデジャネイロで国連会議が開催されたことと，1991年から1992年にかけての湾岸戦争で油井が炎上したり，大量の原油がペルシャ湾に流入したことを契機として，戦争が環境にもたらす影響について議論が白熱した．同条約の締約国のうち何カ国かは，1995年以前のある時期に条約の寄託者（法的に認定された条約の写しの保管者）である国連事務総長に対して条約規定の範囲と適用について意見を聞くため，専門家委員会を招集するよう求めるつもりであることを明らかにした．各締約国は，除草剤を環境改変技術として使用することによって，地域の生態系のバランスが崩れ，その結果広範で長期にわたる深刻な影響が起きるのであればそのような除草剤の使用は条約が禁止している戦争手段に当たることも確認した．

通常兵器

　核時代と冷戦中，そして今日の冷戦後の時代を通じて，世界のすべての武力紛争（そのほとんどが発展途上諸国で起きている）が通常兵器で戦われてきたことは，苦々しい現実である．これらの戦争で2000万人以上の人々が死亡している．毎年，地球上の約30カ所で武力紛争が生じており，そのすべてが通常兵器で戦われている．科学技術の進歩によって通常戦争のあり方が変わり，軍備競争が刺激されている．とくに，もともと対立の激化しやすい地域ではそうである．通常兵器と通常戦力に費やされる経費は，地球全体の軍事支出の約4/5であり，世界の兵器貿易の約80％を占めている．

　かくして，核兵器の問題が，国連やその他のフォーラムでの軍縮論議の主流となるいっぽうで，通常兵器の軍備競争とその移転による問題が，とくに1980年代になってしだいに表だってきた．国連の軍縮フォーラムでの通常兵器の軍縮問題は，次の4つのおもな要素に焦点を絞っている．すなわち，(a) 通常兵器自体の制限，(b) 国際的な兵器移転の透明性と「通常兵器の移転登録制度」の創設，(c) 地域的なアプローチと諸国間の軍事的な信頼と安全の醸成，(d) 地雷の問題を含めた非人道的な兵器に関する国際人道法および軍縮法の強化などである．

　1986年に「通常軍縮」は初めて総会の単独の議題として審議され，その結果1987年には軍縮委員会の議題となった．これは核軍縮と通常軍縮は同時に進めるべきだという意見が，しだいに広く受け入れられるようになったことを示している．

　ナパーム弾やその他の焼夷弾などのような特定の通常兵器の使用を禁止する問題が，1960年代後半に初めて総会で取上げられたとき，同様に不必要な損害を与えたり，無差別的な効果をもつと考えられる地雷やブービートラップのようなさまざまな兵器を禁止する数多くの提案が出された．赤十字国際委員会や，武力紛争における人道法に関する1949年のジュネーブ条約の議定書に関する外交官会議などの後援を受けた活動を含む多くの活動が，1960年代後半から1970年代にかけて行われた．上述したように，1980年にはジュネーブ国連会議で「過度に傷害を与え，また無差別に効果を及ぼすと認められる特定の通常兵器の使用の禁止または制限に関する条約」（非人道的兵器条約）が採択された．同条約は1981年に署名のために開放され，1983年12月に発効した．

通常兵器の移転登録制度

　1992年1月1日に，「通常兵器の移転登録制度」が正式に創設された．1992年の兵器移転に関する最初の報告は，1993年4月30日までに国連軍縮センターが受付けることになった．1993年10月に事務総長は，総会に登録初年度の整理統合された報告書を提出した．同報告書には各国が提出した情報が公表されている．情報は7つのカテゴリーの大型通常兵器（戦車，装甲戦闘車両，大口径火砲，戦闘機，攻撃用ヘリコプター，軍艦，ミサイルおよびミサイル発射装置）の輸出入に関するもので，主要な武器供給国のほとんどを含む87カ国から寄せられた．登録は任意に行われ，毎年4月30日までに行われることになっている．総会の要請に基づいて，事務総長は1994年に登録制度の継続といっそうの発展について検討する専門家グループを招集した．これとの関連で多くの国々から，共有される情報には現有の軍事力，国内生産による調達状況，大量破壊兵器に関するものなども含まれるべきであるとの意見が寄せられた．各国は，このような追加情報が登録に追加されれば，さらに多くの国々が報告に注目するようになるだろうと考えた．

　国連が通常兵器の移転登録制度を創設したことは，大変な努力であった．登録による情報の交換は，諸国家間の信頼を育み，自制と真の軍縮を促す雰囲気をつくりだす可能性をもっている．登録制度をさらに発展させ，運用するのに成功すれば，国連加盟各国は予防外交の有効な手段を手に入れることになるだろう．

　さらに軍事問題での公開性と透明性に関連して，軍縮委員会は軍事問題に関する客観的な情報のガイドラインと勧告をつくりあげ，それを総会も後押しした．同じく1992年に，軍縮会議は「軍備の透明性」と題した新しい議題のもとで，通常兵器の問題を初めて取上げた．同会議は1993年と1994年に，同会議の下部機関の枠組み内でこの問題に関する審議を継続し，1993年に総会に活動報告を提出した．

非人道的兵器

　初期の国際人道法では，非人道的兵器の問題を扱っていた．1868年の「サンクトペテルブルグ宣言」は，傷を受けた兵士の苦痛を不必要に強めるような兵器の使用で戦争目的を達成すべきでないことを認めた．その数年後に開発されたダムダム弾は，1899年のハーグ会議で「サンクトペテルブルグ宣言」に反するものであるとして禁じられた．1868年の「サン

クトペテルブルグ宣言」および1899年と1907年のハーグ会議で宣言された諸原則は，1949年のジュネーブ諸条約のなかでも繰返されている．それらの諸原則は，過度の傷害や無用の苦痛を与える兵器，発射体，および物質，ならびに戦闘方法を用いることを禁止している．1974年から1977年にかけて，交渉によってジュネーブ諸条約に2つの議定書がつけ加えられたが，通常兵器の禁止や制限については，いかなる実効的な条項も盛りこまれていないとみなされた．

1977年に総会は，特定の通常兵器の使用の禁止あるいは制限に関する合意達成を目的とした，国連会議の招集を決定した．国連会議は1979年と1980年にジュネーブで開催され，そこで採択された条約は1983年12月2日に発効した．追加議定書Iでは，X線でも発見できないような破片で傷害を与える兵器すべての使用を禁止している．追加議定書IIは，地雷（機雷は除く），ブービートラップ，その他の起爆遅延作動装置の使用の禁止あるいは制限を設けている．追加議定書IIIでは焼夷兵器，つまり目標物に火をつけたり，炎を手段として傷害を与える兵器の使用禁止あるいは制限を規定している．

条約の規定にしたがい，条約の寄託者である事務総長は締約国による1993年の要請に基づき，同条約とその追加議定書の範囲と適用を再検討する目的で，締約国会議を招集することになっている．会議の準備は1994年に始められた．

この条約の再検討に関連する議題のなかで，とくに大量かつ無差別な地雷の使用による一般市民の生命や身体の多大な犠牲と，紛争後の社会的・経済的荒廃の問題が，大きな国際的な注意を引きつけている．1993年に総会は，すべての国家に対して，対人地雷の輸出を暫定的に控えるよう要求した．関連決議のなかで総会は，事務総長に対し，武力紛争の産物である地雷やその他の不発弾の増加が引起こす問題と，地雷除去についての問題の解決に向けた，国連の貢献を強化する方法について報告を準備するよう要請した．[対人地雷全面廃止条約は，国際民間団体（NGO）などの努力により，1997年12月に調印され，1999年3月1日に発効した．]

■ 信頼醸成措置

地域的な信頼醸成

信頼醸成措置の目的は，国際的な軍備増強の背後にあって重要な要因をなす不信，恐怖，緊張，敵対心などの緩和，あるいは解消に寄与することにある．1981年に発行された信頼醸成措置に関する国連報告は，信頼醸成の概念を明確化し，発展させ，各国に信頼醸成措置を導入し実施するためのガイドラインを提供し，この概念についての一般の意識を高めることによって交渉を推進し，平和と安全を高めようとするものであった．同じ年に総会はすべての加盟国に対して，特定の地域に信頼醸成措置を導入できる可能性を審議し，もし可能ならばそれぞれの地域の条件や要件に沿って関係諸国が交渉を行うよう要請した．事実上この問題に関する多国間交渉は，1970年代の初めから始まっていた．

北大西洋条約機構（NATO）諸国とワルシャワ条約機構（WTO）諸国の間で1973年に始まった，中央ヨーロッパでの戦力の相互削減および合同措置に関するウィーン交渉は，2つの軍事同盟が向かい合う中央地域，ひいてはヨーロッパ全体の安定性を高め，安全を損なわずに軍備や戦力の削減を目的としていた．数十年にわたり両陣営はその枠組みの中で努力を続けたが不首尾に終り，1989年はにこの交渉を終了させた．両者は，そのかわりとなる1975年のヘルシンキ宣言採択以来継続している「欧州安全保障協力会議」（CSCE）を安全保障の柱とする新たな文脈で，通常戦略の削減交渉の努力を継続することに合意した．

CSCEはジュネーブとヘルシンキで，1972年から1975年にかけて開催され，ヨーロッパの33カ国のほかカナダとアメリカも参加し，国連以外の地域ベースで信頼醸成措置の概念をさらに発展させた．1975年8月にヘルシンキで採択された最終文書には，安全，人権とならんで科学協力に関する規定が含まれていた．1986年9月に採択されたストックホルム最終文書は，会議に参加した35カ国の間で結ばれた，軍事的に意味のある，政治的に拘束力をもった検証可能な信頼醸成措置を取入れたヨーロッパの安全保障に関する最初の協定となった，条約の規定に基づいて，CSCE参加国は特定の軍事活動についての，通告と監視についての一連の新しい基準とそして最も重要なことには，義務的な現地査察による履行の検証についても合意した．

1977年から1978年にかけてベオグラードで，そして1980年から1983年にかけてマドリードでさらに再検討したあと，1984年から1986年にかけて，同じ国々が参加したヨーロッパの信頼および安全醸成措置と軍縮に関するストックホルム会議が開催された．

1989年にウィーンで，両軍事同盟間でヨーロッパの通常戦力に関する交渉が始められたのと同じ時期に，すべてのCSCE参加国間で「信頼および安全醸成措置」（CSBM）に関する新たな交渉が始まった．交渉の結果，ストックホルム文書の規定を取込み，それを拡大した1990年のウィーン文書が採択された．そのなかには当事国の間で，各国の軍隊の指揮系統，おもな兵器および装備システムの展開計画，次年度の軍事予算案など軍事情報の交換などの規定が含まれていた．CSCEは，ウィーンCSBM文書を採択した直後にパリで首脳会議を開催し，パリ憲章を採択した．そのほか，CSCE参加国によってウィーンに危機防止センターを設置することが決められた．同センターはCSBM文書の実質的な運用主体となった．

1990年のパリ憲章の成果をさらに強固なものにするため，CSCEは1992年に首脳会議を開いた．同会議で『ヘルシンキ文書（1992年）—変化への挑戦』と題された信頼醸成についての重要な文書が，すべての参加国の全会一致で採択され，公表された．ヘルシンキで当事国は，なかでも軍備管理，軍縮および信頼と安全醸成に関する新しい交渉を始めることを決定し，CSCEの安全協力のための新しいフォーラムを設け，ウィーンに設置された危機防止センターを強化した．

公開性と透明性を高め，現在および将来の軍備管理協定の監視と履行を促進し，CSCEの紛争解決ならびに危機管理能力を強化するため，1992年3月に「オープンスカイ（領空開放）条約」がCSCE参加国のうち2カ国によって調印された．同条約はバンクーバーからウラジオストックまでを範囲とする空域で，締約国がほかの締約国の領空を監視飛行することを認めている．

国連は，信頼醸成の過程に多くの方法で貢献してきた．事務総長は軍備制限協定の締約国に対して，要請があれば情報交換を援助してきた．これは新しく作られれた「通常兵器の移転登録制度」や軍事予算報告の標準化に関する国際システムの維持，「生物兵器毒素兵器禁止条約」，さらに「海底非核化条約」の場合においてみられる．

事務総長はまた，軍縮問題センターの後援で準備したセミナーや会議などで，地域や地球全体の軍縮問題が非公式に議論されるのを促すことにより，地域内の信頼醸成にも貢献した．さらに，軍備制限や軍縮に向けて地域の各国間の協力を促進するため，国連は次の3つの地域センターを設立した．すなわち，トーゴのロメにある「平和と軍縮のためのアフリカ地域センター」，ネパールのカトマンズにある「アジアおよび太平洋における平和と軍縮のためのアジア地域センター」，ペルーのリマにある「平和，軍縮，開発のためのラテンアメリカおよびカリブ海地域センター」である．センターの活動の中心は，情報の普及，訓練および地域的な会合である．

平和地帯

1971年の「インド洋平和地帯宣言」は，インド洋特別委員会によって，毎年審議されている．同委員は，当該地域の関係国による会議の招集を提案している．地中海や南大西洋を含むその他のさまざまな地域でも，平和協力地帯の提案が行われている．

■ 軍備競争の経済的および社会的帰結

総会は1950年代から軍事支出の削減を訴え，節約された資金を経済的・社会的な開発活動にまわすことを提案してきた．軍縮と開発の関係についての1981年の国連の専門研究は，軍縮と安全，開発の間には相互関係があるとし，世界は軍備競争を追求し続けるか，またはもっと持続可能な国際政治秩序へ向けて動くかの2者択一を迫られており，双方を同時に行うことはできないと結論づけている．1982年の軍備競争と軍事支出の経済的・社会的帰結についての専門研究の結論によれば，紛争の平和的解決のための国連の役割は強化されるべきことであり，世界の限られた資源を軍事目的に使用するのを思いとどまらせるべきこと，そしてまたこれらの資源は軍事利用から社会経済発展へと，大幅に向けなおすべきだということであった．

軍縮と開発に関する会議

1984年に総会は，軍縮と開発の関係に関する国際会議の招集を決定した．同会議は1987年の8月から9月にかけて国連本部で開催され，安全を高め，軍縮措置を通じて追加的な資源を開発目的に振向ける方法や手段について審議した．

とくにこの会議は国連に対して，国際的な安全に対する非軍事的な脅威についての集団的な知識をもっと高める努力をすること，地球全体および各国の軍事支出について，改善された包括的なデータベースを確立すること，地球全体の軍事支出が世界経済や国際的な経済システムにおよぼす影響の分析を続けること，軍事支出の動向を監視すること，軍需生

産から民需品生産への転換について，意見や体験の国際的な交換を促進することを求めた．これらの作業を実行するため，国連事務局内に高級タスク・フォースが組織された．これに関連して行われた努力について，事務総長は毎年総会に報告している．

1980年代後半に東西関係が改善し，1990年代に意味のある軍備削減が始まったことから，兵器および兵器実験，兵器生産施設の転換の問題や軍事力の再配置の問題に，少なからぬ注意が向けられるようになった．1989年の第44回総会で，初めて軍事資源の転換問題を扱った決議が採択された．

1990年にモスクワで開かれた「民需への転換―軍備削減時代の経済調整に関する国際会議」をはじめとして，軍用資源から民需生産への転換のさまざまな側面に関する同様の会議が，軍縮問題センターやその他の国連機関と，いろいろな受入れ国との協力のもとで準備された．モスクワ会議の次には1991年に中国の北京で開かれた，「軍需産業技術の平和利用における国際協力に関する国際会議」が続いた．さらにその次には1992年にモスクワで開かれた「航空宇宙複合転換産業の民需に関する国際会議」が続いた．

国連軍縮研究所（UNIDIR）は1992年の第47回総会に，事務総長を通じて『軍縮の経済的側面―投資としての軍縮』と題する報告書を提出した．この報告書では，コストの面からいえば軍縮は軍需生産から民需生産に資源の根本的な再配分を必要とし，その結果として失業や不完全雇用，資本やその他の資源の過剰といった大きな問題が生じるだろうとしている．短期的にみれば軍縮の経済的配当は，わずかなものになるだろうと述べている．しかし長期的にみれば，軍縮は軍需部門から資源を再配分することで可能となった財やサービスの生産によって，民需部門に多大の利益をもたらすことになるといえる．同報告書によれば，経済的側面からみて軍縮は，短期的にはコストをともなうが長期的には利益をもたらす投資行動に似たようなものだという．

軍事予算の削減

軍縮過程を促進し，経済的・社会的開発のための資源投下に役立つとの信念に基づき，軍事予算の削減の提案が1950年代と1960年代に総会に提出された．1970年代と1980年代を通じて総会は，この問題を2通りの道すじで追求してきた．ある国々が，軍事予算の凍結と削減のための原則を確認し，入念に練り上げることを求めるいっぽうで，別の国々はそれよりも，総会は標準化された報告制度によって，多くの国々を参加させる努力をすべきだと考えた．

同じ時期に総会は，一連の専門研究を開始し，軍事予算について特別パネルを設置した．その目的は，軍事予算の概念についての一般に受入れられる定義を行い，そして各国の軍事支出を評価し，報告するための標準化されたシステムを作成することにあった．

軍事支出報告のための標準国際システムは，1980年12月17日の決議35/142 Bに基づいて導入された．1982年の研究で，報告制度は軍事支出についての現実的な監視と報告の手段であることが再確認され，その継続が強く勧告された．各国が提出した軍事支出報告に基づいて，事務総長は総会に対し，報告制度の運用に関する文書を毎年提出してきた．総会もまた加盟各国に対して，事務総長が報告制度を利用してデータが入手できるよう，最新の財政年度の軍事支出を毎年報告するように勧告し続けてきた．

軍縮委員会も1979年から1989年まで，軍事予算の削減を審議してきた．報告制度が進歩し洗練されたにもかかわらず，軍事予算の削減問題に対するアプローチの基本的な違いは依然として残った．1986年の軍縮委員会の会合で，軍事予算の凍結と削減に関する各国の行動を律する一連の原則を具体化した条約について，暫定的な合意がまとまった．しかし，標準化された報告制度の利用については意見が対立した．この問題は1990年以降，軍縮委員会の議題となっていない．

1992年に総会は，軍縮委員会が1992年の会合で採択した軍事事項に関する客観的情報についてのガイドラインと勧告を承認した．「ガイドライン」は，とくに軍事事項の公開性と透明性を奨励し，軍備制限，削減，廃棄の過程の促進や，これらの分野で各国が引受けている義務の履行を検証するのを援助することを意図している．

■ 研究，調査，情報および訓練

研究と調査

1960年代の初めころから，国連は総会が委託した軍縮問題に関する研究を，通常は専門家やコンサルタントの援助を受けて準備してきた．これらの研究の目的は，この問題について理解を深めるための情報提供はもとより，特定の問題の分析を通じて交渉過程を援助することにある．

国連軍縮研究所（UNIDIR）は，1980年10月に，

国連の自律的な組織として設置され，諸提案やその諸概念についてのより多くの情報を提供する，軍縮の促進を目的とする軍縮問題の調査を行っている．UNIDIRの所在地はジュネーブで，資金はおもに各国政府や公共または民間団体からの自発的な拠出金によって賄れている．

UNIDIRの理事機関として「軍縮研究に関する諸問委員会」が機能している．UNIDIRのその他のおもな任務としては，軍縮研究の計画についての助言と，国連軍縮情報計画の実施などがあげられる．

UNIDIRはまた，国連事務総長に対して，特定の軍縮問題や関連問題について助言を行うことができる．

情 報

国連事務局内の軍縮問題センターは，『軍縮年鑑』や定期刊行物の『軍縮』，それに調査シートなどの軍縮問題に関するレファレンスやその他の資料を発行している．同センターは「国連軍縮情報計画」（世界軍縮キャンペーンとして総会が1982年に始めた）の活動の調整も行っている．

「国連軍縮情報計画」は，軍備制限と軍縮の分野における情報提供や教育，一般の理解の喚起および多国間の活動の支援などを任務としている．同計画の主な顧客は議会議員，研究機関，教育団体，非政府組織（NGO），そして報道機関の5つである．各地域で会議，会合，セミナーなどを準備し，政府と非政府部門の間，および政府と他の専門家の間でのアイデアや情報の交換を促進することも，同計画の責任に含まれている．同計画は『軍縮年鑑』や定期刊行物，特集号，ニュースレターなどさまざまな出版物を領布している．さらに若手の外交官や研究者のための訓練と教育プログラムも後援している．最後に，同計画は「軍縮週間」（10月24日に始まる1週間）のような特別の催しも用意している．

訓 練

さまざまな国々，とくに発展途上国からの若手外交官や公務員のための「軍縮フェローシップ計画」が，第1回軍縮特別総会で創設された．この計画は，参加者が母国の政府の一員として，軍縮の分野で働いていけるようにすること，そして外交の専門知識を高め，広げることなどを目的としている．軍縮フェローは軍縮局の後援で，毎年研修を受けている．

宇宙空間の平和利用

1957年10月に，ソ連が世界最初の人工衛星スプートニクを地球の軌道に打上げた．その翌年に，総会は初めて宇宙空間の問題を審議した．総会では，2つの事項が議題として提案された．ひとつはソ連が提案した「軍事目的での宇宙空間の利用の禁止，他国の領域内の外国基地の撤廃，ならびに宇宙空間研究の国際協力」であり，もうひとつはアメリカが提案した「宇宙空間における国際協力計画」であった．この議題名は，宇宙空間の利用に関する国際条約について，2大国間に初めから存在していた意見の対立をそのまま示している．ソ連は作業の順序としてまず第1に，宇宙における軍備の禁止から始めることを提案し，ついでにアメリカが海外においている軍事基地の撤廃も，この目的にからめたいと望んでいた．アメリカは宇宙関連での軍縮問題を避けたいと望み，人類共通の目的は平和目的での宇宙空間の利用の確保であることを強調するにとどめたかった．この意見の不一致のため，宇宙問題を扱うために設立される特別の国連機関の構成や任務について，一連の対立が起こった．ソ連はその機関を東西から同数の代表で構成したいと望み，アメリカはもっと広い地理的分布を反映した構成を望んだ．

この対立のため，1958年の総会は「宇宙問題を処理するための18カ国からなる特別委員会」を設置しただけだった．同委員会にはソ連ブロックから3カ国しか委員を出せなかったため，その3カ国は委員会の構成を不服として活動への不参加を宣言した．けっきょく，同委員会は13カ国しか参加しなかった．

集中的な交渉の結果，1959年の総会は宇宙空間の平和利用に関する24カ国の常設委員会を設置した．その委員の数は1962年に28カ国，1973年に37カ国，1977年に47カ国，1980年に53カ国へと拡大された．1962年に同委員会は全体を2つの小委員会に分け，ひとつは科学技術協力を扱い，もうひとつは宇宙法の進展を担当することになった．同委員会はまた，航空管制衛星，放送衛星，遠距離探査衛星，宇宙空間における原子力利用などの問題を扱う作業グループを設置した．

■ 科学技術協力の発展

国連の枠内での科学技術協力は，委員会の勧告に基づく総会の活動のなかから成長し，年月を重ねるごとに増加していった．科学技術協力は，次のものを含む，さまざまな活動領域を対象としている．

情報交換 国連事務局は，国家プロジェクトや国際共同プロジェクトについて年次報告を行っている．1961年以来各国や国際組織が，宇宙活動やその計画についての情報を委員会に提供する数は，ますます増加している．

宇宙船打上げの公共登録 宇宙開発での国際協力に欠かせない要件として，打上げられる宇宙物体と，打上げに要する科学的データの公開がある．1961年に総会は，全会一致で国連がそのような情報の「まとめ役となる」ことを決定し，事務総長に対して，この目的での登録を公開するよう要請した．このような情報は，宇宙空間平和利用委員会に審査のため送られたのちに登録される．

ロシアとアメリカは定期的に適切なデータを提供し，オーストラリア，カナダ，中国，フランス，ドイツ，インド，イタリア，日本，イギリス，それにヨーロッパ宇宙機関(ESA)も同様の提供を行っている．

専門機関および他の国際組織との協力 1961年の宇宙に関する決議の規定によって，総会は世界気象機関(WMO)に対し，気象調査に必要な国際協力について，宇宙空間平和利用委員会に報告を提出するよう要請した．翌年には，WMOの後援で気象観測衛星を活動体制に統合した世界気象監視計画が設立され，総会もこれを後押しした．同じ決議で国際電気通信連合(ITU)に対しても，有効な宇宙通信の開発に必要な協力に関する報告を提出するよう要請した．その後は数年間で，宇宙に関連した事項で特別の利害をもっているほかの組織や国際組織ともこのような協力関係を築くようになった．そのような

組織には国連環境計画(UNEP)，国連食糧農業機関(FAO)，国連教育科学文化機関(UNESCO)，ヨーロッパ宇宙機関(ESA)，国際電気通信衛星機構(INTELSAT)それに国際海事衛星機構(INMARSAT)がある．

教育と訓練 総会は，宇宙活動の面で技術が遅れている国々の人材訓練の必要性を強調してきた．事務局は国連文書から抜粋した情報リストを配布し，それを定期的に改訂したり，宇宙利用に関する教育計画を実施している．この計画は，技術的な助言やセミナー，ワークショップ，それに教育訓練のために加盟国や国際組織から提供される奨学金の運営などを通じて，将来の宇宙開発についての知識の普及に務めている．

国連宇宙利用計画の最新の努力は，地域レベルの宇宙科学技術教育センターを設置・運用することで，知識や技術を発達向上させる方向に向けられている．

■ 国際宇宙年と国連環境会議

1989年に総会は，とくに地球の環境に影響を及ぼすような宇宙環境の保護に関連するすべての局面に，もっと注意を向けるべきだと勧告した．同じ年に総会は，1992年を国際宇宙年とすること，およびすべての国々にとって恩恵あるいは利益となるような国際協力を，とくに途上国での必要性を強調し，国際宇宙年を利用して促進されることを承認した．

国際宇宙年を支援するために数多くの計画が実施され，1992年に最高潮に達した．国際宇宙年の焦点であった「惑星地球への使命」で，世界中の科学者たちが宇宙技術を利用して，地球温暖化や森林伐採，オゾン層の破壊などが，地球環境への脅威となっていることを評価した．さらに総会は，国際宇宙年を機に始められた活動を継続し，もっと多くの国々が活動に参加するよう，国連は積極的に奨励していくべきだと勧告した．

国際社会環境の保全への意識の高まりを反映して，1992年にリオデジャネイロで国連環境開発会議が開かれた．環境保全に対するこのような関心は，国際宇宙年の活動でも焦点となった．その翌年に事務総長は報告のなかで，環境目的のための宇宙システムならびに宇宙技術の利用における国際協力を実現する方法，とくに「アジェンダ21」で勧告された計画の実施を検討する時期にきていると述べた．リオデジャネイロ会議の産物である「アジェンダ21」は，国連やその他の国際組織，各国政府，非政府組織(NGO)がとるべき活動について，詳細な計画を描いている．総会も承認した宇宙空間平和利用委員会の要請にこたえ，事務総長は国連環境開発会議の決定および勧告に照らして，同委員会がどのような役割をはたせるかを分析し，報告書を準備した．この報告書を同委員会は受入れ，それに基づいて委員会はこの問題の審議を継続している．

■ 宇宙空間に対する国連の関心

もともとは1959年に総会が勧告した宇宙開発平和利用会議はウィーンで開かれ，78ヵ国と数多くの国際組織が参加した．同会議は宇宙科学から得られるじっさいの恩恵と，宇宙開発能力をもたない国々，とくに途上国の必要性を考え，それらの国々が国際協力に参加できる可能性を検討した．また参加者は，おもに宇宙開発を扱ったおよそ200の論文を寄せた．また参加者は，10年間の宇宙科学の現実への応用(通信技術や気象学，航行および教育)と現実的な恩恵，そして国際協力に付随する経済的および法律的問題を分析した．

1982年8月に，第2回国連宇宙開発平和利用会議(UNISPACE 82)がウィーンで開催され，94ヵ国の代表と政府間組織や非政府組織を代表する45人のオブザーバーが出席した．同会議では宇宙科学，技術およびそれらの応用の全領域が，科学，技術，政治，経済，社会，組織的見地から検討された．この議題の法的な意義も審議され，宇宙空間での軍事活動に対する国際社会の関心の高まりについても議論した．

コンセンサスで採択された同会議の報告は，宇宙における軍備競争の防止，技術移転の必要性と可能性，地球の静止軌道の利用協力，宇宙からの地球資源の遠隔観測，放送衛星の利用，宇宙運輸および宇宙中継技術，地球に近接する環境の保全，国連の役割，その他の事項を扱っていた．会議の勧告は，各国や各組織が宇宙活動を実施するに当たって，したがうべき課題とみられた．

宇宙空間平和利用委員会は近年，3回目の国連宇宙開発平和利用会議の開催について議論している．

■ 宇宙に関する国際法の発達

宇宙空間平和利用委員会の法律小委員会の初期の活動では，宇宙法の発展は遅れていた．委員の大半

は，法的な義務や安全基準もなしに，科学技術だけがはなばなしく進展することは危険であると強調した．

宇宙に関する国際法の形成を提案してきた総会は，そのような国際法は可能なかぎり現存する国際法体系（国連憲章を含む）と，すべての国々に宇宙開発の自由があるという原則に基づくべきだと数度にわたって勧告した．しかしソ連とアメリカは，この問題が初めて総会で議論された1959年以来，根本的な問題で意見を異にしてきた．最も重要な相違は，宇宙での軍備の防止と地球での軍縮との関係についてであった．

このような，ある意味では手続的な行きづまりが初めて打開されたのは，1963年8月の部分的核実験停止条約の調印に続いて生じた，全体的な東西の緊張緩和によってであった．1963年の会期中に総会は，宇宙の利用を平和目的に制限する2つの重要な措置を全会一致で採択することができた．そのひとつは，すべての国々に対して，核兵器ないしはその他の大量破壊兵器を運ぶ物体を軌道上に設置しないよう要求する決議であった．もうひとつは，宇宙探査および利用における国家の活動を律する法的原則宣言を含む決議であった．ソ連が望んだような拘束力をもつ合意ではなかったが，これは完全な法的条約の先駆けとなった．

「月その他の天体を含む宇宙空間の探査および利用における国家活動を律する原則に関する条約」は，1966年の総会で全会一致で採択され，1967年10月10日に発効したが，この条約はアメリカとソ連の両国が別々に提出した草案に基づいていた．全17条からなり，宇宙の探査および利用がすべての国々の恩恵となるよう実施され，全人類のためのものであること，宇宙と天体は主権の主張あるいはその他の手段によるいかなる国家による取得の対象となるものではないこと，探査は国際法にしたがって実施されることなどを規定している．締約国は核兵器を搭載するいかなる物体も軌道上に打上げてはならず，そのような兵器を天体上に据え付たり，その他の方法で宇宙空間に設置したりしない義務を負っている．月およびその他の天体は，全締約国によって，平和目的だけに利用され，天体に軍事基地などを設置することは禁じられている．各国は宇宙飛行士を宇宙への人類の使節とみなし，事故や遭難，緊急着陸の場合には，可能なかぎり全力をあげて救助する．宇宙に向けて物体を打上げた締約国は，そのような物体およびその一部が引起こした損害について，国際的な責任を負う．協力と相互援助の原則は，宇宙探査でも守られる．月その他の天体に害をおよぼすような汚染は，避けなければならない．月その他の天体にあるすべての宇宙基地，施設，装備，宇宙物体は，相互主義の原則に基づいて，ほかの締約国の代表による査察を受けなければならない．

「宇宙飛行士の救助と帰還，および宇宙空間に打上げられた物体の返還に関する協定」は，1968年12月3日に発効しているが，この条約に基づいて締約国は，事故あるいは緊急着陸の場合の宇宙船乗組員の救助，ならびに宇宙飛行物体の返還に関する手続に同意している．

「宇宙物体によって引起こされる損害についての国際責任に関する条約」は，1972年9月1日に発効し，請求の申立てや解決についての手続を規定している．

「宇宙空間に打上げられた物体の登録に関する条約」は，1976年9月15日に発効し，宇宙に打上げられた物体の中央登録所が設けられ，国連事務総長がその運営にあたっている．登録には義務的なものと，そのような物体に自発的に標識を付し事務総長に通告するものとがある．危険な物体の確認，あるいはそれによって引起こされる損害に対して，援助を要請する国々には援助の手をさしのべている．

「月その他の天体における国家活動を律する協定」は，1979年12月5日に総会で採択され，月およびその天然資源が人類共通の財産であること，月は平和目的だけに利用すべきであることを規定している．この条約によって，月に核兵器やその他の大量破壊兵器を設置することが禁止され，その軌道上や月の周囲にあるほかのすべての軌道上にも，そのような兵器を運搬する物体を周回させることが禁じられているし，月面に軍事基地を設置したり，いかなるタイプの兵器実験や軍事活動を行うことも禁じられている．

総会は宇宙空間平和利用委員会の活動に基づいて，さらに3つの一連の原則を採択してきた．

「国際直接テレビ放送のための地球人工衛星の国家による利用を律する原則」は1982年に採択され，受信国の事前の同意を条件として直接衛星放送サービスを実施できるとしている．

「宇宙からの遠距離地球探査に関する原則」は1986年に採択され，遠距離探査の国際協力と参加について規定し，被探査国の同意なしにそのような活動を行うことができるとしているが，探査された国は自国の資源に関するデータと情報を受取る権利を

もつとしている．

「宇宙空間における原子力利用に関する原則」は，何年にもわたって委員会で難航した議論と交渉の末，総会が1992年に採択した．同原則は，宇宙での原子力利用の安全に関するガイドラインと基準を提供するものである．そのなかには原子力をエネルギー源とする物体を打上げる場合は，事前に安全性を再検討すべきであり，その検討結果は国連事務総長を通じて公表され，また事務総長はそれらの放射性物質が地球に再突入する場合には，そのことを通知しなければならないことなどが含まれている．

国際的な政治および安全保障の環境が変化し，国際平和を促進する宇宙テクノロジー利用の新しい可能性が生じたことを反映して，委員会では最近，さまざまな局面で国際協力を深める建設的な議論が多くなってきた．委員会とその法律小委員会が最近審議しているのは，宇宙空間の定義と境界の画定，静止衛星軌道の性格と利用法，宇宙探査の恩恵を全国家で分かち合うための法的枠組みなどの問題である．

海洋法

地球は本質的には液体の惑星であり、表面の70%以上が水で覆われている。地理的には大陸、島、海洋などに分類されているが、宇宙から眺めると、小さな土の塊がまき散らされたひとつの大きな水の集合体のように見える。世界の海洋はこのように、波が打寄せる海岸をもつ、110以上の国々を共通に結びつけている。このような普遍的な性格にもかかわらず、この地球上最後のフロンティアは、漁業権やその他の国家管轄権、海洋鉱物資源の利用権、環境保護の責任、船舶の無害通航権、内陸国が自由に海に接近する権利などをめぐる紛争の場となっている。

何世紀にもわたって、海洋とその資源を支配してきた原則は「海の自由」であり、沿岸国の権限は狭く限定されていた。この体制に最初の変化が現れたのは、大陸棚理論が登場したときで、海での石油やガスの開発がそれに拍車をかけた。アメリカは1945年に、「公海の下」(すなわち、アメリカの領域限界を超えている)にある大陸棚の天然資源に対する管轄権を初めて主張した。その他の諸国もすばやくこの例に倣い、多くの国々が漁業管轄権の拡大を求めた。一般に受入れられている規範を明確にし、国際慣行を法典化する目的で、国連は1958年に第1次国連海洋法会議を招集した。国際法委員会(→236ページ)が準備した草案をもとに作業が進められ、同会議は国際法に新しい原則を確立する「大陸棚条約」を採択した。同会議はほかに3つの条約、すなわち「領海および接続水域に関する条約」、「公海条約」、「漁業および生物資源保護条約」も採択した。その後1960年に第2次国連海洋法会議が開かれたが、領海の幅を確定することには失敗した。

1967年に、深海底に関連する諸問題に対する危機感がふたたびつのってきた。当時、マルタは、技術的に進んだ諸国が、深海底にある莫大な資源だけでなく、自衛その他の目的で自国に有利となるよう深海底を専有する危険性があると、総会の注意を喚起した。マルタ代表のアルヴィド・パルドは、「深い海」は生命の「子宮」であり、生命は水に守られた海洋から出現したと述べた。人はいまその深海底にもどろうとしているが、彼の眼に映ったことは、「これは人間、われわれが知っているところの生命そのものの終末の始まりを示しているかも知れない。……同時に全人類にとって平和的でますます繁栄する未来を確実にもたらす基礎を築くかけがえのない好機なのかもしれない」ということだった。

国際的な解決を求めるマルタの訴えにこたえ、総会は海底委員会と呼ばれる、「国家の管轄権を超える深海底の平和利用委員会」を設立し、問題のさまざまな側面を研究し、国際協力を促進する現実的な手段を示すよう求めた。同委員会の活動のおもな成果は、1970年に総会が採択した原則宣言のなかに具体化されている。同宣言は国家の管轄権を超えた深海底とそこにある資源は「人類共通の財産」であり、その地域に対していかなる国も主権その他の権利を行使することはできないとしている。同宣言は、人類の利益となるよう海洋資源を探査し開発することを監督する国際機関の設立も求めた。

海洋に関する諸問題は相互に関連し、また一括して審議する必要があることが認められ、総会は1970年に単一の包括的な条約を準備するため、新しい国連海洋法会議を招集することを決定した。海底平和利用委員会が会議の準備を進め、海底地域だけでなく、公海制度や大陸棚および領海(幅員の画定問題を含む)、漁業権、海洋環境の保全、海洋科学調査、内陸諸国による海への接近権などの問題にも取組まなければならなかった。

■ 第3次国連海洋法会議

第3次国連海洋法会議は、ニューヨークの国連本部で1973年12月の簡単な運営打合わせから始まった。実質審議は翌年に、ベネズエラのカラカスで始まり、「一括方式」(ほかのすべての条項が正式に承認されないかぎり、ひとつの条項、条文といえども承認されない)で議事を運営するという、重要な決定が行われた。この非公式のアプローチが採用されたの

は，関連した諸問題が相互に依存し合っているからだけではなく，最終的には最も広範な支持が得られるような，全体的なバランスを図る必要があったからである．交渉のたたき台として合意された最初の非公式の条文草案は，1975年に準備された．その後特別の交渉や作業グループ，委員会，全体会議などによってじょじょにその条文草案は修正されていった．交渉を通じて強調されたのは，作業方法は非公式かつ柔軟なこと，そして合意を形成していく方式をとったことであった．

■ 国連海洋法条約

「国連海洋法条約」(UNCLOS)の最終条文は，1982年4月30日に国連本部の会議で採択され，結果は賛成130カ国，反対4カ国（イスラエル，トルコ，アメリカ，ベネズエラ）で，棄権17カ国であった．1982年12月10日のジャマイカ会議で最終文書に署名されたのち，同条約は署名のために2年間開放され，期限を迎えたころには159カ国と国連ナミビア理事会，ヨーロッパ経済共同体（EEC），クック諸島，ニウエが署名した．同条約は60番目の国が批准してから1年後の1994年11月16日に発効した．

■ 深海底開発採掘をめぐる争点

第3次国連海洋法会議での海洋に関する全般的な法的枠組みをつくろうとした国際社会の作業では，アメリカが指導的な役割をはたしてきたが，国際海域の深海底開発を規制するための国際組織の設立（同条約第11部）をめぐっては，途上国と先進国の間の対立が深まった．この対立はかなり根深かったため，アメリカは条約のその他の部分については同会議で成立した合意を支持するが，条約への正式の署名は見合わせた．

深海底開発の問題についての交渉は，1970年に採択された総会決議2749(XXV)にあげられた，一般に受入れられた原則に基づいて行われた．同決議では「……国家管轄権の範囲を超える深海底およびその地下は……その資源とともに人類の共有財産である」と述べている．アメリカのリンドン・ジョンソン政権とリチャード・ニクソン政権は，国家管轄権を超える深海底の資源は人類の共有財産であること，およびこれらの資源を管理する国際体制が設立されるべきであるという原則を支持していた．この原則は，1980年にアメリカが制定した深海底開発でも承認されていた．

しかし先進工業諸国の見解では，条約上は会議によって設立されることになっていたこの構想を実現する新組織は，細部において圧倒的に途上国に有利になっていた．先進諸国の反対は，制度上の問題と経済的かつ商業的な問題の2つのカテゴリーに分けられる．制度上の問題として先進諸国は，海底機構内部での先進諸国の影響力は適切ではないとして反対した．経済的かつ商業的な面で先進諸国は，もっと市場指向型の体制を求めた．先進諸国が反対していたのは，採掘者に厄介な財務上の義務を感じさせる義務的な技術の移転や，海底での生産制限，ほかの商業団体との競争を不公正にしてしまうような財務支援を受けている国際公共団体の設立などであった．

1980年代後半になると，ほかの諸国も条約で規定された海底開発体制の問題をますます認識するようになった．この態度の変化は，国際政治環境の一般的な変化，すなわち冷戦の衰退と途上国や東ヨーロッパ，旧ソ連諸国などでの市場経済に向けた改革への関心の増大を反映したものであった．途上国も，先進諸国が参加しなかった場合の条約の実効性を気にするようになった．

1990年7月に，デクエヤル事務総長は，UNCLOSへの普遍的な参加を実現するため，非公式協議を開始した．1990年から1994年までの間に15回の会合がもたれ，UNCLOSは大きく変更された．この期間にUNCLOSを60カ国が批准し，条約で規定された通りに1994年11月16日に発効することが確実となった．この日時が近づくにつれ，先進諸国は条約が発効する前に，条約を修正するのが得策と考えるようになった．1993年の初めにアメリカのクリントン政権は，海洋の利用について将来生じるであろうすべての問題に対処する答えを用意することにはならないかもしれないが，先進諸国がより受入れやすい新しい問題を議論する枠組みやチャンネルを作りだすことにはなると決心し，修正作業でより積極的な役割をはたそうと決めた．

国連海洋法条約第11部の履行に関する合意（以後は「合意」と呼ぶ）交渉は，1994年6月3日にまとまった．ただしこの合意は，深海底の開発にともなう活動のすべての局面を予想し，細部まできちんと決められた体制を確立したものではない．しかしこの合意は，国際海域での商業的な開発が始まったときの，開発の規則や規則の基礎となる，自由市場経済に基づく商業的な原則を規定している．

この合意は条約第11部の制度的な枠組みは維持しているが、規模は縮小し、制度の活性化や運営を海底開発からの具体的な利益のじっさいの増大に結びつけている。この合意では、経済的に大きな利益をもつアメリカやその他の国々に、意思決定段階でその利益に見合うだけの発言権を認めている。とくにアメリカだけで、財政委員会で重要な財政あるいは予算問題の決定を阻止できる。さらに運営理事会でも、開発で得られた収益を関係諸国や、その他の主体(たとえば革命運動)に分配する決定も阻止できる。

義務的な技術移転規定は、協力取決め(「共同事業体」と呼ばれる)や自由な市場での処理を通じて、技術移転を促進するとする規定におきかえられている。この合意では、機関(「事業体」と呼ばれる)の開発部門にも、ほかの採掘者と同じ義務が課せられており、先進諸国がこの機関に財政支援をする義務は除去されている。

この合意では、陸上の鉱物生産者からの援助は、将来の海底開発から得られる使用料の一部による調整支援に限定している。同合意はまた、第11部の生産管理体制を、「関税及び貿易に関する一般協定(GATT)」の補助金に関する原則を適用することにおきかえている。さらに、生産者に課せられた詳細な財政上の義務を、陸上での採掘に適用されているシステムを基礎とした、経済的な賃貸料を回収するためのシステムにおきかえ、そのシステムは海底開発の競争上の優位や不利益をもたらさないよう考慮されると規定している。

非公式協議の終了に当たって、ロシアだけが自らの立場を留保する発言を行った。というのも、ロシアの提案のうちのいくつかが、合意のなかに含まれなかったからである。その後、同合意の採択と署名のための公開を目的として、1994年7月27日から29日まで第48回国連総会を再開することが決められた。そのころには、棄権していた先進諸国の大半がこの条約と合意書に署名するだろうと期待された。

UNCLOSの規定

同条約は人間の海洋利用のほとんどすべて、航行と上空通過、資源探査と開発、環境保全と汚染、漁業、船舶航行などを対象としている。同条約の321条と9つの附属書は、世界の海洋における各国の行動の指針であり、種々の海域を定義し、境界線の設定の規則を設け、法的な義務と責任を割振り、紛争解決の仕組みを定めている。同条約のおもな規定のいくつかは、次の通りである。

領　海　沿岸国は幅12海里(22.2km)までの領海に主権を行使するが、外国船は平和的な航海目的でこれらの水域を「無害通航」することが認められている。

国際航行に用いられる海峡　すべての国々の船舶や航空機は、海峡をもつ国々に脅威を与えないかぎり、国際航行に利用されている海峡を遅滞なく「通過」することが認められているが、海峡をもつ国々は航行やその他の通過を規制する権利をもっている。

群島国家　密接に関連し合う諸島とそれらをつなぐ水域によって構成される群島国家は、外側の島々をつなぐ直線で囲まれた海域に主権をもち、その他のすべての国々は、群島国家が指定した海域水路を通過する権利をもっている。

排他的経済水域　沿岸国は200海里(370.4km)の排他的経済水域の天然的資源や一定の経済活動に関して主権を行使でき、海洋の科学調査や環境保全などの管轄権をもっている。ほかのすべての国々は同水域の航行や上空通過の自由をもち、内陸国やその他の地理的不利国は、当該水域で沿岸国が捕獲しきれない漁獲量について、その利用に参加することができる。高度回遊性の魚種や海洋哺乳動物などには特別の保護が与えられる。

大陸棚　沿岸国は大陸棚(海底の国家領域)に対し、これを探査し開発する主権をもっている。大陸棚は海岸から少なくとも200海里(370.4km)まで、または特別の事情があれば563kmないしそれ以上まで伸びることがある。沿岸国が200海里(370.4km)を超える大陸棚の部分から得る石油その他の資源利用の収益は、国際社会全体と分かちあう。その大陸棚の外側の境界については、大陸棚境界委員会が各国に勧告を行う。

公　海　すべての国々は公海の航行、上空通過、科学的調査、漁業の自由を享受し、生物資源の保存措置の採用に当たって、ほかの国々と協力する義務を負っている。

諸　島　島の領海、排他的経済水域、大陸棚は、陸地の領土に適用する原則にしたがって決定されるが、人間が居住できず、経済生活も行われていない岩礁については、経済水域や大陸棚を認めない。

閉鎖海あるいは半閉鎖海　閉鎖海あるいは半閉鎖海に面している国々は、生物資源の管理および

内陸国 内陸国も海洋への出入の権利をもち，海洋に出るために他国の領域を通過する自由を享受できる．

深海底 深海底区の探査と開発に関しては「並行システム」が確立されることになっている．この区域のすべての活動は，条約によって設置される国際海底機構の監督下におかれる．同機構はその活動組織である「事業体（エンタープライズ）」と呼ばれる組織を通じて自ら採掘を行ったり，民間企業または国営企業と契約して当該区域の開発権を与えることもあるので，許可を受けた企業は機構と並行して事業を行うことができる．第1世代の事業者は「先行投資者」と呼ばれ，ひとたび開発が許可されれば，その生産は保障される．

海洋汚染 各国はいかなる発生源であろうとも，海洋汚染を防止し管理する義務を負っており，海洋汚染と戦うという国際義務に違反して引起こした損害について賠償責任を負っている．

海洋の科学的調査 排他的経済水域および大陸棚でのすべての海洋の科学的調査は，沿岸国の同意を必要とするが，調査が平和目的で行われる場合，沿岸国は通常は外国に同意を与えなければならない．

海洋の技術の発展及び移転 各国は，海洋技術の発展および移転については，「公正かつ合理的な条件で」，技術の所有者，提供者，受領者の権利および義務を含むすべての正当な利益に妥当な考慮を払って促進する義務がある．

紛争の平和的解決 各国は条約の解釈適用をめぐる紛争を，平和的な手段によって解決する義務を負っている．各国は，ほぼすべての紛争を，全当事者を拘束する決定をもたらす義務的な手続に任せなければならない．紛争は条約に基づいて設立される国際海洋法裁判所，国際司法裁判所，または仲裁裁判所に付託される．調停も利用でき，一定の事情があれば調停への付託も義務的となりうる．

■ **準備委員会**

「国際海洋法条約」の署名とともに，条約で設立される2つの主要機関，すなわちジャマイカのモンテゴベイに本部がある国際海底機構と，ドイツのハンブルクに予定される国際海洋法裁判所の設立準備委員会が設置された．準備委員会と先行投資スキームの設立は，1982年4月30日の会議で採択された2つの決議に規定されている．

国際海底機構および国際海洋法裁判所の準備委員会は，1983年から活動を開始し，両組織を律する規則の起草と，将来の深海底活動を規制する開発規則を起草した．「事業体（エンタープライズ）」の計画および準備などにかかわる義務のほか，同委員会は深海底開発での「先行投資家」が現実の開発前の事業を展開し，機構の設置後は優先的な開発権を獲得できるよう許可をするという，特別な暫定的レジームを実施するという責任を負っていた．

国際的な受容状況

海洋に関する新しい法体制は，いまや世界中でしっかりと確立された．1994年7月までに129カ国が領海12海里制を設定し，91カ国が排他的経済水域を宣言した．また18カ国が200海里の漁業専管水域を宣言した．ほとんどの国の国内立法は，同条約の規定に直接由来している．国連総会は各国の状況が最大限一致するように気を配っており，毎年同条約の地位を調査し，適用状況の進みぐあいを審査している．

経済的および社会的発展

　経済的および社会的国際協力に関する国連憲章第55条は，国連に対していっそう高い生活水準，完全雇用，経済的および社会的進歩と発展の促進を求めている．しかし経済的および社会的発展の促進は，憲章で特定されたいくつかの目的のなかのひとつにすぎず，とくに重点をおいているわけではない．国際連盟と初期の国際労働機関(ILO)は，おもに防衛的または保護的な行動，たとえば国境界を越えて広がる伝染病からの各国の保護，女性および児童の国際的な売買の防止，不法な薬物売買の防止，不公正で非人道的な労働条件からの労働者の保護などに携わっていた．経済的および社会的分野での初期のそのような活動は，経済的および社会的発展という概念を，ほとんど認めない雰囲気のなかで行われた．

　しかし今世紀なかばに向かうころには，この概念は国際協力のおもな目的として定着するようになり，国連および専門機関の経済的および社会的分野での第一の目的も，低開発の国々の発展の促進におかれるようになってきた．

■ 富める国と貧しい国

　開発に関する国連の第一の関心事は，加盟国が富める国々と貧しい国々に分裂している事実にあり，事務総長はこの分裂をしばしば，世界の平和と安全に対する最大の長期的な脅威として位置づけてきた．

　国連が創設された1945年には，両者をはっきりと2分することはできなかった．ヨーロッパの富は戦争の惨害によって浪費されていた．富裕だといえるのはアメリカだけであったが，それさえ1930年代の不況が依然として記憶に新しく，繁栄が持続できるという自信をもてずにいた．経済発展への挑戦が，向上心に燃えるすべての国々の思考の中心を占めるようになったのは，西欧諸国が短期間で繁栄を回復し，さらに進んで，それまで経験したことがないほどの高度の経済的な豊かさと社会福祉を達成したことによる．そしてその間，戦争による直接の被害は受けなかった，アメリカ，カナダ，オーストラリア，ニュージーランドなどの順調な国々は，急速な経済の拡大を続けていた．さらに数年のうちにアジアにおいて，日本の復興と成長の奇跡が，ヨーロッパの戦後の記録と肩をならべようとしていた．

　植民地の人々や旧植民地の人々の間では，同様のことは起こらなかった．熱帯アジア，アフリカ，ラテンアメリカは何世代にもわたって，その大半が工業地域であるヨーロッパや北アメリカの属領として，いっぽうでは温帯地域では通常は育たない，不可欠の第1次産品の供給地として，他方では温帯地域で生産される消費財の，利益の大市場として開発させられてきた．これらの経済的低開発地域の人々は，戦後になって急速に政治的な進歩をとげた．1950年代後半までにこれらの国々の多くが，大幅な経済成長を記録したことから，これらの国々を「低開発」国ではなく「開発途上」国と呼ぶことが単に如才がないというだけでなく，正確であると考えられるようになった．しかし集団としてみた場合，開発途上諸国は，戦後未曽有の発展を遂げた温帯の先進工業諸国に比べると，経済成長の面でかなり差をつけられていた．国連創設後15年がたつまで，先進諸国と開発途上国の間にひじょうに不穏な格差が生じており，多大な対外援助の努力にもかかわらず，その格差は年々広がっていることが十分すぎるほど明らかになってきた．

■ 国連の活動の範囲

　国際社会が，そのような富の不均衡に内在する政治的および経済的な危険に気づくのに時間はかからなかった．国連が経済問題を考える場合に，「開発」よりも「復興」のほうが支配的だった1946年に，早くも総会は経済社会理事会に対して，自国の資源開発への援助を望む国々に，助言を与える手段と方法を研究するよう要請した．その結果，国連は国連システムの専門機関と協力して最初の技術援助計画を開始した．

この章では，国連の開発努力の原則と目標について述べることにする．さらに科学技術や多国籍企業の役割，天然資源の利用など，開発に影響をおよぼす要因のいくつかについても論じ，地域委員会の活動についても概括する．国連とその関連機関が行う技術協力計画については，技術協力計画の章（→156ページ）で触れ，社会的および人道的計画については社会的および人道的援助の章（→173ページ）で触れる．経済的および社会的発展を支援する専門機関の活動は，それぞれの機関に関する章で触れることにする．

■ 第1次国連開発の10年

最初の「国連開発の10年」は，総会によって1961年12月に始められた．総会はすべての加盟国に対して，開発途上国が自立的な経済成長と社会的進歩を加速するのに必要な措置への支援を行う努力を，強化することを求めた．各途上国ごとにそれぞれ目標を設定した上で，10年間が終るまでに，国民所得の総額を少なくとも年5%で成長させることをめざした．

経済先進諸国は，途上国が経済発展のための資本をより多く得るために，拡大する市場において途上国の製品を安定した利益のでる価格で，より多く売ることができるようにする政策を追求し，さらに途上国の天然資源を外国資本が生産し市場で取引して得られる収益から途上国が，公平な配当を得ることを確保する政策も求められた．先進工業国に対しては，開発資金のフローを増大させ，相互に受入れられるような条件で途上国に民間資本が流入するような政策を追求することも求められた．総会は，途上国への国際的な資本と援助の流れが，経済先進諸国の国民所得全体の約1%となるようにすべきであると勧告した．

しかし1960年代を通じて，先進市場経済の成長は加速したが，途上国と先進諸国間の1人当たりの所得格差は拡大した．世界の低開発地域に住む人口の2/3が，依然として世界全体の所得の1/6以下しか得ていない．1962年の時点で，そうした地域の1人当たりの所得は平均136ドルであったが，北アメリカと西欧の先進市場経済では，それぞれ平均2845ドルと1033ドルだった．

1969年に発表された報告のなかでウ・タント事務総長は，開発がなかなかみられないために大きな不均衡が生じ，あるいは拡大し，将来の成長を危うくしていると述べた．食糧生産の面でもっと大きな進歩を達成し，伝染病をもっと効果的に抑制しなければ，安定した経済的および社会的発展に必要な条件をつくりだすことはできそうになかった．同時に事務総長は，「よい環境と政策がそろえば，十分かつ持続的な発展が達成できる」ことは，いくつかの国々の経験が示していること，そして開発を基本的な目標とすることで，途上国側にもしだいに態度や行動様式の望ましい変化がみられるようになっていると指摘した．公的な決定がもっぱらその場の都合によってなされることはもはやなくなり，かつてはどちらかというとバラバラに決められていた政策や計画は，しだいに共通の目標のために統御されるようになった．事務総長は，国際的政策を国際レベルでは評価し前進させる制度的な仕組みが，国連貿易開発会議（UNCTAD）や国連開発計画（UNDP）などの機関の創設によって，少なからず強化されたと述べている．

「第1次国連開発の10年」は1970年12月に終了し，おもな目的のひとつであった5%の成長は，途上国については達成されなかった．1960年から1967年までの間，途上国が達成した年間のGDPの増加率は約4.6%だったが，人口も増加したので1人当たりの総生産の成長率は約2%でしかなかった．総会は進歩の遅れの原因のひとつが，国際開発戦略の枠組みの欠如にあったと結論づけた．

■ 第2次国連開発の10年

1970年の第25回総会で，「第2次国連開発の10年」となる1970年代のための国際開発戦略の概略の決議が採択された．計画のおもな目的は，とくに途上国での持続的な経済成長の促進，より高い生活水準の確保，そして先進国と途上国間の格差縮小の促進とされた．総会は，開発のおもな責任は途上国自身にあるが，途上国の努力を完全なものとするには，先進国からの財政援助の増加や，先進国のより好意的な経済・商業政策が不可欠である，と宣言した．

「第2次国連開発の10年」の目標として総会は，途上国全体のGDPの年平均成長率を少なくとも6%とし，できれば後半の5年間ではさらに高い成長率を達成することをあげた．成長率は，農業生産を年平均4%，工業生産を同じく8%の割合で拡大することを意味していた．

総会はまた，社会正義と効率的な生産を助長するためには，収入と富をより公平に分配すること，雇

用水準を実質的に上昇させること，収入の安定性を高めること，教育や保健，栄養，住宅および社会福祉のための施設を拡大し改善すること，そして環境を保全することなどが不可欠であると述べた．このように，社会の質的および構造的な変革が急速な経済成長と並行して行われるべきであり，現存する不均衡（地域間，部門別，および社会的な）は実質的に縮小しなければならなかった．総会は，発展の財政上のおもな責任は，途上国が自らが負わなければならないと考えていた．このため，途上国は健全な財政および金融政策を追求し，適切な立法および行政改革を行うことによって，制度上の障害を取除くよう求められた．同時に各経済先進国には，自国の国民総生産（GNP）の最低1%に相当する額を，毎年途上国への財政資金として移転するよう努力することが求められた．途上国に対する財政資金移転のおもな部分は，政府開発援助として供与すべきだとされた．

1975年に総会によって，最初の5年間で達成された進歩についての検討が行われた．総会は，最初の5年間で先進国と途上国間の格差が驚くほど増大したことに注意したが，同時に全体としては暗闇の状況の中で，ひとつだけ明るい要素（すなわち，相互依存の現実が新たに，そして日ましに強く認識されるようになったことの必然的帰結として途上国がより強い立場をもつ要素として浮上したこと）があることを認めた．「第2次国連開発の10年」の戦略に盛りこまれた総計の目標のいくつかは，主として「途上国自身の努力により，またある程度は1次産品ブーム（1972年から1974年までの短期間，1次産品の価格が上昇した）のような外的要因によって」達成されるか，または上まわったことも認めた．もっともこれらの総計は，各途上国の達成度の差を反映しておらず，多くの国々は平均よりずっと低かった．目標に達しなかったおもな分野は農業であり，途上国全体で年平均4%の成長率目標の半分以下の数値しか達成することができなかった．

総会はさらに，政府開発援助の形での先進国からの財政資金の純流入額は，途上国全体で実質値や対GNP比で減少したことにも注目した．同時に，途上国の債務支払額の負担は，途上国の輸出収入に比べて増大し続けていた．

■ 新国際経済秩序（NIEO）

1973年9月に，アルジェでアラブ石油輸出機構（OAPEC）諸国が石油を政治的な武器として利用する可能性について議論した．10月6日に新たなアラブ・イスラエル紛争（第4次中東戦争）が勃発すると，アラブ諸国はヨーロッパや日本への石油の輸出を削減し，アメリカ，オランダ，ポルトガルへの石油輸出を停止した．アメリカに対する禁輸は1974年3月に，オランダへの禁輸は1974年7月に解除された．ポルトガルに対する禁輸は，ポルトガルの新体制が1974年と1975年にアフリカにあるポルトガル植民地を独立に導く政策を開始したあとに解除された．しかし，石油の輸出国がとった措置は，世界経済の転換点となった．世界石油輸出国機構（OPEC）の加盟国は，石油価格を集団的に固定する長期的な研究を始め，以後定期的に価格を上昇させるようになった．

1974年1月31日にアルジェリアのブーメディエン大統領が，すべての原材料の問題と先進国と途上国の間の関係を審議する，特別総会の開催を求めた．2週間以内に70カ国が彼の提案を支持した．

第6回特別総会 1974年4月から5月にかけて開催されたこの特別総会は，新国際経済秩序（NIEO）の樹立に関する宣言と行動計画を採択した．この宣言と行動計画は，このままでは先進国と途上国の間の格差は拡大するばかりであるとして，国際経済秩序の根本的な変革を要求するものであった．このような変革は先進工業諸国が，その政策と経済を貧しい国々の利益のために調整することを必要とした．貧しい国々は，いまや先進諸国にかわって，自国の資源を自ら管理することを決意していた．

行動計画では，途上国の輸出品の価格を先進国からの輸入品の価格にリンクさせる努力を求めていた．さらに同計画は，1次産品の生産者同盟の結成，秩序立った1次産品貿易，生産国である途上国の輸出所得の増大，1次産品の交易条件の改善などを提案した．同計画はまた，途上国が輸出する原材料，おもな1次産品や半製品の価格と，途上国が輸入する原料，おもな1次産品，食糧，製品および半製品，さらに資本財の価格との間の公平な関係の発展も求めていた．

宣言の中で国連加盟国は，「不平等を正し，現存する不正義を矯正し，先進国と途上国の間の拡大する格差の解消を可能にし，現在及び将来の世代のために，平和と正義に基づいた，経済的および社会的発展の着実なる促進を確保する．経済的及び社会的体制の相違を越えた，衡平，主権の平等，相互依存，共通利益及びすべての国の協力に基づく，新国際経

済秩序の樹立」に緊急に取組む決意を表明した．

この計画と宣言は投票にかけられることなく採択され，ほとんどすべての途上国と社会主義諸国に熱狂的に支持されたが，市場主義経済を採用している大部分の西ヨーロッパ諸国とその他の先進工業諸国は，しばしば広範囲にわたって留保をつけた．これらの市場経済諸国は，生産者同盟の結成によって生じるおそれのある貿易の流れの束縛に対して警告を発し，国有化は国際法の既存の原則にしたがって行われるべきだと主張した．

国家の経済権利義務憲章 1974年の通常総会で，「国家の経済権利義務憲章」が採択された．同憲章は，すべての国家は自国の富と天然資源に対して完全で恒久的な主権を自由に行使する権利をもち，自国の国内管轄内にある外国資本を規制し，外国資産の国有化，収用，または所有権の移転を行う権利をもっていることを確認した．同憲章は，国有化の場合には適当な補償を支払わなければならないこと，いかなる紛争もすべての関係国がほかの平和的手段に同意しないかぎり，国有化を行う国家の国内法に基づいて解決されなければならないことなどを規定していた．さらに同憲章は，国の経済を発展させるために，各国がおもな生産国機構に参加する権利も規定していた．

第7回特別総会 総会は1975年9月に，開発と国際協力を議題とする第7回特別総会を開催した．新国際経済秩序の計画と宣言や，「国家の経済権利義務憲章」が採択されたときの論争的な雰囲気は，実利的なアプローチにかわった．交渉はおもに，途上国を代表する「接触グループ」と，西ヨーロッパ諸国とその他の市場経済諸国との間の秘密会合で行われた．市場経済諸国は途上国の輸出品の約3/4を輸入していたので，両者の合意は意味のある進展のためには欠かすことができなかった．会期の終りにクルト・ワルトハイム事務総長は，両者の合意は「現状をより円滑に管理するよりも，むしろ変化させるもの」であったと宣言した．

特別総会の結果は，多数のイニシアチブを提案し，全会一致で採択された決議のなかに具体化された．同決議は，「第2次国連開発の10年」の戦略においてすでに定義されていた目標，すなわち先進諸国のGNPの1%を途上国への政府援助にまわすという目標を再確認していた．さらに市場の変動を相殺し，インフレ傾向と戦い，穀物や食糧の安定供給を確保するための，1次産品の緩衝在庫を蓄積することも求めていた．

1979年に総会は，1980年の開発に関する第3回特別総会において開発のための国際経済協力について，地球全体で継続的な交渉を開始することを要請した．交渉は，1980年9月の特別総会で期待された進歩を達成することはできなかったが，それでも同じ年の通常総会において，「第3次国連開発の10年」のための国際開発戦略が採択された．

■ 第3次国連開発の10年

「第3次国連開発の10年」のために総会が採択した新しい国際開発戦略は1981年1月1日から始まったが，その戦略のなかで各国は個々にあるいは集団で，正義と公平に基づく新国際経済秩序を樹立するという義務をはたすことを誓約した．各国は戦略の目標に寄与することに同意し，あらゆる開発部門における相互に関連する具体的かつ実効的な政策措置をまとめたものを採用することによって，それを実現することに合意した．

この戦略では1981年から1990年までの間に，途上国の発展を加速するための目標と目的を規定している．そのなかには次のものが含まれる．

（1）国内総生産(GDP)を年平均7%の割合で成長させる
（2）財やサービスの輸出を年7.5%の割合で，同じく輸入を年8%の割合で拡大する
（3）1990年までに国内総貯蓄をGDPの約24%にまで高める
（4）すべての先進諸国による政府開発援助を，先進諸国のGNPの0.7%の目標値に達するかあるいはそれを超えるまで，急速かつ実質的に増大させる
（5）農業生産高を年平均4%の割合で拡大する
（6）工業生産高を年9%の割合で増加させる

この戦略に含まれるその他の目標と目的としては，2000年までに完全雇用や全児童への初等教育を普及させる，最低60歳の平均寿命，幼児死亡率を1000人当たり50人以下におさえることなどの達成があった．

同戦略はまた，一連の政策措置，すなわち国際貿易，工業化，食糧と農業，開発のための財政資金，国際金融および財政問題，開発のための科学技術，エネルギー，運輸，環境，人間居住，災害救助，社会発展，そして途上国相互の協力を含む国際協力，後発開発途上国のための，そして島嶼国や内陸国な

実際上 1980 年代は，途上国の経済にとっては厳しい 10 年であった．1990 年までに対 GNP 比 0.7% という国連の開発援助目標を達成した援助国は，ノルウェー，オランダ，デンマーク，スウェーデン，フランスの 5 カ国だけであった．カナダとドイツは対 GNP 比 0.4% のレベルにしか達しなかった．国連の目標に決して同意したことのなかったアメリカに至っては，GNP の 0.2% しか援助しなかった．工業諸国における深刻な景気後退による 1 次産品価格の下落，利率上昇，貿易障壁，そして身動きができなくなるほどの債務が世界の大多数の人々を苦しめた．1990 年の時点で，全世界人口 53 億人のうち 42 億人が途上国で生活していた．途上国全体の成長率は年に約 3% で 1 人当たりでは 1% であったが，1960 年代には平均で 5.5%，1970 年代でも 3% を記録していた．国際通貨基金 (IMF) や世界銀行グループによる貸出は，人的犠牲という点で重い代価をともなう「リストラ」を条件とすることが多かった．債務を負った途上国は，社会的サービスより債務の返済にはるかに多くの金を支払っていた．

この憂鬱な結果は，総会が「後発開発途上国」と指定した国々の数が 1972 年には 24 であったものが，1991 年には 47 に増えたという事実に表れていた．

■ 第 4 次国連開発の 10 年

1990 年に総会は，「第 3 次国連開発の 10 年」の目標は達成されなかったと結論した．総会は，「第 4 次国連開発の 10 年」(1991～2000 年) の国際開発戦略 (IDS) とともに，新たに途上国の成長に関する優先事項と目標を設定した．しかし，その決議が採択されて 1 年もたたないうちに旧ソ連が崩壊し，国際的な経済関係の様相が絶えず変化するようになった．IDS が寄りどころとしていた前提の多くは，このような歴史の動きによってひっくり返されてしまった．

1990 年 9 月の第 2 回国連後発開発途上国会議では，後発開発途上諸国に対する政府開発援助 (ODA) の目標を設定した．総会は，新しい IDS を通じて工業諸国に対して，ODA の目標を達成するか上まわるよう熱心に求めた．総会はまた，途上国自身が工業の比率を 8～10% に上昇させ，年間の食糧生産も 4% 増大させてみるよう勧告した．

総会は新しい IDS の 6 つの目標を設定した．それは 2 年後の歴史的な国連環境開発会議 (UNCED) で活発に展開されることになる「持続可能な開発」という，新しい哲学の初期の表れであった．IDS の目標は次の通りであった．

1. 途上国の経済成長のペースを速める
2. 社会的需要の充足，過度の貧困の大幅な縮小，人の能力と技術の開発および利用，環境的にも安全で持続可能な開発を考案する
3. 通貨，財政，および貿易の国際システムを改善する
4. 世界経済を強化し，安定させ，健全な国内および国際的マクロ経済の管理の慣行を確立する
5. 開発のための国際協力を強化する
6. 後発開発途上諸国に特有の問題を処理する特別の努力を行う

新しい IDS の哲学は，先進諸国は国際経済環境に最も大きな影響力をもっている故に，開発努力の成功については特別の責任を負っているという原理に基づいていた．また開発の速度をあげるには，途上国が国内貯蓄を増加させ，投資や投資の見返りを増やし，インフレを抑制し，通貨およびその規律を守り，現実的な交換レートを継続し，資源をより効率的に配分するよう努力することなどが必要であることも認めていた．

国際貿易の状態を改善することは，どんな開発計画にとっても最も重要なことであった．「関税及び貿易に関する一般協定」(GATT) のウルグアイ・ラウンド交渉が行きづまり，先進諸国の間で保護主義が高まった．IDS は 1990 年代の国際貿易を活発化するために，次の行動を提案した．

1. 保護主義を控え，改めるという，1986 年に行われたコミットメントを堅持する
2. 貿易を自由化し，関税障壁を下げるか除去することで，途上国がすべての市場に参入できるよう改善する
3. 熱帯産品や天然資源を基礎とする産品の貿易を自由化する
4. 繊維製品貿易を GATT の通常ルールのもとにおく
5. 農業助成金やその他の保護政策を実質的に縮小する
6. いくつかの途上国の先進工業諸国向け輸出について認められる，関税を引下げたり免除する一般的な優遇制度を実姉し，改善する
7. 地域的な経済協定や貿易ブロックが，GATT の

ルールに合致するようにする
8. GATT の締約国が，同協定の規則と原則を厳格に遵守することを確保する

　IDS のその他の規定には，より安定した1次産品市場の確立，途上国への技術移転の特許条件の獲得，知的所有権制度（著作権，商標，工業デザイン，パテントの所有権を保護するもの）のもとで，知的所有権を保護しながら開発を促進できるような方法について，合意点を見出すことなどが含まれていた．IDSは，1980年代末には行きづまっていた技術情報の交換を律する国際規則や基準（技術移転に関する行為規範）に関する作業を，完了させなければならないことも勧告していた．

　経済不振を引起こす背景もまた非難されていた．IDSは途上国の貧困や飢餓，非識字成人，女性に対する基礎的教育の欠如，人口急増などの撲滅を要求し，近視眼的な開発計画によって，環境の壊滅的な悪化にも言及していた．

　1992年に事務総長は，この点に関するIDSの進展状況について，総会に慎重だが楽観的な報告を行った．先進国の市場経済は，1991年にはわずか1％ほどしか成長しなかった．1992年には回復し始めたが，その回復力は微弱なものだとみられていた．しばしば「移行期にある経済」としていわれていた旧ソ連の新しい独立国家群の経済的困難が，さし迫ったものとなったため，途上国向けの援助がその方にまわされるという懸念もあった．南アジアと東アジアおよび中国以外の，すべての開発途上国地域の1人当たりの所得は停滞したままか，あるいは減少していた．途上国の債務危機は悪化してはいなかったが，債務救済や免除についての進展もほとんどなかった．しかし，ラテンアメリカ諸国のいくつかでは，再び信用を回復したところもあった．

　20年前になされた「社会的進歩および発展に関する宣言」の履行状況を検討するため，総会が委託した『1993年版　世界社会状況に関する報告』も，慎重だが楽観的であった．この報告は，加盟国内で活動しているさまざまな国連機関の間の調整に向けて，国連システムはよい方向に改良されていることに言及していた．また同報告は，「20年以上前の社会的進歩および発展に関する宣言で表明された主要な諸目標は大きく変わっていないものの，開発の背後にある諸力への理解が深まるにつれて，優先順位やアプローチ，強調点は再検討され，改められてきた．かくして，いま強調すべきは，援助を受けている国自身が開発プロセスを持続する制度的な能力を強化するような援助である」と述べている．換言すれば，自助努力の方法を学ぶ手助けをするということである．

　しかし1994年5月までの，総会が命じた3年間の一環として報告によれば，1993年は援助活動に対する自発的拠出金が実質的に縮小した年であった．国連開発計画（UNDP）への拠出金は，1992年の額より15％も下がったため，その活動は70％に制限されてしまった．同様に国連児童基金（UNICEF）の活動は22％の下落を経験し，国連人口基金（UNFPA）の活動は8％縮小した．世界食糧計画（WFP）は，前の2年間より65％も拠出金が減ってしまった．そのため，特定の計画のための「自発的な」拠出金の制度を，加盟国の毎年の分担金に含まれる中央共同資金から資金調達する，より調整のとれた制度に改めるべきではないかという議論も出始めた．

■ 地球サミット「アジェンダ21」

　一般には「地球サミット」と呼ばれる国連環境開発会議（UNCED）が，117カ国の元首と政府首脳を集めて1992年6月3日から14日まで，ブラジルのリオデジャネイロで開催された．この歴史的な会合の産物は，持続可能な経済成長を保証しつつ，地球の環境を保護するグローバルな措置を規定した，「アジェンダ21」と呼ばれる800ページの文書であった．持続可能な開発の基本原則を述べた重要な声明である，「環境と開発に関するリオ宣言」が拍手をもって採択された．同会議はまた，経済社会理事会の新しい機能委員会として，持続的開発委員会を誕生させた．同委員会は「アジェンダ21」の目標を達成するため，環境に関する国際条約を監視し，政策の方向づけを行ない，さらに国連システムの内部の活動を調整する任務を負っている．

　「アジェンダ21」に加えて，環境に関する2つの重要な条約が署名のために公開され，広い支持を受けた．「地球温暖化防止条約」は，地球の温暖化を引起こすと考えられる気体の排出を規制するガイドラインを規定したもので，153カ国が調印した．「生物多様性条約」は，締約国に絶滅の危機にある種の保護と遺伝学的および生物学的技術に関して協力する義務を課しており，150カ国の代表が調印した．「生物多様性条約」は30カ国が批准したのち，1993年12月に法的拘束力をもつようになった．さらに，持続可能な開発の概念の背後にある諸原則を規定した，重要な2つの文書も，地球サミットで採択された．そ

のひとつは，世界の森林の保護と開発が森林地域におよぼす影響の監視を勧告した「森林管理の原則に関する声明」であり，もうひとつは，経済問題と環境問題を同等に扱うよう強調した「環境と開発に関する原則の宣言」であった．

　地球サミットの準備と，国際的に広く受入れられるような文書の起草に 2 年以上が費やされた．しかし，最終文書が合意を得るためには，議論の的となった多くの提案が削除されたり，扱いを小さくされたりした．たとえば，汚染管理や資源保護，自国の天然資源を保護するために，自らの経済開発を抑制する途上国に対する財政援助などは，交渉から取除かれたり除外されたりした．途上国は環境的に持続可能な開発を実行する努力を支える「緑の基金」の創設を求めた．しかし，先進工業諸国の G 7 グループは，そのような開発基金は世界銀行 (IBRD) の地球環境ファシリティー (GEF) を通して行われることを明記し，基金の運営は先進諸国が効果的に管理できるようにすることに成功した．ヨーロッパ共同体（現 EU）は先進諸国で化石燃料に課税することを提案したが，石油輸出諸国の反対でこの規定は葬りさられた．さらに最終文書では，人口計画に関する言及についても扱いを小さくされた．避妊に関するくだりは，教皇庁（バチカン），ローマ・カトリック諸国，それにイスラム諸国を含む奇妙な連合の主張で完全に削除された．

　3 万 5000 人の公式参加者と，117 カ国の元首を地球サミットのためにリオデジャネイロにまで行かせた危機意識は，おそらく UNCED の事務総長を務めたカナダ人のモーリス・ストロングの次の言葉が，うまくいい表しているだろう．

　「地球サミットは富める者と貧しい者，北の諸国と南の諸国の間の関係にまったく新しい基礎を打立てなければならない．21 世紀に向けた中心的な優先事項として，共同で貧困と闘うこともそのひとつである．少なくとも将来の世代に対して，私たちはそうする義務を負っている．地球と呼ばれるこのこわれやすい惑星を私達は彼らから借りているのだ」．

　持続可能な開発の問題を扱う大きな国連会議がこのほかに 3 つ，1994 年と 1995 年に予定されていた．すなわち人口と開発に関する国際会議（1994 年 9 月，エジプトのカイロで），世界社会開発サミット（1995 年 3 月，デンマークのコペンハーゲンで），第 4 回世界女性会議（1995 年 9 月，中国の北京で）である．

　[1997 年 2 月にはマイクロクレジット・サミットが，同年 6 月には国連環境開発特別総会が開かれた．]

■ 1994 年の「開発のための課題」

　第 47 回総会は事務総長に対し，加盟国と協議して「開発のための課題」を準備するよう要請した．加盟国や国連システムの諸機関，それに世界中の公的および私的情報源から意見を聞いた上で，事務総長は 1994 年の第 49 回総会に報告書を提出した．『開発と国際経済協力——開発のための課題』と題されたこの広範囲にわたる文書は，50 年間にわたる国連の開発活動の間に得られた経験から，基本的な考えをまとめたものである．これは，加盟国の考え方や行動に対して，指針を与えることを意図していた．

　このような文書を作成することが提唱されたひとつの理由は，冷戦の終結とともに，開発計画への資金援助が勢力圏確立の一手段として行われることがなくなったことにあった．ヨーロッパの地図を塗りかえ，国連に新たな合意の雰囲気をもたらした根本的な社会的，政治的，および経済的変化もまた，国連の開発計画への潜在的な資本提供者を当惑させ，疲弊させた．国連は開発よりも，多数の新規の平和維持活動の方により多くの金をまわしているという声さえ，さる筋から聞かれた．事務総長は「課題」に統計資料を添付し，専門機関が消費した資金を除外してもなお，それが間違いであることを示した．

　「課題」のいくつかの主題は，国際開発計画に関する新しい基礎となる哲学を次のように規定していた．

1. 開発のおもな責任は各国政府が負っている．しかし国連の豊富な経験と広範な活動規模が，途上国にとってかけがえのない資源となっている．国連は介添役，伝達者として行動することはできるが，個々の国家や，国内および国外の協力者にかわって義務を引受けることはできない．
2. しかし，各国政府はもはや至上の経済的行為主体であることはできない．それでも世界中で貿易が国際化し，市場システムが優勢となった今日，政府は競争力のある市場システムが効果的に運用されるような規制制度を提供しなければならない．政府はまた，社会的セーフティネットを完備することによって，人的資本にも投資しなければならない．
3. 経済成長は完全雇用と貧困の克服を促進するものであるべきであるが，経済成長をそれ自体とし

て目的とすべきではない．もし，国内経済が改善されているにもかかわらずその国で大きな貧困が依然として存在するとしたら，いかなる開発努力も持続できないはずである．

4. 地球全体にとって利益となるように国内経済の構造を変化させたり，よりグローバルな責任を負った経済，財政および通貨政策をとらせるよう，主要諸国を誘導できる手段は存在しない．この点ひとつをとってみても，1970年代の「新国際経済秩序」からは哲学上の大変化があったことを示している．

5. UNCEDの歴史的な「アジェンダ21」は，環境自体が守り育てられなければならない開発資源であるということが，国際社会に確認されたことを示した．各国政府は国内の自然環境保護にリーダーシップを発揮し，規制のしくみをつくる責任を負っている．開発を成功させるためには，環境に配慮した政策が必要であった．事務総長は，先駆的な努力が現地の住民を持続可能な開発計画の単なる従属的な受益者というよりは，むしろインセンティブ・パートナーとするようにして行われてきたと指摘した．地球サミットのキーワードとなり，また掛け声となった「持続可能性」は，政府や国際機関，それに非政府組織（NGO）の真の協力と，また人類と自然との間の真の協調によって達成される，開発の指導原則とならなければならない．

6. 貧困や病気，非識字者，大量の失業，女性差別，武力紛争，社会的統合の欠如がある限り，いかなる開発も持続可能とはみなされえない．社会的統合の度合いを示す指標は，差別，狂信，不寛容，迫害の有無である．

7. 民主主義と開発は，深く結びついたプロセスであり，偶発的なものではない．というのも，自らの生活に影響をおよぼす意思決定過程に，人々が参加することによって，政府とその開発計画に合法性が与えられるからである．

結論において事務総長は，総会から何年間も明確な政策の指針が与えられず，経済社会理事会による効果的な政策調整も行われなかったため，国連の開発体制が全般的に焦点の定まらないものになってしまったことを認めた．進行中の根本的な変化には，ひとつの包括的な「国別戦略ノート」を作ることによって，国連開発計画（UNDP）の現地調整官を通じて行うよう，組織し直すことが含まれていた．完全とはいかないまでも，これだけでもより高度な調整が可能となり，与えられた資金をより合理的に利用できるようになるだろう．

しかし事務総長はまた，途上国における社会的および経済的開発の緊急の必要性に対応するにあたって障害となる，ほかの要因も増えていることにも言及した．すなわち，「現在，国連組織は閉鎖的な循環のなかにとらわれている．国家の主権を失うのではと恐れる者たちが，多国間主義に抵抗している．分担金の負担は自分自身の利益にもなるという確信をもてない者たちは，合意された目的を達成するための財政的な手段の提供を嫌がっている．そして完全な明確さと期限が限定されていることの保証を求める者たちは，困難な活動への参加に消極的となっている．新しく，強い魅力をもった集団的なヴィジョンを描かなければ，国際社会はこの循環を打破することはできないであろう」のである．

■ 開発計画

国連ファミリーのほとんどすべての機関が何らかの形で，たとえば新しい計画手法の展開や，導入への手助けをしたり，各国が現実的な成長目標を立てるのを援助したり，全体的な計画に社会のさまざまな部門のニーズを考慮することなどによって，開発計画の立案に寄与している．

国連の内部では，開発計画の立案に関連する問題は経済社会理事会の国連開発計画委員会が担当している．24カ国の委員で構成され，1966年に設置されたこの委員会は，開発計画の実施の上で遭遇する諸問題を，毎年審議する協議体である．

国連事務局は世界経済の現状を，1948年以降毎年発行している『世界経済及び社会概観』で報告している．1990年から国連開発計画は『人間開発報告』の発行を通じて，人間中心的な開発の概念に関する議論を喚起している．同報告は独立の開発専門家チームが執筆し，オックスフォード大学出版会から出版されている．経済的および社会的開発の計画立案に不可欠とされる統計データもまた，たとえば『統計年鑑』，『人口年鑑』，『国民経済統計年鑑』，『国際貿易統計年鑑』，『世界エネルギー供給』，『1次産品貿易統計』，『人口動態報告』，『月間統計報告』などを含む数多くの国連の出版物を通じて提供している．

■ 世界食糧理事会（WFC）

1970年代前半の世界の食糧事情は，アフリカや東

南アジアの一部の国など多くの途上国で，極端な食糧不足が生じたことに特徴づけられた．この食糧不足は，飢餓や栄養失調に対する世界的な取組みがあまり進んでいなかったことと，凶作やその他の異常事態に対処するための国際的な協力による穀物備蓄体制づくりも緩慢であったことによるものであった．

このような状況に対処するため，総会は1973年に世界の食糧問題を扱う会議の招集を決定した．1974年11月にローマで開催された国連世界食糧会議は，世界の食糧情勢に影響をおよぼす主要な問題と政策を毎年見直し，各国政府や国連の諸機関の双方に政治的な影響力をもつ，36カ国で構成される世界食糧理事会（WFC）の創設を求めた．

1992年まで毎年，WFCは理事国のうちの1カ国の招請で全体会議を開いてきた．同理事会は，国連総会の補助機関として毎年，総会と経済社会理事会に報告書を提出している．

当初，世界の食糧問題を解決するためのWFCのアプローチは，途上国自身が国の食糧戦略を採用するのを奨励することであった．この計画によって各国は，需要と供給，食糧生産増加の潜在能力，備蓄，加工，輸送，分配，市場流通および食糧の緊急事態への対応能力などを含む，自国の食糧状況の現状を評価することになっている．1980年代前半に，この考えは世界銀行に引継がれた．

1989年にエジプトのカイロで開かれた第15回会合で，WFCは次の10年間に国連加盟国が実行すべき4つの大きな目標を掲げた，詳細な共同行動計画をまとめあげた．4つの目標とは，すなわち(1) 飢饉による飢餓と餓死の根絶，(2) 年少児童の栄養失調と死亡率の実質的な低減，(3) 慢性的な飢餓の確実な減少，(4) 栄養失調によるおもな病気の根絶である．共同行動計画には，雇用機会に恵まれない農村地域で，食糧を得るための働き口をつくる計画を実施するために，ただちに行動する提案と，貧しい人々に供与しうる特定の食糧を確保する措置の提案が含まれていた．より長期にわたるものとしてWFCは，農村や都市での生産と雇用の機会をつくりだす計画や，共同体自身が独自の計画を立案し実行できるようにした共同体イニシアチブ計画，職業訓練計画，再訓練計画，食糧引換券計画などを勧告した．栄養の分野では，WFCは，非常時の子どもの授乳補助計画，下水処理と飲料水の改善を含む基本的な保健衛生計画，家族計画，栄養教育計画などの実施や，世界保健機関（WHO）や国連児童基金（UNICEF），そ の他の国際機関のもとで実施されている食糧および栄養計画の支援などを勧告した．

1990年にタイのバンコクで開催された第16回会議で理事会は，大部分の国が，理事会が求めた行動を実施するための具体的な目標をまだ設定していないことに気づいた．しかし1991年までには，すべての国連加盟国で，そうした目標が「第4次国連開発の10年」のための国際開発戦略の一部として採択された．

WFCはまた，飢餓の問題と重要な関連をもつ計画をもつ，約35団体の国際機関との調整についても審議した．WFCは，飢餓の問題に関する活動の焦点が分散しないようにひとつにまとめるのが自らの役割であることを考え，ローマに本部をおく4つの食糧機関，すなわち国連食糧農業機関（FAO），国際農業開発基金（IFAD），世界食糧理事会（WFC），それに世界食糧計画（WFP）の間で，事務局相互の協議体を創設することを勧告した．1991年のデンマークのヘルセンゲアでの会議で，理事会は繰返しこの点を支持した．同時に理事会は，これらの国際機関が大きな財政難に直面していることを懸念とともに言及した．

WFCの第18回会議は1992年にケニアのナイロビで開かれた．総会への報告の力で理事会は，ほとんどの開発途上地域が1980年代には飢餓と栄養失調の減少の点である程度前進したが，アフリカの人々にはそれは当てはまらず，悲惨な干ばつと内戦のために近年になって広範に餓死が生じたことに言及した．理事会は，干ばつと砂漠化によって被害を受けたサハラ以南のアフリカ諸国のための，IFADの特別計画を賞賛した．アフリカでの悲惨な問題に対応するため，WFCは「新緑の革命」とその達成に必要な技術移転を強化するよう求めた．調査，教育の拡充および訓練への投資の実質的な増加が，とくにアフリカにおいて必要であると理事会は勧告した．

1992年にWFCはまた，東ヨーロッパおよび独立国家共同体（旧ソ連）の何百万人もの人々が，経済体制の混乱の結果，十分な食糧を入手できなくなっている問題にも言及した．

国連の活動の効率化に向けた総会の努力に関連して，WFCは組織再編のなかでの自らの将来の役割について審議した．反発を招かない正直さで，理事会は次のように述べている．「1974年の世界食糧会議で創設者たちが期待した，政治的なリーダーシップと調整者としての役割を理事会が発揮できなかったことに我々は同意する」．また，急速に変化する世

界情勢のなかで，世界食糧理事会ひいては国連全体が現状のまま維持されることは不可能であるとも理事会は結論づけている．理事会は自らの任務と将来の役割を見直すアド・ホック委員会を設置した．同委員会は1992年9月14日から15日にかけてニューヨークで会合を開き，第47回総会(1992年)に報告書を提出した．しかし同委員会は，将来の理事会の役割がどうあるべきかについては，合意に達することができなかった．理事会の廃止から理事会の強化，さらにほかの政府間組織と任務を統合するという案まで，いろいろな意見があった．委員会はこの問題を総会に付託したが，総会は理事国に対して引き続き適当な措置がとれるような合意をまとめるべく努力することを要請した．1993年1月から5月まで非公式会合を重ねた末に，理事会は総会に対し，「理事国は世界の食糧および飢餓の問題に対する国連の対応を導く一連の原則については合意したが，いかなる制度がこれらの原則に最も効率的に応じられるかという点については，依然として意見の不一致が存在すること」を報告した．

1993年には正式のWFCの会合は開かれず，同事務局は実質的に内容をもった文書をひとつも準備できなかった．実のところ，1993年12月にローマの事務局は国連の組織再編の結果として廃止された．WFCの今後の会合を準備する責任は，ニューヨークに新しく設置された「政策調整および持続的開発局」(DPCSD)が担うことになった．

1993年11月に世界食糧理事会の理事長は，ほかのWFCの理事国の農業大臣とローマで開かれた2年に1度のFAO会議の開催中に非公式に会合をもち，次(第19回)の開催の可能性について協議した．協議はまとまらず第48回通常総会ではこの協議の結果を見守るということで，WFCの将来の件は議題として取上げられなかった．

将来の役割と機能は不確定ながらも，総会は次の国々，すなわちバングラデシュ，ブラジル，中国，リベリア，マラウイ，メキシコ，パキスタン，スーダン，トルコ，およびアメリカを，1993年11月に世界食糧理事会の理事国に選出した．

■ 開発のための科学技術

「第1次国連開発の10年」の間のひとつの大きな出来事は，1963年にジュネーブで開かれた，低開発国の利益のための科学技術の応用に関する国連会議であった．この会議は，科学技術の進歩を応用することによって開発を加速する可能性と，途上国が必要とするものに対応する研究の方向づけの必要性に，世界の注意を向けさせた．

1979年にウィーンで開かれた第2回開発のための科学技術に関する国連会議は，ウィーン行動計画を採択した．この計画ではすべての国々，とくに途上国の経済発展のために科学技術を役立てることを意図したものであった．この会議では，総会が開発のための科学技術に関するすべての加盟国に開かれた高級レベルの委員会を創設することと，国連開発計画(UNDP)が運営する自発的基金を設立することを勧告した．

ジュネーブ会議は，先進国が途上国に自らの技術の到達水準について情報を提供するなど，純粋に技術的あるいは実利的な性格をもった会議であった．これとは対照的にウィーン会議では，世界の科学技術を途上国がもっと平等に利用する権利をめぐる，先進国と途上国との間の1970年代の議論を反映していた．このように科学技術も，国際外交上の問題になったのである．その結果としてのウィーン行動計画は，途上国の期待に完全にはこたえていない妥協の産物であった．

ウィーン行動計画は3つの目標領域に分かれていた．ひとつは，途上国の科学技術能力の強化，もうひとつは国際的な科学技術関係の現在のパターンの再編成，そして最後は，科学技術の分野における国連の役割の強化と，より豊富な資金源の用意である．

ウィーン会議の勧告を後押ししながら，総会は，すべての国々に開かれた「開発のための科学技術に関する政府間委員会」(ISTD)の設置と，同委員会への実質的な支援と国連システム内の活動の調整を行う「開発のための科学技術センター」(CSTD)を，国連事務局内に創設することを決定した．1982年に総会は途上国自身の科学技術能力を強化するための広範囲にわたる活動に資金を供給する，「開発のための国連科学技術出資制度」を創設した．1986年には総会は，同出資制度の責任と財源を新設された国連開発計画によって運営される「開発のための国連科学技術基金」に移した．この新しい自発的基金は，1992年現在総額156万ドルに達し，カーボベルデ，ジャマイカ，パキスタン，トーゴ，ウガンダ，ベトナムで開かれたの6つの政治会合に資金を提供した．

ウィーン会議の10周年にあたる1989年に，総会はウィーン計画の実施状況について失望を表明した．全国連システムの合理化と改革の努力の一環として，1992年4月に総会はISTDを経済社会理事会

の機能委員会である「開発のための科学技術委員会」に改組することを決定した.「開発のための科学技術センター」の活動は, 科学技術, エネルギー, 環境, 天然資源の4つの課をもつ新しい「経済社会開発局」に編入された.

1993年4月に最初の会合を開いた新しい委員会のおもな目標は, 次の通りである.
(a) 経済社会理事会を援助して加盟国, とくに途上国に対する科学技術政策のガイドラインや勧告を提供する
(b) 資源の最適利用を確保すべく, 科学技術の分野における国連システム内の活動の調整や協力の質を高める, 革新的なアプローチを提供する
(c) 国連システムのその他の部門に, 専門的助言を与える

同委員会はまた, 事務総長が科学技術活動に関与している世界銀行(IBRD)を含めた, 国連システム各機関の間の調整を改善する提案を準備するよう要請した.

1992年の国連環境開発会議(科学技術関連の議題や部会を相当含んでいた)のような新しい展開や, 冷戦が終結し政府と民間部門の役割に対する政府間組織の態度が変化したことで, 科学技術を含む国連の経済社会部門を大幅に再編する必要性がでてきた. 1993年12月の開発のための科学技術に関する国連決議のなかで, 総会はウィーン行動計画が引きつづき有効であることを確認したが, 行動計画の目的を国連貿易開発会議(UNCTAD)の技術計画と融合させた. こうしてUNCTADは, 国連システムのなかで科学技術分野の責任も負うようになった. 修正された作業計画のおもな要素には, 次のものが含まれている.
(a) 開発のための科学技術の分野で途上国自身の能力を育成し, 資源を動員すること
(b) 技術評価と情報提供
(c) 投資と技術移転に関する問題

新しい科学技術委員会の作業部会は, 会期と会期の間の1993年から1995年の2年間に, 研究すべきテーマを決定した. それには, 低所得層の基本的な要求を対象とする小規模な経済活動のための技術, 科学技術が途上国の性差別の問題にとってもつ意味合い, 持続可能な開発委員会で審議されている活動の, 科学技術上の問題などが含まれていた. 同委員会はまた, 軍事に転用される技術の役割や, 工業化に寄与する新しい技術の影響, 途上国での情報技術の役割などを含む, その他のさまざまな問題の研究についても審議した.

多国籍企業

第2次世界大戦の終了後, 国際通商において多国籍企業の役割が増大してきたが, その活動についての情報は断片的で閉されている場合が多かった. これらの企業の多くが, それぞれひとつの名称をもっている. これらの企業はその事業のかなりの部分を本国以外の国で行っており, しばしば経営幹部を海外の子会社から採用したり, 世界中で株主を募集したりしている. このような企業のいくつかは, 国連に代表を送っているほとんどの政府よりも, 多額の資金を動かしている. 1989年現在で, 世界の多国籍企業の海外部門の総売上高は推計で4兆5000億ドルであった. これに比べると, 世界の総輸出高は3兆ドルにすぎない. 多国籍企業と途上国の間では頻繁にトラブルが生じているが, しかし多国籍企業は, 資本, 経営手腕, そして技術など, どれも開発のために緊急に必要とされ, しかも多くの場合, 他のいかなるところからも得ることが困難であるようなものを供給することができる.

1972年に経済社会理事会は事務総長に対して, 開発と国際関係におよぼす多国籍企業の影響を研究するため, 著名人を集めたグループを任命するよう要請した. 1973年に全世界から20人のエコノミストや官僚, 企業経営者が集められ, 公聴会を開いて50人の証人から聴取を行った. これは国連にとって初めての手段であった. 1974年に公表されたその報告書は, 経済社会理事会のもとに常設の多国籍企業委員会を, そして国連事務局内に情報調査センターを設置することを勧告した.

1974年12月に, 同理事会は「多国籍企業に関する政府間委員会」を常設委員会(機能委員会ではなく)として設置した. 同委員会は, 多国籍企業に関するフォーラムを国連システム内に提供し, 政府や政府間組織, 企業家や労働者, および消費者の間での多国籍企業に関する意見の交換を促進し, 経済社会理事会が多国籍企業の行動規約の基礎づくりを行うのを援助し, さらに多国籍企業の活動についての包括的な情報システムを開発することを目的としている.

48カ国で構成される「多国籍企業委員会」は, 毎年会合を開いている. 1976年3月にリマで開かれた第2回会合で, 同委員会は行動規約の作成作業を優先

的に行うことを決め，経済社会理事会に対して行動規約に関する政府間の作業部会を設置することを勧告した．この規約は，受入れ国とそれらの国々の投資者の双方の利益を保護する基準を設けたもので，国家と多国籍企業間の関係のすべての側面を律する，初めて多国間で合意された枠組みとなるものであった．作業部会は 1977 年から 1982 年の間に，数多くの交渉や会合を開いた．交渉はすべての国々に開放され，同委員会の特別会合でも続けられた．

1991 年 4 月に，多国籍企業委員会はすべての国々の環境保全の努力に対して，多国籍企業が協力するよう求める勧告草案を承認した．この草案は，1992 年の国連環境開発会議（UNCED）に提出されることになっていた．同委員会は，次の問題についても草案を提出することで合意した．すなわち，国際的に合意された基準，産業過程の管理と規制の改善，途上国に対して有利な条件での環境にやさしい技術の移転，環境と開発の会計報告誌の利用，国際的な環境の管理，人命，財産および環境に対する危険を最少にする予防措置，そして損害賠償の問題である．同委員会は自らの事務局である多国籍企業センターに対して，UNCED への草案提出の準備を指示した．しかし 1992 年初めに，同センターの任務は事務局の新しい部局に吸収され，最終的にはすべてが国連貿易開発会議（UNCTAD）に移された．

1994 年の実質会合で，多国籍企業委員会は経済社会理事会に対して，同委員会を UNCTAD に統合すべきだと勧告した．同理事会はこの勧告を採択のため総会に送付することを決定した．

経済社会理事会が 1982 年に設立した「会計報告の国際基準に関する政府間専門家グループ」は，多国籍企業のさまざまに異なった会計報告の慣行を生み出している問題を検討し，統一が必要とみられる領域を決めている．

多国籍企業委員会の活動計画にはほかに，多国籍企業の実情と多国籍企業が本国や受入れ国におよぼす影響の理解を促す情報システムの確立，多国籍企業の活動による影響の調査，技術援助，そして「多国籍企業」という用語をより正確に定義する作業の 4 つの優先事項も含まれている．

多国籍企業センターは，経済社会理事会によって 1974 年に国連事務局の一部として設置された．同センターの任務は，各国や企業その他の情報源からのデータを利用して，多国籍企業の活動の包括的な情報システムを開発すること，情報を分析してすべての政府に配布すること，多国籍企業と取引する受入れ国（とくに途上国）に技術援助を与えて，その能力を強化すること，政治的，法律的，経済的，および社会的調査，とくに行動規約の作成に役立つ調査を実施することなどであった．1985 年までに同センターは，350 社の大手多国籍企業（その半数はアメリカ籍）の売上高が 2 兆 7000 億ドルに達し，それは中国を含む途上国全体の GNP の総額を超えるものであったことを確認した．

1990 年に経済社会理事会は多国籍企業センターに対し，企業の環境管理のサーベイを行い，最も進んだ取組みの実例をまだ環境計画を作成していない企業のためのモデルとして提供するとともに，サーベイの結果を UNCED に提出するよう要請した．『企業の環境対策サーベイ』は，1991 年 8 月に UNCED の準備会合に提出された．調査対象となった 163 社企業のうち，20％ が回答を寄せた．センターは UNCED に対し，次の勧告を「アジェンダ 21」の準備のさいに審議するよう勧告した．すなわち，多国籍企業に対して，その活動が地球温暖化現象に与える影響についてよりよく知らしめるための国際協力を増進すること，気候変動の研究をめぐる協議過程への多国籍企業の参加，ダイオキシンと PCB（ポリクロロビフェニル）の問題は単なる地域的な汚染ではなく，国際的な汚染問題として扱うこと，途上国にある多国籍企業子会社は，有害廃棄物を先進諸国と同じ規則で処理すること，多国籍企業は施設の周囲にありうべき，事故の影響を軽減するための安全地帯を設定すること，陸地から発生する汚染から海洋を守るべきこと，多国籍企業は湿地や熱帯雨林を救い，生物の多様性を保護する計画に資金を提供すること，多国籍企業はバイオテクノロジーに関する行動規約に助力することなどである．同センターはまた，環境規則や規制は国ごとに異なることも指摘した．サーベイに回答を寄せた企業は，国連が設定した国際ガイドラインに関心を示したが，その多くは現行の国際ガイドラインの存在を知らなかった．

1992 年に，国連事務局の包括的な組織再編の一環として，同センターの任務は経済社会開発局の多国籍企業経営部という新しい部署に編入された．1993 年 5 月に，総会は多国籍企業に関する任務を，再び UNCTAD 事務局に移している．

■ 天然資源とエネルギー

経済発展にとっての天然資源の重要性は，経済社

会理事会が天然資源委員会を設立した1970年に強調された．同委員会は，各国政府に対する助言サービスのガイドラインをつくり，天然資源開発に関する国連の活動を調整する取決めを検討し，天然資源の探査および開発と，さらに選抜されたエネルギー，水および鉱物資源の生産見通しに関する動向と問題について審査する．

1970年代の間，天然資源委員会は生活上，商業上，および農業上の需要を満たすべき地球全体の水資源の貯水状況に，世界の注目を向けさせるのに重要な役割を演じた．同委員会のイニシアチブにより，1977年にアルゼンチンのマルデプラタで国連水会議が開かれた．同会議は水資源を効率的に管理し，開発し，利用する国際的努力の指針となる行動計画を採択した．マルデプラタ行動計画にはずみをつけるため，総会は1980年に「国際飲料水供給と衛生の10年」(1981年～90年)を始めた．

1973年に総会は「天然資源の探査のための国連回転基金」を創設し，1975年から運用を始めた．自発的な拠出金によってまかなわれるこの基金は，途上国への鉱物資源探査の危険負担資本の供与を目的としていた．1981年には同基金の対象を地熱エネルギーの探査活動にまで拡大することが認可された．

1970年代になって，石油の需要の増大と価格の急激な変動がすべての国々，とくに貧しい国々の経済に打撃を与え，現在わかっている世界の石油埋蔵量では地球全体の需要を長期的に満たすことができないのではないかということがしだいに意識されるようになるにつれて，新しい再生可能なエネルギー源が以前より注目されるようになった．そのため総会は，1981年8月にナイロビで，新しい再生可能なエネルギー源に関する国連会議の開催を決定した．同会議は太陽，バイオマス，地熱，ならびに海洋エネルギー，風力発電，水力発電，木材や石炭，泥炭，さらには牽引用の動物をエネルギー源として利用することを含めた，代替エネルギーについて検討した．会議は国家的および国際的な行動の青写真として，「新・再生可能なエネルギー源の開発と利用のためのナイロビ行動計画」を採択した．ナイロビ行動計画は，エネルギー評価と計画，調査・開発およびデモンストレーション，成熟した技術の転化・適応および応用，情報の流通，教育および訓練の5つの主要な行動集中領域を決定した．

その年の後半に総会は，ナイロビ行動計画を推進するため，直ちに実行を始めるための暫定委員会を設置し，さらに1982年にはすべての国々が正式の委員として参加できる「新・再生可能なエネルギー源の開発と利用に関する委員会」を設置した．1992年後半には，UNCEDの「アジェンダ21」を実行する必要にこたえて，この委員会は天然資源委員会のエネルギー部門と合体し，経済社会理事会の新しい常設委員会としての「新・再生可能なエネルギー源および開発のためのエネルギー委員会」となった．天然資源委員会は，今ではおもに水と鉱物資源に専念している．それぞれの委員会は24カ国の政府が指名し，経済社会理事会が選出した専門委員からなっている．

「新・再生可能な資源エネルギー委員会」の最初の会合は，1994年2月7日から18日までニューヨークで開かれた．事務総長が同委員会に報告したところによれば，1990年における新・再生可能なエネルギーの割合は，エネルギー消費全体の17.7%であった．1980年代の石油価格の下落によって再生可能なエネルギー源への投資は減少したが，地球環境の脆弱な状態への懸念が大きくなるにつれ，地球温暖化の脅威の原因となる化石燃料や木材の燃焼にとってかわるエネルギー源を発見する努力の必要性は，緊急なものとなってきた．

同委員会の最初の会合で，ナイロビ計画が水力発電や地熱エネルギーのような大規模技術の利用を大いに前進させ，太陽エネルギーと風力発電技術の成熟も役立ったことが注目された．しかし，こうした新しい技術の全体的な影響力は，依然として取るに足りないものであった．委員会は加盟国の行動目標として，もっと効率のよいエネルギー源や高エネルギー物質の利用，再生可能なエネルギー源の利用の増加，化石燃料のより効率的な生産と利用，高炭素燃料から低炭素燃料への代替の4つを確認した．委員会はまた，エネルギー開発のための統合された国家行動計画，伝統的なエネルギー源への補助金の削除，環境にやさしい新技術への支援の確立，産業過程の排熱利用のような副産物的なエネルギーの利用法の発見なども求めた．同委員会が経済社会理事会に提出した報告書では，訓練や技術の支援，および資源データを提供する地域的な「優良センター」の設立も勧告していた．

1990年代におけるこの分野でのもうひとつの前進は，世界銀行(IBRD)と国際通貨基金(IMF)が，エネルギーの保存について経済的および環境的な意義があることをますます認識するようになったことであった．巨大なダムの建設による地域住民の移住や，牧場とするための熱帯雨林の破壊に，世界銀行が資金援助をすることに対して公的な抗議が行われたこ

とから，世界銀行は援助の対象となるすべての計画について，環境アセスメントをするようになった．1992年にはIMFもまたその政策が，加盟国の環境に与える影響について研究し始めた．世界銀行はさらに，新しいエネルギー源の開発への支援に手を広げ始めている．たとえばモーリシャスに対して，同国で容易に手に入るサトウキビの廃棄物を燃料にして将来のエネルギー需要の10～20％をまかなう計画を支援するために，1500万ドルの資金を貸与した．

エネルギー源のもうひとつの重要な分野(原子力エネルギーを途上国の経済的および社会的発展のために利用すること)に着手した総会は，1977年にこの問題に関する国際会議の準備を始めた．この分野での最初のグローバルな努力である国連原子力平和利用国際協力推進会議は，1987年にジュネーブで開かれた．参加者全員に受入れられるような原則の合意に達することはできなかったが，会議の参加者は発電から食糧と農業，医療，水文学，調査および産業への原子力のさまざまな応用に至るまでの，幅広い問題について意見や経験を交換した．

新たに再編成された天然資源委員会の最初の会合は，1993年の初めに開かれた．2回目の会合は，1994年初めにニューヨークで開かれた．1990年代の天然資源委員会の活動の中心は，「アジェンダ21」の勧告の実施，とくに天然資源のより合理的で持続可能な利用の促進措置の実施であった．議長は会合の議長総括のなかで，鉱物および水資源は有限で価値ある資源としてみなければならないこと，そしてそれらの資源の生産と消費は環境のほかの構成要素にも影響をおよぼすことに言及した．したがって，各国の地理的境界内での天然資源の開発計画と管理，さらには国の政策あるいは措置が地球全体に及ぼす影響を考慮するさいには，全体論的なアプローチが必要である．水と陸の管理の総合的なアプローチが引続き求められた．同委員会は天然資源を，たとえば農業と工業のように個々の分野別に扱うのではなく，全体として考える必要性を強調している．

同委員会はさらに，経済発展と生活の質に対する鉱物資源の基本的な重要性については，「アジェンダ21」には十分に反映されていないことにも言及した．同委員会は鉱物の持続可能な供給を確保する必要性は，「アジェンダ21」について審議するさいのひとつの重要問題とすべきことを勧告している．

鉱物資源に関する同委員会の審議は，国営の鉱物企業の民営化が途上国や「移行期にある経済」諸国の人々にもたらした衝撃から影響を受けた．これらの国々と多国籍企業の間で理解が深まる新しい傾向もあるようだが，委員会は民間の採掘作業による環境破壊を減らす措置を各国政府は促進すべきだと述べた．さらに委員会は，各国政府に対して，リサイクルや代替による既存の資源のよりよい利用法を奨励する措置を促進することも勧告した．

■ **国連地域経済委員会**

多くの経済的および社会的問題は，地域レベルでアプローチするのが最適であるという事実の認識に基づき，5つの地域委員会——ヨーロッパ，アジアおよび太平洋，ラテンアメリカおよびカリブ諸国，アフリカ，西アジアが，経済社会理事会によって設立された．各委員会は，それぞれの地域における経済的および社会的な開発活動のレベルを上げ，地域内外の各国との間の関係を維持し強化するために活動する．各委員会が行うすべての行動は，国連の経済社会政策全体の枠組みに整合するよう考慮されている．各委員会は関係国との合意によって，関係国政府や専門機関に直接勧告を行う権限をもっている．

各委員会は経済社会理事会の補助機関であり，毎年同理事会に報告を行っている．各委員会の事務局(事務次長の地位にある事務部長がそれぞれ長を務める)は，国連職員の一員であり，その予算は国連の通常予算の一部をなしている．

すべての地域経済委員会の活動の重要な部分は，地域的な研究および概況報告，とくに各委員会の本部で毎年発行されている『経済社会概況報告』の準備である．これを補足するものとして，広範な事項(農業，人口，運輸および通信，エネルギー，産業，住宅および建設など)を対象とする定期報告や定期刊行物があり，これらは各政府，実業界や産業界，教育機関，他の国連機関ならびに出版界で，情報源として広く利用されている．

1990年代の前半になって，バラバラに行われている国連システムの開発活動を改革し合理化せよという圧力を，途上国と先進国双方から受けたブトロス・ブトロス・ガリ事務総長は，すべての国連機関の活動を再調整すべきだと提案した．1992年12月に，総会は事務総長の提案を受入れ，歴史的な決議A/47/199を採択した．この決議では開発活動を，とくに「計画立案，執行，権限の分散，監視および評価といった相互に関連する領域で，効率化，合理化する必要があり，そうすることによって国連システムを途

上国の国家計画や優先事項，および目標にもっと適切に対応できるようにし，またその伝達システムももっと効率的に行えるようにする」必要があると強調していた．この計画のもとで，専門機関や国連の基金のさまざまな委員会や評議会がはたしてきた任務の多くが，本部（ニューヨーク，専門機関はジュネーブやウィーン）から地域経済委員会（本部は各地域の主要都市にある）や，さらには開発計画の対象となっている特定の諸国にある国連開発計画（UNDP）現地調整官事務所に移されることになった．この戦略の展開によって，地域経済委員会の役割はますます国連システムの活動の中心となろう．

ヨーロッパ経済委員会（ECE）

「ヨーロッパ経済委員会」（ECE）の本部はジュネーブにあり，1947年に戦後のヨーロッパの経済復興のため一致した行動を支援し，またヨーロッパの域内および域外の各国での経済活動を増大させるために設立された．さらに経済的，技術的および統計的情報を各国政府に提供することも，これらの目標に加えられた．ECEは，戦後ある日用品が深刻に不足し，また別の日用品が過剰となったことから，ヨーロッパ内での経済協力が必要になったときに，ひとつの実験として始められたが，まもなく東ヨーロッパと西ヨーロッパの協力を扱う唯一の多国間フォーラムとなった．ECEはヨーロッパ諸国，アメリカ，カナダ，イスラエル，および旧ソ連諸国との間の，政府間協力に対する体系的な手段を提供している．

ECEの優先的な目標には，貿易開発，科学技術協力，環境の改善，経済政策形成の基礎となる長期計画とそのプロジェクトの立案などが含まれている．政策決定者と専門家の会合や経済分析と統計の出版，研究ツアーや技術情報の交換などを通じて，委員会は別々の経済社会体制をもち，別々の地域機構に属する各国の間を結びつけている．

委員会の全体会議は毎年開催され，その下部機関は年間を通じて活動している．下部機関には，環境委員会，内陸運輸委員会，ヨーロッパ統計学者会議，貿易開発委員会，ECE諸国に対する上級経済顧問，エネルギー委員会，石炭作業部会，電力作業部会，ガス作業部会，科学技術に関するECE諸国上級顧問，化学工業作業部会，機械工学および自動化作業部会，標準化政策作業部会，鉄鋼作業部会，農業委員会，木材委員会，人間居住委員会などがある．

ECEは多くの専門機関，とくに国際労働機関（ILO）と国連食糧農業機関（FAO）やその他の政府間組織や非政府組織（NGO）と協力しながら活動している．非政府組織とは，特定の事項について専門的意見を求めて頻繁に協議を行っている．

ECEの経済分析は，マクロ経済とミクロ経済の双方からみた地域の現況についての情報を提供している．おもな年刊の出版物は，『ヨーロッパ経済概況報告』と『ヨーロッパ経済定期報告』である．各種統計の定期報告と，産業，木材，人間居住の市場概況に関する特別報告も出版している．また，合弁事業の経営や，民営化および海外直接投資の条件などに関するガイドも出版している．

上述の委員会と作業部会のネットワークは，ECEの技術協力活動を実施している．ECEは，環境および運輸の分野に関する地域全体の戦略と法的手段を定式化してきた．その最も意義のある事業のひとつに，電子データ交換の標準（UN/EDIFACT，すなわち行政，商業および運輸のための国連電子データ交換）の確立がある．コンピュータのネットワーク間の電送に関するこの国際標準は，21世紀の国際貿易のペーパーレス化に道を開くものである．

ヨーロッパの様相を別物のように大きく変えた1989年から1991年にかけての一連の出来事は，ECEにとって多大な挑戦となった．旧ユーゴスラビアの戦争と，その結果としての経済制裁や300万人の難民の流出は，陰鬱な情景を描きだした．ECEは，市場経済に移行する東ヨーロッパ諸国に技術援助を提供した．1994年までにそれらの国々は，拡大したECEの委員の半数を占めている．ECEによって移行問題に関する何百ものワークショップが，これらの諸国で1994年と1995年に行われた．ワークショップの計画を補足するため，ECEのおもな活動領域ごとに地域的助言サービスも導入された．

構成と予算 1994年6月現在のECEの加盟国は次の諸国であった．すなわち，アイスランド，アイルランド，アゼルバイジャン，アメリカ，アルバニア，アルメニア，アンドラ，イギリス，イスラエル，イタリア，ウクライナ，ウズベキスタン，エストニア，オーストリア，オランダ，カザフスタン，カナダ，キプロス，ギリシャ，キルギス，グルジア，クロアチア，サンマリノ，スイス，スウェーデン，スペイン，スロバキア，スロベニア，チェコ，デンマーク，ドイツ，トルクメニスタン，トルコ，ノルウェー，ハンガリー，フィンランド，フランス，ブルガリア，ベラルーシ，ベルギー，ボスニア・ヘルツェゴビナ，ポーランド，ポルトガル，マケドニア旧ユーゴスラビア，マルタ，モナコ，モルドバ，

ユーゴスラビア，ラトビア，リトアニア，リヒテンシュタイン，ルクセンブルク，ルーマニア，ロシアである．1993 年に ECE は，旧ソ連がヨーロッパの一員として国連に加盟していた以上，旧ソ連を構成していた新しい国連加盟国は，たとえ旧ソ連のアジア側に位置していても ECE の加盟国としての資格をもっていると決定した．

ECE が国連の 1994～95 年の 2 年間の通常予算から受取る割当分は，総額で 4468 万 4500 ドルであった．

アジア太平洋経済社会委員会（ESCAP）

「アジア太平洋経済社会委員会」(ESCAP)の本部はバンコクにあり，さらにバヌアツのポートビラには「太平洋活動センター」が置かれている．両者は合わせて，世界の総人口の半分以上を含む地域を担当している．最初は 1947 年に，同地域の復興と経済発展を支援するための「アジア極東経済委員会」(ECAFE)として設置された．委員会の名称は，経済成長と社会開発の双方に均しく関心をもっていることを反映させ，また委員会の地理的範囲を明確にするため，1974 年に変更された．同委員会は毎年会合を開いている．

ESCAP の活動は，域内の共通の問題を確認し，地域レベルでの経済的および社会的発展のための協力を促進するのを助けている．同委員会は各国の要請に基づいて，技術援助と助言サービスを行い，地域問題の調査を実施し，また情報センターとしても活動している．

同委員会はもともと 9 つの委員会を中心に構成されていたが，1992 年に次のように再編成された．
・地域の経済協力，環境および持続可能な開発，経済成長と社会開発を通じた貧困の緩和の問題をそれぞれ扱う，3 つのテーマ別委員会．これらの委員会は毎年会合を開いている．
・運輸および通信と統計を扱う 2 つの技術委員会．これらの委員会は 2 年に 1 回会合を開いている．
・2 つの特別機関そのうちのひとつは後発開発途上国と内陸開発途上国を扱い，もうひとつは太平洋上の島嶼開発途上国を扱っている．これらの機関は 2 年に 1 回会合を開いている．

同委員会の直接の管轄下に，3 つの地域機関がある．ひとつは「アジア太平洋統計研修所」(SIAP)で日本の東京にある．もうひとつは「アジア太平洋技術移転センター」(APCTT)で，インドのニューデリーに

ある．最後のひとつは「アジア太平洋湿潤熱帯地域における粗穀物，豆類，根菜類の研究開発のための地域調整センター」(CGPRT)で，インドネシアのボゴールにある．ESCAP はさらに農業，エネルギー開発，鉱物資源開発および遠距離探査に関する，おもな地域プロジェクトの執行機関としても活動している．

1992 年に同委員会は，その計画と会議構成の組織がえを行うため，決議 48/2 を採択した．上述した再編はその時に始められたものだが，それにはいくつかの目的があった．中核となった戦略は，農業や工業，社会の問題などを個別に扱う傾向にあった部門別のアプローチの重要性を減ずることであった．そのかわりに委員会は，実際的な問題解決になると思われる，全般的なテーマ別のアプローチをとることにした．そこで ESCAP は，15 項目あった計画の下位区分の構成を 6 項目に減らした．現在，焦点は持続可能な開発を通じて環境を保護し，経済成長と社会開発を通じて貧困を緩和する，地域的経済協力を実現することである．運輸および通信と統計の計画は，ほかの計画を支援する「横断的」計画と考えられている．最後に，後発開発途上国，内陸および島嶼開発途上国に対しては，特別に焦点が当てられている．

組織の再編は 1994 年 1 月 1 日に終了し，委員会の事務局も新しい構成を反映するように再編成された．同事務局は現在，9 つの部局と 2 つの役務部局で構成されている．実質的な部局には，国際貿易と経済協力，産業および技術，環境と天然資源の管理，社会開発，人口，農村部および都市の開発，運輸・通信および観光，統計・開発の調査と政策分析である．2 つの役務部局は総務部と計画管理部である．事務局のそのほかの部局としては ESCAP/UNCTAD の合同多国籍企業部と国連情報サービス部がある．

ESCAP の最近の最も重要な会合のひとつは，第 4 回アジア太平洋人口会議（1992 年 8 月，バリ）であった．同会議は人口問題が，貧困の循環や開発のための闘いと密接に結びついているとの認識から，ESCAP と国連人口基金(UNFPA)が共同で後援したものであった．会議は，人口および開発に関する宣言（「バリ宣言」として知られる）を採択した．この宣言によって ESCAP 加盟国は 2010 年あるいはそれ以前までに，出生率を静止人口レベル（女性 1 人当たりおよそ 2.2 人）におさえることを，自分たちの目標として設定した．加盟国はまた，幼児の死亡率を 1000 人当たり 40 人以下に低減することに合意して

構成と予算 1994年4月1日現在の，ESCAP加盟国は，次に掲げる49カ国である．すなわち，アゼルバイジャン，アフガニスタン，アメリカ，アルメニア，イギリス，イラン，インド，インドネシア，ウズベキスタン，オーストラリア，オランダ，カザフスタン，韓国，カンボジア，北朝鮮，キリバス，キルギス，サモア，シンガポール，スリランカ，ソロモン諸島，タイ，タジキスタン，中国，ツバル，トルクメニスタン，トンガ，ナウル，日本，ニュージーランド，ネパール，パキスタン，バヌアツ，パプアニューギニア，バングラデシュ，フィジー，フィリピン，ブータン，フランス，ブルネイ，ベトナム，マーシャル諸島，マレーシア，ミクロネシア，ミャンマー，モルディヴ，モンゴル，ラオス，ロシアである．このほかに次の10カ国の準加盟国があった．すなわち，アメリカ領サモア，北マリアナ諸島，グアム，クック諸島，ニウエ，ニューカレドニア，パラオ，フランス領ポリネシア，香港[1997年7月に中国へ返還され，外交は中国が行う．]，マカオ[1999年12月に中国へ返還．]である．

ESCAPには後発開発途上国が13カ国（全加盟国の1/4以上），内陸国が11カ国，そして太平洋上の島嶼開発途上国が20カ国（全加盟国の1/3以上）あることは注目に値する．ESCAP加盟国全体の人口は，約32億人にのぼる．

総会が承認した1994年から1995年までの2年間のESCAPの予算割当は，総額で5984万ドルに達する．これに加えてESCAPは，2国間および多数国間ベースで予算外の資金を，委員会やその下部機関の地域組織の活動のために受取っている．ESCAPが活動計画のために受取った予算外の資金総額は，1993年で1602万ドルであった．

ラテンアメリカ・カリブ経済委員会（ECLAC）

「ラテンアメリカ・カリブ経済委員会」（ECLAC）の本部はサンティアゴにあり，もともとは「ラテンアメリカ経済委員会」（ECLA）として1948年に設立された．1983年に，正式にカリブ地域を名称のなかに取入れた．ECLACの目的に，各国の経済発展を支援し，生活水準を改善するように当該地域の国々を援助することである．この目的のために，委員会は地域的および国内的な経済問題の調査・分析の面で協力し，また開発計画の立案を援助している．委員会は，経済的および社会的開発の問題を扱う地域的な国際会議を準備し，招集している．ECLACは各種の調査・研究を行い，情報の普及に努め，技術援助を提供し，セミナーや会議に参加し，訓練を行っている．

ECLACは初め，経済成長と貿易に重点を置いていたが，のちには雇用や所得の分配，およびその他の開発の社会的側面も合わせて重視するようになった．近年では，環境や技術開発，その移転，多国籍企業の役割などの領域における調査まで，活動を拡大している．

1994年現在，ECLACは次の領域を扱う部局や部門をもっている．すなわち，開発問題と政策，経済開発，環境と人間居住，食糧と農業，国際貿易，開発金融と運輸，天然資源とエネルギー，人口，生産・生産性および経営（多国籍企業），科学技術，社会開発および人道問題，統計と経済予測などである．そのほか文書の出版を扱う部局と，計画の立案とその運営を担当する部局もある．ECLAC事務局は，「ラテンアメリカ経済社会文書センター」も管理している．ECLACには2つの下位の地域本部（メキシコとポート・オヴ・スペイン）があり，さらにボゴタ，ブラジリア，ブエノスアイレス，モンテビデオ，ワシントンD.C.に事務所がある．

ECLACは2年に1回会合を開き，委員会が会期中の活動全般を担当している．そのほかの常設機関として，「高級政府専門家委員会」，「カリブ海諸国開発協力委員会」，「ラテンアメリカ・カリブ地域の諸国経済社会開発への女性参加に関する地域会議」，「計画立案のための地域評議会」などがある．

ECLAC体制にはこのほかにさらに2つの機関がある．ひとつはチリのサンティアゴにある「ラテンアメリカ・カリブ経済社会計画研究所」（ILPES）で，もうひとつは，やはりサンティアゴにある「ラテンアメリカ人口統計センター」（CELADE）である．ILPESは1962年に設立され，当該地域の計画相互の協力を推進するのはもとより，調査を行ったり，訓練および助言サービスを提供してもいる．CELADEは1957年に設立されているが，1975年にECLACの一部として統合された．CELADEは人口政策の策定の面で各国政府と協力し，人口予測や計画，資料文書の作成，データ処理，訓練施設などを提供している．

同委員会は，国連開発計画（UNDP）や国際貿易センター（UNCTAD/GATT），国連教育科学文化機関（UNESCO），国際海事機関（IMO），国連児童基金（UNICEF），国際電気通信連合（ITU）などと密接に協力しながら活動している．

ECLACの重要な出版物には，次のようなものが

ある．すなわち，『CEPALレビュー』（年3回，スペイン語と英語で発行），『ラテンアメリカおよびカリブ経済概況報告』（年刊，スペイン語と英語で発行），『人口定期報告』（年2回），『ラテンアメリカおよびカリブ統計年鑑』（年2回，スペイン語と英語で発行），『工業化と開発技術』（日刊）などである．

構成と予算 1994年5月1日現在，ECLAC加盟国は次の33カ国である．すなわち，アルゼンチン，アンティグア・バーブーダ，ウルグアイ，エクアドル，エルサルバドル，ガイアナ，キューバ，グアテマラ，グレナダ，コスタリカ，コロンビア，ジャマイカ，スリナム，セントクリストファー・ネイビス，セントビンセントおよびグレナディーン諸島，セントルシア，チリ，ドミニカ共和国，ドミニカ国，トリニダード・トバゴ，ニカラグア，ハイチ，パナマ，バハマ，パラグアイ，バルバドス，ブラジル，ベネズエラ，ベリーズ，ペルー，ボリビア，ホンジュラス，メキシコである．このほかに地域外には，カナダ，フランス，イタリア，オランダ，ポルトガル，スペイン，イギリス，アメリカ合衆国がある．また準加盟国には，アルバ，イギリス領バージン諸島，モンセラット，オランダ領アンティル，プエルトリコ，アメリカ領バージン諸島の6地域がある．

国連の通常予算からECLACが受取る割当分は，1994年から1995年の2年間で総額7999万2600ドルであった．

アフリカ経済委員会（ECA）

「アフリカ経済委員会」（ECA）は，エチオピアのアディスアベバを本部として1958年に設立された．同委員会は，経済的および社会的条件が大きく異なり，多くの国々や従属地域が世界で最も貧しい部類に属するところの，アフリカ大陸全体を地理的にカバーした最初の政府間組織であった．ECAのおもな目的はアフリカの近代化であり，地方の開発と工業化の両方に重点をおいている．同委員会の活動は，アフリカの政治情勢の急速な進展に見合うだけの，経済的および社会的進歩を達成しようとする切迫感と決意に特徴づけられてきた．任務を遂行するにあたって，ECAはアフリカ統一機構（OAU）や国連システムのさまざまな機関と密接に協力している．

同委員会の会合は毎年，閣僚レベルで開かれており，閣僚会議としても知られている．

ECAのアプローチは，おもに北アフリカ，東部および南部アフリカ，中央アフリカ，西アフリカの4つの下位地域レベルで行われている．ECAの構成国は，下位地域別のアプローチこそが必要な第一歩であり，汎アフリカ経済統合は最終目標にとどまることを明確にしてきた．その理由から，5カ所に「多数国間計画立案および運営センター」が設立された．北アフリカ支部はモロッコのタンジールに，西アフリカ支部はニジェールのニアメに，東部および南部アフリカ支部はザンビアのルサカに，中央アフリカ支部はカメルーンのヤウンデに，ルワンダ，ブルンジ，ザイール（現コンゴ民主共和国）についての5番目の支部は，ルワンダのギセンニにある．

1990年代以降の優先的な活動課題には，食糧安全保障と人的能力の育成に重点をおいた持続可能な開発を通じて，貧困の緩和という考えを広めること，アフリカ諸国間ならびにアフリカとその他の途上国の間の経済協力の促進，「国連アフリカ運輸通信の10年」（1991年から2000年まで）の目標に沿ってアフリカ大陸を物理的に統合すること，天然資源と環境に対する管理と主権をより強化することが含まれている．産業開発の分野では，ECAはアフリカ諸国の技術的能力および起業能力を強化することによって，「国連第2次アフリカ産業開発の10年」（IDDA）を実施した．小規模農家と地方産業に関する地域および下位地域的協力と，高度の先進技術には，特別の注意がはらわれた．

1992年にECAは，1992年のヨーロッパ経済統合がアフリカの農業に与えた影響を評価する，技術書を発行した．この本では，ヨーロッパ単一市場の背後にあるさまざまな要因が論じられていた．この本はほかの地域，すなわちヨーロッパと北アメリカでの経済統合強化の動きに対抗して，アフリカ諸国間の相互協力を活発化する必要のあることを強調していた．ECAはまた，アフリカ統一機構（OAU）やアフリカ開発銀行（ADB）との間で，アフリカ経済共同体（AEC）の設立や機能についても協議した．

ECAは，「女性のためのアフリカ訓練調査センター」を監督している．同センターは，アフリカ女性の社会的・経済的条件の改善と，開発への女性の参加の拡大の面で，ECA構成国を援助している．ECAは地域的な「アフリカ女性実業家連盟」や，女性の起業活動を支援する「アフリカ女性銀行」を設立する努力もしている．

ECAは，訓練，助言サービス，データ・ベースの発展および，ネットワーク構築を援助し，ECA加盟国や公共団体，さらには非政府組織（NGO）のために研究や出版を行う「汎アフリカ開発情報システム」をつくり上げてきた．

構成と予算 1994年7月1日現在，ECA加盟国は次の53カ国である．すなわち，アルジェリア，アンゴラ，ウガンダ，エジプト，エチオピア，エリトリア，カメルーン，ガーナ，カーボベルデ，ガボン，ガンビア，ギニア，ギニアビサウ，ケニア，コートジボワール，コモロ，コンゴ，ザイール(現コンゴ民主共和国)，サントメ・プリンシペ，ザンビア，シエラレオネ，ジブチ，ジンバブエ，スーダン，スワジランド，セイシェル，赤道ギニア，セネガル，ソマリア，タンザニア，チャド，中央アフリカ，チュニジア，トーゴ，ナイジェリア，ナミビア，ニジェール，ブルキナファソ，ブルンジ，ベナン，ボツワナ，マダガスカル，マラウイ，マリ，南アフリカ共和国，モザンビーク，モーリタニア，モーリシャス，モロッコ，リベリア，リビア，ルワンダ，レソトである．南アフリカ共和国のECAへの参加は，経済社会理事会によって1963年から，同国が多人種間の民主主義を回復する1994年まで，一時停止されていた．

国連の通常予算のうちECAの割当分は，1994年から1995年の2年間に総額8200万ドルであった．

西アジア経済社会委員会（ESCWA）

中東のための地域経済委員会が最初に提案されたのは，1947年から1948年にかけてであった．しかし，アラブ諸国とイスラエルを含むような委員会は問題外となり，1963年には「ベイルート国連経済社会事務所」(UNESOB)が設置された．UNESOBは11年間にわたって，経済社会開発の面で各国政府を援助し，地域開発や人口統計，産業開発計画ならびに統計などの分野で各国に助言者を提供した．

1972年にレバノンはこの地域のための地域経済委員会をつくるという問題を再提起し，1973年8月に経済社会理事会はUNESOBにかえて「西アジア経済委員会」(ECWA)を設立した．1984年に，活動の社会的側面の重要性を反映させるため，名称を「西アジア経済社会委員会」(ESCWA)に変更した．

同委員会はベイルートに暫定本部をおき，1974年1月1日から活動を開始した．委員会を設立した決議が定義しているように，同委員会の任務は西アジアの経済復興と開発，地域の経済活動の向上，ならびに域内諸国間および世界のほかの国々との経済関係の維持と強化のために一致した行動を促す措置に着手し，参加することである．

ESCWAは地域の経済および社会問題の研究を引受けるかまたは後援し，情報を収集し，普及させ，当該地域の諸国の要請を受けてESCWAの活動について，域内諸国の要請に応じた助言サービスを行っている．ESCWAの活動の多くが，ほかの国連機関と協力しながら実施されている．同委員会は，個々の国家についての産業研究を国連工業開発機関(UNIDO)とともに行っている．国連食糧農業機関(FAO)とは，地域計画，食糧安全保障，それに農業資源の管理の面で協力している．国連開発計画(UNDP)は西アジアの家族調査に関するESCWAの活動や，クウェートにある「アラブ計画研究所」を支援している．人口や女性計画については国連人口基金(UNFPA)や国連婦人開発基金(UNIFEM)と，労働統計調査では国際労働機関(ILO)と，地方の開発についてはアラブ湾計画(AGFUND)と，開発計画と海上輸送訓練については国連貿易開発会議(UNCTAD)と，開発計画に環境的側面(とくに砂漠化の防止)を盛りこむことについては国連環境計画(UNEP)と，そして天然資源や産業，貿易問題についてはイスラム諸国会議機構(OIC)とそれぞれ協力を行っている．

委員会の会合(隔年開催)には構成国や組織の代表，国連機関と専門機関，地域組織と政府間組織などの代表，それにその他の国々からのオブザーバーも出席している．

1992年に同委員会は，国連環境開発会議(UNCED)の「アジェンダ21」の目標を促進するため，「環境および開発に関するアラブ国際機関相互調整委員会」の設立を要請した．

EACWAの重要な出版物には，『対外貿易定期報告』(年刊)，『国民所得研究』(年刊)，『人口定期報告』(年2回)，『ESCWA地域統計適要』(年刊)，『ESCWA地域経済社会開発概況』(年刊)，『人口定期報告』(隔年発行)，『ESCWA地域通貨金融政策レビュー』(年刊)，『ESCWA地域エネルギー関連活動および開発の概況と評価』(年刊)などがある．

ESCWAはその他の国連の諸機関，専門機関，さらにアラブ諸国連盟やアラブ経済社会開発基金などの地域的な政府間組織とも密接な連絡をとっている．

1976年にESCWAは，レバノン紛争のため活動拠点を1年間，ヨルダンのアンマンに移すことにした．同年後半に，委員会はイラク政府の招請を受入れ，本部をバグダッドに常駐させることにした．委員会は1982年にバグダッドに移り，1991年のイラクとクウェート間の湾岸戦争のさいに再びアンマンに移された．1994年現在，本部は依然としてアンマンにある．

構成と予算 1994年7月1日現在，ESCWA加盟国は次の13カ国である．すなわち，アラブ首長国連邦，イエメン，イラク，エジプト，オマーン，カタール，クウェート，サウジアラビア，シリア，パレスチナ(パレスチナ解放機構)，バーレーン，ヨルダン，レバノンである．

国連通常予算からのESCWAへの割当分は，1994年から1995年の2年間に総額5100万ドルであった．

技術協力計画

「第3次国連開発の10年」のための国際開発戦略は，あらためて技術協力に力点をおき，そのための資金を大幅に増加させることを求めていた．技術協力で途上国の投資，調査，とりわけ教育訓練を促進し，支援すれば，途上国の自立に向けた努力に大いに寄与するだろうと考えられた．

国連の技術協力計画は，次の3種類に分けることができる．すなわち，
（1）技術協力活動に割当てられた国連の通常予算で賄われる国連の通常計画
（2）国連開発計画（UNDP）が資金を出している活動
（3）UNDP以外の国連システム内外の多国間の基金運営組織，または各国政府や非政府組織（NGO）が計画の執行機関に直接供与した拠出金によって賄われる，予算外の活動

である．

技術協力活動を支援する国連事務局内の責任と資源の整理統合を行うため，国連総会は1978年3月に，開発技術協力局（DTCD）を設置した．1993年にはさらなる国連の組織再編により，この部局は開発支援管理役務局（DDSMS）となった．

DDSMSは，国連加盟国に対して技術的および管理上の支援と助言サービスを提供し，専門家グループや政府間組織にも関連する調査や議事運営サービスを提供している．

同局には，
（i）開発政策とその立案，天然資源やエネルギーの配分計画，統治と公的管理，財政管理とその会計などの分野に，制度形成と，人的資源の開発に関する計画の執行機関として行動する
（ii）技術協力のための管理サービスと実行機能を提供する主体として行動する

という，2つの任務がある．

■ 国連開発計画（UNDP）

創設当初から，国連システムはおもな2つの目標をめざして努力を傾けてきた．第1の，そして最も重要な目標は，世界の開発途上国が自国民に対して満足な生活を送るのに不可欠なもの（適切な栄養，住宅，雇用，収入，教育，保健，消費財，公共サービスなどを含む）を提供できるよう，強力に援助することであった．第2の目標は，それと密接に関連しているが，世界が必要としているところの1次産品や原料，製品を途上国が増産するのを助けるとともに，それに対する公平な利益を保証することである．

国連開発計画（UNDP）は，贈与ベースで開発のための国際的な技術協力を提供する，国連活動にとって中心的な組織であると同時に，あらゆる技術協力の世界最大のチャンネルでもある．ほぼすべての国の政府や30団体以上の国際機関と協力しながら，UNDPはアフリカ，アジアおよび太平洋，ラテンアメリカおよびカリブ諸国，アラブ諸国，ヨーロッパおよび独立国家共同体における175の国家や地域で，開発努力を支援している．「持続可能な人間開発」という全体的な枠組みのもとで，それが支援する計画は貧困をなくし，環境を保護し再生させ，雇用を創出し，女性の地位を向上させる上で国民的能力を育成することなどに主眼をおいて支援してきた．究極の目標は，人間生活の質の向上である．

UNDPの成立過程

UNDPが正式に設立されたのは1966年1月だが，じっさいにはその20年も前からすでに活動を始めていた．というのも，それは以前からあった2つの国連機関を引継ぐ形で生まれたものだからである．

1948年に国連総会は，国連事務総長が各国政府の要請に応じて，その国の開発計画を援助するために専門家チームを派遣したり，フェローシップを提供したり，セミナーを準備したりすることができるようにする資金を通常予算から充当することを決定していた．ほぼ同じころ，多くの専門機関でも同じような計画が始められていた．しかし，通常の技術協力などが動き始めると，通常予算からの資金だけで

はとても足りないことが明らかになった.そこで1949年に総会は,技術援助に向けた自発的な拠出金による独立の会計部門を設立し,国連自身の活動だけでなく,専門機関の活動にも資金を提供する中心的な機関にすることを決定した.資金を配分し,計画を調整する仕組もつくられ,それも含めた事業全体が通常予算でまかなわれる国連の技術援助と区別するため,拡大技術援助計画(EPTA)と呼ばれた.この試みは成功し運営を始めてから10年後には,EPTAは約140の国や地域の技術援助に資金を供与していた.1950年から1960年までの間に,拠出金の提供は54カ国から85カ国に増え,年間総額も1000万ドルから3380万ドルにまで増加した.

1958年に総会は,国連の技術援助の範囲を拡大し,おもな国家的開発計画に関しては,その後の資本投下の基礎作業としての大規模な投資前調査と,予測研究も対象に含めることが望ましいと考えた.こうした調査や研究は,従来の技術援助よりもはるかに多くの財政支出をともなうことから,総会はEPTAの場合と同じような活動を行う新しい機関の設立を決定した.こうして,投資前プロジェクトに対する自発的な資金援助の多国間チャンネルとして,またさまざまな国連機関の活動を調整するセンターとして活動する特別基金が設立された.特別基金は1959年に運営を開始し,3年のうちに86カ国が1億1000万ドル以上の資金提供を約束した.

1964年1月に,事務総長は経済社会理事会に対して,EPTAと特別基金をひとつに合併するよう正式に提案した.合併の利点は,資金を共同化できること,手続の簡素化,全体的な計画の改善,重複の排除,運営費用の削減,そしてひいては国連の開発援助を全般的に強化できることであった.理事会は1964年8月までに合併勧告を採択したが,1964年の総会は紛糾して結論を出すことができず,実現したのは翌年になってからであった.1965年11月22日に,総会は全会一致で2つの機関を合併し,1966年1月1日から国連開発計画(UNDP)として運用を開始することを決議した.

構造と組織

総裁と執行理事会 国連開発計画は,国連事務総長が任命し,総会が承認した総裁が長を務める.総裁は計画運営のすべてについて36カ国からなる執行理事会に対して責任を負う.理事会はすべての地理的地域と拠出金の提供国と計画対象国の双方を代表し,経済社会理事会を通じて総会に報告を行っている.理事会は,全体的な政策のガイドラインの設定に加えて,5年ごとに各国に割当てられた援助の額を調査・承認し,すべての国別計画についても同様に承認する.執行理事会は1994年から48カ国からなるUNDP/UNFPA(国連人口基金)管理評議会にかわって活動を開始した.管理評議会の構成と任務は執行理事会と同じである.管理評議会の意思決定は,ほとんどの場合記名投票ではなく「コンセンサス(全会一致)方式」によって行われる.

地域事務局 地域事務局は国連本部にあり,アフリカ,アジアおよび太平洋,ラテンアメリカおよびカリブ諸国,アラブ諸国を対象としている.ヨーロッパと独立国家共同体を担当する部局もある.これらの事務局は計画対象国と総裁を結ぶ役割を担っている.戦略的計画,計画政策およびその評価,計画開発と支援,財政および管理などのそれぞれを担当する部局とともに,事務局はUNDPの国別現地常駐代表の日々の活動を支援している.

常駐代表 128カ所の計画対象国現地事務所の長である常駐代表は,国連開発システムの現地レベルでの責任者として活動している.彼らはUNDPが援助している国別計画が,実効的かつ効率的に実施されるように監督する責任を負っている.常駐代表は各国の計画立案当局と援助機関の間の主任連絡事務官として行動し,すべての活動計画の作成からフォローアップまでを援助し,人材や装備,施設などが最適に利用されるようにする責任を負っている.

常駐代表とUNDP現地事務所の職員はまた,UNDPの目標や所在国の要求に役立つような,計画外のさまざまな開発活動も行っている.そのなかには,所在国の官僚と政策上の討論を行うこと,彼らに開発計画の助言をすること,たいていは関係省庁の要請に基づいて技術的助言や一般的な問題解決策のサービスを提供すること,追加投資の助言やサービスとともに,国内外からの投資の導入への支援,天災や人災による非常事態のさいに政府のニーズにこたえる要として行動すること,UNDPの国別計画の立案・運用・評価の面で援助すること,さらに要請があればほかの団体からの援助の調整と,バランスのとれた実効的な国家の開発計画の準備に参加することなども含まれている.

教育訓練やその他の支援が,特別に関心のある事項に関して提供される.たとえば,UNDPの性差に関する部局は,諸計画が女性のニーズと利益を考慮したものとなるように助けている.非政府組織部は,NGOやコミュニティグループの開発活動への参加

の増加を促進している．環境および天然資源グループは，環境への影響が全計画に関する評価を担当している．短期助言サービスは，農業，運輸，工業などの部門で，トップ・レベルの技術的および管理上の助言を提供する熟練したアドバイザーを派遣している．

任務と指導原則

UNDPの性格とその活動は，年月とともに変化してきた．それは，ひとつには計画の対象となる国々の要求や関心の変化に対応したものであった．また，もうひとつはある種の開発課題に対するグローバルな関心を反映したものでもあった．

1970年代の初めに，UNDPは，初期段階ではよく機能していた基本的な組織構造を，UNDPの市場の性格をより高度な識別力をもって判断し，要請された製品をより効率的に届けられるようにする，「第2世代」の仕組に再編しなければならなかった．開発および開発援助に関する多くの徹底的な調査（ピアソン委員会や国連開発計画委員会によるものや，国連の開発システム能力に関するサー・ロバート・ジャクソンの研究，さらにはおもな援助供与国の何カ国かが個別に行ったものなど）の実績が蓄積され，UNDPの新たな外観が描きだされてきた．さまざまな研究の見解は，各国の援助要請と供与可能な資源との慎重なつき合わせ，先行的な調整のとれた計画立案の導入，より注意深く適切な計画作成，そして計画実施の質と時期および，効率の改善が必要であるという点で一致していた．

1970年にUNDPの管理評議会がこれらの問題を審議した結果，UNDPの将来に関するコンセンサスが生まれ，そしてそれは同年の総会で承認された．1971年にはその線に沿っての組織と手続が変更され，その後の数年で実質的な力を発揮するようになった．最も重要な改革は，「国別計画」の導入であった．これは，国ごとにUNDP援助の向こう5年間の先行的な計画を立て，ある国の開発目標にかかわる特定の分野においてUNDPの援助が演ずべき役割と，さらにはどの段階で援助するかを明確に位置づけるというものである．国別計画は，地域的，地域間，および地球規模での活動に対する取組みとともに，資源の最も合理的かつ効率的な利用を実現するためのものである．

UNDPの国別計画の導入にともない，行政的な改革も必要となった．最も重要な改革は分権化，すなわちUNDPの技術協力のすべての段階の実行権限を，本部から計画対象国に移すことであった．計画対象国では，UNDPの常駐代表が国内の国連開発システムの活動でしばしば指導的役割を演じる．常駐代表を選ぶ基準は，何よりまず有能な経営手腕をもっていることである．というのも，開発計画を円滑に推進するために対象国の政府と直接協力し合うのは，ほかならぬ彼らだからである．もちろん彼らは，能率的に計画を実施し，計画援助の結果をより効果的に利用できるように関与していかなければならない．要請があれば，彼らはほかの組織からの援助とUNDPの援助の間の調整で，中心的な役割を演じなければならない．じっさいに，総会が指示した国連開発システムの再編において，国連事務総長によってほとんどのUNDP常駐代表が，同時に国連が運営する開発援助全体の常駐調整官に指名されている．

1975年にUNDPは計画立案の原則を改正し，途上国自身の開発活動の技術や専門知識により多くを委ねて，途上国の自力更生能力をより高めることを意図した技術協力上の「新次元」を含めることにした．そこでUNDPは技術協力での自らの役割を，先進諸国から必要な援助をどれだけ引出したかということよりも，達成された結果を重視するものへと再定義した．

この観点からすれば技術協力の目的は，利用可能な選択肢と照合しながら開発計画を作成し，実行するのに必要な経営，技術，行政，および研究能力に関する対象国の自立性を高めるのを助けることにある．

1990年代に入ってUNDPは，その計画立案はもとより，開発思想一般に実質的な影響をおよぼすような別の変化を遂げた．1990年にUNDPの執行評議会は，次の6つのテーマに活動を集中させるよう指示した．すなわち，貧困の撲滅と草の根の参加，環境と天然資源の管理，途上国間の技術協力（TCDC），経営管理の開発，技術の移転と適応，そして開発での女性問題である．さらにUNDPは，別々に分かれた計画ではなく，諸要素を統合した包括的な計画に金を提供する，「プログラム・アプローチ」も採用した．これによってUNDPは，焦点の合った効果と持続可能性のより高い援助を提供することが可能になる．

もうひとつの変化は，UNDPが「人間開発」を促進するようになったことである．「人間開発」とは，人間を開発の中心に据え，人々の選択の幅を広げ機会を創出することを通じて，自らの潜在能力にめざめ

させ，その創造性を発揮できるようにすることである．人間開発は一国家の進歩をGNPだけで測るのではなく，国民が保健サービスを利用しやすいかとか，国民の教育水準や購買力のような要因も考慮に入れる．1990年以来，UNDPは毎年『人間開発報告』を発行し，この概念をめぐる議論に刺激を与えている．同報告は独立した開発専門家チームが執筆し，オックスフォード大学出版会から出版されている．それ以後，しだいに多くの国々がUNDPの援助を受けて人間開発の視点を自国の計画立案や予算配分に取入れるようになった．

人間開発の考えと，以前から強調されてきた自力更正力の育成と結び合わせ，現在ではUNDPはすべての活動の根本にある指導原則として「持続可能な人間開発」の概念を採用している．1993年7月にUNDP総裁に就任したジェームズ・ギュスターヴ・スペス〔1999年に総裁はマロック・ブラウンに代わった．〕は，それを次のように定義している．

「持続可能な人間開発とは，経済成長を生みだすだけでなく，その恩恵を公平に配分するような開発である．環境を破壊せずに再生させ，人々を底辺に追いやらずにむしろその地位を向上させるような開発である．貧しい人々に優先権を与え，彼らの選択の幅や機会を拡大し，みずからに影響をおよぼす意思決定に，彼ら自身を参加させるような開発にである．それは貧しい者，自然，職業，そして女性のための開発である．要するに，持続可能な人間開発は，成長を強調する雇用，環境，地位向上および公平を促進する限りにおいての強調である」．

この枠組みのなかでUNDPは，次の3つの優先事項を確認した．
（1）持続可能な人間開発のための国際協力を強化し，それを達成しようとするさいの強固な頼りとなること
（2）持続可能な人間開発を行なう途上国の能力を育成すること
（3）国連が，持続可能な人間開発のための強力な集団としてまとまるのを助けること

UNDPは設立当初から，すべての国々が国連または何らかの国連関連機関の加盟国である限りにおいて，その援助をそれが基本的な要求を満足させるのに有効であり得る場合には，受けられるようにすることを求められてきた．この広い基準枠は，UNDPの最も価値ある2つの財産，すなわち普遍性と，政治問題や政治的圧力からの高度の自由を守るのに欠かせないものである．

計画立案とプログラミング

UNDPの援助計画の立案とプログラミングで，最も大きな役割を演じるのは途上国自身である．そのプロセスには3つの基本的な段階がある．

第1段階は，5年間にわたってUNDPが利用できそうな，中核となる財源の予算である．この予算はやがて，各援助対象国，地域，地域間およびグローバルな計画事業指標(IPF)に分けられる．IPFはUNDPの執行理事会によって承認され，時々修正される．

第2段階は，IPFにしたがって各国が「国別計画」を作成し，UNDPの援助を受ける優先項目をまとめ，優先項目の順にUNDP資金の取り分を割当てる．通常は，国別計画の作成(その過程にはUNDPの常駐代表や，その他の国連機関から派遣されている現地の事務官たちが参画する)にあたっては，多くの要因が考慮される．そのなかには，当該国の開発計画の全体や，計画の実施にさいして利用できる国内資金，UNDP以外の海外援助先から期待できる援助なども含まれる．国別計画は，承認のため執行理事会に提出される．

第3段階は，個々の企画の要請書の準備を含んでいる．ここでもまた，通常は国連から派遣されたアドバイザーとの間で協議する．この要請書には，各企画のおもな目的，存続期間，費用，当該国政府と国連システムのそれぞれが負うべき責任が詳細に記述されている．

資金の割当

1972年から1976年までの第1次5カ年計画のUNDPのIPFでは，ほぼ1967年から1971年までの間にそれぞれの国に供与したUNDPの全資金と同じ比率で，1972年から1976年までの間のUNDP資金の予算総額を分割することが，ほぼ認められた．

1977年から1981年までの第2次5カ年計画については，執行評議会がまったく新しい基準を設定した．当該期間に利用しうると予想される国別計画資金の92.5%は，おおむね各国の人口と1人当たりの国民総生産(GNP)を含んだ公式をもとに割当てられた．各国への割当分の計算では，とくに後者のファクターの方にいくらかより大きな比重がおかれた．

新しい基準のもとでは，資金総額の13%が地域的計画に向けられ，それによって近隣諸国間の開発協

力を育成したり，複数の政府がひとつの地域的な基地から専門技術を得られるように，節約を行おうとしたのである．またこれとは別に，主要食用穀物の高収量品種に関する「躍進」研究のような，グローバルおよび地域間の計画のためのIPFもあった．

全体的にみて，第3次計画(1982〜86年)の間，1人当たりのGNPが年500ドル以下の国々が，UNDPの資金総額の80%を受取った．1977〜81年では，その割合は52%，1971〜76年では40%であった．

1985年に執行評議会は，より貧しい国々への援助を重視するUNDPの方針を反映し，第4次計画(1987〜91年)では，1983年の1人当たりの年間GNPが750ドル以下である国々に，IPFの80%を割当てる決定した．

第5次計画(1992〜96年)では，1人当たりの年間GNPが750ドル以下の国々が，IPFの87%を受取ることになった．

現地での実施

UNDPは基本的に資金を供与し，計画を立案，監視し，調整を行う機関である．5年にわたってUNDPが支援してきた現地での活動の大部分は，国連の諸機関や地域委員会，地域開発銀行や基金などによって実施されてきた．さらに計画を実行するに当たっては，UNDPは各国家の諸機関や非政府組織(NGO)の参加も求めるようになっている．

実施機関と呼ばれている組織は，おもな3つの任務を遂行している．まずそれはそれぞれが得意とする専門分野の開発知識や技術の，「データ・バンク」として役立っている．またそれは，各国政府がUNDPの援助を受ける国別計画を作成するさいに，部門ごとの立案を手伝っている．さらにそれは原則として，計画の実行に必要な国際的な専門家を募り，設備を購入し，専門のサービスも契約している．

どんな計画も，それを実施するにあたってどの機関を選択するかは，UNDPが途上国政府と協議しながら決めている．特定のプロジェクトを担当するのは常にひとつの機関だが，しばしば2つまたはそれ以上の機関が協力して必要なサービスを提供する．

プロジェクト・サービス部を通じて，UNDPは物資の調達や財務を含む，管理サービス全般を提供するとともに，ほかの機関が行わない活動を直接実施している．

現地活動の進捗状況は，UNDPの現地事務職員や政府官僚，さらに実施機関の専門家による定期的な検討を通じて監査を受けている．コンピュータによる現代的な情報管理システムが，現地から活動データを常時伝えてくるので，必要があれば特別調査団がプロジェクトの作業を評価するため計画国に派遣される．

検分や実行可能かどうかの研究，および他の適切なプロジェクトに関する追加投資を促進するため，体系的な努力も行われている．こうした活動(それはしばしばプロジェクトのごく初期段階から始まることもある)は，資金投与の見込みがあり，かつ条件の折合うあらゆる開発資金源(国内外や政府と民間の別を問わず)との協力を含んでいる．

しかしより広い意味では，ほとんどのプロジェクトにはもともとフォローアップの要素が「ビルトイン」されている．というのも，それはいずれは援助対象国が引継ぐことになる永続的な機関や施設とするために熟慮して計画されるからである．こうして，多くのプロジェクト(とくに訓練，応用研究，開発計画に関するもの)は，UNDPの支援が終ったあとも活動を継続し，のみならず大幅に拡大もする．

典型的にはどの年をとってみても，約5000件の2〜5年計画のプロジェクトが同時進行してきた．しかし1993年以降，UNDPは焦点を絞込むため慎重に試みてきた．いまやUNDPは，とくに貧しい人々の能力向上を優先的に実行しながら，雇用の創出や女性の地位の向上，環境の再生などに財政支援するプロジェクトを選ぶようになった．UNDPの中核となる資金の割当は，アフリカ，アジア太平洋地域が最大で，以下ラテンアメリカ・カリブ地域，アラブ諸国，ヨーロッパおよび独立国家共同体の順となっている．1993年の総支出のうち，半分近くがプロジェクトの人件費に費やされ，19%が外注契約，15%が設備費，9%が訓練費用，残りは装備の維持管理費用などの雑費であった．

1993年のUNDPの技術協力の支出総額は約10億ドルであった．これは，国別計画自体の費用のほかに，世界中の132カ所の事務所とニューヨークのUNDP本部が行う計画立案，管理および調整の費用と，さらには31カ所の実施機関が行うプロジェクト実施サービスの費用も含んでいる．

収入と支出

UNDPには，いくつかの資金源がある．まず第1は[見返り資金で]，途上国自身がUNDPの援助するプロジェクト費用のかなりの部分を負担している．その資金は現地職員の給与，プロジェクトの建物や施設の建設と維持，および現地で調達する供給

品やサービスの支払いにあてられている．第2に，ほとんどすべての国連加盟各国と国連関連諸機関が，毎年自発的にUNDPの中核資金を拠出している．第3に，費用分担拠出金がUNDPの収入に占める割合が大きくなってきている．これは，特定のプログラムの費用を計画対象国やその他の国々，または組織が分担できるように変換可能な通貨で提供するものである．加盟各国がUNDPの中核資金に対して，1993年に行った自発的な拠出金の総額は約9億1000万ドルに達した．非中核的なその他の資金（UNDPが運営している基金や信託基金，費用分担枠）への拠出もあって，UNDPの収入総額は14億ドルを越えている．

UNDPの中核資金へのおもな拠出国(1993年)

国名	拠出額
（単位は百万ドル）	
アメリカ	125.0
日本	96.1
デンマーク	86.5
オランダ	86.3
ドイツ	80.6
ノルウェー	71.0
スウェーデン	70.7
フランス	50.0
イギリス	44.9
カナダ	41.4
スイス	38.9
イタリア	24.9
ベルギー	18.6
オーストリア	13.4
オーストラリア	11.4
フィンランド	9.1
スペイン	8.5

1993年のUNDPの地域別，経済的および社会的部門別支出の内訳は次の通りであった．

UNDPの地域別支出(1993年)

（単位は百万ドル）

地域	中核資金	費用分担拠出金
アフリカ	240.0	26.3
アジアおよび太平洋	238.7	31.0
ラテンアメリカおよびカリブ諸国	74.3	248.9
アラブ諸国	51.7	20.3
ヨーロッパおよび独立国家共同体	9.1	2.3
全地域および地域間	62.1	12.4
合計	675.9	341.2

UNDPの経済的・社会的な部門別支出(1993年)

（単位は百万ドル）

部門	支出額
一般開発問題	277.9
農業，林業，漁業	154.5
環境，天然資源，エネルギー	91.7
工業	81.1
保健	64.0
運輸	51.6
教育	50.9
雇用	38.3
人口および人間居住	37.7
人道援助および災害管理	34.8
科学技術	34.6
通信および情報	32.7
社会開発	24.4
その他	42.9
合計	1,017.1

＊費用分担拠出分と各国の見返り資金を含む．

関連計画

UNDPの総裁は，いくつかの関連基金や計画についても責任を負っている．

国連資本開発基金 低家賃住宅，給水システム，農村学校，病院などの社会資本，また農業ワークショップ，農家産業センター，共同組合，信用計画などのような，「草の根」生産施設のための「種まき融資」に一定額を供給している．

国連スーダノ・サヘル事務所 セネガルからソマリアにいたるアフリカのスーダノ・サヘル地帯にある22カ国とともに，森林伐採の管理，砂丘の安定化，広域管理などの分野の計画を立案し，その実施のための資金を動員し，ほかの国連機関と協力しながらそれを実施している．

国連婦人開発基金 女性の労働負担の軽減や，収入の増加など，女性のための革新的で将来も続くようなプロジェクトに直接援助を行い，女性の社会的地位の向上を助け，そして女性が主要な開発活動に参加できるよう活動している(→174ページ)．

国連天然資源探査回転基金 リスク要因が高く途上国が実施できないような，経済的に有用な鉱物鉱床の試験的探査を援助している．

国連ボランティア この計画は1971年に総会が設立し，UNDPがスイスのジュネーブ事務所で運営している．115の専門職のボランティアたちが，UNDPと国連が援助しているプロジェクトや，受入れ国が直接実施している開発計画に協力している．世界中から募集されたボランティアは，受入れ国の要請と，承認のもとで派遣されている．ボランティアは2年間活動し，月々の必要経費のみを受取っている．国連ボランティアとなる専門家の平均年齢は39歳で，専門分野については平均10年のキャリア

をもっている．じっさいの年齢は20歳代のなかばから60歳代や70歳代に至るまでさまざまで，退職者も経験の豊富さゆえに歓迎されている．

国連ボランティアとなる専門家に求められる技能には，次のものがある．すなわち，農業，農業経営者，畜産学，視聴覚芸術，ビジネス経営，地図作成，地域社会開発，コンピュータ・プログラミング，建設業，データ処理，人口学，開発管理，災害対策，経済，教育，電気，障害者雇用，エンジニアリング，環境，輸出促進，漁業，林業，手工芸，エイズ予防，家政学，園芸，物流，マーケティング/貿易促進，医学，看護・産科学，印刷・製本，公益管理，公衆衛生，ソーシャルワーク，統計学，教師の訓練，英語教育，理数系教育，技術職，都市・地方計画，交通手段の維持管理，獣医学，職業訓練，女性の開発参加，青少年活動などである．

1994年には100カ国を越える国々から2000人以上もの男女が，専門職ボランティアや現地活動家として途上国で奉仕活動を行った．その半数がアフリカで活動し，1/3がアジア太平洋地域で，残りがアラブ諸国，カリブ・中南米，さらに中部・東ヨーロッパなどで新しい計画に参加した．国連ボランティアの専門家たちは，設立から20年の間に6000件の任務を完了させた．

■ 国連貿易開発会議（UNCTAD）

1964年の春にジュネーブで開催された第1回国連貿易開発会議は，開発との関連で貿易を扱う国連の常設機関の設立を勧告した．総会は，国際貿易が経済発展の重要な手段であるとして，途上国の間で包括的な貿易機関の設立を求める要望が広まっていることに注目し，1964年12月に総会の常設機関として，UNCTADの創設を決定した．

UNCTADのおもな目的は，とくに途上国の経済発展を加速するために，国際貿易を促進することにある．UNCTADは，国際貿易と国際経済協力について審議し，交渉を行うための，総会の主要な機関のひとつである．UNCTADは国際貿易の原則と政策を公式化し，多国間の貿易協定の採択に向けて行動を起こし，各国政府や地域経済集団の貿易と開発政策を調和させるためのセンターとして活動している．1992年の会議で，UNCTADの任務は政策分析，政府間協議，コンセンサス形成，国際協定の交渉，監視，実行，フォローアップ，技術援助などであることを再確認した．

UNCTADには187カ国が参加しており，さらに数多くの組織にオブザーバーの資格が与えられている．これまでに8回のUNCTAD会議が，次のようにほぼ4年間隔で開催されている．すなわち，ジュネーブ（1964年），ニューデリー（1968年），サンティアゴ（1972年），ナイロビ（1976年），マニラ（1979年），ベオグラード（1983年），ジュネーブ（1987年），コロンビアのカルタヘナ・デ・インディアス（1992年）である．［第9回会期は1996年にヨハネスブルクで開かれた．］

構　造

UNCTADの会期の間の持続的な活動は，総会が設置した執行機関である国連貿易開発理事会（TDB）によって行われている．TDBは会議の決議を実施し，貿易問題とそれに関連する開発問題に関する研究と報告を行っている．TDBは毎年，経済社会理事会を通じて総会に報告を行っている．TDBはまた，会議開催の準備組織としても機能している．

貿易開発理事会は，1次産品，貧困緩和，途上国間の経済協力，開発サービス部門を含む特定の分野について，動向を調査し勧告を行ういくつかの常設委員会を設けている．特恵関税に関する特別委員会と，制限的なビジネス慣行についての国際専門家グループも，TDBに報告を行っている．

1992年2月のUNCTAD第8回総会で，次の事項を扱う5つのアド・ホック作業部会を設置した．
・投資および資金流動
・貿易の効率化
・民営化
・途上国の貿易機会拡大
・投資と技術移転の関係

事務局

UNCTADの事務局はジュネーブにある．事務局は，会議の準備やTDB，および補助機関を統轄する役務を提供している．UNCTADの事務総長は，国連事務総長が任命し，総会が承認する．

1993年5月に，国連総会はUNCTAD事務局が経済社会理事会の補助機関である多国籍企業委員会と開発のための政府間科学技術委員会の事務も引受けることが決められた（→44ページ）．

UNCTADの事務局は途上国に対して，「関税と貿易に関する一般協定」（GATT）が後援する多数国間貿易交渉の，「ウルグアイ・ラウンド」に関連する技術援助も行っている．

輸出促進とマーケティング

輸出促進とマーケティングは，UNCTADとGATTが合同で運営するジュネーブの国際貿易センターの担当である．同センターは輸出市場の動向に注意を集中しており，途上国のマーケティングと輸出促進技術を支える人材を育て，近代的な輸出促進サービスを始めるのに必要な制度や計画の立案を援助している．

1次産品

1980年に，国連の共通基金交渉会議で，「1次産品共通基金設立協定」が採択された．カカオ豆，コーヒー豆，スズ，オリーブ油，砂糖，天然ゴム，コムギ，ジュートおよびジュート製品，熱帯木材の9つの1次産品についても国際協定が締結された．同基金は1989年9月から運用を開始した．

1976年のナイロビ会議でUNCTADは，途上国のインフレ，為替変動，工業製品の輸入費用などを考慮して，1次産品価格を設定することをねらった「1次産品総合計画」(IPC)を採択した．同計画の一部としてナイロビ会議は，市況に応じて在庫を放出したり留保することにより，1次産品の輸出に依存する途上国を悩ませてきた大幅な価格変動を終らせるのに役立つ，緩衝在庫のための資金を提供する共通基金の設立に向けた交渉を始めることにも合意した．

1992年のUNCTAD第8回総会は，1990年代のための実効的な国際1次産品政策の必要性を認めた．1次産品市場は大幅に下落したままで，1980年代にUNCTADが成立させた1次産品協定のほとんどが失効していた．1993年にUNCTADは，1次産品の利用，生産，貿易および消費のすべてについての包括的で最新の情報を提供する，マイクロ・コンピュータによる1次産品分析情報システム(MICAS)を開発し始めた．同システムは，途上国が経済を管理し，世界市場でより効果的に競争できるよう援助するのを目的としている．

途上国に対する特恵関税

UNCTADは1968年に，途上国が輸出する工業製品に対して，先進諸国が特恵関税待遇を与える一般特恵関税制度(GSP)を採用した．1992年までに16の計画が実施され，100カ国を越える途上国から輸出される年間700億ドル以上の輸出品に対して，特恵待遇が与えられた．しかしUNCTADは，途上国のなかで比較的進んだ国々だけが，この制度から恩恵を受けていることを認め，1992年には農業生産物や「不安定」な工業製品にこの制度がもっと適用されるよう努力した．UNCTADは1995年に，GSPを全般的に見直す予定である．

海運

UNCTADは1978年の「国連海上物品運送条約（ハンブルク・ルール）」を発展させることを開始した．1993年7月までに，「ハンブルク・ルール」は21カ国の批准を受け，1993年11月1日に発効した．

定期船同盟行動規範条約（1974年） 途上国が先進国の定期船の運航と平等な立場で，自国の定期船の運航を行うことを規定している．同条約は1983年に発効した．UNCTADは1991年にこの条約を見直し，より実効的な条約に向けたガイドラインを採択した．1974年以来の定期船舶運航の技術的および構造的な変化が考慮された．1993年7月までに77カ国がこの条約の締約国となっている．

国連国際物品複合運送条約（1980年） 複数の運輸機関を利用する，特定の委託商品貨物の国際運送について，単一の損害賠償の方法を規定している．1993年7月までに7カ国が批准した（発効のためには30カ国の批准が必要）．

船舶登録要件に関する国連条約（1986年） 世界の海運業に新しい責任の基準を導入し，船と船籍登録国の間の正しいあり方の要件を定義している．1993年7月までに9カ国が批准した（発効には，世界の船舶総トン数の25％に当たる40カ国の批准が必要）．

UNCTADはまた，技術協力やUNDPが部分的に資金を援助している専門的な訓練計画も行っている．訓練コースは，多様な方式の運輸，港湾運用の改善，船舶運送業者や鉄道会社が積荷の動きを追跡できるようにするための積荷運行情報システム(ACIS)の利用などを含んでいる．

その他の多国間条約

制限的商慣行のための，国際的な合意による公平な原則および規則（1980年） 国際貿易，とくに途上国の貿易や経済発展に悪影響をおよぼす多国籍企業などによる制限的な商慣行を，国際的に管理する方法を決めている．

1978年に，「技術移転に関する国際行為規約」の交渉が始められた．提案された規約に含まれる規定は，技術取引の移転およびその関係者の行為の規制に関するものと，規約の当事者として国家がとるべき措置に関するものの2つに分かれていた．1991年に，

行為規約の交渉再開の土台づくりをする，政府間の専門家グループの設立のための協議が行われた．

この協議の結果，貿易開発理事会は行為規約案の未解決の問題に関して合意を得るのは，現時点ではまだ無理であることを認めた．1993年に貿易開発理事会は，技術移転を促進するような投資および技術政策に関する新たな試みを検討し奨励する，投資と技術移転の相関関係に関するアド・ホック作業部会を設置した．同部会は，投資フロー，技術移転と競争，途上国での技術能力の育成，ならびに環境にやさしい技術の移転と開発などを検討するための作業計画を採択した．UNCTAD事務総長は，同部会で進行中の作業をみながら，アド・ホック作業部会の活動の終了後に行為規約に関してさらに協議を行うことを，1993年に総会に勧告した．

UNCTADは，途上国の保険市場が自らの保険政策条項や条件をつくり出せるよう援助する，「船舶船体ならびに積荷保険モデル条項」も整備した．UNCTADはまた，各国の当局や業界団体が基準を設定するさいのガイドラインとなるような，海運業者の最低基準も用意した．

債務救済

通貨金融の分野では，UNCTADはとくに途上国の債務問題に注目し，途上国のなかでもとくに貧しい国々の債務を救済する措置と，さらに今後の債務問題に対処するための一連のガイドラインについても交渉してきた．ジュネーブでの1987年の会議でUNCTADは，債務問題，開発資金，ならびに関連する通貨問題，1次産品，国際貿易，さらには後発開発途上国の問題などに対処するための，政策アプローチや手段についていくつか勧告した．これらはみな多数国間の協力を通じて，もっと予測可能で維持可能な環境のなかで，開発と成長，ならびに国際貿易を再活性化することをめざすものであった．

UNCTADと世界銀行（IBRD）は，債務管理の分野でも途上国への技術協力を拡大するための合同計画を発展させた．UNCTADはこの計画のソフトウェアの部分を受けもっている．援助は債務管理財政分析システム（DMFAS）の開発と普及を基礎としている．同システムは，債務国が債務返済についてデータを分析し，見通しを立て，戦略を立案できるようにするためのソフトウェアである．UNCTADは，このソフトウェアを使うオペレーターを訓練している．UNCTADはまた，実効的な債務管理に必要な制度改革に対する意識を育てるため，官僚向けの訓練も行っている．

低開発国（LDC）

1993年には47カ国［1995年末現在で48カ国］が低開発国（LDC）に分類された．UNCTADはLDCに関する2つの国連会議で，対LDC支援の指導的役割を担ってきた．最初の会議は1980年にパリで開かれ，LDC自身が開発促進のためにとるべき措置を定義した「新実質行動計画」（SNPA）を採択した．2度目の会議は1990年にやはりパリで開かれ，SNPAの実施状況を検討し，この計画を強化した．

UNCTADは，政府開発援助の額を援助国のGNPの0.7％に設定するよう，政治的に刺激を与えてきた．UNCTADはまた，国際通貨基金（IMF）が途上国の輸出収入不足を補正する財政援助や，LDCの特別引出権（SDR）の創設などの改善を行うよう勧告した．

1992年のUNCTAD第8回会議では，LDCの社会経済状況や国内政策，資金需要，それにその経済に影響をおよぼす国外的要因について，詳細な分析を行うことを要請した．

21世紀の貿易

1992年のUNCTAD会議では，第9回会議が開かれる1996年までの4年間に分析しなければならない，次の4つの優先分野を確認した．

1. 開発のための新たな国際パートナーシップ
   途上国や市場経済に移行しつつある国々がますます世界経済に参加できるように援助する．
2. グローバルな相互依存
   マクロ経済政策の国際的な影響，国際貿易，通貨金融システムの展開，国際レベルでの実効的な管理，そして経済領域の拡大や地域統合プロセスの帰結に力点をおくべきである．
3. 開発への道
   会議は，将来の行動のための有用な教訓を引き出す目的で，国家の開発経験を研究することを求めた．この研究には，全般的な経済管理や，経済的進歩と市場指向の関係の考察が含まれている．
4. 持続可能な開発
   貿易と環境政策の間の相互作用が考察されるべきである．1992年の国連環境開発会議で練り上げられた環境にやさしい技術の促進と，その実施が強調されるべきである．

1992年の会議では，貿易の効率と業務費用を削減

する，電子的なデータ交換の利用についても議論された．1995年7月に，UNCTADはオハイオ州のコロンバスで「貿易の効率に関する世界シンポジウム」を開くことになっている．同シンポジウムには，「効率的な世界貿易のための新技術，UNCTADの貿易拠点ネットワーク」という副題がつけられている．このシンポジウムは銀行，保険，運輸，遠距離通信，貿易情報などの分野で新技術に対して，通商大臣，企業経営者および上級官僚の関心などを集中させることになる．また，電子的な商取引に関する国際標準を提唱することが，シンポジウムのおもなテーマとなろう．シンポジウムはまた，貧しい国々が世界の貿易に参加するのを妨げるような技術上，手続上の障壁を緩和する，全世界的な取組みを始めることにもなろう．その推進のため，100カ所の貿易活動拠点を結ぶ貿易拠点ネットワークを構築中である．貿易拠点ネットワークは，1994年10月までに世界中の運用を開始する予定である．

■ 世界食糧計画（WFP）

世界食糧計画は，国連と国連食糧農業機関（FAO）が合同で後援し，1963年から活動を始めている．小さな実験的な計画から始まり，今では世界最大の多国間の食糧配給機関に成長した．1993年には4200万人以上の人々が，WFPの緊急活動や開発プロジェクトから直接援助を受けていた．

1946年から1960年までの間に，国際貿易を規制し，食糧輸出国が生産する余剰生産物を扱う国際機関をつくろうとする試みが，いくつかなされた．これらの試みで成功したものはひとつもなかったが，そのおもな原因は，いくつかの国々が自国の貿易関係への干渉になるとして異議を唱えたことにあった．1955年に，「低開発諸国の経済発展への資金を調達するための農業余剰生産物の利用」と呼ばれる研究報告が突破口を開いた．この報告は，農業余剰生産物であれば，国内生産物の販売やほかの国々からの輸入と競合することなく，途上国への追加的投資の資金を調達できると仮定した．

1961年のFAO総会でアメリカ代表団の団長ジョージ・マクガバンは，1次産品と現金で総額1億ドルの多国間計画を設立しようと正式に提案し，アメリカはそれに4000万ドルを拠出すると申しでた．この提案を受けて，FAOと国連は実験的に3年間（1963年1月から1965年12月まで）の世界食糧計画（WFP）を設立することになった．

WFPは国連加盟国から，食糧や現金，およびサービスの寄付を受け，社会的および経済的発展計画を支援するとともに，非常事態の救済を行っている．各国政府の要請を受けてWFPは，農業生産の増加，道路やその他の重要なインフラの復興，環境の保護，さらに保健や教育の改善などの開発プロジェクトに食糧援助を行っている．WFPの食糧援助は，また難民やその他の災害の被災者に基本的な食糧を与えてもいる．WFPの目的は食糧援助を行うことによって，受給者が最終的には自力で食糧を獲得または生産できるようにすることにある．計画の成否については，一定期間後に自分自身で食糧を得ることができるようになった人々の数で，最終的に判断することになっている．

設立後30年間に，同計画はおよそ130億ドル（4000万tの食糧援助）を，途上地域における飢餓との戦いや経済的および社会的発展の促進に投資してきた．WFPは，1600件以上の開発プロジェクトと1200件以上の緊急活動を実施してきた．最近ではこの緊急活動がWFPの活動の主流になっている．1992年にWFPは，520万tの緊急食糧援助を約2800万人の人々に実施した．

WFPが開発目的で供給したものは，さまざまな方法で利用されている．初期に行われた計画には，ボリビアでの定住計画，シリアでのヒツジの遊牧開発，エジプトでの遊牧民の再定住，モロッコでの土地開墾と開発，タンザニアでの定住計画などがあった．ほかの計画は，学童や妊産婦，入院患者および教育センターに通っている成人に食糧を提供することで，人的資源の開発に直接役立った．

同計画は，食糧調達のための作業計画を通じて，雇用と収入を創出することに特別の注意を払った．バングラデシュでは，1975年に始まった社会的弱者のための開発プロジェクトが，女性のための保健，識字教育，収入源の確保などについて訓練を提供し続けている．同じような計画がボリビアやメキシコでも始められるいっぽう，エジプト，スーダン，韓国，中国では大規模な土地開発計画が開始された．今までに行われた最大の酪農計画であるインドでの「洪水作戦」は，牛乳生産を50%増加させ3000万人がその恩恵を受けた．

活動の初期には，受給国は輸送・保管費やその他の支出など，プロジェクトによる食糧以外の経費を負担するのに問題があった．計画が開始早々に成功を収めたこと（1963年5月には正式の援助要請は28件だったが1964年11月には193件に上った）で，援

助国はそれらの費用も負担するようになった．じっさい，大量の食糧を短期間に世界の遠く離れた地域に迅速に輸送するWFPの能力は，その専門知識の最も重要な部分のひとつとなっている．

1973年には世界的な食糧不足が生じて資源が底をつき，WFPの運営機関はその年に新しい計画をひとつも承認できなくなった．実際上受給国の数や，受給の割合も削減された．このような措置にもかかわらず，まだ16万tの1次産品が不足していた．新しい資金づくりのために一丸となった努力が行われ，1974年にサウジアラビアのファイサル国王が過去最大の現金の寄付となる5000万ドルを提供してくれた．これが転換点となって，援助の寄付が当時も今も食糧の純輸入国である非工業途上国からなされるようになった．それは，寄付の性格が余ったものを譲るという発想から離れて，困った人々を助ける責任をより広く分かち合うものへと変化する，重要な転換点ともなった．

1975年に国連総会は，WFPが自由に引きだせる「国際緊急食糧備蓄」(IEFR)を設立した．IEFRはすべての国々からの拠出を受付けることになっており，WFPが緊急事態にすばやく対応できるように年間最低50万tの備蓄を目標としている．

1988年の開発活動のための寄付申出額は，WFP資金の2/3に相当する7億7800万ドルに達した．1993年にはこの傾向が逆転し，緊急事態への対応分がWFP資金の60%以上を占めるようになった．この増加の一部は，同計画が難民救済を監督する国連機関と新たな関係を結んだことによる．1992年1月に，国連難民高等弁務官事務所(UNHCR)はWFPに対し，UNHCRの管理する難民食糧援助活動のために食料品を調達し，配給する責任を負うようにする合意を取付けた．

過去30年間にWFPは，かつては食糧援助を受ける立場にあった国々が，今では潜在的な援助国に成長したことをみてきた．韓国，シンガポール，ベネズエラ，ギリシャ，ハンガリー，メキシコはかつての食糧受給国であったが，現在では経済成長を誇りとしている．同計画はまた，提供された資金を創造的に活用する方法も開発してきた．たとえば，途上国からより多くの食糧を救済活動や開発活動のために購入することで，同計画は途上国相互の貿易を奨励し，拡大した．1993年にはWFPが国連のなかで途上国の製品の最大の購入者となった．

WFPの本部はローマにあるが，職員は85カ国に駐在し90カ国の途上国のために活動している．同計画は事務局長によって運営されている．運営機関は，42人の委員からなる「食糧援助政策計画委員会」(CFA)である．CFA委員の半数は経済社会理事会で選出され，残りはFAO理事会が選出する．1992年のCFA委員は，アメリカ，アルジェリア，アルゼンチン，アンゴラ，イギリス，イタリア，インド，インドネシア，エジプト，エチオピア，エルサルバドル，オーストラリア，オランダ，ガーナ，カナダ，カメルーン，北朝鮮，ギニア，キューバ，コロンビア，サウジアラビア，シリア，スウェーデン，スーダン，スリランカ，タンザニア，中国，ドイツ，ドミニカ共和国，日本，ノルウェー，パキスタン，ハンガリー，バングラデシュ，フィンランド，ブラジル，フランス，ブルキナファソ，ブルンジ，ベルギー，メキシコ，ルーマニアであった．

1991年から1992年までの2年間に，WFPが受取ることになっていた拠出約定と拠出金の合計額は約30億ドルであった．1993年にWFPは，組織の運営費用が年間支出の6%以下であったと報告した．

■ 国連人口基金（UNFPA）

国連は創設間もないころから人口問題に関心をもっており，1947年には経済社会理事会の機能委員会のひとつとして人口委員会を設置した．人口問題に関する国連の初期の活動は，人口統計の改善に集中した．というのも，世界の多くの地域で人口統計が欠けていたからである．それが終ると今度は統計データの分析研究や世界規模での人口評価や予測の応用に焦点が合わせられるようになった．最初の『人口統計年鑑』は，1948年に国連統計局が発行した．

しかし，1960年代には世界人口の異常なほど急激な増加が緊急の関心事となった（1950年から1960年までで，25億人から30億人以上に増加し，2000年までにはさらに倍増すると予測された）．1966年に採択された決議のなかで，総会は国連が人口問題に関して技術援助を行う権限を与え，さらに翌年には，人口問題に関する技術協力活動のため，国連システムに追加的な資金を供給する「人口活動信託基金」を設立した．同基金は，1969年に名称を「国連人口活動基金」(UNFPA)に改めた．1972年に同基金は総会の権限のもとにおかれ，国連開発計画(UNDP)の管理評議会が運営することになった．国連経済社会理事会は1973年5月18日の決議1763(LIV)によってUNFPAの任務を定義し，1979年に総会はUNFPAを補助機関として確認した．1987年に同基

金の名称は「国連人口基金」に変更されたが，略称はUNFPAのままとされた．1993年に総会は，UNDPの管理評議会を「UNDP/UNFPA管理理事会」に改め，国連の総会と経済社会理事会の全体的な政策指導と監督のもと，UNFPAは政府間支援を担当することになった．

1974年にブカレストで最初の世界人口会議が開催され，人口要因と全体的な経済開発の関係を強調した「世界人口行動計画」(WPPA)が採択された．総会は同計画が「経済発展を促進するための国際社会の手段」であると確認し，WPPAを適切に実施するため人口の分野での援助を，とくにUNFPAにまで拡大しなければならないことを訴えた．

1984年8月にメキシコシティーで開かれた国際人口会議は，WPPAの妥当性を再確認し，同計画をさらに推進することを勧告した．死亡率の目標が調整されたほか，移民，都市化，データ処理の電算化，人口の高齢化などの表面化しつつある問題にも言及した．人口と開発に対する部局間合同のアプローチ，個人や家族の権利を尊重する政策，それに開発の全側面への女性の参加を増やすことを含めた，女性の地位の向上についても議論された．

10年ごとに開かれる3回目の国際人口開発会議は，1994年9月5日から13日までカイロで開催された．カイロ会議で採択された行動計画は，現在および将来の世代の必要を満たし，生活の質を改善するために，人口問題への配慮が開発計画に十分に反映されるべきことを勧告した．同計画は，ブカレストとメキシコシティーの会議以来，相当に広まった人口問題と持続的な経済成長，そして持続可能な開発との間の相互関連についての自覚と知識を基礎としている．同計画は，リプロダクティブ・ヘルス(性と生殖に関する健康)と個人，とくに少女と成人女性の教育の必要性にも言及し，援助国と被援助国がともに社会部門への投資を増やすよう要求している．

UNFPAは幅広い人口活動を支援している．同基金の援助の半分近くが，母親と子どもの健康管理および家族計画に費やされている．さらに20％が人口と家族計画に関する情報伝達教育に用いられている．UNFPAはまた，途上国が人口データを集めて分析し，人口調査を実施し，人口政策をまとめ，出生率，死亡率，および移民数と開発との関係や，人口と持続的な開発との連関に関する調査を行うなどの努力を支援している．同基金は女性，青少年，高齢者，エイズ，それに人口と開発に関する特別な企画も支援している．UNFPAは，国連システム内での人口援助活動の主要な源である．同基金の資金は，各国政府からの自発的な拠出金で賄われている．

いくつかのUNFPAプロジェクト

『1991年 世界人口状況』報告は，意思的な出産と偶然による出産の相違として，家族計画に焦点を当てた．それにしたがい，1992年のUNFPA計画は，基本的人権としての家族計画の考えを積極的に奨励し，各国が避妊具の調達，生産，分配をするのを援助している．同基金の「1990年代の途上国での避妊器具の需要とその物流管理の必要性に関するグローバル・イニシアチブ」は，急速に成長した．スウェーデン国際開発機関，ロックフェラー財団，および世界銀行(IBRD)の資金援助を受けて，UNFPAはインド，ネパール，パキスタン，ジンバブエで避妊器具の需要と物流管理の必要性に関する徹底的な研究を行った．

1992年にUNFPAは，「国連開発諸機関のためのアラブ湾岸計画」(AGFUND)，UNDPおよび「国際家族計画連盟」(IPPF)と密接に協力しながら，「アラブ女性の教育研究センター」の設立準備を進め，1994年1月にチュニスに開設した．

UNFPAは特定の途上国で，2種類の銅製の避妊リング(IUD)の安全性と効果の比較実験や，1カ月間有効の挿入型避妊具の導入を支援した．

同基金はアフリカで，28カ国40件の女性，人口，開発総合計画を支援した．これらの計画は，全体的に女性の生殖と生産に関する需要に向けたものであった．UNFPAはまた，29の国内の女性活動団体を人口活動の関連で支援した．

1992年にUNFPAは，途上国に配布するために3163万3000ドル相当の経口避妊薬，986万6000ドル相当の挿入型避妊具，381万7000ドル相当の避妊リング，210万6000ドル相当のコンドームを調達した．

予算と組織

1993年現在，UNFPAは，101カ国から総額2億1960万ドルの資金を受け取った．現在UNFPA資金の95％以上を15カ国が拠出している．UNFPAの基金の約76％が，人口援助を最も必要とする国々に配分されている．現在，58カ国が「優先諸国」(アフリカのサハラ以南地域の32カ国，アジア・太平洋地域の17カ国，アラブ諸国から4カ国，ラテンアメリカおよびカリブ諸国に5カ国)とされている．

1992年にUNFPAは，次のような出版物と報告

書を発行している．すなわち『1992/93 年 家族計画と母子保健，女性と小規模事業開発の訓練課程一覧』，『女性，人口および環境』，『南アジアの女性たち』，訓練ガイドである『人口と開発への女性の参加，その目的と方法』，月刊誌の『POPULI』，年報である『世界の途上国における人口プロジェクト総覧 1991/92 年版』，限定出版で年報の『世界人口状況』などである．最後のは，人口の成長と分布のパターンの包括的な人口統計研究である．同機関はまたビデオテープなども貸出しており，その中には UNFPA が 1992 年 7 月 11 日の「世界人口デー」に向けて製作した『均衡のとれた世界へ向けて』や『計画された家族とよりよい生活』，『人口，これからの挑戦』，それに 70 ミリフィルムで，1987 年に世界で 50 億人目が誕生したことを祝う，世界の名士や指導者たちを映した音楽ドキュメンタリーである『50 億人の日』なども含まれている．

■ 国連環境計画（UNEP）

20 世紀に入ってとくに第 2 次世界大戦後，地球人口の増加と技術進歩，それにともなう生産と消費のパターンの変化によって，環境が圧迫を受け，人類史上初めて環境の安定性が脅かされた．長い間，こうした現象の意味するところはほとんど無視されてきた．しかし 1960 年代になって，土壌の浸食，大気・水および海洋の汚染，限られた資源の保全の必要性，かつて肥沃であった地域の乾燥化などの問題が全世界，なかでもとくに先進諸国の政府や人々が状況の緊急性に目覚めるのに十分なほど，深刻となった．それに応じて国連は，1968 年の総会で人間環境に関する世界会議を招集することを決議した．

第 1 回国連人間環境会議は，1972 年 6 月にストックホルムで開かれた．この会議は，環境問題で活動を始めるというより，注意を促すというものであった．閉幕に当たり，世界人口の 90% 以上を代表する参加者たちは，幅広い国内および国際的計画の青写真となるべき「国連人間環境宣言」と，109 項目からなる行動計画を採択した．行動計画の大まかな意図は，「人間環境の保存と改善のための共通の努力」を定義し，動員することであった．宣言の前文は，この任務の緊急性と重大さ，そして複雑さを示唆している．

1972 年の後半に，同会議の勧告に基づいて総会は，環境の重要な変化を監視し，環境を守る習慣を奨励し調整するため「国連環境計画」(UNEP) を創設した．ケニアのナイロビに本部のある UNEP は，途上国に本部がおかれた最初の世界的な国連機関となった．その任務は，各国の人々が自らの生活の質を将来の世代の生活の質を損なうことなく，改善できるよう鼓吹し，情報を与え，手段を提供することによって環境保護の面で指導力を発揮し，相互協力を促すことにある．

発足から 20 年後，ブラジルのリオデジャネイロで 1992 年に開かれた「国連環境開発会議」(UNCED) で，UNEP の任務が再確認され，強化された．同会議の成果として生まれたのが，開発と環境の観点を国連のすべての計画分野に盛りこむことを強調した，野心的な行動計画の「アジェンダ 21」である．

UNEP の事務局は，国連事務総長の勧告に基づき国連総会が 4 年の任期で選出する事務局長が率いている．UNEP の専門職員は，1993 年に約 200 人を数えた．UNEP はナイロビ本部のほか，世界中に次の事務所をもっている．すなわち，バーレーンの UNEP 西アジア地域事務所，ジャマイカの UNEP 地域調整局，ケニアのナイロビにある UNEP アフリカ地域事務所，メキシコシティーにある UNEP ラテンアメリカ地域事務所，スイスのジュネーブにある UNEP ヨーロッパ地域事務所，タイのバンコクにある UNEP アジア太平洋地域事務所，チュニジアのチュニスにある UNEP アラブ連盟連絡事務所，ニューヨークにある UNEP 北アメリカ地域事務所，ワシントン D.C. にある UNEP 連絡事務所である．

UNEP の管理理事会は，総会が地理的な公平配分の原則に基づいて 4 年任期で選出する 58 カ国（アフリカ 16 カ国，アジア 13 カ国，ラテンアメリカおよびカリブ諸国 10 カ国，西ヨーロッパおよびその他の諸国 13 カ国）で構成されている．管理理事会は，通常 2 年ごとに会合を開いている．

1993 年から 1995 年までの 2 年間に，次の国々が管理理事国に選出された．すなわち，アメリカ，アルゼンチン，イギリス，イタリア，イラン，インド，インドネシア，ウクライナ，ウルグアイ，オーストラリア，オーストリア，オランダ，ガイアナ，ガボン，カメルーン，ガンビア，クウェート，ケニア，コートジボワール，コンゴ，ザイール（現コンゴ民主共和国），ジンバブエ，スペイン，スリランカ，セネガル，タイ，チェコスロバキア，中国，チュニジア，チリ，デンマーク，ドイツ，ナイジェリア，日本，ニュージーランド，ノルウェー，パキスタン，バルバドス，バングラデシュ，フィリピン，

ブータン，フランス，ブルンジ，ベネズエラ，ボツワナ，ポーランド，マレーシア，メキシコ，モーリシャス，ユーゴスラビア，ルーマニア，ルワンダ，レソト，ロシアである．UNEP は国連事務局の不可分の一部であり，国連の全加盟国と信任されたオブザーバーは，すべてその会合に参加できる．

管理理事会の任務と責任には，環境の分野での国際協力の促進，その目的のための政策の勧告，国連システム内の環境計画について全般的な政策方針の提示のほか，世界の環境状況をたえず国際的な援助を必要とする問題が各国政府によって適切に考慮されるのを確保すること，国際科学団体やその他の専門団体が環境に関する知識や国連の環境計画の技術的側面に対して寄与するのを促すこと，国内および国際的開発政策の影響を常時吟味すること，環境基金の使途を監査し承認することなどが含まれている．

環境基金は，管理理事会の権限で国連システム内の新しい環境活動の費用の全体，あるいはその一部を援助するため設けられた．同基金は自発的な拠出金からなり，UNEP 予算の約 2/3 を占めている．過去 10 年にわたり，拠出金の 95% は 15 カ国によって賄われ，60 カ国が 5% を拠出した．そして国連加盟国の半数以上はまったく拠出していない．同基金は，信託基金(20%)や相手方拠出金(8%)，およびその前後の通常予算からの補充は，管理理事会のための役務者用を賄うため，国連の通常予算(6%)によって補充されている．1994 年から 1995 年までの 2 年間の予算は，1 億 2000 万～1 億 3000 万ドルであった．

最初の 20 年間の UNEP の政策は，管理理事会が設定したように，環境アセスメント，環境管理，そして国際環境法の 3 分野に集中し，計画の多くの部分がそのもとで展開された．そのなかには，「地球環境監視システム」(GEMS)において設けられた環境監視能力や，「国際有害化学物質登録制度」(IRPTC)において確立されたコンピュータを用いたデータの蓄積などがあった．さらに，それ以上にコンピュータを用いた能力が，天然資源と人的資源の世界的な分布状況を示すために「地球資源情報データベース」(GRID)として開発された．もうひとつの主要な情報システムとして「インフォテーラ(国際情報源照会制度)」(INFORTERRA)という地球環境情報を探査するための UNEP の国際ネットワークがある．これは 160 カ国の各国内の拠点を各国政府や産業技術者や研究者に，約 6000 の研究機関と 1000 以上の優先課題分野の専門家から集められた膨大な環境データと情報の蓄積への，アクセスを提供するものである．

環境管理と法的手段も充実してきた．最も成功した国際環境法の例は，オゾン層保護のために用いられた文書，すなわち 1985 年のウィーン条約と 1987 年のモントリオール議定書にみることができる．UNEP が世界気象機関(WMO)，学界および産業界と協力して招集した専門家集団によって，オゾン層保護のためのウィーン条約が作成され，1985 年 3 月に採択された．1987 年 9 月には塩化フッ化炭素(フロン)と代替フロン(ハロン)の生産および消費に制限を設ける，「オゾン層破壊物質に関するモントリオール議定書」が調印された．モントリオール議定書は 1989 年 1 月 1 日に発効したが，調査によってオゾン層の破壊は懸念されていたよりもいっそう深刻なことが明らかとなり，1990 年 6 月にロンドンで改正された．フロンと代替フロン(ハロン)，四塩化炭素(溶剤として利用されているもうひとつのオゾン破壊化学物質)は 2000 年までに段階的に使用禁止され，その他の有害物質の使用禁止に関する期限も設定された．途上国が改正された議定書の履行に要する費用や，必要な技術移転の資金を援助するため，UNEP，UNDP それに世界銀行を含む多国間の基金が創設された．

地中海行動計画は，UNEP が展開してきた地域的な海洋計画の模範となった．今日では，140 カ国に近い国々が UNEP が媒介役となって調整している地域的な海洋計画に参加している．行動計画は地中海，クウェート地域，紅海，カリブ海，西アフリカおよび中央アフリカの大西洋岸，東アフリカ海岸，南アメリカ太平洋岸，南太平洋諸島，東アジア地域および南アジアを対象としている．黒海と北西太平洋についての行動計画も発展中である．調整は UNEP の「海洋沿岸地域計画活動センター」(OCA/PAC)を通じて行われている．

UNEP は絶滅のおそれのある，約 2 万種の野生動植物の取引を禁止あるいは規制する，「絶滅に瀕する野生動植物の種の国際取引に関する条約」(CITES)の事務局となっている．CITES 条約による保護は，希少な動物や植物の取引撲滅のための国際協力の成功例である．

UNEP は 1983 年に発効した，「移住性の野生動物種の保護に関する条約」(CMS)の事務局でもある．UNEP は世界の種の分布と生息数を評価する「世界保護監視センター」(WCMC)を支援している．アフリカゾウおよびアフリカサイ，アジアゾウおよびア

ジアサイ，霊長類，ネコ科動物，ホッキョクグマのための行動計画も，UNEPと国際自然保護連合(IUCN)によって公布された．

UNEPはまた，有害廃棄物，気候変動，生物多様性，砂漠化などに関する国際条約の起草にも貢献してきた．

1989年3月にUNEPによって起草された，「有害廃棄物の国際的な移動とその処分の規制に関するバーゼル条約」が，116カ国の政府とヨーロッパ共同体(EC)によって採択された．この条約は1992年5月5日に発効した．同条約の直接の目標は，有害廃棄物の国際的な移動に厳格な規制を課し，最終的にはその排出量を削減することにある．1993年7月現在，43カ国が同条約に加盟するかあるいは加盟の意図を表明した．〔1996年末現在で97カ国が加盟．〕

1992年6月に，「生物多様性条約」がリオデジャネイロでの国連環境開発会議の間に調印された．同条約はUNEP管理理事会がUNEP，国連食糧農業機関(FAO)，国連教育科学文化機関(UNESCO)，国際自然保護連合(IUCN)の協力を得て設立した，政府間交渉委員会が準備したものであった．そのおもな目的は，生物の多様性を保全し，人類に対するその恩恵を平等に分かち合えるようにすることである．UNEPは，世界の40カ所に基本コレクションをもつ30カ国の遺伝子銀行ネットワークをつくりあげた，「国際植物遺伝子資源会議」(IBPGR)も援助している．100カ国以上の協力で，50万種以上の植物種子が収集・評価され，保管されている．

UNEPとUNDPそして国連スーダノ・サヘル事務所が合同で，22カ国のスーダノ・サヘル地域による砂漠化防止の取組みを援助している．このような努力にもかかわらず，砂漠化対策行動計画の実施は緩慢だった．制度，行政，技術および財政のすべてがこの緩慢さにかかわっている．〔1994年に採択された「砂漠化防止条約」は，1996年12月に発効した．〕

UNEPは世界気象機関(WMO)とともに，気候変動の規模，時期，および潜在的な環境および社会経済的影響を科学的に評価し，現実的な対応戦略を提供する，気候変動に関する政府間パネルを設立した．交渉は1991年初めから始まり，「国連気候変動枠組み条約」をまとめあげた．この条約は1992年のリオデジャネイロでの国連環境開発会議で154カ国によって調印された．〔同条約は1994年3月に発効した．〕

UNEPは，淡水に関する国連の活動も担当している．地域的なイニシアチブのなかにはラテンアメリカおよびカリブ諸国の行動計画や，ザンベジ盆地で内陸水の環境的に安全な管理計画なども含まれている．

UNEPはUNDPと世界銀行とともに20億ドルの「地球環境ファシリティー」(GEF)を運営しており，GEFの「科学技術諮問パネル」(STAP)の責任も負っている．GEFは気候変動，生物多様性，国際水域およびオゾン層の保護などの分野で，地球環境を保護する資金の運営を監督するため，1991年に3年間の実験的な事業として創設された．1992年に組織再編が行われ，現在はGEF IIとして知られる，根本的に変更された機関の制度的再編に関する合意が成立した．GEFが資金援助する活動において，UNEPは科学的・技術的分析の発展を促し，環境管理を前進させるのに中心的な役割をはたすことになっている．またUNEPは，GEFの諮問機関として「科学技術諮問パネル」の設立とその支援の役割ももっている．さらにUNDPは，技術援助活動と能力育成にも責任を負っている．GEFの信託基金を預かる世界銀行は，投資企画の発展と管理の確保とともに，GEFの目的や国内の持続可能な国別開発戦略と合致するような，民間資金の収集についても重要な役割を演じている．GEFは「国連気候変動枠組み条約」と「生物多様性条約」の締約国が恒久的な取決めに合意するまでの間，両条約を履行するための暫定的な資金援助の仕組みを提供している．

「国連環境開発会議」(UNCED)と「アジェンダ21」は，国際社会全体にとって新たな始まりとなった．「アジェンダ21」は，国連制度の主要な環境機関としてのUNEPの役割を再確認し，世界の広範な環境ニーズと問題，とくに地域的取組みを重視し包含するよう，UNEPの役割を拡大した．具体的には，「アジェンダ21」は1993年にUNEP管理理事会によって承認された，次の優先領域を設定した，その内容は次の通りである．

・能力育成
・地球生態系とその資源の環境管理
・データの収集と普及，環境状況の評価，および環境問題の早期警戒
・海洋および沿岸地域の環境管理の促進
・全地球的および地域的な協力を含む，環境活動の支援と協力
・淡水資源の環境管理
・環境保健，居住，および人間福祉
・産業，エネルギーと環境

- 環境経済，会計，管理手段
- 持続可能な開発，制度，政策に関する国際法
- 有害な化学物質と廃棄物の管理
- 大気圏の保護

1993年にUNEP事務局長は，再活性化したUNEP計画について次の3つの優先分野をまとめた．それぞれ安全な科学の応用，社会的コンセンサスの動員，および効果的な公共政策の開発の相互依存的な関係に支えられている．

1. 将来のUNEPの活動は，途上国が自らの環境と資源を持続可能な方法で管理する能力を育成しなければならない．これには環境制度や立法，よりよい環境教育などの開発が含まれよう．
2. UNEPは起こりつつある環境問題をとらえ，各国政府と協力しながらその問題の解決に向けた計画や政策の発展を促さなければならない．UNEPは生物多様性，気候変動および砂漠化などの分野で，この役割を引続き演じ続けるだろう．UNEPはまた，環境紛争を解決するエージェントとしての潜在能力を発揮すべく努めるだろう．
3. UNEPは将来，データの編集，分析，時宜を得た普及に努力を集中するであろう．このデータは，環境の緊急事態に対応する場合であろうと，また天然資源の利用やその減少の長期的な評価を行う場合であれ，必要ならだれにでも利用できるものとなる．

■ 参 考 文 献

UNEPの1992年度年次報告関係
「国連環境計画，成果と課題の20年間」(*Our Planet*『私たちの地球』第4巻第5号，1992年)
Ozon Action『オゾン活動』(季刊ニュースレター)
Climate Change Bulletin『気候変動定期報告』(季刊ニュースレター)
UNEP/GEMS Environment Library『UNEP/GEMS環境ライブラリー』(シリーズ)

科学者や研究者が利用するUNEPの電子データベース
風食効果に関する活動(ACWIND)
産業環境立法のコンピュータ化(CIEL)
砂漠化ライブラリー(データベース)(DELI)
砂漠化郵送宛先一覧(MAIL)
砂漠化用語集(KEYS)
砂漠化の管理と乾燥地帯開発を扱う機関の手引(DIOR)
環境関連刊行物(EPPER)
環境計画ライブラリー(データベース)(EPLIB)

地球資源情報データベース(GRID)
産業および環境データベース(EPBIBL)
INFOTERRAデータベース
国際有害化学物質登録データベース(IRPTC)
海洋および沿岸関連専門知識データベース

風食作用を扱う研究者および研究機関ネットワーク(REWIND)
ニュースとデータ(データベース)
質疑応答データベース(Q/R)
乾燥地帯開発と砂漠化管理プロジェクトに関する国連概論(PROCOM)
UNEP砂漠管理プロジェクト(DEPRO)

風食作用管理に関する全世界の参考資料(BIWIND)

■ **国連人間居住センター (HABITAT)**

人間居住の問題，とくに途上国における生活条件の質の低下や，国の開発計画と都市および農村部の開発計画を結びつける必要性に対する国連の関心は，1976年5月から6月にかけてカナダのバンクーバーで開かれた，この問題に関する最初の国際会議へとつながった．Habitatすなわち国連人間居住会議(Habitat I)で採択された宣言と行動計画は，人間居住の発展を通じてすべての人々の生活の質を改善しようという，各国政府と国際社会の強い意気込みを表したものであった．行動計画には，居住政策と計画に関する国家の行動，居住施設やインフラ，サービスの提供，土地の利用と保有，大衆参加の役割，実効的な制度とその運用などに関する64項目の勧告が含まれていた．

Habitat Iは，国連の活動を人間居住をもっぱら担当する単一の機関に強化統合することも勧告した．この勧告に基づいて総会は，人間居住活動の中心機関として機能し，国連システム内の人間居住活動を調整する，「国連人間居住センター」(HABITAT)を1978年に設立し，本部をケニアのナイロビにおいた．

同センターは各国政府に対して技術援助を行なったり，専門家の会合や研究グループ，訓練セミナーを準備したり，印刷，視聴覚，および電子出版物を発行し，世界中に情報を配布したりしている．1993年に同センターは，90カ国以上で257件の技術協力計画と企画を実施しており，その年の予算総額は4200万ドルを超えていた．

1982年に総会は，1987年を「ホームレスのための国際居住年」とすることを宣言した．その目的は，貧

困者と障害者，とくに途上国における貧困者と障害者の居住状況を，個人段階において共同体段階においても改善すること，そして1987年以降もそうした努力を国の計画として継続していくための方策を示すことであった．

Habitat Ⅰの10周年を記念して1986年から始まった「世界ハビタット・デー」は，毎年10月の第1月曜日に実施されている．「2000年に向けての世界居住戦略」に関連した活動を調整する，国連制度の指導的機関として，同センターは期限までにすべての人々のために適切な居住施設を準備するという，自らの目標に向けて活動を続けている．

Habitat Ⅰから20年後の1996年に，Habitat Ⅱ会議がトルコのイスタンブールで開催される予定である．これは「都市サミット」という副題のつけられた，都市の将来に関する国連会議で，世界中の都市，町，および村落を健康的で，安全で，公正で，さらに持続可能なものにすることを目標としている．そこで議論される2つの中心的なテーマは，「都市化された世界における持続可能な人間居住」と，「すべての人々のための適切な居住施設」である．

■ 国連社会開発調査研究所（UNRISD）

「国連社会開発調査研究所」(UNRISD)は，1963年に国連制度内の自律的な機関として創設された．同研究所は開発に影響をおよぼす現代的な問題の社会的次元について，複数の学問領域にまたがって研究している．同研究所は，実効的な開発政策をまとめ上げるためには，社会的および政治的状況の理解が不可欠であるという考えに基づいて活動している．同研究所は開発政策や経済，社会および環境の変化のプロセスがさまざまな社会集団におよぼす影響について，各国政府や開発機関，草の根組織，さらに学者が理解を深めるように支援している．

各国の研究センターを結ぶ大規模なネットワークを通じて活動しながら，UNRISDは独自の調査研究を推進し，途上国の調査能力を強化することをめざしている．

1994年の調査研究のテーマは，「危機，調整と社会変動」，「国際不法薬物取引の社会経済的および政治的帰結」，「環境，持続可能な開発と社会変動」，「ジェンダーの視点の開発政策への統合」，「共産主義および共産主義以後の社会における参加と所有関係の変化」，「政治的暴力と社会運動」などを含んでいた．1995年の社会開発世界サミットに焦点を合わせたUNRISDの研究プロジェクトには，「90年代の社会開発再考」，「経済再編と新社会政策」，「民族的多様性と公共政策」，「戦争で引裂かれた社会を再建するための課題」などがある．

同研究所は講座やフェローシップは提供していないが，レファレンス・センターを運営し，本や論文，討論シリーズ，社会開発世界サミットの要約書類シリーズ，さらに『UNRISD 社会開発ニュース』と題する，英語，フランス語およびスペイン語の無料のニュースレターを発行している．印刷物はレファレンス・センターに注文できる．

同研究所の本部はジュネーブにあり，平均で15人の職員が勤務している．すべての費用は自発的な拠出金で賄われている．

■ 国連訓練調査研修所（UNITAR）

1963年に総会は事務総長に対して，国連の枠組み内での自律的な機関として，「国連訓練調査研修所」(UNITAR)を設立するよう要請した．UNITARは1965年3月から活動を開始した．同研修所は事務局長を頂点に，国連事務総長が総会議長および経済社会理事会議長と協議して任命する，理事会が統括している．UNITARの本部は当初はニューヨークにあり，ジュネーブにヨーロッパ事務所があった．1993年にUNITARの本部はジュネーブに移された．同研修所は訓練活動を調整するため，ニューヨークに連絡事務所をおいている．

UNITARの任務は訓練と調査を通じて，国連が自らの主要目的（とくに平和の維持と経済的および社会的発展の促進）を達成する効率を高めることにある．同研修所の任務には，国連機関との連絡の確保，学術機関との協力の強化，国連に派遣されている外交官や国家公務員たちのための多数国間外交や国際協力の研修計画の実施，社会的および経済的開発の広範な訓練計画の実施などを含んでいる．さらに，UNITARは臨時の訓練要請にもこたえている．1993年の間にUNITARは，UNDP，UNEP，さらにその他の国連機関からも計画の要請を受けた．

1993年にUNITARが提供した講座には，天然資源管理のための地理情報システム，国際貿易情報の交換に関するロンドン・ガイドラインの実施，「国連気候変動枠組み条約」の履行促進，環境交渉と紛争解決，債務管理，災害管理訓練などがあった．

1992年末までに，UNITARは180カ国から訪れた1万7000人以上の外交官，国家公務員，および国

際公務員を訓練した．1993年には2000人以上がUNITARの66コースの訓練計画に参加した．1990年代の前半に，外交，交渉，外務管理，債務および財政管理などの訓練計画が，ヨーロッパや中央アジアの新しい独立国やアフリカ，アジア，ヨーロッパの移行途中にある諸国，パレスチナ交渉団などのために展開された．

研修所の調査計画は，当初国連の制度上の問題，平和と安全の問題，そして経済的および社会的問題の3つの主要分野に集中していた．1992年の組織再編ののち，訓練に関する基本的な調査は，予算外の資金が提供された場合にだけ実施されることになった．

■ 国連大学（UNU）

1969年にウ・タント事務総長は，「国連大学」（UNU）の設立を提案した．2年後に創設委員会が設置され，1973年12月に総会は国連大学憲章を承認した．翌年の春に，24カ国の学者と有識者で構成される国連大学理事会が任命された．大学の理事は出身国の代表者としてではなく，個人の能力に基づいて奉仕している．UNUは1975年9月から活動を開始した．17年間にわたって，大学本部は東京の高層オフィス・ビルにおかれていた．1992年に本部は日本政府が建設し，利用できるよう手配した東京の渋谷にある新しいビルに移された．同大学はニューヨークに連絡事務所をおいている．

UNUは総会の自律的機関のひとつである．同大学は国連と国連教育科学文化機関（UNESCO）が共同で後援し，それぞれの事務総長と事務局長が学長と大学理事を任命している．国連大学憲章は学問の自由を保証し，活動の決定においてはほかの何にもまして，学者としての力量が最も重要（たとえば計画や人員の選出に関して）であることを強調している．

伝統的な大学と同様，UNUは知識の進歩に関心をもっている．しかし伝統的な大学と異なり，UNUには学生もいないし，学部もキャンパスも存在しない．これはまったく新しい公共施設，すなわち国連大学憲章の言葉を借りれば，「人類の生存，発展，および福祉に関する緊急のグローバルな問題」の解決を助けるために調査研究，大学院教育および知識の普及に従事する，学者たちの国際共同体なのである．同大学は平和，開発，環境，科学および技術などの問題に関するプロジェクトに参加している学術機関や研究機関，さらには個々の学者たちの全世界的なネットワークを通じて活動している．UNUが1990年から1995年までの5年間に重点をおいたのは，普遍的な人間的価値とグローバルな責任，世界経済と開発，グローバルな生活支援システム，科学技術の進歩，人口動態と人間福祉の5つの分野である．

大学の学問的活動は，おもに独自の調査研修センターのネットワークを通じて実施されている．それらのセンターは，フィンランドのヘルシンキにある世界開発経済研究所（UNU/WIDER，1985年設立），オランダのマーストリヒトにある新科学技術研究所（UNU/TECH，1990年設立），マカオにある国際ソフトウェア技術研究所（UNU/IIST，1992年設立），ガーナのアクラ，ザンビアのルサカにあるアフリカ天然資源研究所（UNU/INRA，1990年に設立）などである．同大学はまた，ベネズエラのカラカスにあるラテンアメリカ・カリブ海生命工学計画（UNU/BIOLAC，1989年設立）も後援している．

1992年3月に，地球環境と人間の健康に関する調査を開始するUNUセンターを，将来オンタリオに設立することを検討する覚書が，カナダとの間で取交わされた．同じ分野で，ドイツのウルム大学に調査研修センターを設立する交渉も行われていた．さらに，北アイルランドのアルスター大学で調査研修計画を始める交渉も行われていた．1994年には，UNUはスペインのバルセロナにグローバル・ガバナンス・センターを計画していた．

1976年から1992年までの間に，合計1170人のUNUフェローが大学のネットワークを通じて大学院教育を受けた．フェローは所属機関の推薦を受けたのちに選抜される．フェローとなる研究者は，同大学の関心領域の研究に従事している者でなければならず，また元の所属機関に戻って研究に従事することを誓約しなければならない．

UNU出版会は，平和研究，地域研究，技術と開発，人的および社会的開発，国際法，食糧と栄養，エネルギー技術，天然資源と環境などの分野での国連システムに関する学術研究書を出版している．UNU出版会は『食糧と栄養定期報告』という季刊誌を発行している．UNUの出版物は北アメリカでは，メリーランドのランハムにあるUNIPUBで頒布されている．［日本では渋谷の国連大学本部に問い合わせられたい．］

UNUは各国や財団，さらに個人からの自発的な拠出金で支えられている．おもな財源は，学問の自由と財政の独立を保証する寄贈基金から得られた投資収益である．1994年現在，寄贈基金と活動拠出金

には51カ国と7つのほかの後援者から，総額2億7166万779ドルの提供の申出があった．1992年から1993年の2年間で，UNUの収入は6030万ドル，支出は5510万ドルであったと報告されている．

■ 平和大学

「平和大学」は1979年にコスタリカのサンホセに，平和に関する大学院研究と調査を支援するために設立された．総会決議により，加盟国やNGO，政府間組織，さらには個人や団体の有志が同大学の信託基金に拠出するよう要請された．

■ 婦人の向上のための国際調査研修所
　　　　　　　　　　　　　　　(INSTRAW)

1975年の国際婦人年世界会議の勧告に基づき，総会は「婦人の向上のための国際調査研修所」(INSTRAW)を設立した．同研修所は，開発のおもな担い手としての女性の地位向上をはかることを目的とした調達研究や訓練，情報活動を国連の枠組み内で行う自律的機関である．同研修所はドミニカ共和国のサントドミンゴに本部をおき，1979年から活動を始めた．同研修所は国連や政府間組織と密接に協力しながら活動し，世界中の活動拠点と出先を結ぶネットワークを発展させてきた．

INSTRAWの調査と訓練計画は，多くの領域を対象としている．調査研究の中心のひとつに，正規の部門の外で働く女性の寄与度を測定する方法論と統計がある．この領域での大きな成果が，INSTRAWが出版した『世界経済の調査に基づいた女性たち』で，これは貿易，金融および財政，技術，工業，農業における女性の役割の調査に基づいた研究である．途上国で賃金の支払われない労働を行っている女性の寄与度を研究するため，INSTRAWは技術的・方法論的研究としての「開発に対する女性の寄与度の評価法」をまとめた．同研修所はまた，女性と開発の問題に関する国連文書の文庫や，参考文献のコンピュータ・データベースを設置した文書センターも運営している．

INSTRAWは途上国に対して，多くの訓練パッケージを提供している．最近完成した女性と新・再生可能なエネルギー源に関するマルチメディアの訓練パッケージは，ドミニカ共和国やエジプト，エチオピア，リビア，タンザニア，旧ユーゴスラビアでのセミナーで利用された．INSTRAWはまた，東ヨーロッパで新しく独立したいくつかの国々における訓練の需要についても評価を行っている．INSTRAWは学術機関で用いる，「開発における女性」のカリキュラムのための資料を含んだ『ジェンダーに関する訓練一覧表』を完成させた．INSTRAWは国連のほかの機関と協力しながら，政策決定者が特定の社会政策と女性の進歩の関係を理解するのを援助するため，コンピュータ・モジュールを開発した．このコンピュータ・モジュールには『開発モデルにおける都市女性』と，『開発モードにおける農村女性』が含まれている．

1992年までに2000人以上の人々が，INSTRAWの訓練ワークショップやセミナーに参加した．同研修所は『INSTRAWニュース』を年2回発行し，報告，文書，および一般情報などを供給している．

同研修所は加盟国や政府間組織，非政府組織(NGO)，財団，その他民間からの自発的な拠出金を財源としている．同研修所は，各国政府が推薦し経済社会理事会によって選出されるが，しかし個人としての資格で奉仕する11人の理事からなる理事会が運営している．理事長は理事会の勧告に基づいて国連事務総長が任命する．

■ 国連婦人開発基金（UNIFEM）

1976年に国連総会は，「国連婦人の10年のための自発的基金」を設立した．同基金は女性のための企画を直接支援し，主流となる開発計画の意思決定過程への女性の参加を促進することを目的として創設された．ニューヨークに本部をおいていた同機関は，1985年に国連婦人開発基金(UNIFEM)として正式に国連組織に合併された．

UNIFEMは，UNDPの総裁に直接報告を行っている．UNIFEMは世界のおもな5つの地域グループを代表する，5つの国連加盟国が構成する協議委員会によって監督されている．同委員会が大規模なプロジェクトを承認し，基金の運用について助言を行う．UNIFEMの運営を行うのは事務局長である．

開発途上地域の女性が自らの経済的および社会的発展と平等を達成する努力を支援し，それによって男女の生活の質をともに改善するため，同基金は途上国での女性たちの小規模な計画を支援している．たとえばUNIFEMは，途上国で消費される食物の50%から80%を女性が栽培し，加工し，取引しているにもかかわらず，途上国の政府はこれらの労働を

ほとんど投入として記録していないし，それに金銭的な信用を与えて支援することもしていないとみている．UNIFEM の計画には，女性に対する改良された農業技術の訓練，引臼，おろし金，油圧装置，太陽熱乾燥機，魚の薫製機などの適切な食品加工技術の移転，種子や肥料，さらには農器具のための融資を女性が受けやすくすること，それに小規模経営の支援などが含まれている．UNIFEM はアフリカの難民の援助で，国連難民高等弁務官事務所 (UNHCR) とともに活動している．同基金は平均150件におよぶさまざまな計画を常時管理しており，それまで100カ国の途上国で750件以上の計画を支援してきた．

1991年に UNIFEM は，『世界の女性 1970-90年，動向と統計』の発行に協力した．国連統計部，UNICEF，および UNFPA と共同執筆したこの本は，統計を集め，女性や家族，世帯，公的生活における女性とリーダーシップ，女性のための教育と訓練の現状，保健と出産，住宅，人間居住および環境，さらには女性の労働と経済に関する動向を解説している．

資金は先進国，途上国双方の政府や非政府組織，財団，企業，個人などから提供され，さらに数が増大しつつある UNIFEM の国内委員会からも提供されている．1990年には，同基金のプロジェクトの30％は，その多くが女性団体である非政府組織からの拠出金で実施された．1992年の UNIFEM のおもな政府援助国は，カナダ，フィンランド，ドイツ，日本，オランダ，ノルウェー，スウェーデン，アメリカ合衆国であった．

1992年に UNIFEM は，オーストラリア，ベルギー，カナダ，デンマーク，フィンランド，フランス，ドイツ，アイスランド，日本，ニュージーランド，ノルウェー，フィリピン，スウェーデン，スイス，アメリカ合衆国に国内委員会をもっていた．さらにアイルランド，イタリア，ルクセンブルク，スペイン，イギリスでも国内委員会が組織中であった．

UNIFEM は，1992年の収入は1150万ドル，計画支出は1150万ドルであったと報告した．支出のうち270万ドルがラテンアメリカ・カリブ諸国向けで，220万ドルがアジア太平洋地域向け，380万ドルがアフリカ向け，そして280万ドルが世界のその他の地域に向けたものであった．

社会的および人道的援助

国際的な災害救済，子どもや難民，高齢者，青少年，障害者，それに家族に関する特別の問題などは，そのすべてについて加盟国が国連に対して，国際的なリーダーシップを発揮し，専門的な指針を与えるよう求めてきた問題である．不法な麻薬売買の世界的な広がりと犯罪活動の国際化は，20世紀末になって社会の安定を大きく揺がすようになり，これらは各加盟国が国連に対して安全と社会正義を維持するための，革新的でグローバルな計画の実施を求めるようになった社会的な害悪であった．

■ 国際的な災害救済

背　景

国際社会は，迅速かつ効果的な対応を必要とする危機を予防し，その影響を軽減するとともに，危機によって被害を受けた人々に対して人道的な援助を与えるという課題に，年とともにますます直面するようになった．1990年代になって，しばしば民族紛争や内戦をともなう「複合的緊急事態」の件数が劇的に増加した．1994年なかばには，29ヵ国3000万人以上の人々が緊急援助を必要としていた．サハラ以南のアフリカで2000万を越える人々を脅かしている深刻な干ばつは，すでにブルンジ，リベリア，ルワンダ，ソマリア，南スーダン，およびザイール（現コンゴ民主共和国）で，何百万人もの人々が直面している干ばつの被害に続けて追打ちをかけた．1994年5月に総会が招集した世界防災会議で公表された研究によれば，過去30年間に大規模な自然災害の件数とその被災者数は，急速に増加していることを示していた．

国連災害救済調整官事務所（UNDRO）

災害に見舞われた人々に対する，国連の援助能力を高めるよう総会に求める提案は1965年からあったが，緊急救済に対する国際的な関心が高まったのは，1970年の災害によってであった．1971年に総会は，ジュネーブに本部をおく国連災害救済調整官事務所（UNDRO）を設立した．

UNDROは，災害に対処する責任のすべてを一手に引受けるものではない．おもな任務は，援助やサービスを行う国の仲介役として調整を行うことにある．そのデータ・バンクと独自の電気通信システムは，全世界の国連システムの支援を受けながら，災害の救済に必要なものを特定し，救援に利用できる資源を確定することによって，災害に迅速に対応する能力をUNDROに与えている．同事務所は，国連システムから出される援助の方向づけと動員を行ない，ほかの主体からの援助を調整している．

UNDROの任務には，同様の問題を扱うボランティアの各組織と協力しながら，各国政府が災害防止や緊急対処計画によって，被害を軽減することへの援助も含まれている．同事務所は，自然災害の研究と予防，管理および予測などを促進したり，災害援助に関する情報の収集と普及も行っている．

1972年に創設されてから1987年までの間に，UNDROは380件以上の大きな災害で救援活動を調整し，緊急援助資金を集めるのを助けた．

人道問題局（DHA）

1991年12月に決議46/182によって総会は，人道上の緊急事態に迅速に対応するための調整を強化する必要を認めた．何年もの間，国連の各部局や専門機関の多くは，緊急救済について場当たり的に対処する状況にあった．そのため作業の目的が重複したり，時には同一の援助者から財政支援を得ようとして競い合うこともあった．総会は事務総長に対して，ある国に生じた災害や人道上の緊急事態に国連体制全体がよりよく準備し，迅速で一貫した対応ができるようにするため，緊急救済調整官を指名し，その支援をする事務所を設置するよう要請した．同決議はまた，人道援助を行うにあたり，人道性，中立性，公平性という指導原則も規定した．さらにそれは国家主権，領土保全，ならびに国民的統一性を尊重することも強調した．

1992年4月に，事務総長はそれぞれ特定の緊急援

助計画を担当している UNDRO をはじめ,さまざまな国連部局と「国際防災の 10 年事務局」を統合し,人道問題局(DHA)を設立した.事務総長は新部局の長として緊急救済調整官を任命した.DHA はニューヨークに本部をおき,ジュネーブに事務所をおいている.

決議 46/182 は DHA に対して,緊急事態に対する国際社会の対応をスピード・アップするため,次の 3 つの手段を与えた.すなわち,政策の立案と調整を担当する「機関間常設委員会」(IASC)と,緊急事態にすぐに資金を供給する「中央緊急運転基金」(CERF),それに危機的状況における必要度を評価し,機関間の包括的な対応戦略を準備する「合同要請プロセス」(CAP)である.

IASC は緊急救済調整官を議長とし,国連開発計画(UNDP),国連難民高等弁務官事務所(UNHCR),国連児童基金(UNICEF),世界食糧計画(WFP),世界保健機関(WHO),国連食糧農業機関(FAO)などの国連機関の長で構成されている.IASC には,赤十字国際委員会(ICRC)や国際赤十字・赤新月社連盟(IFRC),国際移住機構(IOM)などのような,ほかの人道組織も参加している.関連する非政府組織(NGO)の代表も参加するよう招かれている.

IASC は,人道援助に関する政策全般を調整するほかに,被災者への接近,人員や救援物資の安全の保障,紛争状況での人道法規範の遵守,国連の制裁適用から生じる特別の必要性の調査,戦闘員の武装解除,地雷の除去,資源の動員,国内で住居を追われた人々への援助,国際的な人道活動の現地での調整,救済から開発へと移行する過程の確保など,さまざまな問題についても意見を述べている.

5000 万ドルの「中央緊急運転基金」(CERF)は,決議 46/182 の条項に基づき,活動機関がとくに緊急事態の重要な初期段階で利用する現金フロー・メカニズムとして創設された.CERF は自発的拠出金によって調達され,人道問題局により管理されている.援助各国がそれぞれ資金調達の努力に応じているように,各救済機関は CERF から受取った前金を返済している.1992 年に設立されてから 1994 年 6 月までに,CERF は 31 件の活動中の人道組織に対して,総額 9550 万ドルを提供した.そのうち 5610 万ドルがすでに返済されている.

DHA が調整を行い監視している「合同要請プロセス」(CAP)は,国連システムの諸機関とほかの人道組織が緊急事態に対処するためのすべての必要事項を評価するための組織である.CAP は国際社会が被害者の最も必要としているものを確認し,援助供与の最も適切な方法を決定するのを助けている.このプロセスによって援助国と各機関は,最も必要とされているところに努力を集中し,拠出金をめぐって機関相互の間に無駄な競争が生じないようにしている.1992〜94 年の期間に,アフガニスタン,アンゴラ,アルメニア,アゼルバイジャン,ブルンジ,ジブチ,エリトリア,エチオピア,グルジア,ハイチ,イラク,ケニア,レバノン,リベリア,モザンビーク,ルワンダ,ソマリア,スーダン,タジキスタン,旧ユーゴスラビア,ザイール(現コンゴ民主共和国)の緊急援助について請求があった.

DHA の活動は,国際安全保障と政治問題,さらに人道的関心領域が集中するところで行われている.DHA が担う重要な任務には,緊急事態を予防する努力や,援助を必要とする人々への接近を確保することを目的とした,紛争当事者との交渉に関与する人道外交も含まれている.DHA の職員は,政策立案や早期警戒任務,緊急活動支援,救援活動の調整や被害の軽減などに携わっている.DHA は複雑な緊急事態時の安全保障や政治的,人道的側面を調整するため,国連の政務局や平和維持活動(PKO)局とも緊密な連絡を維持している.

新しい取組み

DHA は,人道上の緊急事態に関する中央情報管理システムを開発中である.「国際緊急対応情報システム」(IERRIS)と,「人道問題早期警戒システム」(HEWS)が,各国政府やほかの国連機関と共同で開発されている.アメリカと日本が設立資金と設備を提供した IERRIS は,ニューヨークを本拠地とする近代的な情報ネットワークが整備され,衛星通信によってジュネーブの DHA 事務所や各地の活動拠点と結ばれている.国際的な人道援助組織は,この IERRIS によって供給物資やその準備状況に関する情報を交換し,共通の手続きや共用可能な技術を発展させることになろう.

活動を始めてから最初の 2 年間に,DHA は特定のニーズに向けたいくつかの特別計画を提出した.DHA は,アフリカの角に関する「特別緊急計画」(SEPHA)と「南アフリカ干ばつ緊急計画」(DESA)を打ちだした.東ヨーロッパに新しく独立した国々の特別な必要にこたえるための,「新興独立国家特別緊急計画」(SEP-NIS)も創案された.DHA はまた,イラクやアフガニスタンへの人道援助を調整する特別計画も作成した.

DHA のその他の計画は，突然の災害発生に即応できるよう，各国政府や国際機関の準備を助けるために組織された．この活動には，「国際調査救援諮問グループ」(INSARAG)のために DHA と UNDP が合同で運営する「災害管理訓練計画」(DMTP)が含まれている．INSARAG は，各機関相互の間で動くタスク・フォース組織である．「国連災害評価調整待機班」は，DHA が発展させたもうひとつつのプロジェクトである．

地雷

地雷の除去は，DHA の活動のもうひとつの重要な側面であり，DHA はそれを PKO 局とともに実施している．1994 年に総会に対して行った人道援助に関する報告(GA/49/177)のなかで事務総長は，世界の 60 カ国に 8500 万個から 1 億 1000 万個の地雷がばらまかれていると述べた．一般には，地雷の除去は軍事活動とみられてきたが，国際社会はこれらの地雷が難民の帰還を妨げ，農作業を不可能にし，道路や鉄道，送配電網などを使用不可能にし，そのことが緊急事態から脱却して開発過程へと移行するのを妨げていることを認識した．その上さらに，除去されていない地雷によって，毎月 400 人が死亡していると推計されている．ある種の地雷はわずか 3 ドルで買えるが，地雷を除去する費用は 1 個当り 300〜1000 ドルもかかる．事務総長は，1994 年には 200 万個以上の地雷が新しく敷設されるだろうと述べた．このような要因がすべて絡み合って，地雷の除去は純然たる軍事問題から，人道および開発援助の分野に移されるようになった．

DHA と PKO 局は，多くの国々で次の 3 段階で地雷の除去計画を実施してきた．第 1 段階では，人道および平和維持の目的を支援すべく地雷の除去活動を行うよう，国連の資材をはこび入れる．第 2 段階では，地域住民や帰還した難民にどのようにして地雷を確認し，回避し，印をつけて報告するかを教える．第 3 段階では，政府が自前の地雷除去能力を身につけるのを援助する．地域の地雷除去作業要員，監督者，教官，それに計画管理の人員の訓練を通して，国連は各国が自らの地雷の問題に長期にわたって対処できるようにするために努力している．DHA のほかには，UNHCR, UNICEF, さらに UNDP が地雷の除去活動に関与していた．[「対人地雷全面禁止条約」が 1997 年に調印され，1999 年 3 月に発効した．]

国際防災の 10 年

1960 年から 1990 年までの間に，自然災害による死者は 1 けた上昇した．その 90% は，自然災害への対策や準備が不十分な途上国で生じていた．世界気象機関(WMO)は災害への準備に費やされる 1 ドルは，災害後に費やされる 100 ドルに相当することを示したが，災害への準備と予防に関する膨大な知識を先進国から途上国に移転する仕組みはまったく存在しなかった．たとえば 1994 年 1 月にカリフォルニアで起きた，マグニチュード 6.6 の地震による死者は 100 人以下であった．これに対して，1993 年 9 月にインドのマハラシュトラ州で発生した，マグニチュード 6.4 の地震による死者は 1 万人だった．このインドの悲劇における死者の死因のほとんどは，就寝中に家が倒壊したことによるものだった．これとは対照的に，カリフォルニアは長い間，耐震構造建築の技術革新の実験場となっていた．

1989 年に総会は，自然災害による人命の喪失や財産の損害を減らすべく，1990 年代を「国際防災の 10 年」とすることを宣言した．総会は，この「10 年」と防災計画の作成を促進するため，10 人の国際的な著名人による高級評議会と，世界中から集められた 24 人の科学者による科学技術委員会，さらに約 120 カ国に国内委員会を設立した．10 月の第 2 水曜日を「国際防災日」とすることが宣言され，その日には防災の必要性の認識を深めるべく，一般向けの集会や広報活動を行うことになった．

1994 年 5 月に，日本の横浜で世界防災会議が開催された．147 カ国と 37 団体の非政府組織(NGO)の代表，国連専門機関からのオブザーバーなどが参加し，「国際防災の 10 年」の前半に総会で採択された決議の履行状況を再評価し，「横浜戦略」とも呼ばれる「災害の防止，準備，および被害軽減のためのガイドライン」を採択した．同会議は「国際防災の 10 年」の前半に災害対策の分野でいくらかの改善はあったものの，災害準備と予防のための諸目標はまだ広範な認知を受けていないことを指摘した．

同会議の文書は，災害を引起こす自然現象を制御するのは人間業を超えているが，住民が災害に対して脆弱であるのは人間の活動（あるいは不活動）の結果であると述べていた．「2000 年以後の戦略」のなかで同会議は，全世界に防災の文化を広めることと，災害を受けやすい国や地域社会がそれぞれ自力で対処する政策を求めた．同戦略にはこのほか，防災教育と防災訓練，災害による被害を最小におさえるための研究開発の強化，メディアをもっと積極的に利

用し，災害を受けやすい地域社会における意識を高めることなども含まれていた．最後に同会議は，すべての国に対して国内資源を動員し，リスク評価計画と危機管理計画を発展させ，さらに局地的，広域的，および国際的な協力のための計画を立案するために，最高レベルでの立法措置や政策決定を行って，災害に対する脆弱性を克服する政治的決意を示すことを求めた．同会議はまた，自然災害に対する防災準備と早期警戒システムについて，各国間の情報交換能力を改善することも勧告した．

人為的な非人道的災害

新しい DHA にとっておそらく最も厄介な問題は，アンゴラや旧ユーゴスラビア，ルワンダのような場所での内戦によって引起こされた非人道的災害の増加とその複雑さであった．ルワンダでは，1994年の夏に内戦が再開し，国内で数千人が組織的に虐殺された1週間の間に，200万人もの人々が故郷を捨てた．これはこれまでに知られた最大の難民の流出である．難民の流出は国際援助機関の危機対応能力を圧倒し，何千人もの人々がルワンダと周辺諸国の国境に応急に設置された間に合わせの難民キャンプで，コレラや赤痢，およびその他の病気で死亡した．1994年8月に，国連の各機関は加盟国に対し，このような人災に対応するため4億7000万ドルの支援を求めた．この要請に対して，直ちに1億3700万ドルの援助が寄せられた．第49回総会に提出された「緊急人道援助の調整強化」に関する報告のなかで，事務総長は次のように述べている．

「複雑な緊急事態が，救援を行う人道機関などに深刻な新しい挑戦をつきつけている．基本的な人道的原則の無視や人道的な法の重大な違反，さらに救援活動を行う人員の安全と保護に対する脅威により，複雑な緊急事態に対処するすべての当事者（安全保障理事会を含む）が，人道的な関心と諸目的に対する意識を高め，また紛争状況のなかで人道的な使命を守るための適切な措置を講じる必要性は以前にもまして増大した．新世代の多面的な国連活動は，政治的，軍事的および人道的次元の間の緊密な連携を必要とするが，そのいっぽうで，同時に人道的な活動は中立性と公平性を維持することにより，その独自性を保てるようにすることも重要である．」

これに関連して，「機関間常設委員会」（IASC）は紛争状況のなかでの人道的活動のための，次のガイドラインを作成した．

（a）人道的な救援は公平性，中立性，および人道性の原則にしたがって行われる必要がある

（b）人道的援助のため，被災者に対して自由かつ安全に妨害を受けずに接近できるようにすること，およびそのための人道的外交の役割を再確認する

（c）人道的な救援に従事する非政府組織（NGO）とのいっそうの協力関係が必要である

（d）救援に携わる，すべての人員の安全と保護を確保することが必要である

（e）複雑な緊急事態に関する安全保障理事会の決定に，適切に反映されるべき関連する人道的問題について，安全保障理事会に十分な通告を行うことが必要である

（f）制裁の影響を人道的援助が受けないようにすることが，とくに社会的弱者を保護する上で重要である

国連スーダノ・サヘル事務所（UNSO）

災害援助に対する国連のもうひとつの取組みが，西アフリカのスーダノ・サヘル地区の砂漠化に対応して発展した．ブルキナファソ，チャド，マリ，モーリタニア，ニジェール，セネガルでの長年にわたる干ばつにより，1973年までには危機的状況に陥り，餓死者の大量発生の脅威が生じた．同年5月に，総会と経済社会理事会の決議を受けた事務総長は，国連食糧農業機関（FAO）を，この6カ国の被災者に食料，種子，家畜の飼料，ワクチンなどを供与し輸送する国連システムの緊急活動「本部」として指名した．翌月には，被害を受けたブルキナファソ，カーボベルデ，チャド，ガンビア，マリ，モーリタニア，ニジェール，セネガルの8カ国で構成された，フランス語の頭文字の略称のCILSSで知られる「サヘル干ばつ管理に関する常設政府間委員会」と協力して，中長期の復興を促進するため，「国連スーダノ・サヘル事務所」（UNSO）を創設した．

1977年にUNSOの任務は，国連環境計画のスーダノ・サヘル地区の「砂漠化対策活動計画」の実現を援助すべく拡大された．この「砂漠化対策活動計画」でUNSOは，22カ国のために活動している．その中にはCILSSの加盟諸国のほかに，ベナン，カメルーン，ジブチ，エチオピア，ガーナ，ギニア，ギニアビサウ，ケニア，ナイジェリア，ソマリア，スーダン，タンザニア，トーゴ，ウガンダが含まれる．UNSOは，乾燥地域および半乾燥地域の天然資源の持続的な管理を促進するため，全般的および目的別の支援を動員している．同事務所は各国政府が天然

資源の管理を計画・調整し，土壌や水の保全，それに総合土地対策などの現地プロジェクトを実施するのを援助している．

■ 国連児童基金（UNICEF）

「国連国際児童緊急基金」（UNICEF）は1946年12月11日の総会によって，戦後のヨーロッパと中国の児童に食料，医薬品，衣料品などの緊急救済援助を行うために設立された．1950年12月に総会は，同基金の存続期間をさらに3年間延長し，任務を途上国の児童にとって長期的な利益となるような，保健と栄養計画に重点をおくものに変更した．1953年10月に総会は，UNICEFは国連システムの常設的な機関として活動を続けるべきことを決定し，世界中の児童，とくに最も援助を必要としている途上国の児童にとって，長期的な利益となる計画に重点をおく任務を担わせた．機関の名称は「国連児童基金」に変更されたが，略称は「UNICEF」のままとされた．

1959年に総会は，全会一致で「児童の権利宣言」を採択し，児童が健康的で正常な発達を遂げるための特別の保護と機会と便宜を与えられる権利を確認した．

1961年に児童の必要とするものに関して全世界的な研究を行ったのを受けて，UNICEFは児童へのアプローチの範囲と柔軟性を増大して，国の発展のためのかけがえのない「人的資源」としての児童の役割を助長する計画を含めるようにし，それを通じて教育のための援助もできるようにした．

UNICEFは1965年にノーベル平和賞を受賞した．

1989年11月に，総会は1959年の宣言にうたわれた権利と義務を，「児童の権利に関する条約」に移行させることを採択した．この条約は，児童の固有の権利を規定しており，子どものための普遍的に受入れられる基準を設定したこれまでで最も包括的な条約となっている．この条約は1990年9月に国際法として発効し，1994年4月までに159カ国が批准している．［1999年10月現在で191カ国］

もっぱら児童の求めに貢献する唯一の国連機関としてUNICEFは，「児童の権利に関する条約」の普遍的な批准と完全な履行を，1995年まで促進していた．UNICEFはまた，1993年6月にウィーンで開かれた世界人権会議に参加し，児童の立場を代表して，彼らの権利の侵害に反対する力強い発言を行った．

目的と活動範囲

UNICEFのおもな目標は，人道目的と開発目的を結びつけながら，後発開発途上国の児童を援助することにある．児童の健康や栄養，教育および社会サービスを改善する各国政府の計画を援助することで，直接的に児童を助けるほか，児童の代弁者として，その十分な保護と養育に必要な資源を見出し，付託すべく，各国政府や全世界の人々の良心に訴えることによって，間接的にも子どもたちを助けている．

1946年の総会決議によれば，UNICEFの任務は，「援助を受けている各国の児童の恒常的な健康と福祉の計画を……強化すること」だが，この任務は時代の状況に応じて発展し，絶えず翻案されてきた．とくに重点をおいているのは，児童のための開発と奉仕活動への地域社会の参加で，地域社会に基礎をおいた活動にますます焦点が当てられるようになってきている．専門機関ではない，基金に基づいた機関として，UNICEFは児童の求めに即した地域社会の活動に対する管轄の枠を超えたアプローチを維持しながら，さまざまな関係当局や非政府組織とともに活動することができる．

1976年にUNICEFは，地域社会の参加をおもな要素とする，基本的な保健と福祉のサービスを提供するアプローチを採用した．この新しいアプローチは，地域社会の住民が参加した場合，サービスが単に安上がりになるだけでなく，より効果的にもなる傾向があるという，経済的にも政治的にも多様な途上国での経験から生まれたものである．住民はそれまで地域社会の中で利用されていなかった能力を活用することができるし，またそのサービスは国や地域社会が賄うことのできる経常経費で運営できる．社会ベースのサービスに女性を参加させることは，とくに重要である．というのも，女性たちが参加すれば，その子どもたちの生活の質にも大きな影響を与えることができるからである．

UNICEFは，長期計画を確立することを重視しており，またとくにその国自身の専門知識を可能な限り利用すること強調している．

UNICEFはいくつかの方法で途上国と協力している．まず，それは児童のためのサービスの計画立案とその拡張，および諸国間の経験の交換を援助している．次に，それは専門機関の活動を可能な限り補佐してもらうための，国家公務員の訓練とオリエンテーションの強化のための資金を供与している．最後に，それはサービスを拡張するための技術支援，装備，およびその他の援助を送り届けている．

総会での採択から1年もたたない1990年9月に,「児童の権利に関する条約」が発効した.同月にUNICEFは「子どものための世界サミット」を組織し,150カ国以上から71人の国家元首あるいは政府首脳を含む代表が参加した.同サミットは宣言と行動計画を採択し,青少年が国内の資源を「先に要求する」権利をもつことを認めるとともに,2000年に向けて次のような目標を設定した.
1. 乳児および5歳未満児の死亡率を,1990年時の1/3か,または1000人の出生につき50ないし70人にするかの,どちらか低い方におさえる
2. 妊産婦死亡率を1990年時の半分におさえる
3. 5歳未満児の深刻な栄養失調を1990年時の半分におさえる
4. 安全な飲料水と衛生的な排泄物処理法を普及させる
5. 学齢期児童の少なくとも80％が初等教育を受け,履修を終えられるようにする

これらの目標のうちのいくつかは,1995年までに早急に達成すべく設定されたものである.

執行理事会は,児童の生存と成長が途上国の女性の地位と密接に結びついていることを認め,1994年5月の定例年次会合で,事務局長に対し,開発の各部門ごとにジェンダーの観点を反映した指標を開発し,国家の行動計画に男女平等を意識した目標を設けさせるよう,UNICEFが優先的に努力するよう要請した.事務局長は,家庭内での男女平等,あらゆる段階での女性の組織的参加,ならびに男女がより平等である社会に向けた若い世代の動員と能力育成などを支援することになった.

組織

UNICEFは国連の不可分な一部をなし,半自律的な地位をもっている.UNICEFの運営体である執行理事会は年1回会合を開き,政策を作成し,計画を見直し,支出を裁可している.理事会は36カ国で構成され,すべての地域から輪番制の3年任期で経済社会理事会によって選出される.1994年5月の定例会合に参加した36カ国は,アンゴラ,アゼルバイジャン,中央アフリカ共和国,コロンビア,コンゴ,デンマーク,エチオピア,インド,日本,オランダ,パキスタン,韓国,スウェーデン,タンザニア(以上は1994年12月31日で任期満了),オーストラリア,ベラルーシ,カナダ,中国,コスタリカ,ドイツ,モザンビーク,フィリピン,ロシア,スリナム,スイス(以上は1995年12月31日で任期満了),ブラジル,ブルキナファソ,フランス,ガーナ,インドネシア,イタリア,ジャマイカ,レバノン,ルーマニア,イギリス,およびアメリカ(以上は1996年12月31日で任期満了)である.

UNICEFの事務局長は,国連事務総長が執行理事会と協議して任命する.UNICEFの運営と職員の任命および指揮は,執行理事会が定めた政策に基づき,また事務総長によって委任された幅広い権限に基づき,事務局長が責任を負う.1994年の事務局長はジェームズ・P・グラントであった.[1999年の事務局長はカタリーナ・ベラミー.]

UNICEFは,国および地域で活動する138カ所以上の現地事務所のネットワークをもっている.本部はニューヨークにあり,ジュネーブに重要な事務所がある.地域事務所はケニアのナイロビ,コートジボワールのアビジャン,コロンビアのサンタフェデボゴタ,タイのバンコク,ヨルダンのアンマン,ネパールのカトマンズにある.オーストラリアのシドニーと東京にも事務所がある.

1993年現在,UNICEFの職員は約7000人で,115カ国の207カ所で活動していた.そのうち40％はサハラ以南のアフリカで,23％がアジア,11％が南北アメリカおよびカリブ地域,そして9％が中東および北アフリカで働いていた.残りの17％は,本部かまたはヨーロッパ経済共同体(EEC)や旧ソ連諸国に最近設置された事務所で勤務していた.約2000人のUNICEF職員が専門職である.

UNICEFは国際専門職に占める女性の割合を,1994年の40％から2000年には50％に引上げることを決定した.1985年には国際専門職ポストの27％が女性であったが,1993年には37％にまで上昇した.

UNICEFは34カ国の国内委員会によって支援されている.その大半は先進国にあり,10万人以上のボランティアがグリーティング・カードの売上などを含むさまざまな活動で資金を集めている.これらの委員会はまた,支援活動,開発のための教育,情報活動なども行っている.1993年度予算の約25％が,国内委員会を通じて拠出されている.

1994年現在,国内委員会が設置されていたのは,オーストラリア,オーストリア,ベルギー,ブルガリア,カナダ,デンマーク,フィンランド,フランス,ドイツ,ギリシャ,香港,ハンガリー,アイルランド,イスラエル,イタリア,日本,ラトビア,リトアニア,ルクセンブルク,オランダ,ニュージーランド,ノルウェー,ポーランド,ポルトガル,

韓国，ルーマニア，サンマリノ，スロバキア，スペイン，スウェーデン，スイス，トルコ，イギリス，アメリカ合衆国である．

他の機関との協力

UNICEFは，児童のためのサービスに関係する国連事務局の各部局はもとより，国際労働機関(ILO)，国連食糧農業機関(FAO)，国連教育科学文化機関(UNESCO)，世界保健機関(WHO)を含む専門機関とも密接に協力している．UNICEFはまた国連体制の諸基金や諸計画，たとえば国連開発計画(UNDP)，国連人口基金(UNFPA)，世界食糧計画(WFP)，世界銀行(IBRD)，国際農業開発基金(IFAD)，国連環境計画(UNEP)などとも，情報交換や児童に影響をおよぼすような協力政策の議論，協力のための将来の計画の模索などでともに活動している．

1994年の年次会合でUNICEFの執行理事会は，フィレンツェの「国際児童開発センター」への支援を再確認した．同センターは児童やより広い開発問題に関する，行動指向型のグローバルなシンクタンクである．

密接な協力関係はさらに国連の人道問題局(DHA)や国連難民高等弁務官事務所(UNHCR)との間でも保たれており，それぞれ緊急援助や難民援助について協力している．UNICEFはまた，地域開発銀行や地域経済社会委員会，さらに2国間の援助機関とも協力している．

とりわけ重要なのは，国内および国際的な非政府組織(NGO)とUNICEFとの計画における協力と協働である．「UNICEFに関する非政府組織委員会」は，社会開発の側面への関心などを通じて，直接または間接的に児童に関わっている，100以上の国際的な専門ボランティア団体によって構成されている．連絡を取合う国際および国内団体の一覧表は増加し続けており，とくに途上国からの参加が増えている．約400の団体が活動に参加し，ニューヨークとジュネーブにある「UNICEF/NGO連絡事務所」を通じて情報を共有している．これらの団体の多くが，児童の代弁者となったり，資金調達やUNICEFの計画に参加するなどして，UNICEFの重要な支援者となっている．

財　政

UNICEFの活動は，各国政府や民間からの自発的拠出金で賄われている．1993年の総収入は8億6600万ドルであった．そのうち各国政府からの拠出金は68％であった．1994年の総収入の見通しは8億8800万ドルである．

UNICEFの収入は一般財源，補充財源，および緊急事態のための拠出金に区分される．一般財源は，執行理事会によって承認された国別計画の協力の実施や，行政および計画支援のための財源である．それには，106カ国の政府からの拠出金とグリーティング・カードの純益，一般からの(おもにUNICEFの国内委員会を通じての)寄付，およびその他の収入が含まれている．これらの財源は1993年には総額5億900万ドルに上り，1994年には5億4500万ドルになると見込まれていた．

補充財源のための拠出金は，一般財源では賄いきれない計画か，あるいは緊急事態における救済復興計画のために，UNICEFが各国政府や政府間組織に援助を求めたものである．1993年の補充財源は1億8700万ドルで，1994年には2億100万ドルに達すると見込まれていた．1993年の緊急事態のための財源は1億7000万ドルに上り，1994年には1億5500万ドルになると予測されていた．

UNICEFに政府または非政府組織が100万ドル以上の拠出を行った国（1993年）

（単位は1000ドル）

国　名	政府拠出金	非政府組織拠出金
アイルランド	1,314.5	330.1
アメリカ	122,103.8	31,680.9
イギリス	16,400.3	11,956.4
イタリア	33,112.1	25,339.5
イラク	3,140.3	690.7
オーストラリア	9,260.1	4,056.9
オーストリア	1,771.3	2,664.6
オランダ	31,427.0	38,101.5
カナダ	37,216.6	15,575.7
韓　国	900.0	1,688.2
ギリシャ	200.0	3,559.5
スイス	15,263.5	16,351.4
スウェーデン	97,942.8	2,725.5
スペイン	2,132.1	16,808.2
チ　リ	1,098.2	61.8
デンマーク	33,259.8	2,218.6
ドイツ	13,152.1	51,963.0
トルコ	100.0	1,268.5
日　本	28,993.2	28,005.3
ノルウェー	44,498.4	1,792.5
フィンランド	7,513.0	2,954.9
ブラジル	(拠出なし)	5,076.3
フランス	10,289.7	34,295.5
ベルギー	3,894.8	9,521.1
ポルトガル	40.0	1,616.9
香　港	29.2	1,353.2

支出

1993年のUNICEFの総支出額は8億400万ドルであった．計画部門別の支出状況は次の通りである．

計画部門別のUNICEF支出状況（1993年）

（単位は100万ドル）

計画部門	支出額
児童の保健	210
水の供給と衛生	84
児童の栄養	31
児童や女性のための地域社会/ 　家庭ベースのサービス	57
学校内外での教育	72
計画立案と計画支援	127
緊急援助	223
総　計	804

■ 諸 計 画

プライマリー・ヘルスケア

UNICEFは，途上国に広がる現地ネットワークを通じて各国政府や地域社会，その他の協力者とともに児童の福祉を改善する保健，栄養，教育，水と衛生，環境，開発における女性，その他の活動を行っている．重点をおいているのは，人々が健康管理や産科学，教育などに積極的に参加し，訓練を受ける地域社会ベースの計画である．

UNICEFは，途上国間の計画経験の交流を促進し，各国政府が自国の児童の状況を定期的に見直し，包括的な開発計画のなかに児童のための政策を組込むよう奨励している．UNICEFはまた，各国の能力育成と，可能な限り国内の専門知識を利用することにも重点をおいている．

UNICEFは関係国政府と協力し，相互に合意した基礎に基づいて，児童を優先させるよう援助している．世界で最も弱い立場にある者で（したがってほとんどすべての資源が最も貧しい途上国に優先的にふり向けられることになる），その最大の受取り手は5歳未満児である．現在UNICEFは，138カ国で計画に協力している．うち46カ国はサハラ以南のアフリカであり，35カ国がラテンアメリカ，34カ国がアジア，14カ国が中東および北アフリカ，9カ国がヨーロッパ中央部・東ヨーロッパおよび中央アジアである．

保健

免疫

UNICEFは世界保健機関（WHO）と協力して広範な予防接種計画を支援し，年間推計320万人の児童が，ジフテリア，麻疹，ポリオ，破傷風，結核，百日咳の6つの病気で死亡するのを防いでいる．1991年10月に両機関は，世界中の1歳未満の乳児の80%を保護するという目標は達成されたと発表した（計画が始まった1975年には5%以下であった）．UNICEFとWHOは，1995年末までにすべての国で6つの病気の防疫率をこの水準にまで上昇させ，新生児の破傷風患者をなくし，麻疹による死亡や感染を大幅に減小させる努力を続けている．

経口補水療法（ORT）

UNICEFはWHOと密接に協力して，途上国での5歳未満児の死亡の最大原因である下痢性脱水症への対応を進めている．下痢性の病気管理のためにUNICEFが援助している計画は，あらかじめ包装されたされた塩，すなわち経口補水塩（ORS）の製造と配給，もしくは国産品による解決を促進している．経口補水療法（ORT）の利用率は1985年の17%から現在では38%に倍増し，毎年100万人以上の死亡を未然に防止していると考えられている．UNICEFとWHOは，1995年末までに児童へのORTの利用率を80%にする目標を立てた．

急性呼吸感染症（ARI）

急性呼吸感染症，とくに肺炎は，世界の児童の死亡の最大の原因であり，途上国では5歳未満児の300万人以上がこれで死亡している．UNICEFはARI管理のための包括的なアプローチを採用し，各国が自らの計画やインフラを整備するのを援助し，実質的なレベルへと活動を分散させ，保健管理労働者を訓練し，不可欠な薬品や適切な科学装置などの入手を助け，さらに監視とコミュニケーションを援助している．

母体の安全

毎年約50万人の女性が，妊娠や出産にともない命を失っている．UNICEFはWHOと協力して，2000年までに妊産婦死亡率の半減，胎児期のケアの改善，すべての妊産婦の安全な出産，すべての夫婦への家族計画サービスの提供などを目標に活動している．UNICEFはまた，出産間隔や責任ある出産，早婚や若年妊娠の戒めなどについての情報や教育，コミュニケーションの充実に努めている．

HIV/エイズ

1992年なかばまでに，100万人の児童がヒト免疫不

全ウイルス (HIV) に感染して生まれ,しかもその大半がサハラ以南のアフリカに住んでいた.WHOの研究によると,早期からHIV/エイズの流行が始まった国々では,新たに感染した者の60％が15～24歳の世代であることがわかった.1993年現在,世界中で1500万人がHIVに感染していると推定されている.1990年代末には,アフリカだけで900万人以上の児童が孤児になると思われる.

UNICEFは各国政府と密接に協力し,若者の保健と成長促進,学校単位での介入計画,健全なセックスと生殖の促進,家族および地域社会での介護,マスコミの動員などの予防計画を援助している.また,エイズに感染した家族やエイズで孤児となった人々への援助も行っている.

1994年に執行理事会は,いくつかの国連機関が共同で後援するHIV/エイズ合同計画案に,UNICEFも参加することを決定した.

栄養

1993年には1億9300万人の児童が,たび重なる下痢の発作やその他の病気,哺乳びんによる授乳や貧弱な離乳食,未熟な出産時体重,食事量の不足と微量栄養素の不足などのため,栄養失調に陥っていた.UNICEFは地域社会に権能を与え,母乳哺育や適切な子どもの食事法を保護・促進し,鉄,沃素,ビタミンAの3つのおもな栄養素の不足をコントロールし,栄養情報システムを改善し,さらに栄養失調の原因について各国が合意できるよう援助するなどして,栄養失調と戦っている.UNICEFは沃素不足で起こる欠乏症を予防するため,1995年までに塩の沃素処理法の普及と,ビタミンA欠乏症の根絶をめざしている.

UNICEFは,1992年12月にローマで開かれた国際栄養会議に参加し,会議で採択された「世界栄養宣言」と「栄養のための行動計画」の作成に貢献した.同宣言では,5歳未満児が栄養失調による影響を最も受けやすい集団であると認めている.

母乳哺育

UNICEFはWHOと協力して,1991年6月に母乳哺育を促進する「乳幼児にやさしい病院イニシアチブ」を始めた.このイニシアチブは,1995年までに病院や産院における無料あるいは低料金による乳幼児への人工栄養の提供をやめさせ,女性に母乳で子育てをさせることをめざしている.1993年12月現在,1274カ所の病院と産院がUNICEFとWHOの勧める「上手な母乳保育のための10のステップ」を実施することで「乳幼児にやさしい」施設となった.乳幼児にやさしい病院では母親たちに,出産直後から母乳だけで子育てを行い,企業が提供する無料あるいは低料金の人工栄養を受取らないよう奨励している.

水の供給と衛生

現在,途上国では約13億人が安全な飲料水を得られずにおり,19億人はまったく衛生設備をもっていない.その結果,飲料水を媒介とする病気で毎年約400万人の子どもたちが命を失っている.

1990年代末までに,安全な飲料水と衛生的な排泄物処理設備を普及させ,ギニア虫病（住血吸虫症）を絶滅させるという目的達成のため,UNICEFはこの分野に支出項目で3番目に大きな資金を割当てている（その額は183ページの「支出」を参照).実効的で低料金の水の供給と衛生サービスのほかに,UNICEFは衛生学の教育と環境保護を促進している.UNICEFは,1995年までに水生のギニア虫病を絶滅させようと活動中である.

基礎教育

1994年にUNICEFは,途上国の大半で教育が危機的な状態にあると報告した.1993年には約1億3000万人の子どもが初等教育を受けられずにおり,その2/3が少女であった.6億6000万人以上の女性が文字を知らずにいることは,子どもたちの生存と成長のチャンスに重大な影響を及ぼしている.UNICEFは初等教育の普及率を改善し,中途退学者を減らすために活動している.UNICEFは男女差別を減らす目的で,少女の教育を優先させている.

UNICEFは1990年3月にタイのジョムティエンで開かれた「万人のための教育世界会議」の後援団体のひとつ（ほかにUNESCO, UNDP, IBRDと共催）となり,同会議が設定した1990年代の目標を達成するために努力している.1993年3月に,UNICEFは中国で開かれた「万人のための教育国家会議」に参加した.この会議にはバングラデシュ,ブラジル,中国,エジプト,インド,インドネシア,メキシコ,ナイジェリア,パキスタンなど,人口の多い9カ国が参加していた.UNICEFとUNESCO,それにUNFPAの後援で1993年12月に,ニューデリーでこれらの国による「万人のための教育サミット」が開かれた.世界で約10億人近いといわれる読み書きのできない人々や,初等教育の機会のない児童の75％は,これらの国の住民である.

都市基本サービス

途上国の都市居住者の半数近くは，児童である．過去10年にわたり経済および環境の危機と，繰返される紛争をかかえる都市や町が急速に増加するにつれて，そうした都市に住む児童の脆弱性が増大してきた．UNICEFは1993年に，貧困の低減，基本的な環境対応，リハビリ，それにとくに困難な状況にある都市の児童に対する予防的なアプローチに重点をおくように，方針を見直した．UNICEFはまた，支援と技術援助を行うとともに，国や自治体などすべての段階で，一致した努力が必要であることを強調している．

債務スワップ

1989年以来，UNICEF, UNCTADおよびUNDPは途上国の対外債務を，子どもの生存と成長のための基礎教育，プライマリー・ヘルスケア，水と衛生など，UNICEFが現在行っている努力を補充する基金に切りかえることを援助してきた．この計画の本質は，開発途上国政府がその乏しい外貨を債務の利払いに用いるよりは，むしろ児童のための計画に自国通貨で支払うことに合意した点にある．

1993年末までにUNICEFは，ボリビア，ジャマイカ，マダガスカル，フィリピン，セネガル，スーダンの6カ国の債務切りかえを援助した．1994年にUNICEFは，こうした切りかえによって2940万ドル相当の現地基金が生みだされ，1億1030万ドル相当の債務が回収されたと報告した．1994年には西アフリカの数カ国から，同じような援助の要請があった．

1994年5月に，執行理事会は経済社会理事会を招いて，事務局長が提案した「20/20」概念について徹底的に議論した．この提案は国連ファミリー全体で幅広く審議されているもので，途上国の財政支出の20％と政府開発援助（ODA）の20％を，債務処理よりむしろ人道分野に優先的に割当てることで，途上国の資金水準を十分なものにしようとするものであった．1993年には，ODAと途上国の年間予算のわずか10％が人道分野に割当てられただけだった．

緊急援助と復興

UNICEFのほとんどの活動は，1日当たり3万5000人の児童の命を奪っている「静かな」緊急事態に重点をおいているが，自然災害や武力紛争などを主とする「騒がしい」緊急事態もまた，UNICEFの資源を求めている．いずれの緊急事態においても，UNICEFはほかの国連機関や多くの非政府組織（NGO）と密接に協力して活動している．冷戦の終結にもかかわらず，緊急計画のための支出は増加し続けてきた．緊急計画のための支出は，1988年にはUNICEF予算の8％程度であったが，1991年には19％に，1992年には22％に上昇した．1994年には緊急計画への支出が，その年のUNICEFの計画すべてに対する支出の28％を占めた．

1993年にUNICEFは，アフガニスタン，アンゴラ，エチオピア，イラク，ケニア，リベリア，モザンビーク，ソマリア，スーダン，旧ユーゴスラビアなどを含む64カ国以上に，2億2300万ドル相当の緊急援助を供与した．

悲しむべきことに，1993年に3人のUNICEF職員が緊急状況で児童の必要にこたえる職務執行中に命を失った．1994年には，暴力的な紛争のなかでルワンダだけで7人のUNICEF職員が殺された．

地雷の除去 地雷問題の大きさは，ほとんど想像を絶するものがある．世界中で武力紛争が続いているため，現在では児童20人当たり1個の割合で地雷が敷設されていると推定されている．最も地雷が集中しているのは，アンゴラ，モザンビーク，ソマリアなどのアフリカ諸国だが，アジア，中央アメリカ，中東，中部・東ヨーロッパでも，地雷は児童の命を奪っている．

1993年9月にUNICEFのジェームズ・P・グラント事務局長は，地雷の製造，販売，および使用の全面禁止を訴えた．この訴えが80団体以上の非政府組織（NGO）による世界規模の活発なキャンペーンにはずみを与えた．［NGOの「地雷禁止国際キャンペーン」（ICBL）は対人地雷全面禁止条約の実現に寄与し，1998年のノーベル平和賞を受賞した．］これに続いて総会は，国連の地雷除去努力へのいっそうの援助と，対人地雷輸出の一時停止，あらゆる戦争兵器の無差別使用から児童を守るための手段の研究，それに1980年の「非人道的兵器条約」の見直しを求める4つの決議を採択した．

UNICEFのおもな出版物

The State of the World's Children『世界の児童の現状』（年報）

The Progress of Nations『諸国の進歩』（年報，1993年に出版開始）家族計画や女性の地位，保健や栄養，教育での児童のための目標達成などの面で世界の国々をランクづけしている．

UNICEF Annual Report『UNICEF年次報告』

First Call For Children『児童のための呼びかけ』（ニュースレター，季刊）

■ 国連難民高等弁務官事務所（UNHCR）

1943年11月9日に，戦争で被害を受けた世界地域への物質的援助を実施するため，「連合国救済復興機関」（UNRRA）が設置された．同機関はその活動によって，約600万人の難民を帰還させた．1946年12月15日に，その後継機関として活動領域をもっと拡大した「国際難民機関」（IRO）の創設が，総会によって承認された．UNRRAが行った救済と帰還援助のほかに，IROは難民の保護と再定住の任務を担当することとされた．IRO準備委員会は1947年6月30日に作業を始め，1951年12月31日のIROの活動終了までに100万人以上の人々を再定住させた．

IROの解散後，難民問題についての一連の取組みの一環として，総会は1949年12月に，国際的な難民の保護とその再定住，および難民たちの苦境を永続的に解消する方法を探求する機関の必要性を認めた．その結果，1951年1月1日に「国連難民高等弁務官事務所」（UNHCR）が3年間の期限つきで設立された．しかし，国際的な援助が必要であることがすぐに明らかとなり，また難民を生み出す事態がその後も発生し続けたため，総会はUNHCRの任務を5年ごとに更新してきた．

UNHCRは，1954年と1981年にノーベル平和賞を受賞した．

組　織

国連難民高等弁務官は事務総長の指名に基づいて総会が選出し，総会が与える政策指示にしたがう．47カ国からなるUNHCRの執行委員会は，年1回会合を開いて保護と物質的援助活動を検討し，次年度計画年間の援助プロジェクトを承認し，全般的な指針を与えている．難民高等弁務官は同委員会に対して，実施を求められた特別の任務の履行状況（事務総長の要請によることが多い）や，特別信託基金の運営について報告を行っている．1994年7月に，経済社会理事会は執行委員会の規模を50カ国に拡大するよう総会に勧告した．

UNHCRの本部はジュネーブにある．1994年の初めの時点で100カ国以上に事務所があり，全世界の職員数は約4450人で，そのうち3530人が現地で活動している．

財　政

UNHCRの創設時に行われた財政上の取決めは，同事務所とIROとの根本的な違いを反映していた．IROの予算は国連と別建てであったが，UNHCRの基本的な運営費用の一部は国連の通常予算で用意されている．というのも，UNHCRは専門機関というよりは，事務局の不可分な一部であるからである．しかし，同事務所が保護や物質的援助の分野で行う実質的な活動は，すべて自発的な拠出金に依存している．

成立のときから，UNHCRは総会が認めた場合以外は，各国政府に資金提供の要請を行うことは認められていなかった．難民高等弁務官が自由に処理できる最初の基金を手にすることができたのは，1952年にフォード財団から290万ドル（のちに310万ドルに増額）の贈与があったときである．この資金は，ヨーロッパの約10万人の難民に対する低家賃の住居，低金利貸付，職業訓練や身体障害者のリハビリなどを通じて，地域への定住を促進するためのパイロット・プロジェクトのために提供された．その後，総会は1954年に各国政府に対して，問題の恒久的な解決に向けた，フォード財団による実験的な取組みをモデルとした1600万ドル規模の4年計画のため，難民高等弁務官が資金提供の要請を行うことを認可した．各国政府からの1450万ドルと民間団体からの200万ドルの拠出金によって，目標は達成された．

当時のUNHCRのおもな目的は，ヨーロッパから難民キャンプを一掃することであり，この任務に必要な資金の大半は，「世界難民年」（1959年から1960年）に100カ国に上る国々や地域で繰広げられたキャンペーンによって集められた．

1957年に総会は，難民高等弁務官に50万ドル以内の規模の緊急基金を設置する権限を認め，予期せぬ事態にUNHCRが効果的に対応する能力は高まった．この措置は，1956年の経験から生まれたものである．そのとき，数週間の間に約20万人のハンガリー難民がオーストリアやユーゴスラビアに流入し，難民高等弁務官は緊急事態のための基金を求めることを余儀なくされた．1993年現在，緊急基金の上限は2500万ドルに引上げられ，1件の緊急事態に年間800万ドルまで投入できるようになった．

国連の通常予算からの限られた助成金（運営費に限定される）を除けば，UNHCRの援助計画は各国政府や政府間組織，非政府組織，それに個人からの自発的な拠出金を財源としている．これらのいわゆる「自発的基金」が，世界中のUNHCRの援助計画の財源となっている．UNHCRの自発的基金からの年間支出額は過去25年間に急速に増大し，1993年に

は13億ドルに達している．

難民高等弁務官の責任

　難民高等弁務官のおもな責任は，難民の国際的な保護である．さらに，難民高等弁務官は自発的な本国帰還や地域への定住，第3国への移住などによって，難民問題の恒久的な解決を促進している．活動分野が何であれ，難民高等弁務官とその職員は，人道的で厳格に非政治的な配慮に基づいて行動している．1951年の創設以来この方針に忠実であり続けたUNHCRの能力を信頼し，総会は同事務所の物質的援助活動の範囲を拡大して，難民高等弁務官規程でいうところの難民の定義に必ずしも当てはまらない人々に対しても，多くの場合援助ができるようにした．この規程の定義によれば，難民とは人種，宗教，国籍，政治的意見などを理由として迫害を受けるという十分に根拠のある恐れから，国籍国の外にあり，当該国家の保護を受けられないか，あるいはそのような恐れから保護されることを望まない人々ということになる．UNHCRは最近は難民だけでなく，人災によって住むところを失い，出身国の内外に追立てられた人々に対する援助をもますます求められるようになった．しかしUNHCRの権限は，国連の別の機関からすでに援助を受けている難民にはおよばない．そのような難民として，とくに「国連パレスチナ難民救済事業機関」（UNRWA）が援助しているパレスチナからのアラブ難民がいる（→190ページ）．

　設立の当初から，UNHCRの活動は国際社会のほかの機関と合同で行われるよう意図されていた．UNHCRは各種の問題について，ほかの国連機関から専門的な知識を得ている．たとえば食糧生産については国連食糧農業機関（FAO）から，保健に関する措置は世界保健機関（WHO）から，教育については国連教育科学文化機関（UNESCO）から，児童福祉は国連児童基金（UNICEF）から，職業訓練は国際労働機関（ILO）からというぐあいである．UNHCRはまた，難民への基本的な食糧の提供については世界食糧計画（WFP）と，難民の自立を促進するプロジェクトの実施では世界銀行（IBRD）や国際農業開発基金（IFAD）とも密接に協力している．しかし何十年にもわたって最も持続的に難民のために活動してきたのは，非政府組織（NGO）である．200団体以上のNGOが，UNHCRの救済と法的援助計画に協力している．1993年には難民のための顕著な活動に贈られるナンセン・メダルが，そのようなNGOのひとつとして価値ある協力をしてきた「国境なき医師団」に贈られた．

　難民はもはや出身国の保護を受けられないので，国際社会が与える保護に依存せざるをえない．国際的な保護のおもな手段としては，1951年の「難民の地位に関する条約」とその1967年の議定書がある．同条約は，難民を受入れた国が守るべき最低限の処遇基準を定めている．1994年4月現在，118カ国が同条約と議定書の当事国であり，いずれかいっぽうに調印した国が8カ国〔1999年10月1日現在で134カ国が条約の当事国〕あった．

　1951年条約の最も重要な規定のひとつは，人種，宗教，国籍もしくは特定の社会的集団の構成員であること，または政治的意見を理由とする迫害を受ける恐れのある国へ難民を送還してはならない（非送還の原則）というものである．同条約はまた，庇護国に対して労働，教育，裁判を受ける権利，社会保障などの権利に関する難民の権利についても規定している．さらに，難民が国籍国のパスポートをもっていないという事情を補完するため，難民の居住国が旅行証明証を発行することも規定している．

　自らの規程と1951年条約によって，UNHCRには同条約の規定の適用を監督する特別の責任が与えられている．同事務所は，条約の規定に効力を与える立法措置や行政措置について，各国政府に技術的な助言を行うこともできる．

　難民に関するもうひとつの重要な法的文書として，1969年にアフリカ統一機構（OAU）が採択した「アフリカにおける難民問題の特定の側面を規律する条約」がある．1974年6月20日に発効したこの条約は，庇護の付与は平和的で人道的な行為であり，いかなる締結国に対する敵対行為ともみなされるべきでないことを強調している．同様の規定は1967年12月に総会で採択された「領域的庇護に関する宣言」にもみることができる（→220ページ）．

　庇護は，難民高等弁務官事務所の保護活動の主要な側面である．しかし，1977年に総会が「領域的庇護に関する条約」の審議と採択のために招集した全権大使会議はその目的を達成することができず，そのような条約が存在しないことによって庇護を求める人々の保護のための法的基盤には，裂け目が残ったままとなっている．

　1961年12月13日に「無国籍の削減に関する条約」が発効したのを受けて，UNHCRは1975年に暫定的な基礎に基づき，保護の分野で新しい義務を引受けた．無国籍者は条約の規定に基づいて，所在地国の当局に国籍を与えるよう求めたり，またはその

ような要求を提出するための援助を UNHCR に求めることができる．

同じ年に UNHCR の執行委員会は，難民の法的保護に関するいくつかのより技術的な側面をさらに詳細に研究するため，国際保護小委員会を設置した．同小委員会は，難民と避難民の大量流入や，そのような大量の人々の移動に対する国際社会の対応，海上で庇護を求める人々の救助と安全の確保，難民の家族が再びいっしょになれるようにすること，庇護および難民の地位の付与に関するさまざまな法的問題や難民の児童や女性の状況および難民のための旅行証明書の発行，難民キャンプに対する軍事行動などの武力攻撃からの安全保障，国内の避難民への UNHCR の関与などの問題について，意見を述べている．

■ **物質的援助活動**

UNHCR の物質的援助活動には，緊急救済，自発的な帰還あるいは地域への定住の援助，他国への移住による再定住と，さらに社会サービスなども含まれている．

アフリカ

UNHCR がアフリカにかかわるようになったのは，1957 年に数千人の人々がアルジェリアでの戦闘を避けてモロッコやチュニジアへ逃げこんだときからであった．UNHCR は赤十字社連盟とともに活動し，即時と長期の援助の両方を供与し，戦闘行為停止後の 1962 年には，約 20 万人の難民と避難民の帰還計画を手伝った．

1967 年現在，アフリカには推定 75 万人の難民がおり，多くはギニアビサウ，アンゴラ，モザンビークの独立戦争の被害者であった．1974 年から 1975 年にかけて，UNHCR はこれらの難民の多数が新しく独立した国々に帰還するのを援助した．ジンバブエでの約 20 万人の難民などを含む大規模な帰還および復興計画が，1980 年に UNHCR によって調整され，チャドへの大規模な帰還は 1982 年に完了した．

1990 年代の初めに，アフリカには 600 万人以上の難民，つまり地球全体の難民数の 1/3 近くがいた．1980 年代にアフリカの角，西アフリカおよび南部アフリカで難民が生じる事態が続いたり新たに噴出したりしていた．またマラウイやアフリカの角におけるモザンビーク難民などのように，干ばつによって状況が悪化した例もいくつかみられた．

とくにナミビア難民やエチオピア難民，それにスーダンのウガンダ難民やエチオピアのソマリア難民などの多数の難民が，故郷に戻ることができた．1993 年なかばには 170 万人のモザンビーク難民の帰還が始まった．アフリカの角では，難民の自発的帰還と，避難民の安全な帰還の助けとなるような国内状況づくりを目的とする，国境を超えた取組みが始まっていた．このアプローチには，「急速効果プロジェクト」(QIP) を用いるという特色があった．QIP は，生存に不可欠な設備の修理と再建，家畜や種子，加工機械の提供，小規模な事業の創出など，小規模な計画を実施していくものである．これらの計画は，帰還者と彼らを受け入れた地域社会が自立性を取戻せるように，救済と開発の間の谷間に橋渡ししようとするものである．しかし，ソマリア北東部やモザンビークなど特定の地域では，帰還する地域の地雷の存在が，帰還を困難にしていた．

1993 年に中央アフリカのブルンジで起きた暴動によって，難を避けるために 58 万人もの人々が周辺諸国に流出した．翌年には流血の事態が隣国ルワンダを巻きこみ，1994 年 5 月現在 80 万人以上の難民を生んだ．UNHCR は両事態に対応するため，緊急援助計画を開始した．

1993 年 12 月 31 日現在，難民を庇護しているおもな国には，主としてエチオピアとエリトリアの難民約 74 万 5200 人 [1998 年末現在で約 39 万人] を受入れているスーダン，全人口のうち 71 万 3600 人がおもにモザンビーク難民からなり，国民人口に対する全人口のうち 71 万 3600 人が主にモザンビーク難民からなり，国民人口に対する比率からみて世界で最も多くの難民を受入れているマラウイ，リベリア難民を主とする 65 万 6700 人 [1998 年末現在で約 41 万人] を受入れているギニア，さらにブルンジ，モザンビーク，ルワンダの 4 カ国，ザイール (現コンゴ民主共和国) からの難民をまとめて受入れているタンザニアなどがあった．

UNHCR が 1993 年にアフリカに援助した総額は，3 億 2510 万ドルであった．

南西アジア，北アフリカおよび中東

難民高等弁務官は 1974 年 8 月に，キプロス紛争で追放され，住居を失った 24 万 1300 人に対する人道的救済の調整を任された．政治的な解決がないままに，援助は依然としてキプロスに対して行われている．

1970 年代後半から 1980 年代にかけてのアフガニ

スタンで紛争によって，膨大な住民の流出が始まった．1992年には150万人という空前の規模の帰還があったが，1993年初めには依然として400万人（250万人がイランに，150万人がパキスタンに）が亡命したままであった．しかし，彼らの帰還が続けられるという希望は，1992年4月の戦闘再発で打ち砕かれてしまった．その年にはアフガニスタン自らが，故郷の内戦から逃れ，北部アフガニスタンに安住の地をみつけた約6万人のタジク人の庇護国となった．

1991年の湾岸戦争も大量の住民の流出を招き，1991年5月には140万人［1998年末現在で約193万人］の難民がイランに，40万人がトルコとの国境地帯に発生した．UNHCRはこれらの集団はもとより，北部イラクで国内難民となっているクルド人に対する大量の緊急援助計画を準備した．また1991年末までには，イランとトルコの国境地帯にいたイラク難民のほとんどが故郷に帰還した．UNHCRの南西アジア，北アフリカおよび中東に対する1993年の援助総額は，1億1540万ドルであった．

アジアおよびオセアニア

1971年5月に難民高等弁務官は，東パキスタン（のちのバングラデシュ）からインドに流入した数百万人のベンガル難民に対する国連の援助「本部」となるよう指名された．1億8000万ドル以上の現金，物資，それにサービスが，難民高等弁務官を仲介としておもにインドへの緊急援助のために，またバングラデシュが誕生した1972年初めからはさらに帰還活動のために提供された．その活動には，非ベンガル人をバングラデシュからパキスタンに移し，ベンガル人をパキスタンからバングラデシュに移すことも含まれていた．1974年7月の活動終了までに，24万1300人がそれぞれの方向へ，大陸の半島部を横切って（ほとんどが空路により）移動した．

他方，1978年のなかばにはもうひとつの大きな危機が発生し，ビルマのアラカン州から20万人近くの難民がバングラデシュに流れ込んだ．UNHCRは，再び国連の援助の調整役として指名された．1978年7月にビルマ政府と結んだ合意で，帰還は同年11月から始まった．UNHCRの計画には，出身国に戻った帰還者に対する援助も含まれていた．

1975年初めに，約30年にわたってベトナム，カンボジア，ラオスを巻きこんだ紛争が，インドシナ3カ国の体制の変革とともに終結した．それ以降，280万人以上のベトナム人，カンボジア人，それにラオス人が，それぞれ故郷を捨てて周辺諸国に庇護を求めて流出した．これらの大量の人々の移動は1979年に最大となり，当時は39万3560人が地域の至るところに，海路はボートで，陸路は徒歩で，庇護を与えてくれる国々に流入していた．1980年の初めになると，さらに多くのクメール人が自国カンボジアの内戦から逃れて，タイとの国境地域に移動した．

UNHCRは，東南アジア諸国に逃れたインドシナの人々に対する暫定的な援助の供与を引受け，各国に永住による再定住の機会を拡大するよう依頼し，可能な場合は自発的な帰還を促進した．さらに，タイとカンボジアの国境地域の多数の避難民に対しては，ほかの国連機関や赤十字国際委員会なども援助を行った．1994年初めには，約270万人のインドシナ難民と避難民が再定住したり，帰還したり，現地に移住したりしたが，それでもなお8万8000人が地域全体に分散したキャンプに残っていた．

UNHCRは，1979年5月にベトナム政府と結んだ了解事項の条件に基づいて，ベトナムからの秩序立った出国計画を調整している．またUNHCRは，南シナ海での難民のボートやその他の船舶に対する海賊行為を取締る計画を財政的に支援するため，調整役を演じている．

1989年6月に「インドシナ難民のための包括的行動計画」（CPA）が採択された．同計画は，不法出国を減らし，すべての庇護を求める人々にその地位を決定する手続きが行えるようにし，真正の難民には再定住する機会を与え，難民とは認められない人々は安全にかつ尊厳をもって本国に帰還できるようにすることなどを目的としている．CPAは，庇護を求めるラオス人やベトナム人の減少に劇的な効果があった．たとえば，庇護を求めるベトナム人は1989年には7万1364人であったが，1992年にはたったの55人になった．

1992年3月に始まったタイからのカンボジア人の帰還の結果，タイにいた難民全体にほぼ相当する約38万7000人が故国に戻った．帰還者と彼らを受入れた地域社会で，彼らの再統合を確実にする手段として「即時効果プロジェクト」（QIP）から援助を受けている例もある．

1991年から1992年にかけて，約25万人のおもにイスラム教徒が，ミャンマーからバングラデシュに流入した．バングラデシュ政府の要請で，UNHCRは1992年2月にこの集団への援助を開始した．1994年の初めに，ミャンマー政府とバングラデシュ政府，それにUNHCRの交渉の結果，彼らの帰還の準備が始まった．

約14万人のスリランカ系タミル人が，本国での民族間の暴動から逃れてインドのタミル・ナズー州に逃げこんだ．1992年以降，そのうちの約4万人が帰還した．スリランカでは，UNHCRが帰還者と国内避難民の双方を援助している．

UNHCRがアジア・オセアニアで1993年に援助した総額が，1億4440万ドルに達した．

ラテンアメリカおよびカリブ地域

もともとラテンアメリカは，ヨーロッパからの難民のおもな再定住地であった．しかし，1973年9月のチリでの事件によって，UNHCRはラテンアメリカ難民のための大規模な援助に関与するようになった．当初はUNHCRは，チリのさまざまな国籍の数千人の難民に，彼らの落着き先がみつかるまでの間援助や介護を与え，「安全な隠れ家」をみつけるのを助け，それを維持するという問題に取組まなければならなかった．

チリ難民に対する援助が続いている最中の1978年後半に，UNHCRはコスタリカ，ホンジュラス，それにパナマで増え続けるニカラグア人難民を援助するよう求められた．1979年までに，そのような援助を受けているニカラグア人難民の数は10万人に達した．しかし1979年7月に，ニカラグアの政権が交代したため自発的な帰還が始まった，UNHCRは帰還そのものと，農業や保健，住宅などの援助を通じて，帰還者の復興を促進する特別計画を開始した．

1980年代の前半に入ると，中央アメリカはUNHCRにとって目が離せない地域となった．1980年末までにエルサルバドルから8万人の難民が周辺諸国に亡命を求めた．1989年5月に「中央アメリカ難民国際会議」(CIREFCA)が招集され，難民問題の恒久的な解決として人々の注意を引きつけるのに多大な役割をはたした．ラテンアメリカ地域の民主化の動きや和平への取組みの成功，それにCIREFCAプロセスの進展などで，恒久的な解決が達成され，難民の数も減少した．しかしハイチでは，1991年9月に民主的に選出された大統領が打倒され，亡命を求めるハイチ人の流出が始まった．UNHCRは関係諸国に「非送還の原則」の維持を要請したが，庇護を求めるハイチ人たちは公海上で阻止され続けた．

UNHCRが南北アメリカとカリブ地域で1993年に援助した総額は，3810万ドルに達した．

ヨーロッパ

1951年にUNHCRが誕生したとき，同事務所はおもに西ドイツ，オーストリア，イタリア，それにギリシャで，依然として難民キャンプで生活している約12万人に対する責任を引継いだ．これらの人々の大半は，第2次世界大戦中におもにナチスが，人種を理由として占領地域の住民を強制労働や強制移住させた政策の結果，難民となった人々であった．とくに悲惨だったのは，キャンプで生まれた児童の状況であった．難民キャンプの撤去は資金難で遅れていたが，最終的には第2次世界大戦以来の難民であった約10万人が，UNHCRの計画のおかげでその落着き先をみつけることができた．

しかし，新しい難民も発生し続けていた．そのうちの最大のもののひとつが，1956年のハンガリー危機によってひき起こされた．1956年10月に，難民高等弁務官はオーストリアとユーゴスラビアに亡命を求めた20万人のハンガリー人のために，各国政府やボランティア組織の活動を調整するよう求められた．1956年10月から1959年末までの間に，18万人のハンガリー難民がオーストリアに，1万9000人がユーゴスラビアに到着した．難民の数は全部で20万3100人となった．そのうち，最終的に1万8000人がハンガリーに戻り，9600人がオーストリアに残ることを選んだ．また6万5400人がほかのヨーロッパ諸国に去り，10万7400人が海外に移住した．所在不明者も2700人いた．

1991年11月にUNHCRは国連事務総長から，当時50万人と推定された旧ユーゴスラビア紛争の被害者に保護と援助を与える，国連機関の先導役として行動する任務を命じられた．1994年初めには，この数は約380万人に急増した．UNHCRはこれらの人々のために，移送，保護や法的な援助，食料の配給監視，安全地域の確保，その他の活動のおもな責任を引受け続けてきた．

1990年代前半のアルメニアとアゼルバイジャンとの戦争によって，約90万人のアゼルバイジャン人と30万人のアルメニア人が難民となった．グルジアでの軍事紛争では，約30万人の難民と避難民が生じた．UNHCRは国連人道問題局やその他の国連機関と協力して，この3カ国での緊急対応計画を実施した．

1993年にUNHCRがヨーロッパで支出した総額は，5億8550万ドルに達した．

■ 国連パレスチナ難民救済事業機関 (UNRWA)

パレスチナ難民の苦境は，1948年のアラブ－イス

ラエル戦争以後ずっと，国連にとって深刻な問題であった．1949年初めに停戦が発効したとき，現在イスラエル領である地域に住んでいた数十万人のアラブ人が，自分たちの故郷とは休戦ラインの反対側で立往生させられた．アラブ諸国は，難民はイスラエル人に追立てられたか，あるいは報復の恐怖から逃げざるをえなかったと主張している．他方イスラエルは，アラブ諸国がイスラエルを簡単に海に追落とせるようにするため，アラブ人住民に一時的に土地を明け渡すよう説得したからだと主張している（政治的背景は，96ページ）．

難民に最初に緊急援助を与えたのは赤十字国際委員会，赤十字社連盟，アメリカ友好サービス委員会などで，1948年12月に暫定的に設立された「国連パレスチナ難民救済」が提供した資金と物資が使われた．1949年12月に総会は，関係国政府と協力して救済事業プロジェクトを行う特別機関である「国連パレスチナ難民救済事業機関」(UNRWA)を創設した．翌年に総会はUNRWAの存続期間を1952年6月まで延長し，難民がその地域の経済にうまくとけ込めるような開発プロジェクトを実現する任務を与えた．もともとの予定では，UNRWAは大規模ではあるが期間を限定した暫定的な機関であり，1952年末には終了するはずのものであった．そのため総会は，イスラエルとその周辺各国に，「難民の恒久的な再定住と救済事業からの自立」の確保を要請した．ただ再定住計画の実施に当たって，UNRWAを含むすべての関係者は，難民が「故郷に戻り，近隣住民と平和的に生活したいと望む」権利を侵すことなく行動しなければならないとしていた．故郷への帰還を望む者には，「できるかぎり早急にそれが許可される」べきであったし，帰還を望まない者に対してはその損害を補償しなければならないとしていた．

これらの目標は1952年までには達成されなかったし，現在もなお未解決である．難民がキャンプを出て，受入れ国で自立できるようにする大規模な開発計画が総会で承認されているが，まだ実現してはいない．1952年以来，UNRWAの存続期間は何度も延長され，最近では1996年6月30日までとされている．

UNRWAの活動範囲は25万9000 km^{2}以上の地域に拡大している．同機関は，ヨルダン，レバノン，シリア，エジプト，ヨルダン川西岸とガザ地区の占領者であるイスラエル政府と，それにガザ地区とエリコおよびその他のヨルダン川西岸地区に権限と責任をもつパレスチナ当局の，6つの行政当局を相手に業務を行っている．1994年3月現在，UNRWAは294万181人のパレスチナ難民に対して，基本的なサービスを提供している．

組　織

UNRWAは総会の補助機関であり，総会が決定する政策と任務を遂行している．同機関の長である委員長を，10カ国からなる評議委員会が補佐している．委員会は，ベルギー，エジプト，フランス，日本，ヨルダン，レバノン，シリア，トルコ，イギリス，アメリカで構成されている．委員長は，国連事務総長が評議委員会の各国政府と協議して任命する．

本部はオーストリアのウィーンとヨルダンのアンマンにあり，現地事務所はエルサレム，ガザ，アンマン，ベイルート，およびダマスカスにある．UNRWAはニューヨークの国連本部とカイロに連絡事務所をもっている．それぞれの現地事務所は，当該地域のUNRWA活動に責任を負う委員長代理が長を務めている．同機関はおもにパレスチナ難民である2万人以上の現地職員と，約180人の国際職員を雇用している．

財　政

UNRWAはその資金のほぼ全額を，各国政府やヨーロッパ連合(EU)からの自発的な拠出金に頼っている．1992年1月から，UNRWAは2年ごと予算制を採用した．1994～95年の通常予算は6億3230万ドルに上り，そのうちの5億5280万ドルが現金で，7950万ドルが物品である．予算の81%以上が3つのおもな事業計画に向けられ，そのうちの大部分は教育と医療職員への支払いである．一般の運営費用は予算の10.2%であった．1994年初めに，同機関は2100万ドル以上の資金不足に直面した．

近年，UNRWAは何度も資金不足の危機に直面し，そのつど予算の削減や寄与国からの前払い，あるいは特別の拠出でその場を乗切ってきた．1975年以来レバノンで続いている紛争や，1978年と1982年のイスラエルによる侵攻で，同機関の活動は深刻な影響を受けた．1982年6月に，UNRWAは緊急救済活動を準備し，レバノンでいっそう暴力的な事態が発生した後の1987年には，緊急援助として2060万ドルを要請した．

難民の数と地理的な分布状況

1994年3月現在，UNRWAには300万6787人の

難民が登録されている．そのうち119万3539人がヨルダンに，64万3600人がガザ地区に，50万4070人がヨルダン川西岸地区に，33万8290人がレバノンに，そして32万7288人がシリアに登録されていた．ヨルダンにいる120万人近くの難民のうち，約40％が1967年6月の戦争の最中または直後に，ヨルダン川西岸やガザから逃げてきた人々あるいはその子孫である．

UNRWAは救済対象となる「パレスチナ難民」の定義を，1948年のアラブ・イスラエル戦争勃発の少なくとも2年前にパレスチナに正規に居住していた者で，この紛争の結果住居や生活手段を失った者としている．UNRWAの援助を受けるためには，同機関に登録され，ヨルダン，レバノン，シリア，ガザ地区およびイスラエルに隣接する同機関が活動している地域に亡命する必要があり，じっさいに亡命していなければならない．登録された難民の子孫も，一般的には援助を受ける資格がある．

提供されるサービス

UNRWAのおもな活動領域は，教育，保健サービス，救済および社会サービスの3つである．

教育 UNRWAとUNESCOによる難民の子どものための学校が，ヨルダン，レバノン，シリア，ガザ地区で1951年から運営されている．1986年から1987年の間に，UNRWA・UNESCOの小・中学校に34万9000人の児童・生徒が入学し，ほかに11万5000人の難民の子どもたちが国立や私立の学校に通っていた．1994年現在，教育に向けられる予算は全予算の47％であった．1993年から1994年までの間に，641校のUNRWAの学校に生徒39万8648人，教職員1万2158人がいた．学校は77校がレバノンに，109校がシリアに，201校がヨルダンに，100校がヨルダン川西岸に，154校がガザ地区にあった．UNRWAが運営する8つの職業訓練センターは，5646件の職場を提供した．1993年から1994年の間にUNRWAは，アラブ諸国の大学での研究に795件の奨学金を供与した．

保健サービス UNRWAとの協定に基づいて，1949年以来同機関の保健サービスには世界保健機関（WHO）が技術指導を行ってきた．WHOは，主任医療官を含む特定の上級医療スタッフも提供している．予防医療や治療はもとより，保健教育や環境衛生計画などもかなり広範囲にわたっている．1993年末現在，保健所120，糖尿病医院105，歯科医院68，家族計画医院108があった．UNRWAの医療施設には，1993年に約600万人近い患者が登録されていた．保健サービスにはUNRWAの予算の約21％がまわされた．

救済および社会サービス UNRWAは食糧の配給，緊急避難所，それに最も貧しい難民約16万7000人に対する福祉計画などを実施した．UNRWAの社会サービス計画は，5000人以上の女性のために71カ所の女性センターを運営した．障害者のためには，地域ベースで18カ所のリハビリ・センターも運営した．これらのサービスには，1994年から1995年のUNRWAの予算の13.7％が費やされた．

かつてUNRWAの計画の主要部分を占めていた全員への食糧配給は，中止されている．1982年からは，未亡人や孤児，高齢者，身体的あるいは精神的な障害者，それに慢性の疾患をもつ人々など，特別の事情がある場合に食糧を配給している．

緊急避難所は，UNRWAの初期の活動で大きな位置を占めていた．当時はキャンプで生活する難民の30％に，おもな避難所として約3万張りのテントが提供されていた．資金と適当な用地が確保されるにしたがい，同機関はしだいにテントのかわりに小屋を建てるようになった．初めは難民は避難所が恒久的なものになるのではないかと考え，その利用に反感をもっていたが，この反感はしだいに消えていった．1959年末までに，UNRWAのキャンプのすべてのテントが小屋におきかえられた．1967年の6日間戦争の結果生じた約11万人の難民やその他の人々のためにも，東部ヨルダンとシリアに緊急のテント村が設営された．それ以後，テントは避難小屋におきかえられてきた．1994年までに，大雑把にみてパレスチナ難民の1/3が，59カ所の難民キャンプで生活していた．

ガザ地区と西岸地区の平和の約束

1987年に，イスラエル占領地域の西岸とガザ地区でパレスチナ人による暴動（インティファーダ）が発生し，同地域でのUNRWAの計画実施に支障が生じた．西岸の学校は1988年以降，長期間閉鎖され，両地域でのUNRWAのサービスは，難民キャンプに出される外出禁止令によって頻繁に妨げられた．

しかし1993年9月に，パレスチナ解放機構（PLO）とイスラエル政府が調印した原則宣言によって，ガザとエリコでの暫定自治機構づくりが始められ，UNRWAはパレスチナ難民のためのおもなサービスとインフラの改善努力を再開した．同機関はこれまでに「平和実現計画」（PIP）のための計画

に，ほぼ1億6500万ドルを認めてきた．ガザと西岸地区だけで，このうちの約1億ドルが費やされることになっている．資金の利用ができるようになるにつれ，UNRWAはヨルダン，レバノン，シリアの難民のための設備やサービスの改善計画に，さらに6500万ドルをまわすことにしている．［ガザと西岸地区の一部で，5年間の暫定自治が行われてきたが，1999年5月に期限を迎えた．イスラエルとパレスチナ自治政府はイスラエル軍の追加撤退に関するワイ・リバー覚書の履行をめぐる交渉を続け，99年9月にようやく合意が成立し，エルサレムの帰属などをめぐる最終地位交渉が再開されることになった．］

■ 青少年

国連の創設以来，青少年に対する関心が表明されてきた．とくに1965年に総会が，「人民間の平和ならびに相互の尊重および理解の理念を青少年の間に促進するための宣言」を採択してからはそうである．この宣言のなかで総会は，今日の世界での青少年の役割の重要性，とくに開発への寄与の可能性を強調し，国家の開発計画や国際協力計画の準備や実施に参加するチャンスを，各国政府が青少年に与えるよう提案した．

総会が各加盟国に対して行ったその他の勧告には，生活と開発のすべての側面に十分に参加できるよう，教育を通じて青少年に準備させること，青少年が自分のチャンスを生かせるように保健政策や計画を実施すること，青少年の雇用を増大させるようできるだけの手段を採用すること，国連と青少年組織の間のコミュニケーションのチャンネルを開くこと，青少年の人権保障を促進する措置をとることなどがある．

1970年7月に国連本部で開かれた世界青少年会議は，国連が組織した最初の国際的な青少年の会議であった．この会議には約650人の若者が参加し，世界平和，開発，教育，環境に関する自分たちの意見を述べ，いかにして青少年が国連を支援できるかについて議論した．

1979年に総会は1985年を「国際青年年」とし，参加，開発，平和の3つのテーマを決定した．この年は1965年宣言の採択から20周年にあたる．「国際青年年」の目的は，世界中の青少年がおかれた状況と問題，それに彼らの希望についての意識を広め，さらに彼らを開発プロセスに参加するようにすることであった．この「国際青年年」の結果として，総会は将来の国内的，地域的，そして国際的レベルで青少年のためになるような戦略や活動のガイドラインを採択した．

「国際青年年」の10周年記念となる1995年に総会は，青少年問題のための全体会議を開き，2000年以降に向けた「世界の青少年行動計画」の目標を設定する予定である．おもな目的のひとつは，国内や地域の行動についてグローバルな枠組みを設けることである．行動計画は，加盟国や国連制度の諸機関，それに非政府組織（NGO）などからの提案を受けて，国連事務局が起草することになっている．

「国際青年年」のために「国連青年基金」と呼ばれる信託基金が設けられ，若い人々が自分たちの国で開発に参加する計画への支援に利用されている．

■ 高齢化と高齢者

1950年から2025年までの75年間に，世界の老年人口は総人口の8％から14％に増大し，12億人となる．世界の総人口が3倍強に増加するいっぽう，高齢者は6倍に，長寿者は10倍に増えるとされる．途上国では今後，急速に高齢化が進み，高齢者のことを考えた制度的なインフラが未整備であることと，家族が伝統的な高齢者介護を今後も維持できるかどうか不確実であることの，2つの要因が問題となってくる．

1948年にアルゼンチンが初めて総会に高齢者の権利宣言草案を提出し，総会はこの問題を経済社会理事会にまわした．経済社会理事会は事務総長にこの問題について報告するよう求め，1950年に事務総長は「高齢者福祉，高齢者の権利」と題した報告書を提出した．しかし，1950年にはまだ世界の人口構造の急激な変化がはっきりしておらず，1969年にマルタがこの問題を再び総会の議題にするまで，20年の歳月が流れた．この提案は1970年代を通して検討され，1982年の高齢者問題世界会議につながった．

1973年に総会は，世界の老年人口の絶対的および相対的な規模の増加を指摘した包括的な報告（医療の進歩と出生率および死亡率の減少により，この傾向が続くと予測された）を審議し，世界中の60歳以上の人口は1970年から2000年までの間に2倍になるという結論に達した．総会は各国に対して高齢者政策の立案に関するガイドラインを勧告した．このガイドラインには，高齢者の経済的自立を最大にすること，ほかの年齢層の人々と社会的にうまくやっていくための福祉，保健に関する開発計画，高齢者

の保護，高齢者の需要に応じた再訓練などが含まれていた．

1978年に総会は，「高齢者の経済的および社会的安定を保障する目的の国際行動計画」と，高齢者が国の開発に寄与する機会の保障を目的とする国際行動計画の開始をめざす，世界会議の招集を決定した．総会はのちに，この会議で人口全体の高齢化に関連する問題も扱うことを決めた．

高齢者問題世界会議は1982年7月から8月にかけてウィーンで開かれ，120カ国以上の代表が出席した．同会議は，高齢者個人を援助するとともに，人口の高齢化がもたらす長期的な社会的および経済的影響に対処するための「高齢化に関するウィーン国際行動計画」を採択した．行動計画に盛りこまれた勧告は，次の通りである．

（1）高齢者が社会のあらゆる活動から排除されたりせずに，可能なかぎり長く，自分の家庭や地域社会で独立した生活を営むことができるよう援助する必要がある
（2）高齢者が自分の受ける健康管理を自由に選べるようにし，栄養や運動などを含めた予防的な管理をすることが重要である
（3）家族，とくに低所得の家族が高齢の親族を世話し続けられるよう，家族への支援サービスを行うことが必要である
（4）高齢者が新規に雇用される（あるいは職場復帰する）のを助け，適切な住宅を提供するなどの社会保障機構を提供することが必要である

行動計画はまた，高齢の難民や移住労働者など，とくに弱い立場にある人々の需要に即した勧告も含んでいた．

4年ごとに行動計画の履行を見直す任務を与えられた社会開発委員会は，1985年に，2025年には世界の60歳以上の人口の70％が，途上国の国民だろうと指摘した．専門家たちは，2025年には世界の老年人口は12億人に達し，1950年の2億人の6倍になると見積っている．同委員会は，高齢化に関する国内委員会の設置，計画立案の調整，情報交換や訓練，研究，教育計画の強化などを含む活動の優先順位リストをまとめた．

1988年に国連は，高齢化問題に関する訓練や研究，データの収集と公表，そして技術協力を行うべく，マルタのバレッタに国際高齢化研究所を設立した．1990年に総会は，10月1日を「国際高齢者の日」に指定した．1991年に総会は，自立，参加，保護，自己達成，尊厳の5つのテーマに絞った18項目の「高齢者のための国連原則」を採択した．この原則では，高齢者が労働の機会をもち，いつ退職するかを自分で決められるようにすること，高齢者が社会に参加し，自分たちに影響をおよぼすような政策の形成に積極的に参加すること，高齢者が身体的，精神的および感情的な面で最適水準の状態を維持できるよう援助する，健康管理を利用できるようにすること，十分な自己開発のための機会を追求できるようにすること，そして尊厳をもって安定した生活を送れるようにすることなどを目的に掲げている．

1992年に総会は，フランスのトルシーに民間が設立したバニャン基金協会の世界高齢者基金を後援した．この基金は，途上国からの要請で，高齢化に関する政策や計画の立案や実施活動を援助することを目的とするものである．同じく1992年10月に総会は，高齢化に関する会議として4回の特別本会議を開いた．会議の結果，高齢化宣言（決議A/47/5）が発せられ，それ以前の決議を再確認し，「人口が高齢化し，社会的，経済的および文化的な事業において高齢化による成熟した態度や能力が世界平和のためだけでなく，次の世紀の開発にも必ず発揮されるであろうことを認め」，1999年を「国際高齢者年」とすることにした．決議47/86において，総会は各国が高齢者のニーズにこたえるための実践的な戦略として，2001年に向けた高齢化に関する一連のグローバルな目標を採択した．

「国連高齢化信託基金」は1983年に運用を始め，訓練や所得の創出，政策立案の支援をしている．各国政府，非政府組織，民間組織および個人が同基金に資金を拠出し，ウィーンにある国連事務所の所長がそれを運営している．1991年1月現在，「国連高齢化信託基金」は42の企画を始めるための資金として，100万ドルを支払っていた．

■ 障 害 者

人間の尊厳および価値と社会正義の促進という憲章上の原則のもとで，総会は障害者の権利を保護するために活動してきた．1971年に総会は，「精神薄弱者の権利に関する宣言」を，1975年には「障害者の権利に関する宣言」（219ページ）を採択した．1976年に総会は，1981年を「国際障害者年」にすることを決め，国内的，地域的，および国際的な段階での活動計画を求めた．

障害者年の目的と主題は，「完全な参加と平等」の

促進であった．「完全な参加と平等」とは，障害者が社会生活と開発に完全に参加し，ほかの市民と平等な生活条件を享受し，社会的・経済的発展の産物である条件の改善の恩恵も，平等に受けられるようにする権利であると定義されている．障害者年のその他の目標には，障害に対する一般の理解を深めること，障害者が団結し，自分たちの意見を実効的に表明できるよう奨励することなども含まれている．

「国際障害者年」に，その目的を実現するための活動計画を作成する国内委員会が，140カ国以上で設置された．障害者年の間，アジアおよび太平洋，アフリカ，ラテンアメリカ，西アジア，およびヨーロッパなどで，地域セミナーが開かれ，障害者のための地域協力が議論された．国際レベルでは，国連制度下の諸機関やその他の国際機関，および非政府組織（NGO）が技術協力やその他の手段で，国際社会が障害者を支援する方法について議論した．

「国際障害者年」の活動は，1982年に総会が採択した「障害者に関する世界行動計画」に引継がれた．同計画は国内，地域，国際レベルでの持続的な長期計画をめざしていた．計画の実現に必要な時間を与えるため，総会は1983年から1992年までを「国連障害者の10年」とすることを宣言した．

世界行動計画は，障害者の問題を人権の文脈のなかで定義し，障害者が社会に参加するための機会の平等に向けての手段を勧告することにより，障害者の社会的，経済的および身体的条件を改善する，価値ある指針であることを証明した．同計画は，障害の予防，社会復帰，機会均等，ならびに生活のすべての側面での障害者の参加などに関する社会的な思考を一歩先に進めるという，障害者問題への新しいアプローチを提供した．「国際障害者の10年」の前半の5年に当たる1983年から1987年までに，障害者の要求を表現し認識することのできる障害者組織は大幅に増加した．各国政府やNGOならびに地域組織は，障害者が自らの権利について認識を深めていることを報告した．障害の予防や障害者の社会復帰，障害者の動員，レジャーやスポーツ活動への参加などについての研究や情報交換も増加した．

同時に，世界行動計画の実現を妨げる障害も認められた．そのなかには多くの国々で貧困や栄養失調，戦争，国内情勢の不安定化，それに社会的・経済的条件の悪化などのため，世界中で障害者の数が増加していることも含まれていた．これらの障害のため，総会は残りの5年間は，行動計画の実効的な実施を確保するための活動を優先させることにした．

国連制度下のいくつかの専門機関が，おもな障害者問題についてのガイドラインやマニュアルを準備してきたが，これらのガイドラインは大半の国々の国家計画には組みこまれなかった．世界行動計画をもっと実効的にするため，総会は障害者の機会均等に関する基準原則を設定する長期戦略を求めた．1990年に経済社会理事会は決議1990/26で，1993年の総会に提出する基準原則をつくるための，作業部会を設置する権限を社会開発委員会に与えた．この新しい原則は各国政府に，障害者の完全な機会均等のための方策をどのようにして実現するかという点について，明確な政策的選択肢を提供した．

「国連障害者の10年」の最後の年である1992年にブトロス・ブトロス＝ガリ事務総長は，1981年の「国際障害者年」が，障害の問題と障害者に対する関心を国家的な議論とするのに大いに貢献し，障害者が平等な権利を求める長期的な戦いの一里塚となったと報告した．1992年10月に開かれた4回の総会本会議が，この10年間の進歩を祝福し，評価するのに当てられた．この行事の前に，モントリオールで「障害者問題担当閣僚国際会議」が開かれ，この10年間の成果を今後も継続させていくための行動の枠組みについて，合意をまとめようとした．

この10年間で，政策決定者，立案者，政治家，サービス担当者，親たち，そして障害者自身が障害の問題をますます公に認識するようになったことは，明らかに大きな成果であったといえる．たとえば，今では障害の問題についての情報が国勢調査に含まれ，55カ国で障害に関する統計情報がまとめられている．1960年にそのような情報が入手できたのは15カ国だけであった．いくつかのヨーロッパ諸国は，障害者に関する情報を共有するため，コンピュータ情報ネットワークを作りあげた．障害者福祉のために活動する非政府組織が，その影響力を増し，地域社会で尊敬を得られるようになっていることもわかった．「国連障害者の10年のための自発的基金」は，1991年末までに161件の計画を支援し，その総額は約290万ドルであった．

しかしながら，相対的な成功は認められるものの，10年が終った時点で3億人の障害者が途上国で生活しており，そのうち1％しか基本的な保健や教育，適切な衛生サービスを受けられない状況にあると推定されている．

■ 家族——社会建設の単位

家族の需要に軽く触れている国連決議や文書は数多いが，総会が家族に対して，文明社会を建設する基本的な単位としての特別の地位を最初に認めたのは，1994年を第1回「国際家族年」と宣言する決議A/44/82(1989)を採択した1989年のことである．家族年の主題は「家族 変わりつつある世界における資源と責任」で，標語は「最小単位の民主主義を社会の中心にうち立てよう」であった．1993年に総会は，1994年5月15日を第1回「国際家族の日」とし，以後，毎年この日を祝うことを宣言した．

総会は，家族を脅かしている脅威や，家族が分裂し，解体することによって将来の社会が受ける影響について，国，地方，それに地区段階の当局者が認識を深めるよう求めた．社会のセーフティーネットが世界中で浸食されたことにより，家族は重い負担を強いられるようになった．世界の人口の20%を苦しめている重度の貧困は，たとえば家族の一員が職を求めて家庭を離れるなどして，家族崩壊の一因となっている．ここ20～30年の間に，伝統的な大家族は核家族へと規模を縮小し，核家族は単身世帯へとさらに縮小していることが，研究によってわかってきた．イギリスだけをみても，1990年の出生数全体の半数が，独身女性の出産によるものであった．国連の各機関は，人間開発の達成や貧困の緩和，健康管理や栄養，教育，住居などの提供，さらに家族構成員の雇用などに家族が貢献していることを認めるよう求めた．国連は各国政府に対し，「家族指向」の国内政策をまとめるとともに，諸政策が家族にどんな影響をおよぼすかを評価するよう求めた．

家族を狭く定義するというよりも，総会はむしろ世界中の家族の多様性を肯定する，可能なかぎり広いアプローチを採用した．ある研究によると，1家族の平均的な規模はスウェーデンの2.2人からイラクの7.1人までさまざまであった．旧ソ連を除くすべての先進諸国で，家族の平均規模は1970年から1990年の間に縮小している．アメリカでは，1970年に1家族平均3.1人であったものが，1990年には2.6人に縮小した．いっぽう，アフリカ，南アジア，中東では，家族の規模が拡大していた．たとえばアルジェリアでは1966年に1家族5.9人であったものが，1987年には7人に増加した．世界の家族は，文化的・経済的に大きく異なっているが，事務総長によれば，家族に関する考えにはいくつかの国際的な共通項が認められた．それは次の通りである．

・家族は社会の自然で基本的な単位集団であり，社会や国家の保護を受ける権利がある
・社会的，文化的，政治的体制が異なるのに応じて，家族の観念もさまざまであるが，家族が社会構造やすべての社会の発展の基礎であることは認められている．世界中の家族が多くの共通の問題をかかえていることも認められている
・男女平等，女性が平等に雇用されること，そして親としての責任が両性に共有されることなどは，現代の家族政策に不可欠の要素である
・家族は社会や開発環境の強さと弱点を草の根レベルで最もよく反映している
・社会生活の基本単位としての家族は，社会のすべてのレベルでの持続可能な開発のおもな担い手であり，その寄与は開発の成功にとって決定的に重要である

「国際家族年」の準備のため，1993年の4つの地域準備会合と2つの非政府レベルの催しが行われたほか，総会は1994年10月に国際家族会議を開催した．ウィーンに本部をおく国際家族年事務局は，アフリカと旧ソ連諸国での技術協力計画を調整した．1993年後半にマルタで開かれた非政府組織（NGO）の世界フォーラムは，国連とその加盟国に対して，家族にやさしい社会プロセスの進行に加わるよう要請した．「国際家族年」の事後活動として，家族の権利と責任に関する宣言草案の起草も求めた．

家族に言及している現在の国際文書で，最も重要なのは次のものである．
・1948年の「世界人権宣言」
・1966年の「経済的，社会的および文化的権利に関する国際規約」
・1979年の「婦人に対するあらゆる形態の差別の撤廃に関する条約」
・1981年の「宗教および信条に基づくあらゆる形態の不寛容および差別撤廃に関する宣言」
・1989年の「児童の権利に関する条約」

■ 犯罪防止と刑事司法

犯罪防止と刑事司法の分野での国連の活動には，2つの大きな目的がある．ひとつは犯罪による人的および物的な損失と社会的経済的発展への影響を軽減することであり，もうひとつは犯罪防止と刑事司法の国際基準と規範を公式化し，その遵守を促すこ

1990年現在の国連統計によると，世界の犯罪発生率は1970年の人口10万人当たり約150件から，1990年には人口10万人当たり400件近くに増加している．盗難の発生率は同じ時期に3倍以上に増加している．さらに，世界の法的に拘留されている成人は1975年に100万人弱であったものが，1980年には10%増えて110万人になった．別の国連の研究によると，先進諸国では予算の平均2〜3%が犯罪の取締りに費やされているのに対し，途上国ではその貴重な国内予算の平均9〜14%が犯罪の取締りに費やされていた．薬物の不正取引は，年総額5000億ドルと推定された．国境を越えた組織犯罪と薬物の不正取引が絡み合って拡大し，そしてそれらが国際テロリズムと結びつくようになったことで，国際協力を求める声が高まった．

歴史的背景

刑事司法制度の存在の証拠は，人間の文明の夜明けまでさかのぼることができる．行為規範を表にまとめた紀元前2400年の粘土板が，シリアで発掘されている．シュメールの古代文明は紀元前21世紀までさかのぼる入念な一連の法を残している．しかし犯罪者に刑罰を科す基準は，ほとんど非公式に扱われ，近代以前には法典化されることもまれであった．主権国家間の最も初期の国際協力は，公海上での海賊の取締りの努力であったかもしれない．しかし，都市犯罪の急増に対する関心が広まり，教護院や刑務所制度が普及したのは，19世紀に入ってからであった．

最初の犯罪の防止および抑制に関する国際会議は1872年にロンドンで開かれ，適切な刑務所の管理，拘禁にかわる措置の可能性，犯罪者の社会復帰の方式，非行少年の処遇，犯罪人引渡し条約，さらに「犯罪的な資本家を抑圧する手段」について審議した．これらの問題は，20世紀末になっても国際社会の課題であり続けている．ロンドン会議は，刑務所の統計を集め，刑罰の改革を奨励し，5年ごとに国際会議を招集するため，「国際刑務所委員会」(IPC)を創設した．IPCは国際連盟と提携することになり，その名称を「国際刑罰刑務所委員会」(IPPC)に変更した．IPPCは75年間にわたって研究資料を集めるなど，ひじょうに貴重な活動を行ってきたが，1935年の会議で同委員会はドイツで権力を掌握したナチス政権の支持者たちに支配されてしまった．戦争の間，同委員会の財政は実質的に枢軸国側によって支えられ，犯罪の原因を生物学的要因に求め，厳罰主義に基づいた規制を唱えるファシスト理論の広報機関と化してしまった．第2次世界大戦末期に国際連合が創設されたとき，国連はIPPCとの提携を受入れることは却下した．しかし国連は，犯罪の規制と防止は国連の関心領域のひとつであることを決定した．

国連の活動

国連は1950年12月1日に，総会決議415(V)によってIPPCを解散し，公式にその任務を引継いだ．その任務には，5年ごとに国際会議を招集すること，政策の形成，国際行動計画の発展などが含まれている．これらの責任を全うするため，総会は1950年に「犯罪防止および犯罪者の処遇に関する国連会議」を5年ごとに開催することを承認した．

決議415(V)で総会は，研究と犯罪防止と犯罪者の処遇の分野での活動計画を作成する，7人の専門家からなるアド・ホック諮問委員会を設置した．このアド・ホック委員会は1970年の犯罪会議(日本の京都で開催)の結果を受けて，1971年に「犯罪防止規制委員会」(CCPC)を設け，刑事司法政策に関連する問題も含めるべく，管轄範囲を大幅に拡大した．CCPCの27人の委員は各国が指名し，経済社会理事会が選出した．同委員会の任務は国連の諸機関の努力を調整し，国連犯罪会議のための準備を行うことであった．委員会は，刑事司法政策に関する国際基準とガイドラインのための草案をたびたび起草した．

1991年11月に，フランスのベルサイユで114カ国の閣僚が出席した閣僚サミットが開催され，新しい国連の犯罪防止および刑事司法計画の作成が求められた．総会は，CCPCを経済社会理事会の機能委員会である「犯罪防止刑事司法委員会」とすることでこの要請にこたえた．新しい委員会は40人の委員からなり，1992年4月に第1回会合をウィーンで開催した．同委員会は犯罪防止に関する国連の計画を発展させ，監視し，再評価するとともに，加盟各国からの支援をまとめる任務を負っている．犯罪防止と刑事司法に関する，国連の地域機関や地域間機関の活動の調整も行っている．また，国連犯罪会議を準備する責任も負っている．

犯罪防止および刑事司法支局

ウィーンに本部のある，国連事務局のこの支局は，犯罪防止，刑事司法，刑法改正およびおもな犯罪学的問題について，技術的な専門知識を集中的に管理する国連の中央貯蔵庫である．同局は5年ごとの会

議や「犯罪防止刑事司法委員会」のために研究と報告を準備し，犯罪統計を収集して加盟国や地域機関に技術援助を行っている．また，国別の犯罪傾向と刑事司法政策を定期的に概観している．同局は2つの定期出版物を発行している．すなわち，1952年以来毎年発行されている応用犯罪学の雑誌の『犯罪政策国際レビュー』と，年2回発行されるこの分野での国連の活動に関する情報を広めるための『刑事司法ニュースレター』である．

刑事司法支局はさまざまな地域センターや研究機関，国際コンピュータ情報ネットワークとも密接に協力している．国連が提案する国際基準は，各国が適切な行動をとるための跳躍台として位置づけられているが，歴史や文化，経済構造，それに行政制度が国ごとに異なっているため，国連のガイドラインや基準を全体的に受入れるのは難しくなっている．地域センターは，地理的に結びついた各国の文化や伝統のちがいを考慮することができ，各国の政策をよりよく指導したり調整することができる．

国連地域間犯罪司法研究所(UNICRI) 1965年のストックホルム犯罪会議で話題となった関心にこたえるため，1968年に「国連社会防衛研究所」の名称で設立された．UNICRIはローマの旧市街の中心部にあり，中世に用いられた監獄のかわりとなるモデル刑務所として，教皇イノセント10世が命令して建てさせた殿堂の中にある．イタリア政府が建物の内部の設備を近代化し，UNICRIに利用させている．

UNICRIは，地域の研究機関や専門家と共同で現地調査を実施している．国連犯罪会議のための準備として，特別研究プロジェクトを実施することもある．国際セミナーやワークショップも開催している．特別のプロジェクトを実行するため，研究所の専門家が技術協力使節として加盟国の支援に派遣されている．同研究所は犯罪学，刑罰学，および関連する法制分野や社会学，心理学に関する，小さいながらも高い水準の専門図書館をもっている．刑事司法問題に関する国連やヨーロッパ審議会の文書の収集も，同研究所が行っている．同研究所はおもな研究報告と，世界中の関連する研究の年間目録を発行している．UNICRIは「犯罪学研究所世界一覧」をコンピュータ化し，国際専門家名簿をコンピュータ化したソフトウェアとユーザー・マニュアルも作っている．同研究所は，国連の地球規模での情報ネットワーク開発でも指導的な役割をはたした．UNICRIは，「国連社会防衛信託基金」の資金で運営されている．同基金は各国その他の拠出者から寄せられる自発的な贈与で維持されている．1989年なかばまでにUNICRIは，約248万4000ドルに達する寄付を受けた．

犯罪防止および犯罪者の処遇に関するアフリカ地域研究所(UNAFRI) 1987年1月に，エチオピアのアディスアベバを仮本部として設立された．現在はウガンダのカンパラに本部がある．同研究所は研修コースや研究を組織しており，ここにアフリカ中から刑事司法担当公務員や開発立案者が集まってきている．同研究所は，「国連刑事司法情報ネットワーク」(UNCJIN)と結びついた地域的なコンピュータ情報ネットワークの構築に向けて，その実現可能性を探る研究を行ってきた．UNAFRIは，アフリカ経済委員会(ECA)の後援のもとで国連開発計画(UNDP)から財政援助を受けて活動している．

犯罪防止及び犯罪者の処遇に関するアジア極東研究所(UNAFEI) 1961年に設立され，本部は日本の東京にある．同研究所は研修コースの設備を供与し，担当地域の各国に職員を派遣し，受入れ国と協力しながら授業を行っている．UNAFEIは定期的なニュースレターや，『アジア諸国における犯罪の形態と次元』，『アジアにおける拘留の代替措置』，それに『アジアの刑事司法──統一アプローチを求めて』などの研究書を発行している．UNAFEIは，初めは国連と日本政府の合弁事業として運営されていたが，国連からの資金援助は1970年に中止されている．UNAFEIの所長は，日本政府が国連と協議しながら任命している．

犯罪の防止ならびに規制に関する欧州研究所(HEUNI) 1981年に国連とフィンランド政府の合意で設立された．本部はヘルシンキにある．その資金は，フィンランド政府がほかの国の政府から援助を受けながら提供している．HEUNIは研修セミナーを実施し，広く地域の問題を研究する専門家の会合を開いている．この会合は，しばしば国連の刑事司法政策の文書作成について，欧州の見解を提供するために招集されている．HEUNIは，犯罪と刑事司法に関する国連のグローバルな情報システム計画にも，積極的に関与してきた．同研究所が発行しているのは，『ヨーロッパにおける刑事司法制度』，『欧州刑事司法制度における犯罪被害者の役割』，『ヨーロッパにおける非拘留代替措置』などである．

犯罪防止および軽犯罪者の処遇に関するラテンアメリカ研究所(ILANUD) 1975年に設立され，コスタリカのサンホセに本部がある．ILANUDは，刑事司法についての国連の勧告を考慮した，現実的な戦略を考案している．定期的な研修コースやセミナ

一，ワークショップ，それにラテンアメリカ諸国の刑事司法制度に携わる担当者のための会議なども組織している．同研究所は1987年に，農業生産に関する手続きを改善することを目的として，土地問題計画を作成した．ILANUDはまた，文書センターでコンピュータ化されたデータベースを運用している．ILANUDは国連からの資金援助で設立されたが現在は主にコスタリカ政府によって支援されている．

国連刑事司法情報ネットワーク（UNCJIN）
1989年に刑事司法支局の後援のもとで運用を開始した．UNCJINはインターネット上で，モデムとgopher［インターネット用の検索ソフト名］テクノロジーを使ってアクセスできるコンピュータ・ネットワークである．UNCJINのgopherはオルバニーのニューヨーク州立大学のコンピュータ・システムのなかにある．UNCJINは，国連の司法統計事務局，オルバニーのニューヨーク州立大学，ニューヨーク州立大学研究財団によって，資金支援の一部を受けている．UNCJINの目標は，刑事司法と犯罪防止に関する情報の普及と交換のため，世界的なネットワークを確立することにある．UNCJINのgopherを通じて得られる情報は，たえず進化し拡大している．1994年には120カ国以上の刑事司法プロファイルと，各国の基本制度の文書，最新のアメリカ合衆国最高裁判所判決の要約，『国連世界犯罪概観』を出典とする国際刑事司法統計，アメリカ司法省統計局レポート，CIA事実報告のすべて，および刑事司法と犯罪学で公刊されている出版物の注釈付きリストなどを発行した．UNCJINでは，おもな刑事司法や世界中の法律図書館のオンライン図書館目録を調べることができる．また，刑事司法に関するすべての国連規則やガイドラインを調べたり，その他の国連オンライン情報源にアクセスすることもできる．

犯罪防止および犯罪者の処遇に関する国連会議

国連犯罪会議の参加者には犯罪学者，刑罰学者，警察官僚はもとより，刑法，人権，社会復帰の専門家なども含まれている．国連加盟国や政府間組織，非政府組織の代表も出席している．1955年から1990年までの間に，8回の犯罪会議が開かれた．9回目の会議は，チュニジアの首都チュニスで1995年に開催されることになっている．

第1回会議 1955年にジュネーブで開かれ，51カ国の代表と国際労働機関（ILO），国連教育科学文化機関（UNESCO），世界保健機関（WHO），ヨーロッパ会議，アラブ連盟などの代表が出席した．第1回会議の議題は，第2次世界大戦の騒動から回復しつつあったヨーロッパ人の，緊急の関心事項を反映したものであった．多くの代表は，自国がファシスト諸国に占領されていたとき監禁され，野蛮な行為や喪失感を経験していた．同会議は95項目の「被拘禁者の処遇に関する最低基準規則」を採択した．この規則は，被拘禁者の処遇における良好な一般原則ならびに慣行として受入れられることを規定したもので，虐待に対する歯止めとしての意図も込められている．1977年に採択された追加規則は，罪状がないまま逮捕されたかまたは拘禁されている者について，逮捕されている者，公判を待っている者，それに刑に服している被拘禁者に対するのと同じ保護が与えられるべきことを規定している．最低基準規則の成功によって，刑事司法のあらゆる側面で多くの国際モデルや基準，規範，ガイドラインが同じように作成された．また，多くの子どもたちが見捨てられ，孤児となっていたことから，少年非行の防止についても同会議で議論された．

第2回会議 1960年にロンドンで開催され，70カ国の代表と60団体の非政府組織の代表が参加した．出席者は全部で1131人であった．第2回会議は第1回会議よりも広い範囲の問題を扱った．同会議では少年非行の急増問題や収監中の労働，執行猶予それに出所後のアフターケアなどの問題が審議された．ただ国連加盟国が増加したことで，第1回会議で支配的であったヨーロッパ的視点をより幅広いものにすることが必要となった．同会議では，犯罪と刑事司法を国の発展全体との関連で分析した．専門家たちは，経済状況が改善されるだけでは，犯罪は減少しないと警告した．というのは，急激な経済成長によって犯罪がかえって広まることもあるからである．

第3回会議 1965年にストックホルムで開催され，「犯罪の防止」という野心的なテーマが表明された．議題には，社会変動と犯罪についての議論の継続，社会的な諸力と犯罪防止，地域社会を基礎とする犯罪の防止活動，常習犯を減らすための措置，判決猶予政策，若年世代に対する特別の防止策および処遇計画などが含まれていた．この会議への参加者は1083人で，74カ国と39団体の非政府組織の代表が参加した．この会議では，途上国の参加が増加したことの影響が感じられた．途上国は西側諸国で発展してきた刑事司法制度を機械的にコピーすべきではないことが，同会議で主張されたのである．

第4回会議 1970年に東京で開催され，ヨーロッパ以外では最初の会議となった．参加者の数はわず

かに減って1014人であったが，参加国の数は85カ国に増加した．第4回会議は，1960年代に国連の加盟国となった途上国の数が劇的に増加したことを反映し，「犯罪と開発」のスローガンのもとに招集された．この会議では，開発計画のなかに犯罪管理と防止の措置（「社会防衛政策」として言及された）が組込まれる必要があることが強調された．第3回会議では，第4回のホスト国である日本での民間協力の成功を指摘して，地域社会をベースとする犯罪防止のテーマを拡大した．第4回会議では，会議開催の前に加盟国が提出したアンケート結果に基づき，被拘禁者の処遇に関する最低基準規則の国別履行状況も調査した．

第5回会議 1975年にジュネーブで開催され，参加国の数も101カ国に増加し，インターポール（国際刑事警察機構）や経済協力開発機構（OECD）など専門機関の参加も増加した．同会議のテーマは「犯罪防止と規制，今世紀最後の四半世紀の挑戦」であった．多くの議題の中で，たとえば次の事項が審議された．
・国家内のおよび国家を越えた段階での犯罪の形態と次元の変化
・ビジネスとしての犯罪と組織犯罪
・犯罪防止における刑事立法，裁判手続，およびその他の社会管理形式の役割
・法の執行者としての役割に加えて，犯罪防止活動を警察が担うこと
・「被拘禁者の処遇に関する最低基準規則」の履行
・犯罪の経済的および社会的帰結
・アルコールと薬物濫用
・因果応報的な刑事裁判にかわるものとしての被害者補償

第5回会議は，最低基準規則と同じくらいに重要な2つの文書の起草に責任を負った．ひとつは「拷問その他の残酷，非人道的，屈辱的な処遇および刑罰からの保護に関する宣言」で，これは総会が決議3452（XXX）で採択した．もうひとつは「法執行官の行動基準」であり，これは警察官のヒポクラテスの誓いと呼ばれてきた．この行動基準は，1979年の総会で採択された．拷問に関する宣言は，1984年に総会が同じ主題で条約を採択したとき，法的拘束力が与えられた（→215ページ）．

第6回会議 1980年にカラカスで開催され，途上国で開かれた，また西半球で開かれた最初の国連犯罪会議となった．102カ国の代表と，ILO，WHO，ヨーロッパ会議，国際刑事刑警機構，アラブ連盟，アフリカ統一機構（OAU），汎アラブ社会防衛組織などが参加した．同会議のテーマは「犯罪防止と生活の質」で，次のような事項が審議された．
・犯罪における新たな傾向と適切な防止戦略
・少年裁判措置の適用
・実効的な法の効力の外にいる実力者による犯罪
・矯正措置の脱施設化
・刑事裁判における国連のガイドラインと基準の役割
・死刑
・国際協力の重要性

ラテンアメリカおよびカリブ地域からの専門家による作業部会が，犯罪の分類に関する革新的なアプローチを提起した．同作業部会は刑法の範囲を広げて，国家的な富や福祉を意図的に害する行為をもその中に含めるべきであると提案した．そのような行為としては，生態系の破壊や薬物売買への関与，人身売買などがあげられた．そのかわりに同作業部会は，軽犯罪や社会的に破壊的な影響がほとんどないような犯罪を刑罰の対象から外し，法の数を減らすことも勧告した．

第7回会議 1985年にミラノで開催され，犯罪防止と刑事裁判での国際協力を強化する手段として，ミラノ行動計画を採択した．同計画はその年の後半に総会によって承認され，ミラノ会議で採択された国際的な方法や原則も総会によって承認された．それらの原則とは，「少年裁判の執行に関する最低基準規則（北京規則）」，「犯罪および権力乱用の犠牲者に対する公正の基本原則」，「司法の独立に関する基本原則」，「外国人被拘禁者の移送に関する基本協定」などである．

北京規則は，青少年の福祉を最大限に促進することによって，少年裁判の必要性を最小限にすることを目的としている．同規則には，少年犯罪者の処遇について最低基準を設定し，少年の権利を列挙し，少年犯罪者の判決と処分や，少年犯罪者の施設的および非施設的な処遇に関する原則も含んでいる．

「犯罪および権力乱用の犠牲者に対する公正の基本原則」は「犠牲者」を，刑法違反あるいは国際的に承認された人権規範の違反となるような行為，または不作為によって身体的，精神的な損害あるいは感情的な苦痛，経済的損失，または基本的人権を実質的に損なうことなどを含め，個人的あるいは集団的に被害を被った人々と定義した．同原則は，そのような犠牲者およびその家族が身柄の返還や補償，社会的援助を受ける権利を謳っている．

「司法の独立に関する基本原則」は，裁判所が司法

的な性質をもつすべての問題に対する管轄権をもち，裁判官は事件を公平に，いかなる制約も，不適切な影響あるいは干渉も受けずに判断すべきであると規定している．すべての人々が，通常の裁判所で裁判を受ける権利も再確認している．

「外国人被拘禁者の移送に関する基本協定」は，国外で犯罪を犯した者を可能なかぎり早期に判決に服させるため，国籍国あるいは居住国に帰国させ，犯罪者の社会復帰を促進することを目的としている．

ミラノ会議では裁判行政上の人権や少年の非行防止，国内の暴力に関連する問題も審議した．

第8回会議 1990年8月27日から9月7日まで，キューバのハバナで開催され，127カ国と5つの政府間組織，および40団体の非政府組織から1400人が参加した．会議全体のテーマは，「21世紀に向けた犯罪防止と刑事司法における国際協力」であった．同会議は，次の5つの議題を審議した．
（1）開発の文脈からみた犯罪防止と刑事司法
（2）拘留その他の刑罰制裁とその代替措置の問題に関連する刑事司法政策
（3）組織犯罪やテロ活動に対抗する効果的な国内的および国際的行動
（4）少年非行の防止と青少年の保護
（5）犯罪防止および刑事司法における国連の規範とガイドライン

第8回会議ではいくつかの新しい文書と決議が採択され，総会はこれらをすぐに承認した．そのなかには，「犯罪人引渡し基本条約」，刑事問題における相互援助，刑事訴訟手続きの移転，条件付きの判決を受けたり仮釈放されたりした犯罪者の監督などに関する条約案などが含まれていた．そのほかに採択された文書は，次の通りである．
・「民族の文化的な伝統を侵害する犯罪の防止に関する基本条約」
・「法の執行者による軍隊および小火器の使用に関する基本原則」
・「弁護士の役割に関する基本原則」
・「検事の役割に関するガイドライン」
・「拘留以外の措置に関する国連最低基準規則（東京規則）」
・「被拘禁者の処遇に関する基本原則」
・「少年非行の防止に関する指針（リヤド指針）」
・「自由を奪われた少年の保護に関する規則」

同会議はまた，コンピュータ化，都市犯罪防止，環境保護，政府の腐敗，麻薬および向精神薬の密造と不正取引，コンピュータ関連犯罪，麻薬常用者対策，組織犯罪とテロ行為，家庭内暴力，犯罪の手段として児童を利用することなどに関する決議も採択した．会議はさらに，ヒト免疫不全ウイルス（HIV）や後天性免疫不全症候群（AIDS）に感染している被拘禁者の管理に関する指針を準備するよう要請した．

第8回会議は，国内および国境を越えた犯罪の問題と戦う各国を支援するような，実効的な国際犯罪および司法計画を作成するよう求めた．その重要な産物が，経済社会理事会の機能委員会として設置された「犯罪防止刑事司法委員会」である．

■ 麻薬統制のための国際協力

「…この特別総会で，言葉は行動へとつながり，行動は成功へとつながるよう決意しよう．薬物の乱用は私たちの文明の中心で秒針を刻んでいる時限爆弾のようなものである．これが爆発して私たちを滅ぼす前に，この問題に対処する方法を，いまみつけなければならない」．

ハビール・ペレス・デクエヤル事務総長
第17回特別総会発言（1990年2月20日）

19世紀末まで，麻薬の取引は合法的な商売とされていた．アヘンやコカの葉，インド大麻などの中毒を引起こすような誤った使い方は，世界の特定の地域の根深い習慣の結果であると考えられ，問題はその国の国内問題とみなされていた．しかし，現代の技術や交通と世界貿易の拡大は新たな次元をもたらした．すなわち，ケシの実やコカの葉からアルカロイドとその派生物を大量に精製し，簡単に流通させるようになった．さらに，大量の向精神薬（バルビツル酸塩などの中枢神経鎮静剤やアンフェタミンなどの中枢神経興奮剤，およびリゼルキン酸ジエチルアミドあるいはLSDなどの幻覚剤）が開発され，その消費量も大量に増大した．したがって，かつては限定された地域の問題とみられていたものが，地球全体の問題となった．

国連は，1912年に最初の「国際アヘン条約」がハーグで調印されて以来の多くの国際条約にしたがって，世界規模での麻薬の統制について任務と権限を行使している．1994年までに，大半の国々が1ないしそれ以上の条約の当事国となっている．国際統制システムは，各国が自国の管轄内での薬物の製造と販売を管理することを定めた，これらの条約によって拘束される，各国間の協力に基づいている．条約は，各国が適切な立法を行い，必要な行政上および執行手続きを導入し，締結国相互間はもとより，国

国際連盟のもとでの麻薬統制

国際連盟規約では加盟国が，「……阿片其の他の有害薬物の取引に関する取極の実行に付，一般監視を連盟に委託す」べきであると規定していた．第1回連盟総会は，この問題で連盟理事会が監視任務を遂行するのを援助し助言するため，「アヘンおよびその他の有害薬物取引に関する諮問委員会」を設置した．連盟は，1928年に発効した「第2次国際アヘン条約」が導入した統制システムを監督するため，のちに「常設中央麻薬委員会」に名称を変更した常設中央委員会を創設した．同委員会は独立した専門家で構成され，連盟国はアヘンやコカの葉の生産についての統計と，麻薬の製造，消費，貯蔵に関する統計を毎年同委員会に提出し，麻薬の輸出入報告を1年に4回行うよう求められていた．すべての麻薬の輸出入には，政府による特別の許可が必要とされていた．

1931年にジュネーブで調印された「麻薬の製造の制限と流通の規制に関する条約」は新しい機関として，同じように独立した専門家で構成する薬物監視機関を創設した．1931年条約の目的は，薬物の世界的な製造を医療および科学的目的のために現実に必要とされる量に限定することにあった．

1936年にジュネーブで調印された「有害薬物不正取引抑制条約」は，麻薬の不正取引を厳罰に処し，薬物犯罪者を引渡しの対象とすることを要求していた．

そして1946年12月11日に調印された議定書（1947年1月10日に発効した）により，第2次世界大戦以前の条約に基づいて連盟が行使していた任務は国連に移された．

国連と国際薬物統制
歴史的背景

連盟の諮問委員会の任務は，1946年に国連の経済社会理事会の機能委員会として設立された麻薬委員会（CND）に移された．麻薬統制分野の国連活動では，そのなかには国際麻薬統制委員会（INCB）や麻薬部（国連事務局の一部），国連薬物乱用統制基金（UNFDAC）などいくつもの組織が創設された．さらに，とくに世界保健機関（WHO）や国連教育科学文化機関（UNESCO）などの専門機関も，違法な薬物に対する戦いに協力するよう要請されている．

1980年代なかばになって，総会はこれまでにいくつかの重要な条約（→203ページ）がつくられてきたものの，望むような結果は得られていないことを認めた．薬物の違法な取引は世界中で危機的な状況に達しており，アフリカや東南アジア，ラテンアメリカおよびカリブ地域において，各国政府の安定と，地域の平和および安全を脅かしている．1984年に総会は麻薬委員会に対して，不法な薬物取引の問題を明示的に扱う新しい条約の起草を要請した．1985年に総会は，1987年にウィーンで「薬物乱用と不法取引に関する国際会議」を招集することを決定した．同会議は宣言と，「薬物の乱用統制に関する将来の活動の学際的な総合的要項」を採択した．

しかし，国際麻薬統制委員会の1987年報告によると，麻薬取引シンジケートはいまやいくつかの南アメリカ諸国で，選挙で選ばれた政府を脅かすほどの資金力をもっていることが明らかになった．さらに薬物乱用のさい，病原菌に犯された注射針を共用することで，後天性免疫不全症候群（AIDS）やHIVウイルスが世界的に大流行してしまった．INCBは，国際薬物取引が国際的な結びつきをもつ犯罪組織の資金源となり，それらの組織によって運営され，薬物取引で得られた資金を「洗浄する」のを手伝う金融機関の共犯者たちがいることを指摘した．加盟国は1988年6月26日を最初の「国際薬物乱用・不正取引防止デー」として宣言し，この問題について世界規模で公に関心を向け始めた．

1988年2月に，ウィーンで国連加盟国の全権代表会議が招集された．同会議は1988年の「麻薬および向精神薬の不正取引の防止に関する国連条約」（→203ページ）を採択し，直ちに43カ国が批准した．しかし，批准や加入国が十分でなかったため，同条約は1990年12月まで発効しなかった．

薬物乱用に対する世界行動計画

1989年11月に総会は，1988年条約への加入が思うように進まず，その発効が妨げられていることに対して警告を発した．国際的努力を強化するため，総会は1990年2月に4日間にわたる特別総会（第17回特別総会）で，薬物取引に対して国際社会が団結して戦う決意を確認する政治宣言A/RES/S-17/2を採択した．同宣言で総会は，薬物生産国の経済的および社会的条件と薬物取引とのつながりを認めた．また，薬物取引と国際テロリズムとの結びつきや，選挙で選ばれた政府を腐敗させる多国籍の犯罪組織の脅威についても懸念を表明した．加盟国は，「人類を薬物乱用と麻薬や向精神薬の不法取引の災難から保護すること」を決意した．加盟国は資金協力とともに，麻薬統制に関するさまざまな国連条約と歩調を合わせて国内法を整備することで，薬物取引

を根絶する国際的な努力を支援する約束を再確認した．ただしこの政治宣言は，薬物取引抑制の国際協力は，国連憲章に具現化された国家主権の原則に沿って行われるべきであることも述べている．総会は世界行動計画の採択で同宣言をしめくくり，1991年から 2000 年までを「国連麻薬撲滅の 10 年」とすることを宣言した．

100 項目におよぶ世界行動計画には，薬物乱用の増大傾向に歯止めをかける，世界的な協力のための提案が含まれていた．その規定のうちのいくつかは，前述の学際的な総合的要項に基づいたものであり，次のような提案も含まれていた．

・薬物乱用防止と削減計画について内政上の優先順位を上位にあげること
・薬物需要を生みだす社会的な原因の分析を［国際機関に］委託すること
・児童を薬物乱用から保護し，途上国での薬物取引に児童が利用されないようにするため，国連の財政支援を供与すること
・薬物中毒者の処遇と社会復帰に関する世界情報センターとして，国連が活動すること
・不法な麻薬栽培を確認するため，（生産国の同意を得て）高解像度衛星画像や航空写真技術を利用すること
・化学物質が不法な薬物の原料に利用されることを防止するための手段を講じる，国際会議を招集すること
・薬物から得られる資金のロンダリングを防止し，それらの資金で得られた基金や財産の没収を行うための国際的な制度を開発すること．
・国連を通じての，各国間の薬物に関する資金の流れに関する情報交換と，薬物に対抗する活動の訓練の調整を促進すること

総会の特別会期が始まる直前の 1990 年 2 月 15 日に，アメリカ，ボリビア，コロンビア，ペルーがコロンビアのカルタヘナで会合を開き，アメリカへの薬物流入を食い止めるために協力することで合意した，「カルタヘナ宣言」に調印した．世界最大の薬物消費国（アメリカ）と最大の不法なコカイン供給国であるこの 4 カ国は，需要の削減，消費の削減，供給の削減という 3 方面から，薬物に対する戦いを行うことで合意した．アメリカは，ペルーとボリビアがコカに依存する経済をかえるため，別の開発を行うための金融支援と，緊急社会計画の資金拠出に同意した．カルタヘナ・サミットで始まった多国間協力は，1992 年にテキサス州のサン・アントニオで開かれたサミットで拡大され，メキシコも薬物取引組織に対する国際的な闘争に参加するようになった．

1990 年世界閣僚サミット

イギリス政府は国連と協力して，薬物需要の削減とコカインの脅威と戦うための世界閣僚サミットを準備した．このサミットは 1990 年 4 月 9 日から 11 日までの 3 日間ロンドンで開かれ，124 カ国から 650 人（大半が閣僚）が参加した．サミットは，国内および国際レベルで各国が不法な薬物需要の防止と削減を重点的に行うことを約束した，ロンドン宣言を採択した．生産国は以前は薬物乱用は自国民に対する脅威ではないと考えていたが，ロンドン・サミットではいまや薬物乱用が国境や階層，人種，収入レベルの別を越えて全世界的な現象となったことを，途上国も理解しているというコンセンサスが生まれた．ロンドン宣言の規定には次の内容が含まれている．

・薬物乱用とその対処法は国家の保健，社会，教育，法的および刑事司法などの戦略の一部となるべきである
・全ての学校教育段階で薬物教育を行うべきである
・職場での防止計画を開発し，実施すべきである
・薬物に対するキャンペーンに，マスメディアを利用すべきである
・「国連薬物乱用統制基金」（のちの「国連国際麻薬統制計画」）は，世界のコカの主な生産地であり，不法にコカイン精製が行われているアンデス地域に対する戦略を立てるために資金を提供すべきである
・1988 年の「麻薬および向精神薬の不正取引の防止に関する国際条約」に加入していない国々は，批准または加入すべきであり，またそれまでの間同条約の規定を暫定的に適用するよう試みるべきである．

1993 年 10 月に，中国，ラオス，ミャンマー（「黄金の三角地帯」と呼ばれている地域）が薬物統制の既存の協力を拡大し，「国連国際麻薬統制計画」と協力するという内容の覚書に調印した．関係国は経済的および社会的計画を通じてケシの栽培を根絶し，麻薬と薬物製造に用いられる化学物質の取引を抑制し，不法な薬物に対する需要の削減計画を実行することを目標にしていた．

各国がますます注意を払うようになってはいるが，不法な薬物取引と薬物の乱用現象は増加し続けた．国際麻薬統制委員会の 1994 年報告は，世界的な薬物の脅威が過去の地理的な制約を打破し，犯罪あるいは社会問題としての伝統的な分類枠からもはみ出し，国際政治や世界経済の領域にまで染みわたっていると述べている．薬物犯罪組織は，非合法の多

国籍企業となっている．1994年に麻薬委員会は「国連国際麻薬統制計画」のシステム強化の方法を検討し，適切な変更を行うため，既存の国際薬物統制文書をもう一度見直さなければならないと結論した．1994年6月には，「マネー・ロンダリングの防止と統制および刑事訴訟手続きの利用に関する国際会議」がイタリアで開かれた．

麻薬統制にかかわる国連機関
国連国際麻薬統制計画（UNDCP）

1990年12月に総会は，事務総長が，薬物統制に関する国連のさまざまな部局を単一の統合した計画に編入することを求めた．1991年に麻薬部と国連薬物乱用統制基金，それに国際麻薬統制委員会事務局の任務が「国連国際麻薬統制計画」（UNDCP）に統合された．UNDCPは本部をウィーンにおき，国連の薬物統制活動を調整し指導する責任を負っている．UNDCPは事務局長を長としている．同計画は季刊『麻薬報告』や情報レター，科学ノート，および薬物乱用統制活動に関するその他の出版物を発行している．UNDCPの予算は国連の通常予算（1994〜95年に1480万ドル）と，UNDCPの自発的基金（1994〜95年に1億8780万ドル）の両方で賄われている．

UNDCPの「条約履行法務部」は，国連に委ねられたさまざまな条約，決定，決議（→205ページ）の履行を監視し確保している．この部局は専門家会議や麻薬委員会，国際麻薬統制委員会，経済社会理事会などの事務局の仕事を担当し，要請があれば総会の事務も引受けている．

「活動運用部」は，UNDCPの世界中の技術協力計画を動かしている．同部は不法な栽培，生産，製造，取引，薬物乱用を削減するための国内的および地域的な計画の開発と実施について，各国政府やほかの組織を援助している．同部は，アジアおよび太平洋，ヨーロッパおよび北アメリカ，中東およびアフリカ，ラテンアメリカおよびカリブ地域の4カ所に地域事務所をもっている．1994年現在，20カ所に現地事務所があった．

「技術および助言サービス局」は麻薬委員会，専門家集団，それに国際麻薬統制委員会に技術的な専門知識を提供している．同局は，「活動運用部」が運営する技術協力プロジェクトを特定し，形成するのも援助している．また同局は薬物関連の問題に関する国際専門家の名簿を保管しており，薬物乱用の分野での最新の発見について，研究機関や大学と連絡を取合っている．

麻薬委員会（CND）

53カ国からなる「麻薬委員会」は，薬物乱用の国際統制に関係するすべての問題について，国連のシステム内部で政策の立案に当たる主要機関である．CNDは世界の薬物乱用状況を分析し，国際努力の強化策を立案している．CNDは，経済社会理事会の機能委員会のひとつである．さらに，必要と思われる国際条約の草案も準備するし，経済社会理事会が担当する麻薬に関する国際条約の適用上の監督権限を，同理事会が行使するのを援助している．またCNDは，麻薬の国際統制に関する既存の機構改革についての提案を経済社会理事会に提出している．さらにCNDには，1961年の「麻薬に関する単一条約」に基づく特別の任務もある．それには，薬物を国際統制の対象にすること，科学研究計画や科学的または技術的情報の交換を含む単一条約の目的および規定の履行について，勧告を行うことなどである．このほか，世界行動計画の実施状況の見直しやUNDCPへの政策指針の提供，UNDCPの活動の監視なども行っている．CNDは毎年会合を開くほか，特別会合も開いている．

国際麻薬統制委員会（INCB）

同委員会は，薬物統制条約規定の遵守を促進する責任をもっている．これは1961年の「麻薬に関する単一条約」によって，常設中央委員会と薬物監督機関の後継機関として創設された．13人の委員は政府代表ではなく，私的な個人の資格で行動する専門家たちである．委員会には条約に基づく重要な任務がある．薬物の生産，製造，取引および消費に関する統計と，各国が委員会に提出するよう求められている次年ごとに必要な薬物量の概算書に目を通し，概算書を送ってこない国については，委員会自身が概算書を作成する．そして不適切な麻薬の蓄積があるとみなした場合は，委員会は各国にその説明を求めることができる．ある国が国際統制を難しくするような状況をつくり出している時は，委員会はほかの国々に対して，当該国への薬物の輸送を停止するよう勧告することもできる．規定の履行上の最も効果的な手段は，情報公開である．委員会の（およびそのほかの国際の）報告は，薬物乱用の拡大を招くかもしれないあらゆる状況について，だれもが知ることができるようにしている．

国連国際麻薬統制計画と協力しているその他の国連機関

国連地域間犯罪および裁判研究所（UNICRI）　同研究所は，かつては「国連社会防衛研究所」として知

られていた．UNICRIは，犯罪と薬物乱用の相互作用と各国が採用している統制手段について，UNDCPの資金援助を受けて4年間にわたる調査研究を行った．同研究所はUNDCPのために，薬物乱用の犯罪面に関する研究や調査，ワークショップを行っている．UNICRIについては，195ページで詳細に述べている．

国際労働機関（ILO） 同機関は，職場での薬物関連問題について，ならびに薬物常習をやめた者のリハビリテーション活動を行っている．このような問題を解決する事業を援助するために，WHOとUNDCPはマルチメディア資料一式を準備した．

世界保健機関（WHO） 同機関は，薬物依存に関連する活動と，「国際薬物統制条約」によって自らに割当てられたその他の薬物統制活動を行っている．1961年の「麻薬に関する単一条約」と1971年の「向精神薬に関する条約」の規定にしたがい，WHOはどの精神薬を国際統制下におくのかを決定するさいに中心的な役割を演じている．WHOの「薬物依存に関する世界計画」は，薬物常用の防止とその対処法，管理などについて加盟各国と協力している．WHOはまた，教師や保健専門家に対する指針と手引きも作成している．

国連教育科学文化機関（UNESCO） 同機関は，公衆への教育と呼びかけを通じて，薬物乱用の防止に力を注いでいる．UNESCOは，放送機関とともにラジオやテレビ番組の作成も行っている．UNDCPの支援を受けて，UNESCOはアフリカ，アジアおよび太平洋，ラテンアメリカおよびカリブ地域での薬物利用と防止に関する研究計画を実施中である．

国際海事機関（IMO） 同機関は，船舶による不法な薬物輸送に関係している．IMOは国際取引に従事する船舶での，薬物の密輸を防止する指針を編纂してきた．これらの指針は，安全予防措置，隠匿手段，薬物が発見されたときにとるべき行動，常用の確認と税関の協力などを規定している．

国際民間航空機関（ICAO） 同機関は，飛行機による不法な薬物輸送の防止を追求している．民間航空の技術事項と指導書を開発し，商業航空で不法な薬物輸送が行われないようにする措置を提案している．

万国郵便連合（UPU） 同連合は，郵便による不法な薬物輸送を防止する，国際措置の確立を研究してきた．

国連食糧農業機関（FAO） 同機関は，UNDCPが資金を提供するいくつかの学際的研究を行っている．FAOは薬物危機の農業的側面を担当している．農家の収入水準を上げることで，麻薬作物の栽培への誘引を少なくする計画を実施している．FAOはボリビア，ミャンマー，パキスタンでUNDCPが資金を提供するプロジェクトに参加している．不法な作物の発見のため，遠距離探査技術や衛星画像（すでにFAOは干ばつの予想や国際収穫高予想統計で利用している）を使う可能性について，FAOとUNDCPが研究中である．

国連開発計画（UNDP） 同計画は，アジアおよび太平洋，ラテンアメリカおよびカリブ地域の開発計画に，「薬物乱用統制計画」を統合した．深刻な薬物問題が生じている国々のUNDPの現地調整官と現地代表は，UNDCPと密接に協力している．

国連児童基金（UNICEF） 同基金は，世界中で1億人にのぼるストリート・チルドレンに焦点を当てている．というのも，子どもたちが薬物乱用者であり，また薬物の販売人であることも多いからである．UNICEFはラテンアメリカおよびカリブ地域で，家族の強化と保護の必要な子どもに対するサービスの計画ももっている．

条約体制

薬物統制上の国連の課題のひとつは，状況の変化に国際条約メカニズムを適応させることである．国連の後援のもとで，6つの条約が起草された．

「パリ議定書」（1948年） 麻薬に関する戦前の国際条約は，常習性をもつケシ，コカ，インド大麻の3つの植物すべてと，常習性の物質を含有すると考えられている特定の化学薬品類に適用されていた．しかし第2次世界大戦が終ると，定義された化学物質に属さないいくつもの合成麻薬が開発された．1948年11月19日にパリで調印された議定書は，WHOに対して，以前の条約で対象とされなかった薬物で，常習性があり，あるいはその可能性があるものを国際統制下におく権限を認めた．パリ議定書は1949年12月1日に発効した．

「アヘン議定書」（1953年） アヘンに関する以前からの国際条約にもかかわらず，アヘンの生産は続き，不法な流通経路に流れていた．麻薬委員会は当初，生産割当と国際査察システムをもった国際的なアヘンの専売制度を提案した．しかし，アヘンの価格や査察権などの重要な問題について，合意を得ることができなかった．

1953年5月から6月にかけてニューヨークで開かれた国連アヘン会議でようやく妥協がまとまり，「ケシ栽培とアヘンの生産，国際取引，および使用の

制限と規制に関する議定書」へと具体化された．この議定書によって，ブルガリア，ギリシャ，インド，イラン，トルコ，ソ連，およびユーゴスラビアの7カ国だけに輸出用アヘンの生産が認められた．生産国には，ケシ栽培者に許可証を与える政府組織を設置し，栽培地域を指定することが求められた．栽培者は収穫したケシすべてを直ちにその政府組織に提出し，この政府組織だけがアヘン貿易の法的権利をもつとされた．議定書によって設置された「常設中央麻薬委員会」が一定の監督と執行措置を発動する権限をもち，関係国の同意で現地査察を実施することもできた．同議定書は1964年12月に発効した．

「麻薬に関する単一条約」(1961年) 1961年3月30日に国連本部で開かれた会議で，「麻薬に関する単一条約」が採択され，署名のために開放された．1964年12月13日に発効したこの条約は，国際麻薬統制上，画期的なものであった．

この分野での既存の多国間条約法を法典化するのがこの条約の最初の目的であり，それはほぼ達成された．また国際統制メカニズムを簡素化するという2番目の目標も達成され，常設中央麻薬委員会と薬物監督機関が，前述の「国際麻薬統制委員会」(INCB)に統合された．条約の3番目の目標は，麻薬になる植物の栽培に対しても統制の手を広げることであった．同条約は，国家によるアヘンの専売と，アヘンの生産を医療および科学的目的のみに限定する各国政府の義務を含む，アヘン管理を継続した．中毒者に対する治療と社会復帰を扱った規定は，条約義務としてはまったく新しいものであった．アヘンの吸引，アヘンの飲食，コカの葉をかむこと，ハシッシュ(インド大麻)の吸引および非医療目的での使用は禁じられた．条約は締結国に対して，ヘロインやケトンベミドンなどのとくに有害な薬物を，特別に統制する措置を講じるよう要請した．それまでの諸条約の規定のうち，

(1) 麻薬の輸出入は双方の権限をもつ政府によってのみ行われる
(2) 各国は条約の運用について報告を行う
(3) 条約の履行のために制定した法律や規制について，事務総長を通じて情報を交換する

などを規定した条項は残された．麻薬の製造と取引，および麻薬物質の流通を統制する規定，さらに新しい薬物の統制措置の規定も継承された．

「向精神薬に関する条約」(1971年) 1960年代の間に，バルビツル酸塩やアンフェタミン，LSD，トランキライザーなどの薬物の有害な効果に関する関心が高まった．WHOと麻薬委員会は，統制に関する立法措置や行政措置をとるよう各国に対して勧告した．

WHOとの密接な協力のもと麻薬委員会(CND)が起草した草案に基づいて，1971年にウィーンで「向精神薬に関する議定書」を採択するための全権代表会議が開かれ，71カ国の代表が参加した．1971年2月21日に会議は「向精神薬に関する条約」を採択し署名のために開放した．同条約は1976年に発効した．

1971年条約は，国際薬物統制を拡大する重要な第一歩であった．同条約は，乱用の危険性が高く治療に用いられることがほとんどない幻覚剤について，多くの禁止措置を含んでいる．たとえばLSDのような物質の特別規定は，国家が許可し監督する研究目的以外での利用を禁じている．

製造，取引，流通の許可の要件やこれらの活動の監査，それに法や規制に反した行為に対する抑制などは，1971年条約に掲げられた薬物のすべてに適用される．各国政府は，あらゆる向精神薬の輸入(および輸出)を制限したり，禁止したりすることができる．この規制システムによって，各国政府は望まざる薬物からわが身を守ることができる．睡眠薬のように，乱用の可能性の高い治療用の向精神薬も，医療機関の処方箋や輸出入活動の監査によって統制されている．アンフェタミンのような最も有害な興奮剤の国際取引は，より厳重な許可制のもとにおかれ，薬物の移動の厳格な記録と統計報告を国際麻薬統制委員会に提出するよう求められている．

条約の人道規定は，「関与者の早期発見，治療，教育，事後管理，リハビリ，社会復帰など乱用を予防するあらゆる実行可能な措置」が講じられ，「有罪判決や処罰の代替措置として，あるいは有罪判決や処罰に加えて，乱用者は治療や教育，事後管理，リハビリを受け，社会復帰を認められる」よう求めている．

「麻薬に関する単一条約」を修正する1972年の議定書 1972年3月25日の全権代表会議は，国際麻薬統制体制を強化し，新しい概念や手段を取りこんだ改正案を採択した．

国際麻薬統制委員会(INCB)の委員は11人から13人に増やされ，任期も3年から5年に延長された．この議定書には，アヘン製造の制限や不法栽培されたケシの没収と廃棄，各国に対して同委員会が技術あるいは財政援助を勧告することなどについての技術的な措置も含められた．同議定書は1971年条約と同じように，薬物常用者の事後管理とリハビリについても規定している．また，薬物犯罪者は，あらゆる犯罪人引渡し協定で引渡しの対象となってい

る．同議定書は 1975 年 8 月 8 日に発効した．

「麻薬および向精神薬の不正取引の防止に関する国連条約」(1988 年)　不法な薬物取引の増加に立向かう法の執行や，その他の行政機関がますます困難な状況に直面していることを認めた総会は，1985 年に麻薬委員会(CND)に対して，既存の条約で適切に規制できない領域をカバーする新しい条約を準備するよう求めた．1988 年に国連はウィーンで会議を招集し，106 カ国の代表が参加した．この会議で新しい条約が採択され，ただちに 43 カ国が批准した．この条約は 1990 年 11 月 11 日に発効した．

34 カ条からなるこの条約は，薬物取引で得られた収益と財産の追跡，凍結，および没収の問題を扱っている．裁判所は銀行秘密法などの制約を受けずに銀行預金，融資，または商取引の記録を差押えることができる．同条約はまた，おもな薬物取引者の引渡しや薬物関連の調査に関する各国間の相互司法援助，刑事訴追の手続きの移転などについても規定している．各国にはまた，不法な薬物や向精神薬に対する需要を排除し削減する義務も課されている．最も重要な規定のひとつである第 12 条は，不法な薬物製造に用いられる諸物質の 2 つの表を規定し，それらの物質の製造および輸送に対する統制について合意している．簡単にいえば，第 12 条はアヘンやコカインなどの原材料に課されているのと同じ統制を，不法な薬物の製造に用いられる化学物質にも課するものである．同条約によって統制される物質には，エフェドリン，エルゴメトリン，エルゴタミン，リゼルギン酸，1 フェニル基 2 プロアノン，疑似エフェドリン，無水酢酸，アセトン，アントラニル酸，エチルエーテル，フェニルアセチル酸，ピペリジンなどがある．

1993 年 4 月までに，次の 72 カ国が 1988 年条約を批准している．すなわち，アフガニスタン，アメリカ，アラブ首長国連邦，イギリス，イタリア，イラン，インド，ウガンダ，ウクライナ，エクアドル，エジプト，オーストラリア，オマーン，カタール，ガーナ，カナダ，カメルーン，ギニア，キプロス，ギリシャ，グアテマラ，グレナダ，ケニア，コスタリカ，コートジボワール，サウジアラビア，シリア，スウェーデン，スペイン，スリナム，スリランカ，スロベニア，セイシェル諸島，セネガル，チェコスロバキア，中国，チュニジア，チリ，デンマーク，トーゴ，ナイジェリア，ニカラグア，ニジェール，日本，ネパール，パキスタン，バハマ，パラグアイ，バルバドス，バーレーン，バングラデシュ，ブータン，ブラジル，フランス，ブルガリア，ブルキナファソ，ベネズエラ，ベラルーシ，ペルー，ボリビア，ポルトガル，ホンジュラス，マダガスカル，ミャンマー，メキシコ，モナコ，モロッコ，ユーゴスラビア，ヨルダン，ルクセンブルク，ルーマニア，ロシアである．

1993 年 4 月現在，ヨーロッパ共同体(EC)は第 12 条だけを追認している．

国際統制下にある麻薬

アヘンおよびその派生物　アヘンはケシ科植物のアヘンケシ(Papaver Somniferum L)の液を固めたもので，すでに紀元前 3000 年ごろ低地メソポタミアに住んでいたシュメール人たちにすでに知られていた．ギリシャ人とアラブ人はアヘンを医療に用い，おそらくアラブ人によって 9 世紀か 10 世紀ごろに中国にもたらされた．ケシは世界の居住可能地域のほとんどで栽培でき，その美しい花や食料として価値のある種のために栽培されることがよくある．習慣性の薬物として，アヘンはもともとは浸出液を食べたり飲んだりされていた．アヘンが吸引されるようになったのは，最近 200～300 年のことでしかない．

アヘンの最も有名な派生物はモルヒネ，コデインそれにジアセチルモルヒネで，ジアセチルモルヒネは通常はヘロインと呼ばれている．モルヒネとコデインには価値ある医療効能があるが，ヘロインには医療用としての利用価値がない．もっと害の少ない鎮痛剤で代用できるからである．麻薬委員会(CND)の勧告に基づいて，ヘロインの製造は大半の国々で禁じられてきた．いっぽう，エチルモルヒネやベンジルモルヒネなどを含め，モルヒネからはいくつもの薬物が得られたり，合成されたりしている．アポモルヒネのようないくつかのモルヒネ派生物には，それ自体としては習慣性はない．

国内および国際的な不法な取引で最も重要な薬物は，依然としてアヘンとその派生物，とくにモルヒネとヘロインである．効果的な国際統制の結果，アヘンやアヘン剤が合法的な流通経路から不法な取引に流れることはほとんどなくなった．しかし，アヘンの不法生産はいくつかの国々で行われている．そこから供給を受けた秘密工場がモルヒネを生成し，さらにヘロインへと変化させている．アヘンには平均 10% のモルヒネが含まれ，比較的単純な方法で同量のジアセチルモルヒネ，すなわちヘロインが抽出できる．秘密工場は，アヘン生産地域の近くに移動しつつある．モルヒネはケシからアヘンを抽出しなくても，ケシの蒴果(さくか)から抽出できる．少なくとも合法的なモルヒネの 30% がこの過程で生成されている．1974 年にトルコが 2 年前に停止していたケシの

栽培を再開したとき，トルコはアヘンを生産せず，「ケシ・ストロー法」でモルヒネを抽出すると決定した．合法的なモルヒネの約90％はコデインを作るのに使われるいっぽうで，不法なモルヒネの90％はヘロインを作るのに使われている．ヘロイン根絶の実効的な方法は，ケシの不法栽培をやめさせることである．これが国際条約の意図するところであり，UNDCPの支援を受けたいくつかの国々が作物の代替を実施しているのもそのためである．

コカの葉とコカイン コカの葉は南アメリカ西部の山岳地域を原産地とする常緑の低木コカノキ (Erythroxylon coca) の葉である．これがコカイン製造の原料となる．葉を直接かむことは，何世紀にもわたってアンデスの人々が飢えと戦い，標高の高さからくる疲労を克服するために行なってきたことであった．

麻薬委員会はコカの葉をかむことが有害な習慣であり，常習性をもつという結論を下した．1954年に経済社会理事会は関係各国が栽培をじょじょに制限し，コカの葉をもっぱら医療や科学その他の合法目的で輸出するとともに，コカの葉をかむ習慣は漸進的に廃止することを勧告した．同時に経済社会理事会は，この習慣が広まっている人々の生活水準が改善されなければ，コカの葉の常用が根絶する可能性はなく，この方面からも問題に取組まなければならないことも認めた．

コカの葉は合法的なコカインの生産に利用されており，この合法的なコカインの生産量は年間1tにまで減少している．しかし，同時に不法な市場への供給にも用いられており，北アメリカや西ヨーロッパその他の地域に向かうこの有害な薬物の量は増加の一途をたどっている．

「クラック」と呼ばれる新しい，より常習性が高くてより危険なコカインの一種は，低価格だが効きめの強い，結晶性の塩基性薬物［アルカロイド］である．通常は吸引され，ほんの2〜3分間しか続かないが，強い刺激と緊張感の高まりをもたらす．クラックは脳や心臓，肺，それに神経系に有害であり，深刻な心理的影響をおよぼすものである．

インド大麻（マリファナ） アサ (Cannabi sativa)，あるいはそれから精製せずに得られる薬物は，約200ものさまざまな名前で知られている．たとえばその中からいくつかをあげると，マリファナ，ハシッシュ，インド大麻，カラス，ガンジ，キフ，バング，マコーナなどというぐあいである．少なくとも4000年にわたって，何百万人もの人々に麻酔剤として広く利用され，世界の居住地域のほとんどで栽培できる．栽培の土壌や条件次第だが，この植物は約7mくらいに成長する．麻薬性の樹脂は花をつける先端にある．

インド大麻はアフリカや中東，南北アメリカの多くの場所で麻薬として用いられている．野生でも生えているし，不法な栽培も簡単なため，販売人がインド大麻を入手する苦労はほとんどない．利用者の統計は入手できないが，おそらくその数は何百万人にものぼるにちがいない．

合成麻薬 とくにモルヒネの代用となる多くの合成物質が広く利用されている．それらは1948年議定書によって統制の対象となってきた．これらの物質は乱用される危険性はあるが，使用方法が比較的限られており，不法な取引の行われる可能性はあるとしても小さい．最も広く知られているのはペティジンとメタドンである．

向精神薬 1971年条約によって国際統制下におかれた向精神薬のリストは，麻薬と同じように麻薬委員会 (CND) が時宜に応じて変更できるよう，条約で規定されている．向精神薬の特質はかなりさまざまであり，個人や社会に対する危険性の基準も複雑なので，統制の厳格さを4段階に区別して管理されてきた．第1段階ではおもにLSDやメスカリン，プシロシンなどのような幻覚剤を扱っている．すべての物質は合成でつくられるが，メスカリンとプシロシンはそれぞれウバタマサボテンや幻覚キノコなどの植物に含まれていることもある．第2段階では，おもに中枢神経系を刺激するアンフェタミン型の薬物を扱っている．これらの薬物の効能は限定的だ，広く乱用され，とくに若者たちが静脈に注射したりしている．そのため精神病になる可能性もある．第3段階では，中枢神経系の最も強力な鎮静剤で，世界の至るところで多くの消費者に睡眠薬として用いられるバルビツル酸塩などをおもに扱っている．これらの薬物は，治療上の必要もないのに用いると，かなり危険な常習性をつくりだす．バルビツル酸塩は，ヘロインやアルコール（とくに危険な相互作用を起こす）とともに使用されることが多く，興奮剤とともに使用されることもある．第4段階には，いくつかのバルビツル酸塩鎮静剤と多くのトランキライザーが載せられている．これらの薬物は不安や心配を取除くとされる，ひじょうに多くの薬剤の一部を構成している．このような薬物の一種であるメプロバメートやジアゼパンが，治療上の必要もないのに大量に消費され，気分や行動を変調させている．

人　権

　国連憲章の前文では,「われら連合国の人民」は「基本的人権と人間の尊厳及び価値と男女及び大小各国の同権とに関する信念をあらためて確認」する決意を表明している.憲章第1条は国連の目的のひとつが「人種,性,言語又は宗教による差別なくすべての者のために人権及び基本的自由を尊重するよう」助長奨励することであると述べている.第56条では,「すべての加盟国は」この目的を「達成するために,この機構と協力して,共同及び個別の行動をとることを誓約」している.憲章は,人権と基本的自由の実現を援助する責任を,総会と経済社会理事会,それに信託統治理事会の3つの主要機関に負わせている.また,人権を助長するための委員会を経済社会理事会の補助機関として設置するよう規定している.そのような委員会として,1946年に早くも「人権委員会」と「婦人の地位委員会」の2つが創設された.

■ 国際人権章典

　サンフランシスコ会議で,憲章のなかに「国際人権章典」を盛りこむことが提案されたが,さらに審議を重ねる必要があるということでそれ以上は進展しなかった.しかし「国際人権章典」を確立するというアイデアは,憲章に内在するものであると認識されていた.憲章が批准され,発効する前から,つまり国連が機構として設立される前から早くもこの目標に向けた準備が始められた.1945年秋に会合を開いた国連準備委員会と国連執行委員会の両者が,人権委員会の活動はまず第1に「国際人権章典」の作成に向けられるべきだと勧告した.総会は1946年1月に,この勧告に同意した.同年2月に人権委員会の権限が規定されたとき,「国際人権章典」がその活動計画の最初の事項になるとされた.

　人権委員会とその起草委員会がこの野心的なプロジェクトに着手してみると,人権章典草案の形式をめぐって加盟各国間に意見の不一致があることがわかった.章典は総会の勧告によって宣言される,「宣言」ないしは「声明」であるべきだと考える加盟諸国があるいっぽうで,章典は国際条約の形式をとるべきである,つまり総会での承認に加えて,調印,批准,加入の手続に付し,批准や加入を行った国だけを拘束するものであるべきだと主張する国々もあった.起草委員会の報告記録によれば,宣言案を主張した国々は宣言のあと,さらに1ないし複数の条約をつけ加えることで合意した.条約案を主張した国々も,総会が各加盟国に条約加盟を勧告するなかで,より一般的な表現で広い内容の宣言を行うことに同意した.その結果,「宣言」案と「条約」案が準備され,「履行措置」と呼ばれる国際的な監督および執行機関を創設するための研究が始められた.

　最終的に,「国際人権章典」は単一の包括的かつ最終的な章典ではなく,2ないしそれ以上の国際文書,すなわち宣言と条約(または規約)と履行措置によって構成されることになった.のちに,規約はひとつでなく,市民的および政治的な権利に関するものと,経済的,社会的および文化的その他の権利に関するものの2つで構成され,履行措置に関する規定も規約のなかに具体化されることになった.後者の決定は,1966年にいくらか変更され,履行取決めの特定の問題,つまり請願権(通報権)に関連する規定は別の選択議定書に含まれることになった.

世界人権宣言

　「世界人権宣言」は,1947年と1948年に人権委員会が準備し,1948年12月10日の総会によって賛成48,反対ゼロ,棄権6で採択され,出されたものである.このとき2人の代表が欠席したが,そのうちの1人はのちに,もし出席していたら賛成票を投じたと語った.

　「世界人権宣言」は前文と30条の条文(→244ページ)からなっている.宣言は市民的および政治的権利だけでなく,経済的,社会的および文化的権利に関する国際規約で規定された権利についても宣言しており,その点では18～19世紀と20世紀初めのさまざまな憲法などに含まれている,伝統的な人間の

権利の目録とは異なっている.

第1条はすべての人間は生まれながらにして自由であり,かつその尊厳と権利について平等であると宣言している.第2条では,人間は「人種,皮膚の色,性,言語,宗教,政治上その他の意見,国民的若しくは社会的な出身,財産,門地その他の地位」等の「いかなる事由による差別を受けることなく」,宣言に掲げるすべての権利と自由を享受する権利をもち,「個人の属する国又は地域が独立国であると,信託統治地域であると,非自治地域であると,又は他のなんらかの主権制限の下にあるとを問わず,その国又は地域の政治上,管轄上又は国際上の地位に基づくいかなる差別もしてはならない」と宣言している.

第3条から第21条にかけて同宣言は,生存・自由・身体の安全,奴隷・苦役の禁止,拷問および残虐・非人道的・屈辱的な取扱いもしくは刑罰の禁止,法のもとでの平等と法の平等な保護,恣意的な逮捕・拘禁・追放の禁止,有罪と立証されるまでは無罪と推定されること,私事・家族・家庭・通信への干渉の排除と名誉・信用の保護,移転と居住の自由,出身国を含むあらゆる国からの出国の権利,迫害を免れて他国の庇護を求め享受する権利,国籍をもつ権利とそれを変更する権利,人種や国籍・宗教などの制約なしに成年男女が結婚する権利,思想・良心・宗教の自由,財産権と恣意的な財産没収の禁止,意見・発表の自由,平和的な集会・結社の自由,参政権,公共サービスを平等に利用する権利などを含む,伝統的な市民的および政治的権利を扱っている.

経済的,社会的および文化的権利(第23~第27条)は,「すべて人は,社会の一員として,社会保障を受ける権利を有し」,「自己の尊厳と自己の人格の自由な発展とに欠くことのできない経済的,社会的及び文化的な権利を」実現する権利をもつことが,第22条の一般規定に謳われている.しかし同条は,こうした経済的,社会的および文化的権利がどんなところでも即座に実現可能というわけではないことも意味している.同条はこれらの権利の実現を,「国家的努力及び国際的協力により,また,各国の組織及び資源に応じて」実現されるべきものとしている.

同宣言は,すべての人の労働,職業選択の自由,公正かつ有利な労働条件の確保,さらに失業に対する保護を受ける権利についても確言している.さらに宣言は,同等の労働に対して同等の報酬を受ける権利,「公正かつ有利な報酬を受ける」権利,労働組合を組織し参加する権利,「自己及び家族の健康及び福祉に十分な生活水準を保持する」権利,「労働時間の合理的な制限及び定期的な有給休暇を含む休息及び余暇をもつ」権利なども明言している.また,「失業,疾病,心身障害,配偶者の死亡,老齢その他不可抗力による生活不能の場合は,保障を受ける権利」も宣言している.すべての人は教育を受ける権利をもち,そしてそれは「少なくとも初等及び基礎的の段階においては,無償でなければならず,初等教育は義務的でなければならない」.同宣言はすべての人が「自由に社会の文化生活に参加し,芸術を鑑賞し,及び科学の進歩とその恩恵とにあずかる」権利をもつことも述べている.

第28条は「すべて人は,この宣言に掲げる権利及び自由が完全に実現される社会的及び国際的秩序に対する権利を有する」と述べている.また第29条では,個人の権利や自由を行使するに当たっては,法によって定められた制限にだけ服するとするが,そのような制限は,「他人の権利及び自由の正当な承認及び尊重を保障すること並びに民主的社会における道徳,公の秩序及び一般の福祉の正当な要求を満たすことをもっぱら目的と」しなければならないと規定している.また第30条は,この宣言のいかなる規定も「いずれかの国,集団又は個人に対して,この宣言に掲げる権利及び自由の破壊を目的とする活動に従事し,又はそのような目的を有する行為を行う権利を認めるものと解釈してはならない」と述べている.

「世界人権宣言」は,批准すれば当事国を法的に拘束する国際条約の形式で採択されたのではなく,加盟国が尊重し遵守すると誓約した権利や自由に対する「共通の理解」として,また「すべての人民とすべての国とが達成すべき共通の基準」として,総会決議の形式で採択したものである.宣言の起草と採択に尽力したほとんどの関係者は,宣言が「拘束力のある」文書ではないと認識していた.しかし宣言が採択されるや否や,同宣言は行為規範として,また人権の国際基準を各国政府が守るさいの判断基準として用いられ始めた.

調査を要請された数えきれないほどの人権侵害の申立てによって,国連は申立てが強制労働に関するものであれ,非自治地域か信託統治地域における差別に関するものであれ,婦人の尊厳に反するような習慣や慣行に関するものであれ,その他の人権侵害に関するものであれ,すべてこの「世界人権宣言」に

依拠して調査を行ってきた．同宣言はまた，国際労働機関(ILO)や国連教育科学文化機関(UNESCO)，国際電気通信連合(ITU)などの専門機関や米州機構(OAS)，ヨーロッパ会議，アフリカ統一機構(OAU)などの地域機構の活動でも重要な役割を演じてきた．

「世界人権宣言」はこのようにして，1948年当時に考えられていた以上の法的効力を獲得した．同宣言の成立にかかわった諸国も，のちに独立した国々も含め，国際社会は当初企図されていた以上に大きな任務の達成のために，この宣言を利用した．現在この宣言は慣習国際法の地位を獲得し，すべての国々に対して効力をもっている．

国際人権規約

人権委員会と経済社会理事会，それに総会は「国際人権規約」の準備に19年間(1947〜66年)を費やした．とくに初期の段階で少なからぬ論争を呼んだ問題のひとつは，「世界人権宣言」でうたわれた権利や自由に法的効果を与えることになる条約が，伝統的に各国の憲法や権利の目録で保障されてきた「市民的および政治的権利」だけを規定すべきか，それとも「経済的，社会的および文化的権利」についても規定すべきかという問題であった．

すでに述べたように，最終的にはそれぞれの権利を個別に規定する2つの規約をつくることになった．権利の規定を個別の2つの文書に分けて用意するおもな理由は，対象となる権利の性格が根本的に異なっており，人口によっては，「経済的，社会的および文化的権利」は技術的にみて，そもそも権利（執行可能で裁判で争うことができるという意味で）といえるのかという疑問さえ抱くほどであったことによる．こうした権利の性格の違いのために，2つの規約のうちいずれかいっぽうの締約国となった国と，両方の締約国となった国とで，引受ける国際的義務の種類に差をつけることが必要になった．2つの個別の規約をつくったもうひとつの理由は，異なる性格の権利ごとに国際的な監督，すなわち「履行措置」の取決めを調整する必要があるからとも考えられる．

「市民的および政治的権利に関する国際規約」で各締約国は，その領域内にあり，かつその管轄下にあるすべての個人に対し，この規約で認められた権利を尊重し，確保することを約束する．「経済的，社会的および文化的権利に関する国際規約」では，各締約国は，この規約において認められる権利の完全な実現を漸進的に達成するため，自国で利用可能な手段を最大限に用い，個々にまたは国際的な援助および協力を通じ行動をとることだけを約束する．一定の例外と変更はあるが，「市民的および政治的権利に関する国際規約」は，締約国に定義された基準を維持する義務を課している．これに対し，「経済的，社会的および文化的権利に関する国際規約」の締約国は，人権の達成という目標を促進する義務を引受けるにすぎない．

全体的にみて2つの規約は「世界人権宣言」に述べられた権利を包括しているが，「世界人権宣言」と両規約の間には少なからぬ相違がある．

両規約には，すべての人が財産を所有する権利を有するとか，すべての人は迫害を免れるため他国に避難することを求め，かつ避難する権利を有すると宣言する，人権宣言の規定に対応する規定はない．他方で，両規約は宣言では規定されていない多くの問題を扱っている．たとえば，両規約はすべての人民が自決の権利をもち，「この権利に基づき，すべての人民は，その政治的地位を自由に決定し並びにその経済的，社会的及び文化的発展を自由に追求する」と規定している．

「市民的および政治的権利に関する国際規約」は，外国人を追放から保護し，自己に不利益な供述または有罪の自白を強要されない権利を保障し，誤審に対する補償を受ける権利を規定し，確定判決あるいは無罪の判決を受けた行為について再び裁判されまたは処罰されることはないことなども規定しているが，このような規定は「世界人権宣言」にはない．同規約は戦争宣伝や，国民的，人種的または宗教的憎悪の唱道を禁じている．同規約はまた，種族的，宗教的ならびに言語的少数民族の保護も規定している．「世界人権宣言」にはこれに対応する規定はない．

「経済的，社会的および文化的権利に関する国際規約」には，労働の権利，公正かつ良好な労働条件を享受する権利，労働組合を組織し加入する権利，そして，各国の法律にしたがってストライキをする権利，社会保険と家族の保護など社会保障を受ける権利，相当な生活水準と飢餓からの自由を享受する権利，到達可能な最高水準の身体的および精神の健康を享受する権利，教育に対する権利，文化的生活に参加する権利などの規定も含んでいる．

両人権規約は，1966年12月19日に総会で採択された．「経済的，社会的および文化的権利に関する国際規約」は，1976年1月3日に発効した．1993

年12月31日現在，127カ国[1999年10月1日現在，142カ国]が同規約を批准するか，または加入している．「市民的および政治的権利に関する国際規約」は，1976年3月23日に発効した．1993年12月31日現在，125カ国[1999年10月1日現在，144カ国]が同規約を批准するか，または加入している．同規約の2つの選択議定書には，全部で94カ国が調印している．

履行措置

「経済的，社会的および文化的権利に関する国際規約」の締約国は，同規約で認められた権利を遵守するため，自国が講じた措置とその進展について経済社会理事会に報告書を提出することになっている．経済社会理事会は1986年まで，これらの報告書の調査任務を作業部会に任せていた．それ以後は「経済的，社会的および文化的権利に関する委員会」が担当している．同委員会は，個人の資格で奉仕する，理事会が選出した8人の専門家で構成されている．同委員会は，締約国からの報告書を審議した概要を理事会に提出し，一般的な性格の提案や勧告を行っている．

「市民的および政治的権利に関する国際規約」に基づき，18人の委員からなる人権委員会が設置された．同委員会は規約の規定の履行のために講じられた措置について，締約国が提出した報告書や，選択議定書に基づく権利侵害の申立てを審議している．選択議定書は，同規約に定めるいずれかの権利が侵害されたと主張する個人からの通報を，委員会が審議するよう規定している．しかし委員会が審議できるのは，同議定書の当事国に対しての申立てだけである．

選択議定書の特別手続で行われる個人の申立てとは別に，国連には毎年何千通もの人権侵害を訴える手紙や報告が寄せられている．人権侵害を訴える通報は要約され，親展扱いで人権委員会やその補助機関である「差別防止および少数者の保護に関する小委員会」の委員に送られ，申立ての写しは名指しされた加盟国にも送付される．申立て人の氏名は，本人が公表に同意しない限り，明らかにされることはない．各国からの返答は，同委員会や同小委員会に転送される．

同小委員会は通報が人権に対する「重大で一貫した，信頼できる証言に基づく侵害」を示していると判断した場合，事案を人権委員会に付託し，同委員会が徹底的に調査するか，または調査のためのアド・ホック委員会を任命する．これらのすべての手続は非公開で行われ，必要があれば人権委員会から経済社会理事会への報告書が作成されるが，それまでは非公開の会合で処理される．

人権委員会とその小委員会はまた，毎年公開の会合でさまざまな国や地域で行われている人種差別やアパルトヘイトを含む，人権と基本的自由の侵害の問題を審議している．たとえば1967年以降，同委員会の専門家で構成されたアド・ホック作業部会は，南アフリカ共和国やナミビアでの，アパルトヘイトやその他の人種政策への反対者に対するひどい処遇や，政治犯や政治犯として拘留されている人々の処遇に関する申立てについて，定期的に報告を行ってきた．

1968年以来，人権委員会は1967年の中東戦争の結果イスラエルが占領した地域の人権侵害問題を審議している．そのなかには，戦時の文民の保護に関する1949年のジュネーブ条約違反の問題も含まれている．

1975年に，同委員会はチリでの人権状況を研究するため，5人の委員からなる作業部会を設置した．同部会は1978年にチリを訪問し，総会と同委員会に報告書を提出した．作業部会の活動が終了したのち，同委員会は状況の検討を継続するため，1979年に特別報告者を任命した．同委員会はまた，アフガニスタン，ボリビア，エルサルバドル，赤道ギニア，グアテマラ，イラン，ポーランドの人権状況について研究や報告を行うよう，特別報告者や人権委員会事務局長に要請した．

さらに同委員会と同小委員会は，とくに深刻な人権侵害をもたらしている特定の現象についての研究も行ってきた．こうして，南アフリカ問題や強制的あるいは非自発的な失踪の問題，奴隷問題，先住民の人権などに関する作業部会が設置され，即決または恣意的な処刑の問題や拷問，宗教的不寛容，傭兵の使用などの問題を調査するための特別報告者が任命された．

■ その他の国際人権条約

国連と国際労働機関(ILO)および国連教育科学文化機関(UNESCO)の2つの専門機関は，人権分野でいくつもの条約を準備し，発効させてきた．これらの条約は「国際人権章典」ほど包括的なものではないが，重要な個別の権利を扱うものである（人種差別に関する条約と婦人の地位に関するいろいろな条

約についてはあとで別個に論じる).

集団殺害罪の防止および処罰に関する条約(ジェノサイド条約)

1948年に総会は,「集団殺害罪の防止および処罰に関する条約」を採択した.同条約は1951年に発効した.1993年12月31日現在,112ヵ国[1999年10月1日現在,129ヵ国]が批准や加入を終えている.この条約でいうところの集団殺害(ジェノサイド)とは,国民的,人種的,民族的または宗教的な集団の全部または一部を破壊する意図をもって行われる,次の行為をいう.
(a) 集団の構成員を殺すこと
(b) 集団の構成員の肉体または精神に重大な危害を加えること
(c) 集団の全部又は一部の肉体的破壊をもたらすために意図された生活条件を集団に故意に科すること
(d) 集団内における出生を妨げることを意図する措置を科すること
(e) 集団の児童をほかの集団に強制的に移すこと

この条約の成果のひとつは,集団殺害がその共同謀議,教唆,未遂および共犯も含めて,たとえ自国領域内で自国民に向けて政府が行ったとしても,本質的に国内管轄に属する事項とはいえず,国際的な関心事項のひとつであることに疑いの余地はないと,各締約国が認めたことにある.締約国は,集団殺害が平時に行われるか戦時に行われるかを問わず,国際法上の犯罪であるこれを防止しおよび処罰することを確認する.いかなる締約国も,国連の権限のある機関に対して介入を求めることができる.

結社の自由

1948年の「結社の自由に関する条約」(発効は1950年)は,人権問題に関する国際立法で国連とILOが協力した,最初の大きな成果であった.この条約によって締約国は,労働者と使用者がいかなる差別もなく,事前の認可を受けることなく自らが選ぶ組織を創設し,それに参加する権利に効力を与えることを約束している.同条約で規定された権利を行使するさいに,労働者と使用者およびそれぞれの団体は,ほかの個人あるいは団体と同じようにその国の法律を尊重しなければならない.しかし,その法律は同条約が規定している保障を損なったり,損なうよう意図して適用されてはならない.

1949年の「団体交渉権に関する条約」(発効は1951年)に基づいて,労働者は雇用面で反労働組合的な差別行為,とくに組合への不参加または組合からの脱退を条件として労働者を雇用することを意図した行動から保護されることになっている.

情報の自由

「世界人権宣言」の第19条は,国境を越えると否とにかかわりなく,情報および思想を求め,受け,および伝える権利を国際的な手段で保障すると規定している.しかし,国連と専門機関のひじょうに野心的な立法計画のうち,採択されたものは「国際修正権条約」だけであった.1948年の情報の自由に関する国連会議ではこの分野で2つの条約案,すなわち「情報の自由に関する一般条約」と「ニュースの国際的な伝達に関する条約」が起草された.のちに総会は後者の条約を採択はしたが,これら2つの条約はまだ署名にも批准にも付されていない.

1953年に署名のために開放され,1962年に発効した「国際修正権条約」の基本的考えは,多くの国々で国内法の一部となっている制度を,国際レベルに移そうというものである.同条約のもとでは締約国は,特派員によって間違った,あるいは誤ったニュースがある国から別の国に送信されることで,当該国家とその他の諸国の関係や当該国家の威信あるいは名誉が害されるおそれがあるとき,当該国家はニュースが送られ発表された地域の締約国に対して,事実関係について自国の見解(コミュニケと呼ばれる)を送付することができる.送付を受けた国々は,このコミュニケを通常の国際問題のニュースを公表するのに用いるチャンネルを使って,領域内の通信社や報道機関に公表する義務を負っている.

難民と無国籍者の保護

1951年の「難民の地位に関する条約」(発効は1954年,1967年議定書が付属)と1954年の「無国籍者の地位に関する条約」(発効は1969年)で,難民と無国籍者に対する広範囲な保護規定が制定された.両条約の基本原則は次の2つである,
(1) 国籍をもつ者と難民および無国籍者の間にできるだけ差別を設けないこと
(2) 難民および無国籍者の間で人種や宗教,出身国による差別を行ってはならないこと

1961年に全権代表会議は,「無国籍者の削減に関する条約」を採択した.同条約は1975年に発効し

奴隷および奴隷貿易，強制労働の廃止

奴隷制に対する戦いは，19世紀初めから国際的な関心事であった．新しい時代に入ると，国際連盟の後援で1926年に「奴隷制条約」が制定され，締約国は奴隷貿易を防止し，抑制し，あらゆる形態の奴隷制を「漸進的にかつ可能なかぎり早く」完全に廃止するよう努力することを約束した．国連の後援で，「奴隷制度，奴隷取引並びに奴隷制類似の制度と慣行の廃止に関する補足条約」が1956年に採択され，1957年に発効した．締約国はこの条約によって，奴隷だけでなく債務奴隷や農奴など，その他の反対すべき慣行を，やはり「漸進的にかつ可能なかぎり早く」完全に，廃止，廃絶することを約束している．

1957年にILO総会が採択し，1959年に発効した「強制労働の廃止に関する条約」によって，締約国は政治的な強制あるいは教育の手段として，また政治的意見や既存の政治的，社会的あるいは経済的体制に思想的な反対意見をもつかまたは表明したことに対する処罰として，さらにはストライキに参加したことに対する処罰，あるいは人種的，社会的，国家的，宗教的な差別の手段として，いかなる形態の強制労働も科さないことを約束した．

雇用および職業における平等

1958年にILO総会が採択した「雇用・職業差別禁止条約」(1960年に発効)によって，各締約国は国内の諸条件や慣行にそった適切な手段で，雇用および職業に関する，差別の排除を目的とした機会均等を促すような国家的政策を宣言し，追求することを約束した．この条約によって約束された義務の履行は，ILO憲章に定められた監視措置に基づいて行われる．

教育の平等

1960年に国連教育科学文化機関(UNESCO)総会は，「教育における差別を禁止する条約」を採択した(1962年に発効)．「雇用・職業差別禁止条約」と同じように，「教育における差別を禁止する条約」は，教育の場での平等を損なう目的あるいは効果をもつあらゆる差別，排除，制限，ならびに人種，皮膚の色，性別，言語，宗教，政治的あるいはその他の意見，国家的あるいは社会的出自，経済的条件，出生などに基づく優先的取扱いを禁止している．児童のための男女別制度や分離教育体制の創設と維持については，そのような制度や体制が教育への平等なアクセスを提供し，教職者が同じ資格要件に合致していればという条件付きで，禁止対象から外されている．1962年に採択された特別議定書で，「調停斡旋委員会」が設置された．同委員会が，条約当事国の間で生じたすべての紛争について解決を図る責任を負う．

戦争犯罪および人道に対する罪に対する時効の不適用

1968年に総会は，「戦争犯罪および人道に対する罪に対する時効不適用に関する条約」を採択した．1970年に発効した同条約は，戦争犯罪と人道に対する罪に対しては，それがいつ犯されたかにかかわらず，時効が適用されないことを規定している．同条約はまた，1945年の国際軍事裁判条例で定義され，同裁判所が適用し解釈し戦争犯罪の概念を修正し拡張した．1968年条約の締約国は，そのような犯罪を犯した人物の引渡しに必要なあらゆる国内措置を講じることを約束している．[1998年7月の国連外交会議で，国際刑事裁判所設立条約が採択された．同裁判所は大量虐殺，戦争犯罪，人道に対する罪，侵略の4項目について管轄する．]

戦争犯罪記録 ニュルンベルク国際軍事法廷と極東国際軍事法廷(東京)の記録が，ニューヨークの国連文書館に収められている．各国のさまざまな軍事法廷が，連合国戦争犯罪委員会に提出した記録もここに保管されている．同委員会は，国連が創設される2年前の1943年10月に，連合国と占領地代表の会合によってロンドンに設置された．同委員会の委員は，オーストラリア，ベルギー，カナダ，中国，チェコスロバキア，デンマーク，フランス，ギリシャ，インド，ルクセンブルク，オランダ，ニュージーランド，ノルウェー，ポーランド，イギリス，アメリカ，ユーゴスラビアの計17カ国であった．連合国戦争犯罪委員会のおもな任務は，戦争犯罪の証拠を収集・調査・記録し，入手可能な物的証拠によって，証明可能な事件であることが明白となった場合には，それを関係国に報告するというものであった．同委員会は，リストに名前をあげられた人物の拘禁や控訴には関わらなかった．同委員会は1948年3月に活動を終え，記録は国連文書館に寄託された．記録の利用は，各国政府が，特定の個人に関する情報を要請した場合に限って認めるという条件がつけられた．1987年9月から10月にかけてのかつ

て委員会を構成していた各国の代表による協議をへて，その議長は国連事務総長に対して，戦争犯罪を研究・調査し，訴追を行う目的をもつ政府や，国籍国または在住国の政府の許可を受けて同委員会の歴史と業務ならびに戦争犯罪の研究をする個人にファイルを公開するよう勧告した．

国際的に保護された人物に対する犯罪の防止および処罰

1973年に総会は，「外交官を含む国際的に保護された人物に対する犯罪の防止および処罰に関する条約」を採択した．1977年に発効した同条約は，国家元首，政府首脳，外務大臣，国家代表および国際機関の職員，さらにそれらの人物に同伴するか，またはその家計の一部をなす家族構成員に対する，テロ行為の防止を目的としている．締約国は国際的に保護された人物に対する殺人，誘拐およびその人物の自由に対するその他の攻撃，さらにその人物の事務所や私邸，移動手段への暴力的襲撃は，処罰すべき犯罪とすることで合意している．各国は，これらの犯罪の防止と犯罪を行った者に対する訴追と処罰で協力することに合意した．

拷問，その他の残酷，非人道的もしくは屈辱的な処遇および処罰の禁止

1975年に総会は「拷問，その他の残酷，非人道的もしくは屈辱的な処遇および処罰からの保護に関する宣言」を宣布した．同宣言は，いかなる人も拷問その他の残酷，非人道的もしくは屈辱的な処遇および処罰を受けるべきではないという「世界人権宣言」と「市民的および政治的権利に関する国際規約」の規定を，より詳細に規定している．

同宣言は1984年に総会が「拷問，その他の残酷，非人道的もしくは屈辱的な処遇および処罰を禁止する条約」を採択したとき，法的な形式を与えられた．1987年6月26日に発効したこの条約では，拷問は，情報または自白を得るためであると，処罰，強迫，強制のためであると，また差別に基づく理由によるものであると否とを問わず，公務で行動する者が教唆し，あるいは黙認することによって意図的に，肉体的あるいは精神的に深刻な苦痛を与えるようなあらゆる行為と定義している．合法的な制裁に不可避的，または偶然的に伴う苦痛は含まれていない．締約国は，自国の管轄下で拷問を防止することを約束し，拷問は法にしたがって処罰されることを確保する．戦争や戦争の脅威，国内的な政治的不安定，またはその他の非常事態のような，例外的な状況であることを理由に拷問を正当化することはできないし，命令にしたがったという理由で拷問を弁解することもできない．同条約は拷問を行ったと推定される人物の引渡しと，拷問の被害者の保護および補償についても規定している．

児童の権利に関する条約

1989年11月に，総会は同年3月に人権委員会が起草し，提案した草案に基づいて「児童の権利に関する条約」を採択した．1990年9月に発効した同条約には，1994年4月30日現在171カ国が調印し，159カ国［1999年10月1日現在，191カ国］が当事国となっている．同条約は広い範囲の市民的権利と自由を承認し，保護している．同条約は，安全で健康的な家族またはそれにかわるような環境の重要性を承認し，教育や余暇，文化的活動について規定し，さらに緊急事態において児童には特別の保護が与えられるべきことや，法的事項で問題のある児童に対して基本権が保障されなければならないことも言明している．また，あらゆる形式の搾取から児童を保護することも規定している．

同条約第43条に基づいて，1991年2月に10人の委員からなる「児童の権利委員会」が設置された．同委員会は年2回会合を開き，各国が条約規定の履行状況を詳細に記述して提出する定期報告を審議する．同委員会は，経済社会理事会を通じて2年ごとに総会に活動報告を提出している．

移住労働者とその家族の権利の保護に関する国際条約

1990年12月に総会は，国際社会において何百万人もの人々を巻き込み，多くの国々に影響をおよぼす問題となっている，移住現象の重要性と広がりを考慮した，「移住労働者とその家族の権利に関する条約」を採択した．同条約はとくに，すべての移住労働者とその家族は，彼らが報酬を得る活動を行っている諸国の国民とまったく等しく扱われる権利をもつと規定している．しかし1993年12月31日現在，同条約の締約国は2カ国しかなく，条約はまだ発効していない．

■ 地域的な人権条約

人権分野での国連の活動は，憲章規定がその出発点であったが，ヨーロッパ会議や米州機構(OAS)，

アフリカ統一機構(OAU)による地域レベルでの人権保護の重要な発展をも刺激してきた．

欧州人権条約

ヨーロッパ会議の後援で1950年に「欧州人権条約」が調印され，1953年に発効した．同条約は，現在「市民的および政治的権利に関する国際規約」となっている条約の初期の草案を基礎にしている．同条約はヨーロッパ諸国が，「世界人権宣言中に述べる諸権利の若干のものの集団的保障を確保するのに適切な最初の手段をとることを決意し」て締結された．同条約はのちに5つの追加議定書で補充された．実質的な規定については，「欧州人権条約」と「市民的および政治的権利に関する国際規約」は，多かれ少なかれ同じ基礎の上に立っているが，両者の間にはいくつかの重要な相違がある．

「欧州人権条約」は，「本条約において締約国が行った約束の遵守を確保するため」，ヨーロッパ人権委員会とヨーロッパ人権裁判所の2つの内部機関を設立した．いかなる締約国も，ほかの締約国による同条約規定違反の申立を，同委員会に付託することができる．委員会は締約国が同条約あるいは関連する議定書に掲げられた権利を侵害している場合，その侵害の被害者であると主張する個人，非政府組織，あるいはそのような個人の集団からの請願を受理できる．ただし委員会がこの権限を行使するためには，訴えられた締約国が委員会のこの権限を承認していることが必要である．

もし委員会が，同条約に定義されたような人権の尊重に基づいて友好的な解決策をまとめることができないときは，委員会は事実に関する報告書を作成し，認定された事実が関係国の条約義務違反を示しているかどうかについて，意見を述べることができる．最終的な決定は，政治的機関であるヨーロッパ会議の閣僚委員会か，あるいは管轄権があり，かつ事件が付託された場合にはヨーロッパ人権裁判所のいずれかが下すことになっている．

欧州社会憲章

「欧州社会憲章」は，「経済的，社会的および文化的権利に関する国際規約」のヨーロッパ版である．しかし，「欧州社会憲章」の規定はもっと特定された詳細なものである．同憲章は報告手続を確立している．報告は独立した専門家で構成される委員会が調査し，結論を行政社会小委員会に送る．ヨーロッパ会議で協議が行われ，最終的には閣僚委員会の場に移される．そして閣僚委員会が経済的，社会的および文化的権利の分野でいかなる締約国にも必要と考える勧告が行われる．

米州人権条約

国連総会が「世界人権宣言」を採択する数カ月前の1948年に，コロンビアのボゴタで開かれていた第9回米州諸国会議が，「人間の権利と義務に関する米州機構憲章」を採択した．この憲章に続いて，1969年にはコスタリカのサンホセで「米州人権条約」が調印された．1978年に発効したこの条約は，かなり包括的で「欧州人権条約」や「市民的および政治的権利に関する国際規約」の両方に類似している．サンホセ協定の実施機関は，米州人権委員会(ヨーロッパ人権委員会や「市民的および政治的権利に関する国際規約」の人権委員会に相当する)と米州人権裁判所である．個人の請願権は，「欧州人権条約」と「市民的及び政治的権利に関する国際規約」では各国の選択制であるが，「米州人権条約」の制度ではすべての当事国が自動的に請願権を受入れている．

アフリカ人権憲章

1981年にアフリカ統一機構(OAU)はケニアのナイロビで首脳会議を開き，「アフリカ人権憲章」を採択した．1986年10月21日に発効した同憲章は，首脳会議で選出された11人の委員からなるアフリカ人権委員会を規定している．同委員会は，憲章で規定された権利の助長と保護を行う．この憲章の規定は「世界人権宣言」の規定に似ているが，自決権や富と天然資源の処分権など，アフリカの伝統的な権利や自由にとくに言及している．

■ 人種差別に対する闘い

人種の平等という考え方はほかの何にもまして，第2次世界大戦後の時代の思想と行動を支配する考えとして出現した．人種の平等という目標は，国連ファミリー全体の立法あるいは基準づくりの活動に広く浸透しており，多くの国連機関の日々の活動でもそれは同じである．国連憲章や「世界人権宣言」，および2つの国際人権規約も，既述の雇用および職業や教育における差別の禁止に関する条約も，人種や皮膚の色を理由とする差別をひとしく禁止している．

あらゆる形態の人種差別の撤廃に関する宣言

1963年に総会は，「あらゆる形態の人種差別の撤廃に関する宣言」を採択した．同宣言は人種，皮膚の色，種族的な起源に基づく人間相互間の差別は人間の尊厳に対する犯罪であり，国連憲章の原則を否定し，「世界人権宣言」で定められた人権を侵害するものであるだけでなく，人々の間の友好的で平和的な関係を妨害するものであることを確言している．

あらゆる形態の人種差別に関する国際条約

1965年に総会は，「あらゆる形態の人種差別に関する国際条約」を採択し，この条約は1969年1月に発効した．1993年12月31日現在，137ヵ国［1996年12月現在，146ヵ国］がこの条約に加入もしくは批准している．この条約のもとで，締約国は人権差別を非難し，あらゆる形態の差別を撤廃する政策を追求するだけでなく，いかなる個人，集団，組織による人種差別も禁止し，やめさせるために，必要であれば立法も含めた適切な手段を講じることを約束している．締約国は人種的な優越感または憎悪に基づくか，または人種差別を引起こすような考えを広めたりすることを，法による処罰の対象とすることを約束している．同様に，締約国は人種差別を助長し扇動する組織を非合法化し，かつ禁止し，そのような組織への参加を法による処罰の対象とみなすことも約束した．同条約は，「市民的および政治的権利に関する国際規約」に似た，より厳格な国際監視機関の創設を規定している．

条約に基づいて，18人の委員からなる，「人種差別撤廃委員会」が設置された．同委員会は「市民的および政治的権利に関する国際規約の人権委員会」と同じように，各国からの報告と，ある締約国が条約規定を履行していないという別の締約国からの申立てを審議する任務をもっている．締約国はまた，「人種差別撤廃委員会」が個人あるいは個人の集団からの請願（通報）を受付け，審議する権限も認めている．この権限を認めた場合，国際司法裁判所（ICJ）が同条約の解釈適用をめぐる紛争について通告を行うことができる．

アパルトヘイト犯罪の抑圧と処罰に関する国際条約

1973年に総会は，「アパルトヘイト犯罪の抑圧と処罰に関する国際条約」を採択した．この条約は，1976年7月に発効した．1993年12月31日現在，99ヵ国がこの条約に加入もしくは批准を行っている．同条約は行為が行われた国家に居住しているか否かにかかわらず，それを行った個人，組織あるいは機関の構成員および国家の代表は，アパルトヘイト犯罪に関して国際責任を負うと規定している．同条約の締約国であればどの国でも，容疑者を裁判にかけることができる．同条約の履行状況を見直すため，3人の委員からなる人権委員会が毎年会合を開いている．

スポーツにおけるアパルトヘイトに反対する国際宣言と国際条約

1977年の総会で採択された，「スポーツにおけるアパルトヘイトに反対する国際宣言」は，各国に対してアパルトヘイトを行っている国家とのスポーツ交流を停止し，国際的あるいは地域的なスポーツ団体からそのような国家を排除ないし追放するため，適切なすべての措置を講じるよう要求している．

「スポーツにおける反アパルトヘイト国際条約」は1985年の総会で採択され，先の宣言に法的拘束力を与えた．この条約は1988年4月に発効した．1993年12月31日現在，57ヵ国がこの条約に加入もしくは批准している．

人種主義と人種差別に対するその他の戦い

1972年に総会は，「世界人権宣言」の採択から25周年に当たる1973年12月10日からの10年間を，「人種差別と闘う行動の10年」とすることを決定し，1973年にはこの10年のための包括的で野心的な計画を承認した．この計画に掲げられた目標は次のようなものであった．すなわち，人種，皮膚の色，血統，民族的もしくは種族的起源によらず，とくに人種的な偏見や人種的優越感，さらに人種差別を根絶することによって，すべての人々の人権を助長すること，人種差別的な政策のいかなる拡大も阻止すること，民族的優越や人種差別にもたらすような誤った神話的な信念や政策・慣行の存在を認識し，そのようなものと絶縁し，ぬぐい去ること，人種差別的な体制を終らせることなどである．

1972年，1973年および1974年に採択されたこの10年間の決議の起草文について，総会で必ずしも完全な一致があったわけではないが，行動の10年の目標を支持する全般的コンセンサスは存在した．しかし1975年の総会では，「シオニズムは民族的優越感および人種差別の一形式である」とする決議が採択された．この決議は賛成72，反対35，棄権32で採択されている．同決議に強く反対した国々のな

かには，ヨーロッパ経済共同体(EEC)の9カ国とアメリカ合衆国，カナダ，オーストラリア，ニュージーランドなど，西ヨーロッパ諸国やラテンアメリカおよびアフリカ諸国も含まれていた．これらの国々の多くは，この決議は行動の10年の概念を根本から変えるものであり，それに対する姿勢をも変えるものであると宣言した．

行動の10年の折返し点として，1978年8月にジュネーブで世界会議が開催された．この会議では，南アフリカの人種差別体制に対する包括的な義務的制裁と，あらゆる人種差別的な法律および慣行の廃絶，民族的優越感や憎悪に基づく考え方を広めることを処罰する法律の制定，先住民と移住労働者の権利保護の促進などに関する勧告を採択した．1979年に総会は残り4年間の計画を採択し，1982年には第2回世界会議を1983年に開催することを決定した．

「第2回人種差別と戦う世界会議」は，1983年8月にジュネーブで開催され，128カ国の代表，国連機関や専門機関の代表，政府間組織や非政府組織(NGO)の代表などが参加した．この会議で宣言と行動計画が採択されたが，そのなかで次のように述べている．「行動の10年の期間の間，国内的，地域的，そして国際的な規模で国際社会は努力を続けてきたにもかかわらず，人種主義，人種差別およびアパルトヘイトは弱まらず，衰える兆候すらみせていない」．行動計画には，アパルトヘイトとの戦い，啓蒙，教育および訓練，人種主義および人種差別との戦いについての情報の普及とマスメディアの役割，人種差別の対象となりやすい少数者集団や先住民族，移住労働者の人権の保護と促進のための措置，人種差別を受けた人々が利用できる手続，あらゆる形態の人種差別撤廃条約やその他の関連する国際条約の履行，国内的な立法や制度，セミナーや研究，非政府組織の活動，それに国際協力などについての，実際的な提案も含まれていた．

同会議の勧告に基づいて，総会は1983年11月22日に「第2回人種差別と戦う10年」を宣言し，努力を強化し，同会議が承認した行動計画の履行を要請した．

■ 婦人の地位に関する国連の活動

婦人の地位に関する国連の活動は，男女平等の権利の達成を目標とし，人種差別と基本的自由の尊重を促進し奨励する，国連の努力の重要な一部となっている．この分野で責任を担っているのは「婦人の地位委員会」で，1946年に経済社会理事会の機能委員会として設置された．この問題について国連で達成されたすべての業績は，同委員会のイニシアチブと活動によるものである．

女性の政治的権利に関する条約

「女性の政治的権利に関する条約」は1952年に採択され，1954年に発効した．この条約は，女性の権利のために闘ってきた何世代もの努力の頂点を表していた．同条約は，女性があらゆる選挙で権利を行使できること，すべての公選機関の選挙において女性にも被選挙権が与えられること，さらに女性が男性と同じ条件で何の差別を受けることなく，公の職務を遂行する権利をもつことなどを規定している．

既婚女性の国籍に関する条約

「既婚女性の国籍に関する条約」は1957年に採択され，1958年に発効した．同条約は自国民と外国人の結婚や離婚も，婚姻中の配偶者の国籍変更も，自動的に女性の国籍を変更するものでないことを規定している．

婚姻の同意と最低婚姻年齢および婚姻登録に関する条約

「婚姻の同意と最低婚姻年齢および婚姻登録に関する条約」は1962年に採択され，1964年に発効した．同条約は，両当事者の完全かつ自由な同意なしに合法的な婚姻は成立しないこと，その同意は当人たちによって公に証人の前で，婚姻を祝う権限をもつ当局の認定を受けて表明されなければならないことなどを規定している．各締約国は，婚姻の最低年齢を特定する立法措置を講じることを約束している．すべての婚姻は，権限をもつ当局によって公式に登録されなければならない．

この条約と同じ主題に関する勧告で，総会は最低年齢を15歳以下に設定してはならないという決議を，1965年に採択している．

女性差別の撤廃に関する宣言

1967年に総会は，「女性差別の撤廃に関する宣言」を厳粛に宣言した．同宣言は，女性に対して男性と同等の権利を与えなかったり，制限したりする女性差別は，根本的に不正であり，人間の尊厳に対する犯罪を構成すると述べている．同宣言の原則に

法的拘束力を与えるため，条約を作成する作業も始まっている．

女子に対するあらゆる形態の差別の撤廃に関する条約

1979年12月18日に総会は，「女子に対するあらゆる形態の差別の撤廃に関する条約」を採択した．同条約は1981年9月に発効し，1994年2月7日現在次の132カ国[1999年10月1日現在，163カ国]が批准している．すなわち，アイスランド，アイルランド，アフガニスタン，アルゼンチン，アルメニア，アンゴラ，アンティグア・バーブーダ，イエメン，イギリス，イスラエル，イタリア，イラク，インド，インドネシア，ウガンダ，ウクライナ，ウルグアイ，エクアドル，エジプト，エストニア，エチオピア，エルサルバドル，オーストラリア，オーストリア，オランダ，ガイアナ，ガーナ，カナダ，カーボベルデ，ガボン，韓国，ガンビア，カンボジア，ギニア，ギニアビサウ，キプロス，キューバ，ギリシャ，グアテマラ，グレナダ，クロアチア，ケニア，コスタリカ，コロンビア，コンゴ，ザイール（現コンゴ民主共和国），サモア，ザンビア，シエラレオネ，ジャマイカ，ジンバブエ，スウェーデン，スペイン，スリナム，スリランカ，スロバキア，スロベニア，セイシェル，赤道ギニア，セネガル，セントクリストファー・ネイビス，セントビンセントおよびグレナディーン諸島，セントルシア，タイ，タジキスタン，タンザニア，チェコ，中央アフリカ，中国，チュニジア，チリ，デンマーク，ドイツ，トーゴ，ドミニカ共和国，ドミニカ国，トリニダード・トバゴ，トルコ，ナイジェリア，ナミビア，ニカラグア，日本，ニュージーランド，ネパール，ノルウェー，ハイチ，パナマ，バハマ，パラグアイ，バルバドス，ハンガリー，バングラデシュ，フィリピン，フィンランド，ブータン，ブラジル，フランス，ブルガリア，ブルキナファソ，ブルンジ，ベトナム，ベナン，ベネズエラ，ベラルーシ，ベリーズ，ペルー，ベルギー，ボスニア・ヘルツェゴビナ，ポーランド，ボリビア，ポルトガル，ホンジュラス，マダガスカル，マラウイ，マリ，マルタ，メキシコ，モーリシャス，モルジブ，モロッコ，モンゴル，ユーゴスラビア，ヨルダン，ラオス，ラトビア，リトアニア，リビア，リベリア，ルクセンブルク，ルーマニア，ルワンダ，ロシアである．

この条約のもとで締約国は，女性差別につながる既存の法令，規則，習慣，慣行を廃止し，男性と平等な女性の権利を法的に保護するため，適切なすべての措置を講じることを約束している．同条約には，参政権や教育，雇用，健康管理などについて，女性に平等な権利を与えるための詳細な規定が含まれている．また，法のもとの平等と婚姻や家族関係に関連するすべての事項で，女性差別をなくすための規定も含まれている．

この条約によって「女子差別撤廃委員会」が設置され，締約国が条約の履行のために講じた措置について提出した報告を，定期的に検討している．同委員会は23人の委員からなり，条約の批准または加入から1年以内に提出され，その後は4年ごとに提出される報告を審議するため，毎年会合を開いている．報告の審議をもとに，同委員会は締約国に対して勧告や観察を行っている．

国際婦人年

1972年に総会は，1975年を「国際婦人年」とすることを宣言した．1974年に経済社会理事会は，「婦人の地位委員会」が発足以来行ってきた女性差別の廃絶を求める多くの勧告を，国連システムの諸機関がどれくらい実施したのかを検討し，男性の完全かつ平等なパートナーとして全体的な開発努力に女性を統合させ，性別に基づく差別を撤廃し，国際平和の強化や人種主義および人種差別の撤廃について女性をできるだけ広く参加させる国際行動計画を始めるため，国際会議の招集を決定した．

国際婦人年世界会議は，1975年6月から7月にかけてメキシコ・シティーで開催された．この会議は女性問題に関する会合で過去最大のものとなり，130カ国以上から集まった1000人近くの参加者のうち70％が女性であった．同会議は「女性の平等と開発および平和への女性の貢献に関する1975年メキシコ宣言」と，「国際婦人年」の目標を実現するための世界行動計画，地域的な行動計画，そして具体的な問題に関する数多くの決議を採択した．メキシコ宣言で同会議は，平等，開発，平和という「国際婦人年」の目標に対する信念を確認した．

国連婦人の10年

1975年後半に，総会はメキシコ会議の諸提案を確認し，1976年から1985年までを「国連婦人の10年——平等，開発，平和」とすることを宣言した．総会はこの10年間に世界行動計画を実施する実効的で持続的な活動を行うことを求め，10年間の折返し点となる1980年に，成果の見直しと再評価を

行う世界会議を招集することを決定した．

第2回世界会議は1980年7月にコペンハーゲンで開催され，平等，開発，平和という3つの目的を促進するとともに，とくに雇用，健康，教育の小項目に力点をおいた，後半の1980年から1985年までの行動計画を採択した．また同会議は，世界計画の目標が「国連婦人の10年」の最終年までに達成されることを確保するよう，特別の行動を要請した．

行動計画は1980年に，総会によって承認され，総会は1985年に10年間の成果を見直し再評価するための世界会議を開くことを確認した．

1995年第4回世界女性会議

第4回世界女性会議は，1995年9月4日から15日にかけて北京で開催される．その副題は「平等，開発，平和のための行動」である．1994年の準備会議で事務総長は，世界中の女性運動は転換点を迎えたと述べた．事務総長はさらに，今度の会議は，1992年6月の国連環境開発会議（UNCED）や1993年にウィーンで開かれた世界人権会議で取上げられた開発の問題に関する活動の重要な継承であり，それはさらにカイロで開かれる国際人口開発会議（1994年9月5～13日）や，コペンハーゲンで開かれる世界社会開発サミット（1995年3月11～12日）にも受継がれていくだろうとつけ加えた．

実質的にすべての国連機関から婦人の地位に関連する計画の報告を受取った上で，同会議は男女平等が達成されるであろう21世紀に向けての新しいビジョンの文脈のなかで，性差別の問題に言及することになっている．農村地域の女性の問題と，彼女たちが自らの生活を改善し，さらに自らの家族や地域の生活を改善できるよう，資源の利用を促進する問題にも，焦点を当てることになっている．〔2000年6月に，国連特別総会として女性2000年会議がニューヨークで開催される．〕

ナイロビ将来戦略

1985年7月に，「国連婦人の10年」の成果の再検討と評価のための世界会議がケニアのナイロビで開かれ，157カ国の代表と専門機関やその他の組織からのオブザーバーが参加した．この会議の大きな成果は，「女性の向上のための西暦2000年までのナイロビ将来戦略」を，全会一致で採択したことであった．ここで勧告された措置には，技術的な協力，訓練と助言サービス，制度的な調整，研究と政策分析，国際的段階および地域的段階における活動に対する女性の参加，女性の地位向上の目標や目的に関する情報の普及などが含まれていた．

国際平和と協力の促進への女性の参加に関する宣言

「国際平和と協力の促進への女性の参加に関する宣言」は，1982年に総会によって採択された．同宣言は，女性と男性が国際平和と協力に寄与する点で平等かつ重大な利益をもっていることを述べ，この目的のために，女性が社会の経済的，社会的，文化的，市民的および政治的問題で，男性と同じ立場に立って参加する権利を行使できるようにしなければならないとしている．

■ その他の人権の分野における宣言

児童権利宣言

1959年に総会は「児童権利宣言」を採択した．同宣言は，すべての児童は人種，皮膚の色，性別，言語，宗教，政治的その他の意見，民族的および社会的起源，財産，出生，または地位による差別をその児童自身のものであろうと，児童の家族のものであろうと受けることなく，特別の保護を受け，肉体的，感情的，道徳的，精神的，および社会的に健康で正常に，かつ自由と尊厳をもって発達を遂げられる機会と援助を与えられるべきであることをうたっている．またすべての児童は，生まれながらにして名前と国籍を取得し，社会保障の恩恵を享受する権利をもち，さらに肉体的，精神的あるいは社会的に障害を負った児童には，特別の処遇と教育，それにそれぞれの状況に応じて必要な世話が与えられるべきであるとしている．すべての児童には，少なくとも初等段階の教育を無料かつ義務的に受ける権利があり，またあらゆる形態の無視や残酷さ，搾取，そして人種的，宗教的その他の差別の形態を育むような習慣から保護されなければならないとしている．

1989年11月に，総会は「児童の権利に関する条約」を採択した．

植民地独立付与宣言

「植民地独立付与宣言」は，1960年の総会で採択された．この宣言は，人民を外国の征服，支配，搾取にしたがわせることが基本的人権の拒否を意味するものであり，憲章に反し，世界平和と協力の促進に対する障害であることをうたっている．同宣言は，あらゆる人民が自決の権利をもつとも述べてい

る．

1961年に総会は，宣言の実施状況を監査する特別委員会を設置した（→228ページ）．

領域的庇護に関する宣言

1967年に総会が採択した「領域的庇護に関する宣言」は，「世界人権宣言」第14条を補完するもので，国家が主権を行使して植民地主義に対抗する人物を含む，「世界人権宣言」第14条を援用した人物に庇護を与えることは，すべてのほかの国々によって尊重されなければならないと規定している．何をもって庇護の根拠とみなすかは，庇護を与える国家の裁量である．また，国家が庇護を与えることやそれを継続することが困難であると判断した場合，国家は個別的にあるいは合同で，または国連を通じて，当該国家の負担を軽減する措置を，国際連帯の名において審議すべきであるとしている．「世界人権宣言」第14条の適用を受ける人物が，国境で拘禁されたり，すでに庇護を求める国家の領域内に入っている場合，その人物を迫害を受けるかも知れない国家に追放したり，強制送還したりすることがあってはならない．

社会的進歩と開発に関する宣言

1969年に総会は，「社会的進歩と開発に関する宣言」を厳粛に行った．同宣言では，社会的な進歩を妨げる障害，とくに不平等，搾取，戦争，植民地主義，および人種主義を排除する原則や目的，手段，および方法を規定している．同宣言は，社会開発政策と人権尊重促進の努力との間には，密接な関係があることを示している．その第1条では，あらゆる人間は人種，皮膚の色，性別，言語，宗教，国籍，種族的起源，家族あるいは社会的地位，政治的あるいはその他の信念による差別を受けることなく，尊厳をもって生活し，社会的進歩の恩恵を享受する権利をもち，主体的に社会的進歩に寄与すべきであると規定している．

諸国家間の友好関係と協力についての国際法の原則に関する宣言

総会は1970年10月24日に憲章発効25周年を記念して，「国連憲章に基づく諸国家間の友好関係と協力についての国際法の原則に関する宣言」を採択した．ここで宣言された原則のひとつが，諸国家は「すべての者の人権および基本的自由の普遍的な尊重および遵守の促進のため，並びにあらゆる形態の人種差別および宗教的不寛容の撤廃のために協力する」というものである．

精神薄弱者の権利に関する宣言

1971年に採択された「精神薄弱者の権利に関する宣言」は，精神薄弱者にも実行可能な最大限度において，健常者と同等の権利をもち，適切な医療介護や物理的な治療，教育，訓練，リハビリ，それに指導を受ける権利や，経済的保障を得て生産的な仕事を行う権利，ならびに必要な場合には資格をもつ保護者がつき，搾取や虐待，屈辱的な処遇から保護される権利をもつことを宣言している．また精神薄弱者が，自らの権利を意義のある方法で行使できなかったり，権利の行使に対して制限や拒絶が必要となった場合には，適用される手続が濫用されないよう適切な保障条項を含めなければならない．

緊急事態や武力紛争における女性と児童の保護に関する宣言

1974年に総会は，「緊急事態や武力紛争における女性と児童の保護に関する宣言」を行った．同宣言は，市民，「とくに住民のうちで被害を最も受けやすい女性や児童」に対する攻撃は禁止され，非難されるべきであり，武力紛争に関与する諸国は「戦争の惨害から女性と児童を守るため」あらゆる努力を行うべきことを述べている．

障害者の権利に関する宣言

「精神薄弱者の権利に関する宣言」は，1975年に採択された「障害者の権利に関する宣言」によって再確認され，拡張された．「障害者」という用語が意味する人々は，肉体的あるいは精神的な能力に障害があるため，健常者が社会生活などで必要とすることの全部または一部を，自ら確保することのできない人々のことである．「障害者の権利に関する宣言」に盛りこまれた権利のうちのいくつかは，それ以前の文書に含まれている権利と条文が異なっているが，原則や目的に関しては何の相違もない．ただ，あとからできたこの宣言が，精神的な障害だけでなく，肉体的な障害を負う人々にも適用されたにすぎない．

平和の利益のために科学技術の進歩を利用することに関する宣言

1975年に総会は，「平和の利益と人類の恩恵となるよう科学技術の進歩を利用することに関する宣

言」を採択した．宣言は，すべての国々が科学技術開発の成果を国際平和と安全，自由と独立を強化するのに役立つよう確保するための国際協力を促進すること，ならびに科学技術開発の成果は経済的および社会的発展と人権および自由の実現に向けて利用されるべきであることを述べている．同宣言はすべての国々に対して，個人の人権を制限したり，それに干渉したりすることのないように科学技術開発を利用することを，促すよう求めている．

あらゆる形態の宗教的不寛容の撤廃宣言

「宗教および信条に基づくあらゆる形態の不寛容および差別撤廃宣言」は，人権委員会が起草し，1981年に総会で採択された．同宣言は，すべての人に思想，良心，宗教の自由の権利があり，宗教あるいは信条を理由に差別されることがあってはならないと述べている．

居住国の国籍を持たない個人の人権に関する宣言

1985年に総会は，「居住国の国籍を持たない個人の人権に関する宣言」を採択した．同宣言は「外国人」という用語を，当該人物が現在在住している国家の国籍をもたない者と定義している．宣言は，すべての外国人が広い範囲の市民権と，安全で健康的な労働条件，公正な賃金，同一労働同一賃金の権利，労働組合やその他の組織に参加する権利，健康の保護，医療ケア，社会保障，教育，休息，および余暇を享受する権利などももつことを述べている．また，いかなる外国人も合法的に取得した財産を奪われることはなく，国籍国の領事や外交使節といつでも自由に連絡をとることができることも述べている．

開発に対する権利に関する宣言

「開発に対する権利に関する宣言」は，1986年の総会で採択された．同宣言は，開発の権利は不可侵の権利であって，すべての人権と基本的自由が完全に実現されるような経済的，社会的，文化的および政治的な開発にあらゆる個人や民族が参加し，貢献し，享受する権利をもつことを宣言している．開発の権利はまた，天然の富と資源に対する主権の完全な行使という不可侵の権利を含む，民族の自決権の完全な実現も意味している．

国民的，民族的，宗教的および言語的少数者の権利に関する宣言

1992年12月に総会は，国連の基本目標のひとつが，すべての人が人種，性別，言語あるいは宗教によって差別されることなく，人権と基本的自由を尊重されるよう助長し奨励することであることを再確認した．「国民的，民族的，宗教的および言語的少数者の権利に関する宣言」は各国に対して，それぞれの領域内にいる少数者のアイデンティティーを，とくに適切な立法によって保護するよう求めている．

強制的な失踪からすべての人々を保護することに関する宣言

1992年12月に総会は，「強制的な失踪からすべての人々を保護することに関する宣言」も採択した．同宣言は各国に対して，このような人間の尊厳に対するひどい違反と目にあまる人権侵害を防止し排除するため，あらゆる手段をとることを強く求めている．強制的な失踪行為は，それがきわめて深刻であることを考慮して，適切な刑罰によって処罰される刑法上の犯罪とみなされるべきである．強制的な失踪行為の被害者とその家族は，救済や完全な社会復帰を含む適切な補償を受ける権利をもっている．

■ 最近の出来事

世界人権会議

1993年6月15日から25日にかけて，ウィーンで世界人権会議が開催された．同会議には政府代表や人権団体，800団体以上の非政府組織（NGO）の代表，それに学者など約7000人が参加した．総会が「世界人権宣言」の採択以降に人権分野で推進された進歩を見直し，再評価し，障害とその克服方法を見出すため，世界会議の招集を決定したのは，1989年のことである．

1992年に総会が設定した同会議の議題には，開発と民主主義と経済的，社会的，文化的，市民的，および政治的権利の関係の検討や，国連の方法や仕組の実効性の評価が含まれていた．4回の準備会議の初期には，国家主権，普遍性，および非政府組織の役割，さらに人権関連の新しい条約などの実行可能性と公正さの問題など，議題のなかには多くの疑問が含まれることが明らかとなった．しかし，当事者すべての間で活発な議論が交され，これらの点や，その他の多くの論点について共通の理解を得る

ことに成功した．

同会議は，「ウィーン宣言と行動計画」として知られる最終文書に合意した．最終文書では，過去45年間にわたって展開されてきた原則が再確認された．とくに宣言は，民主主義と開発と人権の間の相互依存関係を認めると同時に，女性や児童，先住民の権利の促進と保護の必要性が高まっていることも認めている．宣言は，女性に対する暴力に関して特別報告者の制度を創設することを支持し，また「児童の権利に関する条約」のすべての国による批准も求めている．また総会に対して，「世界の先住民のための国際10年」を宣言するよう勧告している．

ウィーン宣言ではまた，国連制度の監視能力の強化と調和について，具体的な勧告が行われた．さらに各種の人権条約の批准の速度を速める必要があると強調し，総会に対して「国連人権高等弁務官」の役職を創設するよう勧告している．

世界の先住民のため国際年

国連は，地球上で最も軽視され，弱い立場におかれている集団のひとつである先住民に注意を向けるため，1993年を「世界の先住民のための国際年」に指定した．国際年は，生存と自らの権利の承認を求める先住民たちの戦いの歴史のなかで，画期的な事件となった．「先住民──新たなパートナーシップ」という主題で国連は，人権や環境，開発，教育，健康などの分野で先住民社会が直面している問題を解決するため，グローバルな協力を強化する一連の活動を行った．70カ国以上の約3億人の先住民を代表する人々に，自らのメッセージを伝え，その文化や生活様式に対する理解を促進するために，発言の場が与えられた．

国連人権高等弁務官の創設

1993年6月14日から25日までウィーンで開かれた世界人権会議の努力によって，「国連人権高等弁務官」の役職の創設問題にはずみがついた．その年の後半に総会は，同役職の創設を決定し，1994年2月14日にエクアドルのホセ・アヤラ・ラッソを人権高等弁務官に任命した．［1997年9月からアイルランドのメアリー・ロビンソンが就任している．］人権高等弁務官の任期は4年で，事務所はジュネーブの国連事務所におかれる．1993年12月の決議A/RES/48/141で総会は，人権高等弁務官に国連の人権活動の調整とジュネーブにある人権センターの監督の任務を与えた．

植民地人民の独立

国連の創設以来,かつて外国に支配されていた80以上の地域が独立し,国連の加盟国となった.世界の政治地図のこの急激な変化のなかで,国連は憲章第1条にうたわれている基本規則に基づき重要な役割を演じてきた.同条は,国連の目的のひとつは「人民の同権及び自決の原則の尊重に基礎をおく諸国間の友好関係を発展させること」であると述べている.憲章の第11章,第12章,および第13章は従属地域の人民の福祉を増進するため企図される措置について,とくに触れている.

これらの措置を実施する努力について,国連は各地域を次の2つの類型に分けて対処してきた.
(1) かつての植民地で,独立までの間は国連信託統治地域として,指名された加盟国が施政を任された地域
(2) 国連加盟国の非自治地域あるいは植民地

この2つの地域では,国連の権限と責任が大きく異なっているので,この章も2つの節に分けて述べる.

■ 信託統治地域

信託統治制度のおもな特徴は,信託統治理事会の章でその概略を述べている.ここでは,1946年に国連信託統治地域におかれた地域の概略を述べる.

独立を達成した信託統治地域

国連信託統治制度下におかれた地域には,次の3つの類型があった.
(1) 当時なお国際連盟の委任統治のもとにあった地域
(2) 第2次世界大戦の結果として敵国から分離された地域
(3) 施政について責任を負う国によって,自発的にこの制度のもとにおかれた地域

1946年に信託統治制度下におかれた11の地域すべてが,今日までに,憲章の目標であった独立または独立国家の一部となった.

以下に掲げるのは,独立を達成した地域の一覧である.各地域は施政権国ごとに挙げてある.

〔オーストラリア〕

ナウル ニュージーランドとイギリス[と共にオーストラリア]が共同施政権国であるこの地域は,1965年の総会決議で独立の日と設定された1968年1月31日に独立した.

ニューギニア ニューギニアの施政権はパプア非自治地域とともに,両地域が合併して1975年にパプア・ニューギニアとして独立するまで,オーストラリアに信託されていた.

〔ベルギー〕

ルワンダ・ブルンジ 1962年に招集された特別総会で,ベルギー施設権下のそれぞれの地域は,ルワンダ共和国とブルンジ王国として1962年7月1日に独立することが承認された.

〔フランス〕

トーゴランド フランスとの合意によって,1958年に国連は選挙を監督し,同地域は1960年4月27日にトーゴとして独立国となった.

カメルーン 同地域の立法議会が1958年に独立の意思を通告したあと信託統治理事会の勧告にしたがい,総会はフランスとの合意を得て1960年1月1日に同地域の信託統治を終了させ,カメルーンとして独立させることを決議した.

〔イタリア〕

ソマリランド イギリス領ソマリランドと合併して,同地域は1960年7月1日にソマリアとして独立国家となった.

〔ニュージーランド〕

西サモア 施政権国との合意によって,国連は1960年5月に住民投票を実施し,その結果同地域は1962年1月1日に独立を達成した.

〔イギリス〕

トーゴランド 政治的将来に関する住民の自由に表明された意志を確認するため,国連はイギリスと

の合意を得て1956年に住民投票を実施した．その結果，同地域は1957年3月にかつての黄金海岸と合併して独立国ガーナを形成することになった．

カメルーン 同地域の北部と南部は，イギリス領ナイジェリア連邦の一部として施政が行われていた．国連の監視のもと1961年3月に実施された住民投票の結果，北部は1961年6月1日に新しく独立国となったナイジェリアの一部となった．同様の住民投票に続いて，南部の住民も1961年10月1日に新しく独立したカメルーンに合併した．

タンガニーカ イギリスとアフリカ人指導者たちとの交渉の結果，同地域は1961年12月9日に独立を達成した．同国は1964年にザンジバルと合併してタンザニア共和国となった．

〔アメリカ合衆国〕

太平洋諸島信託統治地域 1975年末の時点で，国連の信託統治制度のもとに残っていたのは太平洋諸島の信託統治地域だけであった．同地域は安全保障理事会の承認を受けた協定によって，アメリカの施政権下にあった．同地域は「戦略的」信託統治地域とされていたので，総会よりはむしろ安全保障理事会(安保理)が最終的な権限をもっていた(→51ページ).

全体的にはミクロネシアとして知られる太平洋諸島は，日本の旧委任統治地域であったマーシャル諸島，カロリン諸島，および北マリアナ諸島(1898年にスペインからアメリカに割譲されたグアムを除く)を含んでいた．1975年に北マリアナ諸島の住民はアメリカとの政治的連合を内容とする規約を承認した．1976年2月に，アメリカ議会は北マリアナ諸島に自治連邦の地位を与えることを承認した．北マリアナ諸島との自治連邦協定は1986年11月3日に発効した．

1978年7月12日に行われた住民投票で，コスラエ，ポナペ，トラック，ヤップ(カロリン群島のなかにある)はミクロネシア連邦を提案する憲法草案を承認し，批准した．その後に行われたこれら4地域での選挙によって，1979年5月10日にミクロネシア連邦議会が開催された．ミクロネシア連邦とアメリカとの自由連合協定は，1986年11月3日に発効した．

1978年12月21日に，マーシャル諸島制憲議会は憲法草案を承認し，1979年3月1日に実施された住民投票で，現地の有権者は実質多数で同憲法を承認した．マーシャル諸島の立法権はニジエラ(立法府)に与えられ，新憲法のもとでの最初の総選挙は1979年4月10日に実施された．マーシャル諸島とアメリカとの自由連合協定は，1986年10月21日に発効した．

1979年4月2日に，パラオ制憲議会は憲法草案を採択し，同案は7月9日の住民投票で承認された．選挙は1980年11月4日に実施され，新憲法は1981年1月1日に発効した．しかし憲法がアメリカとの自由連合協定の承認に75％の多数による承認を求めていたので，その後10年間に行われた7回の住民投票でもパラオは協定の承認を得ることができなかった．

1992年11月に，パラオは憲法を改正し，承認は単純多数決(51％)で行われる旨変更した．その後，1993年11月に8回目の住民投票が行われ，68％のパラオ住民が協定承認に賛成した．1994年1月にアメリカは信託統治理事会に，アメリカ政府とパラオ政府は協定を可能なかぎり早く実施する旨通告した．パラオを新たな地位へと円滑に移行させるための計画が開始された．信託統治理事会は自由連合協定の完全履行の目標日時として1994年10月1日を設定し，同日をもってパラオの信託統治地域としての地位は公式に終了することを勧告した．

非自治地域

国連を創設した1945年のサンフランシスコ会議に出席した代表団のなかには，反植民地感情を表明する多くのスポークスマンが含まれていた．彼らの努力とオーストラリアおよびイギリス(当時，世界最大の植民地帝国だった)の寛大な提案の結果，従属地域の人民に対する特定の義務を引受けるという，植民地列強の誓約が憲章のなかに取入れられた．

非自治地域に関する憲章の宣言

誓約は憲章第11章の第73条に具体化された「非自治地域に関する宣言」の形をとっている．第73条によって国連の全加盟国は，「人民がまだ完全には自治を行うに至っていない地域の施政を行う責任を有し，又は引受ける国際連合加盟国は，この地域の住民の利益が至上のものであるという原則を承認し，且つ，この地域の住民の福祉をこの憲章の確立する国際の平和及び安全の制度内で最高度まで増進する義務……を神聖な信託として受諾する」．この一般義務は次の5つの特定された義務に分かれている．

(a)「関係人民の文化を充分に尊重して，この人民の政治的，経済的，社会的及び教育的進歩，公正な待遇並びに虐待からの保護を確保すること」

（b）「各地域及びその人民の特殊事情並びに人民の進歩の異なる段階に応じて、自治を発達させ、人民の政治的願望に妥当な考慮を払い、且つ、人民の自由な政治制度の漸進的発達について人民を援助すること」
（c）「国際の平和及び安全を増進すること」
（d）「……建設的な発展措置を促進」すること
（e）「……加盟国がそれぞれ責任を負う地域における経済的、社会的及び教育的状態に関する専門的性質の統計その他の資料を、安全保障及び憲法上の考慮から必要な制限に従うことを条件として、情報用として事務総長に定期的に送付すること」

今日では、多くの人民が独立を要求し獲得してきたので、この宣言に含まれた義務はそれほど広範なものとは思えないかもしれない。たとえばここには、非自治地域が現実の独立に向けて準備することにはまったく言及していない。じっさいに「独立」という用語は宣言のどこにも使われていない。「人民の政治的願望」については妥当な考慮を払うべきとされてはいるが、ここで明示的に認められているのは、「自治」を発達させる義務であって、それは必ずしも独立を意味しないのである。

しかし、宣言の妥当性はその時代の文脈のなかで考えなければならない。サンフランシスコ会議の参加者のうち、植民地の住民がどれくらい熱烈かつ普遍的に完全な政治的主権を望むかを予知していた人物は、ほとんどいなかった。要するに、宣言に盛りこまれた諸義務は、おそらくは当時において植民地をもつ諸国から合理的に期待できた最大限度のものであったのである。さらにいえば、当時支配的だった状況のもとでは、植民地をもつ諸国が第73条（e）項で自分たちの領域についての情報を国際機関に提出すること（実質的には自分たちの主権の一部を譲りわたすことに等しい）に同意したのは、すでに相当な譲歩だったのである。

■ 宣言が対象とする地域

「非自治地域」といういささか耳なれない用語が選ばれたのは、おもに植民地とか保護領など、施政権国が従属地域を呼ぶのに用いていた国内法上のさまざまな名称を網羅するうえで、この言葉は十分なほど広く、現実的な自治や独立には至っていない政治的発展段階のすべてを包含できるからであった。宣言は、「人民がまだ完全には自治を行うに至っていない地域」のすべてを含んでいる。しかし憲章は、「完全には自治を行うに至っていない」という語句の正確な意味を特定しておらず、その後の紛争や論争の余地を残していた。

当初は、従属地域を憲章第73条の意味で非自治地域であると認定するのは国連加盟国である植民地をもつ8つの列強［植民国家］の責任であると考えられていた。1946年の第1回総会で、宣言の規定に合致すると施政権国が認めた74の非自治地域を列挙した決議が採択された。植民地をもつ8カ国とは、オーストラリア、ベルギー、デンマーク、フランス、オランダ、ニュージーランド、イギリス、それにアメリカ合衆国であった。人口が100人の小さなピトケアン島から人口7300万人のオランダ領インド諸島（現インドネシア）まで含めた、これらの従属地域の総人口は2億1500万人と推定された。スペインとポルトガルの植民地は、1946年のリストには含められなかった。というのは、この2つの植民地をもつ国々は、当時国連加盟国ではなかったからである（1946年およびそれ以後に、総会によってリストに挙げられた非自治地域については末尾の表1を参照）。

■ 国連の役割

憲章は非自治地域について、国連にはいかなる特定の任務も与えていない。事務総長に送付された情報に対して、何をなすべきかも特定していない。したがって、総会は自らの任務を自由に定義できると考えてきた。

発足当初から、国連加盟国の大多数が熱烈な反植民地主義に立っていたので、総会の最初の仕事は、植民地をもつ国々が憲章の宣言で引受けた義務を履行するよう、あらゆる手段を講じることであった。さっそく1946年に生じた紛争や論争から判断すると、このような事態の展開を植民地をもつ国々はサンフランシスコ会議のさいに完全には予想していなかったと考えてよいようである。

総会には勧告を執行する権限が欠けていたが、植民国家は自分たちが多数決によって決定されたことにいつも逆らっていたと記録されたくはないと考えていた。それゆえ、植民国家は自国の領土に関係する事項では、最初から主導権を握るように努め、植民地問題で国連がその役割を拡大するのを防止しようとした。しかし植民国家は、世界の世論の抗い難

い流れに対して，勝ちめのない戦いをしていた．じっさい，国連の役割の推移をみると，本質的に非植民地化のプロセスに対してますます関与の度合を深めていっている．

情報の送付をめぐる紛争

植民国家とその他の国連加盟国の間に生じた最初の論争は，さまざまな地域に関して提出された報告について議論したいという，総会の願いについてだった．とくにベルギーなど植民国家のいくつかは，報告を提出するだけで憲章第73条(e)項の要件は満たされると主張した．このような抵抗を無視して，1947年の総会は受取った情報について報告をまとめる特別委員会を創設した．1949年にこの委員会は「非自治地域からの情報に関する委員会」として設置された．同委員会は施政国と非施政国が同数の割合で構成されていた．同年に総会は，毎年施政権国が回答すべき基準質問書を採択した．この質問書は該当する地域の社会的，経済的，教育的条件のあらゆる側面を事実上対象としていた．しかし，以下に述べるような論争が起こったため，同委員会が受取った報告は74の非自治地域のうち56地域についてだけだった．

情報送付の停止

1949年までに，施政権国が自治を達成したとみなした地域に関する報告は，国連に提出する必要がないものだと，第73条(e)項を一方的に解釈する施政権国が現れるようになった．これを根拠として，イギリスは1946年にマルタに関する最初の報告を送ったあと，情報の提出を停止した．同じようにフランスも1946年以後，グアデループ，マルティニーク，ニューカレドニアを含む特定の領域に関する情報の送付を中止した．フランスはこれらの地域がフランス本国と同等の海外領土を構成するか，または「国内的自治」の段階に到達したとしていた．アメリカも1946年以降はパナマ運河地域に関する報告を送らなかった（しかしこの決定は，パナマ自身が運河地域を非自治地域に分類することに反対したからかもしれない）．このような動きに対して，1949年の総会は，植民地をもつ諸国の反対（アメリカは棄権）を乗りこえて，「憲章第73条(e)項による情報送付義務のある地域を決定するにあたっては，これまで加盟国を導いてきた，そして将来も導いていくであろう原則について，意見を表明するのは総会の責任である」ことを決定した．

総会は1952年に自治の基準の一覧を作成する特別委員会を設置し，その次の会期にこの一覧に基づいて，当該地域に関する報告が行われるべきか否かを，総会が決定することを議決した．それ以来，総会はいくつもの地域について「完全な自治を達成するに至った」と判断し，情報停止を正式に承認してきた．しかしそれぞれの場合，この承認が行われる前に施政権国が当該地域に関する情報をもはや送付しないと表明していた．このような地域と総会の承認の年度は次の通りである．1953年から1955年までの間にプエルトリコ（アメリカ），グリーンランド（デンマーク），スリナムとキュラソー（オランダ），1959年にアラスカとハワイ（アメリカ），1965年にクック諸島（ニュージーランド），1974年にニウエ（ニュージーランド）である．

しかし注目すべきは，その地域が現実に独立しないかぎり，総会にはいつでも当該地域の地位の問題を再審議する権利があるということである．1947年にフランスはニューカレドニアについての情報の送付を停止したが，総会は1986年12月2日に，ニューカレドニアは憲章第11章でいうところの非自治地域であり，再びそのリストに名前を入れることを決定した．

1967年にイギリスは，カリブ地域にあるいくつかの小さな植民地（すなわちアンティグア，ドミニカ，グレナダ，セントキッツ・ネイビス・アンギラ，セントルシア）が「完全に自治を行う」連邦国家の地位に達したので，もはやこれらの地域については報告を提出しないと表明した．しかし総会は，これらの地域の新しい地位を完全な自治を行うものとは認めず，ひき続き非自治地域とみなした（アンギラを除くすべての連邦国家はその後独立を達成し，アンギラについてはイギリスは1984年に情報送付を再開した）．同様の状況はブルネイについても生じた．1972年にイギリスは，事務総長に対して同地域が完全な国内的自治を達成したので，この地域に関する情報送付はもはや適切でないと考えると通告した（ブルネイは1984年に独立した）．

情報送付の拒絶

総会がこの問題について自らの権限を主張するまで，第73条の適用を受ける非自治地域に含めるかどうかの決定は，関係する施政権国の裁量に任されていた．たとえば，イギリスは1946年に南ローデシアを自治を行っているとして，自らの施政権下にある従属地域の一覧に入れなかった．しかしその

後，1965年に白人多数派政権が一方的に独立を宣言すると，この方針を変更した．

1955年にスペインとポルトガルが国連に加盟したとき，両国も海外領土についての報告送付を拒否した．両国はこれらの地域が植民地ではなく「海外州」であると主張した．スペインは1960年にこの方針をやめて報告の提出を開始し，総会を「満足」させた．しかしポルトガルは，国内の動乱で政権が交代した1974年まで，その立場をかえなかった．

第73条(e)項に基づく報告送付義務に関するこれらの意見の違いから，1960年に総会は「完全な自治」とは次の3つの条件のうちのどれかを満足するものであると定義する決議を採択した．3つの条件とは，

(1) 当該地域が独立国家となること
(2) 独立国家と自由に連合すること
(3) 独立国家に編入されること

である．(2)と(3)は当事者である人民の自由で自発的な選択の結果によるべきであり，人民は新しい地位において特定の権利と安全の基準をもたなければならないとされた．総会は，これらの3つ条件のいずれかが満足されないかぎり，施政権国は「地理的に離れ，施政権国とは民族的あるいは文化的に区別される」人民の地域すべてに関する情報を送付する義務があると主張した．

■ 1960年の植民地独立付与宣言

1950年代を通じて，非自治地域に関する情報送付をめぐる植民地諸国とのさまざまな紛争が，着実な非植民地化を背景に発生した．平和のうちに認められたか，あるいは苦闘の末に獲得したかの違いはあるが，ともかくかつての植民地の多くは次々と独立を達成していった．ついこの間まで外国支配を受けていた加盟国は，最初の総会が開かれた1946年にはほんのひと握りにすぎず，インド，フィリピン，および国際連盟の委任統治地域であったアラブ4カ国(イラク，ヨルダン，レバノン，シリア)だけであった．1959年までにアジアの8カ国(ビルマ，カンボジア，セイロン，インドネシア，ラオス，マラヤ，ネパール，パキスタン)と，アフリカの2カ国(ガーナ，ギニア)が独立国となった．長年にわたってかつての支配者と戦ってきたか，あるいは外国による支配という屈辱的な過去を背負ってきたこれらの国々が国連に加盟するにつれて，反植民地感情がますます強まり，総会での議論に大きな影響を与えるようになった．ソヴィエトブロックによる熱心な支援を受けて，新独立諸国は憲章に詳細に話されたいかなる特定の規定をもはるかに越えて，植民地主義を早急に終らせる大きなうねりとなって動き始めた．

1960年の総会は，国連での反植民地主義勢力の勝利を決定づけるものとなった．会期の開始にあたり，16カ国の新アフリカ諸国とキプロスが加盟し，全国連加盟国100カ国のうち，44カ国がアフリカとアジア諸国でうめられた．さらにアジア・アフリカグループと呼ばれた国々は，ソヴィエト・ブロックと多くのラテンアメリカ諸国，さらにスカンジナビア諸国からの支援を当てにすることができた．会期終了までにこれらの国々は，憲章の宣言を補足し，植民地問題の国連活動の基本的な枠組みとなる「植民地独立付与宣言」案を起草した．

宣言のおもな規定

憲章の宣言は人民の福祉を世話するという支配者間の紳士協定であったが，総会の宣言は実質的に，そうした人民が，もはや臣民ではないという権利を主張したものであった．植民地人民自身の観点から書かれたこの宣言は，前文で「すべての従属下の人民の自由に対する激しい熱望」や「このような人々の自由……が拒絶された結果として生じる，紛争の増加が，世界平和に対する深刻な脅威となっている」こと，それに「信託地域及び非自治地域における独立運動を援助する国連の役割の重要性」などを承認している．同宣言には次の7つの規定が掲げられている．

(1) 外国による人民の支配は「国際連合憲章に違反し，世界の平和と協力の促進に障害となっている」
(2) 「すべての人民は自決の権利」をもっている
(3) 準備が不十分なことを「独立を遅延する口実としてはならない」
(4) 従属下の人民に対するすべての武力行動，あるいは抑圧手段は「従属下の人民が独立を完成する権利を平和にかつ自由に行使しうるようにするために……停止」しなければならない
(5) 「これらの地域の住民」のため「なんらの条件または留保もつけず，……早急な措置が講ぜられなければならない」
(6) 国家的な国民的統一および領土保全の破壊をめざすいかなる企図も「国際連合憲章の目的及び原則と調和しない」
(7) すべての国家は国連憲章と世界人権宣言なら

びに「本宣言」の諸条項を平等，あらゆる国家の内政不干与，ならびにすべての人民の主権的権利の尊重を基礎として「誠実にかつ厳格に」遵守しなければならない

「植民国家」という語句は見当たらないが，同宣言は明白かつ断固としてそのような諸国に向けられたものであった．にもかかわらず，反植民地感情のあまりの強さ故に，どの植民国家もあえて反対票を投じなかった．そのため1960年12月14日に，「植民地独立付与宣言」は89対ゼロ，わずかに9カ国（オーストラリア，ベルギー，ドミニカ共和国，フランス，ポルトガル，南アフリカ共和国，スペイン，イギリス，アメリカ）が棄権しただけで採択された．

特別委員会の設置

宣言の採択から1年後，ソ連がイニシアチブを発揮し，総会に対して同宣言の履行問題を審議するよう要求した．その後の議論の結果，17カ国で構成する「植民地独立付与宣言の履行状況に関する特別委員会」が設置された．同委員会の活動の重要性を考慮して，翌年さらに7カ国が委員に加えられた．それ以来，特別委員会（初期には「非植民地化に関する24カ国委員会」と呼ばれていた）は，委員国がさまざまな理由で辞任し，同じ地理的集団を形成するほかの国々がそのかわりの委員に選ばれるという小さな変化はあったが，大勢は変化することなく運営されてきた．もともと同委員会には3カ国の植民国家あるいは施政権国（オーストラリア，イギリス，アメリカ）が参加していたが，フランス，スペイン，それに最も頑強な施政権国であるポルトガルと南アフリカは決して委員にならなかった．あとになって，イギリスとアメリカは委員会への協力を中止した．その結果，同委員会の審議はつねに反植民地主義的なものとなった．

1963年に，同委員会の任務は解散した1947年の非自治地域からの情報委員会の任務も含むべく拡大された．同時に総会は委員会に対して，国際の平和と安全を脅かすかもしれないと委員会が考えるいかなる地域における状況の変化についても，安全保障理事会に通告する権利を与えた（通常は補助機関にはこの権利はなく，総会を通じて行動しなければならない）．さらに総会は，同委員会に非自治地域はもとより，信託統治地域に関する情報の調査権も認めた（もっとも信託統治理事会は，最後の信託統治地域が消え去る1994年まで通常の任務を続けていたが）．同委員会にはまた，従属地域に使節団を派遣する権限も与えられた．かくして1963年以降，同委員会は植民地問題での総会のおもな執行機関となった．

個々の植民地地域の問題を審議するほか，同委員会は総会から課せられたより一般的な性格の問題（たとえば独立の達成を阻害し，従属地の住民にその権利が帰すべき天然資源を搾取する，外国の経済的ならびに軍事的利害のはたす役割など）を議論している．とくに同委員会は，植民地問題についての情報の普及や，植民地人民と彼らが自治や独立を達成するためにしている努力に対して，国際的な支援や援助を動員することに積極的であった．

1988年に総会は，1990年から2000年までの期間を「国際植民地主義撤廃の10年」とすることを宣言した．1991年に総会は，2000年までに植民地主義の完全な終焉を達成することを目標とした，特別委員会の行動計画を採択した．行動計画では何よりも次のことを要求していた．すなわち，残存する植民地主義を除去するための特定の提案をつくること，毎年総会に状況報告を行うこと，国際の平和と安全を脅かすような植民地での状況の変化について，安全保障理事会に具体的な提案を行うこと，小さな地域にとくに注意し，直接の情報を収集するための使節を派遣すること，定期刊行物である『目標―正義』と『非植民地化』と呼ばれる特別シリーズを含む，非植民地化問題に関する研究と論文の収集，準備，普及の継続などである．

1986年1月にイギリスは，特別委員会委員長に対し，同国の施政権下に残っているすべての地域が同国との密接な連邦関係を続けることを選択したと考えているので，これ以上特別委員会に参加することはないと通告した．しかしイギリスは，憲章のもとで同国が負う義務の履行と，第73条(e)項の情報送付の継続には同意した．イギリスは第4委員会に対しても1990年に，人口の大小にかかわらず同国は残っている10地域のすべての住民の願望を尊重すると繰返した．

1992年2月にアメリカは，数少なくなった残りの非自治地域に求められていることへの対応をめざした新しいアプローチをとらずに，時代遅れの議題にしがみついているという理由で，特別委員会への協力を中止した．

1993年1月現在，次の25カ国が特別委員会の委員となっている．すなわち，アフガニスタン，ブルガリア，チリ，中国，コンゴ，コートジボワール，

キューバ，チェコ，エチオピア，フィジー，グレナダ，インド，インドネシア，イラン，イラク，マリ，パプアニューギニア，ロシア，シエラレオネ，シリア，トリニダード・トバゴ，チュニジア，タンザニア，ベネズエラ，ユーゴスラビアである．

■ 非植民地化の進展

「植民地独立付与宣言」の採択から10年（1960～70年）の間に，27の地域（人口総計5300万人）が独立を達成した．しかしまだ44地域ほど（人口約2800万人）が外国の支配下にあり，非植民地化の過程を加速するための総会の活動は終わったとはいえない状況にあった．アフリカにはポルトガル領ギニア（現ギニアビサウ），アンゴラ，モザンビーク，カーボベルデ，サントメ・プリンシペ，そして法的には依然としてイギリス領だった南ローデシア，さらに旧国際連盟の委任統治地域では南西アフリカ（国連によって公式にはナミビアと呼ばれる地域）などの，約1800万人のアフリカ人と植民地体制および白人少数派体制との間の対立が広がっていた．平和的手段で白人の少数支配を終らせようとする国連のあらゆる努力に抵抗しながら，これらの体制は国際社会と地域内のアフリカ人たちの要求の圧力にもかかわらず，変革を拒否していた．

この拒否のために，これらの地域のなかではアフリカ民族解放運動が起こり，独立したアフリカ諸国の目にはアフリカ全体をまき込む流血の人種戦争を起こしかねない，平和と安全への脅威と映るところの，一連の武力紛争が発生した．事実，1960年にアンゴラで始まった武力紛争は，アフリカ本土のすべてのポルトガル支配地域に広がり，アフリカ民族解放運動が勢力と支援を拡大するにつれ，アンゴラやポルトガル領ギニアでは全面戦争に発展し，大規模なポルトガル軍の介入とポルトガル経済への深刻な影響をもたらすものとなった．

南ローデシアとナミビアでは，解放を求める武力闘争はよりゆるやかに発展したが，これらの地域が提起した問題の本質的な相違にもかかわらず，総会は南アフリカとポルトガルが南ローデシアの白人少数派政権との協力を深めつつあるのに対応するために，白人少数派の支配対黒人多数派の権利という，単一の人受けのする問題としてとらえるようになった．

これらの地域の状況を改善するため，アジア・アフリカ諸国がソヴィエトブロックやその他の多くの国々の支援を得て提唱した戦略は，本質的にアフリカ民族解放運動に対する承認と支援を集め，憲章第7章に基づき，安全保障理事会の決定を通じて義務的な強制措置をとろうとするものであった．それには状況が許すならば経済制裁や軍事行動が含まれている．しかしどの事例でも，南ローデシアの場合を部分的に除けば，義務的強制措置の発動は安全保障理事会の常任理事国であるイギリスとアメリカの反対によって否定された．両国はいくつかのほかの西ヨーロッパ諸国とともに，南部アフリカの経済的に豊かな白人少数派政権と対決する政策に乗りだすことはできないと考えていた．

こうした反対にもかかわらず，アジア・アフリカ諸国は脱植民地化問題への注意を喚起し続けていた．毎年のように上述の何らかの紛争が，安全保障理事会にもちこまれた．総会と非植民地化特別委員会では，毎回長くときには辛らつな議論が展開された．この持続的な圧力の結果，アフリカ地域の民族解放運動がより広く認められ，地位を獲得するようになり，白人支配に対する非難と同体制の孤立化が広がるようになった．1971年に初めて，現地のアフリカ民族解放運動の招きで特別委員会の使節がギニアビサウの解放地域を訪問し，解放運動が実効的な支配を確立していることを認定した．

1972年に総会は初めて，「アンゴラ，ギニアビサウ，カーボベルデ，並びにモザンビークにおける民族解放運動が当該地域住民の真実の抱負を真正に代表するものである」ことを確認し，これらの地域が独立するまでの間，すべての国連加盟国と機関は当該地域についての問題を処理する場合には関係する民族解放運動を地域代表として扱うべきであると勧告した．翌年に総会は，同じような承認を南ローデシアとナミビアの民族解放運動にも拡大した．

1974年4月25日に，植民地戦争による国内外の圧力によるところが大きいが，ポルトガルで体制変革が生じ，アフリカのポルトガル領の状況にも大きな影響を与えた．新体制は植民地戦争を終らせ，民族解放運動と交渉を始めることを誓った．1974年末までにポルトガル軍はギニアビサウから撤退し，ギニアビサウは国連加盟国となった．これに続いて1975年にはカーボベルデ，モザンビーク，サントメ・プリンシペが，さらに1976年にはアンゴラが独立を達成し，国連に加盟した．

南ローデシア（現ジンバブエ）

1977年に人口約700万人，そのうち650万人がアフリカ人であった南ローデシアの問題は，1970

年代末になるまで解決しなかった．

南ローデシアはイギリスによって1923年に完全な自治領とされたが，憲法で政治的権力を排他的に与えられたのは白人の入植者たちであった．イギリスは1946年の非自治地域の一覧表にこの従属地域を記載せず，情報を国連に送付しなかった．さらにイギリスは，1923年憲法の規定によってアフリカ人の利益に反するいかなる立法に対しても拒否権を行使する権利を保持していたが，この権限を使うことはなく，白人入植者による現地政府の支配に介入する試みも何も行われなかった．

国連が南ローデシア問題に関与するようになったのは1961年のことである．このときアジアとアフリカの加盟国は，現地の新しい憲法の発効をイギリスが認めないようにと圧力をかけたが，うまくいかなかった．この憲法は南ローデシア議会にアフリカ人たちも代表を送れるようにするいっぽう，ヨーロッパ系住民に圧倒的に有利な二重選挙制度によって，アフリカ人たちの公民権を制限していた．

1962年6月に特別委員会の勧告に基づいて総会は，南ローデシアの住民の多数に平等な政治的権利と自由が認められていないことを根拠に，南ローデシアが憲章第11章でいうところの非自治地域であると宣言する決議を採択した．総会はイギリスに対して，「1人1票」の原則に基づく多数派の権利を確保するような新しい憲法の起草を目的とし，ローデシアのすべての政党が参加する会議の招集を要請した．しかしイギリスは，ローデシアの国内問題に干渉することはできないと主張し続けた．こうして1961年憲法は1962年11月に発効した．

1965年11月11日に，イアン・スミス政権は一方的に南ローデシアの独立を宣言した．イギリスはこの宣言を「不法行為」と非難したあと，翌日に問題を安保理に付託した．安保理は同宣言を非難し，すべての加盟国は「反乱」政権を承認したり援助を与えたりしないよう要請する決議を採択した．11月20日に安保理は，「権力の簒奪」を非難し，イギリスに対して同政権をただちに終らせるよう要請し，すべての加盟国に対して経済関係を断絶し，石油および石油製品の禁輸を行うよう要請する決議を採択した．1968年に安保理は南ローデシアに対してより広範囲の義務的制裁を科し，その適用を監視する委員会を設置した．総会は各国に対して，同地域のアフリカ名称であるジンバブエの民族解放運動を，道義的かつ物質的に援助するよう強く求めた．

1970年3月2日に南ローデシアは共和国も宣言し，イギリスとの関係を断絶した．1975年にモザンビークが独立してからは，南ローデシアとの国境地帯でのゲリラ活動が活発化し，国境が閉鎖され，すでに国連による制裁で被害を受けていた南ローデシア経済はさらに脅かされることになった．

1977年に，イギリスとアメリカの南ローデシア問題解決をイギリスが安保理に伝えた．この提案は，不法な政権は権力をあけわたすこと，普通選挙権に基づく自由な選挙の実施，イギリスによる暫定政権の確立，移行期間中は国連軍が駐留すること，独立した憲法の起草などを要求していた．この提案については，白人とアフリカ人を問わず，南ローデシアのすべての政党が参加する会議で議論すべきものとされていた．しかしスミス政権は，そのような会議のアイデアを拒否した．アフリカ人たちにもいくらかの政治的権力は認めるが，実効的な支配は白人少数派が維持するという，1978年と1979年初めの政権側による新しい憲法案は失敗し，愛国戦線と呼ばれる解放運動勢力による戦いが激化した．

1979年8月にイギリスのマーガレット・サッチャー首相は，イギリス連邦首脳会議で，国際社会が受入れられるような根拠に基づいて，南ローデシアを法的に独立させることを表明した．この目的のため，9月10日に愛国戦線とソールズベリーのローデシア政権の代表を招いた制憲会議が，ロンドンで開かれた．12月21日に独立憲法草案およびその施行のための取決めと，12月28日から発効する停戦合意が調印された．1980年2月に国連監視団のもとで実施される選挙までの間，ソームズ卿が同地域の統治者として任命された．3月11日にソームズ卿は，選挙で過半数の議席を獲得した政党の党首であるロバート・G・ムガベを正式に首相に任命した．ジンバブエの独立は1980年4月18日に宣言され，8月25日にジンバブエは国連加盟国となった．

残存する植民地問題

残存する17の従属地域は，そのほとんどが地球上に広がる小さな島々である．人口が少なく経済的資源もわずかであることから，これらの地域が完全に独立しても，自立していくのはほとんど不可能に近い．235ページの表2は独立を達成したかまたは隣接する独立国と合併した，かつての非自治地域のすべてを掲げたものである．

施政権諸国も国連のほかの加盟国とともに，これらの小さな領域の人民にも自決権を行使する権利があると主張してはいるが，植民地主義を終らせよう

とする動きの指導者たちは，この目的を達成するための準備が本物かどうかを疑ってきた．この疑いを正当化する証拠として，アジア・アフリカ諸国は，これらの諸国が「憲章の目的や原則と両立しない」と宣言している軍事基地が，いくつかの小さな領域に建設されていることを指摘した．そのうえ，施政権国が独立よりも自治の地位を準備しているといっている地域の場合，国連加盟国の多くが，地域住民の意志を確認し，当該地域についての条件の包括的な情報を提供するのに，総会がもっと積極的な役割をはたすべきだと感じていた．現地住民の意志を直接確認するため，これらの残存する非自治地域に国連使節が訪問することを施政権国が許可するよう，総会は数多くの決議で要請してきたが，ほとんど協力は得られなかった．

特別委員会を通じて総会の調査を受けるために付託された地域のなかで，いずれもイギリス領である2つの地域の問題は，ほかの国々も主権を主張しているため非植民地化の問題が複雑になっている．それはアルゼンチンが主権を主張しているフォークランド諸島（マルビナス諸島）と，スペインが主権を主張しているジブラルタルである．

このほかに問題となっている領域は東ティモールで，施政権国のポルトガルは1977年に総会に対し，現地での事態の展開によって，同国が責任をはたし，権限を行使するのが不可能になっていると通告した．〔東ティモールでは1999年8月30日，国連の提案した自治案が住民投票にかけられ，有効投票の78.5％が独立移行を選択した．しかし，インドネシアとの併合を希望する武装勢力が独立派住民を攻撃したため現地の治安が悪化した．治安回復のために国連は多国籍軍を組織し，さらに同年10月，国連東ティモール暫定統治機構（UNTAET）の創設を決めた．インドネシアも東ティモールの独立を承認したので，以後はUNTAETのもとで平和維持活動を行い，独立へ移行する予定である．〕西サハラについては，スペインは1976年に事務総長に対して，スペインが同地域から撤退したあとの同地域の行政については，何ら国際的な責任は負わないと通告した．しかし，両地域とも総会は非自治地域のリストに記載し続けてきた．〔1988年に国連事務総長が西サハラの帰属を住民投票で決することを提案し，国連西サハラ住民投票監視団（MINURSO）が有権者認定作業を開始した．しかし独立を求める武装組織のポリサリオ戦線とモロッコの間の緊張は解けず，住民投票を実施できずにいる．〕

特別委員会は毎年，「植民地独立付与宣言」を適用すべき地域のリストの見直しを行っている．ニューカレドニアの施政権国であるフランスは，1986年に当該地域に対する特別委員会の権限を認めることを拒否し，憲章第73条(e)項に基づいて要求される情報の国連への送付も拒否した．しかしフランスは，1988年に関係者全員が合意した「マチニヨン協定」の規定にしたがい，ニューカレドニア人民の多数の意志を尊重すると主張している．同協定に基づく，民族自決に関する国民的な住民投票は，1998年3月1日から12月31日までの間に実施される予定である．〔1998年5月5日のヌーメア合意によって，まず自治権を拡大し，独立の是非を問う投票後，20年後に行われることになった（有効投票の71.87％が独立を支持）．〕

ナミビア（南西アフリカ）問題

南西アフリカ（公式には1968年6月に総会がナミビアと呼ぶことにした）の地位は，第1次世界大戦前にはドイツ植民地で，1920年から国際連盟の委任統治地域として南アフリカが施政権を担当してきたが，この問題はほぼ国連誕生の時から総会の関心を占めてきた．1946年に南アフリカは総会に対して，同地域の併合を認めるよう提案した．南アフリカ政権が南西アフリカにもアパルトヘイト制度を拡張することをおそれた総会は，この提案を認めず，かわりに同地域を国連の信託統治制度のもとにおくことを勧告した．翌年に南アフリカは，同地域を併合しないことに同意したが，信託統治地域にもしないことを総会に通告した．1946年に南アフリカは同地域の状況について報告したが，それ以後は総会が繰返し要請しても報告を送らなかった．

1950年に国際司法裁判所は，総会から要請された勧告的意見のなかで，南アフリカは同地域の住民に対して最大限の物質的および道義的な福祉と社会的進歩を促進する国際的義務を文明の神聖な使命として負い続けており，さらに同地域の行政については国連が国際連盟の監督任務を行使すべきであると言明した．南アフリカは同裁判所の意見の受諾を拒否し，同地域の問題に対する国連のいかなる形式の監督にもひき続き反対した．

1966年10月に総会は，南アフリカが当該地域の住民の福祉を確保するという国際連盟の委任義務を履行せず，委任を事実上否認していると宣言し，委任は終了し，南アフリカが同地域の行政を行う権限はもはやなく，以後は同地域は国連の直接の責任下

におかれることを決定した．1967年5月に総会は，同地域が「できる限り多くの当該地域の住民の参加によって」独立するまでの間，同地域の統治にあたる「国連南西アフリカ理事会」（のちに「国連ナミビア理事会」と改称）を設置した．同理事会の任務遂行を助けるため，「国連ナミビア弁務官」のポストの創設も決定した．同じ年の後半に南アフリカが総会の決定を受入れず，「国連ナミビア理事会」への協力を拒否したとき，総会は安保理に対して，「国連ナミビア理事会」が任務を遂行できるようにするための措置を講じるよう勧告した．

この問題に関する最初の決議のなかで，1969年の安保理は総会が委任を終了させたことを認め，南アフリカがナミビアに依然としてとどまっているのは違法であるとして，南アフリカに対して直ちにナミビア統治から撤退するよう要求した．翌年に安保理は，「委任終了後にナミビアのためあるいは同地域に関して南アフリカ政府が行ったすべての行動は違法であり無効である」と初めて明確に宣言した．この見解は1971年の国際司法裁判所の勧告的意見でも支持され，同裁判所は安保理から要請されたその意見のなかで，「ナミビアに南アフリカが居座り続けることは違法であり，南アフリカは直ちにナミビアの統治から撤退し，同地域の占領を終了させる義務がある」と述べた．しかし南アフリカは，ナミビア問題について国連決議にしたがうことを再び拒否し，同地域の統治を続けた．

ナミビア人たちに，「彼らが正当な所有者である領域の天然の富と資源を適切に保護する」ため，「国連ナミビア理事会」は1974年9月に「ナミビア天然資源保護令」を制定した．この命令のもとでは，何人たりとも同理事会の許可なくして，ナミビアで発見されたあらゆる天然資源を求め，利用し，分配することは許されず，この命令に違反する個人あるいは企業はすべて，「将来の独立国家ナミビア政府によって，損害賠償責任を問われることになる」．同年に理事会は，将来の独立国家ナミビアを統治すべきナミビア人たちに教育や訓練を施すための，「ナミビア研修所」（南アフリカがナミビアから撤退するまでは，ザンビアのルサカが所在地）を設立した．

1976年に安保理は初めて南アフリカに対し，国連の監督および管理のもとで，ナミビアの人民が自分たちの将来を自由に決められるようにするため，同地域全土での選挙を受入れるよう要求した．安保理は南アフリカが「ナミビアで人種差別的で抑圧的な法や慣習を違法かつ恣意的に適用」していることや，南アフリカが同地域で軍備を増強し，「隣接諸国に対する攻撃の基地として」利用していることを非難した．

同年に総会は，南アフリカが「アパルトヘイトやホームランド政策を永続させ，ナミビアの人民と資源を植民地主義によって抑圧し搾取するために，ウィントフックでいわゆる制憲交渉を行おうとしていること」を非難した．総会は，ナミビアに関するいかなる独立交渉も，南アフリカ代表と「ナミビア人民の唯一かつ真正な代表」として総会が承認するところの，南西アフリカ人民機構（SWAPO）代表との間で行われなければならないと決定した．1977年に総会は，ナミビアの主要港であるウォルビス湾を併合するという南アフリカの決定を「違法で無効」であり，「植民地拡大行為」であると宣言し，併合は「ナミビアの領土保全と統一を損なおうとする」試みであると非難した．

1978年5月のナミビア特別総会は，ナミビアに関する宣言とナミビアの自決と国家的独立を支援する行動計画を採択した．同特別総会は，「SWAPOの主導で行われているナミビア人民の武力解放闘争を完全に支持する」ことを表明し，いかなる交渉による解決もSWAPOの同意を得て，国連決議の枠内で達成されなければならないと述べた．

国連ナミビア独立計画 1978年7月に安保理は，西側5カ国（カナダ，フランス，西ドイツ，イギリス，アメリカ）が提案したナミビア問題解決案を審議する会合を開いた．この提案は，文民と軍事要員の双方を含む国連独立移行援助グループの支援を受けて，国連代表が監督し管理する自由な制憲議会選挙計画を含んでいた．安保理は西ヨーロッパ諸国の提案に注目し，事務総長に対してナミビア特別代表を任命するよう要請した．1978年9月に，特別代表の調査に基づく事務総長報告を承認したあと，安保理は決議435(1978)で国連のナミビア独立計画を認め，同理事会の権限で「国連ナミビア独立移行支援グループ」（UNTAG）の設置を決定した．UNTAGは，国連が監督し管理する自由で公正な選挙を通じて，ナミビアの早期独立を確保することを目的としていた．

事務総長の報告では，国連の計画は次の3段階で実施されることになっていた．
（1）全当事者によるすべての敵対行為の停止
（2）人種差別的で抑圧的な法の廃止，政治犯の釈放，亡命者および難民の自発的な帰還
（3）7カ月の準備期間後の選挙の実施とそこで新

しく採択された憲法の発効，その結果としてのナミビアの独立

1978年以来，総会は安保理が国連のナミビア独立計画を支持した安保理決議435(1978)こそが，平和的解決の唯一の基礎であることを繰り返し再確認してきた．南アフリカが「ナミビアの違法な占領を永続させようと策略をめぐらし」，同決議やその他の国連決議の履行を妨げ，ナミビアの独立を「無関係な」問題，たとえばアンゴラでのキューバ軍の存在などと「結びつけ」ようとしているとして，総会は南アフリカを非難した．南アフリカのナミビア占領を終らせる目的を促進するため，総会はすべての国が南アフリカとのあらゆる関係を断絶するよう求め，安保理には南アフリカに対する包括的な義務的制裁を科すよう強く求めてきた．総会はまた，「国連ナミビア理事会」に対して，違法なナミビアの統治から南アフリカを撤退させるための国際的支援を動員し，ナミビア人民や国連に敵対する南アフリカの政策に対抗して，南アフリカがナミビアへの居座りを永続させようとする試みのすべてを全国家が公然と非難，拒否し，国連の監督と管理下で実施される自由選挙の結果ではない，1985年6月17日にナミビアにおし付けられたいわゆる暫定政府のような，いかなる統治機関または政権も承認されないよう確保するための，ナミビアの合法的な統治機関としての権限を与え続けてきた．

1987年4月に，事務総長は安保理に対して，決議435(1978)に盛りこまれた，ナミビアの選挙で選出される議員の比例代表制についての合意が成立したと報告した．これによって，未解決の問題は開放され，いまやUNTAGの設置と停戦の合意を遅らせている唯一の理由は，南アフリカが提示している国連のナミビア独立計画の実施前にアンゴラからキューバ軍を撤退させるという，受入れ難い条件だけであると事務総長は述べた．

1988年12月に，アメリカが仲介した8カ月におよぶ激しい交渉の末に，アンゴラ，キューバ，および南アフリカは，アンゴラからのキューバ軍の撤退と南西アフリカの和平達成に関する協定に調印した．1989年1月16日に，安保理は1989年4月1日からナミビアの独立移行が始まることを宣言した（安保理決議628/1989）．安保理はまた，移行を監督するためにUNTAGをナミビアに派遣することも決定した（安保理決議629/1989）．

1989年4月1日から3月21日までのわずか1年足らずの間に，8000人のUNTAG要員が42カ所の地域センターと48カ所の警察署を含む200カ所に前哨地点を設けた．移行期間中に国連難民高等弁務官(UNHCR)は40カ国に分散した43万3000人のナミビア難民の帰還を監督した．UNTAGは70万人以上の有権者の登録を監督し，そのうちの97％がナミビアの植民地としての歴史の終りを告げる1989年11月7日から11日にかけての歴史的な選挙で票を投じた．特別委員会も選挙過程を監視する使節団を派遣した．この選挙によって，SWAPOの指導者であるサム・ヌジョマが同国の初代大統領に選出された．使節団は特別委員会に，安保理決議435(1978)にしたがってナミビア人民は独立国家ナミビアの憲法を起草する制憲議会の代表を選出することで，民族の自決権を行使したと報告した．

1990年3月に，ペレス・デクエヤル事務総長は歴史的な式典で新しいナミビア大統領の宣誓を行わせた．善意のみられる感動的な場面において，南アフリカのF・W・デクラーク大統領も就任式に参加した．南アフリカ民族会議の前議長で，その少し前に南アフリカで釈放されたばかりのネルソン・マンデラも，70カ国からの何百人もの高官たちとともに，出席した．

1990年4月23日に，ナミビアは国連の159番目の加盟国となった．

表1 1946年以後の非自治地域で，独立または隣接する独立国と合併した地域

オーストラリア
　ココス（キーリング）諸島（オーストラリアに編入）
　パプア（現パプアニューギニアの一部）
ベルギー
　ベルギー領コンゴ（現コンゴ民主共和国）
フランス
　コモロ
　フランス領赤道アフリカ（現中央アフリカ共和国，チャド，コンゴ共和国，ガボン）
　フランス領ソマリランド（現ジブチ）
　フランス領西アフリカ（現ブルキナファソ，コートジボワール，ベナン，ギニア，マリ，モーリタニア，ニジェール，セネガル）
　インドシナ（現カンボジア，ラオス，ベトナム）
　マダガスカル
　モロッコ
　ニューヘブリデス（イギリス・フランス共同統治領―現バヌアツ）
　チュニジア
オランダ

(表1つづき)

オランダ領インド諸島(現インドネシア)
  スリナム
  西ニューギニア(西イリアン―現インドネシアの一部)
ニュージーランド
  クック諸島(ニュージーランドと自由連合を結んだ自治地域)
  ニウエ(ニュージーランドと自由連合を結んだ自治地域)
ポルトガル
  アンゴラ
  カーボベルデ
  ゴア(インドと合併)
  モザンビーク
  ポルトガル領ギニア(現ギニアビサウ)
  サントメ・プリンシペ
スペイン
  フェルナンド・プーおよびリオ・ムニ(現赤道ギニア)
  イフニ(モロッコに返還)
イギリス
  アデン(イエメンの一部)
  アンティグア(現アンティグァ・バーブーダ)
  バハマ
  バルバドス
  バストーランド(現レソト)
  ベチュアナランド(現ボツワナ)
  イギリス領ギアナ(現ガイアナ)
  イギリス領ホンジュラス(現ベリーズ)
  イギリス領ソマリランド(現ソマリア)
  ブルネイ(現ブルネイ)
  キプロス
  ドミニカ
  エリス諸島(現ツバル)
  フィジー
  ガンビア
  ギルバード諸島(現キリバス)
  黄金海岸(現ガーナ)
  グレナダ
  ジャマイカ
  ケニア
  マラヤ(現マレーシア)
  マルタ
  モーリシャス
  ナイジェリア
  ニューヘブリデス(イギリス・フランス共同統治領―現バヌアツ)
  北ボルネオ(現マレーシアの一部)
  北ローデシア(現ザンビア)
  ニャサランド(現マラウイ)
  オマーン
  セント・キッツおよびネイビス(現セントクリストファー・ネイビス)
  セントルシア
  セントビンセントおよびグレナディーン諸島
  サラワク(現マレーシアの一部)
  セイシェル
  シエラレオネ
  シンガポール
  ソロモン諸島
  南ローデシア(現ジンバブエ)
  スワジランド
  トリニダード・トバゴ
  ウガンダ
  ザンジバル(現タンザニアの一部)
国　連
  ナミビア(旧南西アフリカ)*)
アメリカ
  太平洋諸島信託統治地域(ミクロネシア連邦,マーシャル諸島,パラオ〈アメリカとの自由連合〉)

*) 1966年に総会は南西アフリカに対する南アフリカの委任統治を終了させ,同地域を国連の直接責任下においた. 1968年に総会は同地域を地域住民の希望通りにナミビアと呼ぶことを宣言した. 独立までの間,ナミビアに対する法的な行政責任は国連ナミビア理事会にあった.

表2　1994年6月30日現在,総会の非自治地域リストに残っている地域

フランス[1)]
  ニューカレドニア
ニュージーランド
  トケラウ諸島
ポルトガル
  東ティモール[2)]
スペイン
  西サハラ[3)]
イギリス
  アンギラ
  バーミューダ諸島
  イギリス領バージン諸島
  ケイマン諸島
  フォークランド(マルビナス)諸島
  ジブラルタル
  モンセラット
  ピトケアン島
  セントヘレナ島
  タークス諸島・カイコス諸島
アメリカ
  アメリカ領サモア
  グアム
  アメリカ領バージン諸島

1) 1986年12月2日,総会はニューカレドニアを憲章第11章の意味での非自治地域であることを決定した.
2) 1977年4月20日,ポルトガルは事務総長に対して,当該地域に対するポルトガルの主権の実効的な行使は1975年8月に終了し,送付可能な情報は1975年前半に関するものであると通告した. その翌年にポルトガルはさらに,東ティモールの現状は同国が施政の責任を引受けることをひき続き妨げていると事務総長に通告した.
3) スペインは1976年2月26日に事務総長に対して,同日をもってスペインはサハラの当該地域での施政を終了し,「当該地域に関する暫定統治にもはやスペインは参加しないのであるから,当該地域の行政との関連で今後生じるいかなる国際的性質の責任からもスペインは免除されるものと考える」旨を記録にとどめることが必要と考えると通告した. 1984年12月5日,およびそれ以後の決議で総会は,西サハラ問題は非植民地化の問題であり,西サハラ住民によって解決されるべきものであると繰返し確認してきた. 1988年8月,モロッコ王国と人民解放戦線(ポリサリオ戦線)はデクエヤル事務総長とアフリカ統一機構が提案した案で原則的に合意した. 決議658(1990)と690(1991)で安保理は,同国の人民による自決権の住民投票を含む西サハラ和平案を採択した. 1991年9月,国連は各派の間での停戦を実現させた. しかし,1993年になっても住民投票をめぐる最終的な調整は当事者間で依然継続中であった.

国際法

既存のルールを条文の形にかきあらわし国際法を発展させるという考え方は、最近のものではない。18世紀最後の4半世紀に、ジェレミー・ベンサムが国際法全体の法典化を提案した。彼の時代以来、数多くの個人や学者、政府がいくつもの法典化を試みてきた。「法典化運動」（この試みはときどきそう呼ばれてきた）に対する熱意は、一般に、国際法を成文化すれば、法の空白を埋めたり、実際の適用が一致していない抽象的な一般原則を精確にすることもでき、国際慣習法の不確実さを取除けるという信念からきている。

■ 近代における国際法委員会の先例

国際法の法典化と発展を促す各国の努力は、1924年9月22日の国際連盟総会決議によって大きく進んだ。同決議によって、「世界の主要文明形態および主要な法系」を代表するように構成された、「国際法の漸進的法典化に関する専門家委員会」と呼ばれる常設機関が創設された。17人の委員からなる同委員会は、「国際協定による規制」が最も「望ましく、かつ実現可能な」課題のリストを作成し、このリストに関する各国の意見を調査して、「時期が熟した」課題について報告し、その解決のための会議の準備などを行うことを任務としていた。これは、単純に個々の特殊な法的問題を規制するというより、国際法の全領域を法典化し発展させようという世界規模での最初の試みとなった。

いくつかの加盟国や連盟理事会と協議した上で、連盟総会は1927年に「十分に時期が熟した」とされた5つの課題のなかから、(1) 国籍、(2) 管轄内の水域、(3) 自国内にある外国人および外国籍の財産が被った被害に関する国家責任、の3つを法典化するための外交会議の開催を決定した。1930年3月13日から4月12日にかけて、47カ国の代表団がハーグの法典化会議に参加した。しかし、不幸なことに、合意を国際文書にまとめることができたのは、国籍についてだけであった。1930年以降、国際連盟の法典化はまったく進まなかったが、1931年9月25日に連盟総会は、法典化作業のあらゆる段階で各国が強い影響力を発揮できるようにすることを目指した法典化手続に関する重要な決議を採択した。

■ 国際連合憲章の規定

国連憲章第1条は、国際紛争の調整または解決を平和的手段によって、かつ正義および国際法の原則にしたがって実現することを要求している。第13条で憲章は、総会に対して「国際法の漸進的発達および法典化を奨励すること……のために研究を発議し、および勧告する」ことを求めている。この任務を遂行するために、総会は2つの法律委員会を設置した。

「国際法委員会」は独自の規程をもつ常設の下部機関として、1947年に創設された。同委員会の最初の会合は1949年に開かれ、以後同委員会は少なからぬ仕事を達成してきた。

1966年総会は、商取引の分野で国際法の調和と統一を促進するという特別の目的のために、別の委員会を設置した。「国連国際商取引法委員会」（UNCITRAL）は最初の会合を1968年に開いた。

■ 国際法委員会

国際司法裁判所の裁判官と同じように、国際法委員会の34人（当初は15人）の委員は出身国の代表ではない。各委員は「国際法に有能な人物として認められた」個人の能力で選ばれ、「世界の主要文明形態および主要法系」を代表するよう考慮され選出される。同一国家の国籍をもつ者が2人以上同時に委員になることはできない。委員は国連加盟国が指名する候補者名簿の中から5年任期で総会が選出する。

国際法委員会の委員は委員会の専従となるわけではなく、ほかの職務を兼任することもできる。委員は毎年、ほとんどジュネーブで約12週間の会合に参加している。委員会で審議されるさまざまな課題

は，通常は各委員に割当てられ，その委員は引受けた課題についての特別報告者となり，会合までの間に必要な研究を行い，毎年の会合で委員会に報告を提出している．

機能

国連憲章は望ましい国際法の「漸進的発達」を決定する原則については何も規定していないが，国際法委員会規程第1条は「委員会は国際法の漸進的発展と法典化を促進することを目的とする」と規定している．当初から国際法委員会と総会での議論によっておもな審議内容が明らかになってきた．サンフランシスコ会議の当時支配的であった伝統的な法概念は，一握りの西ヨーロッパ諸国が世界政治を支配していた時代のものをそのまま受継いだものであった．その結果，国際法自体がそのような国々の価値観や利益を反映していた．したがって本質的に必要とされたのは，より広い諸国家で構成される共同体の利益と伝統を考慮するように，国際法秩序の全体を調整することにあった．

国際法委員会規程第15条は「漸進的発展」の意味を，国際法によってまだ規制されておらず，諸国家の慣習法も十分に発達していないような問題について，条約案を準備することであると定義している．同条は「法典化」を国家の慣行や先例，政策がすでに広範に存在している分野で，国際法の原則をより精密に定式化し，体系化することを意味するとも定義している．

漸進的発展 国際法委員会規程のもとでは，国際法の漸進的発展に関する提案は委員会がみずから定式化するのではなく，総会や国連の加盟国，その他の権限をもつ機関から委員会に付託されるものである．他方，委員会自身は法典化の主題を自ら選ぶこともできる．

国際法の漸進的発展は，新しい問題の意図的な規制という手法によるにせよ，それとも既存の原則の包括的な体系化という手法のいずれによるかに関係なく，国際法の新しい原則の創造に向けた意識的な作業である．そのため規程の立法者たちは，同委員会が何らかの法分野で漸進的発展に着手している場合には，国際条約の作成を行わなければならないと考えていた．このため，規程は，委員会が条約草案を起草し，総会がその国際条約の締結に向けた措置を講じるかどうかを決定するよう規定している．

法典化 他方，委員会の仕事が法典化（既存の慣習法の正確な定式化と体系化）の場合，規程は委員会の活動の方法として，(a) 報告を公表するだけか，(b) 総会が決議によって同報告を承認するか，の2つの方法があるとしている．なお規程は，委員会が漸進的発展や法典化の作業を進めるための，それぞれの段階についても詳細に定めている．

活動方法

委員会は，漸進的発展と法典化で本質的に同じ方法を用いている．委員会は，それぞれの課題について「特別報告者」を指名し，適切な活動計画を作成し，望ましいと考えられる場合には各国に対して関連する法，命令，司法判断，条約，外交文書などの資料を提出するよう要請する．特別報告者が委員会に報告を提出する．委員会はそれらの報告に基づき，各条ごとに注釈や先例，反対意見，代替案などを付けて暫定草案をまとめる．暫定草案は委員会の文書として発表され，総会と書面で意見を表明した各国に対しても提出される．各国から受取った意見と総会の第6委員会の議論で出された意見を基礎に，特別報告者は適当と思われる草案の修正を勧告する報告書を提出する．次に委員会は，その報告書やそれに対するコメントに基づいて最終草案を採決する．最終草案は，今後の行動についての勧告とともに，総会に提出される．

特別任務 総会は国際法委員会に対して，ときどき特定の条文の調査や特定の法的問題の報告を依頼してきた．たとえば，総会の特別の要請で委員会は次のような問題を扱ってきた．すなわち，「国家の権利義務宣言」案(1949年)，「ニュールンベルク原則」の定式化(1950年)，侵略の定義問題(1951年)，多数国間条約に対する留保(1951年)，「人類の平和と安全に対する罪の法典」案(1951年および1954年)，国際連盟のもとで結ばれた一般的な多国間条約への加入の拡大(1962年)，国際法上特別の保護を認められた外交機関およびその他の人物の保護と不可侵性の問題(1972年)，多国間条約作成過程の見直し(1979年)などである．これらの問題のいくつかについて委員会の報告は，注釈付きの条約草案という形で提案された．その他の問題についての結論は，条約草案の形にならなかったものもあった．

委員会の活動の範囲

総会は，自らが扱うすべての法的問題を国際法委員会にまかせているわけではない．総会の活動の一部の議題の法的側面については，その問題を研究するために設置された特別委員会が処理することもあ

る。このような例には、たとえば宇宙空間の平和利用の法的側面とか、人権や、経済的・社会的開発などの多くの問題がある。総会は時には国際平和と安全の分野で、国家の行動に直接影響をおよぼし、それゆえに高度に政治的な特定の法律問題を審議するために、特別委員会を設置してきた。こうして、「国際連合憲章にしたがった諸国間の友好関係および協力についての国際法の原則の審議」と題された議題は、31カ国からなる特別委員会の担当とされた。8年間の審議のあと、同特別委員会は1970年の国連25周年を記念する総会に合わせるようにと要請の通りに、宣言案を完成させた。宣言は武力の不行使、紛争の平和的解決、不干渉、主権平等、協力の義務、平等と自決、憲章義務の履行という7つの原則を規定している。

強い政治的性格をもつ法律問題のもうひとつの例は、侵略の定義についてである。国際法委員会は最初、侵略の定義を起草するよう求められた。同委員会では合意が得られず、その後この任務は総会が引継いだ。総会の特別委員会が侵略の定義の条文を起草し、総会は1974年にこの草案を採択した。

総会の別の特別委員会が「人質を取る行為に関する国際条約」を起草し、この条約は1979年に採択された。さらに別の委員会は、1982年に総会が承認してからは「国際紛争の平和的解決に関するマニラ宣言」となった草案を準備した。総会が1977年に創設した特別委員会は、「国際関係において武力による威嚇あるいはその行使を控える原則の有効性向上に関する宣言」案を完成し、この宣言は1987年の総会で承認された。総会は、国際テロリズムの問題を解決するため、現実的な措置を勧告するアド・ホック委員会も設置した。同委員会は1979年に総会に最終報告と勧告を提出し、総会はその成果を歓迎した。1980年に総会は、「傭兵の新規採用、使用、財政援助、および訓練を禁止する国際条約」を起草するためのアド・ホック委員会も設置した。同年に総会は、この問題についての条約を採択した。1993年には、とくに国連の任務に従事する職員への攻撃を行った者の責任に留意して、総会は、「国連およびそれらの職員の安全に関する国際条約」を、作成するアド・ホック委員会を設立した。アド・ホック委員会は最初の会合を、1994年3月から4月にかけて開いた。

法典化のために選ばれた課題

1949年の第1回会合で、国際法委員会は将来の研究テーマとして25の課題を審議した。そのうち14項目が、法典化の課題に選ばれた。このリストは暫定的なもので、総会が研究を進めるにつれ、あるいは総会の希望によって変更もあり得ることが了解されていた。しかしこのリストは、依然として同委員会の活動の基本的な長期計画となっている。

委員会が活動を終了し、最終草案あるいは報告を総会に提出した課題には、国家の権利義務、国際慣習法の証拠をもっと容易に利用できるようにする手段、「ニュールンベルク原則」の定式化、多国間条約に対する留保、侵略の定義、無国籍を含む国籍、海洋法、仲裁手続、外交関係と外交官免除特権[外交官が逮捕・家宅捜査などを免除される特権]、国際連盟のもとで結ばれた多国間条約への加入拡大、特別使節団、国家と国際組織の関係、条約に関する国家承継、国際法のもとで特別に保護されている外交機関およびその他の人物の保護と不可侵性の問題、最恵国条項、条約以外の問題に関する国家承継、国家と国際機関あるいは国際機関相互間で結ぶ条約の問題、外交伝書使と外交伝書使が持参しない外交封印袋の地位、国家およびその財産の裁判権免除などが含まれていた。

ときには、第6委員会自身も法典化を行っている。「特別使節団」に関するものと「国際的に保護される者(外交官を含む)に対する犯罪の防止及び処罰に関する条約」草案の2つの事例で、第6委員会はこれらの条約の最終的な仕上げを任された。総会はその後、両条約を採択した。

1994年に総会は第6委員会の勧告に基づいて、「国連の人員の安全に関する国際条約」を作成するアド・ホック委員会を設立した。同委員会の任務は、既存の条約に含まれている原則や義務を単一の文書にまとめ、国際慣習法を法典化することであった。第6委員会はまた、「国連国際法の10年」(1990~99年)の活動の一部として、1995年にニューヨークで国連国際公法会議を招集することも決定した。

国際連盟のもとで結ばれた多数国間条約への加入拡大

国際連盟のもとで結ばれた多国間条約への加入拡大問題に関する[国際法]委員会の結論は、1963年に総会に提出された。勧告に基づいて、かつての世界組織の後援で結ばれた21項目の技術的で非政治的な性格の多国間条約について、連盟理事会の任務を国連の適切な機関が行使することを決定した。

条約法

　国際法委員会が引受けた任務のなかで最も広範にわたるのは，条約法（条約が交渉され，採択され，変更され，廃棄される手続に関する法）に関するものであった．この問題について1949年に活動を始めた委員会が，仕事を終えたのは1966年であり，18会期が費やされている．この期間を通じて，委員会は意見を求めるために，総会の第6委員会と各国に定期的に暫定条文案を送付し続けた．委員会が採択した75カ条からなる最終草案は1966年総会に提出されたが，多くの改正部分を含んでいた．1968年と1969年のウィーンでの2回の会議を経て，「条約法に関するウィーン条約」が採択された．同条約は1980年に発効した．

　「条約法条約」草案を準備する間，委員会はこの草案が国家間の条約だけでなくほかの主体，とくに国際組織によって結ばれた条約にも適用されるべきかどうかを審議した．委員会は活動の対象を国家間の条約だけに限定したが，「条約法に関するウィーン条約」の採択後，委員会はほかのおもな国際組織と協議した上で，国家と国際機関および国際機関相互の間で結ばれた条約の問題も取上げることにした．

　1986年のウィーン会議で，「国家と国際機関および国際機関相互の間で結ばれた条約法に関するウィーン条約」が採択された．同条約はまだ発効していない．

海洋法

　1949年の計画にしたがって，委員会は何年もの間海洋法の法典化に取組んできた．1954年総会の要請にこたえて，委員会はそれ以前に採択していた条約案もひとまとめにして，1956年に海洋法の最終草案を提出した．総会は1958年に海洋法に関する特別会議を招集した．同会議では次の4つが採択された（→132ページ）．
（1）1962年9月30日に発効した「公海に関する条約」
（2）1964年4月24日に発効した「大陸棚に関する条約」
（3）1964年9月10日に発効した「領海と接続水域に関する条約」
（4）1966年3月20日に発効した公海での「漁業および生物資源の保存に関する条約」

無国籍の減少

　1954年に委員会は，「無国籍の廃絶に関する条約」案と国家により少ない義務を課す「無国籍者の削減に関する条約」案の2つを準備した．総会での議論では，最初の徹底した条約案は採択される見込みがないことがわかった．無国籍者の数を減少させるために国家が合意した措置でさえ，多くの問題をかかえていたので，「無国籍者の削減に関する条約」に到達するためには，最終的に1959年と1961年の2つの特別会議を開催することが必要だった．同条約は1975年に発効した．

外交および領事関係

　1959年に委員会は，「外交関係と外交官免除特権に関する条約」の最終草案を採択した．総会は同草案を承認し，1961年にウィーンで国際会議を招集して「外交関係に関するウィーン条約」と「国籍の取得に関する選択議定書」，ならびに「紛争の義務的解決に関する選択議定書」の2つの議定書を採択した．条約は，1815年のウィーン会議で定式化され，以後の外交関係を律してきた外交関係の規則を，20世紀の時代の要求に合わせた形に改めたものである．同条約は1964年4月24日に発効した．

　「領事関係に関するウィーン条約」の最終草案は，1961年に委員会によって総会に提出された．これらの草案をもとに，1963年にウィーンで国際会議が開催され，「領事関係に関するウィーン条約」と2つの議定書が採択された．条約は1967年に発効した．

特別使節団

　1968年と1969年に総会は委員会が準備した草案をもとに，「特別使節団に関する条約」問題を審議した．1969年12月8日に総会は，「特別使節団に関する条約」と「紛争の義務的解決に関する選択議定書」を採択した．1985年6月21日に発効した同条約は，アド・ホックな外交形式（特別使節，外交会議，ある国に特定の目的で派遣される特別使節団など）に適用する規則を定めたもので，これらの規則は各国間の外交関係や領事関係に関する1961年と1963年のウィーン条約が対象としていない部分である．

外交官の保護

　1973年に総会は，「外交官を含む国際的に保護される者に対する犯罪の防止および処罰に関する条約」を，委員会が準備した草案に基づいて採択した．この条約の前文は，外交官やその他の国際的に保護される者の安全を危険に陥れるような犯罪が，各国

間の協力に不可欠な通常の国際関係の維持に対する深刻な脅威となると述べている。同条約は1977年2月20日に発効した。

国家と国際組織間の関係

委員会が準備した草案に基づいて,「普遍的な性格を有する国際機関との関係における国家の代表権に関するウィーン条約」が,1975年の国際会議で採択された。この条約はまだ発効していない。

国家承継

国家承継の問題についての活動は,委員会によって1962年から始められた。国家承継は,従属地域が独立を達成したり,国家間で領土の割譲や連合,分裂,分離などが行われた場合に問題になる。1967年に委員会は,この問題を条約に関する承継,条約以外の事項に関する承継,国際機関の加盟国の地位の承継,の3つに分けた。

その後総会は,委員会が準備した草案に基づいてこの問題を審議するため,2つの会議を招集した。最初の会議は1977年4月に開かれ,1978年8月に再開され,「条約の国家承継に関するウィーン条約」を採択した。2つめの会議は1983年3月から4月にかけて開かれ,「国有財産,文書および負債の国家承継に関するウィーン条約」を採択した。いずれの条約も,まだ発効していない。

■ 総会で継続中の問題

外交伝書使および外交伝書使が持参しない外交封印袋の地位

委員会はこの問題の作業を1989年に終了し,総会に対して,草案を検討しこの問題に関する条約を締結する国際会議を招集するよう勧告した。総会の第6委員会は1990年,1991年,および1992年にこの問題を審議し,1995年の第49回総会で再びこの問題を取上げることを決めた。

国家およびその財産の裁判権免除

委員会はこの問題の作業を1991年に終了し,総会に草案を検討し条約を締結するための国際会議の招集を勧告した。第6委員会は,実質的な問題のいくつかで生じた意見の相違を解消するため,1992年と1993年に作業グループで草案を見直した。第6委員会は1994年の第48回総会でこの問題を再び取上げる予定であり,条約締結のための国際会議を招集するかどうかが決定されよう。

現在の問題

委員会が現在作業中の課題には,「人類の平和と安全に対する犯罪の法典」案,「国際刑事裁判所規程」案,国際水路の非航行目的の利用,国家責任,国際法で禁止されていない行為によって生じる損害についての国際的責任の問題などが含まれている。[国際刑事裁判所を設立する条約草案は,各国の対立点が多かったので,1998年6月に国際会議を開いて採択された。この裁判所はオランダのハーグに設置され,60カ国が設立条約を批准すると発効する。]

■ 国連国際商取引法委員会(UNCITRAL)

国際法委員会と同様に,UNCITRALも総会の常設的な補助機関である。委員は,地理的配分と世界のおもな経済および法体系との調和がとれるように選出されている。

委員が個人の能力で活動する国際法委員会とは対照的に,「国連国際商取引法委会」(UNCITRAL)は36カ国(初めは29カ国)の代表で構成されている。委員の任期は6年で,再選も可能である。UNCITRALの委員でない国々や国連機関(IMFと世界銀行)の代表や,その他の国際機関(たとえば,アメリカ開発銀行やアフリカ統一機構など)の代表はオブザーバーとして参加できる。

委員会は毎年1回,通常会合を開いている。1993年7月の第26会期には,次の国々が委員であった。すなわち,アメリカ,アルゼンチン,イギリス,イタリア,イラン,インド,ウガンダ,ウルグアイ,エクアドル,エジプト,オーストリア,カナダ,カメルーン,コスタリカ,サウジアラビア,シンガポール,スーダン,スペイン,スロバキア,タイ,タンザニア,中国,チリ,デンマーク,ドイツ,トーゴ,日本,ハンガリー,フランス,ブルガリア,ロシアである。オブザーバーとして参加したのは,アルバニア,アルメニア,インドネシア,ウクライナ,エチオピア,オーストラリア,ガボン,韓国,北朝鮮,キューバ,グアテマラ,クウェート,クロアチア,コートジボワール,コロンビア,シリア,スイス,スウェーデン,スロベニア,スワジランド,チェコ,トルコ,ニカラグア,バチカン,パラグアイ,バングラデシュ,フィンランド,ブラジル,ベネズエラ,ベラルーシ,ペルー,ベルギー,ボリビア,マレーシア,南アフリカ,ヨルダン,リ

ビア，ルーマニアである．

会期中でない間は，委員会が指名した作業グループが特定の問題についての会合を開いている．第26会期には，UNCITRALへ，「新国際経済秩序に関する作業グループ」(第15会期)，「国際契約慣行に関する作業グループ」(第18会期)，「電子データ交換(EDI)に関する作業グループ」(第25会期)，「国際契約慣行に関する作業グループ」(第19会期)の報告書が提出された．

機　能

売手や買手，それにその他の商業関係者のそれぞれの権利義務が明確に理解されていれば，他国との商取引の流れも促進される．この分野での各国の法制がまちまちであれば，障害が生じる恐れがある．UNCITRALを設置するさいに国連は，国際商取引に対する法的な障害を除去し，少なくするのに積極的な役割をはたす必要があることを認識していた．

UNCITRALは，国際条約やその他の協定となるような条文を準備することで，国内法との相違を解決する任務を負っている．1966年にUNCITRALを設立する決議で総会は，同委員会に7つの特別の任務を与えた．それは，「国際商取引の法を漸進的に調和させ，統一する」ことの促進，この分野で活動する国際機関への協力の促進，既存の国際条約への参加の拡大と新しい国際条約の準備，国際条約の統一的な解釈と適用を確保する手段と各国の国内法やこの分野の国際法の発展に関する情報の収集と普及，国連貿易開発会議(UNCTAD)との密接な協力の維持，その他の関係する国連機関や専門機関との連絡の維持などである．

UNCITRALの活動

委員会は独自の活動計画を立案し，総会の承認を受けている．委員会は，国内法の諸体系間で取扱いが十分緊密にまとまっていて，本質的に統一に適しているような，また最終的な解決の時期が熟しているような問題を選んでいる．国際的な動産の売買，国際支払い，それに商事仲裁の3つの問題が優先的に扱われてきた．

UNCITRALが後援して作成した最初の条約は，「国際動産売買における時効に関する条約」で1974年に採択され，「時効条約」とも呼ばれている．同条約は国際動産売買契約の当事者が同契約のもとで訴訟を提起できる時効期間を4年間に設定し，時効の開始，停止および完成に関するさまざまな事項について規定している．

UNCITRALが作成したその他の条約には，1978年にドイツのハンブルクで採択され，1992年に発効した「海上における物品の輸送に関する国際条約」(ハンブルク規則)，1980年に採択された「国際動産売買契約に関する国連条約」(国連売買条約)，1988年の「国際為替手形および国際約束手形に関する国連条約」(UNCITRAL手形条約)，1991年の「国際商取引における運送ターミナル・オペレーターの責任に関する条約」(国連ターミナル・オペレーター条約)などが含まれている．

現在，委員会が取組んでいるプロジェクトには，「独立担保とスタンドバイ信用状に関する条約」案，サービス調達に関するモデル規則，国際商取引で電子データ交換(EDI)の利用に関する法的側面の統一規則，仲裁準備会議のガイドライン案，国際破産の法的側面などがある．

1993年の第26会期で委員会は，新しく独立した国々が元の国家が当事国であった条約に拘束されるとみるべきかどうかについて，確信がもてないと述べた．委員会はこれらの新国家に対して，自らの立場を明確にして事務総長に通告するよう要請した．

商業仲裁の分野でUNCITRALは，仲裁と調停の規則と「国際商業仲裁に関する基本規則」を採択した．1993年の第26会期にUNCITRALは「国際建設契約に関するモデル規則」を採択し，同規則を関係各国やその他の関係団体に伝達するよう勧告した．

1992年5月に委員会は，ニューヨークで国際商取引法に関するUNCITRAL会議を開いた．同会議のテーマは「21世紀における商法の統一」であった．会議の目的のひとつは，同委員会の将来の活動の基礎として必要な，法律の実務家や政府の官僚，裁判官や仲裁人，学者たちのじっさいの声が聞けるフォーラムの提供であった．同会議であげられた問題のうちのいくつかは，サービス調達，仲裁手続のさいにあらかじめ意見聴取を行うための法的ガイドライン，債権譲渡，国際破産，民営化の法的問題などであった．1993年の第26会期でUNCITRALは，民営化の研究を延期すると決定したが，会議が提案したその他の問題については，研究と勧告を行うよう事務局に指示した．

UNCITRALはその法的文書に関する情報を政府職員や議員，法律の実務家，裁判官，企業人や学者に広めるよう意図して，実質的な訓練や技術援助計画も実行している．

世界人権宣言

1948年12月10日に，国連総会は「世界人権宣言」を採択・公布した．これに続いて総会は，すべての加盟国に対して宣言の条文を公表し，「国家や地域の政治的な地位に基づく区別なく，同宣言を普及させ，広め，おもに学校その他の教育機関で読んだり解釈したりする」よう要請した．ここでは，最終的に承認された条文を掲げた．

■ 前　　文

人類社会はすべての構成員の固有の尊厳と平等で譲ることのできない権利とを承認することは，世界における自由，正義及び平和の基礎であるので，

人権の無視及び軽侮が，人類の良心を踏みにじつた野蛮行為をもたらし，言論及び信仰の自由が受けられ，恐怖及び欠乏のない世界の到来が，一般の人々の最高の願望として宣言されたので，

人間が専制と圧迫とに対する最後の手段として反逆に訴えることがないようにするためには，法の支配によつて人権を保護することが肝要であるので，

諸国間の友好関係の発展を促進することが，肝要であるので，

国際連合の諸国民は，国際連合憲章において，基本的人権，人間の尊厳及び価値並びに男女の同権についての信念を再確認し，かつ，一層大きな自由のうちで社会的進歩と生活水準の向上とを促進することを決意したので，

加盟国は国際連合と協力して，人権及び基本的自由の普遍的な尊重及び遵守の促進を達成することを誓約したので，

これらの権利及び自由に対する共通の理解は，この誓約を完全にするためにもつとも重要であるので，

よつて，ここに，国際連合総会は，

社会の各個人及び各機関が，この世界人権宣言を常に念頭に置きながら，加盟国自身の人民の間にも，また，加盟国の管轄下にある地域の人民の間にも，これらの権利と自由との尊重を指導及び教育によつて促進すること並びにそれらの普遍的かつ効果的な承認と遵守とを国内的及び国際的な漸進的措置によつて確保することに努力するように，すべての人民とすべての国とが達成すべき共通の基準として，この世界人権宣言を公布する．

第1条

すべての人間は，生まれながらにして自由であり，かつ，尊厳と権利とについて平等である．人間は，理性と良心とを授けられており，互いに同胞の精神をもつて行動しなければならない．

第2条

すべて人は，人種，皮膚の色，性，言語，宗教，政治上その他の意見，国民的若しくは社会的出身，財産，門地その他の地位又はこれに類するいかなる事由による差別をも受けることなく，この宣言に掲げるすべての権利と自由とを享有することができる．さらに，個人の属する国又は地域が独立国であると，信託統治地域であると，非自治地域であると，又は他のなんらかの主権制限の下にあるとを問わず，その国又は地域の政治上，管轄上又は国際上の地位に基づくいかなる差別もしてはならない．

第3条

すべて人は，生命，自由及び身体の安全に対する権利を有する．

第4条

何人も，奴隷にされ，又は苦役に服することはない．奴隷制度及び奴隷売買は，いかなる形においても禁止する．

第5条

何人も，拷問又は残虐な，非人道的な若しくは屈辱的な取扱若しくは刑罰を受けることはない．

第 6 条
すべて人は、いかなる場所においても、法の下において、人として認められる権利を有する．

第 7 条
すべての人は、法の下において平等であり、また、いかなる差別もなしに法の平等な保護を受ける権利を有する．すべての人は、この宣言に違反するいかなる差別に対しても、また、そのような差別をそそのかすいかなる行為に対しても、平等な保護を受ける権利を有する．

第 8 条
すべて人は、憲法又は法律によつて与えられた基本的権利を侵害する行為に対し、権限を有する国内裁判所による効果的な救済を受ける権利を有する．

第 9 条
何人も、ほしいままに逮捕、拘禁、又は追放されることはない．

第 10 条
すべて人は、自己の権利及び義務並びに自己に対する刑事責任が決定されるに当つて、独立の公平な裁判所による公正な公開の審理を受けることについて完全に平等の権利を有する．

第 11 条
（１）犯罪の訴追を受けた者は、すべて、自己の弁護に必要なすべての保障を与えられた公開の裁判において法律に従つて有罪の立証があるまでは、無罪と推定される権利を有する．
（２）何人も、実行の時に国内法又は国際法により犯罪を構成しなかつた行為又は不作為のために有罪とされることはない．また、犯罪が行われた時に適用される刑罰より重い刑罰を課せられない．

第 12 条
何人も、自己の私事、家族、家庭若しくは通信に対して、ほしいままに干渉され、又は名誉及び信用に対して攻撃を受けることはない．人はすべて、このような干渉又は攻撃に対して法の保護を受ける権利を有する．

第 13 条
（１）すべて人は、各国の境界内において自由に移転及び居住する権利を有する．
（２）すべて人は、自国その他いずれの国をも立ち去り、及び自国に帰る権利を有する．

第 14 条
（１）すべて人は、迫害を免れるため、他国に避難することを求め、かつ、避難する権利を有する．
（２）この権利は、もつぱら非政治犯罪又は国際連合の目的及び原則に反する行為を原因とする訴追の場合には、援用することはできない．

第 15 条
（１）すべて人は、国籍をもつ権利を有する．
（２）何人も、ほしいままにその国籍を奪われ、又はその国籍を変更する権利を否認されることはない．

第 16 条
（１）成年の男女は、人種、国籍又は宗教によるいかなる制限をも受けることなく、婚姻し、かつ家庭をつくる権利を有する．成年の男女は、婚姻中及びその解消に際し、婚姻に関し平等の権利を有する．
（２）婚姻は、両当事者の自由かつ完全な合意によつてのみ成立する．
（３）家庭は、社会の自然かつ基礎的な集団単位であつて、社会及び国の保護を受ける権利を有する．

第 17 条
（１）すべて人は、単独で又は他の者と共同して財産を所有する権利を有する．
（２）何人も、ほしいままに自己の財産を奪われることはない．

第 18 条
すべて人は、思想、良心及び宗教の自由に対する権利を有する．この権利は、宗教又は信念を変更する自由並びに単独で又は他の者と共同して、公的に又は私的に、布教、行事、礼拝及び儀式によつて宗教又は信念を表明する自由を含む．

第 19 条
　すべて人は，意見及び表現の自由に対する権利を有する．この権利は，干渉を受けることなく自己の意見をもつ自由並びにあらゆる手段により，また，国境を越えると否とにかかわりなく，情報及び思想を求め，受け，及び伝える自由を含む．

第 20 条
（1）すべて人は，平和的集会及び結社の自由に対する権利を有する．
（2）何人も，結社に属することを強制されない．

第 21 条
（1）すべて人は，直接に又は自由に選出された代表者を通じて，自国の政治に参与する権利を有する．
（2）すべて人は，自国においてひとしく公務につく権利を有する．
（3）人民の意思は，統治の権力の基礎とならなければならない．この意思は，定期のかつ真正な選挙によつて表明されなければならない．この選挙は，平等の普通選挙によるものでなければならず，また，秘密投票又はこれと同等の自由が保障される投票手続によつて行われなければならない．

第 22 条
　すべて人は，社会の一員として，社会保障を受ける権利を有し，かつ，国家的努力及び国際的協力により，また，各国の組織及び資源に応じて，自己の尊厳と自己の人格の自由な発展とに欠くことのできない経済的，社会的及び文化的権利を実現する権利を有する．

第 23 条
（1）すべて人は，勤労し，職業を自由に選択し，公正かつ有利な勤労条件を確保し，及び失業に対する保護を受ける権利を有する．
（2）すべて人は，いかなる差別をも受けることなく，同等の勤労に対し，同等の報酬を受ける権利を有する．
（3）勤労する者は，すべて，自己及び家族に対して人間の尊厳にふさわしい生活を保障する公正かつ有利な報酬を受け，かつ，必要な場合には，他の社会的保護手段によつて補充を受けることができる．
（4）すべて人は，自己の利益を保護するために労働組合を組織し，及びこれに参加する権利を有する．

第 24 条
　すべて人は，労働時間の合理的な制限及び定期的な有給休暇を含む休息及び余暇をもつ権利を有する．

第 25 条
（1）すべて人は，衣食住，医療及び必要な社会的施設等により，自己及び家族の健康及び福祉に十分な生活水準を保持する権利並びに，失業，疾病，心身障害，配偶者の死亡，老齢その他不可抗力による生活不能の場合は，保障を受ける権利を有する．
（2）母と子とは，特別の保護及び援助を受ける権利を有する．すべての児童は，摘出であると否とを問わず，同じ社会的保護を受ける．

第 26 条
（1）すべて人は，教育を受ける権利を有する．教育は，少なくとも初等の及び基礎的の段階においては，無償でなければならない．初等教育は，義務的でなければならない．技術教育及び職業教育は，一般に利用できるものでなければならず，また，高等教育は，能力に応じ，すべての者にひとしく開放されていなければならない．
（2）教育は，人格の完全な発展並びに人権及び基本的自由の尊重の強化を目的としなければならない．教育は，すべての国又は人種的若しくは宗教的集団の相互間の理解，寛容及び友好関係を増進し，かつ，平和の維持のため，国際連合の活動を促進するものでなければならない．
（3）親は，子に与える教育の種類を選択する優先的権利を有する．

第 27 条
（1）すべて人は，自由に社会の文化生活に参加し，芸術を鑑賞し，及び科学の進歩とその恩恵とにあずかる権利を有する．
（2）すべて人は，その創作した科学的，文学的又は美術的作品から生ずる精神的及び物質的利益を保護される権利を有する．

第 28 条

すべて人は，この宣言に掲げる権利及び自由が完全に実現される社会的及び国際的秩序に対する権利を有する．

第 29 条

（1）すべて人は，その人格の自由かつ完全な発展がその中にあつてのみ可能である社会に対して義務を負う．

（2）すべて人は，自己の権利及び自由を行使するに当つては，他人の権利及び自由の正当な承認及び尊重を保障すること並びに民主的社会における道徳，公の秩序及び一般の福祉の正当な要求を満たすことをもつぱら目的として法律によつて定められた制限にのみ服する．

（3）これらの権利及び自由は，いかなる場合にも，国際連合の目的及び原則に反して行使してはならない．

第 30 条

この宣言のいかなる規定も，いずれかの国，集団又は個人に対して，この宣言に掲げる権利及び自由の破壊を目的とする活動に従事し，又はそのような目的を有する行為を行う権利を認めるものと解釈してはならない．

国際連合の主要機関の住所
(電話番号の最初は国番号である)

事務局
One United Nations Plaza
New York, NY 10017
USA
Tel: 1/212/963 1234
Center for Human Rights
UN Office at Geneva
Palais des Nations
CH-1211 Geneva 10
Switzerland

アジア太平洋経済社会委員会(ESCAP)
United Nations Building
Rajadamnern Avenue
Bangkok 10200
Thailand
Tel: 66/2/288 1234

欧州経済委員会(ECE)
Palais des Nations
CH-1211 Geneva 10
Switzerland
Tel: 41/22/917 2670

西アジア経済社会委員会(ESCWA)
PO Box 11-8575
Beirut
Lebanon
Tel: 961/1/981301

アフリカ経済委員会(ECA)
PO Box 3001
Addis Ababa
Ethiopia
Tel: 251/1/51 72 00

ラテンアメリカ・カリブ経済委員会(ECLAC)
Casila 179 D
Santiago
Chile
56/2/210 2000

国連食糧農業機関(FAO)
Via delle Terme di Caracalla
00100 Rome
Italy
Tel: 39/6/57051

国連食糧農業機関(FAO)
Suite 300
1001 22 nd Street NW
Washington, D.C. 20437
USA
Tel: 202/653-2400

世界貿易機関(WTO)
Centre William Rappard
154 Rue de Lausanne
1211 Geneva 21
Switzerland
Tel: 41/22/739 51 11

国際原子力機関(IAEA)
Vienna International Centre
PO Box 100
A-1400 Vienna
Austria
Tel: 43/1/2600

国際民間航空機関(ICAO)
999 University Street
Montreal
Quebec H3C 5H7
Canada
Tel: 1/514/954 8219

国際司法裁判所(ICJ)
Peace Palace
2517 KJ
The Hague
The Netherlands
Tel: 31/70 302 2323

国際労働機関(ILO)
4, route des Morillons
CH-1211 Geneva 22
Switzerland
Tel: 41/22/799 61 11

国際労働機関(ILO)
1828 L Street NW
Suite 801
Washington, D.C. 20036
USA
Tel: 202/653-7652

国際労働機関(ILO)
220 East 42 nd Street
Suite 3101
New York, NY 10017
USA
Tel: 212/697-0150

国際労働機関広報局(ILO Publications Center)
49 Sheridan Ave.
Albany, NY 12210
USA
Tel: 518/436-9686 x 123

国際海事機関(IMO)
4 Albert Embankment
London SE1 7SR
United Kingdom
Tel: 44/171/735 7611

国際通貨基金(IMF)
700 19th Street NW
Washington, D.C. 20431
USA
Tel: 1202/623 7000

国際麻薬統制委員会(INCB)
Vienna International Center
PO Box 500
A-1400 Vienna
Austria
Tel: 43/1/211 310

国際電気通信連合(ITU)
Place des Nations
CH-1211 Geneva 20
Switzerland
Tel: 41/22/730 51 11

旧ユーゴスラビア国際犯罪法廷(International Criminal Tribunal for the Former Yugoslavia)
PO Box 13888
2501 EW-The Hague
Netherlands
Tel: 31/70/344 53 47

国際農業開発基金(IFAD)
Via del Serafico 107
I-00142 Rome
Italy
Tel: 39/6/54591

国際農業開発基金(IFAD)
1889 F Street NW
Washington, D.C. 20006
USA
Tel: 202/289-3812

宇宙空間問題局(Office for Outer Space Affairs)
Vienna International Centre
PO Box 500
A-1400 Vienna
Austria
43/1/211 31-4951

国連50周年事務局(UN 50th Anniversary Secretariat)
Room S-3161A
New York, NY 10017
USA
Tel: 212/963 1960

国際商取引会委員会(UNCITRAL)
International Centre
PO Box 5500
A-1400 Vienna
Austria
43/1/211 31 4060

国連貿易開発会議(UNCTAD)
Palais des Nations
CH-1211 Geneva 10
Switzerland
41/22/907 1234

国連貿易開発会議(UNCTAD)
United Nations Headquarters
Room S-927
New York, NY 10017
USA
Tel: 212/963-6896

犯罪防止小法廷(UN Crime Prevention & Criminal Justice Branch)
UN International Center
A-1400 Vienna
Austria
Tel: 43/1/211 310

国連広報局(UNDPI)
United Nations

Room 1027 A
New York, NY 10017
USA
212/963 6830

国連婦人開発基金(UNIFEM)
304 East 45 th Street
Room FF-616
New York, NY 10017
USA
Tel: 212/906-6925

国連難民高等弁務官事務局(UNHCR)
Center William Rappard
154 rue de Lausanne
CH-1202 Geneva
Switzerland
Tel: 41/22/739 81 11

国連難民高等弁務官事務局(UNHCR)
PO BOX 2500
CH-1211 Genava 2
Switzerland
Tel: 41/22/739/8111

国連工業開発機関(UNIDO)
PO Box 300
Vienna International Centre
A-1400 Vienna
Austria
Tel: 43/1/26026 0

国連訓練調査研修所(UNITAR)
Place des Nations
CH-1211 Geneva 10
Switzerland
Tel: 41/22/798 5850

婦人の向上のための国際訓練研修所(INSTRAW)
PO Box 21747
Santo Domingo
Dominican Republic
Tel: 809/685 2111

地域間犯罪調査研究所(UNICRI)
Via Giulia 52
I-00186 Rome
Italy
Tel: 39/6/687 7437

国連パレスチナ難民救済事業機関(UNRWA)
PO Box 371
Gaza City
Tel: 972/2/677/7700

国連教育科学文化機関(UNESCO)
7 Place de Fontenoy
753527 Paris
France
Tel: 33/1/45 68 10 00

国連教育科学文化機関(UNESCO)
Room DC2-0934
Two United Nations Plaza
New York, NY 10017
USA
Tel: 212/963-5978

国連児童基金(UNICEF)
Three United Nations Plaza
New York, NY 10017
USA
Tel: 1/212/326 7000

国連人間居住センター(UNCHS-Habitat)
PO Box 30030
Nairobi
Kenya
Tel: 254/2/621234

国連開発計画(UNDP)
One United Nations Plaza
New York, NY 10017
USA
Tel: 212/906 5000

国連環境計画(UNEP)
PO Box 30552
Nairobi
Kenya
Tel: 254/2/62 1234

国連環境計画(UNEP)
PO Box 30552
Nairobi, Kenya
Tel: 254/2/62 1234

国連人口基金(UNFPA)
220 East 42nd St
New York, NY 10017
USA
Tel: 1/212/297-5000

国連国際麻薬統制計画(UNDCP)
Vienna International Centre
PO Box 500
A-1400 Vienna
Austria
Tel: 43/1/211 31 4115

国連ウィーン事務局(UNOV)
　Vienna International Center
　PO Box 500 (Wagrammer Strasse 5)
　A-1400 Vienna
　Austria
　Tel : 43/1/211 310
国連社会開発調査研究所(UNRISD)
　Palais des Nations
　CH-1211 Geneva 10
　Switzerland
　Tel : 41/22/798 84 00
国連大学(UNU)
　United Nations University Building
　53-70 Jingumae 5-chome, Shibuya-ku
　Tokyo 150-8925
　Japan
　Tel : 81/3/3499 2811
国連大学(UNU)
　United Nations
　Room DC 2-1462-1470
　New York, NY 10017
　USA
　Tel : 212/963 6387
万国郵便連合(UPU)
　Union postale universelle
　Case postale
　3000 Berne 15
　Switzerland
　Tel : 41/31/350 3111
世界銀行(World Bank)
　1818 H Street NW
　Washington, D.C. 20433
　USA
　Tel : 202/477 1234
世界食糧計画(WFP)
　Via Cesare Guilio Viola, 68170
　I-00148 Rome
　Italy
　Tel : 39/6/0039/066513/1
世界食糧計画(WFP)
　United Nations
　Room DC1-1027
　New York, NY 10017
　USA
　Tel : 212/963 8364
世界保健機関(WHO)

　20 avenue Appia
　1211 Geneva 27
　Switzerland
　Tel : 41/22/791 21 11
世界保健機関(WHO)
　Room DC2-0956
　United Nations
　New York, NY 10017
　USA
　Tel : 212/963 6004
世界保健機関アフリカ地域センター(AFRO)
　PO Box No.6
　Brazzaville/Congo
　Tel : +242 83 38 60 or 64
世界保健機関南北アメリカ地域センター(AMRO)
　525, 23rd Street, NW
　Washington, D.C. 20037
　USA
　Tel : +1 202 861 3200
世界保健機関東地中海地域センター(EMRO)
　PO Box 1517
　Alexandria-21511
　Egypt
　Tel : +203 48 202 23 or 48 202 24 or 48 300 90
世界保健機関ヨーロッパ地域センター(EURO)
　8, Scherfigsvej
　DK-2100 Copenhagen 0
　Denmark
　Tel : +45 39 17 17 17
世界保健機関東南アジア地域センター(SEARO)
　World Health House
　Indraprastha Estate
　Mahatma Gandhi Road
　New Delhi 110002
　India
　Tel : +91 11 331 7804 or 11 331 7823
世界保健機関西太平洋地域センター(WPRO)
　PO Box 2932
　1099 Manila
　The Philippines
　Tel : 632 521 84 21
世界知的所有権機関(WIPO)
　34 Chemin des Columbettes
　CH-1211 Geneva 20
　Switzerland
　Tel : 41/22/338 9111

世界気象機関(WMO)
41 Avenue Giuseppe-Motta
CH-1211 Geneva 2
Switzerland
Tel : 41/22/730 81 11

国連広報センター

アフリカ地域

センター：United Nations Information Center
Gamel Abdul Nassar/Liberia Roads
Post Office Box 2339
Accra, Ghana
対象国：ガーナ，シエラレオネ

センター：United Nations Information Service
Economic Commission for Africa
Africa Hall
Post Office Box 3001
Addis Ababa, Ethiopia
対象国：エチオピア

センター：United Nations Information Centre
19, avenue Chahid El Ouali
Mustapha Sayed
Boîte Postale 823
Algiers, Algeria
対象国：アルジェリア

センター：United Nations Information Centre
22, rue Rainitovo, Antsahavola
Boîte Postale 1348
Antananarivo, Madgascar
対象国：マダガスカル

センター：United Nations Information Centre
Avenue Foch
Case Ortf 15
Boîte Postale 13210
Brazzaville, Congo
対象国：コンゴ共和国

センター：United Nations Information Centre
117, avenue de la Poste
Boîte Postale 2160
Bujumbura, Burundi
対象国：ブルンジ

センター：United Nations Information Centre
1 Osiris Street
Tagher Building (Garden Ciry)
Boîte Postale 262
Cairo, Egypt
対象国：エジプト，サウジアラビア，イエメン

センター：United Nations Information Centre
72, boulevard de la République
Boîte Postale 154
Dakar, Senegal
対象国：カーボベルデ，コートジボワール，
ガンビア，ギニア，ギニアビサウ，
モーリタニア，セネガル

センター：United Nations Information Centre
Matasalamat Building, 1st Floor
Samora Machel Avenue
Post Office Box 9224
Dar es Salaam, Tanzania
対象国：タンザニア

センター：United Nations Information Centre
Dolphin House, Ground Floor
123 L. Takawira Street
Post Office Box 4408
Harare, Zimbabwe
対象国：ジンバブエ

センター：United Nations Information Centre
United Nations Compound
University Avenue
Post Office Box 1992
Khartoum, Sudan
対象国：ソマリア，スーダン

センター：United Nations Information Centre
Bâtiment Deuxième République
Boulevard du 30 Juin
Boîte Postale 7248
Kinshasa, Zaire
対象国：ザイール（現コンゴ民主共和国）

センター：United Nations Information Centre
17 Kingsway Road, Ikoyi
Post Office Box 1068
Lagos, Nigeria
対 象 国：ナイジェリア

センター：United Nations Information Centre
107, Boulevard due 13 Janvier
Boîte Postale 911
Lomé, Togo
対 象 国：ベナン，トーゴ

センター：United Nations Information Centre
Post Office Box 32905
Lusaka, Zambia
対 象 国：ボツワナ，マラウイ，スワジランド，
ザンビア

センター：United Nations Information Centre
Corner Kingsway and Hilton Hill Road
Post Office Box 301
Maseru 100, Lesotho
対 象 国：レソト

センター：United Nations Information Centre
LBDI Building
Tubman Boulevard
Post Office Box 274
Monrovia, Liberia
対 象 国：リベリア

センター：United Nations Information Centre
United Nations Office
Post Office Box 34135
Nairobi, Kenya
対 象 国：ケニア，セイシェル，ウガンダ

センター：United Nations Information Centre
218 Rue de la Gare, Secteur No.3
Boîte Postale 135
Ouagadougou 01, Burkina Faso
対 象 国：ブルキナファソ，チャド，マリ，
ニジェール

センター：United Nations Information Centre
Angle Charia Ibnouzaid et Zankat
Boîte Postale 601
Rabat, Morocco
対 象 国：モロッコ

センター：United Nations Information Centre
Muzzafar Al Aftas Street
Hay El-Andolous 2
Post Office Box 286
Tripoli, Libyan Arab Jamahiriya
対 象 国：リビア

センター：United Nations Information Centre
61, Boulevard Bab-Benat
Boîte Postale 863
Tunis, Tunisia
対 象 国：チュニジア

センター：United Nations Information Centre
Immeuble Kamden, Rue Josef Clère
Boîte Postale 836
Yaoundé, Cameroon
対 象 国：カメルーン，中央アフリカ共和国，
ガボン

南北アメリカ地域

センター：United Nations Information Centre
Casilla de Correo 1107
Asunción, Paraguay
対 象 国：パラグアイ

センター：United Nations Information Centre
Junín 9140, 1er piso
1113 Buenos Aires, Argentina
対 象 国：アルゼンチン，ウルグアイ

センター：United Nations Information Centre
Edificio Naciones Unidas
Plaza Isabel la Católica
Apartado Postal 686
La Paz, Bolivia
対 象 国：ボリビア

センター：United Nations Information Centre
Mariscal Blas Cerdeña 450,
San Isidro

　　　　　　　Apartado Postal 14-0199
　　　　　　　Lima, Peru
対 象 国：ペルー

センター：United Nations Information Centre
　　　　　　　Bolonia, de Plaza España
　　　　　　　Apartado Postal 3260
　　　　　　　Managua, Nicaragua
対 象 国：ニカラグア

センター：United Nations Information Centre
　　　　　　　Presidente Mazaryk 29, 7° Piso
　　　　　　　México 11570, D.F.
　　　　　　　México
対 象 国：ドミニカ共和国, メキシコ

センター：United Nations Information Centre
　　　　　　　Urbanización Obarrio
　　　　　　　Apartado Postal 6-9083 El Dorado
　　　　　　　Panama Ciry, Panama
対 象 国：パナマ

センター：United Nations Information Centre
　　　　　　　16 Victoria Ave.
　　　　　　　Post Office Box 130
　　　　　　　Port of Spain, Trinidad
対 象 国：アンティグア・バーブーダ, バハマ, バルバトス, ベリーズ, ドミニカ国, グレナダ, ガイアナ, ジャマイカ, オランダ領アンティル, セントクリストファー・ネイビス, セントルシア, セントビンセントおよびグレナディーン諸島, スリナム, トリニダード・トバゴ

センター：United Nations Information Centre
　　　　　　　Palacio Itamaraty
　　　　　　　Avenida Marechal Floriano 196
　　　　　　　20060 Rio de Janeiro, RJ, Brasil
対 象 国：ブラジル

センター：United Nations Information Centre
　　　　　　　Edificio Escalón, 2° Piso
　　　　　　　Apartado Postal 2157
　　　　　　　San Salvador, El Salvador
対 象 国：エルサルバドル

センター：United Nations Information Centre
　　　　　　　Calle 72, No.12-65, Piso 2
　　　　　　　Apartado Aéreo 058964
　　　　　　　Santa Fé de Bogotá 2, Colombia
対 象 国：コロンビア, エクアドル, ベネズエラ

センター：United Nations Information Service
　　　　　　　Edificio Naciones Unidas
　　　　　　　Avenida Dag Hammarskjöld
　　　　　　　Casilla 179-D
　　　　　　　Santiago, Chile
対 象 国：チリ

センター：United Nations Information Centre
　　　　　　　1889 F Street, NW
　　　　　　　Washington, D.C. 2006
　　　　　　　United States
対 象 国：アメリカ合衆国

アジア・オセアニア地域

センター：United Nations Information Centre
　　　　　　　197 Ataturk Bulvari
　　　　　　　P.K. 407
　　　　　　　Ankara, Turkey
対 象 国：トルコ

センター：United Nations Information Service
　　　　　　　Amiriya, Airport Street
　　　　　　　Post Office Box 27
　　　　　　　Baghdad, Iraq
対 象 国：イラク

センター：United Nations Information Service
　　　　　　　United Nations Building
　　　　　　　Rajadamnern Avenue
　　　　　　　Bangkok 10200, Thailand
対 象 国：カンボジア, 香港, ラオス, マレーシア, シンガポール, タイ, ベトナム

センター：United Nations Information Centre
　　　　　　　Apartment No. 1, Fakhoury Building
　　　　　　　Monté Bain Militaire
　　　　　　　Post Office Box 4656
　　　　　　　Beirut, Lebanon
対 象 国：ヨルダン, クウェート, レバノン,

シリア

センター：United Nations Information Centre
202-204 Bauddhaloka Mawatha
Post Office Box 1505
Colombo 7, Sri Lanka
対象国：スリランカ

センター：United Nations Information Centre
House 25, Road 11
General Post Office Box 3658
Dhaka 100, Bangladesh
対象国：バングラデシュ

センター：United Nations Information Centre
House No. 26, 88th Street,
Ramna 6/3
Post Office Box 1107
Islamabad, Pakistan
対象国：パキスタン

センター：United Nations Information Centre
Gedung Dewan Pers, 5th Floor
32-34 Jalan Kebon Sirih
Jakarta 1001, Indonesia
対象国：インドネシア

センター：United Nations Information Centre
Shah Mahmoud Ghazi Watt
Post Office Box 5
Kabul, Afghanistan
対象国：アフガニスタン

センター：United Nations Information Centre
Pulchowk, Patan
Post Office Box 107
Pulchowk, Kathmandu, Nepal
対象国：ネパール

センター：United Nations Information Centre
House No.131, Road 2803
Segaya 328
Post Office Box 26004
Manama, Bahrain
対象国：バーレーン，カタール，
アラブ首長国連邦

センター：United Nations Information Centre
Post Office Box 7285 (ADC)
MIA Road, Pasay City
Metro Manila, Philippines
対象国：パプアニューギニア，フィリピン，
ソロモン諸島

センター：United Nations Information Centre
55 Lodi Estate
New Delhi 110003, India
対象国：ブータン，インド

センター：United Nations Information Centre
2nd Floor, Suite 1, 125 York Street
Post Office Box 4045
Sydney, N.S.W. 2001
Australia
対象国：オーストラリア，フィジー，キリバス，
ナウル，ニュージーランド，サモア，
トンガ，ツバル，バヌアツ

センター：United Nations Information Centre
Avenue Boharest Maydan
Argantine No. 74
Post Office Box 15875-4557
Teheran, Iran
対象国：イラン

センター：United Nations Information Centre
Shin Aoyama Building Nishikan
22nd Floor
1-1 Minami Aoyama 1-chome
Minato-ku, Tokyo 107
Japan
対象国：日本

センター：United Nations Information Centre
6 Natmauk Road
Post Office Box 230
Yangon, Myanmar
対象国：ミャンマー

ヨーロッパ地域

センター：United Nations Information Centre
36 Amalia Avenue
GR-105

58 Athens, Greece
対 象 国：キプロス，ギリシア，イスラエル

センター：United Nations Information Centre
Svetozara Markovica 58
Post Office Box 157
Belgrade, Yugoslavia YU-11001
対 象 国：アルバニア，ユーゴスラビア

センター：United Nations Information Centre
and Liaison Office with the
European Economic Community
Avenue de Broqueville 40
1200 Brussels, Belgium
対 象 国：ベルギー，ルクセンブルグ，オランダ

センター：United Nations Information Centre
16 Aurel Vlaic Street
Post Office Box 1-701
Bucharest, Romania
対 象 国：ルーマニア

センター：United Nations Information Centre
37 H.C. Andersens Boulevard
DK-1553 Copenhagen V, Denmark
対 象 国：デンマーク，フィンランド，
アイスランド，ノルウェー，
スウェーデン

センター：United Nations Information Service
United Nations Office at Geneva
Palais des Nations
1211 Geneva 10, Switzerland
対 象 国：ブルガリア，ポーランド，スイス

センター：United Nations Information Centre
Rua Latino Coelho No. 1
Edificio Aviz, Bloco A-1, 10°
1000 Lisbon, Portugal
対 象 国：ポルトガル

センター：United Nations Information Centre
20 Buckingham Gate
London SW 1 E 6LB
United Kingdom
対 象 国：アイルランド，イギリス

センター：United Nations Information Centre
Avenida General Perón, 32-1
Post Office Box 3400
28080 Madrid, Spain
対 象 国：スペイン

センター：United Nations Information Centre
4/16 Ulitsa Lunacharskogo
Moscow 121002, Russian Federation
対 象 国：ベラルーシ，ロシア，ウクライナ

センター：United Nations Information Centre
1, rue Miollis
75732, Paris Cedex 15, France
対 象 国：フランス

センター：United Nations Information Centre
Panska 5
1100 Prague 1, Czech Republic
対 象 国：チェコ，スロバキア

センター：United Nations Information Centre
Palazzetto Venezia
Piazza San Marco 50
00186 Rome, Italy
対 象 国：バチカン市国，イタリア，マルタ

センター：United Nations Information Service
United Nations Office at Vienna
対 象 国：オーストリア，ドイツ

センター：Vienna International Centre
Wagramerstrasse 5
Post Office Box 500
A-1400 Vienna, Austria
対 象 国：ハンガリー

国際連合オンライン・データベース

[http : // www. unsystem. org]

　コンピュータやモデムでアクセスしている読者は，インターネットを通じて国連に関するオンラインの情報源にアクセスできる．流通している国連プレス・リリース，決議や文書，国連国際会議の情報などは，インターネット上でみることができる．[原著では以下に内部文書ファイルの紹介が収録されていたが，今日では上記アドレスにアクセスすれば，国連本部・専門機関を問わず，以前の内部文書を含むほとんどすべての文書が閲覧可能であるので省略した．]

国際連合寄託図書館

国連発行の印刷物やその他の文書は，次に掲げた図書館で入手できる．特別な情報の有無については，直接各図書館に連絡されたい．

アメリカの図書館

カリフォルニア州
Los Angeles Public Library, Los Angeles
Stanford University Libraries, Stanford
University of California, General Library, Berkeley
University of California, University Research Library, Los Angeles

コロラド州
University of Colorado at Boulder

コネティカット州
Yale University Library, New Haven

ワシントン D.C.
Library of Congress, Washington, D.C.
United Nations Information Center, Washington, D.C.

フロリダ州
Florida State University, Robert M. Strozier Library, Tallahassee
Nova Southeastern University, Law Library, Ft. Lauderdale

ハワイ州
University of Hawaii Library, Honolulu

イリノイ州
Library of International Relations, Chicago
Northwestern University Library, Evanston
University of Illinois Library, Education and Social Sciences Library, Urbana

インディアナ州
Indiana University Library, Documents Department, Bloomington
Indiana University, School of Law Library, Indianapolis

アイオワ州
University of Iowa Library, Iowa City

カンサス州
University of Kansas Libraries, Lawrence

メリーランド州
Johns Hopkins University The Milton S. Eisenhower Library, Baltimore

マサチューセッツ州
Harvard College Library, Cambridge
Boston Public Library, Boston

ミシガン州
University of Michigan, Harlan Hatcher Graduate Library, Ann Arbor

ミネソタ州
University of Minnesota, Wilson Library, Minneapolis

ネバダ州
University of Nevada Library, Reno

ニュージャージー州
Princeton University, Pliny Fisk Library, Princeton
Seton Hall University, The Walsh Library, South Orange

ニューメキシコ州
Farmington Public Library, Farmington

ニューヨーク州
Columbia University Law Library, New York
Cornell University, Olin Library, Ithaca
Council of Foreign Relations, New York
New York Public Library, Economics Division, New York
New York University, Elmer Holmes Bobst Library, New York
St. John's University School of low, The Rittenberg Law Library, Jamica

ノースカロライナ州
University of North Carolina, Davis Library, Chapel Hill

オハイオ州
Cleveland Public Library, Cleveland
ペンシルバニア州
University of Pennsiylvania, C. Patterson Van Pelt Library, Philadelphia
University of Pittsburg, Hillman Library, Pittsburg
ロードアイランド州
Brown University, The John D. Rockefeller, Jr. Library, Providence
テネシー州
Vanderbilt University Library, Nashville
テキサス州
University of Texas Library, Perry-Castañeda Library, Austin
ユタ州
University of Utah, Marriott Library, Salt Lake City
バージニア州
University of Virginia, Alderman Library, Charlottesville
ワシントン州
University of Washington Libraries, Seattle

プエルトリコの図書館

プエルトリコ
Universidad de Puerto Rico, Biblioteca General, Rio Piedras
Universidad Católica de Puerto Rico, Escuela de Derecho, Ponce

バージン諸島の図書館

セントトーマス島
Virgin lslands Division of Library, Archives & Musenm, St.Thoanas

カナダの図書館

アルバータ州
University of Alberta, The Library, Edmonton
ブリティッシュコロンビア州
University of British Columbia Library, Vancouver
マニトバ州
Legislative Library, Winnipeg
ニューブランズウィック州
University of New Brunswick, Harriet Irving Library, Fredericton
ノバスコシア州
Dalhousie University Library, Halifax
オンタリオ州
Queens University, Documents Library, Mackintosh-Corry Hall, Kingston
University of Ottawa, Bibliothèque Morrisset, Ottawa
University of Toronto Library, Toronto
ケベック州
McGill University, McLennan Library, Montreal
Université de Montréal Bibliothèque des Sciences Humaines et Sociales, Montréal
Université Laval, Bibliothèque, Québec
サスカチュワン州
University of Saskatchewan, Murray Memorial Library, Saskatoon

日本の図書館

北海道大学附属図書館内参考調査掛
　〒060-0808　北海道札幌市北区北8条西5丁目
　Tel.　011-716-2111(内)4107
　Fax.　011-746-4595
東北大学附属図書館逐次刊行物係
　〒980-8576　宮城県仙台市青葉区川内
　Tel.　022-217-5911
　Fax.　022-217-5949
国立国会図書館官庁国際機関資料室
　〒100-8924　東京都千代田区永田町1-10-1
　Tel.　03-3581-2331(内)4610
　Fax.　03-3597-9104
東京大学附属図書館国際資料室
　〒113-0033　東京都文京区本郷7-3-1
　Tel.　03-3812-2111(内)2645
　Fax.　03-3816-4208
中央大学図書館国際機関資料室
　〒192-0393　東京都八王子市東中野742-1
　Tel.　0426-74-2541
　Fax.　0426-74-2514
日本大学国際関係学部図書館
　〒411-8555　静岡県三島市文教町2-31-145
　Tel.　0559-80-0806(内)436

Fax. 0559-88-7875

金沢市立泉野図書館
〒921-8034　石川県金沢市泉野町4-22-22
Tel. 0762-80-2341
Fax. 0762-80-2342

愛知県芸術文化センター愛知県図書館
〒460-0001　愛知県名古屋市中区三の丸1-9-3
Tel. 052-212-2323（内）433
Fax. 052-212-3674

京都国連寄託図書館
〒603-8355　京都府京都市北区平野上柳町11
立命館大学「アカデメイア立命21」
Tel. 075-465-8107
Fax. 075-465-7899

神戸大学経済経営研究所
〒657-8501　兵庫県神戸市灘区六甲台町2-1
Tel./Fax. 078-881-1212

広島市立中央図書館
〒730-0011　広島県広島市中区基町3-1
Tel. 082-222-5542
Fax. 082-222-5545

九州国連寄託図書館
〒814-0001　福岡県福岡市早良区百道浜3-7-1
福岡総合図書館
Tel. 092-852-0600（内）254
Fax. 092-852-0631

西南学院大学付属図書館
〒814-8511　福岡県福岡市早良区西新6-2-92
Tel. 092-841-1311（内）3410
Fax. 092-823-3480

琉球大学附属図書館
〒903-0129　沖縄県中頭郡西原町字千原1
Tel. 098-895-2221
Fax. 098-895-2651

国際連合の職員

機関	通常予算から給与を受ける職員			通常予算外の任意拠出金から給与を受ける職員			合計	
	専門職員	一般職員	小計	専門職員	一般職員	小計	専門職員	一般職員
国連事務局*	3,265	5,829	9,094	1,604	3,198	4,802	4,869	9,027
国連難民高等弁務官事務所(UNHCR)	106	179	285	643	1,198	1,841	749	1,377
国連訓練調査研修所(UNITAR)	—	1	—	10	8	18	10	9
国連パレスチナ難民救済事業機関(UNRWA)	51	2	53	67	7	74	118	9
国際貿易委員会(ITC)	1	—	1	181	192	373	182	192
通信衛星暫定委員会(ICSC)	18	22	40	—	—	—	18	22
国際司法裁判所(ICJ)	19	28	47	—	—	—	19	28
国連大学(UNU)	—	—	—	36	65	101	36	65
国連開発計画(UNDP)	—	—	—	1,571	5,033	6,604	1,571	5,033
国連児童基金(UNICEF)	—	—	—	1,179	2,623	3,802	1,179	2,623
国際労働機関(ILO)	678	1,012	1,690	695	692	1,387	1,373	1,704
国連食糧農業機関(FAO)	1,051	2,062	3,113	1,608	1,649	3,257	2,659	3,711
国連教育科学文化機関(UNESCO)	808	1,406	2,214	248	341	589	1,056	1,747
世界保健機関(WHO)	1,269	2,350	3,619	564	1,208	1,772	1,833	3,558
国際民間航空機関(ICAO)	248	350	598	231	223	454	479	573
万国郵便連合(UPU)	62	84	146	25	1	26	87	85
国際電気通信連合(ITU)	240	395	635	135	99	234	375	494
世界気象機関(WMO)	104	124	228	78	72	150	182	196
国際海事機関(IMO)	88	146	234	34	47	81	122	193
世界知的所有権機関(WIPO)	114	237	351	4	18	22	118	255
国連工業開発機関(UNIDO)	355	665	1,020	305	458	763	660	1,123
国際原子力機関(IAEA)	684	958	1,642	15	108	123	699	1,066
合計	9,161	15,850	25,011	9,233	17,240	26,473	18,394	33,090

国連全体の総計:51,484

*:数値はニューヨークとジュネーブの国連事務局,5つの地域委員会,その他の世界中の組織を含む(1990年末).
注:「専門職員」とは専門職の職員を,「一般職員」とは一般事務職員を指す.「通常予算から給与を受ける職員」とは長期間在職し,全世界を対象とする民事職務を遂行する職で,国連加盟国に課せられる分担金から給与を支給される.「通常予算外の任意拠出金から給与を受ける職」とは開発計画や人道計画などの特別プログラムなどに携わる職で,加盟国からの自発的拠出金から給与を支給される.(出典:Erskine Childers with Brian Urquhart: *Renewing the United Nations System*. Dag Hammarskjöld Foundation, Sweden, 1994)

国際連合の関連機関

国際連合システムの機関

以下の組織は国連の「ファミリー」の一部と呼ばれることが多い。これまでの章は総会や安全保障理事会などが直接支配し，事務総長が行政的な長であるところの国連の組織，計画，基金を扱った。次に述べる組織はすべて，独自の加盟国，独自の統治組織，運営機関，事務局をもっている。これらの組織は法的な協定で国連と結びついてはいるが，国連の機関に直接支配されているわけではない。

システムのなかのほとんどの組織は憲章第57条と第63条に則った法的協定を通じて国連と関係を結んでいる。これらの特別協定の主要な目的は，第58条で述べられているように，経済的，社会的および文化的な目的遂行の活動を調整するものであった。けれどもいくつかの条項は決して完全には履行されてこなかった。

専門機関

ILO, FAO, UNESCO それに WHO はすべて国際連盟時代に前任機関があったものであり，1946年から94年までの間に国連システムの一部として再組織された。UNIDO は85年に完全な専門機関となった。これらの機関の主要な運営組織での投票権は国連と同様に1国1票原則に基づいている。

技術機関

このグループのなかには国際電気通信連合(ITU)や万国郵便連合(UPU)のような1世紀以上も前に創設された最初の真の意味での国際組織がある。このグループの組織は特定の問題を集中的に扱っており，気象や通信，郵便サービス，知的所有権など関連する領域の担当大臣が各国を代表していることがよくある。

けれども国際原子力機関(IAEA)は1956年に国連総会によって創設され，法的には総会に直接結びつけられている。その他の専門機関や技術機関は経済社会理事会(ECOSOC)を通じて国連に報告を行っている。

GATT/WTO

関税及び貿易に関する一般協定(GATT)とその後継機関である世界貿易機関(WTO)は公式には国連システムの一部ではない。けれども，GATT は事実上の専門機関として国連と関係を有するとされてきた。1994年現在，WTO は依然として萌芽期にあり，国連とどのような関係を結ぶかは未定である。

ブレトンウッズ体制の機関

IMF と世界銀行グループは専門機関とは全く別の構造を有している。これらの機関は1944年にニューハンプシャーのブレトンウッズで開かれた特別会議で国連憲章のもとに創設された。世界銀行グループは IBRD, IDA, IFC, MIGA, ICSID の5つの別々の組織で構成されている。IBRD の加盟国は残りの4つのどの組織に参加するかを選ぶことができる。

国連とブレトンウッズ体制の機関との根本的な相違の1つは，これらの組織における投票権がそれぞれの加盟国がもつ出資金によって決まる点である。それ故に豊かな諸国が大きい投票権をもっている。

IFAD はブレトンウッズ体制の機関ではないが，資金援助活動を行う専門機関ファミリーの最も新しい一員である。IFAD は追加拠出によって資金を集めている。その総務会は先進諸国と産油国，それにその他の発展途上国の3つの国家グループから成る。それぞれのグループは同等の投票権をもっている。

実際に発足した年代順にみた各機関

［一部の機関には，この年代以前に発足している前身の機関・会議などがあるので，その点は各項を参照されたい。］

万国郵便連合	1875年7月1日
国際労働機関	1919年4月11日
国際電気通信連合	1934年1月1日
国連食糧農業機関	1945年10月16日
国際復興開発銀行	1945年12月27日
国際通貨基金	1945年12月27日

国連教育科学文化機関	1946年11月4日	世界知的所有権機関	1970年4月26日
国際民間航空機関	1947年4月4日	国際農業開発基金	1977年11月30日
関税及び貿易に関する一般協定	1948年1月1日	国連工業開発機関	1986年1月1日
世界保健機関	1948年4月7日		
世界気象機関	1950年3月23日		
国際金融公社	1956年7月24日		
国際原子力機関	1957年7月29日		
国際海事機関	1958年3月17日		
国際開発協会	1960年9月24日		

　国連関連機関に関する記述は，第1章に掲げた国連システムの構造図の順序で行う．それぞれの記述は，背景，創設，目的，加盟国，構造，予算，活動，参考文献の節に分かれている．

国際原子力機関（IAEA）

[www.iaea.org]

背景 国連は原子力時代の幕開けに誕生した．人類が原子力の利用に成功したことで，国連の目的は重要であるだけでなく，必要不可欠なものとなった．国連のおもな目的は戦争の防止である．原子力兵器の使用を含む大きな戦争は，単に破滅的であるだけでなく，おそらく自滅的なものになるだろう．国連の第2の目的は，世界中の人々の経済的および社会的な福祉を助長することである．原子力は，世界の繁栄に大きく寄与するものである．「平和のための原子力」が国連の継続的な関心事項であり，国連ファミリーのいくつもの組織，たとえば国連食糧農業機関（FAO）や世界保健機関（WHO）などが原子力の平和利用の特定の側面を扱ってきたが，世界の平和，保健，繁栄に原子力エネルギーが寄与するのを加速し，拡大することを目的とする専門的組織機関として，国際原子力機関（IAEA）が誕生したのは，1957年であった．

■ 創　　設

アメリカのドワイト・D・アイゼンハワー大統領は1953年12月に国連総会で演説し，「人類の平和追求に奉仕する」国際原子力機関の設立を提案した．大統領は，このような組織を通じて原子力が「人類の恐怖ではなく必要に役立つよう力を貸してくれること」を望むと語った．

アイゼンハワー大統領は，ソ連が提案された組織のおもな関係国の「ひとつに当然ならなければならない」と述べた．そのための最初の1歩として，アメリカ国務省は1954年の春と夏にソ連に対し，このような機関の憲章に加えなければならない諸原則を提案する覚書を送った．しかし2つの大国が合意に達することは，当時は不可能だった．ソ連は軍縮と原子力の平和利用の問題が分離できないものであり，機関の創設以前に，核兵器の全般的な禁止について合意すべきであると主張した．アメリカは，核兵器を実効的に国際管理することこそ，それを禁止する以前に行うべきだと反論し，たとえソ連が参加しなくても国際交渉を進める準備があると発表した．

1954年夏に，アメリカは提案した機関の憲章の起草準備のために，「原子力大国」と重要なウラン生産国の双方を含む7カ国（オーストラリア，ベルギー，カナダ，フランス，ポルトガル，南アフリカそしてイギリス）をワシントンに招いた．9月になって，ソ連はそれまでの立場を変更した．ソ連は，軍縮と原子力の平和利用の問題を分離してもよいと発表し，8カ国が起草した憲章案を，今後の交渉と方針の基礎として受入れると発表した．

1954年12月に，総会は全会一致で「平和のための原子力」決議を採択した．同決議は「飢えや貧困，ならびに疾病の重荷を軽減する」ことを手助けするため，「遅滞なく」国際原子力機関が設立されることを希望すると述べている．1956年9月20日に，ニューヨークの国連本部で憲章採択のための国際会議が招集され，当時はまだ国連加盟国でなかった西ドイツのような国々も含め81カ国が参加した．原子力を「もたない」大国が提案した数々の修正を採用したあと，同会議は全会一致で1956年10月26日に憲章全体を採択した．

1957年7月29日に，憲章は26カ国が批准文書を寄託したあとに発効し，国際原子力機関が公式に誕生した．IAEAの第1回総会は1957年10月にウィーンで開かれ，本部をウィーンに設置することが決められた．IAEAの住所はWagramerstrasse 5, P. O. Box 100, A-1400 Viennaである．

■ 目　　的

IAEAの憲章によれば，同機関は「世界の平和と健

康，繁栄のために原子力が寄与することを速め，拡大することを求める．機関は可能なかぎり，機関自身が行ったり，要請したり，自らの監督あるいは管理のもとでの援助がいかなる軍事目的にも利用されないようにしなければならない．」

IAEA は原子力の平和利用に関する経験や研究を共同で蓄積し，調整するセンターとして活動している．同機関は，加盟国が原子力時代の恩恵を分かち合うために必要な，技術や物資を獲得するのを手助けしている．じっさいには IAEA は，とくに開発途上にある地域に原子力の利益がもたらされるよう関心を払ってきた．

IAEA は憲章によって，「可能なかぎり」IAEA が参加するすべての活動がもっぱら民生的な利用とすることを確保する義務を負っている．したがって IAEA の第2の重要な仕事は，同機関が助長する援助計画や同機関の監督のもとで配分された核物質のすべてが，軍事目的に使われないようにするための，監督および管理システムを確立することにある．活動のこの側面は，1970 年 3 月に核不拡散条約が発効したとき，機関の第1の目的をはるかに超える重要性を帯びることになった．というのも，IAEA が同条約の義務的な管理システムの責任を負うとされたからである．

■ 加 盟 国

1956 年 10 月 26 日以降の 90 日以内に，憲章に調印した国連加盟国あるいはすべての専門機関の加盟国は，憲章を批准することによって IAEA の原加盟国となった．たとえ国連やその他の専門機関の加盟国でなくても，IAEA 理事会の勧告に基づいて IAEA 総会が承認すれば，加盟国となることができる．

1994 年 7 月 1 日現在，IAEA の加盟国は 121 カ国［1998 年 12 月現在，129 カ国］である．ラトビアとイエメンが加盟を申請し，総会がこれを承認したが，憲章受諾文書はまだ寄託されていない．

■ 機　　構

IAEA の 3 つの機関は，総会と理事会，それに事務局長を頂点とする事務局である．

総　会

総会は，それぞれが 1 票をもつ全加盟国で構成され，年 1 回ウィーンの IAEA 本部で開会する．特別総会は理事会あるいは IAEA 加盟国の多数の要請で，事務局長が招集することができる．総会は 35 人からなる理事会の理事のうち，任期 2 年の 22 人の理事を選出する．総会は理事会の年次報告を審議し，国連に提出する報告や，国連およびその他の組織との協定を承認する．総会は，理事会が勧告した予算や事務局長を承認する．総会は IAEA に関するすべての問題を議論し，理事会や加盟国に対して勧告を行うことができる．

理事会

35 人の理事からなる理事会は，「憲章に従って機関の任務を遂行する権限」を与えられた組織である．理事会は次のように構成されている．任期満了となる理事会が，原子力技術の最も進歩した国と原料物質を生産する諸国のなかから 13 人の理事を指名し，かつその原子力に関する技術の最も進歩した国で原料生産国である理事は，前述の 13 カ国が属していない地域を次の 8 地域（北アメリカ，ラテンアメリカ，西ヨーロッパ，東ヨーロッパ，アフリカ，中東および南アジア，東南アジアおよび太平洋，極東）のうちの 2 地域から［少なくも 6 地域にまたがる］とする．

総会は理事会の理事を次のように選出する．

（1）理事会はつねに，ラテンアメリカから 5 人，西ヨーロッパから 4 人，東ヨーロッパから 3 人，アフリカから 4 人，中東および南アジアから 2 人，東南アジアおよび太平洋から 1 人，極東から 1 人という地理的配分に配慮した，20 人の理事がいるようにする．

（2）さらに，中東および南アジア，東南アジアおよび太平洋，そして極東のなかから 1 人の理事を追加する．

（3）また，アフリカ，中東および南アジア，東南アジアおよび太平洋のなかから 1 人を追加する．

1993 年から 1994 年にかけての理事会は，アルゼンチン，オーストラリア，ブラジル，カナダ，チリ，中国，コロンビア，キューバ，エジプト，エチオピア，フィンランド，フランス，ドイツ，ハンガリー，インド，インドネシア，アイルランド，イタリア，日本，レバノン，リビア，マレーシア，ナイジェリア，パラグアイ，フィリピン，ポーランド，ロシア，サウジアラビア，スウェーデン，スイス，シリア，チュニジア，ウクライナ，イギリス，アメリカの代表で構成されていた．

事務局長と事務局

IAEA職員は,理事会が指名し,総会が任期4年で承認した事務局長を長としている.憲章は事務局長を「同機関の首席行政官」と規定しているが,事務局長は「理事会の権威及び管理の下にある」と規定することで,事務局長の独立権限を厳格に制限している.事務局長は「職員の任命,組織及び職務の執行」について責任を負っている.

1957年から1961年までの初代事務局長はスターリング・コール前アメリカ議会議員であった.スウェーデンの物理学者で行政官でもあったシグヴァルド・エクルンド博士が1961年から1981年まで事務局長を務めた.彼の後任にはスウェーデンの外相経験者であるハンス・ブリックス博士が就任し,1993年に再任された.彼は約85カ国からの2200人の職員を率いている.[1999年現在の事務局長は,ムハメッド・エルバラディ博士である.]

国連システム内の地位

IAEAは国連ファミリーで独特の地位を占める,自治的な国際組織である.国連とIAEAとの間の連携協定に基づいて,IAEAは「原子力の平和利用に関する国際的な活動に対する責任」を負うものと認められている.IAEAの憲章上の目的のひとつは,同機関が加盟国に与えるどのような援助も「いずれかの軍事的目的を助長するような方法で利用される」ことがないようにすることであり,IAEAにはこの原則の違反を報告する査察官がいる.不遵守の場合には,同機関の理事会は国連安保理と総会に報告する.

同機関は国連の8つの専門機関(UNESCO, ILO, WHO, WMO, ICAO, FAO, IMO, UNIDO)と連携協定を結んでおり,国連環境計画(UNEP),国連開発計画(UNDP),国連災害救済機関(UNDRO),世界銀行(IBRD),放射能の影響に関する国連科学委員会(UNSCEAR)とも作業契約を結んでいる.アメリカ原子力エネルギー委員会やラテンアメリカ核兵器禁止機関,アラブ連盟,アフリカ統一機構(OAU),経済開発協力機構(OECD)核エネルギー機関,ヨーロッパ原子力共同体(EURATOM)など,原子力の平和利用に関係する国連システム以外の組織とも協力協定を結んできた.最後に,IAEAは19団体の非政府組織(NGO)と協議を行う関係を維持している.

■ 予 算

IAEAは,加盟各国からの通常分担金と任意拠出金で財政を賄っている.1994年の通常予算は2億ドルに上っている.IAEA技術協力のプログラム予算についての任意拠出金の目標金額は,1994年は5850万ドルであった.

■ 活 動

A. 加盟国への援助

1957年の総会で全会一致で採択されたIAEAの最初のプログラムは,IAEAの経験や資源がまだ限られていた時期でも行うことのできる活動に,重点をおいていた.優先順位が高かったのは,「発展途上地域の人民の生活条件を改善し,生活水準を向上させるのに原子力の平和利用が最大限の恩恵を与えられるような活動」であった.

これらの考慮に照らしてみると,IAEAのおもな目的のうちの2つは,加盟国が最終的には原子力を利用できるようにする準備を援助することと,放射性同位元素のより広範な利用を加盟国に奨励することにあった.IAEAは加盟国の現実の開発計画を引受けることはできないが,加盟国がそのような計画を開始し,実行するのを援助することはできる.1992年現在までにIAEAは,少なからぬ分野で途上国の加盟国を積極的に援助してきた.その分野とは,次のようなものであった.

基礎的な人間的必要性
・水資源開発
・農業(突然変異体の飼育,肥料および土壌の改良,害虫駆除,農業化学の利用)
・家畜(再生産,健康,栄養)
・健康管理(放射線治療,原子力医療および原子力診断)

産業への応用
・非破壊検査
・陸水学(沈泥物の移動,地熱研究)
・放射線加工(表面のコーティング,放射線殺菌消毒,食物保存,医薬品の殺菌消毒)
・産業用同位元素トレーサー
・産業用核計量(紙,鉄,食品加工,鉱業)
・放射線アイソトープおよび放射線薬学による製品

・研究炉のデザインと利用

発　電
・地質学，核原料物質の採掘と加工
・燃料要素の精製
・冶金と金属試験
・発電炉の設計
・原子炉エレクトロニクスの手段と制御
・原子炉技術と品質保障
・発電システムの立案

支援活動
核センターと研究所
・原子力の安全(規制，安全基準，放射能防御，廃棄物管理，安全アセスメント)
・物理学(原子，核，高エネルギーおよび固体物理学)
・化学(核，放射線，放射能，核分析化学)

技術援助　IAEAは1959年以来，途上国である加盟国に技術援助を提供してきた．それらの援助は，原子力に関するさまざまな分野の技術移転の促進を目的に，専門家によるサービスや装備の提供，訓練などの形で行われた．援助のおもな分野は，原子力安全，アイソトープ(同位元素)や放射線の農業への応用，核工学とその技術などである．他の重要な援助分野としては，一般的な原子力の開発，核物理学と化学，核物質の試掘および採掘と加工，アイソトープや放射線を産業や陸水学，医療，生物学で応用することなどである．

IAEAの技術協力計画に対する財政支援は，おもに独自の自発的な技術援助や，協力基金からきている．ほかの財源には，加盟国やUNDPからの予算外の贈与や寄付がある．1992年には，合計1094件の技術協力プロジェクトが実施された．その年のIAEAの技術援助協力は，アジアおよび太平洋に26.3%，アフリカに22.5%，中東に2.8%，ラテンアメリカに25.1%，ヨーロッパに15.2%，地域相互間で8.1%というように，世界の各地域を分割して行われた．

物質の提供　IAEA憲章によれば，平和目的で原子力プロジェクトを始めたいと望む加盟国が「特別の核分裂物質やその他の物質を確保するにあたり，同機関の援助を要請することができる．」

要請があるとIAEAは，ある加盟国からほかの加盟国に原子炉燃料や特別な装置を供給する取決めの，仲介者として活動する．各国のなかでも，とりわけアルゼンチン，フィンランド，日本，メキシコ，ノルウェー，パキスタン，ウルグアイ，ザイール(現コンゴ民主共和国)などは，そのような取決めの恩恵を多く受けてきた．IAEAは，特殊な核分裂物質を研究目的で少量ずつ，多くの加盟国に供給してきた．

技術要員の訓練　IAEAの訓練計画がその重要性を維持してきたのは，訓練を受けた職員が早急に必要であったからばかりでなく，専門サービスやデモンストレーション用の装置の提供を含む技術援助活動を行うより，この種の援助のほうが準備が容易だったからである．

科学的，技術的作業員の不足に対処するため，IAEAは5種の計画を開始している．

1. **研究奨励金**　研究奨励金は原子力の平和利用に関するすべてのテーマに与えられており，そのようなテーマには核物理学，農業や産業・医療・生物学・陸水学などでのアイソトープ(同位元素)の生産と運用および応用，核化学，研究炉および発電炉の設計，建設および運用，保健物理学，放射線防御などがある．

2. **専門家やコンサルタントの割当**　この計画では，さまざまなテーマについて，途上国に対して助言や現場での訓練を与える科学者や技術者を派遣している．

3. **加盟国での利用可能な装置の概観**　IAEAは加盟国から，訓練や研究計画，訓練施設，IAEAが利用できる態勢にある専門家などについて詳細な情報を集めている．したがって同機関は，原子力の訓練に関する国際情報センターとして活動し，途上国間での技術協力を促進する立場にある．

4. **訓練コース**　これらのコースに参加するさまざまな国からの人々のために，ほかの組織や各国の政府，大学，科学研究施設の準備や協力などを念入りに進めることが必要になる．このようなコースは世界の各地域で実施されているが，数週間から数カ月と期間もさまざまである．地域的あるいは地域間でのコースが組織されているのは，医療用のアイソトープ(同位元素)と放射線の応用，研究専門家のための原子力器具，原子力発電装置その他の関連装置の利用と維持管理，放射能防御と安全，物理学，研究炉の利用，原子力プロジェクトとその他のハイテク技術，放射線薬学のテーマやその準備と管理，ウランの産出予想と鉱石分析などのテーマである．

5. **拡大訓練計画**　原子力の導入を必要としている多くの途上国は，主要な要員の訓練について特別

の援助を要請している．そこで同機関は，原子力プロジェクトの立案，実施，運用について拡大訓練計画を開始した．原子力計画について効果的な法的および制度上の基盤構造開発のため，品質保障と安全面での指示を含む特別の訓練が役立っている．さらに，正式の訓練コースが利用できないような主題については，現場での実地訓練が用意されている．

B．情報交換

IAEA の援助計画が，おもに経済的な途上地域の必要に向けられているいっぽうで，同機関の会議プログラムや情報交換は，技術的に最も進んだ国々を含む，すべての加盟国の利益になるように考えられている．

IAEA が 1970 年に設置した国際核情報システム(INIS)は，原子力エネルギーの平和利用のすべての側面を扱う世界中の文献を扱った，最初の完全な分散処理型のコンピューター・ベースの情報システムである．INIS に参加している国々や組織は，地理的に対象としている地域にあるすべての関連文献を収集し，調査分析し，IAEA に送付している．情報はウィーンで検討され，まとめられ，さらに調査・分析のうえ，その結果は世界中の個人や組織に配布される．このシステムのおもな産物は，磁気テープサービスと『INIS アトムインデックス』で，ウィーンの IAEA のコンピューターからオンラインで直接 INIS データを利用できる．磁気テープとオンライン・サービスを利用できるのは加盟国と参加している組織だけで，収められている情報は文献情報，テーマ別索引，摘要と遡及的検索などである．国際原子力関係要約雑誌である『INIS アトムインデックス』は，1 カ月に 2 回発行され，申込めば一般の人々も利用できる．付属サービスとして，このシステムに提出された新規の文献の内容を，マイクロフィルムで提供している．1994 年現在，INIS に参加しているのは 86 カ国と 17 団体の国際組織で，INIS は 170 万件以上の文書について報告した．1992 年に INIS データベースは，5 枚組の CD-ROM で利用できるようになった．

IAEA は AGRIS として知られている，農業に関する同様の情報システムの提供について国連食糧農業機関(FAO)とも協力している．

IAEA の 2 番目に重要な情報サービスは核データ(中性子線断面積当たりの数的および総合情報，関連分裂，捕獲および中性子誘導反応の媒介変数のばらつき，その他の核物理定数など)に関係している．

IAEA はフランス，ロシア，アメリカの 3 つの地域センターとともに，これらのデータを集める能率的なシステムを維持し，詳細な中性子データに関する文献のインデックスである CINDA を発行している．また，核分裂炉と核融合炉の開発および核物質のセーフガードの双方に必要な，核のデータ測定に関する世界のリクエスト・リストである WRENDA も集めている．

IAEA は毎年 15～20 回の会議やシンポジウム，セミナー，もっと多くの小規模な技術会合を開き，科学技術情報の普及促進で指導的な役割をはたしている．IAEA は，核エネルギーの平和利用の特殊な面を扱う，大規模な国際会議を組織してきた．たとえば，1994 年の重要なものには次のものがある．すなわち，国際安全基準に関する IAEA シンポジウム(ウィーン)，原子力オプション会議(ウィーン)，第 15 回プラズマ物理学と制御した核分裂の研究に関する国際会議(ウィーン)，持続可能な農業と環境保全に関する土壌/植物研究における関連技術に関する FAO/IAEA 国際シンポジウム(ウィーン)，放射能リスクを含む放射能，保健および社会に関する国際会議(パリ)，放射能廃棄物運搬開発に関する地域間セミナー(ウィーン)，乾燥地域および半乾燥地域の陸水学におけるアイソトープ(同位元素)技術に関する地域間セミナー(ウィーン)，処方箋から照射までの放射線治療 1 回分の放射線量測定に関する地域間セミナー(リオデジャネイロ)，核技術を利用するベクターと病気管理，動物睡眠病に関する第 2 回 IAEA/FAO アフリカ・セミナー(ウガンダ)，途上国における放射性廃棄物管理の慣行と問題点に関するセミナー(北京)などである．1995 年には，核不拡散条約の進歩を見直す大きな会議が予定されていた．［核不拡散条約は 1995 年の会議で無制限延長が決定された．］

C．研究

1964 年に IAEA がトリエステに設立した「理論物理学国際センター」は，途上国と先進国の双方の科学者が協力して研究を進め，途上国の学者が母国を恒常的に，あるいは長期間離れることなく，進歩に追いついていけるようにしている．訓練と研究のために途上国から来ている人には，研究奨励金が与えられ，人的な接触のための国際フォーラムとなっている．優秀な物理学者が同センターで毎年 1～3 カ月過ごすことができるよう，選抜された人には準研究員の資格が与えられている．中・上級の地位は招請され

た人に与えられ，途上国の研究所相互の協力体制をつくりだすことを意図した仕組みもある．援助は，イタリアとトリエステの大学および市当局によって与えられてきた．1970年に国連教育科学文化機関(UNESCO)が同センターの共同管理に乗りだしてからは，フォード財団とUNESCOからも援助が与えられてきた．

IAEAには3つの研究所があり，ウィーンの本部には小規模のものが，(ウィーンから32km離れた)サイバーズドルフには主研究所が，そしてモナコには海洋での放射能の影響を研究する施設がある．研究所では，農業，陸水学，医学，物理学，化学，低レベル放射能，環境に関する研究が行われている．

加盟国のさまざまな研究所との間で，プロジェクト研究契約が結ばれてきた．このようなプロジェクトには，原子力と反応炉，物理学と化学，農業・食品技術・工業・医療上の放射性アイソトープ(同位元素)と放射線の応用，水資源開発，イオン化放射能からの人体の保護，放射線生物学，医療および生物学的放射線量，保健物理と放射能防御，環境汚染，廃棄物の取扱と処分などのテーマが含まれている．

科学の発達におくれをとらないため，IAEAの科学要員は加盟国の研究施設を訪問し，さまざまな研究を行っている．IAEAは，先進国と途上国の双方が少なからぬ関心をもつ問題である，イオン化放射能による食品および薬品の殺菌消毒の研究傾向を概観してきた．

D. 原子力発電

原子力発電は，とくに先進工業国では重要な電力源のひとつとなっており，技術的あるいは経済的にみても世界中にさらに普及できる状況にある．1992年末現在，世界には496基の原子力発電所が稼働中あるいは建設中であった．

核時代の途上国の関心にこたえ，各加盟国のための原子力発電所の設計で，IAEAがはたす役割はますます大きくなっている．エネルギー設計方法が開発され，公開されている．IAEAは特定の国にこれらの方法を適用したり，電力需要の増大に見合うような原子力発電の経済的役割の評価で，関係加盟国と協力してきた．原子力発電プロジェクトの設計，施工，運用のための基盤構造の強化を援助するIAEAの努力は，国際的ならびに現地での訓練コース，世界銀行との協力で行われることが多い技術援助プロジェクト，関係国への助言者の派遣，案内書の発行などの形で行われている．

IAEAは1960年代後半から，原子力発電プラントの運用上の経験資料を集め始め，現在の発電炉情報システム(PRIS)をつくりあげた．PRISは世界中で稼働中の原子力発電所の性能を監視するものである．性能表示とエネルギー生産量に関する資料のほかに，発電所の運用に影響を及ぼす全体的あるいは部分的な機能不全に関する情報や，世界中の稼働中の発電炉の経験則に関する情報も含んでいる．IAEAは定期刊行物を通じて，加盟国の設計者や運用者がこれらの情報を入手できるようにしている．1992年現在，情報サービスは26ヵ国といくつかの国際組織にある64のPRISオンライン利用者に提供されている．PRISの一部は，50ヵ国の147の利用者に配給されている．

熱発生源だけ，あるいは兼用発電(たとえば，発電と塩分除去を組合わせるなど)のための原子力施設の利用に関心を示す国々が増えるにつれ，IAEAは定期的にこの分野の進歩も再評価している．さらに，原子力の経済的競争力，電力供給網における原子力発電施設の統合，稼働記録，中・小規模の発電炉の導入，高速増殖炉や高温反応炉の開発，核融合技術などの主題を議論するため，原子力に関する科学的会合を開いている．

E. 原子力の安全性

それぞれの国家は，自国領域内での核活動の安全に責任を負っているが，原子力の安全性にとっては国際協力がひじょうに有効であり，とくに安全基準の発展や援助の供与などでは国際協力が欠かせない．原子力の安全性に関するIAEAの活動には，施設の位置や設計，放射性廃棄物の輸送，非常事態への対応，施設の廃棄などが含まれている．IAEAは1991年に，歴史的な「国際原子力安全条約」に関する作業を始めたが，その条文は1994年6月にウィーンで開かれた国際会議で完成した．

IAEAは，30人の緊急対応職員が待機している24時間の緊急対応システム(ERS)を維持している．1992年にこのシステムは，2回目の大規模な試験手続の実験を行った．この手続は，1986年のチェルノブイリ事故の結果，調印された「原子力事故の早期通報に関する条約」を支援するために開発されたものである．

1961年にIAEAによって「核物質の安全な運搬に関する規則」がつくられた．この規則は「放射能防護のための基本的安全基準」にかわるもので，この安全基準は国際放射能防護委員会が勧告した被爆量制限

に関する新しいシステムによって，大幅に改正された．改正された安全基準は，国際労働機関(ILO)，世界保健機関(WHO)，経済協力開発機構(OECD)核エネルギー機関と合同で実施され，放射能防護に関する国際安全基準の確立のための重要な一里塚となった．1992年にIAEAは隔年発行の『廃棄物管理研究要綱』の第1号を出版した．この印刷物には35ヵ国と国際組織から寄せられた700点の研究要綱が収められている．

IAEAの「原子力安全基準プログラム」は加盟国に対して，原子力発電施設とその安全性について，国際的に受入れられる安全規範と指針を提供している．イオン化放射能の危険な影響からの防御を扱うこの計画は，核技術の先進国が得た安全実績の経験に基づいている．安全性に関する文書には2つの種類(行動規範と安全指針)があり，政府の組織や，原子力発電施設の場所，設計，運用，品質保証などの分野で開発されている．各分野に行動規範と，それに関連する多くの安全指針がある．行動規範は，適切な安全水準を達成するために守らなければならない基本的な目的と，最小限の条件の概略を示している．安全指針は，規範の条件を履行し，その目的を達成するための手続と，受入れ可能な技術的な解決法を勧告している．

運用面でのじっさいの安全性をいっそう強調するため，IAEAは1983年から「運用安全再評価チーム」プログラムを始めた．このプログラムは，規制を行う当局が原子力発電施設の運用の再評価を行うのを援助するためのものである．同計画では，加盟国が国外の専門知識と経験の恩恵を受ける機会を提供している．運用安全再評価チームは，すべての反応炉の類型に共通する問題を扱う，IAEA職員を含む約10人の専門家と，特殊な反応炉だけの問題を扱うコンサルタントで構成されている．途上国からの専門家が含まれることもよくある．3週間にわたって実施される再評価は，規制側および運用側の人員に国際的視野を提供するのに役立ち，IAEAが通常プログラムおよび技術援助プログラムを新しくするさいに，価値のある洞察力を与えてくれる．

その他のIAEAの原子力安全活動でとくに触れておかなければならないのは，重大事故の管理や緊急対応についての活動，人と機械の接点，安全性にとっての偶発事故の評価，最新の安全技術などである．核事故報告システムと原子力事象評価尺度(INES)もある．重大事故安全性評価チーム(ASSET)ミッションは招請を受けて，原子力発電施設を含む重大な事故の安全性を評価する．最近では，東ヨーロッパの原子炉の安全性を改善するための評価と援助が，ますます強調されている．

原子炉の稼働年数が増えるにつれ，経験によるフィードバックが，安全性と信頼性を高める貴重な手段となっている．体系的な報告と安全に関連する出来事の評価が，施設に必要な変更を認識させ，改善された施設の開発を可能にする．経験の交換を促進するため，OECD核エネルギー機関とIAEAは，各国の組織が提出する事故報告の詳細を収集し検討するための，事故報告システムをつくり上げた．国内の調整官がすべての事件の報告を審査し，その上で重要なデータを経済協力開発機構(OECD)とIAEAに送っている．

チェルノブイリ事故へのIAEAの対応　1986年4月26日に，ソ連のチェルノブイリ原子力発電所4号炉で事故が発生し，人命や財産の損失をもたらした．また，かなりの放射性物質が放出されたことに対応して，IAEA理事会は原子力の安全と放射能防御の面で国際協力を拡大する提案を行うための会合を開いた．1986年7月から8月にかけて招集された専門家集団の協力を得て，理事会は原子力事故に関するひとつの国際条約案を準備した．8月後半にIAEAが開いた事故後の再評価委員会には，62ヵ国と21団体の国際組織から約600人の専門家が参加し，ソ連代表団が提出した包括的な報告を議論した．1986年9月のIAEA特別総会には，94ヵ国と27団体の国内および国際組織からの代表が参加し，同総会は「原子力事故の早期通報に関する条約」と「原子力事故または放射線緊急事態の場合における援助に関する条約」の2つの条約を採択した．2つの条約には，直ちに50ヵ国以上が調印した．1994年7月現在，「早期通報条約」には73ヵ国が加盟している．「事故援助条約」には70ヵ国が当事国となった．

1994年3月にウクライナ政府の招請を受けて，安全性を評価する国際専門家チームがチェルノブイリの安全性を調査した．同チームは，稼働中の発電所の2つの原子炉に，安全性の面で多数の欠陥があるという結論をだした．また，破壊された原子炉を囲むシェルターも，急速に劣化していると判断した．IAEAはウクライナ政府に対して，チェルノブイリの原子炉の現状について緊急に会合を開くべきだと勧告し，同政府もこれに同意した．その席上ウクライナ政府は，被害を受けたプラントの閉鎖が遅れているのは，深刻な経済的困難とエネルギーの決定的な不足のためだと抗弁した．国際的な財政援助があ

れば発電所の安全性は改善できると主張した．同政府は，チェルノブイリ発電所の電力が近い将来のエネルギー供給の最も低コストの選択肢だとも主張した．また5つの新しい原子力プラントが計画中あるいは建設中だが，早くても1999年まで稼働させることはできないし，完成までにはさらに20億ドルが必要だとしている．会合に参加した専門家の大半は，チェルノブイリでの発電は停止させたほうがよいと考えたが，会合はこの危険な問題を単純に解決する方法はないという結論を下した．

F. 放射性廃棄物管理

核燃料サイクルのすべての段階で生みだされる放射性廃棄物の安全な管理は，原子力発電の成長にとって欠かすことのできないことがらである．IAEAは成立以来，この分野のすべての側面で積極的に活動しており，『安全シリーズ』と『技術報告』という出版物を発行してきた．IAEAの活動には，指針と勧告を与えたり，セミナー，シンポジウム，会議を開くこと，加盟国のために研究ツアーを組織することなども含まれる．最近IAEAが研究しているおもな分野は，地下処理，廃棄物の取扱い，廃棄物処理の環境問題などである．

安全基準と行為規範は，放射性物質の利用者が生みだした廃棄物管理についても準備されてきた．これらは，ウランやトリウム鉱石の採掘と精錬から生じる廃棄物の管理，浅い地表や岩盤の空洞や大深度地下での廃棄物処理，地下廃棄物処理の基準などを扱っている．

G. 原子力法

発足以来，IAEAは原子力による損害の場合の第三者責任についての原則の，国際的な調整と調和の必要に直面してきた．特別の法律がなければ，被害者は救済を受けないままとなりかねない．第三者責任について，各国がばらばらの原則や手続立法をしていたのでは，大きな問題が生じるだろう．

原子力の運用から生じた損害に対する補償を，世界規模で調和させる方向に向けて，「原子力船運用者の責任に関するブリュッセル条約」(1962年)と「原子力損害に関する民法上の責任に関するウィーン条約」(1963年)の，2つの国際条約が採択され，数歩ではあるが先に進むことができた．これらの2つの条約では，原子力施設の運用者や，核物質を国際的に運送中に生じた事故のさいの原子力船の責任に関する最低限の基準を設定している．

1971年に国際海事機関(IMO)，OECD核エネルギー機関，IAEAが合同で，ブリュッセルで開いた国際会議では別の条約である，「核物質の海上輸送分野における民法上の責任に関する条約」が採択され，同条約は1975年7月15日に発効した．この条約では，核物質の輸送の場合は，1968年に発効した「原子力エネルギー領域における第三者責任に関するパリ条約」(1960年)あるいは，1977年に発効した「原子力損害に関する民法上の責任に関するウィーン条約」(1963年)の範囲内にある原子力による損害であれば，船舶所有者の国際海事法上の責任をつねに制限している．これによって，今まで核物質の海上輸送の大きな障害となっていた事項が取除かれた．ウィーン条約とパリ条約の適用に関する合同議定書は，1992年4月27日に発効した．

1979年10月26日に，「核物質の物理的な防護に関する条約」がIAEA本部で開かれた加盟国代表の会合で採択された．1987年2月9日に発効したこの条約では，国際輸送中の潜在的に危険な核物質に対して，規定された物理的な防護水準の確保を目的としている．

すでに述べたように，原子力事故に関する2つの条約は，1986年4月のチェルノブイリ事故の影響のなかで，同年9月のIAEA特別総会で採択された．「原子力事故の早期通報に関する条約」は1986年10月27日に発効し，「原子力事故または放射線緊急事態の場合における援助に関する条約」は1987年2月27日に発効した．

1991年に総会は，核燃料サイクルでの各国の相互依存を認め，「国際原子力安全条約」の考え方を支持した．50カ国以上から集まった法律専門家や技術専門家が条約案を起草し，そのときの総会に提出した．「国際原子力安全条約」の最終草案を審議し採択するため，1994年6月に83カ国と4団体の国際組織の代表がウィーンに集合した．同条約のおもな特徴は，締約国の条約義務の履行状況についての報告制度が確立していること，原子力施設の安全性に関する適切な立法および規制の枠組みを保障していること，安全性の優先順位を強化するための一般的な配慮，財政および人的資源の充実，品質保証，放射能防御と緊急事態への対応などである．「国際原子力安全条約」は，1994年9月の総会で各国や国際組織に対して調印のために開放された．

原子力事業に乗りだす国々の数が増加するとともに，原子力施設の許可と管理に関する適切な法的枠組みと特別な規制の，両方を確立する必要性への認

識も強まった．IAEAは，原子力について権限をもつ組織の設立，放射能および環境の保護，放射性物質の輸送，原子力施設の許可，原子力損害の賠償責任，原子力商船などの分野で，法制面または規制面の枠組みをつくろうとするいくつかの途上国に助言を行ってきた．IAEAの研究奨励プログラムやその他の取決めを通じて，加盟国が送りこむ数多くの公務員に対して，原子力に関するさまざまな法的側面についての訓練が，IAEA本部で行われている．

H．保障措置

核エネルギーの基本的な科学技術は，平和目的でも軍事目的でも同じである．そこでIAEA憲章は，IAEAが利用に供する物質やサービス，装置，施設，および情報が「いずれかの軍事的目的をも助長するような方向で」利用されることのないように，「保障措置を設定しかつ実施する」よう求めている．そのような保障措置は，「いずれかの二国間もしくは多国間の取極の当事国の要請を受けたときは，その取極に対し，又はいずれかの国の要請を受けたときは，その国の原子力の分野におけるいずれかの活動に対して」適用することができる．

IAEAの保障措置制度は，1961年にこれらの規定に基づいて理事会がつくり，核燃料サイクルのすべての主要過程を扱うため絶えず改訂されてきた．この制度のもとでIAEAは，直接または間接に行う援助，あるいはどこかの国または国家集団が自発的にIAEAの保障措置のもとにおく事項（たとえば，反応炉や燃料，燃料再処理工場などに関する事項など）を管理している．

1970年に発効した核不拡散条約（NPT）は，IAEAの活動の重要性に大きな影響を及ぼした．非核兵器国である締約国が，すべての原子力の平和利用について，IAEAの保障措置を受入れることに同意したからである．

NPTと関連する協定に基づいて適用される保障措置の目的は，核兵器の製造あるいはその他の核爆発装置，または秘密の目的に利用するために相当量の核物質が，平和的な原子力活動から転換されるのを早期に発見し，そのような転換を抑止することにある．この目的は，協定に基づいて非核兵器国が設立し，維持しなければならない国内の核物質の動きを検討するシステムによって発見するという，独立した検証と核物質の管理によって行われる．IAEAの検証は査察を含む核物質の動きの検討，封じ込め，査察によって実施される．査察の回数や程度，期間などは，保障措置の実効的な履行にとって必要最小限のものでなければならない．

IAEAの保障措置制度をいっそう進めたのは，1967年の「ラテンアメリカ・カリブ海核兵器禁止条約」（トラテロルコ条約）であった．IAEAは，同条約との関連で保障措置を運営する義務を負っている．同じことは「南太平洋非核条約」（ラロトンガ条約）の当事国についても適用されている．

1993年12月31日現在，NPTの保障措置協定は100カ国について発効している．同条約第3条の4に基づく保障協定を，まだ締結していない非核兵器国は57カ国であった．IAEAに分かっている限りで，これらの諸国のうち5カ国（アルメニア，ベラルーシ，アゼルバイジャン，ニジェール，ナミビア）が，重大な核活動を行っている．コロンビアには，他の保障協定にしたがって保障措置が適用され，NPTの保障措置協定の発効が保留されているほかの4カ国についても，技術取決めの交渉が進んでいる．

NPTの保障措置協定は，「南太平洋非核条約」（ラロトンガ条約）の11の調印国については発効しており，この協定に基づきこれらの諸国のうちの1カ国ではすでに保障措置が適用されている．

トラテロルコ条約の当事国のラテンアメリカ諸国24カ国のうちの20カ国が，同条約にしたがってIAEAと保障措置協定を締結した．これらの協定のうちの17協定が発効している．

国連安全保障理事会が1991年4月に採択した決議第687号によってIAEAは，国連の特別委員会の援助と協力のもとでイラクの核能力に対する現地査察を直ちに実施すること，すべての核兵器と核兵器に使用できる物質，およびそれに関連するあらゆるサブシステム，あるいはその構成要素，それに関連する研究，開発，支援，製造施設などを破壊し，除去し，無害化するための適切な計画を立案し実行すること，さらに決議687に基づく義務をイラクが履行しているか否かを将来にわたって監視し検証する計画を立て，安保理の承認を得ることなどが要請された．1994年までにすべての核物質がイラクから搬出され，すべての関連施設は24の査察チームによって無害化あるいは破壊された．〔イラクは1998年10月31日に国連大量破壊兵器廃棄特別委員会（UNSCOM）との協力関係を全面停止することを決め，同委員会とIAEAの査察官がイラクを出国する事態となった．アメリカとイギリスはイラクの協力拒否に対する制裁として，同年12月にイラクの軍事関連施設などに対する空爆を実施した．攻撃は3日間で

国際原子力機関(IAEA)

IAEA加盟国一覧（1998年12月現在）

アイスランド	クロアチア	ハンガリー
アイルランド	ケニア	バングラデシュ
アフガニスタン	コスタリカ	フィリピン
アメリカ	コートジボワール	フィンランド
アラブ首長国連邦	コロンビア	ブラジル
アルジェリア	コンゴ民主共和国	フランス
アルゼンチン	サウジアラビア	ブルガリア
アルバニア	ザンビア	ブルキナファソ
アルメニア	シエラレオネ	ベトナム
イエメン	ジャマイカ	ベナン
イギリス	シリア	ベネズエラ
イスラエル	シンガポール	ベラルーシ
イタリア	ジンバブエ	ペルー
イラク	スイス	ベルギー
イラン	スウェーデン	ボスニア・ヘルツェゴビナ
インド	スーダン	ポーランド
インドネシア	スペイン	ボリビア
ウガンダ	スリランカ	ポルトガル
ウクライナ	スロバキア	マーシャル諸島
ウズベキスタン	スロベニア	マケドニア
ウルグアイ	セネガル	マダガスカル
エクアドル	タイ	マリ
エジプト	タンザニア	マルタ
エストニア	チェコ	マレーシア
エチオピア	中国	南アフリカ共和国
エルサルバドル	チュニジア	ミャンマー
オーストラリア	チリ	メキシコ
オーストリア	デンマーク	モナコ
オランダ	ドイツ	モーリシャス
カタール	ドミニカ共和国	モルドバ
カザフスタン	トルコ	モロッコ
ガーナ	ナイジェリア	モンゴル
カナダ	ナミビア	ユーゴスラビア
ガボン	ニカラグア	ヨルダン
カメルーン	ニジェール	ラトビア
韓国	日本	リトアニア
カンボジア	ニュージーランド	リビア
キプロス	ノルウェー	リヒテンシュタイン
キューバ	ハイチ	リベリア
ギリシャ	パキスタン	ルクセンブルグ
グアテマラ	バチカン	ルーマニア
クウェート	パナマ	レバノン
グルジア	パラグアイ	ロシア

＊ IAEA公式ホームページによる．

終了した．査察問題は国連の対イラク経済制裁の解除問題とも関連しているため，国連安保理で審議が継続している．]

1993年と1994年にIAEA理事会は安保理に対して，北朝鮮が1992年4月10日に発効したIAEAとのNPT保障措置協定に基づく義務を履行していないと報告した．1993年2月上旬に北朝鮮は，IAEAの査察官が核反応炉から取出した燃料を核兵器開発に転用していないことを検証するのを拒否した．1994年6月に北朝鮮政府は，IAEA加盟国としての義務を無視し，首都平壌から97km北の寧辺の核施設にある小規模な反応炉から，6本の使用済み燃料棒を取去った．1994年6月13日に北朝鮮は，IAEAから脱退すると通告した．これによってひき起こされた国際危機は，この事典が出版された現在も，今にも爆発しそうな状況のままである．[北朝鮮の核問題については，1993年6月からアメリカと北朝鮮の間で継続的に交渉が行われ，94年10月の枠組み合意で朝鮮半島エネルギー開発機構(KEDO)の創設などが決まった．北朝鮮は必要と認める限り，NPT脱退の発効を停止するとしている．]IAEAは，北朝鮮の脱退によっても「核兵器不拡散条約」に含まれる保障措置協定の妥当性が影響を受けることはないという立場を主張した．

IAEAは，5つの核保有国のうちの4カ国（フランス，ロシア，イギリス，アメリカ）が自発的に協定を

結んだことに基づいて，これらの国々の平和的な核活動に対しても保障措置を適用している．

　IAEA は生命科学，原子力安全と環境保全，物理学，化学，地学および原材料，反応炉と原子力発電，産業への応用，原子力法と安全措置などを含む核関連の広範な事項を対象とする，科学会合の議事録も発行している．

■ 参 考 文 献

INIS Atomindex『INIS アトムインデックス』(隔月刊)

International Atomic Energy Agency Bulletin『国際原子力機関公報』(季刊)
IAEA Newsbriefs『IAEA ニュースブリーフ』(隔月刊)
Meetings on Atomic Energy『原子力会議』(季刊)
Nuclear Fusion『核融合』(月刊誌)
Nuclear Safety Review『原子力安全レビュー』(毎年発行)
Safety Series『安全シリーズ』
　　人員を監視する放射性物質の安全な運用と輸送，放射性廃棄物処理に関するマニュアル．

国際労働機関(ILO)

[www.ilo.org]

背景 ILOはもともと国際連盟システムの一部であり，1919年の連盟創設から今日まで存続している唯一の主要機関である．国際労働機関という名称は，本当は狭小にすぎる．というのも，この機関は労働問題だけを扱っているわけでもなければ労働問題のためだけにあるわけでもないからである．カーネギー国際平和財団の名誉会長であった故ジェームス・T・ショットウェルがずっと以前に指摘したように，ILOはより正確には国際社会正義機関と名付けられるべきだったかもしれない．さらに，その責任が拡大するにつれて同機関は一般的な生活水準の向上に向けた措置にますます注意を向けるようになってきている．今日では，ILOの業務は管理職や政府高官のための生産性訓練コースのような活動にまで及んでいる．1989年からILOの事務局長をしているミシェル・アンセンヌは，次のように語っている．「すべての人々のための可能な最善の雇用が，つねに私たちの機関のおもな目的であったし，これからもそうあり続けるであろう．その使命は，経済成長・社会正義・および富の創出と分配を相互に結びつけることにある．」

■ 創　設

国際労働機関(ILO)は，第1次世界大戦後の1919年の講和会議によって創設された．もととなる憲章はベルサイユ条約の一部であり，1919年4月11日に国際連盟と提携する自治的な組織として設立された．

憲章前文にある，「世界の平和及び協調が危うくされるほど大きな社会不安を起こすような不正，困苦および窮乏を多数の人民にもたらす労働条件が存在」するという文字は，単なるレトリックではなかった．第1次世界大戦は，多くの国を根底から揺るがした．ロシアでは革命が成功した．世界中のあらゆるところで労働不安があり，労働者の状態を改善する必要があるという信念は，決して労働者階級だけに限られたものではなかった．しかし，労働者団体が戦争中にとくに積極的に要求していたのは，講和条約の中に労働者の権利の承認を盛りこむことと，労働者にも国際問題についての発言権を与えることであった．アメリカ労働総同盟(AFL)などの強力な労組団体はとくに，「巨大な権威」をもつ労働者の国際機関を要求した．

1919年のパリ講和会議で，サミュエル・ゴンパース AFL 委員長は，労働立法委員会の議長となった．講和会議は労働者の国際機関を設立するかわりに，労働者と使用者，そして政府代表が平等の立場で参加する機関を創設した．このようにして設立されたため，ILOは国際的な政府間組織のなかでも独特のものであったし，今もそうである．ILOは労働者の代表と使用者の代表という民間の市民が，政府と同じ投票権およびその他の権利をもつ，唯一の国際政府間組織である．

ILOのおもな任務は，国際労働条約の起草と採択を通じて，国際的な労働および社会的基準を確立することであった．ILOが誕生する前に採択された国際労働条約は，マッチ工場労働者の健康保護を目的としてマッチの製造で白燐その他の毒物を使用することを禁じた条約と，女性の夜間労働に対してゆるやかな制限を課した条約の2つだけであった．いずれの条約もあまり批准されなかった．これと対照的に，ILOは1919年以来，174の国際労働条約と181の勧告を採択してきた．1993年末にILOは，これらの広範な基準に対して，169カ国の加盟国からのべ6000件近くの批准を得たと報告した．

■ 目　　的

　ILOの目的および目標は，1919年に起草された同機関の憲章前文に規定されている．前文は，「世界の永続する平和は，社会正義を基礎としてのみ確立することができる」と宣言している．したがって，同機関の基本目標は，世界中の社会条件の改善を援助することにある．次の具体的な手段の例は，前文でとくに「改善することが急務である」と述べられているものである．すなわち，1日および1週間の最長労働時間の設定を含む労働時間の規制，労働力供給の調整，失業の防止，妥当な生活資金の支給，雇用から生じる疾病・疾患・負傷に対する労働者の保護，児童・年少者・婦人の保護，老年および廃疾に対する給付，自国以外の国で雇用される場合の労働者の利益の保護，同一価値の労働に対する同一報酬の原則の承認，および結社の自由の原則の承認である．

　このような問題では，国際的な行動が必要とされる．というのは，前文で述べられているように，「いずれかの国が人道的な労働条件を採用しないことは，自国における労働条件の改善を希望する他の国の障害となるから」である．最後に，ILO憲章に同意した締約国は，前文で「正義及び人道の感情と世界の恒久平和を確保する希望とに促され」たことを宣言している．

　1944年にフィラデルフィアで開かれた国際労働総会は，ILOの「目的と目標」および「加盟国の政策の基調をなすべき原則」を繰返し，かつそれを拡大する宣言を採択した．ルーズベルト大統領は，「フィラデルフィア宣言」と呼ばれたこの宣言は2つの世界大戦を経験した時代の抱負を要約したものであり，アメリカ独立宣言にも匹敵する歴史的意義を獲得すべきものであると述べた．改正されたILO憲章に取入れられた同宣言は，労働は商品ではないこと，表現と結社の自由は不断の進歩のために欠かせないこと，いかなる地域での貧困もあらゆる地域での繁栄に対する危険となること，欠乏に対する闘争は，各国内での不屈の勇気だけでなく，「労働者及び使用者の代表者が，政府の代表者と同等の地位において，一般の福祉を増進するために自由な討議及び民主的な決定にともに参加する継続的且つ協調的な国際的努力」によって遂行されねばならないことを確認している．

　「フィラデルフィア宣言」は，次のことを達成するための計画を，世界の諸国間で推進することが，ILOの「厳粛な義務」であることを承認している．

- 完全雇用および生活水準の向上
- 労働者が自分に最も適し，一般の福祉に最大の貢献をすることのできる職業で雇用されること
- 訓練ならびに雇用および定住のための移住を含む労働力の移動のための便宜
- 賃金および所得ならびに労働時間およびその他の労働条件に関する政策で，すべての者に進歩の成果の公正な分配を保障し，かつ最低生活賃金による保護を必要とするすべての被用者にこの賃金を保障することを意図するもの
- 団体交渉権の実効的な承認，経営者と労働者が協力して生産効率を不断に改善すること，ならびに社会的および経済的措置の準備と適用に関する労働者と使用者の協力
- 保護を必要とするすべての者に基本的な収入を与える社会保障措置の拡張と包括的な医療ケア
- すべての職業の労働者の生命と健康の充分な保護
- 児童の福祉と母性の保護
- 充分な栄養，住居，レクリエーションおよび文化施設
- 教育訓練および職業における機会均等の確保

■ 加　盟　国

　当初，ILOの加盟国は国際連盟の加盟国と同じであった．というのも，連盟への加盟はILOへの参加をともなうものであったからである．しかし，連盟の加盟国でない国もいくつかILOへの加盟を認められた．なかでも注目されるのは，1934年に加盟したアメリカである．1946年に，ILOは国連に協力する最初の専門機関となった．今ではILO憲章は，国連加盟国であればどの国でも，事務局長にILOの憲章上の義務を受入れると一方的に通告すれば，ILO加盟国となることができると規定している．その他の国々の場合は，国際労働総会で2/3の多数の支持を得られれば，ILOへの加盟が認められる．

　ILO憲章は当初，加盟国の除名については何も規定していなかった．しかし，1964年の国際労働総会で採択された2つの修正によって，国連から除名または資格停止された加盟国，あるいは人種差別政策を国内立法によってはなはだしくかつ持続的に実行していると国連が認めた加盟国は，2/3の多数決によってILOから除名または資格停止することができるとされた．この修正条項は，南アフリカのアパルトヘイト政策への対抗措置として採択されたもの

である．これらの修正は批准が不足していたので，発効はしなかった．しかし1972年に総会は，除名に関する別の修正文書を採択し，これは1974年11月1日に発効した．

加盟国は，正式に脱退の意思を通告し，ILOがその通告を受取ってから2年が経過すれば，ILOから脱退することができる．原加盟国のひとつであったドイツは，1935年に脱退した．南アフリカは，同国を除名できるはずの修正案が採択される前に，機関からの脱退の意思を通告した．同国の脱退は1966年3月11日に発効した．南アフリカは1994年5月26日にILOに再加盟した．アルバニアは1967年に脱退した．ベトナムは1985年に脱退したが，1992年に再加盟した．そのほか14カ国がさまざまな時期に脱退した（そのうち11カ国は第2次世界大戦中の時期であった）が，遅かれ早かれ，ILOに再加盟した．当初からの加盟についての手続が，再加盟にも適用されている．

1975年11月に，アメリカが2年後に脱退する意思を正式に通告したが，同時に同国はILOからの脱退を望んでいるわけでも予期しているわけでもなく，ただILOが「基本原則へ戻る」助けとなることを願っていると宣言した．アメリカ国務長官のヘンリー・キッシンジャーは，ILOが4つの基本的な分野で「期待に反している」と述べた．4つの分野とは，政府の支配下にあるILOの労働者および使用者の集団，人権に関する「はなはだしく偏った」関心，「たまたまその時々の政治的目標となった」加盟国に対する「適切な手続を無視」した非難，そして「機関が日ごとに政治化していること」であった．脱退の意思の通告手続は進行し，そのため1977年11月にILOでのアメリカの加盟国としての地位は終了した．1980年2月にアメリカがILOに復帰するさいに，ジミー・カーター大統領は「ILO加盟国として，他の諸国の支援を受けながら，アメリカは，ILOが人権と尊厳を守りつつ，より多くのまたよりよい雇用を促進することによって，世界の働く男女の利益のための奉仕を続けるべく努める所存である」と述べた．

1994年7月1日現在，ILOの加盟国は169カ国であった．［1999年5月現在，174カ国］

■ 機　　構

ILOの主要機関は国際労働総会，理事会，および事務局長が長を務める国際労働事務局である．

国際労働総会

国際労働総会はこの組織の政策決定および立法機関であり，すべての加盟国が参加している．年1回の会合がジュネーブのILO本部で開かれている．

各加盟国は国際労働総会に4人の代表からなる国家代表団を派遣している．2人が政府代表であり，1人は同国の使用者代表，残りの1人が同国の労働者代表である．このほかに顧問や助言者を派遣することもできる．それぞれの代表は独立した1票をもっている．この3者代表システムについて，1959年に事務局長は次のように述べている．すなわち，ILOは「政府以外の代表が憲章上の権利として，政府代表と対等な立場で参加する唯一の政府間機関である．使用者団体の代表と労働者団体の代表は，その政策決定機関，基準設定機関，および執行機関の一員として，すべての業務に，完全なる投票権をもって参加する．」

政府代表，使用者代表，それに労働者代表は会議の場では多くの点で3つの別々の集団として行動し，いわばそれぞれが国内の議会での政党のような機能をはたしている．例えば，非公式の戦略討議のために3つの集団は別々に会合を開いている．また，各集団はそれぞれ幹部会議を開いている．さらに，各集団はそれぞれ別個に投票を行うことによって，理事会や3者構成委員会に送る代表を選出している．もし3者構成システムを意図された通りに機能させようとすれば，使用者代表と労働者代表がそれぞれの母体を本当に代表するものであることが不可欠である．ILO憲章は政府がこれらの代表を，「もしそのような組織が存在するのであれば」，使用者あるいは労働者を代表する「最も代表的な」組織との合意にもとづいて任命しなければならないと規定している．

理事会

理事会はILOの執行機関である．使用者代表14人，労働者代表14人，政府代表28人の56人の理事で構成されている．

理事会のメンバーは国際労働総会のそれぞれの対応する3者の集団によって選出されるが，政府代表のうち10人は，他の政府代表の選挙に参加しない国々によって任命される．というのも，これらの10カ国は「主要産業国たる加盟国」として常任理事国の地位を認められているからである．理事会の常任理事国となっている10カ国は，ブラジル，中国，フランス，ドイツ，インド，イタリア，日本，ロシア，

イギリス，およびアメリカである．1993年に3年の任期で選出された残りの理事国は，アルゼンチン，オーストラリア，チリ，コンゴ，チェコ，ガーナ，イラン，ケニア，メキシコ，ニカラグア，ニジェール，ノルウェー，フィリピン，カタール，ルーマニア，チュニジア，ベネズエラ，ジンバブエであった．

1993年の総会で任期3年で選出された使用者代表には，アルゼンチン，オーストラリア，ブラジル，コートジボワール，エジプト，フィンランド，フランス，ドイツ，日本，ケニア，レバノン，パキスタン，イギリス，およびアメリカから派遣された産業界の指導者や使用者組合の幹部が含まれていた．

1993年に任期3年で選出された労働者代表14人の理事は，オーストラリア，カナダ，チェコ，フィンランド，ドイツ，イタリア，日本，ケニア，マリ，メキシコ，モロッコ，イギリス，アメリカ，ベネズエラからで，それぞれ労働組合の幹部であった．

1986年の国際労働総会で採択されたILO憲章の改正（理事国の10常任理事国のうち5カ国を含む加盟国の2/3が批准あるいは受諾すれば発効）によって，理事会の理事の数は112人（政府代表56人，使用者代表と労働者代表がそれぞれ28人ずつ）となり，現在ある10常任理事国の議席は削減されることになった．1994年6月現在，この改正はまだ発効に必要な批准を得ていない．

1年に数回の会合をもつ理事会は，機関の活動をさまざまな方法で調整し方向づけている．理事会は国際労働総会の議題を会期ごとに作成する．総会にはこの議題を変更する権限があるが，じっさいに変更されることはまれである．理事会は，国際労働事務局の事務局長を任命する．また，事務局長が毎年提出する予算案を審査し，総会での採択に向けてこれを承認する．理事会はまた世界のさまざまな地域で毎年ILOが後援して開かれる，多くのほかの会議や委員会会合の招集について責任をもち，それらの決議や報告にもとづいて，どのような行動をとるべきかを決定している．

国際労働事務局と事務局長

ジュネーブの国際労働事務局は事務局長が長を務める，ILO本部の常設の事務局である．1993年12月現在，110カ国以上から集まった約1800人の職員で構成されている．

第2次世界大戦中，スイスが枢軸国側に完全に包囲されたとき，国際労働事務局は最小限の人数でモントリオールに暫定的に移動した．モントリオールではカナダ政府とマックギル大学の好意によって，同事務局は緊急の活動を継続することができた．

国際労働事務局は，総会や理事会のほかさまざまな補助機関や委員会で会合のサービスを行っている．会議の書類を準備し，定期刊行物や研究書や報告書を出版し，ILOの管轄内にあるすべてのテーマに関する情報を収集し，配布している．事務局は，総会と理事会の指示で，さまざまな分野で決定されたILOの運用計画を実施している．

次の8人の人物が，これまでILOの事務局長を務めてきた．すなわちアルベール・トーマ（フランス，1919〜32年），ハロルド・バトラー（イギリス，1932〜38年），ジョン・G・ウィナント（アメリカ，1939〜41年），エドワード・J・フェラン（アイルランド，1941〜48年），デービッド・A・モース（アメリカ，1948〜70年），ウィルフレッド・ジェンクス（イギリス，1970〜73年），フランシス・ブランシャール（フランス，1973〜89年），ミシェル・アンセンヌ（ベルギー，1989〜99）である．［1999年3月にチリ出身のホアン・ソマヴィアが事務局長に就任した．］

ILOは40カ国以上に地域総局，現地事務所，および支局をもっている．支局はワシントン，オタワ，東京，パリ，ボン，ローマ，ロンドン，およびブラジルの8カ所にある．地域総局はアビジャン（アフリカ），ペルー（南北アメリカ），バンコク（アジア）の3カ所にある．そのほかILO事務所は，アルジェリア，アルゼンチン，バングラデシュ，ベルギー，カメルーン，チリ，中国，コスタリカ，エジプト，エチオピア，フィジー，インド，インドネシア，ケニア，クウェート，マダガスカル，メキシコ，ナイジェリア，パキスタン，フィリピン，ロシア，セネガル，スリランカ，タンザニア，トリニダード・トバゴ，トルコ，ウルグアイ，ザイール（現コンゴ民主共和国），ザンビア，ジンバブエのそれぞれの首都にある．1992年以来，ILOの専門家からなるマルチディシプリナリーチームが，ハンガリーのブダペストを根拠地として活動している．その焦点は旧ソヴィエトブロックから新しくILOに加盟した各国の，市場経済への移行を援助することにある．

■ 労働者と使用者代表の独立性の問題

初期のころから，ILOは基本的な制度上の問題，すなわち同機関自らの原則に違反することなく，政府の支配や管理から逃れられない国々の労働者代表や使用者代表の参加に，同意できるかという問題に

悩まされてきた.

労働者の信任状に対する異議申立て

1920年代前半に, イタリアのファシスト労働団体の委員がイタリアのILO労働者代表の地位に就こうとしたとき, 彼はイタリア労働界の真の代弁者ではないと主張する労働者集団が彼の信任状に異議を唱えたが, 成功しなかった. 1923年から1938年までの間, 毎年の総会で, 1ないし複数の労働者代表の信任状が, 独立した労働界の見解を代表してはいないという理由で異議申立てされてきた. 抗議を受けた労働者代表は, オーストリア, ブルガリア, ドイツ, ギリシャ, イタリア, ラトビア, リトアニア, ポーランドの代表たちであった. しかし, すべての事例で, これらの代表は参加を認められた.

しかし第2次世界大戦後になると, 総会は信任状が異議申立てを受けた労働者代表の着任を, じっさいに何度も拒否してきた. 1945年にはアルゼンチンのペロン政権が選んだ労働者代表が, 当時のアルゼンチンでは, 労働者団体は集会, 行動, および言論の自由を享受していないという理由で, 着任を拒否された. 1950年にはベネズエラ政府が任命した労働者代表が, 当時同政府がすべての労働組合を解散させていたので, 同国の最も代表的な労働者団体との合意で指名された代表ではないとの理由から, 着任を拒否された. しかし, ほかの場合のアルゼンチンとベネズエラの労働者代表の信任状に対する総会の異議は, 信任状委員会によって却下された. 1955年のチリの労働者代表の信任状に対する挑戦も同様であった.

共産主義諸国からの使用者代表の問題

さらに困難な問題が, 過去に旧共産主義諸国からの使用者代表の着任をめぐって生じた. ソ連からの最初の使用者代表として, 1936年の海洋会議に水運業人民委員会のカオリン氏が現れたとき, 使用者集団は彼の着任を黙認したが, 関連する制度上の問題の審査も要求した. 正式に国際労働事務局が実施した研究の結論によると, ILO憲章は使用者は民間人でなければならないと要求しているわけでなく, 国家がおもな使用者である国々では使用者代表を国家が選ぶのが妥当というものであった. 総会の使用者集団は, 全会一致でこの解釈を拒否した.

第2次世界大戦終了後まもなく, パリで開かれた1945年の国際労働総会で, 経済の公共セクターと民間セクターの双方を代表できるように, 国の代表の規模を拡大することをねらった2つの憲章改正が提案された. いずれの提案も, さまざまな理由で総会によって拒否された. しかし使用者集団は, 1940年にILOから脱退したソ連が復帰すれば,「同国はソ連の社会主義的管理者の代表を使用者代表に当然任命するだろう」という宣言を出した.

1953年総会で使用者集団は, チェコスロバキアの使用者代表の信任状に異議を唱え, 1954年にソ連が同機関に再加盟したときも, ソヴィエトの使用者代表の信任状に異議を唱えた. いずれの場合も, 異議は信任状委員会によって却下された. 信任状委員会は, 問題となっている代表はほかの経済体制のもとで使用者が通常行使している執行および管理業務に相当する業務を行っていると主張した.

1954年11月に理事会が招集されたとき, 国営経済体制の国々からの使用者代表の問題については, 意見が鋭く対立した. 妥協を促そうとして, 理事会はサー・アーノルド・マックネア前国際司法裁判所長を長とする特別事実調査委員会を任命し, ILO加盟国の「政府の支配あるいは管理からの」「使用者団体および労働者団体の自由の程度」について, 報告を行うよう求めた. 1956年2月に同委員会が提出した長い報告書は, ソヴィエトブロックの5カ国を含む59カ国の状況の研究にもとづいていた.

報告書は最初にILOの独特の特徴(政府代表, 使用者代表, および労働者代表の協力)にかんがみ, 使用者と労働者の代表を構成する人員が言葉の真の意味で代表たるにふさわしく,「政府の支配から自由に発言し投票する」権利をもたなければ意味をなさないことを認めた. 他方で報告書は, 1919年以来, 多くの国の経済構造に変化が生じ, 政府が国家の経済や社会生活にさまざまな新しい方法で参加するようになったことも認めた. ILOは長い間, 結社の自由の原則は, もし団体の組織が政府の認可を必要とするのであれば, 侵害されると主張してきた. しかし報告書は, 21カ国ものILO諸国の憲法が結社の権利に法的な規制を行っていることを発見した.

1956年のハンガリー動乱は, ILOに衝撃を与え, それは信任状紛争にも反映された. 理事会は「自分たちの基本的権利を守るために戦っている」ハンガリーの労働者たちへの連帯を表明し, 1957年の国際労働総会は, ハンガリーを事実上以前の状態に戻したカダル政権が任命した, 使用者代表と労働者代表の信任状を拒否した. さらに1958年と1959年に総会は, ハンガリーの労働者代表と使用者代表だけでなく, 当該政府代表の入場も拒否するという前代未聞

の手段をとった.

その間にも,西側の使用者代表を含む関係者すべてが満足するよう問題の一般的な解決を求めて,さまざまな試みが行われた.問題に含まれていたのは,国際労働総会の規則によれば,各集団(政府,使用者,労働者)は信任状を受理しない代表団の参加を拒否できるという事実であった.イタリアのロベルト・アゴーを長とする3者構成委員会が提案した計画にもとづいて,ILO は 1959 年にこのような問題を裁くため,「国際的に独立と公平さを承認された」人物で構成される5人の上訴委員会を設置した.

1980 年代後半のソヴィエトブロックの崩壊は,新しいコンセンサス時代の到来を告げた.いまや多くの旧共産主義政府がもはや計画経済を信奉しなくなったので,信任状に対する異議申し立てはあまり重要な問題ではなくなっている.

■ 予　　　算

ILO の活動は国際労働総会が規定し,総会が承認した分担基準にしたがって加盟国が支払う,2 年単位の予算にもとづいて行われている.分担基準は 75 カ国の後発開発途上国(LDC)の 0.01% からロシアの 6.69%,ドイツの 8.9%,日本の 12.41%,そしてアメリカの 25% までさまざまである.さらに ILO は,技術援助計画について,国連開発計画(UNDP)への自発的な政府拠出金からの一定割合を受取っている.

1993 年の総会で採択された純予算総額は,4億 4621 万 1000 ドルであった.

■ 活　　　動

A．国際労働基準

ILO のおもな活動のひとつは,さまざまな基準を設定する条約や勧告を起草したり採択することを通じて,広範にわたる国際労働基準を形成することであった.採択された最初の国際条約は,1日 8 時間,週 6 日制を確立する 1919 年の「労働時間条約」であった.

条約は一般の国際条約と同じように批准にまわされる.勧告については批准の必要はないが,国家の政策の指針となる.

1994 年までに国際労働総会のさまざまな会期で,次のような問題を対象とする 174 件の条約と 181 件の勧告の採択によって,国際労働基準の総体が形づくられてきた.

- 雇用と失業については,雇用サービス,国の開発計画および失業のための規定
- 労働条件のさまざまな側面については,賃金,労働時間,週休,年次有給休暇,および類似の問題
- 児童と年少者の雇用については,雇用が許可される最低年齢,雇用のための適性をみる健康診断,職業訓練と年季奉公,および深夜労働
- 女性の労働については,母体保護,深夜労働および不健康な仕事への雇用
- 職場の保健,安全,および福祉
- 社会保障
- 労使関係
- 労働査察
- 大都市以外の地域および先住民や部族民に関する社会政策
- 移住労働者の保護
- 労働組合と団体交渉

当初,国際的に妥当する最低労働基準と社会基準を確立しようとする努力は,多くの人々がユートピア的であると考えていた.こうした領域では,国際的な行動は事実上存在しなかった.しかし,自由意思で受入れられた条約や勧告と ILO の相互監視の機構は,労働条件と労使関係の改善や労働基本権の保護,社会保障の促進ならびに労働紛争の頻度と程度の緩和に役立ってきた.

国際労働基準は,範囲を広げるだけでなく,社会的および経済的な福祉の概念の進歩と歩調を合わせるために,絶えず改正され拡大されている.次の条約は,ILO が社会正義という使命のためにはたしてきた情熱を体現している.

重要な ILO 条約(1992 年現在)

条約番号	名　称	批准国数
No. 29	強制労働条約(1930 年)	130
No. 87	結社の自由と団結権の保護に関する条約(1948 年)	102
No. 98	団結権と団体交渉権に関する条約(1949 年)	107
No. 100	平等報酬条約(1951 年)	114
No. 105	強制労働廃絶条約(1957 年)	111
No. 111	雇用および職業における差別に関する条約(1958 年)	112
No. 122	雇用政策に関する条約(1964 年)	77
No. 135	労働者代表条約(1971 年)	46

No. 141　農村労働者団体条約(1978年)　31
No. 144　3者協議(国際労働基準)条約
　　　　　(1976年)　144
No. 151　労働関係(公共事業)条約(1978年)　24

そのほかの重要な条約には，たとえば1960年の「イオン化放射能からの労働者の保護に関する条約」と勧告がある．これは，体内に取込むことが許される放射性物質の最大許容量を規定することが目的である．適切な放射能の基準値は，16歳以上の労働者を想定して設定されている．これらの国際文書にもとづき，16歳以下の労働者はイオン化放射線に直接触れるような作業を禁じられている．

社会保障対象の範囲を全世界に拡大し，国籍にもとづく差別を排除するためのILOの一環として，1962年の国際労働総会は「社会保障における国民と外国人の平等な処遇に関する条約」を採択した．この条約のもとでは，批准した国々は自国の社会保障法が自国民に行っているのと平等の処遇を，自国内にいるほかの締約国の国民に対しても与えることになっている．各国は，医療介護，疾病扶助，妊産婦扶助，失業扶助，家族手当などの社会保障のいくつか，あるいはそのすべてについて，条約の義務を受入れることができる．

職業上の原因による癌の発生に対する保護基準措置の採択は，1974年の国際労働総会で取上げられた．発癌物質の使用や副作用の制限と，それらに対する保護措置の強化を目的とする2つの国際協定が起草された．

1983年には，障害者の雇用機会を増やすことを目的とする，「障害者の権利に関する条約」が採択された．1986年には，「アスベスト使用による深刻な危険から労働者を保護する条約」が採択された．

1988年以降，次の勧告が採択されている．
No. 175　建設業の安全と健康の勧告(1988年)
No. 176　雇用促進と失業に対する保護勧告
　　　　　(1988年)
No. 177　化学製品勧告(1990年)
No. 178　深夜労働勧告(1990年)
No. 179　ホテル，レストラン，その他の類似施設
　　　　　の労働条件(1991年)
No. 180　雇用主の破産の場合の労働者の請求の
　　　　　保護(1992年)
No. 181　大規模産業事故の防止(1993年)

同年以降に，次の条約が採択されている．

No. 167　建設業の安全と健康条約(1988年)
No. 168　雇用の促進と失業に対する保護条約
　　　　　(1988年)
No. 169　先住民条約(1989年)
No. 170　化学製品条約(1990年)
No. 171　深夜労働条約(1990年)
No. 172　ホテル，レストラン，その他の類似施設
　　　　　の労働条件条約(1991年)
No. 173　雇用主の破産の場合の労働者の請求
　　　　　保護条約(1992年)
No. 174　大規模産業事故防止条約(1993年)

[No. 169を除く各条約は，前段落とほぼ同じ内容であるが，原著に従った．ただし前段落は「勧告」であり，後段落はそれを受けて成立した「条約」である．]

B．国際労働基準採択後の加盟国の義務

いうまでもないことだが，ILOは世界の立法者ではない．国際労働総会は，国家を拘束するような立法を行うことはできない．しかしILO憲章のなかには，国際労働総会が採択した条約や勧告が単なるうわべだけの声明と見なされないことを確保するため，巧妙な工夫が盛りこまれている．加盟各国政府は，自国内の権限ある立法機関にILOの条約や勧告を提出するためにとった措置について，ILOに報告しなければならないし，またその立法機関がどのような決定を行ったかを，つねにILOに報告しなければならない．

批准された条約の適用の監督　ひとたび条約が批准され，発効すると，すべての批准国はその規定を実効的にするのに必要なあらゆる措置を講じる義務を負う．

条約を批准することによって，その国は自国の領域内で条約がどのように適用されているかについて，国際労働事務局に毎年報告することに，自動的に同意することになる．この報告は，単なる形式以上のものである．それぞれの条約ごとに，理事会は労働基準監督の結果や関連する裁判所の判決，また対象となる人員の数の統計などについての情報の要求を含む，多くの質問項目を作成する．政府が準備した年次報告書のコピーは，同国の最も代表的な使用者団体と労働者団体にも送付されなければならず，また最終的にILOに提出するさいには，問題となっている条約のじっさいの履行状況について，当該政府がそれらの団体から何らかの意見を受取ったか否かについても，報告書に記述しなければならな

い．

批准された条約の適用に関するこうした年次報告書は，まず独立した専門家委員会で審議され，続いて使用者・労働者・政府委員会での審議を経たあと，国際労働総会に送付される．この監督システム全体の目的は，条約に規定されている基準の履行において，どんな進歩がなされたかを総会が判断できるようにすることにある．総会は，受取った情報をもとに，必要と認める場合は政府に対して「講評」，すなわち条約の規定とこれを批准した国々の現行の国内法や慣行の間にある不一致を，打破する方法についての提案を行うことができる．

この監督機構の実効性は，政府が毎年報告書を提出することに協力するかどうかにかかっている．全体として，この点に関する義務を忠実に守る政府の数は増加している．要求されている報告書が提出されそうにないか，あるいは特定の国々の提出した報告書が十分な情報として活用できないものである場合は，ILOの監督委員会はその不満を丁寧だが間違えようのない言葉で表明する．この批判は印刷された委員会報告書に掲載され，総会での議論の対象となり，こうして問題は広く世に知れわたることになる．

ILO憲章は，加盟国に対して批准した条約の規定の履行を促す手続をあと2つ規定している．まず第一に，労働者団体あるいは使用者団体は，ある政府が自国の政府を含めて批准した条約を守っていないと思われた場合には，国際労働事務局に代表を派遣して申立てることができる．違反を問われた政府が申立てに対して満足のいく弁明をすることができなければ，理事会は申立てを，また弁明書が提出された場合にはその弁明もあわせて公表することができる．第二に，どのILO加盟国政府もほかの締約国に対して，批准した条約の不履行について申立てを行うことができる．ILO憲章はこの場合，審査委員会が問題を調査し，その経緯を報告して，適当と認める改善措置を勧告すると規定している．ILO憲章がこのような申立てについて明確な仕組みを規定しているという事実自体が，加盟国に自ら批准した国際労働条約を遵守させるのに大いに役立ってきた．

1994年の第81回総会での報告でミシェル・アンセンヌ事務局長は，過去30年の間に2000件近くの改善例が監督機関に記録されたことに言及し，「これはとりもなおさず，国内立法や政策が，批准された条約の要件に合致するよう2000件の事例が処理されたことを意味する」と述べた．

勧告や批准されない条約に関する報告　国際労働総会が採択した勧告は，国際条約ではなく，条約のように批准に付されることはない．したがってこれらの勧告は，批准された条約が拘束力をもつのと同じ意味で加盟国政府を拘束することはない．それでも勧告は国際労働基準の重要な一部となっており，ILO理事会は1948年以来，批准されない条約や勧告について，加盟国政府がどの程度それを実施したか，また実施しようとしているかを定期的に質問する権利を有してきた．この場合，各国政府は同時に，条約の批准や勧告に合わせた国内法および慣行の変更を妨げているか，または遅らせている理由を述べなければならない．

批　准　1960年には，条約の批准件数は約1900件しかなかったが，1994年までに批准件数は6000件を越えた．

特定の条約の批准国数は，それ自体としてはこの条約の受諾や影響の程度をはかる正確な尺度とはならない．特定の国が条約をまだ批准していないという事実は，必ずしもその国が条約に規定された基準を満たしていないことを意味しない．たとえば，イギリスはILOに対して，商業労働者および事務労働者に対して週に最低24時間の休息を与えることを要求する条約の批准を，議会に提案するつもりはないと言明した．イギリスではそのような労働者は，すでに確立されている慣習によって少なくともそれに匹敵する休息を保証されており，関係当事者によってすでに十分解決された問題に政府が介入する意思はないと，イギリスは説明した．

労働立法では多くの点で先進国であるニュージーランドは，1919年の「1日8時間，週6日制条約」の批准を1938年までのばしていた．当時のニュージーランドは，週40時間労働とする1935年のより制限的な条約を批准しており，その後18年の間はこの条約を批准した唯一の国であった．ある国が何年にもわたって，さまざまな理由で批准を控え，その後いくつもの批准を一度にまとめて行うこともある．たとえば，ペルーは1962年だけで31件もの国際労働条約を批准した．

多くの場合，各国は自国には関係がないと感じる主題に関する条約は批准しない．例えば，数多くある海事条約は，基本的に相当数の商業船舶をもつ国にとって関係のあるものである．しかしときには，まったく自国と関係のないことがらで，主義として条約を批准する国もある．たとえばスイスは，スイス連邦議会の勧告にもとづいて1957年の「強制労働

廃絶条約」を批准した．議会が批准を要求したのは，条約の人道的な意義を認めたからで，「スイス国内では条約で述べられたようないかなる強制労働も存在したことはない」という．

賃金や労働条件，休暇，さらにいわゆる特別給付などが，政府の立法によってではなく，団体交渉によって決定されている国々の数や労働者の数は，ますます増加している．ILOの条約のなかで具体化された国際基準は，たとえそれらが国内で法律化されなくても，労使協定の指針として役立つことも多い．ILOの基準が広範な影響力をもつようになったのは，国際労働基準の規定が使用者団体や労働者団体に広く知られるよう，さまざまな取決めがなされてきたことに負うところが大きい．

1960年以降，各国政府がILO条約を批准した件数が急速に増加したことは，意義深いことである．とくに途上国におけるILO条約の批准は，通常は一歩前進を意味している．

C．人権の助長としてのILO

結社の自由 第2次世界大戦は労働組合の成長を刺激し，その責任を重くした．多くの国々で労働者は戦争に勝つための努力のなかで，平等なパートナーとして認められた．それでも世界のさまざまな地域では，組合の地位は保障されているというにはほど遠く，多くの国々では，労働者が自分の意志で組合に加入する権利のような，基本的な自由でさえ，法律的にもまた慣行としても尊重されていなかった．

1948年に国際労働総会は「結社の自由と団結権の保護に関する条約」を採択し，1949年には「団結権と団体交渉権に関する条約」を採択した．これらの条約は，すべての労働者および使用者が政府の認可を受けることなく，自分たちの選択で団結する権利をもつことを規定している．このような団体は，自由にかつ公的機関からの干渉を受けずに活動する権利をもち，その解散や資格の停止は，ただ正規の司法手続によってのみ可能で，決して行政権力によってしてはならない．労働者は組合員であることを理由とした差別から保護されなければならない．組合に参加したとか，組合活動を行っているといった理由で労働者を解雇してはならない．使用者と労働者はそれぞれの団体の設立や活動に干渉してはならない．この規定によって，使用者が支配する組合のような団体は違法となる．1994年6月現在，「結社の自由と団結権の保護に関する条約」を批准した国は108カ国，「団結権と団体交渉権に関する条約」を批准した国は121カ国であった．

ILOの結社の自由委員会は，この条約にもとづいて提出される苦情の申立て件数の劇的な増加を記録してきた．1990年以前に受理された申立ては合計61件であった．しかし，1990年に受理された申立てはその年だけで49件，1991年には52件，1992年には73件，1993年には113件以上の申立てが受理された．

ILOは，これら2つの条約に列挙された権利を守ることにとくに関心を示してきた．ILOは正規の手続を全面的に活用して，2つの条約をすべての加盟国が条約批准のために適切な国内当局に提出したかどうかを確認し，条約を批准した国々の履行を監督してきた．さらに国際労働総会は，条約に拘束されているか否かにかかわらず，加盟国が条約の規定をどの程度実効あるものにしているかを調査してきた．

1969年には，ILO創設50周年との関連で，主要な17の条約の批准の問題と今後の見直しについて特別の調査を行った．政府に対する労働組合の権利の侵害の苦情申立てを処理する特別機関も設置された．そのひとつは理事会の委員会で，「結社の自由委員会」として知られ，政府と使用者，労働者の代表で構成されている．もうひとつは準司法機関である「実情調査調停委員会」で，個人の資格で参加する9人の独立の委員で構成されている．「実情調査調停委員会」は現場で調査を行なう権限をもっているが，関係する当事国政府の同意がなければ問題を扱うことができない．1964年に日本が初めて調査に同意し，次いで1965年にギリシャが調査に同意した．政府・使用者・労働者による「結社の自由委員会」の方は，準司法機関ではないので，関係当事国政府の同意がなくても苦情申立てを審議することができる．

ILO理事会は，結社の自由に影響をおよぼすさまざまな国々の状況について，さらに多くの事実情報が必要であることを認めた．1958年に，現地調査を通じて行われる世界規模での調査研究の開始を決定した．この調査を真っ先に受入れたのはアメリカであり，2番目はソ連であった．ILOの調査団は1959年に両国を訪問した．1960年と1961年には，スウェーデン，イギリス，ビルマ，マラヤ（現マレーシア）の各政府の招待を受けて，これらの国々でも調査が実施された．

「結社の自由委員会」は，1981年12月にポーランドで戒厳令が発せられたのを受け，労働組合「連帯」

に対してとられた措置に対応して,同国での労働組合の権利の侵害に関する苦情申立てを審議した.1982年11月に,理事会はポーランド政府に戒厳令を解除することを強く申入れ,同政府が「連帯」を含むすべての既存労働組合を解散したことに憂慮の念を示し,新しいポーランド労働法の基本的な規定が,結社の自由と団体交渉に関するILO原則に沿ったものではないという事実について,遺憾の意を表明した.1983年にILOが設置した審査委員会は,翌年に2つのILO条約に規定された労働組合の権利を,ポーランドが侵害していることを報告し,審査に対する同国の異議を却下した.

強制労働 強制労働に関するILOの第2次世界大戦以前の努力は,1930年の「強制労働条約」と1936年の「先住民労働者の採用に関する条約」の採択を含めて,おもに非自治地域での虐待の根絶に向けられたものであった.1939年に採択された条約は,先住民労働者を雇用する契約は,つねに書面で行われなければならないことを規定し,先住民を拘束できる最長期間の規制を求めていた.1939年に採択された別の条約は,先住民労働者に対して,契約違反を理由に科すすべての罰則は,「可能な限り早く」漸進的に廃止すべきこと,また青少年労働者に対して契約違反の罰則を適用することは,遅滞なく廃止すべきことを要求していた.

第2次世界大戦以後になると,力点は植民地での搾取に対する保護から,どこで起きたものであれ,強制労働制度そのものを人権助長の一環として廃絶することへと移行した.このようなより広い対策の第一歩は,刑務所内での労働や暴力組織が支配する労働,奉仕労働などを含む,強制労働の性質と範囲を公平に審査しようとすることから始まった.国連とILOの合同委員会は,政治的強制の手段として,あるいは政治的意見を理由とした罰としての,強制あるいは「矯正」労働制度についての世界の現状について研究した.1953年に委員会は,完全な自治地域の国々で現に行われている強制労働には2つのおもな形式があることを報告した.そのひとつは,おもに政治的強制あるいは政治的な処罰の手段として用いられているものであり,もうひとつは,おもに経済的理由で用いられているものである.

1957年に国際労働総会は240対0の多数(棄権1)で,「強制労働廃絶条約」を採択した.同条約は,(a)政治的強制あるいは教育,または政治的ないしイデオロギー的信条を理由とした処罰として,(b)経済開発のための労働力を得る手段として,(c)労働訓練の手段として,(d)ストライキに参加したことに対する処罰として,または(e)人種的,社会的,民族的あるいは宗教的な差別の手段としての,あらゆる形態の強制労働を違法なものとしている.同条約はILOが採択した最も範囲の広い条約のひとつであり,1959年1月17日に発効した.1991年までに110カ国が同条約を批准している.

雇用および職業における差別 1958年に国際労働総会が採択した「雇用および職業における差別に関する条約」は,権利の平等の原理の推進に向けた努力のもうひとつの表れである.同条約は,人種,皮膚の色,性,宗教,政治的意見,民族的出自,または社会的出自にもとづくあらゆる差別,排除,優先的取扱いは,職業訓練,雇用および特定の職業への平等なアクセス,あるいは雇用条件の平等を損なうと規定している.国家の安全に害をおよぼす活動に従事していると,合理的に疑われる人物に影響をおよぼす措置は,当該人物に上訴の権利が認められている限り差別とはみなされない.さらに,性,年齢,障害,家族への責任,社会的あるいは文化的な状況を理由とする特別の保護あるいは援助措置は,差別とみなされないが,ある種の場合においては,労働者団体や使用者団体はこれらの措置について助言を受けなければならない.

すべての条約批准国は,各国の実情や慣行に適する手段によって,差別排除の観点から雇用と職業についての機会と処遇の平等を促進するための,国内政策を宣言し追求する義務を負っている.この目標は,使用者団体および労働者団体との協力,ならびに立法や教育課程を通じて達成されなければならない.批准国はまた,無差別の公務員雇用政策の追求と,公共の職業の説明,訓練,紹介サービスの実施などによって,そのような政策を遵守することにも同意している.1991年までに,この条約は109カ国の批准を受けていた.

D. 海事問題

商船の船員の問題は,多くの点でほかの労働者の問題と異なっている.1919年に国際的な労働機関を設立する計画が開始されたとき,世界の船員組合は,独自の「海事労働を国際的に規制するための常設的な全体会議」と「海事労働のための監督事務局」の創設を強く主張した.海事労働問題もILOの権限に含まれるということは最終的に決定されたが,この問題を処理するために国際労働総会特別海事総会や「海事合同委員会」など,特別のILO機関が設立され

国際労働総会海事総会は，海事労働問題だけを扱う総会の定期的で正式な全体会議である．最初の総会は1960年に開かれた．それ以来，雇用や健康，安全，福祉および社会保障の条件に関する，約50件の船員のための条約や勧告が採択された．これらの条約や勧告は総体として，国際船員規範となり，すべての締約国を拘束している．

「海事合同委員会」は，1年ごとに商船に関連する問題の検討を行っている．1920年の活動開始以来，同委員会は，主としてより広い地理的な代表を受入れるため，何度も拡大されてきた．

雇用条件 1920年に採択されたILOの最初の海事条約では，家内労働用の船舶の場合を除いて，海事労働に14歳以下の児童を雇用することを禁止している．1936年に採択された条約では，最低年齢を15歳に引上げている．1926年に採択された条約は，船員協定や雇用契約の形式や内容，署名手続，そのような契約の終了の条件などの基準を規定している．

1987年の国際労働総会海事総会で，いくつもの条約や勧告が採択された．そのうちのいくつかは，旧条約を改訂し，要約したものであった．船員の損害賠償を行う1926年条約は，海運業の発展も考慮に入れるように拡張された．新しい条約では，賠償を受ける権利が適用される事例として，雇用の中止，疾病，遭難，船主の破産などを含めたリストを掲げている．海上や港湾での船員の福祉についての，旧条約の改正も採択された．新しい条約を批准する国は，適切な港湾や，船舶上で文化施設やレクリエーション施設，さらには情報サービスを提供する義務を負うことになる．「健康保護と医療ケアに関する条約」は，陸上労働者に一般に与えられているケアに匹敵するものを，船員にも与えることを目的としている．

船員の社会保障 船員のための社会保険に向けた第一歩は，遭難あるいは沈没した船舶の乗組員に，船主が2カ月分の賃金を支払うことを求めた1920年の条約から始まった．

1976年の海事総会では，船員に影響をおよぼす条約として，雇用の継続，年次有給休暇，商船海運業（最低基準）に関する3つの条約が採択された．3番目の条約は，批准国の港に船舶が寄港したさいには，当該船舶が同条約の基準を守っていないという苦情の申立てや証拠を考慮するよう規定している．

1987年に採択された新しい条約では，社会保障や疾病保険を扱った既存の文書の多くが改訂された．新しい条約は批准国に対して，当該国が制定した法律に基づいて陸上労働者が享受している社会保障に劣らない保護を船員にも与えるよう求めている．加盟国は，「社会保障（最低基準）条約」で特定された基準か，またはそれを上まわる他のILO文書で規定された基準のいずれかを適用する義務を負うことになっている．

これらの条約で設定された基準は，多くの国が批准しなかった場合でも，団体協約や国内法，国内規制に対して影響力をもっている．

E．技術協力

加盟国はつねに，ILOとの直接的な協力を期待することができた．「技術援助」という表現は，すでに1930年のILO報告書のなかにみられる．当時各国へ諮問団として派遣されたILOの役員は，今日の専門家の先駆者たちであった．

各国政府が策定した優先的な計画によって，コンサルタントとしての活動は国の開発計画にとってますます不可欠なものとなってきた．各国の優先事項には，人的資源の開発，生活水準の向上，完全雇用の促進などがある．ILOは具体的な協力計画を開始し実効的にするため，各国の当局とともに積極的に活動している．その内容は，職業訓練センターや経営能力開発センターのネットワークの設立のような，大きな企画の準備のための短期の使節派遣から，全面的な農村開発計画の確立までさまざまである．

協力計画が成功したといえるのは，ILOの専門家が去ったあとでも，国内の協力者が十分にあとを引継ぐことができた場合である．この傾向を促進するため，ILOは各国の公務員が海外で研修を完了できるようにしてきた．多くの協力計画で，研究助成金や研修コースおよびセミナーなどが提供されている．特定のサービスのための専門設備，たとえば職業訓練センター設立のための設備などの供給も，もうひとつのILO援助の形式である．

国際的な技術協力への努力は，国連開発計画（UNDP）によって財政的に支援されている．先進国のいくつかも，協力計画でILOが利用できる基金を提供している．

1994年から1995年までの2年間の予算で，技術協力計画に総額1億2460万2892ドルが割当てられた．別に1億548万3121ドルが，現地での計画に割当てられた．ILOが努力を集中しているのは最大限の長期的な効果を生みだすような活動であり，たとえばいろいろな研究所や指導者のための研修センタ

ーなどの創設がそうである．ILO はまた，技術協力への努力にあたっては使用者や労働者の援助も得るように努めている．

技術協力は，労働法や労働行政の分野での援助など，国際労働基準の遵守を促進する活動とも結びついている．この政策は，関係各国の現実の状況を考慮に入れながら，労働者の条件を改善している．

失業と不完全雇用　ILO は，加盟国の失業対策への援助を自らのおもな責任のひとつと考えている．多くの活動がこの分野で行われてきた．国際労働基準に導かれ，またしばしば ILO の実質的な援助を受けながら，多くの国々が失業者の境遇を改善し，職業斡旋事務所を組織し，職業訓練施設を発展させるなどの措置を講じてきた．しかしこのような措置は，今日の世界が直面している大きな失業問題の解決には，十分とはとてもいえないものである．

失業と不完全雇用の問題を解決するためには，一連の一貫した措置が必要である．すなわち，都市の産業化と農村地域の開発，現代的な雇用技術での市民の訓練，さらには労働人口を調査し，最大数の労働者を吸収できると見込まれる部門や技術に開発努力を集中することなどである．簡単にいえば，体系的に雇用を促進するよう意図した政策をかみ合わせなければ，経済が拡大したからといって自動的に雇用が創出されるわけではないということである．国際労働総会は，1964 年に雇用政策に関する条約と勧告を採択したさいにこの点を認めた．雇用の促進とその立案は，いまや開発努力にとって不可欠の一部となっている．

失業の危機に直面した ILO は，1969 年に「世界雇用計画」を開始した．この計画は失業と不完全雇用に対する戦いを援助する，ILO の努力の出発点となった．

増大する世界の貧困に対処するためには，新たなイニシアチブが必要であるとの認識が広まったのに対応して，1976 年に世界雇用会議が開かれた．同会議の結果生まれた原則宣言と行動計画は，完全雇用と，すべての居住者が十分な収入を可能なかぎり短期間で実現する必要性に対して，世界の注意を喚起した．

ILO が発展させてきた基本的必要性の概念は，貧困を根絶する努力にとって最も重要なものである．基本的必要性には 2 つの要素が含まれている．そのひとつは，家族が私的に消費する一定の最低必要物で，適切な衣食住はもとより，一定の家庭を維持するのに必要な設備や家具なども含まれる．もうひとつは，全体としての共同体に供給される必要不可欠のサービス，たとえば安全な飲料水，衛生，公共交通，保健や教育施設などである．

1976 年会議の計画は，諸戦略と国内の開発計画および政策に，明示的な優先目標として，雇用促進と各国国民の基本的必要性の充足を含めるべきであることを強調した．人々は自分たちの選択にもとづいて組織した団体を通じて，自分たちに影響をおよぼす意思決定に参加すべきである．自由に選択した雇用の概念は，基本的必要性を満たす戦略の不可欠の一部である．2000 年までに途上国のすべての人々に十分な雇用を創出するという目標を達成するために，各国政府が行うべき措置としては，選ばれた ILO 条約の批准，雇用と所得配分の可能性を考慮した開発計画の選択，労働者，とりわけ女性，年少者，および高齢労働者の福祉の増進を目的とする社会政策を考慮に入れた，積極的な労働市場政策の実施などがある．

ILO の現地活動や顧問団の派遣は，いまなお同計画の重要な要素である．アジア，アフリカ，ラテンアメリカ地域の雇用チームは，多くの国々からの要請にこたえて，技術的な助言サービスや訓練コースを提供している．

雇用の立案や，人事の立案，多くの専門家による長期的な計画から，短期的なコンサルタントや特別顧問団の派遣までの，さまざまな労働市場情報の領域で，技術協力が計画されている．

特別公共事業計画に対する ILO の技術顧問団は，各国政府が特別公共事業計画の範囲を定義し，適当と認められるところではそれを拡大し，計画の技術的な実行可能性や組織上ならびに人員配置上のニーズなどを判断するのを助けるだけでなく，現に進められている計画の技術協力の準備や，その運営状況の点検をも援助している．

1991 年の第 78 回総会でミシェル・アンセンヌ事務局長は，世界中におよそ 3 億人いるといわれる，「働く貧困者」の問題を提起した．彼らは，「非公式部門（いわゆるヤミ経済）」と呼ばれる仕事に従事している人々である．世界の GDP の約 1/3 は，正規の労働市場の外縁で働く何百万人ものこのような人々によって生みだされていると信じられている．このような活動は，小規模の家内生産から，街角でひとりでタバコを巻いて売っている人まで含め，いろいろなものがある．一般に，非公式部門の生産には資本投資も技術も技能もいずれも低い水準でこと足りる．

非公式部門に焦点を当てたILOのイニシアチブは，「ラテンアメリカおよびカリブ地域雇用計画」（PREALC）と「アフリカ職業技能計画」（JASPA）である．これらのイニシアチブは，資料の収集，訓練および技術協力の提供，特別に弱い立場にある社会集団が収入を得られるような計画の推進，伝統的な徒弟制から解放する方法の研究，そして女性のための生産体制の訓練や障壁となる規制の事例研究などを含んでいる．

人的資源の開発 生産の技術と構造が急激に変化し，その上労働人口が急速に増加している今日の時代にあっては，労働や職業訓練の概念そのものを新たな視点からとらえなおさなければならない．

若年者たちがこれから就こうとしている多くの職業は，急速に変容しつつあるし，今日の労働者が取得した資格も，頻繁に補習を受けなければ時代遅れのものになるだろう．さらに，ひとつの部門から他の部門へ，たとえば農業から工業へ，工業から商業へと移動していく労働者の数も着実に増加していくだろう．

いかなる新たな人的資源開発の構想も，見習制度，技術研修および教育，上級研修，さらには補習コースといった，職業訓練制度を拡張し多様化することによって，こうした要員を考慮に入れたものにしなければならない．職業案内は若い世代が賢明な職業選択をするのを助けるだけでなく，成人労働者の転職にも対応できるようにしなければならない．要言すれば，人的資源の活用を目的とする一環した政策は，労働者個人の適性と労働市場の動向に応じて，労働者が教育と訓練を受け続けられるようにする措置を含んだものでなければならない．

職業訓練は，ILOの技術協力計画の重要な要素のひとつである．すべての大陸で何百件もの計画が実施されており，国全体の職業訓練体制を創設したり強化することを目的としたものもあれば，特定の産業，例えば専門的な産業や農業，手工芸，商業，ホテル業，観光業などを対象としたものもある．

ILOはまた，経営能力開発のための計画にも協力しており，さらに職業リハビリテーションの分野でも活動している．古くからILOは，障害者の問題に関心をもち続けてきたが，1983年になって，一貫した国の諸政策の作成と実施に対して，ILOが付与した重要性を認める勧告と条約が採択されたさいに，それはあらためて表明された．同条約は，国の段階および地域社会の段階で必要性を見定め，職業リハビリテーションサービスを発展させていく過程への共同参加（とりわけ使用者，労働者および障害者自身の代表による）を強調している．

トリノにあるILOの「国際研修センター」は，1965年以来170カ国からの5万人を，開発管理と国の能力育成のために訓練してきた．1992年だけでトリノ・センターには，118の訓練コースとセミナーがあり，600件の奨学金を支給し，1960人の研修者を受入れた．

社会制度 労働条件や生活条件を改善し，均衡のとれた経済的および社会的発展を促すために，社会正義を助長するというILOの努力は，大規模な参加を促進する社会システムがなければ，むだに終っただろう．

政府や使用者団体，労働組合などが必要な制度や仕組みをつくったり，統合するのを援助するため，ILOは労働法や労働行政，労使関係，労働者の教育，共同組合の促進，さらに農村機関などの分野で積極的に活動している．

ILOの基準設定活動は，世界中の社会立法や労働法の制定に影響を与えてきた．自分たちの国の立法を国際労働基準の段階に上げたり，特定の社会問題を解決するのに必要な措置について，各国はILOに専門的な助言を求め，ILOもこれにこたえてきた．多くの発展途上国はILOに，自国の労働および社会立法の確立または法制化について援助を求めてきた．法律の実効的な適用を確保するためには，国家は必要なサービスを含む労働行政をもたなければならない．この必要性を満たし，開発政策を立案するさいに，労働行政が積極的な役割を演じるのを手助けするため，ILOはこの分野でひじょうに多くの計画に関与してきた．

ILOはつねに，労働関係や，労働組合，使用者団体，および政府との相互関係に熱心な関心を示してきた．そのような関係が誠意あるものであれば，経済的および社会的な進歩を促す環境がそこから生みだされる．関係が不満足な場合は，国全体の発展を損ないかねない．ILOは，結社の自由が法律においても実際上においても十分に認められていて，さらに労働者，使用者，政府のそれぞれの代表が共通の問題に対処することができるようであれば，労働関係は良好であると考えている．

ここでもまた技術協力が，基準および指針の設定を目的とした行動の延長として行われる．産業関係の分野でも，ILOの援助がますます求められている．先進諸国の労働組合と使用者側のそれぞれの専門家で構成されたILOの2者構成派遣団が，途上国

に労働者と使用者の間の健全な労使関係の確立を促進するため派遣されている。研究コースやセミナーが世界のさまざまな地域で行われている。

労働者代表の適切な訓練は、労働者が経済的および社会的生活で効果的な役割をはたす必要条件である。労働組合自身もこの事実を認識し、自前の研修計画を増加させている。この取組みを援助するため、ILOは労働組合や労働者の教育組織が自分たちのサービスを発展させ、労働者たちやその代表が必要とする社会的および経済的訓練を提供できるような教育計画をつくりあげてきた。ILOの努力は、組合運動家たちが開発政策の立案と実行に参加できるようにするための研修や、協同組合活動の奨励、さらに組合での研究と情報サービスの組織などの活動に向けられてきた。

この計画の一環として、ILOはセミナーや研究コース、技術的討論会をしばしば地域ベースで準備してきた。人口や家族計画などの問題の議論を含めて、毎年平均50件のこの種のコースが、世界のどこかで開かれている。このほか、ハンドブックやブックレット、定期報告、教材などからなる出版計画もあり、またフィルムやフィルムストリップを貸しだす図書館もある。

成立まもないころから、ILOは協同組合運動の発展に重要な役割を演じてきた。この分野での活動は、多くの途上国での協同組合制度の導入とともに広がっている。これらの国々の政府は、協同組合が社会的および経済的進歩を促進する手段となることを認めている。自ずから備わった管理運営システムと、自由に選出された評議会をもち、事業計画について公開の場で議論する協同組合は、国の発展に対する真の責任と参加の意識を成員に与える、いわば草の根の市民教室とでもいうべきものである。協同組合は建設的に向けて男女をひとつにまとめる周旋者であり、またリーダーシップの訓練にも大いに役立っている。とりわけ農村開発において、協同組合は生産とマーケティングの両面で主要な役割をはたしている。

農産物を加工処理する加工協同組合を農村地域に創設したり、小規模企業や手工芸の工房の協同組合を組織することは、工業化に向けた進歩を助けるものである。いかなる形態のものであれ、協同組合は生活水準を向上させ、雇用の機会を増やす。各国政府の要請とUNDPの財政支援を受けて、ILOの専門家は各国で協同組合運動の設立や発展を援助している。

協同組合運営の研修用の教材と手順を作成するための地域間計画は、13年間の活動を1990年に終了した。最終時点での評価で、この計画は60カ国以上で約20万人の人々に研修を受けさせるという、高い質と有効性をもった成果をもたらしたとされた。

起業と協同組合の開発 都市部と農村部の双方で、公式および非公式部門において、企業の設立とその効果的な運営を促す大規模な計画が、1991年に実施された。「企業経営開発計画」は、急激な変化を特徴とする環境のもとにおかれた経済の、さまざまなレベルおよび部門での経営資源の開発を模索するものである。

1991年に、生産性の改善を監視し管理する国家の制度的な仕組みの強化、小規模および極小規模の企業の開発、構造調整過程の援助、および経営能力開発制度の強化という、4つの主要分野に焦点を当てた、153件の計画が実施された。

F. 特定の主要産業の問題

第2次世界大戦の間、いなそれ以前から、ILOの機構にはひとつの欠陥が存在することが意識されていた。特定の産業に関する詳細かつ継続的な研究を、その産業の個々の問題について完全に実際的な知識をもつ人々が行うための、特別の仕組みが求められていた。イギリスの労働・徴用大臣であるアーネスト・ベビンが準備し、イギリス政府が1943年に提出した計画にもとづいて、理事会は1945年に、「主要な国際的産業の特殊状況について特別かつ詳細な審議がなされるようにする仕組みを提供するため」、7つのILO産業委員会を設立した。1946年までに、国内運輸、石炭採掘、鉄鋼、織物、石油、建設・土木および公共事業、化学という主要産業の問題を扱う産業委員会が設立された。1994年の時点では、国内運輸、石炭採掘、鉄鋼、金属工業、織物、建設・土木および公共事業、化学工業、プランテーションの各労働委員会、サラリーマンと専門職労働者に関する諮問委員会、ホテル・ケータリング・観光業、林業、食品工業の全部12の産業委員会が活動していた。

そのほかの国際的に意義のある特殊問題を扱うILO委員会としては、サラリーマンと専門職労働者に関する諮問委員会、常設農業委員会、プランテーション労働委員会などがある。ILOはまた、地域に特有の問題についての情報を提供するため、アジア、アフリカ、および南北アメリカ諮問委員会も設置している。ILO産業委員会は、事実上小規模の特別国際労働総会である。

これらの委員会で採択された決議は，ILOにいっそうの行動を求めることができる．それはまた，使用者団体と労働組合が団体交渉を行うさいの指針とされることもあるし，国連やその他の専門機関，あるいは各国政府に対する提案を含むこともできる．重要な決議や勧告が採択されたテーマの例を，いくつか以下に掲げる．

国内運輸 港湾労働にともなう事故の防止，アジアおよびアフリカにおける国内運輸の労働条件，鉄道車両の自動連結，危険物の運送と取扱い，1人の人物が運ぶ荷物の量の制限，積載量表示，各港湾間の競争

石炭採掘 炭鉱労働者憲章に編入するさいの原則，炭鉱住宅，石炭採掘の生産性，石炭採掘時の安全，燃料と電力消費傾向の社会的な影響

鉄　鋼 生産と雇用の高レベルでの規制，解雇手当と有給休暇，産業レベルでの協力

金属工業 生産と雇用の高レベルでの規制，原材料需要の長期見積り

織　物 さまざまな国ごとの織物産業の賃金格差

建設・土木・および公共事業 建設業での季節的失業の削減，世界的な木材状況の社会的側面と見通し，国民住宅建設計画

プランテーション労働 関係国の経済全体に占めるプランテーションの位置，プランテーションの生産性に関連する生活および労働条件，1次産品規制に関する国際的行動の必要性

サラリーマンと専門職労働者 被用者である発明家の権利，サラリーマンや専門職労働者の移住，店舗や事務所の衛生，音楽家や俳優その他の公共演技者の雇用問題，教師の雇用条件，ジャーナリストの職業上の問題，ホワイトカラー労働者や専門職労働者の団体交渉にともなう問題，病院職員や健康介護職員の賃金と労働条件，公務員の賃金と労働条件

G．その他の活動

労働安全衛生情報センター(CIS) 1976年にILOは，労働条件と作業環境を改善するための計画を立案し，実施するための援助を政府，使用者団体，および労働者団体に提供することを目的とした，「労働条件と作業環境の改善のための国際計画」(PIACT)を開始した．そのさまざまな行動手段には，基準の設定，加盟国からの要請に応じたマルチディシプリナリーチームの派遣などの技術協力，3者構成の委員会，とりわけ産業委員会や地域および専門家の会合，行動指向型の研究調査，とくに「国際労働安全衛生情報センター」(CIS)を通じての情報の収集と配布などが含まれていた．

「国際労働安全衛生情報センター」は，職業上の事故や病気を予防するのに役立つ世界の情報を収集し，普及することを目的としている．同センターはすべての大陸を代表する70カ所の国内センターによって援助されている．CISはまた，オンラインのCDとマイクロコンピュータ・データベースのサービスも行っている．

男女の労働条件の改善は，ILOに付託された任務のまさに中心をなしている．前進があったとはいえ，ひじょうに多くの労働者の労働条件がいまだに苛酷なままであり，また技術開発の結果として新たな問題が生じてもいる．この領域でILOは，作業環境の安全と健康，労働時間，労働の組織と内容，労働条件と技術の選択，および労働と生活の環境などに関心をもっている．

1991年にドイツ政府の援助を得て，「児童労働の廃絶に関する国際計画」(IPEC)が始められた．政府機関や労働組合，使用者団体や非政府組織(NGO)と協力して，少なくとも12カ国で80件以上の計画が実施された．

国際健康危険警戒システム 新たに発見されたかまたは存在が疑われているところの急速に世界に広まる職業上の危険に対処する新しい方法が，1977年に設立されたILOの「国際健康危険警戒システム」である．新しい危険が発見されると，ILOは参加各国に対して評価と返答を得るべく警報を発信する．たとえば，ノンカーボンの複写用紙の使用がもたらす潜在的な健康危険についての情報は，いくつかの国で広く伝達された．1993年に「国際健康危険警戒システム」は加盟各国に対し，おもな職業上の健康危険とその予防に関する最新の情報を求める要請を回覧した．

多国籍企業と社会政策に関する3者宣言 1977年の「多国籍企業と社会政策に関する3者宣言」は，雇用，訓練，労働および生活の条件と産業関係の分野に向けたものである．すでにILO内では実行されており，その活動目的に影響を与え続けていくであろうが，この宣言は長期間にわたって議論されてきた「国連多国籍企業行為規範」案(1994年現在，この行為規範案の正式交渉は延期されたままである)の中の雇用と労働の章となることが予定されている．同宣言は，多国籍企業が経済的および社会的進歩に積極的に貢献できる点を強調するとともに，多国籍企業のさまざまな活動がもたらす問題を最小限に

ILO加盟国一覧（1999年5月現在*）

アイスランド	コートジボワール	パキスタン
アイルランド	コモロ	パナマ
アゼルバイジャン	コロンビア	バハマ
アフガニスタン	コンゴ共和国	パプアニューギニア
アメリカ	コンゴ民主共和国	パラグアイ
アラブ首長国連邦	サウジアラビア	バルバドス
アルジェリア	サントメ・プリンシペ	バーレーン
アルゼンチン	ザンビア	ハンガリー
アルバニア	サンマリノ	バングラデシュ
アルメニア	シエラレオネ	フィジー
アンゴラ	ジブチ	フィリピン
アンティグア・バーブーダ	ジャマイカ	フィンランド
イエメン	シリア	ブラジル
イギリス	シンガポール	フランス
イスラエル	ジンバブエ	ブルガリア
イタリア	スイス	ブルキナファソ
イラク	スウェーデン	ブルンジ
イラン	スーダン	ベトナム
インド	スペイン	ベナン
インドネシア	スリナム	ベネズエラ
ウガンダ	スリランカ	ベラルーシ
ウクライナ	スロバキア	ベリーズ
ウズベキスタン	スロベニア	ペルー
ウルグアイ	スワジランド	ベルギー
エクアドル	セイシェル	ボスニア・ヘルツェゴビナ
エジプト	赤道ギニア	ボツワナ
エストニア	セネガル	ポーランド
エチオピア	セントクリスファー・ネイビス	ボリビア
エリトリア	セントルシア	ポルトガル
エルサルバドル	セントビンセントおよびグレナディーン諸島	ホンジュラス
オーストラリア	ソマリア	マケドニア
オーストリア	ソロモン諸島	マダガスカル
オマーン	タイ	マラウイ
オランダ	タジキスタン	マリ
ガイアナ	タンザニア	マルタ
カザフスタン	チェコ	マレーシア
カタール	チャド	南アフリカ共和国
ガーナ	中央アフリカ共和国	ミャンマー
カナダ	中国	メキシコ
カーボベルデ	チュニジア	モザンビーク
ガボン	チリ	モーリシャス
カメルーン	デンマーク	モーリタニア
韓国	ドイツ	モルドバ
ガンビア	トーゴ	モロッコ
カンボジア	ドミニカ	モンゴル
ギニア	ドミニカ共和国	ユーゴスラビア
ギニアビサウ	トリニダード・トバゴ	ヨルダン
キプロス	トルクメニスタン	ラオス
キューバ	トルコ	ラトビア
ギリシャ	ナイジェリア	リトアニア
キルギス	ナミビア	リビア
グアテマラ	ニカラグア	リベリア
クウェート	ニジェール	ルクセンブルグ
グルジア	日本	ルーマニア
グレナダ	ニュージーランド	ルワンダ
クロアチア	ネパール	レソト
ケニア	ノルウェー	レバノン
コスタリカ	ハイチ	ロシア

＊ILOホームページより．

し，かつ解決することを目的としている．同宣言の諸原則は，多国籍企業の母国や受入れ国の政府，使用者団体，労働者団体および多国籍企業自身の自発的な遵守に委ねられている．

同宣言が対象としているテーマは，国連の全体的な計画のうち ILO の実質的な権限内にある分野に対応している．同宣言に言及した ILO 条約は 22 件，勧告は 27 件ある．同宣言は普遍的なものとして，ILO の 3 者構造内のすべての関係者に向けて発せられているが，多国籍企業が途上国で活動する場合は，同宣言は多国籍企業に指導的役割をはたすべきであるとしており，また，けっきょくのところは同宣言は任意的性質のものである．

■ 参 考 文 献

Conditions of Work Digest『労働条件ダイジェスト』
　重要問題に関する法律，政策，および計画の情報と，労働条件や労働生活の質の領域にみられる傾向を収録．文献解題と情報源ガイドつき．全世界をカバー．

International Labour Review『国際労働レビュー』
　世界の社会状況，労働状況に関する注釈とコメント，および労働者に関わりのある国際的な関心を引く経済社会上のトピックに関する，最近の ILO その他の研究にもとづく議事を収録．ILO が最近出版し，あるいは受入れた本についての注釈つき．年 6 回発行．

LABORDOC『LABORDOC』(データベース)
　国際労働文書を機械で読めるよう編集したもので，いくつかの情報ホストを通じてインターアクティブおよびリトロスペクティブなオンライン・サーチで入手可能．全世界の労働問題，とくに産業関係，労働法，雇用，労働条件，職業訓練，経済的および社会的発展の労働に関係する側面，農村開発，技術変化などの諸問題を扱う．

Labour Law Documents『労働法令集』
　旧『労働立法シリーズ』(1919 年創刊)．世界中で制定された労働および社会安全に関する国際条約，法，規制の最も重要な条文を含む．年 3 回発行．

Official Bulletin, Series A『公報シリーズ A』
　ILO の活動に関する情報，国際労働総会が採択した条文や，その他の公的文書を収録．年 3 回発行．

Official Bulletin, Series B『公報シリーズ B』
　理事会の結社の自由委員会の報告と関連資料を収録．年 3 回発行．

World Labour Report『世界労働レポート』
　人権活動，雇用，労働関係，社会保護と労働条件などに関する最近の重要な動きと政策の概観．年刊．

World of Work『労働の世界』
　世界中の ILO 活動に関するニュースレター．季刊．

Year Book of Labor Statistics『労働統計年鑑』
　全人口や労働人口，雇用，失業，労働時間，賃金，労働費用，ストライキ，ロックアウトに関する全世界から集めた年間データの包括的な概観．

すべての印刷物はジュネーブの事務局か，北アメリカの場合は ILO Publications Center, 49 Sheridan Avenue, Albany, NY 12210 に注文できる．

国連食糧農業機関(FAO)

[www.fao.org]

「1日2度の食事もできずに生きていかなければならない何百万もの人々にとって，唯一受入れられる神のありようは，食べ物の形をとるしかない」

マハトマ・ガンジー

背景 飢えは依然として，人類の大多数が直面している最も差迫った問題である．世界人口のうちの何億もの人々が，深刻かつ慢性的な栄養失調状態にある．彼らの食事は，量的に不十分なだけでなく，健康や活力の維持に欠かすことのできないタンパク質を欠いているなど，質的にも不十分である．世界的にみれば，本当に十分な栄養を摂取している人は，4人に1人しかいないのである．

■ 創　　設

19世紀なかばから，農業およびそれに関連した科学における諸国民の相互依存性の認識が深まったのを反映して，生物学，生化学，作物の多様化，および家畜の健康などの知識の交換を行う国際会議が開かれるようになった．しかしこのような，それぞれ有益ではあるが互いに無関係であった努力がひとつにまとめられたのは，1905年に「万国農業協会」(IIA)が設立されてからのことである．

同機関が掲げた目的のひとつは，大衆や政府が無関心だったこともあって控えめで，「農民の収穫を倍増させること」であった．この言葉はデービッド・ルービンのものである．彼はポーランドのゲットーで生まれ，カリフォルニアで穀物業者として成功した人物で，ほとんど独力でこの機関を設立した．1890年代の農業危機で，彼は顧客である農民たちが苦境に陥ったことに心を痛め，農民の問題を研究するために果樹園を購入し，経営した．自分が帰化したアメリカでは考えが受入れられなかったので，彼はヨーロッパ諸国の官庁を歴訪し，健全な国際社会にとって健全な農業が不可欠であることを説いてまわった．最後にルービンは，イタリアのヴィクトール・エマニュエル3世という好意的な聞き手を得た．IIAは，王の後援を得て，農業に関するニュースや動向，価格，統計，それに技術の普及センターとして，1908年にローマで活動を始めた．この分野で諸計画を始めたり，直接援助する能力はなかったが，情報を収集し，対照し，分析して普及させる「本部」としてのIIAの経験は，のちに国連食糧農業機関(FAO)が始めた農業分野のより広範な活動の有益な出発点となった．

国際連盟は直接自ら農業問題に携わることはなかったが，比較的新しい栄養摂取という分野での活動を援助し，現実的に大きな意義のある仕事を行った．皮肉なことに，重労働従事者や妊婦，児童などについて，連盟が作り上げた食事の科学的な基準に基づいて戦時配給体制を整備した最初の国は，連盟に対する冷笑的な批判者であったナチス・ドイツであった．まもなくほかの国々も同じことを行い，しばしばめざましい成果を上げた．たとえばイギリスでは，配給カードが命じた，貧弱でつまらないがバランスのとれた食事によって，国内の栄養状態はじっさいに改善されたのである．

FAOは，第2次世界大戦中に開かれた一連の会議の最終産物であった．1941年に900人の代表が参加したアメリカ国防栄養会議では，「人類にとって旧知の明白な飢えだけでなく，栄養学の現代的な知識が明らかにした隠れた飢え」も含めた，飢餓の克服こそが民主主義の目標であることを決議した．1942年にフランクリン・D・ルーズベルト大統領が宣言した「4つの自由」にこたえて，オーストラリアの経済学者フランク・マックドゥーガルは，「食糧不足からの自由のための連合国計画」の創設を提案し，戦争終了後設立することになっていた国連体制で，真っ先に取組むべき経済問題は食糧であると，同大統領に熱心に説いた．

ルーズベルト大統領は1943年5月と6月に，バージニアのホットスプリングスで連合国(国連)の食糧農業会議を招集した．サンフランシスコ会議の2年前に開かれたこの最初の国連会議で，カナダのレスター・B・ピアソンを長とする食糧農業暫定委員会が設置された．同委員会はFAOの憲章を起草し，1945

年10月に開かれ，44カ国の代表と多数のオブザーバーが参加した第1回FAO会議への道を開いた．1945年10月16日に，34カ国が憲章に調印してFAOが誕生した．会議が終るころには，イギリスの栄養学者サー・ジョン・ボイド・オール（初代事務局長）に率いられた新しい機関の加盟国は42カ国になっていた．

■ 目 的

FAO憲章の前文に述べられているように，加盟国は，栄養と生活水準を上げるための個別的および集団的行動を通じて，共通の福祉を促進すること，すべての食糧および農産物の生産ならびに分配の効率を改善すること，農村住民の状況を改善すること，そしてそうすることによって，世界経済の拡大に貢献し，人類の飢餓からの自由を確保することを誓約している．具体的には，FAOが責任を負っているのは，栄養，食糧，農業，および漁業，海洋産品，林業，および森林から生まれる1次産品を含む，関連分野に関する情報の収集，評価，ならびに普及である．

FAOは以下の点に関する国内行動および国際行動を促進し，さらに適当な場合には，勧告することを引受ける．
(a) 栄養，食糧および農業に関する科学的，技術的，社会的および経済的研究
(b) 栄養，食糧および農業に関する教育および行政の改善ならびに栄養および農業の科学および宅地に関する公衆の知識の普及
(c) 天然資源の保全および改良された農業生産の方法の採用
(d) 食糧および農業生産物の加工，販売および流通の改善
(e) 適切な農業信用の供与のための国内的および国際的政策の採用
(f) 農産物商品についての取極に関する国際的政策の採用

FAOはまた，干ばつや飢饉，植物の病気，虫害などの，食糧と農業上の緊急事態への対処にも主要な役割をはたしている．

そのほかのFAOの任務としては，各国政府が要請する技術的援助を供与すること，関係国政府と協力して，国連食糧農業会議の勧告およびFAO憲章の受諾によって生じた義務をはたすことを援助するのに必要な使節団を組織すること，および一般に前文に謳われた同機関の目的を実現するのに必要かつ適切なあらゆる行動をとることがある．

■ 加 盟 国

暫定委員会に代表を送った45カ国が，原加盟国となった．ロシアは，かつてソ連がもっていた原加盟国の地位を維持しているが，これはFAO憲章の批准を通じて得た加盟国の地位はいつまでも有効であるという理由による．その他の旧ソ連諸国は，新加盟国に適用される通常の手続で申込まなければならない．アルメニア，エストニア，ラトビア，リトアニア，およびキルギスが順に手続を行っている．

いかなる加盟国も，通告後4年で脱退できる．脱退してから再加盟した国には，チェコスロバキア（1950年に脱退，1969年に再加盟），ポーランド（1951年に脱退，1957年に再加盟），ハンガリー（1952年に脱退，1967年に再加盟），南アフリカ（1964年に脱退，1993年に再加盟）がある．台湾は1952年に脱退した．

1993年11月現在，FAO加盟国は169カ国であった．そのほかプエルトリコが準加盟国であった．ヨーロッパ経済共同体（EEC）は組織加盟であった．〔1995年現在，174カ国〕

■ 構 造

FAOのおもな機関は，FAO総会，FAO理事会，それに事務局長が率いる事務局である．

FAO総会

FAOの最高機関は，全加盟国が参加するFAO総会で，2年に1回，奇数年に通常会期がローマで開かれる．総会はFAOの政策を決定し，予算を採択する．総会は加盟国やその他の国際機関に対し，食糧，農業，漁業，林業，およびその他関連事項に関する勧告を行う．また，加盟国に提示する条約や協定を承認する．委員会や作業部会，協議会を設置したり，特別会議を招集することもある．総会は，定期的に事務局長とFAO理事会の理事国を選出する．FAOの各加盟国は総会で1票をもつ．

FAO理事会

FAO理事会は49カ国の理事国で構成され，FAO総会で3年任期で輪番に選出される．理事会は少な

くとも年1回，総会の会期と会期の間の暫定的な執行機関として，独立した議長のもとで会合を開いている．理事会の小委員会には，計画と財政に関するものと，商品問題や漁業，農業，林業，食糧援助，および法律事項などに関するものなどがある．

事務局長と事務局

総会と理事会の監督のもとで，事務局長はFAOの活動を全権をもって指揮している．1975年から1993年まで，レバノンのエドアルド・サウマが事務局長であった．1993年の総会でセネガルのジャック・ジアフ博士が事務局長に選出された．彼は，現地でさまざまな開発計画に携わる3000人近くを含む，6000人以上の職員の頂点に立っている．

本部と地域事務所 FAOの本部は1951年まではワシントンD.C.にあった．それ以後はローマのコロセウムとカラカラ浴場の近くにある治外法権地区に本部をおいている．本部ビルはもとはムッソリーニ政権が計画したもので，建設は第2次世界大戦の間中止されていた．戦後に完成してから，FAOが「恒常的に占有し使用」するため，イタリア政府が年に1ドルの賃貸料で貸してきた．

何年にもわたる職員の増加と活動の拡大によって，広い面積が必要となり，建物の増築とは別に，ときには本部ビルから離れた場所に事務所が貸与された．1993年にイタリア政府は，本部施設の大規模な拡張を完了し，過去32年間で初めてすべてのFAO職員をカラカラ浴場の所在地に移した．

ヨーロッパ地域事務所も兼ねるローマの本部とは別に，ガーナのアクラにアフリカ地域事務所，タイのバンコクにアジア太平洋地域事務所，チリのサンティアゴにラテンアメリカ・カリブ地域事務所，エジプトのカイロに中東地域事務所がある．また，ワシントンD.C.に北アメリカ連絡事務所，ニューヨークとスイスのジュネーブに国連連絡事務所をおいている．

組織

FAOには，経済社会政策，農業，水産，林業，持続的開発，技術協力，行財政，総務広報の8部局がある．技術協力局と持続的開発局は，加盟国で広まっている需要により効率的に対応するために行われた組織再編の結果，最近創設されたものである．

■ 予　　　算

FAOの2年間の内部予算，つまり通常計画は内部活動を対象としており，そのなかには現地での活動を指揮し，加盟国政府の政策立案に関する助言を与え，広範な開発需要に奉仕する，高度な資格をもつ職員の維持費用も含まれている．通常計画は，加盟各国の分担金で賄われている．事務局や技術協力計画，さらにいくつかの特別行動計画の一部費用なども，通常計画が対象としている．1993年11月の第27回FAO総会は，全会一致で1994～95年の予算として6億7690万ドルを承認した．

「技術協力計画」(TCP)は1976年に始められた．この計画によってFAOは，たとえば災害によって食糧や農業状況に支障をきたした国への迅速な援助を供与できるようになったほか，信託基金などの資金で行われる訓練を補充する実地訓練や職業訓練，短期で小規模の補助的な技術援助，および1国の食糧や農業状況にすぐ役立つような政策への助言などを与えることができるようになった．TCPに配分される資金は予算が策定されるたびに増加し，1982～83年に4740万ドルであったものが，1992～93年には7740万ドルに引上げられている．

現地計画は，FAOの開発戦略を実現し，各国政府や地域社会に援助を与えるものである．計画は通常，各国政府やその他の機関と協力して行われる．現地計画の資金の半分近くは国の信託基金で賄われ，40％強の資金が国連開発計画(UNDP)によって供給されている．FAOは約10％分を，「技術協力計画」を通じて通常計画予算で負担している．1993年にFAOは，約130カ国のUNDP基金に1億1030万ドル近くの資金を支出した．資金提供国が自分たちに対する援助活動を行ってくれるという条件で，FAOに供給する資金の額はますます増加している．このような国々の多くが，FAOプロジェクトで働く若手の技術者たちを指名し，資金援助をしている．1993年の間にFAO信託基金活動は，支出総額としておよそ1億6380万ドルを会計報告した．

■ 活　　　動

FAOは情報を収集し，分析し普及させ，各国政府に対して政策立案を助言し，直接開発援助を提供し，さらに食糧農業問題に関する国際的なフォーラムとして活動している．

最近の数十年間にかなりの進歩がみられたにもかかわらず，すべての人々が十分な食糧と栄養をとるという目標を，世界は依然として達成できないでいる．FAOの推計によると，途上国の7億8000万以上の人々が慢性的な栄養失調で，最低限必要なカロリーとタンパク質の量を満たすことさえできない程度の，わずかな食糧しか消費していない．何百万もの人々が必要な微量栄養素の不足に陥っており，そのため失明したり，伝染病にかかりやすくなったり，貧血や精神遅滞に陥っている．そのような危険に最もさらされやすいのは，貧しい人々，高齢者，難民，避難民，干ばつに襲われやすい地域の人々，それに児童である．毎年1300万人近い5歳以下の乳幼児が，飢えや栄養失調のためにあるいはそれが間接的な原因となって死亡している．FAOは，栄養失調と食糧の不安定の最大の原因である貧困を撲滅する手段として，公平でだれもが参加できる農村開発を推進している．

広範囲に及ぶ飢餓と栄養失調は，単なる食糧生産の不足の問題ではない．それは貧困問題の最も重大でかつ悲惨な表出である．途上国の農民たちは，農村部や都市部の住民の購買力が不十分であることや，改良された種子や肥料のような技術の援助または投入が不十分であることによって，食糧を増産しようとする意欲を失っている．人々が飢えるのは，地元の農民が生産する食糧が足りないからというよりもむしろ，食糧を購入する金がないからである．世界の飢餓に対する闘いは，世界の貧困に対する闘いの主要な部分を占めている．1国の農業を築き上げることは，飢餓に対する食糧と農村住民に対する仕事を2つながら提供し，その国の全体的な繁栄に貢献する．

食糧安全保障

飢餓と栄養失調をなくし，全人類のために食糧を保障することは，FAOの任務の中心である．1972年の凶作で，世界の穀物保有量が危機的な状況に陥った経験から，FAOは世界の食糧を最低限確保する国際制度を開発し，作物の不作を相殺する必要性を感じ取った．FAOは先進国，途上国を問わず，すべての国に対して，国際協力体制のもとでそれぞれの食糧備蓄を充実させるために協力しあうよう提案した．とくに，途上国の自立性を高めるための努力が求められた．この提案は，1974年11月にローマで開かれた世界食糧会議でも確認され，FAOは世界食糧安全保障に関する国際的申合わせの準備を行うよう要請された．1976年にFAOは，この申合わせを実施するための食糧保障援助計画を設立した．

1983年にFAOの世界食糧安全保障委員会は，全人類がいつでも自分たちに必要なだけの食糧を物理的かつ経済的に入手できるようにすることを最終目標とする，より広い世界食糧保障概念を採択した．そして1986年には，FAO理事会は「世界食糧安全保障協定」を承認した．この協定は，すべての人々のための食糧安全保障に向けた，政府や組織，個人の行動の道徳的な基礎を明確に規定している．同協定は途上国に対して，第一の防衛策として，国内の食糧生産を促進し，農民とりわけ小規模生産者の生産意欲が維持されるよう国内政策を再検討し，必要であれば政策の変更を強く求めている．また，途上国政府が早期警戒制度や緊急食糧備蓄などの措置によって，不足時の食糧安全保障に備え，貧困者の購買力を高めるような農村開発を推進することも勧告している．先進諸国に対しては，輸入国と輸出国の双方に，食糧の生産備蓄，輸入および価格に関する政策を立てるさいに，国益とともに世界全体の利益も考慮するよう要請した．先進諸国は，より恵まれない国々に対して緊急食糧援助を与えたり，それらの国々が農業生産を増大させるのを援助したり，低所得国が困難に陥ったときに食糧や肥料，およびその他の農業関連品の確保に対する援助を続けるよう奨励された．また先進諸国は，貿易問題に関する交渉のさいに，多くの途上国の食糧安全保障が，食糧輸入費用を支払うために農産物その他の製品を輸出する能力しだいで決まることを考慮に入れるよう求められた．

非政府組織（NGO）に対しては，「世界食糧安全保障協定」は食糧安全保障問題に対する一般の関心を高めるのを助け，それによって政府にいっそうの行動を促すことを求め，さらに食糧安全保障について世界中の人々が個人レベルでかかわりをもつようにすることを要請した．各個人は，自分や自分の家族に必要な食糧を保障するために働くだけでなく，自分よりも不幸な人々の食糧安全保障に関心を払う「神聖な義務」を負っていることを認識することが求められた．「必要な時に与えることができないということは，同胞に対する人としての義務に反することである」と同協定は述べている．

1992年に，国際栄養会議（ICN）がローマのFAO本部で開かれた．FAOと世界保健機関（WHO）が合同で準備したこの会議には，159カ国とヨーロッパ経済共同体（EEC）から1400人ほどの代表が参加

し，世界の飢餓と栄養失調を根絶するために，より広く資源を集める方法を議論した．同会議は8つの重要な問題，すなわち微量栄養素欠乏の防止，伝染病の予防と対策，家庭での食糧安全保障の改善，健康的な食事と生活様式の普及，関連供給力の向上，食糧の品質と安全性の改善，栄養状況の評価と分析および把握，開発政策に栄養改善の目的を組み入れることなどについて議論した．とくに注目されたのは，すべての人々が十分な食事をとれるだけの食糧が毎年生産されているにもかかわらず，その資源の配分はひじょうに不均等であるという事実である．

FAOの活動は，食糧の全体的な入手可能性はもとより，個々の家庭にいかにして食糧を行きわたらせるかという意味での食糧安全保障問題にますます集中している．この文脈で大切なのは，どの集団が社会的弱者であるのかを正確に特定することである．FAOは国および地域レベルで，家庭食糧安全保障合計指標を開発しつつある．この指標の基本的な考え方は，1993年のFAO理事会で承認されている．ひとたび開発されれば，この指標は世界中の食糧安全保障の動向を監視する道具として役立つだろう．[1996年11月，FAO設立50周年を記念して，世界食料サミットが開催された．]

農業情報

広報としては，FAOは統計年鑑や定期刊行物，技術報告，科学論文，研修教材，およびその他の世界中の農業研究などの積極的な出版計画を通じて，専門家たちに技術情報を提供している（参考文献→308ページ）．これらの出版物の大半は，原語からFAOの公式言語であるアラビア語，中国語，英語，フランス語，スペイン語のうちの少なくともどれかひとつに翻訳されている．

FAOのデービッド・ルービン記念図書館は，「農業図書館世界ネットワーク」(AGLINET)の調整センターとなっている．同ネットワークは農業，統計，経済，食糧と栄養，森林，漁業，および農村開発に関する100万項目以上の文献を保管している．同図書館のコンピュータ設備は，FAO加盟各国の現地プロジェクトや個人，研究機関に対して，即時に文献を提供している．

FAOの[スライド用の]フィルムストリップとラジオ，テレビ，およびビデオ活動は，改良された農業技術から家畜，水耕栽培，土壌管理に至るまでの幅広いトピックを取り上げている．5つの公式言語を使えない小規模農民や臨時雇いの農業労働者たちにも利用できるようにするため，これらの資料を各地の言語に翻訳することも奨励されている．さらにFAOは，農業，漁業および林業に関する40以上のデータベースと，干ばつや不作，虫害などの徴候を監視し，それに対処するのに不可欠な人工衛星による気象情報へのアクセスも，利用者に提供している．

FAOは10年ごとに行われる，全世界の農業人口調査を支援している．これは1930年に万国農業協会が行った人口調査を継承，拡大したものである．

FAOはデータの収集と分析，政策検討，および農業開発の実際的な知識などの結果に基づいて，農業に関する将来の需要と，それを充足する方途を確認するため，少なからぬ努力を行ってきた．1969年に，FAOは1970年代と1980年代前半に世界が直面するであろう世界農業のおもな問題を分析する試みとして，暫定的な『世界農業開発計画』を出版した．これを基礎として，FAOは1979年のFAO総会に『農業—2000年に向けて』と題する研究報告を提出した．この研究の目的は，今世紀末までの世界農業の発展に関わる選択肢の分析と政策問題の考察のための枠組みを提供することにあった．研究は世界全体を視野に入れたものであったが，とくに焦点が当てられたのは途上国であった．中国を除く途上国全体の人口の98％以上を占める約90カ国について，それぞれ研究が行われた．

1993年にFAO総会は，『農業—2010年に向けて』と題する研究を開始した．この研究は1987年にFAOが出版したもとの研究を改訂し，データを更新したものである．将来はどのように発展すべきかというより，将来はどのように展開していくかという観点から，同研究は2010年までに最も起こりそうな事態をみきわめるため，食糧保障や栄養，農業開発などの動向を分析している．楽観的シナリオのなかで，それでも同研究は，世界農業の成長率は従来より低くなるが，それでも人口の増加率を上まわるだろうと予想している．また途上国の住民の大多数が，1人当たりの食糧獲得能力や栄養状態の面で改善されるだろうとも予測している．政策レベルでは，同研究は農業の持続可能性を高める必要性がますます認識されるようになり，またそれに対応する能力も増すだろうと述べている．貿易協定については，たとえ進歩が順調でなくても，より自由で，貿易をゆがめないものになると考えている．

こうした明るい予測にもかかわらず，依然としてとくに低開発諸国には多くの問題が残るだろうと予想している．深刻で慢性的な栄養失調は，多くの国

で猛威をふるい続けるであろうし、サハラ以南のアフリカなどでは、地域全体の住民の人口に影響を及ぼしかねない。同研究によれば、現在の傾向が続くとサハラ以南のアフリカは、慢性的な栄養失調者の数が地球上で最も多い(2010年には3億人近くに達する)地域として、南アジアにとってかわるだろうという。南アジアでは状況の改善は行われるだろうが、依然としてこの地域には2億人の栄養失調者がいるであろう。

農業に対する、また森林および漁業資源に対する、さらには環境に対する圧力は増大し続ける。その上、途上国の主要農産物の輸出が拡大する見込みはほとんどない。同研究では、将来穀物生産が可能な途上国の土地資源の詳細な評価を提示している。この評価には、おもな地理的区分ごとに優位を占める土地等級を示す地図が添付され、評価の根拠を明らかにしている。将来予測を提示するほかに、同研究は人々や政府が早急に行動をとり、悲観的な傾向を逆転させるのを促すための勧告をしつつ、国内および国際レベルでの計画立案を援助することを提案している。同時にまた、同研究は新たに出現しつつある問題に対処するための用心と準備を怠らないよう求めている。

潜在的な食糧生産可能性の見積りを助けるため、FAOと国連教育科学文化機関(UNESCO)は1978年に『世界土壌地図』を出版した。土壌地図のデータと気象や人口に関する情報を組合わせることで、気候変動や農業生産、土壌劣化に関する地球規模の研究を行う諸機関は、能率的な予測を行うことができる。1992年には、FAOは気候変動モデルへの入力情報として利用することができる土壌地図のデジタル版を作成した。データも更新され、記号は専門家でない人たちにもわかるように改められた。土壌地図はFAOの地理情報システム(GIS)の一環であり、植生分布やその他の土地利用に関するデータも提供している。

1986年と1987年にアフリカを襲ったバッタとイナゴの脅威は、FAOのローマを本拠地とする食糧と農業に関する「世界情報早期警戒システム」に、新たな改善努力を促した。世界の食糧供給を監視するため、1975年に創設されたこの制度は、食糧保障が脅かされた時に警報を発する。FAOは月刊、季刊、および年刊の報告書を作成し、世界の食糧事情についての包括的かつ最新の分析を提供するとともに、食糧不足が発生しそうな国をあげている。この報告書は、潜在的な援助国のためのガイドとして役立ち、食糧危機を回避するのに役立っている。

FAOの「リモートセンシングセンター」は、データを収集、解析し、データ受信局の設置、とくにアフリカへの設置を援助している。この受信局は、収穫を予測するため、降水量、および土壌の保湿度および生物量に関する情報を解析し、さらに各国の早期警戒システムにその情報を送信することもできる。FAOの「アフリカ即時環境監視情報システム」(ARTEMIS)は、高周波通信の環境衛星データを使って、定期的に大陸規模での降水状況や植物の発育を表す画像を作成する。これをその他の情報源からのデータと組合わせて、専門家たちが穀物の成長状況の評価を行ったり、干ばつを早期に発見したり、トビバッタの潜在的な繁殖地を探したりできるようにしている。ARTEMISは、FAOの「世界情報早期警戒システム」の重要な道具となっている。

研究および技術情報 FAOは、訓練した研究者の不足が今なお大きな問題となっている、途上国での農業研究の重要性を強調してきた。1984年に設置されたFAOの研究技術開発局は、途上国が研究資源を最大限に利用できるよう支援し、途上国に研究や技術の成果が移転されるように援助している。

「農業科学技術情報システム」(AGRIS)と「現代農業研究情報システム」(CARIS)は、食糧と農業の研究および開発計画を支援するため、FAOが管理している2つの世界的なネットワークである。1994年2月現在、153カ所の国別センターと24カ所の多数国間地域センターが、AGRISに情報を報告していた。CARISは120カ国の途上国と11カ所の地域国際センターを結び、現在の研究活動について相互に情報を交換している。

FAOは、農業情報と統計に関する世界最大の情報バンクを運営している。これはAGROSTATと呼ばれ、1961年以降の穀物、家畜、漁業および森林産品の年間の供給量と消費量、生産者価格、人口およびその他の事項についてのデータを含む、FAOのおもなデータ・ファイルをまとめたものである。AGROSTAT PCは、FAOの『AGROSTAT年鑑』の電子版を提供している。FAOの技術局が維持しているその他の重要な統計情報には、漁業統計データベース(FISHDAB)、フグデータバンクおよび電子ライブラリー、森林資源情報システム(FORIS)、そして地理情報システム(GIS)がある。

農業データに対する需要の増加に対処するため、FAOは「世界農業情報センター」(WAICENT)を準備中である。同センターは、40以上のFAOデータ

ベースからの情報を，政府や研究機関，大学，および個人が，簡単かつ経済的に利用できるようにする予定である．利用者はディスクやCD-ROM，コンピュータ・ネットワークや電話回線などいろいろな方法を使って，さまざまな内容のデータベースにアクセスすることができる．

各国政府への助言

　FAOの重要な任務のひとつは，農業と食糧の問題について加盟国に助言を提供することである．それにはかなり広範囲の技術的，政策的支援および計画立案への支援が含まれており，重要問題に対する意識を高め適切な行動を促し，そして各国が自らの能力を開発するのを助けることを目的としている．最近の組織再編で，FAOの政策形成部と投資センター，それに現地活動部が技術協力局に統合されたが，これは政策，投資，および現地活動の実施において，加盟各国に直接援助を提供するための統一的な基礎を本部に備えることを意図したものである．

　FAOの「食糧安全保障援助計画」（FSAS）は，加盟国が包括的な食糧安全保障計画を作成するのを支援するもので，その基本は計画の立案と実行にあたって，対象国の専門家からなるマルチディシプリナリー・チーム［多様な専門家からなる集団］を利用する点にある．このアプローチは，問題を正確に診断し，現実的な解決法を立案し，国レベルでの能力を育成し，さらにその国の制度的枠組みのなかに計画を根づかせるのに役立つ．

　FAOの投資センターは，途上国政府と援助者の利害を結びつけて，実行可能なパートナーシップを築きあげ，多国間組織から資金援助が得られるような，健全な開発計画や企画を立案するのを助けている．企画の評価作業の間同センターは，対象国の自立を促すとともに，その専門知識を補助すべく現地職員と密接に協力しながら，開発投資案の優先順位を注意深く査定している．さらにその後，融資機関による詳細な企画準備の審議が行われる．

　FAOが援助する投資計画のおもな資金源は，世界銀行とくに国際開発協会（IDA）であるが，投資センターはまた国際農業開発基金（IFAD）や地域開発銀行を含む，おもな多数国間融資機関の多くとも協力している．IFADとの関連で形成された計画としては，とくに農村部の貧困の緩和策が重要である．

　FAOは，各国政府が「殺虫剤の流通と利用に関する国際行為規範」を通じて，殺虫剤を安全かつ合理的に使用するのを援助している．同規範には，事前の説明と承認条項が含まれている．この条項は，人間の健康あるいは環境に対する脅威となるという理由で禁止されたり，厳しく制限されている殺虫剤を受入れるかどうかを輸入国が決定できるように，情報交換を行う制度を設けるものである．

　FAOの「食糧法典」は，食糧基準に関する国際規約である．この規約は，食品の定義と要件を確立することによって世界の食品産業を指導し，消費者の健康を守り，両者の調和を援助し，そしてそれを通じて国際貿易を促進することを意図したものである．

　このような活動以外にもFAOは，加盟各国政府との間で絶えず協議を行い，加盟国が持続可能な農村開発を促進するのに最善の選択ができるよう，情報，助言，および技術援助を提供している．

開発援助

　FAOは，持続可能な農業を促進し，貧困と飢餓という根本的な問題に長期的な解決をもたらす開発に寄与するため，広範な技術援助企画を通じて途上国に実際的な援助を与えている．開発企画の作成にあたっては，FAOは環境への配慮や，社会的，経済的考慮を視野に入れた総合的なアプローチを奨励している．住民参加を促すことによって，FAOは現地の専門知識を活用し，開発に対する協力的なアプローチを確保することをめざしている．

緊急援助と復興

　FAOの「特別救済活動事務所」（OSRO）は，1972年から1973年にかけてサハラ砂漠南縁に位置する半乾燥地帯の国々を襲った悲惨な干ばつに対処するため，1973年に活動を始めた．サハラ地域の状況が改善されると，1975年にはFAOはほかの場所での緊急事態にも対処すべく，活動範囲を広げた．こうした活動でとくに強調されるのは，迅速な援助の認可とその現地への配送である．ある国で災害が発生すると，FAOの代表は現地当局やほかの国連機関と密接に協力して，必要なものを見積る．現地政府の要請を受けて，FAOは緊急派遣団を組織し，被害と損害を詳細に評価して援助計画を作成し，それをもとに多数国間および2国間機関が援助活動を行う．緊急計画の大半は，各国政府や非政府組織（NGO），それに国連の機関が資金を負担している．多くの場合，FAOが技術協力計画を通じて，特別救済活動の資金を即座に提供している．提供される供給品は，種子，肥料，殺虫剤，家畜の飼料と装備，および輸送手段などである．さらに災害に見舞われやすい

国々は，災害に対する予防的援助も受けることもできる．

エチオピアの飢饉が最悪になった1984年に立案された「アフリカ農業復興計画」を通じて，FAOは25カ国に約1億9400万ドルを提供できるように手助けした．この資金は，農民たちに種子や肥料を与えたり，灌漑システムを補修したり，家畜の群れを回復させるのに使われた．

1950年代の初めから，FAOは中東やアフリカ，その他の地域で断続的に発生し大群で移動する，トビバッタの災害(蝗害)に対するキャンペーンの調整を行ってきた．このキャンペーンは，このバッタが制圧された1963年まで続けられた．しかしその後，1967年から1970年にかけてと1978年に，とくにインドの砂漠地域で深刻なバッタの移動が発生している．

1986年にFAOは，アフリカ全土で穀物の生産に大打撃を与える，イナゴとバッタの災害に対する戦いを主導した．FAO本部に設置された「バッタ緊急対策センター」は，大陸全体で5000万ドルを費やし，サヘル地域だけで90%以上の穀物を守るのに役立った大作戦の指揮をとった．FAOは衛星画像によって繁殖地を監視し，薬剤散布計画を実施した．また，アフリカ諸国に害虫駆除の専門家を派遣して助言を与え，最も直接的な脅威にさらされた国々で，政府と援助側の代表が調整委員会を設置するのを援助した．先進国と途上国の双方，国連の諸機関，非政府組織などを含む40以上の援助団体が，13カ国で行われたキャンペーンの財政を支えた．同センターは，アフリカや中東，南西アジアの約40カ国で，バッタが制圧された1989年春に解散した．1992年の後半になって，紅海沿岸地域でトビバッタが再び出現したため，同センターは直ちに活動を再開した．

FAOは，害虫や伝染病とくにバッタと牛ペストによって引起こされる緊急事態の予防と対策のための能力を引続き強化している．

■ 食糧および農業生産の増加

FAOは毎年，穀物や家畜，食用魚や林産物の増産のために，分野別および通常計画の資源の大半を投入している．

穀物の生産と保護

穀物の生産に関するFAOの活動には，遺伝子資源の収集，生産，保存と評価，種子の品質，生産および分配の改善，穀物生産の増大，収穫前の損失の防止がある．途上国でとくに重要なのは，小規模農民に高品質の穀物の種子を供給することである．いくつかの国々では，小規模農民が食糧生産の90%以上を担っている．多くの場合，農民に種子を供給するのに決定的な役割を演じているのは国の施設やセンターであり，FAOの種子開発事業の多くはこうした国立機関の設立にかかわっている．

多くの国々では現金収入に結びつく穀物生産を最優先しており，都会の住民たちはキャッサバやパンの実，サツマイモ，ヤムイモ，料理用バナナのような伝統的な必需食料品よりは，コムギなどの輸入穀物を好むことが多い．こうした傾向には2つの危険をはらんでいる．ひとつは，食糧の輸入依存度の増大で，もうひとつは農村社会では食糧不足や飢饉に対する保険となっている伝統的な作物の生産が停滞することである．このような傾向に対抗するFAOの活動には，農村問題解決のための要員に対する研修から，たとえば女性グループが家庭菜園を始めるのを援助したり，腐りやすい野菜の加工や貯蔵法の改良について研究するパイロット・プロジェクトまで，いろいろある．FAOはまた，乾燥地域での栽培に適した，あるいは栄養価のより高いコムギやオオムギの新種の開発も援助している．

園芸農業への技術援助の要請にこたえるのも，一貫してFAOの仕事である．FAOの計画には，たとえば地中海地方での柑橘類栽培，中東や地中海でのナツメヤシ栽培，中東や北アフリカで野菜を保護しながら栽培する方法，熱帯雨林やその周辺地域での熱帯果樹栽培や野菜栽培の改良なども含まれている．

FAOは40年以上にわたって，国際的な作物保護活動で中心的な役割をはたしてきた．1951年にFAOに，「国際植物保護条約」(IPPC)を実施する権限が与えられることになった．調整役としてのFAOの役割を強化するため，1992~93年にIPPCの事務局が設置された．この分野でのFAOの一般的な目的は，害虫による作物被害を少なくし，可能ならそれを防止することである．具体的な目的としては，国境を越えた害虫の拡大をおさえることや，「総合害虫管理」(IPM)の促進などがある．IPMは，天然の管理法と必要に応じた選択的な殺虫剤の使用を「最適配分」したものである(→305ページ)．FAOは世界保健機関(WHO)と協力して，人体に残留する殺虫剤の影響に関する研究も行っている．

植物の病気は，依然として作物生産を阻む要因の

ひとつである．植物の寄生病に対処する最も簡単で経済的な方法は，抵抗力をもつ新種を作りだすことである．FAOは抵抗力が長期間持続するような新種をつくりだす研究を支援している．最近，FAOは「植物遺伝子資源情報および種子交換ユニット」を設置し，技術情報を普及させ，実験目的での種子や苗の標本などの交換を行っている．その恩恵を受けているのは，国立の研究所や国際研究機関，植物育種家，そしてFAOの現地プロジェクトである．FAOは各国政府に対して，種子の生産や立法などについて助言している．

作物生産の増加をめざしたFAOの活動例には，次のようなものがある．

- 1986年から1992年にかけて，作物保護の分野で579件の現地プロジェクトがあり，その予算総額は2億6560万ドルであった．「総合害虫管理」(IPM)がそれらのプロジェクトの大半，すなわち全体の57%を占めていた．作物保護プロジェクト全体の予算および件数の50%が，アフリカ向けであった．
- 1950年代の前半以後，FAOは中東やアフリカその他の地域で断続的に大量発生したトビバッタに対するキャンペーンを調整してきた（→299ページ）．FAOの「バッタ緊急対策センター」がこのキャンペーンの中心である．
- 地理情報および早期警戒システム（→297ページ）も，潜在的な問題や災害などを警告することで，作物保護に役立っている．
- 「植物遺伝子資源に関する世界システム」は，FAOが後援する，原生地およびそれ以外の場所での保護活動のための国際的および地域的なネットワークを支援している．同制度は植物遺伝子資源(PGR)の評価，管理，利用の拡大を支援し，世界の植物遺伝子資源の現状について定期的な報告書を作成している．「植物遺伝子資源委員会」は，植物遺伝子資源の保全と利用，ならびに農民の権利に関する活動や，植物遺伝子資源のための国際基金の支援などに適用される「バイオテクノロジー行為規範」に関する調整を行っている．
- FAOの農業研究計画は，各国の作物の保護と生産のための，適切な技術の開発能力を強化している．伝統的な技術とそれを使いこなす農民，ならびに農村の女性の役割と彼女たちが直面している束縛などに，とくに注意を払っている．
- 食糧農業に関するFAO/IAEA合同原子力技術部は，ウィーン近郊のサイバースドルフの研究施設で活動している．同局の計画は，2つの基本的なアプローチに基づいている．第1のアプローチは，土壌や水，空気，植物および家畜との関連で重要な化学合成物質を同位元素で標識し，その動きや構造変化を研究するものである．ここで得られた情報は，土壌や水の管理と，植物や動物の栄養，さらに農業化学品の安全性を改善するために利用されている．第2のアプローチは，放射線を用いて突然変異を誘発し，有用な特性をもった植物を選別したり，昆虫を管理する目的で不妊にしたり，食品の安全性と保存性を改善したりするものである．たとえば食品放射線照射の分野で，研究者たちは，150Gy（グレイ）程度の低い照射（熱エネルギーでいうと0.0036℃に匹敵する量）を与えれば，果実や野菜に付いたミバエを十分退治できることを発見した．この発見は途上国に，西側諸国が設定した厳格な輸入規準をいかにしてクリアするかという問題に対するひとつの答えを与えるだろう．
- FAOは作物の環境条件についての世界的なデータベースを通じて，360種についての基本的データをはじめとした，作物に関する諸情報を提供している．

動物の生産と健康

家畜はしばしばFAOが農業開発計画のなかで推進している，「生産システム・アプローチ」の重要な要素となる．このアプローチは，異なる産品の生産はしばしば相互に連関しており，ある産物の増産は別の産物の増産をもたらしうるという原則に基づいている．たとえばインドでは，酪農組合がよく機能している村で，食用コムギの生産も著しく増加した．穀物の産出高を増加させるのに不可欠な肥料や改良された種子を購入したり，水を購入するための現金収入を，小規模農民は牛乳の販売によって得ている．こうして牛乳生産の増大が農産物と生活水準を大いに改善してきた．この手法は，ヒツジやヤギ，家禽類やウサギの生産にも応用されている．

FAOの「国際酪農開発計画」は，牛乳の生産者と消費者を結びつける複雑な連鎖関係の低所得国の近代化を援助するものである．同計画は，農民の組織や獣医サービスから加工場や市場への出荷経路まで，酪農業のすべての面における改善に向けた努力の調整を助けている．同計画の目的は，小規模牛乳生産者の完全参加，関係する政府の確固たるコミットメント，援助側の積極的な関与をともなった統合的な酪農開発のモデル・プロジェクトの立案調整，実施を

援助するとともに、酪農が農村地域にもたらす社会経済的影響や栄養面での貢献を通じて、酪農を農村開発のより効果的な力とすることにある。

FAOはまた、家畜の餌となる穀類の量を最小にし、牧草や飼料、穀類のかすや農産加工業の副産物を最大限に利用することで、家畜の育成管理の改善のための活動もしている。『熱帯飼料』と題されたFAOのデータベースは、熱帯での飼料となる500種以上の原料に関する簡潔かつ更新可能な情報を印刷物やディスクの形で提供している。この情報は定期的に更新されている。

急激な人口の増加は、農産物(家畜を含む)に対する需要をますます増大させ、それにつれて生産も強化されている。生産の増強から生じるマイナスの効果を予知し、それを予防し、プラスの効果を高めるため、FAOは家畜開発の実行が天然資源に及ぼす影響についての研究を実施している。この研究には、家畜飼料の品質、動物の飼料としてのバイオマスの利用、牧草を食いつくす事態の回避、肥料の管理、動物の排泄物処理、家畜動物の遺伝子の多様性、野生の動植物の多様性、穀物生産と家畜飼育システムの統合などが含まれている。

FAOは動物福祉団体とも協力しながら、食肉製品とその副産物の品質を向上させるいっぽうで、屠畜される動物の慈悲深い取扱いを奨励する共同活動も行っている。またFAOは、屠畜および加工施設の標準設計を開発し、村落レベルでの食肉処理の効率を上げるよう援助している。この設計は、利用者が必要に応じて選別し採用できるような、簡単に入手しやすい材料やモジュールを使用する。このような施設の利用は、損失を少なくして汚染を制限するいっぽうで、雇用(とくに農村の女性のための)と小規模生産者の収入を増大させるのに役立っている。

ほとんどの途上国では、伝染病が依然として家畜生産の障害となっている。FAOは口蹄疫、牛疫、豚コレラ、リフトバレー熱、トリパノゾーマ、ニューカッスル病などの重要な伝染病の対策を含む、動物の健康管理に注意を集中している。また、家畜の病気治療政策の開発と教育も、強調している。

ツェツェバエが媒介するアフリカの動物のトリパノゾーマ対策は、とくに優先されている。サハラ以南のアフリカ地域で、FAOは集落単位でツェツェバエを捕える色のついた布製の罠の利用法を普及させてきた。家畜の治療に使用するワクチンの品質を改善するFAOの地域計画は、アフリカで飼育されているウシの牛疫の流行を劇的に減少させるのに寄与した。FAOは1989年から1991年にかけて、トルコで牛疫の脅威にさらされていた約1200万頭のウシおよびスイギュウにワクチンを注射する緊急キャンペーンに協力した。家畜に関するFAOの最近の最大の成果のひとつは、1989年にリビアで発生したらせん虫の退治である。生きた肉を食べるらせん虫は、10日以内に成熟したウシを殺すことができる。1991年までに、FAOの「北アフリカらせん虫緊急センター」は、リビアや政府間機関、援助国などと協力しながら、らせん虫を不妊にして繁殖を抑制する技術を用いて、この害虫を駆除した。

FAOと国際原子力機関(IAEA)は、家畜の病気診断のために原子核技術に基づくELISA法と、それに関連する分子技術の研究を推進するための研究所を設立した。病気の管理と根絶にとって、正確な診断は欠かせない。同研究所は、途上国がしばしば経験する困難な状況のために特別に考案された技術の標準化と移転を促すために、国内および国際機関と緊密に協力している。最も重要視されているのは、牛疫やトリパノゾーマ、口蹄疫のような重大な伝染病である。

1993年に、FAOと国連環境計画(UNEP)は『世界家畜動物多様性監視一覧』を発行した。この一覧は、世界の家畜の遺伝子の多様性の現状を示した最初の試みである。現存する種の監視と記述、および特徴づけは、種の保存のために不可欠な作業のひとつであり、それぞれの種の独特の資質や潜在能力はもとより、その種がおかれた状況を人々に理解させることを可能にする。この一覧は、家畜動物の多様性に関する世界情報制度の一部をなす、FAOのグローバルデータバンクを基礎としている。動物の種の遺伝的多様性が侵食されるのを防ぐための、早期警戒システムとして開発されたこの一覧の第1版は、ロバ、スイギュウ、家畜のウシ、ヤマヒツジ、ウマ、ブタ、ヒツジを対象としている。データバンクが更新・拡大されるにつれて、後続の版にはその他の種や野生の関連種も追加されている。現在は3000種が登録されているが、いずれは4000種に拡大することが予想されている。

漁業

1970年代に、沿岸国が岸から離れた所にある海洋資源に対しても国家主権をもつという考え方が台頭した。FAOは、包括的な「排他的経済水域における漁業開発および管理援助計画」を通じて、加盟国が優先権を現実のものとし、漁業資源を評価し、割当て、

利用し，管理する能力の育成を援助する役割を引受けた．

こうした状況から生じた需要にこたえるため，FAOは1984年に世界漁業開発会議を招集した．同会議はこの種の会議としては過去最大のもので，おもな食糧源，雇用源，収入源としての世界の漁業の根本問題と潜在的可能性を議論するため，約150ヵ国の代表と60団体以上の国際機関の代表が参加した．同会議で確認された漁業管理に関する原則的な指針は，各国の経済的，社会的，栄養的な目標に対する漁業の寄与，漁業の管理および開発における各国の自立性の向上，漁業資源の国家管理と最適利用，小規模漁民の特別な役割と必要性，魚類および水産物の国際貿易，漁業に対する投資，漁業の管理に関する国際協力などを対象としていた．

FAOの漁業政策は，同会議で確認された5つの行動計画，すなわち漁業の計画，管理および開発，小規模漁民，養殖，水産物貿易，栄養失調の緩和への魚の利用に基づいている．

漁業管理を援助するため，FAOは統計の収集，世界の漁船の漁業動向の監視，ならびに諸資源の生物学的情報の収集を行い，さらに漁業の分析・研究，および管理の分野で加盟国を援助している．

FAOが後援して設立された地域的な漁業団体のネットワークは，漁業の開発と管理の調整のための重要な枠組みを提供している．このうち最初の地域的漁業団体は，1948年に設立された「インド太平洋漁業委員会」(IPEC)である．現在は世界で9団体があり，世界の海洋とアジア，アフリカ，ラテンアメリカ，ヨーロッパの内海を合わせた総面積の50％近くを対象としている．FAOの『世界漁業資源現状報告』は，漁業資源に関する唯一世界規模での観察結果を提供している．途上国が沿岸の資源をよりよく管理し，紛争を解決するため，途上国の排他的経済水域(EEZ)の作図作業に重点をおいている．

国家による魚の現状調査と品質保障の計画が，いくつかの国で改良されてきた．これは，たとえばアメリカや日本のようなおもな輸入国が，近年になって要求するようになった保健・衛生基準が，より厳格なものとなったために，いくらか緊急性を帯びてきた分野である．

過剰漁獲のため，世界の海洋資源すべての水揚高の総計は，1989年の8650万tをピークに，およそ8250万tへと減少した．タラやマダイ，ハタなどの，成長に時間がかかる商業的価値の高い魚種の水揚げ高が減少している．現在，世界の漁獲高で割合がしだいに高まっているのは短時間で成長する魚種，なかでもアンチョビやイワシ，イカなどである．

世界の海洋を天然資源として規制し保護しなければならないことが公式に認められたのは，比較的最近のことだが，FAOはこの目的に向けた活動を何年にもわたって促進してきた．海洋資源を保全し，より豊かにするFAOの最近の努力のなかで，「責任ある漁業行為に関する国際規範」が作成されつつある．この規範は，海洋の生態系に悪い影響をおよぼす無規制の漁業や，それに関連する活動を対象としている．

1993年11月のFAOの第27回総会は，行為規範の実現に向けた最初の一歩として，「公海における漁船団の国際操業規制の受諾を促進するための合意」を採択した．この合意は，国家の管轄外の水域で操業する漁船団を規制する必要性についての，国際的な見解の一致を示したものである．「インド洋マグロ委員会設立協定」も，1993年11月にFAO理事会で採択された．この委員会は，対象水域のFAO加盟国と，同水域でマグロ漁を行う船舶の母国との間の国際協力を促進することになっている．

小規模漁民は消費される魚類の大半を供給しているが，彼らは世界の漁業社会のなかで最も恩恵を受けることの少ない地位に甘んじている．小規模漁業従事者に向けたFAOの援助の一例が，ベンガル湾計画である．1979年以来，ベンガル湾計画はバングラデシュ，インド，インドネシア，マレーシア，モルディブ，スリランカおよびタイで活動し，小規模の漁村の生活水準を改善するため，数多くの教育，技術援助や研修企画を展開している．漁村の健康や栄養，および福祉全般を改善する重要な手段として，開発過程に女性を参加させることがとくに強調されている．

捕獲漁業が頭打ちの状態になるにつれて，養殖が需給ギャップを埋めるようになっている．FAOは貴重な動物性タンパク質の供給源としてだけでなく，収入や外貨獲得源として，養殖の発展を地域社会で促進している．FAOは，魚の栄養摂取や品種改良に力を注ぐいっぽうで，漁獲高の統計とは別に養殖のデータを報告する制度の開発を援助している．

信頼できる市場情報は，魚類水産物の貿易の発展の成功にとって重要な要素である．FAOが設立した漁業市場情報システムは，買手と売手の接触をもたらし，価格や市場の情報を提供し，さらに産物の取扱いや加工，設備の選別，それに品質維持など，漁獲後の諸問題についての技術援助や助言を与えてい

る．

林業

　森林の重要性，とりわけ途上国の人々にとっての重要性がますます認められるようになってきた．問題のひとつは，世界中で2億5000万人以上の農村人口が，何らかの形で移動耕作を行っていることにある．彼らによる森林の伐採と焼却が，森林が急速に消失しているひとつの背景となっている．FAOは移動耕作者を定住させたり，彼らの活動を農村開発計画に統合することを目的とした，多くの地域森林プロジェクトを実施している．

　もうひとつの問題は，途上国でおもな燃料となっている木材が慢性的に不足し，しばしば薪を集めるために女性や子どもたちが1日に何マイルも歩かなければならないことである．燃料の供給が不十分で高価なため，多くの人々は食事の煮炊きにも不自由し，薪の不足が栄養失調や病気の伝染の直接の原因となる可能性もある．人々は薪になるものなら何でも手に入れようとするので，樹木が失われ，草地や砂漠になってしまっている．たとえばネパールでは，土壌を保全している樹木が燃料や動物の飼葉に利用されて消失し，そのため山すそに地すべりが発生して人命や家屋，作物が失われている．しかし，こうした状況は，流域を復旧・管理し，さらに飼葉や燃料となる成長の早い樹木の植林地の設置を含む，地域社会の森林開発に住民を参加させる計画のおかげで改善されつつある．

　FAOの「熱帯林行動計画」は，国連環境開発会議(UNCED)の「アジェンダ21」に盛りこまれた目標に寄与するものとして重要である．同計画は，90団体ものパートナーが団結して森林の消失に対抗し，熱帯林の保全と持続可能な開発を促進するために戦う，大きな国際的取組みである．各協力団体は一丸となって国際戦略にしたがいつつ森林を農業システムに統合し，荒廃した森林産業を発展させて薪炭の供給を増やし，さらに各国が社会的および経済的な問題を解決できるよう援助しながら，熱帯林の生態系の保全に努めている．

　最近終了したFAOの「1990年森林資源評価プロジェクト」は，1981年から1990年までの間の森林消失を調査するため，90ヵ国の熱帯諸国を衛星画像や現存する実地調査データで分析した．その結果，この10年間でフランスの面積の3倍以上に相当する，約1億5400万haの森林が消失したことがわかった．また約400種の樹種で，遺伝子の蓄積が全体的あるいは部分的に絶滅の危機に瀕していることもわかった．FAOは，人々が森林管理に参加することの大切さを強調している．FAOは，農村住民が再利用可能な天然資源（とりわけ森林）の管理，生産，および利用に参加する手法や仕組みの開発研究を，広範囲にわたって行ってきた．FAOの「森林住民計画」は，森林資源を持続可能な形で農村の人々が自立的に管理していくことを促している．

　その他の森林に関する優先事項には，森林政策の立案と形成，国家的な資源評価，森林火災の予防と対策，植樹および遺伝子資源の保全，植林開発，種子の改良，伐採および林業の発展などが含まれている．また，野生生物の保護と利用にも注意が払われている．

■ 農産物の取扱いと流通の改善

　農産物の流通が不適切であることは，貴重な農産物の浪費を招き，また農民の経済的収益を減らすため農業の発展を阻害する．FAOは，食品保存のさいの損失の予防から，より公平な国際貿易を実現する試みまで，流通過程のあらゆる段階に関与している．諸計画は，収穫後の損失の低減や，マーケティング技術の開発，さらに生産者や輸出者が公正な収益を得る助けとなるような，交易条件の改善などに取組んでいる．

収穫後の損失防止

　1978年にFAOは，主食となる食品の収穫後の損失を減らすために，「食糧損失防止行動計画」(PEL)を開始した．同計画は，収穫後の作物の処理を担う主役である女性にとくに焦点を当て，特別の訓練活動や適切な技術の奨励を行っている．具体的な活動は，農作物の取扱い，乾燥，および貯蔵のための適切な施設の開発から，殺虫剤の使用を減らすか，またはその使用を避けながら収穫物を保護するような収穫後の処理についての研究まで，さまざまである．たとえばFAOは，太平洋諸島の国々を援助してそこで生産される生鮮果物や野菜に，輸入国が禁止している殺虫剤の二臭化エチレンを使用しないで済むような防疫措置の開発を成功させた．

マーケティング

　産地から出荷された農産物のマーケティングが下手だと，流通や貿易をしばしば著しく阻害する．草の根レベルから，取引所の上級管理職や市場政策，

立法，インフラなどを担当する官僚に至るまで，マーケティングに関係する人々に援助が与えられている．取引所に直接与えられる援助は，彼らの運営能力と制度の強化が中心になっている．FAOの現地プロジェクトはまた，地域の市場センターの開発や協同組合の役割強化なども支援している．

FAOは最近，「FAO農業市場」のコンピュータ版を開発した．このソフトウェア・プログラムは，とくに中央計画経済から市場経済に移行しようとしている国の政府が，価格情報システムを発展させ，完全にするのに寄与するだろう．またFAOは，農民のマーケティングを支援する普及指導員が利用する技術に焦点を当てた，「マーケティング普及研修シリーズ」のビデオも製作している．

1次産品貿易

1次産品貿易に関するFAOの活動は，1次産品貿易政策，早期警戒，および食糧安全保障の3つの主要分野にまたがっている．

1次産品貿易政策に関しては，FAOは農業1次産品計画の発展に指導的な役割を演じている．FAOの「政府間1次産品グループ」は，1次産品の開発に関する諸問題を分析し，活動と計画を発展させるため，各国の政策とくに保護主義に関する政策の展開について議論している．

FAOの「世界情報早期警戒システム」は，商品貿易部の担当となっている（→297ページ）．早期警戒システムのための情報を準備するためには，作物や食糧供給を評価する使節を絶えず各国に派遣しなければならない．同警戒システムは加盟国とくに途上国での民間部門や，食糧，農業，および農村分野で活動する団体などから，ひじょうに多くの情報を集めて分析している．不満足な状況を示す兆候がみられる場合は，同システムはおもに影響を受けた国々に現地調査使節を派遣するなどして，その監視を強化している．

食糧安全保障の分野では，FAOは各国のチームやワークショップに依拠しながら，現実的な政策上の結論を引出し，取り込んでいる．食糧安全保障は，全体として食糧が確保できるか否かの問題であるとともに，各家庭が食糧を入手できる否かの問題でもあるということが認識されるにつれ，世界中の国々が，家庭の食糧安全保障を示すさまざまな要素の指標を開発するようになってきた．こうした指標は，弱者集団の必要に政府がこたえようとするさいの道具として役立つだろう．「食糧安全保障援助計画」（→298ページ）は，加盟各国が包括的な国家食糧安全保障計画を策定するのを支援している．

■ 持続可能な農業資源開発

1991年11月に，FAO理事会は「持続可能な農業ならびに農村開発のための国際協力の枠組み」を始めた．同枠組みはすでに知られているように，持続可能性という基準をFAOの計画や活動に組入れることを支援するものである．同枠組みを達成するためのガイドラインは，1991年にFAOとオランダが準備した大きな国際会議で採択された，「デン・ボッシュ宣言」に規定されている．デン・ボッシュ会議の準備は，1992年の国連環境開発会議に対するFAOの貢献にもつながった．

FAOは農業とそれに関連する天然資源産業に関する持続可能性評価や，政策および計画の見直しなどを通じて，加盟国が環境にプラスとなるような企画を作成し実施するのを手助けしている．FAOの投資センターによる投資計画の評価や準備は，持続可能性の基準に焦点を当てて行われている．また同時にFAOは，水資源，森林，山岳地帯の壊れやすい生態系，および持続可能な農業と農村の開発などの，「アジェンダ21」の「問題群」に関する「現場監督」でもある．さらにFAOは，「アジェンダ21」の海洋と水資源に関する部分の実現を調整する，国連の2つの小委員会の議長も務めている．

食糧需要の増加に対応するため，FAOは栄養失調の最大の原因となる貧困を撲滅する鍵として，公平でだれもが参加できる農村開発を提唱している．同時にFAOのアプローチには，環境や持続可能性についての考慮と生産の増大を絶えず調和させる，微調整的な計画や企画も含まれている．

土地および水の管理

農業の最も基本的な資源の中で，水と土壌は急速に限界に達しつつある．増大する人口がより多くの食糧を求めるにつれて，資源は限界に近づきつつあり，それを注意深く管理する必要性が，ますます強く実感されるようになった．土壌と水の質の悪化による影響は，とくに途上国とりわけ土壌や水といった重要資源を最も入手しにくい農村の貧困層で深刻となっている．途上国の農民が手に入れることのできる資源を最大限に活用するのを援助するため，FAOは多くの研究計画を実施してきた．

FAOは，国立および民間の機関や団体が，土壌の

侵食が土地の生産性に及ぼす影響を研究し，土地の再生法を開発し，乾燥および半乾燥地の管理を改善し，適切な耕作技術を普及させ，さらに土壌中の微生物やバクテリア，また水分や塩分を監視するのを援助している．またFAOは，地域社会が自らの管理下にある資源をより効率的に管理できるようにするための知識と自立性を発展させ，それを通じて森林の消失やそれによって生じる土壌崩壊と戦うことも援助している．

情報の面では，FAOは科学者たちに土壌の利用に関するデータを提供するほか，新たな『世界土壌地図』(→297ページ)のデジタル版を，専門家でない人々にも利用できるように改良した．FAOは，土壌と水の管理のさまざまな側面に関する技術セミナーや，一般政策会議にも貢献している．たとえば1992年にダブリンで開かれた水と環境に関する国際会議で，FAOは中心的な役割を演じた．ダブリン声明は水の経済的価値を強調し，水資源を所与のものと考えてはならないと警告した．

1993年にFAOは，農業における水利用の効率性の向上をめざす，2つのコンピュータ・プログラムを完成させた．そのうちのひとつがAQUASTATと呼ばれる，農村開発における水利用に関する世界的なデータベースである．灌漑がおもなテーマではあるが，AQUASTATは排水や水資源開発の環境への影響，世界の利用者に対する需給バランスなど，多様な情報を提供している．もうひとつはSIMIS(灌漑管理情報制度計画)と呼ばれるコンピュータ・システムで，灌漑システムでの水の損失を減らす手助けとなるように開発された．灌漑計画では，多くの複雑で変化する要因を考慮しなければならない．途上地域のさまざまな現地状況に対応できるように，SIMISシステムの17項目の独立したモジュールは，人的資源の管理から，気象，収穫，土壌に関する情報まで，さらに機構から会計規則に至るまでの灌漑管理に関する広範な事項を扱っている．SIMISは，複数のプロジェクトに関する情報を処理し，高速かつ正確な計算によって金銭の請求と登録のような単調な反復作業を能率化しながら，同時に需要と可能性の見積りをすることもできる．

「水と持続可能な農業開発に関する国際行動計画」を通じて，FAOは数多くの加盟国で，水資源を効率的に管理し農村地域の住民の水需要にこたえるのを援助する計画を実施してきた．

FAO/IAEA/SIDA合同研究計画は，農作物やその変種がどのように水を利用しているかを測定する，中性子分子メーターを利用している．この研究によって，たとえばいくつかの穀類の変種は，ほかのものより3倍も効率よく水を利用していることがわかった．水効率の良い変種を選択する可能性は，水を得にくい地域の農民たちに歓迎されるだろう．

栄養管理

土地と水を別にすると，農業生産を増大せる最も重要な投入物は肥料ということになる．肥料の有効性が高まれば，環境を保護しつつ増産が可能になり，消費者を満足させるだけでなく農民の生産費を削減することもできる．FAOが先頭に立って遂行している「アジェンダ21」の任務のひとつは，植物の栄養吸収システムを改良し，食糧増産を達成することである．1993年にFAOは，アプローチの重要な変化を反映させるため，従来の「肥料計画」という名称を改めた．新しい名称の「植物栄養計画」は，「植物栄養総合システム」(IPNS)の応用に焦点を絞っている．

新しい計画のもとでFAOは，収穫周期全体を視野に入れ，各農場レベルで持続可能な栄養管理ができるようにするIPNSの活動を促進している．その目的は，損失をおさえ，労働生産性を高めつつ均衡のとれた供給を実現するために，農民が生物肥料(堆肥や穀物のかす)や，ミネラル，さらに自然に(土壌に)生じる養分を最も有効に利用できるよう支援することにある．

植物の栄養改善のための交配研究は，栄養の吸収と利用がうまくできるよう，特性を選別して組込んだ変種を作りだすことに集中している．さらに「植物栄養計画」は，各国政府が肥料の生産，供給および利用を規制する制度を採用したり機関を創設するよう奨励しながら，国段階で健全な政策や戦略を開発できるよう手助けしている．

害虫管理

FAOは潜在的に有害な殺虫剤の利用の削減および合理化を目的とした多くの計画や企画をもっている．「殺虫剤の流通と利用に関する国際行為規範」(→298ページ)は，潜在的な危険を確認し，安全と効力および経済性を増すため，殺虫剤の規制，流通および利用に携わる人々(政府，産業界，取引業者そして利用者)のための基準を設けている．

FAOは植物保護に関する現地活動の焦点を農場レベルでのIPM戦略(→299ページ)の適用に絞り，そうした総合的手法を用いて生産を改良しようとしている農民を，各国政府が支援するのを奨励し

ている．アジアでは，50万人以上の稲作従事者がIPMの現地学校で学んだ技術を利用し，殺虫剤の使用を最小にしつつ生産高をのばすことができた．FAOは，アフリカ，ラテンアメリカ，および中東諸国の植物保護の専門家たちがアジアの経験から学べるよう，研修旅行を準備してきた．

■ 農村開発の促進

農地改革と農村開発

FAOが国連システムのほかの機関と協力して後援している「農地改革と農村開発に関する世界会議」(WCARRD)が，1979年にローマのFAO本部で開かれた．会議には145カ国から100人以上の閣僚たちや約1400人のその他の代表が出席した．この会議で，農村開発により多くの農民が平等に参加できるようにする，開発政策や戦略の見直しのための枠組みとなる原則宣言と，行動計画が承認された．FAOは同会議の行動計画を実現する国連の主導的機関である．活動の大半は，農地改革，土地所有権の改善，および定住を促進する現地プロジェクトである．

各国が行動計画を実施するのを援助し，ひいては国段階での総合的農村開発の分野での活動を調整するため，FAOは3つの地域センターの設立を支援した．「アジア太平洋総合農村開発センター」(CIRDAP)はバングラデシュのダッカにあり，「アフリカ総合農村開発センター」はタンザニアのアルーシャに，そして「中東農地改革農村開発センター」はヨルダンのアンマンにある．

農村開発に関連した活動は，FAOの主要な計画の不可分にして永続的な一部である．事務局は4年ごとに，WCARRDの行動計画の実施に関する経過報告書を各国政府が作成するのを手伝っている．FAOはアフリカ，アジア太平洋，ラテンアメリカ，カリブ地域でのWCARRDの活動を促進するため，政府間協議を組織してきた．機関および専門家の間の協議は，FAOの地域事務所で行われる．最後に，FAOは加盟国の要請があれば農村開発と農地改革戦略の見直しについて，当該国政府を援助するため高級レベルのWCARRDフォローアップ使節を派遣している．

この援助は，多くの国々で進行中の中央計画経済から市場経済への移行にとってとくに重要である．

■ 小規模農民への支援

世界人口の半数近くが，途上国の農村部で生活している．彼らの大多数が自給用の小さな農地しかもっておらず，貧しい人々であると考えられる．彼らのような零細農民の声を，社会的，経済的，政治的な権力構造のなかで聞こうとしても，それは難かしい場合が少なくない．

FAOは，零細な土地所有者の要求，動機，能力，リスク，および資力を考慮し，これらの要因が生産やマーケティング，あるいは農家の自家消費に与える影響を考慮に入れながら，小規模農民を援助する，数多くの計画をもっている．各国政府は，農村の貧しい人々に対して，必要なものが適正な時期に合理的な分量で，かつ受入れ可能な価格で行きわたるようにする政策を考慮するよう奨励されている．農民が自分たちの問題を認識し，解決策をみつけ，自分たち自身の必要性や優先順位に基づいて生産計画を準備できるよう，力を合わせることも強調されている．農民自助団体は，自らの借入条件の立案と管理の面で援助を受けており，さらに融資提供を受けやすくすることが強調されている．

■ 女性の役割

農村開発において決定的な役割を演じているのは女性たちだが，しかし女性たちはおそらく開発過程への参加者のなかで最も顧みられることの少ない存在である．FAOは，女性の統合[完全な参加または差別撤廃]がきわめて重要であることを認め，「開発過程への農村女性の統合のための行動計画」を展開してきた．この計画では，農村女性の市民的地位，その経済的，社会的，および意思決定の領域の，4つのおもな活動分野に焦点を当てている．これらの各分野で，行動計画は女性の障害となっているものを取除き，女性の潜在能力を育てる活動の概略を示している．FAOのアプローチは，もっぱら女性に向けられたプロジェクトの実施とともに，FAOの全プロジェクトおよび活動のなかの女性に関係のある部分への支援を含んでいる．

■ 栄　養

　FAOは，各国が栄養状態を改善し，健康的な食事を促し，安全な食糧を得られるようにするのを手助けすることでも，中心的な役割をはたしている．おもな関心事項は，食品の品質管理，取扱いや加工・貯蔵，家庭での食糧保障，林業・漁業・穀物生産と地方の食品，栄養監視と評価，計画立案，教育および情報などである．

　1992年にFAOは世界保健機関（WHO）と共同で，国際栄養会議（→295ページ）を主催した．同会議は，栄養に関する宣言とその行動計画を採択した．各国はこの会議で「世界栄養宣言」を作成し，今後数十年間は行動計画を遵守することを誓った．「世界栄養宣言」は，「しばしば低開発の結果であるところの貧困と教育の欠如は，飢えと栄養失調の主たる原因である」ことを再確認した．同宣言は最も援助が必要な集団を特定し，まず彼らの苛酷な境遇を和らげるため，栄養となるものを重点的に配分する必要を強調している．また，食糧を政治的圧力の道具に用いてはならないことも強調している．内戦や自然災害の結果生じる食糧不足への準備を整える必要性はもとより，栄養教育を通じて弱者集団に知識を蓄積させることの重要性も強調された．

　行動計画は，各国政府がNGOや民間部門，地域社会，家族，それに国際社会と協力しながら活動するための指針を与えている．同計画は，国際栄養会議での集中的な討議によって特定された政策，計画，および活動に関する勧告を含み，さらに世界中からの広範な専門家の意見をまとめている．同会議に参加した159カ国が，達成可能な目標と国家的な栄養計画を発展させることを約束している．FAOは，同会議へのフォローアップを継続しながら，多くの国の政府が栄養に関する国家的な行動計画を準備するのを援助している．このプロセスを支援するため，加盟各国に「栄養に関する国家的な行動計画開発の指針」という文書が配布された．

　FAOの栄養プロジェクトの多くは，家庭内のとくに女性の間での栄養に関する知識の向上に向けたものである．栄養教育と家庭菜園に的を絞った体験計画や試験家族計画を通じて，食事の回数や質を改善させる必要性が認識されるようになってきた．家庭で不足する食材を自分たちで育てるよう促したり，自分たちでは栽培できないビタミンやミネラルに富んだ果物や野菜を購入する資金を，家庭菜園からの収入で賄うことなどが奨励されている．

　FAOは100カ国の途上国について，それぞれの食糧と栄養の現状，農業生産，経済および人口の統計などを簡潔に概観する国別の栄養状況調査を行ってきた．国別の調査結果は計画立案や訓練のために，各国政府や各研究機関で利用されている．FAOは農業生産データを補充するため，早期警戒ネットワークに栄養情報も含めることを提唱している．

　「食糧法典」（→298ページ）は，国際標準や実践上の規範，消費者の健康を保護し，食品の貿易で公平な実行を促すための食品の品質に関するその他の勧告などを発展させることで，栄養状態の向上に貢献している．現在までに，210項目の国際規制と指針がつくられている．1993年現在，食糧法典委員会には144カ国が参加している．

　FAOがほぼ10年に1回発行する『世界食糧概観』は，世界の食糧と栄養状況を可能なかぎり完全に描きだしたものである．これには，ほとんど全世界の各国の食糧バランス・シートが含まれ，途上国のための家庭の食糧消費についての概観も増えている．

■ 参 考 文 献

Animal Health Yearbook『動物保健年鑑』
Ceres-The FAO Review『セレス―FAO報告』（隔月刊）
Commodity Review and Outlook『1次産品報告と展望』（年報）
FAO Annual Review『FAO年次報告』
FAO Bulletin of Statistics『FAO統計会報』（季刊）
FAO Fertilizer Yearbook『FAO肥料年鑑』
FAO Plant Protection Bulletin『FAO植物保護会報』（季刊）
FAO Production Yearbook『FAO生産年鑑』
FAO Trade Yearbook『FAO貿易年鑑』
Food and Agriculture Legislation『食糧と農業立法』（年報）
Food Outlook『食糧展望』（月報）
Rural Development『農村開発』（年報）
The State of Food and Agriculture『食糧と農業の現状』（年報）
Unasylva : An International Journal of Forestry and Forest Products『ウナシルバ，林業と森林産品の国際ジャーナル』（季刊）
World Annual Review『世界年次報告』（季刊）
Yearbook of Fisheries Statistics『漁業統計年鑑』
Yearbook of Forest Products『森林産品年鑑』

国連食糧農業機関(FAO)

FAO加盟国一覧 (1996～1997年の拠出国*)

アイスランド	コロンビア	バヌアツ
アイルランド	コンゴ共和国	バハマ
アゼルバイジャン	コンゴ民主共和国	パプアニューギニア
アフガニスタン	サウジアラビア	パラグアイ
アメリカ	サモア	バーレーン
アラブ首長国連邦	サントメ・プリンシペ	バルバドス
アルジェリア	ザンビア	ハンガリー
アルゼンチン	シエラレオネ	バングラデシュ
アルバニア	ジブチ	フィジー
アルメニア	ジャマイカ	フィリピン
アンゴラ	シリア	フィンランド
アンティグア・バーブーダ	ジンバブエ	プエルトリコ(準加盟国)
イエメン	スイス	ブータン
イギリス	スウェーデン	ブラジル
イスラエル	スーダン	フランス
イタリア	スペイン	ブルガリア
イラク	スリナム	ブルキナファソ
イラン	スリランカ	ブルンジ
インド	スロバキア	ベトナム
インドネシア	スロベニア	ベナン
ウガンダ	スワジランド	ベネズエラ
ウルグアイ	セイシェル	ベリーズ
エクアドル	赤道ギニア	ペルー
エジプト	セネガル	ベルギー
エストニア	セントクリストファー・ネイビス	ボスニア・ヘルツェゴビナ
エチオピア	セントビンセントおよび	ボツワナ
エリトリア	グレナディーン諸島	ポーランド
エルサルバドル	セントルシア	ボリビア
オーストラリア	ソマリア	ポルトガル
オーストリア	ソロモン諸島	ホンジュラス
オマーン	タイ	マケドニア
オランダ	タジキスタン	マダガスカル
ガイアナ	タンザニア	マラウイ
カタール	チェコ	マリ
ガーナ	チャド	マルタ
カナダ	中央アフリカ共和国	マレーシア
カーボベルデ	中国	南アフリカ共和国
ガボン	チュニジア	ミャンマー
カメルーン	チリ	メキシコ
韓国	デンマーク	モザンビーク
ガンビア	ドイツ	モーリシャス
カンボジア	トーゴ	モーリタニア
北朝鮮	ドミニカ共和国	モルディヴ
ギニア	ドミニカ国	モルドバ
ギニアビサウ	トリニダード・トバゴ	モロッコ
キプロス	トルクメニスタン	モンゴル
キューバ	トルコ	ユーゴ
ギリシャ	トンガ	ヨルダン
キルギス	ナイジェリア	ヨーロッパ経済共同体(組織加盟)
グアテマラ	ナミビア	ラオス
クウェート	ニカラグア	ラトビア
クック諸島	ニジェール	リトアニア
グルジア	日本	リビア
グレナダ	ニュージーランド	リベリア
クロアチア	ネパール	ルクセンブルグ
ケニア	ノルウェー	ルーマニア
コスタリカ	ハイチ	ルワンダ
コートジボワール	パキスタン	レソト
コモロ	パナマ	レバノン

* FAO, Report of the Conference, 28 th Session, 1995(C 95/REP), pp. J 1-J 5.

国連教育科学文化機関（UNESCO）

[www. unesco. org]

背景 UNESCO（ユネスコ）憲章の前文は，「戦争は人の心の中で生まれるものであるから，人の心の中に平和のとりでを築かなければならない」と述べている．さらに「ここに終りを告げた恐るべき大戦争は，人間の尊厳・平等・相互の尊重という民主主義の原理を否認し，これらの原理の代りに，無知と偏見を通じて人種の不平等という教義をひろめることによって可能にされた戦争であった」と述べている．UNESCOが創設されたとき，第2次世界大戦は創設者たちにとって忘れることができない身近な事実であった．国連ファミリーの一員としてのUNESCOの目的は，「国際連合憲章が世界の諸人民に対して人種，性，言語又は宗教の差別なく確認している正義，法の支配，人権及び基本的自由に対する普遍的な尊重を助長するために教育，科学及び文化を通じて諸国民の間の協力を促進することによって，平和及び安全に貢献すること」である．

■ 創　　設

教育，科学および文化的な問題で国際的に協力しようという試みは，第1次世界大戦前にもあったが，世界規模でこのような努力を促進する組織は存在しなかった．戦後に起草された国際連盟規約でさえ，これらの事項に関する国際協力には触れていない．しかし，ベルギー代表のアンリ・ラフォンテーヌの多大な努力のおかげで，国際連盟知的協力委員会が生まれた．著名な12人の人物で構成された同委員会は，1922年夏，フランスの哲学者アンリ・ベルグソンを議長として最初の会合を開いた．委員会に参加したメンバーのなかには，マリー・キュリー，ギルバート・マレー，アルバート・アインシュタインなどがいた．同委員会には高尚な知的雰囲気が漂っていたが，同時に，のちのUNESCOでも有益とされた実務的事項に関する先例も確立した．この委員会に触発されて，知的協力に関する国内委員会が40カ国余りで設立され，これらが現在UNESCOの活動を推進している173カ国以上の国内委員会の先駆けとなった．フランス政府の援助をもとにパリに創設された国際知的協力協会は，1926年初めから活動を開始し，同委員会の常設事務局の役割を担った．

このようにして，国際連盟には国際的な活動を促進する技術的な機関が設けられ，学者や専門家，学会，図書館職員といった人々の関心領域を中心に活動した．同協会の後援で，数多くの会議やシンポジウムがパリで開かれた．世界状勢がより危機的となっていくなか，これらの会議で取り上げられた議題には，戦争の心理的要因や，戦争の代替手段としての平和的変更を促進する方策などがあった．

教育問題でのより集中的な国際協力は，第2次世界大戦中に始まった．1942年11月にロンドンで，ナチス・ドイツの占領によって荒廃した各国の教育制度を戦後いかにして復興させるかを審議するために，連合国文部大臣会議が招集された．この会議の最初の会合には8カ国の亡命政府と，フランス国家解放委員会が出席した．同会議は戦時中，たびたび休会しながらも継続され，他の連合国政府の代表も多く参加するようになった．1944年4月の会合へのアメリカ代表団には，当時アーカンソー州選出の下院議員でのちに上院議員となったJ・ウィリアム・フルブライトや，当時はアメリカ議会図書館職員でのちにはUNESCO憲章の起草にも参加した，詩人のアーチボルト・マックレイシュがいた．

国連の目的のひとつに，国際的な文化的および教育的な協力の促進も含めるべきだということが，サンフランシスコ会議で決められた．閉会に当たっての演説で，トルーマン大統領は「我々は，諸国や人民の間でのより良く，かつ，より寛大な理解への道を開く，間断なく，また幅広く，思索と理想を交換す

るための実効的な組織を設立しなければならない」と宣言した.

国際連合教育文化会議創設のための会議は1945年11月に, イギリスとフランスが招集し, ロンドンで開催された. 新しい組織は既存の知識の伝達だけでなく, 新しい知識の追求も扱うべきであると決定された. こうして, 国際協力を通じて自然科学や社会科学を奨励することが, UNESCO の主要な任務のひとつとなった. UNESCO 憲章は, わずか2週間の審議ののちロンドン会議において採択され, 20カ国が受諾文書をイギリス政府に寄託した1946年11月4日に発効した.

■ 目　　的

1945年憲章で規定された UNESCO の任務は, 次のようなものであった.
(a) 大衆通報(マス・コミュニケーション)のあらゆる方法を通じて諸人民が相互に知り且つ理解することを促進する仕事に協力すること.
(b) 次のようにして一般の教育と文化の普及とに新しい刺激を与えること.
　　加盟国の要請によって教育事業の発展のためにその国と協力すること.
　　人種, 性又は経済的若しくは社会的な差別にかかわらない教育の機会均等の理想を進めるために, 諸国民の間における協力の関係をつくること.
　　自由の責任に対して世界の児童を準備させるのに最も適した教育方法を示唆すること.
(c) 次のようにして知識を維持し, 増進し, 且つ, 普及すること.
　　世界の遺産である図書, 芸術作品並びに歴史及び科学の記念物の保存及び保護を確保すること.
　　教育, 科学及び文化の分野で活動している人々の国際的交換並びに出版物, 芸術的及び科学的に意義のある物その他の参考資料の交換を含む知的活動のすべての部門における諸国民間の協力を奨励すること.
　　いずれの国で作成された印刷物及び刊行物でもすべての国の人民が利用できるようにする国際協力の方法を発案すること.

UNESCO 憲章が加盟国の「文化及び教育制度の独立, 統一性及び実りの多い多様性」を維持する必要性を強調していることから, UNESCO はすべての加盟国あるいは特定の加盟国に対して何らかの特定の基準を押しつけることはできず,「加盟国の国内管轄権に…属する事項に干渉することを禁止」されている.

■ 加　盟　国

いかなる国連加盟国も UNESCO に加盟できる. その他の諸国は UNESCO の執行委員会の勧告に基づき, 総会の3分の2の多数の承認で, 同機関への加盟が認められる. オーストリア, ハンガリー, 日本は, 国連への加盟より前に UNESCO に加入した.

1951年に憲章改正に関するイギリス提案が採択され, 国際関係の処理について責任を負わない地域または地域群も, その国際関係に責任を負う加盟国その他の当局の申請に基づき, 準加盟国として認められるようになった. ただし準加盟国は投票権をもたない.

加盟国は事務局長に脱退の意思を通知するだけで UNESCO を脱退することができ, 脱退は通知された年の翌年末に効力を生じる. 南アフリカは1956年12月31日に脱退した. チェコスロバキア, ハンガリー, それにポーランドは1952年に UNESCO の活動への参加を停止したが, 1954年に積極的な活動を再開した. ポルトガルは1972年に脱退したが1974年に復帰した. 1974年11月に, アラブ諸国と共産主義諸国の代表が優位を占めた表決によって, イスラエルが UNESCO のヨーロッパ地域グループから排除された. 同国がエルサレムの発掘中に歴史的な事実に手を加えたという理由でイスラエルに対する UNESCO の支援も停止されたが, その根拠となった主張は UNESCO の考古学専門家たちには支持されなかった.

1984年末にアメリカは,「UNESCO の政策や強いイデオロギー一性, 予算, 運営にみられる昨今の傾向が組織の実効性を損なっている」として, UNESCO を脱退した. その1年後にイギリスとシンガポールも脱退した. 1994年2月にアメリカ国務省は, もし UNESCO が職員を1800人近くまで削減し, 論争の的となっている新世界情報コミュニケーション秩序(NWICO)に関する立場を変更すれば, アメリカは UNESCO に復帰してもよいと通告したと *New York Times* 紙が報じた. その記事によれば, 国務省は予算の都合上, 復帰は1996年か1997年に延期されると通告したとされる. 脱退するまで, アメリカは UNESCO 予算の25% を負担していた. 復帰にともなうアメリカの年間分担金は, 約6500万ドルと見込まれている.

1994年2月現在，UNESCOには182の加盟国と3ヵ国の準加盟国があった．［1999年12月現在の加盟国は188ヵ国，うち準加盟国は4ヵ国である．］

■ 機　　関

UNESCOは1946年に調印された連携協定を通じて，国連と関係をもちつつ，一定の自治を認められた専門機関となっている．UNESCOの3つの主要な機関は，総会，執行委員会，そして事務局長を長とする事務局である．

総　会

UNESCOの各加盟国は，UNESCOの政策や事業の主要な方針を決定する総会に，代表を派遣する権利をもっている．各加盟国は総会で1票をもち，派遣できる代表は5人である．UNESCO憲章は，加盟国政府が国内の教育，科学および文化に関する諸団体と協議して代表を選出するよう定めており，その加盟国に国内委員会が設立されている場合には，それと協議しなければならないとしている．

1946年から1952年まで，総会は毎年開かれていた．それ以後は，通常2年に1回の開催となった．総会はパリで開催するのが通例であるが，メキシコ・シティ，ベイルート，フィレンツェ，モンテビデオ，ニューデリー，ナイロビ，ベオグラード，ソフィアでも開かれたことがある．

総会の決定は，憲章上とくに規定されているUNESCO憲章の改正や国際条約の採択などは2/3の多数決だが，それらの事項を除けば単純多数決で行われる．ただし加盟国は，総会が採択した条約に自動的に拘束されるわけではない．いっぽうでUNESCO憲章は，そのような条約を加盟国は批准のために一年以内に自国の権限ある当局に提出するよう求めている（憲章4条4項）．これは総会が単純多数決で採択する勧告にも適用される．

執行委員会

1993年の総会以来，執行委員会は総会が選出する51ヵ国［1995年以降は58ヵ国に拡大］の委員で構成されている．委員会はUNESCOの計画の実施を監督している．会合は少なくとも年2回開かれる．執行委員会は，総会が招集される前に，事務局長が提出した予算見積や向こう2年間の活動計画を検討する．委員会は，これらの報告を勧告を付して総会に提出し，議事日程を準備する．

本来UNESCO憲章は，「執行委員会の委員は，各自の政府の代表者ではあるが，総会から委任された権限を総会全体に代って行使しなければならない」と規定していた．1993年まで委員会の委員は加盟国ではなく，加盟国が任命した代表の中から選挙された個人が委員であった．UNESCO憲章は，総会が「芸術，人文学，科学及び教育について並びに思想の普及について有力である」者を含めるよう努力しなければならないとだけ規定していた．1993年に，総会はこの基準を改正した．以後，執行委員会の加盟国はUNESCOの権限内にあるひとつまたはそれ以上の分野で能力を認められ，委員会の行政上・執行上の任務をはたす経験と能力をもつ人物を指名するよう求められている．総会は執行委員会の委員国を選出するさいに，文化の多様性および均衡のとれた地理的分布にも考慮しなければならない．

1972年に総会が採択した憲章改正によって，執行委員会の委員は4年ごとに選出され，続けて再選されることはできない．総会は各会期ごとに，その会期で任期が終了する委員の後継者を選出する．1968年に，執行委員会の選挙だけを管理する，加盟国のグループ割当選挙制が確立された．

事務局長と事務局

事務局はUNESCOの計画を実行する．事務局長は執行委員会が指名し，総会が選出する．各職員は事務局長によって任命される．UNESCOの初代事務局長は，イギリスのジュリアン・ハックスレーであった．1987年11月にはスペインのフェデリコ・マヨール・サラゴサが事務局長に選出され，1974年からこの職にあったセネガルのアマドウーマハタール・ムボウのあとを継いだ．1993年の総会で，マヨール・サラゴサは再選され2期目の6年間を務めている．［1999年総会では，日本の松浦晃一郎前フランス大使が選出された．］

本　部　UNESCOの最初の本部はパリのホテル・マジェスティックにあった．この建物は皮肉なことに，ドイツ軍がフランスを占領していたさい，本部として使っていたところである．1958年に，本部はフランス政府からUNESCOに寄贈されたフォントゥノア広場7番地の3ヘクタールの敷地に移された．

UNESCO本部はもともと会議場棟，事務局棟，UNESCO常駐代表団に割当てられたビルで構成されていた．1965年に地下パティオ周辺に新しい建物が追加建設され，1970年と1977年にも2棟の増築

があった．建物のデザインは，数人の有名な建築家たちが設計したものである．現代芸術家の作品が，本部にとって不可欠の一部となっている．

地域事務所

1980年代以来，アメリカはUNESCOの職員が地域事務所よりもパリ本部に集中しすぎていると批判してきた．アメリカ国務省の1992年の報告によると，UNESCOの全職員2697人の73%がパリにいた．同報告は，この事実にもかかわらず同機関の通常資金および予算外資金の44%が地域事務所で使われていたと指摘している．しかしこの不均衡は，技術志向の専門機関の任務と比べて，UNESCOの任務がかなり異なっていることを反映しただけなのかもしれない．いずれにせよ，UNESCOには42カ所もの地域事務所があるのも事実である．

アフリカではUNESCOの事務所がダルエスサラーム，ワガドゥーグー，ヤウンデ，アディスアベバ，ウィントフーク，ラゴス，キンシャサ，およびルサカにある．UNESCOのアフリカ地域教育事務所はダカールにある．アフリカ地域科学技術事務所はナイロビにある．南部アフリカ地区教育事務所はハラレにある．

アラブ諸国地域でUNESCOの事務所はアンマン，ラバト，およびチュニスにある．UNESCOアラブ諸国地域教育事務所はベイルートにある．アラブ諸国地域科学技術事務所はカイロ，アラブ諸国教育刷新プログラム調整ユニットはクウェートにある．

アジア・太平洋地域でUNESCOの事務所は，クアラルンプール，北京，およびプノンペンにある．アジア・太平洋中央事務所はバンコクにある．南・中央アジア地域科学技術事務所はニューデリーにある．南東アジア地域科学技術事務所はジャカルタにある．アジア・太平洋地域図書開発事務所はイスラマバードにある．UNESCO太洋州事務所はアピアにある．

ヨーロッパと北アメリカでUNESCOは，モスクワとケベックに事務所をもっている．ヨーロッパ地域科学技術事務所はベネチアにあり，ベネチア保護連絡局も兼ねている．UNESCO欧州高等教育センターはブカレストにある．

ラテンアメリカとカリブ地域でUNESCOは，キト，サンホセ，ポートオブスペイン，キングストン，カルタヘナ，ブラジリア，およびメキシコシティに事務所を構えている．ラテンアメリカおよびカリブ地域UNESCO地域教育事務所はサンチャゴにある．ラテンアメリカ・カリブ地域科学技術事務所はモンテビデオにある．ラテンアメリカ・カリブ地域文化事務所はハバナにある．ラテンアメリカ・カリブ地域高等教育センターはカラカスにある．開発教育刷新カリブ・ネットワークはブリッジタウンにある．

UNESCO国内委員会

UNESCO憲章は各加盟国が「望むべくは国内委員会の設立を通じて，教育，科学及び文化の事項に携わっている自国の主要な団体を当機関の事業に参加させるよう」要請している．1994年6月現在，173の加盟国が，広く国内の団体を代表し，UNESCOの目的達成に協力する国内委員会を設立している．これらの国内委員会はUNESCOの正式の機関ではないが，UNESCOと各国民を結ぶ重要なきずなとなっている．また国内委員会は，UNESCO総会に出席する自国の政府や代表に適切な事項について助言を行い，連絡組織や情報の発信源として役立っている．

国内委員会の規模や構成はさまざまである．文部大臣が委員長を務め，政府高官や教育，科学，芸術分野の指導者，専門家団体の代表などが委員になっている例が多くみられる．会合や出版物，放送，コンテスト，展覧会などを通じて，委員会は特定のUNESCOのプロジェクトに対する国民の関心を喚起している．いくつかの国々のUNESCO国内委員会では，地域会議を開くこともある．国内委員会はUNESCOの出版物の翻訳，印刷および配布についての契約を結ぶことがある．

非政府組織との協力

UNESCO憲章は「政府の政治的及び経済的取極のみに基づく平和は，世界の諸人民の，一致した，しかも永続する誠実な支持を確保できる平和ではな」く，「よって，平和は，失われないためには，人類の知的及び精神的連帯の上に築かれなければならない」と述べている．

こうした考えのもと，UNESCOの創設者たちは，この機関の目的と計画の準備や実行に当たって，可能な限り世界の人民を緊密に結びつける方法を模索した．こうして創設以来，UNESCOは国際的な非政府組織（NGO）との協力を求めてきたのである．UNESCOが協力しているNGOは現在では587団体以上および，専門的ないし学術団体（教員や科学者，思想家，社会学者，ジャーナリスト，作家，法律家）から，大衆組織（労働組合，生活協同組合，女性団体，青少年団体）や宗教団体までを含み，UNESCOと同じような活動や関心を共有している．

UNESCOはNGOと協議し協力することによって，計画の準備や実行でNGOの団体から可能な限り広い援助を受け，教育，科学および文化分野で国際協力を強化している．

■ 予　　算

1994～95年の2年間について，1993年の総会は通常予算として4億5550万ドルを決定した．その内訳は9550万ドルが教育計画のサービスと活動に，5580万ドルが自然科学，4280万ドルが文化部門に，2820万ドルが通信・情報関連部門に，2330万ドルが人文社会科学部門に，2500万ドルが部門の枠を越えた計画に割当てられていた．

UNESCOの予算は，加盟国にスライド方式で割当てられた分担金で賄われている．1994～95年の2年間についていえば，負担率は総額の0.01%から12.32%まで幅があった．

UNESCOは加盟国に対する活動援助のため，おもに国連開発計画（UNDP），国連人口基金（UNFPA），国連環境計画（UNEP），それに世界銀行や地域開発銀行など，国連システムの他の専門機関から資金提供を受けている．1994～95年の2年間でこれらの資金は，他の資金源と合わせて総額2億7490万ドルの，活動計画向けの予算外の財源となった．

■ 活　　動

UNESCOの活動は，おもに教育，自然科学，社会科学および人文科学，文化，コミュニケーションの分野で実行されている．

第27回総会（1993年）で，平和の強化と持続可能な人間開発の促進という，国連システム全体に共通する2つの目的に努力を集中させる必要があるという，広範な合意が生まれた．総会は，国際的な知的協力の促進についてのUNESCOの役割，すなわち国際的な「シンク・タンク」として活動するという役割の重要性も強調した．

UNESCO憲章は，知識への接近と移転，共有の促進という，同機関の基本的使命についても概略を述べている．UNESCOは，革新的な戦略を想定し準備することや，同機関の権限内にある事項の現状と予想される傾向について信頼できる情報を集め流通させること，また最も高い地位にある政治指導者が確かなコミットメントをするように奨励することなどについて活動を強化する必要が生じた場合に，指針や助言，評価を与えるなどの役割を続けてきた．

UNESCOの最近の活動は，単独あるいは他の国連機関と合同で開いた大きな政府間会議で決まった付託を通じて，大部分が定められてきた．そのようなUNESCO自身も参加した会議としては，とくに1990年3月にタイのジョムティエンで開かれた「全ての人のための世界教育会議」と，1992年6月にリオデジャネイロで開かれた国連環境開発会議（UNCED）がある．

今日の世界が抱える問題がますます地球規模の性質をもち，複雑さも増しているため，UNESCOの活動の多くが複数の学問領域を対象とし，領域の枠組みを越えたアプローチが必要となっている．そのよい例が学際的プロジェクトである「人間開発のための環境および住民教育と情報」であり，これはUNCEDの結果着想され，人間中心で公平かつ持続可能な開発を達成するための総合的なアプローチを目標としていた．

UNESCOの「平和文化促進学際行動計画」は，1993年に，紛争後の平和の強化を支援する活動を始めるために創設された．この計画には，社会的基礎施設の再建，国民の和解の育成，民主的な市民社会への基盤の構築，内発的な能力の創造への援助，開発努力に可能なかぎり広く住民を参加させることの確保などが含まれている．

1989年にベルリンの壁が崩壊して以後，UNESCOは中央ヨーロッパや東ヨーロッパで，国連やその他の国際活動の先頭に立ってきた．第26回総会（1991年）はUNESCOに対して，中央ヨーロッパおよび東ヨーロッパや旧ソ連の新興独立諸国を支援し，「民主的改革の導入を支援する部門間協力を確立すること」と，「この活動を政府間国際組織や非政府組織（NGO），基金およびその他の組織と密接に協力しながら進めること」を要請した．これらの地域ですでに行われている多くの活動は，ひとつの計画にまとめあげた方がうまく行くということから「中東欧開発計画」（PROCEED）の創設が決定された．

最後に，近年のUNESCOの行動は，後発の開発途上国とアフリカのUNESCOの加盟国，それに女性問題という3つの優先的な目標のニーズを満たすことに焦点を当てている．

A．教　　育

UNESCOの最大の活動部門である教育は，一定期間継続され，また変化に対応する努力が必要である．UNESCOは当初は，戦争で荒廃したヨーロッパ

の教育制度の再建を援助したり,その他の地域での個別の小規模なプロジェクトを実行することから始め,識字向上キャンペーン,農村開発,科学教育,教育計画と教育行政,教員訓練などを大規模に手がけるところにまで進歩してきた.

最近の UNESCO のおもな教育活動は,基礎教育の普及,教育制度の改革,それに教育の向上とその政策に焦点を当てている.

UNESCO は,1990 年の世界教育会議のあとを受けた活動で,加盟国が基礎的な学習の必要性を診断し,「国家による全国民教育」(national education-for-all, EFA)を目的とする,実効的な戦略を立てることを援助してきた.

UNESCO は,国連人口基金(UNFPA)と協力して住民教育と開発に関する国際会議(イスタンブール,1993 年 4 月)を開催した.この会議では,「イスタンブール宣言」と 21 世紀直前の住民教育のための活動方針が採択された.

教育の分野での緊急援助計画と再建活動が,アフガニスタン,アルバニア,アンゴラ,ボスニア・ヘルツェゴビナ,カンボジア,クロアチア,イラク,レバノン,モザンビーク,スロベニア,ソマリアなどの諸国で実施された.1993 年 12 月にはスペインのグラナダで開かれた「平和とその後」という国際会議に続いて,パレスチナの教育や文化制度再建を目的とする活動も始められた.

「難民教育の人道援助計画」(SHARE)は,とくに難民の子どもたちの必要性にこたえるものである.この計画は,安全な住居や食糧,医薬品を与えるという緊急ではあるが短期的な目標だけでなく,さらに進んで当該地域の当局や国家機関と協力し,難民の教育政策の集中的な開発を行っている.カンボジアやソマリア,アフガニスタンで初期の経験を積んだあと,SHARE の活動はスロベニアやクロアチアでも行われた.

UNESCO は麻薬や人口,環境分野での研究や教育も推進している.UNESCO は,世界保健機関(WHO)と協力して学校でのエイズ教育の合同模範カリキュラムを作成し,加盟国のエイズ教育計画を支援する文書や指針の普及に努めた.

UNITWIN/UNESCO 講座計画は,協定を通じて各大学相互間の協力を強化し,知識の交流を促進し,教員訓練を改善するための大学間ネットワークの開発を促すべく,1991 年に開始された.1994 年 6 月現在,136 の UNESCO 講座と 21 の大学ネットワークを有し,世界のすべての地域の広範な学問と研究を扱っている.さらに 2 つのネットワークが準備中で 33 のネットワークが現在検討中である.

The World Education Report(『世界教育報告』)は,1991 年に初めて発行された隔年発行の報告書で,教育のおもな傾向や政策問題を広くかつ簡潔に分析しており,多くの表やグラフ,それに独自の統計指標である,160 カ国以上の教育の主要側面をまとめた「世界教育指数」を掲載している.

1993 年 1 月に UNESCO は,来るべき将来の教育が直面する問題を研究し,政策立案者が改革や刷新,その行動のための議題として役立つような勧告を行う目的で,欧州委員会委員長ジャック・ドロールを長とする「21 世紀国際教育委員会」を設立した.同委員会は,明日の社会ではどのような教育を必要としているかという中心課題の検討に時間を割き,1995 年末に報告書を提出することになっている.

「合同学校プロジェクト」(ASP)は,世界共同体で若者が生きる準備をするうえで,教育の役割を高める方法や手段を実験する目的で設立された国際ネットワークであり,1993 年に 40 周年を迎えた.このプロジェクトには 121 カ国約 3200 校の幼稚園,小学校,中学校,教員養成機関が含まれている.

合同学校プロジェクトと密接に連携しながら,読み書き能力や環境などとくに重要な分野で合同プロジェクトを実施することが多いのが,1947 年に初めて創設された 4700 団体におよぶ UNESCO 協会,センター,クラブなどである.あらゆる年齢層の人々が参加しているこのような団体は 110 カ国でみられ,学校や大学で協会や,常設のセンターなどとして設立され,1981 年以来 UNESCO のクラブ,センター,協会などはそれぞれが世界 UNESCO 協会連合の一部としてまとめられている.

UNESCO の活動は,個別の教育分野で研究や訓練計画を実施する 3 つの組織で支えられている.ジュネーブにある「国際教育局」(IBE)は,比較教育の研究や出版の国際センターとしてサービスを行っている.パリにある「国際教育計画研究所」(IIEP)は,教育計画の立案者や教育行政の担当者を対象とした年間 9 カ月の訓練計画を組織し,教育計画の立案,財政,運営などの訓練を行っている.ハンブルクにある「ユネスコ教育研究所」(UIE)は,生涯学習の枠組み内で成人教育や制度外の教育に焦点を絞っている.

B. 自然科学

UNESCO は,国連システムの中で基礎科学のための任務をもつ唯一の機関である.これは途上国の

出身者を大学の科学教育や基礎科学の4つの中心的分野，すなわち数学，物理学，化学，生物学の研究専門家に育てる多国間の国際的および地域的協力の促進に，UNESCOが参加していることを意味している．またその他の関連する学際的な分野で実施されるプロジェクトは，国家の能力を強化し，現代科学の情報や人的資源開発につながるような影響力をもっているかどうか，あるいは持続可能な開発に対する現実の，あるいは潜在的な影響力をもっているかといった観点から選択されている．

環境と開発に関するリオ会議の大きな成果のひとつが「アジェンダ21」で，これは21世紀に向けた地球規模での持続可能な開発のための国際行動計画であった．UNESCOが広い任務と長い経験をもっていることから，UNESCOはそのフォローアップの多くの側面に関与しており，とくに「アジェンダ21」と「生物多様性条約」や「気候変動枠組条約」が強調されている．

そこでUNESCOの自然科学部門では，訓練と情報および研究を結びつけ，環境と開発の境界にあるような学際的な学問を射程に入れた科学計画を奨励することを通じて，「アジェンダ21」の勧告の実現を優先している．とくに注意が払われているのは，基礎科学と工学の教育（とくに大学レベルの）と研究の促進である．

環境と開発の問題は，過去40年間UNESCOの活動の大きな焦点となってきた．1951年の「乾燥地域計画」以来，水資源管理や生物多様性の保護と，島々や熱帯雨林，乾燥地域などの生態系の保存など，個々の環境と開発問題に関連した研究や教育・訓練，それに政策提言を行うため多くのUNESCOの計画が始められてきた．

「政府間海洋学委員会」(IOC)の活動には124カ国が参加しており，気候と地球のシステム上の海洋の役割について，不明確な点を解明しようとすることに力を注いできた．「アジェンダ21」に対応して，同委員会はとくに海洋学の分野で新しい戦略とその活動計画を採択している．

同委員会は，生物および非生物資源，海洋汚染の研究と監視，それに国際太平洋津波警戒体制の有効性向上に関連した全世界的および地域的海洋学計画を進めてきた．また，訓練と援助を組織化させ，世界気象機関(WMO)とともに「世界海洋監視制度」(GOOS)の前身である *Products Bulletin of the Integrated Global Ocean Servies System*（『総合世界海洋サービス制度の結果報告』）という季刊誌を通じて，海洋や隣接水域での出来事に関する情報を，沿岸国や島嶼国である加盟国に提供している．

「国際水文学の10年」は，1965年にUNESCOが始めたもうひとつの政府間計画であった．1975年にこの計画は「国際水文学計画」(IHP)という長期的な努力をともなうものになった．現在はこの計画の第4期（1990～95年）に当たるが，約150カ国が水資源の合理的管理に関する科学的基礎の開発に向けて，この計画に積極的に関与している．第4期IHPの目的は，変化する環境の中での水文学研究と，持続可能な開発のための水資源管理，それに教育・訓練知識の移転および広報という3つの小計画に分かれている．

UNESCOの最初の *World Science Report*（『世界科学報告』）は1993年に発表されている．同報告は，科学研究組織の方法やその現状など，世界中の科学の現状についての理解を図ることを目的としている．

「生物多様性計画」のもとでUNESCOは，生物科学国際連盟(IUBS)と科学連盟国際評議会(ICSU)の「汚染と環境に関する特別委員会」(SCOPE)と協力して，生物多様性に関する世界的に調和のとれた研究と，生物多様性のリスト作成とその監視を促進している．「生物工学情報交換制度」(BITES)も開発されている．

「人間と生物圏計画」(MAB)が，人間とそれを取りまく環境との相互作用に関する応用研究の国際計画として，1971年に開始された．同計画の目的は，国際レベルでの科学協力のための全体的な枠組みの中で，各地域レベルでの現地活動を優先させながら，合理的で持続可能な方法で天然資源を管理する科学的知識と訓練を受けた人員を提供することにある．110の同計画国内委員会のネットワークをもとに，同計画は，82カ国に設置された324カ所の実験施設からなる「国際生物圏保存ネットワーク」を監視し，途上国からの専門家を含んだ問題別の研究計画をいくつも開発してきた．

「国際地質対比計画」は，UNESCOと国際地質科学連盟(IUGS)との合同の環境活動であり，世界中に設けられた地点の比較研究を通じて地質形成過程の知識を増大させ，エネルギーや鉱物資源の発見と評価に関するより効率的な方法を開発し，研究方法や技術の改善を行なうことなどを目的としたものである．また，情報のコンピューター処理(GIS, DAS, PANGIS)や遠隔探査分析（たとえばGARS）などの，従来技術や新技術を途上国に移転することを優先している．

C. 社会科学および人文科学

UNESCOは国際交流とともに訓練や研究活動の奨励を通じて，社会科学と人文科学を国際レベルおよび地域レベルで発展させることを奨励している．

平和や人権，民主主義の分野でのUNESCOの活動は，研究や教育，情報や出版物の配布，それに政府や政府間組織，非政府組織（NGO）などと協力した会合などを通じて，人権の伸長と保護，平和と民主主義の強化はもとより，あらゆる形態の差別を防止し排除することを目的としている．この分野でのUNESCOの活動によって，重要な国際的文書が作成されてきた．

多文化および多民族社会や都市化，国際化，グロバリゼーションの出現は，「社会変容管理計画」（MOST）の核心にある変化過程である．同計画は，多民族社会の管理，社会変容を加速する場としての都市，それにトランスナショナルな現象に対する地方や地域の対応という3つの分野で政策に関連し，複数の学問領域にまたがる，比較考察を行う社会科学研究を育成する目的で，1993年に総会が創設したものである．

生物学，遺伝学，医学，法学，哲学と社会科学および人文科学の専門家で構成される「国際生物倫理委員会」（IBC）が，生命科学の進歩で生じる倫理的問題に対処するため設置されている．

「UNESCO/UNFPA（国連人口基金）プロジェクト」の枠組みの中で，人口の変化に影響をおよぼす社会文化的要因に関する研究が行われている．この研究は「国際人口開発会議」（カイロ，1994年9月）への効果的なはずみとなるだろう．〔同会議は，女性の地位向上とリプロダクティブ・ライツ（性と生殖に関する権利）を強調した行動計画を採択した．〕

UNESCOは，男女平等と，あらゆる差別に反対する原則を強調しつつ，女性の地位の向上に関する広範な計画をもっている．この計画は「第4回国連世界女性会議，平等と開発および平和のための行動」（北京，1995年9月）の準備に，はずみをつけるものとなるだろう．〔同会議には，190カ国から1万7000人が参加し，2000年に向けての行動綱領と北京宣言が採択された．〕

UNESCOの「青少年計画」は，青少年問題の分析と情報の普及，国際的な協力活動に若者を登録すること，開発と平和，障害をもつ若者のための行動などを扱っており，約400団体のパートナーとの情報交換や接触を行う，双方向的なネットワークである「国際青少年情報センターおよび情報サービス」（IN-FOYOUTH）を設立した．

D. 文化

UNESCOのおもな文化活動は，文化遺産の保護，文化的な同一性と多様性の保存と育成，創造的で知的な表現の促進などに向けられている．約2000件に近いプロジェクトが「世界文化発展の10年」（1988〜1997年）との関連で，世界中で展開された．その中には「マヤ世界」「バロック空間」「奴隷の道」「鉄の道」などに関するプロジェクトが含まれている．「シルクロード，対話の道」プロジェクトは，過去に実施された4つの調査団が発見した遺物の評価を続けており，中央アジアのシルクロードの文化ツアーのための「UNESCO/世界観光機関合同プロジェクト」も，1993年に始められている．

文化遺産の保護　憲章に基づいてUNESCOには，「世界の遺産である…芸術作品並びに歴史及び科学の記念物の保存及び保護を確保」する任務が託されている．

「武力紛争の際の文化財の保護のための1954年ハーグ条約」と，「文化財所有権の不法な輸入，輸出，移転を禁止し予防する手段に関する1970年の条約」の適用強化を目的とする訓練活動が，今後もこの分野でのUNESCOの重要な活動となろう．

UNESCOによる世界文化遺産保護活動は，国際支援を求めるキャンペーンを通じて最もよく知られている．その最初がエジプトのヌビア遺跡の保護であり，4000万ドルをかけたアブ・シンベル神殿再建の成功を導いた．1983年に成功のうちに終了した別のプロジェクトが，インドネシアのボロブドゥール遺跡の復元であった．2度目のエジプトキャンペーンは，アスワンとカイロに博物館を建設することに向けられた．今日，27件の同じような国際キャンペーンを実施中である．

加盟国が自国の文化遺産を保存しようと努めるにつれて，博物館も増え，歴史的な記念物や場所，芸術作品およびその他の文化財を保存する活動も増えてきた．この分野へのUNESCOの貢献は，おもに助言サービス，設備や必需品，世界中の個別プロジェクトに対する財政援助などを供与することである．文化遺産の保存，保護や展示の専門家の訓練の改善には，国際的あるいは地域的，またはサブ・リージョナルなレベルで行われる訓練プロジェクトでの講義やフェローシップが含まれている．

UNESCOの活動の結果，いくつもの条約や勧告が採択されたが，その中には1972年の総会で採択さ

れた「世界の文化遺産および自然遺産の保護に関する条約」，すなわち「世界遺産条約」が含まれている．この条約は，法的にまた行財政面での恒常的な国際協力の枠組みを初めて規定したものである．また，かつてはまったく異なるものと考えられていた文化遺産と自然遺産の保護を結びつけ，政治的かつ地理的な国境を越えた「世界遺産」という概念を導入している．同条約は，世界遺産というかけがえのないものの評価と，それらの遺産が直面している危機をすべての人々がよりいっそう認識することを目的としたものである．また同条約は，各国の努力を補充し，援助し，刺激することを意図するもので，各国と競いあったり，排除したりするものではない．1994年4月現在，この条約は138の加盟国が批准または受諾している．こうして「世界遺産委員会」は，これまでに411件の遺産を世界遺産リストに載せ，「世界遺産基金」を通じて技術協力への財政的支援を定期的に承認してきている．

研究や情報の交換によって，UNESCOは遺産の保存に関する専門知識の向上と拡大に貢献してきた．UNESCOは，博物館，水中考古学，記念物や歴史的建造物，人工景観の保存と修復，芸術作品の搬送や展示のさいの保護基準，石造物の保護などに関する一連の技術マニュアルを発行してきた．とくに途上国でのより初歩的で実用的なガイダンスの需要にこたえるため，1975年から技術ハンドブックの新しいシリーズを発行し始めた．1948年以来発行されている季刊誌 *Museum*（『博物館』）は，あらゆる種類の博物館に関する情報と考察のための国際的な討論誌である．

文化の研究と推進 文化の領域でのUNESCOの活動の重要な部分は，さまざまな地球上の文化地域の全史とその著作物の準備を含めた，文化的な同一性に向けられている．全8巻からなる *General History of Africa*（『アフリカ全史』）は，現在英語版で出版されている．全10巻の *General History of Latin America*（『ラテンアメリカ全史』）のうち3巻は，スペイン語版だけだが1995年に出版された． *General History of Caribbean*（『カリブ地域全史』）の第1巻が1994年に出版されるいっぽう， *General History of Central Asia*（『中央アジア全史』）のはじめの2巻が1993年から1994年にかけて出版された． *History of the Scientific and Cultural Development of Humanity*（『人類の科学的および文化的発展の歴史』）第1巻は1994年に出版された．

文化の普及 UNESCOの *Collection of Representative Works*（『代表作コレクション』）というカタログは，1994年までに900以上の作品タイトルをリストにまとめている．その多くがヨーロッパやアジア，アフリカ，オセアニアならびに80カ国以上の地域にわたる100以上の異なった言語による古典作品を，英語とフランス語という広く話されている言語に翻訳したものである．

文化的発展 世界人権宣言は，すべての人が自由に社会の文化生活に参加する権利を有するとしている．この原則は，さまざまな社会の人々が世界共同体の文化遺産を分かち合う権利をもつことを意味し，文化は少数のエリートの特権ではなく，人間生活の一側面として考えられなければならないことを意味している．この精神に基づいて，1960年代末からUNESCOは文化的発展に関連する文化政策やその活動をより重視するようになった．文化領域でのUNESCOの活動原則は，開発の文化的側面を強化している．つまり，文化を文化としてだけでみるのではなく，教育制度（教育の文化的内容や地方文化を教育要領に採用することなどを含む）や環境，科学，コミュニケーションなど，開発の主要な特定分野との関連でとらえようというものである．

1970年にベネチアで開かれた「文化政策の制度的，行政的，および財政的側面に関する政府間会議」は，文化的発展の目的の定義とその達成について行政当局の役割を議論し，適切な文化政策の実施を通じて社会の文化的需要を計画し供給するという政府の責任を初めて認めた．ベネチア会議に続いて，文化政策に関する一連の地域段階での会議が開かれた．これらの会議での議論は，開発を経済的な過程としてだけでみるのではなく，開発プロセスの中心に人間性と文化を位置づける必要性を反映していた．

1982年にメキシコシティで開かれた文化政策世界会議では，文化領域での政策や実行で得られた経験が吟味され，UNESCOの後援で実施されている世界規模での活動に新しい契機を与えた．同会議は全会一致で文化政策に関する「メキシコシティ宣言」を採択した．この宣言では，文化の促進と開発の文化的次元を強調した，指導原則を謳っている．

1992年12月に，ハビル・ペレス・デクエヤル前国連事務総長を議長とする「文化開発世界委員会」が設置され，文化と開発という一般論と，文化政策と開発モデルという個別の問題との相関に注意が向けられた．同委員会は12人の委員と5人の名誉委員で構成され，1995年末に国連総会とUNESCO総会に最終報告を提出する予定である．委員会の作業は，開

発に対する文化的および社会文化的要因の影響，文化に対する社会的・経済的開発の影響，文化と開発モデルとの関係，個人および集団の福祉に対する文化的発展の影響，開発および国際協力における文化活動と芸術的創造性の役割，という5つの基本問題を中心に行われている．

E．コミュニケーション，情報および情報媒体

UNESCOは憲章によって，「大衆通報(マス・コミュニケーション)のあらゆる方法を通じて諸人民が相互に知り且つ理解することを促進する仕事に協力する」ことを任務としている．また，「言語及び表象による思想の自由な交流を促進」する国際協定を勧告することと，知的分野で活躍する人々の国際的交流や，「出版物，芸術的及び科学的に意義のある物その他の参考資料の交換」を奨励する権限も認められている．

新世界情報コミュニケーション秩序(NWICO)

1970年代に途上国は，世界のニュースメディアが圧倒的に西側によって支配されているという懸念を表明し始めた．UPI，ロイター，AFP，アメリカのネットワーク，BBC，フランスのORTFなどの大手通信社や新聞社が，第3世界諸国のことを報じるときにはじめから偏見をもっているとみられたのである．これらの機関はそれぞれの国の世論にも，途上国自身の世論にも大きな影響をおよぼすことができると考えられた．国連システムに新しく参加した国々は，世界の情報源に自分たちがもっとアクセスできるようにする「新世界情報通信秩序」(NWICO)を要求した．同時にUNESCOも，これが憲章によって課せられている責任のうち，とくに適切なコミュニケーションに対する責任のひとつとして，メッセージをつくり，広め，受取る能力の不均衡と不平等を除去し，より広くより良い情報の自由な流通を妨げるのを排除することに貢献すべきであると考えた．

1976年にUNESCOは，技術的な進歩と最近の国際関係の発展との文脈で，現代社会でのコミュニケーションの問題すべてを見直すという，総会の決定にしたがってコミュニケーション問題を研究する国際委員会を任命した．同委員会の勧告は1980年に，『多くの声，ひとつの世界(*Many Voices, One World*)』というタイトルでUNESCOによって公表された．総会は1980年に同委員会の報告を審議し，新世界情報コミュニケーション秩序の基本となるような11項目の提言を発表した．また，UNESCOが「新世界情報コミュニケーション秩序という観念の明確化，精緻化ならびに適用に貢献する」ことも強く主張した．

1978年に総会は，「平和および国際理解の強化，人権の促進ならびに人種差別主義，アパルトヘイトおよび戦争の扇動への対抗に関するマスメディアの貢献についての基本原則宣言」を採択した．この宣言は西側のメディア機関や政府に警戒心を植えつけた．それは報道の自由への統制ではないかと解釈されたからである．のちの議論の中で，ソ連圏諸国はジャーナリストの免許制を提案した．しかしこのような提案は決して採択されることはなく，それに基づく行動計画が実施されることもまったくなかった．

高い関税が情報の自由な流通の障害になるという考えから，1979年にUNESCOに電気通信関税に関する作業部会が設置され，途上国には開発通信速報サービスを，先進国には通常通信速報サービスを適用し，特別の関税を設けることが勧告された．

1980年の総会は，UNESCOが「新世界情報コミュニケーション秩序という観念の明確化，精緻化ならびに適用に貢献する」ことを強く主張した．しかし，新世界情報コミュニケーション秩序についての辛辣な公開討論によって，すでに西側ではUNESCOのイメージは損なわれ，アメリカ議会は1982～83年のUNESCOに対する政府分担金の支払いに，「もし同機関がジャーナリストやその出版物に免許制を導入したり，国内や国家間の情報の自由な流通を検閲その他のやり方で規制したり，報道の慣行や倫理に命令的な規範を押しつけるような効果をもつ政策あるいは手続を実施するなら」支払いを停止するという条件を挿入した．

総会が新世界情報コミュニケーション秩序を擁護したことは，アメリカが1984年にUNESCO脱退を決定したとき(→310ページ「加盟国」の項)には言及されていなかったが，「政治化」という言葉で代表される懸念は，西側諸国(とくにアメリカとイギリス)が途上国に対するソ連の影響についてもっていた疑惑を象徴的に表していた．途上国は，先進諸国を数の上で圧倒的に上まわっていたので，西側の利益に反するような行動計画もUNESCOで採択されるだろうとみていたのである．

1989年に総会は，一般的な合意によってコミュニケーションに関する「新戦略」を採択すると決定した．この新戦略の目的は，「国際的段階はもちろん国内段階でも情報の自由な流通が，表現の自由を妨げることなくより広く，より均衡のとれた広がりのも

とで確保され，途上国のコミュニケーション能力を強化することによって途上国がコミュニケーションのプロセスにより積極的に参加できるようにすることをUNESCOの関心事項としてさらに活動していくようにする」ことである．この最後の目標は，UNESCOの国際コミュニケーション開発計画を通じて実施されている．

1990年2月に，UNESCOは東ヨーロッパの独立系報道機関の必要性についてもっと多くを学び，どうすればそれらの必要性にこたえることができるかを知るために，東西のメディアの代表たちを集めた非公式会合を開催した．それ以降，報道の自由と多様性の強化に対する国際的な支援を確保するため，いくつもの地域的なセミナーが開かれた．

ウィントフック宣言 1991年4月に，UNESCOと国連はナミビアのウィントフックでメディアの専門家を集めた円卓会議を招集した．参加者はアフリカの報道の現状を評価し，1989年5月3日に「ウィントフック宣言」を採択した．同宣言は民主主義のメディアにとって「独立性，複数性，そして多様性」は不可欠であると宣言した．国連はウィントフック宣言調印の記念日である5月3日を，「国際報道の自由デー」と宣言した．フェデリコ・マヨール前UNESCO事務局長は，1992年に「世界報道の自由委員会」でスピーチを行い，「UNESCOは報道とメディアの自由を推進することに参加している．このことは，新しく出現しつつある民主主義体制における報道の倫理やそれと同様の問題に関する規範は，厳に報道やメディアの専門家たち自身の中のものとされていることを意味している」と明言した．

開発のためのコミュニケーション技術 UNESCOは，先進諸国と途上国の間にあるコミュニケーションの不均衡の問題にとくに関心を払ってきた．この不均衡はコミュニケーション技術の大きな進歩によって，いっそう強調されてきた．この分野でUNESCOは，「国際コミュニケーション開発計画」(IPDC)，「総合情報計画」(フランス語の頭文字でPGIとして知られる)，「政府間インフォーマティクス［情報科学］計画」(IIP)の3つの活動計画に依拠している．

コミュニケーションの流通を改善する重要な方法のひとつは，途上国の人的・物的資源の形成である．1980年に作成された「国際コミュニケーション開発計画」は，途上国の人的資源および設備面での資源の両方の強化，ニュースや他の番組の作成と普及の促進，これによってコミュニケーション流通の不均衡の縮小などを目的としている．1994〜95年の2年間に，同計画はおもにアフリカで芽をだしかけている独立系の報道活動に支援を集中した．

「総合情報計画」は1976年に，加盟国とりわけ途上国が情報を集め，組織し，広め，利用する能力の増大を援助するために始まった．同計画は専門的で技術的な訓練や，基準の設定と制度の構築を組合わせている．同計画は途上国で専門家を養成し，情報システムを調整することによって，情報の取扱いと研究の知識，技術的なノウハウなどにアクセスできるようにしている．同計画は1994〜95年に，図書館のコレクションや古文書の保護を目的とする新しい計画として「世界の記憶計画」を開始する予定である．

UNESCOの「政府間インフォーマティクス計画」は，訓練やコンピュータ・ネットワークづくり，ソフトウェア政策，インフォーマティクスの研究と開発，国家のインフォーマティクス戦略などの分野を優先的に扱う，地域的ならびに国家的な活動を実施することを目的としている．最近同計画の事務局が承認したプロジェクトの中には，「マグレブ諸国のためのコンピュータ・ネットワーク（マグレブネット）」や「東ヨーロッパの地域情報媒体ネットワークの強化」(RINEE)などがある．同計画は1994〜95年の2年間に約40件の新しいプロジェクトを計画した．

近年UNESCOは，とくに「表現の交換の自由国際ネットワーク」(IFEX)を通じて，独立した多元的なメディアを支援するような活動を強化してきた．UNESCOは，加盟国が自国の放送体制を再構築し，適切な法制度を準備し，メディアの専門家の訓練を援助することによって，アフリカ，アジア（中央アジアを含む），中・東欧でのメディアの自由化の動きを奨励している．

国連と国連難民高等弁務官事務所(UNHCR)，その他の平和創造の専門組織によって支援された通信基盤整備事業が，カンボジア，南アフリカ，それに旧ユーゴスラビアで実施された．

コミュニケーション分野でのその他の活動 コミュニケーション分野でのUNESCOの活動の多くは，広範なデータの収集，分析，配布を含んでいる．1989年に発行された*World Communication Report*（『世界コミュニケーション報告』）は，情報とコミュニケーション技術の傾向と，メディア従事者の活動に対するその影響，および社会全体に対する影響力を集中的に扱っている．1996年には改訂版が出版される．

1993年には国際電気通信連合(ITU)との協定が

発効し，教育，科学および文化の分野での電気通信税に関する合同研究が完了している．

UNESCO はまた，小さな島嶼国が直面している問題や，持続可能な開発の触媒として教育，科学，文化ならびに通信の分野での UNESCO の専門知識を利用できる方法などを分析した，*Island Agenda*（『島嶼アジェンダ』）という小冊子を準備した．

1995 年 9 月に北京で開かれる第 4 回世界女性会議の準備の中で，UNESCO はメディアにおける女性というテーマの地域的なワークショップを組織した．

F．教育的，科学的および文化的資材の輸入に関する協定

1950 年の UNESCO フィレンツェ総会と，1976 年のナイロビ総会で採択された「教育的，科学的および文化的資材の輸入に関する協定」および，その議定書の締約国は，それぞれ次の物品すべてについて，関税やその他の輸入課徴金を廃止している．すなわち，書籍・新聞・定期刊行物，その他のさまざまな印刷物およびその複製物，タイプ原稿を含む原稿，音楽，言語や用途を問わず地図・陸水図・天体図およびそれぞれの図面，芸術作品（絵画・素描・彫刻）と 100 年以上経過していると認められた古道具，フィルムやスライド，マイクロフィルム，音楽のレコード，ガラス・スライド，モデル，壁掛け図，教育・科学および文化的な性格のポスターなどの視聴覚物，教育目的あるいは純粋に科学研究目的だけに使用し，輸入国が関税義務の免除を認めた公的および民間研究機関にゆだねられるなどの条件がついた科学実験器具や装置などで，同じ科学的価値をもつ器具や装置を輸入国で製造してはならないことも条件となっている．目の見えない人のための書籍や目の見えない人が使う教育的，科学的および文化的性格のその他の物品も関税などを免除されている．

同協定が効力をもつ国々で暮らしている個人は，同じように協定が発効している他の国から，協定や議定書の規定によって，書籍や芸術作品，古道具などを無税で輸入できる．

G．UNESCO クーポン計画

「UNESCO クーポン」は，外国為替の規制が行われている国々で暮らす人々が，海外の書籍や科学的および文化的な性格をもつその他多くの書籍・文書類を購買できる一種の国際為替である．

「UNESCO クーポン計画」に参加している国の住民が，計画に盛りこまれている物品を別の参加国から入手したい場合，その人は必要額の UNESCO クーポン（公式の国連レートの現地通貨で料金を払う）を購入し，それを海外に郵送すればよい．その他の正規の手続は一切不要である．受取ったクーポンを現金化するには，売手がクーポンをニューヨークのバンカーズ・トラスト銀行（アメリカの場合），東京の日本科学振興財団（アジア極東地域の場合），パリの UNESCO 本部（ヨーロッパおよびアフリカの場合）に送ればよい．クーポンは手数料を差引いて，国連の公式レートで売手国の現地通貨に換金される．1994 年現在，約 96 カ国が UNESCO クーポン計画に参加している．1992～93 年の 2 年間で，2240 万ドル以上のクーポンが流通した．

H．国際交流の奨励

教育，研究および国際的な理解を促進する手段として，UNESCO は加盟国相互のさまざまな交流を援助し奨励している．UNESCO は各国はもとより，国際組織間の交流のすべての問題について情報センターとして活動し，独自の親善計画や専門家の交流計画を運営し，各国や各組織と協力しながら海外での研究や訓練，教育を促進している．交流サービスについてのおもな刊行物が『海外研究（*Study Abroad*）』で，これは 2 年に 1 回，3 カ国語で出版されている．同誌は高等教育に支払われる補助金や，さまざまな助成金，奨学金による海外での訓練の機会が一覧となっているほか，128 カ所のさまざまな国や地域にある約 3000 の審査機関による教育交流計画の一覧も掲載されている．

I．協力活動計画

UNESCO の「協力活動計画」（Co-Action）は，途上国の障害者のための学校や図書館，職業訓練所などの社会開発プロジェクトに，個人や集団が直接協力できるようにするものである．優先順位の高い需要と必要な費用見積りを記載し，同計画のプロジェクトの中から選ばれたものを紹介する図入りカタログも，UNESCO によって発行されている．

1993 年 12 月現在，同計画を通じて行われた寄付は総額 1750 万ドル以上に達しているが，意義深いのは金額面だけではない．直接的な「人対人」の関係が寄付者と受けとり手の間に築かれて，長く続く友情に発展することも多い．さらにこの計画は，学校集団への特別のアピールも行っている．

UNESCO加盟国一覧（1999年12月現在*）

アイスランド	コンゴ民主共和国	パラグアイ
アイルランド	サウジアラビア	バルバドス
アゼルバイジャン	サモア	バーレーン
アフガニスタン	サントメ・プリンシペ	ハンガリー
アラブ首長国連邦	ザンビア	バングラデシュ
アルジェリア	サンマリノ	フィジー
アルゼンチン	シエラレオネ	フィリピン
アルバニア	ジブチ	フィンランド
アルメニア	ジャマイカ	ブータン
アンゴラ	シリア	ブラジル
アンティグア・バーブーダ	ジンバブエ	フランス
アンドラ	スイス	ブルガリア
イエメン	スウェーデン	ブルキナファソ
イギリス	スーダン	ブルンジ
イスラエル	スペイン	ベトナム
イタリア	スリナム	ベナン
イラク	スリランカ	ベネズエラ
イラン	スロバキア	ベラルーシ
インド	スロベニア	ベリーズ
インドネシア	スワジランド	ペルー
ウガンダ	セイシェル	ベルギー
ウクライナ	赤道ギニア	ボスニア・ヘルツェゴビナ
ウズベキスタン	セネガル	ボツワナ
ウルグアイ	セントクリストファー・ネイビス	ポーランド
エクアドル	セントビンセントおよび	ボリビア
エジプト	グレナディーン諸島	ポルトガル
エストニア	セントルシア	ホンジュラス
エチオピア	ソマリア	マケドニア
エリトリア	ソロモン諸島	マダガスカル
エルサルバドル	タイ	マラウイ
オーストラリア	タジキスタン	マリ
オーストリア	タンザニア	マルタ
オマーン	チェコ	マレーシア
オランダ	チャド	ミクロネシア連邦
ガイアナ	中央アフリカ共和国	南アフリカ共和国
カザフスタン	中国	ミャンマー
カタール	チュニジア	メキシコ
ガーナ	チリ	モザンビーク
カナダ	ツバル	モナコ
カーボベルデ	デンマーク	モーリシャス
ガボン	ドイツ	モーリタニア
カメルーン	トーゴ	モルディヴ
韓国	ドミニカ共和国	モルドバ
ガンビア	ドミニカ国	モロッコ
カンボジア	トリニダード・トバゴ	モンゴル
北朝鮮	トルクメニスタン	ユーゴスラビア
ギニア	トルコ	ヨルダン
ギニアビサウ	トンガ	ラオス
キプロス	ナイジェリア	ラトビア
キューバ	ナウル	リトアニア
ギリシャ	ナミビア	リビア
キリバス	ニウエ	リベリア
キルギス	ニカラグア	ルクセンブルグ
グアテマラ	ニジェール	ルーマニア
クウェート	日本	ルワンダ
クック諸島	ニュージーランド	レソト
グルジア	ネパール	レバノン
グレナダ	ノルウェー	ロシア
クロアチア	ハイチ	
ケニア	パキスタン	**準加盟国**
コスタリカ	パナマ	アルバ島（オランダ領）
コートジボワール	バヌアツ	アンティル諸島（オランダ領）
コモロ	バハマ	バージン諸島（イギリス領）
コロンビア	パプアニューギニア	マーシャル諸島
コンゴ共和国	パラオ	

＊ UNESCOホームページより．

世界保健機関(WHO)

[www. who. int]

背景 1974年に世界保健機関(WHO)の加盟国は，世界の人々の健康の現状を診断して，ワクチンや抗生物質，また多くの医療技術の大きな進歩にもかかわらず，健康ではないという結論を下した．第27回世界保健機関総会は，とくに農村の住民や都市の貧しい人々など，最も必要性が高く人数も多いのに無視されている世界人口の3分の2の人々に対する基本的なサービスの提供で，「明白な失敗」があったという結論に達した．この評価は，WHOの創設以来の24年間を振返ったものであり，WHOの見通しを改め，最も基礎的な保健ケアを通じて，「2000年までにはすべての人々を健康にする」という目標の採択につながった．WHOは天然痘の根絶という偉大な業績を上げたが，HIV・エイズの流行や，マラリアや結核など予防可能な病気の再流行によって，2000年が近づきつつあるなかで，「すべての人々を健康に」という目標に対して深刻な挑戦が突きつけられている．今世紀末のWHOのおもな任務は，あらゆる人々が社会的および経済的に生産的な生活を送ることができるような，保健サービスを利用できるように活動を行うということである．

■ 創　　設

19世紀に入ると，鉄道や蒸気船の発達にともないヨーロッパを一連の伝染病の波が襲った．しかし，12カ国が参加した最初の国際的な衛生会議が開かれたのは1851年になってからであった．患者の隔離に関する国際条約が起草されたが，批准したのは3カ国だけで，進歩はひじょうに遅かった．

これらの初期の会議に参加した国々の目的が限定的なものだったために，国際的な保健活動を成功に導くものではなかった．国際公衆衛生という考え方は，20世紀までお預けの状態だった．独自の事務局を備えた最初の国際的な保健事務局である国際衛生事務局は，1902年にアメリカ大陸諸国によって創設された．その名称は1923年に「汎アメリカ衛生事務局」に変更された．

保健問題を扱う常設の国際機関という概念を初めて真剣に議論したのは1874年の会議だったが，そのような組織の設立を勧告したのは1903年になってからである．そのころになると，コレラやペスト，黄熱病などに関する科学的な発見が一般的に受入れられるようになっていた．「国際公衆衛生事務局」(OIHP)とよばれる機関は，12カ国(ベルギー，ブラジル，エジプト，フランス，イタリア，オランダ，ポルトガル，ロシア，スペイン，スイス，イギリス，アメリカ)が調印した協定によって，1907年12月に設立された．同事務局はパリにあり，初め職員は9人だった．この事務局は初めはヨーロッパの機関であったが，1914年までに60カ国と植民地を包含するようになっていた．

第1次世界大戦によって，悲惨な病気が流行した．1918年から1919年にかけてのインフルエンザの流行では，1500万人から2000万人の人々が死亡したと推計され，1919年にはポーランドで約25万人の，そしてロシアでは160万人以上のチフス患者が報告された．その他の災害などもあって，同事務局に対する要求はいちじるしく増大し，事務局自身負担が過剰だと認識していた．

1920年初めに国際連盟は，常設の国際保健機関の計画を承認した．当時ポーランドで流行していたチフスと戦うための行動が，連盟理事会によって強く促された．しかし国際公衆衛生事務局は，暫定連盟―国際公衆衛生事務局統合委員会に参加することはできなかった．これは一部はアメリカのせいであった．アメリカは同事務局への参加は続けたいとしていたが，連盟に加盟していなかったので，もし同事務局が連盟の機関に吸収されてしまうと，それもで

きなくなるからだった．同事務局は国際連盟と公式の関係を維持しながら，さらに15年間存続した．

同事務局のおもな関心は，患者の隔離手段の国際的な監督と改善であった．1926年の「国際衛生条約」によって，天然痘とチフスが隔離される病気につけ加えられた．さらに，ペストやコレラ，黄熱病，天然痘，チフスが流行のきざしをみせ始め，各国が速やかに同事務局に報告するよう求める手続も採択された．

国際連盟は，国際的に憂慮すべき伝染病の現状について世界規模のデータを収集し，配布する常設の伝染病学情報機関を設立した．「マラリア委員会」が設立され，国から国へと病気が流行するのを予防するのに必要な予防措置を実施するという伝統的な方法よりはむしろ，すでに病気が発生した地域で病気を管理する方法を研究し助言するという，新しい国際的なアプローチを採用した．連盟の「癌委員会」が毎年行っていた子宮癌に対する放射線治療の結果に関する報告は，癌についての重要な国際的情報源となった．チフスやハンセン病また生物学的製剤の標準化について技術委員会が組織された．

国際公衆衛生事務局や連盟の保健部局の活動のほとんどは，第2次世界大戦の間は断絶を余儀なくされたが，『週刊伝染病報告』だけは継続していた．戦後に新しく伝染病が広まるのではないかという恐れが，連合国に行動計画を立てさせた．1943年の最初の会合で，新しく創設された連合国救済復興機関（UNRRA）は，その「主要で本質的な責任」のなかに保健活動を含めた．

1946年の最初の会合で国連経済社会理事会は，国連の独立の保健機関の設立を審議するための国際会議の招集を決定した．その会議はニューヨークで開かれ，7月22日に国際連盟と国際公衆衛生事務局がかつて担っていた機能を引継ぐ，世界保健機関（WHO）の憲章を採択した．

世界保健機関は，憲章が求める26カ国の国連加盟国の批准が達成された，1948年4月7日に誕生した．それまでの間は，連合国救済復興機関が解散していたので，同機関の保健活動に不可欠な任務は「世界保健機関暫定委員会」が代行していた．第1回世界保健機関総会は1948年6月に招集された．

暫定委員会が直面したいくつかの問題のなかに，1947年にエジプトで起きたコレラの流行があった．9月22日に3件の報告があり，10月には紅海とスエズ運河の両側の広い地域で3万3000件が報告された．最初の3件の報告から数時間以内に，暫定委員会は緊急ワクチンを要請し，コレラワクチンの歴史的な空輸によってアメリカやロシア，インドその他の国々から2000万人分のワクチンがカイロに空輸された．その3分の1は完全な無償提供であった．エジプトでは，コレラの流行によって1948年2月までに2万472人が死亡した．その流行中に，多くの国々がWHO憲章を批准し，加盟国の数は約50％も増加した．

■ 目　　的

WHOのおもな任務は，国際保健活動を指導し，調整する機関として行動すること，適切で効果的な技術協力を確保すること，ならびに研究を促進することに要約できる．

WHOの目的は，すべての人々が可能な最高の健康水準に到達することである．WHO憲章が定義する健康とは，単に病気や病弱がないというだけではなく，完全な肉体的，精神的，および社会的福祉の状態であることをいう．この大きな目的を達成するために，同機関は次のような広範囲にわたる任務を担っている．

・国際保健事業の指導的かつ調整的機関として行動すること
・技術協力を促進すること
・要請に応じ保健事業の強化について各国政府を援助すること
・各国政府の要請や受諾があったときは，適当な技術的援助および緊急のさいには必要な助力を与えること
・伝染病や風土病，その他の病気の撲滅事業を奨励し，および促進すること
・必要な場合にはほかの専門機関と協力して，栄養，住居，衛生，レクリエーション，経済上または労働上の条件および他の環境衛生状態の改善を促進すること
・生物医学・保健事業研究を促進し調整すること
・保健および医療の職業ならびにこれに関係ある職業における教育と訓練の水準の改善を促進すること
・生物学的製剤，薬学的製剤および類似の製品に関する国際的基準を確立し，向上させること，ならびに診断方法を標準化すること
・精神的健康の分野における活動（とくに人間相互間の調和に影響する活動）を育成すること

WHOは病気や死因，公衆衛生業務に関する国際用語集に関する条約や協定，規則を提案し，勧告を行っている．WHOは食品や生物学的製剤，薬学的製剤および類似の物質に関する国際標準を発展させ，確立し向上させている．

■ 加 盟 国

国連加盟国は，WHO憲章を受入れるという一方的な公式の通告を国連事務総長に対して行うことで，WHOに加盟できる．国連の加盟国でない場合は，WHO総会が単純多数決で申請を承認すれば参加が認められる．「国際関係の処理について責任を有しない」地域や地域集合は，当該地域の国際関係に責任をもつ当局の申請によって，準加盟国となることが認められる．

1994年5月現在，WHOには189カ国の加盟国[1999年12月現在，189カ国]と2地域の準加盟国があった．

■ 機　　構

WHOの主要機関は世界保健総会と執行理事会，そして事務局長が率いる事務局である．

世界保健機関総会

すべての加盟国は総会に代表を送る権利をもっている．各加盟国は1票をもつが，代表は3人まで送ることができる．WHO憲章によれば，代表は技術的な能力に基づいて選ばれ，できれば国内の保健行政官庁を代表する人物が望ましい．代表団には，代理や顧問を含めることもできる．総会は毎年，通常は5月に約3週間開会される．ほとんどの総会はジュネーブのWHO本部で開かれている．議長は各総会ごとに選出される．

総会はWHOの政策を決定し，予算や運営などに関連した問題を処理する．総会は2/3の多数決で条約または協定を採択できる．これらの条約は加盟国が受諾するまで加盟国を拘束することはないが，加盟国は18カ月以内に受諾に必要な「行動」をとらなければならない．つまり各加盟国は，たとえこの代表が総会で条約に反対票を投じても，「行動」しなければならない．たとえば，加盟国は条約を批准のために議会に提出しなければならない．そして加盟国はその「行動」についてWHOに通告しなければならない．もし「行動」が不首尾に終った場合は，加盟国はWHOに対して受入れられない理由を通告しなければならない．

さらに総会は，WHO憲章でとくに規定された重要な技術事項に関する規則を採択する，準立法的な権限をもっている．そのような規則が総会で採択されると，その規則を拒絶したり，あるいは一定の留保をつけて受諾するなどをWHOにとくに通告している加盟国を除き，すべての加盟国（総会で代表が反対票を投じた加盟国も含む）に当該規則は適用される．

WHOは次の事項について，統一的な技術的規則を導入する権限をもっている．
1. 国際的な伝染病を予防することを目的とする衛生上および隔離上の要件その他の手続
2. 診断や死因，公衆衛生業務に関する用語
3. 国際的に使用される診断方法に関する基準
4. 国際的に取引きされる生物学的製剤，薬学的製剤および類似の製品の安全性や純度，有効性に関する基準
5. 国際的に取引きされる生物学的製剤，薬学的製剤ならびに類似の製品の広告や表示

1948年の第1回総会は世界保健規則第1号として，「診断と死因に関する用語」を採択した．この規則は，標準化された用語を提供することで比較を容易にするもので，加盟国が疾病や死亡の統計を編集する指針となっている．世界保健規則第2号は，隔離するべき病気に関するものである．

毎年総会は，あらかじめ選んでおいた世界規模の保健問題の，個別のトピック（開催前に選ばれる）を議論する科学会議の役割もはたしている．これらの技術的な議論は，ほかの事項とともに行われる．技術的な議論を通じて，公衆衛生の一流の専門家である代表たちは，公式の委員会討議以上に，徹底的に共通の問題を審議することができる．加盟国はこれらの議論に関する特別の作業文書や研究報告への貢献を求められ，可能な場合には代表団とともにこれらの問題を議論する専門家を派遣するよう求められている．

執行理事会

世界保健機関総会は（公平な地理的配分だけが唯一の規則）31カ国の委員を3年任期で選出し，選出された国々は「保健の分野において技術的資格を有する」1人をWHO執行理事会理事に指名する．理事国となった国は，毎年3分の1ずつ交替するよう選

挙され，再選も可能である．理事は自国の代表としてではなく，個人として任務をはたす．

執行理事会は1年に2回，週に2〜3日ずつ数週間にわたって会合を開くが，特別会合はいつ招集してもよい．理事会の重要な任務のひとつは，世界保健機関総会の議題を準備することである．WHO憲章は，「即時の行動を必要とする事件を処理するために，この機関の任務及び資力の範囲内で緊急措置を執ること．特に，理事会は，伝染病とたたかうために必要な措置を執り，天災の犠牲者のための保健上の救済を組織することに参加する権限を与えることができる」としている．

1994年に執行理事会を構成していたのは，アフガニスタン，ボリビア，ブルガリア，カメルーン，カナダ，コスタリカ，デンマーク，ギリシャ，イスラエル，ジャマイカ，日本，モルディブ，メキシコ，モンゴル，モロッコ，ネパール，フィリピン，ポルトガル，カタール，シエラレオネ，スワジランド，シリア，トーゴ，チュニジア，トルコ，ウガンダ，イギリス，タンザニア，ウルグアイ，ベトナム，ザイール（現コンゴ民主共和国）であった．

事務局長と事務局

WHOの事務局は，技術職員と行政職員で構成されている．その長は世界保健機関総会で指名された事務局長である．初代事務局長はカナダのブロック・キスホルム博士だった．1953年に彼のあとを継いだのはブラジルのマルコリーノ・G・カンダウ博士で，1973年にその後任となったのがデンマークのハーフダン・T・マーラー博士だった．マーラー博士は15年間を勤め，1988年の退職のさいに名誉事務局長の称号を贈られた．1988年に日本の中島宏博士が事務局長となり，1993年に再選されている．［1998年7月，ノルウェーのグロ・ハルレム・ブルントラント元首相が新しい事務局長に就任した．］

1993年にWHOの全職員数は4448人で，そのうち1587人が専門職，2861人が一般職（補助職）であった．このなかには，アメリカ地域事務局を兼ねる「パン・アメリカ衛生機関」の職員は含まれていない．WHOは専門職の30%を女性が占めるのを目標にしていたが，1992年の報告では女性の採用は25%だけだった．

WHOは6カ所に地域事務局をもち，それぞれの事務局が世界のおもな地理的領域を管轄している．東地中海地域を扱う事務局はアレキサンドリアに，西太平洋地域担当はマニラに，東南アジア地域担当はニューデリーに，ヨーロッパ地域担当はコペンハーゲンに，アフリカ地域担当はブラザビルに，そして南北アメリカ大陸のWHO地域委員会として活動する「パン・アメリカ衛生機関」の執行委員会は，ワシントンD.C.にある．

個々の加盟国に対する直接援助活動は，すべて各地域事務局に分散されている．ジュネーブの本部は，各地域の活動の調整を行い，情報の収集と伝達を含めた世界的な技術サービスを組織している．本部は国連やその他の専門機関，それにボランティア団体と協力し，医学研究について責任を担っている．

WHOの援助は，加盟国からの要請に基づいて行われる．加盟国は自分たちの地域のWHOの活動を見直し，計画するために地域委員会で年次会合を開いている．要請は地域局長たちによってまとめられ，事務局長に送られている．事務局長は地域の計画やその費用の見積りを，総合的なWHOの計画と予算に具体化している．計画と予算は執行理事会で審査されたのち，総会に提出される．

■ 予　　算

WHOが誕生した最初の年の1949年の年間予算は，500万ドルだった．1994〜95年の2年間の，世界保健機関総会が承認した通常活動の予算は，8億7249万6000ドルだった．この2年間に寄せられるであろう通常予算外の寄付の総額は，18億ドルと見積られた．WHOは，この寄付によって支援される計画を次のように報告している．熱帯病克服と研究活動に2億ドル，マラリアの予防と克服に1億8800万ドル，世界エイズ計画に1億8000万ドル，途上国の環境保健計画（たとえばコレラのような水質が原因となる病気を助長する汚染問題に取組むもの）に7900万ドル，人間の出生に関する研究計画に6100万ドル，ポリオの撲滅に4000万ドル弱，免疫計画に3340万ドル，結核の再発克服に2000万ドル，飢えと栄養失調と戦うWHOの計画に2000万ドルなどであった．モザンビークやソマリア，旧ユーゴスラビア，その他の東ヨーロッパ諸国などでの自然災害や人災に対応するために，国連のすべての機関に対して国際社会がますます援助を求める声をあげるようになったことを反映し，WHOの緊急人道援助活動も追加資金を受けた．

■ 活　　動

「すべての人々に健康を」のための世界戦略に基づいて，WHOとその加盟国は開発途上国に特別に重点をおくよう心がけてきた．それでもWHOの国際保健活動の恩恵は，最も進んだ先進諸国を含むすべての国々が受けている．たとえばWHOは天然痘を世界中から撲滅し，結核をより良く安価な手段で克服することを可能にしたWHO計画に寄与しており，すべての国々が恩恵を受けてきた．

予防がWHOのキー・ワードである．子どもの6つのおもな伝染病であるジフテリア，麻疹，ポリオ，破傷風，結核，百日咳の予防接種は，世界中の子ども全員に行われるべきだとしている．WHOは国連児童基金(UNICEF)と協力して，2000年までにすべての子どもに効果的な予防接種を行う，世界規模のキャンペーンを推進している．

安全な飲料水と適切な排泄物処理施設をすべての人々に供給することが，「飲料水の供給と衛生設備の10年」の目標であり，この衛生設備の10年は1980年の国連総会で宣言され，WHOが支持した．

WHOは，乳幼児の死亡原因である下痢性の病気と戦う努力でも積極的に活動している．飲料水と下水設備の改善と経口補水塩の導入が，下痢による乳幼児の死亡率を大きく引下げるだろうと期待されている．

WHOの初期保健医療計画は，次の本質的な8つの要素からなっている．
1. 現下の保健問題とその予防および克服の方法に関する教育
2. 食糧の供給と適切な栄養の奨励
3. 安全な水の適切な供給と基本的な衛生の維持
4. 家族計画を含む母と子の保健医療の提供
5. 主要な伝染病に対する予防接種
6. 地方の風土病の予防と克服
7. 日常的な病気と怪我の適切な治療
8. 必要不可欠な薬品の提供

これらの8つの要素は，1978年にソ連のアルマアタで開かれた国際初期保健医療会議で発せられた「アルマアタ宣言」によって決められた．

A．病気の研究，克服および予防
世界エイズ計画(GPA)

後天性免疫不全症候群(AIDS)の流行は，今までにない広がりと緊急性をもつ国際的な保健問題である．「世界エイズ計画」の任務は，この流行に対する実効的で公平かつ倫理的な対応を引出すことである．同計画は世界の注目を集め，連帯感を刺激し，世界規模での活動を統一するために努力している．同計画は各国と協力して，ヒト免疫不全ウイルス(HIV)の伝染予防と，感染者の苦痛を緩和するための計画を開発している．同計画は各国やほかの国連機関，非政府組織(NGO)などに対して，技術的および政策上の指針を与えている．また，エイズの予防と医療に対する新しい技術や治療法，アプローチの開発研究を奨励し支援している．1988年に設立されて以来，同計画は国連開発計画(UNDP)，世界銀行，国連児童基金(UNICEF)，国連人口基金(UNFPA)，それに国連教育科学文化機関(UNESCO)などの国連の機関の援助を受けてきた．1994年にこれらの機関の執行理事会は，基金の設立や予防努力を調整するため，共同出資による「国連HIV/AIDS計画」を承認した．

1994年のWHO報告によれば，1980年代に人々の注目を集めた流行以来，1600万人の成人と100万人の子どもたちがエイズの原因であるヒト免疫不全ウイルス(HIV)に感染していた．1994年7月にWHOは，世界のエイズ発病者数は過去12カ月で250万人から400万人に増え，60%の増加率であったと報告した．しかし，アジアでは同じ時期に8倍の増加，すなわち1992年の3万件が1993年には25万件に増加したと報告されている．WHOは，今世紀末までには3000万人から4000万人が，HIVに感染するだろうと予想している．そしてその感染の90%以上が，発展途上国にいるとしている．

この病気は，人体のもつ病気に対する抵抗力(免疫システム)を破壊するウイルスによって引起こされる．免疫システムが弱まれば，下痢や疲労，深刻な体重の減少がみられ，皮膚に障害を起こす病気に抵抗できなくなり，最終的には，エイズ関連の病気によって死亡することになる．ヒトがHIVに感染するのは，精液(性交による)や血液(汚染された血液の輸血)などの体液の接触によってである．静脈注射器の針を交換せずに回し打ちする麻薬使用者は，HIVにかかる危険性がかなり高かった．しかし研究によれば，HIVは空気感染したり，単に接触しただけでは感染しないことが明らかになった．いっぽう，感染してから発病するまで，6年ないし10年間も何の兆候も現れないというこの病気の潜伏する性質のため，世界中の人々に静かに広がっていった．

エイズが1981年に最初に確認されたころには，すでに国際的な流行病となっていた．1983年後半にWHOは，ジュネーブでエイズについての最初の国際会議を開いた．1987年2月にWHOは，エイズ克服のための世界戦略を展開し，財政資金を獲得し，計画を実行するためのエイズ特別計画を創設した．1988年に執行理事会は，その名称を「世界エイズ計画」(GPA)に改称した．世界戦略の主要な目的は，次の通りである．
・HIV感染を予防する
・HIV感染の人的および社会的影響をおさえる
・エイズに対する国内および国際的な活動を動員し統合する

世界戦略は1992年に更新され，強調されたのは次の諸点である．
・エイズ患者の保健介護
・性病の治療
・感染の危険を小さくするため，途上国の女性の地位の向上
・エイズに関するより率直な情報の提供
・流行の社会的経済的影響の計画
・HIV/AIDS感染者に向けられた非難や差別の克服

1988年1月にロンドンでエイズ予防計画に関する世界厚生大臣サミットが開催された．同サミットは12月1日を「世界エイズ・デー」にすると宣言した．1989年に世界保健機関総会は「世界エイズ・デー」をエイズに対する世界の努力を毎年まとめる日にすることを決議した．同じ年にWHOは，さまざまな専門分野を代表する著名な専門家たちが広範な政策および科学的指針を事務局長に提供するための，「世界エイズ委員会」を設立した．1991年末までには，すべてのWHO加盟国でエイズ計画が立案された．

結　核

1993年4月にWHOは，結核が世界的な緊急事態となっていることを宣言した．WHOは，過去35年間にわたって各国が無視してきたことや，HIV/AIDSの流行と結びつくことで結核を起こす細菌が復活してしまったと述べた．ニューヨークでは1980年から1993年までの間に，結核症例が150%も増加した．HIV/AIDSと結核の結びつきは，それぞれの症状を悪化させることがかなり明白となったため，1994年にWHOはこの現象を相互流行と呼んだ．

1990年から2000年までの間に結核の年間症例は35%ずつ増加し，結核による年間死亡率も38%増加すると予測した．2000年には世界中で年間1022万2000人が結核に感染し，そのうちの350万9000人が死亡するが，死亡者の95%が途上国の人々になるだろうと予想している．この危険に加えて，結核を起こす細菌は，30年以上にもわたってこの病気をおさえてきた抗生物質そのものに対して，抵抗力をもつようになっている．

結核は，3000年も前のエジプトのミイラの肺からも発見されたほど，古くからある死に至る病気である．結核は肺に感染する細菌によって起こり，この細胞は「結核結節」と呼ばれるこぶ状のかたまりを形成する．今世紀になるまで，この病気はふつう「肺病」と呼ばれていた．今日，結核を起こす細菌は抗酸性杆菌と呼ばれている．最初の診断テストが発見されたのは1905年で，最初のワクチンは1921年にフランスでつくられた．結核に対する最初の有効な抗生物質である，ストレプトマイシンがアメリカで発見されたのは1944年である．1960年には結核の化学療法がかなりの効果をあげ，結核患者の治療法として1世紀以上も行われてきた山岳地域のサナトリウムは閉鎖された．結核は少なくとも先進諸国では下火になったと考えられていたので，結核克服のための公衆衛生措置は中止され，研究費も先細りとなっていた．しかし，抗生物質の治療を受けている患者たちを完全に治療できなくなるにつれ，多剤薬剤耐性結核菌(MDR)が勢力を増すようになってきた．ニューヨークでは1980年代の初めには，結核菌のうち7%だけが多剤薬剤耐性傾向を示していた．1992年になると，結核菌の1/3以上がひとつの薬品に対して抵抗力をもち，約1/5は2つの主要な薬品に対する抵抗力をもっていた．

WHOは，先進諸国での結核の再発はHIV/AIDSと結びついており，途上国では結核対策の国際計画の資金不足のせいだとも主張している．同機関は，アフリカやアジア，ラテンアメリカで結核を大幅に減らさないかぎり，先進諸国の結核の克服も不可能だろうと主張している．

1992年の結核による死亡者数が300万人だったので，WHOの結核計画ではこれを10年以内に160万人におさえることを目標にしている．WHOは，貧しい国々に医薬品や顕微鏡を供給し，それらの国々が結核計画を成功させられるような最低限の基盤設備を整備するのに，年間1億ドルほどの資金が必要になると予想している．WHOは，途上国で患者を完

治させるのに必要な費用は，1人当たりせいぜい13ドルですむと報告している．しかしニューヨークでは，多剤薬剤耐性結核菌の患者の治療には1人当たり18万ドルかかるとされる．

熱帯病研究計画

1975年に，国連開発計画，世界銀行，世界保健機関合同の「熱帯病研究訓練特別計画」(TDR)が設立された．これはマラリア，住血吸虫症（ビルハルジアまたは蝸熱），リシュマニア症，アフリカ・トリパノゾーマ症（睡眠病），アメリカ・トリパノゾーマ症（チャガス病），リンパ性フィラリア症（象皮病のもととなる），オンコセルカ病（河川盲目症），ハンセン病を対象とするものである．恐ろしい激痛や身体の不自由，それに死をまねくこれらの病気を患っているのは5億人に近いが，そのほとんどが途上国の住民である．同時に，これらの病気は少なからぬ経済上の損失をもたらし，開発プロジェクト（とくにダムや灌漑計画，計画されたあるいは無計画の植林などの水関連のプロジェクト）に対する障害となることもある．

これらの病気による死者数（とくにアフリカでマラリアで死亡する子どもの数）は，劇的な解決法が見つからなければ2010年までに今の2倍，おそらくは1年当たりで400万人に達すると予想されている．人口の増加，寄生虫の抵抗力の拡大，大量の移住，環境破壊，そして経済的な荒廃や社会不安，戦争などによって制御計画が崩壊することなどが，すべて熱帯病問題の解決を困難にしている．

「熱帯病研究訓練特別計画」は，次のことを使命としている．

1. 熱帯病の予防と診断，治療の新しい方法で途上国に適用でき，それらの諸国が受入れて活用でき，しかも最小の熟練や監督しか必要でなく，これらの諸国の保健サービスに十分統合できるようなものを開発する
2. 生物医学や社会科学の訓練および研究施設への支援を通じて，これらの新しい方法を開発し適用するのに必要な研究を発展途上国が行うことができるよう，その能力を強化する

この活動で同特別計画は，WHOの熱帯病規制局(CTD)や多くのほかのWHOの計画，熱帯病の研究と対策に関与する外部団体などと密接に協力している．

この特別計画はある程度までは，ピアー・レビュー（同輩者間の審査）によって選別された，投資家主導のプロジェクトを支援する研究評議会のように活動し，またある程度までは，独自の目標に到達するのに必要な研究を委任する，研究奨励機関として活動している．同特別計画の1994～95年次予算は6670万ドルで，そのうち約70％がプロジェクトの直接支援に当てられた．同特別計画の予算の1/4は途上国の「研究能力強化」(RCS)に向けられている．この「研究能力強化」活動は，実地訓練という必要な研究の実行と，じょじょに強く結びつくようになってきた．

同特別計画が始まってからの18年間余で，多くの薬品や診断技術，病原体の媒介生物のコントロール，その他の成果が開発され，国内および国際的な検疫計画とあいまって，いくつかの熱帯病，とくにハンセン病やオンコセルカ病，チャガス病という問題を減らす面で，少なからぬ成功を収めてきた．しかしほかの病気は，依然として世界的あるいは地域的に大きな問題となっている．

同特別計画の研究目標と適切な運営，目標達成のための意思決定の仕組みについて，1992年から1993年にかけて徹底的な見直しが行われた．新しい仕組みは同特別計画の優先目標に重点をおき，住民の実質上の健康と検疫の必要をより柔軟に認識して対応することになり，1994年1月から実施された．

この新しい仕組みで同特別計画の研究は，「戦略研究」，「応用分野研究」，そして「成果研究と開発」の3つの基本的な機能分野に分けられる．

戦略研究　「戦略研究」(SR)は，病気やその原因となる寄生生物，病気を運ぶ媒介動物に関する通常の基礎研究で，熱帯病予防でとくに長期的な目標を達成する（たとえばマラリアを感染させることができなくなるように蚊の遺伝子を操作するなど）ための研究と定義されている．この特別計画によって支援されている「戦略研究」の数は減少しているが，なくなったわけではなく，運用しうる資金の制約のもとで重要なチャンスはつねに生かさなければならない．

応用分野研究　研究，開発，それに新しい方式を導入したからといって，自動的に検疫が改善されるわけではない．経験が示すように，熱帯病の予防という熱帯病研究計画の努力が最終的に成功するかどうかは，地域社会の社会的および経済的要因と，この予防計画が住民のニーズや認識，願望をきちんと認識しているか否かにかかっている．したがって，応用分野の研究にとって緊急に必要なことは，社会的および経済的要因を完全に理解し，地域社会の住

民自身が自分の必要姓をよく確認し，保健設備をじっさいに利用できる状況に基づいた，費用効率のよい持続可能な予防戦略を開発することである．こうして熱帯病研究計画の「応用分野研究」(AFR)は，新しい計画の仕組みによって重要な分野となるのである．この研究は実質的な地域レベルおよび保健システムの多くの予防問題を対象とし，今までの研究成果の効率的な利用を助け，新しい適切な研究方針を提供するものになるだろう．およそ12分野で「応用分野研究」の任務分担チームが設置され，チャガス病やオンコセルカ病，女性と熱帯病，ベッド・ネット[蚊帳]の使用，熱帯病を患った子どもに対する総合的なアプローチや保健財政などで研究活動に従事している．

成果研究と開発 熱帯病研究計画の「成果研究と開発」(PRD)は，I～IV段階の臨床試験や登録，成果を手ごろな値段で利用するための交渉などを通じて，科学的な知識を病気の予防製剤として利用できるようにしている．製剤開発部隊は，ヨモギ科派生物，対腫瘍壊疽要素物，マラリア伝達抑制・ワクチン，蠕虫感染症に対するプラジクアンテルとアルベンダゾールの共派生物などの，2～3のプロジェクトにほとんどの資源を集中させている．

熱帯病研究計画の特別な利点は，党派的な動機や利益追求によるのではなく，国連システムの一部として熱帯病の現状を世界的にみわたし，検討する立場を確保することで発揮されている．だからこそ熱帯病研究計画は，5000人以上の科学者たちが幅広い専門知識と科学的研究を利用できる国際ネットワークを，急速に作り上げることができたのである．

熱帯病研究計画はWHOとの関係を通じて，関連分野で活動する計画やプロジェクトと十分に結びついている．さらに重要なのは，WHOの185カ国の加盟国の国内予防計画などに，新たに重点をおいたことである．熱帯病研究計画は，各地域で迅速にかつ安い費用で住民と多分野の設備を結びつけられるよう各国に支援を要請することができる．

ハンセン病

ハンセン病は，かなり多くの住民(約14億人)が伝染の危険にさらされ，ハンセン病患者の3分の1以上が恒常的あるいは漸進的な肉体的および社会的な障害の脅威にさらされており，とくに途上国では深刻な健康問題となっている．1994年にWHOは，世界中に240万人のハンセン病患者がいると推計している．そのうち81%がブラジル，インド，インドネシア，ミャンマー，ナイジェリアの5カ国にいるとされた．毎年，65万人の新しい感染者が発見されている．

1991年にWHO加盟国は，公衆衛生の問題として2000年までにハンセン病を根絶することを約束した．これはある社会のハンセン病患者を，人口1万人当たり1人以下に引下げることを意味する．これはリファンピシンやクロファジミンなどの，強力なハンセン病治療薬の開発によって可能となっている．複数の薬物を組合わせる療法(MDT)の利用で，バクテリアの排除も可能である．感染例の記録は1985年の540万件が最も多く，1993年には176万件に減少したが，大部分がMDTの成果であった．1985年から1993年までの8年間に，430万人の患者がMDTによって完治している．

マラリア

1993年にWHOは，世界中に3～5億人のマラリアの患者がおり，年間150万人から300万人が死亡していると推計した．死亡例の大半は熱帯アフリカで発生しているが，アフガニスタン，ブラジル，インド，スリランカ，タイ，それにベトナムでも深刻な問題が生じていた．多剤薬剤耐性の寄生生物の急増が，とくにアフリカで大きな問題となっている．

複数の薬剤に対する耐性が寄生生物に生じたことで，東南アジアやブラジルのアマゾンでは1件当たりの薬の費用が1993年までに，0.15ドルから2.00ドルにはね上がった．WHOは同じような薬の費用の急騰がアフリカでも起こりうると予想し，住民が薬を入手できなくなる危険性もかなり高まるだろうとしている．1993年にWHOは，病原菌を運ぶ寄生生物対策の試みとして，殺虫剤を染みこませた素材をベッド・ネット[蚊帳]やカーテンに用いる実験を始めた．ベナン，ブルンジ，カメルーン，コートジボワールその他の諸国では，この手段を自国のマラリア対策計画のなかに組みこんでいる．

1992年にWHOは，マラリアについての閣僚会議をアムステルダムで招集し，102カ国の保健分野の指導者や国連諸機関や非政府組織(NGO)の代表が出席した．同会議は，世界的なマラリア対策戦略に合意した．WHOは遅くとも1997年までに，マラリアの感染がみられる国々の90%で対策計画を実行する予定である．1995年から2000年までの間に，少なくとも死亡率を20%削減することを目標にしている．

WHOはマラリアに対する戦いを支援するため，多くの本を発行してきた．そのなかには『マラリア対策世界戦略』，『基本的なマラリア顕微鏡研究』，『水

資源開発における寄生病』や,マラリアの診断や治療についての多くの言語で書かれた書物も含まれている.

1992年から1993年にかけてWHOは,マラリア対策計画を強化するための技術支援を31カ国に供与した.1993年9月にWHOは,資金提供国,国際組織,政府間組織およびNGOを集めた会議を開き,国内および国際レベルで必要とされるマラリア対策の資金を詳細に検討した.1993年から1994年にかけて,WHOのマラリア対策を財政面で支援するため,各国は350万ドルの拠出を約束した.

天然痘

天然痘の根絶は,この病気と戦う国際的な活動を調整してきたWHOにとって,最もすばらしい実績のひとつである.これは,ひとつの人間の病気が完全に根絶された史上初めての例となった.これが実現できたのは,天然痘のウイルスが人間同士の接触でのみ伝染したからで,動物や人間の保菌者がいなかったことによる.天然痘の患者はこの病気に対する免疫をもち,3年ごとに効果的にワクチンの接種を行えば完全に予防することができた.

病気の根絶は監視下における封じこめと,ワクチン接種の二重の戦略に基づいていた.病例を早期に発見し,速やかに患者を隔離し,発疹が現れてから3週間ほど続く伝染しやすい時期に患者と接触した人すべてにワクチンを接種して伝染を予防した.定期的な予防接種で基本的な免疫レベルを維持しながら,これらの方法を進め,世界中のあらゆる場所で天然痘が根絶された.

根絶のための世界計画は1959年に始められたが,2国間および多数国間の支援の準備が整い,WHOの特別予算が組まれたのは1967年になってからであった.それから,世界的な根絶目標は10年と明確に設定された.この目標は1977年末までに達成されている.

1967年には43カ国で天然痘の症例が13万1776件報告され,そのうち31カ国では天然痘が風土病と分類された.しかしじっさいの患者数は1000〜1500万人の間で,そのうちおそらく150〜200万人が死亡したと推定された.それ以降WHOは,近年天然痘が流行した79カ国で,天然痘が根絶されたことを証明する多くの国際委員会を招集してきた.天然痘の世界的な根絶は,1980年に世界保健機関総会で宣言された.1985年までにWHOの全加盟国は,定期的な種痘の実施をやめ,外国旅行者に対して種痘証明を要求する国もなくなった.

1993年までにウイルスのいくつかの種族のゲノムの完全なヌクレオチド連鎖が判明し,残る天然痘ウイルスの系統が最終的に破壊されたことの確認に必要な,1990年の基準も満たされた.1995年の総会で,残る天然痘ウイルスの根絶が決定されたのち,専門家委員会も同年6月30日に実行することに同意した.同委員会は緊急事態に備えて,WHOが保存している天然痘のワクチン50万本と,ワクチンの種母ウイルスをオランダのビルトーベンにあるWHO天然痘ワクチン共同研究センターで保存すべきであると勧告した.

コレラ

1961年に,エル・トール01型コレラ・ビブリオによるコレラが,発生地からしだいに西太平洋や東南アジア地域のすべての国々にじわじわと広がり始めた.これらの地域のほとんどでは,何年にもわたってコレラの感染がなかった.コレラは西に広がり続け,1965年にはパキスタン,アフガニスタン,イラン,ウズベキスタン(ソ連)に,1966年にはイラクにまで広がった.1969年と1970年には中東,北部および西部アフリカ,ヨーロッパでも深刻な問題となり,その後もアフリカのほとんどの国々に広がり,多くのアフリカ諸国で流行した.このときの感染の広がりは,エル・トール型ビブリオに感染した人が軽症あるいは保菌者にすぎなかったことで助長された.1984年から1990年の間に,コレラの症例が2万8893件から7万84件へと242%も増加したと報告された.1991年までに,コレラの流行は世界中に拡大し,ラテンアメリカでも今世紀初めての感染がみられた.大規模な流行はアフリカでも再燃した.1991年にWHOが受けた報告によると,59万4694人がコレラに感染し,1万9295人が死亡し,死者数は過去5年間の合計を上まわった.

現場や実験室での多くの研究は,予防手段が効果的でなかったことを示していた.一定の条件のもとで臨床試験を終えたのち,じっさいに用いられたコレラ用ワクチンは,ワクチン接種を受けた人のせいぜい半数を守っただけで,有効だった期間も6カ月以下だったことが明らかになった.いくつかのワクチンは,まったく予防の役に立っていなかった.

これらの発見を考慮して,WHOは治療法とワクチンの改善のための研究活動を強化した.また,各国が下痢症状をともなう病気一般に対して実施している対策の枠組みのなかで,コレラに対応する能力を増強させることも試みている.

1970年代には,すべての急性の下痢症状で効果が

証明され，簡単で費用もかからない口から水分を補給する治療法が，コレラの治療を大幅に容易にした．エル・トール型ビブリオ・コレラのほとんどの症例が臨床的にはほかの下痢症状の疾患と区別できないので，WHOはコレラを含むすべての下痢症状の疾病対策のため，包括的で拡大された計画を開発してきた．

1991年4月にWHOは，世界的な対策を強化し，予防を改善するため，「コレラ世界対策活動」を創設した．1992年から1993年にかけて，O-139型コレラ・ビブリオという新しい種族が現れて流行し，多くの地域でエル・トール・ビブリオにとってかわった．

その他の伝染病

WHOはインフルエンザ，ウイルス肝炎，節足動物に起因するウイルス症，黄熱病，日本脳炎，腺ペスト，脳膜炎，［レジオネラ菌による］在郷軍人病，それに連鎖球菌などを監視し，それらに関する研究を支援し続けている．

人畜共通伝染病とそれに関連する問題

WHOは創設以来，加盟国と協力しながら「家畜の病気に対する公衆衛生計画」を発展させてきた．1970年代に，WHOの「家畜の病気に対する公衆衛生計画」は，人畜共通の伝染病対策を最優先する，国内計画や国際計画の発展で加盟国ともっと直接的に協力する方向に転換された．この変更は，これらの病気が多くの国々で次の要因によってますます流行していることで正当化された．すなわちその要因としては，①感染の拡大を助長する生きた動物や動物性産品，家畜の飼料などの国際取引および国内取引の拡大，②都市化の進展による都市住民の家畜や半野生的な動物との接触の増加，③人畜共通伝染病の存在が身近なものとなっていること，④人畜共通伝染病の病原菌をもつ動物の増加を招来しうる生態系の変化をもたらす灌漑などによって，土地の利用形態の変化や動物の新しい飼育システムの誕生，などである．

1978年の世界保健機関総会は，「人畜共通伝染病と食用動物性産品に起因する病気の予防と対策」に関する決議を採択し，各加盟国に対して，人畜共通伝染病対策のための適切な国内規模の計画を立案・実行し，これらの病気の調査・予防・対策を改善するため，国内の獣医学機関と公衆衛生機関間の協力を強化し，「人畜共通伝染病センター」を適切に発展させるための協力を行うよう求めた．同決議はまた，WHO事務局長に対して，人畜共通伝染病の調査・予防・対策に関する国内，地域および世界戦略と手段を開発し続け，すべての地域で「人畜共通伝染病センター」のネットワークを拡大し，その結果としてこれらの病気に対処する国家の保健計画に必要な支援を与えるようにすることを求めた．

WHOは，加盟国が人畜共通伝染病や食用動物産品に起因する病気の対策を立案し，実施し，評価することで，加盟各国と協力している．アテネ（地中海人畜共通伝染対策センター）やブエノスアイレス（パン・アメリカ人畜共通伝染病対策センター）などのWHOセンターは，各国との直接協力や政府間の技術協力の組織化に関して，ますます重要な役割をはたすようになっている．

世界疫学サーベイランス

『週間疫学記録』でWHOは，国際的に重要な伝染病に関する通達や，国際保健規則の適用についての情報を発表している．この出版物は，かつてはおもに監視下にある病気の週あるいは日単位の通達をまとめたもので，感染地域の宣言や，感染が終了した地域の宣言などを載せていた．その後，さまざまな伝染病の話題をタイムリーに報告したり，物語風にまとめたり，説明的なコメントを載せたりするようになった．WHOは，マラリアやエイズなどの病気の動向や特別計画について，毎年あるいは半年ごとや3カ月ごとのまとめも発行している．「世界インフルエンザ計画」や「ヨーロッパ・サルモネラ計画」，「テング出血熱サーベイランス」などの特別のサーベイランス［監視］計画からのデータは，適切な間隔をおいてまとめられ，公表されている．『週間疫学記録』はまた，国際保健規則や加盟国の重要な政策変更も掲載している．

ワクチン免疫世界計画

免疫は病気予防の最も強力で費用効率のよい武器のひとつだが，ほとんど進んでいない領域も残っている．大部分の先進諸国で事実上根絶された新生児破傷風やポリオなどの病気は，途上国では大きな死亡原因のままである．麻疹，百日咳，ジフテリア，それに結核は途上国の子どもたちにとって，失明や聴力の喪失，はては死亡さえ招きかねない深刻な健康上の脅威となっている．1993年にWHOは，途上国では年間800万人の子どもがウイルスやバクテリアの病気で死亡し，9億人が深刻な障害を負っていると報告した．

免疫拡大計画（EPI）

1974年にWHOは，UNICEFやUNDP，国内の援助機関やボランティア団体などの支援を得て，1990年までに世界中のすべての子どもに免疫を与

えることを目標とする「免疫拡大計画」を開始した．

1974年当時，途上国で免疫治療が行われていたのは，全体の5%以下と推定されていた．1987年までに途上国の子どもたちで，生後1年以内にBCGと麻疹のワクチンを1回，DPTとポリオワクチンを3回接種されたのは45%から55%の間だったと報告されている．とはいえこの程度の免疫治療の実施でも，途上国では1年に100万人以上の死亡や約20万件のポリオを予防したとされる．WHOは調整役として活動しながら，安全で効果的なワクチンを，感染しやすい住民に広く行きわたらせることができるようなワクチン配給制度の確立を準備するため，保健相談員の管理訓練や冷凍配送システムの開発を優先させてきた．WHOの推計によると，1990年だけで「免疫拡大計画」は1年当たり1億人以上の幼児を対象とし，麻疹や新生児破傷風，百日咳から年間320万人の子どもを救っている．しかし毎年およそ210万人の子どもたちが，同計画に含まれている予防可能な病気で，依然として死亡していた．対象となりにくい住民を計画に取りこむ試みはほとんど進まず，アフリカでの対象範囲はむしろ狭くなっている．

1993年にWHOとUNICEF, UNDP, 世界銀行そしてロックフェラー財団は，「子供のためのワクチン活動」(CVI)を設立した．この活動は，熱安定型経口ポリオワクチンや単独破傷風ワクチン，それに生後の早い段階で与えられるよう改善された麻疹ワクチンなどの研究と開発を担当した．1994年に「免疫拡大計画」と「子供のためのワクチン活動」がひとつになって，「世界ワクチン免疫計画」(GPV)となった．GPVはWHOとUNDPのワクチン開発計画の活動も引継いでいる．GPVは，「免疫拡大計画」や「子供のためのワクチン活動」の業務を持続させ，世界保健機関総会と「世界子供サミット」で設定された免疫と病気対策の目標を達成し，入手可能となった新しいワクチンや改善されたワクチンを導入するために創設されたものである．「世界ワクチン免疫計画」のおもな目標は次の通りである．

・2000年までにポリオを根絶する
・1995年までに麻疹による死亡率を95%までに引下げる
・1995年までに麻疹の発生率を90%までに引下げる
・1995年までに世界規模で新生児破傷風を1000人当たり1人の割合に引下げる
・2000年までに世界規模で女性と子どもたちの90%に対して免疫サービスを行えるようにする

B．伝染病以外の病気の予防と対策
癌

癌は伝染病ではないが，世界的にみると，最近では5歳未満児の死亡原因の第2位か3位を占めている．癌はおもに先進諸国で発生していると一般には信じられているが，じっさいは今日の癌患者全体の半分以上が途上国にいると推計されている．WHOは，毎年世界中で900万件の癌が発生していると推定している．2015年までに年間の発生件数は1500万件に達し，そのうち2/3が途上国で発生すると予測されている．

1982年5月に世界保健機関総会は，WHOの癌計画を承認した．同計画は各国に対して，喫煙やタバコガムの中止や，ウイルス性B型肝炎に対するワクチンや口，皮膚，子宮頸部などの癌の早期発見などの，すでに知られている積極的な対策を遅滞なく採用するよう強く促している．これらの手段が実施されると，癌に対して世界的に重要な影響を及ぼすことになろう．

WHOは，加盟各国の国内の癌対策計画の立案を援助している．1993年にWHOは，40カ国以上の国々で癌対策計画の立案を指導したと報告した．WHOは，2000年までに加盟国の半数が癌対策のための戦略や計画をまとめるという目標を設定している．

フランスのリヨンにある国際ガン研究機関は，WHOと提携して癌発生にいたる生活パターンはもとより，環境のなかの発癌要因に関する研究を行っている．

心臓血管疾患

MONICA計画 WHOは1979年に設立され，1984年10月現在26カ国39カ所の共同研究センターで実施された「心臓血管疾患の傾向と決定因の監視」(MONICA)を運営している．MONICA計画は，これらの病気について今までに実施された最大の共同疫学研究である．同計画は，25歳から64歳までの2500万人について，10年以上にわたって心臓病による死亡，致命的でない心臓発作，心臓病危険因子および心臓病介護などに関するデータを調査してきた．1993年までのMONICA計画のおもな研究成果は，危険因子のレベルの年齢階層比較，種々の危険因子の相互関係，危険因子の過去5年間の傾向，急性心臓病の介護，医療サービス，脳卒中発生率の横断的な比較，世界中の脳卒中の管理技術などにみられる．MONICA計画と関連して，栄養管理，酸化防止ビタミン，不飽和脂肪酸，肉体的活動と社会心理

学研究や薬物監視などに関するいくつかの個別的な研究が実施されている.

MONICAのデータ・センターが,フィランドの国立公衆保健協会に設立され,データ収集手段や研究のための方法論を整理している.同センターは収集されたデータを受取り,分析している.1993年にMONICA計画はデータ収集の最終段階に入り,研究の最終結果は1998年にまとまるものと期待されている.

依存症を引起こす物質

タバコ中毒 喫煙はとくに先進国で,早期死亡や健康悪化の主因であるが,防止可能なもののひとつであり,途上国でもそうなりつつある.喫煙は肺癌死亡の90%,気管支炎死亡の75%,心臓病による死亡の25%の原因となっているとされる.WHOは1994年に,喫煙によって少なくとも年間300万人が早死にし,そのうち1/3は途上国でみられたと推定した.経口避妊薬を飲んでいる女性が喫煙すると,循環器併発症を引起こしたり,喫煙している母親から生まれた新生児が体重不足となったり,喫煙によって男性や女性の生殖能力が減退したりするほか,喫煙は肺以外の器官の癌の原因にもなることが明らかになっている.タバコの煙を受動的に吸いこむ間接喫煙によって,子どもたちの呼吸器系の感染症がひじょうに起こりやすくなる.大人の場合でもタバコの煙にさらされる非喫煙者は,肺癌になる危険性が高くなる.数カ国で再び流行している嚙みタバコも,口腔内の癌の原因となる.

喫煙は,WHOの第9次国際疾病分類のなかで依存症とされている.WHOは率先して,喫煙の拡大と喫煙の健康に対して及ぼす悪影響を防止するための国際行動を行ってきた.WHOは,世界中の数多くの国内嫌煙・健康協会や非政府組織,ほかの国連機関と協力している.WHOの「協力レファレンス・センター」は,タバコの有害な成分の分析研究を援助している.セミナーや会議などで,科学的知識を集め,政治的な支援も受けている.

1988年に世界保健機関総会は,世論を喚起してタバコなしの健康的な生活様式にするため,5月31日を「世界禁煙デー」にすると宣言した.1989年に同総会は,「タバコか健康か」と呼ばれる計画の活動プランを承認した.この計画は,各国のタバコ対策を助長し,支持や情報サービスを与え,この分野に関する情報センターとして活動するものであった.

アルコールおよび薬物乱用 WHOは,薬物の乱用を統制するための,国連基金の執行機関でもある.WHOは,国際麻薬統制委員会(INCB)や国連麻薬局と協力しながら,従来から収集されてきた法律執行データを補完するため,健康についてのデータに重点をおく「薬物乱用報告制度」に関するガイドラインを準備した.1991年にWHOは,東京でアルコール関連の問題について国際会議を開き,加盟各国のアルコール依存を少なくするためのいくつかの行動計画を勧告した.1992年から1993年にかけて,依存症を招く物質への欲求を引下げる努力を援助するため,さまざまな情報源から健康情報を集める「乱用傾向関連警報制度」(ATLAS)を設立した.1993年にWHOは,世界銀行が発行した『1993年版世界開発報告―健康への投資』に対して,乱用物質についての世界的なデータを提供した.

C．初期医療介護と健康づくり

母子保健

「すべての人々に健康を」を実現するためには,社会にとって社会学的,人口学的,および経済的に深い意味をもつ特定の集団の健康と福祉に,とくに注意することが必要である.人間には急速な成長過程に内在する特別な生物的および社会心理的な欲求があり,母親と子どもの健康はとくに重要である.この欲求は,胎児や子どもの生存と健康的な成長を確保し,母親の健康と妊娠を維持するために必要なのである.青少年のエネルギーが理想社会の恩恵をもたらす重要な資源である以上,青少年の健康は大切である.

母子の健康を増進し,保護し,健康管理と子どもの保育にさいして家族全員の役割を強化することを目的とする予防,治療,リハビリのそれぞれの措置を,各国が講じるのをWHOは援助している.WHOの基本的なアプローチは次の通りである.

（1）母子および青少年の主要な健康上の必要性の範囲と性質を確認する
（2）急激な生理学的変化や社会変動によって傷つきやすい時期に,とくに生殖に関連して健康的な行動を促進し,女性や児童,青少年を保護する方法を開発し採用する
（3）家族計画を含め,母子の健康についての予防および治療に関する計画を立案し,管理し,評価する技術的な指針を与える
（4）人と人の間および集団のコミュニケーションやカウンセリング,家族計画のための健康理論,母子保健や家族計画の革新的な技術などの知識や技術を改善する訓練法を導入し,採用する

（5）女性や児童，青少年の保健上の必要性や，それらの必要性に対応した新しい方法についての情報を広める
（6）小児医学や青少年医療，婦人科学と産科学，社会心理学，および保健制度などの基礎臨床的および応用面での研究を認知し，支援する
（7）母子保健および家族計画と青少年に関係する国内機関や国際機関の活動と協力する
（8）部門の枠を越えた政策および計画の発展に貢献する

　1992年に世界保健機関総会は「女性の健康に関する世界委員会」を設立し，その第1回会合は1994年4月に開かれた．同委員会はさまざまな職業分野の30人の有識者で構成され，女性の健康に関する政策や戦略について独立した立場から科学的および技術的な助言を与える事務局長の諮問機関として活動している．委員会の会合は年1回開かれている．

リプロダクティブ・ヘルス（生殖に関する健康）

　1993年にWHOの世界政策委員会は，健康の分野での活動の基礎となるリプロダクティブ・ヘルスを次のように定義した．すなわち，「健康であることとは病気や病弱がないというだけではなく，完全な肉体的，精神的および社会的福祉の状態であること」とするWHOの定義内で，リプロダクティブ・ヘルスは，「全生涯の段階での生殖の過程・機能・システムに向けたものである．リプロダクティブ・ヘルスは，人々が責任ある満足すべき安全な性生活をもつことができ，生殖を行う能力をもち，いつ，どのような条件で，どれくらいの頻度でそれを行うかを決定する自由をもつことを意味する．この最後の条件が意味しているのは，安全で効果的な，かつ入手可能で受容できる避妊方法を知り，自らの選択によって利用する男性および女性の権利，ならびに女性が安全に妊娠および出産を行うことができ，かつカップルが健康な赤子を出産できる最善の機会をもてるような適切な健康管理サービスを利用する権利である」としている．

栄養摂取

　栄養状態を評価する基準や概念の開発のほかに，WHOは各国が自国の栄養問題とそれに関連する諸要因を評価し，それらの問題の原因に対処する各部門の戦略を発展させ，実行する能力を強化する努力をしている．解決法を考案し，試みてきたこれらの問題について，国際社会がもっと認識を深めるようと努力してきた結果，ヨウ素不足による不調やビタミンA欠乏症の克服をめざす，各国の対策は著しく増加してきた．それと同時に，病気の予防や管理，食糧生産，教育などのような栄養に影響を及ぼす要因を改善することで，栄養失調も減少している．

　1992年12月にローマで開催された国際栄養会議は，栄養摂取と正しい食事に関する問題の大きさと深刻さの認識を促すために，WHOと国連食糧農業機関（FAO）がともに2年以上にわたって努力してきた最高の催しであった．同会議には，159カ国とおよそ160の国内機関およびNGOから1300人以上が出席した．同会議は「栄養摂取のための行動計画世界宣言」を採択した．この宣言は飢餓を根絶し，あらゆる形態の栄養失調を減少させるという決意を表明し，国連に対して「国際食糧と栄養の10年」を宣言するよう求めた．同会議では，途上国の7億8000万人が日常の基本需要に十分な食糧を得られないでいると推定した．同会議では，成人女性や少女が適切な栄養をとる権利も再確認した．同会議は「国際食糧と栄養の10年」の終了までに，飢餓やそれに関連する死亡をなくし，餓死を大幅に減らし，とくに児童や女性，老人の間に慢性的な飢餓が広がらないようにするという，野心的な目標を設定した．また，危険な飲料水などの不適切な公衆衛生や，衛生上の問題も完全になくすことを求めた．各国は，同会議で開発された戦略に基づいて自国の計画を発展させ，必要な計画の実施にかかる予算や人的資源を割当てるよう強く求められた．同会議は報告のなかで，「第4次国連開発の10年」と「世界子供サミット」で設定された栄養摂取の目標にも言及した．

　1994年1月にWHOは，世界の5歳未満児全体の30％（およそ1億9200万人）が栄養失調の状態にあり，体重も不足していると報告した．同報告は加盟各国に対して，途上国の女性たちが子どもを母乳代用食品で育てないようにするため，1981年の世界保健機関総会が採択した「母乳代用食品の取引に関する国際基準」の実施を強く求めた．途上国での代用食品の使用は，乳幼児にとってかなり危険であることが示されてきた．子どもを母乳で育てれば，さまざまな病気や栄養失調を防ぐことができる．WHOは，生後4カ月から6カ月までの乳児をもつ母親に，子育ての方法を直接宣伝することは，まったく不適切であるとみている．1994年の報告によると，食糧援助計画によって中央ヨーロッパや東ヨーロッパ諸国に母乳代用食品が，大量に誤って供与されるところだった．同報告は，乳幼児は体重との関係で高い水準の栄養摂取を必要としているので，乳幼児期は適

切な食事がなによりも重要であるとしている．生後まもないころ誤った栄養を与えられると，将来の健康や成長に影響することが証明されている．

障害者のリハビリ（機能回復）

1950年代初め以来，WHOは「障害者のリハビリ計画」を推進してきた．この計画は初め，戦争退役軍人が直面する問題への認識の高まりから作成され，そのような軍人集団に対して各国がサービスを増やすことを促すためのものであった．

1970年代に，同計画は途上国でのリハビリ促進に方向を転換した．1976年に新しい政策が世界保健機関総会によって採択され，リハビリが初期医療介護サービスの一部となった．その後WHOは，地域社会レベルで用いられる一連の教育訓練資料シリーズを開発した．これらの資料はすべて，『地域における障害者のための訓練』と題された手引に収められ，発行されている．

計画の基本的な考えは，地域の保健ワーカーによる指導と監督を受けて，家族が障害者の訓練を行えば成功するというものである．助言サービスが約30％の障害者には必要であり，その大部分は短期の仲介で行われる．この計画は家族や地域社会をリハビリに参加させる重要性を強調している．

新しい計画では，地域社会や地区レベルでのリハビリ・サービスの提供に必要な人員の開発に重点をおいている．地区レベルで監督者の管理能力を強化することに努めて，2000年までには対象人口を拡大すれば，ほとんどの障害者が最小限必要なサービスが受けられるようになるとしている．

職場における健康

WHOの「職業健康計画」には，次の4つのおもな目的がある．
（1）途上国でおもな経済的な生産労働者が該当する下請け作業労働者の健康の保護
（2）職業上の保健技術とアプローチの適用を通じて行われる，一般的な保健サービスの強化
（3）労働者自身が保健介護提供制度に参加すること
（4）職業上の健康科学，技術および方法の発展

同計画は「職業病」の認定と対策，職業的な条件によって健康上の危険性が認められる神経系の変化の承認，労働による生殖機能の損傷やその他の後遺症への対策，条件の悪い労働による社会心理的な危険への対策，健康増進のためのバイオテクノロジーの利用などを内容としている．WHOは，労働者の健康管理について制度的な枠組みを開発中の国々と協力している．女性被用者，児童，高齢者，移住労働者およびその他の集団の職業上の健康管理には，特別の注意が向けられている．

環境保健

安全な飲料水，適切な公衆衛生（汚水処理施設），農村部および都市部の開発，そして居住基準などがWHOの「環境保健計画」の焦点になっている．この分野のWHOの計画の多くは，UNICEFや世界銀行，UNDP，FAOなどほかの国連機関と協力しながら実施されている．

1986年以来WHOは，地域社会における水の供給と衛生に関する費用の回収について，一連の国際的な協議を後援してきた．「飲料水の品質に関する指針」は，途上国で適用されてきた．WHOは一度排出された水を農業で再利用するための技術を研究し，指針の作成や農業での安全な廃水再利用計画の定義などで国連環境計画（UNEP），世界銀行，FAOと協力してきた．

WHOはまた，環境汚染の防止と対策にも関与し，危険な廃棄物処理に関する技術マニュアルを作成した．1980年にWHO，ILO，UNEPの「国際化学的安全計画」（IPCS）が創設された．IPCSは，潜在的に有害な化学物質が人間の健康や環境に与える危険性についての情報や，化学物質の安全な利用の指針を提供している．IPCSは地球サミットによって，有害化学物質が環境に安全であるように管理するための，国際協力の核となるよう指定された．

1991年にWHOは，環境管理テクノロジーの専門家たちを結ぶ「世界環境テクノロジー・ネットワーク」（GETNET）を創設した．1993年にGETNETは87カ国340人のメンバーに拡大した．

1992年に「WHO保健および環境委員会」は，『私たちの地球，私たちの健康』という本を発行した．これは1992年6月にリオデジャネイロで開かれた国連環境開発会議（地球サミット）に対する，WHOの貢献の基礎となる文書である．世界保健機関総会は，この環境委員会の勧告に基づいて，健康と環境に関する新しい世界戦略を承認した．

精神衛生

WHOの「精神衛生計画」は，精神的に病む人々の治療の改善をおもな課題としている．1992年にWHOは，精神分裂病や重症のうつ病などの深刻な精神病患者が世界中に少なくとも5200万人はいると推定した．何年にもわたって，この計画では特別のサービスよりはむしろ，基礎的で一般的な保健介

護を通じて精神衛生上のケアを与えるのを促進してきた．同計画は精神病に関する法律を見直し，法律の改定や立案について指針を与えている．また，精神病予防の計画を始めたり，治療の指針を発展させてきた．

精神衛生に関するWHOの計画の目的は，精神病および神経病の患者の数の減少，一般的な保健サービスの改善の一環としての精神衛生技術の利用および社会行動の精神衛生面への注意喚起である．活動では，精神衛生サービスの充実や要員の育成，情報交換の改善から精神病に関する疫学的および生態学的研究まで，いろいろなことが行われている．

WHOは，いくつもの国際共同研究を後援し，調整してきた．このような研究では，さまざまな文化での精神病の形態や進みぐあい，予防法や治療法の開発，精神衛生サービスの実施，健康と保健介護の心理的側面の問題に焦点を当てている．情報の国際的な交換は，およそ40カ国の研究機関や教育センターの印刷物や教育コース，セミナー，それにネットワークによって育まれている．

「精神衛生計画」には，精神的な健康研究における情報システムや協力のために必要な手続や病名，統計の標準化の発展や，アルコールや薬物依存症の予防と治療についての，主要計画の開発に関するプロジェクトも含まれている．

1980年代後半にWHOは，慢性的な精神病患者のために行われている社会サービスの模範事例についての情報の普及を促進するため，「精神病障害者支援活動」を開始した．この活動は，慢性的な精神病に起因する廃疾を少なくし，治療やリハビリを妨げている社会的，環境的な障害を強調することを目的としている．同活動は精神病患者が，自らの介護についての決定に参加できるよう模索している．このような参加が可能となるためには，患者の地位の向上，患者の代表権，患者が自らの医療記録を閲覧する権利，侮蔑的なレッテルを貼られない権利などが必要とされる．

1989年にWHOは，14カ国で心理学的な問題の類型と頻度を調査する，広範な研究を始めた．1992年までに，18歳から65歳までの2万5000人の患者が調査された．患者たちは症状に応じていくつかの範ちゅうに分類され，回復状況が1年間追跡調査された．

1991年12月に国連総会は，決議46/119によって「精神病患者の保護と精神衛生介護の改善に関する原則」を承認した．この決議によって，精神衛生支援グループは自分たちの見解を公表する権威づけを得た．「精神病障害者支援活動」によって，15カ国語に翻訳された『精神分裂病―家族のための情報』を含む多くの出版物が発行された．

WHOは，精神衛生の増進，すなわち個人や共同体，それに社会の価値基準に精神衛生が占めている地位の改善が，WHOの基本的な任務のひとつであり，人間の成長と生活の質にとって欠かすことのできないものであると考えている．

D．薬　品
国際的に取引される薬物

1964年以来WHOは，ある国家から輸出されるすべての薬物が，その国内の薬物の品質基準を満足することを確保するための方法を研究してきた．「国際的に取引される薬物の品質分類計画」が1969年に世界保健機関総会で採択され，1975年に改定された．約124カ国が参加している同計画によって，該当する薬物が輸出国内で販売を許可されていること，また，当該薬物が製造されている工場に対して，WHOの勧告した製造および品質管理の基準に合致していることを確保するために，定期的な検査が行われていることを証明する書類を，輸出国の保健当局は発給する．同計画のもとで，輸入国は輸出国の当局に対して，当該薬物の管理に関する追加的な情報を要請できる．輸出国の権限ある当局が発行する薬物証明書のほかに，バッチの品質が品質明細に一致し，使用期限の日時と貯蔵条件を示すバッチ証明書も，輸出国の当局または製造業者のいずれかが発行することになっている．

国際生物製剤標準

生物的な物質は，物理的あるいは化学的方法で特徴づけることはできない．それらの行動は，研究動物や微生物，細胞培養あるいは抗原抗体反応に用いられる検査によってのみ管理される．そのような分析評価には，生物的な基準物質が使われる．この基準物質は適切な国際的な基準物質に対する目盛り付けによって，普通は国際的な統一的な単一の形で事前に決定されている．

この分野での活動の多くは，国際連盟の後援によって行われた．1945年までに，抗生物質，抗体，抗原，血液製剤とその関連製品，ホルモンなどの物質に対して34項目の「国際生物製剤標準」が確立されている．それ以後WHOは，国際共同研究が行われた100機関以上の研究所の成果を一覧にまとめ，現在では世界中で国家の行政当局が入手できる国際標

準は，200項目以上に上っている．

生物製剤の標準化の活動はかなり拡大され，おもに診断と分類目的の国際試薬の確立を含む，いくつもの追加的な活動も行うようになった．さらに，安全で有効な生物製剤を製造する製造業者や国家の行政当局のために，製造と管理についての国際基準が準備され，『技術レポート・シリーズ』として出版されている．これらの基準は，技術の進歩に応じて更新されている．1986年までに，40セットの国際基準が出版されている．このほかに，生物製剤標準の設定，生物製剤の分析評価用キットの試験，およびインターフェロン療法の利用などの事項についても，指針が出版されている．

国際標準や国際試薬の完全なリストは，WHOの『生物製剤』で公表されている．

医薬品質管理

国際薬局方 国際的に認められた治療目的の物質の詳細な一覧を作ろうとする試みは，1850年代から続けられてきた．1910年までには，一定の潜在的な薬物について限られた合意が達成された．1951年以来，WHOは『国際薬局方』を発行し，国際的に取引されている医薬品の純度と効能に関する標準を提供し，加盟国はWHO憲章と世界保健機関総会の決議にしたがって，これらの標準を入手できるようになっている．

第1版は2巻と補遺1冊で構成され，1951年から1959年の間に発行された．第2版は1967年に発行され，補遺が1971年に追加された．さらに論文類が，1972年に補充されている．第3版の作業は1975年に始まり，必須薬品に対する安全性基準を提供してほしいという，途上国の必要を満たすことを目的としている．第3版の第1巻と第2巻はそれぞれ1979年と1981年に発行された．

医薬品の国際非商標名 多くの医薬品はその非商標名や属名，あるいは科学的名称または取引名で知られている．唯一の普遍的に利用できる非商標名でそれぞれの薬物を特定するため，WHOは薬物に関する国際的な非商標名を選択する手続を作成した．そのような名称は，『WHO新聞』で定期的に公表されている．1987年末までに5400項目以上の名称が48のリストで提案され，公表された．累積リストの第7版は1987年に発行されている．

WHO化学試薬物質共同研究センター 医薬の品質管理分野のサービスを改善するために，1955年にスウェーデンのアポトケンズ中央研究所に「WHO化学試薬物質共同研究センター」が設立された．その任務は，国際的な化学試薬物質を収集し，分析し貯蔵すること，ならびにそれらの物質を国立研究所や非営利研究施設に無料で，民間企業には名目上の手数料をとって利用させることである．約140種の化学試薬物質が検査を必要とし，その分析評価は『国際薬局方』に記載されているので入手できる．

医薬品の製造および品質管理の方式 加盟各国に医薬品の製造過程を適切に管理するための技術的助言を与えるため，世界保健機関総会は1969年に『医薬品の製造および品質管理の優良方式』と題する出版物の必要を勧告した．1975年の総会によって，その改訂版が採択された．その内容は製造工場の人員や土地建物，設備に適した条件と，一般的な衛生措置の条件などである．未加工素材や製造作業，製品のラベル表示と包装などに適した特別の条件も含まれている．組織と品質管理部局および品質管理研究所も詳細に記述されている．

必須薬物 早くも1975年に世界保健機関総会は，基本医薬品あるいは必須医薬品の枠組みを採用した少数の国々の経験に関する報告を受理した．その目的は，途上国の人々が既存の供給制度を通じて，基本的な健康を維持するのに最も必要な医薬品を入手できるよう援助することにあった．総会は加盟各国に対して，途上国のじっさいの健康状態で最も必要とされている医薬品を合理的な価格で入手できるようにし，また現在必要としている状況に適した新しい医薬品の生産の研究と開発を活性化する，国家的な医薬品政策を作成するよう勧告した．途上国には，大多数の人々のニーズに沿えないか，または手を出せないような高価な医薬品に希少な資源を浪費する余裕がないという認識があった．

1977年にWHO専門家委員会は，できるだけ多くの人々に合理的な水準の健康管理を行うのに必要な医薬品の数は，じっさいにどれくらいなのかを決めるための会合を開いた．国別に調べていくと，驚くほど似たような医薬品の選好結果が明らかになった．村落単位の診療所水準では，10～15種の薬品で当座の必要に対処できる．診療設備や職員がより高度に訓練されている地方の健康センターの段階になると，30～40種の医薬品ですべての患者の80～90%に対処できるだろう．それより広い地域を管轄する病院では，100～120種くらいの医薬品で対応でき，高度の専門診療と教育を行う病院でも全部で200～400種で十分だろう．委員会は1977年におよそ200項目を網羅した『基本医薬品標準リスト』の第1版を著した．1994年現在，270種の医薬品がリスト

アップされている．リストにあげられたすべての医薬品とワクチンは，安全性と効能が証明され，治療の効果も十分に理解されたものであった．そのほとんどはパテントの保護期間が終了しており，合理的な価格で必要な量を生産することができる．標準リストは拡大する需要と医薬品技術の進歩に対応するため，2年ごとに改訂されている．このリストは決定的なものではなく，どの国も自国の優先順位にしたがって必須医薬品のリストから選択し，その指針として役立つことが意図されている．

1981年にWHOは，途上国が小規模な医療施設に必要な医薬品リストを精選するのを援助するため，「基本医薬品行動計画」を開始した．この計画は，各国が立法や包括的な医薬品計画の財政手段を開発するのを援助している．また，各国が前述の品質管理体制を実施することも援助している．この行動計画は，医薬品管理とその合理的な使用についての人材訓練の支援も提供している．同計画は，世界中の国からきた何百人もの保健職員が，実際的な訓練を受けられるような国家的および地域的なセミナーも支援している．同計画は，医薬品の選別と調達，流通の最良の方法に関する既存の知識のギャップを埋める研究も奨励している．この研究では，供給者が医薬品の処方をどのように決定しているのか，患者が医薬品をどのようになぜ利用する（あるいは利用しない）かをみつけようとしている．この研究は，重要な医薬品を多くの人々が利用できるようにする手段に直接かかわっている．今日113カ国以上の国々が，自国の病気のパターンや財政資源に見合った選択を行うために，標準リストを用いている．

E．研究促進と開発

「医療研究に関する諮問委員会」（WHOの6カ所の各地域事務所にひとつずつ，世界規模のが1カ所ある）を通じて，WHOは各国の優先順位に直接つながる保健計画についての研究を計画し，保健計画を実現し実行していくための指針を与えている．委員会はまた，国内および地域の専門家たちに適切な議論の場を提供し，保健分野の科学的および技術的な政策を詳細に形成するための場も提供している．研究計画や活動は，医療研究機関その他の類似の団体の，すべての段階での経営能力の強化をとくに強調し，密接に協力しながら発展している．

研究分野で調整を行うWHOの役割は，科学的情報の交換と，おもな問題を解決し努力を結びつける，最も効率的な方法を開発してさまざまな分野の科学者や研究者集団の協力をリスト化するための，制度の発展の支援にある．

何年にもわたって，必要な専門知識と施設をもつ1200機関以上の研究組織が，WHOによって「WHO協力センター」に指名されている．1992年から1993年にかけてWHOは，2000人以上の専門家で構成される54の専門家委員会を指定した．WHOは，個々のセンターそれぞれが負担してきた費用を部分的にでも相殺するため，技術サービス協定を通じてときには財政支援を行っている．

加盟国の研究能力を強化するため，WHOは「研究者教育計画」を開発した．研究助成金の期間はさまざまであるが，可能なかぎり研究助成金を受けている研究者たちが方法や技術について適切な知識を獲得し，そしてしばしば指導のもとに研究の一端を担うのに十分なだけ，長期間にわたって研究助成金が与えられるようになっている．

科学者たちの間の意思疎通も図られている．ある国からきた科学者は，最長3カ月間ほかの国の科学者を訪問でき，人的接触やアイデアの交換が促進されている．

WHOは世界のさまざまな地域の科学者たちが出席する，特別技術に関する会合，シンポジウム，セミナー，教育コースの開催を奨励している．これらの会合の報告書は適切な時期に学界に発表され，その点は専門家委員会や科学者・技術者グループの報告書も同様である．

F．保健の人材開発

保健関係の人材開発でのWHOの役割は，加盟各国が必要とする（そして加盟国自らが準備できる）人数と種類のそろった保健関係の人材チームを立案，訓練，展開，管理し，そのような人材が社会的な責任をもち，技術的，科学的および管理面で適切な能力をもつように援助する，加盟各国の努力に協力することにある．

WHOは，公式および非公式の保健管理制度や地域社会での保健介護従事者として，女性の政治的，経済的，社会的地位の向上をめざし，また彼女たちが自分自身や家族，地域社会の他の構成員たちに提供する保健介護の範囲を広げ質を改善できるよう，彼女たちへの教育，訓練，指導を確保できるように努力している．

地域社会に向けたチームによる教育計画の推進や問題別の教育と学習方法の奨励は，別のアプローチである．この計画では，各国がとくに関心をもって

いるサービスを特定し，それに直接関係する任務を実施するための人員を準備することがめざされる．

自習や視聴覚教育目的の学習教材を含む適切な教育・学習教材が，さまざまな文化や言語で作成されているが，これらが保健の発展とすべての種類の保健従事者，とくに基礎的な保健従事者やその指導員，監督者たちに役立つものとして奨励されている．

研究者の母国では得難い保健問題の教育や研究を行い，保健に関する科学的知識や技術の国際交流の機会を与える手段として，WHOの計画のなかで奨学金が大きな役割を占めている．WHOは，加盟各国が自らの保健開発政策に沿った人材開発政策に基づいて決定した研究者の指名，選抜，評価を奨励しており，そうすることで奨学金が「すべての人々に健康を」という世界的な目的達成に必要な人材を訓練するのに貢献できるとしている．WHOは，基礎的な保健介護計画に将来直接関与する人たちに対して，優先的に奨学金を与え，研究計画が国家の保健政策の長期的目標と密接に関連するようにしている．

しかし多くの国々では，問題はすでに保健の専門家の不足ではなく，むしろ必要な知識や技術を確実に利用できるように，正しいバランスで専門家を配置し，それを維持することに移っている．WHOは，情報制度や各国がこのバランスを達成するのを援助する方法の開発研究を後援している．

育　児

総会は1992年に，各国が育児のための国家的な行動計画を開発するよう勧告した．「育児と産科学に関する世界諮問グループ」は第45回総会で設立され，その最初の会合は1992年に開かれた．同グループは，あらゆる国で最も多くの保健関係者が育児と産科学に関与している以上，育児と産科学をWHOの活動の優先分野として宣言すべきだと勧告した．2000年以降の育児についてのWHOの研究グループが，1993年7月に招集された．研究グループは「アルマアタ育児宣言」を採択した．同宣言は，急速に変化する環境で活動する保健ケア提供者を用意するには，多方面の専門的でかつ学問領域横断的アプローチが必要であることを認めた．その出発点としてすべての政府の保健担当省庁は，適切な要員と予算をもった主任看護婦の地位を，速やかに確立するよう求められた．

G．保健に関する公衆情報と教育

保健についての教育と情報を統合するため，WHOは「保健公衆情報・教育部局」を設立した．そのおもな任務は，あらゆる地域と密接に協力しながら，健康的な行動を奨励し，個人や社会の間で自立性を増大させることを目的とする情報および教育計画の開発を調整するため，各国と協力して活動すること，各国の計画の情報および教育面で立案，開発，実施を行う技術部局と協力して活動することである．

保健の問題について，より多くの人々の認識を促し支援する必要性は，じっさいにすべてのWHO計画のなかで繰返されている主題である．WHOが考える保健教育とは，健康的でありたいと願う人々がどのようにして健康を維持し，個人的あるいは集団的に健康維持を目的に行動できるかを知り，必要な場合はいつでも援助を求めるよう勇気づける活動のすべてを指している．

WHOは何年にもわたって，多くのコンピュータの情報資源を開発してきた．そのなかにはディスクまたはインターネットで入手できるWHOの図書館情報システムのWHOLISも含まれている．WHOの新しい出版物や文書の定期目録であるWHODOCも，ディスクやインターネットを通じて入手できる．

H．保健関連立法

WHOは保健と，人や環境への保健サービスを行う関係立法が各国で重要なことを認識してはいるが，モデル立法を提案する権限はない．他方，加盟国が時宜にかなった関連情報を必要としていることは，WHOも認識している．WHOは，保健分野でのあらゆる新しい重要な法や規制を確認し，可能なかぎりその情報を発信する任務をもっている．情報伝達のおもな手段は，年4回発行されるWHOの『国際保健立法ダイジェスト』である．HIV/AIDS立法についての情報の要求が，WHOにエイズの法的・倫理的側面，それに司法判断などの関連立法はもとより，関連する文献を取扱うコンピュータ・データベースを開発させた．禁煙関連の立法など，その他の問題についてのデータも同様にコンピュータ化されている．

1994年2月に，人口発展に関するアジア議員フォーラムと国際医療議員機構が，WHOと密接に協力してバンコクで第1回国際医療議員会議を開催した．33カ国から80人以上の医療関係議員がこの会議に参加し，環境衛生と人口と開発，麻薬乱用，臓器移植，公衆衛生と開発，母子保健とエイズの5分野について議論を交わした．同会議は，この5つの

WHO 加盟国一覧(1999 年 12 月現在*)

アイスランド
アイルランド
アゼルバイジャン
アフガニスタン
アメリカ
アラブ首長国連邦
アルジェリア
アルゼンチン
アルバニア
アルメニア
アンゴラ
アンティグア・バーブーダ
アンドラ
イエメン
イギリス
イスラエル
イタリア
イラン
インド
インドネシア
ウガンダ
ウクライナ
ウズベキスタン
ウルグアイ
エクアドル
エジプト
エストニア
エチオピア
エリトリア
エルサルバドル
オーストラリア
オーストリア
オマーン
オランダ
ガイアナ
カザフスタン
カタール
ガーナ
カナダ
カーボベルデ
ガボン
カメルーン
韓国
ガンビア
カンボジア
北朝鮮
ギニア
ギニアビサウ
キプロス
キューバ
ギリシャ
キリバス
キルギス
グアテマラ
クウェート
クック諸島
グルジア
グレナダ
クロアチア
ケニア
コスタリカ
コートジボワール
コモロ
コロンビア
コンゴ共和国
コンゴ民主共和国
サウジアラビア
サモア
サントメ・プリンシペ
ザンビア
サンマリノ
シエラレオネ
ジブチ
ジャマイカ
シリア
シンガポール
ジンバブエ
スイス
スウェーデン
スーダン
スペイン
スリナム
スリランカ
スロバキア
スロベニア
スワジランド
セイシェル
赤道ギニア
セネガル
セントクリストファー・ネイビス
セントビンセントおよび
　　グレナディーン諸島
セントルシア
ソマリア
ソロモン諸島
タイ
タジキスタン
タンザニア
チェコ
チャド
中央アフリカ共和国
中国
チュニジア
チリ
ツバル
デンマーク
ドイツ
トケラウ諸島(準加盟国)
トーゴ
ドミニカ共和国
ドミニカ国
トリニダード・トバゴ
トルクメニスタン
トルコ
トンガ
ナイジェリア
ナウル
ナミビア
ニウエ
ニカラグア
ニジェール
日本
ニュージーランド
ネパール
ノルウェー
ハイチ
パキスタン
バチカン(非加盟国)
パナマ
バヌアツ
バハマ
パプアニューギニア
パラオ
パラグアイ
バルバドス
バーレーン
ハンガリー
バングラデシュ
フィジー
フィリピン
フィンランド
プエルトリコ(準加盟国)
ブータン
ブラジル
フランス
ブルガリア
ブルキナファソ
ブルネイ
ブルンジ
ベトナム
ベナン
ベネズエラ
ベラルーシ
ベリーズ
ペルー
ベルギー
ボスニア・ヘルツェゴビナ
ボツワナ
ポーランド
ボリビア
ポルトガル
ホンジュラス
マケドニア
マーシャル諸島
マダガスカル
マラウイ
マリ
マルタ
マレーシア
ミクロネシア
南アフリカ共和国
ミャンマー
メキシコ
モザンビーク
モナコ
モーリシャス
モーリタニア
モルディヴ
モルドヴァ
モロッコ
モンゴル
ヨルダン
ラオス
ラトビア
リトアニア
リビア
リヒテンシュタイン(非加盟国)
リベリア
ルクセンブルグ
ルーマニア
ルワンダ
レソト
レバノン
ロシア

* WHO ホームページより.

分野について各国の立法目標と，優先事項を確定するように求めた「バンコク宣言」と行動計画を採択した．

■ 参 考 文 献

Bulletin of the World Health Organization『世界保健機関報告』
　　隔月刊のWHOのおもな科学定期刊行物．

〈国際旅行と保健ワクチン要件および保健アドバイス〉
Pharmaceutical Newsletter『薬物ニュースレター』（月刊）
Weekly Epidemiological Record『週刊疫学記録』
　　国際衛生規則によって「隔離すべき」と指定された病気に関する通報とその他の情報を記載．各国の保健行政当局や隔離担当当局の指針となる．
WHO Drug Information『WHO薬物情報』
　　各国のおもな薬物規制行動についての報告と医療製剤，およびWHO標準リストから選別された基本医薬品についての情報を記載した季刊ジャーナル．

〈世界医学校一覧〉
World Health『世界の保健』
　　専門知識をもたない読者を対象とするWHOの挿図入りの定期刊行物で隔月刊．
World Health Forum『世界保健フォーラム』
　　公衆衛生のすべての側面についての経験やアイデア，意見を国際的に交換するための場を提供する健康発展のための国際ジャーナル．季刊．
World Health Statistics Report『世界保健統計報告』
　　届出なければならない伝染病や出生率，死亡率，死因その他の事項に関する統計を掲載．月刊．

国際民間航空機関(ICAO)

[www. icao. int]

背景 1903年12月，ライト兄弟が考案した空気よりも重い飛行機が，1人を乗せて初めて自力で37m(120フィート)を飛ぶことに成功した．1992年には，定期航空便の運航だけで11億6700万人の乗客を運び，旅客の輸送量は1兆9530億人キロメートルに達した．世界の航空輸送の総収入(乗客，貨物，郵便)は，1958年に年37億ドルであったが，1992年には年2120億ドルに達した．多くの国では，国内航空に関する規制をかなり早い時期に確立したが，国際民間航空が提起した技術的，経済的および法的なさまざまな問題の解決は1944年までほとんど達成されなかった．

■ 創　　設

最初の国際民間航空会議は1910年に，ヨーロッパ諸国の政府だけが出席して開かれたが，大陸間飛行は狂気の夢にすぎないと考えられていたために，失敗に終った．国際航空委員会を設立するための国際条約が，1919年にパリで調印されるまで，約10年近くもかかった．この委員会は，少なくとも年1回の会合を開き，技術問題だけを扱うものとされた．国境を越える運航から生じる複雑な法律問題を担当するため，国際法律家委員会も設立された．西半球で国際航空輸送が頻繁に行われるようになると，そこから生じる問題を処理するために，1928年にハバナで招集された会議で，「商業航空に関する汎アメリカ条約」が採択された．1930年代末までには国際航空規制に関する合意を達成しようとする努力は，いくらか行われたが，ほとんどの国は他国の航空機に免許を与えず，ある国に向かう外国航空機に他国の領域を無着陸で横断することを許可する協定も存在しなかった．

1944年のシカゴ会議

第2次世界大戦中に航空技術がひじょうに発展したため，技術的，経済的および法的な問題を含む飛行のすべての側面を扱い，平和目的の国際航空を援助し規制する国際組織が必要となった．このような理由から，1944年初めにアメリカが第2次世界大戦での同盟諸国と予備的な討議を行い，連合国および中立国を合わせて55カ国に，1944年11月のシカゴ会議への招待状が発送された．

1944年11月と12月に52カ国の代表が，戦後の航空輸送分野での国際協力を図るため，シカゴで開かれた国際民間航空会議に参集した．この会議で国際民間航空機関の基本条約である「国際民間航空条約」がつくられたので，この条約は「シカゴ条約」とも呼ばれている．同条約は26カ国が批准すれば，国際民間航空機関(ICAO)を発足させると規定していた．民間航空の差迫ったニーズにこたえるため，1947年4月4日にICAOが公式に発足するまでの20カ月間は，暫定組織が設立され活動した．

シカゴ会議は次の2つの問題に直面した．
(1) 運航上の信号系やその他の技術的な基準を広く承認することに合意が得られるかどうか
(2) 航空輸送の経済的な国際規準を確立できるかどうか

アメリカが率いる国家グループは，技術手続や装備の基準について勧告を行うだけの国際組織を求めていた．これらの国々は，航空輸送の経済面は自由競争にすべきだと考えていた．この政策は，自前の国際航空路線をもたない「消費国」の利益に最も役立つものと考えられた．イギリスが率いていた別の国家グループは，民間航空の経済面にも大きな発言権をもつ，より強力な組織を支持していた．そしてこの組織は，さまざまな国々の航空会社に国際航空路を割当て，飛行回数を規制し，運賃を決める権限をもつものとされた．ニュージーランドが主張し，オーストラリアが支持した急進的な提案は，国際航空輸送を国際的な所有と運用のもとにおくことを要求していた．

会議で最終的に採択された「国際民間航空条約」は、アメリカ案とイギリス案の折衷だった。条約は、「空の秩序」を監督し、国際航空について最大限の技術的統一を達成し、加盟国がしたがうべき特定の方式を勧告し、その他の任務を実行するための最初の自律的な国際組織として、国際民間航空機関を創設するとしていた。この条約を批准し、あるいは条約に加入した国々は、ICAOが採択した民間航空標準に可能なかぎりしたがい、ICAOの勧告にしたがう努力をすることに同意した。

経済分野では、ICAOはいかなる規制上の権限ももっていないが、基本条約が設定した目標のひとつは「不合理な競争によって生じる経済的浪費を防止すること」にある。さらにこの条約によって加盟国は、ICAOに対して自国の国際航空路についての運輸報告、支出統計および会計報告書、とくにすべての収入およびその源泉を示すものを提出する義務を負っている。

シカゴ条約は、各国が「その領域上の空間において完全かつ排他的な主権を有することを承認」し、また定期航空業務に従事しない民間航空機が、特定の許可条件と制約のもとに、1国から他国に向けてあるいは別の国の上空を飛行してもよいと規定している。しかし、1国から他国に向けての定期国際航空業務は、上空を通過される国の許可を得たときにかぎって運用でき、また加盟国は外国の航空機の飛行禁止区域の設定は認められているが、そのような規制は差別的であってはならないとされた。この規定は、通常の航空機はもとより無人の航空機にも適用される。しかし「空間」という用語の正確な定義がなく、ロケットや長距離ミサイルの開発によって、1国の領空の限界と宇宙空間との境界を決定する問題が現実のものとなってきた。この問題は宇宙空間平和利用委員会で研究されている。

シカゴ会議で審議された重要な問題のひとつが、国際民間航空での商業的権利の交換に関する問題だった。会議に出席したすべての国々が満足する合意には達することができなかった。こうしてこの問題は、ICAOの基本条約である「国際民間航空条約」では扱うことができず、この会議が採択した2つの追加協定である「国際航空業務通過協定」と「国際航空運送協定」で扱われることになった。この2つの協定はICAOの基本条約には含まれず、この協定を批准したICAO加盟国だけを拘束する。

「国際航空業務通過協定」は、(1) 民間航空機が無着陸横断飛行をする場合の他国の上空を飛行する自由と、(2) 給油や整備のために民間航空機が非運輸目的で外国の領域を飛行する自由を保障している。同協定はこのようにして、通過と緊急着陸の無条件の権利の原則を初めて確立した。

「国際航空運送協定」は5つの自由協定としても知られており、業務通過協定が定める2つの自由のほかに、(3) 自国の航空機の他国への乗客と貨物の輸送の自由、(4) 他国からの航空機による自国への乗客と貨物の輸送の自由、(5) 自国以外の第三国間の航空輸送の自由、の3つの自由を認める。

シカゴ条約は1944年12月に採択されたので、ICAO基本条約は国連憲章よりも古い。しかし各国は、国連憲章の批准よりもずっと遅れてシカゴ条約を批准した。そのためICAOは、条約が必要とする26カ国の批准を得た1947年4月4日まで発足できなかった。

■ 目　　　的

シカゴ条約が規定するICAOの目的は次の通りである。すなわち、世界を通じて国際民間航空の安全で整然とした発展のために、国際航空輸送の計画と発達を支援すること、平和目的のための航空機の設計と運航技術を奨励すること、国際民間航空のための航空路、空港および航空保安施設の発達を奨励すること、安全で正確、能率的で経済的な航空輸送の、世界の人々の要求にこたえること、不合理な競争によって生じる経済的な浪費を防止すること、締約国の権利を十分に尊重し、すべての締約国が国際航空事業を運営する公正な機会をもつことを確保することで、締約国間で差別待遇をしないこと、国際航空での飛行の安全を増進させること、国際民間航空のすべての面での発達を全般的に促進することである。

■ 加　盟　国

1994年3月現在、ICAOには183カ国が加盟している。[1997年6月現在、185カ国]

■ 機　　　構

ICAOのおもな3つの機関は、総会、理事会、事務局長が率いる事務局である。

総　会

すべての加盟国が参加する総会は，3年に1回開催される．各加盟国は総会で1票をもち，「シカゴ条約」に別段の定めがないかぎり，案件は単純多数決で決定される．総会は，多くのさまざまな都市で開かれてきた．

総会は政策を勧告し，ICAO の活動を見直し，ほかの ICAO の関連機関に指示を与え，理事国を選出し，予算を決定する．総会は ICAO 基本条約を 2/3 の多数決で改正することができるが，これまでに数回の改正を行っている．しかしその改正は，総会が特定した ICAO 加盟国の少なくとも 2/3 が批准しなければ発効しない．換言すると，総会は国際民間航空に何らかの改革を導入しても，特定の国々が遵守しなければ，それは公平でないと考えているのである．他方，総会には採択した改正を広く批准させるための強大な権限がある．ある加盟国が定められた期間内に発効した改正を批准しない場合，総会は ICAO での当該国家の資格を奪う権限をもっている．とはいえ，この規定（第94条 b 項）は今まで一度も適用されたことはない．

理事会

理事会は常設の機関で，総会が3年任期で選出する33カ国の理事からなる．理事国を選出するにさいして「シカゴ条約」は，総会に対して航空輸送で重要な国々，国際民間航空の施設の設置に大きな貢献をする国々，主要な地理的地域を代表する国々などが，バランスよく代表となることを求めている．

1976年以来，レバノンのアサド・コタイテが理事会議長を務め，1992年11月にさらに3年間の任期が延長された．

理事会の権限は，ほかの専門機関の執行機関の権限に比べるとかなり広い．理事会は民間航空と輸送に関する国際標準を採択し，方式を勧告する．「シカゴ条約」とその付属書の適用解釈についての紛争では，理事会は各加盟国間の仲裁機関として行動する．また理事会は，国際航空の発達を阻害するようなあらゆる状況を調査できる．一般に理事会は，国際航空輸送の安全で正確な運用を維持するのに必要な手段なら，なんでも実行することができる．

事務局長と事務局

ICAO 事務局は，理事会が任命する事務局長が率いている．事務局長は ICAO 事務局の職員を任命し，その活動を指揮する．1991年にスイスのフィリップ・ロシャが事務局長に任命された．［1999年現在の事務局長はレナート・クラウディオ・コスタ・ペレイラである．］

ICAO 本部はモントリオール中央の国際航空広場，1000 Sherbrooke Street West にあり，27階建てビルの18階を占め，その近隣には設備の整った会議場も設置されている．ICAO はパリ，バンコク，カイロ，メキシコ・シティ，ナイロビ，リマ，ダカールに，加盟国が航空事業を運営するのを援助するための地域事務所をおいている．

■ 予　算

1992年総会は，1993年度の予算として5000万ドル，1994年度の予算として5130万ドル，1995年度の予算として5220万ドルを可決した．各加盟国の分担金は，総会が決定したスライド方式によって決定される．

■ 活　動

A．国際標準と勧告された方式

ICAO に参加する（「シカゴ条約」に加入する）ことで，各国は航空事業の運営を容易にしかつ改善するため，さまざまな事項について規則，標準，手続および組織の実行可能な最高度の統一を図ることに協力する義務を負う．つまり，ICAO のおもな任務のひとつは，そのような国際標準や勧告を採択し，修正や改正を通じてそれを最新のものにしていくことにある．

標準とは，第1回 ICAO 総会の定義によると，「物理的な特性，外形，物質，行為，人員ならびに手続の指定であって，その統一的な適用が，国際航空の安全性または規則性のために必要と認識され，締約国がしたがおうとするもの」のことである．したがって標準には，滑走路の長さ，航空機の製造に用いられる素材，国際航空路を飛行するパイロットに要求される資格などの事項についての詳細も含まれている．勧告は，標準と同様の対象についての指定であって，その統一的な適用が「国際航空の安全性，規則性，および能率性にとって望ましい」と認識され，「締約国がしたがおうとするもの」のことである．

これらの標準や勧告を準備し改正するのは，おもに ICAO の「航空委員会」の任務とされ，同委員会は航空分野のすべての ICAO の活動を計画し，調整し，調査している．委員会は締約国が指名し理事会

が任命した15人の委員で構成されている．理事会が標準や勧告の条文を承認すると，それは締約国に提出される．勧告は拘束力をもたないが，標準はすべての締約国を拘束する．ただし，「シカゴ条約」第38条に基づいて，標準の遵守が不可能であると異議を申立てた締約国に対しては，その標準は適用されない．

シカゴ条約の付属書

ICAOが採択してきたさまざまな標準や勧告は，「シカゴ条約」についている18項目の付属書に規定されている．ほとんどの付属書の目的は，満足できる最低限の訓練標準と安全手続を保障し，統一的な国際方式を確保することで，飛行の安全を増進することにある．18項目の付属書は次の通りである．

1. 航空従事者の免許——飛行機の乗務員，航空管制官，機械および施設の整備員の免許
2. 航空規則——有視界飛行および計器飛行に関する規則
3. 気象サービス——国際航空のための気象サービスの提供と航空機からの気象観測報告
4. 航空図——国際航空に用いる航空図の詳細
5. 測定単位——空中と地上間の通信に用いる種々のシステム
6. 航空機の運航——第1部は国際民間航空運送，第2部は国際航空一般，第3部はヘリコプターの国際運航．これらの詳細は，規定された最低限以上の安全性を世界中で同じように確保しようとするものである
7. 航空機の国籍と登録記号——登録の要件と航空機の所属確認
8. 航空機の耐空性——統一手続に準拠した航空機の確認と検査
9. 簡素化——国際空港での関税，出入国および防疫検査の規則の簡易化
10. 航空通信——通信設備やシステムならびに通信手続の標準化
11. 航空交通業務——航空管制や飛行情報，警報業務の確立と実施
12. 捜索と救難——捜索と救難に必要な装備と業務の組織と運用
13. 航空機事故調査——航空機事故の通報，調査および報告の手続
14. 飛行場——飛行場のデザインや設備の規定
15. 航空情報業務——飛行に必要な航空情報の収集と配布方法
16. 環境保護——『第1巻航空機騒音』は航空機騒音証明，騒音測定，陸上使用用の騒音発生ユニットの規定，『第2巻航空機エンジン排気』は燃料パイプや排出条件に関する標準
17. 保安——不法な干渉行為から国際民間航空を守るための規定
18. 危険物質の安全な航空輸送——危険な積荷の表示，荷造り，ならびに発送の詳細

B．航　空

航空業務は，短距離の離着陸飛行から超音速飛行まで，安全保障問題から航空業務が環境に及ぼす影響まで，パイロットの訓練と操縦技術から空港に必要な設備まで，かなり広い活動範囲を対象としている．

環境についてのICAOの事業は，この点をよく示している．航空機の往来が増加し，ジェット・エンジンの使用が広がるにつれて，民間航空の環境に及ぼす影響についても一般の関心が高まってきた．1968年にICAOは，航空機騒音の削減をめざす活動を開始した．最初の措置には，航空機の騒音について国際的に合意された標準の開発（「シカゴ条約」第16付属書第1巻）があるが，その結果として新しいより静かなジェット機が開発された．

航空機に起因する大気汚染度の研究の結果，燃料パイプや煙，新しく製造された超音速飛行機ターボジェットやターボファン・エンジンからの，排気ガスなどを規制する標準（第16付属書第2巻）が開発された．

不法なハイジャックや航空機の破壊などを含む，国際民間航空およびその施設に対する暴力の脅威が続いていることを憂慮した理事会は，「シカゴ条約」第17付属書を採択した．それには不法なテロ行為から，国際民間航空を守るための手順や勧告された方式などが含まれている．さらにこの問題に関する包括的な指針も，発展してきている．ICAOは，航空の安全性を高める努力の一環として，危険物質の航空輸送の安全標準を採択した．この標準は，「シカゴ条約」第18付属書に規定されている．ICAOはこのほかにも，全天候型の航空，超音速飛行，宇宙技術の航空へ応用，自動データ交換システム，有視界飛行の支援など，多くの重要な問題についても研究している．

C．国際航空運送の円滑化

ICAOの発足時から，国際航空運送を円滑に行う

ことの必要性(航空機や乗客,乗務員,手荷物,貨物,郵便物が自由に国境を越えて移動するのを妨げるような障害を除去すること)は明らかだった．この必要性は，飛行の速度そのものに内在している．たとえば，大陸間の飛行に6時間かかるとして，その前後の通関，出入国，検疫，その他の審査手続に1時間もかかっては，旅行時間が33%も長くなってしまう．

そのためICAOは，何年もかけて包括的な円滑化プログラムを開発した．その成果は，シカゴ条約第9付属書の国際標準や勧告，ICAO理事会と円滑化局の勧告や声明に生かされている．広くとらえれば，このプログラムがめざしているのは，不要な書類の排除，その他の形式の簡素化と標準化，国際空港施設の最低条件，取扱い手続や通関手続の簡素化などである．計画には，ビザの要件や一時的訪問者の入国の自由化，機械によるパスポートやビザの読取技術の開発，積荷，郵便物，手荷物の取扱いや通関手続の迅速化，通過するだけの運送物品についての書類や検査条件を最低限におさえることなども含まれている．

ICAOは手続的な条件を減らすほかに，乗客やその手荷物，航空貨物にとって，空港のターミナルビルがその関連施設やサービスを含めて合理的なものになるよう努力している．高齢者や障害をもつ乗客が，飛行機での旅行をしやすくするように，とくに注意を払っている．航空機の往来が増加しているため，空港管理者は定期的に施設のありようを再検討する必要がある．既存のターミナルの変更や新しいターミナルの建設などを計画するさい，早めに，まだデザインも決まっていない段階からでも，計画者と利用者との密接な調整と協力関係を確立しなければならない．十分な数の通関通路，手荷物配送所，貨物取扱い施設などを備えて，空港が適切な形で人や物の流れを処理することが迅速な手続の進行のためには不可欠である．

D. 地域的な航空計画

民間航空に適するさまざまな事がらについては，世界規模での統一が望ましいが，航空機の運用条件は地域ごとにさまざまに異なるものもあるために，事がらによっては地域単位での対処が最善なこともある．たとえば，北大西洋地域では海を越える長距離飛行が圧倒的に多いが，ヨーロッパの国際航空の多くは短距離の陸上飛行である．ICAOは，このような条件の違いに対処し，その詳細な計画を推進するために，アフリカおよびインド洋，アジア，カリブ海，ヨーロッパ，中東，北アメリカ，北大西洋，太平洋，南アメリカの9つの地域に分けてきた．そしてそれぞれの地域ごとに会合を開き，地域ごとに適切な設備，サービス，手続についての詳細な計画を立案している．地域的な計画には，通信や航空管制，捜索と救出，気象などのために必要な航空ナビゲーション設備やサービス，またその場所を指定している．9つの地域についてのICAOの計画は，増加する交通量に対応し，また民間航空の技術的発展を考慮に入れるため，定期的に審査され，改正されている．

ICAOの各地域事務所は，計画の実施について各国に助言や援助を与える第1の機関となっている．各地域事務所は，実際的な援助を与えるため全力をつくしており，なかでも技術スタッフを各国に頻繁に派遣している．さらにICAOは，締約国が地域的な問題点を改善するのを助けるため，長期間派遣する諮問使節に資金を配分している．

問題点は，地域事務所やICAO事務局が関係各国の政府と共同で取上げる．もっと複雑な事案は，航空委員会や必要な場合はICAO理事会が研究する．航空サービスとその設備上の欠陥をなくす問題が，ICAOが重要だと考える問題のひとつである．

大きな問題は，設備やサービスに使える資金の不足，熟練パイロットの不足や管理面・組織面での障害などである．ICAOは，資金の提供や技術援助，その他の手段を通じて，各国が設備を向上させることを奨励してきた．乗務員や地上要員の航空訓練計画の立案にさいし，各国を援助するための手引書やその他の文書を作成したり，維持管理や技術標準の向上のために助言することも行っている．

E. 共同運営・維持組織

「シカゴ条約」によって，すべてのICAOの締約国は自国の領域での航空施設やサービスの提供を義務づけられている．航空設備やサービスは，公海や主権のもとにない地域を通過する空路についても提供しなければならない．ICAO理事会は「シカゴ条約」によって，締約国からの要請があれば「空港その他の航空施設(無線及び気象の施設を含む)の一部又は全部で，その領域内で他の締約国の国際業務の安全な，正確な，能率的な，且つ，経済的な運営のために必要とされるものの設置，配員，維持及び管理を」させる権限をもっている．理事会はまた，独自のイニシアチブで国際航空サービスの，「安全な，正確な，能率的な，且つ，経済的な運用」を損なう恐れのある状

況を解決するための行動をとることもできる．ICAO は今まで，どこかの国の国際航空施設やサービスについてじっさいに監督をしたことはないが，2 つの国際協定によって北大西洋地域の一部については，いわゆる「共同支援計画」を通じてサービスと設備をじっさいに提供している．

これらの共同支援協定に基づいて関係各国は，自国の航空機が関連空路を飛行するさいに，サービスや設備，その使用料などを提供している．この 2 つの国際協定というのは，「グリーンランドおよびフェロー諸島における一定の航空業務についての共同維持に関する協定」と，「アイスランドにおける特定の航空サービスの共同維持に関する協定」である．

海上飛行のため，アイスランドやグリーンランドから提供される特別の航空管制や，ナビゲーション・気象サービスを利用する多くの航空機は，アイスランドやデンマークのものではない．そこでアイスランドやデンマークを含む約 20 カ国が，これらのサービスの運用に必要な資金を出し合っている．

ICAO は，事務局長と理事会が協力してこれらの 2 つの協定を管理している．特別の常設機関である「航空サービス合同支援委員会」が，これらの事項について理事会に助言を与えている．サービスの運用や費用は絶えず審査され，そのための国際会議も開かれている．1970 年代の初めには航空施設やサービスにかかる費用は，北大西洋をわたるすべての民間航空機に課せられていた．これらの「利用者負担金」は，民間航空に本来割当てられるべき費用の 40% でしかなかったが，1975 年から 1978 年の間に 50% に引上げられ，1979 年から 1980 年には 60%，1981 年には 80%，それ以後は 100% 費用を満たしていた．

F．技術援助

ICAO は，道路や鉄道が不足している国々にとって，航空機が国際交通や国内交通上重要であることを認め，ICAO 創設以来，このような国々の社会的，経済的発展を援助する手段として，国連開発計画（UNDP）やその他の国連機関を通じて技術援助プログラムを実施してきた．

ICAO の援助プログラムは，おもに 3 つの分野に分けられる．国連開発計画は拠出国から資金を得て，各国別のプログラムや，二国間プログラム計画，地域間プログラムなどの形で，受手となる国々に資金を提供している．信託資金プログラムは，技術援助を受ける国々の特別プログラムを支援するため，財政援助を提供している．職員養成プログラムは，特定の国々の専門家に ICAO の指導のもとで働く機会を与えている．

民間航空プロジェクトには，民間航空事業あるいは国営航空に専門的な助言を与える専門家，ICAO の技術援助を通じて設立された海外の民間航空訓練センターなどで民間航空訓練を受けられるようにする奨学金，安全で正確な航空サービスを確保するための無線ナビゲーション補助や通信設備，などの援助をひとつまたは複数含んでいる．

奨学金は多くの分野を対象にしており，そのなかにはパイロットや飛行機整備技術者，航空管制官，無線およびレーダー技術者，通信担当者，空港技術者，エレクトロニクス技術者，航空輸送経済の専門家，航空情報担当者，航空気象担当者，航空医療専門家，事故調査専門家，飛行運用管理者，空港防火専門家，航空指導員などの訓練も含まれている．

ICAO の提供するおもな設備には，航空管制設備，レーダー，フライト・シミュレーター，訓練用飛行機，無線通信およびレーダーシステム，距離測定設備，高感度全方向無線標識，計器着陸システム，非指向性ビーコン，「航空」飛行テストユニット，耐空性データ獲得システム，言語ラボ，視聴覚補助，有視界アプローチ・スロープ（進入態勢）指示システム，消防車両などが含まれている．

ICAO が援助したおもな訓練施設には，エジプト，エチオピア，ガボン，インドネシア，ケニア，メキシコ，ナイジェリア，シンガポール，タイ，トリニダード・トバゴ，チュニジアの民間航空訓練センターが含まれている．

1992 年の ICAO 技術援助プログラムの総支出額は 4000 万ドル近くに上り，その半分以上が国連開発計画からまわされたものであった．国連開発計画の地域ごとの支出は，南北アメリカに 540 万ドル，ヨーロッパ，地中海，および中東に 610 万ドル，国際的なプロジェクトに 150 万ドルであった．

G．ICAO のもとで作成された国際条約

1960 年代に始まった民間航空への不法なテロ事件の増加（航空機のハイジャック，航空機への爆弾の設置，航空機や乗客，空港職員への攻撃など）によって，次の 3 つの条約が採択された．

東京条約（1963 年）「航空機内で行われた犯罪その他ある種の行為に関する条約」は，特定の犯罪を定義してはいないが，この条約によって機内で犯罪を行った犯人を裁判できる管轄権（すなわち航空機の登録国の管轄権）が確保されている．同条約はまた，

容疑者の拘束や降機に関する機長やその他の乗務員の権限と義務についても規定している．容疑者が航空機から下ろされた場所の領域国の規則についても詳細に規定しているし，航空機のハイジャックが生じた場合にとるべき措置についても規定している．

ハーグ条約(1970年)　「航空機不法奪取防止条約」は，不法奪取行為を定義し，それに対する普遍的な管轄権と容疑者の逮捕，拘留について規定している．また，容疑者の訴追や身柄引渡しはあまり制限をつけずに行われなければならないことも規定している．

モントリオール条約(1971年)　「民間航空の安全に対する不法行為の防止に関する条約」は，国際民間航空に対して行われる不法なテロ行為のいくつかを定義している．同条約は犯人に対する普遍的な管轄を規定し，また全体としては「ハーグ条約」と同様に，拘留，身柄引渡し，訴追などの規則を含んでいる．

以上3つの条約はすべて，国際交通の維持に関係しており，航空機へのハイジャックが生じた場合には当該航空機，その乗客，そして乗務員が所在する締約国は，現実的に可能なかぎり迅速に，彼らの旅を継続できるように支援し，航空機やその貨物を占有権を有する者に返還すべきであることを規定している．

東京，ハーグ，モントリオールの各条約で意図された国際協力措置は，ハイジャッカーや破壊者にとっての安全な逃げ場所をなくすことである．

ICAOの後援によって，航空の安全についての2つの追加的な国際文書が作成された．

民間航空の安全に対する不法な行為の防止に関する条約を補足する国際民間航空に使用される空港における不法な暴力行為の防止に関する議定書　この議定書は1988年2月24日にモントリオールで調印され，1989年8月6日に発効した．同議定書は1971年の「モントリオール条約」で定義された「犯罪」に，空港の安全を脅かすおそれのある行為をつけ加えている．同議定書は犯人に対する普遍的な管轄権を確立し，拘留，身柄引渡し，訴追について「モントリオール条約」の規則を適用している．

可塑性爆薬の探知のための識別措置に関する条約　この条約は，1991年にモントリオールで署名のために開放されたが，まだ発効していない．この条約は各締約国に標識をつけていない可塑性(プラスチック)爆薬の製造を禁止し防止することを求めている．同条約の技術付属書には，4つの爆薬の探知剤が規定されている．また，各締約国は自分の領域から未確認の爆弾が持ちだされないようにすることも求められている．さらに既存のプラスチック爆発物の，特定の種類の貯蔵品を破壊することも規定されている．

航空運送の体制と責任

ICAOの活動の多くは，航空によって運ばれる乗客が死亡したり傷害を受けたり，あるいは貨物や郵便物に損害が生じた場合の，航空輸送担当者の体制と責任の限界を，最新のものにしようとする努力に向けられてきた．

ワルシャワ条約(1929年)　「国際航空運送におけるある規則の統一に関する条約」は，航空が始まってまもない時期に採択されたもので，約半世紀の間，乗客への責任分野を規律してきた．同条約では責任を，運送担当者に重大な過失がある場合を除き最大で12万5000金フラン(約1万ドル)に制限していた．1955年のハーグ議定書は，損害賠償額の上限を2倍に引上げた．1971年に「グアテマラ・シティー議定書」によって，過失推定に基づいた「ワルシャワ条約」の規則は，過失の有無に関係のない厳格な無過失責任の原則に変更された．しかし，1971年の議定書が発効するまでには，まだしばらく時間がかかるだろう．というのもこの議定書が発効するためには，おもな航空運輸5カ国を含む30カ国が批准しなければならないからである．「グアテマラ・シティー議定書」の特徴は，乗客1人当たり責任限度額を約10万ドルと規定しながら，議定書の当事国が限度額を引上げたいと望む場合は，国内的に追加できることも規定している点である．

1975年にICAOの後援で招集された国際航空法会議は，「ハーグ議定書」で改正された通りに，「ワルシャワ条約」を改正することを採択した．この新しい規定のもとでは，運送担当者は過失の有無にかかわらず貨物の損害に対する責任を負う．もうひとつの大きな変更は，責任限度額の計算方法を単一の金基準方式から2重方式に変更したことである．すなわち，国際通貨基金(IMF)加盟国の乗客や手荷物，貨物についてはSDR(特別引出権)によって責任額を計算し，IMFに加盟していない国々については金に基づいた貨幣単位で責任額を計算することになった．

グアダラハラ条約(1961年)　「ワルシャワ条約」を補充する「グアダラハラ条約」は，契約を結んだもの以外の運送担当者によって運ばれる貨物について

ICAO加盟国一覧(1997年6月20日現在*)

アイスランド	コロンビア	パラオ
アイルランド	コンゴ	パラグアイ
アゼルバイジャン	コンゴ民主共和国	バルバドス
アフガニスタン	サウジアラビア	バーレーン
アメリカ	サモア	ハンガリー
アラブ首長国連邦	サントメ・プリンシペ	バングラデシュ
アルジェリア	ザンビア	フィジー
アルゼンチン	サンマリノ	フィリピン
アルバニア	シエラレオネ	フィンランド
アルメニア	ジブチ	ブータン
アンゴラ	ジャマイカ	ブラジル
アンティグア・バーブーダ	シリア	フランス
イエメン	シンガポール	ブルガリア
イギリス	ジンバブエ	ブルキナファソ
イスラエル	スイス	ブルネイ
イタリア	スウェーデン	ブルンジ
イラク	スーダン	ベトナム
イラン	スペイン	ベナン
インド	スリナム	ベネズエラ
インドネシア	スリランカ	ベラルーシ
ウガンダ	スロバキア	ベリーズ
ウクライナ	スロベニア	ペルー
ウズベキスタン	スワジランド	ベルギー
ウルグアイ	セイシェル	ボスニア・ヘルツェゴビナ
エクアドル	赤道ギニア	ボツワナ
エジプト	セネガル	ポーランド
エストニア	セントビンセントおよび	ボリビア
エチオピア	グレナディーン諸島	ポルトガル
エリトリア	セントルシア	ホンジュラス
エルサルバドル	ソマリア	マケドニア
オーストラリア	ソロモン諸島	マーシャル諸島
オーストリア	タイ	マダガスカル
オマーン	タジキスタン	マラウイ
オランダ	タンザニア	マリ
ガイアナ	チェコ	マルタ
カザフスタン	チャド	マレーシア
カタール	中央アフリカ共和国	ミクロネシア連邦
ガーナ	中国	南アフリカ共和国
カナダ	チュニジア	ミャンマー
カーボベルデ	チリ	メキシコ
ガボン	デンマーク	モザンビーク
カメルーン	ドイツ	モナコ
韓国	トーゴ	モーリシャス
ガンビア	ドミニカ共和国	モーリタニア
カンボジア	トリニダード・トバゴ	モルディヴ
北朝鮮	トルクメニスタン	モルドバ
ギニア	トルコ	モロッコ
ギニアビサウ	トンガ	モンゴル
キプロス	ナイジェリア	ユーゴスラビア
キューバ	ナウル	ヨルダン
ギリシャ	ナミビア	ラオス
キリバス	ニカラグア	ラトビア
キルギス	ニジェール	リトアニア
グアテマラ	日本	リビア
クウェート	ニュージーランド	リベリア
クック諸島	ネパール	ルクセンブルグ
グルジア	ノルウェー	ルーマニア
グレナダ	ハイチ	ルワンダ
クロアチア	パキスタン	レソト
ケニア	パナマ	レバノン
コスタリカ	バヌアツ	ロシア
コートジボワール	バハマ	
コモロ	パプアニューギニア	

* ICAO ホームページより.

の規定を含んでいる．つまり，乗客に切符を発行しなかった運送担当者とか，荷主に貨物運送状を発行しなかった運送担当者のことである．この場合，契約を結んだ運送担当者とじっさいの運送担当者の双方が共同で，かつ別々に「ワルシャワ条約」あるいは「ハーグ議定書」によって改正された「グアダラハ条約」に基づいて，責任を負うことになっている．

ローマ条約(1952年)　「外国航空機が地表上の第三者に与えた損害に関する条約」は，地表上の第三者に与えた損害に対して航空機運航者の絶対責任原則を含んでいるが，補償額には上限を設定し，関係する航空機について計算された補償額は金フランで表示される．しかし，1978年にICAOの後援で招集された外交会議は，「ローマ条約の修正に関する議定書」を採択した．同議定書の基本的な特徴は，責任の限度額の実質的な引上げと，IMFのSDRで限度額を表示したことである．

ジュネーブ条約(1948年)　「航空機における権利の国際的承認に関する条約」は，航空機売買のさいの貸付金の利用の促進を目的として，航空機が「ジュネーブ条約」の他の当事国の領域内にある場合に，貸し手の権利を保護するために作成された．

ICAOの活動プログラムにおけるその他の法的な問題には，衛星システムによる地球規模でのナビゲーションのための法的枠組みの確立，「ワルシャワ体制」の第3，第4モントリオール議定書の批准の促進，「ワルシャワ体制」の諸条約の研究，航空輸送サービス提供者に適用される責任規則，ICAOの「シカゴ条約」の適用に対する「国連海洋法条約」の影響なども含まれている．

■ 参 考 文 献

Air Navigation Plans『航空ナビゲーション計画』
　　ICAOの9つの地域すべてに関するもの．
ICAO Journal『ICAOジャーナル』
　　ICAOの活動を簡潔に説明，締約国や国際航空業界に利益となる追加的な情報を取上げる．年10回発行．
ICAO publications and audio visual training aids『ICAO印刷物と視聴覚訓練援助』
　　ICAOが出す参考資料のカタログには，条約の条文，航空ナビゲーションサービスの手続，技術標準，空港輸送研究，航空管制や空港非常時計画，航空医療，安全性，気象などの出版物が含まれる．カタログは年刊．

万国郵便連合(UPU)

[www. upu. inf]

背景 毎年4350億通の手紙が,世界中のおよそ70万局の郵便局で,約600万人の局員の手によって各地に配達されている.この大量の手紙のうち,900万通は最低限の手続で国境を越え,それぞれの宛先に迅速かつ,確実に配達されている.国際郵便物の規則的で安価な移動は,万国郵便連合(UPU)が活動の基礎としている万国郵便連合の憲章と条約によって可能となっている.現在187カ国がこれらの憲章と条約に加入しており,この中の規定は世界中の人々に大きな影響を与えている.憲章に基づいてUPUの加盟国は,互恵的に郵便物を交換する単一の郵便境域となり,移動の自由は連合の全域で保障されている.

■ 創　　設

普通は当たり前のことと思われているが,現在の郵便サービスは比較的最近でき上ったものである.郵便料金を切手で前払いする方法は,1840年に導入された.その年イギリスは,手紙の移動距離の遠近にかかわらず差出人が一定の料金を支払うという,ペニー・レートとして有名な統一郵便料金制度を確立した.それまでは郵便料金が距離に基づいて決められ,高額になることも多く,差出人ではなく受取人が支払った.受取人が料金を払えなければ,手紙は戻された.ほかの国々でもしだいに糊つきの切手が導入されるようになり,国際郵便にも用いられるようになった.1863年にアメリカが主導権を発揮して,国際郵便制度の標準化問題を話合うため,パリに15カ国の郵便担当者が集まった.

郵便制度について決定的な発展がみられたのはドイツ政府の提案で,1874年にスイスのベルンで第1回国際郵便大会議(単に大会議ともいう)が開かれてからだった.ベルン大会議には22カ国の代表が参加し,そのうち20カ国がヨーロッパ諸国(ロシアを含む)で,残りはエジプトとアメリカであった.同大会議は「一般郵便連合の設立に関する条約」(「ベルン条約」として知られる)を採択し,1874年10月9日に調印が行われた.これが一連の多国間の「万国郵便連合条約」の先駆けとなり,翌年の1875年7月1日に発効し,そのときに運用規則を監督するための郵便連合も正式に発足した.

1874年の条約では,経済的,技術的な発展に照らして,同条約を見直すための郵便大会議の開催を規定していた.第2回大会議は1878年にパリで開かれ,一般郵便連合の呼称を万国郵便連合(UPU)に変更した.第1次世界大戦前には,1885年にリスボン,1891年にウィーン,1897年にワシントン,1906年にローマと,さらに4回の大会議が開かれた.両大戦間期には1920年のマドリード,1924年のストックホルム,1929年のロンドン,1934年のカイロ,1939年のブエノスアイレスの5回の大会議があった.第2次世界大戦後の最初の大会議は1947年にパリで開かれ,UPUが1948年に国連の専門機関の一員となるための手続がとられた.その後は,1952年にブリュッセル,1957年にオタワ,1964年にウィーン,1969年に東京,1974年にローザンヌ,1979年にリオデジャネイロ,1984年にハンブルク,1989年にワシントンで開かれた.第21回大会議は,1994年にソウルで開かれることになっている.

■ 目　　的

万国郵便連合の基本的な目的は1874年の条約に記述されたが,それ以後改定のたびに繰返され,憲章において次のように具体化されている.「この憲章を採択する諸国は,通常郵便物の相互交換のため,万国郵便連合の名称で単一の郵便領域を形成する」と.さらに1924年の大会議で,「さまざまな国際郵便業務の組織化と改善を確保することが万国郵便連合の目的である」とし,1947年の大会議では「そして

この分野において国際協力の増進を助長すること」が目的に加えられた.

今までの連合の関心と新しく割当てられた開発援助分野での責任を認め，1964年のウィーン大会議はUPUの目標に，加盟国に対する郵便技術の援助を含めた．単一境域の原則に基づき，すべての加盟国は通常郵便に適用される特定の基本ルールにしたがうよう，憲章と条約によって義務づけられている．「ローザンヌ条約」によれば，通常郵便には手紙，ハガキ，印刷物，小型包装物，点字本などが含まれる．同条約は UPU 境域内の宛先に送られた通常郵便の基本郵便料金を規定しているが，緩やかな条件の下での変更を認めている．すべての加盟国の郵政当局は，発信地や宛先にかかわりなくすべての郵便物を平等に扱い，自国郵便物に用いられている最善の伝達手段と同じ水準で，ほかの UPU 諸国向けの郵便物を急送する義務を負っている．

以前は外国郵便は，投函された国が国際郵便について郵便料金を徴収していたため，投函された国は費用を負担することなく宛先に配達されていた．しかし郵便物の発信国と受取国の間に不均衡が生じるので，1971年なかば以後から，受取る量が大量である受取国の郵便局は，その超過費用を相殺するため標準料率(大会議で決定される)に基づいて払戻しを請求する権利が認められるようになった．各国は大会議が決定した標準料率で郵便料金を償還している．また各国は郵便物が通過する中継国に中継(継越)料を償還している．

万国郵便連合の基本原則である移動の自由は，UPU 境域内すべてで保障されている．郵便物の発送と配達できなかった郵便物を差出人に返送することについては，特別の規定がある．アヘンその他の薬物や可燃性あるいは爆発性の物質など特定の物品は，国際郵便によって送ることはできない．

4つの任意に入りうる約定が，条約を補っている．約定は，小包郵便，郵便為替，小為替，現金の配達を対象にしている．

■ 加　盟　国

当初の条約では，「ヨーロッパ外」国家は郵便関係をもつ諸郵政当局の承認を条件として連合への加盟が認められた．しかし1878年の大会議では，各国は一方的な宣言とその宣言のスイス政府への通報のみによって，直接連合に加入することができると定めた．この制度は1947年のパリ大会議で変更され，連合への加盟申請を行うことができるのは主権国家だけであり，申請はスイス政府を通じて行わなければならないことになった．加盟は全加盟国の少なくとも2/3の賛成で認められる．1964年のウィーン大会議では，国連の加盟国であればスイス政府宛の正式の宣言だけで，直接 UPU に加盟できると決められた．1989年のワシントン大会議以後は，加盟を求める国の政府が直接国際事務局の事務局長に通知し，それを受けて事務局長が加盟国に加入を通知し，必要な場合には加盟国と協議を行っている．

従属地域については，1876年にベルンで開かれた臨時郵便小会議で加盟集団の地位が与えられた．UPU の加盟国は1994年3月1日現在187ヵ国「1999年5月12日現在，187ヵ国」に達し，185の独立国と2つの従属地域の加盟集団が含まれている．

UPU 加盟国(1999年5月12日現在)　357ページの表に示す．

UPU での地位が未決定の独立国

　アンドラ，マーシャル諸島，ミクロネシア

特別地域　東ティモール

■ 限定郵便連合

UPU の加盟国は，関係各国が適応を受けている UPU の諸条約の規定の水準に達しない規定を公衆に対して導入しないことを条件として，「限定郵便連合」を創設したり，国際郵便サービスに関する特別協定を結ぶことができる．限定連合には，「ヨーロッパ公共郵政当局連合」(POSTEUROP)，「アラブ常設郵便委員会」(APPC)，ヨーロッパ郵便金融サービス委員会」(CSFPE)，「郵便通信地域共同体」(RCPT)，「中央アフリカ郵便通信行政会議」(CAPTAC)，「ヨーロッパ郵便通信行政会議」(CEPT)，「アフリカ郵便通信連合」(APTU)，「バルト郵便連合」(BPU)，「南北アメリカ・スペイン・ポルトガル郵便連合」(PUASP)，「アフリカ郵便連合」(APU)，「パン・アフリカ郵便連合」(PAPU)，「アジア太平洋郵便連合」(APPU)，「北ヨーロッパ郵便連合」(UPPN)，「南西アジア郵便連合」(SWAPU)がある．

■ 機　　構

UPU の常設機関は，大会議，執行理事会，郵便研究諮問理事会と国際事務局である．

万国郵便大会議

原則として5年ごとに開かれる万国郵便大会議（単に大会議ともいう）が、UPUの最高の意思決定機関である。大会議は、加盟国政府から必要な権限を与えられた全権代表で構成されている。大会議のおもな任務は、提出された提案に基づいて連合の諸協定を見直すことにある。

大会議は執行理事会の理事国や郵便研究諮問委員会の委員を任命し、これらの2つの機関が行う活動報告を審議し、国際事務局の事務局長と事務局次長を選出する。大会議は前回の大会議以後の期間におけるUPUの決算を承認し、次回の大会議までの諸協定の実施に必要な、年間予算の上限を決定する。大会議はUPUのさまざまな機関の活動について指示を出し、それぞれの任務を決定し、技術援助の原則について決定を行っている。

執行理事会

執行理事会は、1947年の大会議で「執行及び連絡委員会」の名で、大会議と大会議の間のUPUの活動の連続性を確保するために設立された。委員会の名称は、1964年のウィーン大会議で執行理事会に変更された。執行理事会は、議長と39カ国の理事国で構成されている。議長（1990年から1994年まではアメリカ）となるのは大会議の開催国で、39カ国の理事国は公平な地理的配分をもとに大会議によって選出される。各大会議ごとに少なくとも理事の半数が改選され、連続3選は認められない。

執行理事会は国際郵便業務の改善について理事国の郵政当局と密接な連携を保って活動している。理事会には細則を制定する権限があり、会議と会議の間に生じるかもしれない緊急事態を解決するために、必要な暫定措置をとることもできる。また理事会は郵便業務に関する行政、立法、司法上の問題を研究し、提案を作成し、大会議に勧告を行う。さらに国際技術協力の枠組み内で、職業訓練を含む郵便事業に関する技術援助を支援し、監督し、調整する責任を負っている。

執行理事会は国際事務局の年次報告を審議し承認することによって、その活動を一定の程度監督している。また郵便研究諮問理事会の年次報告も審査し、研究目的で国連や専門機関、その他の国際組織と契約を結んでいる。

執行理事会の10の常設委員会は、それぞれ人的資源の管理、財政、総務および連合機構、郵便規則、郵便物料金と報酬、航空郵便と品質管理、小包郵便、郵便金融サービス、技術援助、「ワシントン一般行動計画」を担当している。

郵便研究諮問理事会

当初、郵便研究諮問委員会はすべてのUPU加盟国で構成され、毎年開催される26の理事国による管理理事会を通じて活動していた。1969年の東京大会議は諮問委員会を廃止し、諮問委員会と同じ任務をもつ、30カ国の理事で構成する「郵便研究諮問理事会」（CCPS）に改組した。理事の数は1974年のローザンヌ大会議で35カ国に拡大された。理事国は、可能なかぎり広い地理的配分原則に基づいて大会議によって選出される。CCPSは毎年、スイスのベルンのUPU本部で会合を開いている。

現在のCCPSは、ワシントン大会議（1989年）で選出された35カ国の理事国によって構成され、第21回大会議（1994年のソウル大会議で、大会議と大会議の間は5年である）までの間議長はロシアが務めている。議長と副議長（1989年から1994年まではカナダ）、それにCCPSの委員会委員長の3者が運営委員会を構成し、議長の要請で会合を開き、各CCPS会期の活動の準備と方向づけを行っている。

CCPSは万国郵便会議の会期と会期の間に活動し、すべてのUPU加盟国の郵便行政に影響する重要課題の研究を行っている。現在のCCPSの作業計画は、さまざまなシンポジウムや作業班、活動グループ、それに技術、運用、経済分野の各委員会を通じて、「ワシントン一般行動計画」の履行によって達成された発展状況を審査することにある。新興途上国に対する技術協力と職業訓練は、重要な活動となっている。7つの常設委員会が、それぞれ郵便市場、速達業務の発展、サービスの実施と品質、近代化、管理、人的資源、郵便業務の発展を担当している。シンポジウムは、とくに重要な勧告に結実しうるもので、最も活発な活動方法となっている。シンポジウムでは重要なCCPS活動、すなわち国際エクスプレスメール（EMS）サービス、市場、安全性、新製品の開発、人的資源、研究と技術、環境に焦点が当てられている。

「電子通信標準グループ」（EC（現EU）・CCPS合同グループのひとつ）の活動の結果、UPUの世界規模での郵便電子データ伝達ネットワークであるPOST*NETが創設された。郵便の安全性の問題は、「UPU郵便安全活動グループ」（PSAG、EC・CCPS合同グループのひとつ）の提案に基づいて、CCPSとECによって作業が引続き実施されている。

「郵便開発活動グループ」(EC・CCPS 合同グループのひとつ)は,郵便プロジェクトへの財政支援について国際金融機関でロビー活動を行うことや,郵便需要を国家の経済計画立案プロセスに組みこませることに重点をおいてきた.

国際郵便業務の多言語用語集の最新版は,1992 年末に出版され,「郵便業務の市場開拓」と「自動化とコンピュータ化」について,特別の章と付録がつけられた.

国際標準化機構(ISO)と UPU の合同作業班の活動の結果,1993 年に郵便宛先に関する国際標準 ISO 11180 が採択され,出版された.

1992 年には,郵便と環境についての緊急研究が始まり,UPU と加盟各国の環境保全のための戦略を規定した大会議決議がまとめられた.ヨーロッパ共同体委員会が発行した,『郵便業務の未来に関するグリーン・ペーパー』も詳細に検討された.

1993 年の CCPS は,15 件のおもな研究領域を提案する 1995 年から 1999 年までの活動計画を承認した.この計画は,UPU の新しい戦略計画や予算計画活動に組入れられている.ソウル大会議(1994 年 8~9 月)は,現在の CCPS をより活動的な郵便業務理事会(POC)に改組することも含めて,UPU の組織再編について重要な決定を行うことになっている.

国際事務局

万国郵便連合の設立以来,国際事務局として知られている本部は,ベルンにある.事務局には,おもに次の 5 つの任務がある.
(1) UPU の常設事務局として業務を行う
(2) 郵便問題についての情報センターとして活動し,とりわけ連合と国際郵便業務に関するすべての形式の情報の調整,出版,配布について責任を負う
(3) 中継料金や到着料金,国際返信切手券の債務について,郵政当局間で決済をするための清算センターとして活動する
(4) 郵便局間の郵便に関する紛争について,調停者あるいは仲裁者として活動する
(5) あらゆるタイプの技術協力を促進する

国際事務局は,連合全体の事務責任者である事務局長によって率いられる.1985 年以来,事務局はブラジル出身の A・C・ボット=デ=バロスが長を務めてきた.

■ 予　　　算

大会議は,通常の UPU 年次予算の上限を設定する.しかし執行理事会が,特定の条件にしたがって必要と認めれば上限を越えることもある.1989 年のワシントン大会議は,1991 年の上限として 2610 万スイス・フラン,1992 年の上限として 2660 万スイス・フラン,1993 年の上限として 2680 万スイス・フラン,1994 年の上限として 2680 万スイス・フラン,1995 年の上限として 2690 万スイス・フラン(1.43 スイス・フラン=1 ドル)を決定した.

UPU の費用はすべての加盟国によって分担され,11 段階の分担等級に分かれている.1979 年の大会議では,UPU に自律的な財政制度が導入された.これは連合を運営するのに必要な資金を,あらかじめスイス連邦が支払い,じっさいの支出に基づいて加盟各国があとから分担金を支払って清算するというものである.大会議は執行理事会に対して,避けがたい支出をもたらす予測不可能な状況に対処するために,上限を越える支出の権限を与えてきた.第 20 回大会議(ワシントン,1989 年)は,国際郵便会計の決済の通貨単位としての金フランのかわりに,UPU の公式の通貨として国際通貨基金(IMF)の特別引出し権(SDR)を採用した.

■ 活　　　動

A.国際業務の決済口座

UPU は,加盟国が行っている国際郵便業務の本部として活動している.原則として,UPU 加盟国は郵便切手の売上げや海外向けの郵便物にかかるその他の手数料などから収入を得ている.しかし各国の郵政当局は,通過するだけの海外郵便の仲介や国際郵便の発信と受信(到達料金)の差額について,互いに相殺しなければならない.国際事務局は,通過郵便や到達料金の均衡のとれた年間の一括決済を年末に実施している.1993 年には 95 カ国の郵便当局は,国際事務局の決済口座を通じて通過郵便と到達料金を清算した.

国際事務局は,国際郵便の支払いを促進する一括決済用の国際返信切手券を 2 年ごとに発行している.現在約 165 カ国がこれらの切手券を販売し,すべての国はこれらの切手券を郵便料金の支払いとして受入れなければならない.

B．情報業務

UPUは，郵便情報の国際的な情報センターとして活動している．郵政当局の要請に基づいて，国際事務局はさまざまな郵便システムの運用に関する質問状を回覧し，その回答をすべてのUPU加盟国が入手できるようにしている．質問状は国内郵便はもとより，国際郵便の方式に関する質問まであり，その対象も手紙や小包で許される広告の文言，モーターボート上の移動郵便局，新しい中継局の開局，夏時間の導入，放射性物質の発送に関する国内規則など多様である．

国際事務局は，次のものを含む多くの国際郵便ハンドブックを発行している．すなわち『郵便統計』(国内および国際)，『禁止物品リスト』(郵送を禁じられているもの)，『郵便局国際リスト』，『通過規則集』などである．CCPSは，各国の国内郵便業務で用いる用語が確実に同一の意味を伝えられるようにするため，『国際郵便サービスの多言語用語集』を準備した．事務局はまた，UPUで制定された規則を注釈付きで準備しており，そのなかには現行の国際郵便手続や現在のUPUの組織の基礎にある原則，意見，決定および方式についての議論も含まれている．

C．仲裁と国際郵便規則の解釈

UPUの法的な解釈について，2国間ないしそれ以上の郵政当局の間で生じた意見の相違が直接交渉によっても解決できない場合，問題はUPU内部の仲裁で処理される．関係各国は，たとえばUPUの国際事務局のような単一の仲裁者を指名することができる．

D．規則の改正と国際サービスのガイドライン

上述のように大会議のおもな任務は，加盟国や執行理事会，郵便研究諮問理事会の提案に基づいて，UPUの規定を研究し，改正することである．162ヵ国の代表が出席した1989年の大会議では，881件の提案が審議された．そのおもな結果は次の通りである．

・基本郵便料金をガイドライン料金に変更する
・国際エクスプレスメール(EMS)に関する枠組み協定の採択
・変化する利用者の需要に応じた柔軟性を維持しながらサービスを強化する
・探索と追跡目的で郵便物を検出できるバーコードやその他の標準化された確認方法の利用の普及
・選択的な国際ビジネス返信サービスの導入
・書留国際配達サービスの導入
・年間流通量が150tを越える手紙と印刷物の交換については別々の到達料金料率を認め，それ以下の交換量の場合は単一の率を採用し，合わせて12.5％の率の値上げを認める
・じっさいの重量に基づいた新しい到達料金に関する統計と決済の新しいシステムの承認
・通信郵便物規定に航空便に関する規定を組入れるための条約および規則の再編成
・郵便金融サービス協定と関連規則の改正

第20回大会議では，国際郵便業務の品質を確保しかつ高め，その近代化をめざす恒久的なプロジェクトも採択された．このプロジェクトには，郵便物の交換業務の品質監視，輸送量の研究，EMSの発展，競争の監視および市場調査などがおもな要素として含まれている．

同大会議は，技術援助の問題についても一般原則と指針を作成した．最も優先しなければならないのは後発途上国であるとされ，同大会議は執行理事会と国際事務局の事務局長に対し，これらの国々によりいっそうの援助を与えるのに必要な措置を講じるよう指示した．大会議は執行理事会と事務局長に対して，技術援助の方法として「途上国間技術協力」(TCDC)を利用するように奨励している．

E．技術援助

技術援助原則はUPU憲章第1条にあり，連合が将来を見通したあらゆる形態の技術協力に柔軟性を与えるため，一般的な用語で表現されている．

技術協力問題でのUPUへの援助要請は，計画立案，組織編成，管理，運営，訓練および財務サービスのあらゆる部門に及んでいる．供与される援助は，①専門家や顧問，ボランティアの募集と派遣，②個人や団体を対象とした職業訓練員や上級訓練研究員制度の提供，③設備や訓練またデモンストレーション用の教材の提供という，3つの形態で行われている．

1993年の主要な財源は国連開発計画(UNDP)からのものであったが，そのUNDPの枠組みのなかで，UPUは郵便業務のすべての側面および専門家，奨学金，設備で3つの要素を対象とする各国別および国家間のプロジェクトを実施している．この計画の重要部分を成す数ヵ国の共通のプロジェクトは，とくに国際的な郵便訓練学校を設立することで，特定の地域で生じている問題の経済的，合理的な解決

を可能にしている．これらの地域的および諸地域横断的なプロジェクトは，限定郵便連合や国連の地域委員会と協力しながら実施されている．

UPU予算からの基金によって，国連開発計画の援助に追加して援助することができるようになった．そのような援助は，関係郵政当局からの要請に基づいて長くて3カ月程度の短期間，コンサルタントを派遣する形式で行われている．注目すべき特徴は，コンサルタントの派遣に当たって多くの場合，コンサルタントの派遣国が任務期間のコンサルタントの給料を全額あるいは一部を負担してこの形式の技術協力の費用を分担している点である．同時に1991年以来UPUは，短期のコンサルタント派遣や職業訓練研究員制度と小規模な設備の供給を加えた，統合プロジェクトへの資金も援助している．1966年に設立され，加盟国からの任意の拠出金で維持されている「UPU特別基金」は，訓練の資金を負担し，また研究員制度や設備，訓練コースや研究サークルの形で訓練活動を奨励している．先進諸国のうちのいくつかは，国際事務局に対して現在進められているプロジェクトに職員を派遣し，十分な訓練を受けた若い人々に，専門的な能力を向上させるためのチャンスを与えるという若手専門家制度の運営のために，資金を提供している．

最後に，1967年に執行理事会が採択した決議に基づいて，各国の信託資金から支払いを受けるかわりに技術援助を利用してもよく，その場合は国際事務局が上記の方法で実施されているプロジェクトの管理を引受けている．そしてUPUは，適当な場合は国際事務局を通じて，先進国からの申出に基づく，途上国への物品援助の仲介者としても活動する．UPUは，職業訓練の分野で必要性を評価し，加盟国内の利用できる施設をリストアップすることにも特別の努力を払っている．この努力は，上級職員や教員用の研修のための国立学校や，国際学校，教育機関の設立や増設などに反映されている．この援助によって，現在多くの国々の郵便当局で，有能な郵便管理者たちが活躍している．

F．郵便研究

1989年のワシントン大会議は，大きな研究テーマを分野ごとに細分化することで，郵便研究諸問理事会の作業計画をもっと合理化するようなアプローチを採択した．おもな技術研究の主題は，郵便とその市場(商業戦略，配達ネットワークと利用者分析，出版と印刷，小包郵便の製品とサービス)，速達サービスの開発(EMSや電子郵便)，サービスの運営と品質(郵便制度の改善，監視，郵便物移動標準)，近代化(自動化，コード化，テレマティックス，技術研究)，管理(国際決済，生産性指数，安全，分散化)，人的資源(競争原理の採用，訓練)，郵便開発などであった．

郵便研究諮問理事会の報告は，現在まで200件以上の研究を含む『郵便研究文庫』として出版されている．将来は諮問理事会文書や研究が新しく出版され，UPU外でも合理的に利用されることになると，重要分野におけるUPUの決定をよりよく管理し，またフォローアップできるような運用マニュアルを郵政当局に提供することが可能になるだろう．

■ 参 考 文 献

Annual Report of the Work of the Union『連合活動年次報告』
　　UPU活動のレジュメと一般的な報告．
Collection of Postal Studies『郵便研究コレクション』
　　郵便研究諮問理事会議の研究トピックに関する一連の出版物．
Union Postale『連合ポスターレ』
　　連合の7言語(アラビア語，中国語，英語，フランス語，ドイツ語，ロシア語，スペイン語)で記述．郵便サービスに関する論文とUPUの活動に関する情報を含む．季刊．
The Universal Postal Union『万国郵便連合』
　　UPUの特徴の概略．

UPU加盟国一覧(1999年5月12日現在*)

アイスランド
アイルランド
アゼルバイジャン
アフガニスタン
アメリカ(および属領)
アラブ首長国連邦
アルジェリア
アルゼンチン
アルバニア
アルメニア
アンゴラ
アンティグア・バーブーダ
イエメン
イギリス(および属領)
イスラエル
イタリア
イラク
イラン
インド
インドネシア
ウガンダ
ウクライナ
ウズベキスタン
ウルグアイ
エクアドル
エジプト
エストニア
エチオピア
エリトリア
エルサルバドル
オーストラリア(属領を含む)
オーストリア
オマーン
オランダ(アンチル諸島と
　アルバ島を含む)
ガイアナ
カザフスタン
カタール
ガーナ
カナダ
カーボベルデ
ガボン
カメルーン
韓国
ガンビア
カンボジア
北朝鮮
ギニア
ギニアビサウ
キプロス
キューバ
ギリシャ
キリバス
キルギス
グアテマラ
クウェート
グルジア
グレナダ
クロアチア
ケニア
コスタリカ
コートジボワール
コモロ
コロンビア
コンゴ共和国
コンゴ民主共和国(旧ザイール)
サウジアラビア
サモア
サントメ・プリンシペ
ザンビア
サンマリノ
シエラレオネ
ジブチ
ジャマイカ
シリア
シンガポール
ジンバブエ
スイス
スウェーデン
スーダン
スペイン
スリナム
スリランカ
スロバキア
スロベニア
スワジランド
セイシェル
赤道ギニア
セネガル
セントクリストファー・ネイビス
セントビンセント
　およびグレナディーン諸島
セントルシア
ソマリア
ソロモン諸島
タイ
タジキスタン
タンザニア
チェコ
チャド
中央アフリカ共和国
中国(香港を含む)
チュニジア
チリ
ツバル
デンマーク(ファロー諸島と
　グリーンランドを含む)
ドイツ
トーゴ
ドミニカ共和国
ドミニカ国
トリニダード・トバゴ
トルクメニスタン
トルコ
トンガ
ナイジェリア
ナウル
ナミビア
ニカラグア
ニジェール
日本
ニュージーランド(属領を含む)
ネパール
ノルウェー
ハイチ
パキスタン
バチカン
パナマ
バヌアツ
バハマ
パプアニューギニア
パラグアイ
バルバドス
バーレーン
ハンガリー
バングラデシュ
フィジー
フィリピン
フィンランド
ブータン
ブラジル
フランス(海外県と属領を含む)
ブルガリア
ブルキナファソ
ブルネイ
ブルンジ
ベトナム
ベナン
ベネズエラ
ベラルーシ
ベリーズ
ペルー
ベルギー
ボスニア・ヘルツェゴビナ
ボツワナ
ポーランド
ボリビア
ポルトガル(マカオを含む)
ホンジュラス
マケドニア
マダガスカル
マラウイ
マリ
マルタ
マレーシア
南アフリカ共和国
ミャンマー
メキシコ
モザンビーク
モナコ
モーリシャス
モーリタニア
モルディヴ
モルドバ
モロッコ
モンゴル
ユーゴスラビア
ヨルダン
ラオス
ラトビア
リトアニア
リビア
リヒテンシュタイン
リベリア
ルクセンブルグ
ルーマニア
ルワンダ
レソト
レバノン
ロシア

* UPUホームページより.

国際電気通信連合(ITU)
[www.itu.int]

背景 国際電気通信連合(ITU)は，国連の専門機関となった政府間組織のなかでは最も古いものである．1865年にパリで，「万国電信連合」を設立する条約がロシアとトルコという，アジア地域に関わる2国を含む20ヵ国のヨーロッパ大陸諸国の全権委員によって調印された．その3年後に，連合の常設国際事務局がスイスのベルンに設置された．1948年まで活動したこの事務局が，ITUの現在の事務総局の先駆だった．1885年に，ベルリンで国際電信サービスに関する最初の規則が，パリ条約付属の電信規則に追加された．19世紀末までに無線電信が開発され，初めて陸上の無線局と海上の船舶の間で直接交信することが可能となった．しかし，競合する無線会社は他の会社のメッセージの受取りをしばしば拒否した．1903年にこの問題を審議するための最初の国際会議が招集され，1906年にベルリンで29ヵ国の海洋国家が集まり，海上船舶と陸上との義務的通信原則を確立した「国際無線電信条約」に調印した．1927年にワシントンで国際無線電信会議が開かれ，初めて「周波数分配表」を作成した．

■ 創　　　設

1932年にマドリードで，電話・電信および無線通信に関する2つの全権委員会議が開かれた．既存の2つの条約が単一の「国際電気通信条約」(電気通信という用語は「有線，無線，光線その他の電磁的方式によるすべての種類の記号，信号，文言，映像，音響，または情報のすべての伝送，発射または受信」を意味している)にまとめられた．1934年1月1日に発効した新しい条約を受諾した各国が，国際電気通信連合(ITU)を結成した．

1932年の「国際電気通信条約」は，その後6回改正されている．1947年にアトランティック・シティーで開かれたITUの全権委員会議は，電気通信の発展に歩調を合わせるため，組織を大幅に改正した．たとえば，かなりこみ合っている特定の周波数に対処するため，「国際周波数登録委員会」という新しい常設の機関を設置したし，ITUが電気通信分野での国連専門機関として認める協定も採択された．同条約はさらに1952年，59年，65年，73年，82年の全権委員会議で，部分的に改正された．

1989年にニースで開かれた全権委員会議は，電気通信とコンピュータ技術の融合，電気通信事業者のグローバル化と民営化によって，面目を一新した世界のなかでのITUの役割について，広範な内容をもつ勧告を作成するために高級レベルの委員会を設置した．連合の広範囲の機構と，全面的に書きなおした憲章と条約を採択するために，1992年12月にジュネーブで歴史的な追加全権委員会議が開催された．新しい憲章は，1994年7月1日に正式に発効した．しかし組織改革は，急速に進化する技術に対してITUの有効性を維持するために重要であることから，新しい組織は1993年3月1日に発足した．

■ 目　　　的

新しい国際電気通信連合憲章(ジュネーブ，1992年)は，ITUの目的として次のものをあげている．

・すべての種類の電気通信の改善と合理的な利用のため，ITUのすべての加盟国の間で国際協力を維持増進すること
・電気通信分野で途上国に技術援助を奨励し提供すること
・技術的手段の発達と効率的な運用を奨励すること
・新しい電気通信技術の便益を全人類に供与するよう努めること
・これらの目的達成のため，加盟各国の努力の調和

を図ること
・地域的および世界的な他の政府間機関ならびに非政府機関と協力して，電気通信問題に対する一層広範な取組方法の採用を国際的に促進すること

■ 加 盟 国

1994年4月28日現在，ITUには184カ国が加盟している．[1999年3月25日現在，184カ国]加盟は主権国家に限られるが，連合の3つの部門やさまざまな会議には電気通信企業，学術団体，業界団体，金融機関および開発組織，国際的および地域的な電気通信団体，ならびに国連自身はもとよりその専門機関なども参加できる．じっさいに1992年の憲章では，ITUの活動では民間部門の参加を奨励すべきことを明言している．1994年には235社以上の民間企業と約40団体近くの国際組織が，ITUの標準化活動に参加していた．

■ 機　　構

ITUの新しい組織は以前の諸機関の活動を全権委員会議が委ねた，活動を支える3つの柱となる活動，すなわち無線通信部門と，電気通信標準化部門，それに開発部門に整理された．各部門の活動は国際会議および地域会議の指揮にしたがい，事務局長が率いる事務局の支援を受けている．事務局長たちは各国の主務官庁の代表や「諮問委員会」によって補佐されている．なお諮問委員会は，国家の電気通信当局や認められた事業体，研究委員会の代表に対して開放されている．全権委員会議はITU理事会の理事を選出し，同理事会は会議と会議の間の4年間，組織の活動を指揮する管理委員会として活動する．事務総局はジュネーブに本部をおき，事務総局長によって運営され，事務次長が補佐している．事務総局長は，事務総局と「世界電気通信諮問委員会」の双方から支援されている．

全権委員会議

ITUの最高機関は全権委員会議で，各加盟国はそれぞれ1票をもっている．同会議はかつて5年あるいはそれ以上の間隔で，すなわち1947年にはアトランティック・シティー，1952年にはブエノスアイレス，1959年にはジュネーブ，1965年にはモントリオール，1973年にはトレモリノス，1982年にはナイロビ，1989年にはニースでというように開催されていた．1992年に組織を根本的に改革するため，ジュネーブで特別の追加全権委員会議が開かれた．改革以後の最初の全権委員会議は，1994年9月に日本の京都で開かれた．

全権委員会議は，ITUの目的を達成するための一般的な政策を設定し，前の会議以後の組織の活動報告を受理し，その報告を審議し，理事会の決定にしたがって予算案を決定する．また事務総局長や事務次長，3つの部門の事務局長，「無線規制委員会」の委員などを選出し，憲章や条約の改正を審議・採択し，理事会の承認を得てほかの組織と協定などを締結する．一般に同会議は，長期的な政策問題を審議している．

ITU理事会

ITU理事会(以前は運営理事会と呼ばれていた)は，その歴史を1947年のニュージャージー全権委員会議までさかのぼる．理事会は，全権委員会議によって地域的な配分方式にしたがって選出された43人の理事からなる．その地理的な配分方式は，南北アメリカから8人，西ヨーロッパから7人，東ヨーロッパと北アジアから4人，アフリカから12人，アジアおよびオーストラリアから12人が選ばれる．理事の任期は次の全権委員会議までで，再選も許される．

ITU理事会は，全権委員会議の会期と会期の間のITUの活動を指導する．理事会はITUの予算を承認し，財政を監督する．理事会には，ITUの活動とほかの国連組織との活動を調整する任務もある．

1989年から1994年までのITU理事会の理事国は，A地域(南北アメリカ)がアルゼンチン，ブラジル，カナダ，コロンビア，キューバ，ジャマイカ，メキシコ，アメリカで，B地域(西ヨーロッパ)がフランス，ドイツ，イタリア，ギリシャ，スペイン，スウェーデン，スイスであり，C地域(東ヨーロッパおよび北アジア)がブルガリア，ロシア，ルーマニアで，D地域(アフリカ)がアルジェリア，ベナン，ブルキナファソ，カメルーン，カーボベルデ，エジプト，ケニア，マリ，モロッコ，ナイジェリア，セネガル，タンザニアの各国，E地域(アジアおよびオーストラリア)がオーストラリア，中国，インド，インドネシア，韓国，クウェート，マレーシア，パキスタン，フィリピン，サウジアラビア，タイであった．

無線通信部門

世界国際電気通信会議　全権委員会議は世界国際

電気通信会議に対して，国際電気通信規則を改定し，国際電気通信サービスについての一般原則を確立する権限を与えている．世界国際電気通信会議は，すべてのITU加盟国と国連およびその専門機関，地域的電気通信組織，衛星システムを運用している政府間組織に開放されている．

無線通信会議および無線通信集会 ITU理事会が採択した議題に基づいて，無線通信規則を見直し改正するために，2年ごとに「無線通信会議」と「無線通信集会」を開いている．「無線通信会議」は，すべてのITU加盟国と国連およびその専門機関，地域的電気通信組織，衛星システムを運用している政府間組織などに開放されている．さらに，各国が無線部門の活動に参加してもよいと認めた電気通信企業も，会議への参加が認められている．

「無線通信集会」は，会議の活動に対して技術的な基礎を提供している．「無線通信集会」は，専門家からなる研究委員会を設置し，個々の問題の優先順位や緊急性，研究の時間配分を決定する．研究委員会は各国の担当者と，公的および民間部門の事業者の双方の専門家で構成されている．1994年3月までに120社の企業と50団体の国際的な地域的組織が，研究委員会活動に参加していた．

無線通信事務局 全権委員会議によって選出された局長が率いる事務局は，ITU事務総局の一部であり，研究委員会の準備活動を調整し，その情報を加盟国に伝達している．同事務局が，「無線通信会議」と「無線通信集会」の準備を行う．途上国が「無線通信会議」を準備するさいは，その援助も行っている．

無線規則委員会 「無線規則委員会」は9人の非常勤の専門委員からなる委員会で，「無線周波数の割当の登録」と「対地静止衛星軌道の公平な利用のための手段規則」を認可している．同委員会は，周波数の混信に関するITU加盟国からの訴えを調査し，問題解決のための勧告を作成している．会合は年4回開かれている．委員は加盟国や地域の代表としてではなく，国際的公益への管理者として奉仕するので，会議では国家の代表となることはできない．「無線規則委員会」は，以前は5人の委員からなる常設機関だった「国際周波数登録委員会」の後身である．

電気通信標準化部門

世界電気通信標準化会議 世界電気通信標準化会議は，4年ごとに標準化案(「勧告」と呼ばれている)を承認したり，変更したり，拒否したりするために開かれている．会議は，これらの勧告を起草する研究委員会の活動計画を設定する．「電気通信標準化研究委員会」は，各国の電気通信当局や，公共および民間部門の事業者が参加している専門家集団である．これらの委員会は電気通信サービスの標準化や施設の運用とパフォーマンス，システムネットワーク，サービス，料金，決定方法などの問題に焦点を当てている．

電気通信標準化事務局 電気通信標準化事務局は，全権委員会議が選出する局長によって率いられている．事務局は会議や会合の準備を行い，「国際電気通信規則」の適用について各国から受取る情報を分析し出版している．この情報には，国際電話ルートや統計，通達，事業報告なども含まれている．事務局は，文書や電気通信標準化部門のデータベースの内容を，最新のものにする責任も負っている．

開発部門

世界電気通信開発会議 世界電気通信開発会議では，電気通信の世界規模での開発と地域開発のバランスをとるために，目標や戦略を決定している．また会議は，途上国の需要に関連する政策や組織，その運営，規制，技術，財政問題などを研究するフォーラムとしても機能している．通常は，全権委員会議の会期と会期の間に，1回の世界会議と5つの地域会議(5つの地域それぞれで1回)を開いている．会議で行われた決議や決定，勧告それに報告は，全権委員会議に提出される．開発会議は，電気通信開発局の活動を指揮している．会議はまた，途上国に固有の問題に関する研究委員会も設置している．

電気通信開発局 電気通信開発局はナイロビ全権委員会議の勧告に基づいて，1990年に創設された．同会議の勧告は，途上国が自国の電気通信システムを創設し向上させるのを援助するため，ITUの臨時的な開発体制を包括的な計画に変更するよう命じていた．開発局の局長は全権委員会議によって選出され，事務局の活動を監督する．

事務局は世界電気通信開発会議の準備を行い，各国から受取った情報を分析し，加盟各国と情報を交換し，電気通信部門のデータベースを更新している．

事務総局

事務総局は，スイスのジュネーブのITU本部にある．事務総局はITUの会議や会合を準備し，加盟国や国連，専門機関その他の国際組織との連絡を維持している．また，ITUの広範囲にわたる出版計画も実施している．長を務めるのは事務総局長で，1989

年のニース全権委員会議で，フィンランドのペッカ・タリヤンネが選出された．1993年12月現在,事務総局は74カ国から719人の職員を雇用していた．

事務総局は4年ごとにジュネーブで開かれ，TELECOMと呼ばれる「国際商業通信博覧会」を組織している．加盟各国の電気通信当局と共同で，地域的な電気通信博覧会(アジアTELECOM，アフリカTELECOM，南北アメリカTELECOM，ヨーロッパTELECOM)も開催している．これらのイベントでは，デジタル通信，切替え技術，デジタル・ネットワークを含む電気通信設備やサービスについて，包括的な展示が行われている．TELECOMとの関連でITUは，電気通信技術やその運営・管理，財政，研究および設備供給の最新の動向を扱うフォーラムを後援している．

■ 予　算

通常予算には，ITU理事会やジュネーブ本部，およびさまざまな会議や会合の費用が含まれている．技術協力特別会計は，途上国への技術援助の運営費用を含み，これには国連開発計画(UNDP)が資金を出している．出版予算にはすべての出版物の製作費用が含まれ，その売上金によって資金を賄っている．

各全権委員会議ごとに，各加盟国は分担等級を選択する．最も低い等級は，国連によって後発途上国に指名された国々のためのものである．通常予算は，それぞれ加盟各国に割当てられた単位数に分割される．しかし，地域無線会議では追加的な分担金が必要である．

ITUの3つの部門の活動に参加しているすべての民間企業や国際組織なども，分担等級を選択しなければならない．しかしその分担単位は，加盟国の分担単位の1/5の額となっている．ITUのさまざまな会議に参加するためには，別に分担金を支払われなければならない．

1994年の予算総額は，1億5476万8000スイス・フランだった．これを元にして，加盟国が分担する1単位は，31万9200スイス・フランとなった．

■ 活　動

背　景

1980年代の初めにITU加盟国は，技術の進歩によって電気通信の性質や設立時の原則が，根本的に変化していることに気づいた．このような変化が，1994年に完了したITUの再編成の背後にあった．このような変化への理解が，急速に発展する電気通信分野でのITUの活動を理解する基礎となる．

1900年から1980年代まで，一般的に電気通信は本質的に音声電話信号の伝達を意味すると理解されていた．政府や電気通信産業は，たやすく伝えられる目標を分かちあっていた．すなわち，すべての事業者や家庭に電話サービスを提供し，すべての国家間で電話接続ができるような国際技術標準を作成するという容易に理解し合える目標を共有していた．1980年代まで電気通信設備技術は比較的ゆっくりと発展していたので，ITUの国際機関が技術開発の進歩を抑制することなく，国際技術標準を設定するのに十分な時間があった．料金分野では，電話会社は人口密集地域から得られる収入で，遠く離れた人口のまばらな地域の費用を賄うことが広く受け入れられていた．

1980年代に電話信号のデジタル化，ソフトウェア管理，装置の縮小化，切替えや伝達費用の大幅な引下げなどの技術革新が起こり，現在では音声だけでなく，データや文章，画像，ビデオ情報を送ることのできる製品やサービスが爆発的に増加している．電気通信は単独で存在する産業ではなくなり，コンピュータ産業とますます密接に結びつくようになった．2つの分野の技術がひとつにまとまり，人々や企業に届けられるあらゆる種類の情報サービスを，根本的につくり直したということができる．同様に，有線と無線の電気通信も，ひとつにまとまり始めた．無線システム(たとえば携帯電話)は，地球上および衛星に基づく通信システムを通じて，あらゆるレベルで既存のネットワークと競合し始めた．

同時に，通信設備の製造産業も短い革新サイクルと，地球規模の営業活動によって変化した．このために国際標準の協議と採用に必要な時間は，劇的に短縮されてしまった．ついにはコンピュータ産業の利潤を源とする行動様式が，電気通信産業に広く行きわたっていた行動様式にとってかわり始めた．企業は費用に基づいた価格を要求し，ますます競争的となった世界市場で費用を引下げた．しかし費用に基づいた価格設定の展開は，孤立した人口過疎地域では人口密集地域のような利益をあげることができない以上，電気通信自体が効率性の名のもとに否定されることになりかねない．換言すると，競争的な環境でも利益の見込める消費者が存在する高度に電気通信能力が発達した「島」と，利益の見返りが達成できない，低い電気通信能力の「砂漠」が生じている．

この傾向は1980年代の末に，冷戦の終結とともに強まった．市場経済が，製品やサービスの流通と経済成長促進の最も効率的な方法であるという，国際的な合意が達成された．かつては政府が管理する電気通信部局が，世界中のほとんどの国々に存在した．規制緩和と民営化という新しい流れのなかで，多くの国有の電気通信部局が国営企業となり，おそらく最終的には民間企業となる運命にある．先進諸国の電気通信企業は，国内サービスの提供だけでなく，ほかの国々の国内サービスと競合しながら，地域規模であるいは世界的規模でサービスを提供することが，自らの成長にとって大きなチャンスとなることに気づいている．

　ITU事務総局長のペッカ・タリヤンネ博士は，1994年の東京での国際会議で次のように述べている．「今日のITUは，電気通信に生じた劇的な変化を十分には反映していない．ITUは電気通信産業での新しいプレーヤーや主要な利用者などが積極的に参加しないまま，支配的なキャリアが大半を占める状況にとどまっている．この傾向は，電気通信産業の新しいプレーヤーである民間部門の参加を大きくする必要を強く示している．……国家主権を侵害することなく，ITUの意思決定過程で政府でないプレーヤーがより大きな声をあげられるようにするにはどうすればよいのだろうか」．ITUの組織と活動の将来の展開は，このジレンマをめぐって動くことになるだろう．

　1992年憲章で定義されたITUの活動は，次の通りであった．
・各国ごとの無線通信局間の有害な混信を避けるため，無線周波数スペクトル帯の分配，割振り，周波数割当の登録，ならびに通信の静止衛星軌道位置の登録
・各国ごとの無線通信局間の有害な混信の除去努力を調整すること
・電気通信の世界的な標準化を促進すること
・電気通信システムを創設し，拡充し，向上させたいと願う途上国に技術援助を行うこと
・加盟国間で良好な業務を確保しつつ，できるかぎり低い基準の料金を設定するため，連合加盟者間の協力を促進すること
・電気通信業務の協力によって，人命を救助するための手段を振興させること
・電気通信業務を各国において最も孤立した地域にまで提供するという目的を進展させるため，優先的かつ有利な信用枠を国際的な金融機関および開発機関から提供できるよう促進すること

無線通信部門の活動

　ITUの活動は一般の人々の目には見えにくいが，ラジオのスイッチを入れるたびに，地球上のだれにでも影響をおよぼしている．無線周波数の利用規制は，ITUの最も基本的な仕事のひとつである．このような無線周波数は，日常生活の上で，電話のベルや衛星あるいはマイクロ波システムを使って送られるデータ送信，テレビ放送，ラジオ放送，航空無線，タクシーの通信ネットワーク，救急車の通信ネットワーク，警察無線のネットワーク，自動車電話などに，ごく当たり前に使われている．無線周波数の応用面はつねに増大しているが，利用できる周波数の範囲は同じようには増えていない．無線の物理的な性質上，周波数スペクトル帯は限られた天然資源だといえる．同様に，静止衛星を利用できる軌道の範囲も限られている．

　ITUの無線通信部門の役割は，静止衛星を利用したものも含めて，すべての無線通信サービスで無線周波数スペクトル帯を効率的で経済的に利用できるようにすることである．同部門では，周波数スペクトル帯の利用についての勧告の基礎となる研究も実施している．無線通信部門が担当しているのは，次の事項である．
・周波数の利用と監視
・サービス相互間の共有と両立
・科学サービス
・無線周波の伝送
・固定局衛星サービス
・固定局サービス
・移動局サービス
・音声放送
・テレビ放送

　最初の無線通信規則は1906年に作成されたが，現在では9kHzから400GHzの間の周波数に適用されている．最初の「周波数分配表」は，1912年に登場している．この文書は国際条約の地位をもち，ITU加盟国を法的に拘束している．無線通信規則や「周波数分配表」の変更は，世界無線会議で国家代表間の交渉で行われる．この文書のどのような変更も，衛星や航空機，緊急サービスで用いられている通信設備の製造者や移動電話の利用者などに影響を与えるので，注意深く研究しなければならない．たとえば，単側波帯方式(SSB)と呼ばれる技術は，実質的にス

ペクトル帯の能力を倍加する．しかし既存のラジオの送受信機は両側波帯方式(DSB)で配列されているので，急にSSBに変更すれば膨大な既存の設備が役に立たなくなってしまう．そこでITUは，1991年に加盟各国に対して，SSBとDSBの双方で使用できる局設備を製造し，SSBへの転換を可能なかぎりスムーズに行うようにしなければならないと勧告した．

電気通信標準化部門の活動

電気通信標準化部門は，技術的および運営上の問題や料金問題を研究し，世界規模で電気通信を標準化するための勧告を作成している．この勧告は，サービス，ネットワーク運用，料金，会計原則，維持，電気通信設備の外部の保護，データ通信，テレマティック・サービス端末，テレビおよび音声伝達，切替え，信号および人・機械語言，システムと装置の伝達パフォーマンス，一般的なネットワーク面などの事項を対象としている．

1990年から1994年までの間に，ITUは公共のネットワークに適用できる379項目の新しい電気通信標準を採択した．ITUは実質的に484項目の既存の標準を改訂した．これは1989年から始まった組織再編によって，生産性が劇的に増加したことを示している．このような活動の増加にあって，ITUは国際標準化活動の中心にとどまり，特定の製造業者の設備を採用することで電気通信業界が事実上地域分割されるのを防止できると考えた．もし各システムが併立できなければ，世界経済の成長が(たとえば金融分野で)ひどく抑制されるだろうし，市場分割の脅威はひじょうに深刻なものとなろう．

ITUの標準設定活動は，設備や各システムの世界的な併立性と相互接続を確保するものである．これによって消費者は生産者を選ぶことができ，製造者やサービス供給者の間の競争が確保される．技術上の変化に歩調を合わせるため，ITUは国際標準化会議(4年ごとに開かれる)での正式承認を待たずに，研究委員会が作成した標準を採択できる機構を創設した．

次のITUの標準によって，あらゆる国のサービスが世界中のほかのサービスに接続できる．
・「X.400勧告」は，電子メッセージ処理システムの相互接続性を対象とする
・「X.500勧告」は，電子ディレクトリー送信を対象とする
・「F.710勧告」は，テレビ会議サービスを対象とする
・「Vシリーズ勧告」は，モデムによる電話ネットワーク経由のデータ送信を対象とする
・「X.25勧告」は，専門のネットワークによるデータ送信を対象とする

電気通信開発部門の活動

1980年代の初めに，ITUは途上国地域の電気通信の進歩に関する研究をまとめさせた．この研究は「メイランド委員会グリーン・ペーパー」と呼ばれ，1984年に公開された．それによれば，電気通信技術では先進国と途上国との間の格差が大きくなっていることが指摘された．1989年のニース全権委員会議は，この分野で以前から散発的だったITUの活動を集中させるために，最も新しい部門である「電気通信開発局」(TDB)を創設した．開発局は1990年に活動を始め，1992年憲章によって電気通信開発部門に編入された．

この部門の役割は，途上国が自らの電気通信サービスを開発し向上させるのを援助するため，国連専門機関としてのITUの努力を調整し，集中させることにある．開発部門は，国連開発計画(UNDP)が資金を出す電気通信分野の活動も調整している．1989年から1994年までの間に，ITUは毎年約600人の専門家を2～3カ月間派遣し，1200人に教育奨学金を供与し，約3000万ドル相当の180件の技術協力を実施した．また，800万ドル相当の設備を現地のプロジェクトに提供し，各国の電気通信担当者を対象に700コース以上の電気通信訓練コースを提供した．

短い歴史のなかでこの部門が行った最大の貢献は，1994年3月にアルゼンチンのブエノスアイレスで第1回世界電気通信開発会議(WTDC)を開いたことである．この会議のために開発部門は，世界の電気通信の基盤施設の状況を分析した『世界電気通信開発報告』を作成した．この報告のなかで，明らかにされた驚くべき統計は，経済協力開発機構(OECD)の加盟国である24カ国の先進国の住民100人当たりの電話回線の平均が49回線なのに対し，その他の世界の国々では3.5回線しかないことだった．後発途上国の住民100人当たりでは1回線以下に落ちこんでいる．これらの統計は，途上国が世界経済に入りこむためにうめるべき亀裂の深さを示している．

世界電気通信開発会議は世界規模で注目を集め，アメリカのアル・ゴア副大統領が演説を行った．この会議ではこの部門での21世紀のITUの活動のガイ

ドとなる,「ブエノスアイレス宣言」と行動計画(「ブエノスアイレス行動計画」という)を採択した.
この宣言には,次の諸点が含まれている.
- 電気通信は経済開発にとって不可欠の要素であり,ITUの加盟国はすべての個人,集団,住民が通信を利用できるようにする義務を負う
- 後発途上国には特別の注意が払われなければならない
- 途上国の政府は適切な電気通信政策と規制システムを確立しなければならない
- 途上国は投資を引きつけるため,電気通信部門の自由化と,民間投資および競争を助長する
- ITUは,途上国への援助に必要な協力につき,すべての団体間での触媒の役割を演じる
- 途上国で技術をもった職員を育成し教育することは,途上国の電気通信ネットワークの発展にきわめて重要である

行動計画は,政策・戦略および財政,人的資源の管理と開発,開発計画の創造,農村開発の統合,放送,情報サービスの7分野に向けたものであった.計画の具体的な目標のひとつは,2000年までに途上国の電話密度を倍増させるというものである.

世界電気通信開発会議から生まれた課題のひとつは,途上国政府が運営する電気通信当局が,自国の音声の全国電気通信ネットワークを開発するのに最終的な責任を負っていることである.この目的のため同会議は,途上国が電気通信サービスの企業化,民営化および競争の諸原則を,広く採用するよう勧告した.しかし同会議は,このような開発のための資金調達のための特定の目標や,財政政策を勧告しなかった.「ブエノスアイレス行動計画」の実施に必要な費用は1480万スイス・フランと見積られ,そのうちの41%はITUが拠出し,59%は世界銀行などの開発パートナーが拠出することになっていた.

『世界電気通信開発報告』は現行の金融支援の方法を批判している.同報告は,途上国の公的活動のための金融支援の申請と,電気通信プロジェクトのための支援とが一致していなかったと述べている.同報告は,1995年から2000年までの間に,ほとんどの国々で基本的な基盤施設を完成するためには,583億ドルが必要だろうと予測した.しかし世界銀行はもっと多くの民間投資が必要だとし,費用は800億ドルに達するだろうと推計している.途上国が自国の電気通信システムにのために相当な資金を獲得しながらそのために投資しなかったならば,途上国は21世紀の国際的な情報本位の経済から永遠に疎外される恐れがあるという点で,一般的な合意がみられた.

■ 出 版 物

ITU本部の最も重要な任務のひとつは,重要な電気通信データを収集・整理し,世界のさまざまな電話,電信,放送システムの日常的な運用に欠かせない,数多くの文書を編集して出版することである.ITUから定期的に発行される文書のなかには,*International Frequency List*(『国際周波数リスト』),季刊の *High Frequency Broadcasting Schedules*(『高周波放送スケジュール』),*Yearly radio statistics*(『年間ラジオ統計』),*Lists of coast, ship, and fixed stations*(『沿岸,船上および固定無線局リスト』),*Codes and abbreviations in general use*(『一般に利用されているコードと略語』),*Lists of radiolocation stations*(『無線測位局リスト』),*An alphabetical list of call signs*(『コールサインのアルファベット・リスト』),*Summaries of international monitoring information*(『国際監視情報の概要』),*ITU Newsletter*(『ITUニュースレター』)(以前の『電気通信ジャーナル』)とその他の出版物などがあり,いずれも英語版,フランス語版,スペイン語版かあるいは3言語版が公刊されている.ITUの技術文書の多くは,ITUDOCの一部としてオンラインで,あるいはCD-ROMディスクやその他の電子形式で入手できる.

テレコム情報交換サービス(TIES)とITUDOC

このオンライン・コンピュータ通信サービスは,電気通信関連の情報交換のためITU本部を基地としている.このシステムは電子メール,掲示板,文書交換,コンピュータ会議,それに電気通信情報の通知はもとより世界的なテレコムサービスや料金のような,ITUデータベースへのアクセスなどを提供している.このシステムには英語やフランス語,スペイン語の3万におよぶ電気通信用語の用語集データベースも含まれている.

ITUDOCは,インターネットの利用者がITU本部の中央コンピュータ・サーバから,ITUの文書や出版物を引きだせるようにしている.またこれによって,ITU活動への参加者が電子的に寄託書(研究委員会の提案文書)を送ることもできる.

ITU加盟国一覧(1999年3月25日現在*)

アイスランド	コモロ	パプアニューギニア
アイルランド	コロンビア	パラグアイ
アゼルバイジャン	コンゴ共和国	バルバドス
アフガニスタン	コンゴ民主共和国	バーレーン
アメリカ	サウジアラビア	ハンガリー
アラブ首長国連邦	サモア	バングラデシュ
アルジェリア	サントメ・プリンシペ	フィジー
アルゼンチン	ザンビア	フィリピン
アルバニア	サンマリノ	フィンランド
アルメニア	シエラレオネ	ブータン
アンゴラ	ジブチ	ブラジル
アンティグア・バーブーダ	ジャマイカ	フランス
アンドラ	シリア	ブルガリア
イエメン	シンガポール	ブルキナファソ
イギリス	ジンバブエ	ブルネイ
イスラエル	スイス	ブルンジ
イタリア	スウェーデン	ベトナム
イラク	スーダン	ベナン
イラン	スペイン	ベネズエラ
インド	スリナム	ベラルーシ
インドネシア	スリランカ	ベリーズ
ウガンダ	スロバキア	ペルー
ウクライナ	スロベニア	ベルギー
ウズベキスタン	スワジランド	ボスニア・ヘルツェゴビナ
ウルグアイ	赤道ギニア	ボツワナ
エクアドル	セネガル	ポーランド
エジプト	セントビンセントおよび	ボリビア
エストニア	グレナディーン諸島	ポルトガル
エチオピア	ソマリア	ホンジュラス
エリトリア	ソロモン諸島	マケドニア
エルサルバドル	タイ	マダガスカル
オーストラリア	タジキスタン	マラウイ
オーストリア	タンザニア	マリ
オマーン	チェコ	マルタ
オランダ	チャド	マレーシア
ガイアナ	中央アフリカ共和国	ミクロネシア
カザフスタン	中国	南アフリカ共和国
カタール	チュニジア	ミャンマー
ガーナ	チリ	メキシコ
カナダ	デンマーク	モザンビーク
カーボベルデ	ドイツ	モナコ
ガボン	トーゴ	モーリシャス
カメルーン	ドミニカ共和国	モーリタニア
韓国	トリニダード・トバゴ	モルディヴ
ガンビア	トルクメニスタン	モルドバ
カンボジア	トルコ	モロッコ
北朝鮮	トンガ	モンゴル
ギニア	ナイジェリア	ユーゴスラビア
ギニアビサウ	ナウル	ヨルダン
キプロス	ナミビア	ラオス
キューバ	ニカラグア	ラトビア
ギリシャ	ニジェール	リトアニア
キリバス	日本	リビア
キルギス	ニュージーランド	リヒテンシュタイン
グアテマラ	ネパール	リベリア
クウェート	ノルウェー	ルクセンブルグ
グルジア	ハイチ	ルーマニア
グレナダ	パキスタン	ルワンダ
クロアチア	バチカン	レソト
ケニア	パナマ	レバノン
コスタリカ	バヌアツ	ロシア
コートジボワール	バハマ	

*ITUホームページより.

世界気象機関(WMO)

[www.wmo.ch]

背景 気象学の実用的な利用は，気候について人々にあらかじめ助言や警告を与えることにある．これによって洪水や干ばつ，嵐からの災害を防ぐ手助けができるし，世界中の人々が自分の暮らしている場所それぞれの気象条件で最適の農業や産業に従事するのに役立っている．

気象学にとって国際協力は不可欠である．それはジョン・F・ケネディ大統領の次の言葉のなかにある．「……大気そのものが存在し，そのなかで私たちは暮らし，呼吸し，大気によって地球上で生命が生き続けられるのだ．科学者たちが何十年にもわたって大気を研究してきたが，大気の問題は私たちに挑み続けている．私たちの進歩が限られている理由は明らかだ．気候は研究室のなかに簡単に再現し観察することはできないからだ．したがって，気候が猛威をふるっている場所で研究しなければならない．いまや新しい科学的な道具が手に入った．それは現代のコンピュータとロケット，それに人工衛星であり，協同の作業を行うために，さまざまな学問が利用できる時代になった．……大気に関する科学には世界規模での観測が必要であり，そのため国際協力が必要である．」

■ 創　　設

世界の先進海洋国家の多くは，1853年から海上で船舶によって行われた気象観測の結果を収集するための，国際体制をつくろうとした．

最初の国際気象会議は，1873年にウィーンで開かれた．これは，世界中のさまざまな国々や地域からの気象機関の長によって構成される，「国際気象機関」(WMO)の創設につながった．この組織は，国際気象観測を完全なものにして標準化するという，野心的な計画を実施した．

20世紀になって運輸，通信，農業それに工業が発展するにつれ，気象に対する依存度がますます増し，いっぽう気象学自身も気象現象を観測し予測する方法を完全なものにしようと，科学技術の進歩に対する依存度を深めていった．こうして「国際気象機関」とほかの国際組織の間で，もっと密接な協力関係が必要とされるようになった．

各国の気象機関の長が，「国際気象機関」の後援で1947年にワシントンで開かれた会議に集まり，国連の専門機関として「世界気象機関」を設立する「世界気象機関条約」を採択した．この条約は，30カ国が批准または加入して，1950年3月23日に発効した．第1回世界気象会議は，1951年3月19日にパリで開かれた．

■ 目　　的

「世界気象機関条約」に規定されているように，WMOの目的は次の通りである．
1. 気象観測および水文観測その他の地球物理学的観測を行うための，観測網の確率について世界的協力を容易にし，気象および関連業務の実施につき責任を有する中枢の確立および維持を助長すること
2. 気象情報を迅速に交換するための組織の確立および維持を助長すること
3. 気象およびその関連する観測の標準化を促し，観測の結果や統計の統一ある公表を確保すること
4. 航空，航海，水に関する問題，農業その他の人類の活動に対する気象学の応用を助長すること
5. 実務水文学に関する活動や，気象機関と水文機関の間の協力を助長すること
6. 気象の研究と教育を奨励し，適当な場合には，その研究や教育の国際的側面の調整を援助すること

■ 加盟国

WMOの加盟国は主権国家に限らず，自己の気象機関を維持している領域も加盟できる．加盟資格は，世界気象条約が締結された1947年のワシントン会議に参加した45カ国と，30の領域に開放されているし，気象業務を行っている国連加盟国ならどの国にも開放されている．これらの国々や領域は，条約を批准したり加入したりすれば自動的にWMOの加盟国となる．自己の気象機関を維持しているその他のいかなる国々，領域，あるいは領域集団でも，WMO加盟国の2/3の同意があれば加盟国になることができる．1994年4月30日現在，WMOには175カ国が加盟しており，そのうち170カ国が主権国家で，ほかに5領域が加わっている．

■ 機構

WMOは，世界気象会議で選出された1人の総裁と3人の副総裁によって運営されている．ほかに執行理事会と事務局がある．

世界気象会議

世界気象会議はWMOの最高機関であり，加盟国や加盟領域の代表たちによって構成されている．「世界気象機関条約」によれば，各加盟国の首席代表は「その気象機関の長である」とされている．4年ごとに開かれるこの会議は，憲章やさまざまなWMO機関の任務の変更を決定し，気象観測方式や手続に関する規則を採択し，組織の目的とその関連事項を実施する一般政策を決定する．地区協会や専門委員会も，同会議が設置している．

各加盟国は会議で1票をもっている．個人が機関内の地位に就くための選挙は，有効投票数の過半数で決定され，その他の問題は賛成または反対の投票の2/3の多数決で決定される．特定の事項については，主権国家である加盟国だけが投票できる．

執行理事会

執行理事会には，WMOの総裁と3人の副総裁，6つの地区協会の会長，世界気象会議が選出した26人の加盟国の気象機関の長の，合わせて36人の理事がいる．理事会は少なくとも年1回開かれ，理事会は組織の活動と世界気象会議の決定を執行する．理事会の決定は3分の2の多数決で決められる．

地区協会

地区協会はアフリカ，アジア，南アメリカ，北・中部アメリカ，南西太平洋，ヨーロッパにそれぞれひとつずつで6つある．地区協会は，該当する地区内に気象網を維持しているか，外部からその地区内に気象網を広げているWMO加盟国によって構成されている．地区協会は必要な場合は会合を開き，執行理事会から付託されたあらゆる問題を地域的な観点から調査・検討する．それぞれの地区協会は，気象観測活動を調整する責任を負っている．

専門委員会

専門委員会は，気象学の専門家たちによって構成されている．委員会はさまざまな気象問題を研究し，執行委員会や会議に勧告を行う．WMOは，基礎組織，測器観測法，大気科学，航空気象，農業気象，海洋気象，水文，気候の8分野に委員会を設置している．

事務局長と事務局

事務局はジュネーブにあり，WMO組織を支えている．その職員は事務局長の指示のもとに研究を行い，出版物を準備し，さまざまなWMO機関の会合では事務局として活動し，世界のさまざまな気象機関間の連絡を担当している．WMOの総裁は1987年に選出された中国のZou Jingmengで，事務局長はナイジェリアのG・O・P・オバシである．事務局長の下には約250人の職員がいる．

■ 予算

WMOの通常予算の分担金は，世界気象会議によって加盟国に割当てられている．1992年から1995年までの予算は，2億3610万スイス・フラン（約1億7700万ドル）であった．執行理事会が承認した1994年の支出見積額は，6120万スイス・フラン（約4590万ドル）に上った．さらに，1560万スイス・フランの予算が技術協力活動のために承認され，その資金は通常予算外の財源から得ることになっている．1992年から1993年にかけての通常予算外の支出総額は，1398万スイス・フラン（約1049万ドル）に達し，資金は国連開発計画（UNDP）を通じてWMO篤志協力計画と信託基金に拠出された．

■ 活　　動

A. 世界気象監視（WWW）

「世界気象監視」(WWW)は，1967年にジュネーブで開かれた第5回世界気象会議で創設された．その目的は，各国の気象機関が利用と研究の双方で最も効果的で効率よく，気象とそれに関連する環境業務を行えるようにするため，必要な気象とそれに関連する環境情報を入手できるようにすることである．国際的な相互依存をこれほど実現している科学分野はほかにはない．「世界気象監視」には次の3つの本質的な要素がある．

1. 「世界データ分析システム」は，すべての気象台に対して気象分析と予報結果を提供している．このシステムはメルボルン，モスクワ，ワシントンD.C.の3カ所の世界気象センターと，26カ所の地区気象センター，ならびに150カ所以上の各国の中央気象台で構成されている．
2. 「世界観測網」(GOS)は，地上に設置された測候所や観測点，それにそれらを補助する宇宙に設けられた気象衛星などから得られる観測データを提供している．
3. 「世界通信網」は，気象機関が必要としている気象データやその分析結果を迅速で信頼性のある方法で交換するための，通信設備や取決めからなっている．このシステムは，基幹通信網（システムの中核）と6カ所の地区気象通信網，それにおよそ240のデータ接続を通じて気象台を相互に結びつけている各国の気象通信網によって組織されている．

「世界気象監視」には，次の3つの支援任務がある．

1. 「WWWデータ管理」は，世界全体のリアルタイムでのデータ管理・処理結果選別と適切な標準フォーマットやコードでの提供を行い，またWWWシステムで観測されたデータの利用可能性，品質や運用上の地位を監視している．
2. 「WWW実施支援活動」は，新しいWWW技術や観測で得られた経験，および立証された気象に関する情報をWMO加盟国が入手できるようにしている．
3. 「WWW実施調整」は，観測活動が調整され，費用効率よく実施されることを追求している．

WWWの現在のGOSには，1万の地上測候所と7000の移動船上測候所，3000の航空機測候所，300の固定および漂流ブイ，大気汚染や放射能，大気中のオゾンなどの量を測定するという，特別の目的をもった200の測候所が含まれている．地球全体に関する膨大な量のデータと情報は，いくつかの極地点に近い軌道上の気象衛星から供給されているし，熱帯や温帯地方でほとんど継続的に行われている観測は，静止軌道上の衛星が実施している．気象データの分析や数日先の予報，深刻な気象変化の警告などは，「世界通信網」によってデジタルや画像で交換されている．交換には国際的に合意されたWMOL文字/数字コードシリーズや2次元のコードが用いられている．合意されたWWWの国際手続の詳細は「世界データ分析システム」，「世界観測システム」，「世界的な通信網」ならびにコードに関するWMOのマニュアルに記載されている．

「世界気象監視」にはほかに，次の4つの要素が含まれている．

1. 「観測計画の手段と方法」は，観測データの精度，気象測器や観測技術の標準化の改善と，新しい技術開発の採用を目的としている．
2. 「WMO衛星活動」は，高品質の衛星データとその成果の提供，また加盟国が衛星データを受取りその効率的な利用能力の強化を目的としている．
3. 「熱帯サイクロン計画」は，約60カ国を対象に，予報や警報システム，災害の予防とその対策準備の改善によって，熱帯サイクロンや嵐による人命や財産の損害を最小限にするよう援助することを目的としている．1971年に創設されたこの計画は，「ESCAP(アジア太平洋経済社会委員会)/WMO台風委員会」，「WMO/ESCAP熱帯サイクロン・パネル」，「南西インド洋RAI(アフリカ)熱帯サイクロン委員会」，「RAIV(北および中央アメリカ)ハリケーン委員会」，「南太平洋および南西インド洋RAV(南西太平洋)熱帯サイクロン委員会」の5つの技術協力計画(TCP)の地域組織と，専門家の小委員会が実施するプロジェクトを通じて実施されている．
4. 「WMO南極活動」は，環境の監視や気象変動はもとより，南極での気象業務や研究活動の必要性を満たして，「世界気象監視」の実施を促進し調整することを目的としている．

B. 世界気候計画（WCP）

「世界気候計画」(WCP)は1979年の第8回WMO会議によって創設されたもので，「世界気候利用・サービス計画」(WCASP)，「世界気候資料・監視計画」

(WCDMP)，「世界気候研究計画」(WCRP)，「世界気候影響評価・対応戦略計画」(WCIRP)の4つの大きな計画で構成されている．

「世界気候計画」の目的は，次の通りである．
1. 気候データの効率的な収集と管理，および気候変化と変動の探知と評価を含む，世界的な気候システムの監視を促進すること
2. 社会の利益となるよう気候の知識や情報を効果的に利用し，自然および人間の活動の結果生じる重大な気候変化の予測を含む，気候業務の提供を促進すること
3. 経済および社会活動に著しく影響をおよぼしうる気候変化と変動の影響を評価し，それに基づいて各国政府に助言を与え，政府や社会で用いられる幅広い社会経済対応戦略の開発に寄与すること
4. 気候の変化および変動を含む，気候の予測可能性を決定する気候プロセスの理解や，気候に対する人間の影響力の確認，気候の予測能力の開発などをさらに深めること

WMOは「世界気候利用・サービス計画」と「世界気候資料・監視計画」について直接の責任を負い，WCP全体の調整にも直接責任を負っているが，「世界気候研究計画」については，「国際学術連合会議」(ICSU)と国連教育科学文化機関(UNESCO)の「政府間海洋委員会」(IOC)と共同責任を負っている．国連環境計画(UNEP)は，「世界気候影響評価・対応戦略計画」に責任を負っている．この計画には，国連食糧農業機関(FAO)やUNESCO，世界保健機関(WHO)それに国連開発計画(UNDP)など，いくつかの国際組織も積極的に関与している．

複合的で多くの学問領域にまたがるWCPに必要な協力は，組織横断的な会合や情報交換活動を通じて行われている．優先的に扱われているのは食糧，水，エネルギーの各分野である．

WCPは，気候変動が経済や社会におよぼす影響など，気候変動問題全体に対して組織や学問領域を越えた総合的な枠組みを提供している．WCPは，気候変動に関する政府間パネルの活動，「気候変動枠組み条約」の履行プロセスを支援する基幹的な国際プログラムであり，また1992年の国連環境開発会議(地球サミット)の基本的な声明である「アジェンダ21」の実施に関係している．

第11回世界気象会議は，WCPがそれと連携した重要な活動である「世界気候観測網」(GCOS)の支援を受けなければならないと決定した．

「世界気候研究計画」の基本目的は，気候メカニズムの理解を増大し，気候の予測できる程度や人間の活動が気候におよぼす潜在的な影響を決定することである．これには多くの科学分野からの情報が必要となるため，「WMO/ICSU合同科学委員会」が調整と全体的な指導を行っている．第11回世界気象会議は，UNESCOの「政府間海洋委員会」をこの計画に参加させるべきだと決定した．気候モデルの開発と世界的な気候分析の努力が続けられており，とくに雲の予測枠組みの評価や大気圏の大気循環モデルにおける海洋上の大気界面流動の反映の分析に努力している．海面温度と降雨量の世界的な気候規模での関係を，質的に一貫して説明するためのプロジェクトも創設された．気候モデルに用いられる放射コードの研究やエーロゾルの調査，それに世界的なオゾンの研究と監視プロジェクトなどを含む，気候管制の研究についての「世界気候研究計画」の活動にも支援が継続されている．

気象学の応用 WMOの「航空気象計画」は，気象学を航空航法に利用するのに役立っている．同計画は国際民間航空機関(ICAO)と合同で，航空機の航法上の要請にこたえるサービスを提供するため，必要な規制や指針を開発している．同計画はまた，航空運輸の安全性，正確性，ならびに能率性を確保するのに必要な，気象サービスの提供と改善にも貢献している．

WMOの「海洋気象計画」の大きな目的は，公海や沿岸地域への海洋気象サービスの促進であり，それには特別の海洋サービスや，海洋活動に必要な海洋気象情報なども含まれている．同計画にはまた，包括的な海洋環境監視サービスや，海洋データ管理システムの開発，WMOと政府間海洋委員会の合同事業である統合地球海洋サービスシステム内での活動も含まれている．

「農業気象計画」の目的は，WMO加盟国が実際的な情報(気候や最新の天気，短期あるいは中・長期の予報知識に基づく)を農業団体に提供するのを支援することである．このことによって生産を増大させ，危険や収穫物の損失を少なくし，化学肥料や薬剤などによる汚染を減らし，経費を削減し，農業のエネルギー利用効率を高めることができる．そうなれば，加盟国は食糧自給を達成し，さらに農産物の輸出によって収入を増やすこともできる．同計画は，国際レベルや地域レベルで農業気象学の必要な情報を確認し，食糧生産に対する天候および気候の変動の影響を評価し，土地利用や穀物の選別，価格管理など

を改善するのに役立っている．

D．大気研究と環境計画（AREP）

「大気研究と環境計画」（AREP）の目的は，大気に関する研究の進歩に貢献することと，気象研究に関係のある環境分野の研究を育成し，加盟国がよりよい気象業務を提供できるよう援助することにある．また，加盟国の経済や国民生活の利益となるように，研究成果を最大限に活用するための情報や指針を，各加盟国に提供することも目的としている．技術移転は，この計画に参加している途上国出身の科学者たちを支援することで，利用可能な資源の範囲内で実施されている．

「大気研究と環境計画」は，「全地球大気監視」（GAW），「短期および中期天気予報研究計画」，「長期予報研究計画」，「熱帯気象研究計画」，「雲および気候変化の物理的および化学的研究計画」の5つの計画からなっている．

全地球大気監視（GAW） この世界規模のシステムは，大気の組成の測定を含むほとんどの観測・研究活動を統合している．このシステムは，大気中のエーロゾルや雨に含まれる酸や有害物などの，汚染物質のオゾン層における変化や長距離移動を探知するための早期警戒システムとしても機能することをめざしている．このような世界的に標準化された観測や関連する研究を行うため，60カ国以上に約140カ所の観測所をもつ「WMO全地球オゾン観測システム」（GOOS）と，90カ国以上に200カ所近い観測所をもつ「WMO大気バックグラウンド汚染観測網」（BAPMoN）がある．GAWは国連環境計画の「全地球環境監視システム」（GEMS）に対して，大気の化学的組成や物理的特徴に関するデータをおもに提供している．またGAWは，「全地球気候監視システム」（GCOS）の主要な構成要素である．WMOは，GAWを通じて国連ヨーロッパ経済委員会（ECE）と協力し，ヨーロッパでの大気汚染物質の長距離移動の観測と評価について，気象面での役割をはたしている．この点についてWMOは，ヨーロッパの汚染物質移動を毎日分析する2つの気象総合センター（オスロとモスクワ）を設置している．GAWはまた，大気化学の研究にも注意を払い，評価規準を準備し，総合的な環境監視を奨励している．

天気予報研究計画 この計画は，天気予報に関する研究結果を交換し，加盟国が天気予報業務を向上させるのを援助している．そのため数量的観点からの天気予報に関する国際会議を開き，また技術報告，経過報告を発表している．「短期および中期天気予報研究計画」は，地方の気候現象（とくに厳しい気候現象）の予想など，短期および中期の天気予報の精度の改善に重点をおいて，加盟各国がそれぞれ研究を強化することを目的としている．「長期予報研究計画」のおもな目的は，長期的な天気予報システムを開発・導入し向上させる，加盟各国の研究努力を助長することにある．

熱帯気象研究計画 この計画の目的は，季節風や熱帯サイクロン，熱帯乾燥地域での干ばつ，熱帯雨林気候システム，および熱帯と温帯の気候システムの関係などの重要に問題に関する加盟国の努力を促し，調整することにある．それによって加盟各国の予報技術を改善し，熱帯諸国の経済的利益につながるようにするのが狙いである．

雲および天気変化の物理的および化学的研究計画 この計画は，雲の物理的および化学的研究と，雲による気象現象の利用を図ろうとするものである．その例には，人工降雨やひょうの抑制などがある．同計画は，世界規模での気候変化計画や実験の構想，評価の指針にかかわる情報を提供している．同計画はまた，汚染の移動や変化，分散における雲の役割についても研究している．

E．水文および水資源計画

WMOの「水文および水資源計画」の目的は，水資源の評価で世界規模の協力を促し，データの収集と分析，水文上の予報と警報，プロジェクトの立案に用いる気象および水文に関する情報の提供などを含む，水文のネットワークとサービスを通じて，水資源の開発を促進することである．同計画には，「実務的水文計画」（OHP），「多目的の実務的水文システムを含む基本システム」（HOMS），「実務的水文補助計画」，「応用と環境」，「水関連問題に関する計画」の5つの計画がある．

重点がおかれているのは「実務的水文計画」と多目的の「実務的水文補助計画」で，途上国に実践的な水文技術を移転するための効率的な手段と，系統的な制度的枠組みを提供することが第2の目標となっている．

水資源に関する利用とサービスの計画は，「熱帯サイクロン計画」や「世界気候計画」などの環境問題と，干ばつや砂漠化に関連するWMO活動に対して技術的な支援を提供している．

ほかの国際組織の水に関する計画と協力する計画には，ほかの組織と合同で行われている広い範囲

の活動が含まれ，とくに UNESCO の「国際水文計画」に対する WMO の支援が重要である．

F．教育と研修計画

「教育と研修計画」は，加盟国の気象および水文サービスに必要な人材の育成を援助することはもとより，WMO の科学技術計画への支援もめざしている．そのため同計画では，気象や水文についての技術や知識からの十分な恩恵が，国家レベルで確実に得られるようにされている．

同計画による活動には，人材育成上の問題の調査，適切な教育計画の開発，地域教育センターの設置と改善，教育コースやセミナーや会議の組織，講義ノートや問題別ワークブック，視聴覚教材などの教材を準備することが含まれている．重点がおかれているのは，視聴覚教材とコンピュータを用いた学習教材である．個人の教育プログラムも用意され，奨学金も提供している．WMO には年平均 500 人の研修員がおり，WMO の通常予算や国連開発計画，信託資金，篤志協力計画などの通常予算外の資金から，年間 300 件の奨学金が供与されている．

同計画は，気象学と実践的な水文学の教育と研修，ならびに適切な研修施設の利用法について助言を与えている．教育用図書館もあるし，加盟国からの要請があればフィルムも貸出している．

教育研修専門家委員会は，この計画の核である．

G．地区計画

「地区計画」のおもな目的は，各組織に必要な支援を与え，地区あるいはより狭い地区レベルで WMO 計画を実現していくことである．WMO の事務局の一部として，「地区計画」のなかに次の 3 カ所の事務所が設置されている．アフリカ地域の事務所はブルンジのブジュンブラに，アジアおよび太平洋地域の事務所はジュネーブに，南北アメリカ地域の事務所はパラグアイのアスンシオンにある．

H．技術協力

WMO の技術協力活動(奨学金や専門家の派遣，施設，ワークショップやセミナーなどのグループ研修の援助など)は，国連開発計画，WMO 篤志協力計画，信託基金協定ならびに WMO の通常予算などを通じて実施されている．援助は気象・水文機関の創設，組織化，運営から，食糧の増産や代替エネルギー源の評価への気象学の利用まで，幅広いプロジェクトを支援するために提供されている．

国連開発計画からの資金は，個々の国家や地域プロジェクトに対して提供されている．WMO は，気象や実務的な水文に関係するプロジェクトを組織し監督することを援助している．国連開発計画や「信託資金取決め」などによって，1992 年に 130 カ国に提供された援助額は，1780 万ドルと見積られている．1992 年には，50 件以上の大規模プロジェクトが実施された．そのうちのいくつかは，各国の気象・水文機関の拡大と強化に関連したものであり，そのほかは水資源の評価，洪水予報，農業に関する気象サービス，気象に関する教育と研究，それに熱帯サイクロンの発見と警報のための施設の改善などであった．なかでも，干ばつに襲われた東アフリカおよびアフリカ南部の国々に対する援助を対象とする新しいプロジェクトに，とくに注意が払われた．サハラ諸国の農業気象および水文機関の強化に関するプロジェクトも，続けられている．農業気象学および実務的水文学の利用に関する研修センターも，この計画の一部となっている．

WMO の「篤志協力計画」(VCP)は，任意協力基金と施設サービス計画に対する加盟国からの分担金で維持されている．世界の気象観測の実施が優先されてはいるが，VCP は農業気象，水文および気候の分野で，WMO のほかの計画にも援助と支援を提供しており，同計画は，途上国の国民に奨学金も供与している．1993 年には，総額で約 770 万ドルの援助が提供された．1992 年に完了した VCP プロジェクトは，全部で 16 件であった．1992 年 12 月 31 日現在，67 カ国に 101 件の VCP プロジェクトが実施されていた．

「信託資金取決め」によって，各国は基金を提供している国か，または別の国で行われる技術協力活動のために，WMO を通じて資金を利用できる．

WMO の通常予算で行われる活動は，援助総額のなかではわずかな割合しか占めておらず，おもに奨学金やグループ研修の参加費用に当てられている．

■ 参 考 文 献

International Glossary of Hydrology『水文国際小辞典』
Manual on the Global Data Processing Systen『世界データ分析システムに関するマニュアル』
Manual on the Global Observing System『世界観測網に関するマニュアル』
Manual on Marine Meteorological Services『海洋気象業務に関するマニュアル』
Operational Hydrology Reports『実務的水文レポート』

WMO 加盟国一覧(1999年2月5日現在*)

アイスランド	コモロ	パプアニューギニア
アイルランド	コロンビア	パラグアイ
アゼルバイジャン	コンゴ共和国	バルバドス
アフガニスタン	コンゴ民主共和国(旧ザイール)	バーレーン
アメリカ	サウジアラビア	ハンガリー
アラブ首長国連邦	サモア	バングラデシュ
アルジェリア	サントメ・プリンシペ	フィジー
アルゼンチン	ザンビア	フィリピン
アルバニア	シエラレオネ	フィンランド
アルメニア	ジブチ	ブラジル
アンゴラ	ジャマイカ	フランス
アンティグア・バーブーダ	シリア	ブルガリア
イエメン	シンガポール	ブルキナファソ
イギリス	ジンバブエ	ブルネイ
イスラエル	スイス	ブルンジ
イタリア	スウェーデン	ベトナム
イラク	スーダン	ベナン
イラン	スペイン	ベネズエラ
インド	スリナム	ベラルーシ
インドネシア	スリランカ	ベリーズ
ウガンダ	スロバキア	ペルー
ウクライナ	スロベニア	ベルギー
ウズベキスタン	スワジランド	ボスニア・ヘルツェゴビナ
ウルグアイ	セイシェル	ボツワナ
エクアドル	セネガル	ポーランド
エジプト	セントルシア	ボリビア
エストニア	ソマリア	ポルトガル
エチオピア	ソロモン諸島	ホンジュラス
エリトリア	タイ	マケドニア
エルサルバドル	タジキスタン	マダガスカル
オーストラリア	タンザニア	マラウイ
オーストリア	チェコ	マリ
オマーン	チャド	マルタ
オランダ	中央アフリカ共和国	マレーシア
ガイアナ	中国	ミクロネシア連邦
カザフスタン	チュニジア	南アフリカ共和国
カタール	チリ	ミャンマー
ガーナ	デンマーク	メキシコ
カナダ	ドイツ	モザンビーク
カーボベルデ	トーゴ	モナコ
ガボン	ドミニカ共和国	モーリシャス
カメルーン	ドミニカ国	モーリタニア
韓国	トリニダード・トバゴ	モルディヴ
ガンビア	トルクメニスタン	モルドバ
カンボジア	トルコ	モロッコ
北朝鮮	トンガ	モンゴル
ギニア	ナイジェリア	ユーゴスラビア
ギニアビサウ	ナミビア	ヨルダン
キプロス	ニカラグア	ラオス
キューバ	ニジェール	ラトビア
ギリシャ	日本	リトアニア
キルギス	ニュージーランド	リビア
グアテマラ	ネパール	リベリア
クウェート	ノルウェー	ルクセンブルグ
グルジア	ハイチ	ルーマニア
クロアチア	パキスタン	ルワンダ
ケニア	パナマ	レソト
コスタリカ	バヌアツ	レバノン
コートジボワール	バハマ	ロシア

加盟領域

イギリス領バージン諸島　オランダ領アンティルおよびアルバ　クック諸島　ニウエ　ニューカレドニア
フランス領ポリネシア　香港　マカオ

* WMO, *Bulletin*, *vol.* 48 *No.* 2, *Apr.* 1999, *p.* 240.

Special Environmental Reports『特別環境レポート』
Technical Regulations——Manual on Codes『技術規則——コードに関するマニュアル』
WMO Annual Report『WMO年次報告』
WMO Bulletin『WMO公報』(WMOの活動と国際気象学の発展の要約．季刊)
WMO Training Series『WMO訓練シリーズ』
World Weather Watch——The Plan and Implementation Programme『世界気象監視——計画とプログラムの実施』

　WMO図書館には気象学，気候学，陸水学，海洋気象学および農業気象学のほか，汚染と環境に関連する3万5000本の論文と200種類の定期刊行物が収められている．

国際海事機関(IMO)

[www.imo.org]

背景 地球表面の3分の2を覆う7つの海は,地球上では唯一,本当の意味で国際的な場所である.各国の海岸に沿うほんの数マイル幅の狭い海域を除いて,世界の海洋と海洋資源の大部分はすべての国々の共通の財産とされている.しかし古代から,「海洋の自由」は現実のものというより絵空事であることのほうが多かった.それぞれの時代に,強力な海洋国家が自国の海軍力を海の支配に使った.そのような強国のうちのいくつかは,自国の利益を追求するいっぽうで,未知の大陸の大冒険を行うなどして,世界全体のためにも役に立った.多くの国々は,純粋に国益のために海を利用しようとした.とくにこの点は,海峡やその他の狭い水路に影響する問題に当てはまった.民間の海運業の利益も,多くの場合それぞれ自国政府の支援を受けて,ひじょうに競争的であり,海洋問題での国際協力は大変に限られていた.

国際的な海洋協力を発展させ調整する国際組織の必要性は,ウッドロー・ウィルソン大統領によって表明された.同大統領は,「全世界の国々の共同で自由な利用を目的として,海上交通路の絶対的な安全性を維持するための普遍的な国家連合」設立の必要性を訴えた.しかしこのような組織が設立されたのは,国連創設後であった.

■ 創　設

国際海事機関(IMO)(以前は「政府間海事協議機関」と呼ばれていた)を創設する条約は,1948年にジュネーブの国連海事会議で起草されたが,条約が発効するまでに10年間を要した.同会議は,IMOの成功は商船を大量に保有している国々の大部分が参加するかどうかにかかっていると判断し,船舶保有量が少なくとも100万総t以上である7カ国を含む21カ国が,条約に加わったときに同機関が発足するとした.条約は1958年3月17日に発効した.第1回IMO総会は1959年1月にロンドンで開かれた.国連の専門機関としてのIMOと国連の関係は,1958年11月18日に国連総会によって,また1959年1月13日にIMO総会によって承認された.

■ 目　的

条約に規定されているIMOの目的は,次の通りである.
1. 国際貿易に従事する海運に影響のあるすべての種類の技術条約に規定されている政府間の協力を促進すること
2. 海上の安全,航海の能率,海洋汚染の防止と規制に関する事項についての,実行可能な最高の基準が一般に利用されることを奨励すること
3. 海運業務が世界の通商に差別なしに利用されることを促進するため,政府による差別的な措置及び不必要な制限で国際貿易に従事する海運に影響のあるものの除去を奨励すること
4. 海運企業による不公正な制限的慣行に関する事項を審議すること
5. 国際連合のいずれかの機関又は専門機関によってIMOに付託される海運に関する問題を審議すること

■ 加 盟 国

1948年の国連海事会議に招かれたすべての国々および国連の加盟国は,1948年の条約を受諾すればIMOの加盟国となることができる.その他の国の加盟申請は,IMO加盟国の3分の2による同意があれば,申請国は同条約を受諾することによって加盟国となることができる.領域(あるいは領域群の集合)については,国際関係に責任をもつIMO加盟国が

当該領域に同条約が適用されることを宣言すれば，当該領域もIMOの準加盟国となることができる．1994年5月3日現在，IMOの加盟国は148カ国［1999年5月現在，156カ国］，準加盟国は2カ所であった．

■ 機　構

IMOの組織は総会，理事会，海上安全委員会，海洋環境保護委員会，法律委員会，技術協力委員会，それに事務局長が率いる事務局からなっている．

総　会

IMOの政策決定機関は，すべてのIMO加盟国で構成される総会である．総会は事業計画を決定し，すべての加盟国が分担する予算を投票によって決めている．会合は2年ごとに1回開かれる．

理事会

総会の会期と会期の間は理事会がすべての任務を執行するが，海上安全規則の採択の勧告は，海上安全委員会の専管事項なので除外される．理事会には重要な政策決定の役割もある．国際条約の草案や正式の勧告は，総会に提出される前に理事会によって承認されなければならない．

理事会は総会が選出する32カ国で構成され，そのうちの8理事国は国際海運業務に携わる最大の利害関係をもつ国々を代表し，8理事国は国際海上貿易に最大の利害関係をもつ諸国を代表し，残りの16理事国は上述のカテゴリーとは別に，海上運送や航海に特別な利害関係を有し，理事会への選出が世界のすべての主要な地理的地域が代表されることを確保することになる国々とされている．理事会は通常，1年に2回会合を開いている．

委員会

海上安全委員会は，すべてのIMO加盟国で構成されている．その活動はおもに小委員会を通じて実行され，小委員会はそれぞれ航海の安全，無線通信，人命救助，捜索と救助，訓練と監視の基準，危険貨物輸送，船舶の構造と装備，防火対策，安定性と積載量ならびに漁船の安全，コンテナと積荷，旗国責任，化学物質の積荷などの問題を扱っている．

海洋環境保護委員会は，船舶による海洋汚染の防止と規制に関するすべての問題に責任を負っている．

法律委員会は，1967年のトリー・キャニオン号事件のあとに，同事件で生じた法律問題に対処するために設立され，IMO所管のあらゆる法的問題に責任を負っている．

技術協力委員会は，海洋分野で技術援助を，とくに途上国に提供するという活動を調整している．

事務局長と事務局

事務局は理事会が指名し，総会が承認した事務局長と約300人の国際職員で構成されている．IMO本部は4 Albert Embankment, London, SE 1, 7 SRにある．

事務局長はカナダ出身のウィリアム・A・オニールで，1994年1月1日から4年の任期で指名された．

■ 予　算

IMO総会は1994年から1995年にかけての2年間で，3433万ドルの予算［1997年から1998年で3661万2200ポンド］を承認した．

■ 活　動

IMOの一般的な任務は，その条約に規定されているように，「協議と勧告」である．したがってIMOは，加盟国が海事問題について協議したり，情報を交換するフォーラムとして機能する．IMOは，加盟国や国連のほかの機関から提出されたあらゆる海事問題を審議し，勧告を行い，国連自身を含むほかの国際組織に助言を与えている．さまざまなほかの政府間組織も特定の専門的な海事問題を扱っている．たとえば原子力推進船（IAEA），海上での健康（WMO），海洋学（UNESCO），船舶間および船から陸地への通信（ITU）などである．IMOの任務のひとつは，このようなさまざまな領域での活動の調整を援助することである．

IMOはまた，必要な場合は国際会議を招集し，各国による採択をめざして国際的な海事条約や協定を起草する権限をもっている．これらの会議やその結果生まれる条約は，IMOのおもな関心事項である海上での安全と海洋汚染の防止という2つの問題に関するものである．

A．海上での安全

1960年にIMOによって招集された会議は，それ以前の条約（1948年）にかわるものとして「海上にお

ける人命の安全のための国際条約」を採択した．この条約は，船舶の安全性の改善についての広範な措置を扱っており，それには船舶の内部区画と安定性，機関および電気設備，防火対策と火災報知・消火，人命救助器具，無線電信と無線電話，航海の安全，穀類運送，危険物運送，原子力船の規定が含まれている．1960年条約を改正した新しい条約が1974年に採択された．

1966年にIMO会議は，「満載喫水線に関する国際条約」を採択した．同条約は1隻の船に積んでもよい積荷の制限を設けているが，これは船舶の安全性にとって重要である．1969年の「船舶のトン数の測度に関する国際条約」は，総トン数の算定について統一的な制度の確立を意図している．

IMO会議の結果，1972年に2つの条約が採択された．ひとつは「海上における衝突の予防のための国際規則に関する条約」で，海上交通の分離通行方式の枠組みに関するものであり，もうひとつは「安全なコンテナーに関する条約」で，一般的に受入れやすい試験手続と強度の条件を規定し，コンテナ輸送上の安全性を維持するための，統一的な国際規制を定めている．

「国際海事衛星機関に関する国際条約」が1976年に採択され，通信の改善のための宇宙衛星の利用を規定し，通常の無線よりもずっと効率的に遭難通信を伝達できるようにしている．

海上での安全に関しては，ほかに3つの追加的な条約がある．1977年の「漁船の安全性についてのトレモリノス条約」は，長さ24m(79ft)かそれ以上の新造の漁船に適用される．1978年の「船員の訓練及び資格証明並びに当直の基準に関する条約」は，船舶の乗組員について国際的に受入れられる最低限の基準の設定をめざしている．1979年の「海上捜索及び救助に関する国際条約」は，海上での事故に対する捜索と救助活動の実施について，現行制度の改善を意図している．

B．海洋汚染の防止

1954年の「油による汚染条約」は，1959年にIMOが批准書を寄託されたものだが，油による汚染の影響を抑制するため，海洋諸国が初めて行った大きな試みであった．IMOが招集した会議の結果，1954年条約は1962年に改正された．石油輸送が海洋環境にもたらす大きな危険に対して世界の認識をかえたのは，1967年の石油タンカー遭難事故であるトリー・キャニオン号事件だった．1969年には，さらに2つの新しい条約が採択された．ひとつは「油による汚染を伴う事故の場合における公海上の措置に関する国際条約」で，油による汚染を起こしそうな公海上での事故に，各国が介入する権利を与えている．もうひとつは「油による汚染損害についての民事責任に関する国際条約」で，被害者が適切な補償を受けられるようにし，損害に対する船舶所有者の賠償責任を認めることを目的としたものである．

その2年後にIMOが招集した会議の結果，「油による汚染損害の補償のための国際基金設立条約」が採択された．同基金は本部をロンドンにおき，石油輸入国からの拠出金で成立している．もし海上での事故の結果，民事責任条約で得られる補償の範囲を越えた汚染損害が発生した場合，同基金から追加的な補償が行われる．

これらの3つの条約は，すべて油による汚染の法的側面を扱ったものであるが，石油輸送の増加は汚染問題の技術的側面についても考慮しなければならないことを示した．油による汚染の問題(事故だけでなく，通常のタンカー運航，とくにタンクの洗浄などからも生じる)は，特定の地域ではかなり問題となっており，海洋環境に重大な関心が寄せられていた．

1973年に船舶に起因する海洋汚染の問題全体を議論するため，IMOは大きな会議を招集した．この会議の成果が「船舶起因の海洋汚染の防止に関する国際条約」で，この条約は油だけでなく廃棄物や汚水，化学物質などを含むほかの汚染源も対象にしている．同条約は船舶から海洋に放出される油の量を大幅に削減し，黒海や紅海など特定の海域ではそのような放出を完全に禁止している．同条約は，タンク洗浄後に放出される廃油量を大幅に削減する「ロード・オン・トップ」のような運用上の方式や，分離バラスト・タンクなどについて法制面での支援を与えている．

1976年から1977年の冬に生じた一連のタンカー事故の結果，IMOによる行動の強化が求められ，1978年にタンカーの安全性と汚染防止に関する会議が招集された．同会議で採択されたなかで最も重要な措置は，1974年の「海上における人命の安全のための条約」と1973年の「海洋汚染防止条約」が議定書に合体されたことである．

1973年条約に対する議定書では油による汚染の規定を大幅に強化するとともに，その母体となる条約に一体化された．同条約は1984年に改正され，1985年にはさらに改正されて，ばら積みの有害液体物質による汚染を扱う付属文書IIが作成された．

1989年にパリで開かれた先進国会議はIMOに対して，船舶に起因する油による汚染を防止するためのいっそう措置の発展を求めた．1990年にIMOは，「油による汚染の防止，対応及び協力に関する国際条約」を採択した．同条約では，大きな事故や海洋汚染の脅威に対抗する，国際協力の地球的規模の枠組みを規定している．条約の締約国は，汚染事故を処理する措置を講じるよう求められ，船舶や沿岸での石油施設運用者には，石油汚染への緊急対策計画を立てるよう求めている．同条約はまた，石油漏出対策装置を備えた貯蔵体制の確立，石油漏出対策計画の策定，汚染事故への対処に関する詳細な計画の立案も要求している．1994年1月現在，この条約を受入れた国はまだなく，発効していない．

IMOはさらに，傘下の海洋環境保護委員会を通じて油による汚染の脅威を少なくするためのさまざまなプロジェクト（たとえば，国連環境計画と共同で1976年にマルタに設立した地域石油対策センター）についても活動している．とくに地中海は，汚染の被害を受けやすく，そこで生じる大規模な油汚染事故は悲劇的なものとなりかねない．同センターの目的は，当該地域での汚染対策活動を調整し，大災害が生じた場合の緊急計画の立案を援助することにある．IMOは，カリブ海や西アフリカを含むほかの地域でのプロジェクトにも参加している．

C．その他の海事問題

1965年にIMOは，「海洋交通の促進に関する条約」を採択した．この条約のおもな目的は，海洋交通での不必要な遅れを防ぎ，各国間の協力を援助し，形式や手続面でもっとも実行可能な統一性を確保することにある．

IMOは国際原子力機関(IAEA)や経済協力開発機構(OECD)のヨーロッパ原子力機関と協力して，1971年に会議を招集し，「核物質の海上輸送に関する民事責任条約」を採択した．

1974年に採択された「乗客とその手荷物の輸送に関する条約」は，遠洋を航海する船舶上の乗客が被った損害に対する賠償責任の体制を確立した．同条約は，運送業者の過誤または怠慢によって生じた事故で乗客が被った損害については，運送業者が賠償責任を負うとしている．賠償責任の上限として，1乗客当たり5万5000ドルが設定されている．

賠償責任に関するもうひとつの条約は，1976年の「海事債権についての責任の制限に関する条約」で，人命や身体的損害から生じる債権と，船舶や港湾施設その他の財産から生じる債権の，2つのタイプの債権を対象としている．

賠償責任，補償，それに海難救助に関する新しい条約の審議を含むさまざまな問題を扱っているのが，IMOの法律委員会である．

批准した国々を法的に拘束するこのような条約のほかに，IMOは海事問題を扱う数多くの指針，勧告その他の文書をまとめてきた．これらの文書は条約のような法的拘束力はもたないが，各国が国内立法や指針の基礎として利用することができる．勧告のうちのいくつかは，貨物，漁民や漁船の安全性，液化ガス，危険物，板材の甲板積み貨物，移動式洋上掘削施設，船内の騒音レベル，原子力商船などを対象にしている．

化学物質や液化ガスの輸送を扱ういくつかの指針は，「海上における人命の安全のための国際条約」の改正によって，義務的なものになっている．

1988年にIMOは「海上航行の安全に対する不法な行為の防止に関する条約」を採択し，同条約は1992年に発効した．この条約のおもな目的は，船舶に対して不法な行為を行った人物について，適切な行動を確保することにある．同条約は，締約国に対して容疑者の引渡しまたは起訴を義務づけている．同時に採択された議定書ではこの条約を，海岸から離れた海上で石油やガスを採掘するために固定された作業台にも適用するようにした．

1989年に「海難救助に関する国際条約」が採択され，1994年1月現在2カ国がこの条約を受入れている．この条約は，1910年にブリュッセルで採択された文書にかわるものである．同条約は多年にわたって存在している「支払いなければ救助なし」の原則を具体化したもので，今日のほとんどの海難救助活動の基礎となっている．しかしこの条約では補償問題を考慮していなかった．新しい条約では，環境に対する脅威が存在する場合，救助者に支払われるべき「特別補償」を規定し，これを改善しようとしている．

D．技術援助と訓練

条約や指針，勧告の採択がIMOの最も重要な任務であるが，いっぽうでIMOは，これらの措置が世界中で効果的に実施されるのを確実にしようと，近年になって力を入れ始めている．その結果，IMOの技術援助活動がますます重要になり，1975年には技術協力委員会が設置された．技術援助計画の目的は，途上国の多くがIMOの条約を批准し，条約やその他の文書に含まれている基準に到達できるよう援助

IMO加盟国一覧(1999年5月現在*)

アイスランド	コロンビア	パプアニューギニア
アイルランド	コンゴ共和国	パラグアイ
アゼルバイジャン	コンゴ民主共和国	バルバドス
アメリカ	サウジアラビア	バーレーン
アラブ首長国連邦	サモア	ハンガリー
アルジェリア	サントメ・プリンシペ	バングラデシュ
アルゼンチン	シエラレオネ	フィジー
アルバニア	ジブチ	フィリピン
アンゴラ	ジャマイカ	フィンランド
アンティグア・バーブーダ	シリア	ブラジル
イエメン	シンガポール	フランス
イギリス	スイス	ブルガリア
イスラエル	スウェーデン	ブルネイ
イタリア	スーダン	ベトナム
イラク	スペイン	ベナン
イラン	スリナム	ベネズエラ
インド	スリランカ	ベリーズ
インドネシア	スロバキア	ペルー
ウクライナ	スロベニア	ベルギー
ウルグアイ	セイシェル	ボスニア・ヘルツェゴビナ
エクアドル	赤道ギニア	ポーランド
エジプト	セネガル	ボリビア
エストニア	セントビンセントおよび	ポルトガル
エチオピア	グレナディーン諸島	香港(準加盟国)
エリトリア	セントルシア	ホンジュラス
エルサルバドル	ソマリア	マカオ(準加盟国)
オーストラリア	ソロモン諸島	マケドニア
オーストリア	タイ	マーシャル諸島
オマーン	タンザニア	マダガスカル
オランダ	チェコ	マラウイ
ガイアナ	中国	マルタ
カザフスタン	チュニジア	マレーシア
カタール	チリ	南アフリカ共和国
ガーナ	デンマーク	ミャンマー
カナダ	ドイツ	メキシコ
カーボベルデ	トーゴ	モーリシャス
ガボン	ドミニカ共和国	モーリタニア
カメルーン	ドミニカ国	モザンビーク
韓国	トリニダード・トバゴ	モナコ
ガンビア	トルクメニスタン	モルディヴ
カンボジア	トルコ	モロッコ
ギニア	ナイジェリア	モンゴル
ギニアビサウ	ナミビア	ユーゴスラビア
キプロス	ニカラグア	ヨルダン
キューバ	日本	ラトビア
ギリシャ	ニュージーランド	リトアニア
グアテマラ	ネパール	リビア
クウェート	ノルウェー	リベリア
グルジア	ハイチ	ルーマニア
クロアチア	パキスタン	ルクセンブルグ
ケニア	パナマ	レバノン
コスタリカ	バヌアツ	ロシア
コートジボワール	バハマ	

＊IMOホームページによる．

することにある．

現地や本部でIMOに雇用されている助言者やコンサルタントたちは，海事安全行政，海事立法，海洋汚染，甲板員および機関員の訓練，港湾の技術的側面，危険物輸送などの問題に対処している．

IMOは，技術援助計画を通じて各分野で助言を与えることができ，設備の獲得や訓練奨学金の提供などを援助することができる．いくつかの場合，国連開発計画(UNDP)や国連環境計画(UNEP)などの国連のほかの機関や援助国を通じて，財政援助が与えられている．

スウェーデンのマルメにある世界海洋大学は

IMO の後援で設立されて，1983 年に開校し，年間 200 人の海洋専門家（開発途上国出身の，海洋学の高等教員，監督官，検査員，技術管理者，行政官など）に上級の訓練を施している．国連開発計画とスウェーデンなどその他の国々からの財政支援で，同大学は海洋教育および訓練，海事安全管理，一般海事行政，海運企業の技術管理やその他の訓練について，2 年間のコースを提供している．この大学では，海洋関連の上級職員に対する途上国の緊急の必要性にこたえ，海上での安全や船舶起因の海洋汚染の防止についての，国際基準の維持に貢献することを意図している．同大学は世界中の地域的な海洋訓練機関や各国の海洋訓練機関と協力しながら，海洋分野での国際訓練システムの頂点として活動している．

■ 参 考 文 献

IMO News.（『IMO ニュース』）（季刊）
IMO—What It Is, What It Does.（『現状と活動』）（説明パンフレット）

　　IMO は条約や指針，勧告などすべての条文はもとより，特別のマニュアルやガイドも数多く出版している．そのなかには次のものも含まれる．

Manual on Oil Pollution.（『油による汚染マニュアル』）
Regulations on Subdivision and Stability of Passenger Ships.（『旅客船の区画と安全性規制』）
Merchant Ship Search and Rescue Manual.（『商船捜索と救助マニュアル』）
International Maritime Dangerous Goods Code.（『国際海事危険物コード』）
Pocket Guide to Cold Water Survival.（『冷たい海での生き残りガイド』）
Noise Levels on Board Ships.（『船内の騒音レベル』）

世界知的所有権機関(WIPO)

[www. wipo. inf]

背景 知的所有権には，いっぽうに発明や商標，デザインなどの工業所有権が，他方には著作権対象物やその隣接権がある．1世紀前までは，知的所有権を保護する国際文書は何もなかった．発明家や作家，劇作家その他の知的財産の創造者を保護する立法は，国ごとに異なり，保護を規定している国家の国境のなかでのみ効力を有していた．やがて，工業所有権を適切に保護すれば，産業化や投資，公正な貿易の奨励になるということが広く認められるようになった．芸術に携わる人々を法的に保護すれば芸術が発展するかどうかは長い間議論されてきたが，そのような保護を考案し，立法化することは困難だった．1883年3月20日のパリ条約と，1886年9月9日のベルン条約が，最終的に世界知的所有権機関(WIPO)の創設へとつながる，2種類の体系的な国際保護の規定へ向けた第一歩となった．

■ 創　　設

1883年のパリ条約は，「工業所有権保護国際同盟」を創設した．この同盟はパリ同盟とも呼ばれていた．この条約はすべての国々に開放され，最も重要な任務は発明者の特許権と製品やサービスの商標を扱うことにあった．

工業所有権という用語は，条約のなかでは最も広い意味で使われている．すなわち発明，工業デザイン，商標，サービス・マーク(標章)，原産地表示，それに起源の通称などのほか，少数の国々で実用新案品に用いられている小さな特許や，商・工業活動がその名称で行われている商品名などだが，さらに不公正な競争の抑制も対象としていた．

同条約では，締約国が自国民に与えているのと同じ工業所有権の権利保護を，ほかの締約国の国民にも与えなければならないと規定していた．ある国の国民が自国に特許権を登録してから1年以内に，当人がすべての締約国で特許権を登録できることが認められている．さらに，国家が自国の領域内で特許権の利用を認める条件(たとえば，特許権の所有者がそれをその国の領域内で利用しない場合など)についても規定している．

1886年のベルン条約は，「文学的および美術的著作物保護国際同盟」を創設した．この同盟はベルヌ同盟とも呼ばれていた．この条約も，すべての国々に開放されていた．同条約の任務は，著作権の保護であり，これによっておもに恩恵を受けるのは書籍や論文の著者，書籍や新聞，定期刊行物の発行者，作曲家，画家，写真家，彫刻家，映画制作者，特定のテレビ番組制作者などである．条約に基づき各締約国は，自国民に認めているのと同じ著作権の保護を，ほかの締約国の国民に対しても認めなければならない．条約はいくつかの最低基準を規定しており，そのなかにはたとえば，著作権の保護は一般に当該作者の存命中およびその死後50年間は継続させることなどが含まれている．同条約には，途上国の恩恵となるような特別の規定も含まれている．

1893年にパリ同盟とベルン同盟の事務局は，「知的所有権保護合同国際事務局」(BIRPI)として統合された．

世界知的所有権機関(WIPO)は，1967年7月14日にストックホルムで51カ国が調印した条約によって設立された．1970年4月26日に同条約が発効したとき，WIPOがBIRPIを吸収し，その任務を引継いだ．ただしBIRPIは，WIPOに参加していないパリ同盟およびベルン同盟の加盟国に対する任務を依然として継続している．

WIPOは14番目の国連専門機関であり，1974年12月17日に総会がその地位を承認したとき，1961年以来の最初の新しい専門機関となった．

■ 目 的

WIPOの目的は，次の2つである．
（1）諸国間の協力を通じて，適切な場合にはほかのあらゆる国際組織と協力しながら知的所有権の保護を促進すること
（2）諸同盟間の行政的な協力を確保すること

知的所有権は大きく2つに分けられ，そのひとつはおもに発明，商標，工業デザインなどの工業所有権であり，もうひとつはおもに文学，音楽，芸術，写真，映画などの作品の著作権である．
WIPO条約は，文学・芸術・科学作品，芸術家のパフォーマンス，表音文字，放送，あらゆる人間の努力による発明，科学的発見，工業デザイン，商標，サービス・マーク，商業上の名前や名称などに関係した，知的所有権の権利をリストにまとめている．同条約はまた，不公正な競争に対する保護も規定しており，工業，科学，文学，芸術文野での知的活動の結果生じるすべてのほかの権利も対象としている．
1994年1月1日現在，WIPOは次のような成立年代順にあげた同盟や条約を運用している．

1. 工業所有権 工業所有権の保護に関するパリ同盟（1883年），製品の原産地の虚偽または偽わった表示の防止に関するマドリード協定（1891年），標章の国際登録に関するマドリード同盟（1891年），工業意匠の国際寄託に関するハーグ同盟（1925年），標章の登録のための商品およびサービスの国際分類に関するニース同盟（1957年），原産地の名称の保護およびその国際登録に関するリスボン同盟（1958年），工業意匠に関する国際分類を設立するためのロカルノ同盟（1968年），特許分類の世界規模での統一を確立する国際パテント協力（IPC）同盟（1970年），数ヵ国で発明の保護が求められている場合に当該発明の国際的な保護申請を登録し，探索し，調査するための協力に関する特許協力条約（PCT）同盟（1971年），数ヵ国で保護が求められている商標の登録の国際申請を登録するための商標登録条約（TRT）同盟（1973年），標章の図形的要素の国際分類に関するウィーン同盟（1973年），特許手続上の微生物の寄託の国際的承認に関するブダペスト同盟（1977年），オリンピック・シンボルの保護に関するナイロビ条約（1981年）

2. 著作権およびその隣接権 文学と芸術作品の保護に関するベルン同盟（1886年），ILOとUNESCOと合同でパフォーマー，表音文字の制作者，放送組織を保護するローマ条約（1961年），表音文字が無権限で複製されることから表音文字制作者を保護するジュネーブ条約（1971年），衛星を通じて伝達されるプログラムを乗せた信号の流通に関するブリュッセル条約（1974年），植物の新種保護に関する国際条約（1961年）

「書体の保護とその国際的な寄託に関するウィーン協定」と，「科学的発見の国際記録に関するジュネーブ条約」，そして「著作権使用料の二重課税問題に関するマドリード多数国間条約」の3つの追加的な条約も，発効すればWIPOが運用を担当する．

■ 加 盟 国

WIPOへの加盟は，いずれかの同盟，国連あるいはいずれかの専門機関，国際原子力機関（IAEA），国際司法裁判所規程の当事国のいずれかに該当するすべての国に開放されている．また，WIPO総会が，WIPO条約の当事国となるよう招請した国々にも開放されている．1994年4月1日現在，147ヵ国[1999年4月28日現在，171ヵ国]がWIPO(W)に，120ヵ国がパリ同盟(P)に，107ヵ国がベルン同盟(B)にそれぞれ加盟しており，加盟国の一覧は384ページにまとめてある．

■ 機 構

パリ同盟とベルン同盟は，それぞれの加盟国で構成する総会をもち，2年に1回会合を開いている．総会は加盟国の1/4を選出して執行委員会を構成し，毎年会合を開いている．ほかの同盟は，その大部分に総会はあるが，執行委員会はない．
WIPOには一般総会，締約国会議，調整委員会，国際事務局と呼ばれる事務局の4つの機関がある．

一般総会
一般総会は，いずれの同盟の加盟国であるWIPO条約のすべての締約国で構成されている．会合は2年に1回開かれ，ほかのすべての同盟に対して最高の権威をもっている．

締約国会議
締約国会議は1ないしはそれ以上の同盟の加盟国

であるか否かを問わず，WIPO条約のすべての締約国で構成されている．締約国会議は2年に1回会合を開き，知的所有権の分野での一般的な関心事項を審議し，WIPOの法律に関する技術援助計画を立て，その計画のための予算を決めている．

調整委員会

調整委員会は毎年会合を開いている．同委員会は，パリ同盟あるいはベルン同盟，または双方の執行委員会委員国で構成されている．

国際事務局

国際事務局はジュネーブに本部をおき，WIPOと各同盟のさまざまな執行機関の事務局となっている．職員は57カ国から集まった約450人で，事務局長が長を務めている．アメリカのアーパッド・ボグシュが1974年のWIPO創設以来，連続して事務局長[1999年3月からカミール・イドリス]に選出されている．

■ 予　算

1994年1月まで，予算は加盟国からの分担金と発明の国際的保護の申請料，商標や原産地表示の国際登録料，工業デザインの寄託料，それに出版物の売上げなどで，すべて賄われていた．1994年の総収入のうち73％は手数料などで，分担金は18％，WIPOの出版物の売上げその他からの収入が9％だった．1994年から1995年にかけてと，1996年から1997年にかけての会計年度については，執行機関が単一分担金制度を試行すると決定した．単一分担金制度の利点は，分担金の管理を単純化し，加盟国はほかの同盟に加入しても分担金の総額が増加しないので，加入しやすくなるという点である．さらに執行機関は，途上国の分担金を全体的に低くおさえることを意図した，新しい分担金方式を採択した．1994年から1995年にかけての2年間の予算は，約2億3000万スイス・フラン(為替相場にもよるが，約1億7250万ドル)だった．

■ 活　動

A．途上国に対する援助

WIPOのおもな目的のひとつは，工業所有権と著作権の双方で途上国を援助することにある．

工業所有権でのWIPOのおもな目的は，次の通りである．

(1) 途上国の国民や途上国の企業が特許をとれるような発明を行うことを量および質の両面で奨励し，増大させ，それによって途上国の技術的な自立性を高めること
(2) 外国が特許をもつ技術の獲得条件を改善すること
(3) 商標をよりよく保護することを通じて，途上国の国際貿易での競争力を増大させること
(4) 特許を認められている文書に含まれる技術情報を，より簡単にかつ安く途上国が利用できるようにすること

著作権の分野でのおもな目標は，次の通りである．

(1) 途上国の国民が自国で文学および芸術作品を創造することを奨励し，増大させ，それによって途上国の言語で自らの民族的および社会的な伝統や向上心にふさわしい民族文化を維持すること
(2) 外国人が著作権をもっている文学や芸術作品を利用したり享受する権利の獲得条件を改善すること

これらの目的を達成するためには，ほとんどの途上国で，国内立法や行政制度を制定したり，近代化し，国際条約に加入し，工業所有権や著作権の分野の専門家をもっと増やす必要がある．

WIPOの援助はおもに助言や訓練，文書や技術の提供などで行われている．助言は，WIPOの職員やWIPOが選んだ専門家あるいはWIPOが招集した国際会議などで与えられている．訓練は個人向け(実地訓練)と集団向け(コース，セミナー，ワークショップなど)があり，開催場所も関係途上国内や先進国あるいはその他の途上国の場合もある．そのような訓練活動の費用はWIPOの予算や各国からの寄付，あるいは国連開発計画(UNDP)をはじめとする国際組織から提供されている．

1993年にWIPOは，途上国で工業所有権と著作権法に関する約90のコース，ワークショップ，セミナーを運営し，また途上国の公務員が先進国やほかの途上国を調査のために訪問するさいの費用を80件分負担した．これらの活動には，118カ国の途上国から約6000人の男女が参加した．

このほかに国際事務局は旧ソ連から新たに独立した国々の公務員に対して，知的所有権法の制定準備

や工業所有権を扱う部局の設置，WIPOが管理している条約への参加などと関連して，助言や援助を与えている．とくに国際事務局は，「ユーラシア特許条約」構想のもとで設立される地域的な特許制度の計画について，工業所有権保護に関する国家間会議（旧ソ連から独立したアルメニア，ベラルーシ，カザフスタン，キルギス，モルドバ，ロシア，タジキスタン，ウクライナ，ウズベキスタンの9カ国で構成）にも助言を与えている．

B．その他の活動

変化する状況や必要性に合わせるため，WIPOが管理する条約は絶えず見直しの必要性の有無が検討されている．たとえばパリ条約は6回修正され，直近の修正は1967年にストックホルムで行われ，ベルン条約は5回修正され，直近の修正は1971年にパリで行われた．WIPOは，特許権や商標，工業デザインの国際分類を最新のものにするための見直しも続けている．

さらにWIPOは管理している条約だけでなく，各国の立法や地域的な取決め，契約慣行ならびに知的所有権分野での専門的な活動などに取入れるべきと思われる国際工業，貿易，文化関係の変化などを監視している．

そこでWIPOは，工業所有権の分野を例にとると，発明の特許可能性の影響や，発明者による特許出願前の公開を中心として，各国の特許法の規定統一の可能性についても検討している．WIPOは，製品の模造に対抗してより有効な保護を与えたり，マイクロチップや集積回路，遺伝子工学を含むバイオ技術上の発明などの知的な創造を保護する法律や条約の規定についても支援している．

著作権の分野でWIPOは，いくつかの事例では国連教育科学文化機関（UNESCO）とも合同で，コンピュータ・プログラムや雇用されている作者が創った作品，民間伝承の表現，ケーブル・テレビとの関連での作家やパフォーマーへのより効果的な保護，書籍や表音文字，およびビデオテープなどの海賊版や法外で無権限の再生産などに対抗する保護を与える法律を勧告してきた．WIPOは，表音文字やビデオのレンタル，直接放送衛星，電子図書館と視聴覚作品の国際登録を設立する可能性などに関する著作権法を研究している．

1993年にWIPOは，「WIPOアカデミー」を設立した．同アカデミーは，途上国の公務員が政府の政策レベルで，現在の知的所有権問題を議論するためのものである．アカデミーは1993年に33カ国の途上国からきた35人の公務員に対して，そのような討論会を3回開催した．WIPOはまた，途上国出身の3人に対して，知的所有権法を先進諸国の研究機関で研究するための，長期奨学金を初めて提供した．

WIPOは1994年7月に，企業や個人に対して仲介，仲裁，簡易仲裁（小規模な紛争の場合），仲介と仲裁の複合手続の，4つの紛争解決手続を提供するため，「WIPO仲裁センター」を設立した．

国際登録 1972年に，WIPOとオーストリア政府の間の協定に基づいて，ウィーンに設立された「国際特許文書センター」は，1年に約100万件の特許文書のおもな図書目録をコンピュータに入力し，特許事務所や産業，研究および開発機関などがさまざまな目的で必要なデータを参照できるようにしている．財政面と運用面の責任はオーストリア政府にあるが，WIPOも各国の特許担当官庁と連絡をとり，同センターを支援している．

ジュネーブにあるWIPOの国際事務局は，特許，商標，工業デザイン，原産地表示の4分野の登録サービスを行っている．

■ 参考文献

Copyright『著作権』
英語，フランス語のベルヌ同盟の月刊誌．批准状況を扱い，法律の条文や判例，研究を含む．

Industrial Property『工業所有権』
英語，フランス語のパリ同盟の月刊誌．批准状況を扱い，法律の条文や判例，研究を含む．

International Designs Bulletin『国際デザイン報告』
英語とフランス語の月刊誌．工業デザインの国際登録に関する通知や変更を含む．

Model Latvs for Developing Countries on Inventions, on Marks Trade Names and Acts of Unfair Compctition and on Designs『発明，マーク，商標，法と不公正な競争行為，デザインに関する途上国の法律モデル』
英語，フランス語，スペイン語．

WIPOは知的所有権に関する条約，協定の条文と国際分類，モデル法についても出版している．

WIPO 加盟国一覧(1999年4月28日現在*)

国名	B	P	国名	B	P	国名	B	P
アイスランド	B	P	コロンビア	B	P	パプアニューギニア		P
アイルランド	B	P	コンゴ共和国	B	P	パラグアイ	B	P
アゼルバイジャン	B	P	コンゴ民主共和国	B	P	バルバドス	B	P
アメリカ	B	P	サウジアラビア			バーレーン		P
アラブ首長国連邦		P	サモア			ハンガリー	B	P
アルジェリア	B	P	サントメ・プリンシペ		P	バングラデシュ		P
アルゼンチン	B	P	ザンビア	B	P	フィジー	B	
アルバニア	B	P	サンマリノ		P	フィリピン	B	P
アルメニア		P	シエラレオネ		P	フィンランド	B	P
アンゴラ			ジャマイカ	B		ブータン		
アンドラ			シンガポール	B	P	ブラジル	B	P
イエメン			ジンバブエ	B	P	フランス	B	P
イギリス	B	P	スイス	B	P	ブルガリア	B	P
イスラエル	B	P	スウェーデン	B	P	ブルキナファソ	B	P
イタリア	B	P	スーダン		P	ブルネイ		
イラク		P	スペイン	B	P	ブルンジ		P
インド	B	P	スリナム	B	P	ベトナム		
インドネシア	B	P	スリランカ	B	P	ベナン	B	P
ウガンダ		P	スロバキア	B	P	ベネズエラ	B	P
ウクライナ	B	P	スロベニア	B	P	ベラルーシ		P
ウズベキスタン		P	スワジランド	B	P	ペルー		
ウルグアイ	B	P	赤道ギニア	B	P	ベルギー		
エクアドル	B	P	セネガル	B	P	ボスニア・ヘルツェゴビナ		
エジプト	B	P	セントクリストファー・ネイビス	B	P	ボツワナ		
エストニア	B	P				ポーランド	B	P
エチオピア			セントビンセントおよびグレナディーン諸島	B	P	ボリビア	B	P
エリトリア						ポルトガル	B	P
エルサルバドル	B	P	セントルシア			ホンジュラス	B	P
オーストラリア	B	P	ソマリア			マケドニア	B	P
オーストリア	B	P	タイ	B		マダガスカル	B	P
オマーン	B	P	タジキスタン		P	マラウイ	B	P
オランダ	B	P	タンザニア	B	P	マリ	B	P
ガイアナ	B	P	チェコ	B	P	マルタ	B	P
カザフスタン	B	P	チャド	B	P	マレーシア	B	P
カタール			中央アフリカ共和国	B	P	南アフリカ共和国	B	P
ガーナ	B	P	中国	B	P	メキシコ	B	P
カナダ	B	P	チュニジア	B	P	モザンビーク		P
カーボベルデ	B		チリ	B	P	モナコ	B	P
ガボン	B	P	デンマーク	B	P	モーリシャス	B	P
カメルーン	B	P	ドイツ	B	P	モーリタニア	B	P
韓国	B	P	トーゴ	B	P	モルドバ		
ガンビア	B	P	ドミニカ国			モロッコ		
カンボジア		P	トリニダード・トバゴ	B	P	モンゴル		
北朝鮮		P	トルクメニスタン		P	ユーゴスラビア	B	P
ギニア	B	P	トルコ	B	P	ヨルダン		
ギニアビサウ	B	P	ナイジェリア	B	P	ラオス		P
キプロス	B	P	ナミビア	B	P	ラトビア	B	P
キューバ	B	P	ニカラグア		P	リトアニア	B	P
ギリシャ	B	P	ニジェール	B	P	リビア		
キルギス	B	P	日本	B	P	リヒテンシュタイン	B	P
グアテマラ	B	P	ニュージーランド	B	P	リベリア		
クウェート			ネパール			ルクセンブルグ	B	P
グルジア	B	P	ノルウェー	B	P	ルーマニア	B	P
グレナダ	B	P	ハイチ	B	P	ルワンダ		
クロアチア	B	P	パキスタン	B		レソト	B	P
ケニア	B	P	バチカン	B	P	レバノン	B	P
コスタリカ	B	P	パナマ	B	P	ロシア連邦	B	P
コートジボワール	B	P	バハマ	B	P			

但し、B：ベルン同盟加盟国、P：パリ同盟加盟国　　　　　*WIPO ホームページより.

国際農業開発基金(IFAD)

[www.ifad.org]

背景 国際農業開発基金(IFAD)は，途上国の農業および農村開発に追加的な資金を供給し，慢性的な飢餓と栄養失調に苦しむアフリカ，中近東および北アフリカ，アジア，ラテンアメリカおよびカリブ海地域などの最も貧しい農村住民に，資金をもたらすために設立された最初の国際組織である．

■ 創　　設

IFADは，1974年にローマで開かれた世界食糧会議が大きな引金となって，2年の交渉をへて設立された．同基金を設立する協定は1976年6月13日に91カ国で採択され，目標とされた10億ドルの拠出誓約額が達成されたのち，1976年12月20日に署名あるいは批准のために開放された．この協定は1977年11月30日に発効した．

■ 目　　的

この基金の目的は，途上国が食糧生産と栄養状態を改善するのを援助するため，緩やかな条件で利用できるよう追加的な資金を動員することにある．IFADのユニークな点は，途上国の農村住民のうち最も貧しい層に焦点をあて，もっぱら農業開発にプロジェクトを集中させていることにある．その対象は，穀物，灌漑，農業信用，貯蔵，家畜，漁業など，農業のあるゆる面にわたっている．

■ 加　盟　国

IFADの設立当初は91カ国であったが，1994年6月には合計で157カ国[1998年12月現在，161カ国]が加盟し，次の3つの各カテゴリーに分けられていた．加盟国のうち22カ国がカテゴリーI（先進国）で，12カ国がカテゴリーII（石油を産出する途上国），123カ国がカテゴリーIII（その他の途上国）であった．[1997年2月20日から，「カテゴリーI」は「リストA」，「カテゴリーII」は「リストB」，「カテゴリーIII」は「リストC」に変更された]（IFAD加盟国は388ページ）

■ 機　　構

IFADは国連システムのなかでは，新種の機構である．組織の活動を監督する執行機関は，先進諸国の利益をまとめる革新的な方式を反映し，3つのカテゴリーにそれぞれ同じ数の票（600票）が割当てられている．活動志向型の組織として，IFADは通常，投票よりも全体の同意によって活動している．

主要な機関は，総務会，理事会，総裁を長とする事務局の3つである．

総務会

最高執行機関は総務会で，すべての加盟国が出席して年1回の会合を開いている．総務会は予算を採択し，新加盟国の申請を承認し，総裁や理事会の理事を選出する．

理事会

18カ国からなる理事会は，3つのカテゴリー[リスト]からそれぞれ6理事国を選出し，代理理事国17カ国とともに投資や活動計画を含むIFADの運用を監督している．理事会は年3回の会合を開いている．

総裁と事務局

総裁は4年任期で選出され，基金の管理に責任を負っている．総裁は理事会の議長であり，約50カ国からきた約259人の職員で構成される事務局の長でもある．1993年1月に，クウェートのファウジ・アル・スルタンが総裁に選出された．IFADの本部はイタリアの107, Via del Serafico 00142 Romeにある．

■ 予　　算

1993年の通常計画のもとで，総収入1億7600万ドルは，おもに投資からの収入であった．同年の運営および管理支出の総額は4400万ドルであった．

■ 活　　動

A. 借款と資金

最初の借款プロジェクトは，1978年4月にIFADの理事会によって承認された．1978年から1980年にかけての3年間に，基金が約束した借款および贈与の累積額は9億ドル近くに上り，70カ国の途上国である加盟国に供与されている．

1981年から1983年にかけての期間に，IFADは運営計画を拡大した．1978年4月から1983年までに，IFADが約束した資金供与総額は，アフリカ，中近東および北アフリカ，アジア，ラテンアメリカおよびカリブ海地域の約80カ国のプロジェクトや計画に及び，14億ドルを越えるものであった．1987年なかばまでにIFADは，89カ国の途上国に対して204件のプロジェクトに23億ドルの借款を供与するまでに拡大した．1993年末までの累積貸出額は39億ドルに達し，370件のプロジェクトについて100カ国の途上国に供与された．

IFADの資金に対する最初の増資は，1982年1月に総務会が全会一致で承認した．加盟国は1981年から1983年にかけて，10億ドルに達する拠出金の提供を約束した．その内訳はカテゴリーⅠ（先進諸国）から6億2000万ドル，カテゴリーⅡ（石油産出途上国）から4億5000万ドル，カテゴリーⅢ（その他の途上国）から3200万ドルであった．

1986年に総務会が，IFAD資金を総額4億8800万ドル再増資することに同意し，カテゴリーⅠ諸国が2億7600万ドル，カテゴリーⅡ諸国が1億8400万ドル，カテゴリーⅢ諸国が2800万ドルを約束した．1990年に総務会は，3回目の増資に同意した．加盟国は総額で5億6700万ドルの拠出金を約束し，カテゴリーⅠ諸国が3億7800万ドル，カテゴリーⅡ諸国が1億2400万ドル，カテゴリーⅢ諸国が6500万ドルであった．

B. 貸出政策とその運用

IFADの借款は，同基金によるプロジェクトと，ほかの金融および開発機関と共同で行うプロジェクトの2種類に分けられる．IFADによるプロジェクトとは，プロジェクトの選択や準備，必要に応じてほかの金融機関から追加的資金を動員する上で，IFADが主導権を発揮したものである．

IFADの援助の大半は，かなり緩やかな条件（10年間の据置期間を含む50年返済で，年間のサービス料1%の借款）で供与されてきた．借款のおよそ1/4は年利4%で20年返済の借款だが，年利8%で15年ないし18年返済で提供される借款もあった．しかし1994年1月の第17回総務会は，創設以来初めて，貸与の期間と条件を修正する決定を採択した．

将来は，1人当たりの国民総生産（GNP）が1992年現在で805ドル以下であるか，または世界銀行の「ソフト・ローン」機関である国際開発協会（IDA）から借款を受ける資格のある途上国たる加盟国は，IFADからもかなり緩やかな条件で借款を受ける資格を得るとされている．かなり緩やかな条件の借款とは，年利は課さないがサービス料として年0.75%を負担し，10年間の据置期間を含め返済期間が40年とされるものである．この条件で提供される借款の総額は，毎年IFADが提供する年間貸出額のおよそ3分の2になるとみこまれる．

1992年現在，1人当たりのGNPが806ドルから1305ドルの間にある加盟国は，通常は中間的な条件で借款を受ける資格をもつことになる．1992年現在，1人当たりのGNPが1306ドル以上の加盟国は，通常の条件で借款を受けることになる．

IFADの借款は，対象プロジェクト費用全体の一部にすぎず，関係国も費用の一部を負担している．これまでに承認されたプロジェクトの大半でIFADは，世界銀行（IBRDとIDA），アフリカ，アジア，米州，イスラムの各地域開発銀行，経済社会開発のためのアラブ基金，中央アメリカ経済統合銀行，世界食糧計画（WFP），ヨーロッパ経済共同体（EEC），世界石油輸出国機構（OPEC），その他の多国間および2国間組織と協力してきた．

IFADは地域的な分配額で適切なバランスを保持しようとするいっぽうで，低所得で食糧が不足している74カ国の特別の必要性にもこたえようとしてきた．1978年から1993年にかけて，IFADの借款の80%以上がこれらの国々に振り向けられた．1978年から1993年にかけての期間に，通常計画や特別計画で承認されIFADが支援するプロジェクトの地域的配分は，アフリカ（サハラ以南）が35.2%，アジアおよび太平洋が33.7%，ラテンアメリカおよびカリブ海地域が14.8%，中近東および北アフリカが16.4

％であった．

　1983年から1985年にかけての悲惨な干ばつと飢餓に続いて生じた，サハラ以南のアフリカの社会経済的危機に対処する最初の国際金融機関として，IFADは1986年1月に「干ばつと砂漠化によって影響を受けたサハラ以南のアフリカ諸国に対する特別計画」(SPA)を開始した．この計画には3億ドルの資金を動員する予定であった．5カ国の途上国とヨーロッパ共同体からの拠出金のおかげで，目標を上まわる3億2280万ドルが集まった．

　同計画では，小規模農家の生産能力の回復，小規模自作農による伝統的な食糧穀物の栽培の支援，小規模の水管理計画の実施，さらに環境保護措置の勧告と政策面で，各国の政府を援助することなどを目的としていた．

　1993年1月までに，同計画の第2段階が発動された．第1段階の目標を維持したまま，計画の枠組みと運用範囲を拡大している．環境および土壌の保全という目的を農地から農地以外（とくに社会共有資源の領域）へと移し，経済的な多角化を通じて家庭や共同体全体に対応する戦略にとりかかっている．

　1993年末までにSPAは，24カ国で39件のプロジェクトを支援する40件の借款に資金を提供した．

通常計画およびアフリカに関する特別計画で実施された地域ごとのプロジェクト（1978～93年）

（単位は100万ドル）

地　域	プロジェクト件数	資金額
アフリカ	151	1,384.8
アジア	95	1,329.1
ラテンアメリカおよびカリブ海地域	65	581.5
近東および北アフリカ	59	644.9
合　計	370	3,940.3

通常計画およびアフリカに関する特別計画で実施された類型別のIFADプロジェクト（1978～93年）

（単位は100万SDR）

類　型	プロジェクト件数	資金額
農業開発	123	934.8
農村開発	92	836.1
家　畜	20	167.2
灌　漑	31	356.6
定　住	3	36.4
研究・農業相談・訓練	16	117.7
農業金融	55	524.0
漁　業	19	75.2
販売・貯蔵・加工	2	9.8
計画ローン	9	112.7
合　計	370	3,170.3

　援助の対象地域を選ぶに当たって，IFADは，当該地域が国家経済のほかの部分から地理的・機能的に孤立しているかどうか，当該地域の住民の1人当たりの収入が国民の平均よりもどれくらい低いか，当該地域の食糧不足の程度，国家のほかの地域に比べて流通制度や基盤設備がどの程度か，ほかの農村地域と比較して貧困度（たとえば土地なし農民の割合など）はどれくらいかなどを考慮して決定する．その影響については，IFADのプロジェクトによって完全に開発が進めば，およそ3千万の地方の貧困世帯が飢餓と貧困から逃れられるとされている．

C．技術援助

　IFADはプロジェクトの準備，制度の開発，農業研究，訓練および基金の活動を支援するその他の活動についての，技術援助のための資金贈与を行っている．1978年から1993年までの間に，481件の研究と技術への援助が与えられ，その総額は1億9173万ドルに上り，通常および特別計画も拡大された．

■ 参 考 文 献

Africa: Sowing the Seeds of Self-Sufficiency『アフリカ―自給自足の種をまく』
A Fund for the Rural Poor『農村の貧困者のための基金』
IFAD Annual Report『IFAD年次報告』(毎年発行)
Latin America and the Caribbean: Bringing the Harvest Home『ラテンアメリカおよびカリブ海地域―実りを家へ持ち帰る』
Meeting the Challenge of Hunger and Poverty『飢えと貧困の挑戦に立ち向かう』
The Poor Are Bankable; Rural Credit the IFAD Way『貧困者でも銀行を利用できる―IFAD流農村クレジット』
The Role of Rural Credit Projects in Reaching the Rural Poor: IFAD's Experience『農村の貧困者に到達する農村クレジット・プロジェクトの役割―IFADの経験』
Rural Women in Agricultural Investment Projects『農業投資プロジェクトにおける農村女性』
The State of World Rural Poverty『世界の農村の貧困の現状』

　IFADは，『IFAD設立協定を含む基本条文とガイドライン』『貸与政策と基準，再貸与レート，調達に関するガイドライン』『農村開発のプロジェクトと計画における監視と評価の考察と利用に関する指導原則』なども出版している．

IFAD加盟国一覧(1998年12月現在*)

リスト A(カテゴリー I , 先進国)
アイルランド
アメリカ
イギリス
イタリア
オーストラリア
オーストリア
オランダ
カナダ
ギリシャ
スイス
スウェーデン
スペイン
デンマーク
ドイツ
日本
ニュージーランド
ノルウェー
フィンランド
フランス
ベルギー
ポルトガル
ルクセンブルグ

リスト B(カテゴリー II , 石油産出途上国)
アラブ首長国連邦
アルジェリア
インドネシア
イラク
イラン
カタール
ガボン
クウェート
サウジアラビア
ナイジェリア
ベネズエラ
リビア

リスト C(カテゴリー III , 発展途上国)
アゼルバイジャン
アフガニスタン
アルゼンチン
アルバニア
アルメニア
アンゴラ
アンティグア・バーブーダ
イエメン
イスラエル
インド
ウガンダ
ウルグアイ
エクアドル
エジプト
エチオピア
エリトリア
エルサルバドル

オマーン
ガイアナ
カザフスタン
ガーナ
カーボベルデ
カメルーン
韓国
ガンビア
カンボジア
北朝鮮
ギニア
ギニアビサウ
キプロス
キューバ
キルギス
グアテマラ
クック諸島
グルジア
グレナダ
クロアチア
ケニア
コスタリカ
コートジボワール
コモロ
コロンビア
コンゴ共和国
コンゴ民主共和国
サモア
サントメ・プリンシペ
ザンビア
シエラレオネ
ジブチ
ジャマイカ
シリア
ジンバブエ
スーダン
スリナム
スリランカ
スワジランド
セイシェル
赤道ギニア
セネガル
セントクリストファー・ネイビス
セントビンセントおよび
　グレナディーン諸島
セントルシア
ソマリア
ソロモン諸島
タイ
タジキスタン
タンザニア
チャド
中央アフリカ共和国
中国
チュニジア
チリ

トーゴ
ドミニカ共和国
ドミニカ国
トリニダード・トバゴ
トルコ
トンガ
ナミビア
ニカラグア
ニジェール
ネパール
ハイチ
パキスタン
パナマ
パプアニューギニア
パラグアイ
バルバドス
バングラデシュ
フィジー
フィリピン
ブータン
ブラジル
ブルキナファソ
ブルンジ
ベトナム
ベナン
ベリーズ
ペルー
ボスニア・ヘルツェゴビナ
ボツワナ
ボリビア
ホンジュラス
マケドニア・旧ユーゴスラビア共和国
マダガスカル
マラウイ
マリ
マルタ
マレーシア
南アフリカ共和国
ミャンマー
メキシコ
モザンビーク
モーリシャス
モーリタニア
モルディヴ
モルドバ
モロッコ
モンゴル
ユーゴスラビア
ヨルダン
ラオス
リベリア
ルーマニア
ルワンダ
レソト
レバノン

* IFADホームページより．

国連工業開発機関（UNIDO）

[www. unido. org]

背景 工業化は，世界の総生産に占める途上国のシェアを増大させ，輸入品や輸入サービス，伝統的な原料輸出経済への依存を減らすという，途上国の主要目標のひとつとなっている．国連工業開発機関(UNIDO)は，国連の最も新しい専門機関であり，途上国向けの技術協力計画を通じた工業プロジェクトの立案と実施の援助，製造業や経営管理技術の要員の訓練，技術移転や情報提供，途上国への工業投資の促進などを目的としている．そして，それを推進している．

■ 創　　設

UNIDOは，途上国の工業化を促進し加速し，国連システムの工業開発分野での活動を調整するため，1966年11月の総会によって国連内部の自立的補助機関として設立された．

UNIDOの第1回総会は，1971年にウィーンで開かれた．第2回総会は1975年にリマで開かれ，「途上国に対して最も効率のよい方法で援助を与える能力を増大させるため」に，UNIDOを専門機関に転換することが提案された．同総会はまた，2000年までに途上国が世界の工業生産高の25%に到達できるようにすることを求め，リマ宣言とその行動計画を採択した．

1979年にウィーンで全権会議が開かれ，80カ国の批准によって発効するUNIDO憲章を採択した．憲章は1985年6月21日に発効し，UNIDOは，1986年1月1日に専門機関として生まれかわった．

■ 目　　的

UNIDOが総会から受けた任務は，国連システム内で工業分野における調整機能の中心となる組織として活動し，地球レベル，地域レベル，国家レベルおよび[民間や公共の]部門レベルで，工業開発と協力を促進することであった．

1990年代初めの国連とその専門機関の活動の再編に続いて，UNIDOは将来の計画の新しい枠組みとなる，次の5つの開発目標を確認した．
・工業および技術面での成長と競争力の強化
・人的資源の開発
・工業化を通じた公平な発展
・環境的に持続可能な工業開発
・工業投資と技術における国際協力

UNIDOは，政策，制度，事業という3つの段階での専門知識を適用しながら，次のような立場で活動する．
・工業開発に関連する問題について，調整の中心となる組織
・工業技術の中心
・工業協力の公正な仲介者
・工業開発問題の高級センター
・工業情報の地球的な源泉

■ 加　盟　国

1993年12月現在，UNIDOの加盟国は166カ国[1999年12月現在で，168カ国]で，1987年以降に18カ国が加盟した．このように加盟国数が11%も増加したのは，旧ソ連の崩壊によって中央ヨーロッパと東ヨーロッパに新しい独立国が出現したからである．この加盟国増大によってすでに厳しかったUNIDOの資金は，市場経済への移行にともない国内工業が崩壊した国々への支援も扱わなければならなくなった．しかもこれらの国には，UNIDOの資金水準を高める状況にはなかった．

■ 機　　構

UNIDOを構成するの4つの機関は，総会，工業

開発理事会，計画予算委員会，それに事務局長を長とする事務局である．

総　会

工業開発に関するUNIDOの戦略と政策は，総会でその方針が定められる．総会はすべての加盟国の代表で構成され，2年に1回会合を開いている．UNIDOの誕生以来，総会は1971年（ウィーン），1975年（リマ），1980年（ニューデリー），1984年（ウィーン），1985年（ウィーン，ここでUNIDOは専門機関に転換），1987年（バンコク），1989年（ウィーン），1991年（ウィーン），1993年（ヤウンデ）に開かれた．

工業開発理事会

工業開発理事会は，総会が4年の任期で選出する53ヵ国の理事国で構成されている．1993年の理事国は，オーストリア，ベラルーシ，ベルギー，ボリビア，ブラジル，カメルーン，チリ，中国，コスタリカ，キューバ，エジプト，エチオピア，フィンランド，フランス，ドイツ，ガーナ，ギリシャ，ギニア，ハンガリー，インド，インドネシア，イラン，イラク，イタリア，日本，クウェート，メキシコ，モロッコ，オランダ，ナイジェリア，ノルウェー，パキスタン，ペルー，韓国，ルーマニア，ロシア，サウジアラビア，セネガル，スロバキア，スペイン，スーダン，スイス，シリア，タイ，トリニダード・トバゴ，チュニジア，トルコ，ウガンダ，イギリス，アメリカ，ベネズエラ，ザイール（現コンゴ民主共和国），ジンバブエである．

計画予算委員会

計画予算委員会は，2年の任期で選出される27ヵ国で構成されている．1993年の委員国は，アルジェリア，オーストリア，ブラジル，ブルガリア，中国，コロンビア，キューバ，エジプト，フランス，ドイツ，インド，イタリア，日本，ケニア，マラウイ，メキシコ，オランダ，ナイジェリア，フィリピン，ポーランド，カタール，ロシア，ルワンダ，スウェーデン，イギリス，アメリカ，ユーゴスラビアである．

事務局長と事務局

UNIDOの事務局長は，1993年4月1日に総会が4年の任期で選出したメキシコのマウリシオ・デ・マリア・イ・カンポスである．〔1997年12月からはアルゼンチンのカルロス・アルフレッド・マガリーニョスが事務局長である．〕

専門機関に移行する前のUNIDOは，国連事務総長が指名した局長が長を務めていた．初代の局長はイブラヒム・ヘルミ・アブデル・ラーマン（1967～74年）で，2代目はアブデル・ラーマン・カール（1975～85年）だった．1985年に専門機関となったときのUNIDOの初代事務局長は，フィリピンのドミンゴ・L・シアソン・ジュニアだった．彼は1985年から1993年まで事務局長を務めた．

約1238人の職員をもつ事務局は，事務局長と人材・民間企業開発，事業支援，資金調達，国別計画，情報調査，工業部門・環境，投資・技術促進，官房の8つの部局で構成されている．

さらに，国連開発計画（UNDP）の常駐代表とともに途上国で活動する，UNIDO常駐代表と専門職員たちが約100人いる．彼らは，国連開発計画や自発的拠出金，UNIDOの通常予算から資金を受けている．

事務所

UNIDOの本部は，オーストリアのウィーンにある．連絡事務所は，ニューヨークの国連本部とジュネーブの国連欧州本部におかれている．UNIDOは2つの高級センターも運営している．そのうちのひとつが「遺伝子工学とバイオ技術に関する国際センター」（ICGEB）で，インドのニューデリーとイタリアのトリエステに支部がある．もうひとつは「科学と高度技術に関する国際センター」（ICS）で，トリエステに本部をおいている．UNIDOは国連開発計画と協力して，100ヵ国以上を対象とする現地事務所に，38人の常駐代表をおいている．

■ 予　算

1991年の第4回総会は，1992年から1993年にかけての2年間の通常予算として，加盟国からの分担金を財源とする約1億8101万3400ドルの予算を組んだ．総会は，技術協力の通常プログラムとして技術援助のための追加財政資金を動員し，「第2次アフリカの工業開発の国際10年」に必要な資金として，1075万5700ドルを計上した．途上国との協力や，途上国からの要請に基づいた専門家による助言や設備，その他技術援助の費用のほとんどは国連開発計画が担当し，UNIDOはその執行機関となっている．特別のUNIDOプロジェクトは，1976年に

望ましい基金レベルとして年間5000万ドルで設立された工業開発基金(IDF)を利用している．

■ 活　　動

A．技術協力

1993年にUNIDOは，総額で1億1880万ドルに上る1713件の技術協力プロジェクトを全世界で実施していた．そのプロジェクトの配分は次の通りであった．

地域別	構成比(%)
アジアおよび太平洋	26.2
アフリカ	34.2
アラブ諸国 （アフリカのアラブ諸国を含む）	13.0
ラテンアメリカおよびカリブ海地域	9.2
ヨーロッパ	3.3
地域間ならびに全世界	24.2

項目別	構成比(%)
プロジェクト人件費(専門家)	66
設備費	16
奨学金および訓練費	12
外部委託分	12
その他	4

分野別	プロジェクト数(件)
農産物関連工業	165
化学工業	280
金属工業	81
機械工業	162
工業戦略と政策	79
基盤制度	211
工業経営と復興	63
工業面での人的資源開発	104

技術協力におけるUNIDOの目標は，次の通りである．
1. 後発途上国向けの特別措置を含む，途上国の工業開発の詳細な計画やプロジェクトを作成すること
2. 各種の財源を通じて，関係する国や地方，地域にとくに重点をおいて，UNIDOの実施活動の発展に関する政策と戦略を形成すること
3. 他の国連機関や各国と協力したり，円卓会合あるいは協議グループに参加して技術協力計画を準備し，特別プロジェクトを作成すること
4. 中間および最終段階で，プロジェクトの進捗や成果を評価し，計画作成プロセスにフィードバックし，技術協力計画の実効性を改善する援助をすること
5. UNIDOの常駐代表による，途上国に供与するサービス向上計画を維持すること

途上国は，自国経済の工業化を追求するさいに広範囲の問題に直面する．それは，国家計画の準備，[民間と公共の]部門別計画の立案，工業開発の適切な政策や戦略の策定から，なんらかの製品の製造に必要な技術プロセスに関連した種々の問題，投資前研究の準備，生産設備の組織化，新技術についての要員の訓練，工場の運営管理，工業事業者を支援するための工業インフラの整備，工業生産投資のための財政資金の動員まで，さまざまである．

UNIDOは，問題を抱えている産業の復興や中・小規模の工業開発への国際協力，技術の移転や導入に関する研究開発，途上国間の技術協力などの重要な関心事項を考慮しながら，特定の国々の工業化の問題を優先的に研究し，取組みを援助している．

UNIDOはまた，従来からある資金源はもとより，途上国自身がUNIDOの技術援助プロジェクトの資金を提供する信託基金など，新しい財源と協力して活動し，非政府組織(NGO)の支援も動員して，技術協力目的に利用できる資金源とその量の拡大を図っている．

工業運営技術　途上国に共通の問題は，世界の生産高や製造品(輸入代替製品の生産を含む)の貿易で，途上国自身が相応のシェアを得るには，自国の天然資源やその他の比較的優位にある産品をどうすればもっと効果的に利用できるかということにある．UNIDOは途上国の工業生産高を増大させるために，技術協力プロジェクトの実施を通じて，産業の主要部門の工業施設の効率性と生産性を高め，拡大し，復興させ，改善するための技術基盤とノウハウが得られるよう，途上国を援助している．この援助は，製造業に対する直接援助や個々の工業部門に奉仕する特別の技術センターの設立や，その強化を通じて与えられている．

UNIDOはまた，工業エネルギーの効率的な利用や，再利用可能な資源による燃料の生産・供給の工業化，環境的に持続可能な工業開発を促進することなどにも，援助を拡大している．産業廃棄物や農業廃棄物を含む，地方でも入手可能な原料の利用を促進するパイロット・プラントや，実験プラントの設立にも，引き続き注意を払っている．技術援助のなかでもとくに重視しているのは，化学工業，電気通信

や輸送を含む資本財の生産であり，とりわけ農村の開発や殺虫剤・肥料など，農業用必需品の製造の支援には力を入れている．

工業制度とサービス　工業生産増大のために途上国は，計画の立案技術や投資前調査をさらに拡大し，製造企業の設立や運用に必要な制度的基盤や支援サービス，熟練技術者などを育成し拡大する必要がある．ほとんどの途上国では，工業開発に永年の伝統といったものがあるわけではなく，それを部分的にせよ補うには制度的基盤がとくに重要となる．標準化や品質管理，工業研究，中小企業，それに農村の開発に対応するための制度の確立，あるいは強化に対する需要が絶えず存在する．生産や経営管理，企業家としての専門知識などの欠如は，往々にして工業開発の最大の障害となる．

技術協力計画を通じてUNIDOは，とくに人的資源の開発で途上国を支援しようとしている．具体的には，工業訓練あるいは，経営者の訓練や先行投資の準備やプロジェクトの実施，工業企業経営などの要員訓練センターとなりうるような，研究開発および助言のための国立研究所の設立などの，優先分野が設定されている．UNIDOは奨学金や研修ツアー，グループ訓練プログラムなどを通じた援助を拡大している．

B．投資の促進

UNIDOの活動のもうひとつの中心は，国家的計画や政策と矛盾しないような工業投資での技術協力プロジェクトを通じた，途上国の民間部門と公共部門への投資の促進である．

途上国の計画に盛込まれている工業成長目標を達成するのに必要なプロジェクトには，外部から財政面および技術面で大量の資源を投入する必要があるが，投資資金そのものの不足よりも，有能な企業家たちによる健全で十分に準備された投資プロジェクトの不足のほうが，必要な資源の投入に対する深刻な障害となっている．財政資金源や途上国の製造業プロジェクトにふさわしい企業家や，参加する意欲のある企業家，途上国に工業プラントを展開する意欲のある企業家などの情報は，ほとんどないのが現状である．同時に，先進国や一部の途上国の開発援助機関や企業家が，途上国でのプロジェクトのスポンサーとして協力する可能性を認識していないことも，よくあることである．

UNIDOは，投資促進サービスやコンピュータ・データバンクに蓄えられた情報へのアクセス，国際的，地域的および小地域の開発援助機関および各国の開発援助機関との連携などを通じて，投資プロジェクトの発掘，形成，促進の各段階で先進国と途上国双方の工業関係者の協力を促進し，途上国の工業開発を促そうと模索している．

UNIDOの「投資促進源情報システム」には，工業投資プロジェクトの提案，潜在的なパートナー，開発援助機関，投資関連機関，プロジェクト・スポンサーなどに関する，何千件もの記録が収められている．UNIDOはアテネ，ウィーン，パリ，ケルン，ソウル，東京，チューリヒ，ワルシャワ，ワシントン，ミラノに「投資促進事務所」を設置している．この事務所は，途上国の実業家や政府との直接の連絡窓口として機能しており，途上国での投資案件に関心のある先進国企業の「目と耳」となっている．

C．情報と協議

UNIDOは，最新の技術傾向や進歩についての情報を得られない多くの途上国に対し，傘下の「工業技術情報銀行」を通じてそのような情報の流入を加速しようとしている．UNIDOは，途上国自らが技術獲得能力を向上できるように，ワークショップや助言サービス，独自の協議システムなどを通じた援助も行っている．地域的および地域相互間の両方で，UNIDOの協議システムは，途上国間の工業協力を促進する手段となっている．

■ 参 考 文 献

Annual Report of UNIDO『UNIDO 年次報告』
Handbook of Industrial Statistics『工業統計ハンドブック』（年1回）
Industry and Development : Clobal Report『工業と開発−グローバル・レポート』（年1回）
UNIDO Update『最新のUNIDO』（季刊）
Industrial Development Abstracts（IDA）『工業開発摘要(IDA)』
　　途上国でUNIDOの活動についてのおもな情報源．電子データベースでも入手できる．
Referral Database on Energy and the Environment（REED）『エネルギーと環境に関する参考データベース(REED)』
　　文献情報，研究施設情報，専門家，コンピュータ情報，技術説明，取扱い業者などを含む工業と環境についてのデータベース・システム．
Micro-Metadex Plus『マイクロ・メタデックス・プラス』
　　世界の先進金属工業関連のデータベースから選別した情報を含む，マイクロコンピュータ用データベース．

UNIDO 加盟国一覧(1999年12月現在*)

アイルランド	コンゴ共和国	パナマ
アゼルバイジャン	コンゴ民主共和国(旧ザイール)	バヌアツ
アフガニスタン	サウジアラビア	バハマ
アラブ首長国連邦	サントメ・プリンシペ	パプアニューギニア
アルジェリア	ザンビア	パラグアイ
アルゼンチン	シエラレオネ	バルバドス
アルバニア	ジブチ	ハンガリー
アルメニア	ジャマイカ	バングラデシュ
アンゴラ	シリア	フィジー
イエメン	ジンバブエ	フィリピン
イギリス(および属領)	スイス	フィンランド
イスラエル	スウェーデン	ブータン
イタリア	スーダン	ブラジル
イラク	スペイン	フランス(海外県と属領を含む)
イラン	スリナム	ブルガリア
インド	スリランカ	ブルキナファソ
インドネシア	スロバキア	ブルンジ
ウガンダ	スロベニア	ベトナム
ウクライナ	スワジランド	ベナン
ウズベキスタン	セイシェル	ベネズエラ
ウルグアイ	赤道ギニア	ベラルーシ
エクアドル	セネガル	ベリーズ
エジプト	セントクリストファー・ネイビス	ペルー
エチオピア	セントビンセントおよび	ベルギー
エリトリア	グレナディーン諸島	ボスニア・ヘルツェゴビナ
エルサルバドル	セントルシア	ボツワナ
オーストリア	ソマリア	ポーランド
オマーン	ソロモン諸島	ボリビア
オランダ(アンチル諸島と	タイ	ポルトガル(マカオを含む)
アルバ島を含む)	タジキスタン	ホンジュラス
ガイアナ	タンザニア	マケドニア
カザフスタン	チェコ	マダガスカル
カタール	チャド	マラウイ
ガーナ	中央アフリカ共和国	マリ
カナダ	中国(香港を含む)	マルタ
カーボベルデ	チュニジア	マレーシア
ガボン	チリ	ミャンマー
カメルーン	デンマーク(ファロー諸島と	メキシコ
韓国	グリーンランドを含む)	モザンビーク
ガンビア	ドイツ	モーリシャス
カンボジア	トーゴ	モーリタニア
北朝鮮	ドミニカ共和国	モルディヴ
ギニア	ドミニカ国	モルドバ
ギニアビサウ	トリニダード・トバゴ	モロッコ
キプロス	トルクメニスタン	モンゴル
キューバ	トルコ	ユーゴスラビア
ギリシャ	トンガ	ヨルダン
キルギス	ナイジェリア	ラオス
グアテマラ	ナミビア	リトアニア
クウェート	ニカラグア	リビア
グルジア	ニジェール	リベリア
グレナダ	日本	ルクセンブルグ
クロアチア	ニュージーランド(属領を含む)	ルーマニア
ケニア	ネパール	ルワンダ
コスタリカ	ノルウェー	レソト
コートジボワール	バーレーン	レバノン
コモロ	ハイチ	ロシア
コロンビア	パキスタン	

* UNIDO ホームページより．

関税及び貿易に関する一般協定（GATT）

[世界貿易機関（WTO）]

[www.wto.org]

背景 国際貿易を促進する努力は，古代にまでさかのぼる．同様に，競争相手の損失となるところまで輸出を拡大し，輸入を制限ないしは禁止しようとする国家の努力も古くからある．このような争点をめぐって戦争になったこともあるし，多くの国々で長い間，保護主義派と自由貿易主義者との論争が，政治の場を支配してきた．世界が厳しい経済不況に陥った1930年代には，多くの国々が高い関税障壁や輸入数量制限，管理貿易などの保護主義的な貿易障壁の背後に，避難しようとした．何よりもこのような調整もなにもない，相互に敵対的な政策が国際経済の危機を長引かせた．第2次世界大戦中には，このような制限的な貿易慣行が恒常的に世界を締めつけないようにするための方法や手段が，真剣に考えられるようになった．しかし世界貿易を促進し，自由化するための国際機関を創設する戦後の試みは失敗した．「関税及び貿易に関する一般協定」（GATT）は，この方向で行われた努力の第一の成果である．真の国際貿易機関が存在しないため，GATTは貿易に関する規則を規定し，国際社会の各国間の貿易関係の調和を図る唯一の政府間文書として機能した．

■ 創　　設

「関税及び貿易に関する一般協定」の起源は，第2次世界大戦中に連合国が無差別の原則に基づき，製品やサービスの公正かつ完全に自由な交換を通じて，生活水準の向上をめざす世界貿易システムを求めようとした，大西洋憲章と武器貸与協定に求めることができる．

国際通貨基金（IMF）と国際復興開発銀行（IBRD），それに国際貿易機関（ITO）という3つの機関が，経済問題の特定の分野で活動することが構想された．IMFとIBRDは1944年のブレトンウッズ会議で正式に設立されたが，複雑な問題のためにITO憲章の起草は遅れた．国連の経済社会理事会がこの問題を1946年2月の第1回会合で取上げ，同憲章を起草する17カ国準備委員会を任命した．委員会が起草した草案は，1947年11月21日から1948年3月24日にかけてハバナで開かれた56カ国会議に提出され，約800カ所におよぶ修正案を審議したのち，ITOの憲法的文書となるハバナ憲章という文書を練り上げた．

ハバナ憲章は貿易障壁の削減だけでなく，それ以外に雇用や投資政策，経済開発のための相互協力，1次産品協定，国際カルテルの統制などを含む，数多くの複雑な（そしてときには論争的な）問題を扱っていた．当時，圧倒的な経済的地位を占めていたアメリカの見解では，提案された組織にアメリカの参加は不可欠であった．アメリカ政府は批准に賛成だったが，国内や議会の意見は鋭く対立していた．反対論のなかには，ハバナ憲章には例外条項が多すぎて実効的でないというものもあったし，ハバナ憲章が強力すぎて民間企業をおさえ込むだろうという主張もあった．1950年12月にアメリカ大統領ハリー・トルーマンは，ハバナ憲章の批准議案を上院には提出しないと決めた．たとえ提出しても，批准に必要な2/3の多数の同意は得られそうもなかったからである．アメリカがITOに参加しないことがはっきりすると，このような機関を創設しようという計画も捨てられた．

いっぽう，ハバナ会議に先立ってITO憲章の草案が作成されたさい，17カ国準備委員会の委員国の間では，関税を引下げ，その他の貿易制限の削減を目的とする暫定協定の交渉を実施するという合意がまとまった．最初の関税交渉のための会議は，1947年にジュネーブで開かれた．この特別交渉の結果，関税譲許は，「関税及び貿易に関する一般協定」（GATT）と呼ばれる多国間協定に具体化された．同

関税及び貿易に関する一般協定(GATT)

協定には，関税譲許がその他の保護的な措置によって侵害されないようにするための一連の規則が含まれていた．同協定は1947年10月30日に調印され，1948年1月1日に発効した．GATTはITOの創設までの暫定的な協定にすぎなかったが，その後の経過から明らかなように，1948年以来，GATTは提案されたITOの最も重要な機能のうちいくつかを実行する組織としての力を発揮してきた．

■ 目　　的

GATTは，相互的な権利と義務を規定した多国間の通商協定である．この協定は，商行為と公正な貿易についての世界最初の国際法典であり，物品の生産と取引の拡大，経済開発の促進，完全雇用，生活水準の引上げなどを目的としている．この協定のもとですべての当事国は，輸出入関税および課徴金やその運営において，互いに同じ「最恵国」待遇を与えなければならない．国内産業に保護を与える場合はもっぱら関税のみによって行い，輸入数量制限は保護措置としてとくに違法とされた（輸入数量制限を1国の国際収支を救済するためなど，特定のほかの目的に利用することはできる）．GATTに加わっている国々は，協議によって他の当事国の貿易上の利益に損害を与えないようにすることに同意している．GATT自体が，関税その他の貿易障壁を引下げるための交渉の枠組みを提供し，交渉の結果が法的文書に具体化されるようなシステムを提供している．この「公正貿易」法典の重要性は，世界の輸出の80％以上を占める国々が，これを受入れ適用しているという事実が示している．

■ 加　盟　国

GATTは組織というより条約であるから，参加している国々は「締約国」と呼ばれている．1948年1月1日に同協定が運用を開始したときは，8カ国だけに適用されていた．1994年7月1日現在，この協定の締約国は123カ国であった．さらに，独立前にGATTをその領域に適用し，独立後も将来の通商政策を最終的に決定するまでの間，GATTの事実上の適用を続けていた地域も14地域あった．1994年7月21日に，アルバニア，アルジェリア，アルメニア，ベラルーシ，ブルガリア，中国，クロアチア，エクアドル，エストニア，ヨルダン，ラトビア，リトアニア，モルドバ，モンゴル，ネパール，パナマ，ロシア，サウジアラビア，スロベニア，台湾，ウクライナの21カ国と地域が，GATTへの加入を交渉していた．

一般協定への新規加入は歓迎されている．過去に既存の締約国の従属地域であった国々は，独立を達成したのち，締約国としての義務を受入れると宣言するだけでGATTに加盟することができる．その他の申請国は，加入によって享受する待遇とバランスのとれる貿易上の譲許の提供について，締約国と加入条件を交渉しなければならない．提案された加入条件は，投票に付され，全GATT締約国の2/3によって承認されなければならない．途上国には，自国の開発や金融，貿易上の必要性と両立しない譲許を行うことは求められていない．東ヨーロッパ諸国は，その多くが意味のある関税システムを欠いているため，GATT締約国との貿易について一定の期待を保証する関税譲許を提供することはできないが，加入についての交渉は行ってきた．

一般協定の特別の条項（第35条）に基づいて，ほかのGATT締約国と関税交渉を行っていないGATT締約国は，当該2国間でGATTの義務を適用しないことを宣言することが認められている．〔1999年2月10日現在，加盟国134カ国，準加盟国36カ国〕

■ 機　　構

締約国団会議

GATT諸国が集団で行動する中心的なフォーラムが，GATT締約国団会議である．会議は通常は毎年ジュネーブで開かれ，国際貿易や一般協定自体の運用上の発展や傾向を検討している．

理事会

締約国団会議の会期と会期の間に，GATTの実務の大半を執行するのが，1960年に設立された93カ国理事会である．2～3日前の通知で招集できるので，日常的な事項や緊急事項の両方に対処できる．理事会は締約国全体による投票を必要とする場合には決定を行うことはできないが，その場合には郵送投票に付すことができ，じっさいにもよく行われている．理事会は，必要に応じて活動を補佐する委員会や作業グループ，専門家パネルを設置することができる．理事会に持ちこまれる問題は多岐にわたり，常任委員会の定期報告から，ほかの締約国がGATTの義務に違反しているという緊急の申立てまで，さ

まざまである.

委員会

貿易開発委員会は，途上国の問題や関心に優先的な注意が払われるよう，GATTのすべての活動を把握する義務を負っている．常任委員会はそれぞれ，国際収支を保護するために貿易制限を用いている諸国の状況，繊維，関税譲許，反ダンピング慣行，関税評価，政府調達，補助金・相殺措置，輸入許可手続，貿易に対する技術的な障壁，農業，食肉貿易，酪農品貿易，民間航空機貿易，数量制限その他の非関税措置などのほか，GATTの予算，財政，運営などを担当している．

事務局長と事務局

1994年現在GATTは，アイルランドのピーター・サザーランド事務局長が率いる約400人の職員からなる事務局によって運営されていた．本部の住所はスイスのCentre William Rappard, CH 1211 Geneva 21 である．

■ 予　　　算

GATTの締約国は，自国が貿易全体に占める割合に応じて，必要経費の分担が決められている．1994年の分担金額は9414万スイス・フラン（およそ1億2710万ドル）であった．

■ 活　　　動

「関税及び貿易に関する一般協定」は，38条からなっている．

第1条と第2条は直接的に関税を扱っている．第1条は全締約国間での最恵国待遇の相互保証を定めている．すなわち，輸出もしくは輸入との関連で関税，支払手段や手続について，GATT締約国がほかの締約国に与えたいずれの「利益，特典，特権または免除」も，自動的にすべてのほかのGATT諸国に与えなければならないと規定している．第2条はGATTの交渉の結果合意に達した，関税引下げについての詳細なスケジュールを規定している．

第3条は，国内生産を保護するために，輸入品に内国税を用いることを禁止している．

第4条から第10条までは（技術条項として知られている）通過，ダンピング防止税，関税評価，関税手続，原産地表示などについての一般規則や原則を規定している．たとえば，すべてのGATT締約国はほかのGATT諸国から，またはそれらの諸国向けに送られる製品には，通過の自由を与えるよう求められている．またある国が正常価額よりも低い価格で製品を安売りしたため，自国の産業が損害を受けたことを証明したほかの国は，問題となっている製品に特別の関税をかけることができる．

第11条から第14条までは，国際収支を保護する以外には，輸入の数量制限を一般的に禁止することなどを含んでおり，いっぽう第15条は締約国とIMFとの関係を扱っている．

そのあとに続く条項は，輸出補助金を漸進的に削減すること（第16条）や国家貿易企業（第17条），緊急措置（第19条），一般協定に対する一般的ならびに安全保障のための例外措置（第20条と第21条）などを扱っている．第18条は，低開発国が脆弱な新しい産業を保護するためには，関税の柔軟性をある程度維持する必要があることを認め，輸入に不可欠な量の外貨準備を確保するため，ある程度の輸入の数量制限は適用してもよいとしている．

一般協定の適用から生じる紛争を解決するため，締約国がとる行動についての重要な規定は，第22条と第23条に定められている．第24条も重要な規定で，最恵国原則に対する例外として，関税同盟や自由貿易地域が受入れられる条件を規定している．

最も重要な規定のひとつが，締約国による共同行動を規定している第25条である．この条項はGATTが単なる条約というよりは，むしろ集団的な組織体として国際貿易の拡大に向けて活動し，国際貿易問題を議論するためのフォーラムとなることを認める，法的な基礎である．

第26条から第35条までは，GATT自体の運用に関する規則である．

1965年に，第36条から第38条までの貿易と開発に関する章がつけ加えられた．これらの条文は，途上国が輸出利益を拡大することを目的に，締約国が集団行動をとるための法的な基礎を与えている．

A. 貿易交渉

一般協定の広範な目的を達成するためのおもな手段のひとつとして，「関税とその他の貿易障壁の実質的な軽減」が規定されている．この協定より前の時代には，関税は単純な一方的行為によって課されており，各国は他国から互恵的な譲許を引出すために単独で，あるいは2国間の交渉によって行動していた．一般協定は，最恵国原則にしたがい，すべての締約

国間で同時に関税を引下げることを目的とする, 多国間の関税交渉のための最初の組織を提供した.

GATTの最初の35年間に, 1947年のジュネーブ, 1949年のフランスのナンシー, 1951年のイギリスのトーキー, 1956年のジュネーブ, 1960～61年のジュネーブでの「ディロン・ラウンド」, 1964～67年のジュネーブでの「ケネディ・ラウンド」, 1973～79年の東京とジュネーブでの「東京ラウンド」など, 8回の大きな貿易交渉が行われた. 第8回目の「ウルグアイ・ラウンド」は, 1986年9月にウルグアイのプンタデルエステで始まり, 1994年4月にモロッコのマラケシュで終結した. これらの交渉の結果, 世界で取引きされる何千もの品目で関税率が引下げられたり, 引上げないよう凍結された(GATT用語で「バインドされた」).

交渉で合意された関税や非関税の譲許は, GATT諸国の貿易に高範囲にわたって影響をおよぼし, 締約国以外の多くの国々の貿易にも間接的に影響をおよぼした. GATTはこのようにして1948年以来, 世界の貿易のめざましい成長に, 大いに貢献した.

B. 東京ラウンド

1973年に東京で始まり, 1979年11月にジュネーブで終結した東京ラウンド交渉には99カ国が参加した. ここでまとめられた協定は, 世界貿易の行動に関する改善された法的な枠組み(世界貿易システムの恒久的な法的特徴として, 途上国への有利な関税および非関税面での処遇を承認することを含む), 非関税措置(補助金や相殺措置), 貿易に対する技術的な障壁, 政府調達, 関税評価, 輸入許可手続, 1967年のGATT反ダンピングコードの改定, 牛肉, 酪農品, 熱帯産品, 民間航空機などを扱っていた. 協定には, 途上国に対する特別措置や優遇措置に関する規定も含まれていた. 参加国は何千品目もの工業製品や農業製品の関税を, 1987年1月1日までの7年の間にじょじょに引下げていった.

関　税　東京ラウンドで合意された関税の引下げは, 1987年1月1日に完了した. 東京ラウンドの最恵国関税引下げと一般関税率約束による影響を受けた貿易の価値総額は, 最恵国輸入の推計によれば3000億ドル以上に上るとされる. これらの引下げの結果, 世界の9つのおもな工業市場での工業製品の加重平均関税(すなわち, じっさいの貿易量に対する平均関税)は7%から4.7%に下がり, これは関税徴収の1/3の引下げに相当し, ケネディ・ラウンド(1964～67年)で達成された引下げに匹敵するものであった. ほとんどの先進諸国で採用された関税引下げ方式が, 最大の引下げが最高の関税率の品目で行われるのが一般的だったので, 各国の関税率が近接し, 「調和のとれた」ものになった. 途上国は, 関税引下げの履行を1977年の輸入量である39億ドルについて, 関税約束あるいは削減の方式で行った.

非関税措置　第2次世界大戦後, 全般的に保護関税のレベルが下がるにつれて, 非関税措置による世界貿易への歪曲的効果が広がった. 非関税措置のマイナス効果に対抗するための交渉は, 複雑でかなり困難であることが多く, 東京ラウンドはそれ以前のGATTの貿易交渉とは別のものとなった. 東京ラウンドの成果の核心は, これらの非関税措置を減らし, より実効的な国際規律のもとにおくことを目的とした, 拘束力をもつ協定や規程にある. すべての協定が協議と紛争処理を規定し, 途上国に対しては特別で好意的な取扱いを規定していた. 非関税措置については, 次のような各協定が作成された.

「補助金及び相殺措置に関する協定」は, 調印国によるいかなる補助金の利用も, ほかの調印国の貿易上の利益を害することがないようにすること, 相殺措置が国際貿易を不当に妨害することがないようにすること, 補助金を得た輸入品について申立てを行う国内産業に対しては, 実質的な損害がひき起こされた, またはひき起こされる恐れがある場合にのみ, 相殺措置の適用が認められることなどを規定している.

「貿易に対する技術的障害に関する協定」は, スタンダード・コード(規準規程)として知られているが, 政府その他の機関が, 安全や健康, 消費者保護, あるいはとくに環境保護を目的として技術上の規制や標準を採用する場合, そのような規制や標準, およびそれらに関する試験や認証手続などが, 貿易に対する不必要な障害とならないようにする義務を, 調印国に負わせている.

「輸入許可手続に関する協定」は, これらの手続の利用はやむを得ないが, その不適切な利用は国際貿易を阻害しかねないことも認めており, 輸入許可手続自体が輸入制限として機能しないように保証することを目的としている. この協定の各締約国は, 輸入許可手続を簡素化し, 中立的で公平に運用することを約束している.

「政府調達に関する協定」は, 政府調達契約の入札において, 国際競争をより活発化することを目的としている. 同協定には, 政府の調達契約の申込みとその受諾の方法についての, 詳細な規則が含まれて

いる．同協定は政府調達に関する法律や規制，手続や慣行をもっと透明にし，国内製品や国内生産者を保護したり，外国製品や外国生産者の間で差別が生じないようにすることを意図している．同協定の規定は，13万SDR（特別引出権，約15万ドル）以上の金額に相当する個々の政府契約に適用される．協定に付属する一覧表には，協定が対象としている調達契約の当事者となる，調印国のすべての政府機関があげられている．

「関税評価に関する協定」は，関税目的での製品の評価について公正で統一的かつ中立的なシステムを設定するもので，そのシステムは通商の実状に合わせ，恣意的で虚偽の関税価額の使用を違法とするものである．同協定は，すでにGATTで設定されていた関税評価規定を拡大し，なおより厳密なものとする評価規則の改定版となっている．途上国にはこの適用を5年間遅らせることが認められ，潜在的に不公正な評価慣行に対抗するために，より大きな権限が与えられている．

「改正GATT反ダンピング・コード」によって「ダンピングされた」製品とは，製造者の国内市場での価格よりも低い価格で販売されている輸入品というように，広く定義されている．東京ラウンドの参加者は，ケネディ・ラウンド（1964～67年）の時に，主要先進国グループによってまとめられたGATTの旧「反ダンピング・コード」の改正に合意していた．新しい規程は，ダンピングされた輸入品に対する防御として，ダンピング防止税を課す条件を規定したGATTの第6条を解釈し，補助金と相殺措置に関する規程の関係規定と調和がとれるようにしている．

民間航空貿易に関する協定 東京ラウンドで数カ国の先進諸国が，あらゆる種類の民間航空機およびその部品や修理部品に対するすべての関税および類似の課徴金を1980年1月1日までに，徹廃することで合意した．このゼロ義務は，GATTのもとで法的に「拘束力をもつ」ものであり，最恵国原則によってすべてのGATT締約国に適用される．同協定には旅客機やヘリコプター，地上フライト・シミュレーターから機内食加熱機や酸素マスクまで，対象となるすべての部品の目録が付属書として添付されている．1983年と1984年には，非課税となる民間航空機部品の目録がさらに追加され，1985年1月1日に発効した．

多国間セーフガード・システムと国内調整の援助
東京ラウンドは，「貿易の自由化をさらに推進し，その成果を維持する見地から」多国間セーフガード・システムの適切性と，とくに一般協定第19条の適用方法の検討も交渉に含めると決定した．この問題は東京ラウンドでは解決できず，GATT内に「セーフガード交渉を継続する委員会」が設置された．

第19条は，GATTの大きな「例外条項」である．同条は締約国に対して，特定の産品輸入が「国内生産者に重大な損害を与えまたは与える恐れがある場合において」，その輸入を制限する無差別的な性格の緊急措置をとることを許している．国内調整政策の問題は，このセーフガードと密接に連動している．

農産物 東京ラウンドで成立した関税や，非関税譲許に関する合意やすべての多国間合意は，工業製品はもとより農産物の世界貿易にも適用される．参加国は「牛肉と酪農品に関する多国間協定」を作成し，この協定は1980年1月1日に発効した．

「牛肉に関する取決め」は，牛肉や家畜の国際貿易の拡大，自由化ならびに安定を助長し，この部門の国際協力を向上させることを目的としている．同取決めは，牛肉や子牛の肉，生きたままの畜牛などを対象としている．GATTの「国際牛肉理事会」がこの取決めの運用を再検討し，食肉の世界的な需要と供給の状況を評価し，牛肉の国際貿易に影響するあらゆる問題について，定期的な協議を行っている．

「国際酪農品取決め」は，酪農品の世界貿易を拡大し自由化すること，この貿易でより大きな安定性を達成し，過剰な供給や不足，はなはだしい価格変動を回避することで輸出入双方の利益を安定させること，途上国の経済的および社会的発展を推進すること，酪農品部門での国際協力の向上などを目的としている．同取決めではすべての酪農品を対象としている．この取決めには3つの議定書がついており，特定の粉ミルク，乳脂（バターを含む）および特定のチーズの国際貿易について，最低価格などの特別規定がおかれている．GATTの「国際酪農品理事会」が同取決めの運用を再検討し，この部門の2国間および多国間の貿易を含む，世界の酪農品市場の現状や将来の見通しを評価している．

熱帯産品 途上国からの熱帯産品の輸出が直面している，先進国の輸入関税およびその他の貿易障壁の削減が，東京ラウンドの具体的な最初の成果であった．貿易障壁の削減のほとんどは，1976年と1977年に実施された．交渉の後半に示されたいっそうの譲許は，1980年から発効した．譲許が対象としているのは，コーヒー豆，カカオ豆，茶，香料，その他のさまざまな原料，加工品，半加工品などの産品である．この分野での新しい一連の交渉は，ウルグア

C. ウルグアイ・ラウンド

1988年12月に各国の通商担当閣僚が，ウルグアイ・ラウンドの中間見直しの会議のためにモントリオールに集まった．同ラウンドの将来の進め方についての合意が，15分野の交渉のうち11分野で成立した．同時に，熱帯産品の包括的な譲許，紛争解決システムを合理化する一連の措置，個々のGATT締約国の貿易政策を定期的に評価する新しい貿易政策の評価法などについても合意した．この合意はそれぞれ1989年から暫定的に実施された．1989年4月にジュネーブで開かれた「貿易交渉委員会」(TNC，同ラウンドの最高機関)の会合で，農業，セーフガード，繊維および衣料品，知的所有権の残りの4分野で，中間的な合意の達成に成功した．

同ラウンドは，1990年12月にブリュッセルで開かれる貿易交渉委員会閣僚会合で終結する予定だった．同会議の前および会議期間中に，ほとんどの分野ではかなりの進展があった．しかし進展のなかった問題のなかでは，農業での政府の財政援助や市場アクセス制限などを引下げる約束について，了解に達することが困難であることが明らかになった．この失敗によって，閣僚会議はウルグアイ・ラウンドの延長を決定した．

1991年2月に「貿易交渉委員会」は，交渉再開の活動計画を採択した．1991年12月に，GATT事務局長がウルグアイ・ラウンドの最終合意案を示した．1992年11月に，ヨーロッパ共同体(EC)とアメリカの交渉団がワシントンで農業合意に達し，同ラウンドの即時妥結の希望が生まれた．しかし，ジュネーブの交渉では，期待通りにはならなかった．

交渉は1993年7月に再開された．11月と12月の集中的な交渉のあと，GATT事務局長は1993年12月15日の貿易交渉委員会会合で，7年かかったウルグアイ・ラウンド交渉の終結を宣言した．事務局長は，この交渉の成果が意味するものはすべて国々の貿易，投資，雇用，収入の増大であることを指摘し，全体としてのウルグアイ・ラウンドは真に画期的な成果をあげたと述べた．同ラウンドのおもな成果は，次のようなものである．

- 「サービス貿易に関する一般協定」は，サービス貿易に関する一連の新しい多国間規則を規定している．同協定は同時に，自由化プロセスを継続するための枠組みをつくりだした．これによって，世界総生産の60％以上に相当する急成長分野で，雇用の創出の見通しが大きく改善された．
- 知的所有権貿易は，包括的な新しい規則の「不正製品貿易を含む貿易関連知的所有権に関する協定」(TRIPS)にしたがうことになった．この協定は，創造的な活動や発明を促進し，知的所有権に対する投資の保護を目的としている．
- 農業は，公正で市場志向型の農産物貿易体制の確立をめざす，新しい規律の対象となった．補助金の削減によって，農家には世界規模の持続可能な市場が提供され，納税者や消費者が負担してきた過剰な負担を政府が取払う機会をつくりだすことがめざされた．
- 繊維と衣料品もGATTの規律のもとに戻ることになったが，その過程はほかの部門よりも相当に長い，10年間を要することになった．

「民間航空機貿易に関する協定」と「政府調達に関する協定」，「国際酪農品取決め」，「牛肉に関する取決め」の4つの協定も，ウルグアイ・ラウンドの一部であり，世界貿易機関(WTO)の加盟国は，それらへの加入を選択することができる．

物品の市場アクセスに関する成果は，GATTの歴史のなかでもかなりの偉業である．関税は約40％引下げられることになった．この引下げによって，アメリカだけでも以後5年間に180億ドルの輸入が増えると見積られた．そのいっぽうで，2002年までの国際貿易でアメリカは，260億ドルの輸出収入を獲得するだろうと見積られた．ヨーロッパ経済共同体(EEC)は，加盟国が2002年までに年間8000億ドル(1991年のレート)近くの輸出収入を得ると見積った．

1994年4月15日に，100人以上の閣僚が古代の貿易の十字路であったマラケシュに集まり，ウルグアイ・ラウンドの最終議定書に調印した．閣僚たちは，GATTの後継機関となる世界貿易機関(WTO)が，1995年1月1日から活動を開始するとの決定も行った．「多国間貿易機関設立協定」の条件にしたがい，GATTの事務局と事務局長がWTOの事務局と事務局長になることも決められた．

最終合意には28条の条文と，2万6000ページにわたる各国の関税およびサービスの約束表が含まれていた．「GATT 94」と呼ばれるこの最終議定書で，GATTの経済学者たちは，世界の輸出はおよそ7550億ドル増加し，所得は年間約2350億ドル上昇するだろうと推計している．

世界貿易機関(WTO)の準備委員会の設置は，

1994年4月14日に閣僚たちが行った4つの決定のなかのひとつであった．ほかの3つは，「世界貿易機関設立協定」の受諾と加入に関する決定，貿易と環境に関する決定，そして「世界貿易機関設立協定」の実施から生じる組織的および財政的問題に関する決定であった．最後のGATT事務局長であるピーター・サザーランドが個人の資格で議長を務める準備委員会は，GATTからWTOへの秩序だった移行に責任を負った．

　WTOを設立するウルグアイ・ラウンド協定は，ウルグアイ・ラウンドによって改正されたGATT，ウルグアイ・ラウンドにおいて締結されたすべての協定や取決めおよび全成果を包摂する単一の制度的枠組みを規定している．WTOは，2年ごとに少なくとも1回開かれる閣僚会議を頂点とするものとなる．同協定の運用や閣僚会議の決定を定期的に監督するため，一般理事会が設置される．この一般理事会が，紛争解決機関と貿易政策検討制度の役割を担う．貿易政策検討制度はWTOが担当する貿易問題全体に関与する．一般理事会は，「物品の貿易に関する理事会」，「サービス貿易に関する理事会」，「貿易関連知的所有権に関する理事会」（TRIPS）などの下部機関を設立する．WTOの枠組みは，ウルグアイ・ラウンドの成果に対して「単一受諾方式」を保証している．こうして，WTOに加盟すれば同ラウンドの成果は例外なくすべて受諾することになる．〔1995年1月に発足した世界貿易機関の本部はジュネーブにあり，加盟国は1998年末現在で133カ国（香港，マカオを含む），事務局長は1995～1999年8月までがイタリアのレナート・ルジェロで，1999年9月～2002年8月までがニュージーランドのマイク・ムーア，2002年9月～2005年までがタイのスパチャイ・パニチャパックである．最初の閣僚会議は1996年12月にシンガポールで開かれ，情報技術協定（ITA）の大枠合意などが採択された．〕

　ウルグアイ・ラウンドは，従来GATT原則がおよばなかった分野にもそれらの原則を適用し，既存の規則を強化し，とくに従来にもまして実効的な紛争解決システムを通じてその適用を図ることで，国際貿易における法の支配を拡大・強化する点で，従来の交渉以上に大きな成果をあげた．

　WTOの活動の中心となるのは，「紛争解決に係る規則及び手続に関する了解」によって具体化された紛争解決メカニズムである．この協定は，貿易紛争の処理に関する詳細なメカニズムを規定している．そのおもな特徴は，次の通りである．

1. WTOのいかなる加盟国も，「GATT 94」（したがってWTO）の規則に反していると考える他の加盟国の措置について，「協議」を要求することができる．

2. 要請を受けた加盟国は10日以内に回答し，要請の受諾から30日以内に誠実に協議に入らなければならない．

3. もし60日たっても合意に達することができない場合，申立てを行った当事国はその申立てを審議するため，3人の委員からなる「紛争解決小委員会」（DSP）の設置を要求できる．申立ての主題が特に緊急を要するときは（たとえば腐敗しやすい物品に関する場合など），小委員会設置までの期間は20日に短縮される．

4. WTO事務局は，「紛争解決小委員会」として活動できる資格をもつ個人についての，包括的な名簿を保持する．委員が任務をはたすさいの費用は，WTOが負担する．

5. WTOの加盟国は，加入にあたり，やむを得ない理由以外では「紛争解決小委員会」の委員の資格を争わないことに同意する．ただし，当事国の双方が小委員会の委員に不同意である場合は，WTO事務局長が小委員会を選定する．

6. 小委員会の義務は，事件と事実と，該当する協定の適用可能性ならびに両立性の客観的な評価を行うことで，紛争解決機関を援助することにある．小委員会は紛争当事国双方と協議を行い，両国が相互に受諾可能な合意に達するよう援助することを目的としている．このプロセスについては，かなり厳格な時間割が組まれている．

　GATT 94の発効とWTO設立に対する障害は，本書の発行当時には残っていた．たとえば，アメリカ国内の保護主義勢力が，アメリカ議会での法案通過を阻止しようと立上がった．さらに，アメリカの環境保護運動家たちも，先進諸国ですでに成立している，やっと勝ち取った環境保護法を新しいGATT協定が弱めるのではないかと心配していた．この心配は，同協定の前文で「環境を保護し及び保存することに努めつつ，持続可能な開発の目的に従って世界の資源を最も適当な形で利用する」ような多国間の貿易システムの創設が目標であると述べている事実に反している．

　とはいえ，GATT 47のなかでばらばらに具体化されていた協定にかわり，「GATT 94」の包括的な協定によって，国際貿易の安全性が増し，世界経済が計

り知れない恩恵を受けることになれば,「GATT 94」に対する支持も広まるものと期待される.

D．GATTと途上国

GATT締約国のおよそ2/3が途上国であり,GATTは世界貿易の大半がその規則のもとで動いている機関として,途上国の経済成長を援助する責任がある.

途上国は,GATTの活動に全面的に参加している.途上国の参加は,途上国が自らの貿易上の利益を助長しようと決意しているだけでなく,自らの経済開発の促進努力の成功が,世界貿易の継続的な拡大と密接に結びついていることも強調している.貿易の拡大は,開かれた世界の貿易システムを維持しようとするGATTの努力いかんに大きく依存している.途上国の貿易上の利益の増進は,東京ラウンドの優先目標のひとつであったし,一般協定の多くの規定は,長年にわたって,いくつかのGATT規則を途上国に適用するさいに柔軟性を認めてきた.

一般協定第4部 1965年に,貿易と開発に関する新しい章(第4部)が一般協定につけ加えられた.この章は,先進国に「目的意識をもって努力すべき問題」として,途上国を援助することを義務づけていた.第4部はその後の東京ラウンドの「枠組み協定」で入念に仕上げられる,重要な原則を規定していた.その原則は,先進国は貿易交渉に当たって,途上国個別の開発,金融および貿易上の必要と両立しないような貢献を途上国に求めないというものである.先進国はまた,やむを得ない理由で不可能な場合を除き,途上国の特別の利益となる1次産品やその他の産品の輸出に対して貿易障壁を増やさないようにし,税を含む既存の障壁の削減に高い優先度を与えることにも同意した.協議手続も確立され,「貿易開発委員会」が設置された.同委員会の役割は,途上国からの輸入品に対して先進国がとるあらゆる新しい保護措置を調査する小委員会と,後発途上国の貿易問題を審議する小委員会という2つの新しい下部機関の設置によって,東京ラウンド後に強化された.

東京ラウンドで合意された途上国のための最も重要な問題のひとつは,途上国への特恵的でより好意的な処遇と互恵性およびGATTへの全面的な参加である.これらは,世界貿易システムの恒久的な法的特徴として,関税面および非関税面で途上国に特恵的な処遇を認めることによって,国際貿易関係の転換点を記した.この「授権条項」には,先進国の途上国に対する一般特恵関税制度の拡大について,恒久的な法的基礎となる規定(かつては第1条の規定から一時的に棄権することで認められていた)が含まれている.同条項は,後発途上国に対する特別貿易待遇も認めている.

先進国は途上国の貿易に対する関税やほかの障壁を削減したり除去するための貿易交渉で,先進諸国同士の互恵的な約束を途上国には期待しないと言明した.いっぽう途上国は,自国の経済がより強く成長すれば,GATTの権利義務の枠組みにもっと完全な形で参加するつもりであることを認めた.

世界貿易の枠組み交渉から,ほかに3つの重要な合意が誕生した.

「国際収支の擁護を目的とした貿易措置に関する宣言」は,締約国が自国の対外的な金融上の地位や国際収支を防衛するために,貿易措置を利用する場合の原則を規定し,慣行や手続きを法制化している.

「開発目的のためのセーフガード措置」は,途上国が開発上の必要にもとづき貿易措置を適用するさい,途上国により大きな柔軟性を与えている一般協定の,第18条の措置に関するものである.

「通報,協議,紛争解決及び監視に関する了解事項」は,貿易措置の通報,協議,紛争解決ならびに国際貿易システムの発展の監視に関する,既存の手続きの改善を規定している.

途上国間の特恵協定 途上国の間で特恵関税譲許の交換を具体化する協定を結ぶ(1987年には17件あった)ことは,途上国が相互の貿易を拡大しようとする初めての多国間の努力であり,最初の協定は1971年11月にGATTの締約国が承認して首尾よく締結され,1973年2月に発効した.同協定の参加国は,すべての途上国による製品輸出のおよそ半分に当たる国々で,約500の関税項目や小項目について譲許を交換した.そのうちの30%が農産物や原料であった.与えられた譲許は,一般的には特恵関税率かまたは最恵国税率の一定割合か,いくつかの例では税率の引下げの約束かのいずれかの形で与えられる.1985年現在,参加している10カ国の統計資料をみると,譲許表に含まれている産品について,ほかの締約国と行った貿易の総額は約3億5000万ドルに上っていた.なおこの協定は,GATTの締約国であるかどうかにかかわらず,すべての途上国に開放されている.

技術援助と訓練 1955年以来,GATTはジュネーブの本部で途上国の公務員に対して,通商政策の訓練を行ってきた.途上国へのこの分野での援助は,多国間貿易交渉の東京ラウンドに関するフォロー・

アップ活動を含め，GATT の活動の全分野で，GATT 事務局の技術協力局を通じて提供されている．

国際貿易センター　1964 年に GATT は，途上国に貿易情報や貿易促進のための助言サービスを与えるため，「国際貿易センター」を設立した．1968 年 1 月以来，同センターは GATT と国連貿易開発会議（UNCTAD）が合同で運営している．

同センターは，途上国が輸出促進計画を作成し，実施するさいの援助の要請にこたえている．センターは，輸出市場や市場サービスに関する情報や助言を提供し，輸出の促進やマーケッティング・サービスの確立や，これらのサービスに従事する人材の訓練などによって援助している．

E. その他の GATT の活動

紛争解決　GATT 理事会に付託される問題のなかには，紛争解決に関する協定の第 22 条と第 23 条の適用をめぐる貿易紛争がある．もし GATT 締約国が，自国に生じるはずの利益が無効化されるか侵害された（あるいは同協定の目的のいずれかの達成が損なわれていると）考えれば，まず外交チャンネルを通じて，救済を求めることになっている．2 国間の協議を通じて満足のいく合意に到達できない場合，同国は GATT に対して申立てを行うことができる．締約国団には，迅速な調査の実施と勧告，あるいは裁定の作成が要請される．2 国間の協議で解決されない貿易紛争は，その問題に直接の利害関係をもたない国々出身の専門家集団に付託される．この小委員会と呼ばれる集団が，合意をつくりだすことに成功することも多い．

紛争解決手続の改正は，とくに途上国の問題を考慮して東京ラウンドで採択された．

繊維　繊維貿易は，長い間 GATT の大きな関心事であった．1962 年から 1973 年まで世界の綿製品貿易は，品目の秩序だった発展を確保するために作成された，いわゆる長期取決めによって規制されていた．1974 年以降，繊維と衣料品の世界貿易は，別名「多角的繊維取決め」として知られている「国際繊維貿易に関する取決め」によって大半が規制されてきた．GATT のあとおしで，同取決めは 1974 年 1 月 1 日に発効した．その目的は，市場の崩壊を防ぎながら貿易の拡大を図り，繊維分野の輸入国と輸出国の不安定で困難な利害を調整しようとすることにある．輸入の結果，締約国の国内市場が崩壊するか，あるいは崩壊のおそれがある場合には，同取決めの

セーフガード条項を援用することができるが，そのさいに課されるすべての制限は，影響を受ける輸出国が規則正しく公平に，輸出の拡大が許容されるものでなければならない．同取決めのほとんどのセーフガード措置は，2 国間協定の形式で実施されてきた．同取決めの監視は，独立の委員長と「多角的繊維取決め」の締約国がバランスよく代表されるように選出される，8 人の委員からなる「繊維監視機構」に任されている．

国際貿易関係の上で，この種の多角的な監視グループの先例はない．「繊維監視機構」は「繊維委員会」に報告を行い，同委員会は年 1 回，この取決めの運用を再検討する．

ウルグアイ・ラウンドの大きな成果のひとつは，10 年以上をかけて繊維と衣料品貿易を，GATT のなかに再統合する合意をまとめたことであった．

地域的取決め　もし 2 カ国ないしそれ以上の国々が関税同盟あるいは自由貿易地域を形成すれば，その内部で移動する物品は輸出入関税やその他の貿易障壁から解放されることになる．「自由貿易地域取決め」のもとで当事国は，対域外関税を各自が決定する権利を維持している．さらに関税同盟のもとでは，域外との貿易に対する共通関税を設定している．このような 2 つの取決めは，第 3 国の通商上の利害に影響を与えることは明らかである．

ヨーロッパ経済共同体（EEC）とヨーロッパ自由貿易連合（EFTA）は，一般協定の最恵国原則について大きな問題を投げかけた 2 つの地域的取決めである．というのも，EEC と EFTA に属している国々はすべて GATT の締約国であり，これらの国々の対外通商取引の総額は，世界貿易の全体にかなり高い割合を占めているからである．

世界最大の貿易組織としての EEC の地位は，1973 年にはデンマークとアイルランド，イギリスが加盟し，1981 年にはギリシャが，1986 年にはスペインとポルトガルが加盟したことでさらに強化された．共同体の全加盟国が GATT の締約国である．したがって，共同体の拡大が貿易におよぼす影響については，注意深く検討する必要があった．

関税同盟と自由貿易地域に関する一般協定の規則は，第 24 条に含まれており，同条では国家経済の統合は GATT の目的に寄与する手段であるとしている．同条は，関税同盟や自由貿易地域が最恵国条項に対する例外として受入れられる条件を規定しており，関税同盟や自由貿易地域が域外に対する新しい貿易障壁をつくることなく，域内の障壁を削減また

関税及び貿易に関する一般協定(GATT)

WTO加盟国一覧(1999年2月10日現在*)

アイスランド	ジブチ	バーレーン
アイルランド	ジャマイカ	ハンガリー
アメリカ	シンガポール	バングラデシュ
アラブ首長国連邦	ジンバブエ	フィジー
アルゼンチン	スイス	フィリピン
アンゴラ	スウェーデン	フィンランド
アンティグア・バーブーダ	スペイン	ブラジル
イギリス	スリナム	フランス
イスラエル	スリランカ	ブルガリア
イタリア	スロバキア	ブルキナファソ
インド	スロベニア	ブルネイ
インドネシア	スワジランド	ブルンジ
ウガンダ	セネガル	ベナン
ウルグアイ	セントクリストファー・ネイビス	ベネズエラ
エクアドル	セントビンセントおよび	ベリーズ
エジプト	グレナディーン諸島	ペルー
エルサルバドル	セントルシア	ベルギー
オーストラリア	ソロモン諸島	ボツワナ
オーストリア	タイ	ポーランド
オランダ(アンティル諸島を含む)	タンザニア	ボリビア
ガイアナ	チェコ	ポルトガル
カタール	チャド	香港
ガーナ	中央アフリカ共和国	ホンジュラス
カナダ	チュニジア	マカオ
ガボン	チリ	マダガスカル
カメルーン	デンマーク	マラウイ
韓国	ドイツ	マリ
ガンビア	トーゴ	マルタ
ギニア	ドミニカ共和国	マレーシア
ギニアビサウ	ドミニカ国	南アフリカ共和国
キプロス	トリニダード・トバゴ	ミャンマー
キューバ	トルコ	メキシコ
ギリシャ	ナイジェリア	モザンビーク
キルギス	ナミビア	モーリシャス
グアテマラ	ニカラグア	モーリタニア
クウェート	ニジェール	モルディヴ
グレナダ	日本	モロッコ
ケニア	ニュージーランド	モンゴル
コスタリカ	ノルウェー	ヨーロッパ共同体
コートジボワール	ハイチ	ラトビア
コロンビア	パキスタン	リヒテンシュタイン
コンゴ共和国	パナマ	ルクセンブルグ
コンゴ民主共和国	パプアニューギニア	ルーマニア
ザンビア	パラグアイ	ルワンダ
シエラレオネ	バルバドス	レソト

準加盟国

アゼルバイジャン	カーボベルデ	バチカン
アルジェリア	カンボジア	バヌアツ
アルバニア	グルジア	ブータン
アルメニア	クロアチア	ベトナム
アンドラ	サウジアラビア	ベラルーシ
イエメン	サモア	マケドニア
ウクライナ	スーダン	モルドバ
ウズベキスタン	セイシェル	ヨルダン
エストニア	台湾	ラオス
エチオピア	中国	リトアニア
オマーン	トンガ	レバノン
カザフスタン	ネパール	ロシア

＊WTOホームページより.

は除去することを確保するための一連の規則をおいている.

EECは拡大ののち，EFTAの残りのすべての国々(オーストリア，フィンランド，アイスランド，ノルウェー，スウェーデン，スイス)と通商協定に調印した．これは，西ヨーロッパ各国間の貿易の大半が，関税なしの状況で行われることを意味している．

これらの協定と一般協定の第24条との両立性については，特別の作業グループが調査を行ったが，全会一致の結論には至らなかった．協定の当事国は，これらの協定が世界貿易の成長と自由化を奨励しているのだから，協定は自由貿易地域の形成を特別に許しているGATTの規則と完全に両立していると主張し，これを支持する国々もあった．この主張に対して，これらの協定が農業部門を全体として排除しているのだから，自由貿易の手段というよりはむしろ，工業製品に関する特恵貿易協定であると主張する国々もある．EECと，いくつかの地中海諸国や途上国との間で交渉されてきた多くの協定についても，類似の論争が生じた．[1993年11月に発効したマーストリヒト条約により，ヨーロッパ共同体はヨーロッパ連合(EU)となり，1999年1月から11カ国が参加した通貨統合を導入した．]

ほかの地域的な貿易取決めは，締約国団によって，一般協定第24条の枠組みのなかで，定期的に審査されている．[おもな地域統合として，北米自由貿易協定(NAFTA)，南米南部共同市場(MERCOSUR)，アジア太平洋経済協力会議(APEC)，東南アジア諸国連合(ASEAN)などがある．]

■ 参 考 文 献

Guide to GATT Law and Practice, 6th edition, 1994『GATTの法と慣行へのガイド第6版，1994年』
　　GATTの規定の逐条ハンドブック．英語，フランス語，スペイン語の版を入手できる．
GATT : What It Is, What It Does.『GATT　内容と現状』
　　情報パンフレット
GATT Activities.『GATT活動』
　　GATT活動の年次報告と再検討されている年の発展の報告書．
GATT Focus.『GATTフォーカス』
　　年6回発行されるニュースレター．
International Trade.『国際貿易』
　　年1回発行される世界の貿易の発展に関する報告書．

GATTは国際貿易の個々の部門に関する研究はもとより，協定の条文も発行している．

国際通貨基金（IMF）

[www. imf. int]

背景 1930年代は大きな政治的変動の時代であっただけでなく，金融および経済面もかなり困難を極めた時代であった．金本位制は大半で見捨てられ，為替相場は激しく変動していた．各国の間に国際金融取引を管理する調整手段がなく，各国は冷酷な経済戦争を戦っていたため，経済的な混乱はよりいっそう悪化した．

第2次世界大戦中に，復興の努力を始めなければならなくなったとき，ほとんどの国が経済的資源が枯渇した状態で戦争を終ることを認識していた．イギリスが世界の主要な債務国として戦争を終了し，戦時中に生産能力を大幅に増大させたアメリカが，世界の主要な債権国として登場するということも，よく知られていた．

■ 創　　設

イギリス，アメリカならびにその連合国は，1930年代の経済的および通貨面での混乱が，もっと深刻な形で再発するのを防ぐためには，政府間組織を通じて経済および金融の国際協力を行うことが必要であると確信していた．1943年に，2つの案がほとんど同時に提起された．ひとつはホワイト・プランと呼ばれ，国際安定基金を設立するというアメリカ案で，アメリカ財務長官の側近であったH・D・ホワイトにちなんでいた．もうひとつは国際清算連合というイギリス案で，イギリスの経済学者ジョン・メイナード・ケインズにちなんでケインズ・プランと呼ばれていた．いずれの案も通貨を安定させる国際的制度と，国際的な承認なしに，一定の変動幅をこえて為替相場を変更することの禁止（これは，革新的な新制度であった）を提案していた．どちらの案も，金（ゴールド）を基準とする新しい国際通貨単位を導入しようとするものだった．アメリカ案は，参加国が50億ドル程度の相対的に限定された安定基金を分担し，参加国には国際収支の不足を補うためその基金を引出すことを認めるものだった．イギリス案は，各加盟国が自国の割当限度まで資金を借りることができ，当該国家に対する債権者も国際通貨単位建ての相当額を保証されるという，国際清算会計システムの確立を内容としていた．両案とも中華民国，フランス解放委員会，ソ連を含むほかの列強の金融専門家の間で議論された．最終的に創設されることになった国際通貨基金は，アメリカ案の安定化基金に似ていた．新しい国際通貨単位の創設案は，しばらく保留された．

ブレトンウッズ会議

フランクリン・D・ルーズベルト大統領が要請し，44カ国の連合国すべての代表が出席した会議が，1944年7月1日から22日までニューハンプシャー州のブレトンウッズで開かれた．ブレトンウッズ会議の結果，国際通貨基金(IMF)と国際復興開発銀行(IBRD)という，姉妹機関ともみられる2つの組織の協定を採択した．

基金の80％を出資することになる29カ国がIMF協定に調印し，1945年12月27日にIMFが発足した．IMFが専門機関となるための国連との協定は，1947年11月15日に発効した．

■ 目　　的

IMFの目的は次の通りである．
1. 通貨に関する国際協力を促進すること
2. 国際貿易の拡大および均衡のとれた増大を助長し，もって高水準の雇用および実質所得の促進および維持に寄与すること
3. 為替の安定を促進し，加盟国間の秩序ある為替取決めを維持し，および競争的為替減価を防止すること
4. 加盟国間の経常取引に関する多角的支払制度の樹立を援助し，および世界貿易の増大を妨げる外

国為替制限の除去を援助すること
5. 適当な保障のもとに基金の一般資金を加盟国に利用させ，このようにして国内的または国際的な繁栄を破壊するような措置に訴えることなしに，国際収支の失調を是正する機会を提供し，加盟国に安心感を与えること

■ 加 盟 国

IMFの原加盟国は，1945年12月27日に同協定を批准した29カ国であったが，そのほかのいかなる国家も，国連の加盟国であるか否かを問わず，総務会の定める条件にしたがい，IMFの加盟国となることができる．1993年12月31日現在，IMFには178カ国が加盟国［1998年末現在，181カ国］となっている．IMFの加盟国となることは，IBRDの加盟国となるための条件でもある．加盟国はいつでもIMFを脱退することができ，脱退は書面によりその旨が同基金に受理された日に効力を生じる．

もし加盟国がIMF協定の義務を履行していない場合，IMFは当該加盟国が基金の一般資金を利用する資格がないことを宣言できる．相当の期間経過後も当該加盟国が義務の不履行を続けているときは，総務会は当該加盟国に基金からの脱退を要求することができる．

IMF協定の第3次改正は，1992年11月11日に発効した．その改正によって，同協定の義務の不履行を続ける加盟国の投票権や，その他の関連する権利を停止することができるようになった．

■ 機　　構

基金はすべての加盟国と同じ数の総務からなる総務会と，24人の理事からなる理事会のほか，1人の専務理事と職員がいる．

総務会

IMFのすべての権限は，全加盟国を代表する総務会に与えられている．各加盟国は総務1人と，総務が不在の場合に投票する総務代理1人を任命する．加盟国は慣例として，大蔵大臣または中央銀行総裁，ないしはそれに匹敵する高級官僚を総務に任命する．たとえば，1993年9月の時点でのアメリカの総務はロイド・M・ベンツェン［1999年9月現在はカーリン・リッカーズ］財務長官であり，総務代理はアラン・グリーンスパン連邦準備制度理事会議長［1999年9月現在はバリー・S・ニューマン］だった．

ほとんどの国際機関で適用されている1国1票の原則は，IMF総務会では適用されない．IMF加盟国には加重投票権が割当てられ，基金の一般資金への出資額が大きいほど，多くの投票権が割当てられる．各加盟国は，250票のほか，自国の割当額の10万特別引出権(SDR)相当額ごとに1票をもつことになる．特別引出権とは，基金が創設した国際準備通貨である(→411ページ)．1993年12月31日現在，IMF全加盟国の投票権数は合計で149万550票で，そのうちの17.8％はアメリカが，5.6％はイギリスがもっている．［1999年9月9日現在で投票権数は214万42票で，アメリカが17.35％，日本が6.23％，イギリスは5.02％である．］

各総務は，自らが代表する国に割当てられた投票権すべてを，まとめて投じる権限をもっている．しかし，一定の事項については，それぞれの加盟国が基金の一般資金を利用する方法によって，投票の方法も異ってくる．IMFの決定は，協定に別段の定めがないかぎり有効投票数の単純多数決で行われる．総務会は，毎年1回定期的に開かれている．年次会以外の会合を開くこともできる．

新加盟国の加入や割当額の変更などの基本的な事項以外について，総務会のほとんどの権限は基金の理事会に委任される．

1978年4月1日に発効した協定の改正によって，総務会は「国際通貨制度の管理および適応を監督する」閣僚級の新しい評議会を設置できることになった．同評議会が設置されるまでの措置として，1974年に設置された22人の委員からなる「国際通貨制度暫定委員会」が，総務会に助言を行っている．

理事会

IMFの24人の理事は，基金の業務全般を運営する責任をもち，そのために総務会から委任されたすべての権限を行使する．理事たちはIMFの本部で「つねにその職務を行い」，業務の必要に応じて，通常は週に数回会合を開いている．

24人の理事たちのうち，5人は個別の加盟国（アメリカ，ドイツ，日本，フランス，イギリス）が任命し，残りの19人は残った加盟国のグループごとに選出されている．

専務理事と職員

専務理事は理事会によって選ばれ，基金の通常業務を行う責任を負っている．専務理事の任期は5年

で，その間は IMF の総務または理事を兼ねてはならない．専務理事は理事会の議長を務め，可否同数の場合にだけ投票することができる．

IMF の本部は，700 19th Street, N. W., Washington, D. C. 20431 にある．1993 年 12 月現在，職員数は 122 カ国からの 2300 人である．

■ 予　　　算

1994 年 4 月に終る会計年度の予算は，4 億 7681 万 5000 SDR であった．基金の収入はその運営費用を少なからず上まわっている．この収入はおもに基金の取引に基づく手数料から得られるものである．

■ 活　　　動

A．IMF の一般資金

IMF は必要な財政資金を，加盟国の出資金から得ている．加盟国から基金の一般資金にどれくらいが出資されるかは，当該加盟国に割当てられた割当額で決定される．前述の通り，割当額は当該国家の IMF での投票権も決定する．さらに SDR で表示される割当額は，当該加盟国が基金の通貨プールから引出せる額や，同国に対する SDR の割当額も決定する．

加盟国の割当額を決定するさいに，IMF は加盟国の国民所得や外貨準備高，輸出入額などを含む経済指標を考慮している．

最初の出資額割当や割当額の増加分の払込み方法は，1978 年の第 2 次協定改正で変更されている．改正前の協定では，加盟各国は割当額の 25% を金で，残りを自国通貨で払込むことが求められていた．第 2 次改正以後は，新加盟国の最初の出資額割当や，既存の加盟国の割当増資額の 25% 未満を外貨準備資産で，残りを自国通貨で払込むことになっている．

IMF は，IMF 協定に基づいて 5 年ごとに加盟国の割当額を見直し，割当額の調整を提案する．すべての割当額の変更は，総投票権数の 85% の多数によって承認されなければならない．

加盟国の割当額が適切か否かはこれまでに数回見直され，それによって基金の割当額は全般的にまた選択的に増やされた．1958 年から 1959 年にかけての特別見直しの結果，割当額は 50% 増加し，1965 年のときは全体的に 25% 増加し，1970 年にはさらに 25% 増加した．1976 年の割当額見直しは，石油価格が 4 倍に上昇したことを含め，国際通貨制度の発展の影響を受けていた．この見直しの結果，割当額全体に占める主要石油輸出国グループの比重が倍増したことを反映し，割当額の総額は 32.5% 増えて 390 億 SDR に達した．その他の途上国全体の割合は，それ以前の水準を維持していた．1978 年の見直しでほとんどの加盟国の割当額は 50% 増額され，11 カ国の加盟国はさらに特別の増額を求められた．この増額が同意を得たことで，割当額の総額は 596 億 SDR に上った．1983 年の見直しで割当額は 47.5% 増額されて，900 億 SDR となった．

最近の IMF 一般資金の見直しによる増額の結果，1993 年 8 月 16 日現在の割当額の総額は 1447 億 SDR となっている．

IMF は，IMF 協定に基づき一般資金を借入れで補充する権限をもっている．1962 年 1 月に IMF は，先進 10 カ国（10 カ国グループ）と 4 年間の借款協定を締結した．これにはスイスがあとから準加盟国として加わり，サウジアラビアも 1983 年の特別協定に基づいて参加した．この借款協定によって，参加国は「国際通貨制度が損なわれないように，あるいは同制度に対処する必要がある場合」に，「一般借入取決め」(GAB) の参加国が資金を引出せるようにするため，IMF に資金を貸出すことを引受けた．「一般借入取決め」は数回延長され，1993 年 12 月 26 日まで有効である．[1995 年のハリファクス・サミットで，CAB の拡大が要請されたことを受けて，新借入取り決め (NAB) が 1998 年 11 月に発足した．NAB には 25 の国や地域が参加している．]

1983 年 1 月 19 日に，10 カ国グループの蔵相は「一般借入取決め」の SDR を約 64 億 SDR から 170 億 SDR に拡大し，IMF が「一般借入取決め」に参加していない加盟国との外貨取引のために拡大した借入取決めの資金を，流用することに原則合意した．さらに，スイスが同取決めの正式メンバーになることも同意された．借入取決めの総額（単位は 100 万 SDR）は，アメリカが 4,250，ドイツが 2,380，日本が 2,125，フランスが 1,700，イギリスが 1,700，サウジアラビアが 1,500，イタリアが 1,105，スイスが 1,020，カナダが 892.5，オランダが 850，ベルギーが 595，スウェーデンが 382.5 であった．

IMF は過去にも借入で資金を補充したことがあり，たとえば 1974 年と 1975 年には石油関連融資のため，14 の加盟国や組織から多額の追加融資資金を補充したこともあった．

B. IMF加盟国の一般的義務

ブレトンウッズ合意の経済哲学は，通貨の安定と協力ならびに国際取引の支払いにさいし，通貨の動きが妨げられないようにして国内的および国際的な繁栄を促進するというものである．この原則は，各国がIMF協定を受諾することによって引受けた，特定の一般的な義務のなかに反映されている．同協定は，短期的な国際収支上の帳尻を合わせるための安定措置は認めているが，通常の条件のもとでの相場管理は控えるように求めている．同協定は，IMFが各国を短期的な支払い問題で援助できるようにもしている．

C. 協　議

加盟国との協議はIMFの活動の本質的な要素となっており，IMFがいくつかの主要な分野で加盟国の政策を概括する重要な手段にもなっている．

「為替取極に関する義務」と題された協定の第4条は，各加盟国が為替制度を選択する上でかなり広い自由を認めるいっぽう，加盟国の一般的な義務と特別の義務についても規定している．

これらの義務の遵守にあたり，為替相場政策に対するIMFの「監視」に協力するよう，加盟国は第4条に基づき原則として毎年，IMFと協議を行うよう求められている．この協議は，加盟国の経済および財政の状況や政策を，国内および国際的な観点から詳細に検討する好機となっている．さらに，一般資金を利用したい加盟国からの要請や，IMFの承認を必要とする政策や慣行の変更を行いたいという提案に，迅速にこたえる一助にもなっている．各加盟国にとっても定期的な協議は，政策について対外的な評価を得たり，ほかの加盟国の行動から生じる可能性のある特別な問題を協議する機会ともなっている．

協定の第14条は，多様な為替相場や現在の国際支払いについて，ほかの制限を存続させるための過渡的な取決めを利用したい加盟国が，IMFと毎年協議を行うよう求めている．ただし8条国は，そのような慣行を回避する義務を受諾している．第4条に基づく協議は，第8条や第14条の定期協議を含み，すべての加盟国に要請されている．

年次協議の合間であっても，ある加盟国の為替制度や為替相場政策，あるいは自国通貨の交換比率などの変更が重要なものであったり，ほかの加盟国に重要な影響をおよぼすと専務理事が判断した場合は，いつでも当該加盟国と非公式かつ非公開で討議を開始するという，補助的な監視手続が行われている．

理事会が定期的に世界経済見通しを再評価することについては，特定の国々との特別協議が，定期協議を補完している．この目的は，その対外政策が世界経済に大きな影響をおよぼす国々の経済状況についての知識を，最新のものにすることにある．

D. IMFと加盟国の間の取引

一般資金の利用　加盟国は，国際収支の不足を補うためにIMFの一般資金を引出すことができる．加盟国はリザーブ・トランシュ，およびトランシュ〔フランス語起源：部分・断片などの意，定訳なし〕政策のもとにおける，4段階のクレジット・トランシュ(後述)を利用できる．さらに特定の目的のため，「輸出変動・偶発補償融資制度」(CCFF)，「緩衝在庫補償融資制度」(1969年創設)，「拡大信用供与措置」(1974年創設)，「構造調整ファシリティ」(SAF，1986年創設)の4つの常設の融資制度がある．

そのほかに，加盟国はIMFが借入金で設立した暫定的な融資制度も利用できる．たとえば1974年と1975年の石油価格急騰のさいに，加盟国が石油や石油製品の輸入費用の増大に対応できるよう，IMFは暫定的な石油融資制度(オイル・ファシリティー)に基づく援助を行った．1978年以降に，IMFは第7次増資として，13の加盟国やその経済団体ならびにスイス中央銀行から多額の資金を借入れ，割当額に比べ負債額が大きかった加盟国を援助するための補充的な融資制度を設けた．こうした増枠融資制度と同じ規模の援助を継続できるようにするため，一般資金へのアクセスを拡大する政策が1981年3月に採択された．このアクセス拡大政策は，第9次割当額増資が発効した1992年11月に終了した．

1987年12月にIMFは，「拡大構造調整ファシリティ」(ESAF)を設立した．これは「構造調整ファシリティ」と目的や適格性，計画の特徴などは同じだが，範囲やアクセス条件，財源などが異なっている．「拡大構造調整ファシリティ」は設立以来更新および延長され，1996年までにコミットされたものは，1999年までに支払われればよいことになっている．

1993年4月にIMFは，市場指向型経済体制への移行にともない，貿易と国際収支に深刻な被害を受けた加盟国の要求にこたえるため，「体制移行融資

ファシリティ」(STF)を創設した．この融資制度は1994年末まで運用される．

　あらゆる引出しにさいして加盟国は，希望する買入れ（実質的に融資と同じ機能をもつ）が自国の国際収支や対外準備ポジションの安定，あるいは自国の対外準備の悪化に対処するためであることをIMFに通知しなければならない．

　加盟国が引出しを行う場合，加盟国はほかの加盟国の通貨または一般資金勘定のSDRを自国通貨で買入れる．引出しの結果，IMFが保有する購買国の通貨は増大し，売却された加盟国の通貨またはSDRがそれに応じて減少する．期限が来る前に，加盟国はSDRかまたは基金が指定する通貨で（当該取引がリザーブ・トランシュ取引でないかぎり）自国通貨を買戻さなければならない．通常，買戻しは買入れ日から3年ないし5年以内に行われる．しかし「拡大信用供与措置」では買戻しまでの期間が4年半から始まって10年まで，「補完融資制度」では3年半から始まって7年までとなっている．さらに加盟国には，国際収支や対外準備ポジションが改善されるにしたがい，買戻しを行うことが期待されている．

　リザーブ・トランシュ［準備資金部分］　加盟国の出資額とIMFが保有している同国の通貨の差額が，当該国のリザーブ・トランシュと呼ばれるものである．リザーブ・トランシュの買入れ（加盟国が最小限の猶予で動員できる準備資産）は，異議申立てや経済政策の条件，買戻し要件などの事前協議なしに国際収支の必要に応じて行われる．クレジット・トランシュで一般資金を利用している加盟国には，リザーブ・トランシュを利用するかしかないかの選択権がある．

　クレジット・トランシュ［信用資金部分］　さらに買入れを行う場合は，加盟国の割当額の25%ずつの4段階のクレジット・トランシュで行われる．かつてはクレジット・トランシュ政策で買入れできる総額は，加盟国の割当額の100%までとするのがふつうで，その場合IMFが保有する当該加盟国の通貨は割当額の200%になった．しかし，現在多くの加盟国が直面している国際収支の不均衡要因に鑑み，IMFは調整期間の長期化を含む計画を重視するようになり，より大規模なクレジット・トランシュも認めるようになっている．1992年11月現在，買入れは年間で割当額の68%，累積で300%までとされている．

　リザーブ・トランシュ以外の一般資金の利用申請は，すべてその利用目的が協定の規定やIMFの政策に一致するかどうかを審査して決めている．

　この場合，IMFが援助を行うかどうかを決定する基準は，より高次のクレジット・トランシュ（基金の保有高が割当額の125%を超えている場合）よりも，最初のクレジット・トランシュ（基金の保有高が割当額の100%以上ではあるが125%以下である場合）の要請のほうがより緩やかである．

　加盟国が直接買入れを要請するさいには，要請が認められしだい限度額すべてを引出すことを期待している．スタンドバイ取決めに基づいて，加盟国はスタンドバイ取決めの期間中であれば合意された額を直ちに引出すことができる．

　［4段階のうち］高い段階のクレジット・トランシュで買入れを要請するには，正当な理由が必要である．しかし，スタンドバイ［緊急］取決めや同種の取決めがあれば，いつでも可能である．スタンドバイ取決めに基づいて高い段階のクレジット・トランシュで引出せる額は，スタンドバイ期間中ならば一定の間隔をおいて段階的に引出すことができる．また加盟国の引出権は，つねに計画に規定された政策目的を守り，状況を大局的に判断しながら行使されることが条件となる．

　1987年11月に理事会は，それまでの取決めが対象としていない偶発性による必要性と，適切な緊急融資メカニズムについて調査を開始した．審議の結果，1988年8月に「輸出変動・偶発補償融資制度」(CCFF)が設立された．この制度は既存の融資制度，すなわち加盟国が一時的に輸出不足に陥った場合に資金援助を行う「輸出変動制度」(1963年創設)に，加盟国が制御できない原因で，穀物の輸入価格が急騰した場合の補償融資を行う制度を，合体したものであった．偶発補償融資制度は，新しい要素である「外生的偶発要因補償融資」(ECF)も導入した．このメカニズムは，加盟国にとって予期しなかった外生的な不利益から，自国を守るための資金導入への機会を与えるものである．1990年12月に石油輸入価格の急騰について加盟国を補償するため，追加的な暫定補償制度が導入された．

　1992年11月現在，「輸出変動・偶発補償融資制度」のもとで加盟国が入手できる資金の総額は，輸出不足分と外生的偶発分のそれぞれで割当額の30%，穀物輸入費用分で割当額の15%である．加盟国はこの3つの要素のいずれかを補充するため，割当額の20%相当の「選択的トランシュ」を申請することもできる．これによって，加盟国の国際収支が

悪化した場合には，加盟国は輸出不足か穀物輸入費用のいずれか（または両方）で割当額の65％までを引出すことができるようになった．3つの要素をすべて利用すると，加盟国は割当額の80％までを引出すことができる．

「緩衝在庫補償融資制度」(BSFF)の創設決定にあたり設けられた基準によって，IMFはこれまでに錫，砂糖および天然ゴムの緩衝在庫に関連して，一般資金を利用する権限を有している．

増枠融資制度　「増枠融資制度」のもとで各加盟国は，クレジット・トランシュよりも長期間，割当額に比べ規模が大きい国際収支の赤字に対処するための援助を受けることができる．たとえば，ある加盟国の生産や貿易，価格形成上の構造的な問題に関連し同国の国際収支が深刻な事態になったとき，同国が2ないし3年にわたる包括的な一連の是正措置を実施する意思があれば，同国は融資制度に基づく援助を申請できる．積極的な開発政策の遂行を妨げるような国際収支ポジションに内在する脆弱さがある場合にも，この制度が利用できる．

増枠融資制度に基づく引出しは，一般的には3年の期限で行われるが，期限を4年に延長できる．

構造調整ファシリティ　低所得加盟国がとくに直面している困難に対応するため，理事会は1986年3月に特別支払勘定の枠内に，「構造調整ファシリティ」を創設した．この融資制度は，国際開発協会(IDA)の借款の利用資格をもつ低所得国が，長期にわたる国際収支上の問題に対し，自国の国際収支ポジションを強化する包括的な努力を行っている場合，世界銀行その他の金融機関とともに譲許的な国際収支援助を提供するものである．1993年現在，IMF加盟61カ国にこの融資の援助を受ける資格があるが，融資を受けるには改革計画の3年間の包括的枠組みを当該国が採用することが必要とされている．政策枠組みの作成に当たっては，世界銀行がIMFとともに加盟国を援助し，世界銀行理事会によっても再検討される．この融資の当初の財源には，信託基金への支払金（約27億SDR）があてられた．

コンディショナリティー[条件づけ]　IMFの一般資金を利用する国は，ふつう適切な期間にわたる実行可能な国際収支ポジションを意図する，経済政策の実施を要求される．この条件が「コンディショナリティー」といわれるもので，国際収支への資金援助と当該国の経済調整が歩調を合わせて進められなければならないという原則を反映している．

「コンディショナリティー」のガイドラインは，1979年に全体が見直されている．このガイドラインには，IMFが支援する計画の協議条項の利用，段階的な買入れ，実施状況を監視する客観的指標は計画の目標達成に必要な変数にかぎるという指令などが含まれている．ガイドラインはそのほかに，国際収支が悪化した初期の段階で是正措置をとること，調整はスタンドバイ取決めによる期間よりも長くなる例が多いことを認めること，調整計画で海外からの借入れ措置について柔軟なアプローチを取入れること，国内の社会的および政治的な目的や経済的な優先順位，支払い問題の原因を含む加盟国の状況などについて，適切に考慮することなどを，加盟国に奨励する必要性を強調している．

ガイドラインとの関連でIMFが支援する計画では，銀行部門の国内信用や公共部門の財政需要，対外債務，為替相場や利子率，および例外的に公的財政や貿易に重要な意味をもつ1次産品の価格などを含む価格体系の主要要素など，一定の財政総計をはじめとする主要な経済指標を重視している．

IMFが支援する是正戦略は，経済を持続的な成長に誘導し，投資に有害な影響をおよぼし，対外部門に必要な資金を移動できなくする恐れのある，純粋なデフレ政策を避けるようにしている．

一般資金の利用負担と債権者の地位に対する報償

IMFは，リザーブ・トランシュの買入れ以外の一般資金の利用には，手数料を課している．リザーブ・トランシュ以外の買入れでは，0.5％の手数料を支払うことになっている．そのほかにIMFは，買入れの結果生じる加盟国の通貨バランスについて手数料を徴収している．4段階のクレジット・トランシュや「増枠融資制度」，「補償融資」や「緩衝在庫補償融資制度」などの買入れの手数料率は，各会計年度の始めに，その年度のIMFの収入と支出の見積りと，純収入の目標額に基づいて決定される．1993会計年度の一般資金の利用手数料率の平均は，6.6％であった．IMFから借入れた資金を利用する加盟国は，IMFの借入れ費用にマージンを加えた料金を支払う．1992年から1993年にかけての「補償融資」の手数料率の平均は6.53％で，拡大アクセス政策の手数料率は6.60％であった．

IMFが保有する加盟国の通貨が特定の水準以下に減少した場合，加盟国はIMFに対して債権者となり，報償（すなわち利子）を受ける．IMFは，アメリカ，イギリス，ドイツ，フランス，日本の短期市場金利で決定される利率で，債権者となった加盟

国に報償を支払う．1993会計年度に，債権者となった加盟国に支払われた報償の平均利率は，4.57%であった．

E．技術援助

技術援助は基金の主要な活動のひとつである．加盟国には職員が派遣され，ときには派遣期間を延長して，安定化計画や外為制度の簡素化，中央銀行機構の改革，財政システムや予算管理の改革，それに経済統計の作成などについて助言している．IMFは，加盟国から提供される相当数の統計を収集し，公表している．また技術協力の一部として，大蔵省や中央銀行職員の研修プログラムを拡大するため，1964年5月にIMF研修所を設立した．さらに1992年秋には，ウィーン合同研修所を設立した．1992年から1993年にかけてIMF研修所は，IMF本部で13のコースと3つのセミナーを，ウィーン合同研修所で8つのコースと1つのセミナーを開き，さまざまなテーマで816人に研修を行った．

F．特別引出権（SDR）

SDRはIMFが創設した国際準備資産で，既存の準備資産を補充するために加盟国に割当てられている．総額214億SDRが6回にわたって配分されている．

最近行われた第3期のSDR配分は1981年1月1日のもので，当時IMF加盟国だった141カ国に総額40億5200万SDRが配分された．ほぼ同額がその2年前にも各国に配分されていた．IMFは，割当額に比例して，加盟国にSDRを配分している．またSDRの配分の時期と額を決定する場合，既存の準備資産を補充する世界的な必要性があるかどうかを考え，IMF協定の目的であるSDRを国際通貨制度の主要な準備資産にするという観点から，加盟国が相互に協力し，IMFとも協力することを求めている．

IMFの178加盟国すべてがSDR会計の参加者であり，配分を受ける資格をもっている．加盟国は，加盟国相互や現在15ある「その他の保有者」や，IMFなどとの取引や活動で，SDRを利用している．SDRはIMFの会計単位だが，商業取引や民間の債務をSDRで表示する例もますます増加している．

国際収支上必要な場合は，加盟国は指定された取引で外国為替を獲得するためにSDRを利用することができる．すなわち，IMFが指定したほかの加盟国との取引で，通貨を提供しSDRと交換できる．IMFは加盟国に対して，国際収支や準備資産の能力に基づいて，通貨を提供するよう指示している．ただし加盟国の通貨提供義務は，加盟国が受取った配分額の総計の3倍を超えないものとされている．IMF加盟国と「その他の保有者」は，協定によってSDRをさまざまな任意の取引や活動に利用することができる．SDRをスポットや先物取引で購入したり売却することもできるし，スワップや債務の処理に利用したり，寄付（贈与）することもできる．

SDRの価値は5つの通貨（アメリカ・ドル，ドイツ・マルク，日本円，フランス・フラン，イギリス・ポンド）のバスケットに基づいて決定される．SDRの価値は，バスケットの5つの通貨の特定の量の市場交換レートに基づくアメリカ・ドル建てで表示され，基金が毎日計算している．これらの総額つまり「通貨単位」は，バスケット内の通貨の合意された割合から得られる．1991年12月31日現在で，合意された割合はアメリカ・ドルが40%，ドイツ・マルクが21%，円が17%，フランス・フランとイギリス・ポンドがそれぞれ11%であった．この割合は，それぞれの通貨を発行している国々の製品やサービスの輸出評価，それに1985年から1989年にかけての過去5年間に加盟国が準備高としてIMFに保有していたそれぞれの通貨の比重などに基づいており，各通貨が国際貿易や支払いではたす相対的な重要性を反映している．SDRの利子率は，算出に用いられるのと同じ5つの通貨の，為替市場における短期利率に基づいている．

G．IMFによる金の売却

当初のIMF協定では，加盟国が割当額の1/4を金で払込むことになっていた．1969年にSDRが創設され，1978年に協定の第2次改正が行われてから，金は依然として加盟国の資産保有の重要な要素となっているが，通貨としての金の役割は協定から実質的に排除された．このような事態の推移に鑑み，理事会はIMFが保有する金を1976年から部分的に売出すことを決定した．1980年5月に，4年にわたる金売却計画を終了し，当初保有していた金の1/3に当たる5000万OZ（約1417t）を売却した．その半分の2500万OZ（約709t）は，加盟国に1OZ（約28.3g）当たり35SDRというかつての公式価格で売却された．残りの半分は，途上国の利益のために競売で売却された．これらの競売で得られた収益

IMF 加盟国（1993 年 4 月 30 日現在*）

数字は割当額（100 万 SDR）

国	額	国	額	国	額
アイスランド	85.3	コンゴ共和国	57.9	パナマ	149.6
アイルランド	525.0	コンゴ民主共和国	291.0	バヌアツ	12.5
アゼルバイジャン	117.0	サウジアラビア	5130.6	バハマ	94.9
アフガニスタン	120.4	サモア	8.5	パプアニューギニア	95.3
アメリカ	26526.8	サントメ・プリンシペ	5.5	パラグアイ	72.1
アラブ首長国連邦	392.1	ザンビア	270.3	バルバドス	48.9
アルジェリア	914.4	サンマリノ	10.0	バーレーン	82.8
アルゼンチン	1537.1	シエラレオネ	57.9	ハンガリー	754.8
アルバニア	35.3	ジブチ	11.5	バングラデシュ	392.5
アルメニア	67.5	ジャマイカ	200.9	フィジー	51.1
アンゴラ	207.3	シリア	139.1	フィリピン	633.4
アンティグア・バーブーダ	8.5	シンガポール	357.6	フィンランド	861.8
イエメン	176.5	ジンバブエ	261.3	ブータン	4.5
イギリス	7414.6	スイス	2470.4	ブラジル	2170.8
イスラエル	666.2	スウェーデン	1614.0	フランス	7414.6
イタリア	4590.7	スーダン	169.7	ブルガリア	464.9
イラク	504.0	スペイン	1935.4	ブルキナファソ	44.2
イラン	1078.5	スリナム	49.3	ブルンジ	57.2
インド	3055.5	スリランカ	303.6	ベトナム	176.8
インドネシア	1497.6	スロバキア	257.4	ベナン	45.3
ウガンダ	133.9	スロベニア	150.5	ベネズエラ	1951.3
ウクライナ	997.3	スワジランド	36.5	ベラルーシ	280.4
ウズベキスタン	199.5	セイシェル	6.0	ベリーズ	13.5
ウルグアイ	225.3	赤道ギニア	24.3	ペルー	466.1
エクアドル	219.2	セネガル	118.9	ベルギー	3102.3
エジプト	678.4	セントクリストファー・ネイビス	6.5	ボツワナ	36.6
エストニア	46.5	セントビンセントおよびグレナディーン諸島	6.0	ポーランド	988.5
エチオピア	98.3			ボリビア	126.2
エルサルバドル	125.6	セントルシア	11.0	ポルトガル	557.6
オーストラリア	2333.2	ソマリア	44.2	ホンジュラス	95.0
オーストリア	1188.3	ソロモン諸島	7.5	マケドニア	33.5
オマーン	119.4	タイ	573.9	マーシャル諸島	2.5
オランダ	3444.2	タジキスタン	40.0	マダガスカル	90.4
ガイアナ	67.2	タンザニア	146.9	マラウイ	50.9
カザフスタン	247.5	チェコ	589.6	マリ	68.9
カタール	190.5	チャド	41.3	マルタ	67.5
ガーナ	274.0	中央アフリカ共和国	41.2	マレーシア	832.7
カナダ	4320.3	中国	3385.2	南アフリカ共和国	1365.4
カーボベルデ	7.0	チュニジア	206.0	ミャンマー	184.9
ガボン	110.3	チリ	621.7	メキシコ	1753.3
カメルーン	135.1	デンマーク	1069.9	モザンビーク	84.0
韓国	799.6	ドイツ	8241.5	モーリシャス	73.3
ガンビア	22.9	トーゴ	54.3	モーリタニア	47.5
カンボジア	25.0	ドミニカ共和国	158.8	モルディヴ	5.5
ギニア	78.7	ドミニカ国	6.0	モルドバ	90.0
ギニアビサウ	10.5	トリニダード・トバゴ	246.8	モロッコ	427.7
キプロス	100.0	トルクメニスタン	48.0	モンゴル	37.1
ギリシャ	587.6	トルコ	642.0	ヨルダン	121.7
キリバス	4.0	トンガ	5.0	ラオス	39.1
キルギス	64.5	ナイジェリア	1281.6	ラトビア	91.5
グアテマラ	153.8	ナミビア	99.6	リトアニア	103.5
クウェート	995.2	ニカラグア	96.1	リビア	817.6
グルジア	111.0	ニジェール	48.3	リベリア	71.3
グレナダ	8.5	日本	8241.5	ルクセンブルグ	135.5
クロアチア	261.6	ニュージーランド	650.1	ルーマニア	754.1
ケニア	199.4	ネパール	52.0	ルワンダ	59.5
コスタリカ	119.0	ノルウェー	1104.6	レソト	23.9
コートジボワール	238.2	ハイチ	44.1	レバノン	78.7
コモロ	6.5	パキスタン	758.2	ロシア	4313.1
コロンビア	561.3			合　計	144,606.2

* IMF *Annual Report* 1993, pp. 186-189.

国際通貨基金(IMF)

理事と投票数(1993年4月30日現在)

理事	選出国	国別投票数	投票数合計	基金の割当額(%)	理事	選出国	国別投票数	投票数合計	基金の割当額(%)
(指名)						アイルランド	5,500		
Thomas C. Dawson II	アメリカ	265,518	265,518	17.82		ジャマイカ	2,259		
Stefan Schoenberg	ドイツ	82,665	82,665	5.55		セントクリストファー・ネイビス	315		
Hiroo Fukui	日本	82,665	82,665	5.55		セントルシア	360		
Jean-Pierre Landau	フランス	74,396	74,396	4.99		セントビンセントおよびグレナディーン諸島	310		
David Peretz	イギリス	74,396	74,396	4.99				55,500	3.72
(選挙)					Ingimundur Fridriksson (アイスランド)	デンマーク	10,949		
Jacques de Groote (ベルギー)	オーストリア	12,133				エストニア	715		
	ベラルーシ	3,054				フィンランド	8,868		
	ベルギー	31,273				アイスランド	1,103		
	チェコ	6,146				ラトビア	1,165		
	ハンガリー	7,798				リトアニア	1,285		
	カザフスタン	2,725				ノルウェー	11,296		
	ルクセンブルグ	1,605				スウェーデン	16,390		
	スロバキア	2,824						51,771	3.47
	トルコ	6,670	74,228	4.98	Muhammad Al-Jasser (サウジアラビア)	サウジアラビア	51,556	51,556	3.46
Godert A. Posthumus (オランダ)	アルメニア	925			Ewen L. Waterman (オーストラリア)	オーストラリア	23,582		
	ブルガリア	4,899				キリバス	290		
	キプロス	1,250				韓国	8,246		
	グルジア	1,360				マーシャル諸島	275		
	イスラエル	6,912				モンゴル	621		
	モルドバ	1,150				ニュージーランド	6,751		
	オランダ	34,692				パプアニューギニア	6,584		
	ルーマニア	7,791					1,203		
	ウクライナ	10,223	69,202	4.64		フィリピン	325		
Roberto Marino (メキシコ)	コスタリカ	1,440				セイシェル	375		
	エルサルバドル	1,506				ソロモン諸島	335		
	グアテマラ	1,788				バヌアツ			
	ホンジュラス	1,200				サモア		48,897	3.28
	メキシコ	17,783			A. Shakour Shaalan (エジプト)	バーレーン	1,078		
	ニカラグア	1,211				エジプト	7,034		
	スペイン	19,604				イラク	5,290		
	ベネズエラ	19,763	64,295	4.31		ヨルダン	1,467		
Giulio Lanciotti (イタリア)	アルバニア	603				クウェート	10,202		
	ギリシャ	6,126				レバノン	1,037		
	イタリア	46,157				リビア	8,426		
	マルタ	925				モルジブ	305		
	ポルトガル	5,826				オマーン	1,444		
	サンマリノ	350	59,987	4.03		カタール	2,155		
Douglas E. Smee (カナダ)	アンティグア・バーブーダ	335				シリア	1,641		
	バハマ	1,199				アラブ首長国連邦	4,171		
	バルバドス	739				イエメン	2,015	46,265	3.10
	ベリーズ	385			Konstantin G. Kagalovsky (ロシア)	ロシア	43,381	43,381	2.91
	カナダ	43,453							
	ドミニカ	310							
	グレナダ	335							

国際通貨基金(IMF)

理事	選出国	国別投票数	投票数合計	基金の割当額(%)	理事	選出国	国別投票数	投票数合計	基金の割当額(%)
Daniel Kaeser (スイス)	アゼルバイジャン	1,420				ケニア	2,244		
	キルギス	895				レソト	489		
	ポーランド	10,135				リベリア	963		
	スイス	24,954				マラウイ	759		
	トルクメニスタン	730				モザンビーク	1,090		
	ウズベキスタン	2,245				ナミビア	1,246		
			40,379	2.71		ナイジェリア	13,066		
J. E. Ismael (インドネシア)	フィジー	761				シエラレオネ	829		
	インドネシア	15,226				スーダン	1,947		
	ラオス	641				スワジランド	615		
	マレーシア	8,577				タンザニア	1,719		
	ミャンマー	2,099				ウガンダ	1,589		
	ネパール	770				ザンビア	2,953		
	シンガポール	3,826				ジンバブエ	2,863		
	タイ	5,989						37,845	2.54
	トンガ	300			Zhang Ming (中国)	中国	34,102	34,102	2.29
	ベトナム	2,018			A. Guillermo Zoccali (アルゼンチン)	アルゼンチン	15,621		
			40,207	2.70		ボリビア	1,512		
Abbas Mirakhor (イラン)	アフガニスタン	1,454				チリ	6,467		
	アルジェリア	9,394				パラグアイ	971		
	ガーナ	2,990				ペルー	4,911		
	イラン	11,035				ウルグアイ	2,503		
	モロッコ	4,527						31,985	2.15
	パキスタン	7,832			Corentino V. Santos (カーボベルデ)	ベナン	703		
	チュニジア	2,310				ブルキナファソ	692		
			39,542	2.65		カメルーン	1,601		
Alexandre Kafka (ブラジル)	ブラジル	21,958				カーボベルデ	320		
	コロンビア	5,863				中央アフリカ共和国	662		
	ドミニカ共和国	1,838				チャド	663		
	エクアドル	2,442				コモロ	315		
	ガイアナ	922				コンゴ共和国	829		
	ハイチ	691				コートジボワール	2,632		
	パナマ	1,746				ジブチ	365		
	スリナム	743				赤道ギニア	493		
	トリニダード・トバゴ	2,718				ガボン	1,353		
			38,921	2.61		ギニア	1,037		
K. P. Geethakrishnan (インド)	バングラデシュ	4,175				ギニアビサウ	355		
	ブータン	295				マダガスカル	1,154		
	インド	30,805				マリ	939		
	スリランカ	3,286				モーリタニア	725		
			38,561	2.59		モーリシャス	983		
L. J. Mwananshiku (ザンビア)	アンゴラ	2,323				ニジェール	733		
	ボツワナ	616				ルワンダ	845		
	ブルンジ	822				サントメ・プリンシペ	305		
	エチオピア	1,233				セネガル	1,439		
	ガンビア	479				トーゴ	793		
						ザイール(現コンゴ民主共和国)	3,160		
								23,096	1.55
					合計			1,469,360	98.59

注)投票は基金の一般資金の利用について，一般会計に属する一定の事項ごとに変化する．表記されたパーセントは一般会計および特別引出権会計の総投票数に対するものである．カンボジア，クロアチア，マケドニア旧ユーゴスラビア共和国，スロベニア，ソマリア，南アフリカ，タジキスタンは1992年の専務理事通常選挙に参加しなかったので含まれていない．それらの加盟国の投票数の合計は2万952票で，一般会計と特別引出権会計の加盟国の投票数の1.41%である．各理事の保持する合計投票数と割当額のパーセントは，四捨五入のため一致しないことがある．

の一部は，国際収支の譲許的援助を受ける資格をもつ途上国に提供される信託基金の財源として利用された．これらの譲許的ローンの返済金（総額約27億SDR）が，「構造調整ファシリティ」の基礎財源となっている．

■ 参考文献

Annual Report of the Executive Board.『理事会年次報告』
　　基金の活動の報告と世界経済の概観．

Annual Report on Exchange Restrictions.『交換制限に関する年次報告』

Balance of Payments Yearbook.『国際収支年鑑』

Direction of Trade.『貿易指針』
　　約100カ国の国別貿易統計を含み，地理別および通貨別の概略を掲載．IMFと世界銀行が編集し，IMFと世界銀行，国連が合同で出版．月刊誌．

Government Finance Statistics Yearbook.『政府財政統計年鑑』

IMF Survey.『IMFサーベイ』
　　1カ月に2回発行．

International Financial Statistics.『国際財政統計』
　　国内および国際経済のすべての局面に関する統計（交換比率，金および外国為替の保有高，通貨供給量，銀行資産，国際貿易，価格，生産，利子率など）を含む．月刊誌．

世界銀行グループ

世界銀行グループは，国際復興開発銀行(IBRD)，投資紛争解決国際センター(ICSID)，多国間投資保証機関(MIGA)，国際開発協会(IDA)，国際金融公社(IFC)の5つの組織からなっている．

§ 国際復興開発銀行（IBRD）

[www.worldbank.org]

■ 背 景

1943年2月早々に，アメリカのサムナー・B・ウェルズ国務次官は，第2次世界大戦後の世界経済の復興と開発を支援する機関の設立を目的とする準備協議を，しきりに促していた．アメリカとイギリスが，IBRDと国際通貨基金(IMF)の設立につながる交渉で指導的な役割を演じていた．世界銀行グループのおもな貸付組織であるIBRDは，姉妹機関のIMFと同様，広範な規模で経済・金融の国際協力が必要となる戦後の移行期間に，連合国が直面することになる復興と開発の困難さを，第2次世界大戦中に連合国が自覚していたことから誕生した．「世界銀行」と呼ばれることが多いIBRDは，1944年7月にアメリカのニューハンプシャー州のブレトンウッズで開かれた連合国通貨金融会議で提案された．

■ 目 的

初期のIBRDの任務のひとつは，戦時経済から平時経済へと円滑に移行する手助けにあったが，まもなく経済開発がおもな目的となっていった．現在の世界銀行の目標は，途上国の貧しい人々に恩恵をもたらすような経済開発を促進することにある．貧困を減らし，経済成長に寄与する投資に融資するため，途上国にローンを供与している．投資の対象には，道路や発電所，学校，灌漑網，農業拡大サービスや教師の養成，子どもや妊婦のための栄養改善計画などの活動が含まれている．世界銀行のローンのいくつかは，国家の経済構造をより安定させ，効率のよい，市場指向型の経済にかえるための融資である．また，国家の特定部門を効率化し，国家の開発目標により緊密な関連性をもつものとするような，技術援助も提供している．

■ 加 盟 国

IBRDの創設者たちは，実質的にすべての国々で構成される世界規模の組織を思い描いていた．IBRDの加盟国は，1946年の41カ国から1994年6月30日現在の177カ国へとじょじょに増加していった．

加盟国は通告さえすれば，いつでも脱退できる．また，債務不履行として総務の過半数によって資格停止が決定され，1年以内に過半数の決定によって資格が復活されなかった場合は，加盟国としての地位を失う．

旧ソ連は1944年のブレトンウッズ会議に参加し，IMFとIBRDを設立する最終文書に調印したが，協定を批准せず，銀行の業務開始後の発足60日以内と定められた資本払込み金の20%を払込まなかった．もし参加していれば，旧ソ連はアメリカとイギリスに次ぐ3番目の大型出資国になっていただろう．以後40年間にわたって，IBRDは規模を拡大してきたが，旧ソ連が参加していないため，創設者たちが意図した真の世界規模の組織になることはできなかった．1990年代の初めに，旧ソ連の15の共和国が政治的および経済的な変化に襲われたとき，旧ソ連政府は国際金融制度に参加する意思を表明し，IMFとIBRDに加盟を申請した．1991年7月15日にソ連のミハイル・ゴルバチョフ大統領は，正式にIBRDとその3つの下部機関(IFC, IDA, MIGA)への加盟を申請した．ところが1991年12月には，旧ソ連自

体が存在しなくなった．1992年になって，ロシアと旧ソ連の15の共和国（バルト諸国を含む）が加盟を申請し，承認された．そのうちの11カ国がIDAに，14カ国がIFCに，そして15カ国がMIGAにそれぞれ加盟を申請した．これらの諸国の便宜を図るため，IBRDの授権資本も増資された．

■ 機　　構

総務会

銀行のすべての権限は，各加盟国からの総務1人と代理1人からなる総務会にある．通常は各国の蔵相や中央銀行総裁，あるいはそれと同格の地位の人物が総務会で加盟国を代表している．総務会は毎年会合を開いている．

銀行は，企業に似た組織となっている．合意された方式にしたがい，加盟国は銀行の株式資本に出資する．それぞれの総務は，250票とその代表する加盟国が保有する1株ごとに各1票を投じる権限をもっている．1993年6月30日現在，アメリカが24万3109票をもち，最大の株主である．

理事会

総務会は権限の大半を24人の理事に委任している．協定にしたがい，最大の株式を保有する5加盟国（アメリカ，日本，ドイツ，フランス，イギリス）が各1人の理事を任命する．その他の国々は19の有権者グループに分けられ，それぞれのグループを代表して理事1人がそれぞれ選出される．この19人の理事が代表する国の数は，さまざまである．たとえば，中国，ロシア，サウジアラビアを代表する理事は各1人であるが，アフリカのフランス語圏諸国24カ国を代表する理事は1人だけであるし，アフリカの英語圏諸国21カ国を代表する理事も1人である．

総裁および職員

総裁は理事会で選出され，理事会の議長を務めるが，可否同数の場合の決定投票以外に投票権はない．総裁は，理事会の一般的指示のもとで銀行の通常業務に責任を負っている．銀行の融資業務は，総裁と職員によって行われる．ローンの金額，期間，条件などは総裁が理事会に勧告し，理事会の承認を得て実施される．

歴代の総裁には，ロバート・S・マクナマラ(1968～81年)，A・W・クラウセン(1981～86年)，バーバー・B・コナブル(1986～91年)がいた．現在の銀行総裁はルイス・T・プレストンで，[1999年現在の総裁は，J.ウォルフェンソンである．]彼の5年の任期は1991年9月に始まっている．彼は130カ国以上からの職員7100人の長である．

IBRDの本部は1818 H Street, N.W., Washington, D.C. 20433にある．

■ 予　　算

1993年6月30日期の会計年度におけるIBRDの運営予算は，6億7900万ドルであった．運営費用はIBRDの収入から支払われている．

■ 活　　動

A．財政資金

授権資本　IBRDは，創設時に100億ドルの授権資本をもっていた．株式に応募する加盟国は，参加するさいには応募額の1/5を払込むよう求められ，残りはIBRDが困難に直面した場合など，払込み請求があったときに払うこととなっていた．さらに払込む1/5の額も，国際通貨である必要はなかった．金またはアメリカ・ドルでの払込みが必要とされたのは，各加盟国の応募額の2%にすぎなかった．残りの18%は，当該加盟国の通貨で支払えばよく，これは無利子の手形で支払われたが，当該加盟国の許可がなければ利用できなかった．1959年に各加盟国は，支払いを行わずに応募額を倍増させる機会を与えられた．このように，1959年の増資以後にIBRDに加盟した国々の資本の増加と応募額の追加にさいしては，応募総額の半分だけに上述の2%と18%の割合に影響する規定が適用された．IBRDの活動で自由に利用できるのは，金またはアメリカ・ドルで払込まれた各応募額の1%分だけで，9%は加盟国の同意を得た上で利用できる加盟国の通貨である．残りの90%は払込まれず，IBRDの請求があった場合にかぎって払込まれる．

貸出目的の融資資金　加盟国からの応募額が，IBRDの融資資金の原資となっている．1993年6月30日現在，払込み済みの応募額は約105億ドルであった．しかし銀行は，市場での借入れや収入によってもっと多くの資金を引出している．1993年6月30日現在，IBRDの借入残高は963億ドルで，世界の資本市場で調達している．これらの債務は約24カ国の通貨建であり，100カ国以上の中央銀行や政府機関を含む投資家が投資している．IBRDは，この巨額

の債務を政府よりも低利で調達した．それというのも，1947年以来記録されてきたIBRDへの信頼性が信用を築いており，また万が一，IBRDが困難な状況になれば加盟国に未払いの応募額の払込みを要求できることを，投資家が知っていたからである．借入れ業務ではIBRDはかなりの量の通貨および金利スワップ取引も行っている．これらのスワップによって，IBRDは資金調達費用を低くおさえ，本来なら借入れが難しい市場や通貨での直接借入れが可能となったのである．

B．貸出活動

IBRDは加盟国政府や，その政府の保証があれば行政上の下部組織や国有企業，民間企業にも貸出を行っている．

IBRDの最初のローンは，戦災復興のための2億5000万ドルで，1947年後半に実施され，総計4億9700万ドルがヨーロッパ諸国に貸付けられた．IBRDの最初の開発ローンは，1948年の第1四半期に行われた．1993年6月30日現在，IBRDのローンの累積額は3120億ドルを超えている．

ローンの期間と金利 IBRDは一般に，一定期間後に返済が始まる長期のローンを行っている．ローンの期間は，一般的に融資を受ける施設やプラントの推定耐用年数で決まる．1982年7月以来，IBRDのローンはさまざまな利率で行われてきた．変動金利型ローンの金利は，1982年6月30日以後に引出された借入れ「プール」の調整日前6カ月間の，IBRDの加重平均金利負担に0.5％を上乗せし，半年ごとの1月1日と7月1日に調整されている．ただし1989年7月以降，貸付に振向けられた借入金だけが，既存の変動金利ローンに借入費用に含まれるようになった．1994年上半期の，適用金利は，そのような新規あるいは修正ローンが7.27％で，その他の未払い変動金利ローンはすべて7.25％となっている．1982年7月以前は，ローンが固定金利で行われていたので，半年ごとの金利調整はこれらの古いローンには適用されていない．

C．ローンの目的

IBRDの業務のおもな目的は，農業やエネルギー，工業および輸送などの生産性のある計画について，途上国加盟国に資金を貸付けること，また開発に不可欠な基本的なサービスの改善を手助けすることにある．援助のおもな基準は，借手となる加盟国とIBRDが協議して策定した特別の貸付計画のなかで，最も効率のよいところに援助するというものである．1980年代後半になると，世界銀行がより効果的であるとして途上国に経済の再構築を奨励する政策が，じつは世界の最も貧しい人々に過重な負担をおしつけていると批判されるようになった．このような批判と，世界銀行による貸付が途上国の環境にとって有害なプロジェクトの費用まで支払ってきたという，環境保護を訴える人々の非難を受けて，1990年代には融資政策が見直されるようになった．[1999年に包括的開発フレームワーク(CDF)を提言している．]

銀行の貧困削減戦略の実行 世界銀行の根本的な目的は，貧困の持続的削減にある．これを補強するのが，1990年版世界開発報告で提案された貧困削減のための二重戦略である．第1の要素は，貧困者が自分の唯一の財産である労働力を，有効に利用できるよう，広範囲の経済成長を促進することである．第2の要素は，貧困者の福祉を改善するために，基礎的な社会サービスの拡大を保障し，貧困者が経済成長に十分参加できるようにすることである．貧困削減戦略の進捗状況は，新規貸出統計にはっきりとみることができる．貧困削減努力の主目標となっている農業と農村開発に対する貸付と，水の供給と衛生に対する貸付の割合は最近ほぼ一定となっているが，人的資源開発への貸付は1980年代初め以後，ドルベースで5倍に増加している（1981年から1983年の会計期間に貸付総額の5％であったものが，1991年から1993年の会計期間では15％になった）．

部門調整および構造調整貸付 部門調整や構造調整のための融資は，社会的な救済措置の樹立や基本的な社会サービスのための公共投資保護を，ますます支援するようになっている．社会問題に向けられた調整貸付のシェアは，1984年から1986年の会計期間の5％から，1990年から1992年の会計期間には50％に上昇した．1993会計年度では，17件の調整融資のうちの6件に特別の貧困削減措置が含まれていた．

調整計画を策定している国々への援助にさいし，IBRDの協力は次の諸点で行われる．

（a）貧困者のニーズに順応する段階的な計画を立案すること
（b）改革プロセスの初期段階で，貧困者に有利なように価格を相対的に変化させることを優先させること
（c）貧困者向けの基本的な社会サービスの提供に

十分な資金を確保すること
(d) 社会的な救済措置を経済改革計画のなかに盛込むこと

　これらの努力は，貧困者が経済成長のおもな受益者となるようにその地位を改善するもので，調整計画の実施によって雇用機会が増えることも，併わせて意図したものである．

　人的資源の開発　過去20年間にわたって，人的資源開発融資の大部分が教育に向けられ，焦点は基礎教育にあてられてきた．教育のための貸付は1980年代の平均7億ドルから，1990年代初めの4年間には平均19億700万ドルに増加した．1993会計年度には32件のプロジェクトに対して，総額20億600万ドルの貸付が承認された．

　人口問題，保健および栄養のための銀行貸付は，さらに急速に拡大した．この部門への年間の平均貸付額は，1980年代が2億700万ドル，1991年から1993年の会計年度には平均14億4700万ドルとなった．1993会計年度の貸付総額は，25件のプロジェクトに対して18億1200万ドルに上った．

　環　境　IBRDは1990会計年度の4億400万ドルに比べ，1993会計年度には総額20億ドル近くになる23件のローンで，環境保護努力を支援した．しかし単独の環境プロジェクトだけでは，十分に語ることはできない．現在，世界銀行の全プロジェクトの半数は，何らかの環境要素を含んでいるからである．

　IBRDは，融資対象の個々のプロジェクトが環境に良いものとなるように努力していくが，しかし，プロジェクトごとの対応以上のものが必要とされるようにもなっている．IBRDは現在，個々のプロジェクトを厳しく評価することと，途上国政府がすべてのレベルで環境に対する配慮を政策に盛込むよう援助することの，2つのレベルで活動している．

　1993会計年度にIBRDは，環境問題への援助を要求する借手の増大にこたえ，内部的な監視と実施を強化する必要が生じ，機構改革を行った．環境面での持続可能な開発に関する副総裁職が設けられた．この副総裁のもとには環境局，農業および天然資源局，運輸および都市開発局の3つの部局がおかれた．

　「地球環境ファシリティー」は，世界銀行と国連開発計画(UNDP)，国連環境計画(UNEP)および各国政府との間の協力事業である．このファシリティーは，煙突から発生する大気汚染や河川への有害廃棄物の投棄など，途上国が国境を越えた環境問題に対処するのを援助するため，資金を供与している．同ファシリティーは温室効果ガスの排出制限，生物の多様性保護，国際水域の保護，オゾン層の保護という4つの目的に優先的に取組んでいる．

　民間部門開発　途上国加盟国の民間部門の成長を促すことは，持続可能な成長を育成し貧困を削減するという，IBRDの全般的な使命の中心であった．2つの組織，すなわち国際復興開発銀行(IBRD)と国際開発協会(IDA)は，1993会計年度に民間部門開発のため途上国に対して総額237億ドルのローンを行った．さらに，同じ銀行グループの国際金融公社(IFC，民間部門に直接投資を行う)は途上国に21億ドルを投資した．

　銀行の民間部門開発戦略には，(1)手続面や規制および法的な改革を支援してビジネス環境を向上させること，(2)国有企業の民営化を通じて公共投資を見直し，民間部門開発にとって重要な分野(たとえば貿易や投資の促進など)での公的な行政能力を向上させ，民間および公的資金のより効率的な利用のため，従来は国家が提供してきたサービスを民間に移管するなどして，公共部門を再構築すること，(3)貯蓄を動員し，それを最も生産性の高い部門に導くような効率的な財政制度の開発を支援し，金融部門の開発を行うこと，という3つのテーマがある．

D．その他の活動

　技術援助　IBRDは，広範な技術援助を加盟各国に提供しており，その大半が貸付計画による融資である．IBRDが貸付，供与あるいは管理の役割を担っている技術援助は，過去10年間にドル換算で2倍以上となった．総額は1992年に27億ドルに上っている．増加分の大半は，制度開発の分野にみられた．

　組織相互の協力　IBRDの中心的な目的は，世界中の貧困を削減するための援助にある．この目的のため，IBRDは貧困状況の評価を行う上でほかの開発機関の参加を奨励し，関連データの質的な向上のために，国連のほかの機関と密接に協力している．国家の段階では，国連開発計画や国連児童基金(UNICEF)が特定の国々で貧困状況の評価や，策定された人的開発評価のフォローアップを準備するのに協力する努力を拡大している．

　貧困に関するIBRDと国連システムの間のプロジェクト段階での協力は，とくに社会資本や社会行動計画の立案において，広範なものとなっている．世界銀行はほかの国連機関(たとえば国連食糧農業機関(FAO)と国連開発計画，それに世界銀行が後援

している「国際農業研究協議グループ」(CGIAR))とともに特別の関心事項に取組むために，多国間と2国間の双方での援助供与国の動員を指揮してきた．また，全人類のための世界教育会議や世界子供サミットのフォローアップ，母胎の安全のための組織間グループ，オンコセルカ（河盲目）症対策計画，エイズ世界計画，子どもの生存のための活動など，組織にまたがる活動にも積極的に協力している．また，国連総会やその関連委員会，経済社会理事会の活動で，政治および政策レベルでも国連と密接に連携している．

そのような普及活動を担当する部局が，経済開発研究所である．セミナーやワークショップなどのコースを通じて，同研究所は政策立案者たちが自らの政策に資するような開発の教訓を評価し，利用できるようにしている．1993年に同研究所は，5000人近い公務員や開発政策担当者たちに対して，152件の活動を組織した．同研究所のサービスを最も利用しているのは，ヨーロッパおよび中央アジアで市場経済に移行中の国々と，サハラ以南のアフリカで経済開発中の国々である．

経済の調査と研究 1972年に始まったIBRDの「経済的および社会的研究計画」は，IBRD独自の研究員によって行われており，運営予算もIBRDが負担している．研究計画は，貸付機関として加盟国に政策的助言を与える立場にあるIBRD自身の必要性と，加盟国の必要性によって作成されている．この計画のおもな目的は，開発プロセスとそれに影響を及ぼす政策について新しい洞察を得ること，国別・部門別・プロジェクト別の分析に新しい技術や手法を導入すること，たとえば世界開発報告のような主要なIBRDの文献に分析の基礎を提供すること，途上国自身の研究能力の強化を援助することなどにある．

地域別のIBRD貸付（1993年6月期）

（単位は100万ドル）

地　域	約定額*	［うちIBRD］
アフリカ	2,817.3	［　　47.0］
東アジアおよび太平洋	5,569.8	［4,4404.8］
南アジア	3,416.2	［1,145.0］
ヨーロッパおよび中央アジア	3,843.9	［3,739.5］
ラテンアメリカおよびカリブ海地域	6,168.5	［5,851.8］
中東および北アフリカ	1,880.2	［1,756.4］
合　計	23,695.9	［16,944.5］

*IBRDおよびIDAの約定額．

目的別のIBRD累積貸付額（1993年6月30日現在）

（単位は100万ドル）

目　的	累積額	［93年6月期の約定額］
農業および農村開発	42,469.5	［1,918.8］
開発融資企業	22,005.4	［　582.0］
教　育	10,437.8	［　968.0］
エネルギー	50,245.0	［3,021.0］
工　業	16,652.4	［　685.0］
プロジェクト以外	22,024.4	［2,980.0］
人口，保健，栄養	3,363.0	［　706.8］
公共部門管理	2,717.0	［　212.3］
中小企業	4,586.8	
技術援助	865.1	［　212.3］
通　信	4,097.5	［　264.0］
輸　送	33,604.7	［2,584.6］
都市開発	11,609.0	［1,687.5］
上下水道	0,476.2	［　758.5］
合　計	235,154.4	［16,944.5］

§ 投資紛争解決国際センター（ICSID）

[www. worldbank. org/icsid]

途上国は，開発資金を外国の民間資本に相当程度依存している．しかしそのような資本の流入は，途上国での法的・政治的条件に敏感に反応する．「投資紛争解決国際センター」は，政府と外国投資家との紛争について調停と仲裁を促し，国際投資の流入拡大を促進する目的で，1966年に自立的機関として設立されたものである．同センターは，助言も与えるが，研究を行ったり，外国投資法の出版を行ったりしている．同センターが発行している出版物には，半年に1回発行される法律雑誌のICSID Review-Foreign Investment Law Journal（『ICSIDレビュー，外国投資法ジャーナル』）や，Investment Laws of the World（『世界の投資法』），Investment Treaties（『投資条約』）のシリーズなどがある．1993年6月30日現在，ICSIDには109カ国が加盟している．

§ 多国間投資保証機関（MIGA）

[www. miga. org]

MIGAは1988年に設立された．そのおもな目的は，非商業的(すなわち政治的)な危険に対して投資を保証すること，ならびに加盟国に魅力的な投資環境づくりを支援するためのサービスや助言を与え，外国からの直接投資の流入を助長することである．MIGAは，次の4つの基本的なタイプの保証を提供

している.

通貨の兌換不能 投資利益を受入れ国以外に移すとき，同国の通貨が外貨に交換できない場合に生じる損失を保護する.

収用 あらかじめ保証されたはずの投資に対する所有権が，受入れ国政府によって縮小されたり排除されたり，あるいは統制を受けるようなことから生じる損失を保護する.

戦争および一般人の妨害 プロジェクトを実施している事業体の有形資産を破壊したり損害を与えたり，あるいは事業体の活動に干渉するような軍事行動または民衆蜂起から生じる損害を保護する.

契約不履行 投資契約に対して受入れ国が支払いを拒否したり，契約を履行しないことに対して，投資家が公平な決定または裁定を得ることができなかったり，執行できないことから生じる損害を保護する.

MIGAのサービスを求める声は強力なものであった．1993年末までに同機関が保証した資本は9億4800万ドルであった．1993年12月31日現在，MIGAは合計86件の保証契約を行っていた．同じ日までにMIGAが引受けた偶発的な損害賠償額の総額は約10億ドルであった．1994年2月10日現在，118カ国がMIGAへの加盟要件を満了し，ほかに26カ国が加盟の手続中である.

§ 国際開発協会（IDA）

[www.worldbank.org/ida]

■ 背　　景

世界のより貧しい国々は，開発資金を得るために重い借金を重ねてきた．そのような90カ国の未払い債務の総額は，1970年の510億ドルから1985年には，推定4850億ドルに上昇した．この債務に対する年間利子と元本の償還額だけで，1985年までに1000億ドル以上に達している．多くの国々は，IBRDを含む通常型ローンを利用した開発資金を通常の利率と返済期間で調達できなくなって久しい．

世界銀行の組織の一部である国際開発協会（IDA）は，世界の最も貧しい国々（IBRDから借入れることができない国々）の経済開発を支援するために，1960年に設立された．同協会は低所得諸国に譲許的な貸付を行う，単独で最大の多国間の資金源となっている．「クレジット」として知られているIDAのローンは，おもに1人当たりの年間国民所得が約800ドル以下の国々に提供されている．IDAの融資は，これらの国々が公平で持続可能な経済発展を達成するのに必要な人材，組織，ならびに物理的な社会基盤施設を建設することを助けている．

IDAローンは無利子なだけでなく，返済猶予期間の延長があり，きわめて長期間で償還するものである．その結果，IDAの資金は通常の貸付機関とは異なり，業務を継続するためには，拠出金によって資金を定期的に補充しなければならない．

■ 創　　設

IDAのような国際機関の創設は，1950年代のさまざまな機会に国連で議論されていた．1951年に金融と経済開発の専門家グループが書上げた報告も，「国際開発機関」の必要性に言及していた．このような提案に当初アメリカは反対していたが，最終的に動き始めたIDAは，大部分がアメリカのイニシアチブの産物であった．1958年にアメリカ上院は，この路線に沿った協力的な国際行動を要請する，A・S・「マイク」・モンロニー上院議員が提案した決議案を採択した．1959年10月1日にIBRDの総務会は，IDAの組織の一部として「国際開発協会」という名の新しい機関を設置すべきだとしたロバート・アンダーソン（アメリカ財務長官）の動議を反対なしで承認した．

このとき総務会の決議に先立って行われた議論では，IDAがそのローンに付ける条件とか，IDAの資本に応募する国々は，自国通貨で払込んだ資金の利用について制限を設けることができるかといった事項について，加盟国間にいくつかの潜在的な見解の相違があることを明らかにした．そこで総務会は，自らはこれらの事項を決定せず，加盟各国政府に提示するIDA協定を，IBRD理事会に起草させた．

こうしてIDA協定は，IBRDの理事会によって書上げられ，1960年代の初めに銀行の各加盟国政府に送付された．次の段階は，IDAに参加したいと望む加盟各国が，加盟の受諾や資本の応募に必要な国内法の整備などの手続きをとることであった．

新しい貸付機関は1960年9月24日に，計画された10億ドルの目標額の65％に当たる6億5000万ドルの応募を行った国々が加盟を受諾して誕生した．IDAはその年の11月に業務を開始した．

1994年3月30日現在，IDAには155カ国が加盟しており，そのうち77カ国が融資を受ける資格をもっている．創設以来IDAは，90カ国以上に対して

800億ドル以上のクレジットを実施し，そのうちかつては借手であった21カ国がIDAを「卒業」した．今日，卒業した国のうち韓国とトルコの2カ国は，貸手となっている．

■ 目　　　的

協定の前文では，建設的な経済目的と世界経済の健全な発展，そして国際貿易の均衡のとれた成長のための相互協力は，平和と世界の繁栄を育むこと，途上国の生活水準や社会進歩の向上は，途上国自身のみならず国際社会全体にとっても望ましいこと，このような目的の達成は公的および民間の国際資本の流入が増大し，途上国の開発資金を援助することで促進されるという信念が宣言されている．

協定に述べられているように，IDAの目的は「経済発展を助長し，生産性を増大させ，加盟国に含まれている世界の開発の遅れている地域の生活水準を向上させることである．これは，一般的なローンよりも柔軟で国際収支上の負担も軽い条件でこれらの地域の重要な開発要求を満たす融資を提供し，そうすることによって（IBRDの）開発目的を促進し，その活動を補完することによって，とくに達成される」ものである．

■ 加　盟　国

IDAの目的にしたがって，加盟国は2つのカテゴリーに分かれている．第1部の加盟国は1993年6月30日現在24カ国あり，経済的な先進諸国である．この先進諸国が交換可能な通貨で資本負担額を支払い，さらに合意によって協会の資金補充にも貢献してきた．第2部の加盟国は1993年なかばで128カ国の途上国であり，資本負担額の10%を交換可能な通貨で，残りの90%とあらゆる追加資本を自国通貨で払込んでいる．

■ 機　　　構

IDAは，IBRDを運営しているのと同じ役員や職員によって運営されている．IBRDの総裁はIDAの総裁でもあり，IBRDの総務や理事は同じ資格でIDAでも働いている．

IBRDの場合と同じように，IDAでの加盟国の投票権は，ほぼその資本応募額の割合に一致している．1993年6月30日現在，第1部の24カ国が総投票数の61.4%をもち，第2部の128カ国が38.6%をもっている．

■ 予　　　算

IDAはそのすべての活動を，IBRDの職員や設備に完全に依存しているので，IDAが負担すべき管理費は，手数料からの収入でIBRDに返済している．手数料は1993年6月30日に終了した会計年度で，4億6700万ドルであった．

■ 活　　　動

A．融資資金

IDAの資金は，加盟各国からの応募，より豊かな加盟国や特別な寄付による定期的な「補充」，そしてIBRDからの収入の移転とIDAクレジットに対する返済金の3つの主要財源から得られている．1993年6月30日現在，加盟各国からの応募額と補充的な資金の総額は730億ドル近くに上った．

設立当初の資本応募だけがIDAの貸付資金であると考えていたわけではないが，予想していたよりもずっと早く，1960年代の初めには，資金を補充する必要が明らかになった．こうしてIDA加盟国は，1964年以来10回におよぶ補充の慣行を開始し，第1回の補充では総額7億5000万ドルが集められ，1993年7月1日から1996年6月30日までの3年間の期限で行われた．最近（第10回）の補充では，総額180億ドルが集められた．

補充合意に基づく拠出以外にも，多くの国々が数年間にわたって正規の負担分を越える増資や特別拠出に同意してきた．1964年以来IDAは，IBRDから同行の純収入のうち同行の目的に必要でない部分の移転を通じて，定期的な支援を受けている．IDAの借手による返済とIBRDの純収入からの拠出金を合計すると，第10回の補充で総額220億ドルの資金が，開発クレジットに融資できることになる．

1993年6月30日に終る1993会計年度のIDAの収入は，開発クレジットや投資からの収入を含め，11億ドルであった．

B．IDA貸付の条件

IDAは借手に対し，無利子で償還期間が35〜40年，10年の返済猶予期間がつくという条件で融資している．IDAは利子をとらないが，運営費用を賄うために，信用残高について0.75%の少額の管理手数

料を徴収している．50 ベーシス・ポイント[50×0.01%]に当たる 0.5% の約定料もあるが，これは 1989 会計年度以降放棄されている．IDA のクレジットはこのように，グラントエレメント[補助的部分]が約 85% となるきわめて譲許的なものである．

C．IDA の業務

IDA の融資条件はゆるやかなものであるが，開発クレジットに対する経済的および技術的な基準は IBRD が一般的な条件で行う貸付に適用しているものと，まったく同じになっている．それぞれのクレジットは，借手の国の経済的ポジション，見通し，政策によって正当化されなければならない．クレジットはすぐれて優先的な目的だけに実施されるが，それは IDA 協定によると，「経済発展を助長し，生産性を増大させ，世界の開発の遅れている地域の生活水準を上昇させる」ものを指す．

IDA の資金は，途上国が必要とする緩やかな条件での追加的国際借入の必要額に比べるずっと少ないので，その必要性と効果的な利用の見通しに基づいて，慎重に配分されなければならない．借手となる典型的な国の 1 人当たりの国民所得は，805 ドル以下になっている．一般的に，年間の 1 人当たりの国民所得が 805 ドル以上の国々や，世界銀行その他の商業銀行のローンを利用すべきだとみなされた国々には，IDA のクレジットを受ける資格がない．

D．IDA の役割の発展

IDA は，各国が社会的および環境的な計画を守り拡大するための，構造調整を援助するにあたって，積極的な役割を演じてきた．IDA は，農業生産性を増大させ，適切な食糧供給の確保を目的とする農村開発やプロジェクトを支援している．また女性の収入や，社会のなかでの女性の地位向上を重視するプロジェクトにも融資している．IDA は人口，保健，および栄養プロジェクトに対する支援も，著しく増大させてきた．

環境に対する関心も，IDA の活動のすべての局面で統合されてきた．IDA は，借手国が環境的に持続可能な開発に必要な政策変更や資金を確実にするため，独自の環境行動計画の開発にも援助している．

低所得諸国での経済開発における IDA の 2 つの重要な貢献は，それらの国々の開発計画を支援するために IDA が動員した資金と，借手による資金の利用を調整するにあたって，演じる役割である．

IDA は，多国間の譲許的な資金では単独かつ最大の資金源である．およそ 40 億ドルに上る IDA の年間貸付額のうち，約 30% が純贈与的な多国間貸付で，12% が公的開発援助である．同協会は，ほかの多国間組織や援助供与国からの援助を動員し，調整することも支援している．IDA が触媒となり，ほかの 2 国間援助国や地域開発銀行が参加することも多い．平均すると，IDA が行う 4 ドル当たりの援助には 50 セントの共同融資が付随して動員されている．

地域別の IDA 貸付総額（1993 年 6 月期）

地　　　域	約定額(100万ドル)
アフリカ	2,770.3
東アジアおよび太平洋	1,165.0
南アジア	2,271.2
ヨーロッパおよび中央アジア	104.4
ラテンアメリカおよびカリブ海地域	316.7
中東および北アフリカ	123.8
合　計	6,751.4

目的別の IDA 貸付総額（1993 年 6 月期）

目　　的	約定額(100万ドル)
農業および農村開発	1,347.9
教　育	1,038.2
エネルギー	565.1
工　業	401.6
非プロジェクト型一般貸付	600.8
人口，保健，栄養	1,104.8
公共部門管理	32.6
技術援助	300.6
通　信	89.1
運　輸	584.1
都市開発	291.2
上下水道	395.4
合　計	6,751.4

§ 国際金融公社（IFC）

[www.ifc.org]

■ 背　　　景

国際金融公社は，開発の遅れている加盟国の民間部門の成長を促進するための，世界銀行グループの一員である．そのおもな活動は，国や地域の経済開発に寄与するプロジェクトを行う，個々の民間企業に対する融資を援助することである．公社は民間企業に直接貸付けたり，政府の保証がなくても民間企業に資本を投下するなどして，民間部門のプロジェクトに対するほかの資金流入を促している．IFC は，政府や経済界に対する助言サービスや，技術援助も

行っている．

■ 創　　　設

　国際復興開発銀行(IBRD)が設立されてまもなく，国連システムに援助を求める国々の民間部門に対する開発融資が不十分なことが明らかになった．IBRD協定は，政府の保証なく民間企業に直接または間接に資本投下（株式資本投資）を行ったり，資金を貸付けたりしないよう制限を設けていた．多くの途上国でまさに必要とされていたのは，さまざまな生産事業を行う「ベンチャー資本」であったにもかかわらず，民間の金融機関や投資チャンネルを通じて入手できるベンチャー資本の量は不足していた．

　この落差を埋める国際組織の必要を最初に提案したのは，1951年にネルソン・ロックフェラー（当時「ポイント4計画」の諮問委員会の議長）がハリー・S・トルーマン大統領に提出した『パートナーと進歩』という報告書であった．この問題にIBRDの職員が注目し，同行は1952年にそのような組織の提案を国連経済社会理事会に提出した．ところがイギリスやアメリカをはじめ理事国の数カ国は，提案された組織は途上国に対する民間資本の流入を妨害するかもしれないという懸念を表明した．これらの国々は，政府間組織が民間企業の株式を買入れる権利をもつことにも，原則的に問題だとして反対した．

　しかし，経済社会理事会の理事国の多数は，民間部門の開発を援助する国際金融組織というアイデアを強く支持し，1954年後半には妥協を成立させた．設立当初の国際金融公社(IFC)は，政府の保証がなくても民間企業に資金を貸付けることができ，ストック・オプションのような，一定の資本的要素をもつローンは認められていたが，資本投下の権限はなかった．その18カ月後にIFCの活動開始に必要な31カ国の同意が得られ，IFCは1956年7月14日に，IBRDの関連組織ではあるが別の法人格をもつものとして正式に発足した．

　IFCの初期の投資には，直接の資本投下のかわりにストック・オプションや，その他の利益を分け合う方式が多かったが，その条件は複雑で交渉も困難であったため，投下資本の制限によってIFCの実行能力が厳しく制限されていることが関係者全員にまもなく明らかになった．そこでIFCが株式を保有できるようにする協定の改正案が理事会と総務会に示され，1961年に承認された（今回はイギリスとアメリカも支持した）．株式投資を認める1961年のIFC協定の改正によって，IFCの活動は拡大され多様なものとなり，投資条件も簡素化された．IFCの業務に対する要求がしだいに拡大するにつれ，理事会は1965年に再び協定を改正し，IFCには負担がかからないよう，応募資本と剰余金の4倍に相当する額まで，IBRDから借入れることが認められた．

■ 目　　　的

　IFCの目的は，加盟途上各国の民間部門への投資を促進して，経済成長を促すことにある．現地の投資家や経営者と共同で，生産性のある民間企業にベンチャー資本を供給したり，現地の資本市場の発展を奨励したり，外国民間資本の流入を刺激することなどによって，その目的をはたそうとしている．ただし，民間資本にかわるというのではなく，民間資本を補充することを意図している．共同融資の形式かまたはシンジケート・ローン，債務保証や株式保証，抵当保証などを通じて，ほかの投資家や融資者から追加的なプロジェクト資金を動員するさいに，公社は重要な触媒の役割を演じている．IFCはプロジェクト融資や資金の動員以外に，資本市場開発，企業の事業再構築，投資リスクの管理，プロジェクトの準備と評価などの分野で助言や技術援助を提供し，民間企業や外国投資の成長を奨励する環境整備について，各国政府に助言している．

■ 加　盟　国

　IFCへの加盟は，すべてのIBRD加盟国に対して開放されている．1993年6月30日現在，IFCの加盟国は155カ国であった．

■ 機　　　構

　IFCの機構は，IBRDのそれと同じである．IFCの総務会は，IFC加盟国でもあるIBRD加盟国の総務によって構成されている．IFCの理事会を構成しているのは，すべてIBRDの理事である．IFCの総務会の年次会合は，IBRDの総務会の年次会合と同時期に開かれている．IFC本部はIBRD本部と同じく，1818 H Street, N.W., Washington, D.C.にある．

　IFCの初代総裁は，かつてIBRDの副総裁だったロバート・L・ガーナーだった．1961年以来，IBRDの総裁がIFCの総裁になっている．IFCを直接指揮す

る責任は，首席副総裁のジャニク・リンドバークにあり，彼は1994年1月1日からその任に就いている．IFCには，99カ国から集まった800人以上の職員がいる．

■ 活　　動

A．財政資金と資本の応募

IFCの授権資本は，24億5000万ドルである．各加盟国はそれに応募し，応募額によって投票権数が決定される．1993年6月30日現在，155の加盟国が応募し，その額は14億ドルとなっている．

収益と借入れ　1993会計年度のIFCの事業収入は，6億4810万ドルであった．活動費や運営費を差引いた純収入は1億4170万ドルであった．1993年6月30日現在，払込資本と獲得した収益の合計である純資産は27億ドルに上っている．

IFCは貸付業務に使用するため，負担とならない資本と剰余金の4倍を超えない額まで，IBRDから借入れることができる．1993会計年度の間に，IFCはIBRDから9億4800万ドル相当を借入れている．

融資の実行　1993会計年度中に調印された新規約定分は，15億ドルに達した．1993会計年度の融資実行額は11億ドルであった．IFCの貸出残高は，1993年6月30日現在で，54億ドルであった．

B．投資政策

IBRDとは異なり，IFCは民間企業に貸付を行い，受入れ国の政府からの保証は受けない．途上国の事業に資本の投下も行うし，国際金融市場で追加的なローンや証券投資も実施する．IFCの活動が成功しているので，国際市場でのIFCが発行する債券は，ムーディーズ社やスタンダード・アンド・プアーズ社からトリプルAの格付けを得ている．

IFCは，途上国の民間部門のプロジェクトに直接融資を行う単独で最大の資金源である．IFCは市場と同一の条件で投資や貸付を行うが，民間資本と競合することはない．公社が融資するのは，他からは合理的な条件で十分な資金を得ることができないプロジェクトである．通常，IFCはプロジェクトの費用総額の25％以上は融資せず，同プロジェクトへの融資の大部分が民間の投資家や融資者によって行われることを確保している．またIFCは，企業の株式の35％までを買入れることができるが，最大の株主になることはなく，その企業の経営に参加することもない．しかし，IFCは政府の保証を受けていないので，ほかのパートナーとともにプロジェクトのすべてのリスクも負担している．

IFCは，農業ビジネスから製造業やエネルギー，鉱業にまでおよぶさまざまの部門の，新会社の設立や既存の会社の拡大や近代化に融資している．IFCのプロジェクトの多くは，たとえば投資銀行や保険会社などの組織の設立に対する融資など，途上国の金融部門の設立も含まれている．

IFCはローンや投下資本を提供し，プロジェクトが最初から健全な資金を受けられるようにするのに必要と思われる場合，どのような組合わせであっても，証券に似た債権の手配を行うことができる．公社は，偶発融資やほかの資金源からの融資の全額保証や部分保証などを通じて，追加的な支援を提供することもできる．過去数年の間，IFCは途上国の企業が入手できるような通貨スワップや金利スワップなどのデリバティブ商品もつくりだした．またボリビアやエジプト，ガーナ，メキシコの企業に対して，先進国の企業が一般に採用しているのに，途上国の企業ではなかなか入手できないリスク管理技術を取得できるよう援助し，いくつかのスワップを仲介した．

C．IFC投資

IFCの歴史は，投資の件数や規模の成長と，加盟国を援助する新しい方法を探求し続けた記録である．IFC加盟国の多くの途上国が，政策環境を改善したことで，経済開発に対するIFCの貢献はますます大きなものになっている．1993会計年度にIFCは，185件のプロジェクトに対し21億ドルの融資を承認した．途上国の企業が負債・資本比率の均衡をとるように援助することは，IFCのおもな目的のひとつである．1993会計年度中に承認された株式投資と準株式投資の総額は5億1900万ドルで，承認額全体の24％を占めている．

IFC自らの会計で貸付や株式投資を承認する以外に，IFCはシンジケート・ローンや保証の引受などを通じて，ほかの投資家や融資者からの融資に18億ドルの枠の設定を承認した．共同融資にも相当額の枠が設定された．同会計年度中に承認されたプロジェクトへの総額は，170億ドルと推計された．このように，IFC自らの会計で承認した1ドル当たりの融資に，ほかの投資家や融資者は7ドルを提供している．

発電や水，運輸，通信などの分野で効率的なサービスが行われることは，民間部門の開発がうまくい

MIGA 加盟国一覧(1993年6月30日現在)

加盟国	保有株式数	投票数	投票数の割合%	加盟国	保有株式数	投票数	投票数の割合%
アイルランド	369	546	0.51	チリ	485	662	0.62
アゼルバイジャン	115	292	0.27	デンマーク	718	895	0.84
アメリカ	20,519	20,696	19.43	ドイツ	5,071	5,248	4.93
アルゼンチン	1,254	1,431	1.34	トーゴ	77	254	0.24
アルバニア	58	235	0.22	ドミニカ	50	227	0.21
アンゴラ	187	364	0.34	トリニダード・トバゴ	203	380	0.36
イギリス	4,860	5,037	4.73	トルコ	462	639	0.60
イスラエル	474	651	0.61	ナイジェリア	844	1,021	0.96
イタリア	2,820	2,997	2.81	ナミビア	107	284	0.27
インドネシア	1,049	1,226	1.15	ニカラグア	102	279	0.26
ウガンダ	132	309	0.29	日本	5,095	5,272	4.95
ウルグアイ	202	379	0.36	ノルウェー	699	876	0.82
エクアドル	182	359	0.34	パキスタン	660	837	0.79
エジプト	459	636	0.60	バヌアツ	50	227	0.21
エストニア	65	242	0.23	パプアニューギニア	96	273	0.26
エチオピア	70	247	0.23	パラグアイ	80	257	0.24
エルサルバドル	122	299	0.28	バルバドス	68	245	0.23
オマーン	94	271	0.25	バーレーン	77	254	0.24
オランダ	2,169	2,346	2.20	ハンガリー	564	741	0.70
ガイアナ	84	261	0.25	バングラデシュ	340	517	0.49
ガーナ	245	422	0.40	フィジー	71	248	0.23
カナダ	2,965	3,142	2.95	フィンランド	600	777	0.73
カーボベルデ	50	227	0.21	ブラジル	1,479	1,656	1.55
カメルーン	107	284	0.27	フランス	4,860	5,037	4.73
韓国	449	626	0.59	ブルガリア	365	542	0.51
ガンビア	50	227	0.21	ブルキナファソ	61	238	0.22
キプロス	104	281	0.26	ベラルーシ	233	410	0.38
クウェート	930	1,107	1.04	ベリーズ	50	227	0.21
グルジア	111	288	0.27	ペルー	373	550	0.52
グレナダ	50	227	0.21	ベルギー	2,030	2,207	2.07
クロアチア	187	364	0.34	ボツワナ	50	227	0.21
ケニア	172	349	0.33	ポーランド	764	941	0.88
コートジボワール	176	353	0.33	ボリビア	125	302	0.28
コンゴ共和国	65	242	0.23	ポルトガル	382	559	0.52
コンゴ民主共和国	338	515	0.48	ホンジュラス	101	278	0.26
サウジアラビア	3,137	3,314	3.11	マダガスカル	100	277	0.26
サモア	50	227	0.21	マラウイ	77	254	0.24
ザンビア	318	495	0.46	マリ	81	258	0.24
ジャマイカ	181	358	0.34	マルタ	75	252	0.24
ジンバブエ	236	413	0.39	マレーシア	579	756	0.71
スイス	1,500	1,677	1.57	モーリシャス	87	264	0.25
スウェーデン	1,049	1,226	1.15	モーリタニア	63	240	0.23
スーダン	206	383	0.36	モルドバ	96	273	0.26
スペイン	1,285	1,462	1.37	モロッコ	348	525	0.49
スリランカ	271	448	0.42	ヨルダン	97	274	0.26
スロバキア	222	399	0.37	リトアニア	106	283	0.27
スロベニア	102	279	0.26	リビア	549	726	0.68
スワジランド	58	235	0.22	ルクセンブルグ	116	293	0.28
セイシェル	50	227	0.21	ルーマニア	555	732	0.69
セネガル	145	322	0.30	レソト	50	227	0.21
セントビンセントおよびグレナディーン諸島	50	227	0.21	ロシア	3,137	3,314	3.11
セントルシア	50	227	0.21	合計	87,581	106,520	100.00
タンザニア	141	318	0.30				
チェコ	445	622	0.58				
中国	3,138	3,315	3.11				
チュニジア	156	333	0.31				

世界銀行グループ

IBRD, IDA, IFC, MIGA, ICSID の加盟国*

	IBRD 1998/6/30	IDA 1998/6/30	IFC 1998/6/30	MIGA 1999/3/31	ICSD 1998/10/27		IBRD 1998/6/30	IDA 1998/6/30	IFC 1998/6/30	MIGA 1999/3/31	ICSD 1998/10/27
アイスランド	○	○	○	○	○	コロンビア	○		○	○	○
アイルランド	○	○	○	○	○	コンゴ共和国	○	○	○	○	○
アゼルバイジャン	○	○	○	○	○	コンゴ民主共和国	○	○	○	○	○
アフガニスタン	○	○	○		○	サウジアラビア	○	○	○	○	○
アメリカ	○	○	○	○	○	サモア	○	○	○	○	○
アラブ首長国連邦	○		○	○	○	サントメ・プリンシペ	○	○	○		
アルジェリア	○		○	○	○	ザンビア	○	○	○	○	○
アルゼンチン	○		○	○	○	シエラレオネ	○	○	○	○	○
アルバニア	○	○	○	○	○	ジブチ	○	○			
アルメニア	○	○	○	○	○	ジャマイカ	○		○	○	
アンゴラ	○	○	○	○		シリア	○	○			
アンティグア・バーブーダ	○		○			シンガポール	○		○	○	○
イエメン	○	○	○	○	○	ジンバブエ	○	○	○	○	○
イギリス	○	○	○	○	○	スイス	○		○	○	○
イスラエル	○		○	○	○	スウェーデン	○	○	○	○	○
イタリア	○	○	○	○	○	スーダン	○	○	○	○	○
イラク	○		○			スペイン	○		○	○	○
イラン	○		○			スリナム	○				
インド	○	○	○	○		スリランカ	○	○	○	○	○
インドネシア	○	○	○	○	○	スロバキア	○		○	○	○
ウガンダ	○	○	○	○	○	スロベニア	○		○	○	○
ウクライナ	○		○	○	○	スワジランド	○	○	○	○	○
ウズベキスタン	○	○	○	○	○	セイシェル	○	○		○	○
ウルグアイ	○		○	○	○	赤道ギニア	○	○	○		○
エクアドル	○		○	○	○	セネガル	○	○	○	○	○
エジプト	○	○	○	○	○	セントクリストファー・ネイビス	○	○	○		○
エストニア	○		○	○	○	セントビンセントおよびグレナディーン諸島	○	○		○	
エチオピア	○	○	○	○							
エリトリア	○	○		○		セントルシア	○	○	○	○	○
エルサルバドル	○		○	○	○	ソマリア	○	○			
オーストラリア	○		○	○	○	ソロモン諸島	○	○	○		○
オーストリア	○	○	○	○	○	タイ	○		○	○	
オマーン	○		○	○	○	タジキスタン	○	○	○		
オランダ	○	○	○	○	○	タンザニア	○	○	○	○	○
ガイアナ	○	○	○		○	チェコ	○		○	○	
カザフスタン	○	○	○	○		チャド	○	○	○		○
カタール	○			○		中央アフリカ共和国	○	○	○		○
ガーナ	○	○	○	○	○	中国	○	○	○	○	
カナダ	○	○	○	○	○	チュニジア	○	○	○	○	○
カーボベルデ	○	○	○	○		チリ	○		○	○	○
ガボン	○		○		○	デンマーク	○	○	○	○	○
カメルーン	○	○	○	○	○	ドイツ	○	○	○	○	○
韓国	○	○	○	○	○	トーゴ	○	○	○	○	○
ガンビア	○	○	○	○	○	ドミニカ共和国	○		○	○	
カンボジア	○	○				ドミニカ国	○	○	○	○	
ギニア	○	○	○		○	トリニダード・トバゴ	○		○	○	○
ギニアビサウ	○	○	○	○	○	トルクメニスタン	○		○	○	
キプロス	○		○	○	○	トルコ	○	○	○	○	○
ギリシャ	○		○	○	○	トンガ	○	○			
キリバス	○	○				ナイジェリア	○	○	○	○	○
キルギス	○	○	○	○	○	ナミビア	○		○	○	
グアテマラ	○		○	○	○	ニカラグア	○	○	○	○	○
クウェート	○	○	○	○	○	ニジェール	○	○	○	○	○
グルジア	○	○	○	○	○	日本	○		○	○	○
グレナダ	○	○	○	○	○	ニュージーランド	○		○	○	○
クロアチア	○		○	○	○	ネパール	○	○	○	○	
ケニア	○	○	○	○	○	ノルウェー	○	○	○	○	○
コスタリカ	○		○	○	○	ハイチ	○	○	○		○
コートジボワール	○	○	○	○	○	パキスタン	○	○	○	○	○
コモロ	○	○	○		○						

	IBRD 1998/6/30	IDA 1998/6/30	IFC 1998/6/30	MIGA 1999/3/31	ICSD 1998/10/27		IBRD 1998/6/30	IDA 1998/6/30	IFC 1998/6/30	MIGA 1999/3/31	ICSD 1998/10/27
パナマ	○	○	○	○	○	ポルトガル	○	○	○	○	○
バヌアツ	○	○	○	○		ホンジュラス	○	○	○	○	○
バハマ	○		○	○		マケドニア	○	○	○	○	○
パプアニューギニア	○	○	○	○	○	マーシャル諸島	○			○	
パラオ	○					マダガスカル	○	○	○	○	○
パラグアイ	○	○	○	○	○	マラウイ	○	○	○	○	○
バーレーン	○		○	○		マリ	○	○	○	○	○
バルバドス	○		○	○		マルタ	○			○	
ハンガリー	○		○	○	○	マレーシア	○		○	○	○
バングラデシュ	○	○	○	○	○	ミクロネシア連邦	○	○	○	○	
フィジー	○	○	○	○	○	南アフリカ共和国	○		○	○	
フィリピン	○	○	○	○	○	ミャンマー	○	○	○		
フィンランド	○		○	○	○	メキシコ	○		○	○	
ブータン	○	○		○		モザンビーク	○	○	○	○	○
ブラジル	○		○	○		モーリシャス	○	○	○	○	
フランス	○		○	○	○	モーリタニア	○	○	○	○	○
ブルガリア	○		○	○		モルディヴ	○	○	○	○	
ブルキナファソ	○	○	○	○	○	モルドバ	○	○	○	○	○
ブルネイ	○					モロッコ	○	○	○	○	○
ブルンジ	○	○	○	○	○	モンゴル	○	○	○	○	○
ベトナム	○	○	○	○		ヨルダン	○	○	○	○	○
ベナン	○	○	○	○	○	ラオス	○	○	○		
ベネズエラ	○		○	○	○	ラトビア	○		○	○	○
ベラルーシ	○		○	○		リトアニア	○		○	○	○
ベリーズ	○	○	○	○	○	リビア	○				
ペルー	○		○	○	○	リベリア	○	○	○		○
ベルギー	○		○	○	○	ルクセンブルグ	○		○	○	○
ボスニア・ヘルツェゴビナ	○	○	○	○	○	ルーマニア	○		○	○	○
						ルワンダ	○	○	○	○	○
ポーランド	○		○	○	○	レソト	○	○	○	○	○
ボツワナ	○	○	○	○		レバノン	○		○	○	○
ボリビア	○	○	○	○	○	ロシア連邦	○		○	○	○

* 各ホームページおよび年次報告書より.

IBRD 理事と保有票数(1998年6月30日現在*)

理事	選出国	保有票数合計	投票数の比率(%)	理事	選出国	保有票数合計	投票数の比率(%)
(指名)				Leonard Good(カナダ)	アンティグア・バーブーダ		
Jan Piercy	アメリカ	265,219	16.68		バハマ		
Satoru Miyamura	日本	127,250	8.00		バルバドス		
Helmut Schaffer	ドイツ	72,649	4.57		ベリーズ		
Jean-Claude Milleron	フランス	69,647	4.38		カナダ		
Gus O'Donnell	イギリス	69,647	4.38		ドミニカ国		
(選挙)					グレナダ		
Luc Hubloue(ベルギー)	オーストリア				ガイアナ		
	ベラルーシ				アイルランド		
	ベルギー				ジャマイカ		
	チェコ				セントクリストファー・ネイビス		
	ハンガリー				セントルシア		
	カザフスタン				セントビンセント・グレナディーン		
	ルクセンブルグ						
	スロバキア						
	スロベニア						
	トルコ					62,217	3.91
		76,720	4.83	Franco Passacantando (イタリア)	アルバニア		
Surendra Singh(インド)	バングラデシュ				ギリシャ		
	ブータン				イタリア		
	インド				マルタ		
	スリランカ				ポルトガル		
		54,945	3.46				

世界銀行グループ

理事	選出国	保有票数合計	投票数の比率(%)	理事	選出国	保有票数合計	投票数の比率(%)
Enzo Del Bufalo(ベネズエラ)	コスタリカ エルサルバドル グアテマラ ホンジュラス メキシコ ニカラグア パナマ スペイン ベネズエラ	55,093	3.47		キプロス クロアチア グルジア イスラエル マケドニア旧ユーゴスラビア共和国 モルドバ オランダ ルーマニア ウクライナ		
Ilkka Niemi(フィンランド)	デンマーク エストニア フィンランド アイスランド ラトビア リトアニア ノルウェー スウェーデン	69,110	4.35	Andrei Bugrov(ロシア)	ロシア連邦	72,208	4.54
				Juan Cariaga(ボリビア)	アルゼンチン ボリビア チリ パラグアイ ペルー ウルグアイ	45,045	2.83
Juanita D. Amatong(フィリピン)	ブラジル コロンビア ドミニカ共和国 エクアドル ハイチ フィリピン スリナム トリニダード・トバゴ	50,839	3.20	Matthias Meyer(スイス)	キルギス アゼルバイジャン ポーランド スイス タジキスタン トルクメニスタン ウズベキスタン	37,499	2.36
Young-Hoi Lee(韓国)	オーストラリア カンボジア キリバス 韓国 マーシャル諸島 ミクロネシア連邦 モンゴル ニュージーランド パプアニューギニア サモア ソロモン諸島 バヌアツ	49,148	3.09	Kacim Brachemi(アルジェリア)	アフガニスタン アルジェリア ガーナ イラン イラク モロッコ パキスタン チュニジア	46,096	2.90
Jannes Hutagalung(インドネシア)	フィジー ブルネイ インドネシア ラオス マレーシア ミャンマー ネパール シンガポール タイ トンガ ベトナム	49,089	3.09	Joaquim R. Carvalho(モンザビーク)	アンゴラ ボツワナ ブルンジ エリトリア エチオピア ガンビア ケニア レソト リベリア マラウイ モザンビーク ナミビア ナイジェリア セイシェル シエラレオネ 南アフリカ スーダン スワジランド タンザニア ウガンダ ザンビア ジンバブエ	54,602	3.43
Pieter Stek(オランダ)	ブルガリア アルメニア ボスニア・ヘルツェゴビナ	41,096	2.59				

理　　事	選　出　国	保有票数合計	投票数の比率(%)	理　　事	選　出　国	保有票数合計	投票数の比率(%)
Khalid M. Al-Saod（クウェート）	エジプト バーレーン ヨルダン クウェート レバノン リビア モルディヴ オマーン カタール シリア アラブ首長国連邦 イエメン	55,190	3.47		コンゴ民主共和国 コートジボワール ジブチ 赤道ギニア ガボン ギニア ギニアビサウ マダガスカル マリ モーリタニア モーリシャス ニジェール ルワンダ サントメ・プリンシペ セネガル トーゴ		
Ali Bourhame（コロモ）	ベナン ブルキナファソ カメルーン カーボベルデ 中央アフリカ共和国 チャド コモロ コンゴ共和国	43,984	2.77			32,252	2.03
				Khalid H. Alyahya（サウジアラビア）	サウジアラビア	45,045	2.83
				Li Yong（中国）	中国	45,049	2.83

＊ IBRD　*Annual Report*　1998, pp. 145-146.

くためにひじょうに重要である．かつてこれらの分野は国営だったが，民間による投資や経営を認める加盟国の数も増加している．1993会計年度中にIFCが基盤整備プロジェクトに対して，承認した融資額は3億7900万ドルに達している．IFCは，シンジケート・ローン計画を通じた3億5700万ドルの追加融資枠を承認した．

東ヨーロッパや中央ヨーロッパ，それに旧ソ連の国々が，IFCの活動の新しい焦点となっている．IFCの役割には民間部門のプロジェクトへの融資，現代的な金融部門の創設について政府に助言を与えること，国有企業の売却，外国投資の誘致などが含まれている．

IFCは，ロシアやウクライナの行政担当者たちに国有企業を民営化するさまざまな技術を助言し，両国の地方自治体がモデルとして利用できるような民営化計画を開発した．公社はロシアの3つの地域（ニージニーノヴゴロド，ヴォルゴグラード，トムスク）とウクライナのリボフ（リヴィウ）で，中小企業の競売の立案と実行を援助し，中小企業の民営化に関するマニュアルを作成した．

多くの途上国で将来有望なアイデアをもつ中小企業にとって，融資や事業を始めたり拡大するのに必要な助言を得られないことは，よくあることである．IFCは，サハラ以南のアフリカ諸国や中央アメリカおよびカリブ海諸国，南太平洋諸島やポーランドなどで，企業家がプロジェクトの提案を準備するのを手伝う「プロジェクト開発融資制度」を創設した．この融資制度は，直接プロジェクトに資金を出すわけではないが，企業家たちが合理的な条件でローンや株式投資をみつけられるように援助している．1989年に設立された「アフリカ事業基金」は，サハラ以南のアフリカの中小企業に融資を行う特別計画である．

助言サービスと技術援助　プロジェクトの評価を行うさいに，IFCは企業に少なからぬ技術援助（たとえば企業の技術上のパートナーや技術の選定を手伝ったり，製品のための市場をみつけたり，最も適切な融資パッケージを組立てるなど）を提供することができる．IFCは，企業の債務削減を援助するさいには，財務上のリストラも助言している．

IFCは加盟各国政府に対して，資本市場の開発などの一連の問題についても助言している．また，効率的に活動する金融制度に必要な規制，つまり司法および金融の枠組みを各国が創設し運営するのを援助している．IFCは，民営化や民営化が予定されている国営企業のリストについても助言を与えている．IFCが設立し，多国間投資保証機関（MIGA）やIBRDとともに運営している「外国投資助言サービス」は，直接外国投資を引きつけることに関して，政府に助言を与えている．

付　録

極地地域

南　極

　世界で最も寒く，（オーストラリアに次いで）2番目に小さい大陸である南極は，南極点を中心に南緯66°33′以南の南極圏にほぼすっぽり収まっている．1392万4000 km²の地域全体の約97％が氷に覆われ，同大陸には世界の氷の約90％と淡水の70％がある．南極は南大西洋とインド洋，南太平洋に囲まれている．南極に最も近い陸地は南アメリカの南端，南ジョージア島，南サンドウィッチ諸島，南オークニー諸島，そして南シェトランド諸島である．これらの島々のすべては，南極の沿岸からおよそ1610 km離れた南極収束線内にあり，3つの海洋の暖かい水と南極の冷たい水を分け，天候が絶えず荒れている地域にある．

　およそ2億年前，南極は南アメリカやアフリカ，インド，オーストラリアとともに，ひとつの大きな大陸であるゴンドワナを形成していた．その後の地殻の変動によって，それぞれの大陸は別々の塊に分かれた．最近の地質学研究と化石の発見によって，南極がかつては熱帯気候であったことがわかっているが，南極の現在の氷床は少なくとも2000万年を経過している．

　南極横断山脈が，大部分が海水面以上の標高でより大きな南極東部氷床と，それよりは小さく海水面以下の標高の南極西部氷床の2つの部分に大陸を分けている．最も高い地点は，南極西部のエルズワース山脈にあるビンソン地塊（標高4897 m）である．南極点は標高約3000 mの地点にある．南極の氷床の厚さは平均2160 mで，最も厚い部分は4776 mもある．棚氷を形成する氷河は，沿岸の半分近くを占めている．大きな棚氷（東のアメリー，南のロス，北西のロンネ）は，毎年900～1300 mの速さで，海に向かって動いている．冬になると，厚さ3 mの海氷が大陸の沿岸沿いに幅483 kmのベルトを形づくる．氷に覆われていない地域は，ふつう海岸沿いにあり，南のビクトリアランドにある乾いた谷や，ウィルクスランドのバンガーオアシスなどがある．科学的調査活動が行われている氷に覆われない地域の大半は，南極半島の沿岸やマクマード・サウンドのロス島にある．

　南極の寒さは，場所や標高によって厳しさが異なる．最も寒さが厳しいのは南極東部である．最も穏やかなのは西の南極半島で，夏の気温は全般に0℃以上になる．内陸部の年平均気温はマイナス57℃，沿岸にあるマクマード基地の平均気温は8月でマイナス28℃，1月でマイナス3℃である．世界で最も低い気温のマイナス89.2℃は，1960年8月24日に旧ソ連のヴォストーク基地で記録されている．南極における最高気温の15℃は，南極半島の最北端で計測された．内陸部は広大な砂漠で，年間平均の降水量は25.4 mm以下である．沿岸部は比較的湿潤で，南極東部と南極半島に沿った沿岸地域には年間平均約254 mmの降水がある．南磁極の近くの南東部にあるアデリー海岸では平均風速64 km/hが記録され，322 km/h近い突風も記録されている．極地であるため，南極は9月なかばから3月なかばにかけての半年間白夜となり，夏至の12月22日には最大で24時間太陽が照っている．3月なかばから9月なかばにかけての6ヵ月間は，太陽が昇らない時期にあたり，冬至は6月22日となる．夏の間，南極大陸は1日当たり赤道以上の太陽光線を受けている．

　南極には土着の住民や大きな陸生哺乳類はいないが，極小のプランクトンから最大の鯨まで，約100種の魚を含む変化に富んだ海洋生物たちがいる．陸生生物としてはバクテリア，地衣類，苔類，2種類の顕花植物（氷に覆われない地域），ペンギン，およびいくつかの鳥類が生息している．アザラシも6種類（カニクイアザラシ，ウェッデルアザラシ，ゾウアザラシ，ヒョウアザラシ，オットセイ，ロスアザラシ）が生息し，その数は全体で約3270万頭である．そのうち94％近くがカニクイアザラシである．かつては数えきれないほどいたオットセイは，無差別の大量殺戮（1820～22年に南ジョージア島だけで約100万頭

が殺された)のために激減し，1870年には絶滅寸前になった．そのため南極のオットセイ産業は終り，以後はオットセイの数もじょじょに増加して100万頭以上となり，その大半がサウスジョージア島にいる．1972年に，南極で活動していた12カ国が「南極アザラシ保存条約」に調印した．同条約では，オットセイとゾウアザラシ，ロスアザラシの殺戮を禁じ，カニクイアザラシ，ヒョウアザラシ，ウェッデルアザラシの年間捕獲量を設定している．同条約は1978年に発効し，1987年現在12カ国が批准している．1982年に南氷洋の生態系の保全を保障する「南極海洋生物資源保護条約」が発効し，1994年現在20カ国以上とヨーロッパ共同体(EC)が調印している．

捕鯨で南極の鯨類(マッコウクジラ，シロナガスクジラ，ザトウクジラ，ナガスクジラ，ミンククジラ，イワシクジラ)の生存が危ぶまれる状態にあり，20世紀初めには150万頭以上いた鯨類の数が，1980年代なかばには70万頭以下に減っていた．1972年以降，国際捕鯨委員会(IWC)が鯨の種類ごとに捕獲割当を設定したので，1980年代の初めには南極の鯨類のすべての種の生残が確保されたかに思われた．1982年にIWCはすべての種類の鯨について，1985年以降の商業捕鯨のモラトリアムを採択した．しかし，日本の捕鯨業者は1985年に3087頭，1986年に2769頭の鯨を捕獲した．日本は商業捕鯨を1988年に終了することを約束したが，1987年から1988年にかけての冬に「調査」目的で，南氷洋でミンククジラ(絶滅の恐れはない)300頭を捕獲する計画を発表した．この計画は，IWCで非難された．最近の1993年5月14日にIWCは，商業捕鯨の禁止に賛成の決議を行った．IWCの決定直後に，ノルウェーが脱退を通告した．カナダは，かつてはIWCの加盟国であったが，なおIWCの規制や決定に全般的にしたがっている．

探　検

古代ギリシャ人たちは，北半球の大規模な陸塊と均衡をとるような「南極」(北極の反対)があるに違いないと考えたが，大陸が存在するという確かな証拠が発見されたのは，19世紀になってからである．イギリス人の船長ジェームズ・クックが南極圏を横断し，船から陸地を認めることなく大陸を(1772～75年)周航した．次に1820年に2人のイギリス人船乗りのウィリアム・スミスとジェームズ・ブランスフィールドが，南極半島を発見し地図に記入した．南極半島はアメリカ人船長のナサニエル・パーマーとイギリス人のジェームズ・ウェッデルも探検しており，ウェッデルは発見した海にその名を残している．ロシア人のファビアン・フォン・ベーリングスハウゼン提督は，1819年から1821年にかけての航海で南極の周辺をまわり，クインモードランドとピョートル1世島を発見した．

1821年2月7日にアメリカ人船長のジョン・デービスが，北西にあるヒューズ湾で最初の上陸として知られる第一歩を，大陸に残した．南シェトランド諸島のキングジョージ島で1821年の冬を過ごして遭難した11人のイギリス人船乗りを含め，多くのイギリス人とアメリカ人のアザラシ狩猟者たちが，この地域を探検した．パーマーとベンジャミン・ペンデルトンが1828年から1830年にかけて行った開拓探検隊には，南極を訪れた最初のアメリカ人科学者にジェームズ・エイツがいた．1837年にフランス人J. S. C. デュモン・ダービルが行った探検で，南極東部にアデリー海岸(彼の妻にちなむ)を発見した．その1年後に，アメリカ海軍のチャールズ・ウィルクス大尉が南極東部の海岸沿いに約2400kmを航海し，これで南極が陸地の塊ではなく大陸であることが明らかになった．1839年から1843年にかけての南極航海で，イギリス人の船長ジェームズ・C・ロスはビクトリアランドと，のちにその名誉を讃えて彼の名がつけられた海と棚氷を発見した．

オットセイ産業の衰退で，南極探検はその後約50年間，ノルウェーやスコットランドの鯨狩猟者たちがこの地域で活動を始めるまで行われなかった．ノルウェーの捕鯨船の船長であるカール・アントン・ラールセンが，1892年に南極半島沿岸の東側を探検し，最初の地塊を発見した．これをきっかけに，9カ国が南極に16の探検隊を送りこむ集中的な探検の時代が始まった．別のノルウェー人船長であるレオナルド・クリステンセンが，1895年にマクマード・サウンドにあるアダール岬に上陸した．その場所にノルウェー人カールステン・エッジベルグ・ボルクレビンクが率いるイギリス探検隊が，1899年に基地を設けた．ボルクレビンクはそりで内陸部の調査を行った最初の探検家となった．スウェーデンとスコットランド，ベルギー，フランスの探検隊も到着し，4隊のイギリスの探検隊がロス島に基地を設営した．その基地からヘンリー・シャックルトン卿が，1909年1月9日に南極点から156kmの地点にそりで到達した．

この熱気が1911年の5カ国の探検隊による極点到達競争をあおり，「極点レース」の焦点はロバート・

南極地域

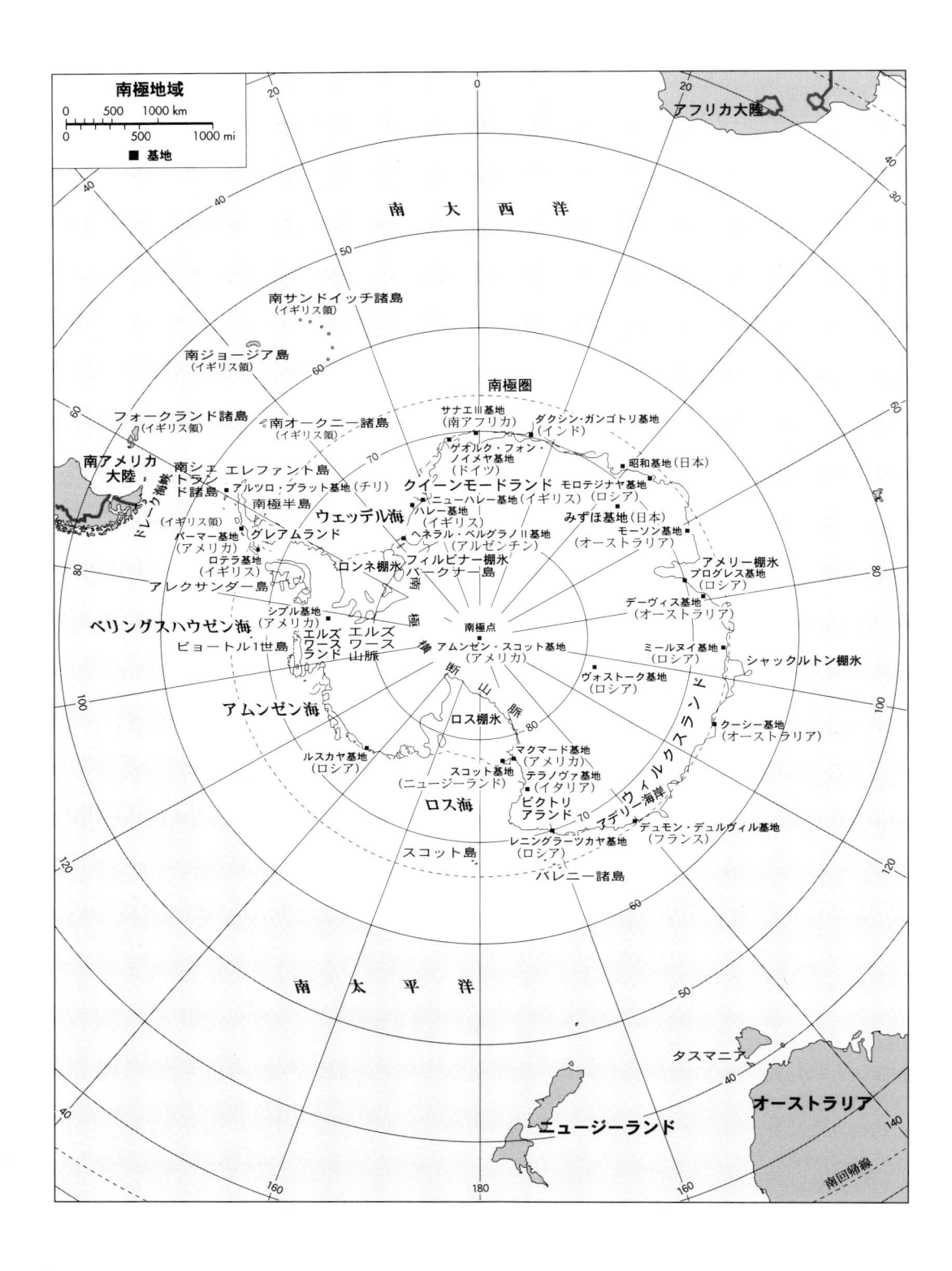

F・スコット大尉とノルウェーのロアルド・アムンゼンの2人に絞られた．10月20日に4人の仲間と52匹の犬がひくそりでロス棚氷の基地を出発したアムンゼンは，クインモード山脈の標高3000mの氷河を登って氷の高地に降り，天球観測で12月14日に南極点に到達した．彼らは1912年1月後半に基地に戻った．5人の探検家からなるスコット隊は，1911年11月1日にマクマード・サウンドを出発し，南極点には1912年1月18日に到達したが，そこで見つけたのはアムンゼンが1カ月以上も前に先を越した跡だけだった．意気消沈した彼らは，帰途に不運にみまわれた．食糧不足で体力を消耗し，人力でそりをひいたため疲れはて，3月後半には全員が氷のなかで息絶えた．不運な結末を迎えたもうひとつの探検隊は，1914年から1915年にかけてシャックルトンが率いた隊で，彼は自分の船であるエンデュアランス号をウェッデル海の重い浮氷群のなかで失い，5人の仲間とともに屋根のない捕鯨ボートで南ジョージア島まで1300kmの危険な航海をした．同島で彼らは，立往生した仲間たちに救出された．シャックルトンは，別の探検を準備中の1922年に南ジョージア島で亡くなった．

第1次世界大戦後は南極探検に，技術的な進歩が利用された．オーストラリア人のヒューベルト・ウィルキンズ卿は，1928年に南極半島沿いに飛行機を飛ばした最初の人物となった．翌年にアメリカ海軍提督のリチャード・エベリン・ビルドが，ノルウェー人でアメリカ人でもあるベルント・バルチェンとともに南極上空を飛行し，ビルドはロス棚氷にリトル・アメリカ基地を設営し，探検目的で飛行機やラジオ，航空カメラその他の技術的援助を調整した最初の探検家となった．アメリカ人のリンカーン・エルズワースは，1935年に南極半島からロス棚氷まで最初の大陸横断飛行を行った．1930年代にアメリカ，イギリス，ドイツ，ノルウェーの科学探検隊が大陸の広い範囲で航空測量を行い，イギリス探険隊による海洋学および海洋生物学研究の結果，南極収束線が発見された．1939年から1941年にかけてビルド率いるアメリカ探検隊は，南極に2つの継続的な基地を設けたが，この計画は第2次世界大戦の勃発によって終了した．

科学研究

戦後は，南極での科学研究の実施ではアメリカがリードしていた．海軍が実施したハイジャンプ作戦（1946～47年）は，同大陸でかつて行われた最大の探検で，航空写真によって広範な沿岸地域の地図を作成するため，4700人の人員と13隻の船，25機の飛行機が参加した．フィン・ローンが率いる南極研究探検（1947～48年）は，民間人が支援したアメリカによる南極大陸の探検であった．イギリスやノルウェー，スウェーデンが参加した大きな合同国際探検隊（1949～52年）は，万年雪の厚さを測るのに大規模な地球物理学的手法の使用を始めた．旧ソ連も，1946～47年と1951～52年に探検を行った．

南極を含む最大級の科学研究は1957年から1958年にかけての「国際地球観測年」（IGY）の事業で，67カ国が参加したものである．観測年の南極計画の目的は，大陸の巨大な氷の塊が地球の気候や海洋，オーロラ，電離層におよぼす影響を研究することだった．アルゼンチン，オーストラリア，ベルギー，チリ，フランス，日本，ニュージーランド，ノルウェー，南アフリカ，イギリス，アメリカ，旧ソ連の12カ国が，50カ所以上に南極基地を設置した．アメリカはロス島に供給基地と空港を，極点には食糧を空輸する基地を，それ以外にも4つの基地を建設した．旧ソ連は4カ所の基地を，イギリスは14カ所，アルゼンチンは8カ所，チリは6カ所の基地をもっている．極点［にあるアメリカ基地］は3つの経線に沿った極点から極点までの3カ所の観測網の終点で，リトル・アメリカにあるアメリカ基地は，世界中からの気象報告を分析している．気象および地震観察や大気圏上層部の研究，磁力の測定，氷床の掘削などから，価値のある情報が収集されている．ウェッデル海からロス海までの初めての大陸横断は，英連邦大陸横断探検隊によって達成されている．「国際地球観測年」以後は，大陸上で探検の対象となる場所はほとんど残っていなかった．

「国際地球観測年」の成功の重要な成果が，1958年以後の南極での重要な研究計画を継続させた．古い基地は閉鎖されるか，新しい建物に建てかえられ，新しい基地も開設された．アメリカは小さな原子力発電機で暖房と電力を賄い，廃熱で海水から淡水の抽出も行う年間を通じて活動する科学村を，マクマード・サウンドに建設した（原子炉は1972年にディーゼル発電機にとりかえられた）．アメリカはマクマード基地以外に，極点と南極半島沖にあるアンバース島の2カ所に通年活動の基地を維持している．ほかの国々の通年活動の基地は，旧ソ連が7カ所，アルゼンチンが6カ所，イギリスが4カ所，チリが3カ所，オーストラリアが3カ所，日本が2カ所，ブラジル，中国，西ドイツ，フランス，インド，イタリ

ア，ニュージーランド，ポーランド，南アフリカがそれぞれ1カ所ずつである．

南極での活動には，輸送業務が欠かせない．たとえば，アメリカが南極で費やす年間費用のおよそ半分は輸送費である．アメリカはアルゼンチンとニュージーランドと協力して，乗客と優先的な補給品を運ぶため，南極基地に飛行機を常用している．しかし，車輪付きの飛行機に対応できる飛行場は，アルゼンチンとチリ，旧ソ連とアメリカのものである4カ所しかない．伝えられるところでは，フランスはアデリー海岸に完全装備の飛行場を建設した．ほかの基地への空輸は，スキーを備えた飛行機で行われている．アメリカは，事実上南極のどこにでも積荷を運ぶことのできる輸送機部隊をもっている．内陸部にある基地への輸送は，雪上車かおもにスキーを備えた軽飛行機で行われている．最も長い地上の補給ルートは，東海岸にある旧ソ連のミルニー基地から内陸部のヴォストーク基地までで，距離にして約1400kmもある．南極で活動しているほとんどの国々は，長距離の輸送は船に依存しており，浮氷の間に航路を開くため砕氷船を用いている．状況がよければ，船は積荷を直接陸上に，あるいは棚氷に降ろすが，船着場が氷で閉ざされているときは，乗客や積荷を雪上車やヘリコプターで海岸に運んでいる．

領土についての請求と国際協力

7カ国が，南極にそれぞれ領土上の請求権を主張してきた．5カ国の請求は南緯60°から始まり南極点までのくさび形になっている．例外的なのはフォークランド諸島の南サンドウィッチ島と南ジョージア島を含めるために南緯50°から主張しているイギリスや，南端と北端が不明瞭なノルウェーの主張である．最初に大陸の「一切れ」を主張した国はイギリス(1908年)で，次がニュージーランド(1923年)，その後フランス(1924年)，オーストラリア(1933年)，ノルウェー(1939年)，チリ(1940年)，アルゼンチン(1943年)が続いた．アルゼンチンとチリの要求はお互いに重なり合い，イギリスの要求とも重なる．アメリカと旧ソ連は，南極にいかなる領土的請求も行っていないし，ほかの国々の請求も認めていない．国際法は領有の基礎として「実効的支配」が必要であるとしているが，どの国も南極でそのような恒常的な支配を維持していなかったし，このような領土的請求はほかの国々や国連，その他のいかなる国際組織からも認められてはいない．

領土請求の問題を明らかにし，南極での国家活動の法的枠組みを形成するため，アルゼンチン，オーストラリア，ベルギー，チリ，フランス，日本，ニュージーランド，ノルウェー，南アフリカ，旧ソ連，イギリス，アメリカの，「国際地球観測年」に参加した12カ国が，1959年12月1日に「南極条約」に調印した．12カ国すべてが同条約を1961年6月23日までに批准し，同条約はその日に発効した．南極で研究を行っているほかの国々には協議国としての地位が認められており，1989年5月現在でポーランド(1977年)，ドイツ(1981年)，ブラジル(1983年)，インド(1983年)，中国(1985年)，ウルグアイ(1985年)，イタリア(1987年)の7カ国が，協議国の地位を取得している．1989年までにさらに23カ国が条約に調印した．すなわち，ポーランド(1961年)，チェコ(1962年)，デンマーク(1965年)，オランダ(1967年)，ルーマニア(1971年)，ブラジル(1975年)，ブルガリア(1978年)，ドイツ(1979年)，ウルグアイ(1980年)，パプアニューギニア(1981年)，イタリア(1981年)，ペルー(1981年)，スペイン(1982年)，中国(1983年)，インド(1983年)，ハンガリー(1984年)，スウェーデン(1984年)，フィンランド(1984年)，キューバ(1984年)，韓国(1986年)，オーストリア(1987年)，北朝鮮(1987年)，エクアドル(1987年)である．

南極条約は，「南極地域は，平和的目的のみに利用する」と規定し，軍事基地，兵器の実験(核爆発を含む)，放射性廃棄物の処理を禁じている．条約は，科学的調査や観測，その結果および人の自由な交流を保障し，各国間の科学的調査と協力を育成することを求めている．条約は，今まで行われたいかなる領土的請求も認めず，またそのような請求を無効にはしていないが，新しい領土請求や既存の請求を拡張することは禁止している．同文書は締約国が監視員を指名する権利をもち，その監視員はいつでもあらゆる基地や施設を査察する権利をもつと規定している．条約は，関係する当事国かまたは国際司法裁判所によるすべての紛争の，平和的解決を規定している．また締約国間で情報を交換し，条約の目的を推進する措置を制定するため，定期的な会合を開くことも規定している．1961年から1987年までの間に，14回の協議が開かれた．1991年に条約は見直され，39カ国によって改正された．各国は南極の特別の地位をさらに50年間継続することに合意した．また，南極の鉱物資源や天然資源に関する，規制とガイドラインの設置にも合意している．

科学研究は，条約の規定のもとで継続されてきたが，重点は短期的踏査から南極の自然現象の長期的で大規模な調査へと移っている．氷床の詳細な研究で，地球の天候や気象変化の理解が深められた．近年で最大の協力計画は，オーストラリア，フランス，旧ソ連，イギリス，アメリカが行った「国際南極氷河計画」（1971～81年）だった．この計画のおもな目的は，いくつかの沿岸地域および内陸地域で氷から岩盤まで掘削する方法で，南極東部の氷床を正確に計測したり，この地域を空中から広範囲に調査することなどである．アルゼンチンと旧ソ連，それにアメリカが乗りだした別の協力計画が「南部極地実験」（POLEX）（1975～85年）で，既存の研究計画を大気圏，海流，氷床にまで拡大しようとするものであった．日本とニュージーランド，およびアメリカが行った合同計画が「涸れ谷掘削計画」（1971～76年）で，マクマード・サウンド地域の地球物理学的探検と岩盤の掘削も含まれていた．アメリカが1973年から行っている「ロス氷海計画」は，ロス棚氷の表面および氷の下の地形や氷の厚さ，重さ，地震活動などを観測するもので，少なくとも12カ国と協力をしてきた．1983年11月に始められたアメリカの別の計画は，南極西部の氷床と地球の気象の関係を集中的に研究しようというものであった．旧ソ連が南極西部のフィルヒナー棚氷で行った探検計画（1975～80年）では，同地域の鉱物資源の評価に航空写真と地質学的調査が利用された．1983年から1986年にかけて南半球の夏の間に行われた国際的な研究で，南極の動植物の化石から重要な発見があり，南半球の地質，気候，海洋の歴史に新しいデータが提供され，氷の氷河期の周期に関して氷河学者はより多くのことを学ぶことができた．さらに，遺伝子工学の進歩にとって重要であると考えられた，南極の海氷の藻とバクテリアの研究も促進された．このほかに，アメリカとマクマードおよび極点の基地との間に，衛星回線もつながった．1980年代後半に南極で競って行われた研究は，成層圏のオゾンが春になると減少する現象の研究（一般には「オゾン・ホール」と呼ばれる現象）で，有害とされる紫外線が，高いエネルギーのまま地表に到達する現象に焦点が絞られた．

資　源

　南極の鉱物資源の埋蔵状況の推定は，不正確なものでしかない．アメリカが行った地質調査研究では，南極大陸におよそ900種のおもな鉱物資源が含まれているかもしれないが，そのうち氷のない地域で発見されるのは20種ぐらいであるとしている．鉄鉱石と石炭の2種の鉱物については豊富な量が発見されており，輸送が確保できれば商業的には魅力的なものである．銅，クロム，プラチナ，ニッケル，金，炭化水素なども，わずかな量だが発見されている．鉱物探査は比較的氷の少ない狭い地域に限られてきたが，南極横断山脈のペンサコラ山地にあるデュフーク山塊では，価値ある鉱物が発見される可能性が大きい．沖合海底の石油と天然ガスの層は最も大きな経済的魅力を示しており，1972年にウェッデル海から取りだされたボーリング試料に，天然ガスの痕跡が発見された．しかし，厳しい南極の気候のなかで作業する困難さや，堆積層への接近の難しさ，採掘や輸送にかかる高いコストことなどを考えると，南極の鉱物探査は当分の間，あるいは永遠に行われないかもしれない

北　　極

　最北の地表地域で北極と定義されるのは，北緯66°31′以北の北極圏内にあるすべての陸地と水域であると考えられる．しかし地域的な境界線は，いくつかの場所では北極圏よりも南にのび，最暖月（7月）の気温が10℃の等温線（森林限界線と大ざっぱに一致する）とも考えられる．北極点を中心とするこの地域は，北アメリカやユーラシア大陸の本土や島々に囲まれ，氷に覆われた北極海とベーリング海，および北大西洋を含んでいる．約1400万km^2の広さをもつ北極海は，北極地域全体の2/3近くを占めている．おもな陸地は，旧ソ連，スカンジナビア，グリーンランド，カナダ，アラスカの北部などである．

　南極と違い，北極地域の縁辺部は年間を通じて人の住める気候であり，定住人口もあって，陸地部分の主権もすべて確立している．北極は北アメリカとユーラシアの中央に位置するため，戦略的にも重要で，カナダの北端は旧ソ連の都市であるムルマンスクと大圏ルートで約4000kmしか離れていない．その近さのため，北極地域には航空交通を監視し防空上の早期警戒を行うため，カナダや旧ソ連，アメリカが多くのレーダー基地を設置している．

　北極内湾周辺の大陸棚は，海域の半分以上を占めており，ほかのどの海域よりもその割合が大きい．フランツ・ヨシフ諸島近くの大陸棚の端は，ユーラシア本土から約1500kmのところにある．北極圏を越

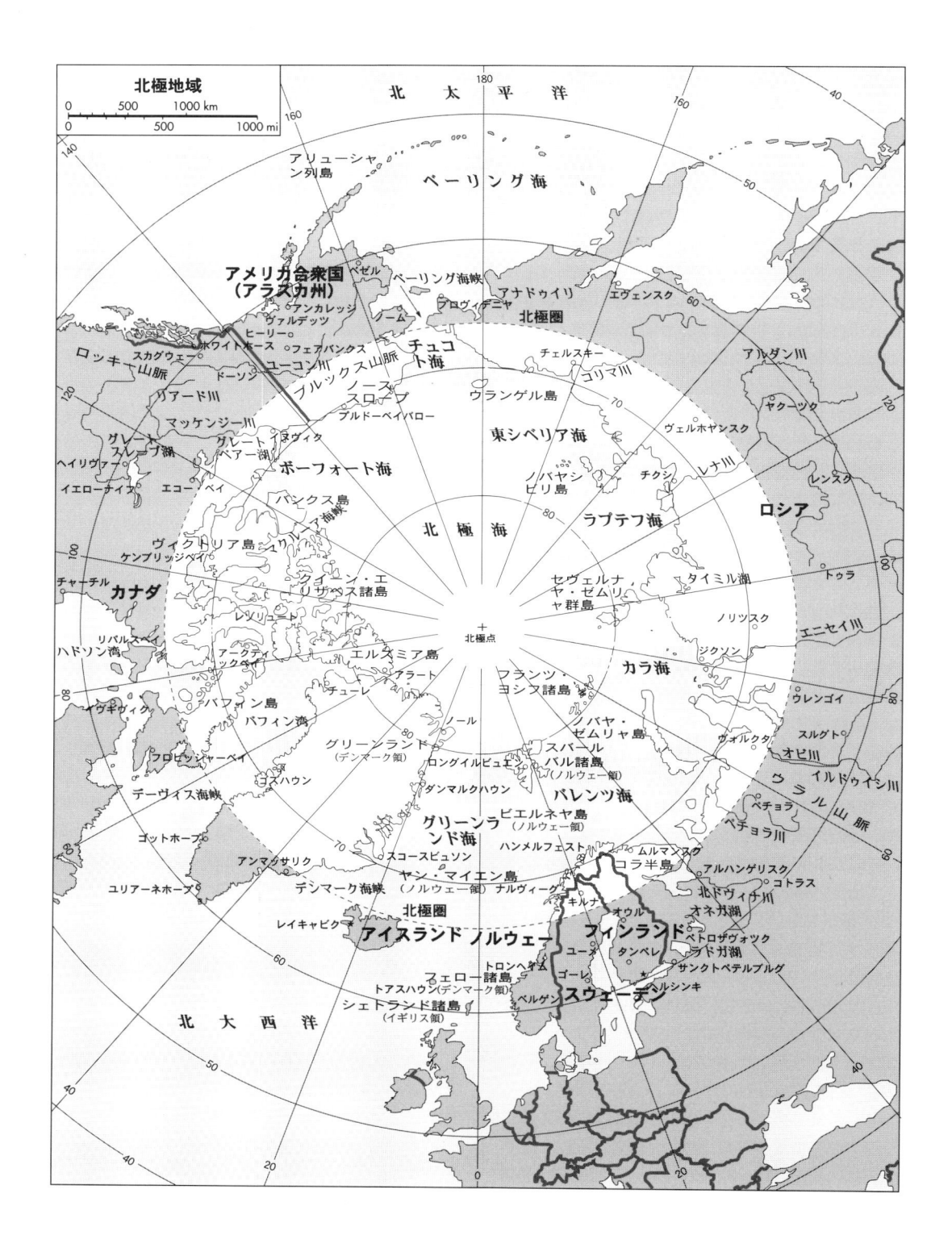

極地地域

北極地域

えて広がる陸地は，高低のある高地と氷河が刻んだ深いフィヨルドや，海岸の湿地と氷河の堆積物に覆われた高い氷の台地，それにカナディアン・ロッキー山脈の高い峰々やアラスカのブルックス山脈，旧ソ連のウラル山脈の湾曲した傾斜地を含む褶曲山脈という，3つの地形のタイプがみられる．北極海に注ぎこむおもな河川は，カナダのマッケンジー川，旧ソ連のオビ川，エニセイ川，レナ川，コリマ川などである．北極にあるおもな海には，チュコト海，東シベリア海，ラプテフ海，カラ海，バレンツ海，ノルウェー海，グリーンランド海，ボーフォート海などがある．

北極海は年間を通して凍ったまま（夏には端のほうだけ氷がとける）で，10月から6月までは実質的に氷で閉ざされる．広大な北極の浮氷は，夏には平均 780 km², 冬には平均で 1480 万 km² にまで広がる．浮氷の平均の厚さは 3～3.5 m と推定されている．厚さ 61 m で長さ 30 km にもおよぶ氷の「島」が，北アメリカから移動する浮氷から分離し，分解するかまたは北大西洋に流れだすまで円を描くようにゆっくりと漂流する．グリーンランドや北東カナダの氷河から分離し，氷山と呼ばれる「島」より小さな断片となったものは，東グリーンランド海流やラブラドル海流に乗って南下し，大西洋の航路に移動する．推定で毎年 1000 個の氷山が北緯 55° を越えて南下し，400 個近くがニューファンドランド沖のグランドバンクに到達する．いくつかの氷山は3年かかってはるか 4000 km を旅し，最も南ではバミューダで発見されたこともあった．

最も近い氷河期は約1万5000年前に最高潮を迎え，大陸の氷床がほとんど北半球全体を覆っていた．氷河の後退はヨーロッパでは 8500 年前に，北アメリカでは 7000 年前に安定した．その後の温暖期が歴史上の最大の規模を迎えたのは西暦 800 年から 1000 年のころで，バイキングが北極地方に植民地を建設することができた．1880 年代から 1940 年代にかけて，広範囲にわたる北極探検が行われた．しかし，1940 年代に始まった小規模の冷却傾向（1990 年代もずっと続いていると予測されている）が，北極地方に厳しい効果をもたらした．氷で覆われた地域が実質的に増大し，年間の平均気温も数度下がり，ユーラシアの北極沿岸では夏の季節が約1カ月ほど短くなった．

北極では6カ月ごとに冬の暗闇と夏の日射が交互に体験され，夏至の時期には北極圏内で24時間太陽が沈まない（そのため「真夜中の太陽の土地」という名称がある）．この地域では冬が長く寒く，夏は短く涼しい．降雪量は相対的に少なく，平均で 200～500 mm だが，約10カ月にわたり凍った海を覆っている．浮氷上の気温は平均で1月にはマイナス 30℃, 7月には 0℃ ほどになる．陸上での年間の平均気温はアラスカのバローでマイナス 12℃, カナダ北部のリゾリュート島でマイナス 16℃, 旧ソ連西部のムルマンスクで 0℃ とさまざまである．グリーンランドの年間の平均気温は，同島の標高が高く，内陸に広大な氷床があることから低く，1月にはマイナス 40℃, 7月でもマイナス 10℃ であり，北極点よりもずっと寒い．年間の降水量も北極の浮氷上の 25～250 mm から，グリーンランドの 460 mm 以上までさまざまである．

気候に依存する現象としては永久凍土あるいは永久凍土地帯の存在があり，これが北極地域の土地を人間が利用できないようにしている．地表温度が2年間以上凍結温度のままであるところなら，どこでも発生する永久凍土地帯は，アラスカやグリーンランドの北極地域の大半と，カナダや旧ソ連の半分，およびスカンジナビアの一部に横たわっている．また，北極海の沿岸部の海底でも発見されている．最も厚い永久凍土地帯は，カナダで厚さ 500 m, アラスカで 900 m, 旧ソ連で 1500 m であった．地表に露出した永久凍土が凍結したりとけたりすると，夏が短くなったり長くなり，北極地域での建設や採掘活動に深刻な技術面の問題を引起こしたりする．

北極のツンドラや樹木の生えない地域の植生は，苔や地衣類，草類，それに短い春や夏の時期に花を咲かせるいくつかの顕花植物に限られている．北極の浮氷の外縁は藻やプランクトンに適した環境を提供し，少数の動物種を養っている．藻やプランクトンは魚に食べられ，魚はアザラシやセイウチ，鳥に食べられ，食物連鎖は子どものアザラシを餌とするキツネやホッキョクグマへと続いている．北極にはアメリカヘラジカやカリブー，トナカイ，オオカミ，リスを含め，全部で約20種の陸生哺乳類がいる．毎年春になるとやってくる渡り鳥の飛来で，鳥の生息数は途方もなく増える．

おもな魚はタラ，ニシン，カラフトシシャモ，北極固有の魚などで，エビやカニとならんで商業的価値が高い．1975 年 10 月 15 日に，アイスランドが漁業水域を 200 海里（370.4 km）に拡張して以来，北極周辺のすべての国々が同じ措置をとり，漁獲量は今では各国の管理下にある．

北極の生態系は，人間が住み始めたために損害を

受けてきたが，最近は周辺5カ国(カナダ, デンマーク, ノルウェー, 旧ソ連, アメリカ)によって自然環境が保護されるようになった．1956年に旧ソ連はホッキョクグマの狩猟を禁止し，1973年に5カ国はクマの生息地を保護することで合意した．1970年代に，大西洋岸のプルドホー湾からアラスカ湾のヴァルデッツ港までアラスカ横断パイプラインが建設されたとき，アメリカ政府は建設業者に対して作業場を撤去し，はぎ取られた植生を回復することを求め，また掘削業者にはこぼれた石油を集めて除去するよう指示した．熱い石油を運ぶパイプラインは，永久凍土がとけないように地表から離してつるされ，カリブーやアメリカヘラジカが集団で移動できるように，途中に横断路が設けられた．「アラスカ先住民居留法」(1971年)では，国有地の4分の1を野生保護区，野生動物避難地区，および国立公園にしている．北極海での石油の漏出を防ぎ，管理するため，カナダは1970年に北緯60°以北の沿岸から161kmを汚染管理地域とした．旧ソ連は，コラ半島沖のいくつかの島々やバレンツ海，それにウランゲル島に自然保護地域を設定した．1973年にノルウェーは，バレンツ海のスバールバル領域に自然保護地域と国立公園を設立し，その翌年にデンマークがグリーンランドの北東部の3分の1を国立公園に指定した．

居住と探検

北極地域には最後の氷河期以後，氷河の後退に合わせて北方に動物の群れを追いかけてきた，おそらくはモンゴロイド系の中央アジアの人々が，約1万年から1万2000年前に住み始めた．サーミ人(ラップ人)の先祖たちはスカンジナビアの北部やコラ半島に移住し，それよりも東方は北極海の沿岸にそって別の民族たちが住みついた．同じころ，アメリカ・インディアンの先祖たちが地続きであったベーリング海峡をわたって，あるいはアリューシャン列島に沿って旅をし，アジアから北アメリカへとやってきた．イヌイット(エスキモー)がアラスカに到着したのは，もっとあとのことだと考えられている．

これらの移住民たちは，雪靴，カヤック，イグルー，その他の原始的な道具を発明して厳しい北極の環境に適応していった．彼らはカリブーやトナカイの皮で衣服やテントをつくり，効率的な狩猟技術を完成し，独特の形式の社会組織を進化させた．何世紀もたつうちに，これらの狩猟民族はじょじょに遊牧や交易を行うようになった．しかし，とくにカナダやアメリカのインディアンとイヌイット(エスキモー)にとって，20世紀の現代文明との頻繁な接触は急激な変化を意味していた．インディアンやイヌイット(エスキモー)以外の北極地方の先住民ちには，グリーンランドのイヌイット(エスキモー)とコーカシア人の[白人種]混血民族，スカンジナビアのサーミ人(ラップ人)，旧ソ連のサモイェード人，ヤクート人，ツングース・満洲人，チュクチ人などがいる．これらの先住民が，北極の人口全体の約半分を占めている．

北極の水域を最初に探検したのは，スカンジナビアからやってきたバイキング(北方人)で，彼らは10世紀と11世紀にはるばるとグリーンランドから北アメリカ大陸まで，北大西洋を冒険してまわった．ノルウェーの族長であるレイフ・エリクソンは，自分でヴィンランドと名付けた北アメリカ本土の北東部を探検したと一般にいわれれているが，その場所がじっさいにどこであったかは論争されている．16世紀と17世紀には，マーチン・フロビシャーやウィリアム・バフィン，ウィリアム・バレンツなどのようなヨーロッパ人が，北アメリカをまわって東洋に至る伝説の北西水路を求め，北極海を探険した．北極の各地には彼らにちなんだ地名が残り，1728年にロシア皇帝の命を受けて航海したデンマーク人の探検家ビートゥス・ベーリングも，通った海峡に自分の名を残している．18世紀後半に，イギリスの毛皮会社のための貿易路を開拓していたアレキサンダー・マッケンジーとサミュエル・ハーンが，カナダの川をたどって北極海沿岸に到達した．1819年にはウィリアム・パリーが，北カナダ諸島を越えて西に航海し，大きな浮氷に行く手を阻まれるまでにマクルー海峡へ到達した．同じ年に，スウェーデンの探検家ニルス・ノルデンショルドは，ロシアの北極海沿岸に沿って北東水路を踏破した最初の人物となった．1845年に消息がわからなくなったジョン・フランクリン卿の探検隊は，北極海の多くのカナダの島々の探検と，地図の作成を熱心に行った．ノルウェーの探検家ロアルド・アムンゼンは，1903年から1906年にかけて初めて北西水路の通過に成功した．

アムンゼンの偉業は，北極探検の重点を北極点到達に移動させた．アメリカ人の探検家ロバート・E・ピアリーは，1905年から1906年にかけての探検で目標の北極点まであと280kmまで到達し，1909年4月6日に4人のイヌイット(エスキモー)を含む彼とそのパーティーは，極点に到達した最初の人々となった．1926年に，南極探検で評判のリチャード・E・ビルド提督は操縦士フロイド・ベネットと同乗して

北極点の上空を初めて飛び，アムンゼンとリンカーン・エルズワースもスピッツベルゲン（現スバールバル）からアラスカへと，北極点の横断飛行を行った．さらに進んで1958年に，アメリカの原子力潜水艦ノーチラス号が，北極点を初めて潜水航行で通過し，1960年には別のアメリカの潜水艦スケート号が北極点を初めて水上通過した．ソ連の砕氷船アークティカ号は，1977年に初めて北極点上を航行した水上船舶となった．

北極をめぐる領域紛争で未解決なのは，スバールバル大陸棚の資源に対するノルウェーの主張と，バレンツ海をめぐって争うノルウェーとソ連の主張である．1959年に「南極条約」が調印されると，北極についても同様の条約を結ぶ動きがあがったが，北極地域の戦略的な重要性やその増大する経済的価値，および各国が神経質になっている複雑な法的問題などがあり，そのような条約の達成には至っていない．

北極開発

北極圏内に領土をもつ5カ国のすべてが，同地域の天然資源を開発してきたが，なかでも旧ソ連が同地域への定住や，鉱物などの開発でリードしていた．北極最大の都市はムルマンスクで，人口は約40万人おり，北極にあるほかの約30カ所の旧ソ連の都市や町の人口も，すべて1万人以上である．いっぽうで，北アメリカ本土の北極圏にある北部最大の町はカナダの北西地方のイヌビクで，人口は約3000人，グリーンランドの州都であるゴットホープでも人口は1万2000人以下である．旧ソ連の「極北」（東シベリアの北緯55°を南限とする）と呼ばれる地域の人口は，1970年代後半におよそ400万人と推計されていた．そのうち約65％は鉱山地区の沿岸地域に居住して漁業や軍事活動に従事し，20％は北部の河川渓谷に集中し，15％が後背地に散在して住んでいた．カナダのユーコン地方と北西地方は国土の40％以上を占めているが，その人口は全人口の1％以下である．[1999年4月1日，カナダ北西部の北西準州から分離して，イヌイットの自治体であるヌナブット準州が発足した．ヌナブットは連邦直轄領であるが，連邦政府との合意により，行政・立法・司法の三権を確保し，公用語には英語とフランス語にイヌイット語も加えられた．ヌナブットの面積はカナダ全土の5分の1に相当し，州人口の85％がイヌイットである．]アラスカはアメリカの州のなかで最大の面積をもっているが，人口は下から2番目である．

1930年代から沿岸沿いと河川沿いの居住地をつなぐ北部海上ルートの確立を皮切りに，旧ソ連政府は北極地域の工業開発という途方もなく費用のかかる開発を実施してきた．厳しい気候と住居の快適さの欠如，それに低水準の社会サービスのため，同地域への自発的な移住は進まず，旧ソ連政府は高い賃金と広範囲にわたる特権など，労働者の定住を促す特別の奨励策を行ってきた．その結果，極北への旧ソ連人の移住は1940年から1970年の間の同地域の人口の自然増とほぼ同じ程度で進んだ．労働力の移動は急速であったが，ほとんどの新規労働者は1年か3年くらいしかそこに住まなかった．最も重要な経済活動は，豊富なニッケルや銅，錫，プラチナ，コバルト，鉄，石炭の採掘だった．東シベリアからは旧ソ連の全国産出量の半分以上に当たるニッケルと，多くの銅が産出し，コラ半島の燐灰石の堆積層からは燐酸鉱物肥料の原料の少なくとも2/3を産出した．東シベリアからは旧ソ連のダイヤモンドと錫の年間生産量の90％を産出していた．さらに西シベリアには，価値ある油田と旧ソ連の天然ガス埋蔵量の約2/3があることも証明されている．旧ソ連は1980年代に入ってからも，北極地域の採掘活動を活発に進め，これは1990年代初めのソ連の崩壊まで続いた．

1970年代で最も重要な経済開発は，45億ドルが費やされたアラスカ横断石油パイプライン・プロジェクトと，アラスカのプルドホー湾にある広大な油田（推定で100億バーレル以上）の開発だった．バルデッツまでの1270kmにおよぶパイプラインの建設は1974年に始まり，1977年にはパイプラインによる石油の輸送が始められた．何万人ものアメリカの労働者が，プロジェクトに参加するためアラスカに移住（アメリカ国内で最高水準の賃金を稼いだ）し，その多くはプロジェクト終了後も定住したので，10年間にアラスカの人口は32.4％も増加した．アラスカのノーススロープには推定5兆tの石炭層があり，アンカレッジとフェアバンクスの間にあるヒーリイで採掘されている．過去には金，銅，鉛，亜鉛，錫，プラチナ，タングステン，ウランなども採掘されたが，銀，鉛，コバルト，水銀，モリブデン，石綿の埋蔵量も有名である．しかし，採掘現場が離れていることや，生産コストが高いことが，1980年代と1990年代の初めに鉱山の開発を妨げていた（ただし石油は除く）．

カナダの北極地方で産出する高価な鉱物には，金，銀，鉛，亜鉛，銅，ニッケル，プラチナ，カドミウム，ウランなどがある．カナダにはマッケンジー川

のデルタとボーフォート海の沖合いに，合計15億バーレルの油田があることも分かっている．グリーンランドにも少なからぬ鉱物資源があることは分かっているが，鉛，亜鉛，石炭の採掘が始まったのは1990年代の初めになってからだった．スカンジナビアの2つの最大級の鉄鉱石産地は，スウェーデンのラップランドにあるキルナの近郊と，旧ソ連との国境に近いノルウェーにある．ノルウェーと旧ソ連はともにスバールバルでの石炭採掘を始め，バレンツ海の沖合いで石油の開発も行っている．

適切な輸送施設がないため，北極の開発は長い間妨げられていた．しかし第2次世界大戦以後，空と海上，陸上ルートのネットワークが開発され，現代技術のおかげで極点地域のほとんどにアクセスできるようになった．各地に散在する多くの飛行場からの定期便が，都市とアラスカやカナダ，旧ソ連の遠く離れた町を結んでいる．このうち，土地の起伏が多く滑走路の建設が困難でコストもかかるグリーンランドでは，ジェット・ヘリコプターの定期運航が行われている．ノルウェーの極点地域は，軍事および民間の要求にこたえて空輸サービスが実施され，スバールバルと本土が結ばれている．冬季になると水路が氷で閉ざされるため，水上輸送は季節運航であるが，大量の貨物輸送はほとんどが船舶で行われている．砕氷船を含む数百隻のロシア船が，ノバヤゼムリャとベーリング海峡の間の2800kmの北海航路を定期運航し，航行可能な2～4カ月間に，年間の推定で400万tの貨物を輸送している．

旧ソ連とノルウェーは，スバールバルへの物資補給にあたり，それぞれの母港に石炭を運ぶ水上定期シャトルを利用している．ハドソン湾や北極諸島，マッケンジー川デルタへのカナダの船舶サービスは，沿岸警備隊と民間企業が提供している．アラスカのプルドホー湾とバローの港では，夏の終わりまでの2カ月の間，船舶が運航されている．旧ソ連の北極地方と北西カナダでは，内陸水路が重要な輸送路となっている．

より寒い地域では北極の陸路は，ほとんど開発されていない．しかし，北アメリカには，北極圏を貫く4本の鉄道がある．アラスカのアンカレッジとフェアバンクス間の鉄道は頻繁に使われており，ハドソン湾を通ってチャーチルまでと，グレート・スレーブ湖を通ってヘイ川まで，それにアラスカの国境を通ってスカグウェイまでの3路線のカナダ鉄道がある．ムルマンスクやアルハンゲリスクの港への路線をはじめ，北極地域で運用されているロシアの鉄道は6路線がある．カナダの2路線の北極ハイウェーは，イヌビクとドーソンと，ヘイ川のグレート・スレーブ湖の町とイエローナイフを結んでいる．アラスカの北極地域で最もよく利用されるハイウェーは，ユーコン川とプルドホー湾の間の運搬道路で，これはアラスカ横断石油パイプラインの建設資材や設備を運ぶためのものであった．旧ソ連の北極地方にはあまり道路が整備されていないが，西部にあるムルマンスクは道路網が発達しているスカンジナビア地域と連結している．

科学研究

北極地域の科学研究は，おもに経済開発と軍事用に向けられている．調査研究は地球規模の大気と水の循環での北極の役割や，浮氷や永久凍土地帯，地磁気，オーロラ，その他の大気圏の高層部の状況などについて行われてきた．

北極の研究では，1882～83年と1932～33年の「国際極点年」にさかのぼる国際協力が，長い間重要な役割をはたしてきた．最も広範囲の多国間の北極研究が行われたのは，「国際地球観測年」(1957～58年)のときで，北極点の現象を監視するため約300カ所に北極基地が設置された．アメリカと旧ソ連はそれぞれ，北極海流と北極海底の地形データを集めるため，浮氷の上に2つの漂流基地を設けた．その結果，北極海の底にはほとんど海洋生物が生息せず，海底には多くの岩が散在していることがわかった．陸上基地ではオーロラや電離層，極点磁力場に関する詳細な情報を収集した．1969年から1975年にかけて，カナダとアメリカは極点環境における海氷の移動力学を計測するため，有人と無人の漂流基地を含む合同の「北極氷実験計画」を行った．

旧ソ連が北極で行った科学的な努力は，ほかの周辺諸国のすべての活動を上まわっていた．1970年代後半までに旧ソ連は，北海航路の運行を維持する目的で，天候，海流，海氷などのデータを収集するため少なくとも100カ所の極点基地と12隻以上の特別に装備された船舶や飛行機を活動させていた．漂流する氷山上の基地は年間を通じて運用されており，さまざまな気象観測と海洋学および地球物理学的実験を行っている．ロシアは，浮氷に沿った何百もの本土地点に向けて，環境状況のデータを無線で送信する20個以上の自動ブイを毎年設置するほか，空からの探査を実施している．

アメリカの北極研究はおもにアラスカに集中しているが，カナダ北部やグリーンランド，北極海にも

拡張している．民間の研究は国立科学財団（NSF）が調整し，大学に研究のための基金を提供している．おもな研究センターは，フェアバンクスとバローにある．これに加え気象情報を集める小さな前哨基地が，アラスカの米軍基地と，アラスカからグリーンランドまでの4800kmに広がる遠距離早期警戒（DEW）線沿いのレーダー基地にある．1986年から1987年にかけて，国立科学財団は約1900万ドルを北極の調査研究に割当てた．同じ年にアメリカ政府は，北極調査に約9300万ドルを支出した．

アメリカは北極海で，年平均1基の自動データブイをもつ漂流氷山基地を運営している．氷偵察飛行と，ベーリング海やグリーンランド海での砕氷船と潜水艦による海洋調査も行われている．1980年代の初めに，国立科学財団は自然の事象と人間の活動の双方が環境に与える影響を予測するため，ベーリング海の海洋生態系を研究する「ベーリング海棚のプロセスおよび資源」（PROBES）と呼ばれる，6年間のプロジェクトを行った．1987年に同財団は，生活プロセスに影響をおよぼす北方海流の季節的および通年の変化を研究するため，ベーリング海とチュコト海でフォロー・アップのための「内陸棚の移動と再循環」（ISHTAR）を行った．1985年に「国立海洋学気象学協会」（NOAA）の科学者たちは，ベーリング海の凍結海域にある凍結していない5200km²の水域（ひじょうに寒冷な地域での熱源となる浮氷のなかの凍結していない水域）で，天候や風向き，海流に対する影響などの研究を行った．1981年の夏に，アメリカはデンマークおよびスイスと協力し，過去13万年の気象を記録しているグリーンランドの氷河の底から，氷のボーリング試料を取りだした．その他のアメリカの最近の計画には，北極の岩盤の地質学および地球物理学研究や，1年に数kmというかなりの速さで移動する，いわゆる波乗り氷河に関するアラスカでの研究などが含まれている．

その他の北極周辺諸国の関心は，北極の陸地や大陸棚の研究に集中している．1959年に始まり現在も続けられているカナダの「北極大陸棚計画」は，北アメリカ大陸棚や北極諸島，および北極海の広範囲にわたる研究である．毎年3月から10月にかけて，カナダは北極海やバフィン湾，およびボーフォート海の海氷について空からの調査も行っている．オスロにあるノルウェーの極地研究所は，スバールバルやヤン・マイエン島周辺，および北極海の地図の作成と科学調査を行っている．グリーンランドのチューレ空軍基地で行われている地球物理学および気象研究には，アメリカも参加している．ロシア，イギリス，フランスその他の国々の科学者も，デンマーク領で地質学や生物学の研究を行っている．

世界の統計表

- （1） 世界各国の人口指標 …………………………………445
- （2） 世界各国の農林水産業 ………………………………450
- （3） 世界各国のエネルギー生産 …………………………455
- （4） 世界各国の工業製品生産高 …………………………460
- （5） 世界各国の国内総生産と対外援助 …………………465
- （6） 世界各国の厚生・文化・軍事指標 …………………470

（1） 世界各国の人口指標

	総人口 (1,000人) (1995年)	人口増加率(%) (1990～95年)			人口密度 (1km²当たり) (1995年)	出生率 (%) (1995年)	平均寿命 (1995年)	
		合計	農村	都市			男性	女性
アフリカ								
アルジェリア	28,548	2.4	0.7	3.9	12	4.3	66.0	68.3
アンゴラ	11,072	2.0	2.2	5.5	9	7.2	44.9	48.1
ウガンダ	21,297	3.4	3.0	5.7	88	7.1	40.0	42.0
エジプト	59,226	2.1	1.7	2.3	59	3.8	62.4	64.8
エチオピア	56,677	3.2	2.7	5.9	51	7.0	45.9	49.1
エリトリア	3,531	2.7	1.6	3.5	30	5.8	48.0	51.2
ガーナ	17,453	3.0	2.3	4.0	73	5.7	54.2	57.8
カーボベルデ	392	2.8	−1.5	6.6	97	3.9	63.5	65.5
ガボン	1,320	2.8	0.7	5.2	5	5.0	51.9	55.2
カメルーン	13,277	2.8	1.2	4.9	28	5.7	53.3	56.2
ガンビア	1,118	3.8	2.8	6.2	99	5.6	43.4	46.6
ギニア	6,700	3.0	1.9	7.5	27	7.0	44.0	45.0
ギニアビサウ	1,073	2.1	1.6	3.7	30	5.8	41.3	44.4
ケニア	30,522	‥	1.7	6.4	53	5.4	52.7	55.4
コートジボワール	14,230	3.9	2.1	4.6	44	5.7	50.9	53.6
コモロ	653	3.7	2.4	4.9	292	6.0	55.0	56.0
コンゴ共和国	2,590	3.0	0.7	4.8	8	6.3	48.9	54.1
コンゴ民主共和国	43,901	4.2	3.7	4.4	19	6.7	50.3	53.7
サントメ・プリンシペ	127	2.0	0.8	4.2	132	‥	‥	‥
ザンビア	9,373	‥	1.9	2.7	12	6.0	43.3	45.0
シエラレオネ	4,509	2.4	0.0	3.0	63	6.5	32.9	35.9
ジブチ	577	2.2	1.0	3.5	25	5.8	46.7	50.0
ジンバブエ	11,526	4.1	1.6	4.8	29	5.2	49.6	51.9
スーダン	28,098	1.7	0.8	5.4	11	5.0	49.6	52.4
スワジランド	908	3.3	1.5	6.1	52	4.9	55.2	59.8
セイシェル	75	1.6	−0.8	2.9	165	‥	‥	‥
赤道ギニア	400	2.8	0.4	5.9	14	5.9	46.4	49.6
セネガル	8,312	2.0	1.4	4.1	42	6.1	48.3	50.3
セント・ヘレナ	7	0.6	−4.3	4.7	54	‥	‥	‥
ソマリア	9,250	‥	1.5	3.1	15	7.0	45.4	48.6
タンザニア	30,337	3.4	2.4	6.3	34	5.9	49.0	51.9
チャド	6,361	2.2	2.3	3.7	5	5.9	45.1	48.3
中央アフリカ共和国	3,315	2.5	1.7	3.1	5	5.3	45.9	50.9
チュニジア	8,896	1.9	−0.1	3.3	54	3.3	66.9	68.7
トーゴ	4,138	3.2	2.3	4.5	73	6.6	49.5	52.6
ナイジェリア	111,721	3.0	1.6	5.4	121	6.5	48.8	52.0
ナミビア	1,540	2.6	1.1	5.5	2	5.3	54.6	57.2
ニジェール	9,151	3.4	2.9	5.8	7	7.4	44.9	48.1
西サハラ	283	4.1	−6.8	4.8	1	4.5	57.3	60.6
ブルキナファソ	10,200	2.5	2.3	6.0	37	7.1	45.4	47.6
ブルンジ	5,982	1.8	1.7	5.6	215	6.8	43.0	46.1
ベナン	5,561	3.2	1.7	5.0	49	6.3	51.3	56.2
ボツワナ	1,456	2.3	−5.0	10.0	3	4.9	52.4	55.8
マダガスカル	14,763	‥	2.5	5.6	25	6.1	55.0	58.0
マラウイ	9,788	3.3	0.4	3.3	83	7.2	41.4	42.4
マリ	10,795	‥	2.4	5.6	9	7.1	44.4	47.6
南アフリカ共和国	41,244	2.1	2.1	2.5	34	4.1	60.0	66.0
モザンビーク	17,423	4.2	1.9	8.7	22	6.5	44.4	47.5
モーリシャス	1,122	1.2	1.1	1.1	550	2.4	66.9	73.8

	総人口 (1,000人) (1995年)	人口増加率(%) (1990〜95年)			人口密度 (1km²当たり) (1995年)	出生率 (%) (1995年)	平均寿命 (1995年)	
		合計	農村	都市			男性	女性
モーリタニア	2,284	2.6	−0.4	5.8	2	5.4	49.9	53.1
モロッコ	27,111	2.0	0.5	3.4	61	3.8	62.8	66.2
リビア	5,407	‥	−0.8	4.3	3	6.4	61.6	65.0
リベリア	2,760	−2.7	−4.9	−2.6	25	6.8	38.0	41.0
ルワンダ	7,952	‥	−6.0	−4.7	302	6.6	22.1	23.1
レソト	2,050	2.7	1.6	6.1	68	5.2	56.4	59.0
レユニオン	653	1.7	−0.6	2.8	260	2.4	69.4	78.8
北アメリカ								
アメリカ合衆国	263,034	1.0	0.3	1.2	28	2.1	72.5	79.3
アンギラ	8	‥	1.2	2.6	83	‥	‥	‥
アンティグア・バーブーダ	66	0.6	0.5	0.8	149	‥	‥	‥
英領バージン諸島	19	3.4	0.4	5.1	126	‥	‥	‥
エルサルバドル	5,768	2.2	1.9	2.9	274	3.5	64.1	71.8
オランダ領アンティル	199	‥	0.1	0.9	249	2.2	72.4	78.5
カナダ	29,606	‥	1.0	1.2	3	1.7	75.6	81.4
キューバ	11,041	0.8	−1.2	1.3	100	1.6	73.5	77.3
グアテマラ	10,621	2.9	2.6	3.3	98	5.4	62.4	67.3
グアドループ	428	‥	−17.6	1.8	251	2.1	71.1	78.0
グリーンランド	58	0.8	−0.9	1.1	‥	‥	‥	‥
グレナダ	92	0.2	−0.2	1.2	267	‥	‥	‥
ケイマン諸島	31	3.3	0.0	3.5	117	‥	‥	‥
コスタリカ	3,333	‥	1.5	3.4	65	3.1	74.0	78.6
サンピエール島・ミクロン島	6	0.0	−0.7	0.8	25	‥	‥	‥
ジャマイカ	2,530	0.9	−0.1	1.7	230	2.6	71.4	75.8
セントクリストファー・ネイビス	41	−0.5	−0.1	−0.7	157	‥	‥	‥
セントビンセントおよび 　グレナディーン諸島	111	0.7	−1.8	4.3	285	‥	‥	‥
セントルシア	145	‥	1.4	1.3	234	‥	‥	‥
タークス諸島・カイコス諸島	14	‥	3.5	4.3	33	‥	‥	‥
ドミニカ共和国	7,915	2.0	0.1	3.1	162	3.1	67.6	71.7
ドミニカ国	71	−0.1	−1.2	0.4	95	‥	‥	‥
トリニダード・トバコ	1,306	1.4	−1.0	1.6	255	2.3	70.5	75.2
ニカラグア	4,539	3.2	1.5	3.8	35	4.4	63.5	68.7
ハイチ	7,180	2.0	1.1	3.9	259	4.8	52.7	56.1
パナマ	2,631	1.9	1.0	2.6	35	2.9	70.9	75.0
バハマ	278	1.7	−2.1	2.5	20	2.0	69.3	76.0
バミューダ	63	0.8	0.0	1.7	1,189	‥	‥	‥
バルバドス	264	0.5	−0.7	1.4	614	1.7	72.9	77.9
プエルトリコ	3,674	0.8	−0.5	1.5	414	2.2	71.6	79.7
米領バージン諸島	105	0.6	0.4	0.9	303	‥	‥	‥
ベリーズ	217	2.7	3.0	2.2	10	4.2	72.4	75.0
ホンジュラス	5,953	3.1	1.9	4.4	53	4.9	65.4	70.1
マルチニーク島	379	0.9	−5.7	1.7	344	2.1	73.0	79.5
メキシコ	90,487	1.8	1.1	2.1	46	3.1	68.5	74.5
モンセラット	11	0.0	−0.7	1.8	108	‥	‥	‥
南アメリカ								
アルゼンチン	34,587	1.2	−1.1	1.7	12	2.8	68.6	75.7
ウルグアイ	3,186	0.6	−2.0	0.9	18	2.3	69.3	75.7
エクアドル	11,460	2.2	0.4	3.5	40	3.5	66.4	71.4
ガイアナ	835	1.0	0.2	2.1	4	2.6	59.8	66.4
コロンビア	35,099	1.7	0.0	2.6	31	2.9	67.1	72.4
スリナム	423	0.9	0.4	2.2	3	2.7	67.8	72.8

世界の統計表

	総人口 (1,000人) (1995年)	人口増加率(%) (1990～95年)			人口密度 (1km²当たり) (1995年)	出生率 (%) (1995年)	平均寿命 (1995年)	
		合計	農村	都市			男性	女性
チリ	14,210	1.6	0.9	1.8	19	2.5	71.5	77.4
パラグアイ	4,828	2.7	1.2	4.2	12	4.6	66.3	70.8
フォークランド諸島	2	0.0	-8.9	3.0	..	..	..	..
ブラジル	155,822	1.5	-1.7	2.4	18	2.4	62.3	70.1
フランス領ギアナ	147	4.6	3.0	5.0	2	..	..	..
ベネズエラ	21,644	2.3	-0.2	2.7	24	3.3	68.9	74.7
ペルー	23,532	1.7	0.4	2.3	18	3.4	64.4	69.2
ボリビア	7,414	2.4	0.1	4.1	7	4.8	57.7	61.0
アジア								
アゼルバイジャン	7,499	0.9	0.5	1.5	87	2.6	66.5	74.5
アフガニスタン	20,141	..	5.3	7.5	31	6.9	43.0	44.0
アラブ首長国連邦	2,314	..	-0.5	3.5	28	3.8	72.9	75.3
アルメニア	3,762	1.2	-0.2	1.8	126	2.2	67.2	74.0
イエメン	14,501	..	3.9	8.1	27	7.6	54.9	55.9
イスラエル	5,545	3.5	2.5	3.5	263	2.9	75.3	78.7
イラク	20,449	..	0.1	2.9	47	5.7	57.6	60.0
イラン	67,283	..	1.6	3.8	41	5.3	67.0	68.0
インド	935,744	2.3	1.4	2.7	285	3.4	60.3	60.6
インドネシア	193,750	1.5	0.1	4.5	102	2.9	61.0	64.5
ウズベキスタン	22,843	2.1	1.9	2.4	51	3.8	64.3	70.7
オマーン	2,163	1.6	-4.5	8.2	10	7.2	67.7	71.8
ガザ地区	..	..	2.3	4.8	..	8.8	64.2	67.8
カザフスタン	16,590	-0.1	-0.9	0.8	6	2.5	62.8	72.5
カタール	551	2.5	-0.8	2.8	50	4.1	68.8	74.2
韓国	44,851	0.9	-5.8	2.9	452	1.7	67.3	74.8
カンボジア	9,836	2.8	2.1	5.9	54	4.9	50.1	52.9
北朝鮮	23,917	1.9	1.0	2.1	198	2.1	67.7	73.9
キプロス	742	1.7	0.7	2.8	80	2.4	74.7	79.0
キルギス	4,668	..	0.1	0.6	24	3.6	63.4	71.9
クウェート	1,691	-4.7	-11.1	-4.5	95	3.1	73.3	77.2
グルジア	5,457	-0.0	-1.1	0.8	78	2.1	68.5	76.7
サウジアラビア	17,880	..	-1.8	3.6	8	6.4	68.4	71.4
シリア	14,315	3.3	1.9	3.5	77	4.7	65.2	69.2
シンガポール	2,987	2.0	0.0	2.0	4,833	1.8	74.0	78.5
スリランカ	18,354	1.5	0.8	1.7	280	2.2	69.7	74.2
タイ	60,206	1.4	0.6	2.2	117	1.9	66.4	71.7
タジキスタン	5,836	1.9	1.9	1.9	41	4.3	64.2	70.2
中国	1,221,462	1.1	0.0	4.0	127	1.9	66.7	70.5
トルクメニスタン	4,099	2.1	2.1	2.1	8	4.0	61.2	68.0
トルコ	61,644	1.9	-3.0	4.1	80	2.7	65.0	69.6
日本	125,197	0.3	-0.4	0.4	331	1.5	76.4	82.4
ネパール	21,918	3.8	2.4	5.5	149	5.4	55.1	54.1
パキスタン	129,808	2.9	2.0	4.2	163	5.5	60.6	62.6
ベトナム	74,545	..	2.1	1.7	225	3.4	62.9	67.3
バーレーン	586	3.1	-2.5	3.2	844	3.4	69.8	74.1
バングラデシュ	120,433	2.2	0.9	4.6	836	3.4	55.6	55.6
東ティモール	814	1.9	2.0	1.0	55	4.8	44.1	45.9
フィリピン	70,267	2.7	0.0	4.2	234	4.0	64.5	68.2
ブータン	1,638	..	1.3	4.6	35	5.9	49.1	52.4
ブルネイ	285	2.4	0.5	3.7	49	3.0	72.4	77.1
香港	6,190	1.6	-1.9	1.6	5,758	1.3	75.6	81.3
マカオ	418	..	0.9	2.9	23,194	1.6	74.3	79.3
マレーシア	20,140	2.5	0.8	3.9	61	3.6	68.7	73.0

	総人口 (1,000人) (1995年)	人口増加率(%) (1990～95年)			人口密度 (1km²当たり) (1995年)	出生率 (%) (1995年)	平均寿命 (1995年)	
		合計	農村	都市			男性	女性
ミャンマー	46,527	2.1	1.4	2.7	69	3.6	56.0	59.3
モルディヴ	254	3.3	3.1	4.0	852	6.8	63.4	60.8
モンゴル	2,410	2.0	0.7	3.1	2	3.6	62.3	65.0
ヨルダン	5,439	4.9	2.4	5.6	56	5.6	66.2	69.8
ラオス	4,882	3.0	2.4	5.7	21	6.7	49.5	52.5
レバノン	3,009	3.3	-1.4	4.0	289	3.1	66.6	70.5
オセアニア								
オーストラリア	18,054	1.1	1.7	1.0	2	1.9	74.7	80.6
北マリアナ諸島	47	..	1.8	2.2	101	..	..	..
キリバス	79	1.9	1.3	2.2	109	..	..	..
グアム	149	2.3	2.3	2.4	272	3.4	72.2	76.0
クック諸島	19	0.9	-0.4	1.8	81	..	..	..
サモア	171	..	0.6	0.6	60	4.2	65.9	69.2
ソロモン諸島	378	3.3	2.7	6.4	13	5.4	68.4	72.7
ツバル	10	2.1	-0.7	4.1	385	..	..	..
トケラウ諸島	2	0.0	0.0	0.0	167	..	..	..
トンガ	98	0.3	-1.5	3.5	131	..	..	..
ナウル	11	1.5	0.0	1.9	514	..	..	..
ニウエ	2	..	-1.7	-3.1	8	..	..	..
ニューカレドニア	186	1.8	0.5	2.2	10	2.7	69.7	74.7
ニュージーランド	3,542	1.0	-0.4	1.4	13	2.1	73.1	78.9
バヌアツ	165	2.7	2.3	3.2	14	4.7	63.5	67.3
パプアニューギニア	4,074	..	2.0	3.6	9	5.1	55.2	56.7
パラオ	17	..	0.5	2.1	37	..	..	..
ピトケアン島	..	..	0.0	0.0	..	..	..	..
フィジー	796	1.7	1.1	2.2	44	3.0	69.5	73.7
フランス領ポリネシア	220	..	2.1	2.1	55	3.1	68.3	73.8
米領サモア	56	3.5	2.2	3.9	283	..	..	..
マーシャル諸島	56	3.7	1.3	4.4	307	..	..	..
ミクロネシア	105	..	2.1	3.6	150	..	..	..
ワリス・フテュナ諸島	14	..	1.1	0.0	70	..	..	..
ヨーロッパ								
アイスランド	269	1.1	-1.1	1.3	3	2.2	76.9	80.7
アイルランド	3,582	0.4	0.0	0.5	51	2.0	73.2	78.6
アルバニア	3,645	..	0.1	1.4	127	2.9	68.0	74.0
アンドラ	68	..	5.5	5.5	150	..	..	..
イギリス	58,258	0.2	-0.1	0.2	239	1.8	73.7	79.0
イタリア	57,187	..	0.1	0.0	190	1.2	74.2	80.6
ウクライナ	51,639	-0.1	-1.7	0.7	86	1.6	63.6	74.0
エストニア	1,530	..	-2.0	-0.8	34	1.6	63.9	75.0
オーストリア	8,053	0.8	1.0	0.8	96	1.5	72.8	79.3
オランダ	15,451	0.7	0.2	0.8	378	1.6	74.1	80.2
ギリシャ	10,458	0.6	0.3	0.6	79	1.4	75.0	80.1
クロアチア	4,495	..	-0.8	0.6	80	1.7	67.1	75.7
サンマリノ	25	1.5	-6.0	2.1	410	..	..	..
ジブラルタル	28	-1.9	..	..	4,667	..	..	..
スイス	7,040	1.0	0.3	1.4	171	1.5	74.5	81.3
スウェーデン	8,831	..	0.5	0.5	20	2.0	75.4	80.8
スペイン	39,210	0.1	-0.7	0.5	77	1.3	73.7	81.0
スロバキア	5,364	0.2	-0.8	1.1	109	1.9	66.5	75.4
スロベニア	1,984	-0.1	-0.3	0.4	98	1.4	68.2	77.3
チェコ	10,331	-0.1	-0.4	0.1	131	1.7	68.8	75.2

	総人口 (1,000人) (1995年)	人口増加率(%) (1990～95年)			人口密度 (1km²当たり) (1995年)	出生率 (%) (1995年)	平均寿命 (1995年)	
		合計	農村	都市			男性	女性
チャネル諸島	148	0.8	0.8	0.8	759	‥	‥	‥
デンマーク	5,228	0.3	-0.3	0.4	121	1.8	72.5	77.8
ドイツ	81,642	0.6	-1.1	0.8	229	1.3	72.6	79.1
ノルウェー	4,360	0.6	-0.2	0.7	13	1.9	74.2	80.3
バチカン	1	0.0	0.0	0.0	2,273	‥	‥	‥
ハンガリー	10,225	-0.3	-1.9	0.3	110	1.7	64.5	73.8
フィンランド	5,108	0.5	-0.4	1.0	15	1.8	72.0	79.6
フェロー諸島	47	-0.2	-0.3	1.5	34	‥	‥	‥
フランス	58,143	0.5	0.0	0.7	105	1.7	73.8	82.4
ブルガリア	8,402	-1.4	-1.6	0.1	76	1.5	67.8	74.9
ベラルーシ	10,141	-0.2	-2.5	1.4	49	1.7	64.4	74.8
ベルギー	10,113	0.3	-2.5	0.5	331	1.6	73.0	79.8
ボスニア・ヘルツェゴビナ	4,484	‥	-4.3	-2.9	88	1.5	69.5	75.1
ポーランド	38,588	0.2	-0.8	0.8	119	1.9	66.7	75.7
ポルトガル	10,797	‥	-0.8	1.1	117	1.5	70.8	78.1
マケドニア	2,163	1.3	0.0	1.8	84	2.1	69.3	73.6
マルタ	371	0.9	-2.2	1.0	1,173	2.1	73.8	78.3
マン島	72	0.8	0.4	1.8	126	‥	‥	‥
モナコ	32	‥	0.0	1.2	21,477	‥	‥	‥
モルドバ	4,432	0.3	-1.2	1.9	132	2.2	63.5	71.5
ユーゴスラビア	10,544	0.0	-1.3	1.4	103	1.9	69.0	74.4
ラトビア	2,515	-1.2	-2.2	-0.7	39	1.6	62.5	74.3
リトアニア	3,715	-0.0	-2.2	0.9	57	1.8	64.9	76.0
リヒテンシュタイン	31	1.3	1.2	2.4	194	‥	‥	‥
ルクセンブルグ	406	1.2	-3.2	2.0	157	1.7	72.1	79.0
ルーマニア	22,680	-0.5	-1.4	0.4	95	1.5	66.0	73.2
ロシア	147,855	-0.0	-1.5	0.5	9	1.5	60.4	72.7

（2） 世界各国の農林水産業

	国土面積 (1,000 km²) (1996年)	農地面積 (1,000 km²) (1992年)	農林水産業 就業人口 (1,000人) (1995年)	同比率 (％)	穀物生産 (1,000 mt) (1996年)	家 畜 生 産 高 (1,000 頭, 1996 年)			材木生産高 (100万 km²) (1995年)	漁獲高 (1,000 t) (1995年)
						畜 牛	ヒツジ	ブ タ		
アフリカ										
アルジェリア	2,382	78.5	‥	‥	4,602	1,228	17,565	6	2.5	106.2
アンゴラ	1,247	35.0	‥	‥	530	3,309	245	810	7.0	93.8
ウガンダ	241	67.7	‥	‥	2,076	5,200	1,900	920	17.2	208.8
エジプト	1,001	26.0	5,361(94)	35.2	16,542	2,700	3,491	27	2.7	309.6
エチオピア	1,104	139.3	‥	‥	11,128	29,900	21,700	20	47.3	6.4
エリトリア	118	‥	‥	‥	182	1,320	1,530	―	‥	3.8
ガーナ	239	27.3	‥	‥	1,793	1,200	2,400	440	26.5	344.5
カーボベルデ	4	0.5	‥	‥	9	19	4	450	‥	7.1
ガボン	268	4.6	‥	‥	28	39	172	165	4.9	28.0
カメルーン	475	70.4	‥	‥	1,314	4,900	3,800	1,410	15.7	63.9
ガンビア	11	1.8	‥	‥	105	323	159	14	1.2	23.1
ギニア	246	7.3	‥	‥	864	2,212	618	45	4.8	68.8
ギニアビサウ	36	3.4	‥	‥	173	475	255	310	0.6	5.6
ケニア	580	24.5	‥	‥	2,901	13,838	5,600	104	41.7	193.8
コートジボワール	322	37.1	‥	‥	1,948	1,277	1,314	290	14.8	70.5
コモロ	2	1.0	‥	‥	21	50	15	―	‥	13.2
コンゴ共和国	2,345	79.0	‥	‥	1,632	70	114	59	3.8	‥
コンゴ民主共和国	342	1.7	‥	‥	27	1,480	1,043	1,157	47.2	36.8
サントメ・プリンシペ	0.96	0.4	‥	‥	3	4	2	2	0.0	2.8
ザンビア	753	52.7	‥	‥	1,574	2,600	65	288	14.6	69.1
シエラレオネ	72	5.4	‥	‥	443	360	302	50	3.3	62.3
ジブチ	23	‥	‥	‥	‥	190	470	―	0.0	0.4
ジンバブエ	391	28.5	‥	‥	3,124	5,436	530	266	8.1	20.5
スーダン	2,506	129.8	‥	‥	5,240	23,500	23,400	―	25.4	45.0
スワジランド	17	1.9	‥	‥	138	646	27	31	1.4	0.1
セイシェル	0.46	0.1	2(89)	9.9	―	2	―	18	‥	4.2
赤道ギニア	28	2.3	‥	‥	‥	5	36	5	0.8	3.8
セネガル	197	23.5	‥	‥	1,048	2,900	4,800	320	5.2	348.3
セント・ヘレナ	0.01	0.0	‥	‥	‥	‥	‥	‥	‥	0.8
ソマリア	638	10.4	‥	‥	393	5,200	13,500	9	8.8	15.5
タンザニア	884	34.9	‥	‥	4,330	13,360	3,955	335	36.7	360.0
チャド	1,284	32.6	‥	‥	931	4,539	2,219	18	4.5	60.0
中央アフリカ共和国	623	20.2	‥	‥	109	2,800	170	550	3.9	13.3
チュニジア	164	48.8	‥	‥	2,879	700	6,400	6	3.6	83.8
トーゴ	57	6.7	‥	‥	700	202	1,200	850	2.4	13.7
ナイジェリア	924	323.9	‥	‥	21,653	18,115	14,000	6,926	111.0	366.1
ナミビア	824	6.6	‥	‥	87	2,084	2,137	21	‥	286.0
ニジェール	1,267	36.1	‥	‥	2,344	1,987	3,849	39	5.9	3.6
西サハラ	266	‥	‥	‥	‥	‥	‥	‥	‥	‥
ブルキナファソ	274	35.6	‥	‥	2,461	4,350	5,800	560	10.0	8.0
ブルンジ	28	13.6	‥	‥	273	390	320	72	5.0	21.1
ベナン	113	18.8	‥	‥	668	1,350	601	584	5.9	37.0
ボツワナ	582	11.6	‥	‥	83	1,950	250	7	1.6	2.0
マダガスカル	587	31.1	‥	‥	2,791	10,320	756	1,629	10.9	120.1
マラウイ	118	17.0	‥	‥	1,943	700	101	220	10.5	45.4
マ リ	1,240	22.0	‥	‥	2,163	5,708	5,431	63	6.5	133.0
南アフリカ共和国	1,221	131.8	‥	‥	13,815	13,000	29,000	1,630	25.3	575.2
モザンビーク	802	31.8	‥	‥	1,380	1,290	122	175	18.4	26.9

（注） 数値の後の（ ）内は年次．

世界の統計表

	国土面積 (1,000 km²) (1996年)	農地面積 (1,000 km²) (1992年)	農林水産業 就業人口 (1,000 人) (1995年)	同比率 (%)	穀物生産 (1,000 mt) (1996年)	家畜生産高 (1,000 頭, 1996年)			材木生産高 (100万 km²) (1995年)	漁獲高 (1,000 t) (1995年)
						畜牛	ヒツジ	ブタ		
モーリシャス	2	1.1	‥	‥	2	34	7	17	0.0	17.0
モーリタニア	1,026	2.1	‥	‥	220	1,312	6,199	—	0.0	90.0
モロッコ	447	98.5	125(92)	3.6	10,100	2,420	16,267	—	2.3	846.2
リビア	1,760	21.7	‥	‥	321	100	4,400	—	0.7	34.5
リベリア	111	37.5	‥	‥	55	36	210	120	6.3	7.7
ルワンダ	26	11.7	‥	‥	168	465	250	80	5.7	3.3
レソト	30	3.2	‥	‥	252	590	1,200	70	0.7	0.0
レユニオン	3	0.5	‥	‥	18	27	2	95	0.0	4.8
北アメリカ										
アメリカ合衆国	9,364	1,877.8	3,592	2.9	337,667	103,487	8,457	58,264	503.4	5,634.4
アルバ	0.19	0.0	‥	‥	‥	‥	‥	‥	‥	0.4
アンギラ	0.01	‥	‥	‥	‥	‥	‥	‥	‥	0.4
アンティグア・バーブーダ	0.44	0.1	‥	‥	‥	16	12	2	‥	0.5
英領バージン諸島	0.02	0.0	‥	‥	‥	2	6	2	‥	1.0
エルサルバドル	21	7.3	533	27.0	889	1,287	5	400	6.8	15.8
オランダ領アンティル	0.80	0.1	1(93)	1.0	‥	1	7	2	‥	1.0
カナダ	9,971	455.0	554	4.1	59,407	13,186	677	12,097	186.2	901.2
キューバ	111	33.4	‥	‥	309	4,650	310	1,500	3.2	94.2
グアテマラ	109	18.9	‥	‥	1,239	2,291	551	950	14.1	11.9
グアドループ	2	0.3	‥	‥	‥	60	3	14	0.0	9.5
グリーンランド	2,176	‥	‥	‥	—	‥	22	—	‥	129.0
グレナダ	0.34	0.1	‥	‥	‥	4	13	5	‥	1.5
ケイマン諸島	0.03	‥	‥	‥	‥	1	—	—	‥	0.6
コスタリカ	51	5.3	252	21.6	211	1,585	3	300	4.8	27.9
ジャマイカ	11	2.2	246(92)	27.1	4	420	2	180	0.6	13.6
セントクリストファー・ネイビス	0.26	0.1	‥	‥	‥	2	17	3	‥	0.2
セントビンセントおよびグレナディーン諸島	0.39	0.1	‥	‥	1	6	13	9	‥	1.5
セントルシア	0.62	0.2	‥	‥	‥	12	12	15	‥	1.0
タークス諸島・カイコス諸島	0.43	0.0	‥	‥	‥	‥	‥	‥	‥	1.4
ドミニカ共和国	49	14.5	‥	‥	641	2,435	135	950	1.0	20.2
ドミニカ国	0.75	0.2	‥	‥	‥	13	8	5	‥	0.8
トリニダード・トバコ	5	1.2	46	10.6	15	36	12	45	0.1	13.0
ニカラグア	130	12.7	‥	‥	679	1,807	4	410	3.8	13.5
ハイチ	28	9.1	‥	‥	388	1,246	184	500	6.4	5.5
パナマ	76	6.6	209(92)	26.3	351	1,456	—	261	1.1	181.8
バハマ	14	0.1	4(94)	3.7	0	1	6	5	0.1	9.6
バミューダ	0.01	‥	‥	‥	‥	0	1	1	‥	0.4
バルバドス	0.43	0.2	5	4.6	2	28	41	30	0.0	3.3
プエルトリコ	9	1.2	31	2.9	1	326	8	101	‥	2.6
米領バージン諸島	0.34	0.1	‥	‥	‥	8	3	3	‥	0.9
ベリーズ	23	0.6	14(94)	22.7	38	60	3	22	0.2	2.1
ホンジュラス	112	18.6	673	37.2	690	2,127	13	600	6.5	24.3
マルチニーク	1	0.2	‥	‥	‥	30	42	33	0.0	5.4
メキシコ	1,958	247.3	8,378	24.7	26,846	28,141	5,897	18,000	22.5	1,358.4
モンセラット	0.01	0.0	1(87)	9.6	‥	10	5	1	‥	0.2
南アメリカ										
アルゼンチン	2,780	272.0	‥	‥	29,554	54,000	17,000	3,100	11.8	1,148.8

	国土面積 (1,000 km²) (1996年)	農地面積 (1,000 km²) (1992年)	農林水産業 就業人口 (1,000 人) (1995年)	同比率 (%)	穀物生産 (1,000 mt) (1996年)	家畜生産高 (1,000 頭, 1996年) 畜牛	ヒツジ	ブタ	材木生産高 (100万 km²) (1995年)	漁獲高 (1,000 t) (1995年)
ウルグアイ	177	13.0	58	4.8	2,118	10,677	10,865	270	4.1	126.5
エクアドル	284	30.2	189 (94)	7.0	2,267	5,105	1,709	2,621	10.4	591.6
ガイアナ	215	5.0	‥	‥	523	190	130	30	0.5	46.0
コロンビア	1,139	54.6	68 (92)	1.4	3,490	26,088	2,540	2,431	20.5	167.1
スリナム	163	0.7	5 (94)	6.0	220	104	9	20	0.1	13.0
チ リ	757	42.4	789	15.7	2,578	3,858	4,516	1,486	31.4	7,590.9
パラグアイ	407	22.7	40 (94)	3.8	1,340	9,788	390	2,525	10.4	14.5
フォークランド諸島	12	‥	‥	‥	‥	4	686	—	‥	29.1
ブラジル	8,512	590.0	18,254 (93)	27.4	46,101	165,000	18,000	36,600	285.3	800.0
フランス領ギアナ	90	0.1	‥	‥	26	8	3	9	0.1	7.7
ベネズエラ	912	39.2	1,012	13.2	2,083	14,585	1,200	3,150	2.3	504.8
ペルー	1,285	37.3	11 (94)	0.4	2,582	4,629	12,502	2,490	12.6	8,943.2
ボリビア	1,099	23.8	16 (91)	1.8	1,166	6,118	8,039	2,482	2.6	6.3
アジア										
アゼルバイジャン	87	19.0	1,011 (94)	3.8	1,032	1,658	4,390	31	‥	37.0
アフガニスタン	652	80.5	‥	‥	2,562	1,500	14,300	—	7.7	1.3
アラブ首長国連邦	84	0.4	‥	‥	7	70	360	—	‥	105.6
アルメニア	30	5.4	‥	‥	288	497	548	79	‥	4.5
イエメン	528	14.8	‥	‥	664	1,181	3,922	—	0.3	104.0
イスラエル	21	4.3	62 (94)	3.3	161	379	352	105	0.1	20.6
イラク	438	54.5	‥	‥	1,859	1,000	5,000	—	0.2	22.6
イラン	1,633	181.7	‥	‥	17,108	8,492	51,499	—	7.5	368.3
インド	3,288	1,696.5	‥	‥	214,082	196,003	45,390	11,900	299.2	4,903.7
インドネシア	1,905	225.0	42,854 (92)	54.9	60,090	11,930	7,684	7,825	185.9	4,118.0
ウズベキスタン	447	48.5	‥	‥	2,494	5,204	8,352	208	‥	24.0
オマーン	212	0.6	‥	‥	5	142	148	—	‥	139.9
ガザ地区	0.38	0.2	‥	‥	1	3	24	—	‥	1.2
カザフスタン	2,717	355.4	‥	‥	11,209	6,860	18,725	1,623	‥	49.6
カタール	11	0.1	‥	‥	5	13	187	—	‥	4.3
韓 国	99	20.7	2,699 (94)	13.6	6,676	3,463	1	6,950	6.5	2,688.0
カンボジア	181	24.0	‥	‥	3,450	2,800	—	2,050	7.8	112.5
北朝鮮	121	20.2	‥	‥	4,980	1,350	395	3,350	4.9	1,850.0
キプロス	9	1.5	31	10.7	144	69	250	374	0.1	3.0
キルギスタン	199	13.2	378	23.0	1,423	869	4,075	114	‥	0.4
クウェート	18	0.1	‥	‥	2	25	350	—	‥	8.7
グルジア	70	10.3	‥	‥	645	980	674	353	‥	28.9
サウジアラビア	2,150	37.5	‥	‥	1,880	225	7,800	—	‥	54.5
シリア	185	59.1	917 (91)	28.2	5,961	800	12,000	1	0.1	10.5
シンガポール	0.62	0.0	4 (93)	0.2	‥	—	—	190	0.1	13.7
スリランカ	66	19.1	1,985	37.3	2,277	1,702	19	87	9.6	235.8
タ イ	513	201.3	18,777 (91)	60.3	26,426	8,000	130	4,023	39.3	3,501.8
タジキスタン	143	9.9	‥	‥	394	1,147	1,783	6	‥	3.9
中 国	9,597	963.0	339,660 (93)	56.4	435,654	104,450	127,261	452,199	300.4	24,433.3
トルクメニスタン	488	14.5	‥	‥	400	1,199	6,150	82	‥	15.0
トルコ	775	274.7	10,227	47.8	29,342	11,789	33,791	5	19.3	652.2
日 本	378	45.2	3,670	5.7	13,791	4,880	25	9,900	23.3	6,757.6
ネパール	147	23.5	‥	‥	6,247	7,008	859	670	20.8	21.1
パキスタン	796	211.1	16,535 (94)	50.0	24,328	17,900	29,800	—	29.7	540.6
バーレーン	0.69	0.0	‥	‥	‥	17	29	—	‥	9.4
バングラデシュ	144	90.4	‥	‥	29,445	24,340	1,155	—	32.0	1,170.4
東ティモール	15	0.8	‥	‥	‥	‥	‥	‥	0.0	‥
フィリピン	300	91.9	11,324	44.1	15,435	2,128	30	9,026	39.9	2,269.2
ブータン	47	1.3	‥	‥	112	435	59	75	1.4	0.3

世界の統計表　　453

	国土面積 (1,000 km²) (1996年)	農地面積 (1,000 km²) (1992年)	農林水産業 就業人口 (1,000 人) (1995年)	同比率 (%)	穀物生産 (1,000 mt) (1996年)	家　畜　生　産　高 (1,000 頭，1996 年)			材木生産高 (100万 km²) (1995年)	漁獲高 (1,000 t) (1995年)
						畜　牛	ヒツジ	ブ　タ		
ブルネイ	6	0.1	‥	‥	1	2	—	4	0.3	4.8
ベトナム	332	67.0	‥	‥	27,296	3,700	—	16,903	34.9	1,200.0
香　港	1	0.1	17	0.6	‥	2	‥	109	0.2	203.6
マカオ	0.00	‥	0	0.2	‥	‥	‥	‥	‥	1.6
マレーシア	330	48.8	1,517	20.0	2,110	720	269	3,282	45.6	1,239.8
ミャンマー	677	100.4	11,551(94)	68.7	21,378	10,121	328	3,229	23.3	832.5
モルディヴ	0.30	0.0	‥	‥	‥	‥	‥	‥	‥	104.6
モンゴル	1,567	14.0	‥	‥	202	3,476	13,606	19	0.5	0.1
ヨルダン	98	4.1	3(93)	6.1	98	43	2,100	—	0.0	0.2
ラオス	237	8.1	‥	‥	1,355	1,200	1,680	—	5.5	40.3
レバノン	10	3.1	‥	‥	74	80	246	55	0.5	4.4
オセアニア										
オーストラリア	7,741	509.5	404(94)	5.1	34,602	26,952	126,320	2,663	22.5	219.5
北マリアナ諸島	0.05	‥	‥	‥	‥	‥	‥	‥	‥	0.2
キリバス	0.73	0.4	‥	‥	‥	—	—	10	‥	24.7
グアム	0.55	0.1	‥	‥	‥	‥	‥	4	‥	0.4
クック諸島	0.23	0.1	‥	‥	‥	—	—	32	0.0	1.1
サモア	3	1.2	‥	‥	‥	26	—	179	0.1	1.4
ソロモン諸島	29	0.6	‥	‥	‥	10	—	55	0.9	46.5
ツバル	0.03	‥	‥	‥	‥	‥	‥	13	‥	0.4
トケラウ諸島	0.00	‥	‥	‥	‥	‥	‥	1	‥	0.2
トンガ	0.75	0.5	‥	‥	‥	9	—	81	‥	2.6
ナウル	0.02	‥	‥	‥	‥	—	—	3	‥	0.5
ニウエ	0.26	0.1	‥	‥	‥	‥	‥	2	‥	0.1
ニューカレドニア	19	0.1	‥	‥	1	113	4	39	0.0	4.0
ニュージーランド	271	4.1	158	9.7	858	9,204	48,816	429	17.2	612.2
バヌアツ	12	1.4	‥	‥	1	151	—	60	0.1	2.8
パプアニューギニア	463	4.2	‥	‥	3	110	4	1,030	8.8	26.0
パラオ	2	0.6	‥	‥	‥	‥	‥	‥	‥	1.5
ピトケアン島	0.00	‥	‥	‥	‥	‥	‥	‥	‥	0.0
フィジー	18	2.6	‥	‥	20	354	8	121	0.6	34.6
フランス領ポリネシア	4	0.3	‥	‥	‥	7	—	42	‥	8.8
米領サモア	0.02	0.0	‥	‥	‥	—	—	11	‥	0.2
マーシャル諸島	0.18	‥	‥	‥	‥	‥	‥	‥	‥	0.3
ミクロネシア	0.70	‥	‥	‥	‥	‥	‥	‥	‥	21.2
ワリス・フテュナ諸島	0.20	0.1	‥	‥	‥	—	—	25	‥	0.2
ヨーロッパ										
アイスランド	103	0.1	7	4.6	‥	73	450	42	‥	1,616.0
アイルランド	70	9.2	154(91)	13.7	2,142	6,532	5,772	1,542	2.2	412.7
アルバニア	29	7.0	‥	‥	538	850	2,500	1,100	0.4	3.1
アンドラ	0.45	0.0	‥	‥	‥	‥	‥	‥	‥	‥
イギリス	244	65.9	547(93)	2.2	24,496	11,619	28,797	7,351	8.2	1,003.7
イタリア	301	119.7	1,572(94)	7.9	20,537	7,018	10,531	7,964	9.8	609.8
ウクライナ	604	344.6	‥	‥	23,471	15,611	2,144	13,144	‥	424.8
エストニア	45	10.5	68(94)	10.5	563	348	42	315	3.7	132.3
オーストリア	84	15.1	269(94)	7.2	4,335	2,272	381	3,564	14.4	4.5
オランダ	41	9.2	264(94)	3.9	1,659	4,557	1,674	13,958	1.1	521.4
ギリシャ	132	39.1	807(92)	21.9	4,371	640	9,500	1,070	2.3	198.2
クロアチア	57	11.6	‥	‥	2,759	462	427	1,196	2.7	19.2
サンマリノ	0.06	0.0	0(93)	2.1	‥	‥	‥	‥	‥	‥
ジブラルタル	0.00	‥	‥	‥	‥	‥	‥	‥	‥	‥
スイス	41	4.7	154	4.1	1,405	1,772	442	1,580	4.7	2.7

	国土面積 (1,000 km²) (1996年)	農地面積 (1,000 km²) (1992年)	農林水産業 就業人口 (1,000 人) (1995年)	同比率 (%)	穀物生産 (1,000 mt) (1996年)	家畜生産高 (1,000頭, 1996年)			材木生産高 (100万 km²) (1995年)	漁獲高 (1,000 t) (1995年)
						畜牛	ヒツジ	ブタ		
スウェーデン	450	27.7	136(94)	3.5	5,625	1,790	469	2,349	59.9	412.2
スペイン	506	199.5	1,198(93)	10.1	22,517	5,660	21,323	18,000	15.1	1,320.0
スロバキア	49	3.0	197	9.2	3,941	929	430	2,076	5.3	3.6
スロベニア	20	‥	96	10.9	545	496	28	592	1.9	2.9
チェコ	79	50.3	332	6.5	6,683	1,989	134	4,016	12.9	22.6
チャネル諸島	0.02	‥	‥	‥	‥	‥	‥	‥	‥	4.0
デンマーク	43	25.5	132(93)	5.1	9,545	2,052	145	11,079	2.3	2,041.1
ドイツ	357	119.1	1,191(94)	3.3	42,102	15,890	2,437	23,737	39.0	298.0
ノルウェー	324	8.8	105	5.1	1,335	998	2,400	768	9.0	2,807.5
バチカン	0.00	‥	‥	‥	‥	‥	‥	‥	‥	‥
ハンガリー	93	49.7	570(92)	13.2	10,245	928	977	5,032	4.4	22.9
フィンランド	338	25.1	158	7.6	3,687	1,179	115	1,394	50.2	184.8
フェロー諸島	1	0.0	‥	‥	‥	2	68	—	‥	297.2
フランス	552	192.5	1,101(93)	5.0	62,488	20,661	10,556	14,800	46.3	793.4
ブルガリア	111	43.3	‥	‥	3,495	632	3,383	2,140	2.9	23.4
ベラルーシ	208	62.6	‥	‥	5,320	5,054	264	3,895	10.0	15.0
ベルギー	31	7.8	95(92)	2.5	2,712	3,369	161	7,225	4.2	35.1
ボスニア・ヘルツェゴビナ	51	9.4	‥	‥	842	314	276	165	‥	2.5
ポーランド	323	147.0	3,861(92)	25.0	25,783	7,396	552	18,759	19.3	451.3
ポルトガル	92	31.7	516(93)	11.6	1,599	1,316	6,200	2,400	9.4	265.5
マケドニア	26	‥	‥	‥	546	283	2,320	175	0.2	1.5
マルタ	0.32	0.1	3(91)	2.5	7	21	16	69	‥	1.8
マン島	0.06	‥	‥	‥	‥	‥	‥	‥	‥	3.7
モナコ	0.00	‥	‥	‥	‥	‥	‥	‥	‥	‥
モルドバ	34	22.0	820(92)	40.0	1,448	726	1,302	1,015	‥	4.9
ユーゴスラビア	102	38.5	‥	‥	7,519	1,926	2,656	4,446	1.3	6.5
ラトビア	65	17.1	214	18.0	910	537	72	553	6.9	149.7
リトアニア	65	30.6	‥	‥	2,519	1,065	32	1,270	5.5	49.5
リヒテンシュタイン	0.16	0.0	‥	‥	‥	6	3	3	‥	‥
ルクセンブルグ	3	‥	6(90)	3.3						
ルーマニア	238	99.6	3,621(93)	36.9	14,242	3,496	10,381	7,960	12.9	69.1
ロシア	17,075	1,322.8	11,079(92)	15.4	68,030	39,696	25,800	22,631	‥	4,373.8

（3） 世界各国のエネルギー生産

	電　　力(1,000 kw, 1993年)				石　炭 (1,000 t) (1993年)	原　油 (1,000 t) (1993年)	天然ガス (1兆ジュール) (1993年)
	合　計	火　力	水　力	原子力			
アフリカ							
アルジェリア	5,813	5,539	274	—	20	35,086	2,101,580
アンゴラ	617	205	412	—	‥	25,200	6,550
ウガンダ	162	7	155	—	‥	‥	‥
エジプト	11,854	9,029	2,825	—	‥	46,266	376,281
エチオピア	464	62	372	—	‥	‥	‥
エリトリア	‥	‥	‥	‥	‥	‥	‥
カーボベルデ	7	7	—	—	‥	‥	‥
ガボン	310	144	166	—	‥	15,068	3,838
カメルーン	627	97	530	—	1	6,210	‥
ガンビア	29	29	—	—	‥	‥	‥
ガーナ	1,187	115	1,072	—	‥	0	‥
ギニア	176	129	47	—	‥	‥	‥
ギニアビサウ	11	11	—	—	‥	‥	‥
ケニア	805	156	604	—	‥	‥	‥
コートジボワール	1,173	278	895	—	‥	324	‥
コモロ	5	4	1	—	‥	‥	‥
コンゴ共和国	118	29	89	—	‥	8,675	113
コンゴ民主共和国	‥	‥	‥	‥	‥	‥	‥
ザイール	2,831	59	2,772	—	‥	‥	‥
サントメ・プリンシペ	6	4	2	—	‥	‥	‥
ザンビア	2,436	191	2,245	—	400	‥	‥
シエラレオネ	126	124	2	—	‥	‥	‥
ジブチ	85	85	—	—	‥	‥	‥
ジンバブエ	2,148	1,515	633	—	5,266	‥	‥
スーダン	500	275	225	—	‥	‥	‥
スワジランド	‥	‥	‥	‥	‥	‥	‥
セイシェル	28	28	—	—	‥	‥	‥
赤道ギニア	5	4	1	—	‥	‥	‥
セネガル	231	231	—	—	‥	‥	‥
セント・ヘレナ	4	4	—	—	‥	‥	‥
ソマリア	70	70	—	—	‥	‥	‥
タンザニア	439	180	259	—	4	‥	‥
トーゴ	34	30	4	—	‥	‥	‥
チャド	29	29	—	—	‥	‥	‥
中央アフリカ共和国	43	21	22	—	‥	‥	‥
チュニジア	1,414	1,350	64	—	‥	4,650	12,780
ナイジェリア	4,574	3,274	1,300	—	95	94,000	191,200
ナミビア	‥	‥	‥	‥	‥	‥	‥
ニジェール	63	63	—	—	172	‥	‥
西サハラ	56	56	—	—	‥	‥	‥
ブルキナファソ	65	65	—	—	‥	‥	‥
ブルンジ	43	11	32	—	‥	‥	‥
ベナン	15	15	—	—	‥	302	‥
ボツワナ	‥	‥	‥	‥	‥	‥	‥
マダガスカル	220	114	106	—	‥	‥	‥
マラウイ	185	39	146	—	‥	‥	‥
マリ	87	42	45	—	‥	‥	‥
南アフリカ共和国	26,739	24,304	593	1,842	182,881	‥	‥

（注）　数値の後の（　）内は年次.

	電　　力(1,000kw, 1993年)				石　炭 (1,000t) (1993年)	原　油 (1,000t) (1993年)	天然ガス (1兆ジュール) (1993年)
	合　計	火　力	水　力	原子力			
モザンビーク	2,358	280	2,078	—	40	..	..
モーリタニア	105	44	61	—	..	..	..
モーリシャス	361	302	59	—	..	..	..
モロッコ	2,722	2,029	693	—	604	10	949
リビア	4,600	4,600	—	—	..	65,478	248,179
リベリア	332	251	81	—	..	..	..
ルワンダ	64	4	60	—	..	..	7
レソト	..	..	..	..	..	..	..
レユニオン	299	180	119	—	..	..	..
北アメリカ							
アメリカ合衆国	760,427	557,035	98,629	99,061	857,675	345,323	20,008,104
アルバ	90	90	—	—	..	..	..
アンギラ	..	..	..	..	..	..	..
アンティグア・バーブーダ	26	26	—	—	..	..	..
英領バージン諸島	13	13	—	—	..	..	..
エルサルバドル	751	241	405	—	..	..	..
オランダ領アンティル	200	200	—	—	..	..	..
カナダ	110,554	32,990	62,101	15,437	69,016	82,185	5,263,449
キューバ	3,988	3,939	49	—	..	975	1,483
グアテマラ	696	258	438	—	..	352	360
グアドループ	388	379	4	—	..	..	..
グリーンランド	105	105	—	—	..	..	..
グレナダ	9	9	—	—	..	..	..
ケイマン諸島	75	75	—	—	..	..	..
コスタリカ	1,044	254	790	—	..	..	..
サンピエール島・ミクロン島	27	27	—	—	..	..	..
ジャマイカ	732	712	20	—	..	..	..
セントクリストファー・ネイビス	15	15	—	—	..	..	..
セントビンセントおよび　グレナディーン諸島	14	8	6	—	..	..	..
セントルシア	22	22	—	—	..	..	..
タークス諸島・カイコス諸島	4	4	—	—	..	..	..
ドミニカ共和国	1,447	1,240	207	—	..	..	..
ドミニカ国	8	5	3	—	..	..	..
トリニダード・トバコ	1,150	1,150	—	—	..	6,396	202,246
ニカラグア	457	281	106	—	..	..	..
ハイチ	153	83	70	—	..	..	..
パナマ	959	408	551	—	..	..	..
バハマ	401	401	—	—	..	..	..
バミューダ	140	140	—	—	..	..	..
バルバドス	140	140	—	—	..	63	1,022
プエルトリコ	4,230	4,145	85	—	..	..	..
米領バージン諸島	316	316	—	—	..	..	..
ベリーズ	23	23	—	—	..	..	..
ホンジュラス	290	160	130	—	..	..	..
マルチニーク	115	115	—	—	..	..	..
メキシコ	33,228	23,754	8,079	675	7,630	139,001	977,000
モンセラット	4	4	—	—	..	..	..
南アメリカ							
アルゼンチン	18,035	10,026	6,991	1,018	167	30,331	924,828
ウルグアイ	2,065	712	1,353	—	..	..	..
エクアドル	2,295	824	1,471	—	..	17,966	4,850

世界の統計表

	電　　　力 (1,000kw, 1993年)				石　炭 (1,000t) (1993年)	原　油 (1,000t) (1993年)	天然ガス (1兆ジュール) (1993年)
	合　計	火　力	水　力	原子力			
ガイアナ	114	112	2	—	‥	‥	‥
コロンビア	10,361	2,628	7,733	—	21,713	23,063	149,275
スリナム	415	125	290	—	‥	271	‥
チ　リ	4,809	1,738	3,071	—	1,397	584	67,150
パラグアイ	6,533	43	6,490	—	‥	‥	‥
フォークランド諸島	9	9	—	—	‥	‥	‥
ブラジル	56,212	6,955	48,600	657	4,595	32,162	173,110
フランス領ギアナ	165	165	—	—	‥	‥	‥
ベネズエラ	18,775	8,100	10,675	—	3,891	130,106	1,030,880
ペルー	4,187	1,730	2,457	—	83	6,252	18,123
ボリビア	745	400	345	—		969	107,009
アジア							
アゼルバイジャン	4,919	3,219	1,700	—	‥	9,971	231,033
アフガニスタン	494	202	292	—	7	‥	7,130
アラブ首長国連邦	4,756	4,756	—	—	‥	99,058	894,720
アルメニア	4,200	3,450	750	—	‥	‥	150
イエメン	810	810	—	—	‥	11,466	‥
イスラエル	4,280	4,275	5	—	‥	8	834
イラク	7,260	6,350	910	—	‥	32,298	99,490
イラン	20,874	18,921	1,953	—	1,460	170,920	1,056,270
インド	85,314	63,270	19,904	2,100	263,198	26,508	460,000
インドネシア	15,915	12,477	3,298	—	27,584	73,771	2,061,941
ウズベキスタン	17,625	13,525	4,100	—	3,807	2,404	1,528,893
オマーン	1,539	1,539	—	—	‥	38,571	98,200
ガザ地区	‥	‥	‥	‥	‥	‥	‥
カザフスタン	15,910	12,410	3,500	—	116,543	19,289	226,949
カタール	1,110	1,110	—	—	‥	18,808	526,770
韓　国	30,519	20,399	2,504	7,616	9,443	‥	‥
カンボジア	35	25	10	—	‥	‥	‥
北朝鮮	9,500	4,500	5,000	—	99,000	‥	‥
キプロス	666	666	—	—	‥	‥	‥
キルギス	3,485	769	2,716	—	1,721	88	1,412
クウェート	6,988	6,988	—	—	‥	95,119	174,420
グルジア	4,000	2,275	1,725	—	‥	100	0
サウジアラビア	18,436	18,436	—	—	‥	401,132	1,400,822
シリア・アラブ	4,157	3,257	900	—	‥	27,767	76,100
シンガポール	3,575	3,575	—	—	‥	‥	‥
スリランカ	1,409	272	1,137	—	‥	‥	‥
タ　イ	13,861	11,391	2,470	—	15,546	1,248	339,322
タジキスタン	4,443	389	4,054	—	200	39	1,664
中　国	175,194	130,000	44,000	1,194	1,149,745	145,237	660,733
トルコ	20,335	10,638	9,682	—	48,161	3,892	6,900
トルクメニスタン	3,950	3,940	10	—	‥	4,539	2,218,533
日　本	212,913	134,100	39,965	38,541	7,232	570	90,374
ネパール	277	42	235	—	‥	‥	‥
パキスタン	10,550	7,516	2,897	137	3,075	2,920	495,620
バーレーン	1,050	1,050	—	—	‥	2,029	254,300
バングラデシュ	2,738	2,508	230	—	‥	30	209,000
東ティモール	‥	‥	‥	—	‥	‥	‥
フィリピン	6,793	3,750	2,155	—	1,678	500	‥
ブータン	361	11	350	—	2	‥	‥
ブルネイ	492	492	—	—	‥	7,869	386,512
ベトナム	3,478	1,550	1,860	—	5,899	6,312	100

	電　力(1,000kw, 1993年)				石炭 (1,000t) (1993年)	原油 (1,000t) (1993年)	天然ガス (1兆ジュール) (1993年)
	合計	火力	水力	原子力			
香港	9,037	9,037	—	—	..	..	..
マカオ	260	260	—	—	..	..	..
マレーシア	6,857	5,280	1,577	—	260	30,583	835,000
ミャンマー	1,151	863	288	—	71	720	37,950
モルディヴ	14	14	—	—	..	..	..
モンゴル	901	901	—	—	7,425	..	..
ヨルダン	1,006	1,000	6	—	..	0	..
ラオス	256	26	230	—	1	..	..
レバノン	1,220	953	267	—	..	..	..
オセアニア							
オーストラリア	37,206	29,817	7,389	—	224,175	21,836	958,760
北マリアナ諸島	..	..	..	..	..	..	..
キリバス	2	2	—	—	..	..	..
グアム	302	302	—	—	..	..	..
クック諸島	6	6	—	—	..	..	..
サモア	19	13	6	—	..	..	..
ソロモン諸島	12	12	—	—	..	..	..
ツバル	11	11	—	—	..	..	..
トケラウ諸島	..	..	..	..	..	..	..
トンガ	7	7	—	—	..	..	..
ナウル	10	10	—	—	..	..	..
ニウエ	1	1	—	—	..	..	..
ニューカレドニア	253	175	78	—	..	..	..
ニュージーランド	7,520	2,208	5,051	—	3,101	1,842	202,861
バヌアツ	..	..	..	..	..	..	..
パプアニューギニア	490	335	155	—	..	..	..
パラオ	62	52	10	—	..	..	..
ピトケアン島	..	..	..	..	..	..	..
フィジー	200	120	80	—	..	..	..
フランス領ポリネシア	79	60	10	—	..	..	..
米領サモア	33	33	—	—	..	..	..
マーシャル諸島	..	..	..	..	..	..	..
ミクロネシア	..	..	..	..	..	..	..
ワリス・フテュナ諸島	..	..	..	..	..	..	..
ヨーロッパ							
アイスランド	1,076	146	879	—	..	..	..
アイルランド	3,933	3,411	516	—	1	..	100,312
アルバニア	1,892	224	1,668	—	430	550	3,500
アンドラ	..	..	..	..	..	..	..
イギリス	68,455	52,289	4,220	11,894	68,199	93,949	2,536,581
イタリア	63,486	43,346	19,669	0	1,005	4,620	729,510
ウクライナ	54,261	36,737	4,706	12,818	115,713	4,248	661,600
エストニア	3,332	3,332	0	—	14,915	..	..
オーストリア	33,016	6,080	11,274	15,662	1,691	1,155	57,125
オランダ	17,599	16,922	37	505	0	2,672	2,930,459
ギリシャ	8,790	6,243	2,523	—	54,800	537	4,266
クロアチア	3,494	1,434	2,060	—	116	1,895	69,666
サンマリノ	(イタリアの計数に含む)						
ジブラルタル	33	33	—	—	..	..	..
スイス	15,550	800	11,760	2,990	..	..	90
スウェーデン	37,179	8,813	18,425	9,912	4	0	..

	電　　力 (1,000kw, 1993年)				石　炭 (1,000t) (1993年)	原　油 (1,000t) (1993年)	天然ガス (1兆ジュール) (1993年)
	合　計	火　力	水　力	原子力			
スペイン	43,892	20,447	16,395	7,020	31,504	874	27,166
スロバキア	7,115	3,540	1,943	1,632	3,547	67	8,267
スロベニア	2,481	1,094	755	632	5,121	2	456
チェコ	14,227	11,065	1,402	1,760	100,334(91)	111	7,878
チャネル諸島	..	..	..	..	..	..	..
デンマーク	10,355	9,853	10	－	85,239	8,265	175,349
ドイツ	114,294	82,834	8,803	22,657	285,976	3,064	625,787
ノルウェー	27,333	251	27,082	－	267	111,854	1,126,696
バチカン	..	..	..	..	..	..	..
ハンガリー	6,727	5,025	48	1,654	14,616	1,654	162,892
フィンランド	14,077	8,986	2,731	2,360	..	..	..
フェロー諸島	91	60	31	－			
ベラルーシ	7,205	7,198	7	－	..	2,005	10,115
フランス	143,559	23,460	60,839	59,020	10,248	2,752	94,147
ブルガリア	12,087	7,148	1,401	3,538	29,032	50	2,283
ベルギー	14,053	7,161	1,402	5,485	862	..	178
ボスニア・ヘルツェゴビナ	3,400	2,200	1,200	－	15,000(92)	..	..
ポーランド	29,187	27,143	2,044	－	198,584	235	136,535
ポルトガル	8,733	4,548	4,174	－	197	..	..
マケドニア	1,370	920	450	－	7,300	..	..
マルタ	250	250	－	－	0	..	..
マン島	..	..	..	..	..	..	..
モナコ	(フランスの計数に含む)						
モルドバ	3,046	2,982	64	－	..	..	..
ユーゴスラビア	10,424	6,766	3,658	－	37,433	1,148	32,708
ラトビア	2,424	535	1,889	－	..	..	..
リトアニア	5,448	2,972	106	2,370	..	73	..
リヒテンシュタイン	(スイスの計数に含む)						
ルクセンブルグ	1,238	106	1,132	－	..	..	..
ルーマニア	22,262	16,389	5,872	－	39,751	6,676	701,571
ロシア	213,421	148,736	43,432	21,242	304,110	353,905	20,497,000

（4） 世界各国の工業製品生産高

	砂　　糖 (1,000 t) (1995 年)	繊維製品 (100万m²) (1994 年)	紙製品 (1,000 t) (1995 年)	セメント (1,000 t) (1994 年)	鉄　　鋼 (1,000 t) (1994 年)	アルミ (1,000 t) (1994 年)	乗用車 (1,000台) (1994 年)	トラック (1,000台) (1994 年)
アフリカ								
アルジェリア	―	120(88)	78	6,093	772	‥	‥	1.2 ＊
アンゴラ	30	‥	‥	370(92)	9	‥	‥	‥
ウガンダ	50	4	3	45	0	‥	‥	‥
エジプト	1,125	508	221	13,544	2,500	149.2	6	1.4
エチオピア	128	65	8	464	‥	‥	‥	‥
エリトリア	‥	‥	‥	‥	‥	‥	‥	‥
ガーナ	―	15(85)	‥	1,350	‥	140.7	‥	‥
カーボベルデ	―	‥	‥	‥	‥	‥	‥	‥
ガボン	20	‥	‥	126	‥	‥	‥	‥
カメルーン	65	‥	5	620	‥	81.1	‥	‥
ガンビア	―	‥	‥	‥	‥	‥	‥	‥
ギニア	10	‥	‥	‥	‥	‥	‥	‥
ギニアビサウ	―	‥	‥	‥	‥	‥	‥	‥
ケニア	418	43	113	1,452	‥	‥	‥	0.3 ＊
コートジボワール	160	‥	‥	500	‥	‥	‥	‥
コモロ	―	‥	‥	‥	‥	‥	‥	‥
コンゴ共和国	38	‥	‥	95(93)	‥	‥	‥	‥
コンゴ民主共和国	80	50(85)	3	150	‥	‥	‥	‥
サントメ・プリンシペ	―	‥	‥	‥	‥	‥	‥	‥
ザンビア	151	11(89)	2	350	‥	‥	‥	‥
シエラレオネ	4	‥	‥	9(89)	‥	‥	‥	‥
ジブチ	―	‥	‥	‥	‥	‥	‥	‥
ジンバブエ	512	‥	84	816(93)	180	‥	‥	‥
スーダン	486	‥	3	250	‥	‥	‥	‥
スワジランド	419	‥	‥	‥	‥	‥	‥	‥
セイシェル	―	‥	‥	‥	‥	‥	‥	‥
赤道ギニア	‥	‥	‥	‥	‥	‥	‥	‥
セネガル	65	3(87)	‥	591(93)	‥	‥	‥	‥
セント・ヘレナ	‥	‥	‥	‥	‥	‥	‥	‥
ソマリア	10	‥	‥	‥	‥	‥	‥	‥
タンザニア	110	40(93)	25	749(93)	‥	‥	‥	0.0 ＊(93)
チャド	30	‥	‥	‥	‥	‥	‥	‥
中央アフリカ共和国	―	81(92)	‥	‥	‥	‥	‥	‥
チュニジア	29	2(85)	90	4,605	183	‥	‥	1.1 ＊
トーゴ	5	‥	‥	350	‥	‥	‥	‥
ナイジェリア	50	380	57	3,086	140	‥	‥	3.7 ＊(87)
ナミビア	‥	‥	‥	‥	‥	‥	‥	‥
ニジェール	―	20(88)	‥	29	‥	‥	‥	‥
西サハラ	‥	‥	‥	‥	‥	‥	‥	‥
ブルキナファソ	25	‥	‥	‥	‥	‥	‥	‥
ブルンジ	10	‥	‥	‥	‥	‥	‥	‥
ベナン	5	‥	‥	380	‥	‥	‥	‥
ボツワナ	―	‥	‥	‥	‥	‥	‥	‥
マダガスカル	94	42(93)	4	36(93)	‥	‥	‥	‥
マラウイ	241	‥	‥	122	‥	‥	‥	‥
マ　リ	25	‥	‥	14(93)	‥	‥	‥	‥
南アフリカ共和国	1,732	162	1,871	7,068	8,320	172.7	‥	118.3 ＊
モザンビーク	30	‥	1	62	‥	‥	‥	‥

（注）　数値の後の（　）内は年次，トラックの＊印は現地組立台数．

	砂　糖 (1,000 t) (1995 年)	繊維製品 (100万 m²) (1994 年)	紙製品 (1,000 t) (1995 年)	セメント (1,000 t) (1994 年)	鉄　鋼 (1,000 t) (1994 年)	アルミ (1,000 t) (1994 年)	乗用車 (1,000 台) (1994 年)	トラック (1,000 台) (1994 年)
モーリシャス	572	‥	‥	‥	‥	‥	‥	‥
モーリタニア	―	‥	‥	‥	‥	‥	‥	‥
モロッコ	470	‥	106	6,284	7	‥	‥	9.7＊(93)
リビア	―	‥	6	2,300	‥	‥	‥	‥
リベリア	0	‥	‥	50(90)	‥	‥	‥	‥
ルワンダ	1	‥	‥	60	‥	‥	‥	‥
レソト	‥	‥	‥	‥	‥	‥	‥	‥
レユニオン	183(93)	‥	‥	336(90)	‥	‥	‥	‥
北アメリカ								
アメリカ合衆国	7,238	3,889	89,288	77,900	91,208	5,794.9	6,614	4,118.6(92)
アンギラ	‥	‥	‥	‥	‥	‥	‥	‥
アンティグア・バーブーダ								
英領バージン諸島	‥	‥	‥	‥	‥	‥	‥	‥
エルサルバドル	300	‥	17	598	‥	‥	‥	‥
オランダ領アンティル	―	‥	‥	‥	‥	‥	‥	‥
カナダ	150	‥	18,691	10,584	13,900	2,340.0	838(93)	838.0(93)
キューバ	3,259	212(89)	57	1,067	80	‥	‥	0.5＊(89)
グアテマラ	1,362	‥	31	1,163	‥	‥	‥	‥
グアドループ	33	‥	‥	283	‥	‥	‥	‥
グリーンランド	‥	‥	‥	‥	‥	‥	‥	‥
グレナダ	‥	‥	‥	‥	‥	‥	‥	‥
ケイマン諸島	‥	‥	‥	‥	‥	‥	‥	‥
コスタリカ	355	‥	20	315(89)	‥	‥	‥	‥
ジャマイカ	214	‥	3(94)	445	‥	‥	‥	‥
セントクリストファー・ネイビス	25	‥	‥	‥	‥	‥	‥	‥
セントビンセントおよびグレナディーン諸島	―	‥	‥	‥	‥	‥	‥	‥
セントルシア	‥	‥	‥	‥	‥	‥	‥	‥
タークス諸島・カイコス諸島	‥	‥	‥	‥	‥	‥	‥	‥
ドミニカ共和国	508	13(87)	7	1,276	‥	‥	‥	‥
ドミニカ国	‥	‥	‥	‥	‥	‥	‥	‥
トリニダード・トバコ	117	‥	‥	583	‥	‥	‥	0.6＊
ニカラグア	220	‥	‥	140(91)	‥	‥	‥	‥
ハイチ	10	1(87)	‥	228	‥	‥	‥	‥
パナマ	140	‥	28	678	‥	‥	‥	‥
バハマ	―	‥	‥	‥	‥	‥	‥	‥
バミューダ	―	‥	‥	‥	‥	‥	‥	‥
バルバドス	55	‥	‥	76	‥	‥	‥	‥
プエルトリコ	‥	‥	‥	1,356	‥	‥	‥	‥
米領バージン諸島	‥	‥	‥	‥	‥	‥	‥	‥
ベリーズ	115	‥	‥	‥	‥	‥	‥	‥
ホンジュラス	215	10(85)	‥	368	‥	‥	‥	‥
マルチニーク	7	‥	‥	231	‥	‥	‥	‥
メキシコ	4,539	375(88)	3,047	31,499	8,690	150.2	887	212.5
モンセラット	‥	‥	‥	‥	‥	‥	‥	‥
南アメリカ								
アルゼンチン	1,612	‥	1,019	6,306	3,274	187.8	338	64.0
ウルグアイ	20	‥	86	701	53	‥	‥	‥
エクアドル	358	‥	83	2,085	22	‥	‥	‥
ガイアナ	258	‥	‥	‥	‥	‥	‥	‥

	砂　糖 (1,000t) (1995年)	繊維製品 (100万m²) (1994年)	紙製品 (1,000t) (1995年)	セメント (1,000t) (1994年)	鉄　鋼 (1,000t) (1994年)	アルミ (1,000t) (1994年)	乗用車 (1,000台) (1994年)	トラック (1,000台) (1994年)
コロンビア	2,069	‥	690	9,204	702	‥	‥	15.7＊
スリナム	10	‥	‥	25	‥	26.7	‥	‥
チ　リ	581	‥	573	3,001	996	‥	‥	16.0＊
パラグアイ	90	16(89)	13	529	‥	‥	‥	‥
フォークランド諸島	‥	‥	‥	‥	‥	‥	‥	‥
ブラジル	13,834	‥	5,856	25,231	25,752	1,276.5	367	64.1
フランス領ギアナ	‥	‥	‥	‥	‥	‥	‥	‥
ベネズエラ	550	‥	735	4,562	3,410	617.3	‥	30.0＊(92)
ペルー	600	‥	140	3,117	338	‥	‥	0.8＊(98)
ボリビア	230	2(86)	5(90)	629(93)	‥	‥	‥	‥
アジア								
アゼルバイジャン	－	90	‥	467	77	7.7	‥	0.0
アフガニスタン	0	328(88)	‥	109(91)	‥	‥	‥	‥
アラブ首長国連邦	‥	‥	‥	3,012(91)	‥	‥	‥	‥
アルメニア	－	3(93)	‥	122	‥	‥	‥	0.4
イエメン	－	‥	‥	820(92)	‥	‥	‥	‥
イスラエル	－	‥	275	3,500	160	‥	‥	1.1(90)
イラク	－	‥	18	2,453(92)	300	‥	‥	0.6＊(86)
イラン	910	‥	205	14,906(92)	4,500	142.2	‥	34.5＊(92)
インド	15,337	22,427(93)	3,025	61,776	18,200	478.8	253	163.2
インドネシア	2,174	‥	3,880	21,912	2,000	221.9	41	0.2(92)
ウズベキスタン	－	483(93)	‥	5,278(93)	‥	‥	‥	‥
オマーン	‥	‥	‥	‥	‥	‥	‥	‥
ガザ地区	‥	‥	‥	‥	‥	‥	‥	‥
カザフスタン	45	95	‥	2,033	2,968	‥	‥	‥
カタール	‥	‥	‥	470	‥	‥	‥	‥
韓　国	－	3,007	6,878	52,088	33,887	0.0	1,756	332.3
カンボジア	－	‥	‥	‥	‥	‥	‥	‥
北朝鮮	－	‥	80	17,000	8,100	‥	‥	‥
キプロス	－	‥	‥	1,053	‥	‥	‥	‥
キルギスタン	50	53	‥	426	‥	‥	‥	0.2
クウェート	－	‥	‥	800	‥	‥	‥	‥
グルジア	0	‥	‥	‥	‥	‥	‥	‥
サウジアラビア	－	‥	‥	16,000	2,410	‥	‥	‥
シリア	80	‥	1	4,009	‥	‥	‥	‥
シンガポール	－	‥	87	2,199(91)	‥	‥	‥	‥
スリランカ	70	‥	31	466(93)	‥	‥	‥	‥
タ　イ	5,447	1,756(86)	1,960	29,928	100	‥	‥	324.8＊
タジキスタン	－	57(93)	‥	0(93)	‥	‥	‥	‥
中　国	6,148	‥	28,243	421,180	92,617	1,498.3	40(91)	597.9(93)
トルクメニスタン	－	32(93)	‥	1,118(93)	‥	‥	‥	‥
トルコ	1,195	‥	1,235	29,356	13,227	59.7	‥	21.6＊
日　本	870	4,044	29,664	91,624	98,295	1,215.3	7,801	2,689.3
ネパール	20	8,467(88)	13	190	‥	‥	‥	‥
パキスタン	3,102	317	420	8,100	‥	‥	‥	6.5＊
バーレーン	－	‥	‥	‥	‥	450.9	‥	‥
バングラデシュ	250	63(92)	160	324	34	‥	‥	0.5＊(91)
東ティモール	‥	‥	‥	‥	‥	‥	‥	‥
フィリピン	1,562	‥	613	9,576	640	‥	‥	1.0＊(88)
ブータン	‥	‥	‥	‥	‥	‥	‥	‥
ブルネイ	－	‥	‥	‥	‥	‥	‥	‥
ベトナム	525	380(90)	125	3,926(92)	300	‥	‥	‥

	砂　糖 (1,000t) (1995年)	繊維製品 (100万m²) (1994年)	紙製品 (1,000t) (1995年)	セメント (1,000t) (1994年)	鉄　鋼 (1,000t) (1994年)	アルミ (1,000t) (1994年)	乗用車 (1,000台) (1994年)	トラック (1,000台) (1994年)
香港	―	695	280	1,927	‥	‥	‥	‥
マカオ	―	15(93)	‥	‥	‥	‥	‥	‥
マレーシア	110	‥	665	9,928	‥	‥	‥	37.7 *
ミャンマー	42	21(89)	15	477	‥	‥	‥	0.8 *
モルディヴ	―	‥	‥	‥	‥	‥	‥	‥
モンゴル	―	2(88)	‥	86	‥	‥	‥	‥
ヨルダン	―	2(87)	31	3,392	‥	‥	‥	‥
ラオス	―	‥	‥	‥	‥	‥	‥	‥
レバノン	―	‥	42	1,000	‥	‥	‥	‥
オセアニア								
オーストラリア	5,129	243	2,224	7,017	7,632	1,437.4	310	15.4(93)
北マリアナ諸島	‥	‥	‥	‥	‥	‥	‥	‥
キリバス	‥	‥	‥	‥	‥	‥	‥	‥
グアム	‥	‥	‥	‥	‥	‥	‥	‥
クック諸島	‥	‥	‥	‥	‥	‥	‥	‥
サモア	2	‥	‥	‥	‥	‥	‥	‥
ソロモン諸島	‥	‥	‥	‥	‥	‥	‥	‥
ツバル	‥	‥	‥	‥	‥	‥	‥	‥
トケラウ諸島	‥	‥	‥	‥	‥	‥	‥	‥
トンガ	‥	‥	‥	‥	‥	‥	‥	‥
ナウル	‥	‥	‥	‥	‥	‥	‥	‥
ニウエ	‥	‥	‥	‥	‥	‥	‥	‥
ニューカレドニア	‥	‥	‥	97	‥	‥	‥	‥
ニュージーランド	―	2(88)	903	684(93)	766	221.8	‥	10.2 *(92)
バヌアツ	‥	‥	‥	‥	‥	‥	‥	‥
パプアニューギニア	35	‥	‥	‥	‥	‥	‥	‥
パラオ	‥	‥	‥	‥	‥	‥	‥	‥
ピトケアン島	‥	‥	‥	‥	‥	‥	‥	‥
フィジー	458	‥	‥	94	‥	‥	‥	‥
フランス領ポリネシア	‥	‥	‥	‥	‥	‥	‥	‥
米領サモア	‥	‥	‥	‥	‥	‥	‥	‥
マーシャル諸島	‥	‥	‥	‥	‥	‥	‥	‥
ミクロネシア	‥	‥	‥	‥	‥	‥	‥	‥
ワリス・フテュナ諸島	‥	‥	‥	‥	‥	‥	‥	‥
ヨーロッパ								
アイスランド	―	0	‥	81	‥	99.3	‥	‥
アイルランド	225	51(90)	36(91)	1,550	325	‥	‥	‥
アルバニア	10	‥	44	240	19	‥	‥	‥
アンドラ	‥	‥	‥	‥	‥	‥	‥	‥
イギリス	1,415	646	6,095	11,916(93)	17,244	349.8(91)	1,466	231.6
イタリア	1,618	‥	6,802	32,698	26,212	551.0	1,340	191.3
ウクライナ	3,801	322(93)	‥	15,012(93)	23,800	‥	140(93)	23.1(93)
エストニア	0	74	42	403	‥	‥	‥	‥
オーストリア	501(94)	127	3,599	4,828	4,400	205.9(91)	44	3.1
オランダ	1,085	174(92)	2,967	3,142(93)	6,171	405.4	92	13.9
ギリシャ	315	403(89)	750	12,636	852	141.6	‥	1.9 *(92)
クロアチア	90	41	213	2,055	63	26.0	‥	0.0(93)
サンマリノ	‥	‥	‥	‥	‥	‥	‥	‥
ジブラルタル	―	‥	‥	‥	‥	‥	‥	‥
スイス	140	7	1,450	4,260(92)	800	24.2	‥	‥
スウェーデン	370(94)	119(89)	9,169	2,152(93)	4,956	103.9	353	75.0(91)
スペイン	1,011	‥	3,684	25,140	13,440	358.1	1,826	172.8

	砂　糖 (1,000t) (1995年)	繊維製品 (100万m²) (1994年)	紙製品 (1,000t) (1995年)	セメント (1,000t) (1994年)	鉄　鋼 (1,000t) (1994年)	アルミ (1,000t) (1994年)	乗用車 (1,000台) (1994年)	トラック (1,000台) (1994年)
スロバキア	145	99	327	2,879	3,974	19.2(93)	8	0.4
スロベニア	30	101	460	1,667	424	76.8	74	0.4
チェコ	480	433	738	5,300	7,075	‥	‥	8.7(93)
チャネル諸島	‥	‥	‥	‥	‥	‥	‥	‥
デンマーク	470	1	345	2,427	720	21.9	‥	0.2＊(85)
ドイツ	3,805	1,870	14,827	40,217	40,963	559.0	4,222	259.6
ノルウェー	―	16(89)	2,263	1,464	468	906.2	‥	‥
バチカン								
ハンガリー	515	96	321	2,793	1,932	‥	‥	0.1
フィンランド	113(94)	30	10,942	864	3,420	4.3	7(93)	0.5
フェロー諸島	‥	‥	‥	‥	‥	‥	‥	‥
フランス	4,595	2,922	8,619	20,184	18,242	708.9	3,176	453.3
ブルガリア	20	153(93)	148	1,098	2,496	‥	‥	0.4(93)
ベラルーシ	100	130	131	1,488	880	‥	‥	21.3
ベルギー	959(92)	5,111(93)	1,088	7,569(93)	11,172	0.0	‥	56.2＊(93)
ボスニア・ヘルツェゴビナ	10	‥	‥	‥	‥	‥	‥	‥
ポーランド	1,714	529	1,727	13,834	9,616	49.5	338	21.4
ポルトガル	6	154(92)	977	7,476(93)	720	3.0	‥	62.0＊(89)
マケドニア	5	29	22	486	65	7.0	‥	‥
マルタ	―	‥	‥	‥	‥	‥	‥	‥
マン島	‥	‥	‥	‥	‥	‥	‥	‥
モナコ	‥	‥	‥	‥	‥	‥	‥	‥
モルドバ	200	22(92)	‥	39	632	‥	‥	‥
ユーゴスラビア	150	47	695	1,612	96(92)	‥	8	0.7
ラトビア	35	2(93)	6	244	332	‥	‥	‥
リトアニア	105	51	29	736	1	‥	‥	‥
リヒテンシュタイン	‥	‥	‥	‥	‥	‥	‥	‥
ルクセンブルグ	‥	‥	‥	711	3,073	‥	‥	‥
ルーマニア	220	359	363	5,998	5,943	122.4	86	3.0
ロシア	2,050	1,745	4,070	37,220	48,812	‥	798	214.8

（5） 世界各国の国内総生産と対外援助

	国内総生産 (100万ドル) (1995年)	1人当たり (ドル) (1995年)	経済成長率 (%)		経済開発援助額				開発援助受入額 (100万ドル)	
					(100万ドル)		GNP比率			
			(1994)	(1995)	(1994)	(1995)	(1994)	(1995)	(1994)	(1995)
アフリカ										
アルジェリア	43,037	1,531	2.1	3.9	−	−	−	−	589.4	691.7
アンゴラ	3,838	355	−0.9	3.9	−	−	−	−	452.9	424.4
ウガンダ	6,000	305	10.5	6.5	−	−	−	−	728.3	812.6
エジプト	60,436	973	4.3	8.9	−	−	−	−	2,645.9	1,767.6
エチオピア	5,408	96	4.8	7.7	−	−	−	−	1,078.2	904.6
エリトリア	304	96	4.8	7.7	−	−	−	−	146.1	144.7
ガーナ	6,875	397	3.8	6.9	−	−	−	−	534.9	483.2
カーボベルデ	384	994	2.6	3.5	−	−	−	−	120.0	111.1
ガボン	5,387	5,007	0.4	1.0	−	−	−	−	267.8	181.8
カメルーン	8,273	627	−3.7	3.1	−	−	−	−	681.4	336.2
ガンビア	357	321	−5.9	3.0	−	−	−	−	71.6	47.3
ギニア	3,245	442	2.6	4.0	−	−	−	−	391.4	429.1
ギニアビサウ	141	131	2.3	1.0	−	−	−	−	177.0	115.3
ケニア	8,960	339	2.6	4.4	−	−	−	−	576.1	644.6
コモロ	225	367	−2.2	−2.3	−	−	−	−	40.0	43.3
コートジボワール	10,078	736	1.8	6.5	−	−	−	−	1,473.7	1,153.2
コンゴ共和国	2,614	1,008	−1.5	−0.4	−	−	−	−	400.7	107.5
コンゴ民主共和国	5,337	117	−7.2	−0.7	−	−	−	−	244.0	193.9
サントメ・プリンシペ	7	49	2.4	2.6	−	−	−	−	50.4	78.7
ザンビア	3,085	382	−3.1	−3.9	−	−	−	−	644.4	1,964.1
シエラレオネ	1,229	293	2.6	−2.8	−	−	−	−	276.1	202.7
ジブチ	537	893	1.7	0.2	−	−	−	−	117.3	103.1
ジンバブエ	8,800	786	7.4	2.7	−	−	−	−	515.5	442.6
スーダン	975	36	5.6	5.5	−	−	−	−	414.8	253.3
スワジランド	1,190	1,389	3.6	3.1	−	−	−	−	46.1	55.0
セイシェル	531	7,272	0.0	2.3	−	−	−	−	17.4	17.2
赤道ギニア	155	388	−2.8	1.2	−	−	−	−	30.3	33.8
セネガル	4,756	572	−0.9	4.5	−	−	−	−	652.9	630.4
セント・ヘレナ	‥	‥	‥	‥	−	−	−	−	14.1	12.6
ソマリア	1,132	119	−21.0	0.0	−	−	−	−	537.9	191.3
タンザニア	4,188	139	3.0	27.5	−	−	−	−	926.1	854.7
チャド	1,185	187	4.1	1.1	−	−	−	−	213.7	238.6
中央アフリカ共和国	1,239	370	0.0	0.0	−	−	−	−	166.0	167.2
チュニジア	18,247	2,030	3.3	3.5	−	−	−	−	294.7	172.3
トーゴ	1,316	322	16.3	6.7	−	−	−	−	123.4	189.1
ナイジェリア	65,615	587	1.4	2.9	−	−	−	−	280.0	40.5
ナミビア	3,162	2,059	6.5	4.1	−	−	−	−	144.4	189.1
ニジェール	1,898	207	2.6	3.8	−	−	−	−	369.5	268.6
西サハラ	‥	‥	‥	‥	−	−	−	−	‥	‥
ブルキナファソ	1,726	165	1.2	4.5	−	−	−	−	431.7	478.5
ブルンジ	1,241	205	−6.3	6.6	−	−	−	−	311.9	288.8
ベナン	2,117	391	3.4	5.7	−	−	−	−	252.5	274.1
ボツワナ	5,278	3,640	4.1	3.1	−	−	−	−	55.0	52.4
マダガスカル	3,198	215	0.0	1.8	−	−	−	−	282.3	298.7
マヨット	‥	‥	‥	‥	−	−	−	−	104.7	107.7
マラウイ	1,369	142	15.7	4.6	−	−	−	−	459.0	417.0
マリ	2,403	223	2.3	6.0	−	−	−	−	455.7	598.9
南アフリカ共和国	133,924	3,230	2.7	3.3	−	−	−	−	294.6	385.9

	国内総生産 (100万ドル) (1995年)	1人当たり (ドル) (1995年)	経済成長率 (%)		経済開発援助額				開発援助受入額 (100万ドル)	
					(100万ドル)		GNP比率			
			(1994)	(1995)	(1994)	(1995)	(1994)	(1995)	(1994)	(1995)
モザンビーク	1,326	77	4.8	2.0	—	—	—	—	1,221.1	1,099.0
モーリシャス	3,919	3,508	4.8	4.1	—	—	—	—	-1.6	5.6
モーリタニア	912	401	2.7	4.7	—	—	—	—	267.0	244.8
モロッコ	33,561	1,265	11.5	-7.6	—	—	—	—	705.3	564.1
リビア	29,727	5,498	1.3	1.2	—	—	—	—	6.9	8.4
リベリア	2,385	1,124	2.2	2.7	—	—	—	—	63.2	122.8
ルワンダ	1,235	238	-51.8	60.7	—	—	—	—	713.7	711.5
レソト	984	486	13.5	7.4	—	—	—	—	133.4	123.9
レユニオン	7,764	11,854	2.2	2.7	—	—	—	—	..	..
北アメリカ										
アメリカ合衆国	6,954,787	26,037	4.1	2.0	9,927	7,367	0.14	0.10	—	—
アンギラ	77	9,622	7.0	-4.3	—	—	—	—	6.3	3.5
アンティグア・バーブーダ	460	6,966	4.2	3.4	—	—	—	—	4.0	1.5
英領バージン諸島	268	14,122	3.5	3.7	—	—	—	—	10.4	2.6
エルサルバドル	9,398	1,660	6.0	6.5	—	—	—	—	409.6	391.6
オランダ領アンティル	1,754	9,039	1.7	1.3	—	—	—	—	36.8	97.6
カナダ	561,008	18,943	4.6	2.3	2,250	2,067	0.43	0.38	—	—
キューバ	21,737	1,983	0.7	2.5	—	—	—	—	47.5	64.5
グアテマラ	14,783	1,392	4.0	4.9	—	—	—	—	280.0	200.3
グアドループ	3,877	9,145	1.9	-2.9	—	—	—	—	..	..
グリーンランド	..	..	..	..	—	—	—	—	..	..
グレナダ	229	2,485	2.3	-0.5	—	—	—	—	16.1	8.3
ケイマン諸島	582	18,770	1.0	5.0	—	—	—	—	-3.9	-0.8
コスタリカ	9,233	2,699	4.5	2.5	—	—	—	—	143.8	107.2
ジャマイカ	4,391	1,779	0.7	0.5	—	—	—	—	83.1	96.1
セントクリストファー・ネイビス	198	4,819	3.2	4.9	—	—	—	—	4.7	3.9
セントビンセントおよび 　グレナディーン諸島	258	2,305	0.4	4.4	—	—	—	—	6.5	47.5
セントルシア	452	3,183	2.8	3.0	—	—	—	—	26.8	51.5
タークス諸島・カイコス諸島	..	..	..	..	—	—	—	—	15.4	5.7
ドミニカ共和国	11,801	1,508	4.3	4.7	—	—	—	—	124.3	231.8
ドミニカ国	201	2,831	1.0	-1.5	—	—	—	—	16.5	24.5
トリニダード・トバコ	5,255	4,083	4.6	3.5	—	—	—	—	114.9	124.1
ニカラグア	1,912	464	3.3	4.2	—	—	—	—	617.7	670.1
ハイチ	2,750	386	-8.3	4.4	—	—	—	—	601.3	730.6
パナマ	7,719	2,934	3.0	3.0	—	—	—	—	-12.1	125.5
バハマ	3,500	12,545	0.3	1.0	—	—	—	—	12.1	10.8
バミューダ	2,047	32,495	0.7	2.0	—	—	—	—	-12.5	-2.1
バルバドス	1,872	7,173	3.8	2.7	—	—	—	—	-4.4	11.8
プエルトリコ	45,200	12,213	4.3	3.4	—	—	—	—	..	..
米領バージン諸島	..	..	..	..	—	—	—	—	..	..
ベリーズ	547	2,569	6.0	3.7	—	—	—	—	45.4	23.4
ホンジュラス	3,944	697	-1.5	3.6	—	—	—	—	321.3	389.1
マルチニーク	4,872	12,717	1.9	-2.9	—	—	—	—	..	..
メキシコ	246,126	2,700	3.5	-6.9	—	—	—	—	732.4	1,530.7
モンセラット	70	6,400	0.8	-2.9	—	—	—	—	12.0	9.8
南アメリカ										
アルゼンチン	280,070	8,055	7.4	-5.6	—	—	—	—	1,116.6	1,999.7
ウルグアイ	17,847	5,602	6.8	-2.4	—	—	—	—	192.6	74.7
エクアドル	17,939	1,565	4.3	2.3	—	—	—	—	352.0	560.9
ガイアナ	603	726	8.9	5.5	—	—	—	—	71.4	72.5

| | 国内総生産 (100万ドル) (1995年) | 1人当たり (ドル) (1995年) | 経済成長率 (%) | | 経済開発援助額 | | | | 開発援助受入額 (100万ドル) | |
| | | | | | (100万ドル) | | GNP比率 | | | |
			(1994)	(1995)	(1994)	(1995)	(1994)	(1995)	(1994)	(1995)
コロンビア	79,322	2,215	5.8	5.2	—	—	—	—	−249.5	30.6
スリナム	413	967	−0.8	4.0	—	—	—	—	60.8	76.4
チ リ	67,296	4,736	4.2	8.5	—	—	—	—	44.9	−1,518.4
パラグアイ	8,982	1,860	3.1	4.6	—	—	—	—	114.0	180.4
フォークランド諸島	‥	‥	‥	‥	—	—	—	—	0.1	1.7
ブラジル	717,187	4,510	5.8	4.2	—	—	—	—	−44.2	184.3
フランス領ギアナ	3,459	23,530	20.9	20.9	—	—	—	—	‥	‥
ベネズエラ	76,363	3,496	−2.9	3.4	—	—	—	—	211.8	75.1
ペルー	58,750	2,497	13.1	7.0	—	—	—	—	745.1	824.9
ボリビア	6,737	909	5.1	3.5	—	—	—	—	658.7	713.7
アジア										
アゼルバイジャン	2,417	321	−19.7	−17.2	—	—	—	—	164.9	109.6
アフガニスタン	55,995	2,848	−3.0	26.2	—	—	—	—	223.4	214.6
アラブ首長国連邦	39,096	17,690	1.5	5.2	—	—	—	—	−6.7	8.1
アルメニア	1,287	354	−2.0	6.9	—	—	—	—	210.2	245.5
イエメン	11,001	732	−0.5	8.2	—	—	—	—	170.4	173.6
イスラエル	92,480	16,738	6.9	7.1	—	—	—	—	1,247.2	320.9
イラク	227,229	11,308	−23.0	−4.0	—	—	—	—	259.3	327.5
イラン	105,545	1,544	0.7	4.2	—	—	—	—	170.9	271.4
インド	338,785	365	6.3	7.3	—	—	—	—	2,824.9	1,764.0
インドネシア	201,183	1,019	7.5	8.0	—	—	—	—	1,623.7	2,038.3
ウズベキスタン	9,908	435	−4.0	−1.2	—	—	—	—	83.6	276.6
オマーン	13,753	6,232	3.8	4.6	—	—	—	—	65.9	42.8
ガザ地区	‥	‥	‥	‥	—	—	—	—	‥	‥
カザフスタン	16,730	995	−25.0	−8.9	—	—	—	—	249.5	250.8
カタール	7,679	14,013	2.3	1.1	—	—	—	—	3.0	3.1
韓 国	437,233	9,736	8.6	9.0	—	—	—	—	−440.2	−289.6
カンボジア	1,303	130	5.3	7.6	—	—	—	—	336.6	566.8
北朝鮮	5,997	271	−1.7	−4.6	—	—	—	—	5.9	13.8
キプロス	8,537	11,459	6.0	5.0	—	—	—	—	−29.7	−44.1
キルギス	1,475	331	−20.1	−6.2	—	—	—	—	173.7	329.4
クウェート	26,645	15,757	−0.4	4.1	—	—	—	—	5.8	6.9
グルジア	1,869	343	−30.0	2.5	—	—	—	—	217.2	212.7
サウジアラビア	120,168	6,583	0.5	−0.8	—	—	—	—	20.7	22.3
シリア・アラブ	50,749	3,573	7.6	5.0	—	—	—	—	414.5	212.1
シンガポール	85,107	25,581	10.1	8.8	—	—	—	—	16.8	16.7
スリランカ	12,840	716	5.6	5.5	—	—	—	—	583.5	550.8
タ イ	3,579	2,896	8.9	8.8	—	—	—	—	570.0	1,456.5
タジキスタン	713	122	−12.0	−12.0	—	—	—	—	66.6	64.7
中 国	697,614	582	12.6	10.5	—	—	—	—	4,779.9	5,158.8
トルクメニスタン	1,308	321	−18.8	−12.0	—	—	—	—	25.6	27.1
トルコ	171,225	2,814	−5.5	6.8	—	—	—	—	−705.2	−465.3
日 本	5,217,573	41,718	0.5	0.9	13,239	14,489	0.29	0.28	—	—
ネパール	4,351	203	7.1	5.8	—	—	—	—	450.5	436.0
パキスタン	68,733	504	4.4	5.9	—	—	—	—	2,011.0	1,061.2
バーレーン	5,054	9,073	2.3	2.2	—	—	—	—	18.4	2.5
バングラデシュ	33,127	280	4.4	4.7	—	—	—	—	1,748.0	1,283.8
東ティモール	‥	‥	‥	‥	—	—	—	—	0.2	0.0
フィリピン	74,134	1,093	4.4	4.8	—	—	—	—	1,246.6	822.0
ブータン	294	166	6.0	8.0	—	—	—	—	76.5	73.7
ブルネイ	4,888	16,683	1.8	1.8	—	—	—	—	5.2	4.3
ベトナム	19,912	270	8.8	9.5	—	—	—	—	901.5	861.0

| | 国内総生産
(100万ドル)
(1995年) | 1人当たり
(ドル)
(1995年) | 経済成長率
(%) | | 経済開発援助額 | | | | 開発援助受入額
(100万ドル) | |
| | | | | | (100万ドル) | | GNP比率 | | | |
			(1994)	(1995)	(1994)	(1995)	(1994)	(1995)	(1994)	(1995)
香港	140,201	22,898	4.4	5.8	—	—	—	—	26.8	17.7
マカオ	‥	‥	‥	‥	—	—	—	—	0.3	−4.0
マレーシア	86,856	4,313	9.2	9.6	—	—	—	—	35.3	−0.1
ミャンマー	108,199	2,399	7.5	7.1	—	—	—	—	160.9	150.9
モルディヴ	274	1,079	6.6	7.2	—	—	—	—	32.3	50.4
モンゴル	957	388	2.3	6.3	—	—	—	—	184.1	207.8
ヨルダン	6,598	1,228	7.9	6.4	—	—	—	—	369.4	617.7
ラオス	1,755	359	8.2	7.0	—	—	—	—	218.5	312.7
レバノン	9,371	3,114	8.5	7.0	—	—	—	—	233.5	297.0
オセアニア										
オーストラリア	358,147	20,046	4.2	3.2	1,091	1,194	0.34	0.36	—	—
北マリアナ諸島	‥	‥	‥	‥	—	—	—	—	2.1	−0.2
キリバス	51	654	1.8	2.5	—	—	—	—	15.4	15.5
グアム	‥	‥	‥	‥	—	—	—	—	‥	‥
クック諸島	103	5,432	1.5	1.3	—	—	—	—	14.3	13.1
サモア	183	1,106	−5.5	12.6	—	—	—	—	48.7	43.3
ソロモン諸島	259	686	4.5	7.0	—	—	—	—	47.4	46.7
ツバル	9	914	1.8	2.5	—	—	—	—	7.4	7.9
トケラウ諸島	‥	‥	‥	‥	—	—	—	—	3.0	3.8
トンガ	175	1,787	0.3	5.4	—	—	—	—	35.2	38.8
ナウル	368	33,476	4.5	7.0	—	—	—	—	2.4	2.2
ニウエ	‥	‥	‥	‥	—	—	—	—	7.0	8.2
ニューカレドニア	3,520	19,450	3.5	2.5	—	—	—	—	407.5	450.2
ニュージーランド	60,060	16,866	6.0	3.4	110	123	0.24	0.23	—	—
バヌアツ	218	1,289	3.0	3.2	—	—	—	—	41.8	45.8
パプアニューギニア	4,657	1,083	3.5	−4.8	—	—	—	—	317.5	369.6
パラオ	109	6,417	1.8	2.5	—	—	—	—	201.9	141.8
ピトケアン島	‥	‥	‥	‥	—	—	—	—	‥	‥
フィジー	2,033	2,593	0.6	2.0	—	—	—	—	19.5	36.8
フランス領ポリネシア	4,329	19,766	3.5	2.5	—	—	—	—	367.5	450.4
米領サモア	‥	‥	‥	‥	—	—	—	—	‥	‥
マーシャル諸島	91	1,649	2.0	−2.0	—	—	—	—	49.4	38.9
ミクロネシア	259	2,104	−0.4	2.8	—	—	—	—	104.1	77.4
ワリス・フテュナ諸島	‥	‥	‥	‥	—	—	—	—	0.1	0.9
ヨーロッパ										
アイスランド	7,052	26,217	3.6	2.1	—	—	—	—	‥	‥
アイルランド	61,769	17,419	6.7	10.3	109	153	0.25	0.29	—	—
アルバニア	2,919	863	7.4	13.4	—	—	—	—	175.8	200.0
アンドラ	960	14,111	0.9	3.0	—	—	—	—	‥	‥
イギリス	1,102,658	18,913	3.8	2.4	3,197	3,157	0.31	0.28	—	—
イタリア	1,093,799	19,121	2.2	3.0	2,705	1,623	0.27	0.15	—	—
ウクライナ	35,933	694	−18.6	−12.0	—	—	—	—	363.9	637.7
エストニア	3,620	2,433	−3.2	2.5	—	—	—	—	43.5	131.6
オーストリア	233,352	29,006	3.0	1.8	655	767	0.33	0.33	—	—
オランダ	396,881	25,635	3.4	2.1	2,517	3,226	0.76	0.81	—	—
ギリシャ	90,785	8,684	3.8	1.9	—	—	—	—	‥	‥
クロアチア	18,081	4,014	0.6	1.7	—	—	—	—	‥	‥
サンマリノ	478	19,121	2.2	3.0	—	—	—	—	‥	‥
ジブラルタル	‥	‥	‥	‥	—	—	—	—	0.6	0.2
スイス	303,950	42,416	1.2	0.7	982	1,084	0.36	0.34	—	—
スウェーデン	230,713	26,253	3.3	3.6	1,819	1,704	0.96	0.77	—	—

世界の統計表

	国内総生産 (100万ドル) (1995年)	1人当たり (ドル) (1995年)	経済成長率 (%)		経済開発援助額				開発援助受入額 (100万ドル)	
					(100万ドル)		GNP比率			
			(1994)	(1995)	(1994)	(1995)	(1994)	(1995)	(1994)	(1995)
スペイン	559,163	14,111	2.1	3.0	1,305	1,348	0.28	0.24	—	—
スロバキア	17,435	3,266	4.9	7.4	—	—	—	—	302.2	345.2
スロベニア	18,579	9,652	5.3	3.9	—	—	—	—	..	..
チャネル諸島	..	..	..	..	—	—	—	—	..	..
チェコ	45,667	4,450	2.6	4.8	—	—	—	—	339.2	297.3
デンマーク	173,357	33,191	4.4	2.8	1,466	1,623	1.03	0.96	—	—
ドイツ	2,417,762	29,632	2.9	1.9	6,818	7,524	0.34	0.31	—	—
ノルウェー	146,135	33,734	5.7	3.3	1,137	1,244	1.05	0.87	—	—
バチカン	19	19,121	2.2	3.0	—	—	—	—	..	..
ハンガリー	43,712	4,325	2.9	2.0	—	—	—	—	314.7	27.2
フィンランド	124,881	24,453	4.4	4.2	290	388	0.31	0.32	—	—
フェロー諸島	..	..	..	..	—	—	—	—	..	..
フランス	1,536,475	26,444	2.7	2.2	8,466	8,443	0.64	0.55	—	—
ブルガリア	12,918	1,518	−0.1	2.5	—	—	—	—	531.6	190.6
ベラルーシ	10,293	994	−12.6	−10.0	—	—	—	—	164.8	191.0
ベルギー	269,199	26,582	2.2	1.9	726	1,034	0.32	0.38	—	—
ボスニア・ヘルツェゴビナ	968	271	−12.0	−20.0	—	—	—	—	..	..
ポーランド	117,906	3,058	5.0	7.0	—	—	—	—	2,704.5	4,246.2
ポルトガル	102,352	10,428	0.8	2.6	308	271	0.35	0.27	—	—
マケドニア	168,687	1,660	−5.7	−3.0	—	—	—	—	..	..
マルタ	3,227	8,793	4.3	6.0	—	—	—	—	49.3	−16.7
マン島	..	..	..	..	—	—	—	—	..	..
モナコ	847	26,470	2.7	2.2	—	—	—	—	..	..
モルドバ	1,699	388	−30.0	−3.0	—	—	—	—	153.7	91.1
ユーゴスラビア	15,243	1,487	6.5	6.0	—	—	—	—	1,633.3	1,729.7
ラトビア	4,474	1,764	0.6	−1.6	—	—	—	—	96.9	95.4
リトアニア	5,957	1,595	1.0	3.0	—	—	—	—	82.7	220.2
リヒテンシュタイン	1,315	42,416	1.2	0.7	—	—	—	—	..	..
ルクセンブルグ	14,289	35,109	3.3	3.2	59	65	0.40	0.36	—	—
ルーマニア	35,686	1,570	3.5	6.9	—	—	—	—	508.5	499.7
ロシア	363,881	2,451	−12.6	−4.2	—	—	—	—	2,239.5	2,379.7

（6） 世界各国の厚生・文化・軍事指標

	病院数（首都）（人口1,000人当たり）	医師数（人口1,000人当たり，1988-92年）	就学率			非識字率（1995年，％）			軍事支出（GNP比率）（1993年）
			小学校	中学校	高校～	合計	男子	女子	
アフリカ									
アルジェリア	‥	0.26	‥	‥	‥	38.4	26.1	51.0	2.5
アンゴラ	‥	0.07	65.0	86.0	41.1(83)	59.0	51.0	‥	‥
ウガンダ	‥	0.04	‥	‥	‥	38.2	26.3	49.8	15.0
エジプト	‥	0.77	‥	‥	‥	48.6	36.4	61.2	5.0
エチオピア	‥	0.03	75.5	93.0	69.0(84)	64.5	54.5	74.7	‥
エリトリア	‥	‥	‥	‥	‥	‥	‥	‥	‥
ガーナ	‥	0.04	‥	‥	‥	35.5	24.1	46.5	1.0
カーボベルデ	‥	‥	‥	‥	‥	28.4	18.6	36.2	‥
ガボン	‥	‥	‥	‥	‥	36.8	26.3	46.7	3.2
カメルーン	‥	0.08	‥	‥	‥	36.6	25.0	47.9	2.0
ガンビア	‥	‥	‥	‥	‥	61.4	47.2	75.1	‥
ギニア	‥	0.02	‥	‥	‥	64.1	50.1	78.1	1.2
ギニアビサウ	‥	‥	‥	‥	‥	45.1	32.0	57.5	5.5
ケニア	‥	0.14	64.6	86.3	41.3(89)	21.9	13.7	30.0	2.9
コートジボワール	‥	0.06	53.1	56.3	14.7(88)	59.9	50.1	70.0	2.3
コモロ	‥	‥	27.2	54.3	30.8(91)	42.7	35.8	49.6	‥
コンゴ共和国	‥	‥	‥	‥	‥	25.1	16.9	32.8	‥
コンゴ民主共和国	‥	0.07	64.1	86.4	39.3(83)	22.7	13.4	32.3	‥
サントメ・プリンシペ	‥	‥	‥	‥	‥	42.6	26.8	57.6(81)	‥
ザンビア	‥	‥	‥	‥	‥	21.8	14.4	28.7	1.0
シエラレオネ	‥	0.07	‥	‥	‥	68.6	54.6	81.8	0.7
ジブチ	‥	‥	‥	‥	‥	53.8	39.7	67.3	‥
ジンバブエ	‥	0.16	‥	‥	‥	14.9	9.6	20.1	6.0
スーダン	‥	0.09	‥	‥	‥	53.9	42.3	65.4	2.2
スワジランド	‥	‥	47.4	81.6	32.6(86)	23.3	22.0	24.4	‥
セイシェル	‥	‥	‥	‥	‥	15.6	16.9	14.4(87)	4.0
赤道ギニア	‥	‥	‥	‥	‥	21.5	10.4	31.9	‥
セネガル	‥	0.05	‥	‥	‥	66.9	57.0	76.8	2.0
セント・ヘレナ	‥	‥	‥	‥	‥	2.7	3.3	2.1(87)	‥
ソマリア	‥	0.07	‥	‥	‥	‥	‥	‥	‥
タンザニア	‥	0.03	‥	‥	‥	32.2	20.6	43.2	‥
チャド	‥	0.03	‥	‥	‥	51.9	37.9	65.3	5.6
中央アフリカ共和国	‥	0.04	39.0	51.2	15.0(88)	‥	‥	‥	1.8
チュニジア	‥	0.05	90.5(小・中学校)(89)			33.3	21.4	45.4	3.7
トーゴ	‥	0.08	‥	‥	‥	48.3	33.0	63.0	3.0
ナイジェリア	‥	0.15	‥	‥	‥	42.9	‥	52.7	1.0
ナミビア	‥	‥	74.8	90.6	51.0(91)	24.2	22.2	26.0(91)	3.4
ニジェール	‥	0.03	‥	‥	‥	86.4	79.1	93.4	1.3
西サハラ	‥	‥	‥	‥	‥	‥	‥	‥	‥
ブルキナファソ	‥	0.03	‥	‥	‥	80.8	70.5	90.8	‥
ブルンジ	‥	0.06	32.5	55.7	14.8(90)	62.2	51.5	72.0(90)	3.7
ベナン	‥	0.07	‥	‥	‥	63.0	51.3	74.2	1.7
ボツワナ	‥	‥	49.0	88.2	37.6(91)	30.2	19.5	40.1	4.9
マダガスカル	‥	0.12	‥	‥	‥	54.3	40.2	68.0	2.2
マラウイ	‥	0.02	16.8	48.0	24.2(87)	43.6	28.1	58.2	1.6
マリ	‥	0.05	48.3	67.6	42.5(87)	69.0	60.6	76.9	2.0
南アフリカ共和国	0.088(91)	0.61	‥	‥	‥	18.2	18.1	18.3	2.5
モザンビーク	‥	0.02	‥	‥	‥	59.9	42.3	76.7	8.0

（注） 数値の後の（ ）内は年次．

	病院数(首都)(人口1,000人当たり)	医師数(人口1,000人当たり,1988-92年)	就学率 小学校	就学率 中学校	就学率 高校〜	非識字率 (1995年, %) 合計	非識字率 男子	非識字率 女子	軍事支出 (GNP比率) (1993年)
モーリシャス	..	..	97.9	78.5	19.0(90)	17.1	12.9	21.2	0.2
モーリタニア	..	..	..	..	..	62.3	50.4	73.7	4.2
モロッコ	..	0.21	..	..	..	56.3	43.4	69.0	3.8
リビア	..	1.04	..	..	..	23.8	12.1	37.0	15.0
リベリア	..	..	..	..	..	61.7	46.1	77.6	..
ルワンダ	..	0.02	..	..	..	39.5	30.2	48.4	1.6
レソト	..	..	..	..	..	28.7	18.9	37.7	13.0
レユニオン	..	..	..	..	45.5(90)	21.4	23.5	19.5(82)	..
北アメリカ									
アメリカ合衆国	0.004(90)	2.28	89.1	96.2	56.6(90)	..	..	..	5.3
アンギラ	..	..	..	..	..	..	..	..	..
アンティグア・バーブーダ	..	..	..	..	..	..	..	..	1.0
英領バージン諸島	..	..	..	..	..	1.8	2.2	1.3(91)	..
エルサルバドル	..	0.64	..	..	..	28.5	26.5	30.2	3.4
オランダ領アンティル	..	..	..	..	..	6.2	5.8	6.6(81)	..
カナダ	0.013(91)	2.22	..	..	61.7(91)	1.2	1.0	1.3	2.0
キューバ	0.085(90)	3.75	98.4	97.3	55.3(81)	4.3	3.8	4.7	10.0
グアテマラ	..	0.44	..	..	..	44.4	37.5	51.4	1.0
グアドループ	..	..	..	..	61.3(90)	10.0	10.4	9.6(82)	..
グリーンランド	..	..	..	..	..	..	..	..	..
グレナダ	..	..	..	..	..	..	..	..	..
ケイマン諸島	..	..	94.3	94.5	30.6(89)	..	..	..	..
コスタリカ	..	..	..	..	..	5.2	5.3	5.0	0.5
ジャマイカ	..	..	..	..	..	15.0	19.2	10.9	1.0
セントクリストファー・ネイビス	..	..	..	..	..	2.7	2.9	2.5(80)	..
セントビンセントおよびグレナディーン諸島	..	..	..	..	..	..	..	..	..
セントルシア	..	..	..	..	..	..	..	..	..
タークス諸島・カイコス諸島	..	..	..	..	..	..	..	..	..
ドミニカ共和国	..	..	..	..	..	17.9	18.0	17.8	0.7
ドミニカ国	..	1.08	..	..	..	..	..	..	..
トリニダード・トバコ	..	..	..	..	..	2.1	1.2	3.0	1.2
ニカラグア	..	0.60	..	..	..	34.3	35.4	33.4	2.7
ハイチ	..	0.14	72.3	76.4	40.9(86)	55.0	52.0	57.8	1.5
パナマ	0.089(91)	..	78.2	87.5	37.7(90)	9.2	8.6	9.8	1.7
バハマ	..	..	95.4	97.5	38.8(90)	1.8	1.5	2.0	2.7
バミューダ	..	..	97.4	99.3	46.6(91)	..	..	..	..
バルバドス	..	..	..	..	..	2.6	2.0	3.2	0.7
プエルトリコ	..	..	..	..	..	12.2	11.4	12.9(80)	..
米領バージン諸島	0.021(90)	..	95.4	100.0	28.4(90)	..	..	..	..
ベリーズ	..	..	89.1	87.7	21.7(91)	29.7	29.7	29.7(91)	2.0
ホンジュラス	0.074(88)	0.32	71.6	86.5	49.9(88)	27.3	27.4	27.3	1.0
マルチニーク	..	..	..	..	56.6(90)	7.2	8.0	6.6(82)	..
メキシコ	..	0.54	90.7	93.6	42.2(90)	10.4	8.2	12.6	..
モンセラット	..	..	..	..	..	..	..	..	..
南アメリカ									
アルゼンチン	..	2.99	94.4	91.9	40.4(91)	3.8	3.8	3.8	..
ウルグアイ	..	2.90	93.2	89.8	31.8(85)	2.7	3.1	2.3	2.3
エクアドル	..	1.04	99.4	99.1	98.2(90)	9.9	8.0	11.8	..

	病院数(首都) (人口1,000人 当たり)	医師数(人口 1,000人当たり, 1988-92年)	就　学　率			非　識　字　率 (1995年，%)			軍事支出 (GNP比率) (1993年)
			小学校	中学校	高校～	合　計	男　子	女　子	
ガイアナ	‥	‥	‥	‥	‥	1.9	1.4	2.5	‥
コロンビア	‥	0.87	‥	‥	‥	8.7	8.8	8.6	1.3
スリナム	‥	‥	‥	‥	‥	7.0	4.9	9.0	‥
チ　リ	‥	0.46	‥	‥	‥	4.8	4.6	5.0	3.4
パラグアイ	‥	0.62	‥	88.2	95.9(82)	7.9	6.5	9.4	1.4
フォークランド諸島	‥	‥	‥	‥	‥	‥	‥	‥	‥
ブラジル	‥	1.46	‥	‥	‥	16.7	16.7	16.8	3.0
フランス領ギアナ	‥	‥	‥	‥	51.0(90)	17.0	16.4	17.7(82)	‥
ベネズエラ	‥	1.55	81.6	85.1	37.8(90)	8.9	8.2	9.7	4.0
ペルー	0.091(91)	1.03	82.7	93.5	53.5(91)	11.3	5.5	17.0	2.0
ボリビア	‥	0.48	82.9	82.8	38.7(92)	16.9	9.5	24.0	1.6
アジア									
アゼルバイジャン	‥	3.93	‥	‥	‥	0.4	0.3	0.5	‥
アフガニスタン	‥	0.11	‥	‥	‥	68.5	52.8	85.0	‥
アラブ首長国連邦	‥	‥	‥	‥	‥	20.8	21.1	20.2	5.3
アルメニア	‥	4.28	‥	‥	‥	0.4	0.3	0.5	‥
イエメン	‥	0.18	‥	‥	‥	‥	‥	‥	10.0
イスラエル	‥	2.90	‥	‥	‥	4.4	2.3	6.4	18.0
イラク	0.015(87)	0.58	51.9	69.6	26.6(87)	29.2	21.6	36.7(87)	‥
イラン	‥	0.32	‥	‥	‥	27.7	21.6	34.2(94)	10.5
インド	0.054(91)	0.41	68.9	81.2	29.9(81)	48.0	34.5	62.3	2.4
インドネシア	‥	0.14	66.5	83.5	26.4(90)	16.2	10.4	22.0	1.5
ウズベキスタン	‥	3.58	‥	‥	‥	0.3	0.2	0.4	‥
オマーン	‥	‥	‥	‥	‥	‥	‥	‥	16.0
ガザ地区	‥	‥	‥	‥	‥	‥	‥	‥	‥
カザフスタン	‥	4.12	‥	‥	‥	0.4	0.3	0.5	‥
カタール	‥	‥	69.8	94.8	42.0(86)	20.6	20.8	20.1	‥
韓　国	0.729(90)	0.73	85.5	99.1	46.9(90)	2.0	0.7	3.3	3.6
カンボジア	‥	0.04	‥	‥	‥	34.7	20.3	46.6(93)	‥
北朝鮮	‥	2.72	‥	‥	‥	‥	‥	‥	22.5
キプロス	0.255(90)	‥	‥	‥	‥	5.6	2.2	8.9(92)	5.0
キルギス	‥	3.67	‥	‥	‥	0.4	0.3	0.5	‥
クウェート	‥	‥	‥	‥	‥	21.4	17.8	25.1	7.3
グルジア	‥	5.92	‥	‥	‥	0.5	0.3	0.6	‥
サウジアラビア	‥	‥	‥	‥	‥	37.2	28.5	49.8	13.0
シリア	‥	0.85	‥	‥	‥	29.2	14.3	44.2	6.0
シンガポール	0.007(90)	1.09	97.0	98.7	39.5(90)	8.9	4.1	13.7	4.0
スリランカ	‥	0.14	86.1	82.6	38.0(81)	9.8	6.6	12.8	4.7
タ　イ	0.017(89)	0.20	77.0	84.2	37.2(80)	6.2	4.0	8.4	2.6
タジキスタン	‥	2.71	‥	‥	‥	0.3	0.2	0.4	‥
中　国	‥	1.37	‥	‥	‥	18.5	10.1	27.3	3.5
トルクメニスタン	‥	3.57	‥	‥	‥	0.3	0.2	0.4	‥
トルコ	‥	0.74	77.2	97.2	97.1(85)	17.7	8.3	27.6	3.9
日　本	0.064(90)	1.64	87.2	100.0	54.1(90)	‥	‥	‥	0.9
ネパール	‥	0.06	‥	‥	‥	72.5	59.1	86.0	2.0
パキスタン	‥	0.34	47.1	66.7	36.8(81)	62.2	50.0	75.6	3.2
ベトナム	‥	0.35	63.5	76.7	13.3(89)	6.3	3.5	8.8	‥
バーレーン	‥	‥	85.6	98.6	42.2(91)	14.8	10.9	20.6	6.0
バングラデシュ	‥	0.15	‥	‥	‥	61.9	50.6	73.9	1.5
東ティモール	‥	‥	‥	‥	‥	‥	‥	‥	‥
フィリピン	‥	0.12	76.4	87.1	41.3(90)	5.4	5.0	5.7	1.9
ブータン	‥	‥	‥	‥	‥	57.8	43.8	71.9	‥
ブルネイ	‥	‥	82.6	96.5	37.1(91)	11.8	7.4	16.6	9.0

	病院数(首都)(人口1,000人当たり)	医師数(人口1,000人当たり, 1988-92年)	就 学 率			非 識 字 率 (1995年, %)			軍事支出(GNP比率)(1993年)
			小学校	中学校	高校～	合 計	男 子	女 子	
香 港	0.012(91)	‥	99.7	99.1	37.6(91)	7.8	4.0	11.8	‥
マカオ	0.006(92)	‥	96.8	96.9	31.2(91)	‥	‥	‥	‥
マレーシア	‥	0.37	‥	‥	‥	16.5	10.9	21.9	5.0
ミャンマー	‥	0.08	74.7	86.6	37.2(83)	16.9	11.3	22.3	‥
モルディヴ	0.018(90)	‥	‥	‥	‥	6.8	6.7	7.0	‥
モンゴル	‥	‥	‥	‥	‥	1.3	‥	‥(88)	1.0
ヨルダン	‥	1.54	‥	‥	‥	13.4	6.6	20.6	7.9
ラオス	‥	0.23	‥	‥	‥	43.4	30.6	55.6	‥
レバノン	‥	‥	‥	‥	‥	7.6	5.3	9.7	8.2
オセアニア									
オーストラリア	0.024(86)	2.29	98.2	98.7	48.2(86)	‥	‥	‥	2.4
北マリアナ諸島	‥	‥	‥	‥	‥	‥	‥	‥	‥
キリバス	‥	‥	76.5	92.5	17.0(85)	‥	‥	‥	‥
グアム	‥	‥	‥	‥	‥	1.0	1.0	1.0(90)	‥
クック諸島	‥	‥	‥	‥	‥	‥	‥	‥	‥
サモア	‥	‥	‥	‥	‥	‥	‥	‥	‥
ソロモン諸島	‥	‥	16.9	62.6	13.6(86)	‥	‥	‥	‥
ツバル	‥	‥	‥	‥	‥	‥	‥	‥	‥
トケラウ諸島	‥	‥	‥	‥	‥	‥	‥	‥	‥
トンガ	‥	‥	99.4	95.4	41.9(86)	‥	‥	‥	‥
ナウル	‥	‥	‥	‥	‥	‥	‥	‥	‥
ニウエ	‥	‥	‥	‥	‥	‥	‥	‥	‥
ニューカレドニア	‥	‥	100.0	100.0	52.0(89)	6.9	6.0	7.9	‥
ニュージーランド	0.233(91)	1.74	100.0	100.0	25.5(91)	‥	‥	‥	2.0
バヌアツ	0.053(89)	‥	‥	‥	‥	47.1	42.7	52.2(79)	‥
パプアニューギニア	‥	0.08	‥	‥	‥	27.8	19.0	37.3	1.8
パラオ	‥	‥	‥	‥	‥	‥	‥	‥	‥
ピトケアン島	‥	‥	‥	‥	‥	‥	‥	‥	‥
フィジー	‥	‥	78.3	88.7	33.6(86)	8.4	6.2	10.7	2.0
フランス領ポリネシア	‥	‥	98.3	94.0	26.2(88)	‥	‥	‥	‥
米領サモア	0.021(90)	‥	88.5	93.4	42.9(90)	2.7	2.5	2.8(80)	‥
マーシャル諸島	‥	‥	‥	‥	‥	‥	‥	‥	‥
ミクロネシア	‥	‥	‥	‥	‥	‥	‥	‥	‥
ワリス・フテュナ諸島	4.167(90)	‥	100.0	98.0	44.3(90)	‥	‥	‥	‥
ヨーロッパ									
アイスランド	‥	‥	‥	‥	‥	‥	‥	‥	‥
アイルランド	‥	1.58	100.0	100.0	39.1(86)	‥	‥	‥	1.5
アルバニア	‥	1.39	‥	‥	‥	‥	‥	‥	‥
アンドラ	‥	‥	‥	‥	‥	‥	‥	‥	‥
イギリス	‥	1.40	‥	‥	‥	‥	‥	‥	3.6
イタリア	‥	4.69	‥	‥	‥	1.9	1.4	2.4	2.0
ウクライナ	‥	4.40	‥	‥	‥	1.2	1.8	0.7	8.6
エストニア	‥	‥	‥	‥	‥	0.2	0.2	0.2	‥
オーストリア	0.033(90)	4.34	68.7	100.0	32.1(81)	‥	‥	‥	0.9
オランダ	0.056(90)	2.43	‥	‥	‥	‥	‥	‥	3.0
ギリシャ	‥	1.73	‥	‥	‥	3.3	1.7	4.7	5.1
クロアチア	‥	‥	‥	‥	‥	2.4	1.8	2.9	‥
サンマリノ	0.204(91)	‥	100.0	99.6	55.2(91)	‥	‥	‥	‥
ジブラルタル	0.075(81)	‥	‥	‥	‥	‥	‥	‥	‥
スイス	‥	1.59	61.8	100.0	51.2(80)	‥	‥	‥	1.7
スウェーデン	‥	2.73	‥	‥	‥	‥	‥	‥	3.8
スペイン	0.027(91)	3.60	93.7	94.4	60.8(91)	2.9	1.8	3.9	1.6

	病院数(首都)(人口1,000人当たり)	医師数(人口1,000人当たり,1988-92年)	就学率			非識字率(1995年,%)			軍事支出(GNP比率)(1993年)
			小学校	中学校	高校~	合計	男子	女子	
スロバキア	‥	‥							‥
スロベニア	‥	‥	73.4	99.7	48.7(91)	0.5	0.4	0.5(91)	4.5
チェコ	‥	3.23							
チャネル諸島	0.017(91)	‥	92.2	96.2	23.1(91)	‥	‥	‥	‥
デンマーク	‥	2.56				‥	‥	‥	2.0
ドイツ	‥	2.73	‥	57.9	40.6(87)	‥	‥	‥	2.2
ノルウェー	0.191(91)	2.43	100.0	100.0	53.8(90)				3.4
バチカン	‥	‥							
ハンガリー	0.019(90)	2.98	85.6	98.8	34.6(90)	0.8	0.7	1.0	‥
フィンランド	‥	2.47	99.8	99.8	48.3(85)	‥	‥	‥	2.0
フェロー諸島	‥	‥							
フランス	‥	2.89	‥	‥	59.5(90)	‥	‥	‥	3.1
ブルガリア	‥	3.19	60.9	95.1	73.2(85)	1.7	1.1	2.3	‥
ベラルーシ	‥	4.05				0.5	0.3	0.6	‥
ベルギー	‥	3.21							2.0
ボスニア・ヘルツェゴビナ	‥	‥	‥	‥	‥				
ポーランド	0.020(90)	2.06	‥	‥	48.6(88)	‥	‥	‥	1.8
ポルトガル	‥	2.57	‥	‥	‥	10.4	7.5	13.0	2.9
マケドニア	‥	‥							
マルタ	‥	‥	‥	‥	‥	8.7	9.4	8.1	1.3
マン島	0.135(91)	‥	100.0	100.0	64.9(91)				
モナコ	‥	‥							
モルドバ	‥	4.00	84.0	97.2	36.9(89)	1.1	1.6	0.5	‥
ユーゴスラビア	‥	2.63	‥	‥	‥(90)	2.1	1.4	2.7	4.6
ラトビア	0.040(92)	‥	86.2	98.6	43.1(89)	0.3	0.2	0.3	4.0
リトアニア	0.036(91)	‥	69.9	91.1	52.5(91)	0.5	0.4	0.7	5.5
リヒテンシュタイン	‥	‥	‥	‥	‥	0.3	0.3	0.3(81)	‥
ルクセンブルグ	‥	‥	‥	‥	‥	2.6	2.0	3.2	1.2
ルーマニア	0.025(91)	1.79	74.5	93.6	31.1(92)	2.1	1.1	3.1	3.0
ロシア	0.024(89)	4.69	74.7	97.6	43.9(89)	0.5	0.3	0.6	6.0

宗教上の祝祭日

仏教の祝祭日

仏教の宗教的慣習はヒンドゥー教に由来し，新月や満月の日は宗教的に重要な日とされ，各種行事が行われる．また，仏教では半月の日にも特別な意味が与えられている．スリランカでは，ポーヤダー（満月の日）は公休日になっている．次の祝祭日は，東南アジアでは一般的な祭りである（祭りの呼称，陰暦の月の呼称は国によって異なる）．

水かけ祭・灌仏会（ソンクラーン）　タイ人など上座部仏教徒にとっての正月に当たり，3日間続く新春の水の祭りである．仏像などを洗い浄める．

仏誕節（ウィサーカ）　タイの陰暦6月，ウィサーカ月の最後の満月の日に釈迦の降誕，成道，入滅を祝う3日間の祭りは，クライマックスを迎える（上座部仏教ではこの日に釈迦の降誕，成道，入滅があったとされる）．太陽暦では4月か5月に当たる．

入安居（ワーゾゥ，バーサ，バッサ）　入安居は安居期に入る最初の日である．安居期は，仏教徒にとっての，キリスト教でいう四旬節（レント）に当たるもので，東南アジアが雨期になる太陽暦7月から10月までの間，僧侶は寺院に籠って修行に励む．ビルマ暦ではワーゾゥ月の満月の日から始まり，タディンジュ月の満月の夜の祭で締めくくる．

キリスト教の祝祭日

キリスト教の最も重要な祝日は，イエス・キリストの復活を祝う毎年の復活祭である．この祝日はユダヤ教のペサハ（過越祭）に関係があるので，その日付けもやはり月齢に関連して決められる．ところが，キリスト教暦（西暦）は太陰暦ではなく太陽暦であるため，復活祭の日付けは年ごとに移動する．すなわち，復活祭は春分後の最初の満月のあとの最初の日曜日に祝われ，グレゴリオ暦では3月22日から4月25日の間となる．復活祭の日付けを基準として，たとえば灰の水曜日や昇天祭，聖霊降臨祭などの，ローマ・カトリックの多くの祝日の日付けが決められる．

キリスト教が優勢な国では，キリスト教の重要な祝祭日でも必ず日曜日に当たるものは，日曜日自体が祝日（聖なる日）なので公休日のリストには載らない．このような国々では，日曜日は休息と礼拝の日である．なぜなら日曜日の起源は，ユダヤのペサハ（過越祭）翌日の日曜日に，キリストが復活したことを記念することにあるからである．

次にあげるキリスト教の祝祭日の名称と日付けは，ほぼローマ・カトリックの伝統によるもので，このうちのいくつかはプロテスタント諸派も祝っている．一部の東方正教会では宗教的祝日に関して，グレゴリオ暦より13日遅れのユリウス暦を保持している．東方正教会の祝日は，下記の教会の祝日とは完全には一致しない．

聖母マリアの祝日　1月1日．1969年のバチカンによる改革以前は，主イエス・キリストの割礼の祝日であった．

主の御公現の祝日　伝統的には1月6日であったが，現在では1月の2日から7日までの間の日曜日に祝う．イエス生誕の地までを旅してきたマギ（東方の博士たち）が，イエスを礼拝したことを記念する．

聖デヴォーテの祝日　モナコ公国の守護聖人を讃え，1月27日にモナコで祝われる．この日は，聖女の船がモナコの岸辺まで鳩に導かれたおかげで，危険な航海のあとに聖女が無事上陸できたことを祝う．

蠟燭の祝別の日（キャンドルマス，聖母の御潔めの祝日）　2月2日．リヒテンシュタインでは国の祭日．現在では「主の奉献」と呼ばれ，エルサレムの神殿での幼きイエスの奉献を記念する．1969年のバチカンによる改革以前は，男児を産んだマリアが当時のユダヤの慣習にしたがい，40日目に潔めを受けたことを記念していた．

聖アガタの祝日　2月5日．サンマリノでは守護聖人の祝祭日．聖アガタは看護婦と消防士，宝石商の守護聖人でもある．

告解月曜日・告解火曜日　四旬節（レント，語源は中期英語で「春」を意味するレンテ lente）の始まる直前の2日間．四旬節は，キリスト教徒の贖罪の時期

として復活祭まで続く期間をいう．この両日はカーニバルの日として，多くの国々で公休日とし，祝宴と陽気な大騒ぎが繰広げられる．告解火曜日は，「謝肉祭の火曜日（マルディ・グラ）」としても知られる．

灰の水曜日　四旬節の初日で復活祭の46日前の日．「灰の水曜日」と呼ばれるのは，信徒の額に贖罪の印として灰を塗る習慣に由来する．ローマ・カトリックでは，この灰は前年の「枝の主日」で用いられた棕櫚(しゅろ)の枝を燃やしてつくられる（「枝の主日」は聖週間の初日で，イエスがエルサレムに入城したことを記念する．その1週間後が復活祭）．灰の水曜日には，ミサ中に聖体拝領をする信徒の額に灰が塗られる．灰を塗られるときには「あなたは塵であるから，塵に帰るべきことを覚えよ」，あるいは「罪を避け，福音に忠実でありなさい」と諭される．

聖パトリックの祝日　3月17日．アイルランドでは，守護聖人のパトリックを讃えて祝う．

聖ヨゼフの祝日　3月19日．マリアの夫である聖ヨゼフを讃えて祝う．いくつかの国では公休日とされる．

聖木曜日（洗足木曜日）　復活祭前の木曜日．最後の晩餐，イスカリオテのユダによるイエスへの裏切り，イエスの逮捕と裁判を記念する日．ローマ・カトリックでは，イエスが弟子たちの足を洗った故事（ヨハネ福音書13章5〜20節）にならって，教皇が信徒の足を洗う儀式を行う．

聖金曜日　聖木曜日の翌日．イエスの十字架上の死を追想し，熱心な贖罪と祈禱を行う．

聖土曜日　聖金曜日の翌日．墓に葬られているイエスを追想し，聖金曜日と同じように厳粛な祈禱を捧げる．

復活祭　「キリスト教の祝祭日」の説明を参照．

復活祭後の月曜日　復活祭の翌日の月曜日は，多くの国々で公休日となる．

祈願の日　復活祭後の第4の金曜日で，デンマークの公休日．

昇天祭　キリスト教の重要な祝祭日のひとつ．復活祭後の40日目に当たり，イエスが天に昇ったことを記念して祝う．

聖霊降臨祭（ホワイトサンデー）　ペンテコステともいい，古典ギリシア語で「50日目」を意味するペンテコストスにちなむ．復活祭後の第7番目の日曜日をいう．聖霊がキリストの使徒たちに降臨したことを記念する．ユダヤ教の祝日シャヴオットに由来する．初期の教会では，洗礼を受ける重要な機会であった．ホワイトサンデーの語も，新しく洗礼を受けた信徒が身にまとう白い上着にちなむ．

聖霊降臨後の月曜日（ホワイトマンデー）　多くの国々では，聖霊降臨祭の翌日を公休日としている．

聖体の祝日（コルプス・クリスティ）　聖霊降臨祭の次の日曜日は「三位一体の祝日」であり，その週の木曜日あるいは次の日曜日にキリストの聖体を讃える祝日がくる．ローマ・カトリックと東方正教会では，新約聖書の最後の晩餐の記述にもとづき，聖体の秘蹟においてパンとぶどう酒は聖変化によって文字どおりキリストの肉体と血になると信じられている．

聖心(みこころ)の祝日　「聖体の祝日」の週の金曜日．コロンビアでは公休日．人類への愛のシンボルであるイエスの聖なる心を想い，神であるイエスへの帰依を深める日とされる．

聖ペテロ・聖パウロの祝日　6月29日．2人の使徒の殉教を記念する．この2人使徒は皇帝ネロの命令によるキリスト教徒迫害の中で，同じ日に（67年ごろ）処刑されたと伝統的に信じられている．

聖ヤコブの祝日　7月25日．イエスの12使徒のなかの大ヤコブを記念する．ヤコブはスペインの守護聖人で，スペインではサンチャーゴと呼ばれる．

天使の聖母マリア祭　8月2日．コスタリカでは聖母マリアを讃える国の祭日として祝い，黒い石の聖母像を祀るカルタゴの大聖堂への巡礼が行われる．

聖母被昇天祭　8月15日．多くの国々で祝祭日とされ，マリアの死後その体は霊魂とともに天に迎えられたとする，ローマ・カトリックと東方正教会の教義を祝う．

アルタグラシアの聖母の戴冠　8月15日．聖母マリアを讃えるもうひとつの祭りで，ドミニカ共和国では聖母の霊場に祝祭の巡礼が行われる．1月21日のアルタグラシアの祝日も，ドミニカ共和国では祝祭日である．

リマのサンタ・ロサの祝日　8月23日．新大陸出身の最初の聖人で，1671年に教皇クレメンス10世によって南アメリカの守護聖人と宣言された，サンタ・ロサを讃える．ペルーでは8月30日に国の祝日として祝う．

慈悲の聖母の祝日（ラス・メルセデス）　9月24日．聖母を讃えるもうひとつの祝日で，ドミニカ共和国の祝祭日．

諸聖人の祝日（万聖節）　11月1日．多くの国々では公休日である．特定の祝祭日をもたない聖人と殉教者を記念する．中世には「すべての聖人（オール・ハ

ロウズ)の日」として知られ，その前日の10月31日の晩は「オール・ハロウ・イーヴン」と呼ばれた．「ハロウィン」という世俗の祝祭日はこれに由来する．

死者の記念日　11月2日．すべての死者の魂の平安を祈る．

聖母の無原罪の御孕り　12月8日．神の母となるべきマリアは，母アンナの胎内に孕ったときから例外的に原罪を免れていたという，カトリックの教義を祝う．パラグアイでは「カアクペの聖母の日」として祝う．

グアダルペの聖母の祝日　12月12日．メキシコの祝祭日．聖母マリアが1531年のこの日にインディオの農夫に現れ，自分のために聖堂を建てるように語りかけたとされる奇跡を讃える．聖堂の場所は，現在のメキシコ・シティー市域内の大聖堂の場所である．

降誕祭（クリスマス）　12月25日．毎年，イエスの生誕を記念して祝う．ローマ・カトリックの多くの教会では，この喜びの祝祭を深夜のミサから始める．クリスマス・イヴに子どもたちに贈物を配るのは，もとは聖ニコラスの祝日（12月6日）の前の晩に行われていたオランダの習慣が広まったもの．クリスマスの翌日は，多くの国々で公休日とされる．この日に箱詰めした贈物をする習慣から，「ボクシング・デイ（小箱の日）」とも呼ばれる．

聖ステファノの祝日　12月26日．クリスマスの翌日．キリスト教徒として最初に殉教した聖人を讃える．聖ステファノはハンガリーの守護聖人．

ヒンドゥー教の祝祭日

ヒンドゥー教の祭日は太陰暦にもとづいている．太陰暦は単純でなく，祭礼の季節がずれていかないように，年によって閏月が適宜に組込まれている．新月から満月までは白半月，満月から新月までを黒半月と区分する．インドほど祭りの多い国はないといわれる．そのほとんどが地方や州の祭りだが，次にあげた祭りはインドやそのほかのヒンドゥー教徒の多い国々では国民の祭日となっている．

ラクシャー・バンダン　太陽暦の8月ごろに行われ，女性が家の男たちの腕に色とりどりの糸や金属糸でできたお守りの腕輪を結びつける．これで男たちは1年の災いから守られるとされる．ヒンドゥー暦ではシュラーヴァナ月の満月の日に当たる．

ガネーシュ・チャトゥルティ（ガネーシュ神の祭り）　商売の神様である象面のガネーシュ神を讃える祭りで，太陽暦の8月か9月に当たるバードラパダ月の白半月の第4日に行われる．

ドゥルガー・プージャー（ドゥルガー神の祭り）　シヴァ神の妻であり創造神であるドゥルガー女神が，水牛の姿をした悪魔マヒシャスーラを殺した故事にちなみ，この女神を讃える祭りである．太陽暦の9月か10月に当たるアーシュヴィナ月の，白半月の初めの10日間（ナバラートゥリ）に催される．この秋祭りは「ダシャラー」とも呼ばれる．地方によって祭りをする理由が異なり，北インドではラーマ王子が魔王ラーヴァナを倒したことを讃える．最終日にはラーマ王子の生涯が野外劇で演じられる．

ディーワーリー（ディーパーワリー，ディワリー，ラクシュミ神の祭り）　「灯明の祭り」ともいわれ，富の女神であるラクシュミ神が家々を訪れるとき，灯火をともして道を照らし，この神を家に招いて祝福を受けられるようにする．祭りは4～5日間続き，太陽暦の10月か11月に当たるアーシュヴィナ月からカールティカ月にかけて行われる．

シヴァラートゥリー（マハシヴァラートゥリー，シヴァ神の祭り）　シヴァ神に献げられる祭りで，太陽暦の1月か2月に当たる，マーガ月の黒半月の第13日に行われる．

タイプーサム　マレーシアのインド系ヒンドゥー教徒が行う祭．もともと南インドで重要な神とされるシヴァ神の息子の，スブラマニヤム神を祝う．太陽暦の1月か2月，タミル暦のタイ月の満月の日に行われる．

ホーリー（春祭り）　年末年始の祭りで，3日から10日間ほど続く．ヒンドゥー暦パールグナ月の満月の夜は1年の最後の夜で，この夜ホーリカーの人形を祝火で焼き，明けて新年にひとびとは色つきの粉や水をかけ合って陽気に騒ぐ．太陽暦では2月か3月に当たる．

ユダヤ教の祝祭日

ユダヤ教にとって基本となる祝祭日は週の7番目の日に当たる安息日であり，金曜の日没とともに始まり土曜の日没とともに終る．この日は安息の日であり，礼拝をしたりユダヤ教について学んだりする日で，また家族のための日でもある．

その他のユダヤ教の祝祭日（すべて日没とともに始まり，日没とともに終わる）は，ユダヤ教暦の特定の月の特定の日に定められている．ユダヤ教の暦では，ほぼ29日半の太陰周期と一致するように29日の月と30日の月とが交互にあり，合わせて12か月で1年となる．353日，もしくは354～355日の太陰

年と，365日と1/4日の太陽年との調整のために，19年の間に7回，30日からなる月(アダール・シェニ月)をつけ加える．このような暦法であるため，ユダヤ教の祝祭ではその季節的な由来がよく維持されている．ユダヤ教暦の月日順に配列された次にあげる一覧は，イスラエルのユダヤ教の祝祭日を示したものである．

ローシュ・ハシャナー ユダヤ教の新年で，最初の月であるティシュリ月の1日に祝う．シナゴーグでは，ショファール(雄羊の角笛)の響きが新年の到来を告げる．ローシュ・ハシャナーから改悛の10日間が始まり，ヨーム・キップールで終る．イスラエル国外の正統派と保守派は，翌日のティシュリ月の2日も新年を祝う．

ヨーム・キップール 贖罪の日で，断食，改悛，そして祈りのうちに過ごす．ユダヤ教にとって最も厳粛な日で，ティシュリ月の10日に行われる．

スッコート ユダヤ教古来の収穫祭で，ティシュリ月の15日に行われる．この季節特有の雨が降らないうちに作物の取入れをすませてしまおうと，農民たちが畑に建てたスッコート，つまり仮庵(板切れ，木の葉，枝などで作られた仮小屋)に住んだころを思わせる．宗教上は，かつてのヘブライ人がエジプトを逃れてのち，荒野を40年間さまよったことを記念する．スッコートの8日目，すなわちティシュリ月の22日は，シュミニ・アツェレット/スィムハト・トーラーである．この日には，1年を通して『トーラー(モーセ五書)』を読んでいくサイクルが終り，また次のサイクルが始まる喜ばしい祝日となっている．イスラエル国外では，スィムハト・トーラーの祭りと[トーラーを]読んでいく次のサイクルの開始は，この翌日のティシュリ月の23日に行われる．

ハヌカー 冬至にほぼ対応する光の祭りで，3番目の月であるキスレヴ月の25日に始まり，8日間続く．「奉献の祭り」または「マカベアの祭り」[訳注：あるいは「宮清めの祭り」]としても知られるが，ハヌカーは紀元前164年のエルサレムの神殿での再奉献を記念している．伝承によれば，儀礼用のオリーブ油の容器1基では神殿の明かりを1日しかともせないはずだが，驚くべきことにその1基で，次の油を用意するまで8日間も燃え続けたという．この祭りでは，ユダヤ人の各家庭で8枝の燭台[訳注：外見上は種火用のろうそくの分を含め9枝に見える]，つまりメノラー(ハヌキヤー)に明かりをともす．イスラエルではこの日は祝日でもないのに，公共の場に建てた巨大なハヌキヤーに火をともしたりして祝うのが一般的である．

プーリム アダール月(閏年の場合はアダール・シェニ月)の14日に祝い，『エステル記』に書かれているように，ペルシアの宰相ハマンのせいでユダヤ人が全滅しそうになったが，そこから救われたことを記念している．この日はイスラエルでは祝日ではないが，チャリティーの催しを開いたり，食べられるプレゼントを交換し合い，またごちそうを食べたりする．

ペサハ(過ぎ越しの祭り，過越祭) ほぼ春分の日に当たるニサン月の15日に始まるが，イスラエルでは7日間，イスラエル国外では8日間続く．ヘブライ人がエジプトから脱出し，囚われの身から逃れたことを想起させる．ユダヤ教の中心的な祭りで，家族と食事をともにしながら行うセデルの儀式で始まるが，そのさい特別な食物(酵母の入っていないパン，つまりマツァーを含む)が食され，過ぎ越しの祭りの物語(ハガダー)を朗読する．

シャヴオート シヴァン月の6日に行われ，モーセがシナイ山上で「十戒」を授けられたことと，エルサレムの神殿に初穂を捧げたことを祝う．キリスト教の聖霊降臨祭の前身であり，ペサハの2日目から数えて50日目に行う．

ティシャー・ベアヴ アヴ月の9日に行う．紀元前586年に新バビロニア(カルデア人)によって第1神殿が破壊され，さらには紀元70年にローマ帝国によって第2神殿が破壊されたことを心に留めるための日で，断食のうちに過ごす．

ユダヤ教暦の紀元は天地創造伝承にもとづいており，西暦の紀元前3761年に当たる．

ムスリムの祝祭日

ユダヤ教暦と同様，イスラーム暦は1年が12か月で，1か月は29ないし30日である．1年は通常354日だが，30年に11回最終月(ズ・ル＝ヒッジャ月)に閏日を増やし，月相に合わせる．ユダヤ教徒と同様，イスラームの1日は日没から次の日没までとされる．しかしユダヤ教暦と異なり，定期的に余計な月を加えて太陽暦と調整するようなことはしない．したがってイスラーム暦の祝祭日は，年とともに季節がずれていく．イスラーム暦も西暦やユダヤ教暦と同じように，1週間は7日間である．金曜日が主たる礼拝の日とされている．金曜日に働くことが禁じられているわけではないが，金曜日の真昼(ズフル)の(集団)礼拝時には仕事を中断する．次にあげた祝祭日の一覧は，ムスリムが支配的な複数の国で公休日

とされている．注記しない限り，表記はアラブ諸国の発音によっている．世界で唯一シーア派イスラームが支配的な，イラン特有の祝祭日はあげていない．

ムスリムの新年　何カ国かがムハッラム月（イスラーム暦第1月）の1日を休日としているが，ほかの国ではシャァバーン月（イスラーム暦第8月）に新年を祝う．これは明らかに，アラブがイスラーム化する以前からのものである．バングラデシュのシャビ・バラトはこの日を国の祝日としたもので，神が翌年のすべての行いを決定する機会として，多くの人びとが祝う．

アーシューラー　預言者ムハンマドが，この日をユダヤ教徒のヨーム・キップールに相当する断食の日と定めたが，後年ラマダーン月の悔い改めの行事がこれにかわり，この日の断食は強制ではなく自発的にすることとされた．この日はまた，大洪水の水がひいてノアがアララト山に着いた箱舟から下りた記念すべき日ともされている．イランでは，預言者ムハンマドの孫であるフサインの殉教を追悼して殉教劇などを行う．

マリウド・アン=ナビー　ムハンマドの生誕は伝統的にはラビーゥ・アル=アゥワル月（イスラーム暦第3月）の12日に祝われている．

ライラト・アル=ミゥラージュ　ラジャブ月（イスラーム暦第7月）の27日の夜に，ムハンマドが奇跡的な天上旅行でアッラーから日々の礼拝について指示を受けたとされ，これを記念して祝う．

ラマダーン　ラマダーン月（イスラーム暦第9月）の1日は多くの国々で祝日とされるが，エジプトのカイロにある海軍天文台で新月が観察されるまでは宗教的祝祭は公には行われない．この月は1カ月間にわたり，預言者に神の啓示が下ったときを記念し，日の出から日没まで厳しい断食をする．この慣習はイスラームの五行（ムスリムがはたすべき5つの義務）のひとつとされる．

ライラト・アル=カドル（みいつの夜）　『コーラン（クルアーン）』が最初にムハンマドに下された記念の日で，通常はラマダーン月の27日に当たる．

イード・アル=フィトル　「小祭」，あるいは「斎戒（断食）明けの祭り」ともいう．ラマダーン月の直後のシャウワール月（イスラーム暦第10月）の1日に始まり，3〜4日間が祝祭期間とされる．マレーシアとシンガポールではこの日をハリ・ラヤ・プアサと呼び，トルコではシェケル・バイラム（砂糖祭）と呼ぶ．

イード・アル=アドハー　「大祭」，あるいは「犠牲祭」ともいう．メッカ（マッカ）とメディナ（マディーナ）への巡礼であるハージッ期間の終りを祝う．ハージッ（大巡礼）は，体力と経済力の許す限り生涯に1度は行うべきムスリムの義務である．このとき動物を屠るのは，アブラハム（イブラーヒーム）が神の命に服して息子を犠牲に捧げようとしたことを賛辞する行為とされ，屠られた肉の一部は貧者に寄付することとされる．祝祭はズ・ル=ヒッジャ月の10日に始まり，同月13日（閏日の入った月であれば14日）まで続く．マレーシアとシンガポールではハリ・ラヤ・ハジ，インドネシアではレバラン・ハジ，トルコではクルバン・バイラムとして祝われる．

イスラーム暦は，ムハンマドがメディナ（マディーナ）に入った年（西暦622年）を元年とする．

専門用語集

次にあげた用語は，本巻に頻繁に登場する用語の簡単な定義とその説明である．国連の各機関とその関連組織については，それぞれの項目で述べているので，ここの項目には含まれていない．

アジア開発銀行(Asian Development Bank, ADB)　1966年に創設された政府間組織．本部はフィリピンのマニラにあり，アジアおよび極東の経済成長の促進を追求し，途上国に重点をおいた長期で大規模なローンを提供している．

アニミズム(animism)　自然の事物や現象には魂や生まれつきの霊力が備わっているという信念．精霊信仰．

アフリカ開発銀行(African Development Bank, ADB)　1964年に創設された政府間組織．本部はコートジボワールのアビジャンにあり，加盟国の開発金融を調整し，ローンを提供している．

アフリカ統一機構(Organization of African Unity, OAU)　1963年に創設された政府間組織．本部はエチオピアのアディスアベバにあり，アフリカの統一と発展を促進し，植民地主義の廃絶と加盟国間での経済，政治，外交，教育，文化，保健，科学，国防などの政策の調整を目的としている．

アラブ連盟(League of Arab States, Arab League)　1945年に創設された政府間組織．本部はチュニジアのチュニス(以前はエジプトのカイロ)にあり，加盟国の内政，外交活動の調整を図り，アラブの文化的遺産の復興と普及，アラブの社会意識の発展をめざしている．

卸売業(wholesale trade)　最終的には消費者に販売される商品を，通常はまとまった量で中間業者や小売業者に販売する事業または事業体．

外貨準備(international reserves)　政府が国際取引の決済のために準備している現金や，たやすく現金に換金できるその他の国際的な資産．

外国為替(foreign exchange)　1国にいる居住者が他の国にいる者に対し財政的要求を行えるようにするあらゆる貨幣性資産のこと[現金などを移動させずに国際貸借決済などを行う手段である]．

確認埋蔵量(proved reserves)　現在は埋蔵されたままである鉱物資源(たとえば石油や天然ガスなど)のうち，採掘可能な量．

貨幣経済(money economy)　財やサービスの交換で，物と物の取引にかわって貨幣が用いられる経済システム，あるいはそういう経済の発展段階のことをいう．

カリブ共同体とカリブ共同市場(Caribbean Community and Caribbean Common Manket, CARICOM)　1973年に創設された政府間組織．本部はガイアナのジョージタウンにあり，加盟国間の共通税と共通の貿易政策の樹立をめざし，カリブ地域での農業および工業開発における協力を推進する．

関税(customs duty)　輸入あるいは輸出される財に賦課する税金．

関税同盟(customs union)　複数の国家間で共通の関税政策を確立し，同盟国間での関税障壁の除去を目的とする政府間の取決め．

間接税(indirect tax)　財やサービスについて徴収される税金．消費税，免許税，関税などは，一般的に間接税とみなされる．

北大西洋条約機構(North Atlantic Treaty Organization, NATO)　1949年に創設された政府間組織．本部はベルギーのブリュッセルにあり，安全保障その他の問題で協力を促進している．

旗布の縦幅(hoist)　旗竿に接している部分の旗布の長さ．

旗布の横幅(fly)　旗竿から旗の先端までの最短の長さ．

経済活動人口(economically active population)　「労働力人口」を参照．

経済協力開発機構(Organization for Economic Cooperation and Development, OECD)　1961年にヨーロッパ経済協力機構(OEEC)の後継機関として創設された政府間組織．本部はフランスのパリにあり，加盟国間の経済成長，社会福祉，より高い生活水準，財政の安定などの促進をめざしている．

経済相互援助会議(Council for Mutual Economic Assistance, CMEA) COMECON(コメコン)としても知られていた政府間組織で,ソ連と東ヨーロッパ諸国の大半,その他の特定の諸国を含む共産圏ブロックの経済および技術援助の育成を目的として設立された.創設は1949年で本部はモスクワにある.

経常勘定(current account) 利子や配当金を含む輸出入の受払いで測られる物品やサービスの流れ.

現物経済(subsistence economy) 貨幣のはたす役割が小さいか,またはまったくないような国家経済の状態で,取引は物と物の交換で行われ,生活水準も最低限となっている.

合計特殊出生率(fertility rate) 1人の女性が生涯の間に産むであろう子どもの数の平均値で,ある年に出産適齢期の女性たちがじっさいに産んだ子どもの数をいうこともある.

公債(public debt) 行政府が発行した債券またはその債務.

小売業(retail trade) 直接消費者に財やサービスを販売する事業または事業体.

国際収支(balance of payments) 1国が一定期間に諸外国との間で行った財政取引のすべてに関する体系的な記録.

国内総支出(gross domestic expenditure, GDE) 最終的に国内で供給される財やサービスを,購入者の立場で評価した支出の総計.

国民総生産(gross national product, GNP) 1国でつくりだされた最終的な財やサービス全体の,貨幣価値の総計.

コモンウェルス(Commomwealth of Nations) イギリス連邦ともいう.イギリスと現在のイギリス領植民地や準国家,ならびにかつてのイギリス領植民地のうちの特定の諸国の間の自発的な連合組織.この用語が最初に公式に用いられたのは1926年のことで,1931年にウェストミンスター憲章に盛りこまれた.コモンウェルスの事務局はイギリスのロンドンにあり(1965年に設置),経済や技術協力のための多くの小グループが含まれている.

コロンボ計画(Colmbo plan) 正式には「アジアおよび太平洋地域の経済開発協力に関するコロンボ計画」として知られる多国間相互援助計画のことで,1951年に発効し,本部はスリランカのコロンボにある.

混成国際語(lingua franca) 異なる言語を話す人々の間で,意思伝達を行う手段として広く用いられている言語.

最恵国条項(most-favored-nation clause) 2国間ないしそれ以上の多国間の通商条約上の規定で,締約国が締約国以外の諸国に与えた関税引下げすべてについて,締約国相互の間でも自動的にこれを適用することを保障している.

自然増加率(net natural increase) 人口の粗出生率と粗死亡率の差をいう.

資本勘定(capital account) 資本の投資から生じるすべての収支.

従価税(ad valorem tax) 対象となる物品の価値の一定割合に基づいて賦課される税.従価税には消費税,財産税,おもな輸入関税などが含まれる.

商業銀行(commercial bank) 企業や個人に対して,預金通貨や払戻し小切手などを含むさまざまな金融サービスを提供する銀行.

小自作農(Smallholder) 小規模の農場の所有者または借地人.

成人識字能力(adult literacy) 成人の読み書き能力.年齢や能力については国ごとに定義が異なる.

政府間組織(intergovernmental organization, IGO) 国連などのような,各国政府だけを構成員とする組織.

石油輸出国機構(Organization of Petroleum Exporting Countries, OPEC) 1960年に創設された政府間組織.本部はオーストリアのウイーンにあり,加盟国間の原油の生産と価格の調整をめざしている.

設備能力(installed capacity) ある時期で最大可能な発電量.

絶滅のおそれのある種(endangered species) 自然の種のすべて,あるいは一部が絶滅の危機にある植物や動物の種類のこと.国際自然保護連合は国別に絶滅のおそれのある動物の種をリストにしているが,第7版の編集が行われている.

総労働力(work force) 「労働力人口」を参照.

粗死亡率(crude death rate) 年央人口で計算された人口1000人当たりの年間死亡者数.

粗出生率(crude birthrate) 年央人口で計算された人口1000人当たりの年間出生数.

ターンキー・プロジェクト(turnkey project) ある国の企業が他国の領域内に工場その他の設備を建設し,費用などを現金や信用,利益に対するシェアなどの形式で受取るかわりに,当該施設の運用はすべて施設の所在地国に委ねる方式のこと.

中央銀行(central bank) 中央政府の取引を扱う財政組織で,当該国家の商業銀行の調整と統制を行い,国家の通貨供給と信用条件を規制している.

超国家性(supranational) 国民国家の限界を超えていること.

直接税(direct tax) 財やサービスの最終的な消費者に転化することができず,本来の納税者が納める税金で,所得税や人頭税などを含む.

通貨流通量(currency in circulation) 銀行券や公債,貨幣などの形で流通している1国の通貨供給量の実体的な割合.

定期性預金(time deposit) 引出すさいに,あらかじめ銀行に通知することが必要とされている銀行口座にある預金.[期限付預金のことで,定められた期間を経ないと払戻しはできない.]

当座価格(current prices) 一般的に優勢となっている価格を反映した貨幣価値で,インフレの影響も考慮されている.

東南アジア諸国連合(Association of South-East Asian Nations, ASEAN) 1967年に創設された政府間組織.本部はインドネシアのジャカルタにあり,加盟国間の経済協力を促進している.

取引高税(turnover tax) 生産と流通のすべての段階で,財やサービスの取引に課される税金.

77カ国グループ(Groupe of 77, G-77) 1967年に途上国の利害を代表するため創設された政府間組織.名称は1967年の第1回国連貿易開発会議共同宣言に調印した,77カ国の途上国に由来する.

西アフリカ諸国経済共同体(Economic Community of West African States, ECOWAS) 1975年に創設された政府間組織.本部はナイジェリアのラゴスにあり,共通関税政策の確立と加盟国間の経済協力の促進をめざしている.

乳児死亡率(infant mortality tax) ある年の満1歳未満に死亡した出生児1000人当たりの数.

発券銀行(bank of issue) 通貨を発行する権限を与えられている銀行.

非政府組織(nongovernmental organization, NGO) 国際商業会議所や国際アムネスティなどのような団体で,組織や個人が参加し,政府の統制や後援を受けないことが多い.

1人当たり(per capita) 1個人当たりの平均で計算した数値.[ある人口集団に対応する全体の量を,その人口で割ると,1人当たりの量となる.]

付加価値(value added by manufacture) 最終生産物の生産額から,原材料費,使用費などを差引き,それを通貨単位で評価したもの.

付加価値税(value-added tax, VAT) 「従価税」を参照.

物的純生産(net material product, NMP) 一定の期間にわたる経済活動で創出された,取引高税を含む財や「生産的」サービスの価値の総計.

不変価格(constant prices) 価格や収入に関するインフレなどの影響を除去するよう計算された貨幣価格.

平均寿命(life expectancy) 生まれた子どもの予想される寿命.

米州開発銀行(Inter-American Development Bank, IDB) 1959年に創設された政府間組織.本部はアメリカのワシントンD.C.にあり,ラテンアメリカやカリブ地域の加盟国に対して技術援助や開発資金を提供している.

米州機構(Organization of American States, OAS) 1948年に創設された政府間組織.本部はアメリカのワシントンD.C.にあり,加盟国間の紛争を平和的に解決し,安全保障問題での連帯を促進し,保健や経済,社会,文化領域での協力を育成することをめざしている.

米州保健機構(Pan American Health Organization, PAHO) 1902年に国際衛生事務所として創設された政府間組織で,本部は現在アメリカのワシントンD.C.にある.米州機構(OAS)の一部として,アメリカ諸国の保健と環境状況の改善をめざしている.

貿易外収支(invisibles) サービス(たとえば運送費,資本取引,特許料や技術使用料の取引,利子,など)の輸出入取引をいう.

貿易収支(visible) 有形の財の移動を含む国際取引収支のこと.

北欧会議(Nordic Council) 1952年に創設された政府間組織.本部はスウェーデンのストックホルムにあり,北欧(スカンジナビア)諸国の共通の利益となる問題を話合う協議機関である.

マーシャル・プラン(Marshall plan) 以前はヨーロッパ復興援助計画として知られていたもので,第2次世界大戦後のヨーロッパの復興を援助するため,アメリカがほとんど西ヨーロッパ諸国との間で結んだ合同プロジェクト.これによりアメリカは125億ドルを借款や贈与の形式で提供した.当時のアメリカ国務長官ジョージ・C・マーシャルの名前をとったこの計画の支出は,1948年から1952年まで続けられた.

要求払預金(demand deposit) あらかじめ銀行に通知することなく，預金者が預金を引出すことのできる銀行預金．

要素費用(factor cost) 生産に用いられた経済資源との関係で，国内生産の価値を決定するさいに用いられる概念．

ヨーロッパ共同体(European Communities, EC) 1952年に創設されたヨーロッパ石炭鉄鋼共同体(ECSC)と1958年に創設されたヨーロッパ経済共同体(EEC)，同じく1958年に創設されたヨーロッパ原子力共同体(EURATOM)で構成される超国家組織の集合名称．ECの全加盟国は，ストラスブールとルクセンブルクにある欧州議会とルクセンブルクにある裁判所の当事国でもある．

［本書では現行のヨーロッパ連盟(EU)に直した所もある．］

ヨーロッパ自由貿易連合(European Free Trade Association, EFTA) 1960年に創設された関税同盟で，本部はスイスのジュネーブにある．エフタ．

ヨーロッパ会議(Council for Europe) 1949年に創設された政府間組織．本部はフランスのストラスブールにあり，ヨーロッパ諸国の協議と協力を促進している．

ラテンアメリカ統合連合(Latin American Integration Association, LAIA) ラテンアメリカ自由貿易連合の後継機関として，1980年に創設された政府間組織．本部はウルグアイのモンテビデオにあり，ラテンアメリカ諸国の経済協力の育成をめざしている．

労働力人口(labor force) じっさいに雇用されているかどうかにかかわりなく，労働に従事できる人口のこと．

ワルシャワ条約機構(Warsaw Treaty Organization, WTO) 一般にはワルシャワ条約として知られていた政府間組織で，加盟国間の集団安全保障の促進を目的としていた．1955年に創設され，同盟の本部は旧ソ連のモスクワにあった．

湾岸協力会議(Gulf Cooperation Council, GCC) 1981年に創設された政府間組織．本部はサウジアラビアのリヤドにあり，ペルシア(アラビア)湾岸地域の諸国間で安全保障や経済開発面での協力を増強することを目的としている．

国名・地域名索引

(国名は和名,英名ともに略称とした.また〔 〕内は,収められている巻名である.)

アイスランド(Iceland)〔6. ヨーロッパ〕
アイルランド(Ireland)〔6. ヨーロッパ〕
アゼルバイジャン(Azerbaijan)〔4. アジア・オセアニアⅠ〕
アフガニスタン(Afghanistan)〔4. アジア・オセアニアⅠ〕
アメリカ(United States of America(US))〔3. 南北アメリカ〕
アメリカ属領(United States Pacific Dependencies)〔4. アジア・オセアニアⅠ〕
アラブ首長国連邦(United Arab Emirates (UAE))〔4. アジア・オセアニアⅠ〕
アルジェリア(Algeria)〔2. アフリカ〕
アルゼンチン(Argentina)〔3. 南北アメリカ〕
アルバニア(Albania)〔6. ヨーロッパ〕
アルメニア(Armenia)〔6. ヨーロッパ〕
アンゴラ(Angola)〔2. アフリカ〕
アンティグア・バーブーダ(Antigua and Barbuda)〔3. 南北アメリカ〕
アンドラ(Andorra)〔6. ヨーロッパ〕
イエメン(Yemen, Republic of)〔4. アジア・オセアニアⅠ〕
イギリス(United Kingdom (UK))〔6. ヨーロッパ〕
イギリス属領(United Kingdom (UK) African Dependencies)〔2. アフリカ〕
イギリス属領(United Kingdom (UK) American Dependencies)〔3. 南北アメリカ〕
イギリス属領(United Kingdom (UK) Asian and Pacific Dependencies)〔4. アジア・オセアニアⅠ〕
イスラエル(Israel)〔4. アジア・オセアニアⅠ〕
イタリア(Italy)〔6. ヨーロッパ〕
イラク(Iraq)〔4. アジア・オセアニアⅠ〕
イラン(Iran)〔4. アジア・オセアニアⅠ〕
インド(India)〔4. アジア・オセアニアⅠ〕
インドネシア(Indonesia)〔4. アジア・オセアニアⅠ〕
ウガンダ(Uganda)〔2. アフリカ〕
ウクライナ(Ukraine)〔6. ヨーロッパ〕
ウズベキスタン(Uzbekistan)〔4. アジア・オセアニアⅠ〕
ウルグアイ(Uruguay)〔3. 南北アメリカ〕
エクアドル(Ecuador)〔3. 南北アメリカ〕
エジプト(Egypt)〔2. アフリカ〕
エストニア(Estonia)〔6. ヨーロッパ〕
エチオピア(Ethiopia)〔2. アフリカ〕
エリトリア(Eritrea)〔2. アフリカ〕
エルサルバドル(El Salvador)〔3. 南北アメリカ〕

オーストラリア(Australia)〔4. アジア・オセアニアⅠ〕
オーストリア(Austria)〔6. ヨーロッパ〕
オマーン(Oman)〔4. アジア・オセアニアⅠ〕
オランダ(Netherlands)〔6. ヨーロッパ〕
オランダ属領(Netherlands American Depedencies)〔3. 南北アメリカ〕

ガイアナ(Guyana)〔3. 南北アメリカ〕
カザフスタン(Kazakhstan)〔4. アジア・オセアニアⅠ〕
カタール(Qatar)〔4. アジア・オセアニアⅠ〕
ガーナ(Ghana)〔2. アフリカ〕
カナダ(Canada)〔3. 南北アメリカ〕
カーボベルデ(Cape Verde)〔2. アフリカ〕
ガボン(Gabon)〔2. アフリカ〕
カメルーン(Cameroon)〔2. アフリカ〕
韓 国(Korea, Republic of (ROK))〔4. アジア・オセアニアⅠ〕
ガンビア(Gambia)〔2. アフリカ〕
カンボジア(Cambodia)〔4. アジア・オセアニアⅠ〕
北朝鮮(Korea, Democratic People's Republic of (DPRK))〔4. アジア・オセアニアⅠ〕
ギニア(Guinea)〔2. アフリカ〕
ギニアビサウ(Guinea-Bissau)〔2. アフリカ〕
キプロス(Cyprus)〔4. アジア・オセアニアⅠ〕
キューバ(Cuba)〔3. 南北アメリカ〕
極地地域(Polar Regions)〔1. 国際連合〕
ギリシア(Greece)〔6. ヨーロッパ〕
キリバス(Kiribati)〔4. アジア・オセアニアⅠ〕
キルギス(Kyrgzstan)〔4. アジア・オセアニアⅠ〕
グアテマラ(Guatemala)〔3. 南北アメリカ〕
クウェート(Kuwait)〔4. アジア・オセアニアⅠ〕
グルジア(Georgia)〔6. ヨーロッパ〕
グレナダ(Grenada)〔3. 南北アメリカ〕
クロアチア(Croatia)〔6. ヨーロッパ〕
ケニア(Kenya)〔2. アフリカ〕
コスタリカ(Costa Rica)〔3. 南北アメリカ〕
コートジボワール(Côte d'Ivoire)〔2. アフリカ〕
コモロ(Comoros)〔2. アフリカ〕
コロンビア(Colombia)〔3. 南北アメリカ〕
コンゴ(Congo, Republic of)〔2. アフリカ〕
コンゴ民主共和国(旧ザイール)(Congo, Democratic Republic of (Zaire))〔2. アフリカ〕

サウジアラビア(Sa'udi Arabia)〔4. アジア・オセアニアⅠ〕

サモア(Western Samoa) 〔5. アジア・オセアニアⅡ〕
サントメ・プリンシペ(São Tomé and Principe) 〔2. アフリカ〕
ザンビア(Zambia) 〔2. アフリカ〕
サンマリノ(San Marino) 〔6. ヨーロッパ〕
シエラレオネ(Sierra Leone) 〔2. アフリカ〕
ジブチ(Djibouti) 〔2. アフリカ〕
ジャマイカ(Jamaica) 〔3. 南北アメリカ〕
シリア(Syria) 〔4. アジア・オセアニアⅠ〕
シンガポール(Singapore) 〔4. アジア・オセアニアⅠ〕
ジンバブエ(Zimbabwe) 〔2. アフリカ〕
スイス(Switzerland) 〔6. ヨーロッパ〕
スウェーデン(Sweden) 〔6. ヨーロッパ〕
スーダン(Sudan) 〔2. アフリカ〕
スペイン(Spain) 〔6. ヨーロッパ〕
スリナム(Suriname) 〔3. 南北アメリカ〕
スリランカ(Sri Lanka) 〔4. アジア・オセアニアⅠ〕
スロバキア(Slovakia) 〔6. ヨーロッパ〕
スロベニア(Slovenia) 〔6. ヨーロッパ〕
スワジランド(Swaziland) 〔2. アフリカ〕
セイシェル(Seychelles) 〔2. アフリカ〕
赤道ギニア(Equatorial Guinea) 〔2. アフリカ〕
セネガル(Senegal) 〔2. アフリカ〕
セントクリストファー・ネイビス(St. Christopher and Nevis) 〔3. 南北アメリカ〕
セントビンセントおよびグレナディーン諸島(St. Vincent and the Grenadines) 〔3. 南北アメリカ〕
セントルシア(St. Lucia) 〔3. 南北アメリカ〕
ソマリア(Somalia) 〔2. アフリカ〕
ソロモン(Solomon Islands) 〔4. アジア・オセアニアⅠ〕
タイ(Thailand) 〔4. アジア・オセアニアⅠ〕
台湾(Taiwan) 〔4. アジア・オセアニアⅠ〕
タークス諸島・カイコス諸島(Turks and Caicos Islands) 〔3. 南北アメリカ〕
タジキスタン(Tajikistan) 〔5. アジア・オセアニアⅡ〕
タンザニア(Tanzania) 〔2. アフリカ〕
チェコ(Czech Republic) 〔6. ヨーロッパ〕
チャド(Chad) 〔2. アフリカ〕
中央アフリカ共和国(Central African Republic) 〔2. アフリカ〕
中国(China) 〔5. アジア・オセアニアⅡ〕
チュニジア(Tunisia) 〔2. アフリカ〕
チリ(Chile) 〔3. 南北アメリカ〕
ツバル(Tuvalu) 〔5. アジア・オセアニアⅡ〕
デンマーク(Denmark) 〔6. ヨーロッパ〕
ドイツ(Germany) 〔6. ヨーロッパ〕
トーゴ(Togo) 〔2. アフリカ〕
ドミニカ共和国(Dominican Republic) 〔3. 南北アメリカ〕
ドミニカ国(Dominica) 〔3. 南北アメリカ〕
トリニダード・トバゴ(Trinidad and Tobago) 〔3. 南北アメリカ〕

トルクメニスタン(Turkmenistan) 〔5. アジア・オセアニアⅡ〕
トルコ(Turkey) 〔5. アジア・オセアニアⅡ〕
トンガ(Tonga) 〔5. アジア・オセアニアⅡ〕
ナイジェリア(Nigeria) 〔2. アフリカ〕
ナウル(Nauru) 〔5. アジア・オセアニアⅡ〕
ナミビア(Namibia) 〔2. アフリカ〕
ニカラグア(Nicaragua) 〔3. 南北アメリカ〕
ニジェール(Niger) 〔2. アフリカ〕
日本(Japan) 〔5. アジア・オセアニアⅡ〕
ニュージーランド(New Zealands) 〔5. アジア・オセアニアⅡ〕
ネパール(Nepal) 〔5. アジア・オセアニアⅡ〕
ノルウェー(Norway) 〔6. ヨーロッパ〕
ハイチ(Haiti) 〔3. 南北アメリカ〕
パキスタン(Pakistan) 〔5. アジア・オセアニアⅡ〕
バチカン(Vatican) 〔6. ヨーロッパ〕
パナマ(Panama) 〔3. 南北アメリカ〕
バヌアツ(Vanuatu) 〔5. アジア・オセアニアⅡ〕
バハマ(Bahamas) 〔3. 南北アメリカ〕
バハレーン(Bahrain) 〔5. アジア・オセアニアⅡ〕
パプアニューギニア(Papua New Guinea) 〔5. アジア・オセアニアⅡ〕
パラオ(Palau) 〔5. アジア・オセアニアⅡ〕
パラグアイ(Paraguay) 〔3. 南北アメリカ〕
バルバドス(Barbados) 〔3. 南北アメリカ〕
ハンガリー(Hungary) 〔6. ヨーロッパ〕
バングラデシュ(Bangladesh) 〔5. アジア・オセアニアⅡ〕
フィジー(Fiji) 〔5. アジア・オセアニアⅡ〕
フィリピン(Philippines) 〔5. アジア・オセアニアⅡ〕
フィンランド(Finland) 〔6. ヨーロッパ〕
ブータン(Bhutan) 〔5. アジア・オセアニアⅡ〕
ブラジル(Brazil) 〔3. 南北アメリカ〕
フランス(France) 〔6. ヨーロッパ〕
フランス属領(French African Dependencies) 〔2. アフリカ〕
フランス属領(French American Dependencies) 〔3. 南北アメリカ〕
フランス属領(French Pacific Dependencies) 〔5. アジア・オセアニアⅡ〕
ブルガリア(Bulgaria) 〔6. ヨーロッパ〕
ブルキナファソ(Burkina Faso) 〔2. アフリカ〕
ブルネイ・ダルサラーム(Brunei Darussalam) 〔5. アジア・オセアニアⅡ〕
ブルンジ(Burundi) 〔2. アフリカ〕
ベトナム(Viet Nam) 〔5. アジア・オセアニアⅡ〕
ベナン(Benin) 〔2. アフリカ〕
ベネズエラ(Venezuela) 〔3. 南北アメリカ〕
ベラルーシ(Belarus) 〔6. ヨーロッパ〕
ベリーズ(Belize) 〔3. 南北アメリカ〕
ペルー(Peru) 〔3. 南北アメリカ〕

ベルギー(Belgium) 〔6. ヨーロッパ〕
ボスニア・ヘルツェゴビナ(Bosnia and Herzegovina) 〔6. ヨーロッパ〕
ボツワナ(Botswana) 〔2. アフリカ〕
ポーランド(Poland) 〔6. ヨーロッパ〕
ボリビア(Bolivia) 〔3. 南北アメリカ〕
ポルトガル(Portugal) 〔6. ヨーロッパ〕
ポルトガル属領(Portuguese Asian Dependency) 〔5. アジア・オセアニアⅡ〕
ホンジュラス(Honduras) 〔3. 南北アメリカ〕

マケドニア(Macedonia) 〔6. ヨーロッパ〕
マーシャル諸島(Marshall Islands) 〔5. アジア・オセアニアⅡ〕
マダガスカル(Madagascar) 〔2. アフリカ〕
マラウイ(Malawi) 〔2. アフリカ〕
マ リ(Mali) 〔2. アフリカ〕
マルタ(Malta) 〔6. ヨーロッパ〕
マレーシア(Malaysia) 〔5. アジア・オセアニアⅡ〕
ミクロネシア連邦(Federated States of Micronesia) 〔5. アジア・オセアニアⅡ〕
南アフリカ共和国(Republic of South Africa) 〔2. アフリカ〕
ミャンマー(Myanmar) 〔5. アジア・オセアニアⅡ〕
メキシコ(Mexico) 〔3. 南北アメリカ〕

モザンビーク(Mozambique) 〔2. アフリカ〕
モナコ(Monaco) 〔6. ヨーロッパ〕
モルディヴ(Maldives) 〔5. アジア・オセアニアⅡ〕
モルドバ(Moldova) 〔6. ヨーロッパ〕
モロッコ(Morocco) 〔2. アフリカ〕
モーリシャス(Maurutius) 〔2. アフリカ〕
モーリタニア(Mauritania) 〔2. アフリカ〕
モンゴル(Mongolia) 〔5. アジア・オセアニアⅡ〕

ユーゴスラビア(Yugoslavia) 〔6. ヨーロッパ〕
ヨルダン(Jordan) 〔5. アジア・オセアニアⅡ〕

ラオス(Lao People's Democratic Republic) 〔5. アジア・オセアニアⅡ〕
ラトビア(Latvia) 〔6. ヨーロッパ〕
リトアニア(Lithuania) 〔6. ヨーロッパ〕
リビア(Libya) 〔2. アフリカ〕
リヒテンシュタイン(Liechtenstein) 〔6. ヨーロッパ〕
リベリア(Liberia) 〔2. アフリカ〕
ルクセンブルグ(Luxembourg) 〔6. ヨーロッパ〕
ルーマニア(Romania) 〔6. ヨーロッパ〕
ルワンダ(Rwanda) 〔2. アフリカ〕
レソト(Lesotho) 〔2. アフリカ〕
レバノン(Lebanon) 〔5. アジア・オセアニアⅡ〕
ロシア(Russia) 〔6. ヨーロッパ〕

監修者・訳者一覧

■総監修
　田辺　裕(たなべ　ひろし)
　　　　1936 年　神奈川県に生まれる
　　　　1963 年　東京大学大学院数物系研究科博士課程中退
　　　　現　在　帝京大学経済学部教授・理学博士
　　　　　　　　東京大学名誉教授

■監　修(国際連合担当)
　平野健一郎(ひらの　けんいちろう)
　　　　1937 年　茨城県に生まれる
　　　　1967 年　ハーバード大学大学院博士課程修了
　　　　現　在　早稲田大学政治経済学部教授・Ph. D.
　　　　　　　　東京大学名誉教授
　小寺　彰(こてら　あきら)
　　　　1952 年　京都府に生まれる
　　　　1976 年　東京大学法学部卒業
　　　　現　在　東京大学大学院総合文化研究科教授

■監修協力
　柴田匡平(しばた　きょうへい)　信州大学経済学部教授
　藤田雄二(ふじた　ゆうじ)　　　(財)日本国際協力センター
　山田哲也(やまだ　てつや)　　　(財)椙山女学園大学現代マネジメント学部

■訳　者
　片桐有美子(かたぎり　ゆみこ)　前東京大学大学院法学政治学研究科(本文・付録担当)
　浅野敏久(あさの　としひさ)　　広島大学総合科学部助教授(付録担当)
　梅津尚志(うめづ　たかし)　　　清泉女子大学文学部教授(付録担当)
　長沼宗昭(ながぬま　むねあき)　日本大学法学部教授(付録担当)
　山岸智子(やまぎし　ともこ)　　明治大学政経学部助教授(付録担当)

世界地理大百科事典 1

国 際 連 合

定価は外箱に表示

2000 年 2 月 1 日　初版第 1 刷
2003 年 5 月 15 日　初版第 2 刷

総監修者	田辺	裕
監修者	平野	健一郎
	小寺	彰
発行者	朝倉 邦造	
発行所	株式会社 朝倉書店	

東京都新宿区新小川町 6-29
郵便番号　162-8707
電話　03(3260)0141
FAX　03(3260)0180
http://www.asakura.co.jp

〈検印省略〉

©2000 〈無断複写・転載を禁ず〉

中央印刷・渡辺製本

ISBN 4-254-16661-3　C 3325

Printed in Japan

■ オールカラーで見る世界の地理の最新情報
● ENCYCLOPEDIA OF WORLD GEOGRAPHY
  Planned and produced by Andromeda Oxford Ltd.

図説大百科
世界の地理 《全24巻》

田辺　裕　監修　　A4変型判　各148頁　本体価格 各7600円

地理は，全地球的規模の変化をはじめ，われわれのふるさとのような局地的な大きさに至るまで，地球の多様性を理解させようとするものである．本シリーズは，世紀末に近づいている現代世界の劇的変動を描いており，われわれの惑星，すばらしく豊かな地球の地域的変化を記録している．昨今，世界中の若者が素養のある旅行者となるために地理に注目しはじめている．それが環境問題，人口問題，民族問題，富の偏在の問題など多くの世界的諸問題を分析するための，そして世界の人々と交わるための自然な出発点であることがわかってきたのである．学校や図書館で，読者の関心を高め，知識を深める上で，重要な役割を演じるシリーズであることを確信する．

1. アメリカ合衆国 I
   田辺裕・阿部一 訳
2. アメリカ合衆国 II
   矢ヶ崎典隆 訳
3. カナダ・北極
   廣松悟 訳
4. 中部アメリカ
   栗原尚子・渡辺真紀子 訳
5. 南アメリカ
   細野昭雄 訳
6. 北ヨーロッパ
   中俣均 訳
7. イギリス・アイルランド
   松原宏・杉谷隆・和田真理子 訳
8. フランス
   田辺裕・松原彰子 訳
9. ベネルクス
   山本健兒 訳
10. イベリア
    田辺裕・滝沢由美子・竹中克行 訳
11. イタリア・ギリシア
    高木彰彦 訳
12. ドイツ・オーストリア・スイス
    東廉 訳
13. 東ヨーロッパ
    山本茂 訳
14. ロシア・北ユーラシア
    木村英亮 訳
15. 西アジア
    向後紀代美・須貝俊彦 訳
16. 北アフリカ
    柴田匡平 訳
17. 西・中央・東アフリカ
    細野昭雄 訳
18. 南部アフリカ
    生井澤進・遠藤幸子 訳
19. 南アジア
    米田巌・浅野敏久 訳
20. 中国・台湾・香港
    諏訪哲郎 訳
21. 東南アジア
    佐藤哲夫・永田淳嗣 訳
22. 日本・朝鮮半島
    荒井良雄 訳
23. オセアニア・南極
    谷内達 訳
24. 総索引・用語解説
    田辺裕・田原裕子 訳

図説 世界文化地理大百科

（本体価格 各28000円）

ヴァイキングの世界
熊野　聰　監修
B4変形・240頁46地図307図版（カラー287点）

スペイン・ポルトガル
小林一宏　監修　瀧本佳容子　訳
B4変形・244頁・38地図300図版（カラー260点）

古代のエジプト
平田　寛　監修　吉村作治　訳
B4変形・248頁・36地図530図版（カラー380点）

古代のローマ
平田寛　監修　小林雅夫　訳
B4変形・248頁・50地図520図版（カラー250点）

中世のヨーロッパ*
橋口倫介　監修　梅津尚志　訳
B4変形・252頁・64地図293図版（カラー175点）

中　国
戴　國輝・小島晋治・阪谷芳直　監修・訳
B4変形・246頁・58地図365図版（カラー204点）

古代のアメリカ
寺田和夫　監訳
B4変形・246頁・56地図329図版（カラー233点）

ロシア・ソ連史
外川継男　監修　吉田俊則　訳
B4変形・256頁・46地図301図版（カラー220点）

古代のメソポタミア
松谷敏雄　監訳
B4変形・244頁・53地図468図版（カラー342点）

古代のギリシア
平田　寛　監修　小林雅夫　訳
B4変形・244頁・60地図500図版（カラー350点）

アフリカ
日野舜也　監訳
B4変形・252頁・75地図500図版（カラー250点）

イスラム世界
板垣雄三　監訳
B4変形・244頁・53地図302図版（カラー192点）

新聖書地図
三笠宮崇仁　監修　小野寺幸也　訳
B4変形・246頁・46地図354図版（カラー307点）

キリスト教史
樋口倫介　監修　渡辺愛子　訳
B4変形・246頁・42地図302図版（カラー239点）

日　本
M.コルカット・熊倉功夫・立川健治　編集・訳
B4変形・244頁・53地図336図版（カラー266点）

ジューイッシュ・ワールド
板垣雄三　監訳　長沼宗昭　訳
B4変形・256頁・59地図438図版（カラー183点）

ルネサンス
樺山紘一　監修
B4変形・244頁・39地図281図版（カラー215点）

国連加盟全189カ国・地域のスーパーデータベース

世界地理大百科事典

帝京大学教授　田辺　裕　総監修

- Worldmark Encyclopedia of the Nations（第8版，Gale社）の完訳
- 世界の全国連加盟国について，各国別に記述した地理大百科事典
- 大国に偏することなく，小国にも充分なスペースを配慮
- 各国ごとに共通の小項目49を立て，体系的な地誌知識が得られるよう構成．また，小項目を横断的に読むことで，その項目についての世界にわたる鳥瞰図を会得できるよう配慮
- 翻訳に当たっては，原文に対し「補注」を加え，今日的出来事やデータを補い，「今」を理解する基礎資料となるよう配慮

1. **国　際　連　合**　　　平野健一郎・小寺　彰　監修
   16661-3　C3325　　　　B5判 516頁
2. **ア　フ　リ　カ**　　　島田周平・柴田匡平　監修
   16662-3　C3325　　　　B5判 672頁　本体 28500円
3. **南 北 ア メ リ カ**　　新川健三郎・高橋　均　監修
   16663-X　C3325　　　　B5判 608頁　本体 28500円
4. **アジア・オセアニアⅠ**　谷内　達・村田雄二郎他　監修
   16664-8　C3325　　　　B5判 430頁　本体 28500円
5. **アジア・オセアニアⅡ**　谷内　達・村田雄二郎他　監修
   16665-6　C3325　　　　B5判 430頁　本体 28500円
6. **ヨ　ー　ロ　ッ　パ**　　木村英亮・中俣　均　監修
   16666-4　C3325　　　　B5判 650頁　本体 28500円

上記価格（税別）は2003年4月現在